吉林大学哲学社会科学
优秀科研成果汇编

RESEARCH ACHIEVEMENTS OF JILIN UNIVERSITY
ON HUMANITIES AND SOCIAL SCIENCES

上　册

吉林大学　编著

社会科学文献出版社
SOCIAL SCIENCES ACADEMIC PRESS (CHINA)

目　录

第一部分　成果简介

5

第二部分　一览表

第一部分 | 成果简介

法　学

《法学原理》

作者姓名：李放

出版单位：辽宁人民出版社

出版时间：1981 年

一　篇章结构和基本观点

本书包括绪论和正文两部分，共十八章。本书的基本内容包括法律的发生发展规律；法律的本质和作用；各个历史类型的法律的本质；法律与经济、法律与国家、法律与政策、法律与道德的关系；法律意识的概念和加强社会主义法律意识的重要性；法制；法律规范的要素、形式及其适用；法律体系和各个法律部门。

二　主要创新和学术影响

本书的创新之处在于突破了新中国成立后长期将"国家与法理论"作为法学理论研究对象的框子，确定了法学理论研究的对象和内容，全面系统地阐述了法律的本质和作用、法律规范的要素、社会主义法的本质、法与经济等社会现象的关系等一系列基本问题，并对当时属于争论性质的一些问题提出了见解。例如，法学研究对象问题、法律继承性问题、法制与法治的关系问题等。本书是党的十一届三中全会后较早出版的法理学教材，在我国法理学恢复、更新、发展过程中，在阐释、宣传马克思主义法学原理，总结社会主义民主和法制建设的经验教训，探索具有中国特色的社会主义民主与法制方面，产生了一定的影响。本书的研究内容和体例，在一定程度上为吉林大学法学理论学科出版的《法学基础理论》等法理学教材奠定了基础，对于吉林大学的法学理论人才培养也产生了积极的促进作用。

《婚姻法学》

作者姓名：李忠芳　王卫东

出版单位：吉林大学出版社

出版时间：1984 年

获奖情况：吉林省首届社会科学优秀成果奖优秀奖

一　篇章结构和基本观点

本书分为上、下两编，共九章。上编由婚姻法的概念、婚姻法的对象、旧中国婚姻家庭立法及其婚姻家庭制度的基本特征、中国婚姻家庭制度的改革和无产阶级的婚姻家庭立法四章组成。下编由我国婚姻法的基本原则、结婚、家庭关系、离婚和附则五章组成。

二　主要创新和学术影响

本书的创新之处在于以下几点。首先，本书研究的理论基础以马克思主义理论为指导，积极主张、推动男女平等，充分肯定妇女在婚姻家庭和社会中的积极作用。本书讲求逻辑关系的严谨、体系的科学、内容的完整。其次，从编、章、节到具体问题，环环紧扣，把婚姻家庭、婚姻家庭法的理论展现出来。再次，突出了研究方法——理论联系实际是分析问题、解决问题的科学方法。最后，提出要联系我国婚姻家庭制度变革的实际、联系婚姻家庭领域的思想实际和生活实际，而且，这些实际的社会关系是处在不断变化中的。本书内容不是简单的材料堆积，而是建立在通过研究方法进行比较分析的基础上得出的结论。

本书是婚姻法学方面较早出版的教材，为吉林大学法学本科生指定教材，也被其他许多法学院系和司法实务部门作为指定教材使用，使众多学生、司法实务工作者获得体系科学、内容完整、逻辑严谨的婚姻法知识。本书不局限于对法条的简单解释，它坚持运用马克思主义的婚姻家庭观、妇女观分析、解决婚姻家庭问题，内容涉及古今中外法律观念、法律制度的比较，融理论与实践于一体，在当时是理论性极高的学术研究成果，对后来的教材、著作起到蓝本的作用。

《外国刑法学（上、下）》

作者姓名：甘雨霈　何鹏

出版单位：北京大学出版社

出版时间：1984 年

一　篇章结构和基本观点

本书共分上、下册两部分。上册包括四篇，分别为绪论、刑法论、犯罪论和刑罚论；下册包括两篇，分别为资产阶级刑法的保安处分制度和刑法各论。绪论篇主要阐述了刑法学和刑事学的基本理解，刑事解释论的地位、作用和种类、方法，刑法学的研究对象、方法、分支学科及其与相关学科的关系，资产阶级刑法学的理论基础、近代资产阶级刑法学的学说与学派、近代刑法学的现状和动向等内容；刑法论篇阐述了刑法的概念、目的、机能、种类、发源和体系，刑法的适用范围等内容；犯罪论篇主要阐述了犯罪构成理论、犯罪停止形态、共犯形态和罪数形态等内容；刑罚论篇阐述了刑罚种类、适用、执行和刑罚消灭等内容；资产阶级刑法的保安处分制度篇主演阐述了保安处分之制度本质、发展历史、理论体系、实体方法论、适用条件、适用对象和种类等内容；刑法各论重点介绍了对国家法益的犯罪、对社会法益的犯罪、对个人法益的犯罪。

二　主要创新和学术影响

本书是新中国第一部系统论述外国刑法学的著作，长期作为我国研究外国刑法学问题的参考书。中国刑法学研究会副会长、北京大学法学院博士生导师陈兴良教授在评价本书时说："该书主要叙述外国刑法（实际上是大陆法系刑法）的基本知识、原理、原则和学派学说，并借助一些边缘学科、重要法律文献、法案和法例进行全面的阐释，力图成为一个具有立法论、适用解释论、行刑论、刑事政策论以及保安处分法的全面规制的'全体刑法学'"。本书丰富的资料对于处于学术饥渴状态的我国刑法学界不啻是一道盛宴。

《宪法论》

作者名称：张光博
出版单位：吉林人民出版社
出版时间：1984 年

一　篇章结构和基本观点

本书共分为五部分，分别为绪论、政治制度、经济制度、公民的基本权利和义务、国家机构。本书以 1982 年通过的《中华人民共和国宪法》为依据，结合我国的宪法实践，系统梳理了宪法的基本概念，对《中华人民共和国宪法》中规定的政治制度、经济制度进行了详细的阐述，对宪法规定的公民的基本权利和国家机构进行了系统的分析。

二　主要创新和学术影响

本书以《中华人民共和国宪法》为依据，系统地阐释了宪法的基本概念和我国的宪法制度和宪法实践。在写作体例上，以中国宪法为核心，同时兼顾与西方资本主义国家宪法的比较，将中国宪法学与比较宪法学的研究统一起来，既充分提高了著作的知识密度，也在比较的过程中充分论证了我国宪法制度的优越性。这种写作体例对我国宪法学和比较宪法学的研究产生了深远的影响，也影响了作者之后的《比较宪法纲要》一书的写作体例。本书是我国 1982 年宪法通过后较早出版的宪法学著作，也是当时国内极少数由一人独立完成的宪法著作（教材）之一。无论是从知识的系统性、体系的完整性还是篇幅来看，本书在当时的国内宪法学著作（教材）中可谓是难得的佳作。本书是改革开放后吉林大学法学院宪法学专业出版的第一本宪法学专著（教材），也是吉林大学法学院宪法学专业创始人张光博教授出版的第一部宪法学专著，是吉林大学法学院宪法学专业早期的标志性成果。

《秦律通论》

作者姓名： 栗劲

出版单位： 山东人民出版社

出版时间： 1985 年

获奖情况： 国家教委首届人文社会科学研究优秀成果奖三等奖

一 篇章结构和基本观点

本书共分为九部分，分别为：秦律的制定和发展、秦律的一般理论基础、关于犯罪的理论和认定犯罪的原则、"重刑主义"的刑罚理论、秦律的刑罚体系、刑事诉讼的基本原则和程序、行政法规和行政管理、经济法规和经济管理、秦律中的民法问题。

秦孝公时商鞅变法所产生的法律、法令，奠定成文法基础。其后几代国君坚持"以法治国"，不断完善法律制度。自商鞅变法到秦亡，支配秦立法和司法实践的，是代表新兴地主阶级利益的法家学说。商鞅、韩非认为"物欲"是犯罪的根源，而对物的欲望是人的天性，所以法律要惩罚"将过""微奸"，而最好的手段是重刑。秦律全部继承了奴隶社会墨、劓、剕、宫、大辟五刑，并创制了一系列新刑罚。秦律刑罚，是由死刑、肉刑、耐刑、笞刑、徒刑、流刑、赀刑、赎刑等组成的庞杂体系。秦律代表了古代的罪刑法定主义；在基本方面，它继承并实行"有罪推定"原则，同时也继承并发展了萌芽状态的"无罪推定"原则。秦的行政法规和经济法规，混杂在刑法中的民事法律规范，反映出我国早期的民事立法和民法思想。

二 主要创新和学术影响

本书将法家思想和秦律结合起来进行研究，因而是把法律思想史、法制史两者结合进行对应研究的范例。本书不仅注重思想与制度的联系，更注重制度的实践情形与实践效果，即把秦律内容与秦的司法实践紧密联系起来予以研究。在体例上，基本采取了部门法史的阐述方式，即区分为刑法、诉讼法、行政法、经济法和民法等相应部分，便于当代人理解和接受。

本书是我国法学界、史学界首部依据 1975 年 12 月于湖北省云梦县出土的"睡虎地秦墓竹简"、全面系统地论述秦律的学术著作，是一部研究秦律的重要参考书。本书对当时秦律研究中的一些有争论的问题，如隶臣妾的性质，徒刑的刑期，耐、髡、完刑等，都提出了自己的见解。当然，后来新出土了多批次秦简木牍，正可以与该书所依据的睡虎地秦墓竹简相印证。就此而言，本书的认识，仍是当今研究秦律的基础和出发点。

《法论》

作者姓名： 张光博
出版单位：吉林大学出版社
出版时间：1986 年
获奖情况：吉林省首届社会科学优秀成果奖优秀奖

一　篇章结构和基本观点

本书共分为二十三章，系统地探讨了法的概念、法学的概念、法的起源、法的历史类型、法的规范、法的关系、法的作用、法的体系、立法、执法、司法、法制、法与平等、法与自由、法与经济、法与政治、法与意识形态、法与科学技术、法与语言逻辑、法与家庭、法与世界、法的继承、法的未来等多个问题。本书坚持以马克思主义基本原理为指导，深入、系统地探讨了法学的基本范畴、基本概念和基本原理，重点探讨了法与国家的关系、法的一般原理与部门法之间的关系、法的一般规律与中国法制实践的关系，以法定权利义务为核心，构建起一整套法学基础理论体系。

二　主要创新和学术影响

本书的创新之处在于以下三个方面。第一，作者指出，由财产的有无和商品经济中的价值和使用价值所决定的人们的法定权利义务及其范围和性质所决定的权利义务的界限，是法这一特定社会现象所反映的特殊矛盾，即法学的研究对象的核心。本书基于这一基本观点对法进行了内部纵横分析和外部关联分析，对法学基础理论的研究也具有开创性意义。第二，法的一般原理与部门法之间的关系，作者指出，法的一般原理要统一说明部门法的原则问题，能对一切具体的法的问题做出概括的理论解释。

部门法学应在法的一般原理中获得概括认知的工具，法的一般原理应在部门法学中获得丰富的基础材料，使两者互相为用。这一观点至今仍具有重要的指导意义。第三，在法与科学技术、法与语言逻辑、法与家庭、法与世界等交叉研究领域，作者进行了细致的探讨，这种探讨在当时具有重要的创新意义，拓展了法学基础理论的研究范围。

本书是我国 20 世纪 80 年代少数几本由一人独立完成的法学基本理论方面的专著，作者指出在写作过程中尝试改变当时搬用苏联法学的状态，实现法学中国化，建立中国法学的新体系，形成具有中国特色的马克思主义的法的一般原理。本书展现了作者深厚的法学功底，是 20 世纪后期中国法学理论研究的重要著作之一。

《无罪推定论》

作者姓名：郑成良
发表期刊：《吉林大学社会科学学报》
发表时间：1988 年第 4 期
获奖情况：国家教委首届人文社会科学优秀成果奖二等奖

一　篇章结构和基本观点

本文共分为四部分，分别为无罪推定与逻辑推理——论无罪推定原则的独特作用；无罪推定与价值选择——论无罪推定原则的存在依据；无罪推定与司法公正——论无罪推定原则的基本内容；无罪推定与民主政治——论无罪推定原则的社会意义。本文的目的在于论证无罪推定原则的正当性，在我国也具有合理性。论文从无罪推定原则在刑事诉讼中的作用、无罪推定原则的存在依据、无罪推定原则的基本内容、无罪推定原则的社会意义四个方面论证无罪推定原则的合理性以及其基本内容与社会意义。

二　主要创新和学术影响

在当时探讨无罪推定原则时，学界基于当时的背景与理论往往持否定性的观点。本文从逻辑上澄清了无罪推定原则在刑事诉讼中的独特作用，从价值角度在无罪推定原则与实事求是原则的关系基础上论证了无罪推定原则存在的依据，从司法公正上探究了无罪推定原则的基本内容，并认为无罪推定原则是按民主的要求确立公民的法律地位和处理国家与公民之间的关系，是社会民主生活法律化的重要措施之一。即无罪推定原则与当时中国的法律制度、思想、政治体制并不矛盾，而应该予以制度化。即使从现在看来，也是恰当的。本文对无罪推定原则的论证澄清了当时人们的认识误区，也有利于加深现时人们对无罪推定原则的理解，从而成为人们研究该问题的重要依据。

《国际经济法总论》

作者姓名：高树异

出版单位：吉林大学出版社

出版时间：1989 年

一　篇章结构和基本观点

本书共分为四部分。第一部分为国际经济法导论，分别从国际经济关系在当代国际关系中的地位和作用、国际经济法的概念和范围、国际经济法律关系的主体、国际经济法的渊源、国际经济法秩序和国际经济法的基本原则、国际经济法与有关法律的关系、跨国公司与国际经济交往的角度探讨了国际经济法的基本格局与框架。第二部分为国际经济法分论，分别阐述了国际贸易法、国际技术转让法、国际投资法、国际税法、国际金融法的基本原则和规范。第三部分为国际经济贸易争端的解决，分析了协商与调解、仲裁、司法解决三种主要的争端解决模式。第四部分为国际经济组织，概述了国际经济组织的形成与发展、类别和特征、法律地位及其对国际法的影响，并进而概要列举了全球性、区域性和专业性的国际经济组织。

二　主要创新和学术影响

本书是当时中国为数不多的、全面阐释国际经济法的内涵与结构、原则与规范的重要著作，为中国国际经济法学科的建立和发展起到了关键的奠基作用。本书对于吉林大学国际法学科的学术传承与发展具有非常重要的意义，它成了后来一系列该领域著作的基础。

《中国步入法治社会的必由之路》

作者姓名：张文显

发表期刊：《中国社会科学》

发表时间：1989 年第 2 期

一　篇章结构和基本观点

本文共分为四部分，分别为商品经济是法治的经济基础；商品经济孕育的社会意识是法治的文化基础；以商品经济关系为内容的民法是法治的真正法律基础；发展商品经济，开辟走向法治社会的通道。

本文主要观点为，商品经济是法治的经济基础，商品经济形态所需要并决定的法律规则，无论在量的方面还是在质的方面都不同于自然经济形态和产品经济形态各自所需要和决定的法律规则，量的差别反映出社会生活规则化、法律化的程度，质的规定性的不同则使法治与专制泾渭分明；商品经济孕育的社会契约观念、政治市场观念、思想市场观念、主体意识、权利意识、平等和自由观念等是法治的文化基础；以商品经济关系为内容的民法是法治的真正法律基础，民法中的人权、所有权和平等权是现代公民权利的原型，民法最充分地体现了法治的价值，民法传统中的权利神圣和契约自由精神，是宪政和法治的文化源泉；新中国成立以来，我国的法治进程之所以屡经危机和挫折，其根本原因在于我们不仅没有建立反而瓦解了法治的经济基础——商品经济，因此，只有把实现法治的战略放在改革经济体制和充分发展商品经济这个基点上，我国才能逐步进入法治社会，并避免发生历史性逆转。

二　主要创新和学术影响

本文在理论上澄清了商品经济与法治之间的关系，从多个角度充分论证了商品经济对于法治的重要性，并就我国如何构建法治社会这一问题提出了建设性的观点。本文的研究成果有力地推进了我国法治理论的发展，也为社会主义市场经济的建设提供了法理论证，在发表后产生了重大影响，是我国法治理论研究领域的基础性文献之一。

《比较宪法纲要》

作者姓名： 张光博

出版单位：辽宁大学出版社

出版时间：1990 年

获奖情况：吉林省第二届社会科学优秀成果奖一等奖

一　篇章结构和基本观点

本书分为导言、总论、根本制度与根本任务的比较、公民基本权利和义务的比较、国家机构的比较和附录等六部分，对宪法学的基本理论进行了系统梳理，对中国和西方发达资本主义国家的宪法制度进行了体系性的比较分析。本书从当代社会主义和资本主义两种不同类型宪法的对比着眼，以中国宪法为立足点，力求在具体的历史的比较中，科学地说明两种不同宪法，特别是两种宪法所反映的两种不同社会制度的特点和优劣，体现我国社会主义宪法和社会主义制度的优越性。

二 主要创新和学术影响

本书的创新之处在于以下两个方面。第一，克服了当时中国比较宪法学研究中体系混乱、知识分散、学术取向模糊的缺点，将宪法学基本理论与比较宪法学融为一体，系统分析，强调我国的比较宪法学应当以社会主义宪法，尤其是我国的社会主义宪法为中心，在与世界各国宪法主要是英、美、法、日等资本主义国家宪法的比较中，认识资本主义宪法和社会主义宪法在宪法发展史中的地位和作用，显示社会主义宪法的精神实质、科学内容和进步程度，推动我国宪法的发展和完善。第二，既克服了学术研究中"左"的思潮的消极影响，又坚持运用马克思主义的辩证唯物主义和历史唯物主义的方法，将社会存在决定社会意识、阶级分析论、系统分析论等原理和方法贯穿全书始终，从我国实际出发展开比较宪法学的论述，力求洋为中用、古为今用。

本书属于改革开放后第一批自成体系的比较宪法学专著，对当代中国比较宪法学乃至整个中国宪法学的体系、范畴、方法都产生了极为重要的影响。《中国法学》1991年第2期曾刊登章文撰写的《一部颇具特色的比较宪法学专著——评张光博〈比较宪法纲要〉》书评，《社会科学辑刊》1991年第2期曾刊登许思齐撰写的《当代中国比较宪法研究的力作：评〈比较宪法纲要〉》，对本书的学术水准给予了高度评价。另外，本书在1992年还获得国家教委颁发的第一届"全国高校出版社学术著作优秀奖"。

《论人格权及人格损害的赔偿》

作者姓名： 申政武
发表期刊： 《中国社会科学》
发表时间： 1990 年第 2 期

一 篇章结构和基本观点

本文共分为三部分，分别为侵权行为法的现代化与人格权、人格权物化的理论依据、人格损害的法律技术评价。本文指出，人格权是独立于人身权的一项法律权利，对权利主体在身体和精神方面的自由和完整性的侵害便构成了对人格利益的侵犯。从法律技术而言，人格利益可以物化为财产利益，故非财产损害在民法上可通过拟制恢复的手段得到财产补偿。

二 主要创新和学术影响

本文的创新之处在于以下三点。第一，本文认为法律是一种解决社会问题的技术与手段，应从技术角度考虑人格权的精神损害赔偿问题，而非从意识形态角度考虑。第二，本文着力批判了当时流行的（前）苏联的所谓权威观点，指出了"非物质利益的保护方法具有非物质的性质"这一观点的谬误之处，为打破"侵害人格权不得适用精神损害赔偿"这一藩篱提供了理论支撑。第三，本文指出人格权商品化与违反道德之说都远远落后于今天的时代，对人格权进行损害赔偿具有深刻的理论依据，并能在法律技术上实现。

上述创新对于破除当时苏联学说与立法例的不当影响，充分实现对人的尊重，具有不可忽视的重要作用。同时，文章通过对人格权客体与人格权损害赔偿的理论基础的梳理与分析，破除了人格权不得适用精神损害赔偿这一僵化观念，为我国法律后续确认人格权适用精神损害赔偿扫清了观念障碍与理论障碍，提供了理论支撑与技术支持。

《法律社会学》

作者姓名：王子琳
出版单位：吉林大学出版社
出版时间：1991 年

一 篇章结构和基本观点

本书共分为导论和正文两部分。导论部分介绍了法律社会学的产生和发展，提出建立有中国特色的马克思主义法律社会学。正文共十四章。主要介绍了法律社会学的对象、范围和方法。法的本体性质、法的核心内容和法的基本价值。法的社会功能。法律文化的概念、要素和结构。社会化的必要性和可能性、法律社会化与人格的建立，法律社会化与法律文化、法律社会化的途径。法与物质文化、精神文明和制度文明的关系。法与经济制度、政治制度、文化制度的关系。介绍了社会意识及其功能和结构，分析了法律意识及其作用。法律的理想与社会组织的功能。介绍了社会控制的概念，论述了通过法律进行的社会控制。"法与社会问题"，包括法与人口问题、就业问题、生态环境问题、不正之风问题、青少年越轨问题。法与社会变迁的互动作用、阶级社会结构的变化与法的进化、社会主义与法、法与社会改革。"法在社会实践中的反差"，涉及法治与人治、法的效力与法的实效、良法与恶法以及情、理、法的关系。"法律职业"，涉及法律职业及其从业条件；法官、检察官与执法；警察与社会治安、律师与法律适用、对法律职业的监督与保护。

二 主要创新和学术影响

本书的创新之处在于以马克思主义为指导，对法和社会的关系进行了法律社会学的分析。本书是国家教委哲学社会科学博士学科点专项科研基金项目"法律社会学"的最后成果形式，是吉林大学法学理论学科有关法律社会学研究的集体成果，也是国内首部法律社会学专著。本书确立的理论体系和分析框架，对于我国法律社会学学科的建立和发展产生了重要的影响，为以马新福教授的《法社会学导论》《法律社会学原理》为代表的法律社会学研究奠定了基础。

《犯罪原因论概述——兼论犯罪学的基本范畴》

作者姓名：王牧
发表期刊：《吉林大学社会科学学报》
发表时间：1991 年第 4 期
获奖情况：吉林省第三届社会科学优秀成果奖一等奖

一 篇章结构和基本观点

本文共分为三部分。第一部分主要阐述了犯罪原因论的理论和实践意义、功能、内容结构等本体性内容；第二部分分别在犯罪和原因意义上论述、确立了对建立科学的犯罪原因论具有前提性作用的一些基本概念和范畴，主要涉及违法与犯罪、犯罪的法律概念与社会学概念、个体犯罪与群体犯罪，以及系统结构犯罪原因论和引起犯罪产生的主客观因素等；第三部分则在引起犯罪因素划分为主观因素与客观因素这对基本范畴划分的基础上展开对犯罪原因的具体分析。

本文认为犯罪原因论是犯罪学理论体系的出发点和基础，它是犯罪学发展到一定阶段之后才出现的概念，是有关犯罪产生缘由的整个理论体系；认为违法与犯罪在本源上没有区别，否定犯罪存在着一般概念，指出群体犯罪范畴是犯罪学的基石。

二 主要创新和学术影响

本文以犯罪原因论为线索，对犯罪学的基本理论范畴进行了梳理、论证和确定，对建构我国犯罪学理论体系具有奠基性的作用。尤其是其中所包含的区分犯罪学和刑法学视阈的方法论思想，刑法学关注个体犯罪、犯罪学关注群体性犯罪的学科划分思想，对于犯罪的法律分析和社会学分析的各自发挥作用、取得研究实效具有指导性意义。

《定罪量刑的理论与实践》

作者姓名：高格
出版单位：吉林人民出版社
出版时间：1994 年

一　篇章结构和基本观点

本书共分为上、下两篇。上篇论述了查清定罪量刑根据的事实，定罪的概念与原则，定罪的标准，划清犯罪界限，认定罪名，量刑的概念与原则，量刑的标准，量刑的方法，犯罪形态与量刑，形势、政策与定罪量刑。下篇论述了反革命罪的定罪与量刑，危害公共安全罪的定罪与量刑，破坏社会主义经济秩序罪的定罪与量刑，侵犯公民人身权利、民主权利罪的定罪与量刑，侵犯财产罪的定罪与量刑，妨害社会管理秩序罪的定罪与量刑，妨害婚姻、家庭罪的定罪与量刑，渎职罪的定罪与量刑。

二　主要创新和学术影响

本书以各类刑事犯罪定罪与量刑的共性与个性问题为中心，力争定罪与量刑并重，贯彻理论与实践相结合的原则，对常见多发疑难犯罪的定罪与量刑问题进行了系统性、专门性、针对性的深入研究。本书体例新颖、内容丰富，既有理论深度和广度，又具有针对性和实用性，是作者理论研究成果的代表作之一，本书对刑法理论和司法实践产生较大的影响。

《权力场》

作者姓名： 霍存福
出版单位： 辽宁人民出版社
出版时间： 1994 年
获奖情况： 吉林省第三届社会科学优秀成果奖一等奖
教育部第四届中国高校人文社会科学研究优秀成果奖三等奖

一　篇章结构和基本观点

本书共分为三篇。皇帝篇两章，躬亲庶务型与委任责成型、操术任使型与推诚委任型；宰相篇三章，宰相的地位、职分和权力，为相之道，相相关系；官吏篇三章，长吏躬亲型与委务僚佐型、温和感化型与严厉督责型、拘执法吏型与弘通儒吏型。

先秦诸子无一例外地襃扬君主委任责成而反对事必躬亲，皇帝主权与宰相制度分别是君主事必躬亲和委任责成的制度基础；操术任使是法家推崇的权力方法、手段，儒家更赞赏推诚委任。辅佐君主是宰相为相之道内容之一，体现了佐助与限制双重要求，因为皇帝制度和宰相制度是共生体，是支撑专制制度的两个轮子；为相之道内容之二，宰相总领百官，重点在委务百官，选用贤才。官署中的长吏躬亲、委务僚佐是从君相关系中挪移借来的形式；长吏躬亲或使权力触角延长，或使权力独揽；委务僚佐存在权力分解，并以授权表示为必要条件。温和感化有推功揽罪、不罚示恩、薄罚示辱、推善调解等具体方法；严厉督责则以明察、用术为特征，并以制度赋予的杖罚权力为保障。拘执法吏是法家法治精神的产物，弘通儒吏是儒家对法吏的改造，中间以黄老的清静无为作过渡，反映了各家思想先后用世的治术经历，体现了正、反、合的辨证发展过程。

二　主要创新和学术影响

本书突破了以往权力配置等制度层面的条文的、表面的、静态的研究方式，而代之以权力行使过程中功能的、深层的、动态的研究；树立了权力行使的规律与规则概念，客观地描述了以权力行使类型理论作为"软规则"对各类领导者的引导、制约、影响作用；刻意从技术操作上对权力行使规范问题进行研究，使其具有科学形态；将权力置于互动的"场"中来认识，提出了权力行使的"场定律"、"场效应"和"权力行使三规则"等概念。大陆、台湾学者都对本书给予高度学术评价。其关注行使权力的合理、技术乃至艺术性的层面更受关注。

《试论最惠国待遇与人权的国际保护》

作者姓名：王庆海
发表期刊：《中国法学》
发表时间：1994 年第 2 期

一　篇章结构和基本观点

本文针对美国援引《1974 年贸易法》第 402 节每年单方面"审议"是否继续给予中国最惠国待遇（实际上是正常贸易待遇）的做法进行分析，认为这种附加与"人权"有关条件的做法与《关税与贸易总协定》第 35 条规定相悖，是毫无根据和道理的。进而认为，人权的国际保护是指国家和国际组织按照国际法及有关国际条约的规定，对实现人权与基本自由进行合作，并对严重侵犯人权的国际犯罪行为予以惩罚。发展权是一项人权，也是人权国际保护的内容之一，更是人权国际保护要达到的目的之一。在考虑实施最惠国待遇的时候附加与"人权"有关的条件也与人权国际保护的目的相悖。因而，实施最惠国待遇附加与"人权"有关的条件是利用所谓的人权的国际保护干涉中国内政。无条件的实施对华最惠国待遇，既符合最惠国待遇原则，又是人权的国际保护目的所需要的。

二　主要创新和学术影响

本文所研讨的问题是当时中国在国际经济交往中面临的一个重要窘境，作者从国际文件的条文和国际法的发展脉络说明了附条件给予"最惠国贸易待遇"违背了当时生效的国际法律文件，同时也不符合国际法的精神。这一观点澄清了一些模糊甚至错误的认识，对于中国后续参与"复关"和"入世"谈判的立场提供了一些理论和规则上的依据，也为基于法律规范严谨地分析国际法律问题进一步提供了例证。

《法律、契约与市场》

作者姓名：郑成良
发表期刊：《吉林大学社会科学学报》
发表时间：1994 年第 4 期
获奖情况：吉林省第四届社会科学优秀成果奖一等奖

一　篇章结构和基本观点

本文共分为三部分，分别为市场经济、法制经济与契约经济，从计划到契约——法律理念的转换和法律要为市场做些什么。经济关系的契约化是市场经济最本质的法律特征，只有沿着契约化的总体方向去追求经济关系的法制化，法律才能为市场经济的成长提供有益的服务，否则，法制化反而有可能成为市场经济发育成熟的障碍。因此，法律的理念必须实现从"计划精神"到"契约精神"的转换，把契约当作安排经济关系的首选形式。

二　主要创新和学术影响

在当时探讨市场经济时，学界流于"市场经济是法制经济"的判断。本文从市场经济的法律特征出发，突破了对市场经济的既有理解。恰当的理解有利于设计出合格的法律制度以促进市场经济的发展，否则将可能为发展设置阻碍。其观点已经为当代中国经济发展的历程所证实，成为学界的共识，因此，本文成为市场经济与法律关系研究者的必读文献。本文被《新华文摘》1994 年第 12 期全文转载。

《建立社会主义民主政治的法律体系——政治法应当是一个独立的法律部门》

作者姓名：张文显
发表期刊：《法学研究》
发表时间：1994 年第 5 期
获奖情况：吉林省第三届社会科学优秀成果奖一等奖

一　篇章结构和基本观点

本文共分为三部分，分别为政治法之客观基础——民主政治必然是、必须是法治政治；政治法之学理证成——政治法有独特的调整对象和方法；政治法之实践需要——政治生活呼唤政治法。

政治法作为一个独立的法律部门和系统的法律体系，有其现实的客观基础。这就是民主政治。因为民主政治必然也必须是法治政治。政治法之所以是和应当是一个独立的法律部门，从学理上说乃是由于政治法有独立而稳定的调整对象，即政治关系和政治行为，并有相对特殊的调整方法。提出政治法的概念，建立政治法律体系是社会主义民主政治实践和整个社会主义现代化事业的迫切需要。

二　主要创新和学术影响

本文的创新之处在于以下三个方面。第一，提出民主政治必然也必须是法治政治，主要表现为：民主政治在运作上是代议民主或间接民主，民主政治是程序政治，民主政治是一种自由的、平等的和参与的政治，民主政治也是一种整合的政治。第二，指出政治法作为一个法律部门，是由不同要素和层次所构成的庞大体系，是随着社会主义民主政治的发展而不断充实和完善的。第三，认为我国的政治法体系至少应包括以下基本层面或结构：政治主体法、政治关系法、政治行为法、政治程序法。

本文全面、系统地阐释和回应了 20 世纪 90 年代初我国社会主义民主政治的建设实践和理论需求，是我国法学界较早对于社会主义民主政治的法律化问题进行深入探讨的代表性成果之一，也是法律政治学领域的早期代表性成果。本文对于社会主义民主政治的法律体系的研究和对政治法法律部门的论证，对于思考中国特色社会主义法律体系的科学构成、促进社会主义民主的制度化和法律化，具有重要的理论意义。

《社会主义法治必须弘扬契约精神》

作者姓名： 马新福
发表期刊：《中国法学》
发表时间： 1995 年第 1 期

一　篇章结构和基本观点

本文共分为三部分，分别为契约精神的底蕴、现代法制是契约精神普遍化的结果、社会主义法治必须弘扬契约精神。本文主要观点为：现代法制与商品经济（或市场经济）所蕴含的契约精神有着内在联系。契约精神是现代法制的灵魂；契约精神来自商品经济所派生的契约关系及其内在原则，是基于商品交换关系的一般要求而焕发出的一种平等、自由和人权的民主精神。社会主义法制是作为商品交换基本形式的契约关系所蕴含的平等、自由和人权原则的制度化、法律化，其宪法也显示了在契约（含社会契约）原则和契约精神基础上形成的以"权利本位"和"义务本位"相结合为原则的法律资源配备模式和相应的权利与权力结构，因此必须弘扬契约精神。

二　主要创新和学术影响

在探讨法治建设与市场经济关系时，当时学界普遍致力于一些制度上的建构和具体问题的研究，而本文的创新在于探讨社会主义法治的市场经济底蕴，即抓住其中的契约精神探讨二者之间的关系。社会主义市场经济要求有与之相适应的现代法制，从这个意义上说，市场经济就是法制或法治经济。其深层原因在于市场经济与现代法制有不解之缘，即现代法制与商品经济所蕴含的契约精神有着内在联系，契约精神是现代法制的灵魂。这种理解已成为学界共识，也为中国具体实践所验证，产生了广泛的学术影响和社会影响。

《信仰：法治的精神意蕴》

作者姓名： 姚建宗
发表期刊：《吉林大学社会科学学报》
发表时间： 1997 年第 2 期
获奖情况： 普通高等学校第二届人文社会科学研究成果奖二等奖

一　篇章结构和基本观点

本文旨在论证信仰是法治的精神意蕴。导言部分指出法治理论发展中的缺陷可能会随着其付诸实践而出现有违法治本义的结果。第一部分通过历史的回顾和现实的考察，提出法治理论的共同性内涵及其存在的理论误区。第二部分提出法治精神内核的整体性失落。通行的法治理论对法治的理解更多地侧重形式和现象的成分，更多地具有技术性和工具性倾向，从而导致形成被动服从的消极法律秩序，而这种精神内核的失落在于通行理论往往从国家和政府的立场发出，采用一个旁观者或局外人的眼光看待法治。第三部分进一步地阐释法治的真正意蕴。法治的真正意蕴包含如下内容：法治表达了民众对法的一种神圣法律情感；法治表明社会公众普遍形成了一种崭新的对法律的高度认同态度；法治是全体社会公众共同参与的一项正义的事业；法治意味着社会公众自己替自己做主；法治意味着政府的绝对守法义务和社会公众的相对守法义务。第四部分重在揭示我国法治建设中面临的困境在于对法治情感的培育和法治精神的形成，这需要长期的过程，也需要公民不再将法律视为外物和异己的东西。最后呼吁法治的精神意蕴在于信仰，在于对法的一种虔诚而真挚的信仰。

二　主要创新和学术影响

法治在我国 20 世纪 90 年代逐步成为主流话语，但是法治实践明显存在着巨大张力，这种张力体现在法治理论及其实践中整体性精神意蕴的缺失，本文的重要创新就在于通过对法治理论及其实践的梳理揭示出法治的精神意蕴在于对法律的信仰，法治建设必须"硬件"与"软件"相互统一，而我国法治建设恰恰缺乏法治情感的培育和法治精神的形成。本文的发表产生了良好的学术影响，本文不仅是对当时关于法律信仰问题讨论的精准总结与深入反思，而且引起了学界更多人的讨论。本文在发表后被引用三百多次，获得良好的学术反响。

《法理学》

作者姓名：张文显
出版单位：高等教育出版社
出版时间：1999 年
获奖情况：吉林省第五届社会科学优秀成果奖一等奖
　　　　　首届司法部全国法学教材与科研成果奖一等奖

一　篇章结构和基本观点

本书共分为六编。第一编主要论述了法学研究与法学教育的关系、法学的研究方法、马克思主义法学的产生与发展等基础性问题；第二编主要论述了法的本体，其内容涉及法的概念、法的渊源、法的要素、法律体系、权利与义务、法律行为等问题；第三编集中探讨了法的起源和发展；第四编集中论述了法的运作，其内容主要涉及法的制定、法的实施、法律职业等；第五编主要论述了法律的价值；第六编主要论述了法与社会的关系，其内容主要包括法与经济的关系、法与政治的关系、法与文化的关系、法与和谐社会的关系等。

二　主要创新和学术影响

本书在坚持马克思主义话语体系的前提下，充分借鉴国外法学理论的普适性的概念、理论和方法，提出了构建中国特色社会主义的法学理论体系。本书紧紧围绕"法理学是法学的基础"展开论述。首先从法理学的基本论题，如法学研究和法学教育、法学的研究方法、法的本体、法的起源和发展、法的作用和价值等方面着手探讨。接着，对贯穿整个法学体系的基本范畴，如法、权利、义务、法律行为、法律关系、法律责任、法律价值等进行了解析；而且对当前法学建设的前沿问题，如法治国家、法与知识经济、法与社会的可持续发展、法的局限性与法治的代价等，进行了有意义的探索；对法理学的许多传统论题或从内容上加以拓展，或从理论上有所深化；在观念更新、体系建构、文风改善、技术规范等方面，亦有新的进展和突破；在指导思想上，高举邓小平理论伟大旗帜，加大理论创新的力度。

《我国民法应建立禁治产人制度——对完善自然人民事行为能力制度的思考》

作者姓名：李建华
发表期刊：《吉林大学社会科学学报》
发表时间：1999 年第 6 期
获奖情况：吉林省第五届社会科学优秀成果奖一等奖

一　篇章结构和基本观点

本文共分为三部分。第一部分，对现行自然人民事行为能力制度的评析；第二部分，禁治产人制度的价值分析；第三部分，我国民法建立禁治产人制度的理论构想。

本文的主要观点包括以下几点。第一，我国现行自然人民事行为能力制度没有规定禁治产人制度，因此存在诸多弊端，不利于发挥民事行为能力制度的作用，不利于对善意第三人和利害关系人的保护，有失公平。第二，禁治产人制度具有重要的立法价值。禁治产人制度能够实现对意思自治的适当、必要限制；能够实现自然人在财产上的民事行为能力与其意思能力的平衡；有利于维护善意第三人的合法权益、促进家庭和睦团结，培植良好社会风气。第三，提出了我国建立禁治产人制度的立法构想。我国应对现行立法上没有规定的意思能力欠缺之人给予禁治产宣告，并且受禁治产宣告之人为限制行为能力人。禁治产宣告的条件和程序包括：受宣告之人为达到法定成年年龄的自然人；受宣告之人须为品行恶劣、有不良嗜好，且欠缺意思能力的成年人；须经利害关系人申请，并经人民法院做出禁治产宣告。

二　主要创新和学术影响

本文的创新性和学术价值在于：第一，在国内较早地反思自然人民事行为能力制度立法的弊端，指出了现行立法划分标准过于单一、缺乏全面和综合考虑、立法技术过于僵化、适用对象的范围过于狭窄等弊端，为立法的完善找到了切入点。第二，创造性地提出了我国建立禁治产人制度的立法模式，既借鉴了国外的立法例，又对我国现有法律规定的合理性予以肯定和保留，设计出了具有中国特色的禁治产人制度。

《我国物权变动理论的立法选择》

作者姓名：彭诚信

发表期刊：《法律科学》

发表时间：2000 年第 1～2 期

获奖情况：教育部第三届人文社会科学研究优秀成果奖三等奖

一　篇章结构和基本观点

本文讨论了物权行为的内涵及其与登记和交付的关系、登记和交付与第三人的关系、物权行为无因性与公示公信力的关系等几部分内容。其基本观点为：承认物权行为的客观存在性，是普通法律行为的一种；当以债权行为为双方当事人发生物权变动的原因时，有了双方当事人发生物权变动的意思表示，并不当然地发生物权变动；这种意定行为和法定行为的结合，在双方当事人之间，法律尊重的是双方当事人的意志，法律赋予意定行为具有决定法定行为的效力。

双方当事人的物权移转行为对善意第三人来说，由于关涉社会的交易安全，此时法律赋予法定行为具有决定意定行为的效力，即赋予公示行为公信力。交付或登记行为具有决定双方当事人意定行为的效力。公示公信力是物权变动制度的灵魂。

二　主要创新和学术影响

本文的主要创新和学术影响体现在以下方面：论文首次运用了由意定行为和法定行为两部分组成的民事法律行为概念来理解物权行为的内涵，认为物权行为属于意定行为，登记、交付属于法定行为；指出物权行为是一种客观存在，是普通法律行为的一种；提出登记或交付行为只能作为物权行为的特别生效要件，而非特别成立要件；分析了把公示方法（登记和交付）视为对抗要件所存在的法律操作上的矛盾及其根源；提出了维护交易安全的法律制度的具体设计即必须把公示方法作为当事人意思表示的生效要件，从而使公示效力和意思表示的效力同步。同时，还应赋予该公示方法公信力；提出物权行为无因性与公示公信力有不同的适用范围，二者并没有必然的联系；分析并提出了否认物权行为独立性和无因性而把维护交易安全的功能委诸公示公信力的理由；提出了符合我国实践和理论实际的关于物权变动的新的立法模式。

《汉魏晋"比"辨析》

作者姓名：吕丽　王侃

发表期刊：《法学研究》

发表时间： 2000 年第 4 期

获奖情况： 吉林省第五届社会科学优秀成果奖一等奖

一 篇章结构和基本观点

关于汉晋魏时期的"比"，此前学界通行的观点是"比即比附"。本文对大量文献史料中的"比"的运用情况进行了分析，认为"比"不是"比附"，而是在各方面有普遍约束力的成例，其中经过汇编的某些"比"是具有法律约束力的判例。本文提出以下观点。第一，"比"不是"比附"。笔者依据大量史料，对诸学者论证其"比即比附"观点所列举的典型例证，如"傅所当比律令以闻"、"奇请他比"和"所欲陷则予死比"之"比"，从文意、语法结构、与上下文的关系以及史料之间的相互印证等方面进行了分析，指出了比与比附的不同性质。第二，"比"即例也。广义上的比是事例，是君臣理政处事、断案决讼的各类成例的通称，其运用较为普遍，汉魏晋史书中"依××为比"、"如××比"、"成比"、"明比"和"后以为比"等随处可见，其例证不胜枚举。第三，"比"是判例。比就狭义而言，则专指判例，是事例的一个重要组成部分，作为法律形式与律、令、科并称，是两汉时期法的一个主要渊源。

二 主要创新和学术影响

本文对汉魏晋时期广泛运用的"比"的认识有历史性的突破。首次对通说性的权威观点提出质疑，并对"比"的性质及在实践中的运用方式等进行了专门的探讨与系统的分析论证。

《法哲学范畴研究》

作者姓名： 张文显

出版单位： 中国政法大学出版社

出版时间： 2001 年

获奖情况： 首届司法部法学教材和法学科研优秀成果奖一等奖

一 篇章结构和基本观点

本书除"绪论"外共 14 章，总体上分为三部分。第一部分主要论述了法哲学的基本范畴，包括法、法律行为、法律关系、法律责任、法治、法律价值、法律文化、法律发展；第二部分主要论述了法哲学的中心范畴，包括权利和义务的范畴的生成和演化、权利和义务的法哲学界定、权利和义务作为法哲学中心范畴的依据；第三部分主要论述了法哲学的基石范畴，包括权利作为法哲学基石范畴的辨析、法哲学研究范式的转换、权利本位范式的理论价值和实践运用。

本书以辩证唯物主义和历史唯物主义为指导，综合运用语义分析、历史考察、价值分析等方法，对范畴和法学范畴进行了全方位的哲学分析，对法哲学的基本范畴、中心范畴、基石范畴做了层层深入的科学分析，在此基础上，提出并论证了当代中国法哲学的研究范式及其转换。

二　主要创新和学术影响

本书认为，在权力与权利的关系上，权利是权力的根源，二者是本源与派生的关系。权力来源于权利，服从于权利。权力应以权利为界限，必须受权利制约。所以，应以权利而不是权力为本位。本书创造性地提出以权利和义务为中心构建我国法学理论的范畴体系，并指出权利是法哲学的基石范畴，我国的法哲学研究必须实现研究范式的转换，即从阶级斗争范式转向权利本位范式。探讨权利本位范式的理论价值和实践运用，包括权利本位范式中的法律本质论和价值论、权利本位范式中的公法和私法的关系、权利本位范式中的契约自由、权利本位范式中的人文精神、权利本位范式中的法律推理、权利本位范式中的法治、权利本位范式中的权利与权力的关系、权利本位范式中的人权。

《行政规章研究》

作者姓名： 崔卓兰　于立深
出版单位： 吉林人民出版社
出版时间： 2002 年
获奖情况： 吉林省第六届社会科学优秀成果奖一等奖

一　篇章结构和基本观点

本书的篇章结构包括，序言："析权"——行政法学研究的新视角；第一章行政规章的概念界定；第二章行政规章的性质解析；第三章行政规章制定权；第四章行政规章裁量权模式；第五章行政规章程序设置；第六章行政规章监督机理和机制；第七章行政规章民事法源地位；第八章行政规章管制功能分析。

本书的基本观点包括：中外"行政规章"的语义和制度存在差异，界定和识别"行政规章"必须从行政规章构成要素（主体、依据、事项或范围、称谓）入手。在性质和逻辑上行政规章具有法律身份，是有限立法和执行立法。中国行政规章制定模式的范式正朝着"从行政思维方式到法律思维方式"等七个方向转变。中国行政规章裁量权模式正发生变迁，有必要构筑新的分析框架。行政规章的制定程序和相关程序具有多元性。深入地剖析瑕疵规章的形态及其成因。应重视行政规章的民事法源问题。行政立法产生的管制效果需要实证分析。

二　主要创新和学术影响

本书的主要创新体现在：对行政规章概念和性质的梳理和探讨；对真实世界行政立法实践的关注与分析；通过对美国政府管制理论的评述与借鉴，剖析了成本效益分析方法在行政规章制定和实施中的运用。

本书的学术价值体现在：透过分析法学的方法论，为行政立法研究树立了"析权"的新视角，运用成本效益分析方法，开辟了国内实证研究行政立法的先河。

《论中国民法的现代性问题——民法典立法基调前瞻》

作者姓名：李建华　蔡立东　董彪
发表期刊：《法制与社会发展》
发表时间：2002 年第 1 期
获奖情况：吉林省第六届社会科学优秀成果奖一等奖

一　篇章结构和基本观点

本文共分为三部分。第一部分，民法现代性问题及其具体表现；第二部分，中国民法现代性问题的独特背景；第三部分，中国民法现代性问题的缓解。

本文的主要观点包括以下三个方面。第一，法治现代化的核心是对形式合理性的追求和张扬，现代民法以抽象人格为逻辑前提，以民法典为基本载体，以普适主义的普遍性知识消解地方性知识。中国民法独特的现代性问题突出地表现在：现代化的民法制度与人民生活的隔膜；现代化的民法话语与人民生活的乖张。第二，中国民法现代性问题具有自己的独特背景。中国民法的现代化是我们既定的选择，存在着历时性问题共时性解决的窘迫。第三，在民法典层面缓解中国民法的现代性问题，需要调整价值取向，为法律追求的形式合理性确立合法性。取向生活，从生活实践中发掘形式合理的规则。关注本土，践行本土化法治。发挥一般条款的作用，以法官的能动性调和民法典的刚性。

二　主要创新和学术影响

本文的立法建议在理论上和实践上具有重要意义。第一，准确而深刻地揭示了民法的现代性问题，尤其是中国民法面临的独特问题。强调了在制度引进过程中，兼顾本土资源、避免精英话语权扩张的必要性。第二，针对中国民法面临的现代性问题，提出了具有全局性价值并兼顾实践操作性的对策，为我国民法典的制定提供了一种积极、客观、务实的立场。第三，本文在研究方法方面注重采用历史法学的方法，具有强烈的中国问题意识。

《马克思主义法理学——理论、方法和前沿》

作者姓名：张文显

出版单位：高等教育出版社

出版时间：2003 年

获奖情况：第二届司法部法学教材与科研成果奖一等奖

一　篇章结构和基本观点

本书以马克思主义的世界观和方法论为指导，以理论创新为宗旨，以专题研究的方式，深入探讨了法理学研究中的重大理论、方法和前沿问题。具体内容包括法学方法论、法律方法论、法学范畴论、法律本体论、法律发展论、法律运行论、法律价值论、法律文化论、权利义务论、人权论、法治论、法律责任论、法律职业论、法律程序论和法律全球化论。

二　主要创新和学术影响

本书坚持以发展着的马克思主义为指导，通过引证大量的原始文献对马克思主义法理学进行思想史的分析，展现其真实的理论面目和理论魅力，而不是将其简单化和意识形态化。马克思主义法理学是与时俱进的，本书的研究和写作志在展现其理论体系的开放性，而不是将马克思主义法理学看成一个僵化而封闭的体系。本书一方面，既坚持马克思主义的基本理论，又借鉴包括马克思主义理论在内的西方法理学的既有研究成果；另一方面，结合马克思主义法理学的基本理论对我国当代社会实践中的重大现实问题以及在此基础上产生的重大理论问题进行了研究。本书增加了许多以往相关教材所不曾有过的内容或不曾做过详细论证的内容，比如关于法律全球化的研究。在写作体例上，也突破了传统教材的写作方式，采用专题研究的形式，选取马克思法理学领域中的 15 个重大的理论和现实问题进行深入的专题研究。

《权力场——中国政治的智慧》

作者姓名：霍存福

出版单位：沈阳出版社

出版时间：2003 年

获奖情况：教育部第四届中国高校人文社会科学研究优秀成果奖三等奖

一　篇章结构和基本观点

本书共分为三篇。皇帝篇分"躬亲庶务型与委任责成型"和"操术任使型与推诚委任型"两章，宰相篇分"宰相的地位、职分和权力"、"为相之道"和"相相关系"三章，官吏篇分"长吏躬亲型与委务僚佐型"、"温和感化型与严厉督责型"和"拘执法吏型与弘通儒吏型"三章。

本书的基本观点包括：先秦诸子均褒扬君主委任责成而反对事必躬亲；操术任使是法家推崇的权力方法、手段，儒家赞赏推诚委任。为相之道的内容之一是宰相辅佐君主，但佐助与限制共存；为相之道内容之二是宰相委务百官。长吏躬亲或为权力触角延长，或为权力独揽；委务僚佐存在权力分解，并以授权表示为必要条件。温和感化有推功揽罪等具体方法，严厉督责则以明察、用术为特征，并以杖罚为保障。拘执法吏是法家法治精神的产物，弘通儒吏是儒家对法吏的改造，中间以黄老的清静无为作过渡，反映了各家思想先后用世的经历，体现了正、反、合的辨证发展过程。

二　主要创新和学术影响

本书的主要创新体现在：树立了权力行使的规律与规则概念，客观地描述了权力行使类型理论对各类领导者的引导、制约、影响作用；从技术层面对权力行使问题进行研究，使其具有科学形态。将权力置于互动的"场"中来认识，提出了权力行使的"场定律"、"场效应"及"权力行使规则"等概念。

本书的学术价值体现在：立意上不以揭示官场黑暗、险恶为宗旨，而以关注如何行使权力才科学、合理、技术乃至艺术为依归，展示中国文化中富于灵气、饱含灵性、充满活力的一面。将"权力行使类型理论"与现代法理学中的正义、效率、公平、秩序等论题联系起来，赋予传统以现代意义。

《刑法的立法解释论》

作者姓名： 徐岱

发表期刊：《吉林大学社会科学学报》

发表时间： 2003 年第 6 期

获奖情况： 吉林省第六届社会科学优秀成果奖一等奖

一　篇章结构和基本观点

本文共分为三部分：刑法的立法解释的法理基础、刑法的立法解释的原则、刑法的立法解释之扩张解释方法。

本文认为，刑法的立法解释作为刑法解释的一个分支，带有明显的中国特色的标签，是指最高立法机关对法律条文和法律事实所做的有权解释。其在运作过程中，需要从三个方面加以梳理和细化：一是巩固刑法的立法解释的法理基础；二是弘扬刑法的立法解释的合目的性原则；三是界定刑法的立法解释的扩张解释方法。由此达到刑法恰如其分地适用之目的。

二　主要创新和学术影响

本文创新性地从刑法立法解释的法理基础进行阐释，提出刑法立法解释的原则是合目的性原则并做出精辟分析，创新性阐释刑法立法解释之扩张解释方法。论文对刑法立法解释提供了新的思路和途径，充实了刑法立法解释的理论研究，具有一定的学术价值。

《重思公司资本制原理》

作者姓名：傅穹
出版单位：法律出版社
出版时间：2004 年
获奖情况：吉林省第七届社会科学优秀成果奖一等奖

一　篇章结构和基本观点

本书共分为四部分：导论、公司资本制度的基本原理、公司资本信用悖论下的资本形成规则、重思公司资本维持原则与规则设计。

本书的基本观点是：公司本质的不同认知影响政府作为公权介入私人游戏空间的尺度，左右公司立法秉承的理念，达致不同的公司资本制度安排。有限责任是以对公司资本进行规制为代价换取的。公司资本制与有限责任机制之间，存在一种互为代价的关联性。有限责任与公司法人格，是公司资本制度生成的动因。公司资本规则应蕴含"效率、公平、平等、安全、合理"价值观。"公司以资本为信用"，是一个缺乏会计常识与商事实践支撑的流行误解；各国公司法检讨报告与资本市场的经验告诉我们：一个公司成立时的资本多寡，这对保障债权人利益早已无足轻重。本书提出"公司资本信用悖论"命题。我国应允许公司发行类别股份，给公司以更宽阔的融资渠道。重思公司资本维持原理，检讨"从资本维持到资产维持"的主张，并逐一分析资本维持原则下的一系列否定性子规则：公司减资规则、公司转投资限制规则、公司借贷与担保规则、公司分配与回购规则。我国公司资本制，应设计合理的"股东除名、股东退股、股权转让"规则。

二 主要创新和学术影响

就选题价值而言，本书反映的是一个兼容公司法理论与资本市场实践的通用话题，是一个在全球国际竞争背景之下的现实话题，是一个在我国经济转轨过程中，如何应对本国商业实践发展与需求的应时话题。

就创新价值而言，本书在具体而细致地归纳域外既有的公司资本制度规范模式的前提下，形成了作者对公司资本的独到理解，譬如对授权资本制度的精髓与功能的理解、对公司资本信用悖论的解析，对从公司资本维持到公司资产维持的趋势的认知等。

《关于刑事责任的若干追问》

作者姓名： 张旭

发表期刊：《法学研究》

发表时间： 2005 年第 1 期

获奖情况： 吉林省第七届社会科学优秀成果奖一等奖

一 篇章结构和基本观点

本文分为三部分：刑事责任的体系定位与其价值认知的关系；刑事责任根据的解读；为什么要关注刑事责任。

本文的基本观点是：提出了"改造模式"，主张应采取"改造模式"解决刑事责任的定位问题。所谓"改造模式"，就是突破刑法学的既有框架，以刑事责任为主线重新构筑刑法学的体系；刑事责任根据的哲学前提不同于刑事责任根据本身；刑事责任的理论根据不同于刑事责任的事实根据；刑事责任的事实根据不同于加重、减轻刑事责任的事实根据；关于刑事责任地位的意义。

二 主要创新和学术影响

本文的主要创新和学术影响主要表现在：在刑事责任的定位问题上，第一次提出了"改造模式"，主张应采取"改造模式"解决刑事责任的定位问题。"改造模式"的提倡也有利于进一步对刑事责任与刑罚的差别明确化，而两者差别的明确化有助于刑事制裁体系科学化、合理化，有助于打防并举的刑事政策形成。本文建议在修改刑事诉讼法时，明确区分"不追究刑事责任"与"免予追究刑事责任"及"免除处罚"，严格将不同的事由区分开，以便与刑事责任相关用语的使用更加准确、科学。刑事责任的事实根据不同于加重、减轻刑事责任的事实根据，作为具体刑事责任能否产生的事实根据与影响刑事责任程度的其他事实回答的是两个完全不同的问题。符合犯罪构成的行为事实是刑事责任最主要、最基本的根据，而犯罪构成以外的其他对刑事责任有意义的事实则是一种补充和辅助的根据。

《一物二卖的救济与防范》

作者姓名：马新彦
发表期刊：《法学研究》
发表时间：2005 年第 2 期
获奖情况：第五届高等学校科学研究优秀成果奖（人文社会科学）二等奖

一　篇章结构和基本观点

本文共分为四部分：一物二卖的成因；一物二卖的债权法救济；外国法上一物二卖之对策；我国物权法对一物二卖的对策。

本文的基本观点是：一物二卖在任何一个所有权变动模式下均不可杜绝，债权法上的救济具有事后补偿性和救济的局限性。解决一物二卖的问题，非单一债权法的救济所能成就。借鉴外国法上的有利经验，将物权法对于防范一物二卖，以及于一物二卖出现时对均无过错的买受人的利益做价值判断与价值选择等功能有效地与债权法上救济手段进行整合，进而形成我国对一物二卖救济与防范的完整制度体系。

二　主要创新和学术影响

本文的主要创新表现在：对一物二卖的成因提出创建性观点。一物二卖是债权契约成立与所有权变动的时间差所致。对物权法与债权法防范与救济功能予以创新性的定位。对于一物二卖实际上法律所能做到的有三点：其一，防范一物二卖的发生；其二，一物二卖一旦发生，在若干买受人之间进行价值选择；其三，在对有过错的一方当事人予以一定制裁的同时，对无辜受到损害的买受人予以一定的经济补偿。债权法上对策的所有功能在于其三，而前二者只有物权法上的制度方能成就。为防范与救济一物二卖构建创建性的制度体系。从具体制度构建的方面提出我国解决方法中应建立转交付制度和优先权制度。

本文的学术价值表现在：第一次彻底分析一物二卖在各种物权变动模式下的成因，为在理论上与制度体系上寻找防范与救济手段奠定了坚实的基础。首次理顺物权法与债权法对防范与救济功能位阶，并揭示物权法的功能在现代法上的扩张——非仅局限于传统法静态安全的保护，更有动态安全的保护，为构建防范与救济一物二卖的制度体系寻找原则性根据。借鉴美国财产法提出适合于我国国情的制度构建上的创新性意见对于解决一物二卖给予了确定的答案和有益的思路。

《公司自治论》

作者姓名：蔡立东
出版单位：北京大学出版社
出版时间：2006 年
获奖情况：吉林省第八届社会科学优秀成果奖一等奖

一　篇章结构和基本观点

本书以将公司制度全面还原为当事方合同关系为理论线索，证成了公司制度生成的基本路径应为公司自治，诠释了公司法对于公司制度生成的有限功能，提出了中国现代企业制度建设的理论方案。

二　主要创新和学术影响

本书以方法论个人主义为理论立场，聚焦于反思中国建立现代企业制度实践中出现的正式制度与商事生活实践样式严重背离这一问题，直面我国公司实践中存在的根本问题，以反思和批判中国建立现代企业制度的实践为基调，总结了公司制度生成的历史逻辑，得出了"公司制度从来就是人们自发行动的结果，而非国家建构的产物"的结论。在此基础上，遵循历史与逻辑相统一的研究进路，对理论上关于公司（法人）本质的承诺进行了批判性回顾，提出了公司的本质是合同网络。以公司的合同理论作为本书的理论立场，经由契约自由的正当性这一中介，论证了公司自治的正当性，证成了公司制度应由当事各方自发互动而形成的论断。本书是对建立现代企业制度之"中国难题"进行理论诠释和理论解答的代表作，奠定了中国公司法转型的理论基础，提供了这一转型的具体路径。

《信赖原则在现代私法体系中的地位》

作者姓名：马新彦
发表期刊：《法学研究》
发表时间：2009 年第 3 期
获奖情况：吉林省第八届社会科学优秀成果奖一等奖

一　篇章结构和基本观点

本文共分为四部分，前三部分分别为信赖原则是私法体系中的基本原则、信赖原则是私法体系中独立于诚实信用原则的基本原则、信赖原则是私法体系中居于统治地位的基本原则。文章的结论部分揭示信赖保护是现代法全球性与标志性的发展趋势，呼吁我国应尽早将作为现代法所构筑制度体系基石和指南的信赖原则法典化。

二　主要创新和学术影响

本文对信赖原则的概念提出创新性观点，澄清了信赖原则与其指导下的规则之间的模糊认识，指出无论信赖原则是否被法典化，它已经是制定法所构筑制度体系的基石与指南；首次通过对信赖原则立法准则性功能的阐述、信赖原则独特的作用领域的考察，以及信赖原则与诚实信用原则之间冲突的分析，论证信赖原则是独立于诚实信用原则的基本原则；首次通过对信赖原则适用领域的宽泛及其价值位阶的论证，揭示信赖原则在私法体系中的统治地位。由于诚实信用原则在私法体系中的地位被学界不实地夸大，致使很多学人将信赖原则视为诚实信用原则的附属内容，忽视了信赖原则在私法体系中的独立地位，模糊了信赖原则与其指导下的规则的界限。本文的创新性研究澄清了理论研究的误区，填补了理论研究的空白；现代法最标志性的特征之一是将信赖原则置于高于自由原则甚至是诚实信用原则的价值位阶。本文的独创性研究为未来民法典的制定，以及整个私法体系的完善和成熟做出了应有的贡献；信赖原则尽管尚未成文法化，但它已经是制定法所构筑制度体系的基石与指南。这一研究结论对于解决实践中的棘手案件具有重要的意义。

《信息不充分条件下的立法策略——从信息约束角度对全国人大常委会立法政策的解读》

作者姓名：黄文艺
发表期刊：《中国法学》
发表时间：2009 年第 3 期
获奖情况：吉林省第八届社会科学优秀成果奖一等奖

一　篇章结构和基本观点

本文共分为五部分，首先阐述了立法具有高度的信息依赖性，只有通过各种方式和渠道获得有关领域的较为充分和可靠的信息，立法机关才能在该领域内制定出具有权威性和可行性的法律；其次讨论了改革开放事业所面临的知识、经验、信息的匮乏对立法政策的影响，如在立法形式上，立法者不可能像社会所期待的那样开展大规模的法典编纂运动，而只能根据现实的需要和可能从零散的单行法开始；再次指出社会大变革对立法政策的影响，使得立法者获取有效信息的难度和成本增加，解决新问题所需的信息量大幅度增加，立法难以简单地汲取西方的现存经验等；复次讨论国家幅员辽阔对立法政策的影响，因此，立法采取"法律不宜太细"的政策，鼓励地方先行立法的政策等；最后提出知识和信息的分散性对立法政策的影响，因为市场经济是建立在知识和信息分散在无数个人之手的事实基础之上的，并保障个人利用其掌握的独一无二的知识和信息做出各自决策的自由，因此采取群众路线、授权立法（包括特别授权、法条授权和隐形的授权立法）等。

二　主要创新和学术影响

本文的创新和价值在于认为：信息约束是立法者选择立法政策和开展立法活动的重要约束条件。由于改革开放事业本身面临着严重的知识、经验和信息匮乏的问题，急剧的社会变革和转型又导致可靠而有效的知识、经验和信息的短缺，再加上国家幅员辽阔所带来的地方信息的高度分散性和信息搜集成本高昂等原因，立法信息不充分（匮乏）成为制约全国人大常委会立法工作的最大约束条件。从这一约束条件出发，本文重新解释了为法学界所广泛批评的全国人大常委会诸多立法政策的实践合理性，并认为这些立法政策是中国立法者在各种现实的约束条件下所做出的理性的或近乎理性的选择。

《论刑法解释学的独立品格》

作者姓名： 徐岱
发表期刊：《法学研究》
发表时间： 2009 年第 3 期
获奖情况： 吉林省第八届社会科学优秀成果奖一等奖

一　篇章结构和基本观点

本文共分为三部分：刑法学视域下的刑法解释学、刑法解释学的学科独立品格、刑法解释学独立品格的展开。

本文认为，刑法解释学属于广义刑法学的一个核心分支学科，并具有自身独立的学科品格。其独立的学科品格包括刑法解释权、刑法解释行为和刑法解释结论三个内在的学科独立基本要素以及狭义刑法学无法涵盖刑法解释学、广义刑法学本身已昭示了刑法解释学自身的独立性、刑法解释学的产生和发展遵循法学学科独立的一般性规律三个外在的学科独立条件。倡导刑法解释学的学科独立品格，价值在于：推进刑法学的学科应用功能；纠正刑法学研究者热衷于铸造恢宏的概念化法学架构而忽视刑法应用实效研究的倾向；彰显刑法解释学价值判断的实践属性。

二　主要创新和学术影响

本文创新性在于：提出在刑法学视域下审视刑法解释学的观点、提出刑法解释学具有独立的学科品格观点、建构刑法解释学的基本内容。文章关注和提倡刑法解释学的学科独立性意味着复原和提升了刑法学的学科应用属性，折射着个案诉求合理、合法解决基础上的刑事法治发展，应视为一种积极的学术追求。本文倡导刑法解释学的学科独立品格，是基于刑法学的学科理论价值和应用价值的二重结合，基于刑法学的立法公正理念与具体案件事实相契合的追求，基于刑法的正义性、安定性和合目的性的终极目标的实现，而这些恰恰为刑法解释作为一门学科独立开辟了所需要的生存空间和适用场域。

《现代私法上的信赖法则》

作者姓名：马新彦
出版单位：社会科学文献出版社
出版时间：2010 年
获奖情况：吉林省第九届社会科学优秀成果奖一等奖

一　篇章结构和基本观点

本书共分为十部分，即信赖法则概说（包括信赖利益的界定、信赖法则之界定、信赖法则与信赖原则、信赖法则之目的价值等内容）、英美法信赖法则的产生、大陆法系信赖法则的产生、信赖法则的正当性研究、信赖法则的适用、信赖法则的构成要件、信赖法则的法律后果、信赖法则在公法上的扩张、信赖法则的理论梳理、我国立法中的信赖法则。

本书将英美法上的允诺禁反言原则与大陆法系的外观主义法理基础上形成的表见规则统称为信赖法则。主张信赖法则在私法体系中地位的确立是私法领域里的一场革命，是从将意思自治奉为至上的传统法向现代法转变的标志，是现代法的发展方向和里程碑。对两大法系信赖法则的适用范围、逻辑结构、法律后果等一系列问题进行首创性深入研究后主张两大法系信赖法则的融合是全球化时代法律全球化的表征，我国民商法应当汲取两大法系信赖法则之精华，在未来民法典和商事立法中予以准确定位和恰当落实。信赖法则是信赖原则指导下的规则体系，应确定为民法典中的一般条款。

二　主要创新和学术影响

本书以最原始和翔实的资料对两大法系信赖法则产生的历史背景、历史渊源等进行了研究，将以最大限度地保护合理信赖为正当性理由与根据，以与常态法或正统法的悖向性规定为共同特征，以期待利益的实现补偿信赖利益损失为共同属性得以聚合的规则体系，界定为"信赖法则"，对两大法系的信赖法则、信赖原则与信赖法则、信赖法则与缔约过失规则、私法上的信赖法则与公法上的信赖法则等问题进行理论梳理，对信赖法则在现代法的里程碑作用，对信赖法则在我国未来立法中定位的认定等均为本书的首创性研究，具有填补理论研究空白之贡献。本书研究所具有的独创性、系统性和时代性，必将为未来民法典及其他民商事法律的完善和成熟做出应有的贡献。

《法律的政治逻辑阐释》

作者姓名：姚建宗
发表期刊：《政治学研究》
发表时间：2010 年第 2 期
获奖情况：第六届高等学校科学研究优秀成果奖（人文社会科学）三等奖

一 篇章结构和基本观点

本文共分为四部分，分别分析讨论政治作为法律的存在根基、政治作为法律的现实目的、政治作为法律的实践背景、政治作为法律的发展动因四个问题。

本文从法律本身的产生和存在、从古今中外全部法律制度的实际内容，以及所体现出来的法律与政治之间的彼此应和与互动，揭示了法律的存在根基在于政治；从法律始终直接与间接地为政治服务并无从逃脱政治的这种根本性的束缚与控制、从政治文化与政治传统对于法律的形式与内容具有直接的制约和影响，说明了法律的现实目的即为政治；从法律完全可以被视为政治的一部分或者政治的另一种表达方式与表现形式，法律的任何形式的实践运作既不可能真正摆脱政治的纠缠而成为纯粹的自治与自主实践，而且其本身也是一种独特的政治实践，政治不能不成为实际的法律实践运作的背景与重要考量因素，对政治作为法律的实践背景做了说明；从利益尤其是公共利益的保护以及基于公共利益的公共事务的维持来看，现代社会的这种政治需求在很大程度上确实是由法律来担当和承受，政治是一个社会或者国家法律的制度及其实践运作、法律的思想观念与精神原则的发展的促动、制约与控制因素，政治的情势即政治现实与现实政治对于法律的实质性内容和法律的形式方面的发展与进步也具有非常重要的影响，论证了政治乃是法律的发展动因。

二 主要创新和学术影响

我国学术界认同法律与政治具有紧密联系，但我国法学界的主流观点是承认政治与法律的联系是事实上的而非本质上的联系，认为中国法治进步的要旨在于"去政治"、"弱化政治"或者"淡化政治"。本文意在揭示和表达法律与政治的逻辑关系和事实关系的另一个面向，即法律的存在和运作实践所包含的基于逻辑和事实的政治决定性与政治制约性，法律与政治具有本质上的必然联系，从而纠正我国法学界主流观点的偏颇与含混。

《非全日制用工养老保险的立法模式选择——以中日比较为视角》

作者姓名：冯彦君　王丹丹

发表期刊：《当代法学》

发表时间：2010 年第 6 期

获奖情况：吉林省第九届社会科学优秀成果奖一等奖

一　篇章结构和基本观点

本文共分为四部分：第一部分，制度结构上的双层模式与单层模式；第二部分，计发标准上的统一模式与分割模式；第三部分，制度功能上的多元化与单一化；第四部分，征缴方式上的税制模式与费制模式。

本文从比较研究的视角，系统深入地剖析了中日两国在非全日制用工养老保险立法模式选择上的殊异，在客观评析了日本"双层、统一、多元、税制"模式的基础上，指出我国目前非全日制用工养老保险所实行的"单层、分割、单一、费制"立法模式的缺陷。明确指出，随着经济的发展，我国和日本的养老保险法律制度都呈现保险范围日益拓宽、制度层次渐趋多元、待遇水平不断提高的共同特点。日本养老保险制度体系虽然具有多元立体、覆盖面广的特点，但也暴露出养老保险金支出增长过快、财政负担过重等问题。中国应努力完善养老保险制度，但以国情而论，目前尚无法达到日本那样的高福利保障水平。应该合理借鉴日本的立法技术和制度设置方略，尽快将非全日制用工养老保险纳入法制化轨道，逐步建立起保险金计发标准统一、社会功能多元、资金储量丰沛、体现代际公平的双层次非全日制用工养老保险立法模式，早日实现中国养老保险制度"覆盖全体劳动者"的社会保障法制目标。

二　主要创新和学术影响

本文在资料、方法和见解三方面都有所创新：第一，翻译和使用了一些日文原版资料，文献资料具有突出的新颖性和权威性；第二，着眼于制度功能之探寻，系统运用了比较研究的方法，并合理展开解释论与立法论两个视角的分析；第三，提出了符合国情又顺应潮流的我国非全日制养老保险立法模式选择的理想图景。

《内幕交易惩罚性赔偿制度构建》

作者姓名：马新彦

发表期刊：《法学研究》

发表时间：2011 年第 6 期

获奖情况：第七届高等学校科学研究优秀成果奖（人文社会科学）三等奖

吉林省第十届社会科学优秀成果奖一等奖

一　篇章结构和基本观点

本文共分为四部分。第一部分为惩罚性赔偿的损害填补功能。第二部分为内幕交易惩罚性赔偿制度构建的理论前提。第三部分为内幕交易惩罚性赔偿制度构建的立法先见。第四部分为内幕交易惩罚性赔偿制度的框架结构。

损害填补功能是惩罚性赔偿制度的正当性基础，所赔损害是无法用金钱计算的社会整体利益损害。内幕交易因将内幕人的获益全部转嫁为一般投资者的损失而导致的社会整体利益的损害由惩罚性赔偿制度解决恰到好处；学者因原告的损失与内幕交易行为之间的因果关系的难以认定而质疑民事责任的正当性，而支持民事责任者主张采用因果关系推定规则适用一般侵权责任存在理论障碍。而惩罚性赔偿制度是摆脱传统一般损害赔偿的理论困境的唯一有效方式。我国台湾和美国证券交易法的立法及司法实践已经证明内幕交易惩罚性赔偿制度的正当性与有效性。我国内幕交易惩罚性赔偿制度设计为：当日，善意从事与内幕交易反向交易的投资人有权向内幕交易人请求其买入或卖出价格与消息公开后合理时间内收盘平均价格之间差额合理倍数的损害赔偿。

二　主要创新和学术影响

本文以惩罚性赔偿的损害填补功能的研究为基础论证惩罚性赔偿的正当性，为内幕交易惩罚性赔偿制度构建奠定了坚实的理论基础；以对内幕交易所导致的社会整体利益损害的科学论证，解决了因果关系认定的难题；对我国台湾的内幕交易惩罚性赔偿制度进行了历史性、现实性考察；构建了我国内幕交易惩罚性赔偿制度，填补了制度研究与理论研究的空白。

本文以学科交叉研究的方法，以民法的制度解决商法的制度难题，并以法哲学的研究方法，透过现象研究事物的本质，提出奠定理论基础的重大结论；以对先进立法的比较研究，为制度构建提出有效方案。

本文发表之后受到社会的关注与学界的好评，被《新华文摘》全文转载，先后获吉林省第十届社会科学优秀成果奖一等奖、长春市社会科学优秀成果奖一等奖。

《知识经济与法律制度创新》

作者姓名：张文显

出版单位：北京大学出版社

出版时间：2012 年

获奖情况：入选"国家哲学社会科学成果文库"

一　篇章结构和基本观点

本书共分为三部分。第一部分知识经济与法制创新的基本理论。作为理论总揽，本部分主要探讨知识经济的基本要义，知识经济背景下法制创新的基本动因、价值取向和主要内容，作为知识经济进程中的基本秩序模式，自由市场机制、政治规制机制、公共自主机制的基本内容及其具体制度框架等。第二部分知识经济与信息权利。针对信息权利这一知识经济与法制创新的核心范畴，本部分一方面形而上地讨论信息权利的正当性证成问题，另一方面，形而下地讨论知识经济时代中有关信息权利和基因知识产权的特殊制度安排。第三部分知识经济与中国知识产权发展。本部分从法理学角度对中国知识产权进行理论反思，从中国知识产权所面临的困境入手，对造成这些困境的原因进行剖析，并尝试为当下中国知识产权和知识产权战略所面临的困境提供一种解决思路和理论支持，为中国知识产权发展提供适宜的路径。

二　主要创新和学术影响

本书的创新之处在于以下几点。第一，建构知识经济与法制创新的基本理论，从而为知识经济时代下的法制创新实践提供理论根基。第二，凝练和解析知识经济和法制创新的核心范畴，以信息权利为例揭示了知识经济对权利理论形成的推进，洞悉知识经济时代下法制创新的核心命题。第三，确立当代中国知识经济与法制创新的发展路径。中国知识产权所面临的困境主要是民众普遍众意性侵权严重、全球知识霸权压制、发展的迷茫和理论的空虚等。我国需要借鉴其他国家知识产权发展的经验，在知识产权立法、执法和司法保护相结合的前提下，发展知识产权司法保护的主导作用，探寻中国知识产权自主发展之路。

本书的部分内容和基本观念被学界所广泛接受、认可和采用，并在一定程度上对我国知识经济进程中的立法、执法、司法和法学教育起到了咨询参考作用，对我国知识产权体系形成、知识产权战略发展、知识产权法制建设、国际国内两个层面的法治实践和中国知识产权发展具有积极意义。

《法学研究及其思维方式的思想变革》

作者姓名：姚建宗
发表期刊：《中国社会科学》
发表时间：2012 年第 1 期
获奖情况：第七届高等学校科学研究优秀成果奖（人文社会科学）二等奖

一　篇章结构和基本观点

本文共分为六部分，即问题的缘起、法学研究的类型甄别及其思维方式的分殊、法学中的法律理论研究及其思维方式、法学中的法律工程研究及其思维方式、法学研究及其思维方式思想变革的意义和结束语。

从根本性的研究旨趣及其思维方式的不同与差别来看，法学研究在事实上确实可以分为两种类型：法学中的法律理论研究和法学中的法律工程研究。

法学中的法律理论研究是以揭示法律这种独特的社会现象与制度架构的"规律"、阐释法律这种独特的社会现象与制度架构的"道理"为旨趣和目的的一种思想活动，规律导向、纯化价值立场、逻辑化、观察式的思维是法学中的法律理论研究在思维方式上所具有的典型特点。而法学中的法律工程研究乃是立足于真实的人的生活，充分考量人的生活目的，以一定的法律价值、社会价值和政治立场为路径控制根据，以达到理想的法律生活境界为指向，通过运用法学中的法律理论研究的成果即有关法律的"规律"和"道理"，同时综合运用其他各种人文社会科学理论资源、一系列相关的社会因素和条件等所构成的历史与现实材料，以实际的社会效用与法律效果为指标，思考、设计和建构理想的法律制度框架的思想操作活动，问题和需要导向、创造性、主体价值观引领或参与式、非逻辑化、整体性、效果指向的思维是法学中的法律工程研究在思维方式上所具有的典型特点。

二　主要创新和学术影响

本文首次将中国哲学界特别是工程哲学和实践哲学的既有研究成果（理论与方法）引入法学研究中，首次对法学研究及其思维方式进行了学术旨趣和学术功能的规范化区分。本文提出的法学中的理论研究和工程研究及其思维方式的分殊，在思维方式和方法上，将有力地深化法学中的理论研究在思想和理论方面的学术性，也将使法学中的工程研究更加注重实践操作可行性设计，从而推动法律理论的发展，推动法律实践的进步。本文的基本学术思想和观点的阐释，为我们认真反思和重新审视中国吸取国外法学中的思想理论资源和工程设计与实践模型建构的思想资源，更为科学有效地吸收人类法律文明的优秀成果，提供了一个崭新的视角。

本文的基本学术思想和观点的阐释，将极大地促动中国法学学术传统的形成，大大促动中国科学合理的法学学术评价标准的确立。本文为法学研究的功能区分提供了规范化的思想指引，有助于推动当代中国法学的理论进步，有助于我国法学学术研究传统的形成和法学学术评价标准的确立，有助于中国特色社会主义法治建设实践的进步，也为重（再）思西方法律哲学中各种法学流派的理论论争提供了一种崭新的视角，特别是有助于澄清在吸收人类法律文明共识中对西方法律理论以及法律实践方面的误解。

《地方人大监督权论》

作者姓名： 任喜荣
出版单位： 中国人民大学出版社
出版时间： 2013 年
获奖情况： 吉林省第十届社会科学优秀成果奖一等奖

一　篇章结构和基本观点

本书共分为九章：第一章，地方人大监督权力运行的制度背景；第二章，监督权的基本理论；第三章，地方人大监督制度的内在结构；第四章，监督权的主体；第五章，监督的对象；第六章，监督权的启动机制；第七章，监督的法律形式与后果；第八章，财政预决算监督；第九章，以制度研究为重心的宪法学（代结语）。

本书全景式地展现地方人大监督权力运行的基本制度背景，通过分析中央与地方的权力博弈、地方权力运行的新的环境要素、地方利益的自我维护以及地方权力的扩张，为充分把握我国地方人大监督权力的运行提供了制度基础。本书深入分析监督权力的基本原理，多角度研究了监督权的多元解释路径、不同宪政体制下的监督权、人大监督权的内在构成及其价值诉求。本书对地方人大监督制度内在结构进行立体解析，展现了人大监督权作为一种"被分割的权力"的现实。对地方人大监督权力运行的制度细节进行了研究，具体包括监督权的主体、监督的对象、监督权的启动机制、监督的法律形式与后果、财政预决算监督等。最后分析了制度研究对宪法学学术发展的意义。

二　主要创新和学术影响

本书将地方人大监督权放到地方权力运行的整体背景中进行研究，通过全景式展现地方人大监督权力运行的基本制度背景，了解这一权力的地位、所面临的现实压力、必然的实践走向，从而更好地认识和把握这一权力运行的基本逻辑。本书围绕宪法、法律、地方性法规及其他规范性文件对地方人大监督权进行详尽的法解释学研究，从而对地方人大监督权的文本含义、地方人大监督制度的规范结构等做充分的解读。现有的研究多涉及宪法和法律层面的文本研究，对形式和内容多有差异的地方性规范性文件的研究则明显不足。本书吸收制度社会学的重要研究成果，从而为地方人大监督权的研究提供更全面的理论视角。

《国际法哲学导论》

作者姓名：何志鹏
出版单位：社会科学文献出版社
出版时间：2013 年
获奖情况：第七届高等学校科学研究优秀成果奖（人文社会科学）二等奖
　　　　　吉林省第十届社会科学优秀成果奖一等奖

一　篇章结构和基本观点

本书共分为十部分，即国际法哲学的内涵、国际法的本体论、国际法的辩证法、国际法方法论、对于中国国际法研究的评价与反思、国际法的价值论、主权概念的反思、对有罪不罚的反思、国际法的遵行机制探究、国际社会契约的探索。

本书提出国际法哲学是国际法的基本理论、一般理论和方法论。国际法哲学的基本范畴涵盖了国际法的本体论、价值论、方法论、运行论。国际法的本体论是认识国际法的核心和起点，必须以国际关系的整体环境和法律的总体状态来论断。在辩证的维度上认识国际法是把握国际法宏观演进的关键，在不同国家立场辩证统一的基础上判定国际法价值是更加立体、全面地判断国际法状态的重要手段。在法学整体的知识体系和思维模式下认知国际法，在国际关系的系统格局和历史演进中分析国际法，是妥当评价国际法的重要语境。由此可以对国际法重要的前沿和热点问题展开追问与反思。

二　主要创新和学术影响

本书从国际法哲学的基本维度入手，确立了国际法哲学的内涵与外延。进而，通过历史与现实考察，形成了国际法是"平位法"、"协定法"、"弱法"和"不对称的法"的论断。在此前提下，展开国际法辩证法的阐释、国际法方法论的思索，并形成了国际法与法理学、法学诸学科、国际关系学、哲学等的紧密联系。通过对正义、和谐等国际法价值的剖析，特别是对主权这一国际法核心观念的反思，对"有罪不罚"这一国际法观念的追问，对国际法遵行机制的考察，对国际社会契约这一国际法理想的阐释，初步提出了构建国际法中国理论的构想。因而，本书试图促进中国国际法的理论化、体系化，以中国视角探讨国际法问题，形成国际法的中国理论。本书坚持跨学科研究的方法。在法学学科内部，主要是国际法与法理学的跨学科研究，注重用法理学的概念和观点分析国际法的问题；在法学学科外部，主要借用国际关系的理论分析国际法各方面。这种跨学科的研究方法在学术上具有新颖性，在结论上具有启发性。

作为在总体上构建国际法哲学框架的尝试，本书出版后受到学术界和实务界的广泛好评。其以近年来的理论前沿和实践困境为出发点，着力汲取当代中国的文化优长，借鉴西方进行坚实理论分析的态度，针对国际法哲学基本问题进行了深入研讨，尝试提出一套国际法哲学的初步体系的探索方式，有助于中国国际法能力的提升。

《行政审批与权利转让合同的效力》

作者姓名：蔡立东
发表期刊：《中国法学》
发表时间：2013 年第 1 期
获奖情况：第七届高等学校科学研究优秀成果奖（人文社会科学）三等奖
　　　　　吉林省第十届社会科学优秀成果奖一等奖

一　篇章结构和基本观点

本文共分为五部分，即引言、行政审批目的实现的可选技术路线、行政审批与权利转让合同效力关系的立法论选择、行政审批与转让合同效力关系的解释论取向、结论。

实现国家管控权利变动的政策目标，存在行政审批与合同效力绑定、行政审批与合同效力区分两条进路。依循二者区分的进路，行政审批的法律意义仅在于控制相关合同的履行，由此权利转让合同即使未获审批，亦为有效合同。这便于助推合同机制的运作，相符于比例原则，且有利于合理分配因权利转让合同而产生之风险与负担，防范当事方的机会主义行为，为立法论层面的应然选择。在解释论层面，亦应厘清合同效力的长成逻辑，并采用目的论线索的解释方法，尽量对现行立法做出权利转让合同效力与行政审批无涉的解释结论。

二　主要创新和学术影响

本文的主要创新体现在三个方面。其一，研究进路。本文的基本研究进路是"合同效力"与"合同履行"相分离，在对未生效合同说进行理论批判的基础上，确立了"有效合同说"和"限制履行论"。其二，研究视角。本文的基本研究视角是"国家管制需要"和"私人权利保护"相平衡。行政审批的制度设计亦需便利私人自治机制的运作，遵循比例原则，避免行政权力逾越目的范围不适当地侵犯经济自由。其三，研究方法。本文采用了法解释学、系统分析、利益衡量等方法，拓宽了行政审批与合同效力区分进路的涵摄范围，贯彻了合同自由的基本原则。

本文拓展了行政审批与权利转让合同效力关系问题的理论视角，有效地纠正和弥补了既有研究的误区和盲区。荣获吉林省第十届社会科学优秀成果奖一等奖，被中国宪政网、中国私法网、中国法学创新网、北大法律信息网等权威网站转载，其结论为吉林省的行政审批制度改革工作采纳。

《中国语境中的法律实践概念》

作者姓名：姚建宗

发表期刊：《中国社会科学》

发表时间：2014 年第 6 期

一 篇章结构和基本观点

本文旨在考察、分析和凝练中国语境中的法律实践概念。第一，提出法律实践在中国面临的困境。中国法学界和法律界对作为基本法学范畴的"法律实践"依然缺乏科学的认知和清晰的思想把握，都没能真正准确地认识和理解法律实践这个法学范畴。第二，从多维审视的微观角度剖析法律实践的结构与特点，从主体、对象、目的、方法、过程和结果建构法律实践的基本结构，并从法律实践的内容与实际展开过程凝练法律实践的七个特点。第三，从法律实践的内在逻辑的现实展现角度对其进行内涵甄别和类型划分，将法律实践区分为法律的思想实践、规范实践和应用实践三种类型。第四，重在深度解析法律理论与法律实践之间的复杂关系，澄清法学界与法律界存在的误解。第五，提出法律理论与法律实践之间的中介、载体和桥梁就是法律实践理性、法律实践智慧和法律实践观念。第六，从理想法律生活的观念构想角度提出法律实践思维方式的使命。法律实践思维是法律实践理性的实际运用，而法律实践思维方式也是法律实践思维长期运用而达致的新境界，具有自身的独特特性。第七，文章提出认真对待法律实践概念对法治实践的意义。

二 主要创新和学术影响

无论是在学术话语体系和日常话语体系中，还是在法学界和法律界里，法律实践都是一个至关重要的概念和范畴，但始终缺乏对其科学的认知和清晰的思想把握，本文的重大创新之处就是对法律实践这个法学基本范畴进行理论表达和思想阐释，让法律实践概念脱离朦胧与混沌状态，成为清晰的法学基本范畴。在论文发表后，文章被各大学术网站转载并在中国知网上被大量下载阅读，学界对文章揭示出的法律实践概念及其困境展开众多讨论，使得本文被引用的次数在很短时间内就达到很高水准，成为研究法律实践相关问题中不可绕过的重要文章。

管理学

《工业企业素质定量评价方法初探》

作者姓名：赵恩武　许正良

发表期刊：《工业技术经济》
发表时间：1984 年第 4 期

一　篇章结构和基本观点

本文共分为三部分。第一部分对工业企业素质进行了明确界定；第二部分分析并提出评价企业素质的指标和能力系数，以及各标准能力系数的确定方法；第三部分解析了如何运用企业素质评价的五角图对企业素质进行综合评价。

本文认为企业素质是指决定企业能量大小的各种内在因素的总和，包括企业的职工素质、技术素质和经营管理素质。企业素质具体表现为五个方面的能力：技术开发能力、扩大再生产能力、竞争能力、应变能力和赢利能力。其中，技术开发能力主要取决于产品开发人员比重、新产品和改进产品比重；扩大再生产能力主要取决于全员劳动生产率提高速度、每百元固定资产提供的总产值增长率和总产值增长速度；竞争能力主要取决于产品在国内和国际市场的平均占有率；应变能力主要取决于经营安全率和最近三年资金利税率平均增长率；赢利能力主要取决于成本利润率、销售利润率和全部资金利税率。继而，文章又提出确定某一行业或某一类型企业各平均能力系数标准的方法，包括制定各指标标准的方法和制定各权数标准的方法。为了可以把一个企业的五个能力系数与五个标准能力系数做全面比较，得出某企业综合素质评价，文章构建了综合评价企业素质的五角图并进行了详细解析。

二　主要创新和学术影响

本文的主要创新在于提炼出影响工业企业综合素质的主要因素，明确了这些要素对工业企业综合素质的定量关系，并构建了企业素质评价的五角图，为工业企业提供了一种直观形象又简便易行的可以进行横向、纵向以及内部分析和对比的定性评价方法。本文为企业素质定量评价的发展奠定了基础，推动了工业企业以及其他行业企业素质标准确定相关研究的发展，也为企业价值理论的发展和完善做出了贡献。

《关于我国镇政府管理经济的职能与镇政府的机构改革》

作者姓名：薄贵利

发表期刊：《政治学研究》

发表时间：1986 年第 3 期

获奖情况：吉林省首届社会科学优秀成果奖优秀奖

一 篇章结构和基本观点

本文共分为三部分。第一部分从建制镇入手，阐明建制镇属于城镇的范畴，需要用管理城市的方法进行管理。主要介绍了建制镇的概念及特点。第二部分阐述了镇的经济特点，并提出镇政府管理经济应做到认真贯彻执行党和国家的各项方针政策，监督企业和个体户遵守法律、履行合同；搞好宏观计划的指导；汇集和传播经济信息，为发展商品经济服务；搞好镇的城建规划管理，加强各种公用设施的建设和环境的综合整治，为城乡商品经济的发展创造良好的外部条件。第三部分针对镇政府在新形势下对机构改革的探索，提出了镇政府缺少管理经济的职能部门；1984 年增设的镇经委办公室与镇政府的平行设置不合理；机构设置无法适应城乡商品经济发展和城镇建设的要求等问题。进而对镇政府机构的进一步改革提出撤回镇经委的行政编制，设立经济指导办公室，设立信息办公室，以及城建规划管理办公室等具有可行性的建议。

二 主要创新和学术影响

本文阐述了镇政府的经济管理职能，针对镇政府机构设置中存在的问题提出了具体的改革措施，以适应镇的社会经济发展需要，具有重要的研究价值。作者提出，受我国经济管理体制模式影响，镇政府长期采取政企不分的方式管理经济，认为镇政府应按照政企职责分开、简政放权的原则进行改革，使政府对经济的管理从微观转到宏观方面，把企业的权力真正归还企业。这一观点的提出具有前瞻性和创新性。作者在改革建议中提出，在镇政府内增设经济指导办公室，认为集体经济组织与镇政府的关系，应该是指导与被指导、监督与被监督的关系，而非行政隶属关系或平行关系。提出经济组织和企业是主体，镇政府应为其发展服务的观点，为我国镇政府在机构改革及经济职能定位方面提供了新的思路和角度，具有深远的影响意义。

《中国农村基层政权研究》

作者姓名：彭向刚

出版单位：吉林大学出版社

出版时间：1995 年

获奖情况：普通高等学校第二届人文社会科学研究成果奖三等奖

一 篇章结构和基本观点

本书共分为两部分。上篇历史和现状，概括回顾介绍我国农村基层政权的历史发展过程，总结新中国成立以来农村基层政权建设的经验教训；全景式描述农村基层政权的现实状况，包括农村基层政权的构成、特点、地位作用和纵横关系。下篇问题和对策，分析研究我国现阶段农村基层政权建设存在的主要问题，包括乡镇政权体制、乡镇人大建设、乡村关系等问题，分析产生的原因，提出进一步加强农村集成政权建设的目标、指导思想和具体的对策措施。

二 主要创新和学术影响

本书是从基层政权建设的角度研究中国农村的政治民主和基层管理体制的代表性著作，出版后在学术界产生广泛影响。

《服务型政府：当代中国政府改革的目标模式》

作者姓名：彭向刚 王郅强

发表期刊：《吉林大学社会科学学报》

发表时间：2004 年第 4 期

获奖情况：吉林省第七届社会科学优秀成果奖一等奖

一 篇章结构和基本观点

本文共分为三部分：服务型政府：西方行政改革的主流趋向；建设服务型政府：中国政府改革的目标模式；变革施政理念：建设高效廉洁、法治透明的服务型政府。

本文的基本观点为：在社会主义市场经济条件下的中国，施政改革不仅是政府行为方面的改进，而且是行政理念的变革，是服务型政府目标模式的确立。建设服务型政府的本质，就是要实现由政府本位、官本位和计划本位体制向社会本位、民本位和市场本位体制转变；由"无所不为的政府"向"有限政府"转变；由传统的行政方法为主向现代的以法律、经济方法为主，行政方法为辅转变；由传统的审批管制型管理模式向公共服务型管理模式转变。建设服务型政府应坚持以人为本的发展观、执政为民的政绩观、依法行政的法治观、科学民主的决策观、从严治政的责任观。

二 主要创新和学术影响

本文的主要创新和学术影响体现在以下几个方面。第一，文章针对我国政府施政理念变革的重要性和主要内容进行了较有新意地阐述，对我国政府行政体制改革和政府转型具有重要理论价值。第二，文章对我国政府施政理念的转变进行了全面系统地论述，即树立起以人为本的发展观、执政为民的政绩观、依法行政的法治观、科学民主的决策观和从严治政的责任观，具有一定的深度。第三，文章在全新的施政理念指导下，提出了具有一定可操作性的现实回应之策，对实现服务型政府的目标具有重大的指导意义和实际的推动作用。

《中国城镇居民消费行为的四个假说及其理论分析》

作者姓名：金晓彤　杨晓东
发表期刊：《管理世界》
发表时间：2004 年第 11 期
获奖情况：吉林省第七届社会科学优秀成果奖一等奖

一　篇章结构和基本观点

本文共分为五部分。第一部分为引言，提出问题；第二部分通过对西方学者消费行为理论在中国的应用状况分析，指出西方传统消费理论在解释我国现阶段消费者行为时具有一定的局限性；第三部分提出中国经济转轨期居民消费行为变异的假说；第四部分对所提出的假说进行理论分析，以证明居民消费行为变异的真实性；第五部分得出全文的结论。

本文的基本观点是：西方学者关于消费行为的理论均是在不同的视点上对居民消费行为给出解释，但对我国转轨期居民消费行为的解释力略显不足。究其原因在于：西方学者的消费行为理论是根植于当代西方的社会制度、经济组织等土壤之中的，而中国的国情同西方社会相去甚远，西方学者的理论不能完全解释中国居民的消费行为也是"情理之中"的事；即使能够局部解释，也仅仅是非本质性的阐释。既然存在着这种局限性，我们有必要从新的角度去解析转轨经济中我国居民消费行为变异之谜。本文借鉴西方学者的研究方法，提出了中国转轨经济中的城镇居民消费行为变异的假说。本文的基本结论是：制度变迁是导致中国城镇居民消费行为变异的根本性原因。政府应重视居民消费行为问题的研究，确定适宜的宏观经济政策定位与政策组合，引导并矫正居民的消费行为。

二　主要创新和学术影响

本文的主要创新和学术影响体现在：突破西方消费行为理论的传统认识，创新性地提出了中国经济转轨期居民消费行为变异的四个假说：由固有文化产生而在动态变化的社会经济中促成的居民间歇式周期性波动的消费安排；由不确定性引发黏性预期的连锁效应导致了居民消费行为的变异；由有序变化因素引发的收入分配差异以及由无序变化因素引发的收入分配不公导致了居民消费行为变异；远期的和理念上的流动性约束对居民消费行为的变异产生了放大效应。这一假说的提出是站在兼顾历史与现实的全新视角上，对体制转轨过程中的居民消费行为进行了全新的诠释，丰富了我国学者对特定时期消费者行为问题的研究内容。

《吉林省全民创业体制机制问题研究》

作者姓名： 蔡莉等
采纳单位： 吉林省委宣传部
采纳时间： 2005 年 11 月
获奖情况： 吉林省第七届社会科学优秀成果奖一等奖

一　篇章结构和基本观点

本报告分为六个部分。第一部分探讨全民创业的内涵和报告的研究框架；第二部分基于大样本调查对吉林省全民创业效果进行了分析；第三部分从创业者培育过程和新企业创立过程两方面阐述了全民创业发展规律；第四部分从创业者培育过程和新企业创立过程两方面提出了本报告的研究框架；第五部分基于主体功能视角对吉林省全民创业体制机制的重点问题进行分析；第六部分提出完善吉林省全民创业体制机制问题的对策建议。

本报告在阅读文献以及大样本和案例调研的基础上，分析了吉林省全民创业现状，并从创业者培育过程和新企业创立过程两方面阐述了全民创业发展规律，接着从创业者培育过程和新企业创立过程两方面提出了吉林省全民创业体制机制问题的研究框架；在上述研究的基础上，基于主体功能从创业培训、项目信息推介、创业融资及创业政策扶持四个环节对吉林省全民创业体制机制的重点问题进行分析；最后提出完善吉林省全民创业机制问题的对策建议。

二　主要创新和学术影响

本报告的主要创新和学术影响体现在：第一，从主体功能的独特视角明确提出全民创业体制机制问题，认为促进全民创业的体制和机制建设包含针对功能主体的体制建设与针对主体间关系的机制建设两个方面；第二，将全民创业过程的四个环节作为全民创业体制机制问题研究的重点，并针对这四个环节提出系统性和可操作性的政策建议；第三，提出短期内政府应该在全民创业各环节发挥主导作用，但从长远看政府应逐步完善有关全民创业政策及法律法规建设，加强对市场主体的管理和规范。

《论转型期弱势群体政治参与与社会公正》

作者姓名： 彭向刚　　袁明旭

发表期刊：《吉林大学社会科学学报》

发表时间： 2007 年第 1 期

获奖情况： 第六届高等学校科学研究优秀成果奖（人文社会科学）三等奖

一　篇章结构和基本观点

本文共分为三部分：转型期弱势群体政治参与的困境：权利贫困；弱势群体政治参与的权利贫困挑战社会公正；扩大弱势群体政治参与度，从根本上实现社会公正。

本文的基本观点是：社会转型期的弱势群体处于弱势地位的主要原因是经济贫困、能力贫困和权利贫困，但最根本的原因是权利贫困，即在政府主导的各种价值分配中以及与此有关的各种公共政策制定中，弱势群体的愿望和利益得不到及时、有效、真实的反映，与其他社会群体相比，弱势群体处于政治参与权利不平等的地位。社会公正的实质是社会主体权利的平等性，弱势群体政治参与权利的不平等违背了社会公正原则，所以解决好弱势群体政治参与问题是促进社会公正的必然要求。

二　主要创新和学术影响

本文的主要创新和学术影响体现在以下几个方面。第一，学术观点的创新性。文章将弱势群体政治参与的权利贫困上升到对社会公正问题根源性的关注。认为构建社会主义和谐社会，必须从根本上解决弱势群体的问题。导致弱势群体处于弱势地位的根本原因是权利贫困。权利贫困违背社会公正原则。第二，对策建议的针对性。实现我国的社会公正，迫切需要扩大弱势群体的政治参与，改善弱势群体的生活状况，使其能够与其他利益群体一样共享社会发展和改革的成果。文章提出了解决问题的对策思路：要加强立法，保障弱势群体平等的政治权利；变革城乡二元社会结构，保障弱势群体平等的社会地位；改革和完善现有的政治参与制度，拓宽弱势群体政治参与渠道；创新收入分配政策，改善弱势群体政治参与的经济基础；坚持教育优先发展，促进教育公平，提高弱势群体政治参与的素质和能力等。

《新创企业资源整合过程模型》

作者姓名： 蔡莉、柳青

发表期刊：《科学学与科学技术管理》

发表时间： 2007 年第 2 期

获奖情况：吉林省第八届社会科学优秀成果奖一等奖

一　篇章结构和基本观点

本文共分为五部分。第一部分介绍新企业资源整合过程对企业生存与发展的重要作用，从而引出本文的研究问题；第二部分梳理现有资源整合的相关成果，揭示现有研究存在的缺陷；第三部分对新企业资源进行系统分类，并提出本文资源的分类方法；第四部分则详细论述资源整合的各个过程；第五部分论述了本文的研究结论，并提出未来的研究方向。

资源在新企业创建和发展过程中起着非常重要的作用，本文从创业资源入手，在对其他学者的资源分类观点进行阐述的基础上，对新创企业关键资源进行了系统的分类，归纳出创业资源分为人力资源、物质资源、技术资源、财务资源、市场资源和组织资源六种类型，其中人力资源又可进一步分为智力资源、声誉资源和社会资源三种。在此基础上，本文通过对资源基础理论的阐述，提出了新创企业资源整合模型，将其过程概括为资源识别、资源获取和资源开发三个阶段，探讨了不同环节中资源的转换关系，并将组织资源作为新创企业资源整合过程的阶段性产物，整个过程强调动态反馈作用对新创企业资源整合的影响。

二　主要创新和学术影响

本文的主要创新和学术影响体现在以下几个方面。第一，对新创企业关键资源的系统分类，为新创企业资源整合过程研究奠定了基础，也为将来有关创业资源的研究铺平了道路。第二，从资源管理的角度提出资源整合的模型。相比于前人对资源作用讨论的侧重，本文重新构建了新创企业资源整合过程模型，为探讨企业资源整合的黑箱提供了借鉴。第三，突出强调资源整合模型的动态性。以前的资源配置模型依赖各个过程之间的线性特征，本文模型则反映了资源积累的动态过程。提出资源整合的三个子过程之间是相互联系的动态过程，并强调了资源整合过程的动态反馈作用对新创企业资源整合的影响。

《基于创新结构效应的产业类型划分及判定方法研究》

作者姓名：赵树宽　姜红

发表期刊：《中国工业经济》

发表时间：2007 年第 7 期

获奖情况：吉林省第八届社会科学优秀成果奖一等奖

一　篇章结构和基本观点

本文共分为三部分。第一部分介绍经济增长中的创新结构效应原理和产业技术创新传导路径，并提出了基于创新结构效应的产业类型划分及判定的研究思路、方法及模型；第二部分选取我国 38 个主要工业产业作为研究对象，并根据创新结构效应模型对其进行了实证分析并给出了基于结构效应的我国工业产业的五大分类；第三部分根据不同产业类型的特点提出了相应的政策建议。

国民经济的发展主要来源于企业创新和产业创新，而创新起因于结构效应，不同的产业创新结构对国民经济的影响不同。本文从经济增长中的产业创新结构效应的定义入手，对产业技术创新传导路径进行了分类，即直接传导、间接传导和混合式传导。同时，根据创新结构效应将我国产业划分为五种类型：技术创新源产业、技术创新同径产业、技术创新传导的效益体现产业、技术创新传导的瓶颈产业和技术创新的无贡献产业。在此基础上，从产业技术创新能力、产业技术创新传导能力和产业技术创新传导绩效三个层面提出了产业技术创新传导效应综合评价指标及模型构建。并通过实证分析，将我国 38 个工业产业划分为五大类并给出了相应的政策建议。

二 主要创新和学术影响

本文的主要创新和学术影响体现在以下几个方面。第一，基于创新结构效应对产业类型的系统划分，为产业创新及分类研究奠定了基础，也为将来有关创新结构效应的研究提供了借鉴。第二，从创新结构效应的角度提出了产业类型划分机理、判定方法及模型。相比于前人对产业类型划分讨论的侧重，本文重新构建了基于创新结构效应的产业类型划分模型，为探讨国民经济中不同产业的发展方向提供了依据。第三，通过实证研究，提出了基于创新结构效应的我国工业产业的 5 种分类，为我国工业产业的发展提供了政策支撑。

《中国旅游文化发展的历史及与传统文化的关系》

作者姓名：钟贤巍
发表期刊：《社会科学战线》
发表时间：2008 年第 12 期
获奖情况：吉林省第八届社会科学优秀成果奖一等奖

一 篇章结构和基本观点

本文认为，中国旅游文化凝聚着中华民族的创造精神，是中国文化系统中历史久、应用广、民俗功能多、民间性强的文化长链之一。作为中国文化的一个部分、一个内容，几千年来，同其他文化一道，参与了整个中华民族文化的构造，包含了中国文化得以维系的几乎全部因素。中国传统文化孕育了中国的旅游文化，中国旅游文化体现了中国传统文化的精神。改革开放后，中国旅游业进入发展期。国内国际环境的巨变，社会主义市场经济体制的建立，把人们从计划经济体制下解放出来，带来了大众性商业旅游的蓬勃发展。对外开放的国策一方面把大众性商业旅游推向世界，另一方面带来了方兴未艾的留学大潮。中国学子以民族昌盛为己任，漂洋过海，学习国外先进的科学技术，从而劳作性旅游由以行政人员的仕游为主转向以大众的商业、治学旅游为主。而休闲性旅游则进一步发展，改革开放 30 年，一方面中国国力日增，人民群众劳动强度下降而生活水平上升，从而具备了休闲旅游的物质条件。另一方面，在原有旅游客体的基础上，国家审时度势，放眼全球，把旅游作为一项产业予以扶持，从而极大地促进了休闲性旅游的发展。

二　主要创新和学术影响

本文在以下几个方面具有创新意义：从时间角度来看，认为中国旅游文化与中国传统文化的发展呈现一定的同步性。从影响因素看，认为中国传统文化制约并决定了中国旅游文化的发展方向和发展模式。从内容上看，认为中国旅游文化反映了当时人们的社会生活，体现了当时社会文化的精神。从本质上看，认为中国传统文化与中国旅游文化在本质上是相同的，先秦神化、两汉君子化、魏晋玄虚化、南朝隐逸化、唐宋学者化、明清艺术化，既是中国传统文化的时代特征，也是中国旅游文化的时代特征。

《新创企业学习能力、资源整合方式对企业绩效的影响研究》

作者姓名：蔡莉　尹苗苗
发表期刊：《管理世界》
发表时间：2009 年第 10 期
获奖情况：第六届高等学校科学研究优秀成果奖（人文社会科学）三等奖

一　篇章结构和基本观点

本文共分为五部分。第一部分为引言，介绍研究目的和研究意义；第二部分介绍相关概念及模型构建，并提出理论假设；第三部分进行实证研究；第四部分针对实证结果进行讨论；第五部分总结全文并指出此文的局限性。本文依据组织学习理论，对基本概念进行界定并构建研究模型，以新创企业为研究对象，从资源整合的角度研究学习能力对企业绩效的影响。采用结构方程模型对其进行实证研究，最后得出结论。

新创企业的学习能力对稳定调整和开拓创造两种资源整合方式都有积极影响，而两种不同的资源整合方式对企业绩效有不同的影响和作用。研究结果表明，当新创企业处于较高动态性、较高宽松性的环境时，采用稳定调整资源整合方式对企业绩效有积极影响。

二 主要创新和学术影响

本文从资源整合视角揭示了新创企业学习能力对企业绩效影响的作用机理；对新创企业资源整合方式的类型划分进行实证检验，并检验两种资源整合方式在学习能力与企业绩效之间的中介作用；将组织学习理论引入创业领域，拓展创业理论体系。

本文为创业者进行决策提供理论指导，并完善学习能力对企业绩效作用机理的理论研究，产生了较强的学术影响。本文被《新华文摘》全文转载，先后获得 2009 年吉林省社会科学学术年会优秀论文奖一等奖、2010 年第二十四届吉林大学"精英杯"学术成果特等奖。

《集成供应链企业间合作创新能力评价研究》

作者姓名：赵树宽

发表期刊：《中国工业经济》

发表时间：2010 年第 2 期

获奖情况：吉林省第九届社会科学优秀成果奖一等奖

一 篇章结构和基本观点

本文共分为三部分。第一部分，集成供应链企业间的合作创新；第二部分，集成供应链企业间合作创新能力测算；第三部分，对评价模型的应用范围进行论述。

本文把研究视角放在集成供应链企业间的合作创新上，从供应链企业间的合作关系与创新模式的关联性分析入手，运用集成供应链理论，通过对集成供应链企业间合作关系特征的分析，深入研究了集成供应链企业间合作创新的关键影响因素，进而构建了集成供应链企业间的合作创新能力评价指标体系的层次结构。集成供应链企业间的合作创新能力指标体系是由若干参数组成的，这个体系是多层次的、复杂的，难以精确化，带有明显的模糊性，所以，本文进一步利用 AHP - Fuzzy 测度方法，建立了集成供应链企业间合作创新能力的评价模型，对集成供应链企业间合作创新能力进行测算。论文还对评价模型的应用范围做了阐述，一方面，根据此评价模型，选择能力最强的成员企业开展合作创新；另一方面，找到阻碍集成供应链企业间合作创新的影响因素，进一步优化、提升整个系统的合作创新能力。最后结合华为技术有限公司合作创新开展的实际情况，进行了实证分析。

二 主要创新和学术影响

本文对合作创新能力的提出，进一步拓展了企业间合作创新的研究领域，并提出在当前经济环境下，集成供应链企业间合作创新是一种比较适合的模式。

《我国不同区域农村居民消费：收敛还是发散？》

作者姓名：金晓彤
发表期刊：《管理世界》
发表时间：2010 年第 10 期
获奖情况：吉林省第九届社会科学优秀成果奖一等奖

一 篇章结构和基本观点

本文共分为四部分。第一部分为理论回顾与探讨；第二部分选取了我国不同区域农村居民消费敛散性定量测度的范式模型，为下面的实证研究提供理论依据；第三部分识别和探察我国不同地区农村居民消费路径的收敛情况以及不同地区的农村居民消费差异；第四部分是我国不同区域农村居民消费敛散性的基本结论及政策启示。

改革开放 30 多年来，凭借环境、政策等优势，我国东部地区农村居民的生活质量也大幅提高，而我国中西部地区的广大农村居民却没能充分享受到改革开放所带来的直接成果。从社会福利、政治稳定性等方面考虑，地区间经济发展失衡，从而引起的收入分配地域性差别会影响社会的整体福利水平。而这种地区差异长时间存在和过分拉大也会直接影响整体经济的增长效率，更不利于资源的有效配置。因此，本文认为要缩小地区差距，快速提高中西部地区农村居民消费水平，促进我国经济全面、协调、可持续发展，就应当继续加大对中西部，尤其是对中西部广大农村的政策扶持力度，为中西部农村地区的发展提供优厚的政治经济环境，使中西部地区的农村居民也能真正充分享受到改革开放的硕果。

二 主要创新和学术影响

本文以区域经济发展的视角研究东中西部不同区域的农村居民消费的敛散性问题，这一研究视角对于全面反映我国东中西部不同区域的农村居民消费状况与消费行为具有重要价值。本文提出中西部地区的省份具有类似的地理条件及经济政策环境，致使其农村居民消费发展路径的相似程度较高。而东部地区则具有较为复杂的地理环境，加之东部不同省份所受政策影响的差异较大，从而导致东部省份农村居民消费路径呈现发散的特征。东部省份均值与中部省份消费路径在部分年份收敛，但在最近 10 年中，则呈现较为明显的发散态势，而东部省份均值与西部省份的消费路径在全样本区间内完全发散。这意味着中西部省份与东部省份农村居民消费路径的差距在逐渐拉大。

《创业研究回顾与资源视角下的研究框架构建——基于扎根思想的编码与提炼》

作者姓名：蔡莉
发表期刊：《管理世界》
发表时间：2011 年第 12 期
获奖情况：吉林省第九届社会科学优秀成果奖一等奖

一　篇章结构和基本观点

本文共分为五部分，首先提出本文的研究问题以及采取扎根思想进行创业研究文献综述的必要性，随后介绍数据的收集、编码以及提炼过程。在系统梳理现有文献的基础上，提炼出创业研究的六个关键主题，并进行评述。接着，基于已有研究不足构建出在资源视角下的创业研究框架体系，并提出未来研究展望和结论。

本文对国际创业领域有影响力的六个期刊 2000～2010 年的创业研究文献进行系统收集和梳理，借鉴扎根理论方法中有关数据编码的思路，遵循从原始材料和数据中进行开放性编码与提炼的思想，对现有研究文献的主要研究内容以及未来研究方向进行编码与提炼，发现创业研究可分为创业网络、创业资源、创业者/团队、创业环境、战略导向以及创业机会六个研究主题，并围绕创业资源展开。根据创业资源这一主线，结合学者们所提出的未来研究方向，在充分考虑环境等外部因素以及创业学习、吸收能力等内部要素的基础上，结合创业网络、战略导向以及创业者/团队因素，提出以资源开发过程为核心的创业研究框架。随后结合这一框架，对各个创业研究主题及主题间关系提出未来研究展望。

二　主要创新和学术影响

本文的创新主要体现在两个方面：一是基于已有创业研究不足，提出基于资源视角的创业研究框架体系，围绕创业资源这一主线将不同的创业研究主题加以综合，深化了创业相关理论；二是将扎根理论中尊重原始材料和数据的思想引入文献分析中，探索性地提出利用扎根理论方法进行理论综述，拓展了创业研究分析方法。

《大数据时代的联动式数据库营销模式建构——基于"一汽大众"的案例研究》

作者姓名：金晓彤　王天新　杨潇
发表期刊：《中国工业经济》

发表时间：2012 年第 4 期

获奖情况：吉林省第十届社会科学优秀成果奖一等奖

一 篇章结构和基本观点

本文共分为五部分：第一部分，提出问题；第二部分，提出理论探讨与命题；第三部分，介绍研究方法与案例；第四部分，一汽大众联动式数据库营销模式实践；第五部分，结论与讨论。

本文基于大数据时代驱动下的动态商业环境，针对现行数据库营销模式在数据处理、系统支持、传播效果、营销收益等方面的劣势，结合现有研究中从开放式系统创新、价值共创视角探讨数据库营销模式创新的理论趋向，创新性地提出联动式数据库营销模式及其所发挥的数据整合功能和系统重构功能，架构了价值共创导向、联动式数据库营销模式、利益相容与价值共享之间相互影响的基本理论框架，认为联动式数据库营销模式不仅具有数据整合功能，而且具有系统重构功能，联动式数据库营销模式构建的关键在于联动各方须匹配价值共创导向，价值共创导向下的联动式数据库营销能够促进企业价值链条、供应链条的利益相容与价值共享。在此基础上，以一汽大众公司的联动式数据库营销模式构建过程为例，从实践层面对本研究提出的理论命题加以检验，进一步得出联动式数据库营销在助推智能企业创建、提升利益相关者之间的共存性价值以及打造商业生态系统方面的延伸意义，以期为国内企业数据库营销模式创新的理论研究和实践发展提供有益的指导。

二 主要创新和学术影响

本文从开放式系统创新、价值共创视角探讨数据库营销模式创新的理论趋向，创新性地提出联动式数据库营销模式及其所发挥的数据整合功能和系统重构功能，架构了价值共创导向、联动式数据库营销模式、利益相容与价值共享之间相互影响的基本理论框架。这一营销模式的建构对于企业实现内外部知识高度整合、生产链与消费链有效对接，促进数据库营销优势的逆境再生均具有十分重要的应用价值。

《破坏型领导：何时危害性更大——关系取向与工具性对破坏型领导与强制性公民行为的调节作用》

作者姓名：陈明 于桂兰
发表期刊：《南开管理评论》

发表时间：2013 年第 4 期

获奖情况：吉林省第十届社会科学优秀成果奖一等奖

一　篇章结构和基本观点

本文共分为五部分：第一部分，引言，介绍研究意义及要探讨的问题；第二部分，理论与假设；第三部分，研究方法与过程，主要介绍数据收集来源及过程、测量量表的出处；第四部分，数据分析，进行偏差检验、描述性统计、相关分析、信效度分析及回归分析，从而验证假设；第五部分，讨论与结论，讨论研究意义、研究贡献及研究局限等。

近年来，组织中的员工行为一直是组织研究的焦点，尤其关注的是那些工作职责外的自发行为（即组织公民行为），这类行为常有利于组织绩效的提高，其基本假设之一是行为的自愿性。但实际上，组织中存在大量的"非自愿"行为，如"被加班"、"被全勤"和"被捐款"等。这类行为由于违背了自愿原则，因而被称为强制性公民行为。然而，国内外对强制性公民行为的探讨相对较少，遑论其权变因素的研究。其实，组织中不同的员工面对上司同样的行为时，其反应截然不同，其原因为何？本文在此基础上，根据国内外现有研究，结合华人本土心理学的相关成果，通过两次数据调查，探讨了破坏型领导和强制性公民行为的关系，并识别出了两个影响两者关系大小的权变因素。本文通过对同源偏差进行严格的事前和事后控制，保证了样本的有效性。研究结果表明：①破坏型领导与强制性公民行为正相关，并且相关系数大于西方研究结论。②关系取向反向调节了破坏型领导和强制性公民行为之间的关系。③工具性则对以上二者关系起正向调节作用。在源管理启示中，讨论了文章对管理实践的指导意义。

二　主要创新和学术影响

本文采用关系取向这一构念，考察了破坏型领导和强制性公民行为之间的反向调节作用，从本土化角度解释了关系主义的华人组织中员工对二者关系的认识在何种条件下发生改变。本文还识别出工具性是二者关系的另一个调节变量，且作用方向与关系取向相反。这不仅丰富了领导行为领域的相关研究，而且对组织公民行为的工具动机提供了理论和经验支持，有助于更全面地把握组织公民行为的形成动机。

《获得式学习与新企业创业：基于学习导向视角的实证研究》

作者姓名：李雪灵　韩自然　董保宝　于晓宇
发表期刊：《管理世界》
发表时间：2013 年第 11 期
获奖情况：吉林省第十届社会科学优秀成果奖一等奖

一　篇章结构和基本观点

本文共分为引言、理论基础与假设推理、研究方法、数据分析与研究结果、讨论和结论等五个部分。

组织学习理论认为，组织学习能帮助新企业适应环境变化，减少不确定性，促进企业的生存和发展。为了更好地理解组织学习在新企业发展过程中的作用，本文构建了学习导向、获得式学习和新企业创业活动的理论模型，并通过对 217 份有效样本的实证研究，得出了以下结论：模仿式的获得式学习行为有利于新企业创新性和先动性创业活动的进行；作为企业内环境的学习导向对新企业的获得式学习有积极的促进作用；在强学习导向的企业氛围中，获得式学习对新企业创新性与先动性创业活动的作用关系更为显著。

二　主要创新和学术影响

本文区分了获得式学习与实践式学习对新企业创业的不同作用；揭示了组织学习通过创新和先动活动的开展对新企业的绩效产生影响，而不是简单地关注两者的直接关系；明晰了学习导向与组织学习的内涵界定，发现了学习导向对新企业创业活动的影响通过获得式学习这一过程发挥作用；证实了学习导向不仅能促进新企业的获得式学习行为的发生，而且还能强化获得式学习对新企业创业的积极影响。

《中国情境下的创业研究：回顾与展望》

作者姓名：蔡莉　单标安

发表期刊：《管理世界》

发表时间：2013 年第 12 期

获奖情况：吉林省第十届社会科学优秀成果奖一等奖

一　篇章结构和基本观点

本文共分为七部分，包括引言，数据搜集，中国情境及其要素分析，中国情境下的创业研究主题剖析，中国情境、独特现象与创业研究问题，中国情境下的创业研究框架体系构建，结论与未来研究展望等。

本文基于现有国内外研究成果，分析中国情境的独特性及其要素，界定中国情境的内涵，提出中国情境所具有的制度环境、市场环境和文化环境特征，梳理目前中国情境下创业研究所关注的问题，提炼出现有研究主要集中于创业战略研究、关系网络研究和合法性研究等主题上。在深入探讨中国情境下创业问题的独特性及引发这种独特性背后的原因的基础上，研究发现正是由于中国情境要素所带来的一系列独特现象产生了相应创业研究问题的独特性，从而提炼出中国情境—独特现象—创业研究问题的解释模型。在此模型的基础上，研究构建了基于中国情境的创业研究框架体系，将创业机会、创业资源和创业学习纳入中国情境下的创业研究中，并提出未来需要重点关注的研究问题。

二　主要创新和学术影响

本文对中国情境的概念和内涵进行了深入剖析，揭示出中国情境所具有的制度环境、市场环境和文化环境特征，并通过系统的文献梳理提炼出现有基于中国情境的研究主要集中于创业战略研究、关系网络研究和合法性研究等主题上，深入分析这三个主题在中国情境下存在的独特性及引起这些独特性的背后原因。本文构建了中国情境—独特现象—创业研究问题的解释模型，用以揭示中国情境要素对创业问题的影响机理。同时构建了基于中国情境的创业研究框架体系，提出需要重点关注基于中国情境的创业机会、创业资源和创业学习的研究，对未来研究进行展望。

教育学

《西方名校"活力"探源》

作者姓名：赵俊芳

发表期刊：《高等教育研究》

发表时间：2001 年第 3 期

获奖情况：吉林省第六届社会科学优秀成果奖一等奖

一　篇章结构和基本观点

本文由西方名校发展历程中的"不变"与"变"、"研究型"大学的战略定位、严谨的学术评估制度及西方名校不同模式间的"互动效应"四部分构成。

本文首先就"不变"与"变"的关系进行分析，认为西方名校在漫长的历史岁月中得以传承的大学精神风貌与独有的自身特色是名校"不变"之灵魂，使得西方名校卓立于世界大学之林，并为其发展注入永恒的精神动力。同时，在人类由传统农业社会向现代工业社会的大过渡进程中，西方名校与工业文明共生共进，"因时变易"，大学凭借新旧结合的"变革性"和"连续性"，使得名校至今仍在学术领域独领风骚。其次，本文论述了西方大学"研究型"的定位问题，认为西方的"研究型大学"不一定是一流大学，但西方的一流大学往往是研究型大学，"研究型大学"以创造性研究和发表新知识为最高境界与理想诉求。在此基础上，文章分析了西方名校严谨的学术评估制度及各名校模式间的学习、"互动效应"。

二　主要创新和学术影响

本文主要的学术价值是辩证地分析了名校的继承与变革性；客观总结了西方名校创生新知的根本特点；提出研究型大学是"创造思想的圣殿，而非加工产品的车间"。

《社会转型与大学的回应》

作者姓名：赵俊芳

发表期刊：《高等教育研究》

发表时间：2005 年第 12 期

获奖情况：吉林省第七届社会科学优秀成果奖一等奖

一 篇章结构和基本观点

本文将中国大学发展置于当代中国社会转型的社会背景之下，深入探讨了社会转型期大学与社会复杂的互动关系，全文共分为三部分：社会转型：大学面临的挑战；如何回应；何以回应。

本文认为，作为一种特殊的"结构性变动"，社会转型往往会改变大学的传统走向，对大学发展的传统理念提出许多新的挑战，在当代中国出现结构转型与体制转轨同步、社会转型与科技革命同步、社会转型与全球化同步等新的表现形式。由于受经济、政治、文化、社会等因素的影响制约，各地区之间必然出现发展的不平衡，有些地区走向繁荣，而有些地区则堕入衰退的低谷。这种各区域经济社会发展的不平衡现象，对大学发展的数量、规模、类型、层次、培养规格等方面提出新的要求。本文提出，在人类文明走向全球化及当代中国社会转型与体制转轨并行的总体背景下，大学以何种方式实现与社会的互动，是高等教育进一步发展所应认真思考的问题。首先要学术独立，把握"即"与"离"的关系；其次要彼此协调，防止学术权力与行政权力的互相兼占；再次要进行体制改革，建立良性发展的运行机制；最后要知行合一，保证大学的多层功能。

二 主要创新和学术影响

本文的创新之处表现在，将社会科学研究中的"转型"概念引入大学发展研究之中，注意探讨大学与社会互动的复杂性。文章认为把握"即"与"离"的关系，是大学与社会互动的重要原则，在任何条件下大学都不能简单地附和社会。学术独立是大学组织进行学术活动普遍遵循的原则，它具有深厚的历史传统和经验基础。

《论大学学术权力》

作者姓名：赵俊芳

出版单位：中国社会科学出版社

出版时间：2012 年

获奖情况：第七届高等学校科学研究优秀成果奖（人文社会科学）三等奖

吉林省第十届社会科学优秀成果奖一等奖

一 篇章结构和基本观点

本书共分为七章。第一章为导言，第二章为大学学术权力的理论基础，第三章为大学学术权力概说，第四章为大学学术权力的合法性，第五章为大学学术权力运行影响因素分析，第六章为西方大学学术权力模式解读，第七章为中国大学学术权力模式之构建。

本书认为大学学术权力是教育政治学、教育管理学等学科的研究课题，是现代大学制度构建、大学治理中的核心议题。本书运用政治学的权力、权威及权力合法性等相关理论，对大学学术权力的起源、发展、结构、特性、功能等问题展开系统深入的研究，注意揭示扎根于学科、来源于知识，并嵌入到现存社会关系之中的大学学术权力的产生及运行的内在逻辑。

二 主要创新和学术影响

本书从权力与权利、权力与权威、权力与资源、权力与组织、权力与空间等视角，对权力实质进行理性解读，认为权力与资源具有相伴性，资源是权力的根本所在，"行政"是权力的外化形式。本书从大学学术权力主体、结构、职能、所属群体、权力层次等研究视角分析不同背景下的大学学术权力形态，指出大学学术权力具有复杂性，学术权力、行政权力及政治权力是大学学术组织的主要权力类型，三种权力均具有选举权、咨询权、决策权、执行权及监督权。本书借助西方政治理论、社会理论体系中有关合法性理论，分析大学学术权力的合法性基础，指出大学学术权力存在多种合法性危机。本书总结了西方大学学术权力发展的基本"原型"，分析其发展进程中的种种"变式"，指出西方大学发展模式具有继承性与变革性。本书指出要在中国大学改革的实践中努力提炼"中国经验"，实现大学学术权力由"西方模式"到"中国经验"的实践性转换。

本书运用政治学的权力、权威及权力合法性等相关理论，对大学学术权力的起源、发展、结构、特性、功能等问题展开系统深入的研究，注意揭示扎根于学科、来源于知识、并嵌入现存社会关系之中的大学学术权力的产生及运行的内在逻辑，拓展了权力理论的研究范畴，进一步深化对大学学术权力的理解和认识，为新世纪中国现代大学制度模式的选择与建构提供有益借鉴。

本书出版后受到学术界的广泛关注，对大型治理、现代大学制度建设理论研究与改革实践具有很高的参考价值，对高等教育专业的研究生教学也具有参考价值。本书部分内容在《教育研究》、《高等教育研究》和《高等工程教育研究》等学术期刊发表，被《新华文摘》、《中国社会科学文摘》、《高校文科学术文摘》和《中国人民大学复印报刊资料》等权威期刊转载或转摘。

经济学

《关于生产用固定资产折旧指标的计算方法》

作者姓名：张维达

发表期刊：《经济研究》

发表时间：1956 年第 3 期

一　篇章结构和基本观点

本文共分为五部分。第一部分为生产用固定资产指标的意义，第二部分为计算生产用固定资产年折旧额的一般方法，第三部分为正确地计算生产用固定资产年基本折旧额与大修理折旧额公式的商榷，第四部分为生产用固定资产年折旧率的计算，第五部分为小结。

二　主要创新和学术影响

本文认为，生产用固定资产折旧的数量表现是研究生产过程固定资产动态的极其重要的一个经济指标。研究生产用固定资产折旧问题时，不仅要计算其绝对指标，而且要测定其相对指标，无论计算哪一种指标都必须以生产用固定资产完全原始价值为根据。分析生产用固定资产折旧情况时，除计算其总指标外，还要按用途不同计算其具体指标：基本折旧指标和大修理折旧指标。计算具体折旧指标时，不能笼统地来规定，而要根据大修理期间和拆除期间的特点，分别地加以计算。只有这样，才能够既保证生产用固定资产的更新，又恰当地满足大修理工作的需要。本文系张维达教授同苏联学者就相关学术问题的争鸣探讨，不仅当时在国内产生反响，而且在日本有的文章中作为一派观点被引述。

《关于扩大再生产实现论及其应用中的若干问题》

作者姓名：李文哲

发表期刊：《吉林大学社会科学学报》

发表时间：1983 年第 1 期

获奖情况：吉林省首届社会科学优秀成果奖优秀奖

一　篇章结构和基本观点

本文共分为两部分。第一部分提出了扩大再生产必须具备两个物质前提条件；第二部分将马克思和列宁关于积累和扩大再生产实现的规律用于分析我国社会主义生产和再生产。

本文提出扩大再生产的两个物质前提条件，并结合我国生产率水平较低、人口众多的国情对两大部类的生产进行考察，得出如下结论：在社会主义制度下，生产资料生产仍然占优先的地位；在社会主义制度下，只要合理地分配投资比例，就能使社会主义整个国民经济在合理的比例基础上协调向前发展，以满足社会日益增长的物质文化需要；这个模式大体反映了在社会主义制度下，生产资料生产优先增长规律和社会主义基本经济规律的要求。

二　主要创新和学术影响

本文运用马克思和列宁关于积累和扩大再生产实现的规律，提出扩大再生产实现的两个物质前提条件，并验证了我国社会主义生产和再生产也应遵循生产资料生产优先增长规律和社会主义基本经济规律的要求。本文从理论上反驳了"把生产资料生产优先增长同社会主义基本经济规律和有计划按比例发展规律在本质上是相矛盾的"看法，为我国在完成调整国民经济比例严重失调任务以后的生产与发展提供了理论基础。本文被《中国人民大学复印报刊资料》（政治经济学）1983 第 3 期全文转载。

《论〈资本论〉中逻辑与历史统一的几个问题》

作者姓名：宋晓绿

发表期刊：《全国〈资本论〉学术讨论会论文集》

发表时间：1983 年

获奖情况：吉林省首届社会科学优秀成果奖优秀奖

一　篇章结构和基本观点

本文共分为四部分。第一部分为传统解释的缺陷，第二部分为简单范畴表现经济关系的辩证法的特征，第三部分为逻辑与历史统一的必然性，第四部分为逻辑与历史的统一是包含差异的。

长期以来，一些专著和文章对《资本论》中逻辑与历史统一的方法论原则所做的传统解释基本没有争议。该解释虽有缺陷，但基本观点正确。但有人因这一传统解释的缺陷，而从根本上否定了逻辑与历史统一的原则。因此，本文针对这一传统解释的缺陷，依据马克思的论述，对逻辑与历史统一的问题做出进一步的说明。

二 主要创新和学术影响

本文对关于逻辑与历史统一问题的传统解释存在的缺陷及其产生的原因进行归纳分析，并以此提出，要坚持逻辑与历史统一的原则，就应当进一步论证：从抽象上升到具体的思维进程为什么、怎么在反映资本主义社会经济结构的同时再现客观的历史进程。本文还就简单范畴表现经济关系的辩证特征进行归纳总结，同时在探究逻辑与历史统一必然性中揭示出，"现实的历史"是逻辑"所追随的基础、根据、存在"。

《战后南朝鲜经济》

作者姓名：张世和
出版单位：中国社会科学出版社
出版时间：1983 年
获奖情况：吉林省首届社会科学优秀成果奖优秀奖

一 篇章结构和基本观点

本书共分为七部分，分别为：南朝鲜经济的发展过程、农业、工业、对外贸易、企业与财阀、财政金融、国民生活和就业结构。

战后资本主义世界经济有了迅速的发展，其中美国扶植的一些国家和地区的经济也有较快的发展。韩国（此处指南朝鲜，余同）经济的发展，就是一例。韩国经济的高速发展引起了世界各国的重视，甚至被称为世界的"第二个日本"以及"新兴工业化地区"之一。但是，韩国经济过分依赖于美国和日本，经济结构畸形，一遇到萧条的世界经济环境，就暴露出韩国经济中存在的各种严重的问题，甚至陷入严重的经济危机之中。本书全面地介绍了韩国经济的发展过程，系统分析了韩国的农业、工业、外贸、企业与财阀、财政金融以及国民生活水平。

二 主要创新和学术影响

20 世纪 70 年代末 80 年代初，中韩关系因国际形势和两国国情的变动而发生松动。中国学术界和大众开始关注并急需了解韩国的状况，尤其是其经济发展情况。本书既是当时我国最早系统研究韩国经济的学术巨作，也是普及韩国经济知识的教材和读物，为我国韩国经济的学术研究和人才培养发挥了巨大作用。

《论停滞膨胀》

作者姓名：关梦觉 沈学民
发表期刊：《论当代帝国主义》
发表时间：1984 年第 1 期
获奖情况：吉林省首届社会科学优秀成果奖优秀奖

一 篇章结构和基本观点

本文共分为四部分。第一部分为"停滞膨胀"的产生和发展，第二部分为"停滞膨胀"的实质及其产生的原因，第三部分为是"滞胀"还是"胀滞"，第四部分为资产阶级医治"停滞膨胀"的理论和政策到处碰壁。

本文的主要研究对象和内容是二战后资本主义国家特别是发达资本主义国家出现的新现象，即经济停滞和通货膨胀同时并存、互相结合的局面——"停滞膨胀"。首先，本文就"停滞膨胀"的内涵进行阐述分析；然后，在剖析和理解这一现象的本质基础上，揭示了产生这一现象的原因；最后，本文对资本主义国家针对这一现象所提出的相关理论和制定的相关政策进行了评述。

二 主要创新和学术影响

本文在深刻分析"停滞膨胀"产生及其发展的基础上，揭示出其实质是在国家垄断资本主义发展到一定时期以后，特别是进入 20 世纪 70 年代以后，资本主义基本矛盾在经济上的一种新的特殊的表现形式，是资本主义基本矛盾被压抑多年之后而出现的一种变异形态，也是资本主义腐朽性的一种集中的表现。进而，本文认为产生"停滞膨胀"的主要原因就是在国家垄断资本主义占统治地位的条件下资本主义基本矛盾的不断积累和不断激化。因此，针对"停滞膨胀"的资产阶级理论及政策都难以解决这一痼疾。

《陈云同志的经济思想》

作者姓名：关梦觉
出版单位：知识出版社
出版时间：1984 年
获奖情况：吉林省首届社会科学优秀成果奖特别奖

一 篇章结构和基本观点

本书主要由前言和十章正文内容构成。第一章是实事求是的科学态度和辩证方法；第二章是我国的基本国情与工作重点的战略转移；第三章是陈云同志经济思想的核心；第四章是坚持国营经济的主导地位，发展多种经济形式；第五章是国民经济有计划按比例发展的问题；第六章是计划经济与市场调节；第七章是提高经济效益、保证重点建设；第八章是关于社会主义扩大再生产问题；第九章是关于经济改革的一些指导思想；第十章是经济建设与人民生活。

二　主要创新和学术影响

本书认为，讲陈云同志的经济思想可以有两种方法：一种是集约的方法（或内涵的方法），即紧紧扣住陈云同志的著作，按照这些著作的内容加以阐述；另一种是开放的方法（或外延的方法），即把握住陈云同志的经济思想中的若干点，纵横驰骋加以发挥。无论哪种方法，都必须联系实际。本书主要采用第一种方法，但也酌情采用第二种方法。同时还强调，在阐述陈云同志的经济思想时，必须严格地遵守两条原则：一是必须力求如实地、准确地反映陈云同志的经济思想，不允许加以曲解；二是必须把某些个人观点与陈云同志的经济思想分开，使人对哪些是陈云同志的观点，哪些是作者个人观点一目了然，不允许混淆不清。

《政治经济学教科书（社会主义部分）》

作者姓名： 高群　王书相
出版单位： 吉林人民出版社
出版时间： 1984 年 6 月
获奖情况： 吉林省首届社会科学优秀成果奖优秀奖

一　篇章结构和基本观点

本书共分为十章。第一章是社会主义公有制和社会主义物质基础，第二章是社会主义生产的实质，第三章是社会主义国民经济有计划按比例发展，第四章是社会主义的商品生产和价值规律，第五章是社会主义的商品流通和货币流通，第六章是社会主义经济管理和企业的资金运动，第七章是社会主义国民收入的分配，第八章是社会主义制度下个人消费品的分配，第九章是社会主义再生产，第十章是社会主义社会必然发展到共产主义社会。

二　主要创新和学术影响

本书坚持运用唯物辩证法去研究社会主义经济运动规律，探索社会主义社会必将经历若干发展阶段最后成长为共产主义社会。本书能从中国处于社会主义初级阶段这个最大的实际出发，以研究社会主义初级阶段的经济关系为重点，同时也研究它的发展趋势，把研究的重点放在社会主义公有制经济关系上，同时也兼顾对非公有制经济关系的研究。本书认为，社会主义基本经济规律是"反映社会主义生产关系本质的经济规律"，它被作为贯穿全书始终的一条主线。本书被教育部确定为高校文科选用教材。

《略论社会主义经济规律体系在个人消费品分配中的作用》

作者姓名：张应高

发表期刊：《吉林大学社会科学学报》

发表时间：1985 年第 1 期

获奖情况：吉林省首届社会科学优秀成果奖优秀奖

一　篇章结构和基本观点

本文共分为三部分。第一部分主要对以社会主义基本经济规律为主导的经济规律体系在个人消费品分配中的作用的理解和认识进行阐述；第二部分主要考察了社会主义基本规律、国民经济有计划按比例发展规律、价值规律与按劳分配规律之间的相互制约关系；第三部分主要探讨了我国现行工资制度改革中应当注意的三个方面的问题。

二　主要创新和学术影响

本文对社会主义经济规律体系在个人消费品分配中的作用有较为深刻的理解和认识，认为这是按劳分配理论研究的一个大进步，并认为这对于理解和贯彻按劳分配原则以及促进社会主义现代化建设都是甚有裨益的，并且在理论和实践的结合上进行深入探讨也是非常有意义的。在考察社会主义经济规律体系对按劳分配规律制约作用的理论基础上，就我国现行工资制度改革提出了有针对性和建设性的意见。本文被《全国高等学校文科学报文摘》1985 年第 2 期、《中国人民大学复印报刊资料》（政治经济学社会主义部分）1985 年第 2 期全文转载。

《相对过剩人口与结构性失业》

作者姓名：孙刚

发表期刊：《中国社会科学》

发表时间：1985 年第 2 期

获奖情况：吉林省首届社会科学优秀成果奖佳作奖

一　篇章结构和基本观点

本文共分为四部分。第一部分为结构性失业的内涵，第二部分为结构性失业的本质，第三部分为《资本论》中关于相对过剩人口的论述，第四部分为结构性失业与相对过剩人口之间的联系与区别。

二　主要创新和学术影响

本文认为，结构性失业并不是近些年才出现的新现象，早在资本主义制度确立后就或隐或现地存在。它是马克思阐述过的相对过剩人口的表现形态，但在不同时期有不同的内容构成和表现形式。同时，本文还有以下判断，结构性失业在资本主义制度下绝不是暂时的现象，新的技术革命也不可能从根本上消除结构性失业。

《市场细分的理论研究》

作者姓名： *励瑞云*
发表期刊： 《社会科学战线》
发表时间： 1985 年第 3 期
获奖情况： *吉林省首届社会科学优秀成果奖优秀奖*

一　篇章结构和基本观点

本文共分为三部分。第一部分对市场细分概念、西方市场学对市场细分问题的基本认识以及市场细分问题产生的客观依据等方面进行阐述分析；第二部分就市场细分理论的产生及其对市场理论和市场经营的"革命性意义"进行探讨；第三部分就市场细分理论与市场学其他两个重要组成部分即市场营销观念、市场营销组合的关系展开研究，并从三者结合的角度进一步分析了市场细分理论的作用。本文试图在理论上对市场细分的客观依据，市场细分理论突破性的意义，市场细分理论在市场学中的地位、作用等问题加以分析。

二　主要创新和学术影响

本文在国内对市场细分问题尚未得到普遍重视、对市场细分理论概括和分析较为薄弱的背景下，对市场细分的出现及其理论进行研究。本文认为，市场细分是商品经济发展的必然结果，也是商品经济发达的突出特征，反映了客观经济发展规律和人们主观认识的统一，并提出市场细分理论改造了整个市场学以及对市场理论和市场经营具有"革命性意义"的观点。同时，本文还认为，市场营销观念、市场细分理论、市场营销组合三者构成了现代市场学的主要内容，是对市场经营活动过程和营销经验的较好的概况和总结。本文被《中国人民大学复印报刊资料》（商业经济、商业企业管理）1985 年第 9 期全文转载。

《从"停滞－膨胀"到"高失业－高赤字"》

作者姓名：刘传炎

发表期刊：《世界经济》

发表时间：1985 年第 12 期

获奖情况：吉林省首届社会科学优秀成果奖优秀奖

一 篇章结构和基本观点

本文分为三部分。第一部分为已从"滞胀"中走出来，第二部分为又陷入"高失业－高赤字"的新困境，第三部分为"高失业"和"高赤字"交织并发的原因。

本文认为，进入 20 世纪 80 年代后，美国、德国、日本等发达资本主义国家相继走出了滞涨，但又陷入"高失业"和"高赤字"互相加剧的新困境中，同时美国政府在政策上并没有摆脱调节经济的危机或国家垄断资本主义的危机，最后揭示出里根政府采取的货币紧缩和财政膨胀相结合的反滞涨政策是"高失业"和"高赤字"并发的根源。

二 主要创新和学术影响

本文基于低通货膨胀率的事实承认美国经济走出滞胀，但同时指出美国经济陷入了"高失业－高赤字"的新困境，由此揭示出 20 世纪 80 年代后美国经济由"停滞－膨胀"到"高失业－高赤字"的发展的根源，即里根政府推行的货币紧缩与财政膨胀相结合的政策所导致。本文认为，不能简单地在高利率和经济停滞之间画等号，也不能在高赤字和通货膨胀之间画等号，发达资本主义国家在利用市场机制和宏观调节方面积累了较为丰富的经验和教训，研究这些理论成果和经验，无论对于资本主义经济的预测还是对我国经济体制改革，特别是使微观搞活和宏观管好两方面都具有不可忽视的参考和借鉴意义。

《论资本主义经济政治发展不平衡规律及在战后作用的新特点》

作者姓名：潘石

发表期刊：《世界经济》

发表时间：1986 年第 4 期

获奖情况：吉林省首届社会科学优秀成果奖优秀奖

一　篇章结构和基本观点

本文共分为两部分，第一部分为资本主义经济政治发展不平衡规律的基本内容，第二部分为资本主义经济政治发展不平衡规律在战后作用的特点。

列宁 1915 年在《论欧洲联邦口号》一文中明确提出资本主义经济政治发展不平衡规律，并认为经济政治发展不平衡是资本主义的绝对规律。本文首先就这一绝对规律的理解和认识进行阐述，并归纳出世界资本主义就是在发展速度与经济发展水平的不平衡与均衡化矛盾运动中不断循环往复地向前发展。然后，在这一论述基础上，本文分析了战后资本主义经济政治发展不平衡规律的作用，并对其表现形式和特点进行归纳总结。

二　主要创新和学术影响

本文在新的历史条件下，研究资本主义经济政治发展不平衡规律。在深刻剖析资本主义经济政治发展不平衡规律的基础上，充分认识和理解这一规律在战后的作用。本文认为，这一规律在战后的作用较战前更广泛、更剧烈、更深刻，具体表现为：发达资本主义国家之间的不平衡；发展中国家（这里指资本主义性质的国家）之间的不平衡；发展中国家与发达资本主义国家之间的不平衡。而科学技术发展不平衡、国家垄断资本主义发展不平衡是战后这一规律的主要决定因素。本文被《中国人民大学复印报刊资料》［政治经济学（前资本主义和社会主义部分）］1986 年第 4 期全文转载。

《政治经济学教科书（资本主义部分）》

作者姓名：张维达

出版单位：吉林人民出版社

出版时间：1986 年

获奖情况：吉林省首届社会科学优秀成果奖优秀奖

一　篇章结构和基本观点

本书共分为十一章。第一章是商品和货币；第二章是资本和剩余价值；第三章是资本积累；第四章是资本的循环和周转；第五章是社会总资本的再生产和流通；第六章是平均利润和生产价格；第七章是商业利润、借贷利息和地租；第八章是资本主义的经济危机；第九章是帝国主义的基本经济特征和实质；第十章是帝国主义经济特征的发展；第十一章是帝国主义的历史地位。

二　主要创新和学术影响

本书是适应大学文科和财经院校各专业教学的需要，具有一定的深度和特色的教材。本书有以下创新和特色：一是根据《资本论》体系和内容简明地阐释政治经济学的基本原理，并增添了许多马克思的重要论点；二是注意吸收经济理论研究的新成果，不回避有争议的问题；三是坚持质与量的统一，对经济关系在定性研究的基础上进行定量分析；四是重视运用简明的图示表达复杂的社会生产关系。此外，本书对于一些观点的传统阐释提出自己的见解。本书被教育部确定为高校文科选用教材。

《关于1986年工业生产形势的分析》

作者姓名：董文泉

采用单位：时任国务院领导批示

采用时间：1986 年 5 月 13 日

一　篇章结构和基本观点

本报告共分为三部分。第一部分介绍我国工业产值（月产值）增长率的波动有很强的规律性，经过季节调整的月产值增长率是以 20 个月左右为周期的循环。工业产值增长率在不同时期处于不同阶段。第二部分使用我们为国家经委开发的经过多年考验的"限界平均时间序列模型"算出未来八个月工业产值的预测值。第三部分指出工业年产值为 8809.94 亿，与上年相比增长 6.8%。上述预测结果完全符合增长率循环规律，这也说明预测结果是合理的。当年的形势完全不同于 1982 年，那时增长率处于循环的下降阶段，而当年则处于循环的上升阶段，因此我们没有理由悲观。

二　主要创新和学术影响

时任国务院领导于 1986 年 5 月 16 日阅此报告，并批示"转国家计委和经委周知"。

《日本企业诊断学》

作者姓名：任文侠

出版单位：吉林大学出版社

出版时间：1986 年

获奖情况：吉林省首届社会科学优秀成果奖优秀奖

一　篇章结构和基本观点

本书共分为十章。第一章为企业诊断学概论，主要介绍企业诊断的概念、意义、种类、准则和分析技法，阐明企业诊断学的研究对象；第二章为经营基础诊断，包括企业经营者诊断、经营平行诊断、经营发展能力诊断、经营战略诊断、经营组织诊断、经营开发诊断六部分内容；第三章为财务诊断，包括预备调查、资金筹措诊断、资金运用诊断、设备投资诊断、利润管理和预算管理诊断、资金管理诊断、成本管理诊断、经营分析和财务诊断以及财务报表诊断等内容；第四章为市场营销诊断，包括市场战略诊断、销售组织诊断、市场销售计划诊断、产品计划诊断、流通渠道诊断、推销活动诊断等方面的内容；第五章为劳务诊断，主要包括劳务管理现状调查、雇佣人员安置诊断、人员考核和培训诊断、劳动条件和劳动环境诊断以及"劳使关系"诊断等内容；第六章为生产诊断，包括生产状况、生产方针、生产计划和工序管理、产品开发和设计等方面诊断；第七章为物资诊断，重点分析物资计划、物资采购、库存管理和仓库管理等方面的诊断；第八章为经营信息诊断，主要介绍经营信息系统、事务系统、电子计算机引进等方面诊断；第九章为诊断报告和诊断后指导，内容涉及诊断报告书的拟定和诊断报告会的组织，以及诊断后的指导等；第十章为企业诊断的展望，分析伴随日本企业经营环境的变化，企业诊断重点和方向的变化趋势。

二　主要创新和学术影响

本书是国内较早系统论述日本企业诊断的高等学校教材，在正式公开出版之前，其主要内容就曾以吉林大学社会科学丛刊的形式形成专辑，印发过 17000 册。1986年，为适应我国新的经济发展形势的需要和广大读者的要求，在专辑的基础之上，通过进一步修改、充实和完善，最终正式出版发行。它的出版对于构建中国企业管理学科体系、促进国内企业管理教学和研究的发展、提高国内企业管理咨询水平起到了重要的推动作用。

《东北经济史》

作者姓名：孔经纬
出版单位：四川人民出版社
出版时间：1986 年
获奖情况：吉林省首届社会科学优秀成果奖优秀奖

一 篇章结构和基本观点

本书共分为三篇。第一篇是清代东北地区的经济发展，其中包括清初至鸦片战争前的东北社会经济和鸦片战争后至辛亥革命前东北社会经济的变迁两章；第二篇是民国时期东北地区的经济变化，其中包括辛亥革命后至一九一九年东北社会经济的演进和一九一九年至一九三一年"九一八"前东北的社会经济两章；第三篇是伪满时期东北地区的经济遭遇，包括一九三一年"九一八"后至一九三七年东北殖民地经济的形成和一九三七年至一九四五年八月东北殖民地经济的推进。

二 主要创新和学术影响

本书有以下三个特点：一是立足东北，通观全国，在内容设置上尽可能多地将东北放在中国这个大范围中来把握并进行对比式的论述；二是开拓领域、勇于创新，本书在大量原始资料的基础上，提出了一系列独特见解；三是探索规律、长史短写。本书对东北地区经济史的研究以及中国经济史的研究得出全面、科学、正确的结论具有重要意义。

《农业生态经济》

作者姓名：李森林
出版单位：新疆人民出版社
出版时间：1986 年
获奖情况：吉林省首届社会科学优秀成果奖优秀奖

一 篇章结构和基本观点

本书共分为七章。第一章是绪论，第二章是农业生态平衡，第三章是农业经济平衡，第四章是农业现代化，第五章是农业经济结构，第六章是农业自然资源的利用，第七章是农业生态经济效益。

二 主要创新和学术影响

本书依据马克思主义关于农业生态经济理论的观点和方法，结合新中国成立以来我国农牧业发展的主要经验教训，在农业经济教学与专题调查研究的基础上编写而成。曾先后在吉林大学经济管理系、吉林财贸学院农村金融专修科和吉林农业大学农业经济系研究生班等单位试用，受到广泛好评。

《全国工业月产值预报器》

作者姓名：董文泉

采纳单位：国家经济贸易委员会

采纳时间：1987 年

获奖情况：吉林省首届社会科学优秀成果奖优秀奖

一　篇章结构和基本观点

国家经济贸易委员会为了指导经济工作，需要及时推测当月或未来几个月的全国工业的月产值。月产值预报器就是为了满足这一需要而在计算机上研制的短期经济预测软件包。月产值预报器是由 6 个单一模型构成的平均化模型。其中数量化单一模型与限界时间序列模型是关键。此外，还有等增长率模型和等产值率模型。平均化模型给出的估计值在进行未来预测的精度上比任何一种单一模型的可靠性程度都高，同时每个单一模型又各有特点，有的模型在理论上有创新。该模型系统不仅可预报工业月产值，而且可预报其他各项经济指标。

二　主要创新和学术影响

本研究采用经济分析与数学分析相结合、定性分析与定量分析相结合、专家预测与数学模型预测相结合的方法，建立了反映全国工业总产值变化规律的短期预测经济模型。自全国工业月产值预报器鉴定验收后，原国家经委经济信息中心一直使用此系统对全国工业总产值以及轻工业和重工业产值进行预测。

《论企业家行为激励与约束机制》

作者姓名：徐传谌

出版单位：经济科学出版社

出版时间：1987 年

获奖情况：吉林省第四届社会科学优秀成果奖一等奖

一　篇章结构和基本观点

本书共分为六章。第一章是对企业家含义的考察与界定；第二章是企业家行为激励与约束的理论假设前提；第三章是企业家行为激励与约束问题的提出和探索；第四章是企业家行为激励机制；第五章是企业家行为约束机制；第六章是企业家行为监督机制。

二　主要创新和学术影响

本书采用理论规范与实证分析相结合的方法。首先从理论上提出对企业家行为进行激励和约束的必要性，然后以此为前提，结合我国的实际探索解决问题的途径，建立起符合中国实际的企业家行为规范的逻辑结构和理论体系。本书对我国国有企业的改革具有重要参考价值。本书为国家社科基金项目成果并被经济科学出版社列入"中青年经济学家文库"出版。

《论按劳分配模式的换型》

作者姓名： 张维达

发表期刊：《中国社会科学》

发表时间： 1988 年第 2 期

获奖情况： 国家教委首届人文社会科学研究优秀成果奖二等奖

　　　　　　吉林省第二届社会科学优秀成果奖一等奖

一　篇章结构和基本观点

本文共分为两部分。第一部分阐述了按劳分配和社会主义商品经济关系，并指出区分按劳分配原则和按劳分配模式是认识和理解这一问题的关键。第二部分提出在商品经济下的按劳分配必须换型，即分配主体由社会转换为企业。

本文论述了按劳分配和社会主义商品经济统一于社会主义经济中，但二者所体现的生产关系不同，并认为按劳分配模式是指按劳分配原则的实现形式，这一实现形式要随着经济条件的变化而变化，不存在一套固定的分配模式。在社会主义商品经济下，为解决企业作为自主经营、自负盈亏的社会主义商品生产经营者实体与以社会为分配主体之间的矛盾，必须将按劳分配的主体由社会换为企业，并指出这一分配模式不同于按劳动力价值分配。

二　主要创新和学术影响

本文从区分按劳分配模式和按劳分配原则出发，理解和认识社会主义商品经济和按劳分配之间的有机结合与统一。在此基础上，本文认为在社会主义商品经济下，按劳分配模式必须换型的问题，使之适应社会主义经济发展的要求，即由以社会为分配主体向以企业为分配主体的转换。本文从分配尺度内涵、分配工资额度、发挥功能等方面强调了商品经济下的按劳分配与按劳动力分配的不同。本文被《新华文摘》

1988 年第 6 期、《中国人民大学复印报刊资料》［政治经济学（社会主义部分）］1988 年第 5 期全文转载。

《全民企业实现自负盈亏的困扰和出路》

作者姓名：张维达

发表文献：《纪念十一届三中全会十周年暨社会主义经济理论与实践研讨会论文集》

发表时间：1988 年

一　篇章结构和基本观点

本文共分为三部分。第一部分，自负盈亏是全民企业转变经营机制的关键，第二部分，全民企业实现完全自负盈亏面临的困扰，第三部分，摆脱困扰的出路是全民企业实行两种自负盈亏并存。

本文主要就我国经济体制改革 10 年过程中全民所有制企业从放权让利到两权分离改革过程中出现的企业自负盈亏的问题展开深入探讨和研究。在企业经济机制转变过程中，始终困扰改革的是企业负盈不负亏。但若为使企业自负盈亏而取消全民所有制，则不符合社会主义改革的方向；如果在坚持全民所有制条件下而企业不能自负盈亏，则企业不会转变为商品生产经营者。既要坚持全民所有制性质，又要企业自负盈亏，这是全民所有制企业深化改革不能绕开的难度较大的问题。

二　主要创新和学术影响

本文提出，全民企业商品生产经营机制的关键是自负盈亏，负盈同负亏相比，负亏是核心，全民企业深化改革必须渡过自负盈亏这一难关。本文认为，改革公有制的实现形式，对全民所有制企业来说，就是改变国有企业由国家直接经营的状态，实行所有权与经营权的分离，这一分离是指在同一全民所有制内部的所有权与经营权的分离，是国家作为全民资产所有者同企业作为全民资产经营者之间的委托经营关系。同时，本文还对全员风险抵押承包经营责任制进行了理论思考与总结。

《社会主义政治经济学研究》

作者姓名：关梦觉

出版单位：上海人民出版社

出版时间：1988 年

一　篇章结构和基本观点

本书共分为五部分，分别为通论、社会主义生产过程、社会主义流通过程、社会主义生产总过程、后论。本书的研究以探讨有中国特色的社会主义经济作为指导思想，把马克思主义的普遍性原理同中国实际结合起来，要运用普遍性原理于中国特殊的国情之中，在特殊性中体现普遍性。本着这些思想，本书对社会主义政治经济学的研究，采用理论联系实际的方法，力图反映现阶段社会主义经济实际过程的逻辑体系，大体上按生产过程、流通过程和生产总过程的顺序建立篇章结构，着重选定社会主义经济实践所面临的重大现实课题。特别是着重反映我国经济体制改革冲破传统的思想束缚所取得的新的理论成果，评述经济学界的重大理论争论，分析实际经济生活中的重要思想倾向，来阐明政治经济学的基本理论并提出见解。

二　主要创新和学术影响

本书对中国特色的社会主义经济中的重大现实课题进行了研究，在对社会主义政治经济学的对象与有计划的商品经济范畴、社会主义的基本经济特征和根本任务、生产资料的社会主义公有制和多种所有制形式共同发展、社会主义经济体制及其改革论述的基础上，探讨了建设有中国特色的社会主义经济中的重大问题，并提出了自己的见解。同时，本书还对新中国成立以来有关社会主义政治经济学争论的重大理论问题，不仅做了较为详细的介绍，而且一一进行评述，同时还提出了自己的看法。

本书是国家"六五"社科规划重点研究项目成果，以探讨有中国特色的社会主义经济为指导思想并由此实际出发，是一本有现实意义和重大学术价值的专著，是创立有中国特色的社会主义经济学的有益探索。

《中国资本主义史纲要》

作者姓名：孔经纬
出版单位：吉林文史出版社
出版时间：1988 年
获奖情况：吉林省第二届社会科学优秀成果奖一等奖

一　篇章结构和基本观点

本书共分为五篇。第一篇为中国封建时代的商品经济发展和资本主义关系萌芽，第二篇为清朝后期中国资本主义的形成发展，第三篇为北洋军阀统治时期中国资本主义的发展变化，第四篇为国民党统治时期中国资本主义的变迁，第五篇是半殖民地半封建社会条件下资本主义的去路和新民主主义制度下的资本主义。

二　主要创新和学术影响

本书简明扼要地阐述了中国资本主义产生发展变化的基本过程及其规律，而且同各个时期总的社会背景相衔接，在史料上有新发觉，理论观点上具有创造性，堪称一家之言。本书不仅对于中国史、中国经济史研究有重要参考价值，而且对经济学研究也有直接意义，对掌握我国的私营经济也具有一定的现实意义。

《日本经济》

作者姓名：池元吉

出版单位：人民出版社

出版时间：1989 年

获奖情况：吉林省第二届社会科学优秀成果奖一等奖

一　篇章结构和基本观点

本书共分为十二章。第一章是国土、人口和社会，第二章是战前资本主义发展简史，第三章是战后的经济恢复和发展，第四章是产业结构和工业，第五章是农林牧渔业，第六章是交通运输业，第七章是国内商业和服务业，第八章是财政，第九章是金融，第十章是企业和企业集团，第十一章是劳动工资和社会保障，第十二章是对外经济关系。

二　主要创新和学术影响

本书以战后经济为中心，对日本的自然条件、资本主义发展历程、各个主要经济部门和重要社会经济领域的发展状况做一简要的介绍和论述，给日本社会经济发展的历史和现状勾画一个轮廓，为广大知识青年和干部了解和学习日本经济问题提供一本入门书和参考书。

《日本经济论》

作者姓名： 佘曷雕

出版单位：吉林大学出版社

出版时间：1989 年

获奖情况：国家教委首届人文社会科学优秀成果奖二等奖

一　篇章结构和基本观点

本书共分为十三章，分别为：日本经济的环境分析（上）、（下），战前日本资本主义的发展过程及其特点，战后日本经济的发展及其民主改革，私人垄断资本，国家垄断资本主义，日本的农业，中小企业（上）、（下），财政，日本的金融，日本的对外经济关系，日本经济的实力及发展前景。本书重点解释了对已经成为资本主义经济大国的日本应当知道些什么，当今变化了的现实同日本的历史源流、地理环境，社会政治经济制度以及民族文化传统都有哪些关系，日本经济的发展前景又怎么样等重要问题。

二　主要创新和学术影响

作者作为我国改革开放以后较早到日本留学和从事日本经济研究的学者，通过本书向 20 世纪 80 年代末封闭已久又急需了解日本的读者全面描述了日本经济情况。本书既是当时我国最早系统研究日本经济的学术巨作，也是普及日本经济知识的教材和读物，是当时日本经济研究成果的杰出代表，为我国日本经济的学术研究和人才培养发挥了巨大作用。

《坚持四项基本原则新论》

作者姓名： 关梦觉

发表文献：《全国高校"纪念中华人民共和国成立 40 周年暨社会主义经济理论与实践研讨会"论文集》

发表时间： 1989 年

获奖情况： 吉林省第二届社会科学优秀成果奖特别奖

一　篇章结构和基本观点

本文共分为两部分。第一部分为坚持四项基本原则的现实含义，第二部分为坚持四项基本原则的若干问题的探讨。

本文首先就四项基本原则的内容及内涵进行了阐述，接下来就为什么四项基本原则是立国之本、四项基本原则也是我们的立身之本、把四项基本原则看作一种马列主义的世界观、四项基本原则是一种判断是非的重要标准及其方法论的作用、坚持四项基本原则过程中需要纠正的一些模糊认识和错误看法等问题展开探讨与分析。

二　主要创新和学术影响

本文认为，四项基本原则的哲学基础是辩证唯物主义和历史唯物主义，是实事求是的思想路线，是马列主义与中国实际相结合的结晶，是马列主义的精华，还提出，四项基本原则是立国之本，是一个有机整体，缺一不可。本文就坚持四项基本原则若干问题的探讨，深化了对四项基本原则内涵的认识和理解，同时也能够推动对四项基本原则认识和理解的广度与深度。

正如中国人民大学宋涛教授在《为弘扬马列主义而鞠躬尽瘁——怀念关梦觉一文》中所说的那样，"他的观点，真正经受住了实践的检验，他是我国一位弘扬马列主义的经济学家"。

《社会主义经济体制比较通论》

作者姓名： 关梦觉　张维达

出版单位： 辽宁人民出版社

出版时间： 1989 年

一　篇章结构和基本观点

本书共分为十章。第一章，改革：世界社会主义运动的潮流；第二章，社会主义经济体制模式比较；第三章，经济体制改革的理论基础探索；第四章，社会主义企业活力与企业经营机制；第五章，社会主义的计划与市场；第六章，社会主义宏观控制和调节体系；第七章，经济体制改革中的社会主义所有制问题；第八章，社会主义国家经济对外开放和外贸体制改革；第九章，新旧体制转换的艰巨性和复杂性；第十章，社会主义的经济体制改革和和政治体制改革。

本书试图从社会主义经济体制的总体及其基本框架进行改革思路的比较，将其提到基本理论层次进行探讨。这是本书阐明的侧重点。本书就社会主义各国的改革潮流、经济体制模式、体制改革理论基础、搞活企业、市场体系、宏观管理、所有制结构、对外开放及其同政治体制改革的关系等问题进行比较分析，在借鉴外国改革经验教训中探讨我国经济体制改革。

二　主要创新和学术影响

本书把我国改革放在世界社会主义各国改革潮流之中考察，以马克思主义为指导，通过对战后苏联、东欧国家经济体制改革的理论与实践进行纵横比较，对其成败利弊做出深入分析。本书从我国改革开放的实际出发，坚持四项基本原则，把马克思主义基本原理同经济改革实际结合，对我国经济体制改革的战略选择提出了创造性的见解。本书力图在比较中探索有中国特色的社会主义经济模式和改革之路，不是为比较而比较，这不同于其他同类专著；同时，本书不是着眼于对各种具体体制的比较，更没有陷入对社会主义国家在经济改革过程中推出的各种纷繁复杂的改革措施的比较，而是着眼于对各国的经济改革从基本理论的角度进行剖析，使本书的比较研究避免了就事论事的流弊，具有必要的理论高度和深度。

本书作为国家教委"七五"社会科学规划重点研究项目的成果，是一部自成体系、独具特色、贯通中外、知识广博而又名副其实的研究性专著，这不仅有助于增长马克思主义的识别能力，而且推动了我国经济改革理论的探索，对于实践中重大经济问题的决策有重要参考价值。

《论城市经济社会环境协调发展》

作者姓名： 高群

发表期刊：《城市问题》

发表时间： 1990 年第 3 期

获奖情况： 吉林省第二届社会科学优秀成果奖一等奖

一 篇章结构和基本观点

本文共分为两部分。第一部分为城市经济、社会、环境协调发展的紧迫性，第二部分为实现城市经济、社会、环境协调发展的对策。

本文首先阐述了我国经济、社会与环境之间的相互关系不协调，经济社会环境关系整体上失衡，提出了实现经济、社会与生态环境协调发展的重要性和紧迫性问题。随后，本文从七个方面探讨了实现城市经济、社会、环境协调发展的对策，分别是要遵循客观规律、提高人们的经济社会环境整体协调发展意识、制定经济社会环境整体协调发展战略、实行城乡一体化、强化管理、建立必要的制度和认真研究解决几个制约经济社会环境整体协调发展的重要因素。

二 主要创新和学术影响

本文在阐述经济、社会、环境整体关系及其失衡的现状基础上，提出了经济、社会与生态环境协调发展问题，并强调这一问题的重要性和紧迫性。本文梳理总结了七个推动经济、社会、生态环境协调发展的对策，提出遵循经济、社会和环境之间协调发展的规律，并将经济效益、社会效益和环境效益三者是否统一作为检验和衡量经济、社会、环境协调发展的重要标志，而同步规划、同步实施和同步发展则是统一的关键。

《南朝鲜经济开发战略和展望》

作者姓名： 张世和

出版单位： 黑龙江朝鲜民族出版社

出版时间：1990 年

获奖情况：国家教委首届人文社会科学优秀成果奖二等奖

一　篇章结构和基本观点

本书共分为五部分，分别为：对外开放型经济开发战略、主要经济开发政策、对外贸易的发展和特点、出口奖励政策、经济开发五年计划。

本书首先介绍了韩国对外开放型经济开发战略，以及为实现这一战略目标所采取的引进外资和先进技术、建立出口商品基地、健全外贸组织机构等一系列主要经济开发政策；接着介绍了韩国对外贸易的发展和贸易结构的特征，以及为贯彻执行"输出立国"的基本方针"以政府为主导"所采取的各种出口奖励政策；然后介绍了韩国自 1962 年至今的六个经济开发五年计划和对外经济关系。书后还附有韩国《外资引进法》和《海外建设促进法》等。

二　主要创新和学术影响

改革开放以后，为了适应中韩关系的变化，中国的韩国学研究逐步升温，至 20 世纪 80 年代后期 90 年代初期形成了一个高潮，中国人以从未有过的热情关注韩国问题研究，尤其是韩国经济问题成为这股研究热潮的主流，本书就是这个时期的代表。本书是在中韩两国未建交的情况下对韩国研究的杰出代表，有助于中国人民对韩国的了解，对推动经济、文化交流具有重要的意义。

《中国农业生产的前景问题——持久稳步地建设生态农业》

作者姓名：李森林

出版单位：中国科学技术出版社

出版时间：1990 年

获奖情况：吉林省第二届社会科学优秀成果奖一等奖

一　篇章结构和基本观点

本书共分为八章。第一章为关于我国人口、粮食、资源的协调发展问题；第二章为建设以水、林、土为本的生态农业；第三章为实现林、粮、牧一体化的良性循环是建设生态农业的中心环节；第四章为建立良性循环的农业生态系统；第五章为自然生产力在农业生产中的作用；第六章为重视提高农业生态效益；第七章为提高土壤养分的两种物质循环；第八章为开发振兴白城地区农、牧业的战略和对策。

二 主要创新和学术影响

本书为我国生态农业理论建设做出了新的贡献，并具有十分重要的理论与实践意义。具体表现为：第一，关于自然生产力的作用与特点，运用马克思主义理论进行了深刻而精辟的分析与表述，有助于认识自然生产力的本质，从而提高保护自然生产力的自觉性，并为农业生产走向持久繁荣和发展提供重要理论依据。第二，关于建设以水、林、土为本的自我维持良性循环问题、关于建设林、粮、牧一体化良性循环的论述以及关于实现我国人口、资源、环境优化配置问题，均有新论和创见，并创造性地提出适度人口容量的科学计算，还提出实现全国人口计划生育负增长的战略措施的大胆创新和富有建设性的政策选择。

《论东北亚区域经济合作与分工》

作者姓名： 任文侠

发表期刊：《世界经济》

发表时间： 1991 年第 5 期

一 篇章结构和基本观点

本文共分为四部分。第一部分东北亚区域合作的基础，在简要阐述东北亚区域各国在产业结构、经济发展水平、资源拥有量方面的不平衡性基础上，重点分析了东北亚各国经济上的互补性。第二部分论述东北亚区域合作的特点和模式，指出东北亚区域合作具有松散性、互补性、开发性、吸收性和渐进性，为此应遵循由双边向多边合作、由贸易合作向全面合作、由民间合作向政府合作、区域内外合作相结合的发展方向。第三部分论述东北亚区域各国间的分工，认为要承认差别、尊重权益、发挥优势，只有建立起新的合理的国际分工体系，才能实现真正的区域经济合作。第四部分阐述东北亚区域合作的实施步骤，指出要通过做好宣传、建立区域内协作组织、缔结交通和通信协定、建立自由贸易区域跨国特区等途径推进东北亚区域合作。

二 主要创新和学术影响

本文是较早全面系统论述东北亚区域合作问题的文章，对引领东北亚区域合作问题的研究具有重要作用。

《当代中国私营经济研究》

作者姓名： 潘石

出版单位：山西经济出版社

出版时间：1991 年

获奖情况：国家教委首届人文社会科学研究优秀成果奖二等奖

一　篇章结构和基本观点

本书共分为十五章。第一章是中国国情与私营经济的产生；第二章是现阶段私营经济性质剖析；第三章是我国私营经济发展的特点及其在国民经济中的地位与作用；第四章是私营企业生产经营目的；第五章是私营企业的经营方式及其特点；第六章是私营企业的运行及运行机制；第七章是私营企业的管理制度及其完善；第八章是私营企业与市场；第九章是私营企业的收入分配；第十章是私营企业的再生产；第十一章是强化国家队私营经济的调控与管理；第十二章是对私营经济的法制管理；第十三章是中国私营企业主阶层的形成与发展；第十四章是私营企业文化；第十五章是中国私营经济的长期发展与历史走向。

二　主要创新和学术影响

本书主要有以下两个特色：一是运用马列主义、毛泽东思想的基本原理阐释与回答私营经济发展中出现的各种问题，并集合社会主义社会新的实践，在理论上有所发展和创新；二是坚持用阶级分析方法和制度分析方法研究私营经济中的许多重大问题；三是对私营经济中的许多重大理论问题不模棱两可、不回避矛盾，展开评述和证明，阐明自己的独立见解。

《论二次大战后美国经济周期的变化》

作者姓名：孙刚

发表期刊：《世界经济》

发表时间：1991 年第 12 期

获奖情况：吉林省第三届社会科学优秀成果奖一等奖

一　篇章结构和基本观点

本文共分为四部分。第一部分为战后美国经济周期长度的变化；第二部分为价格在经济周期中的变化；第三部分为美国经济周期阶段就业与失业的变化；第四部分为二战后美国经济危机的严重程度减缓。

本文以历史为背景考察二战后美国经济周期的一些变化，以便对美国经济的发展及其历史地位做出正确的评价。本文通过对比 140 年的美国经济周期长度来考察二战后美国经济周期长度的变化，分析了二战后美国价格的长期趋势，进而探讨价格变化与经济周期、就业结构变化与经济周期之间的关系。在此基础上，本文考察了二战后美国经济危机严重程度的变化。

二　主要创新和学术影响

本文从美国经济周期阶段性变化分析出发，从历史的对比分析中发现，二战后美国经济周期没有缩短和恶化的迹象，反而有周期延长的趋势；同时还发现，二战后经济处于危机中的时间比之前有缩短，但扩张阶段又明显延长。本文还考察了价格变化、就业结构与经济周期之间的相互影响，发现价格普遍上涨、跨周期的运动是二战后美国经济周期变化的一个最典型特征；还揭示出第三产业的发展变化对经济周期有重要影响，其减轻了战后美国经济危机的严重程度。

《卫兴华经济思想述评》

作者姓名： 张维达　潘石
发表期刊：《中国社会科学》
发表时间： 1992 年第 5 期

一　篇章结构和基本观点

本文共分为三部分。第一部分为在争鸣中坚持马克思主义基本原理；第二部分为面向改革与发展的重大现实课题、大胆进行经济理论的探索与创新；第三部分为坚持实事求是的科学态度和严谨的治学作风。

本文联系我国社会环境和学术思潮的发展，评述了卫兴华的经济思想以及他严谨的治学作风。本文着重分析评价了卫兴华以下几方面的经济思想：对马克思劳动价值论的阐发、对社会主义按劳分配理论的阐发、对马克思地租理论的阐发、对马克思主义生产力理论的阐发、对社会主义初级阶段理论的探索、对社会主义有计划商品经济理论的探索、对社会主义经济体制改革理论的探索。

二　主要创新和学术影响

本文结合卫兴华治学的基本特点，即在学术研究和理论探讨中始终不渝地自觉坚持马克思主义政治经济学基本原理，对卫兴华学术思想和治学之道进行了较为细致的梳理、总结归纳和评述。本文从七个不同的方面评述了卫兴华经济研究思想，同时从五个不同的角度归纳总结了卫兴华的治学作风。

《日美欧中小企业理论与政策》

作者姓名： 李玉潭

出版单位： 吉林大学出版社

出版时间： 1992 年

获奖情况： 国家教委首届人文社会科学优秀成果奖二等奖

一　篇章结构和基本观点

本书共分为四部分。第一部分为日美欧中小企业概观，主要从中小企业的定义和地位、促进技术开发、吸纳劳动力、促进出口等四个方面，阐述发达资本主义国家中小企业的地位和作用，并力图进行国际比较；第二部分为中小企业理论研究，比较分析了日美欧的中小企业"存在理论"，论述了战后中小企业发展理论依据；第三部分为中小企业观研究，从历史演进的视角，纵向分析了日、美、英以及法、德、意等国的中小企业观；第四部分为中小企业政策研究，从实践角度，研究日美欧等国中小企业发展的基本政策。

二　主要创新和学术影响

本书是我国出版较早的、系统地比较研究发达资本主义国家中小企业发展的学术著作。本书的出版，时值 20 世纪 90 年代初，我国改革开放初期中小企业特别是乡镇企业快速发展的历史时期，对于我们正确认识广大中小企业的地位和作用，吸收发达国家中小企业发展的经验教训，探索其发展过程中遇到的生产、技术和管理问题具有重要的现实意义。本书作为国家教委"七五"重点项目的最终研究成果，得到了广大读者的广泛关注和普遍好评，成为中小企业研究领域的重要参考文献。

《产业结构调整与利润率平均化》

作者姓名： 李文哲

发表期刊： 《当代经济研究》

发表时间： 1992 年第 1 期

获奖情况： 吉林省第三届社会科学优秀成果奖一等奖

一　篇章结构和基本观点

本文共分为三部分。第一部分阐述了利润平均化规律与产业结构不断调整和优化过程之间的关联，第二部分揭示出我国经济运行过程中利润平均化规律作用呆滞并影响我国产业结构调整的成效，第三部分提出形成利润平均化规律在我国作用机制的主要影响因素。

我国产业结构长期不合理且调整难度很大，诸多原因中一个十分重要且为人们所忽略的是：我国不同产业部门间利润率平均化规律几乎不发生作用。这是我国产业结构长期不合理而且调整无力的根源。本文认为，我国经济生活中利润率平均化规律难以发生作用的根本原因在于现有的经济体制中还没有完全具备发挥其充分作用的条件，并提出对于利润率平均化规律作用机制形成至关重要的影响因素。

二　主要创新和学术影响

本文运用马克思所提出的利润率平均化规律及其在产业结构不断调整和优化过程中的作用来阐述我国产业结构调整问题，并认为利润率平均化规律呆滞是导致我国产业结构调整收效不大的一个根源。同时，本文针对利润率平均化规律作用机制形成提出了四个方面的建议：构造新的企业组织形式和产权制度，促进生产要素流动和重组及新的投资主体的形成；进一步完善市场体系，特别是发展与完善生产要素市场；加快经济立法，建立完备的经济法规体系；完善国家宏观调控体系，制定科学的产业政策。

《社会主义市场经济导论》

作者姓名：张维达

出版单位：中国财政经济出版社

出版时间：1993 年

获奖情况：吉林省第三届社会科学优秀成果奖一等奖

一　篇章结构和基本观点

本书共分为八章，第一章是社会主义商品经济和市场经济；第二章是社会主义市场经济的运行机制和体制；第三章是企业成为市场主体及其经营机制转换；第四章是市场体系与市场制度；第五章是国家职能转变与宏观调控系统；第六章是西方市场经济的发展与借鉴；第七章是西方国家现代市场经济概况（上）；第八章是西方国家现代市场经济概况（下）。

二　主要创新和学术影响

社会主义市场经济理论研究包括十分丰富的内容，本书的研究着重与社会主义市场经济的基本理论，使之同各个部门的应用经济学研究区别开来。社会主义市场经济理论是建设有中国特色社会主义理论的有机组成部分。以建设有中国特色社会主义理论为指导，研究社会主义市场经济理论，本书主要把握以下几点：一是要用解放和发展生产力的观点来认识市场经济；二是要用社会主义的本质观点研究社会主义条件下的市场经济的一般性和特殊性；三是要用社会主义初级阶段的观点研究我国市场经济；四是要从我国国情出发借鉴外国市场经济体制经验；五是解放思想、实事求是，不断探索社会主义市场经济理论。

《东北亚区域经济发展的特点》

作者姓名：赵凤彬

发表期刊：《世界经济》

发表时间：1993 年第 10 期

获奖情况：吉林省第三届社会科学优秀成果奖一等奖

一　篇章结构和基本观点

本文共分为三部分，第一部分主要讨论了东北亚经济区域化趋势的加强，第二部分主要讨论了东北亚地区次区域化经济合作的主要形式，第三部分主要讨论了未来东北亚经济区域化的发展思路。

本文从如何全面认识东北亚的区情、正确把握东北亚区域经济发展的主流为基本出发点展开研究。论文在世界格局多极化和世界经济区域化趋势加强以及亚太局势逐步稳定的背景下，探讨了东北亚经济区域化的主要表现及特征。在此基础上，本文指出，东北亚地区经济关系的区域化发展迅速，但国家关系上的集团化进展缓慢，形成了区域化与集团化之间较为明显的反差和不平衡，究其原因在于这一地区本身存在的政治经济结构的多元性和复杂性。与此同时，这一区域地方性"次区域化"发展迅速，并形成三种次区域化形式。文章最后就东北亚经济区域化提出了四条发展思路。

二　主要创新和学术影响

本文在分析东北亚经济区域发展的基础上，揭示出东北亚区域化和集团化发展形成反差和不平衡并呈现长期化、结构化的趋势。同时，本文认为，东北亚地区区域化发展的特殊格局，不仅表现为区域化与集团化之间的反差或不平衡，而且表现为整个地区与局部地方之间区域化发展程度的不平衡。在此基础上，本文总结出反映东北亚区域经济发展基本态势的两种反差现象，即区域化与集团化之间的反差和泛区域化与次区域化之间的反差。本文被《中国人民大学复印报刊资料》（世界经济）1993 年第10 期全文转载。

《中国东北农业史》

作者姓名：衣保中
出版单位：吉林文史出版社
出版时间：1993 年
获奖情况：普通高等学校第二届人文社会科学研究优秀成果奖三等奖

一　篇章结构和基本观点

本书共分为十章，系统论述了从原始时代到 1949 年东北地区农业发展的历史进程。本书根据东北农业发展的特点及其规律性，把 7000 年来东北农业发展的历史划分为 9 个历史阶段，勾勒出东北区域农业发展的基本脉络和线索，从而构建起东北农业史的框架结构。本书研究主要内容分别为：东北农业发展的源流、近代以来东北地区农业近代化的进程及其发展规律、伪满时期东北殖民地农业的特点、东北解放区新民主主义农业的形成与发展。

二　主要创新和学术影响

本书是我国第一部大型区域农业史的学术专著，填补了东北地区农业发展史研究的空白。本书从历史的角度对东北区域农业的发展历程和发展规律进行了深入系统的研究，对于认识我国边疆地区农业发展的特殊性，研究东北区域农业特色的形成，从而制定符合区情的农业发展战略，都有重要的学术价值和现实意义。

本书出版后在学术界引起广泛的反响，国内重要学术刊物《历史研究》、《社会科学战线》、《史学集刊》和《北方文物》等均发表了关于本书的评论。

《我国现阶段劳资关系初探》

作者姓名：潘石
发表期刊：《当代经济研究》
发表时间：1994 年第 2 期
获奖情况：吉林省第三届社会科学优秀成果奖一等奖

一　篇章结构和基本观点

本文共分为四部分。第一部分为问题的提出；第二部分为我国现阶段劳资矛盾的主要表现；第三部分为我国现阶段劳资矛盾的性质与特点；第四部分为正确处理与协调我国现阶段劳资矛盾或纠纷的基本方略。

本文主要探讨了伴随"三资企业"和私营企业出现而产生的资本所有者与雇佣劳动者的关系，即劳资关系。论文主要从工资待遇、劳动时间、生产条件、工作环境、管理方法等方面就劳资矛盾和劳资纠纷展开论述分析，还就我国的劳资关系的性质与资本主义国家的劳资矛盾进行了对比分析，并总结归纳出我国劳资关系的特征，最后就正确处理与协调劳资矛盾与纠纷提出了合理的建议。

二　主要创新和学术影响

本文提出，生产资料占有关系的不平等性是产生劳资矛盾并造成劳资纠纷的重要经济根源，而且必然要通过劳资矛盾与纠纷表现出来。同时，本文在分析我国劳资矛盾性质及特征的基础上强调，应当正确认识其与资本主义劳资矛盾的联系与区别，在充分认识它与资本主义劳资矛盾一般性的基础上，正确把握其特殊性。本文被《中国人民大学复印报刊资料》（劳动经济与人力资源管理）1994 年第 5 期全文转载。

《新编中国东北地区经济史》

作者姓名：孔经纬
出版单位：吉林教育出版社
出版时间：1994 年
获奖情况：国家教委首届人文社会科学研究优秀成果奖二等奖
　　　　　　吉林省第三届社会科学优秀成果奖一等奖

一　篇章结构和基本观点

本书共分为六篇。第一篇为清统一前及清代东北地区的经济发展，第二篇为民国时期东北地区的经济变化，第三篇为伪满时期东北地区经济的特殊经历，第四篇为解放战争时期的东北地区经济，第五篇为新中国时期东北地区的资源利用和经济成就，余篇为中国东北地区在东北亚中的经济影响及对苏联的贸易关系。

二　主要创新和学术影响

本书较《东北经济史》有很大进展，从清统一前到伪满的原有各部分内容均有新的增加。书中把继承性与否定性的反应提到一般规律的认识高度，认为在社会经济演变的历史进程中都毫无例外地存在着继承性与否定性。日本学者在《亚洲经济》1996 年第 1 期发表推崇性评价书评中提到：从一般人所谓的"旗地"中划出一般旗地，不以 1861 年营口开港作为东北社会的新起点，不把官僚资本与民族资本视为政治概念，不一概以一般公式分析社会经济部门之间的影响。

《个人收入分配理论的有益探索》

作者姓名： 任俊生 ☐张维达☐

发表期刊：《中国社会科学》

发表时间： 1994 年第 4 期

一 篇章结构和基本观点

本文共分为三部分，第一部分为关于价值规律对按劳分配实现的制约、影响和某种程度的决定作用问题，第二部分为关于劳动力取得商品形式、工资取得劳动力价格形式问题，第三部分为关于分配制度和管理体制问题。

本文是就王克忠教授专著《论商品型按劳分配》一书的评介。本文认为，我国处于社会主义初级阶段，个人收入分配实行以按劳分配为主体、多种分配方式并存的分配制度，但在商品经济条件下，适应市场经济体制的要求，社会主义公有制经济如何实行按劳分配原则，是我国改革开放以来面临解决的一个重大理论与实践课题。王克忠教授的专著《论商品型按劳分配》是在新的条件下对按劳分配做出系统研究取得的一项新成果。

二 主要创新和学术影响

本文总结出该专著的两个突出特点。一是理论性，即书中把马克思设想的产品经济条件下按劳分配与实践中社会主义商品经济条件下按劳分配区分开来，并提出商品型按劳分配的论断，对商品型按劳分配的产生条件、分配主体、基本分配单位、分配依据、计量劳动尺度、分配形式、影响因素等诸多问题做出深刻的理论探讨，提出有理有据的独立见解。二是系统性，书中以商品型按劳分配为主线，对全民所有制经济的工资制度、集体所有制经济的劳动报酬、机关事业单位的工资制度，以及按劳分配中的工资与价格、劳动力市场、效率与公平、国家宏观调节和社会主义精神文明建设等给出了系统地分析。

《投入产出技术研究》

作者姓名： 张屹山

出版单位： 吉林大学出版社

出版时间： 1994 年

获奖情况： 国家教委首届人文社会科学优秀成果奖二等奖

一 篇章结构和基本观点

本书共分为五部分。第一部分为投入产出表的编制及应用研究，主要讨论了地区投入产出表的编制、序列投入产出表及其生产技术等问题；第二部分为投入产出专题模型研究，包括固定资产投入产出模型、价格分析模型、人口与教育投入产出模型、环境与经济联系投入产出模型；第三部分为动态投入产出模型建立及应用技术，主要讨论了动态投入产出应用模型选择、构造与求解，投资矩阵分解生成方法等；第四部分为投入产出优化技术，包括投入产出与线性规划结合的投入产出优化模型、投入产出与大道定理结合的高速公路模型、投入产出与正特征向量结合的计划调整模型；第五部分为地区间投入产出模型介绍及商品循环理论研究，首先介绍地区间投入产出模型的基本原理，其次对比利时、日本和印度的地区间模型的研究及应用情况做了简要介绍，最后将投入产出分析与商品循环理论联系在一起进行分析。

二 主要创新和学术影响

本书是根据"吉林省 1984 年投入产出价值模型（静态）"和"吉林省动态投入产出模型"课题研究中具有探索性的成果乃至经验提炼编纂而成的。投入产出分析的发展，在当时的我国可以说方兴未艾，本书中研究成果在理论、技术和应用方面都做出了一些有意义的探索，对我国投入产出分析的发展起到了有益的补充作用。著名经济学家陈锡康、张守一和李秉全对本书中成果进行了评价："理论上有探索、技术上有突破、应用上有创新。总体上具有国内领先水平，某些技术达到国际先进水平。"

《利用 Stock－Watson 型景气指数对宏观经济形势的分析和预测》

作者姓名：陈磊　高铁梅
发表期刊：《数量经济技术经济研究》
发表时间：1994 年第 5 期
获奖情况：普通高等学校第二届人文社会科学研究成果奖三等奖

一 篇章结构和基本观点

本文共分为四部分。第一部分，Stock－Watson 型景气指数（SWI）简介，介绍了 Stock 和 Watson 提出的基于状态空间形式的动态因子模型和 Kalman 滤波构造新型景气的建模和估计方法，以及最终模型的选取办法。第二部分，一致 SWI 的制作和结果分析。第三部分，先行 SWI 的制作和结果分析。第四部分，综合分析与预测。通过对一致 SWI 和先行 SWI 的结果分析我们认为，采用 Stock 和 Watson 提出的这种方法建立我国新的宏观经济景气指数是切实可行的，特别是一致 SWI 可以直观、有效地反映出我国的经济运行状态，并且可以更科学地做出对未来经济发展趋势和主要经济变量（构成变量）的预测。

二　主要创新和学术影响

本文利用时间序列状态空间模型，率先在国内研制成功具有重要理论和应用价值的新型景气指数——Stock-Watson 指数，并利用该指数对经济周期波动进行了实际分析和预测，取得了很理想的结果。结果显示，SWI 无论在变动趋势、峰谷转折点还是在波动幅度上，都较好地反映了我国改革开放以来的几次经济周期波动情况，并可从统计模型上合理地说明目前普遍采用的合成指数 CI 的有效性。

《国有企业改革中值得思考的几个认识问题》

作者姓名：纪玉山
发表期刊：《经济纵横》
发表时间：1994 年第 11 期
获奖情况：吉林省第三届社会科学优秀成果奖一等奖

一　篇章结构和基本观点

本文共分为五部分。第一部分为建立现代企业制度并不是搞私有化；第二部分为把国有企业改造成为混合所有制的股份公司并不等于国有资产流失；第三部分为改革国有企业、建立现代企业制度并不能代替经营机制的转换，更不等于要救活每个国有企业；第四部分为国有企业改革成为现代企业后不应也不可能承担国有资产保值增值的民事责任；第五部分为国有资产管理局应该成为经济组织而不应搞成单纯的政府机构。

二　主要创新和学术影响

本文认为不能把企业制度和社会经济制度不加区分地混淆，同一所有制的企业可以选择不同的企业制度，不同所有制的企业也可以选择相同的企业制度。现代企业制度不是所有制范畴，而是企业体制范畴，不是财产所有制，它是适应生产社会化发展的需要而出现的企业资产有效运营和科学管理的企业制度，社会主义国有企业的改革目标可以选择现代企业制度。本文对国有企业改革中涉及的五个方面的问题，即国有企业改革的方向、操作风险、操作对象以及操作机构等问题进行了梳理，并对这些问题进行理论剖析并逐一进行回答，为国有企业改革思路提供了理论指导。

《关于目前我国通货膨胀的几个理论认识问题》

作者姓名：潘石

发表期刊：《吉林大学社会科学学报》

发表时间：1995 年第 4 期

获奖情况：吉林省第四届社会科学优秀成果奖一等奖

一　篇章结构和基本观点

本文共分为三部分，第一部分为要充分认识西方通货膨胀理论的局限性，第二部分为要正确认识我国当前通货膨胀的特点及成因，第三部分为要充分认识通货膨胀的负效应。

本文主要探讨了西方通货膨胀理论由于受社会制度、经济体制、经济结构与人们消费观念等因素的制约，在中国的应用有很大的局限性，不能简单照搬和套用。本文认为我国的通货膨胀不是由某种单一因素造成的，而是由国民经济运行失衡、失控，各种矛盾尖锐冲突而导致的一种"综合征"，并针对"通胀无害论"阐述了通货膨胀的"九大负效应"。

二　主要创新和学术影响

本文提出西方通货膨胀理论在我国的应用有很大的局限性，由于国情、社会经济制度等因素会使中国的通货膨胀在生成机理及传导机制方面与西方国家的通货膨胀大相径庭，相差甚远，故而，不能简单地搬用西方通货膨胀理论来分析和阐明中国通货膨胀的生成机理和传导机制，这不仅医治不了通货膨胀，反而会使其愈演愈烈。同时，本文梳理出 20 世纪 90 年代初期通货膨胀的特点及其成因，还归纳出通货膨胀的负效应。本文被《新华文摘》1995 年第 10 期全文转载。

《资本市场引论——西方资本市场理论与实践》

作者姓名：宋冬林

出版单位：吉林大学出版社

出版时间：1995 年

获奖情况：吉林省第四届社会科学优秀成果奖一等奖

一　篇章结构和基本观点

本书共分为三部分，分别为西方资本市场的产生与发展、西方资本市场理论评析、西方资本市场理论与实践对我国的借鉴意义。

在实践考察篇中,从西方资本市场产生发展的历史过程入手,展示了西方资本市场的起源流变,论述了资本市场与市场经济的关系,从中折射出资本市场产生发展的内在动因和外部条件,进而提出资本市场运行和发展的客观规律。在理论评析篇中,在实践考察的基础上,从西方资本市场理论发展演变入手,系统介绍了西方资本市场理论研究的历史和现状,运用马克思主义基本理论对西方资本市场理论的前沿问题,如有效市场理论、资产定价模型、金融深化理论等进行了深入的分析和研究,明确指出这些理论在认识论和实践上的局限性,肯定了西方资本市场理论在运行层次上对资本市场运行规律的研究成果。在借鉴篇中,作者结合中国国情和社会主义市场实践,从加快体制改革和促进金融深化、理顺政府调控与市场运行的关系、协调资本市场与经济运行的关系、发展规范化的资本市场以及提高证券投资的科学性等方面论述了其实践意义和理论意义。

二 主要创新和学术影响

本书的理论创新集中地体现在对目前西方学术界最流行的有效市场理论进行了客观评析。从理论渊源看,有效市场理论脱胎于传统经济学的市场自发理论,带有同样的瘤疾。从认识论看,有效市场理论从现象形态出发,以资本市场价格不规则运动为根据,割断了资本市场与经济运行的内在联系,否定人们认识市场运行规律的主观能动性。从有效市场理论模型的完全理性和完全信息的前提条件看,也存在着致命的缺陷。同时,还指出有效市场理论给出了资本市场有效性的三种形式,这在 20 世纪 90 年代我国资本市场刚刚起步的时期,对于客观认识我国资本市场发育的现状、明确发展目标、确定规范化的资本市场规则,具有重要的参考价值;该理论关于完善市场制度、提高信息的公开性和透明度、提高交易效率、抑制垄断等观点,对于加快我国的资本市场建设,也具有重要的借鉴意义。

《劳动价值论的价值范畴与时间经济学》

作者姓名: 张维达 吴宇晖
发表期刊:《学术月刊》
发表时间: 1995 年第 8 期
获奖情况: 吉林省第四届社会科学优秀成果奖一等奖

一 篇章结构和基本观点

本文共分为三部分。第一部分为价值决定和时间经济,第二部分为价值决定与稀缺资源的最优配置和利用，第三部分为时间的经济价值和由此引起的经济行为。

本文以劳动价值论作为时间经济学的理论基础，力图说明：第一，商品价值所具有的时间规定是稀缺资源最优配置和利用的必要条件；第二，商品价值的时间决定是时间资源和时间变量的尺度，解决时间价值的度量问题后，可以对社会经济行为和经济现象做出新的解释。

二　主要创新和学术影响

本文阐述了时间作为重要经济变量引入经济分析后引起的经济学革命，并在分析价值决定的经济意义基础上，揭示时间的经济价值。本文认为，时间的价值是从商品的价值推导或传递过来的，时间的价值就是时间的经济价值，是标准化的劳动时间所创造的并以货币形式表现的收入量；时间作为一种稀缺的资源和表现其独立的价值只适合于劳动生产率和交换关系均已达到相当高程度的社会。本文被《中国人民大学复印报刊资料》（理论经济学）1995 年第 12 期全文转载。

《社会主义市场经济条件下的市场公平与社会公平》

作者姓名： 张维达　 宋冬林
发表期刊：《经济研究》
发表时间：1995 年第 8 期
获奖情况：吉林省第四届社会科学优秀成果奖一等奖

一　篇章结构和基本观点

本文共分为三部分。第一部分为"人均"背后的收入差距扩大；第二部分为收入差距持续扩大的理性分析，第三部分为市场经济条件下实现共同富裕的两个认识误区。

本文首先分析了地区之间、行业之间、不同经济成分以及不同社会阶层之间收入差距的发展变化。在此基础上，本文对我国由传统计划经济体制向社会主义市场经济体制转变过程中出现的收入差距扩大的合理性进行了理性分析。进而，本文又对涉及公平效率的两个认识误区进行阐述并提出正确认识。

二　主要创新和学术影响

本文以经济体制转轨过程中收入差距持续扩大的现象为研究对象，在理性认识收入差距扩大的基础上对其扩大的合理性界限进行了分析。本文认为，收入差距扩大的合理性界限应以对广大劳动人民激励提高效率为度，且不可能等齐划一，也不可能有统一尺度。同时，本文从市场发育、市场环境以及政策等多方面归纳总结了收入差距扩大的合理与不合理的因素，并就关于市场经济发展能解决公平和市场经济条件下健全社会保障制度能够实现共同富裕两种认识误区加以澄清。本文被《中国人民大学复印报刊资料》（社会主义经济理论与实践）1995 年第 10 期全文转载。

《发展中国家国有企业的改革与借鉴》

作者姓名：李俊江
发表期刊：《世界经济》
发表时间：1996 年第 4 期
获奖情况：吉林省第四届社会科学优秀成果奖一等奖

一 篇章结构和基本观点

本文共分为四部分。第一部分为国有企业在发展中国家经济发展中的地位，第二部分为发展中国家国有企业面临的共同困境与调整目标，第三部分为发展中国家改进国有企业经营机制和经营环境的政策与措施，第四部分为经验借鉴。

本文从国有企业在投资总额中所占比重和投资的部门结构出发，考察国有企业在整个发展中国家经济中的地位和作用，并指出发展中国家的国有经济部门在保障就业和投资以及促进国民经济快速增长等方面都起到了重要作用。随着经济发展和国际经济格局的变化，发展中国家国有企业经济机制改造和调整已经成为大多数发展中国家实施新的发展中战略的核心内容之一。随后本文阐述了发展中国家改进国有企业经营机制和经营环境的政策和措施。最后，结合以上分析，提出了五个方面的借鉴思路。

二 主要创新和学术影响

本文在我国国有经济重组与改造背景下，从大多数发展中国家国有企业发展所面临的困境和调整目标出发，分析了发展中国家国有企业改进经济机制和经营环境的政策和措施，这对于我国完善国有企业经营机制、推进建立我国现代企业制度均具有重要的理论意义和现实意义。本文被《经济研究参考》1996 年第 83～84 期摘编。

《金融自由理论的否定之否定》

作者姓名：许崇正
发表期刊：《中国社会科学》
发表时间：1996 年第 5 期

一　篇章结构和基本观点

本文共分为三部分。第一部分为古典学派和早期瑞典学派的金融自由理论，第二部分为凯恩斯的金融管制论，第三部分为金融自由理论在更高阶段上的复归。

本文主要阐述了西方货币、利息和金融市场理论在近三百年间经历了从早期金融自由到 20 世纪 30 年代的金融管制，再回归到现代金融自由这样一个螺旋式的否定之否定的发展过程。本文提出，当代金融自由复归学派理论在其深度和广度上已经超过了早期金融自由化理论，是早期金融自由化理论的完善和深化，这一进程在一定程度上体现了客观经济规律的要求。

二　主要创新和学术影响

本文梳理了古典学派和早期瑞典学派关于金融自由思想，即古典的控制货币数量的思想、利率市场化理论的萌芽、早期预期理论、早期证券市场理论和自由信用理论。本文还归纳总结了凯恩斯的金融管制论，主要包含资金市场的均衡依赖于政府对国民收入的人为调整、主张国家对经济全面干预、利率管制和低利率、财政政策为主货币政策为辅、货币扩张和赤字财政理论。在此基础上，本文阐述了金融自由理论复归学派的主要观点、特征及其贡献。本文被《中国人民大学复印报刊资料》（金融与保险）1996 年第 11 期全文转载。

《我国上市公司景气状况与股票价格关系分析》

作者姓名：张屹山
发表期刊：《数量经济技术经济研究》
发表时间：1997 年第 2 期
获奖情况：吉林省第四届社会科学优秀成果奖一等奖

一　篇章结构和基本观点

本文共分为三部分。第一部分对逐步聚类分析方法进行简介；第二部分对股价指标体系和企业景气指标体系进行说明；第三部分对聚类分析所得到的结果进行分析。最终得到的主要结论如下：中国股市价格和企业景气的相关程度均较低，即上市公司所处的景气状况对其股票价格的决定程度较低。在聚类对比中，二者相符比例一般不超过 30%，即中国股市价格构成中，由企业景气决定的部分不足 30%，而余下的部分则由诸如政策、投机和心理等因素决定了。本文应用逐步聚类分析方法，对我国上市公司的景气状况和相应股票价格分别进行聚类，通过类别对比，寻求我国股票市场上价格和上市公司景气的基本关系。

二 主要创新和学术影响

本文的创新之处在于利用逐步聚类分析方法将上市公司股价和企业景气状况分为五类，然后对比二者相符比例以分析上市公司景气状况与股票价格的关系。本文研究思路清晰新颖，在我国股市发展的起步阶段，对我国上市公司股价和其经营基本情况之间的关系进行了探索性的研究分析，具有积极的理论和现实意义，为后面此类问题的研究工作奠定了一定的基础。

《为垄断正名与反垄断》

> **作者姓名：**谢地
> **发表期刊：**《经济研究》
> **发表时间：**1997 年第 9 期
> **获奖情况：**吉林省第四届社会科学优秀成果奖一等奖

一 篇章结构和基本观点

本文共分为四部分。第一部分为垄断与合理的产业集中度，第二部分为垄断结构与垄断行为，第三部分为垄断结构、垄断行为与垄断绩效，第四部分为结论。

本文在对垄断结构与垄断行为、经济垄断与行政垄断进行区分的基础上，探讨了垄断与资源优化配置的关系，提出了我国反垄断立法的指向应该是反行政垄断及经济垄断行为，而不应当针对经济垄断结构。同时，本文还从产业组织优化和产业组织政策合理化的角度出发，把为垄断正名与反垄断问题结合到构筑我国经济集约增长产业组织的框架里进行认识。

二 主要创新和学术影响

本文阐述了垄断结构与垄断行为的内涵，并就二者之间的关系进行探讨。本文认为，垄断结构与垄断行为并非一一对应的关系，且依据产业组织理论的 SCP 框架得出垄断结构与垄断行为是密不可分的，并得出垄断行为与垄断结构即企业的垄断地位有关结论。本文还从生产效率、交易费用和技术效率等方面探讨了垄断机制在资源配置中的效率评价问题。

《国有企业改革要把着眼点切实转变到搞好整个国有经济上来》

> **作者姓名：** 张维达

发表期刊：《经济学动态》

发表时间： 1997 年第 12 期

获奖情况： 中共中央宣传部第七届精神文明建设"五个一工程"奖

一 篇章结构和基本观点

本文共分为三部分。第一部分为着眼于搞好国有经济的含义：国企战略改组；第二部分为着眼于搞好整个国有经济的目标：重组国有经济主导地位；第三部分为着眼于搞好整个国有经济的核心：明晰国有产权主体。

本文主要针对党的十五大报告所强调的："要着眼于搞好整个国有经济，抓好大的，放活小的，对国有企业实施战略性改组"这一问题进行深入分析与研究，分三个不同层次，循序渐进，由浅入深地就搞好国有经济的内涵、搞好国有经济的目标以及搞好国有经济的核心展开阐述。

二 主要创新和学术影响

本文提出，国企改革着眼于搞好整个国有经济，主要是指国企战略改组，包括：国有资产存量重组，结构调整，优化资产；国有企业改组，兼并破产，形成企业规模经济；提高国有经济整体素质，加强国有制经济实力，营造企业竞争优势，发挥主导作用。本文就如何把握好坚持国有经济主导地位进行了总结，指出国有经济主导地位不同于公有经济主体地位，国有经济主导地位并非覆盖社会每一个行业、不等同于各地区国有经济都占主导地位、不在于企业数量过多等。同时，本文还提出改革的核心是打破国有国营的旧体制，真正实行政企分开，明晰国有产权主体，理顺国家和企业的产权关系，并就产权制度改革所需要解决和研究的问题进行了梳理。

《网络经济学引论》

作者姓名： 纪玉山

出版单位： 吉林教育出版社

出版时间： 1998 年

获奖情况： 教育部第三届中国高校人文社会科学研究优秀成果奖三等奖

一 篇章结构和基本观点

本书共分为七章。第一章论述了网络经济学产生的背景；第二章论述了网络经济的运行基础；第三章论述了网络经济的运行结构；第四章探析了网络经济的作用；第五章分析了网络经济与组织结构变革；第六章分析了网络经济条件下的宏观调控新格局；第七章分析了网络经济条件下的世界经济格局。在综合分析的基础上提出了我国发展网络经济的必要性与发展路径。

二 主要创新和学术影响

本书是一部富有超前性和挑战性的研究成果，是马克思主义经济学的创新之作，具有较高学术水平和重大应用价值。这部研究成果的开拓性和创新性主要是突出理论学术性和实践针对性，在界定网络经济学的研究对象和方法的基础上，引出世人关注的重大问题并展开经济学分析：从世界科技革命推动经济发展的层面，以最新翔实资料进行充分的实证分析，深刻地揭示网络经济产生和发展的客观必然性；概括新的经济学概念，阐明网络经济的内部性和外部性，对其促进经济发展和完善宏观调控的功能进行全面系统分析，得出富有创造性的结论和见解；运用马克思主义立场、观点和方法，以当代新的视角，解剖西方网络经济思潮，进行中肯的评析和借鉴；着眼于我国改革开放和现代化建设，立足中国，放眼世界，对我国网络经济的发展提出符合国情实际的战略选择和可行性政策建议。

《俄罗斯经济金融形势走向及我国对策》

作者姓名：朱显平
采纳单位：国务院发展研究中心
采纳时间：1998 年
获奖情况：教育部第三届中国高校人文社会科学研究优秀成果奖三等奖

一 篇章结构和基本观点

报告首先介绍了 1992～1997 年俄罗斯经济总体走势，在此基础上指出，俄罗斯经济近期将出现危机、卢布将出现大幅贬值，并进一步分析了导致卢布贬值的决定因素及其时间和幅度，从而给我国政府提出了具有可操作性的对策与建议。并重点指出，在俄罗斯经济呈现良性发展的同时，应该特别注意俄罗斯经济中的危机因素，尤其是在东亚金融危机之后我国已经把俄罗斯和东欧作为重要贸易市场的情况下，更要保持清醒和科学的态度，否则，将给国家造成巨大损失。

二 主要创新和学术影响

报告分析了俄罗斯 1992～1997 年的经济金融走势，准确地预测了 1998 年俄罗斯经济所面临的困难与危机，提出了导致卢布贬值的几个因素：外资短期内的大量流出；国家有价证券收益率短期内大幅上涨，再贷款利率调节日见失效；出口产品的国际价格下降，国际收支逆差不可避免，迫使政府对外汇政策进行调整；政府财政赤字居高不下，税收不力。在此分析基础上，对我国政府提出了应对对策与建议。

《经济周期波动的分析与预测方法》

作者姓名： 董文泉　高铁梅　姜诗章　陈磊
出版单位： 吉林大学出版社
出版时间： 1998 年
获奖情况： 教育部第三届中国高校人文社会科学研究优秀成果奖一等奖

一　篇章结构和基本观点

本书分基础篇、传统的经济周期波动测定、分析与预测方法及经济周期波动研究的新发展等三篇，共 12 章，分别是历史、现状及各种学说；经济周期波动的若干基本概念；季节变动调整及测定长期趋势；景气指标选择方法；景气指数方法；宏观经济监测预警系统；宏观经济计量模型及其应用；时间序列分析及其应用；经济周期波动的谱分析；状态空间模型和卡尔曼滤波；协整与误差修正模型；不确定性及其性质的分析方法。

二　主要创新和学术影响

本书融理论、方法于一体，并侧重于实际应用，是我国第一部较系统、详尽介绍经济周期分析和预测方法的专著。本书注重系统性、前沿性和实用性，融会了作者十多年来的科研成果，形成了独特的内容体系。

本书全面系统地归纳和论述了 20 世纪 60 年代以来国际上测定、分析和预测经济周期的各种较为成熟的实证方法，这在国内尚不多见。

本书尽力囊括研究经济周期的新方法。迄今为止国内对经济周期的研究方法主要集中于时间域内，而直接从频率域即利用时间序列的谱分析方法进行研究的成果还不多见。因此书中较为详细地介绍了谱分析的基本原理和各种实用的谱估计方法，并结合实际研究经验阐述了在应用过程中需注意的若干问题；书中不但对状态空间模型的建立、参数估计和卡尔曼滤波做了详细介绍，而且特别给出了利用这一模型构造的新型景气指数即 S－W 景气指数，与传统的景气指数相比有了明显的改进，被国外学者誉为里程碑式的工作。该书作者经过艰苦钻研，即美国和日本等国之后于 1993 年成功研制出我国的 S－W 景气指数，标志着我国在该领域的研究已达到国际先进水平；本书还介绍了协整概念和方法并给出了景气调整的误差修正模型实例；混沌理论方法是近年来用于研究不确定性问题及其性质的一种新的方法论体系。

本书在取材与写法上能充分注意实用性。计算机的使用是进行高水平经济预测的前提条件，本书对所介绍的方法给出了完整、清晰的计算步骤，使读者在没有现成软件的条件下也可以编程进行计算。

《转形问题研究》

作者姓名：丁堡骏
发表期刊：《中国社会科学》
发表时间：1999 年第 5 期

一　篇章结构和基本观点

本文分为三部分，第一部分为扩大的马克思价值转化模型，第二部分为数学方法与转形研究，第三部分为鲍特凯维兹研究传统。

本文分别以图表模型和数学方程组模型分析扩大的马克思价值转化模型，阐释要素投入生产价格化的转形问题。本文在扩大的马克思价值转化模型中，运用线性方程组和迭代方程完全能够证明，平均利润总额等于剩余价值总额、生产价格总额等于商品价格总额这两个等式同时成立。在此基础上，文章进一步以扩大的马克思价值转化模型为基本参照，对西方学者分析转形问题的数学方法和鲍特凯维兹研究传统进行了评析。

二　主要创新和学术影响

本文将要素投入生产价格化的马克思价值转形理论称为扩大的马克思价值转化模型，并建立相应的转化模型，同时也证明了这一模型并没有否定简单的马克思价值转化模型，它比简单的马克思价值转化模型更丰富、更具体，是简单马克思模型的发展形式。本文提出，强调数学方法在转形分析中的作用和强调经济学方法的特殊性是并行不悖的论点，并通过鲍特凯维兹研究传统分析进一步验证了这一观点。

《就建立和完善我国月度统计指标体系的建议》

作者姓名：高铁梅
采用单位：时任国务院领导做了批示
采用时间：1999 年 3 月 5 日

一　篇章结构和基本观点

本报告指出我国的经济统计数据不仅落后于先进的工业国，而且落后于许多发展中国家。存在的主要问题如下。一是能敏感地反映我国经济周期波动的月度和季度经济指标统计数据，长期得不到重视，数据越来越少，从中很难筛选出合适的景气指标，尤其是先行指标，难以构造先行指数。二是我国的宏观经济预测主要靠年度数据，而且年度数据在第二年中才能得到，为宏观经济调控提供服务显然太迟，难以适应瞬息万变的经济变化。三是国家统计局出版的《统计月报》信息量不大，每年收费竟达 3000 元人民币，高校科研部门根本订不起。为此建议：一是尽早建立和完善我国月度统计指标体系。这一体系应能反映我国的经济动态，覆盖国民经济各个领域，包含敏感地反映经济状态或动向的指标，尤其是先行指标。二是由权威部门代表政府定期发布我国的景气指数，为宏观调控政策的实施和企业经营方针策略的制定提供科学依据。三是国家统计局应服务于社会，不能以赢利为目的，搞信息"垄断"，出版的《统计月报》只应收取成本费。在经济研究上，除政府部门外，还应发挥高校和研究机构的作用。

二 主要创新和学术影响

时任国务院领导做了"请刘洪同志研处"的批示。

《政治经济学（第一版）》

作者姓名： 张维达

出版单位： 高等教育出版社

出版时间： 1999 年

获奖情况： 吉林省第五届社会科学优秀成果奖一等奖

一 篇章结构和基本观点

本书由导言、4 篇 14 章构成。商品经济篇分为 3 章，即第一章自然经济和商品经济、第二章商品、第三章货币；经济制度篇分为 4 章，即第四章资本主义制度、第五章资本主义制度的演化、第六章社会主义经济制度、第七章中国社会主义初级阶段的基本经济制度；经济运行篇分为 5 章，即第八章市场经济体制、第九章市场经济运行中的市场机制和市场制度、第十章市场经济的微观基础、第十一章对外经济开放和生产要素国际流动、第十二章经济运行的宏观调控；经济发展篇分为 2 章，即第十三章社会再生产和经济增长、第十四章经济发展和经济社会可持续发展。

二 主要创新和学术影响

本书作为教育部实施"高等教育面向 21 世纪教学内容和课程体系改革计划"的重要成果之一，既大胆突破传统教科书的体系框架，又不简单地用市场经济学取代政治经济学，更不是用西方经济学取代马克思主义政治经济学。本书力求反映新的实践和基础经济理论的新要求，进行新的提炼和综合。在研究对象上，拓宽生产关系的研究领域，既研究生产关系的本质，也研究生产关系的现象形态，既研究经济制度，又研究经济运行和经济发展的规律；在经济范畴诠释上，突破一律问姓"社"、姓"资"的传统分析方法，既坚持所有制的社会属性分析，又重视所有制多样化实现形式反映社会化生产和市场经济要求的共性分析，并吸收国外经济理论和实践发展的有用成果；在课程体系上，打通资本主义两阶段和资本主义、社会主义两部分的传统理论框架，按照从一般到具体、从本质到现象的逻辑，从商品经济一般开始，沿着基本经济制度、经济运行和经济发展的顺序，建立浑然一体的篇章结构和体系。

《上市公司股利政策的实证分析》

作者姓名： 吕长江　王克敏

发表期刊：《经济研究》

发表时间： 1999 年第 12 期

获奖情况： 教育部第三届中国高校人文社会科学研究优秀成果奖二等奖

　　　　　　吉林省第五届社会科学优秀成果奖一等奖

一　篇章结构和基本观点

股利政策，是上市公司期末如何分配其收益（或称利润）的决策。事实上，无论是一般的企业还是上市公司，期末都要进行收益分配，两者所不同的是如何向投资者分配收益。上市公司在决定向股东分配股利之前，需要综合考虑各种因素，公司是否分配、如何分配、分配多少直接影响公司未来的筹资能力和经营业绩。

我国上市公司的股利分配政策主要受到公司规模、股东权益、盈利能力、流动能力、代理成本、国有及法人控股程度及负债率等因素的影响，而且，公司的股票股利支付额与现金股利支付水平相互影响。实证结果显著支持林特（Lintner）的股利信号传递理论和詹森（Jensen）的代理成本理论，不支持迈耶斯（Myers）的筹资次序理论。同时，公司的规模、股东权益比例和流动性越高，股利支付水平就越高；国有股及法人股控股比例越大，内部人控制程度就越强，股利支付水平就越低；国有股及法人股控股比例越低，公司的自我发展和成长性越强，股票股利支付额越高，现金股利支付水平就越低；业绩不佳的公司，倾向于采取长期负债的方式支付股票股利以满足股东的要求。

二　主要创新和学术影响

本文主要在对中国股利政策的研究实证方面，做出了开创性的分析与研究，为后续的相关研究提供了基础和依据，极大地丰富了财务领域的研究内容和范式。

《国有企业改革的几个误区》

作者姓名：张屹山　王克敏　李显君
发表期刊：《经济学动态》
发表时间：2000 年第 6 期
获奖情况：吉林省第五届社会科学优秀成果奖一等奖

一　篇章结构和基本观点

本文共分为三部分。首先，文章认为，以建立现代企业制度为国有企业改革目标的误区直接导致国有企业陷入困境。第一，现代经济和企业发展史表明，并非所有国家的所有企业的组织形式都是公司制。同时，即使建立了公司制，也未必就能确保企业的盈利和生存。第二，以普通公司法规范具有特殊性质的国有企业是错误的。因为国有企业并不是自由契约的产物，以自由契约为基础法人制度的现代企业制度不适用于国有企业。第三，公司制只是为两权分离下的国有企业的委托代理关系提供一种制度框架，并不能从根本上解决委托代理关系中企业经营者行为的监督和约束机制问题。其次，文章指出，以产权决定论为理论基础的产权崇拜式改革思路是国有企业改革的又一误区。第一，忽视了国有企业产权的特殊性，即所有权的权能天然就是靠委托代理实现的；产权决定论认为解决所有制问题必然涉及委托代理关系，而事实上该问题属于企业管理范畴，与所有制无关；忽视了我国当时转型期的特殊情况。第二，产权决定论的思路或模式不符合现代经济与企业发展的历史和趋势。现代公司中谁也没有完整的所有权，绝对所有权的理念已经不合时宜。第三，产权决定论一方面会误导改革的注意力；一方面会弱化改革的信心，进而必然导致国有企业改革陷入新的困境。最后，文章批判了以私有化万能论为理论基础的国有企业改革的另一误区。指出私有化改革的去向直接违背了中国社会的制度属性，在理论上必然产生矛盾和冲突，进而势必造成实践上的混乱，国际经验也告诉我们，私有制绝非一国经济发展的前提条件，更不是决定因素。

二　主要创新和学术影响

本文通过对国有企业改革实践过程中的思考与观察，系统总结了国有企业改革的三个误区及理论根源。通过对三个存在误区的相关理论进行详尽的分析，以期对国有企业改革提供相应的理论参考与实践指导，具有一定的理论与现实意义。

《通货紧缩与农业结构调整》

作者姓名：潘石　郑文凯
发表期刊：《管理世界》
发表时间：2000 年第 6 期
获奖情况：吉林省第五届社会科学优秀成果奖一等奖

一　篇章结构和基本观点

本文重点探讨了通货紧缩与农业结构调整的关系。1998 年中国发生的通货紧缩，使中国农业产业结构方面的问题明显突出地暴露出来：结构单一化问题十分严重；结构层次低且日益陈旧、老化，急需升级与优化；农村三次产业结构严重不合理。1998 年中国发生的通货紧缩，为转换农业发展方式，调整农业产业结构，为农业经济发展跃上新台阶提供了新的机遇与契机：促进"政治农业"转变与回归为"商品农业"；促进单一结构的农业转变为多元结构的农业；加速农村第二、第三产业的发展，使农村三次产业结构日趋合理化；加速数量农业转向效益农业、污染农业转向生态农业、粗放农业转向集约农业；大力发展农村个体私营经济，促进农村经济"公与私"的结构优化。

本文认为克服通货紧缩给农业发展带来的不利影响，针对农业产业结构暴露出来的问题，抓住农产品过剩的大好时机，利用通货紧缩给农业产业结构提供的机遇与契机，全力推进农业经济体制改革，促进农业发展方式转变与结构调整，使农村经济提高创新水平。

二　主要创新和学术影响

本文提出了要变"政治农业"为"商品农业"；发展农村第三产业使农村经济摆脱通货紧缩困扰，促进农业产业结构合理化，加速城乡一体化的正确道路与必然选择：由数量农业转为效益农业、由污染农业转为生态农业、由粗放农业转为集约农业，这三个转变就是实现农业发展方式的根本转变；农村经济的"公与私"结构合理化的出路是积极鼓励农村个体私营经济发展，大力支持城镇个体私营资本下乡。本文将通货紧缩理论与农业产业结构调整结合起来，拓宽了通货理论研究的视角与领域。

《现代宏观经济冲击理论》

作者姓名：刘金全
出版单位：吉林大学出版社
出版时间：2000 年
获奖情况：教育部第三届中国高校人文社会科学研究优秀成果奖三等奖

一　篇章结构和基本观点

本文共分为二十三章。宏观经济冲击理论是现代主要宏观经济学派理论的核心，是当前经济理论研究、实证检验和经济政策分析的重点和热点。本书比较全面地论述和研究了现代宏观经济冲击理论。首先，本书系统地研究和归纳了各种动态经济模型、经济分析模式和宏观分析方法，重点研究了动态优化、随机优化、不确定性和动态象限图等理论，对这些模型理论和基本分析方法进行了详细的论述和论证，并给出了具体的应用；其次，本书对于经济冲击等重要概念给出了比较规范的定义和分类，从而形成了比较全面的经济冲击分类体系和机制，尤其对于经济冲击传导机制和反应机制进行了定量化描述和区分，建立了从冲击传导出发的经济政策评价体系；第三，本书对于描述经济冲击的各种数理模型和计量模型进行系统归纳和分析，并且在比较一般的条件下，证明了经济冲击的表示定理和传导定理，将经济冲击同经济周期波动和经济政策效应紧密地联系起来，证明了经济冲击导致经济波动和经济周期的基本机制；第四，本书详细地论述了经济运行当中出现的多种典型化事实，并且证明了一些典型化事实成立和出现的原因。典型化事实的提出，为经济冲击机制的验证、经济模拟和仿真，以及经济政策作用效果判断，提供了可以参照的对象和标准。

二　主要创新和学术影响

本文的主要创新和学术影响体现在：首先，本书是国内第一部将经济计量学和数理经济学方法，同宏观经济学理论进行有机结合的论著，这是我国经济类论著中鲜见的大胆尝试，并且得到了一些具有重要意义的理论命题和实证结果；其次，本书当中提出并建立了宏观经济冲击分类体系、定义了经济冲击传导机制和反应机制等，这些研究成果均具有重要的学术价值和应用价值；最后，本书将经济周期波动归因于经济冲击的作用和传导，这为研究经济周期提供了完整的分析框架，也为分析和研究经济政策机制提供了重要手段。

《老工业基地国有企业深化改革研究》

作者姓名：宋冬林

出版单位：长春出版社

出版时间：2001 年

获奖情况：教育部第三届中国高校人文社会科学研究优秀成果奖三等奖

吉林省第六届社会科学优秀成果奖一等奖

一 篇章结构和基本观点

本书共分为九章，在综合分析老工业基地国有企业改革与结构调整、制度创新、资产重组、技术创新、技术改造、社会保障、中小企业发展之间关系及老工业基地国有企业竞争力的基础上，通过借鉴国外老工业基地和传统产业改造的经验，系统地提出了解决老工业基地国有企业问题的方案。

二 主要创新和学术影响

抓住老工业基地发展的历史新机遇，需要加大改革力度，尽快理顺方方面面的关系，本书从结构调整、制度创新、技术改造和人力资源重组四个方面同时入手，对老工业基地调整改造进行充分论述。原国家体改委副主任、中国经济体制改革研究会会长、北京大学教授高尚全在为本书所做序中提到："《老工业基地国有企业深化改革研究》一书付梓面世，它全面而深入地阐释了老工业基地改造中的若干历史遗留问题，给出了解决问题的思路和途径，弥补了既有文献的许多不足，可谓旱地甘霖、画龙点睛。"

《我国精确农业技术产业化问题研究》

作者姓名：杨印生 吴才聪 马成林

发表期刊：《中国软科学》

发表时间：2002 年第 1 期

获奖情况：吉林省第六届社会科学优秀成果奖一等奖

一 篇章结构和基本观点

本文主要分为四部分：精确农业技术思想及其相关高新技术、精确农业技术体系及其关键技术、精确农业技术的产业化问题研究、优先发展的几个领域。

本文认为可持续农业是发展农业的共识，是农业发展的必然选择，精确农业是发展可持续农业的有效途径。精确农业（Precision Agriculture）是 20 世纪 80 年代末在美国明尼苏达大学的土壤学者倡导下开始探索的环境保护型农业的通称。作为基于信息高科技的集约农业，精确农业将 GPS、GIS 及 RS（即 3S）等技术与农学、地理学、生态学、土壤学、植物生理学等基础学科有机的结合，实现在农业生产全过程中对农作物、土地、土壤从宏观到微观的实时监测，其目的就是同时实现生产率的提高和环境保全型持续发展。精确农业作为基于知识的农业技术体系，是知识经济在农业中的最好体现，也是农业创新体系的重要组成部分。

精确农业技术是高新技术在农业中应用的结果，生物技术与信息技术是其关键技术。精确农业技术的出路在于产业化。限于中国农业存在的诸多实际问题，产业化又是一个漫长、渐进的过程，需要高校、科研机构、企业和政府等社会相关部门的通力合作。在此过程中，宜广泛地向农民及相关高新技术产业宣传精确农业技术思想和技术，并优先发展电子传感器、节水、节肥等精确农业技术体系。

二　主要创新和学术影响

本文对我国精确农业技术产业化问题进行了深入探讨，提出了重要观点和具有可操作性的政策建议，关于精确农业技术产业化的建议被吉林省农业机械化管理局采纳，并且用于指导吉林省精确农业技术的示范与推广战略。

《上市公司资本结构、股利分配及管理股权比例相互作用机制研究》

作者姓名：吕长江　王克敏
发表期刊：《会计研究》
发表时间：2002 年第 3 期
获奖情况：教育部第三届中国高校人文社会科学研究优秀成果奖三等奖
　　　　　吉林省第六届社会科学优秀成果奖一等奖

一　篇章结构和基本观点

对于系统内生变量，本文认为，管理股权比例显著影响公司的资本结构政策和股利分配政策，管理股权比例的提高，有利于降低公司管理者与公司股东之间的代理成本，管理股权比例越高，公司的负债率和股利支付率就越低。公司股利政策与管理股权比例存在双向因果关系，股利支付率较高的公司，其管理股权比例通常也比较低。资本结构政策和股利分配政策是存在双向因果关系的财务政策。

对于系统外生变量，本文认为，基于资本结构、股利分配及管理股权比例之间存在的相互作用关系，处于成长阶段、资产规模逐渐扩大的绩优公司善于发挥财务杠杆效应，以提高公司资金的使用效率，并降低权益代理成本。对于股利政策，盈利能力和公司股本规模是影响公司股利分配政策的共同因素，只有当公司盈利能力强且股本规模较大时，公司才愿意支付较高的现金股利。

二 主要创新和学术影响

本文在代理成本理论框架下，首次将结构方程模型应用于公司财务领域，并运用三阶段最小二乘法估计方法，在进一步验证本人有关股利政策的以往研究结果的基础上，拓展了学术界关于资本结构、股利分配及管理股权比例问题的研究成果，这些结果对于完善公司财务理论，建立科学的现代公司制度，引导企业采取合理的财务决策，规范企业的财务运作，提高企业资本运营的效率，促进证券市场的健康发展，具有重要的理论意义和现实意义。

《时变参数选择模型与货币政策的时变反应分析》

作者姓名：刘金全　刘志刚
发表期刊：《中国社会科学》
发表时间：2002 年第 4 期
获奖情况：吉林省第六届社会科学优秀成果奖一等奖

一 篇章结构和基本观点

本文共分为四部分。首先，本文构造并使用了具有时变参数的非线性选择模型，并通过分离货币供给增长率与趋势水平的偏离，利用离散状态指标将货币政策状态（扩张或者收缩）分离出来，进而在二项选择模型中度量实际产出所受到的影响；同时，利用具有时变性的边际参数，度量出实际产出对于货币政策状态的动态反应过程。其次，通过估计二项选择模型，获得了刻画和检验货币政策作用机制的动态反应函数，并发现我国货币政策对于价格水平和实际产出均具有比较明显的时变反应，对实际冲击具有比较稳定的反周期倾向，这说明我国货币政策在反周期操作过程中兼顾保持经济增长和价格水平稳定的双重目标。再次，本文认为，从货币政策反周期操作的稳定性上看，当实际经济过热时，货币政策表现出明显的紧缩性反应；当实际经济增长缓慢时，货币政策则出现了适时的松动。货币政策的短期目标是保持经济的稳定增长，长期目标仍然是保持较低水平的通货膨胀；实际产出波动对于货币政策产生反馈影响的期限结构为 6 个月，这说明我国货币政策操作是相当灵活和及时的。最后，本文发现，货币政策作用机制体现出显著的非对称性：经济扩张期间，紧缩性货币政策对于经济的加速作用，明显大于经济紧缩期间扩张性货币政策对于经济的加速作用。由此可见，当前采取积极财政政策扩张和培育需求，采取稳健货币政策遏制通货紧缩，是比较合理的政策组合方式。

二　主要创新和学术影响

本文给出了货币与产出之间的影响关系和影响方向，不仅提出了新的货币政策动态分析方法，而且深刻地揭示了我国货币政策作用机制和传导机制，有助于描述和判断货币政策工具对中介目标和最终目标的作用机理，这对货币政策操作和货币政策工具选择具有重要的理论意义和实际意义。

《国有经济控制力及控制方式新探》

作者姓名：徐传谌　齐树天
发表期刊：《社会科学战线》
发表时间：2002 年第 6 期
获奖情况：吉林省第六届社会科学优秀成果奖一等奖

一　篇章结构和基本观点

1978 年以来的二十多年中，伴随着国有经济比重的不断下降，国有经济的地位与作用问题长期以来一直备受关注，从"主体"到"发挥主导作用"和"保持控制力"，贯穿其中的红线是我们思想上的逐步解放。在传统计划经济体制下，国有经济控制力往往停留在国有资产的物质形态层面上，而随着我国改革的推进以及市场经济体制的逐步完善，以国有资产的行政计划分配为主要特征的"静态控制"体系显然已不再合适。因此，本文从国有资产的价值形态出发，把国有经济"控制力"重新界定于"国有资本的调控力"上，并在此基础上提出与市场经济体制更加适应的"动态调控"体系。

二　主要创新和学术影响

十五大报告明确提出了"国有经济控制力"，关于这一问题的争论也一直没有停歇过。但是，由于思维上的惯性，很多学者仍然从静态控制论的角度出发来解释国有经济的控制力，而这种思想又恰恰脱胎于传统的计划经济体制。因此，本文对国有经济控制力问题旧事重提，不只是想对以往的结论进行简单的总结，而是要对这一问题进行一次真正系统的、客观的研究与分析。特别是在当前国有经济改革正处于攻坚阶段的情况下，通过这项研究，在观念上进一步解放思想，彻底打破原有的静态国有经济控制理念，并结合我国的具体国情，提出动态的国有经济调控体系，使国有经济调控与市场经济体系相融合（而非结合），从而实现实质上的国有资本对整体国民经济的有效调控，促进我国经济的不断发展。

《论21世纪中国政治经济学的"四化"问题》

作者姓名：潘石
发表期刊：《经济学动态》
发表时间：2002 年第 8 期
获奖情况：吉林省第六届社会科学优秀成果奖一等奖

一　篇章结构和基本观点

本文共分为四部分：中国政治经济学的"本土化"及"西化"问题、中国政治经济学的"数学化"及"模糊化"问题、中国政治经济学的"规范化"与"实证化"问题、关于中国政治经济学的"阶级化"与"超阶级化"问题。

本文的基本观点是新世纪中国政治经济学是和平与发展之经济学，亦是改革开放之经济学，二者统一起来就是既遵循世界经济一般运行规则又反映中国社会主义经济特殊规律的有中国特色的经济学；新世纪中国政治经济学是创新之学、发展之学；应全力推进中国政治经济学科学化、现代化；马克思主义政治经济学"本土化"或"中国化"，必须破除"三个主义"倾向：一是修正主义，二是教条主义，三是"无用主义"；阻碍马克思主义政治经济学中国化的"三个范式"是：一是"传统范式"，二是"苏联范式"，三是"西化范式"；新世纪中国政治经济学现代化要加强数量分析，但不能"数学化"；中国政治经济学跟上时代脚步，实现现代化与科学化必须坚持科学的"规范化"；中国政治经济要科学化与现代化，绝不能搞"阶级化"，也不能搞"超阶级化"。

二　主要创新和学术影响

本文提出中国政治经济学要走向世界，成为一种国际政治经济学，但不能搞"西化范式"，用西方经济学取代中国政治经济学；中国政治经济学现代化必数学化是个误区，原因在于经济规律不等于数学规律；21 世纪中国政治经济学现代化与科学化必须在研究对象、始点范畴、理论体系及研究方法上全面创新；坚决反对将中国政治经济学搞成"阶级斗争的工具"和"无阶级的""超越一切阶级"的经济学。

本文在政治经济学基础理论研究上，取得了一些认识上的突破；推动了马克思主义政治经济学中国化、现代化与科学化研究的深入；有助于构建中国特色社会主义政治经济学理论体系框架。

《中国商业银行范围经济状态实证研究》

作者姓名：杜莉　王锋

发表期刊：《金融研究》

发表时间：2002 年第 10 期

获奖情况：吉林省第六届社会科学优秀成果奖一等奖

一　篇章结构和基本观点

本文共分为四部分。第一部分为银行范围经济与实证研究基础，分析了资产专用性与银行范围经济和银行范围经济的实证研究基础；第二部分为基本分析框架和模型；第三部分为数据及分析结果；第四部分为结论及政策建议。

本文的基本观点是范围经济是研究经济组织的生产或经营范围与经济效益关系的一个基本范畴。中国商业银行的运营中存在着范围经济和范围不经济共存的特点，规模较大的银行具有较强的范围经济性或较弱的范围不经济性。无论是国有商业银行，还是股份制商业银行都需要在深化改革中，进一步通过完善机制、推动创新来实现范围经济。

二　主要创新和学术影响

范围经济是金融业混业经营的前提条件。本文利用中国商业银行 1994～1999 年的经营情况进行实证分析，从而揭示了中国金融业的运营中同时存在着范围经济和范围不经济的现象。并且范围经济系数与银行资产规模呈正相关关系，规模较大的银行在扩大经营范围时更容易获得范围收益。在此基础上，提出了深化改革、完善机制、调整经营方向等政策建议。

《世界经济概论》

作者姓名：池元吉

出版单位：高等教育出版社

出版时间：2003 年

一　篇章结构和基本观点

本书共分为三篇十二章。第一篇为世界经济成长的基础与历程，包含四章：其中第一章为世界经济形成的基础与历史沿革，第二章为经济全球化时代的到来与世界经济的新发展，第三章为科技革命与信息经济时代的来临，第四章为世界资源状况与全球经济可持续发展。第二篇为世界经济的运行与协调，包含四章：其中第五章为国际贸易与多边贸易体制的发展，第六章为国际直接投资与跨国公司的发展，第七章为当代国际货币制度的发展与变化，第八章为区域经济一体化的发展。第三篇为世界经济发展中的制度变迁，包含四章；其中第九章为战后发达国家的经济发展与经济体制改革，第十章为发展中国家的经济发展与改革，第十一章为苏联和东欧国家的经济发展与转轨，第十二章为中国的经济改革与发展。

二　主要创新和学术影响

本书主要有以下四方面特点：全书坚持以马克思主义为指导；突出经济全球化的主旋律；体现了世界经济新发展、新变化；突出了中国在世界经济发展中的地位与作用。

本书是在广泛开展调研，征求全国经济学界、实际工作部门的意见和建议的基础上完成，其中，凝聚了中央领导同志、经济学界专家学者和许多部门、研究机构专家学者的智慧和心血，对高校世界经济学科教学科研发挥了积极重要的促进作用。

《中国转轨时期物价波动的实证分析》

作者姓名： 高铁梅　刘玉红　王金明
发表期刊：《中国社会科学》
发表时间： 2003 年第 6 期

一　篇章结构和基本观点

本文共分为六部分，分别为：引言、货币政策对物价影响的非对称效应分析及通货紧缩的货币原因、总供给曲线的估计和产出缺口弹性的实证分析、消费需求对物价影响的动态分析、企业效益对物价波动的影响分析、结论。

二　主要创新和学术影响

随着近十年来我国向社会主义市场经济的过渡，经济的内在矛盾发生了巨大的变化，我国的物价水平经历了从高通货膨胀到通货紧缩的历程。我国出现的通货紧缩有着复杂的背景，既与我国处于市场化转轨过程有关，又与体制上一些特殊因素有关。因此本文采用描述非对称冲击的 TARCH 模型分析了货币政策在经济周期的不同阶段对物价波动的非对称效应，同时从货币供应量 M1 和货币流通速度的波动来分析我国通货紧缩的货币成因。进一步地，根据菲利普斯曲线、生产函数、产出缺口等推导出扩展的总供给曲线，采用变参数模型估计出我国近年来动态的总供给曲线，并且还估计了消费需求、企业效益对价格影响的变参数模型，力图从实证分析的角度深入探讨我国通货紧缩的成因。本文被《中国人民大学复印报刊资料》（国民经济管理）2004年第1期全文转载，并译成英文发表在《中国社会科学》（英文版）2004年第2期。

《农机作业委托系统中介人问题的制度经济学解说》

作者姓名：杨印生　郭鸿鹏
发表期刊：《农业经济问题》
发表时间：2004年第2期
获奖情况：吉林省第七届社会科学优秀成果奖一等奖

一　篇章结构和基本观点

本文共分为三部分：农机作业委托及其中介人问题的提出、制度经济学中委托－代理理论分析、农机作业委托中的中介人问题分析。

本文通过对两种委托－代理关系中两种中介人的性质和代理人的激励机制问题的分析得到这样的结论：农村中有名望的人为中介人，可以通过没有高额协调成本和监督成本的声誉激励机制、以合同形式的利益机制来激励中介人为农户和农机户工作的积极性；是中介人（组织）推动了农机作业委托在我国的发展，要促进农机作业委托的发展就必须有更多的中介人（组织）。在农机作业委托中介人（组织）发育中应当结合实际情况，以诱致性变迁为主，以强制性变迁为补充。

二　主要创新和学术影响

本文指出，就农机作业委托本身而言，它是一种经济活动，是一种市场行为，必须以市场经济的规律来规范和约束它，使之朝着健康的方向发展。另外运用市场规律运作，可以通过利益机制调动各方面的积极性，只有农机作业委托各方面具有利益保证，农机作业委托才具有旺盛的生命力。根据制度经济学的委托－代理理论，我们认为农机作业委托的中介人应由农村比较有名望和地位的人担任，政府应撤出中介人这一领域，但并不是说政府不参与农机作业委托。

《虚拟经济与实体经济之间关联性的计量检验》

作者姓名：刘金全
发表期刊：《中国社会科学》
发表时间：2004年第4期
获奖情况：吉林省第七届社会科学优秀成果奖一等奖

一　篇章结构和基本观点

本文认为，作为分析虚拟经济和实体经济关联起点的古典两分法，在我国目前的市场条件和经济增长态势下并不成立。这说明货币供给增长率冲击对实际产出增长率具有正向影响，此时货币变量中性和超中性性质都不成立，这意味着积极货币政策（提高货币供给增长率）具有刺激经济增长的实际作用。价格水平在虚拟经济和实体经济的关系中具有十分重要的作用。只有价格水平对货币和产品的供给与需求同时发挥调整作用，虚拟经济与实体经济之间的关联才能建立起来。我们发现我国经济中存在显著的"托宾效应"，通货膨胀率不仅与产出增长率存在显著的正相关关系，而且在冲击反应过程中也具有一定的持续作用。

我国经济中能够出现"托宾效应"，意味着必然存在通货膨胀率对经济增长率的正向传导机制。货币供给增长率与通货膨胀率之间存在显著的相关性，价格变化是货币供给调整的必然结果。货币供给变化所产生的影响最终在价格水平上体现出来，既可以导致货币变量中性或者超中性，也可能通过价格变化影响实际产出行为，促使虚拟经济和实体经济之间产生关联。

二　主要创新和学术影响

通过定量分析虚拟经济与实体经济在规模和活性上的相互作用和相互影响，我们发现虚拟经济对实体经济具有显著的"溢出效应"，无论是货币供给规模还是价格水平的波动，都存在着对实体经济规模和增长的正向作用和影响；同时，实体经济对虚拟经济也具有显著的反馈影响，并且反馈过程具有一定的规则性和灵敏性。这说明扩张货币需求总量和增强价格调整灵活性等名义需求管理政策仍然具有重要的实际作用，虚拟经济与实体经济的协调发展不仅是经济政策有效性的基础，而且也是保持经济长期快速稳定增长的必要条件。

《我国经济周期波动中实际产出波动性的动态模式与成因分析》

作者姓名：刘金全　刘志刚

发表期刊：《经济研究》

发表时间：2005 年第 3 期

获奖情况：第五届高等学校科学研究优秀成果奖（人文社会科学）二等奖

一　篇章结构和基本观点

本文通过固定时窗长度的滚动标准差度量的产出波动性，发现我国产出波动性呈现了明显的"凸型"波动模式，并且已经经过了波动的峰顶，开始出现了显著的下降趋势。产出波动性显著和剧烈的时期大都对应着经济增长速度较快的经济扩张时期，这说明产出波动性对经济增长速度产生了一定程度的"溢出效应"。

本文认为，需求冲击和供给冲击都能够导致产出波动性的变化。但是，在经济增长的不同阶段，需求冲击和供给冲击产生作用的机制和效果也各不相同。需求冲击大都导致短期经济波动，而供给冲击则能够影响经济增长的长期趋势。价格水平和货币供给的变化等名义经济对产出波动性具有显著影响，名义经济的规模与活性对产出水平、增长率和波动性具有显著影响，通货膨胀率波动性的降低和稳健性货币政策的实施都有助于产出波动性的降低。消费支出和财政支出在产出中所占份额的波动标准差与其自身增长率的波动标准差形状差异较小，消费支出和财政支出在实际产出构成中的比重相对稳定，这与消费路径的平滑性和政府支出路径的稳定性有关。

二　主要创新和学术影响

本文度量了我国经济周期中的条件波动性，并检验了导致实际产出波动性降低的主要原因。我国经济周期波动性与价格和货币等名义经济波动性之间存在密切关系；从产出波动性的成分分解来看，产出波动性降低的主要原因源于投资波动性、政府支出波动性和净出口波动性的降低，而消费波动性继续保持平稳态势。这意味着宏观经济调控在短期内仍然需要采用需求管理的政策工具，但长期内应该注重以市场机制为基础的供给管理政策，并适当激活名义经济和实际经济活性，以保持经济持续、快速和稳定增长。这些研究和发现对判断经济运行态势和制定宏观调控政策具有重要参考价值。

《吉林省人民政府财务顾问报告（国企改制）》

作者姓名：宋冬林　马利彪　李政
采纳单位：国家开发银行、吉林省人民政府
采纳时间：2005 年 6 月
获奖情况：第五届高等学校科学研究优秀成果奖（人文社会科学）二等奖

一　篇章结构和基本观点

本报告共分国企改革的环境分析、国企改革的基本思路和目标以及吉林省国企改革重点环节解决方案三大部分。从国企改革内外部环境看，吉林省市场化水平低，仍处于计划经济向市场经济转型过渡期，国有企业承载的历史包袱沉重，无法独立实施改制，地方财政无力支付改制成本。从吉林省国企改革目标看，是打算用一年时间，"一企一策"地对省及省以下 816 户国有工业企业进行改制，使国有经济所占比重由80% "退"到 60%。解决好已改制企业存在的改制不规范和职工劳动关系未转换等

遗留问题，基本建立现代企业制度。报告提出建议的基本思路是：将吉林省的国企改革放到发展战略的统一布局中，集中抓好两个环节，"一包一策"地对全部国有资产进行"打包改制"。努力实现国有资产向重点发展的支柱产业、优势产业和特色产业集中，实现所有制结构和产业结构的根本改善和优化。

二　主要创新和学术影响

报告提出新的思路即用"纵（横）一体化"的"打包改制"方式，化解长期累积的各种沉淀成本，实现吉林省国有企业的成功改制。

"打包改制"就是国家开发银行与地方政府合作，选定一个地区或一个地区的一个行业进行整体收购改制；垫付改革成本，实施债务重组，剥离历史包袱；同时以筛选出的有效核心资产为中心、资产的技术关联为纽带，在资本层面上打破企业行政权进行资产重组，使重组后的企业资本价格升值；最后再以重组后的企业对外招商，或全部转让，或部分转让成立股份公司，实现出资主体多元化，形成现代公司治理结构。

《亚洲的超越：构建东亚区域货币体系与"人民币亚洲化"》

作者姓名：李晓　丁一兵
出版单位：当代中国出版社
出版时间：2006 年
获奖情况：第五届高等学校科学研究优秀成果奖（人文社会科学）二等奖

一　篇章结构和基本观点

本书共分为七章。第一章为绪论，简要概括了本书的出发点、基本主张和全书结构。第二章探讨了东亚区域货币合作的背景。第三章重点探讨了东亚区域货币合作的必要性，指出以"美元体制"为特征的当代国际货币体系的内在缺陷、东亚地区各经济体的特征以及金融全球化迅速发展的外部环境，决定了东亚需要推进区域层次的货币金融合作，具体形式就是循序渐进地构建东亚区域货币体系。第四章对构建东亚区域货币体系的可行性进行了实证分析，结论是虽然现阶段在东亚地区实行最高形式货币一体化的静态条件并不充分，但并不妨碍着手进行构建区域货币体系的初步努力。第五章对构建东亚区域货币体系的路径选择与设计进行了研究，东亚地区诸多复杂的特殊情况决定了其区域货币体系的建立肯定将不同于"欧洲化"模式，而是要探索出一条"亚洲化"的路径。第六章和第七章重点探讨了人民币国际化与东亚货币合作的关系。本书结合当今国际货币金融格局的变化，欧元诞生和"日元国际化"战略失败的经验与教训以及东亚区域货币金融合作的发展趋势，提出了"人民币亚洲化"的主张，并指出"人民币亚洲化"的推进路径要实现两个结合，即市场自发演进和政府制度协调相结合，局部推进和系统整合相结合，同时注重中国作为东亚地区"市场提供者"的作用。本书从理论和实证两方面分析了东亚区域货币合作的背景、可行性及路径选择，并结合"日元国际化"受挫的教训就"人民币亚洲化"的必要性、可行性及其策略和步骤进行了深入探讨。

二　主要创新和学术影响

本书的许多观点和分析是开拓性的，在理论上和实践上具有重大意义：第一，在国内率先全面深入地分析探讨了东亚区域货币合作的必要性与可行性，并在此基础上提出了构建"东亚区域货币体系"的创新观点。第二，在国内率先将人民币国际化与东亚区域货币金融合作趋势结合起来考察，提出了"人民币亚洲化"的创新主张。第三，把东亚区域货币合作置于当代国际货币体系这一框架之中来进行研究，并得出了"未来国际货币体系格局发展变化的关键，取决于东亚区域货币合作的发展"的结论。第四，本书在研究方法上强调定性分析与定量分析、静态分析与动态分析相结合，使结论更具有说服力和实际意义。

《中国期货市场功能及国际影响的实证研究》

作者姓名：张屹山　方毅　黄琨
发表期刊：《管理世界》
发表时间：2006 年第 4 期
获奖情况：吉林省第七届社会科学优秀成果奖一等奖

一　篇章结构和基本观点

本文共分为三部分。本文首先运用 Granger 检验找出期货价格与现货价格之间的因果关系；然后，通过误差修正模型 ECM 确立期货价格和现货价格的长期均衡方程；接着利用协整技术度量了市场规避风险的效率，从而对中国期货市场的价格发现功能和风险规避功能给出一个定量的描述。同时，本文依据经济学原理对市场的价格发现与套期保值功能加以区别，通过 Granger 因果分析考察市场的价格发现功能，采用误差修正模型和协整技术得到市场套期保值绩效。为克服传统非结构方程的缺陷，本文利用结构向量自回归（Structure VAR）模型、结构性脉冲响应及方差分解技术定量刻画了国内外期货市场关系。研究发现，中国期货市场发挥了基本功能，但农产品期货市场仍然存在很大的不足，国际期货市场对国内期货市场的价格有着单向的影响，国内期货市场的效率要低于国际期货市场。最后文章根据前述研究结论，提出了五点政策建议：从战略的高度认识发展期货市场对我国经济长期健康发展的重要性，抓住机遇、加快步伐、规范建设；大力发展金属期货市场；稳步发展农产品期货市场；尽快推出能源类期货品种，筹建能源期货中心；加强市场化建设。

二 主要创新和学术影响

与传统的文献研究不同，本文首先依托期货市场功能产生的机理，开创性地提出了界定期货市场价格发现功能和风险规避功能的条件及区分要素：期货市场是否具有价格发现功能，首先需要度量期货价格能否引导现货价格的形成，也就是期货价格是不是现货价格形成的原因。其次，才应该考察现货价格与期货价格是否具有长期均衡的关系。如果存在这种长期均衡关系，那么期货市场便具有规避风险的功能；反之则不具备。

《论我国自然资源产权制度改革》

作者姓名： 谢地
发表期刊：《河南社会科学》
发表时间： 2006 年第 5 期
获奖情况： 吉林省第七届社会科学优秀成果奖一等奖

一 篇章结构和基本观点

本文共分为四部分：自然资源产权制度的一般与特殊；自然资源产权制度安排的路径选择；我国自然资源产权制度的现状、问题与原因；深化我国自然资源产权制度改革的若干政策建议。

本文针对当前我国资源使用中存在的问题及自然资源产权制度的缺陷，提出：应该坚持折中的公、私产权相结合的混合产权制度；进一步明晰所有权、激活转让权、切实保障收益权、界定并活化自然资源使用权。

二 主要创新和学术影响

本文的创新主要体现在：一是从理论层面提出自然资源作为一种特殊的生产要素，应与一般财产权利制度安排有所区别。为自然资源产权制度设计提供重要的理论基础，是鲜有人做的工作。二是首次对各种用以规避"公地悲剧"的解决途径进行比较分析。在实际操作中，应区分不同资源的自然、经济属性，分别构造高效的产权制度，以使资源配置效率最高。三是提出既有一般原则，也充分考量特殊性要求，又有分类指导的创新性政策建议，对深化我国自然资源产权制度改革有重要参考价值。

本文的学术价值表现在：一是对自然资源产权制度一般规律与特殊性研究、规避"公地悲剧"路径的比较研究、自然资源产权制度安排案例等方面的研究，大大推

进、丰富了自然资源产权制度的理论研究。二是借鉴而非照搬西方产权理论，研究诸
如自然资源产权领域等具体的产权制度改革问题，是有开拓意义的研究路径。

《论中国马克思主义政治经济学指导地位一元化问题》

作者姓名：潘石
发表期刊：《经济学动态》
发表时间：2006 年第 12 期
获奖情况：吉林省第八届社会科学优秀成果奖一等奖

一 篇章结构和基本观点

本文共分为两部分。第一部分论证中国改革开放与现代化建设，必须坚持马克思
主义政治经济学指导地位一元化，具体分三个层次展开：马克思主义政治经济学与西
方经济学是两种对立的思想理论体系；马克思主义政治经济学与西方经济学的对立是
由它们的研究对象与方法、研究目的及立场的根本不同所决定的；两种不同的理论指
导必然引致两种不同的后果：以西方经济学作为中国改革开放与现代化建设的指导理
论，必走私有化之路；只有坚持马克思主义政治经济学指导地位的一元化，中国才能
实现并建成有中国特色的社会主义。第二部分论证中国应始终坚持马克思主义政治经
济学指导地位一元化，分三个层次进行论证：在学术领域，坚持以马克思主义政治经
济学为主导；在意识形态领域，坚持以马克思主义政治经济学为主控；在政治领域，
坚持马克思主义政治经济学的支配地位。

本文的基本观点是马克思主义政治经济学与西方经济学并非天生对立的，而这都
是在古典经济学基础上发展起来的。马克思主义政治经济学产生以后，科学的古典政
治经济学便终结，被庸俗政治经济学所取代。西方经济学的核心与根本理论基础是
"利己经济人"假设，认为私有制是最符合"经济人"人性的制度安排。马克思主义
政治经济学只有现代化，中国化才能更有效地指导中国改革开放与现代化沿着正确方
向与道路前进。坚持马克思主义政治经济学指导地位一元化并不排斥与否定学习、借
鉴西方经济学。

二 主要创新和学术影响

本文的主要创新体现在从理论上阐述了马克思主义政治经济学现代化、中国化的
最新理论成果——中国特色社会主义经济理论体系对中国改革开放与现代化建设的重
大指导作用；创造性地阐发马克思主义政治经济学在学术领域、意识形态领域、政治
领域的不同作用，把马克思主义政治经济学指导地位一元化具体化、可操作化。

本文针对否定马克思主义政治经济学理论指导地位的新自由主义思潮，旗帜鲜明

地捍卫了马克思主义政治经济学的科学性与指导地位，廓清了理论界的糊涂概念与混乱认识。从基础理论上坚定了中国改革开放与社会主义现代化建设的正确理论。

《关于高等学校外部融资负债经营的理性思考》

作者姓名：杜莉
发表期刊：《管理世界》
发表时间：2007 年第 1 期
获奖情况：吉林省第八届社会科学优秀成果奖一等奖

一 篇章结构和基本观点

本文共分为三部分：高校贷款负债经营是特殊背景下的两难选择；高校贷款融资负债经营不可持续；探求支撑高校发展的多元化融资取向。

本文的基本观点是我国高等学校普遍存在依靠外部融资负债经营的问题，这一现象的产生虽有其必然性，但大量依靠银行贷款融资负债经营具有不可持续性，所以高校应努力改变这种状况，积极探索新的融资路径，逐步建立起政府起主导作用、社会共同努力的多元化融资模式。

二 主要创新和学术影响

本文从不同角度对我国高等学校贷款经营的特殊背景进行了深入分析，在正确认识和客观评价其成果的基础上，理性地评估外部融资负债经营的财务经营路径的利弊，明确指出了高校贷款融资负债经营的不可持续性，提出高校应积极探索新的融资路径，科学理财、节俭支出，逐步建立起政府起主导作用、社会共同努力的多元化融资的模式。

《溢出效应与门限特征：金融开放条件下国际市场对中国市场冲击机理》

作者姓名：丁志国　苏治　杜晓宇
发表期刊：《管理世界》
发表时间：2007 年第 1 期
获奖情况：吉林省第八届社会科学优秀成果奖一等奖

一 篇章结构和基本观点

本文共分为五部分。第一部分是引言；第二部分是国际证券市场风险溢出机理的理论及实证文献回顾；第三部分是国际证券市场收益率波动风险积聚的"区制划分"与 MSVAR 模型估计，将国际和国内市场所处的风险识别和划分为"高"和"低"两个不同的风险积聚状态；第四部分是向量 SWARCH 模型与国际证券市场风险溢出效应的"门限特征"估计，进一步分析和度量海外和国内市场在不同风险积聚强度下的关联强度，为国际证券市场风险溢出效应的门限特征提供实证支持；第五部分是基本结论。

本文的基本观点是伴随着全球经济一体化和我国金融市场逐渐开放，国际证券市场风险对我国市场冲击越来越明显。本文应用单变量 MSVAR 模型和二元向量 SWARCH 模型实证分析了来自海外市场风险冲击的机理。采用美国 S&P500 指数、英国 FTSE350 指数、日本 Nikkei225 指数和中国上证综指周收益率数据，按照市场波动状态划分为"高""低"两个风险积聚状态，不同风险积聚水平下状态相关系数估计结果存在的显著差异，表明国际证券市场对我国市场存在风险溢出效应，且具有明显的"门限特征"，高市场风险积聚状态下海外市场与沪市间正相关，市场的整体风险性强；低市场风险积聚状态下，市场间负相关，市场整体表现出较低的系统风险特征。因此，国际证券市场对我国市场风险溢出传导机理依赖于市场的风险积聚状态。

二　主要创新和学术影响

本文以金融开放条件下国际证券市场对中国市场风险冲击机理为研究对象，主要回答以下三个方面的问题：第一，海外证券市场对中国市场是否具有明显的"风险溢出效应"，即对中国证券市场的风险冲击现象；第二，如果存在"风险溢出效应"，是否与市场特定阶段的波动剧烈程度（风险积聚状态）密切相关，即溢出效应是否具有"门限特征"；第三，海内外市场间风险溢出的传导机理是如何依赖于风险积聚程度的，是否也具有某种"门限特征"。

《包含货币因素的利率规则及其在我国的实证检验》

作者姓名：张屹山　张代强

发表期刊：《经济研究》

发表时间：2008 年第 12 期

获奖情况：第六届高等学校科学研究优秀成果奖（人文社会科学）二等奖

　　　　　　吉林省第八届社会科学优秀成果奖一等奖

一　篇章结构和基本观点

本文分为引言、模型构建、实证检验和结论四个部分，其中主体部分为模型构建和实证检验。模型构建部分根据中国的情况构建了一个包含货币因素的最优利率规则，实证检验部分利用线性回归和和门限回归方法对我国实行利率规则进行了实证研究，最后得出了结论。

本文根据新凯恩斯模型和货币需求方程，通过理论分析得到了包含货币因素的最优利率规则。该规则表明，货币增长率稳定性权重或货币需求方程的利率响应系数越大，利率规则的货币增长率响应系数越大，货币政策也就越积极。然后，本文利用线性回归和门限回归方法及我国统计数据，从市场利率和管制利率两方面对利率规则进行了实证研究。估计结果表明，通胀系数、产出缺口和货币增长率各自的响应系数都大于 0，这意味着利率规则能够保证当我国经济运行偏离均衡状态或央行目标时采取正确的政策调整方向，从而保证经济的平稳运行。货币高增长状态下各个变量的系数值都要稍微大于货币低增长状态下相应的系数值。

二　主要创新和学术影响

本文构建了包含货币因素的最优利率规则，而传统的利率规则只关注产出与通胀，未考虑货币因素。鉴于我国目前仍将货币供应量作为货币政策中介目标，该创新对于我国的货币政策具有理论和实践价值。经过实证检验，证明利率规则能够保证我国央行在经济偏离均衡状态时做出正确合理的决策，从而为我国央行转变货币政策工具、实施利率规则提供了依据。

本文发表后受到学术界的广泛重视，已成为研究我国货币政策利率规则的代表性文献。本文是国家社会科学基金项目（07BJY168）的代表性成果，该项目成果评级为优秀。

《中韩产业关联的现状及其启示：基于〈2000 年亚洲国际投入产出表〉的分析》

作者姓名： 李晓　张建平
发表期刊： 《世界经济》
发表时间： 2009 年第 12 期
获奖情况： 吉林省第八届社会科学优秀成果奖一等奖

一　篇章结构和基本观点

本文基于"亚洲国际投入产出表"（AIIOT）的国际投入产出模型，利用 AIIOT2000 的数据，对中韩双边产业关联的现状进行了分析。研究发现，现阶段中韩两国产业结构水平存在明显差距，但在制造业、贸易及交通运输业这两大类产业领域存在着较高程度的关联性；韩国产业结构尤其是制造业水平优于中国，但对中国产业发展的依赖程度很高，两国的产业关联具有显著的非对称竞争压力；在制造业内部，两国的机械制造业、纺织和皮革及其制成品产业、化学工业等产业的关联度比较高，且存在着大规模的产业内贸易，中韩制造业关联的（中间需求）中间投入结构具有一定的非均衡性。

二　主要创新和学术影响

一方面，本文采用最新的 AIIOT 所提供的数据，分析 1997 年亚洲金融危机之后中韩产业关联的新特征和变动趋向；另一方面，本文研究的是区域内两国投入产出模型，通过构建交互产业关联中间需求拉力系数、中间供给推力系数等指标以及二维影响因子网格坐标图，集中于中间需求结构分析中间产品贸易内生化对产业关联的影响及反馈，对于衔接经济结构分析系统中的直接系数分析、完全系数分析具有一定的理论意义。

《中国货币增长不确定性与经济增长关系检验(1980~2008)》

作者姓名：刘金全　隋建利
发表期刊：《中国社会科学》
发表时间：2010 年第 4 期
获奖情况：第六届高等学校科学研究优秀成果奖（人文社会科学）三等奖

一　篇章结构和基本观点

本文共分为四部分，第一部分提出所要研究的问题，并阐述了与其相关的国内外研究现状；第二部分构建了在经验分析中所采用的计量模型并介绍了模型的参数估计和检验过程；第三部分分析了货币增长不确定性与经济增长之间的阶段相依性特征；第四部分得出了货币增长不确定性与经济增长之间关系的基本结论与经济政策启示。

本文发现我国货币增长不确定性主要由宏观经济冲击所引致；1998 年以前的货币增长不确定性比较剧烈，1998 年之后的货币增长不确定性明显减弱；由货币政策冲击导致的货币增长不确定性能够有效地促进经济增长，这意味着货币政策调控的有效性；2003 年以来，由宏观经济冲击导致的货币增长不确定性对经济增长起到了抑制作用，这说明以国际金融危机为代表的经济冲击对我国经济稳定增长产生了显著的消极影响，需对此进行积极的国家经济风险预警和防范。

二　主要创新和学术影响

本文利用时变参数马尔科夫区制转移模型，以货币增长预测误差度量非预期货币增长，以货币增长预测误差的条件方差度量货币增长不确定性，进而研究我国货币增长不确定性与经济增长的关系问题。具体而言，本文将产生货币增长不确定性的根源区分为货币政策冲击和宏观经济冲击两个层面，并将表示宏观经济运行态势的实际

GDP 分解为趋势成分和周期性成分。不仅在实际 GDP 趋势成分中考虑货币政策冲击和宏观经济冲击导致的货币增长不确定性，以期检验两种货币增长不确定性对经济增长的影响，而且在实际 GDP 周期性成分中考虑非预期货币增长，以期检验非预期货币增长对经济稳定性的影响。

本文获得的经验证据和货币政策启示得到了有关政府部门和学术界的高度重视，本文的观点和建议对保持我国持续稳定增长具有重要参考价值。本文被《经济研究》等核心学术期刊的文章引用 10 余次。

《基于权力范式的汇率决定研究》

作者姓名：张屹山

发表期刊：《经济研究》

发表时间：2010 年第 3 期

获奖情况：吉林省第九届社会科学优秀成果奖一等奖

一　篇章结构和基本观点

本文共分为四部分。第一部分对经典汇率决定理论进行简述，并基于政治经济视角对汇率决定与国家利益进行了分析；第二部分详细阐述了基于权力的汇率决定模型建模思路；第三部分是模型建立和求解，并分析博弈策略选择的影响因素；第四部分是对全文的总结和说明。

本文通过描述国家经济权力、设定国家效用函数，建立了国家间汇率博弈模型，并分析各种策略下双方的效用改变情况。模型演绎表明：基于经济权力的博弈决定了汇率的变动，真实汇率对相关利益方的影响状态与各方经济权力对比状态同构，即经济权力越大的国家主体，在汇率变动中越能够争取到有利于自身的结果，进而获得更大的国家经济利益，据此可以较好地解释为什么汇率会在中长期出现趋势性的变动。最后对人民币和美元汇率问题，即主要经济大国在开放经济条件下的策略选择进行分析，其结论符合当代国际经济运行实践。

二　主要创新和学术影响

经典汇率理论往往只能部分解释现实汇率变动，其原因在于这些理论或者忽视汇率问题中的国家决定过程，认为汇率单纯被市场决定；或者没有正确反映国家的目标。事实上特定的汇率制度安排必然会影响各方的具体利益，汇率变动将产生国际经济利益的再分配效应。基于这一认识，本文对汇率决定过程进行数理建模，其主要创新在于：第一，研究视角比经典经济理论更加接近实际情况；第二，利用数理方法对汇率决定过程进行描述，这是一般的政治经济分析所普遍欠缺的。

《图们江地区跨国经济合作研究》

作者姓名： 王胜今

出版单位： 吉林人民出版社

出版时间： 2010 年

获奖情况： 吉林省第九届社会科学优秀成果奖一等奖

一　篇章结构和基本观点

本书共分为三部分。第一部分为区域合作的理论与实践，探讨国际经济合作的主要理论和模式，提出边境跨国经济合作理论，结合我国与周边国家开展区域合作的现状和基本政策取向，探讨边境跨国经济合作的必然性和可行性基础；第二部分为图们江地区跨国经济合作，全面阐述图们江地区合作现状和构想，重点探讨边境跨国经济合作模式的基本框架，组建边境跨国经济合作区的可行性，以及跨国经济合作区的组织结构框架、发展目标、重点合作领域；第三部分为图们江地区交通运输体系，系统分析图们江地区跨国交通运输体系的现状和问题，并对中国东北地区交通运输网络建设及其与朝鲜、俄罗斯交通网络衔接进行分析。

图们江地处中俄朝三国交界的边境地区。从理论上看，边境跨国经济合作不同于传统的关税同盟、自由贸易区、共同市场等国际经济一体化组织形式，而是在承认双方在制度、体制、政策等方面存在差异的情况下求同存异、尽可能谋求协调行动的一种方式，是在政治经济体制、经济发展水平、意识形态等各个方面均存在着明显差异，且地缘又相邻的跨国区域进行经济合作的新模式，属于地缘经济系统中的基层地域间的经济合作形式。这种合作模式在建立之初不涉及关税，而是以地方政府之间的协调行动为主，其目的是打破边界分割的地区优势。当然，边境跨国经济合作并不排除在条件成熟的情况下，升级为更高级别区域合作形式。

基于上述理论，并结合东北亚区域合作和图们江地区开发的现状，通过图们江地区边境跨国经济合作，能够建立双边或者多边的协商、合作和协调行动机制，以基础设施、物流网络、通信网络的合作开发和建设为先导，通过合理的地域分工和富有成效的产业合作开发，把图们江地区建设成跨国性的现代产业园区、现代化的东北亚物流中心、旅游观光胜地和生态保护区。

二　主要创新和学术影响

学者们对图们江地区周边环境、产业结构、基础设施、交通物流等方面进行了一系列的研究，本书就是由近年来的主要研究成果汇编而成。本书的写作目的之一，是对边境跨国经济合作理论进行总结，探讨适合边境地区的新的开发理论。同时，为了将这种理论与图们江地区国际开发结合起来，提出了具体的实施方案。

《东亚产业关联的研究方法与现状——一个国际/国家间投入产出模型的综述》

作者姓名：李晓
发表期刊：《经济研究》
发表时间：2010 年第 4 期
获奖情况：吉林省第九届社会科学优秀成果奖一等奖

一　篇章结构和基本观点

本文共分为五部分，即国际产业关联分析在东亚产业融合研究中的地位、东亚产业关联研究的理论渊源、东亚产业关联分析的工具、AIIOT 在东亚产业关联研究中的应用、东亚产业关联研究的总结及其对中国的启示。

本文从国际产业关联的研究分类问题切入，明确国际投入产出分析方法在产业融合领域的研究地位，进而详细介绍区域间投入产出模型（IRIO）和多区域投入产出模型（MRIO）两类投入产出模型的特征和联系，借以厘清当前东亚国际关联的理论脉络和主流实证方法。通过引介"亚洲国际投入产出表"（本文以下简称 AIIOT），并对其演变、编制和拓展进行了深入的阐述。重点论述了 AIIOT 在东亚产业关联领域中的三方面应用：产业发展规律与产业结构水平、产业波及效果分析、产业关联效应及其分解，并依托区域间投入产出模型介绍了各方面研究所常用的实证模型。最后归纳了国际投入产出方法在东亚产业关联课题研究中的现实意义，并指出了其未来发展的可能方向，借以指出中国相关领域研究的不足和紧迫任务。

二　主要创新和学术影响

本文是国内对国际投入产出分析方法应用于东亚产业关联领域研究的首次系统性阐述，对区域间投入产出和多区域投入产出模型的比较和联系、国际投入产出模型的应用分类都具有前沿性；对 AIIOT 的编制方法的细致剖析和基础模型的引介在国内学界也是不多见的。

《建构碳金融运行机制支持我省低碳经济发展的建议》

作者姓名：杜莉　顾红梅
采纳单位：吉林省金融工作领导小组办公室

采纳时间：2010 年 11 月

获奖情况：第六届高等学校科学研究优秀成果奖（人文社会科学）三等奖

一　篇章结构和基本观点

本文共分为三部分，第一部分为建构碳金融机制支持吉林省低碳经济发展势在必行，第二部分为吉林省发展低碳经济实现经济发展方式转型存在的问题，第三部分为建构碳金融机制支持低碳经济发展的建议。

发展低碳经济是全球社会经济发展的大势所趋，是未来应对气候变化的国际制度背景下各国展开竞争的新平台。吉林省在向低碳经济转型过程中存在诸多问题。目前吉林省发展低碳经济的主要手段还是行政手段，市场机制尚未建立起来，作为碳市场重要组成部分的碳金融机制也处于萌芽阶段。系统研究和规划符合吉林省省情的低碳经济架构下的碳金融机制，是经济方式由外延式数量增长向内涵式质量提升的必要保障。在保护好有关各方利益的条件下实现经济发展方式的完美升级，直接关系到吉林省经济未来能否继续保持高速健康的发展。因此，需要建构碳金融运行机制、出台建构碳金融机制的配套政策、建构碳金融交易机制，以此推动吉林省实现经济发展方式的转型。

二　主要创新和学术影响

本文以碳金融机制的建构为研究出发点，系统分析了吉林省建立碳金融运行机制的必要性、发展低碳经济面临的问题，回答了吉林省经济在低碳经济架构下"怎样发展"和"如何发展"的问题。本文依托经济金融理论，在对环境金融内涵拓展的基础上，从吉林省经济发展的实际出发，剖析了吉林省经济发展方式向低碳化转型面临的难题，从碳金融运行机制、制度安排和交易体系的涵盖范围及其结构入手，系统地研究了吉林省如何建构低碳经济架构下的碳金融运行机制，支持低碳经济发展的问题。

本文针对吉林省经济发展方式转型的实际，从建构绿色经济、低碳经济发展模式的目标出发，提出了吉林省建立碳金融运行机制、支持低碳经济发展的建议。本建议受到吉林省委、省政府主要领导的高度重视，并批示吉林省政府金融办阅研，为政府制定符合吉林省省情的低碳经济发展战略提供了科学的参考依据。

《中国城镇居民劳动参与工资弹性的地区差异》

作者姓名：张世伟

发表期刊：《吉林大学社会科学学报》

发表时间：2011 年第 1 期

获奖情况： 吉林省第九届社会科学优秀成果奖一等奖

一　篇章结构和基本观点

本文共分为五部分，第一部分回顾了相关研究的进展，第二部分对回归模型进行设定，第三部分对数据进行统计描述，第四部分对回归结果进行分析，第五部分给出研究结论。

由于中国地区间经济发展存在很大差异，且户籍制度抑制了劳动力在地区间的自由流动，不同地区城镇居民劳动参与行为可能存在较大差异。本文建立了中国城镇居民的简化式劳动参与方程、工资方程和结构式劳动参与方程，分析了中国东部、中部和西部地区城镇居民劳动参与决策的决定因素，并估算了各个地区城镇居民劳动参与的工资弹性。研究结果表明：受教育年限对城镇居民的劳动参与和工资获得均有明显的正向影响；在每个地区内部，女性劳动参与的工资弹性均明显大于男性劳动参与的工资弹性；随着地区工资率的上升，女性劳动参与率明显上升，劳动参与的工资弹性明显下降；随着地区工资率的上升，男性劳动参与率呈现上升趋势，但劳动参与的工资弹性没有显示出持续下降的趋势。因此，消除户籍制度形成的劳动力市场分割，提高工资水平，不仅能够有效地促进城镇居民的劳动参与和就业，而且有助于抑制地区之间收入差距的持续扩大。同时，发展教育不仅会促进城镇居民的就业，而且有助于城镇居民工资水平的提升。

二　主要创新和学术影响

本文创新之处有三点：估算了中国东部、中部和西部地区城镇居民劳动参与的工资弹性；指出地区工资率与城镇居民劳动参与呈现正向关系；指出户籍制度抑制了劳动力在地区之间的自由流动，导致了劳动力市场资源配置的低效率。

《我国城乡收入差距的库兹涅茨效应识别与农村金融政策应对路径选择》

作者姓名： 丁志国
发表期刊：《金融研究》
发表时间： 2011 年第 7 期
获奖情况： 吉林省第九届社会科学优秀成果奖一等奖

一　篇章结构和基本观点

本文共分为四部分：第一部分是引言；第二部分是我国城乡收入差距的库兹涅茨效应识别，实证检验我国经济增长方式中是否存在"先增长，后分配"的库兹涅茨模式；第三部分是农村金融政策对城乡收入差距影响机理，解析不同农村金融政策手段对城乡收入差距的影响方向和作用力度，明晰通过发展农村金融改善城乡收入差距的政策应对路径选择，并根据不同区域的农业发展状况对样本进行划分，探寻农业大省与非农业大省在农村金融政策路径选择上的差异性；第四部分是结论及政策建议。

本文首先选取了 1985 年至 2009 年我国 31 个省、自治区和直辖市（港澳台除外）的数据，构建了面板模型对我国经济发展过程中城乡收入差距的变化趋势进行识别，结果表明我国城乡收入差距的变化趋势符合倒 U 形曲线特征，存在库兹涅茨效应。也就是说，我国过去属于"先增长，后分配"的经济发展模式，偏重强调效率的同时，在一定程度上牺牲了社会的和谐。本文还利用全国整体样本数据和农业大省以及非农业大省的数据样本划分，分别对发展农村金融的政策效果进行了实证检验。结果显示农村金融政策中，通过增加金融机构贷款网点的比例和增加农村金融机构法人数量，进而降低农业贷款的搜寻成本，以及加大农业基础设施的投入，间接增加农民收入等政策手段对改善城乡收入差距具有显著效果和广泛适用性。而依靠政策引导金融机构实施扩大涉农贷款比例和扩大贷款覆盖面等措施，其实收效甚微。总之，并不是所有的发展农村金融的政策手段，都能够显著改善城乡收入差距，甚至有一些政策手段还会事与愿违。因此，在通过发展农村金融、改善城乡收入差距的政策选择方面，必须审时度势和因地制宜，做到有的放矢，而不是简单地遵循单一规则，才能够真正做到事半功倍。

二 主要创新和学术影响

目前，在我国农村地区只有少数农民能够享有金融服务，大多数农民则被正规金融机构排斥在外。随着农村金融制度的改革，国家正在探寻培育更加高效的农村金融生态环境体系，改善农村金融的广度和深度。现阶段，农村金融机构数量的增加，涉农贷款覆盖范围和规模的扩大，这些政策手段能否真正实现增加农民收入、缩小城乡收入差距的政策目标，并且不同地区政策手段的效果是否存在差异化特征等问题的研究，能够为政府科学决策提供数据支持和理论依据。

《资产系统性风险跨期时变的内生性：由理论证明到实证检验》

作者姓名：丁志国　苏治　赵晶
发表期刊：《中国社会科学》
发表时间：2012 年第 4 期
获奖情况：第七届高等学校科学研究优秀成果奖（人文社会科学）二等奖

一 篇章结构和基本观点

本文共分为五部分。第一部分为引言，第二部分为资产系统性风险跨期时变存在性的理论证明，第三部分为资产系统性风险跨期时变内生性的经济学解析，第四部分为资产系统性风险跨期时变存在性的实证检验，第五部分为基本结论与思考。

由 Sharpe 给出的资本资产定价模型（本文以下简称 CAPM）刻画了资产收益与系统性风险之间的关系，并采用 Beta 系数对资产系统性风险进行测度。但是，CAPM 本身是一个单期模型，没有讨论系统性风险的跨期性质。经过对资产系统性风险跨期时变存在性的理论证明，并基于中国、美国、英国、日本证券市场数据对理论研究的结果进行实证检验，可以发现：市场中投资者的主体选择偏好构成了资产系统性风险跨期时变内生性的原因，而宏观经济因素变化只是资产系统性风险跨期时变的间接影响因素。通过对资产系统性风险跨期时变内生性原因的经济学解释，证明了 CAPM 在实际应用过程中存在理论欠缺。

二 主要创新和学术影响

本文理论研究的首要目标就是给出跨期条件下资产系统性风险时变存在性的理论证明，从理论上回答为什么资产系统性风险在跨期条件下会出现时变性特征，对传统资产定价理论关于现实市场现象的解释能力和适用性给出界定。本文将投资主体选择过程作为资产系统性风险时变的中介变量，对资产系统性风险时变的内生性原因进行判别。本文研究资产系统性风险的跨期时变机理，求解资产系统性风险跨期时变的结构方程，尝试对 Sharpe - Lintner 的单期资本资产定价模型的拓展提供理论依据，进而增强组合投资理论对现实金融市场现象解释的准确性和在财务分析预测中的适用性，是对传统资产定价理论的进一步演绎和尝试性理论拓展。

本文基于经典资本资产定价模型的理论框架和前提假设，运用金融学无套利分析方法和投资者共同预期假设，推导 CAPM 跨期悖论，给出资产系统性风险跨期时变存在性的理论证明，回答为什么资产系统性风险在跨期条件下会出现时变性特征，并就系统性风险跨期时变内生性的原因做出经济学解释，证明了 CAPM 在实际应用过程中存在理论欠缺，是对现代资产定价理论的进一步演绎和尝试性补充。

《时变参数"泰勒规则"在我国货币政策操作中的实证研究》

作者姓名：刘金全　张小宇
发表期刊：《管理世界》
发表时间：2012 年第 7 期
获奖情况：第七届高等学校科学研究优秀成果奖（人文社会科学）二等奖，吉林省第十届社会科学优秀成果奖一等奖

一 篇章结构和基本观点

本文共分为五部分。第一部分为导言，第二部分为时变参数"泰勒规则"模型的构建，第三部分为数据的选取依据及处理过程，第四部分为"泰勒规则"模型的估计结果，第五部分为主要结论及经济政策启示。

本文首先对"泰勒规则"模型相关研究进行了述评，在此基础上考虑中央银行可能存在非对称偏好以及总供给曲线存在上凸特征，将传统线性"泰勒规则"模型扩展为时变参数"泰勒规则"模型，并对模型进行估计。结果表明，与传统"泰勒规则"相比，时变参数"泰勒规则"能够更好地识别我国名义利率的调整机制。但需要说明的是，尽管传统"泰勒规则"模型和时变参数"泰勒规则"模型都识别出我国名义利率针对通货膨胀调整的证据，但名义利率对通货膨胀的反应均不足，因此是一种不稳定的货币政策规则。

二 主要创新和学术影响

一是通过对时变参数"泰勒规则"模型的时变参数进行估计，发现随着我国资本劳动比率的逐步提高，我国名义均衡利率具有不断下降的趋势；同时时变参数"泰勒规则"模型估计的利率平滑参数比传统"泰勒规则"模型估计的参数值要小，并且具有不断下降的趋势，表明我国利率调整机制正逐渐由"相机抉择型"向"规则型"过渡。二是为避免采用极大似然方法估计模型参数可能存在局部最优解，进而导致对时变参数的推断出现偏差，本文采用"前向滤波、后向抽样"的多步移动Gibbs抽样方法估计时变参数"泰勒规则"模型对应的状态空间模型，实现对模型中的超参数与时变参数的同时估计。

《经济增长、经济结构与就业的关联性研究》

作者姓名：林秀梅
出版单位：中国社会科学出版社
出版时间：2012 年
获奖情况：吉林省第十届社会科学优秀成果奖一等奖

一 篇章结构和基本观点

本书共分为七章：第一章，绪论；第二章，经济增长与经济发展；第三章，经济结构；第四章，就业与失业；第五章，我国经济增长与经济结构的特征与关联；第六章，我国经济增长与就业增长的特征与关联；第七章，我国经济增长、产业结构与就业的互动机理与互动模式。

本书针对我国经济增长放缓、经济结构失调、就业压力增大的现实问题，以经济结构为主线，论述了经济增长、经济结构与就业的理论关联；依据统计数据，利用现代统计学与计量经济学方法，实证研究了我国经济增长与产业结构、行业结构、支出结构、地区结构的动态关联，以及产业结构和消费结构与经济周期波动的动态关联；利用 HP 滤波和门限回归方法，分解了经济增长率与失业率的波动部分，建立了经济增长率与失业率区制相依的非线性奥肯方程，并创建了扩展的 Cobb – Douglas 生产函数模型，揭示了我国经济增长、经济结构与就业的互动机理和互动模式，分析了经济增长与就业增长不协调的原因，提出了相应对策建议，为解决经济增长中的结构调整和就业问题，促进经济与就业共同增长提供了数据支持与政策参考。

二 主要创新和学术影响

本书理论上阐述了经济增长、经济结构与就业的关联关系和影响机理。利用系统聚类分析、弹性分析和偏离度分析等方法，实证检验了产业结构、消费结构、经济增长、就业增长随经济周期变化的关系，揭示了经济增长、经济结构与就业的动态关联规律。此外，利用 HP 滤波和门限回归方法，建立了经济增长率与失业率区制相依的非线性奥肯方程，揭示了奥肯定律在中国出现变异，即在经济扩张期，奥肯系数为正，增长中的"创造性毁灭"效应大于资本化效应；而在经济收缩期，奥肯系数为负，资本化效应大于"创造性毁灭"效应，从而揭示了经济增长与就业增长不同步的内在机理。本书利用扩展的 Cobb – Douglas 生产函数模型，建立了我国产业结构、就业结构与经济规模和生产要素效率关系的计量模型，确立了经济增长、经济结构与就业的互动模式，为解决结构调整中的经济与就业同步增长问题提供了数据支持和政策参考。

《沉淀成本、交易成本与政府管制方式——兼论我国自然垄断行业改革的新方向》

作者姓名：汤吉军
发表期刊：《中国工业经济》
发表时间：2012 年第 12 期
获奖情况：吉林省第十届社会科学优秀成果奖一等奖

一 篇章结构和基本观点

本文共分为五部分：第一部分，问题的提出；第二部分，规模经济、沉淀成本与交易成本组合分析；第三部分，理想化的市场基准模型分析；第四部分，政府管制方式差异及其适用条件分析；第五部分，对我国自然垄断行业改革的管制政策建议。

通过审视新古典经济学完全竞争和完全可竞争市场这两个理想化模型可知，在市场完全条件下，没有沉淀成本和交易成本，至少可以实现帕累托次优。也就是说，如果没有沉淀成本，即使有交易成本也无关紧要；反之，如果没有交易成本，那么沉淀成本投资也无关紧要，最终都不会影响资源最优配置。然而，一旦引入规模经济（自然垄断）、沉淀成本和交易成本概念，并且这些经济变量相互作用，市场很容易失灵，不仅为私人契约奠定了理论基础，而且还为政府管制提供了正当理由。尤其指出，市场失灵并不是政府管制的充分条件，私人秩序也非常重要。当且仅当私人治理起来成本极为昂贵时，才需要政府管制。又由于政府管制本身遭受交易成本和机会主义的困扰时，很容易出现"管制刃锋"问题。因此，需要理性地权衡市场竞争、政府对私营企业管制和国有企业"三位一体"格局，正确处理竞争与垄断市场结构、私有企业与国有治理结构，以及确立市场与政府管制结构的基本原则，特别是在不完全市场、不完全企业与不完全政府之间需要采取比较制度分析框架，对于深化我国自然垄断行业改革与发展具有重大的理论与现实意义。

二　主要创新和学术影响

从理论创新角度看，通过引入沉淀成本概念，重新审视新古典经济学完全竞争和完全可竞争市场理想化模型的假设前提，为丰富市场经济体系理论奠定了理论基础。

从实践创新角度看，因沉淀成本以及由此产生的交易成本，不仅为私人缔约奠定了理论基础，而且还为政府管制提供了正当理由。尤其当政府管制本身遭受交易成本困扰时，就会出现"管制刃锋"问题，所以需要理性地权衡市场竞争、国有企业改革，以及政府对国有企业管制格局，对深化我国自然垄断行业改革具有重大的理论意义与现实意义。

《企业劳资关系冲突的形成过程及其政策意义——基于产权视角》

作者姓名：年志远　袁野
发表期刊：《吉林大学社会科学学报》
发表时间：2013 年第 1 期
获奖情况：吉林省第十届社会科学优秀成果奖一等奖

一　篇章结构和基本观点

本文共分为三部分。第一部分，企业劳资关系冲突释义；第二部分，企业劳资关系冲突的形成过程；第三部分，企业劳资关系冲突形成过程的政策意义。

本文研究了三个问题。第一，企业劳资关系冲突的内涵。从产权视角来看，所谓企业劳资关系冲突，是指企业人力资本产权所有者（劳动者）与物质资本产权所有者或代理人（经营者）之间的权利义务争斗；企业劳资关系冲突的特点是，产权当事人特定、产权内容特定和产权维护手段特定；企业劳资关系冲突的原因，是产权当事人维护自身的权利（财产权利和人身权利）行为。第二，企业劳资关系冲突的形成过程。从理论上来说，企业劳资关系冲突是由三个阶段形成的。一是产生劳动争议阶段。在企业劳动中，产权当事人双方为了维护自身的权利，不可避免地要产生劳动争议，劳动争议有可容忍性劳动争议和不可容忍性劳动争议。二是劳动争议激化阶段。三是劳动争议转化为劳资关系冲突阶段。劳动争议激化到临界点，即发生质变，转化为企业劳资关系冲突。劳动争议转化为劳资关系冲突，表现为当事人双方维护自身权利的手段发生了变化。第三，企业劳资关系冲突形成过程的政策意义。正确认识企业劳资关系冲突的形成过程，有利于我们及时采取针对性的防范对策，化解企业劳动争议，防止企业劳动争议激化为企业劳资关系冲突。

二 主要创新和学术影响

本文基于产权视角，界定了企业劳资关系冲突的概念；分析了企业劳资关系冲突的特点；把企业劳资关系冲突划分为三个阶段；提出了解决企业劳资关系冲突的对策。

《开发性金融在碳金融体系建构中的引致机制》

作者姓名：杜莉　张云　王凤奎
发表期刊：《中国社会科学》
发表时间：2013 年第 4 期
获奖情况：第七届高等学校科学研究优秀成果奖（人文社会科学）三等奖
　　　　　吉林省第十届社会科学优秀成果奖一等奖

一 篇章结构和基本观点

本文共分为六部分。第一部分为问题的提出，阐述了研究的现实背景与理论价值。第二部分为国内外相关研究综述。第三部分为碳金融发展及其释放的功能，梳理了国内外碳金融发展的脉络并归纳了碳金融在五个维度的功能。第四部分为我国碳金融发展面临的困境与阻滞因素，分析了制约碳金融发展的瓶颈。第五部分从机理分析与数理分析两个维度验证了开发性金融对碳金融的引致效能。第六部分为主要结论与政策建议。

本文从碳金融发展所面临的困境与阻滞因素着眼，分析制约碳金融发展的瓶颈，研究了兼具政策性金融与商业性金融属性的开发性金融自身的特质，发现开发性金融契合碳金融当前发展所需。通过机理分析，刻画了"开发性金融开发"、"传统型金融进入"和"碳金融发展"三者之间的齿轮效应；通过数理分析，进一步验证了"开发性金融率先进入—传统型金融进入"是推进碳金融发展的最佳路径。最后，结合碳金融风险的异质性，从准确界定政策性金融边界等多个维度为我国开发性金融引致碳金融体系构建提供建议。

二　主要创新和学术影响

本文在严谨论证开发性金融如何发挥自身特质引致传统型金融进入低碳产业进而推动绿色经济发展的基础之上，构建了基于完全信息的动态博弈模型，分析"开发性金融"与"传统型金融"的行为选择。"开发性金融开发—传统型金融进入"是碳金融组织架构中不同类型金融机构动态博弈唯一的均衡解。三是开发性金融在引致碳金融体系构建中面临诸多风险敞口，宜通过合理确定政策性功能的边界、加快金融研发和创新、完善风险预警和防控体系，为开发性金融引致效应的发挥提供保障。

本文发表之后受到学术界和实务界广泛好评。本文关于开发性金融在碳金融发展中的引致功效、风险防范、边界界定等方面的建议已被国家开发银行吉林省分行采纳。以本文为基础的研究报告《利用开发性金融引致机制推动我国碳金融良性发展》，入选 2014 年全国哲学社会科学规划办公室《成果要报》。

《国际货币体系改革的集体行动与二十国集团的作用》

作者姓名：李晓　冯永琦
发表期刊：《世界经济与政治》
发表时间：2013 年第 4 期
获奖情况：吉林省第十届社会科学优秀成果奖一等奖

一　篇章结构和基本观点

本文共分为四部分：第一部分，国际货币体系改革集体行动的类型及其成败的影响因素；第二部分，现行"美元体制"的可持续性与国际货币体系改革的目标；第三部分，二十国集团机制成为现行国际货币体系改革的主要平台；第四部分，二十国集团机制下中国参与国际货币体系改革的对策。

本文针对国际货币体系改革这一重大的理论与实践课题，从国际政治经济学视角进行了全新的深入探讨，并提出了中国应采取的战略路径与对策。首先，总结了国际货币体系改革集体行动的类型及其成败影响因素。其次，分析现行"美元体制"的可持续性，提出现行国际货币体系改革的目标。再次，探讨二十国集团机制在现行国际货币体系改革中的作用。最后，提出中国参与现行国际货币体系改革的对策。

二 主要创新和学术影响

本文提出在今后相当长时期内，现行"美元体制"的可持续性以及未来世界经济形势的不确定性，国际货币体系改革的集体行动应该更加注重设立短期而非长期性的目标，其短期目标应该是"控制失衡"和"抑制美元风险"。本文提出共同利益基础是 G20 推进现行国际货币体系改革的主要立足点，坚持集体行动原则、通过制度化建设增强决策执行力、强化国际经济政策协调是 G20 机制充分发挥作用的重要途径。本文提出中国应避免单独直接面对或挑战美国的金融霸权或核心利益，更多地利用 G20 这个重要平台实现自身的利益诉求，增强自身在推动国际货币体系改革进程中的地位与影响力。

《资源、权力与经济利益分配通论》

作者姓名：张屹山

出版单位：社会科学文献出版社

出版时间：2013 年

获奖情况：吉林省第十届社会科学优秀成果奖一等奖

一 篇章结构和基本观点

本书共分为绪论、权力与经济权力范式、经济权力与企业契约安排、基于权力范式的交易价格理论、商品市场及其交易价格决定、金融市场及其交易价格决定、劳动力市场及其价格决定、政府介入经济活动的理论依据与边界、经济权力结构与生产要素最优配置、制度变迁的权力逻辑等十个部分。

本书在现有的市场经济理论、新政治经济学和新制度经济学理论的基础上从权力的视角重新界定个人理性，以权力为出发点分析不同经济主体相互作用的机制以及均衡状态，从而建立了权力经济学研究的基本框架。本书首先研究了经济权力对经济学中各领域的影响，然后从微观的企业、中观的市场和宏观的政府干预三个方面进行了理论的探索和现实问题的研究，最后从权力均衡的视角探索实现社会资源充分利用和最优配置的路径，为制度的合理化改进提供理论依据。

二 主要创新和学术影响

本书完全抛弃了经济学研究中的表象，以经济主体之间相互影响的权力结构作为最基本的研究对象来剖析经济社会中市场价格、企业契约、政府经济行为以及制度变迁的权力基础。这不仅是经济学的发展逻辑，而且是博弈论思想与经济学完全融合的逻辑基础。本书认为不同经济主体实现权力对等、同一经济主体达到权力与责任对称，是实现资源充分利用和最优配置，进而实现社会利益和社会福利最大化的基本途径。

本书采用历史和逻辑相统一的方法，分析了经济学视野中权力的概念、属性、来源和类型，研究了企业契约理论、市场价格理论、制度变迁理论、政府干预理论等，并从经济权力和行政权力的视角对我国经济转轨中的制度变迁进行了实证分析。在建立了经济学研究的权力范式的同时，揭示了决定经济活动的本质因素，而且在宏观经济与微观经济之间建立了有效的连接，为经济体制改革等现实问题提供了新的思路。

《规则型货币政策与经济周期的非线性关联机制研究》

作者姓名：张小宇　刘金全
发表期刊：《世界经济》
发表时间：2013 年第 11 期
获奖情况：吉林省第十届社会科学优秀成果奖一等奖

一　篇章结构和基本观点

本文共分为五部分：第一部分，引言；第二部分，货币政策规则与经济周期非线性关联机制的理论分析；第三部分，基于门限回归模型的非线性泰勒规则模型的构建；第四部分，基于马尔可夫区制转移理性预期模型的货币政策反应分析；第五部分，主要结论及政策建议。

本文首先对货币政策规则与经济周期之间关联机制的相关研究文献进行述评，在此基础上对货币政策规则与经济周期非线性关联机制进行了理论分析，通过对泰勒规则模型进行门限效应检验，发现利用 GDP 累计同比增速作为门限变量时，货币当局针对通胀缺口和产出缺口调整名义利率存在明显的门限效应。在经济收缩期货币当局主要针对产出缺口调整名义利率，而在经济扩张期则主要针对通胀缺口调整名义利率。为反映在经济周期不同阶段货币政策对实际产出和通货膨胀的效应，在门限泰勒规则模型的基础上，构造了货币政策的马尔可夫区制转移理性预期模型，并计算了实际产出和通货膨胀对货币政策冲击的脉冲响应函数。结果发现，在经济周期的不同阶段，实际产出和通货膨胀对货币政策的反应存在明显的非对称性。在经济扩张期，紧缩性的货币政策对实际产出和通货膨胀的抑制效应高于在经济收缩期扩张性货币政策对实际产出和通货膨胀的拉动效应。

二　主要创新和学术影响

本文解决了国内大多数学者对于我国货币政策规则的研究主要采用线性模型的形式，并未考虑到货币当局非对称偏好以及总供给曲线上凸可能导致货币政策规则表现出非线性情况的问题。此外，有关货币政策规则模型的研究，大多忽略了内生性的问题，文章中线性泰勒规则模型和门限泰勒规则模型均采用工具变量估计，有效避免货币政策规则方程模型参数估计的有偏性问题，使得文章得到的结论更具可靠性。

《中国技能溢价的成因：技术进步方向视角的解释》

作者姓名：董直庆　蔡啸　王林辉
发表期刊：《中国社会科学》
发表时间：2014 年第 10 期

一　篇章结构和基本观点

本文共分为五部分，分别为引言、理论模型、指标设计和数据来源说明、数值模拟结果与评价、基本结论。

本文引入个体的高等教育选择，将技能劳动供给内生化，利用数理模型，阐释技术进步偏向性对技能劳动供给和技能溢价的作用机制，结合我国现实社会的数据，考察技术进步的技能偏向性及其对技能溢价的影响，模拟出不同技术进步路径下，劳动供给和技能溢价的演变规律，得出相关结论。

二　主要创新和学术影响

本文的创新之处在于：一是引入个体的教育选择，内生化技能劳动的供给过程，演绎技术进步方向对技能劳动报酬的作用机制。二是传统研究对技术进步方向更多集中于定性描述，或仅仅采用回归方法，检验偏向型技术进步与技能劳动和技能溢价的作用关系。本文不仅构建技术进步偏向性指数，估算技能偏向的强度，定量测算技能溢价被技能偏向型技术进步所解释的份额，而且通过数值模拟方法，对比技术进步方向转变对劳动供给和技能溢价的不同作用。

本文是国内首篇将劳动供给内生化用于考察技术进步方向，并结合技术进步方向考察我国收入分配差距问题的论文。

考古学

《说王》

作者姓名：林沄
发表期刊：《考古》
发表时间：1965 年第 6 期

一 篇章结构与基本内容

本文共分为四部分。甲骨文中最早出现的"王"字，其字形乃"戉"字上半部竖置之形，而"戉"字本像斧钺形，由此可知"王"乃像斧钺类武器不纳柲之形。斧钺在古代本是一种兵器，又是一种主要刑具，但在特殊意义上说，它曾长期作为军事统率权的象征物。马克思、恩格斯指出国家产生以前军事民主制下的非世袭的军事首长是后来世袭的国王权力的前身。用象征军事统率权的斧钺来构成王字，说明中国古代世袭而握有最高行政权力的王，也是以军事首长为其前身的。虽然古代东方以至于中国是否有过军事民主制存在争论，但中国王权的发展是经历了和希腊、罗马相似的过程。

二 主要创新和学术影响

本文从古"王"字像斧钺形出发，讨论中国古代王权起源于军事统率权，是使用古文字资料研究先秦史的典范。在古文字、考古和历史学界都产生了较大影响。

《元君庙仰韶墓地》

作者姓名：张忠培
出版单位：文物出版社
出版时间：1983 年

一 篇章结构和基本观点

本书共包括前言，墓地范围、分期与布局，墓穴和葬式，随葬器物，遗址，文化性质、特征与年代，社会制度的探讨，结束语八章内容以及六篇附录。

本书介绍了陕西华县境内元君庙仰韶文化半坡类型墓地及全部墓葬的情况。对墓地布局、分期、墓葬形制和埋葬习俗，及其所反映的社会制度；对仰韶文化"半坡类型"的分期及其起源与演变；对当时居民年龄、性别、种族及从骨骼观察到的劳动、健康状况等，提供了整套资料和一些必要的论证。

二　主要创新和学术影响

张忠培先生参与主持了元君庙墓地的发掘，于 1959 年下半年写出了《元君庙仰韶墓地》初稿，将墓地中的 6 排墓葬，解释为一个部落中的 6 个氏族的遗存，每个墓排是一个氏族墓地。本书从地层上确定了老官台文化早于半坡类型，探讨了半坡类型的分期，首次将黄河中游的新石器时代的年代推到仰韶文化以前。本书继半坡遗址发掘之后，又一次说明半坡类型居民是将墓葬安置在居住地的旁侧，对了解半坡类型的埋葬习俗和墓葬形制及其反映的社会制度，提供了系统的新资料。

本书在国内外考古学界中率先研究通过墓地结构、合葬墓中人员的关系和墓葬与墓葬之间人员的关系来研究亲族制度，成为中国考古学界通过墓地研究社会结构、由考古学"透物见人"的重要范例。对元君庙墓地的分期，不仅发现了中国新石器时代仰韶文化半坡类型先民存在"生前定穴、死后安葬"的现象，而且为中国考古学界找到了解析墓地的途径，是中国考古学发展进程中具有重要影响的一部著作。

《论团结文化》

作者姓名：林沄
发表期刊：《北方文物》
发表时间：1985 年创刊号

一　篇章结构和基本观点

本文的主要内容共分为三部分。"团结文化"自发现以来，考古学界对于如何确定这支考古学文化的含义和界限一直存在分歧。本文在对多种考古遗存进行综合分析的基础之上将牡丹江流域的东康类型、莺歌岭上层文化以及图们江流域的柳庭洞类型和小营子墓葬从团结文化中区分出来。团结文化是以团结下层、大城子、一松亭和新安闾下层为典型代表，本文接着从陶器、石器、铁器及房址等方面概括出团结文化的主要特征，并总结出团结文化是一种年代上限约为春秋战国之交，下限至少进入东汉时代的考古学文化。已知的分布区域包括图们江流域、绥芬河流域、穆棱河上游，以及这一带的沿海地区。据《三国志·东夷传》记载：至少从西汉初直到东汉，在长白山以东沿海地区都有沃沮人的分布。而团结文化无论在时代上和地域上都和沃沮人相合，说明团结文化就是沃沮人的遗存。

二　主要创新和学术影响

本文全面而详尽地论述了自发现以来一直纷争不休的具有标尺意义的"团结文化"的特征、内涵、年代、分布及族属等问题，使团结文化成为黑龙江和吉林东部地区一种明确界定的考古学文化遗存。本文是将考古遗存与历史文献中记载的族称相联系的成功典范。为探讨文献上沃沮族的实际状况及其族源提供了确切的基点，还为论定挹娄、夫余和秽貊的考古遗存提供了参照。在对团结文化进行研究时，广泛收集了中、俄、朝三国考古资料，确定这是一种地跨现今三国的考古文化，本文很早被译成日文，提升了中国在东亚考古学界的影响力。

《商文化青铜器与北方地区青铜器关系之再研究》

作者姓名： 林沄

发表文献：《考古学文化论集》

发表时间： 1987 年 12 月

获奖情况： 国家教委首届人文社会科学研究优秀成果奖二等奖

一　篇章结构和基本观点

本文共分为引言、商文化的北界、中国的北方系青铜器、北方系青铜器对殷墟文化的影响、殷墟式青铜器对北方青铜器的影响、卡拉索克文化和商文化的关系问题、余论七部分。

商文化居民在二里冈时期循太行山东麓北上，并由诸河谷渗入北方黄土高原，但到殷墟时期则商文化的北界发生了南移。与之同时，北方系青铜器在北方广泛传播。以特定形式的短剑、管銎战斧和刀子为代表的北方系青铜器，在商代后期最南已分布到豫北的殷墟文化和渭河流域的先周文化领域之内，东面分布到辽东沿海，西北面则远远超出中国国界。分布于广阔区域内的北方系青铜器是有地域性差别的。就中国境内而言，似可以太行山为界分为东群和西群，而且至少还可以假设有一个北群。因而不宜用"鄂尔多斯"这样的有区域色彩的名称来泛指北方系青铜器。由于可明确定为殷墟早期的北方系青铜器（如台西出土的羊首匕）铸造技术已颇成熟，故北方系的起源应甚早。二里头出土的有北方系特点的刀子和战斧暗示二里头文化晚期已经在北方地区存在有独特传统的青铜铸造。过去中外研究者往往囿于中国的北方系青铜器年代较晚的成见，主观地假设它是中原系青铜器派生的支系或源于遥远的西北方，都是不可取的。殷墟文化中存在典型的北方系青铜器，如妇好墓中随葬的羊首刀。还存在有商工匠仿制的北方系青铜器，如小屯 H181 的兽头刀。商人还引进北方系青铜器的某种因素以改进自己的工具和武器，从而出现环首刀和銎内式戈。北方系青铜器也受到殷式青铜器的影响，如北方系原有的武器"啄"和商式的戈混合而产生管銎啄戈和銎内啄戈，又如在中原式斗、匕的影响下产生羊首斗、蛇首匙等。殷墟式青铜器和遥远的北方地区青铜器的相似性应做具体分析。如挂缰用的青铜弓形器，可能源于在北方地区首先出现的木质弓形器，而在殷墟和北方地区有各自的特点和演变序列。而东西伯利亚大森林地区的"安加拉–叶尼塞式"铜斧则可能在造型上确实受商式斧的间接影响。由于考古年代学的进展，已排除卡拉索克文化、"塞伊姆文化"和商文化有直接互相影响的可能。分布于广大地区的北方系青铜器的共同成分本有各自不同的发源地，中央亚细亚的开阔草原地带是一个漩涡地区，它把不同起源的文化成分在这里逐渐融合成一种相当一致而稳定的综合体，又使综合体的诸成分像飞沫一样溅湿周围地区。不与陶器共存的北方系青铜器遗存，可能代表游动生活方式（如流动的牧羊人）的人群。

二　主要创新和学术影响

本文首次全面综合中国境内周初以前的北方系青铜器资料做全面分析，从区系观点提出"北方系青铜器"的概念，强调了它在理解中原文化上的重要性，对后来日益开展的这方面研究有一定的推动作用。"北方系"这一术语也在大陆和台湾学界逐渐被接受。在研究中国境内的北方系青铜器时，广泛引用了俄、英、法文的相关资料，有助于中国考古界从更广阔的视野来研究这一问题。本文提出北方系青铜器起源于殷墟时代以前。本身还须分群，且分属于不同考古学文化等观点，均为进一步的考古发现和研究所不断证实。本文提出的草原地带文化的"漩涡现象"理论在考古界已发生一定影响。本文较早被译成英文和俄文，是较早产生国际影响的中国考古论著之一。

《论高台山文化及其与辽西青铜文化的关系》

作者姓名：朱永刚
发表文献：《中国考古学会第八次年会论文集》
发表时间：1991 年
获奖情况：吉林省第四届社会科学优秀成果奖一等奖

一　篇章结构和基本观点

本文由四部分组成。第一部分指出以往研究的弊端，提出问题，切入主题。第二部分，对辽北地区已发表的考古资料进行全面梳理，一一甄别，指出新乐上层和顺山屯两种遗存与高台山在主体文化成分上的差别是主要的，它们分别代表不同性质的文化，同时将法库湾柳遗址甲组遗存归入高台山文化。第三部分，基于对高台山文化基础材料的认识，从丧葬习俗、居址与建筑材料、典型陶器及组合、生产工具四个方面确立了高台山文化的特征组合，并就其分布范围和年代跨度进行讨论。第四部分，按编年序列分别探讨了与辽西地区夏家店下层文化、魏营子类型、夏家店上层文化的关系，指出辽西地区不同系统考古学文化的变迁，都不同程度地受到高台山文化的影响，其中与夏家店上层文化的关系尤为密切。

二 主要创新和学术影响

本文主要学术价值在于通过相关考古资料的梳理，厘清了辽北地区诸青铜时代文化遗存的关系，首次提出高台山文化的界定标准。第一次将辽北和辽西两个地区的考古学文化进行对比研究。文中采用文化因素分析方法，尤其是陶鬲谱系和分布态势的解析，对东北青铜时代考古学文化区系研究有示范性的创新意义。

《两河流域史前时代》

作者姓名：杨建华
出版单位：吉林大学出版社
出版时间：1992 年
获奖情况：国家社会科学基金项目优秀成果奖三等奖

一 篇章结构和基本观点

本书共分为五篇十四章，分别为：绪论、两河流域最早的定居、农业村落的发展、城市的发展、文明的起源与形成过程的考察。

二 主要创新和学术影响

本书对于中华文明起源的研究具有非常重要的借鉴和比较意义。这个研究的难度在于身在中国的作者要尽可能全面地阅读相关考古文献，而且当时尚无互联网；其次是两河流域史前时代的研究起步较晚，要想综合日新月异的考古发现写成一部史前史，国内外基本没有现成的理想范例。本书是作者从实际材料出发，进行归纳、综合和抽绎而成的。通过系统组织考古材料，展现了与中华文明具有同样"原生"性质的两河流域文明的发生过程。从这些资料中，中国学者还了解到国外同行在发掘和研究中使用的方法以及他们的理论构架。

《体质人类学》

作者姓名：朱泓
出版单位：吉林大学出版社
出版时间：1993 年

一 篇章结构和基本观点

本书共分为绪论、人类在自然界中的位置、人类的起源、人类的发展、人类的种族等五部分，从发展生物学的视角梳理了人类在自然界中的位置、人类的起源、人类的发展以及人类的种族等基础课题，科学定义了体质人类学的研究范围、研究方法以及学科发展史，系统介绍了体质人类学的基本工作原理和方法。在附录中重点对人骨骼测量学、骨骼的性别年龄鉴定、颅骨放入测量与观察、体骨的测量与观察、牙齿的测量与观察以及脑容量和身高的复原等研究方法做了详细的介绍。

二 主要创新和学术影响

本书力求全面反映目前体质人类学学科发展的方向和若干前沿课题、热点课题的进展情况，是一本基于朱泓教授历年来的讲稿，并加以补订、增删、润色的中国考古学、体质人类学学科领域第一部系统介绍体质人类学学科发展、工作原理、方法的基础性教材，是一本立足于服务考古学科本科生教学，系统梳理体质人类学学科发展脉络，全面介绍体质人类学学科原理、方法论的经典教科书。本书出版后，国内开设体质人类学相关课程的高等院校相继开始使用它作为基础教材，并多次重印，不仅满足了高校考古学、博物馆学专业教学工作的需要，而且也是一本考古工作者、人类学研究者的重要参考资料。

《高句丽考古》

作者姓名：魏存成
出版单位：吉林大学出版社
出版时间：1994 年

一 篇章结构和基本观点

本书共分为四部分。第一部分为绪论，对高句丽族的起源、高句丽政权的建立过程与高句丽遗迹的分布、发现与研究概况进行梳理。第二部分"城址、建筑址"分为都城、山城与晚期长城、平原城与建筑址三节，系统论述了高句丽早、中、晚三个时期都城的特点与演变，山城的分布、类型、结构，晚期长城的走向，同时介绍了数座有代表性的平原城和与都城相关的建筑址。第三部分"墓葬"将墓葬分为积石墓与封土石室墓两大类，总结了各自的形制、等级差异和流行年代，重点关注了集安的大型积石墓王陵，推定了部分王陵的墓主，还分别探讨了集安与朝鲜境内高句丽壁画墓壁画内容与布局、分期、演变及渊源，并对高句丽墓葬总体的分布特征、演变趋势与葬俗做了阐释。第四部分"遗物"则将关注点集中于高句丽遗物，将其分为建筑构件、陶瓷器、金属漆、碑刻、其他遗物等五类，每一类下又各自细分小类加以介绍，着重探讨了瓦当、四耳展沿壶等代表性器物的演变与流行时间。

二　主要创新和学术影响

高句丽是汉唐时期我国东北地区最为强大的地方民族政权，其势力盛衰对整个东北亚地区的政局影响深远。本书在国内外学术界首次系统、全面地论述了高句丽遗存的分布范围、内涵与性质，在高句丽后期都城建制的渊源、墓葬的类型与演变等方面也提出了不少新见解，至今仍然是高句丽考古的扛鼎之作，一举奠定了作者魏存成教授本人，以及吉林大学考古学科在东北亚、乃至全世界高句丽考古与历史研究中的核心地位。

《外国考古学史》

作者姓名：杨建华
出版单位：吉林大学出版社
出版时间：1995 年

一　篇章结构和基本观点

本书共分为五部分。第一部分考古学萌芽期（文艺复兴～19 世纪 40 年代），第二部分考古学的形成与发展，第三部分为考古学的成熟（1919～20 世纪 40 年代），第四部分考古学转变期（20 世纪 40～60 年代），第五部分考古学发展新时期。

二　主要创新和学术影响

本书是国内第一本系统研究国外考古学发展史的著作。本书从国外最主要的欧洲和美洲两个角度综述与研究两地的考古学发展，并指出它们的差别是由各自历史决定的，这使国内学者第一次明确地看到"外国考古"的两大主流。本书考古学发展阶段的划分标准主要是考古学方法，厘清了考古发现、考古学方法与考古学研究之间的内在关系，揭示了考古学科的内在发展规律以及与相关学科的关系，并使国内学者了解到国外最新的考古学研究理论、方法与实践。

《仰韶时代——史前社会的繁荣与向文明时代的转变》

作者姓名：张忠培

发表期刊：《故宫博物院院刊》

发表时间：1996 年第 1 期

一　篇章结构和基本观点

本文共分为五部分。第一部分，考古学文化及其演化。讨论了我国境内仰韶时代五个地区共 30 多支考古学文化的交流和传播，指出这些文化基本上各有源流，自成谱系。不同地区、谱系之间的文化不断交流，从而形成中华史前文化多元一体的格局。第二部分，居民种属、健康状况与居民点人口数推测。讨论了仰韶时代人种与文化间的对应关系，指出人种与文化是不同的范畴，并且明显存在着不相对应的状况。以半坡文化和大汶口文化的墓地为例，对儿童死亡率、成年人平均寿命和成年男女寿命等问题进行讨论，指出寿命长短及社会人口的平均寿命，集中反映了人们所在社会的劳动、生活质量及卫生方面的状况和由此产生的健康情形。第三部分，经济类型、生产技术与劳动分工。黄河流域及长江中下游，仰韶时代已分别成为粟作和稻作农业中心，是最发达的经济地区。农业的发展，一方面需要手工业如制石工艺、制玉工艺、制陶工艺和制铜工艺的进步；另一方面，它是直接获取食物以外的产业或职业出现及发展的基础。随着劳动生产率的提高和分工的专业化发展，社会愈益走向贫富分化。第四部分，走向文明门槛：社会组织的演变。仰韶时代的社会组织，经历了由母权制到父系制的确立。本文以姜寨聚落为例，了解村落的布局及结构是由中心广场、环绕广场的房屋群、围沟、窑场及公共墓地组成；以元君庙墓地的研究为例，通过考察埋葬习俗或葬制，揭示了半坡文化居民的社会组织体制。从埋葬习俗、房屋结构及住地布局的变化可以看出父系家族愈益强化。第五部分，信仰、宗教的变化与巫师权贵的出现。本文以河南濮阳西水坡为例，探讨了后岗一期文化的宗教。指出，在母权制时代，随着宗教信仰的发展，人们已创造了需要自己侍奉的神权。在大汶口文化刘林期的居民中，已存在卜卦。牛河梁"女神庙"和大地湾宗教性建筑的发现，表明巫师获得了居民的普遍信仰和倡导，使人们对史前社会宗教的发展水平产生了新的认识。

二　主要创新和学术影响

本文勾勒出中国新石器时代人类历史上的重要时代——仰韶时代的全貌，是中国新石器考古研究方面的重要著作。本文原是应哈佛大学张光直、中国社会科学院徐苹芳教授邀请为《中国古代文明的形成》（The Formation of Chinese Civilization：An Archaeological Perspective）写的一章，被《新华文摘》1996 年第 7 期、《文物季刊》

1997 年第 1 期全文转载。该著作被作为中美文化交流中的重要代表作，于 2005 年以中、英文方式同时在美国和中国分别由耶鲁大学出版社和中国国际出版集团出版。

《林沄学术文集》

作者姓名：林沄
出版单位：中国大百科全书出版社
出版时间：1998 年
获奖情况：教育部第三届中国高校人文社会科学研究优秀成果奖二等奖

一　篇章结构和基本观点

本书收入作者在 1965 年到 1998 年发表的论文共 50 篇，是为庆祝吉林大学考古学系成立十周年而编辑出版的。由于涉及的领域较多，按论文内容性质大致分为古文字考释、文字学理论、甲骨断代学、商周考古、东北边疆考古等方面。

二　主要创新和学术影响

本书的主要创新和学术影响包括以下几个方面。一是在古文字考释方面，结合考古实物解释古文字造字本义，立论坚实可信。二是在甲骨断代学方面，从考古学的方法有力地支持了李学勤提出的"二系说"，而且重新讨论了甲骨断代的方法。特别是对根据字体对甲骨分类如何科学化提出了具体的办法，对后来的甲骨断代研究有积极意义。三是在商周考古方面，偏重于东北和北方地区的青铜器研究，其中东北地区青铜器研究的代表作是《中国东北系铜剑初论》（1980），用类形学方法建立了这种剑的编年系列，讨论了它的区域分化，纠正了族属的误解。四是在研究中国东北和北方的考古遗存和文献中记载的古族的对应关系方面的代表作主要有《关于中国的对匈奴族源的考古学研究》（1992）和《东胡与山戎的考古探索》（1992）。论文首次从考古学和体质人类学上向《史记·匈奴列传》以来的戎狄即胡的传统观念提出质疑。这种观点目前正逐步得到大陆、台湾学者的响应。另外本书也收集了作者对远东南部的古代中国文化遗存等方面的研究成果。

《东北青铜文化的发展阶段与文化区系》

作者姓名：朱永刚
发表期刊：《考古学报》
发表时间：1998 年第 2 期
获奖情况：吉林省第五次社会科学优秀成果奖一等奖

一　篇章结构和基本观点

本文共分为三部分。本文对东北青铜文化资料进行了详尽的分析和整合研究，将东北青铜文化划分为夏至早商、商末周初和西周中期至战国三个发展阶段。夏至早商时期，在辽西和燕山以南的农业聚居区发育形成了东北最早的青铜文化。稍后在下辽河与辽东半岛南端的考古文化中也出现了青铜遗存。商末周初时期，受到来自河套及鄂尔多斯高原畜牧业族团的侵袭，东北青铜文化最先发生的辽西地区曾一度发达的夏家店下层文化被中断，高台山文化也被分化。而辽东半岛的青铜文化则有了明显发展。西周中期至战国时期随冶铜术向北的传播，第二松花江和嫩江平原及部分边远地区也出现了青铜文化，形成了新的青铜文化分布格局。这一时期是东北青铜文化发展的全盛阶段。

二　主要创新和学术影响

本文对东北青铜文化的产生、发展做了全面的概括和总结，并就诸考古文化的年代、源流、相互关系进行探讨，在此基础上，从把握文化发展脉络入手，对各区域考古文化的消长变异、结构形式和时段特点做了独到的阐述。第一次构建了东北青铜文化的时空框架和谱系结构。

《中国边疆地区古代居民 DNA 研究》

作者姓名：朱泓　张全超
发表期刊：《吉林大学社会科学学报》
发表时间：2003 年第 3 期
获奖情况：吉林省第六届社会科学优秀成果奖一等奖

一　篇章结构和基本观点

本文将理论与实践相结合，从分子考古学研究史、研究方法、研究内容以及该项研究在考古学综合性研究中所起到的作用等方面对古 DNA 研究领域所涉及的若干问题进行了系统的阐述。

二　主要创新和学术影响

本文对出土于我国边疆地区若干批重要的古人骨 DNA 研究结论进行了综合性概述，指出分子考古学研究在探讨古今民族源流和我国边疆地区历史问题方面的重要性：运用古 DNA 技术对我国边疆地区的古代居民进行遗传学研究，一方面可以为探讨边疆地区各考古学文化先民之间的种族遗传学联系以及各古代人类群体结构、社会组织形态等问题提供科学的证据；另一方面还可以从群体遗传学的水平上了解我国边疆地区古今各民族之间的渊源和流向，弄清历史上各民族的族源、迁徙、分化、融合的历史过程，对进一步加强各兄弟民族之间的传统友谊和血肉联系，维护多民族国家的统一等均具有重大的理论意义和现实意义。

《老山汉墓女性墓主人的种族类型、DNA 分析和颅像复原》

作者姓名：朱泓　周慧　林雪川

发表期刊：《吉林大学社会科学学报》

发表时间：2004 年第 2 期

获奖情况：吉林省第七届社会科学优秀成果奖一等奖

一　篇章结构和基本观点

本文由三部分组成：墓主人的种族类型、墓主人的 DNA 分析、墓主人的颅像复原。

老山汉墓的发掘受到学术界和广大普通公众的密切关注，尤其是关于墓主人的人种归属问题曾在学术界引起争议，难以定论。为了进一步探讨该墓主人的种族类型和遗传学性状等重要学术问题。本文对北京市石景山区老山汉墓中出土的女性墓主人遗骸所进行的体质人类学、分子生物学和计算机模拟三维人像复原等综合性研究的结果表明，该西汉时期诸侯王后的人种类型为东亚蒙古人种，与其种系性状最为接近的是殷墟中小墓组所代表的中原地区先秦时期土著居民。她的线粒体 DNA 序列属于亚洲 M 谱系，代表了东亚地区现代人群的某种祖先类型的遗传学性状。这些研究结论在利用计算机模拟技术对老山汉墓女性墓主人颅骨进行容貌复原的过程中起到了重要的指导性作用。

二　主要创新和学术影响

本文的主要创新之处在于将传统的体质人类学人种成分分析方法与分子考古学、计算机三维颅像复原技术等新方法结合起来，解决了学术界难以定论的老山汉墓出土西汉诸侯王后的种系归属问题。这种通过文理交叉，在学科重组中拓展新的研究领域的创新性思维方式颇具示范意义。同时，本文的最终成果还以计算机模拟三维人像复原的形式表现出来，经众多媒体的播放，起到了很好的科学普及效果。

《乐浪文化——以墓葬为中心的考古学研究》

作者姓名：王培新

出版单位： 科学出版社

出版时间： 2007 年

获奖情况： 第五届高等学校科学研究优秀成果奖（人文社会科学）三等奖

一　篇章结构和基本观点

本书共分为八章。分别为绪论、墓葬的分布与分类、墓葬的类型学研究、随葬器物、分期与编年、墓葬所反映的社会阶层结构、乐浪文化性质的讨论、余论。

本书通过对汉魏晋时期乐浪、带方郡考古学遗存的研究，提出以"乐浪文化"表述乐浪、带方郡人民共同体的历史发展过程。书中主要分析了乐浪文化墓葬发生、发展和衰退的演变过程，依据墓葬变化将乐浪文化划分为连续发展的六个阶段，讨论乐浪文化不同发展阶段的文化特征及其形成原因；考察乐浪文化墓葬的等级表现形式，探讨墓主人的社会阶层和民族属性；通过墓葬形制及典型随葬器物的比较研究，阐释乐浪文化与汉魏晋文化的亲缘关系，并从文化因素的动态变化中探讨乐浪、带方郡与中国内地周临地区文化逐渐同步发展的过程；又在汉魏晋文化的大背景中考察乐浪文化墓葬的后续发展及对高句丽墓制转变产生的影响，讨论西北朝鲜地区乐浪文化城址的出现、性质及年代等问题。

二　主要创新和学术影响

本书内容是目前国内外有关乐浪文化考古学研究最为全面、系统的科研成果，在土圹墓的文化性质及年代，土圹墓、木椁墓、砖室墓的文化渊源，乐浪遗存文化属性等以往研究中争议较大的问题上都又有新的突破。书中对乐浪文化与内地交流动态变化的分析，对乐浪墓葬等级表现形式及墓主人社会阶层、民族属性的讨论，对乐浪文化墓葬在高句丽墓制转变过程中所起作用的研究，为目前有关乐浪文化研究中的创新内容。本书研究所取得的乐浪文化的性质属于广义的汉魏晋文化系统，其萌芽与汉四郡的设立同时发生，两汉时期在中央政权对边郡的有效管理之下乐浪文化得到了高度发展，随着汉末以来中原地区不断出现的动荡局势，乐浪文化开始逐步衰落，最终被南下的高句丽势力终止了发展进程。这一学术成果，对全面理解乐浪郡历史发展过程具有积极参考价值。

《以陶器为视角的红山文化发展阶段研究》

作者姓名： 赵宾福　薛振华

发表期刊： 《考古学报》

发表时间： 2012 年第 1 期

获奖情况： 吉林省第十届社会科学优秀成果奖一等奖

一　篇章结构和基本观点

本文共分为三部分。第一部分，牛河梁与西水泉遗址的分组研究；第二部分，其他遗址出土遗存的组别与年代；第三部分，红山文化的阶段划分与年代判定。

红山文化是分布在中国东北地区的一支著名的史前考古学文化，自发现以来，一直受到学界的广泛关注。本文在重新梳理目前已发表的全部材料的基础上，分四个部分对红山文化的阶段划分与年代判定问题进行了细致的分析和详细的论证。第一部分，将以往研究观点进行了系统的梳理和归纳。第二部分，从目前发表的地层堆积比较清楚、遗存间存在较好的叠压打破关系的牛河梁、西水泉两处遗址入手，将两个遗址材料做了具有早晚关系的分组，并进行了牛河梁遗址各组与西水泉遗址各组年代对应关系的研究。第三部分，利用考古类型学的方法，对其他遗址出土遗存的组别与年代进行了判定和归组研究。第四部分，对红山文化的阶段划分与年代判定。

二　主要创新和学术影响

本文以地层学为基础，通过陶器之间的共存关系和形态比较分析，将目前发表的红山文化材料自早至晚划分为三个大的发展阶段：第一阶段，处于仰韶时代早期，年代与中原地区半坡文化晚期和后冈一期文化相当，公元前 4500 年至公元前 4000 年；第二阶段，处于仰韶时代中期，年代与中原地区的庙底沟文化相当，公元前 4000 年至公元前 3500 年；第三阶段，处于仰韶时代晚期，年代与河套地区的庙子沟文化相当，公元前 3500 年至公元前 3000 年。

历史学

《近代亚洲民族解放斗争的三次高涨与中国》

作者姓名： 丁则良

发表期刊：《历史研究》

发表时间：1955 年第 4 期

一 篇章结构和基本观点

本文共分为八部分，即问题的提出、十九世纪四十年代以前的亚洲与中国、十九世纪中叶亚洲民族解放斗争的第一次高涨与中国、十九世纪末年亚洲民族解放斗争的第二次高涨与中国、1905 年以后亚洲民族解放斗争的第三次高涨与中国、明治维新和明治维新以后的日本、菲律宾的资产阶级革命、结束语。

在亚洲近代史上，或者更确切地说，在亚洲近代史的最后八十年中，即大致从十九世纪四十年代到伟大十月社会主义革命以前亚洲殖民地半殖民地的民族解放斗争曾经出现了三次高涨。中国人民在这三次高涨中表现了自己的力量，并且还以自己的斗争丰富了这三次高涨的内容。这就是本文试图阐明的基本论点。

二 主要创新和学术影响

本文是中国学者第一次运用马克思主义辩证唯物主义理论方法论述世界近代史上亚洲民族解放运动的论文，提出了原创性的、崭新的观点。系统地论述了亚洲各国在世界近现代史上的民族解放运动特点，提出了规律性的见解。

以本文为基础，扩展为同名的著作由上海人民出版社出版，发行量巨大，影响了社会各个阶层。丁则良关于亚洲民族解放运动的三次高涨理论是我国世界史学界为数极少的原创性学术成果，在亚洲各国史学界产生了广泛的影响。丁则良关于亚洲民族解放运动的三次高涨理论和论述成为我国中学历史教科书和大学教科书的主导性观点，影响了一代又一代的莘莘学子。

《从洋务、维新到资产阶级革命》

作者姓名： 李时岳
发表期刊：《历史研究》
发表时间： 1980 年第 1 期

一　篇章结构和基本观点

1840～1919 年的中国近代史，经历了农民战争、洋务运动、维新运动、资产阶级革命四个阶段。前一阶段孕育着后一阶段的因素，前后紧相连接。前一阶段的运动尚未结束，后一阶段的运动业已萌发；后一阶段的运动已经开始，前一阶段的运动尚留尾声，前后交错。它反映了近代中国社会的急剧变化，反映了近代中国人民政治觉悟的迅速提高，标志着近代中国历史前进的基本脉络。从洋务运动、维新运动到资产阶级革命，救亡始终是历史的主题。洋务派宣称，由封建统治者进行某些枝节的改革就可以臻中国于富强。维新派认为，中国的富强有赖于根本的改造，但这种改造不必采取暴力革命的手段。革命派坚信，只有推翻封建统治，才能改造中国，挽救中国的危亡。紧迫的民族危机要求人们对不同方案迅速做出抉择，不断地抛弃被实践证明失效的旧方案，接受、试验新方案。政治潮流于是一浪超过一浪，飞快地向前发展。这是近代中国政治的特点和优点之一，半个世纪走完了欧洲几百年的道路。

二　主要创新和学术影响

本文创新性地提出了中国近代史发展的基本脉络是社会的近代化或资本主义化，代表性的标志是农民革命、洋务运动、戊戌维新、辛亥革命，即四个阶梯。这一新的线索说不但为一直被视为反动运动的洋务运动平反，而且直接冲击了僵化的"三次革命高潮"论，即以近代化史观取代革命史观，引发了巨大的反响。围绕这一新线索说和关于洋务运动的新定性进行的学术讨论，是改革开放以来中国近代史学界持续时间最长、参加人员最多的学术争鸣，开启了近代史研究的新范式。

《论中国奴隶社会的阶级和阶级斗争》

作者姓名： 金景芳
发表期刊：《中国社会科学》
发表时间： 1980 年第 3 期

一 篇章结构和基本观点

本文是金景芳先生将马克思主义理论同中国历史实际相结合的典范之作，是其中国奴隶社会史体系中重要的理论创见之一。

20 世纪 30 年代，随着马克思主义的引入和传播，马克思主义唯物史观逐渐成为中国学者治史的重要理论指导。关于中国古代的阶级与阶级斗争问题，一般认为奴隶社会分为奴隶和奴隶主两大阶级，阶级斗争主要是奴隶反抗奴隶主的斗争，奴隶的起义和革命最终推翻了奴隶社会。这种观点还一度成为中国古史分期大讨论中的理论焦点。先生本着理论受史实的检验、史实不可屈从理论的治学理念，在早年发表的《中国奴隶社会的阶级结构》、《中国奴隶社会的几个问题》和《中国古代史分期商榷》等论著中，对上述观点和理论即有所反思。先生在《论中国奴隶社会的阶级和阶级斗争》中更是明确指出，奴隶社会的阶级是等级的阶级，而资本主义社会的阶级是非等级的阶级，研究奴隶社会阶级斗争问题不应照搬资本主义社会阶级斗争的模式。实际上，中国古代的奴隶制是家庭奴隶制，不存在如同希腊、罗马的大规模奴隶劳动，因此也不可能出现推翻奴隶主阶级的大规模奴隶起义。在中国奴隶社会，阶级不是简单地分为两大直接对立的阶级，阶级的对立是以等级的形式表现出来的，而不是直接以奴隶与奴隶主之间的矛盾出现。

二 主要创新和学术影响

本文追溯这种在中国史学界长期流传的将马克思主义阶级理论简单化和教条化的错误理论源头，发现这种观点最早由斯大林提出，经苏联理论家列昂节夫引用，遂在中国得到普遍认可和遵循。对这种错误观点的尖锐批评以及所做重要论断，在 20 世纪 80 年代初的中国学术思想界，起到了冲破学术禁区和正本清源的作用。

《近代中国社会的演化与辛亥革命》

作者姓名： 李时岳

发表期刊：《吉林大学社会科学学报》

发表时间： 1981 年第 5 期

一 篇章结构和基本观点

本文提出近代中国社会的演化实际上有两个互相矛盾而又互相连接和制约的过程：一是从独立国变为半殖民地（半独立）并向殖民地演化的过程，二是从封建社会变为半封建（半资本主义）并向资本主义演化的过程。前者是向下沉沦的过程，后者则是向上发展的过程。那种把半殖民地半封建化仅仅视为沉沦的传统观点是错误的，正是有了向上发展的这个过程，近代中国人民的斗争才有日益进步的性质，才有光明的前途。向半殖民地、殖民地演化的主导力量是帝国主义，向半资本主义、资本主义演化的推动力量来自包括地主阶级开明派、资产阶级维新派和革命派在内的人民大众。

二　主要创新和学术影响

本文首次对"半殖民地半封建社会"这一习见概念做出了新诠释，这一新的诠释是中国近代史研究的重大理论创新，为作者提出的农民战争—洋务运动—维新变法—辛亥革命新的近代史线索说奠定了理论基础。因为中国向半资本主义、资本主义的演化具有向上发展的进步性，所以近代史上一切为资本主义开辟道路、推动资本主义产生发展的力量和活动都不应否定。这就为以近代化视角研究近代史的新范式有了坚实的理论支撑。影响巨大，被学界广泛接受或汲取，在一系列有关中国近代史的重大问题上引发重新研讨的热潮，开辟了新的研究局面。

《满铁史概述》

作者姓名：苏崇民
发表期刊：《历史研究》
发表时间：1982 年第 5 期
获奖情况：吉林省首届社会科学优秀成果奖优秀奖

一　篇章结构和基本观点

本文共分为四部分。第一部分论述了满铁设立的历史背景，指出满铁是日本侵华政策的产物。第二部分论述了满铁自成立以来至"九一八"事变前满铁对中国东北以及其他地区的侵略，指出满铁"打着'亲善'的招牌，干着侵略的勾当"。第三部分论述了"九一八"事变后，满铁在华的侵略活动，详细列举并分析了满铁对东北的经济掠夺及其与日本不断扩大侵略战争的关系。"结束语"部分指出：满铁史就是日本帝国主义侵略殖民地的历史，同时也是日本帝国主义发展史的重要组成部分，当年满铁曾是日本帝国主义在中国土地上肆虐的一个缩影。满铁本身就是侵略战争的产物，又是日本发动新的侵略战争的借口和支柱。它随着侵略战争的进展而发展和壮大，又随着侵略战争的失败而灭亡。

二　主要创新和学术影响

本文不仅是改革开放后，而且是新中国成立后第一篇全面论述满铁史的高水平学术论文。作为国内历史学最高级刊物《历史研究》的刊头文章，曾被译成英文刊于《中国社会科学》杂志，其学术影响由此可见一斑。

《中国奴隶社会史》

作者姓名： 金景芳

出版单位： 上海人民出版社

出版时间： 1983 年

获奖情况： 国家教委首届人文社会科学优秀成果奖二等奖

一　篇章结构和基本观点

本书内容依照时代顺序分为五章，涵盖了夏至战国三千多年的历史。本书着眼于还原历史本身和为当时政治服务的要求，坚决以马克思主义为理论指导，坚持文献与实物并重，而仍以文献为主的学术观点，提出了一些研究上古史时所需着重注意的几个问题。一是从历史实际的角度出发，绝不从主观愿望出发，不能对历史进行任意的割裂和歪曲。二是古书中所说夏商周的先祖皆为黄帝后裔。三是在古史分期问题上，不能以私有制、阶级、铁等的出现作为划分标准。四是提出了中国奴隶社会，分为"形成上升"和"衰落转型"两个时期，其中夏商周作为上升时期，而春秋、战国则作为转型期，虽然书中如此论述，但也需要注意每个时期自身的特点。五是古书所说三皇、五帝、三王、五霸、七雄等概念都是历史客观形成的，具有重要的历史参考价值，并不能轻易否定。本书还将井田制作为中国奴隶社会的经济基础加以论述，贯穿全书始终。井田制加上分封制、宗法制、礼制这四个方面构成中国奴隶社会的主要内容。本书以四个方面为线索，论述中国奴隶社会从全盛到衰落乃至转化为封建社会的历史。夏商周三代是中国奴隶社会发生、发展的时期，其中夏代有过渡性质，商代完成了过渡，西周到达全盛，春秋是衰落时期，战国是向封建社会转变的时期。

二　主要创新和学术影响

本书是金景芳先生在 1978 年写就的一部上古史著作，凝聚了作者半生的心血，也是他对自己学习和研究上古史所积累心得的总结，其中包含了"金派"对古史分期和制度认识的一些主要的学术观点，可谓扛鼎之作。本书一经出版，即在学术界获得很大反响，书中所提出的一些学术观点新颖并有突破性，同时也解决了一些悬而未决的学术问题，既是对原有上古史研究的继承，也是突破与发展。

《中国近现代政党史》

作者姓名：朱建华
出版单位：黑龙江人民出版社
出版时间：1984 年
获奖情况：吉林省首届社会科学优秀成果奖优秀奖

一　篇章结构和基本观点

本书共分为十五章，以中国国民党的兴衰、中国共产党的产生与发展、国共两党两次合作两次分裂关系为主线，系统地论述了中国政党的产生与发展的历史条件；深入剖析了中国各政党在中国近代社会的主要矛盾、社会革命、阶级斗争、国家问题等方面所持的主张、纲领、政策和策略；详尽地叙述了中国各政党的实践活动；梳理了中国政党之间错综复杂的相互关系；公允地评价了中国各政党在各个历史时期的历史地位与作用；揭示其发展变化的基本特征与规律，总结了历史经验与教训。主要阐述了 1840 年至 1949 年中国社会从传统向近代转型时期中国政党的历史，包括中国国民党、中国共产党及民主党派。该书框架结构清晰，内容全面、系统、深入，资料翔实可靠，观点正确、公允。

二　主要创新和学术影响

本书于 1985 年被国家教委选定为全国高等学校历史专业教材，1986 年获吉林省政府优秀成果奖。之后根据国家教委再撰写一部完整的"中国政党史"的要求，朱建华教授带领团队在深入开展研究的基础上，于 1991 年由黑龙江人民出版社又出版了《中国政党史》一书，考察了 1840 年至 1989 年旧民主主义革命、新民主主义革命、社会主义革命三个时期中国政党的历史，以及 1949 年后中国国民党在台湾地区的活动。在这两部书的影响下，全国高校中国政党史课程纷纷设立，颇受学生的欢迎。

《枫窗脞语》

作者姓名：罗继祖
出版单位：中华书局
出版时间：1984 年

一 篇章结构和基本观点

本书共分为六部分，分别为史札、尚论、表徵、文物（上下）、东北史丛话、杂俎 204 则。每篇或千余言，或数百言、几十言。

二 主要创新和学术影响

本书内容宏富，考史论事，嘉惠后学，褒旌巾帼，建树雄风。名人逸事，学界典则，文物辑佚，文籍评断，古画甄别，凡此种种，创新之见，独到之处，皆能持之有故，言之成理，而又文采斐然，娓娓而谈，亦罔不涉笔成趣，读之令人耳目一新，爱不释手，实为一部力作。

首先，读书钩沉抉微，搜罗丰赡。罗先生非常重视史料发掘工作，潜心问学，用志不纷，钩索文籍，拾遗补阙，采撷广博，博观约取。特别是"东北史丛话"发前人未所发，用前人未所用。本书搜索珍贵史料，尤反映在碑志证史、校勘精详方面。如书中辑录《序广鹿岛灵济口碑记》、《启建新安寺碑记序文》、《新建望海寺碑记序》和《都督毛文龙碑铭序》等，得之史料，对了解当时社会亦多裨益，而对研究明清战争史和袁崇焕、毛文龙评价亦不无益处。

其次，学诣深邃，考证精当。贵在突破，意在创新，这是衡量一部学术专著是否为上乘之作的主要依据。而突破创新正是《枫窗脞语》的主要特点之一。

再次，文笔斐然，妙绪丛生。本书继承我国历史上笔记写作之特色。资料充实的著作，很容易形成材料性堆砌，令人望而生畏。但读该书，感觉罗老史料熟稔，运用约而不繁。作者甩开手笔，辄成佳构，集史料与趣味性浑然一体，无不一一跃然纸上。

《小屯南地甲骨考释》

作者姓名： 姚孝遂

出版单位： 中华书局

出版时间： 1985 年

一 篇章结构和基本观点

本书主要分为"考释"和"释文"两部分。在考释部分中，作者将考释的对象加以分门别类，共分为"先王"、"神祇"、"方国"、"人物"、"职官"、"天象"和"田猎"等 11 大类，每类之中各列具体条目，对小屯南地甲骨中所涉及的各类语词进行了详尽地搜集与考释。具体到每个条目之内，采用的是先集中列举甲骨文辞，再对其中相关语词进行文字考证、词义训释的方法。对有疑问或争议处，较全面地引述既有说法，给出自己的意见。书中所重点考释的有小屯南地甲骨独有的问题，很多都是各批甲骨材料中比较共性的问题，故不仅仅对这一批材料有重要意义。本书考释详略得当，对大量内容简单的卜旬、卜雨辞，以及意义不大的习刻部分即从略，不加考释，使重点突出；而对尚无法加以考释的则勇于阙疑，不强为之解。本书的"释文"部分力求全面、准确，校正了以往释文的错误，体现了作者的学术观点，达到了当时甲骨文字研究的较高水平。

二　主要创新和学术影响

本书是一部较为全面的高水平甲骨文考释著作，不但对古文字学、甲骨学研究者有重要的参考意义，而且使得更多学科的学者能够在更大范围内利用甲骨刻辞的资料。至今已重印三次，在学界产生了深远的影响。

《东北抗日游击根据地的建立与丧失》

作者姓名：朱建华
发表文献：《中国抗日根据地史国际讨论会论文集》
发表时间：1985 年
获奖情况：吉林省首届社会科学优秀成果奖优秀奖

一　篇章结构和基本观点

本文在搜集、挖掘档案文献资料的基础上，阐释了东北抗日游击战争的发展和各地抗日游击根据地的建立与丧失，即东北的抗日游击根据地从 1932 年秋冬创建到 1938 年的基本丧失，经历了艰难、曲折、复杂的过程，它远比全国其他抗日根据地建立的时间为早；但是在东北的抗日游击战争中，中国共产党领导抗日军民创建了若干小块抗日游击根据地，并以此为依托，沉重地打击了日本帝国主义在东北的殖民统治，为全国的抗日战争胜利做出了重大的贡献。

本文深入剖析了东北抗日游击根据地丧失的主要原因，提出独到见解：由于敌强我弱，日本帝国主义不断强化其在东北的殖民统治，实行极其野蛮的法西斯统治及政策；东北共产党的各级组织缺乏建立巩固根据地的经验，而是侧重军事游击；东北共产党的组织长期和中共中央失掉联系，且又缺乏集中统一指挥，从而使东北各地区抗日斗争缺乏相互的有力配合和援助。

二　主要创新和学术影响

本文是朱建华教授 1984 年 8 月受邀参加"中国抗日根据地史国际学术讨论会"

提交会议报告的论文，会上朱建华教授与来自美国、日本、加拿大、荷兰、澳大利亚和中国其他的专家学者进行了交流，受到与会专家的关注。1985 年本文被选入《中国抗日根据地史国际讨论会论文集》中。

《中国现代资产阶级民主运动史》

作者姓名： 王金铻

出版单位：吉林文史出版社

出版时间：1985 年

一 篇章结构和基本观点

本书由前言和七章构成。前言是全书的统师，对中国现代资产阶级民主运动史进行了全面的论述。正文分为七章，对中国资产阶级进行的护法、国宪、省治和废督裁兵运动，参加国民革命，掀起平民革命和资产阶级改良运动，参加救亡和抗日民主宪政运动及抗日战争胜利后的第三大党运动和第三条道路的主张和活动，直到接受中国共产党的领导，参加推翻国民党反动统治的过程进行了全面系统的考察、分析和论述。认为中国现代资产阶级民主运动具有两重性，以进步的积极的一面为主。其积极的一面是反帝反封建，主要表现一是打击、钳制了北洋军阀和国民党的独裁统治，二是基本上是站在反帝行列中——它先是提倡国货，要求废除不平等条约，后投身于抗日、反美的民族斗争。消极作用主要表现为散布改良主义幻想和若干反共思想，直接影响是使那些接受其主张观点的人看不清前进的正确方向，在政治上和思想上走入歧途。

二 主要创新和学术影响

本书是全面系统研究现代中国资产阶级民主运动的开创性专著，在学术界产生了重要影响。《史学集刊》1987 年第 1 期发表《一部颇具特色的开拓之作——〈中国现代资产阶级民主运动史〉读后》进行评介，认为本书从纵横两个方面梳理了"五四"以后三十年资产阶级民主运动发展的基本脉络，展现了资产阶级民主运动各个部分的不同风貌，详尽地论述了资产阶级民主运动各个部分的社团组织、主张口号和主要活动，细致地分析了新民主主义革命时期资产阶级民主运动的社会性质、内容目标、历史地位，与无产阶级领导的新民主主义革命的关系以及它的最终归宿，等等。本书是一部颇具特色的开拓之作，是近年来史学研究的新收获。

《中国奴隶社会史述要》

作者姓名： 赵锡元

出版单位：吉林文史出版社

出版时间：1986 年

一 篇章结构和基本观点

本书共分为十部分，分别为先秦史籍述要、中国古代社会的特点和国家形成问题、中国古代继承制度的变化、夏商时期的奴隶、商代的主要生产者——众人、周代的二等国民——庶人、周代的"工商食官"制度、中国古代封建化的道路（上）（下）、民主改革前凉山彝族的奴隶制度。

二 主要创新和学术影响

本书系统地提出了对中国古史分期的新见解，认为夏、商不是奴隶社会。在此基础上，作者对中国古代社会的几个侧面进行了深入分析，得出与众不同的结论并形成自己的思想体系。

首先，对中国古代阶级和国家形成的特点，提出独到的见解。认为"它不是形成于三次社会大分工，而是开始于：掌握着'剩余的生活资料'的父权制家族长和他们的总代表——王，完全摆脱了社会生产劳动，脱离人民群众，因而使社会上出现一个'根本不参与生产，而完全夺取了生产的领导权，并在经济上使生产者服从自己'的'真正的寄生虫阶级'"。其次，儒家与法家都是产生于中国奴隶社会之中，儒家是由氏族贵族转化为奴隶主贵族后，逐渐形成的一个流派；法家主要是由非贵族的奴隶主新贵形成的流派。法家变法主要是为了破坏宗族的血缘关系，限制和打击父权家长贵族的权力，从而使自己所代表的阶级取得和巩固政治地位，进一步发展奴隶制。最后，商代的众人是统治者本族的群众，周代的庶人是被征服者异族的人民群众。作者把西周庶人、工商两个等级包括在平民之内，并认为商代的众人相当于周代的士，周代平民阶级介于自由民与奴隶两大阶级之间；庶人、工商不是奴隶，因为他们还有一定的人身自由，但他们也不是自由民，因为在政治上被剥夺了公权。春秋以来，随着自由民内部两极分化和兵源不足，庶人开始服兵役，政治待遇被提高，士与庶人两个阶级开始合流。

《中国历代土地制度史纲》

作者姓名： 乌廷玉

出版单位： 吉林大学出版社

出版时间： 1987 年

获奖情况： 吉林省第二届社会科学优秀成果奖一等奖

一　篇章结构和基本观点

本书共分为三编二十四章。第一编奴隶社会，共 3 章，包括绪论、西周的井田制度、春秋战国井田制度的破坏和封建土地制度的产生。第二编封建社会前期，共 9 章，包括秦汉封建化的进展与大土地所有制、东汉豪族地主的发展及封建特权的扩大、两汉农民的农奴化、魏晋南朝世家大族地权的"硬化"与封建化的完成、十六国北朝的大土地所有制与均田制、封建农奴制度的形成、隋唐的均田和屯田、唐代地主田庄的发展、唐代租佃制度的发展和农业生产者。第三编封建社会后期，共 12 章，包括宋代大土地所有制的发展及其特点、宋代的官田及其演变、宋代租佃制度的发展、辽金的封建化及其土地占有关系、元代的地主制领主制与国家土地所有制、辽金元农奴制度的重大发展、元末农民起义后明初的小农经济及官田的发展、明中叶亲王勋贵缙绅地主的土地兼并及朝廷的反击、明代的依附农与农奴、清初的小农经济及地主阶级演变、清代的旗地与屯田、清代农业生产关系的演变及农奴制度的崩溃。

二　主要创新和学术影响

本书是第一部关于中国古代土地制度的通史性著作，以马克思主义为指导，系统地理清了古代土地制度发展演变的全过程，通过全景式的研究，形成作者自己的思想体系，是本领域的奠基之作。

《康熙大帝全传》

作者姓名：孟昭信
出版单位：吉林文史出版社
出版时间：1987 年
获奖情况：国家教委首届人文社会科学研究优秀成果奖二等奖
　　　　　吉林省第二届社会科学优秀成果奖一等奖

一　篇章结构和基本观点

本书共分为十五章，分别为：少年皇帝；缓和满汉民族矛盾；八年平叛战争；统一台湾，开海贸易；保卫东北与对俄交涉；团结众蒙古，亲征噶尔丹；振兴黄教，进兵安藏；察吏安民；南巡与治河；改革赋役制度，发展农业生产；对八旗制度的维护与改革；思想与学术科技成就；开矿、开海政策，向禁矿、禁海倒退；晚年的欣慰与烦恼；历史的回顾。附录：康熙皇帝年谱简编。

二　主要创新和学术影响

本书是我国第一部康熙皇帝完整而系统的传记，是对国内外数十年来康熙研究的最新总结，集中了作者许多独到的研究成果。作者通过一系列有关历史事件反映康熙的思想和作用，实事求是地评价其功过是非，总结可供后世借鉴的思想和经验。

本书出版后多次重印，引起学术界和广大读者的普遍重视，他们给予热情赞扬和鼓励。香港《文汇报》、《瞭望》周刊、《光明日报》、《中国史研究动态》和《清史研究通讯》等，发表多篇专家学者和史学爱好者的书评、读后感，认为该书是作者"多年潜心研究"的成果，"评价实事求是"，"准确而深刻"，对史学界有争议的问题，提出了自己的见解，"是近年来清史研究的一大硕果"。著名经济学家厉以宁在《瞭望》周刊第51期《八七年我爱读的书》专栏中写道："孟昭信所著《康熙大帝全传》史料丰富，文字流畅，评价公允，久读不厌"，"是1987年我最爱的三本书之一"。另，书中关于康熙三次亲征的观点，已被国家正在编修的大清史采用。

《学易四种》

作者姓名： 金景芳
出版单位： 吉林文史出版社
出版时间： 1987 年
获奖情况： 吉林省第三届社会科学优秀成果奖特别奖

一 篇章结构和基本观点

本书是对金景芳先生有关《易》的学术心得体会进行总结的作品，其中皆为旧作，《易通》为专著，其他3篇为学术论文，具有各时期的代表性。

第一部分，《易通》是作者治《易》的奠基和成名作，1945年由商务印书馆出版，是我国较早使用马克思主义观点系统研究《周易》的专著。全书分为《周易》之命名、《易》学之起源与发展、《易》之体系、《周易》与孔子、《周易》与唯物辩证法等10章。前7章研究《易》之本体，后3章论及与《易》有关的重要书籍或人物。第二部分，《易论》原发表于1955年和1956年。文中指出《周易》是人类认识在具体历史条件下长期发展的结果，其卜筮的形式是陈旧的、落后的，而其内容是新生的、先进的哲学内容，反映了原始的、朴素的但实质上正确的宇宙观，卜筮的外壳最终会被抛弃而成为崭新的哲学。第三部分，《说易》原发表于1985年。修正了《易通》中伏羲作八卦的观点，并指出《易》产生于筮，筮起源于数，而不是起源于八卦。第四部分，《关于〈周易〉的作者问题》原发表于1985年。文中谈到伏羲氏并非八卦的作者，八卦与河图无关也并非《系辞传》中所载。

二　主要创新和学术影响

《学易四种》是金景芳易学的精髓所在，不仅构建了其《易》学的学术体系，而且对今后学习、研究以及运用《周易》者提供了极大的帮助。

《论公仆意识的历史发展》

作者姓名： 申晨星
发表期刊： 《史学集刊》
发表时间： 1988 年第 3 期

一　篇章结构和基本观点

本文共分为四部分，即公仆意识的起源、革命民主主义的公仆意识、革命民主主义的公仆意识在历史上的地位、马克思倡导的公仆意识的实质。

马克思的公仆意识建立在以公有制取代私有制的基础之上，因此，"以随时可以罢免的勤务员来代替骑在人民头上作威作福的老爷们"，这是社会主义革命的条件，也是它的顺理成章的结果。18 世纪的公仆意识是小资产阶级的政治理想，而马克思的公仆意识是无产阶级专政学说的重要组成部分，是衡量一个政权是不是无产阶级政权的尺度。两者之间有理论的继承性，更有阶级本质的差别，不是简单拿来的关系。无论是在革命民主主义那里，还是在马克思主义那里，公仆理论都是各自国家学说的有机组成部分。

二　主要创新和学术影响

本文对公仆意识的起源，革命民主主义的公仆意识及其在历史上的地位，马克思倡导的公仆意识的实质等问题进行了深入系统的考察，提出了新见解——无论在革命民主主义那里，还是在马克思主义那里，公仆理论都是各自国家学说的有机组成部分。本文被《新华文摘》1988 年第 11 期全文转载。徐波在《史学集刊》1989 年第 1 期发表了《也谈公仆意识的起源——与申晨星同志商榷》一文；李宏图在《史学集刊》1989 年第 3 期发表了《关于公仆意识的两个问题》一文。

《现代中国政府》

作者姓名： 陈瑞云
出版单位： 吉林文史出版社
出版时间： 1988 年
获奖情况： 吉林省第二届社会科学优秀成果奖一等奖

一　篇章结构和基本观点

本书共分为五部分，分别为：北洋政府；南方护国政府、护法政府和革命政府；军政、训政时期的南京政府；宪政时期的南京政府；新民主主义革命时期的人民政府。附录：日本侵华期间在中国建立的伪政府。

本书阐述了各政府的性质、制度、组织机构及其产生、发展、演变，政府主要官员的更替，重要人物思想对政府的影响等；并评述其功过、优劣，探讨其经验教训和规律性。

二　主要创新和学术影响

本书填补了现代政府史这一空白。政府史中一些重要问题，如国民党中政会、国民政府组织法的修改、国民参政会、国民政府军事委员会的地位等，过去只有极为简略的介绍，本书在深入研究的基础上，阐明其性质及其在政府演变中的作用。

本书出版后得到史学界的好评。中国人民大学彭明教授、中国社会科学院陈铁健研究员、河南大学李光一教授、南京大学张宪文教授等发表书评，做学术鉴定，对其学术价值、现实意义和研究方法做了充分肯定。认为"是一本花费大量劳动写成的佳作"，有"开创意义"；"是一部具有较高学术价值和重要现实意义的填补空白的力作"。认为它"介于现代史和法制史之间，带有边缘性。作者取两者之长，弃其所短，在书中比较成功地运用了新的研究方法"。有的高校把本书作为政治制度史教材或参考书。

《殷墟甲骨刻辞类纂》

作者姓名： 姚孝遂

出版单位： 中华书局

出版时间： 1989 年

获奖情况： 吉林省第二届社会科学优秀成果奖一等奖

一　篇章结构和基本观点

本书共分为三部分。作者先将当时所见《甲骨文合集》、《小屯南地甲骨》、《英国所藏甲骨集》、《东京大学东洋文化研究所藏甲骨文字》和《怀特氏等收藏甲骨文集》等 5 部主要作品中的甲骨 5 万片左右，按片号摹出各条刻辞，并于所摹刻辞下写出释文，编为《殷墟甲骨刻辞摹释总集》，收刻辞 20 余万条。之后在《摹释总集》

所摹写释读的全部资料的基础上，再分别将各条甲骨文辞系于 3548 个字头之下。使用者需要查找甲骨文中某字形所见条目和辞例时，只要找到字头即可方便地获得所需的各类信息，并可据此方便地核对原材料。该书的字头不受《说文解字》传统的 540 部体系和后世字书编纂中楷书部首的惯例限制，而是另据甲骨文字自身的构型特点编制了新的部首表，并以此作为系统字头的纲目，条例更加清晰。该书还附有"字形总表"、"贞人系联及分组表"等附录，以及部首、笔画、拼音等多种字头索引，便于读者检字并获取甲骨文辞。

二　主要创新和学术影响

本书是一部大型的甲骨文索引类工具书。本书甲骨字形摹写准确，释字精当，达到了当时最先进的水平，又有《殷墟甲骨刻辞摹释总集》相辅相成，对研究、学习甲骨文字的学人来讲，是极其方便的引得类工具书，是吉林大学古文字学科群策群力的成果结晶。与日本学者岛邦男的引得类著作《殷墟卜辞综类》相较，各方面都有独到优长之处。出版至今近 30 年时间，已经多次重印，一直为相关领域学者不可缺少的参考文献。本书的编纂方式也影响了后来的一系列同类著作，并为进一步借助计算机技术从事甲骨文信息处理开启了思路，奠定了资料基础。

《中国现代知识分子的历史轨迹》

作者姓名： 王金铻

出版单位： 吉林教育出版社

出版时间： 1989 年

获奖情况： 吉林省第二届社会科学优秀成果奖一等奖

一　篇章结构和基本观点

本书由引言、正文和结束语构成。引言概述了中国各层次知识分子的数量、基本构成和主要来源，对各不同时期知识分子发展状况和阶级分野、政治经济上的特点进行了概述和分析。正文共分为 4 章，对 20 世纪初直到中华人民共和国建立各不同历史时期中国现代知识分子群体形成、分化、主张、活动和发展变化的情况进行了全面系统的考察、分析和论述。结束语对中国现代知识分子的历史轨迹进行了全面论述。现代知识分子属于不同阶级、分布在各个行业，是一个比较复杂的阶层或形体，他们中间许多人是中国现代著名的政治家、军事家或科学家，但又分别属于国民党、共产党或中间派，不仅因所属党派不同其作用与影响不同，而且在同一党派中的同一个人其前后作用与影响也不同，有相当一部分从事新闻、出版、教育事业的自由知识分子，还有大部分失学失业以及正在读书的青年知识分子，他们在新民主主义革命中有很大的动摇性，但又是无产阶级不可缺少的同盟者。

二 主要创新和学术影响

本书是全面系统研究现代中国知识分子的开创性专著，在学术界产生了重要影响。本书出版后，《民国档案》发布了该书出版消息，《博览群书》1991 第 9 期发表《历史的回顾：评〈中国现代知识分子的历史轨迹〉》、《史学集刊》1990 年第 4 期发表《〈中国现代知识分子的历史轨迹〉评价》进行评价，并为诸多论著引用。学术界认为：当时有关中国现代知识分子的研究还属历史研究的新领域，本书首开系统研究之例，其研究方法、理论探索和经验教训的总结，有益于对知识分子问题的进一步研究，有助于发挥社会主义条件下知识分子的作用。

《满铁史》

作者姓名：苏崇民
出版单位：中华书局
出版时间：1990 年
获奖情况：国家教委首届人文社会科学优秀成果奖二等奖
　　　　　吉林省第二届社会科学优秀成果奖一等奖

一 篇章结构和基本观点

本书以 1931 年九一八事变为界分为前、后两篇。前篇论述满铁作为日本大陆政策的先遣队，它的产生和发展。政治方面涉及日本政府的满蒙政策，日本和中国以及苏联、美国等在东北的势力较量，满铁附属地的由来和作用，满铁的调查情报活动等。经济方面涉及铁路、港口、煤矿、铁厂以及农工商金融地产等方方面面的侵略扩张内幕。文化方面涉及满铁经营的科研院所、学校、医院的目的、作用和影响。后篇主要论述满铁同关东军和伪满政权的关系的演变，以及作为日本侵略战争的重要支柱，它在使东北经济彻底殖民地化，发展重工业和化学工业，修建军事铁路网，推行日本大规模移民东北政策，向华北大肆扩张，以及成立满铁大调查部担任日本国策调查等的前因后果。

二 主要创新和学术影响

本书出版后，立即引起史学界的关注，特别是受到日本进步史学界的重视，先后三次由日本殖民地研究会等邀请作者去日本的国际会议作主题报告。日本九州国际大学教授山下睦男等还将本书译成日文由日本韦书坊于 1999 年出版。随后，日本铁道史研究权威原田胜正在报上刊文评论，称本书有一开读就不忍中断，即不能掩卷的魅力。在日本 2008 年出版的权威之作《南满洲铁道会社的研究》一书中，写道："独自一个研究者，将满铁及其机构、事业和活动的全貌从前史直至战后作了实证式的叙述，乃是国内外从无前例的成就。"台湾也有学者发表过评论文章。本书被誉为在满铁的研究上属于里程碑性的成果，是研究或了解近代中日关系的人所必备著作。

《昏礼起源考辨》

作者姓名：黄也平（笔名：黄浩）
发表期刊：《历史研究》
发表时间：1996 年第 1 期

一　篇章结构和基本观点

本文共分为六部分，即关于用"昏"的两种说法，昏礼之"昏"还是掠夺婚，约会婚并非成婚，来自少数民族婚俗的启示，走访婚：唯一的解释篇，一点补充。

《仪礼·昏义》中曾谈及周代婚礼问题，文称："夫礼——始于冠，本于昏……"关于婚礼起源问题，国内学者主要有两种解释：其一，认为古人行婚礼选时在傍晚，主要是"掠夺婚"的遗迹；其二，认为古人把婚礼放在"昏"时，与当时的男女黄昏时分的"约会"相关。本文倾向于把"昏礼"解释为"黄昏时约会"。

二　主要创新和学术影响

本文认为古代确有掠夺婚。但其不稳定和偶然的特点，使它不能成为一种氏族或民族的普遍婚制；早在商周以前，中原民族就已经形成了较为稳定的婚姻制度。《尚书》中提到的禹"娶于涂山"和多处讲到的"五典"，均说明周代及先周时期的男女约会，当仅限于婚前时期；如果"昏礼"不是"掠夺婚"和"约会婚"，本文认为，它很可能是母系氏族文化——"走访婚"的"残留形式"。

本文原发表于《历史研究》1996 年第 1 期，被《中国社会科学（英文版）》1997 年第 2 期全文转载。

《清新朴实的传记佳作》

作者姓名：陈瑞云
发表期刊：《中国社会科学》
发表时间：1996 年第 4 期

一　篇章结构和基本观点

本文是为吉林大学文学院刘德斌教授著《撒切尔夫人传》一书所写的书评。书评着重展示这本传记的特色和优长，如作者在他访英期间，收集积累了在国内不易得到的资料，进行研究；又运用了英国学者不易得到的、中国国内中英关系的资料和撒切尔夫人历次访华在中国留下的记载。所以，这部传记内容丰富而全面。又如，传记将史学著作的科学性与可读性相结合，既严谨准确，又生动活泼，引人入胜；掌握人物的共性与个性，既看到传主的领导人的身份，又注意她作为女性所遇到的特殊问题。再如，一般评价女性人物，多把她放在低一等的地位，"矬子里面拔大个儿"，称之为：女中强人。而本传则把她放在社会历史的天平上，证明她的高度。

二　主要创新和学术影响

众所周知，英国前首相玛格丽特·撒切尔夫人是各国领导人中为数不多的女性之一，在国际上的知名度，堪与同时期各大国领导人媲美。当时没有一部关于她的全面系统的传记。这部传记本应由英国人来写，却由吉林大学的教授刘德斌首先填补了空白。书评还肯定了作者的一些独到见解，也指出书中使用英文资料时，个别用词不当。

《〈尚书·虞夏书〉新解》

作者姓名： 金景芳　吕绍纲

出版单位： 辽宁古籍出版社

出版时间： 1996 年

获奖情况： 普通高等学校第二届人文社会科学研究成果奖二等奖

一　篇章结构和基本观点

本书是金老多年对《尚书》一书所读所思的汇集，成书时金老已九十二岁，在学术助手吕绍纲的协力帮助下完成并出版。由于金老年事已高，书稿写作工作主要是由吕绍纲完成的，其中有许多学术观点也是由其提出的。金老原计划撰写《尚书新解》一书，分为四册，虞夏书一册，商书一册，周书两册，本书为原计划中的第一册。书中包括《尚书》内容四篇，即《尧典》、《皋陶谟》、《禹贡》和《甘誓》，皆依照今文《尚书》的顺序排列。每篇均分为"序说"和"新解"两个部分。"序说"是对本篇材料进行详细的关键点解释和时代背景说明，尤其提出作者对本材料的理解观点。"新解"则是按照文本逐字逐句地进行考证解释，尤其是在每句之后对其所处时代背景进行翔实的说明。本书不拘泥于清人的字词训诂、考证，也不赞同对《尚书·虞夏书》材料所提出的疑古和薄古质疑，更不对全文进行字句对照式的白话直译，而是着重于词句义理方面的理解。在通达考证词意的同时，将文本还原到真实的历史解释中去，并认为《尧典》、《皋陶谟》、《禹贡》和《甘誓》四篇中所记，都有其真实的历史背景，所载尧、舜、禹、皋陶、启等事迹皆为可信，并非战国秦汉人精心编造，以及古代中国层累造成的讹变。

二　主要创新和学术影响

本书是研究《尚书》的一部力作，纵观全书可见金老古文训诂、考证功力之深厚，对其中一些文献考证方面内容，也提出了新的见解和看法，同时并不拘泥于此，而是以唯物史观为指导，着眼于文句意理和历史背景的解释方面。本书内容虽然考证翔实，但并不烦琐，文辞深入浅出，将佶屈聱牙的《尚书》解释得通俗易懂，可见本书是一部了解和学习《尚书》必不可少的入门佳作。

《鲁、齐、燕的始封及燕与郾的关系》

作者姓名： 陈恩林

发表期刊：《历史研究》

发表时间： 1996 年第 4 期

获奖情况： 吉林省第四届社会科学优秀成果奖一等奖

一　篇章结构和基本观点

本文主要阐释鲁、齐、燕等国的始封时间、历史背景以及燕与郾之间的关系。本文主要分为两个部分，一是阐述鲁、齐、燕等三国的始封时间与原因。文中谈到鲁、齐、燕三国始封在成王之时，而不在武王时，三国的始封皆在周公东征平叛前后。具体来说，鲁封于平叛前夕，齐封于平叛开始，燕则封于平叛结束。从整体上看，三国的设封都是周公、成王平叛斗争的一种战略考量。文中据《诗经·鲁颂·閟宫》中的材料认为，鲁的设置是在三监与东方奄、淮夷、徐戎等勾结叛乱的前夕。鲁国的始封者为伯禽并非周公，周公与召公皆未就封，而是留在成周和宗周辅佐王室，最终形成了周公、召公"分陕而治"的局面。文中据《史记·齐世家》中的材料认为，太公在武王时并未就封，而是在三监叛乱时参与战争，并被封在齐地，战争结束后太公并有原薄姑氏故地。燕国设封则据《左传·僖公二十四年》以及《诗经·大雅·韩奕》中的材料指出，韩为大分封时所建，燕国的建立一定要早于韩国，燕国是在召公北征胜利后所封。二是"燕"与"郾"之间的关系，本文不赞同王国维所说的"郾即燕"的观点。文中指出周初的郾国有两个，即金文中的"郾"和河内之"郾"，前者是自商以来的古国，后者为割殷王畿而封于武庚的国家。金文中的"邶"最后并于燕、韩，河内之"邶"则并入卫国。

二　主要创新和学术影响

本文对鲁、齐、燕三国的分封设置时间展开讨论，对学界一些悬而未决的问题提出了自己的看法，如鲁国的始封者，周公、召公是否就封，分陕而治的理解，齐太公是否就封，以及"燕即邶"等问题。文章观点鲜明，论述考证翔实，不失为一篇了解周初分封制度状况的佳作，也是后辈学者学习周初历史的必备文献。

《俄国村社制度述论》

作者姓名： 张广翔
发表期刊：《吉林大学社会科学学报》
发表时间： 1997 年第 4 期
获奖情况： 吉林省第五届社会科学优秀成果奖一等奖

一　篇章结构和基本观点

本文从俄国村社的职能和结构、村社的管理、村社的凝聚力和平均分配机制、村社生活原则和村社的变化、村社组织的稳定性及其原因入手，集中探讨了村社制度产生的前提条件、村社的二重结构和二重管理、村社的土地重分机制和平均主义机制、村社的互助传统、村社生活原则和农民的道德传统诸方面，深入地阐述村社长期延续的原因。俄国村社作为农村基本的社会结构延续了上千年，构成俄国社会生活的重要方面，在俄国农村的政治和经济生活中起着举足轻重的作用。不研究这个问题，很难对俄国历史进程做出令人信服的解释。

二　主要创新和学术影响

本文认为，村社组织的稳定性及其原因十分重要，将 1861 年改革前后的村社进行比较，就会发现村社的结构和职能未发生任何重大变化，不仅未背离改革前形成的村社生活原则，相反却更严格更灵活地实行这一原则。村社之所以成为有生命力的社会结构和稳定的社会组织，原因如下。第一，村社的社会职能的二重性是它顽强的生命力、灵活性和适应能力的源泉，这种二重性可以使村社既满足国家利益又满足农民利益，村社所有制和村社确定的各种社会关系巩固了村社的基础。第二，保证农民的生活资料，限制分化。在村社范围内对自己成员的经济活动做出严格规定，对多数人负责并得到多数人的支持，这就很难从内部破坏村社。第三，得到国家经济上和法律上的支持，国家利用法律限制农民分家，在农民家庭财产方面力图维护宗法传统，限制农民个人的财产权。村社还得到教会道义上的支持，这就从外部巩固了村社。第四，等级隔绝，流动水平低，以直接传授经验的方式完成社会化，识字率低，有关外部世界的信息不灵，这一切妨碍了用新的行为方式丰富村社，使其保持原有的规范和价值观念。第五，人口密度低，长期盛行的粗放式经营方式抑制了劳动分工和农民的非农化。第六，农民个性不强，特别是那种将传统作为生活基本原则的心理定势，使村社团结为一个整体。

村社既有保守、封闭的一面，又有灵活、善于适应社会政治条件变化的一面；既有阻碍农村资本主义发展的一面，又有避免农民急剧分化保持社会稳定的一面；村社既是构成俄国专制主义的基础，又是农民自治实施自我保护的有效手段。

《二战期间在日本的中国劳工》

作者姓名： 陈景彦
发表期刊：《历史研究》
发表时间： 1998 年第 2 期
获奖情况： 吉林省第五届社会科学优秀成果奖一等奖

一 篇章结构和基本观点

本文共分为四部分。第一部分论述了二战期间日本的国内状况、劳动力缺乏程度。本部分还论述了日本政府和企业为掳掠中国劳工所进行的周密准备，并指出：由于劳动力缺乏，即使没有太平洋战争，为解决劳动力资源问题，日本也将使用中国劳工，太平洋战争爆发，只不过是加快了这一步伐。第二部分详论了日本掳掠中国劳工的手段和方法、中国劳工的人数（包括日本方面关于中国劳工人数的各种说法）、中国劳工的出身、职业和年龄构成，从而指出在中国劳工中年富力强的青壮年是绝大多数这一不容否定的事实。第三部分论述了中国劳工在被掠往日本的途中和在日本所受的各种虐待以及他们在日本各行业中的劳动状况。他们被日本政府和企业安置在日本的煤矿、铁矿、铜矿、水银矿等矿业和发电站、飞机场、铁路港湾、地下工厂等土木建筑业以及港湾装卸业中从事最苦、最累、最脏的工作，并时刻受到日本监工、警察、宪兵的监督，还经常遭到其毒打。第四部分除了论述中国劳工的死亡状况之外，着重分析了中国劳工伤、病、死亡的原因，批驳了日本政府和企业将伤、病、死亡的原因归结于中国劳工本身的谬论。

二 主要创新和学术影响

本文在写作方法上，既重视生存劳工的证言，又不盲目相信其说，只有在其他文字资料证实了的情况下方才引用。本文运用了大量的中日文资料，并订正了日本

《外务省报告书》中关于使用中国劳工的企业数和场所数的错误。可以说是当时国内唯一一篇全面、系统研究这一问题的学术论文。

《二战期间在日中国劳工问题研究》

作者姓名： 陈景彦
出版单位： 吉林人民出版社
出版时间： 1999 年
获奖情况： 吉林省第五届社会科学优秀成果奖一等奖

一　篇章结构和基本观点

本书共分为九章。第一章，日本强掳中国劳工的开端；第二章，日本强掳中国劳工的途径及方法；第三章，中国劳工被掠往日本的途中遭遇；第四章，日本政府与企业"正式移入"中国劳工；第五章，中国劳工在日本主要行业中的劳动状况；第六章，中国劳工疾病、伤残和死亡状况；第七章，中国劳工的反抗斗争；第八章，中国劳工的归国与日本朝野的态度；第九章，没有解决的历史问题。

本书以大量史料说明日本强掳中国劳工是其发动侵略战争的需要，是日本政府与企业有计划、有预谋经过长期准备而实施的国家行为。战后，日本政府与企业拒不承认这种战争罪行，千方百计加以隐瞒并蓄意销毁与中国劳工相关的各种资料。

二　主要创新和学术影响

本书将口述史料与档案史料结合使用，使二者相互印证，并多处以当时日本国内经济状况的统计资料，批驳日本《外务省报告书》中关于中国劳工生存状况的虚假统计。从而非常完整地体现了一部中国劳工日本受难史的全貌，并揭示了战后日本政府拒不承认这一战争罪责以及日本民间帮助生存中国劳工归国等两种截然相反的态度。可以说至今仍是目前国内外唯一一部全面、系统研究这一问题的学术专著。

《〈春秋左传注〉辨正十二则》

作者姓名： 陈恩林
发表期刊： 《文史》
发表时间： 2001 年第 1 期
获奖情况： 吉林省第六届社会科学优秀成果奖一等奖

一 篇章结构和基本观点

本文由简短的前言与十二个部分组成，是一篇辨正杨伯峻先生名著《春秋左传注》在一系列先秦制度、称谓、文字解诂、天文知识、陈法、服饰、车旗构造等方面误释、误注的文章。

二 主要创新和学术影响

本文是一篇对我国当代古典文献学名家杨伯峻先生的名著《春秋左传注》内容进行辨正分析的学术论文。杨著积三十多年的学术功力，集汉、晋、唐、宋与清代注疏学成果，兼用大量近世考古学与文字学资料，参考了海外学者的著作，是当代《左传》注疏学集大成的成果。因《春秋左传》学历史久远，内容复杂，牵涉古史，古文献问题很多，所以杨注难免百密一疏。

本文坚持实事求是的原则，依据大量传世文献与地下出土资料，运用历史学、古典文献学、考古与文字学等多学科交叉的研究方法，总汇古今注疏家之异同，对杨注的疏漏之处进行辨正。并具体在先秦国野、称谓制、命姓命氏、车制、旗制、军阵、天文历法知识、文字训诂等十二个方面——指出杨注的错误。为说明问题，本文还绘制了二十八宿图以示天策星在奎北的位置；引用了杨英杰《战车和车战》的车较图式、旌旗构造图式，以示杨注之误。

《东北亚"三国志"（日文）——中朝韩日关系史录》

作者姓名：赵凤彬

出版单位：日本创言社出版

出版时间：2003 年

一 篇章结构和基本观点

本书以作者自述的形式追述了东北亚 80 多年的曲折动荡历史。作者的忆述先从伪满洲国开始，叙述了年轻时在日本侵略者的"民族同化"和殖民统治下的殖民地朝鲜和东北伪满洲国的见闻。尤其是作者以亲身经历，描述了抗日战争胜利之后，朝鲜人和"满洲人"的社会分化和他们积极参加解放战争和土地改革，成为新中国主人的史实以及在新中国成立以后的不同历史时期的经历。展示了自 20 世纪初至现时作者所亲历的社会变迁过程，剖析了东北亚地区中国、日本、朝鲜半岛三者复杂的摩擦和互动关系，刻画出一幅逼真的史实图谱，实属真实，故俗称"三国志"。

二 主要创新和学术影响

作者作为从朝鲜半岛移民过来的朝鲜族人，其自述具有广泛的代表性，尤其是对朝鲜族人在中国社会各个阶段中如何适应环境和积极参与社会各个领域活动，如何在中华民族大家庭中树立和践行其作为中国公民的价值等，均做了真实、可信的分析。本书对了解和研究亚洲跨境民族的国家认同和文化变迁等具有现实意义。

《古代中国东北民族地区建置史》

作者姓名：程妮娜

出版单位：中华书局

出版时间：2011 年

获奖情况：吉林省第九届社会科学优秀成果奖一等奖

一 篇章结构和基本观点

本书共分为九章，第一章，绪论；第二章，汉至北魏时期东北民族地区建置；第三章，隋唐王朝东北民族地区建置；第四章，辽朝东北民族地区建置；第五章，金朝东北民族地区建置；第六章，元朝东北民族地区建置；第七章，明朝东北民族地区建置；第八章，清朝东北民族地区建置；第九章，余论，简要论述了中华民国时期、伪满洲国时期与中华人民共和国时期东北民族地区建置及其特点。

本书是以古代各个时期中国东北民族地区的行政建置为研究对象。早在夏商周时期东北民族就与中原王朝建立了朝贡关系，秦汉大一统王朝建立后，中央王朝开始在部分民族地区建立行政建置进行统辖。汉魏时期东北民族地区建置曾有三种形式：一是设在少数民族原住地以中原郡县制度为模式设置的郡县；二是设在少数民族地区具有羁縻特点的行政设置；三是设在汉人郡县地区具有因俗而治特征的属国建置。隋唐时期，在东北边疆民族地区普遍设置羁縻府州，此外边州汉人地区同样设有部分羁縻州以安置率部前来归附的少数民族部落。辽金元明王朝时期东北民族地区开始由羁縻建置向具有民族特点的行政建置过渡，辽朝将东北民族地区建置纳入王朝的普通地方行政区划之中，金朝在辽朝东北多层次民族地方建置的基础上进一步发展，民族地方建置的层次有了大幅度的提高。元朝东北民族地方建置已经向古代王朝具有民族特征的地方行政区划发展过渡。然明朝一度使民族地区建置大部分再次回到羁縻建置状态。清朝是东北民族行政建置确立阶段，在东北边疆地区建立较为符合东北各民族社会特点的民族地方建置，在加强清朝统治的同时，促进了各民族社会的发展，为巩固我国东北边疆发挥了十分重要的作用。

二　主要创新和学术影响

本书首次系统地研究了我国古代东北民族地区建置的历史发展过程，论证了自秦汉建立中央集权的统一多民族国家以来，中央王朝对边疆民族地区的统治由朝贡制发展为地方行政统辖制的历史发展趋势。从东北这一典型地区的个案入手，从国家结构的角度研究东北民族地区建置的起源、转型、发展和由旧质向新质变化飞跃的过程，论证它对古代中央集权国家的发展与巩固所起的重要作用。在总体把握东北民族地区建置发展脉络的基础上，把各个时期各民族地区的微观研究提高到理论层面，从局部透视全局，进而阐明我国对少数民族地区实行建立民族地方建置进行管理的形式，是一种历史传统，它与具有中国特色的社会主义国家民族区域自治制度之间存在渊源关系。

《儒生与汉代的文化交流和传播》

作者姓名：禹平
发表期刊：《吉林大学社会科学学报》
发表时间：2011 年第 5 期
获奖情况：吉林省第九届社会科学优秀成果奖一等奖

一　篇章结构和基本观点

本文共分为三部分，第一部分为汉代地域间及中外文化交流与传播，第二部分为儒生在汉代内郡与边郡文化交流和传播上的作用，第三部分为儒生在汉代中外文化交流与传播上的作用。

汉代是中国古典文化定型的时期，是中华文明发展的高潮。两汉时期在国家政策的主导下，地域间及中外的文化交流与传播有了长足的发展，当时的文化交流不仅在境内具有文化差异的地域间展开，文化交流活动甚至延伸到域外。文化交流通过社会各个阶层、群体展开，呈现多层次、多样化的特点。在汉代的文化交流与传播中，儒生群体起到了重要的作用。一方面，对地域文化的调控是汉代国家统治的重要内容，儒生则是这一统治方针的制定者和贯彻者。他们或通过教育活动或作为汉代国家官员，将儒家观念这一国家主流文化形态通过具体的实践传播到地方，促成民众对国家统治的文化认同。另一方面，儒生作为具有良好知识素养的学者，也参与到具体的文化交流与传播活动中来，他们促进了中原文化向边郡地区的传播。此外，汉代儒生也促进了中外文化交流，他们对于佛教的东传、汉朝与西域间的文化往来，都发挥了积极的推动作用，做出了重要贡献，也使得汉代的文化内涵更加厚重和丰富多彩，为中华文化的形成和发展奠定了坚实的基础。汉代的文化交流与传播成就斐然，影响深远，汉族、汉人、汉语、汉字、汉学等概念和词语流传至今，作为一种文化积淀和历史符号，无不与汉代的文化发展、交流和传播密切相关。

二　主要创新和学术影响

本文首次从儒生的生存、活动状况出发考察儒学的发展，是研究中国文化传承的全新视角。作者在传统史学研究方法基础上，借鉴了社会学的网络机构和社会分层的阐述模式，对汉代儒生群体做了全方面的细致深入的考察，对研究汉代儒学具有重要的学术价值。汉代是中国古典文化定型的时期，是中华文明发展的高潮，对后世影响深远。研究挖掘汉代历史文化的细节，不仅为汉代历史的研究补充了新观点、新知识，而且对于继承和发扬中华文明的优良传统具有重要的现实意义。

《明懿文太子陵陵祭逾制考论》

作者姓名： 王剑
发表期刊：《历史研究》
发表时间： 2011 年第 6 期
获奖情况： 吉林省第九届社会科学优秀成果奖一等奖

一　篇章结构和基本观点

本文共分为四部分。第一部分为引言，指出明代懿文太子陵陵祭在明代逾制的情况，引出明代礼官和后世学者对懿文太子陵陵祭逾制的疑问，以及本文研究的学术意义。第二部分介绍明代主持祭祀的礼官和后世学者对懿文太子陵祭祀规制的几种说法。第三部分介绍明代的礼官和后世学者对明代为何出现懿文太子陵祭祀逾制的种种原因，并做一一考证。第四部分考论懿文太子陵陵祭逾制所反映的明代政治问题，并在明代政治史的视阈下研究它在明代特殊的政治氛围里所具有的特殊政治含义。

懿文太子朱标，是明太祖朱元璋的嫡长子，先于朱元璋而死。其陵寝紧挨朱元璋的孝陵，在朱棣迁都北京后，南京太常寺掌管两陵的维护、祭祀工作。但明代对孝陵和懿文太子陵的祭祀规制是孝陵一年三大祭，而懿文太子陵却是一年九大祭，这与两陵的规制及它们在明代政治中的地位是极不相称的，表现为懿文太子陵陵祭逾制现象。这种礼制上的异常引起明代礼官及后世学者的不解与关注。

二　主要创新和学术影响

本文的创新之处在于对明代礼官及后世学者就此现象所产生的疑惑，及为何产生这种异常现象进行了考证，并进一步在明代政治史的视阈下考察它在明代特殊的政治氛围里所具有的特殊政治含义。它与永乐初年的改建文之政、明代对《皇明祖训》的遵循与执行、明朝人对建文朝史事的认识等政治问题是相关联的。

《宾组甲骨文分类研究》

作者姓名：崎川隆
出版单位：上海人民出版社
出版时间：2011 年
获奖情况：第七届高等学校科学研究优秀成果奖（人文社会科学）三等奖

一　篇章结构和基本观点

本书共分为五章。第一章为宾组甲骨文字体分类研究的意义，首先回顾了以往学者对宾组甲骨文分类的研究历史，总结存在的问题，并提出了解决方案。第二章为字体分类的理论和方法，对以往研究中所采用的各种理论和方法进行了反思和商榷。第三章为本书的字体分类方法，提出了更为客观、合理的新的分类方法和分类程序。第四章为字体分类，按照第三章中所提出来的分类方法和分类程序，对近两万片的宾组甲骨文进行了逐片分类。第五章为综合分析，总结并分析了第四章中所取得的分类结果。书末附有"宾组甲骨文字体分类总表""各类型特征字体组合表""黄天树、彭裕商举例号码表""非宾组材料号码表""殷墟出土大字骨版刻辞的史料性质考辨""宾组甲骨整理十五例"等 6 篇附录。

本书以占殷墟甲骨文一半以上的宾组甲骨文为对象，根据字体、文字排列方式、版面布局等甲骨文的外在特征，对《甲骨文合集》所载的全部宾组甲骨文（近两万片）进行了逐片分类。除了划出以往研究中所取得的四个大类（师宾间类、宾一类、典宾类、宾三类）之外，还在各类型之间划出了三个过渡性的类型，并以定量方式明确了各类型之间的互相关系和连续变化的具体过程，为殷墟甲骨文断代研究提供了更确切的判断依据。

二　主要创新和学术影响

本书细化和补充了以往的甲骨文字体分类理论和方法，提出将甲骨刻辞的"字排特征"和"版面布局特征"作为两项新的分类标准，扩大了字体分类的适用范围，同时也进一步提高了字体分类的科学性和可靠性。本书对《甲骨文合集》所收的近两万片宾组甲骨文进行了逐片分类，实现了甲骨文分类、断代研究的定量化和数据化，为今后相关研究提供了具有客观性的基本资料。

本书出版以后，在海内外学术界引起强烈反响，已有多篇文章对本书所提出的甲骨文字体分类的理论、方法以及分类框架给予了高度评价。

马克思主义

《大学生修养》

作者姓名：陈秉公
出版单位：吉林人民出版社
出版时间：1984 年
获奖情况：吉林省首届社会科学优秀成果奖优秀奖

一　篇章结构和基本观点

本书共分为八部分，分别为政治修养、思想修养、道德修养、品性修养、学习修养、审美修养、体育修养、自我修养。

本书是根据教育部要求，为全国大学专科开设思想品德修养课的教学和研究需要而编写的。本书从政治、思想、道德、品性、学习、审美、体育和自我修养等八个方面，全面阐述了当代社会主义大学生应具备的修养和知识，体现了系统性、理论性、知识性、针对性和实践性的完美结合。

二　主要创新和学术影响

本书的创新之处体现在以下方面。一、首次提出大学生思想品德修养学的概念和内涵。本书为建立大学生思想品德修养学这一新的学科进行了探索性尝试，对于这门学科的对象、任务、特点，大学生修养的规格和内容以及修养的若干原则和方法做了系统的理论阐述。二、本书是专著、教材与读物的有机统一。它既是一部研究大学生修养的专著，又是开设大学生思想品德修养课的教材，同时又是大学生提升自我修养的读物。每部分都是由该领域知名专家撰写的，达到了当时学术的前沿水平，同时又观点准确、文笔流畅，具有较强的可读性。三、坚持了大学生修养的方向性、时代性、理想性和现实性的统一。本书批驳了在大学生修养上的某些陈腐观念，也批驳了那种盲目崇拜西方的妄自菲薄观点。坚持认为，我国大学生的修养是社会主义新人的修养，是向着高尚、深刻、完美方向发展的修养，也是当代大学生经过努力能够达到的修养。四、坚持了以大学生学习生活和直接经验为基础的原则。本书的写作和教学都坚持以学生的直接经验为基础，主张讲授应按学生年级顺序安排内容，并提出了教学计划表。

本书受到社会和全国高校的普遍欢迎。在全国发行了 6 万余册，基本覆盖全国开设思想品德课的高校。共青团中央将本书列为"青年读书活动"中"向全国青年推荐的百部优秀图书"，中山大学等高校在校刊上发表书评，并引导学生展开"大学生修养"讨论。本书在一定程度上为高校思想品德课教学奠定了的理论知识框架基础。本书出版至今已经 32 年，仍有一些大学的教师在参考使用。

《怎样认识我国新时期工人阶级内部的统一战线》

作者姓名：丁维陵

发表期刊：《吉林大学社会科学学报》

发表时间：1984 年第 6 期

获奖情况：吉林省首届社会科学优秀成果奖优秀奖

一　篇章结构和基本观点

本文全面阐述了工人阶级内部统一战线是怎样被提出的，工人阶级内部统一战线只能从一定意义上、在一定范围内去理解，不能随意扩大化，更不能把工人阶级内部的关系都说成是统一战线的关系。从国际共产主义运动和我国革命与建设的历史来看，工人阶级内部的统一战线有三种情况：第一种情况是已经形成不同政治派别或政党的各国工人组织之间的统一战线，这就是国际工人阶级统一战线；第二种情况是一国工人阶级内部已经形成的各种不同政治派别之间的统一战线；第三种情况是工人阶级内部某一阶层由于具有明显的特殊性，而需要通过统一战线的形式加强同他们的团结，以更充分地调动他们的积极性，我国非共产党员的脑力劳动者组建的党派就属于这种情况。那么，为什么我党长期没有明确提出工人阶级内部统一战线呢？原因有四：第一，长期以来在我国工人阶级内部统一战线问题并不突出；第二，我国工人阶级一登上政治舞台就在党的统一领导下开展政治斗争，不像欧美一些资本主义国家明显分属不同政治集团；第三，长期以来人们把党领导的统一战线对象只看作民族资产阶级及其党派；第四，在我国工人阶级内部很长时间并没有明显形成不同的阶层。

二　主要创新和学术影响

本文是国内最早全面论述工人阶级内部统一战线的文章。《光明日报》和《文摘报》摘登了本文的部分内容，在国内引起了对这一问题的关注和讨论。

《社会主义实践史上的一大创举——浅谈"一国两制"构想的意义》

作者姓名：李世华

发表期刊：《理论月刊》

发表时间：1985 年第 10 期

获奖情况：吉林省首届社会科学优秀成果奖优秀奖

一　篇章结构和基本观点

本文提出"一国两制"的伟大构想是在新的历史条件下，邓小平同志集中全党的智慧，遵循实事求是、一切从实际出发的思想路线，在充分尊重香港、台湾的历史和现实的基础上提出来的。这一构想是对科学社会主义的重大发展，它为建设中国特色社会主义增添了崭新的内容，为和平统一祖国制定了科学的战略指导思想和方针，具有重大的理论和现实意义。另外分别介绍了"一国两制"的基本含义。"一国两制"伟大构想的提出进一步丰富和发展了科学社会主义理论。同时解释了"一国两制"构想提出的重大理论意义和现实意义。此外，本文还针对当时国内外少数人对"一国两制"构想产生的几个疑惑问题做了深入的分析和论证，从而进一步增强了文章的感染力和说服力。

二　主要创新和学术影响

本文发表后被《中国人民大学复印报刊资料》全文转载，荣获吉林大学第五届人文社会科学一等奖等奖项。

《全国解放战争时期创建东北根据地的斗争》

作者姓名：邵鹏文

发表期刊：《党史通讯》

发表时间：1984 年第 12 期

一　篇章结构和主要内容

论文系统研究了解放战争时期创建东北根据地的过程，详细介绍了创建过程中所经历的艰苦斗争，全文共分为三部分。第一部分介绍了中国共产党东北战略的历史背景与战略制定的过程；第二部分介绍了东北根据地创建的三个阶段，第一阶段力图控制东北，第二阶段"让开大路、占领两厢"，初步创建根据地，第三阶段根据地建成；第三部分介绍了根据地建设的具体工作。

二　主要创新和学术影响

本文以翔实的史料和严密的论证对中国共产党东北根据地的创建进行了系统的探讨，体现了"文革"后学术界求真务实学风的重新确立。在特定的历史条件下，文章产生了较大影响，其研究成果被学术界广泛接受、普遍引用。该成果对中国共产党根据地创建史的研究做出了重要的贡献。

《马克思主义国家学说的重大发展——学习"一国两制"构想的初步体会》

作者姓名：焦英堂
发表期刊：《吉林大学社会科学学报》
发表时间：1986 年第 2 期
获奖情况：吉林省首届社会科学优秀成果奖优秀奖

一　篇章结构和基本观点

本文共分为三部分。第一部分主要阐述马克思主义经典作家关于国家内涵的理解。第二部分主要探讨了如何实现国家统一以及国家统一对我国及世界发展的意义。第三部分主要研究了在国家主权统一的前提下，实行"一国两制"要正确处理好主权和治权的关系。

本文从马克思主义国家学说的基本概念出发，结合我国发展实际，认为在当时生产力水平存在巨大差异的背景下，实行"一国两制"是必要的，也是适合中国国情的。同时，充分调动两种制度的优越性，相互促进，是中华民族的根本利益所在，也是建设具有中国特色社会主义的必经之路。在建设社会主义、统一祖国和保卫世界和平的任务的指引下，实行"一国两制"，港澳回归祖国，完成统一祖国大业，必然会促进我国的社会主义建设，有利于保卫世界和平。拥有主权是国家自主的前提，也是从事一切活动的政治基础。因此，"一国两制"的政治前提，是国家主权的不可分割。这就需要正确认识和处理好主权同治权的关系，大陆主体实行社会主义制度，港澳台实行资本主义制度，是社会主义初级阶段的必然要求。

二　主要创新和学术影响

本文通过对马克思主义经典作家所做的"国家"定义的分析，探讨了"一国两制"在我国的适用性、发展方向，丰富了对"一国两制"的认识。特别是作者提出的实行"一国两制"要处理好主权和治权关系的观点，是一个重要的突破。本文发表以后，受到国内同行的高度评价，对推进"一国两制"的研究有着重要的理论和现实意义。

《党的一大闭幕日期考》

作者姓名： 曹仲彬

发表期刊：《近代史研究》

发表时间： 1987 年第 2 期

一 篇章结构和主要内容

本文共分为三部分。关于中国共产党第一次全国代表大会的闭幕日期，党史工作者相继提出了七月三十一日、八月一日和八月二日的三种说法。第一部分否定了 7 月 30 日和 7 月 31 日闭幕说。第二部分同 8 月 1 日、8 月 2 日闭幕说商榷。第三部分提出 8 月 5 日闭幕说。文献有 8 月 5 日闭幕的明确记载。这是唯一的原始文献，这是最早的文字记录，这是知情者所写的材料。达林回忆肯定是八月闭幕的；苏联学者认为是 8 月 5 日闭幕的；陈潭秋肯定是八月闭幕的；陈公博认为是 8 月 5 日闭幕的。

二 主要创新和学术影响

本文以翔实的史料和严密的论证提出了中国共产党一大 8 月 5 日闭幕说，成为学术界一种重要的主流学术观点。观点被提出以来，8 月 5 日闭幕说被学术界广泛接受、普遍引用。该观点的提出为中国共产党创建史的研究做出了重要的贡献。

《王明传》

作者姓名： 曹仲彬

出版单位： 吉林文史出版社

出版时间： 1991 年

一 篇章结构和基本观点

王明作为中共早期主要领导人，堪称中共"左"倾第一人，以他为代表的"左"倾教条主义者，在中共中央占据统治地位的时间长，危害大，给革命造成严重损失。抗战时期，王明又犯了严重的右倾错误。晚年留居苏联，他又攻击中共和毛泽东。本书以翔实的史料，对王明的政治生涯进行了系统的研究，并客观地展现了王明的思想和家庭生活。本书集中了大量关于王明的原始资料，它们是王明研究最重要的史料来源之一。

二　主要创新和学术影响

本书是曹仲彬教授花费十余年时间，遍访王明生平知情人，融通学界多年来王明研究的成果资料而写成的一部佳作。长期以来，王明的研究成为学术研究的禁区，王明只能作为批判的对象而存在。曹仲彬教授最早突破学术研究禁区，围绕王明研究进行了广泛的调查。除了文献资料的搜集和整理，他还进行了大量的口述史学调查。书中配有 50 余幅珍贵的历史照片，让读者近看王明的悲喜人生、品评王明的功过是非。本书是将口述史学方法应用于党史研究的早期代表作。资料的翔实和准确是本书最鲜明的特点。因为史料翔实准确，因而研究结论客观且被学术界广泛接受。本书被学术界广泛引用，成为中共党史研究的经典作品。

《论中国共产党是马克思列宁主义同中国工人运动相结合的产物——与王学启、张继昌商榷》

作者姓名：曹仲彬　杜君
发表期刊：《中共党史研究》
发表时间：1991 年第 6 期

一　篇章结构和基本观点

《杭州大学学报》（哲学社会科学版）1989 年第 3 期发表了王学启和张继昌的《对中国共产党是马克思列宁主义同中国工人运动相结合的产物的再认识》一文，提出了"中国共产党不是马克思列宁主义同中国工人运动相结合的产物"，而是"知识分子小团体"，它"产生的特点是先成立后结合"等新奇观点。由于它涉及马克思列宁主义建党学说的根本原理，又关系着中国共产党的阶级基础和无产阶级性质，以及中国共产党产生的历史必然性与创建道路等重大问题，因此有必要与之商榷。本文以中共党史为依据，论证了马克思列宁主义与中国工人运动相结合产生了中国共产党的科学命题，驳斥了王学启和张继昌的学术观点。

二　主要创新和学术影响

本文的创新之处在于对马克思列宁主义与中国工人运动相结合产生了中国共产党这一命题进行了翔实的党史学论证，使这一科学结论具有了更加坚实的科学依据。曹仲彬教授等人的这篇论文经历了学术论战的检验，为学术界普遍接受广泛引用，为中国共产党的党建学说做出了重要的学术贡献。

《思想政治教育学》

作者姓名： 陈秉公
出版单位： 吉林大学出版社
出版时间： 1992 年
获奖情况： 国家教委首届人文社会科学研究优秀成果奖一等奖

一　篇章结构和基本观点

本书共分为十二章，是一部研究思想政治教育的本质、原理、规律和方法的专著，初步建立了适应社会主义市场经济的思想政治教育创新理论体系。

二　主要创新和学术影响

本书的创新之处在于以下几方面。（一）探索建立了"一体化二重性"思想政治教育研究范式。（二）建构了适应社会主义市场经济的思想政治教育学创新理论体系。本书对传统思想政治教育学做了根本性变革，建立了适应社会主义市场经济的理论知识体系。（三）实现了与中外古今思想政治教育和德育理论知识的接轨。本书对思想政治教育范畴和理论做了终极性概括和抽象，为与中外古今思想政治教育和德育的知识接轨和比较奠定了理论基础。（四）实现了"教育对象"分析创新。依据本人的原创性成果——"人格结构与选择"图型理论，揭示了"教育对象"在社会主义市场经济条件下的人格特征、形成历程和发展变化的规律性，为全书理论提供了"现实的完整人"前提和基础。

本书受到社会和高校的普遍欢迎。许多报刊和网站发表了书评，称该书"具有方法性和体系性创新""是目前思想政治教育学理论中的一本经典之作"等。

《以人为本的德育本体论解读——兼论由"民本"思想影响的德育到"人本德育"的历史性发展》

作者姓名： 陈秉公
发表期刊： 《教育研究》
发表时间： 2005 年第 12 期
获奖情况： 第五届高等学校科学研究优秀成果奖（人文社会科学）二等奖
　　　　　　　吉林省第七届社会科学优秀成果奖一等奖

一 篇章结构和基本观点

本文共分为三部分。第一部分，德育的不同哲学前提："民本"与"人本"。主要阐述，在对学校德育的诸种本体论影响中，中国传统的"以民为本"思想的影响具有广泛性和持久性，成为我国传统学校德育的哲学基础。第二部分，"民本"思想影响的德育及其"人的缺位"表现。如学生主体缺位、德育目标偏离、"人之为人"教育的匮乏、德育内容的"空疏化"、德育方法的简单化等。第三部分，"人本"德育理念。实现从"民本"思想影响的德育向"人本"德育的历史性转换，要重新界定德育的本质理念、以学生为本体、以培养学生的完全人格为目标、采取符合人性的教育方法，进行"完全人格教育"。

本文的基本观点是中国德育应实现哲学基础的发展或转换。中国德育的哲学基础应从"民本"转向"人本"，这是中国德育的历史性任务。中国德育要从目标、内容到方法实行"完全人格教育"。

二 主要创新和学术影响

本文的主要创新体现为提出了今天中国德育面临的历史性、整体性课题：实现哲学基础的转换——从"民本"影响的德育向"人本"德育的历史性转换；指出了受"民本"思想影响的中国传统德育的主要弊端；提出了解决中国传统德育历史性转换的理念和模式。

本文的主要学术价值表现为从哲学本体论高度揭示和阐述了今天中国德育面临的历史性、整体性课题——从"民本"影响的德育向"人本"德育的历史性转换，并提出了理论对策。本文被《新华文摘》全文转载。

《马克思主义意识形态理论与社会主义核心价值体系建构》

作者姓名： 陈秉公
发表期刊：《马克思主义研究》
发表时间： 2008 年第 3 期
获奖情况： 第六届高等学校科学研究优秀成果奖（人文社会科学）二等奖
  吉林省第八届社会科学优秀成果奖一等奖

一 篇章结构和基本观点

本文共分为四个部分：马克思主义意识形态理论及其启示；社会主义核心价值体系的功能诉求；社会主义核心价值体系的本体建构；社会主义核心价值体系的支撑体

系建构。本文在揭示马克思主义意识形态基本理论的基础上，深入阐述和回答了社会主义核心价值体系建设所遇到的主要理论问题。

二 主要创新和学术影响

本文创新性地提出并充分论证了整篇论文的逻辑前提——"社会观念系统内部存在着'结构与功能'关系"，即"不只经济基础、政治上层建筑与意识形态之间存在'结构与功能'的关联，意识形态内部各观念系统之间也存在着'结构与功能'的关联。"

依据"结构与功能"理论，全面系统地概括了在社会主义现代化建设中，社会主义核心价值体系的"具体社会功能"——"三个方面"九项功能。一是引领和整合社会价值观念体系，包括：为变化的社会提供理想目标与发展规则；为多元的社会提供共同价值观念基础和行为准则；为赢得全球化挑战提供理论框架和分析工具。二是维护和发展社会主义经济基础和政治上层建筑，包括：为社会主义经济基础和政治上层建筑提供合理性与合法性论证；为维护社会主义经济、政治秩序提供价值支撑；为社会主义经济基础和政治上层建筑的创新提供精神动力。三是建构中国特色社会主义文化与塑造新人，包括：为建构社会主义和谐文化提供根本导向；为弘扬民族文化精神提供理论原则；为塑造社会主义新人提供目标和方向。

依据"结构与功能"理论，创新性地提出社会主义核心价值体系建设应该包含"四个体系"建设："理论体系"建设；"认同体系"建设；"理论自觉体系"建设；"社会支撑体系"建设。社会主义核心价值体系建设只有同进行"四个体系"建设，才能取得成功。

本文发表后产生了较大的社会影响。入选全国纪念十一届三中全会召开三十周年理论讨论会，被《新华文摘》全文转载，《马克思主义研究》发表《国内关于社会主义核心价值体系研究综述》评论了本文，同时将其列为第一篇参阅文件。

《二元经济结构与农村发展》

作者姓名： 韩喜平 杨艺
发表期刊：《吉林大学社会科学学报》
发表时间： 2010 年第 1 期
获奖情况： 吉林省第九届社会科学优秀成果奖一等奖

一 篇章结构和基本观点

本文共分为三部分。第一部分为城乡二元经济结构的基本理论和研究状况。第二部分为我国城乡二元经济结构的转换现状。第三部分为城乡二元经济结构转换和农村经济发展的互动关系。

本文梳理了理论界关于城乡二元经济结构的基本理论；介绍了我国学者对二元经济结构理论问题的研究状况，主要阐述了关于经济结构形态的不同见解；分析了我国城乡二元经济结构的转换现状，改革开放以来，二元经济结构转换是基本趋势，但这种转换经过了削弱—强化的多次反复，这种状况一直持续到十六大以后；揭示出城乡二元经济结构转换和农村经济发展存在着密切关系。

二　主要创新和学术影响

本文在研究结构和研究观点方面都有所创新。第一，文章整体研究结构的创新。本文在梳理了理论界关于城乡二元经济结构的理论与我国消除二元结构的努力和过程之后，揭示出城乡二元经济结构转换和农村经济发展存在着密切关系。第二，研究观点的创新。城乡二元经济结构是阻碍农村经济发展的最主要原因之一；农村经济发展是影响城乡二元经济结构转变的最重要因素，实施农业发展政策是城乡二元经济结构转变的关键步骤；统筹城乡经济社会发展是城乡二元经济结构转变的最有效途径；农业技术进步是推动二元经济结构转变的基础条件；实现从以增长为主导的经济发展方式向以发展为主导的经济发展方式转变是实现二元经济结构转换的根本。

《论民族振兴与大学"共同知识课程"体系建构》

作者姓名： 陈秉公
发表期刊：《中国高等教育》
发表时间： 2009 年第 21 期
获奖情况： 吉林省第九届社会科学优秀成果奖一等奖

一　篇章结构和基本观点

本文共分为四部分，第一部分为大学的"两类课程"及其与民族振兴的相关性，第二部分为工具理性遮蔽大学课程的表现及其危害性，第三部分为 21 世纪中国大学"共同知识课程"体系建构，第四部分为 21 世纪中国大学课程体系改革实施方法。

本文提出并论证了学生的精神世界主要是由学校的课程体系决定的；大学的课程体系是由"两类课程"组成的——"使人成为人的课程"与"使人成为某一类人的课程"，大学的"两类课程"与民族振兴具有明显相关性；21 世纪中国大学"共同知识课程体系"建构方案及其具体实施方法。

二 主要创新和学术影响

本文创新性地提出以下观点：学生的精神世界主要是由学校（小学、中学、大学）的课程体系决定的；建构课程体系就是在为学生做"精神配餐"；大学的课程体系是由"两类课程"组成的——"使人成为人的课程"（"共同知识课"）与"使人成为某一类人的课程"（"专业课"）；大学的"两类课程"与民族振兴具有明显相关性——大学影响民族精神和命运主要是靠开设"两类课程"，建构学生的精神世界和能力来实现的；21世纪中国大学课程体系整体改革理论，具有系统创新性学术价值。

《主体人类学原理——"主体人类学"概念提出及知识体系建构》

作者姓名： 陈秉公
出版单位： 中国社会科学出版社
出版时间： 2012年
获奖情况： 吉林省第十届社会科学优秀成果奖一等奖

一 篇章结构和基本观点

本书共分为"导论""人的生命本体""人格结构与选择""类群结构与选择""生存的逻辑"等五个部分。

本书是为探索和破译"人是什么"古老命题而研究和撰写的，历时25年。本书在马克思主义人类学理论的指导下，从解读和阐释人的生命本质——"实践主体"和人的生命本体——"结构与选择"开始，提出了"主体人类学"概念，建构了以"人的生命本体""人格结构与选择""类群结构与选择""生存的逻辑"为基本内容的理论逻辑体系。

二 主要创新和学术影响

本书填补了两项"人的知识空缺"。首先，填补了具体的"完整人"知识空缺。至今为止，分学科研究人，只能照亮人的一个部分，不能照亮具体的"完整人"。该著提出和建构了"人格结构与选择"图型理论，从整体上揭示和阐述了具体的"完整人"。其次，填补了"普遍的类群"知识空缺。至今为止，人类只有具体"类群"概念（如家庭、组织、民族、国家等），而无普遍"类群"概念（即"类群"概念）和知识。在"类群"概念系统中，只有"种概念""下位概念"，而无"属概念""上位概念"。该著提出和建构了"类群结构与选择"图型理论，从整体上揭示和阐述了"普遍的'类群'"。

本书提出七项"理论建构"：人的生命本体——"结构与选择"理论建构、"人格结构与选择"图型理论建构、"类群结构与选择"图型理论建构、人的基本"生存理性"建构、"主体分析"方法理论建构、"主体人类学"概念及其理论体系建构、中国人类学创新学科体系建构。

本书入选 2011 年"国家哲学社会科学成果文库",新华网、光明网、中国社会科学网、中国高校人文社会科学信息网等对其做了报道,许多刊物发表了书评,认为本书"试图重构人的生命本体论"。

《意识形态的经济功能及其中国经验》

作者姓名:韩喜平 崔妍
发表期刊:《理论学刊》
发表时间:2013 年第 7 期
获奖情况:第七届高等学校科学研究优秀成果奖(人文社会科学)三等奖

一 篇章结构和基本观点

本文共分为三部分。第一部分为关于意识形态经济功能的理论追溯。第二部分为意识形态经济功能的具体表现。第三部分为意识形态经济功能的中国经验检验。

意识形态是与一定社会的政治与经济直接相关的观念、观点、概念的总和,包括政治法律思想、道德、文学艺术、宗教、哲学及其他社会科学等。人类社会是文化凝结的,任何社会都需要意识形态凝结,当然,意识形态具有政治、经济、文化等多重功能,本文主要分析意识形态的经济功能,并对照中国经验加以检验。无论马克思主义还是西方经济学都已充分认识到意识形态对经济发展具有重要功能,从个人的角度讲,意识形态具有提升经济主体活力,约束经济主体的经济行为等作用;从社会的角度来讲,具有协调利益,节约交易成本等功能;从国家的角度讲,具有维护主权,为经济发展创造良好的社会环境与运行机制等功能。中国 60 多年的社会主义建设实践充分证明当我们重视社会主义意识形态建设,并以正确的思想路线指导我们的经济建设时,就能够充分体现出社会主义制度对于促进经济建设所具有的独特优越性。

二 主要创新和学术影响

历史事实充分说明,建设社会主义必须充分重视意识形态建设问题。以马克思主义为核心的社会主义意识形态在不断发展和完善。中国特色社会主义理论体系是一种正确的、科学的意识形态,它不仅为寻求正确的经济改革道路提供了科学的世界观和方法论,而且为我们的经济改革提供了目标导向和社会价值导向,规范和调整人们的思想和行为,使其符合经济改革目标,以保障经济改革的顺利进行。同时,社会主义的主流意识形态也积极地与各种非马克思主义的和反社会主义的意识形态进行斗争,并不断发展创新，从而有效地保证了我国经济改革方向的正确。

　　本文被《中国社会科学文摘》2013 年 11 期全文转载，在首届"社会主义国际论坛"上被学者交流，被"马克思主义中国化论坛"全文转发。文中的部分内容以意识形态与经济发展息息相关为题被《环球时报》载录，而后相继被人民网、环球网、中宣党建网、新浪网、东北新闻网等网站转载。

社会学

"八论'两种生产'系列论文"

作者姓名：曹明国

发表期刊：《人口学刊》和《人口与经济》

发表时间：《人口与经济》1980 年第 1～2 期，《人口学刊》1981 年第 1、第 4 期，1982 年第 1、第 4 期，1983 年第 3 期，1984 年第 3 期

一　篇章结构和基本观点

曹明国关于"两种生产"的八论，主要围绕人口生产和物质生产的关系问题展开研究。他认为在两种生产关系中，人口生产是主导方面，起决定作用，而科技人才在物质生产中起决定作用，发展物质生产的根本目的就是逐步改善人民生活；两种生产的比例关系是国民经济比例体系中最基本的比例关系。两种生产是辩证统一关系，两种生产必须相适应地发展，是适应一切社会形态的人口规律；提出两种生产观点是马克思主义人口论最基本的观点，社会主义的人口规律，是两种生产有计划、相适应地发展。两种社会生产比例，是经济社会比例体系中最基本的战略比例。两种部类比例和积累与消费比例，是经济社会比例体系中最基本的比例，但不是最基本的战略比例。认为两种生产发展战略是社会总体发展战略中的最基本战略。制定两种生产发展战略要以马列主义、毛泽东思想为理论依据。战略指标要反映人民物质文化生活水平提高的状况和两种生产发展相适应的状况。

二　主要创新和学术影响

作者提出"在两种生产的关系中，人口生产是主导方面，起决定作用"的观点，其提出的"两种生产的比例关系，是国民经济最基本的比例关系"是一个值得重视的科学见解。

八论"两种生产"的观点突破了人口学界的理论禁区，其中的许多观点具有明显的理论开创性，是中国人口经济问题研究的重大理论成果之一，有利于人口经济学学科的发展和完善，是对马克思主义人口经济思想的继承和创新。他关于"两种生

产"的政策观点，为制定中国经济政策和人口政策提供了理论参考，提出的婚育年龄观点为我国人口计划生育政策提供了理论指导。

《中国人口增长的分析》

作者姓名：王胜今
出版单位：日本时潮出版社
出版时间：1982 年
获奖情况：吉林省首届社会科学优秀成果奖优秀奖

一　篇章结构和基本观点

本书系统地研究了自鸦片战争以来我国的人口增长状况以及各个历史时期的出生率、死亡率、人口增长率和人口结构变化。此外，结合国际比较和历史比较的研究方法，阐述了我国人口增长的基本特点，论证了我国人口增长的目标和人口政策的课题。

二　主要创新和学术影响

本书是国内学者在国外发表人口学研究的重要代表性成果之一，为国家制定相关政策提供了决策依据。同时，第一次使外国人全面了解了中国人口发展的过程，为国外学者研究和了解中国人口、人口问题提供了有力参考。本书的出版引起了日本人口学界和经济学界的广泛高度关注，《光明日报》《人民日报》等报刊对该项研究成果给予了高度评价。可以说，《中国人口增长的分析》一书开启了王胜今教授在人口学界的征途，他长期进行人口学理论和实证研究，将学术研究中"上得来"与"下得去"的研究方法与学术态度结合得很恰当，作为人口学科中的前辈，他用自己坚实的脚步踏出人口科学理论的发展之路。

《文化论纲——一个社会学的视野》

作者姓名：刘云德
出版单位：中国展望出版社
出版时间：1988 年

一　篇章结构和基本观点

本书共分为三部分。第一部分为写作背景。第二部分先是从社会学的视角介绍了文化的概念、文化的五个要素，以及文化分析的理论和方法，之后对不同的文化进行了分析和比较，发现不同文化间既具有差异性又具有共性，并且文化不分优劣，最后对文化进行了分层。此部分探讨了文化变迁的实质，然后分析并研究了影响文化变迁的几个因素，讨论了文化与个人的关系以及文化选择对于民族和国家的意义。对中国文化和西方文化分别进行总结，在东西方文化争论的几个问题上提出了不同的见解，最后对柏杨先生在《丑陋的中国人》一书中的观点进行了批判和反驳，认为其对中国文化的论断缺乏理性的科学分析，犯了只看表面现象的错误。第三部分是对全书的总结，认为简单地把文化划分为东方和西方是武断的，东、西文化的研究只有坚持文化分析的原则，才能对文化有科学的认识。否则，所谓的研究只不过是一种政治说教或自我感情的发泄。

二　主要创新和学术影响

本书是我国 20 世纪 80 年代最早从社会学的角度对文化的概念、内涵和要素进行的研究之一。本书使用科学的方法对文化进行了理性的分析，得出了文化无优劣、有分层的结论。本书坚持了文化的全人类属性，摒弃了单纯地将世界文化割裂成东方和西方的传统两分法。本书科学而严谨地批判了柏杨先生在《丑陋的中国人》一书中关于中国文化的观点，有理有据地捍卫了中国文化的尊严。

《人口经济学》

作者姓名：古清中
出版单位：江苏科学技术出版社
出版时间：1989 年

一　篇章结构和基本观点

本书主要以系列论述和实证分析相交叉的形式概述了人口经济学的基本理论和发展历程，详细说明了该学科研究的对象和方法以及人口与经济的相互关系。本书不仅从人口经济学的角度考察了人口的数量、质量、迁移，投资和就业等对经济发展的影响，而且系统地介绍了人口与国民收入分配、人口与市场、人口与消费等人口经济问题，同时还研究了人口变动的经济因素以及人口现象和经济现象的相互关系，最后论述了人口与自然资源环境、人口与工农业现代化、人口城市化与经济发展等相关问题。

二　主要创新和学术影响

本书力求联系实际，反映了当时我国计划生育工作的水平，对努力提高这一学科的建设水平具有重要意义。本书在编写过程中注重科学性、系统性、知识性和实用性，作为人口科学体系的重要著作，对于学者们认识人口现象、揭示人口过程的本质具有重要意义。因此，本书一经出版就促使人口经济学成为国内人口学科体系的重要分支部分。本书内容丰富、涉及范围广、力求创新性，在一定程度上促进了我国在新兴的边缘学科——人口经济学领域的发展，在理论和实践上具有一定的学术价值和使用价值。

《中国人口老龄化问题研究》

作者姓名： 曲海波
出版单位： 吉林大学出版社
出版时间： 1990 年

一 篇章结构和基本观点

本书共分为三部分，分别为介绍人口老龄化研究领域的几个范畴，叙述中国人口老龄化的前景和特点，分析中国人口老龄化的原因。

二 主要创新和学术影响

本书是我国改革开放之后最早研究人口老龄化的专著。作者一直持辩证态度，认为用老龄人口的比重升降来解释人口老龄化或年轻化是不科学的，作者始终秉承着用发展的眼光看问题的治学态度，认为人口老龄化或者年轻化是人口年龄结构总体的变化趋势，作者用动态的眼光看问题，而非静态的，使用相对的理解看问题，而非绝对的。本书极其有预见性地预测到了东部沿海地区将率先成为老年型人口的趋势，如今这一判断已经得到了很好的印证。同时，本书率先提出的"生育率有限的回升改变不了人口老龄化的趋势""人口老龄化，家庭职能削弱，养老负担转向社会"等观点都与今天的现实非常契合，可以说，这是一部极具前瞻性、预见性的著作，为我国提早制定人口政策、完善养老问题提供了有力的支持。

《20世纪文学轨迹——诺贝尔文学现象研究》

作者姓名： 孟宪忠
出版单位： 时代文艺出版社
出版时间： 1992 年
获奖情况： 吉林省第三届社会科学优秀成果奖一等奖

一 篇章结构和基本观点

本书共分为三部分。第一部分，运用文学社会学的方法，通过比较诺贝尔文学奖作家与 20 世纪之前世界性大作家的文化背景和知识结构，提出了 20 世纪作家学者化的问题，即分析获奖作家是什么样的人。第二部分，从文学主题与文化哲学两个层面讨论获奖作品的时代意识和人类性价值，即探讨获奖作品表达着什么。第三部分，以现代美学视角探讨获奖作品的总体美感特征和艺术成就，即研究获奖作品怎样表达。同时运用比较文学方法，辨析诺贝尔文学体现的文学民族性与世界的统一。

二　主要创新和学术影响

本书是国内全面研究诺贝尔文学现象的第一部著作。作者跨越自身学科限制，将文化学和人类学关于文化现象的研究成果充分融入文化哲学之中，以多重视角和多种研究方法对人类文化精神迄今为止的发展做了概括和整理，并从具体层面探讨了人类文化精神的演变。具体言之，即把关于人的文化的实证研究同关于人的形而上的理性思考结合起来，从而形成了关于人和文化的总体性理论。就时代而言，中国正值改革开放，该作品全面、深入地研究诺贝尔文学奖作家和作品，不仅对中国的文学创作和文学理论形成有切实意义，而且对于人们深入认识现代社会本质、抵制庸俗文化冲击、提高民族的整体文化素养具有巨大的价值。

《当代社会发展与文化观念的变迁》

作者姓名：邴正
发表期刊：《光明日报》
发表时间：1993 年 1 月 11 日
获奖情况：吉林省第三届社会科学优秀成果奖一等奖

一　篇章结构和基本观点

本文共分为三部分。第一部分，社会发展与文化变迁存在相辅相成的发展趋势。文化观念变迁与当代社会发展密切相关。文化观念的变革既是社会发展的前导，也是社会发展的精神动力，还是社会发展的标志之一。当代社会发展无可例外地会投射到文化观念的变迁之中。第二部分，在当代社会发展浪潮的冲击下，文化观念发生了重大转变。第一，自我放纵的文化观念正逐渐为自我反省的文化观念所取代；第二，大群体的全球意识正逐步取代小群体的区域意识；第三，同步时空观正逐步取代距离时空观；第四，文化平等意识正逐步打破文化垄断意识；第五，大众文化意识正在动摇精英文化意识的统治地位；第六，文化观念的横向传递模式和逆向传递模式正逐渐取代文化观念传统的纵向传递模式。第三部分，当代文化变迁的挑战及走向。当代文化变迁的二重性充分暴露出来，人能否成为支配、控制文化的主体便成了问题。面对这一挑战，当代文化观念的正确走向是呼唤文化反省意识，从片面肯定文化积极作用的理性盲目主义的统治下解放出来。

二　主要创新和学术影响

本文将社会与文化作为人类的两种基本活动方式，分析二者之间的共生关系，探索社会发展与文化变迁的基本规律。本文阐释了当代社会文化观念的重大转型，以及文化的长足发展对人类社会的直接挑战，具有前瞻性和预见性。

本文深入分析了当代社会发展与文化观念的互动关系，揭示了在当代社会发展浪潮的冲击下文化观念发生的变革，对社会转型和文化创造具有重要启示作用。本文被《新华文摘》1993 年第 3 期全文转载。

《当代文化发展的十大趋势》

作者姓名： 郇正
发表期刊：《天津社会科学》
发表时间： 1994 年第 1 期
获奖情况： 吉林省第三届社会科学优秀成果奖一等奖

一　篇章结构和基本观点

本文共分为十部分。第一部分，文化性质从工业文化转向信息文化。这是当代文化发展的第一个趋势。大量信息迅速而又准确的传播，促使人们把活动中心由依赖机器转向依赖信息，最终使人类实践的直接对象发生了根本性变化，由人与自然的矛盾转向人与自然、人与人之间的信息矛盾。第二部分，文化主体从区域文化走向全球文化。这是当代文化发展的第二个趋势。人们越来越超越自己的民族和国家，从全球协调发展的角度去思考和认识问题，从而形成了普遍的全球意识。第三部分，文化状态从离散时空文化转向同步时空文化。这是当代文化发展的第三个趋势。进入信息时代，空间突然缩小，时间节奏加快，现代人面对全球而不是乡土思考，面对未来而不是历史思考。第四部分，文化变迁从稳态文化转向动态文化。这是当代文化发展的第四个趋势。信息一体化使全球一体，加速了各种文化之间的相互融合。第五部分，文化权力由垄断性文化转向平等性文化。这是当代文化发展的第五个趋势。当代信息文化的发展迅速打破了文化垄断和文化特权。全球一体的信息网络改变了文化结构。电脑的普及和应用打破了专家垄断。第六部分，文化层次由精英文化转向大众文化。这是当代文化发展的第六个趋势。随着信息一体化，文化垄断被打破，大众文化兴起。第七部分，文化传递由纵向文化转向横向文化和逆向文化。这是当代文化发展的第七个趋势。走向信息社会，文化传递的模式由"互相学习"向"老学少"逆向传递、过渡。第八部分，文化方法由分析文化转向综合文化。这是当代文化发展的第八个趋势。信息文化的目标不是单向度地征服自然，而是在高度发达的基础上把人与人、人与自然重新综合为一个整体。第九部分，文化结构由偏重物质文化转向偏重精神文化。这是当代文化发展的第九个趋势。迈向 21 世纪，精神文化对人的影响越来越直接、越来越重要。第十部分，文化态度由自信文化转向自省文化。这是当代文化发展的第十个趋势。传统工业文化是一种人类自我崇拜的文化。面对这些人类创造出来、又难以制服的文化的副作用，一种普遍的自我批判和自我反省的意识正在替代那种人类自我崇拜的文化迷信。

二　主要创新和学术影响

本文从信息文化的角度，分析当代文化的发展趋势及其对人类的影响。纵观当代文化发展的大趋势，我们正在经历人类文化的全面、深刻变革。这是人类文化的跨世纪转折。

本文分析了当代文化发展的大趋势，揭示了信息文化的崛起对人类社会的影响。本文被《新华文摘》1994 年第 4 期全文转载。

《论社会主义市场经济的文化精神》

作者姓名：孟宪忠
发表期刊：《中国社会科学》
发表时间：1994 年第 6 期
获奖情况：吉林省第三届社会科学优秀成果奖一等奖

一　篇章结构和基本观点

本文对西方近代资本主义的产生、发展及现代东亚一些国家经济的起飞做了动因分析，借以探讨市场经济同文化精神间的内在联系，拟在大文明背景下依次回答以下三个问题：第一，市场经济的发展是否必须灌注一种文化精神？第二，如果市场经济发展必须有文化精神，那么社会主义市场经济需要一种什么样的文化精神？第三，在今天的历史条件下，我们怎样培育社会主义市场经济的文化精神。文章还就如何培育社会主义市场经济的文化精神给出了自己的思考。

二　主要创新和学术影响

本文是当时从整体上研究社会主义市场经济同文化关系的代表成果之一。本文从社会利益结构和职能结构的双重视角分析了社会主义市场经济内含的价值理性精神和经济理性精神。其中，价值理性精神包括民主、平等、自由，伦理道德，社会公平等三大精神；经济理性精神包括市场竞争意识、科技理性、科学管理、法制意识等四大精神。本文指出，中国要建立和发展社会主义市场经济，要实现经济的持续、稳定和高速发展，绝不能缺少文化精神的定位和推动作用，并开创性地阐述了"社会主义市场经济文化精神"的具体内涵，即确立社会主义市场经济的人文社会价值取向、文化的动力作用以及塑造现代文明新人，这对于发展有中国特色的社会主义文化和构建良好的社会主义市场经济秩序具有重要的时代价值和指导意义。

《教育国际化与后发展国家的文化》

作者姓名：郮正
发表期刊：《教学与研究》
发表时间：1997 年第 9 期
获奖情况：吉林省第四届社会科学优秀成果奖一等奖

一 篇章结构和基本观点

本文共分为五部分。第一部分，阐释教育国际化的背景及内涵。教育国际化是指在教育思想、模式、内容，以及课程、教材、教师、学生等诸多方面的国际交流的趋势。它是在全球社会由工业社会向信息社会发展过程中出现的一种必然现象。第二部分，分析教育国际化对发达国家的影响。对于发达国家来说，教育国际化的作用无疑是积极的，有两方面的优势：一是发达国家在教育国际化中处于优势地位；二是发达国家在教育国际化中获得双重收益，即文化收益和人才收益。第三部分，分析教育国际化对发展中国家的影响。对后发展国家来说，教育国际化有利于社会的综合发展。然而，教育国际化也会迫使后发展国家为此付出一定的代价，诸如优秀人才的大量流失、研究条件的不适应、文化条件的不适应、本土文化的扭曲和丧失。第四部分，透视教育国际化的双向作用。发达国家在输出教育的过程中也输出文化，后发展国家在接受教育的同时也不断渗入欧美文化圈。因此，在教育国际化的过程中，潜藏着文化殖民主义的倾向。第五部分，探索适应后发展国家特殊文化需求的教育国际化模式和道路。总结后发展国家在实行教育国际化过程中的经验教训，我们应该特别注意以下几点：坚持教育国际化的普遍性原则，坚持教育国际化的双向原则，坚持教育国际化过程中的文化融合原则，坚持教育国际化过程中的文化独立性原则，坚持教育国际化的回归原则。

二 主要创新和学术影响

本文将教育国际化问题纳入发展社会学的视野，体现了研究视角的跨越和视野的融合。本文充分肯定教育国际化的社会影响，积极探讨后发展国家所应采取的正确对策，体现了理论与实践、问题与对策的有机统一。

本文明确了后发展国家教育国际化的目标，澄清了后发展国家教育国际化的误区，构建了后发展国家教育国际化的模式和道路。本文被《新华文摘》1997 年第 12 期全文转载。

《人口社会学》

作者姓名：王胜今
出版单位：吉林大学出版社
出版时间：1998 年
获奖情况：吉林省第五届社会科学优秀成果奖一等奖

一　篇章结构和基本观点

本书共分为十六章。第一章为人口与社会发展的历史回顾；第二章为人口与社会发展的理论；第三章为现代社会与人口变动；第四章为出生率的变动与社会；第五章为死亡率的变动与社会；第六章为人口迁移与社会；第七章为人口变动与社会发展；第八章为人口构成与社会；第九章为人口高龄化；第十章为社会发展与家庭变动；第十一章为人口城市化；第十二章为信息化社会与人口；第十三章为人口与社会开发；第十四章为人的资源开发与人口素质；第十五章为人口与资源环境；第十六章为人口与可持续发展。

本书提出了以下观点。第一，研究人口再生产必须从社会发展有一个完整概念的观点出发，必须将人口过程与其他社会过程有机地结合在一起。第二，人口社会学不同于一般社会学之处，是它不把包罗万象的整个社会作为自己的研究对象，而是从社会着眼，从现实问题入手，研究人口问题。第三，我国人口老龄化的特点：一是速度快、二是数量多、三是分布不均衡。

二　主要创新和学术影响

我国实行计划生育政策以来，社会经济经历了历史性的转变，出生、死亡、迁移等人口现象也随之发生了巨大的变化。同时，伴随着社会变迁、经济发展以及产业机构的转变，人口迁移、婚姻家庭等方面也出现了诸多的新现象，在人口与社会经济发展的相互关系方面提出了许多新课题。本书对这些新课题进行了探索，并做出了回应。

本书是作者在人口学理论研究和教学实践的基础上，于 1988 年出版我国第一部《人口社会学》专著后，在教学和科研的实践中，又经过十年的探索和充实，于 1998 年出版的《人口社会学》第二版。本书促进了当时正在形成的人口社会学这一新学科的发展，并为促进人口与社会、经济、资源环境的协调发展提供了科学依据。

《社会学的语言学转向》

作者姓名：刘少杰
发表期刊：《社会学研究》
发表时间：1999 年第 4 期
获奖情况：教育部第三届中国高校人文社会科学研究优秀成果奖三等奖

一　篇章结构和基本观点

本文在国内首次提出并充分论述了社会学的语言学转向问题。文章首先指出，社会学以研究经验事实为己任，而经验事实是人们通过日常交往行动展开的，借助语言沟通的交往行动是经验事实的基本内容。因此，社会学研究经验事实就已内在地注定不能回避对语言现象的研究。但传统社会学因为过度强调社会学研究的客观性，从而在自己的视野中排斥了具有主观性的语言现象。随着社会学研究的深入发展，语言学研究逐渐得到了重视，并发生了具有重要意义的语言学转向。

二　主要创新和学术影响

本文考察了语言学研究在社会学中的发生初端、展开环节和演化线索，对米德、哈贝马斯、福柯、利奥塔和布迪厄等社会学家在社会学的语言学研究上的贡献做了充分讨论和深入评析。文章还论述了社会学的语言学转向对社会学思维方式变革，立足点从科学世界、生产世界向生活世界转移，以及在价值信念、理论追求、概念构架和研究方式等方面发生的一系列深刻变化的影响。

《社会保障的人权基础》

作者姓名：崔凤
发表期刊：《吉林大学社会科学学报》
发表时间：1999 年第 5 期

一　篇章结构和基本观点

本文共分为五部分。第一部分，问题的提出。透过一百多年的社会保障历史，可以发现，现代社会保障的实质是保障社会成员的生存，为社会成员的发展创造条件。社会保障与人权保障存在着密切的联系，探讨二者的辩证关系，既可以探索出一条实现人权保障的有效途径，又可以为社会保障的发展奠定理论基础，有利于社会保障的当代定位。第二部分，人权是人的基本权力。人权是人的基本权利，是作为社会一员都应享有的权利。作为应尽的职责，政府和社会要采取有效的政策措施来保障社会成员的生存权和发展权，其中开办社会保障就是之一。第三部分，社会保障是保障人权的基本手段。将社会保障确定为政府的一项责任，是保障人权的一项有效手段，也是社会成员应有的一项基本权利观念，它已经成为世界上大多数国家的共识和建构现代社会保障制度的基本立意。第四部分，社会保障是保障人权的实现方式。社会救助、社会保险和社会福利是当代社会保障制度的主要内容，社会保障制度的这三项内容都是围绕着保障人权来设计的，是人权保障的实现方式，其中社会救助和社会保险是为了保障人们的生存权的，社会保险和社会福利是为了保障人们的发展权的。第五部分，结论。社会保障不仅能够保障生存权，而且能够保障发展权。社会保障在建立之初被看作解决社会问题的重要手段，在经过了一百多年的演变之后，社会保障的内涵已经大大地扩展了，它已经不仅是解决一定社会问题的有效手段，而且是实现人权保障的有效途径，在现代社会，保障人权已经成为建立和完善社会保障制度的出发点之一，构成社会保障得以成立的基础之一。

二　主要创新和学术影响

本文在国内最先提出"人权是现代社会保障的合法性基础"的观点，解决了现代社会保障的合法性问题，同时也为人权保障的实现指明了路径。本文是国内较早的基础性社会保障研究论文，曾被转载和多次引用，产生了较大学术影响。本文已经成为社会保障研究领域的一篇经典文献。

《吉林省社会保障需求趋势与发展规划研究》

作者姓名：宋宝安

采纳单位：吉林省人民政府

采纳时间：2000 年 5 月

获奖情况：吉林省第五届社会科学优秀成果奖一等奖

一　篇章结构和基本观点

本报告共分为四部分。第一部分，吉林省社会保障制度发展成绩和问题；第二部分，存在问题的根源与影响；第三部分，城乡居民社会保障需求现状与趋势；第四部分，对策建议及其依据。

研究报告认为，由吉林省的省情、民情、社情所决定，吉林省公众对社会保障的需求水平不断提高，对保障能力的要求不断增强，但保障资源与公众要求还存在一定差距；社会保障制度的确定，要根据公众需求和社会经济实际能力以及消费习惯，制定社会保障发展规划；社会保障制度不单是为经济发展保驾护航的工具，还是经济发展的重要目标，二者不能偏废；要保持社会保障制度的可持续发展，就要充分尊重社会保障水平与社会经济发展水平相适应的规律。

二　主要创新和学术影响

本研究报告是提交给吉林省政府作为制定吉林省国民经济和社会发展"十五"发展规划的咨询报告，在对吉林省社会各阶层社会保障需求现状及其发展趋势进行系统总结和科学预测的基础上，根据公众对社会保障的多方面需求，结合吉林省社会经济发展条件，提出了制定社会保障发展规划的理论原则和对策建议，从而避免了单纯依据经济发展水平设计社会保障制度的弊端，使"十五"社会保障制度设计更符合社会的需要。报告的学术价值在于在对吉林省社会经济发展水平进行科学预测的基础上提出问题，在一定程度上实现了社会学研究的应用价值。

《观念与需求：社会养老制度设计的重要依据》

作者姓名：宋宝安　杨铁光
发表期刊：《吉林大学社会科学学报》
发表时间：2003 年第 3 期
获奖情况：吉林省第六届社会科学优秀成果奖一等奖

一　篇章结构和基本观点

本文共分为四部分，概括了东北地区实行社会养老保障制度的价值，指出了研究方法，进行了研究假设：养老观念影响养老方式选择；老龄群体作为社会政策成效信息的感受者，对政策解决问题的成果与公平程度有切身体会，其意愿反映了政策实施的效果和政策对象的要求，是解决问题的重要依据；老龄群体基本需求的方向是健康老龄化，生存条件保障是老年保障的重点；解决养老需求所面临的困难和问题的根本途径，是从老年养老观念与需求意愿出发，实行以居家养老为主、社区服务为辅的管理体制和社会制度。

本文认为，化解人口老龄化是改革和振兴东北老工业基地的前提条件之一，指出随着家庭养老功能的不断退化和社会经济条件的改变，社会养老已成必然趋势。面对不断增加的养老需求与有限的养老资源的挑战，在社会经济条件允许的条件下，依据老龄群体自身的养老方式选择和需求意愿设计社会养老制度，制定相关政策，是解决问题、走出困境的战略选择。

二 主要创新和学术影响

本文从观念与需求两个纬度，论证了在社会保障制度设计中人们的思想观念与需求意愿对社会保障制度设计与运行的重要影响，提出要重视观念的作用，在明确需求的前提下进行社会保障制度设计，避免盲目性，增强自觉性，最大限度地发挥社会保障资源的作用。

本文针对社会保障制度和政策制定部门脱离社会保障需求制定社会保障政策的问题，提出应该根据公众需求和社会经济条件允许的程度，进行社会保障制度设计，改变制度供给与社会保障对象需求脱节的状态，在国内第一次提出把观念与需求作为社会保障制度设计的决策依据。

《中国人口与全面建设小康社会》

作者姓名： 王胜今
出版单位： 吉林大学出版社
出版时间： 2003 年
获奖情况： 教育部第四届中国高校人文社会科学研究优秀成果奖三等奖
吉林省第六届社会科学优秀成果奖一等奖

一 篇章结构和基本观点

本书共分为十二章。第一章为新世纪的宏伟目标——全面建设小康社会，第二章为人口数量与全面建设小康社会，第三章为人口素质与全面建设小康社会，第四章为人口年龄结构与全面建设小康社会，第五章为人口迁移、流动与全面建设小康社会，第六章为人口城市化与全面建设小康社会，第七章为民族文化和生育文化与全面建设小康社会，第八章为家庭与全面建设小康社会，第九章为区域均衡发展与全面建设小康社会，第十章为可持续发展与全面建设小康社会，第十一章为人口、计划生育事业与全面建设小康社会，第十二章为中国人口政策与全面建设小康社会

本书比较系统地研究了中国人口与全面建设小康社会的关系，具体探讨了人口数量与全面建设小康社会，人口素质与全面建设小康社会，人口迁移、城市化与全面建设小康社会，区域间社会经济协调发展以及计划生育与全面建设小康社会的关系。本书回顾了新中国成立以来我国人口数量发展变化的轨迹，对人口发展阶段做出了科学的划分，指出人口数量问题依然是我国最重要的人口问题，合理控制人口规模是全面建设小康社会的重要前提条件之一，同时我国人口素质具有不均衡的特征，它对全面建设小康社会的制约作用将日益明显，全面提升人口素质的任务十分急迫。21 世纪头 20 年，我国将处于人口年龄结构的"黄金时代"，但是"黄金时代"之后，我国

即将面临严峻的人口老龄化问题，全面建设小康社会必须积极应对老龄化社会的到来。在人口城市化和工业化均进入了快速发展阶段的背景下，需要合理选择适于中国现实的人口城市化发展模式。本书还回顾了我国人口和计划生育事业的发展历程，客观总结了人口和计划生育事业在全面建设小康社会中的历史贡献，但是生育率的下降超前于社会经济发展，导致了一些新的人口现象与社会问题，今后面临着适时调整生育政策的压力。

二 主要创新和学术影响

本书从人口学、经济学、社会学等多学科的视角，结合翔实的文献资料和统计资料对我国的人口发展进行了深入的分析，对人口与全面建设小康社会二者间辩证的相互促动关系进行了全方位的回答，填补了这方面研究的空白。

本书从人口学的角度，分别论述了中国人口数量、人口素质、人口年龄结构、人口迁移以及人口城市化与全面建设小康社会的关系；从社会学的角度论述了民族文化、生育文化和家庭与全面建设小康社会的关系；从经济学的角度论述了区域均衡发展与全面建设小康社会的关系；从综合研究的角度，论述了可持续发展与全面建设小康社会的关系；从实践的角度论述了我国人口和计划生育事业与全面建设小康社会的关系。

《伪满时期中国东北地区移民研究——兼论日本帝国主义实施的移民侵略》

作者姓名： 王胜今

出版单位： 中国社会科学出版社

出版时间： 2005 年

获奖情况： 第五届高等学校科学研究优秀成果奖（人文社会科学）三等奖

国家人口和计划生育委员会第四届人口科学奖一等奖

吉林省第七届社会科学优秀成果奖一等奖

一 篇章结构和基本观点

本书共分为七章。第一章为民国时期东北地区的移民，第二章为伪满时期东北移民与殖民地经济结构，第三章为日本对中国东北的移民侵略，第四章为日本对中国东北移民侵略的动机与危害，第五章为朝鲜半岛对中国东北的移民，第六章为俄国向中国东北的移民，第七章为战前中国东北地区经济社会的变迁。

本书提出了以下基本观点。第一，伪满时期日本向中国东北的移民，是有计划、有组织、分阶段实施的，是日本帝国主义图谋长期霸占中国的侵略计划的一部分，其实质是移民侵略。第二，战前的东北地区在特殊的历史背景下，经济和社会变迁都和移民、交通密切相关，至今东北三省的产业以及城市建筑的特征，甚至在语言上都能够反映出移民的特点。第三，日本占领中国东北后实行了划定"朝鲜人地带"和"日本人地带"的民族分离政策。

二　主要创新和学术影响

本书的主要创新在于以下几点。第一，搜集、整理了大量有关伪满时期日本向东北地区移民的原始资料，对散布于各地的第一手资料进行了搜集和细致的整理，其中很多资料是首次被发现并公布于世的，具有重要的学术价值和历史价值。第二，证明了日本帝国主义对中国东北地区实施的"移民侵略"是其有计划、有组织、有步骤地侵略中国的一个重要组成部分。第三，对延边地区朝鲜人移民的过程尤其是其原籍分布，进行了突破性的研究，在很大程度上推进了有关延边地区朝鲜族移民史和中国朝鲜族形成问题的研究。

本书就日本军国主义在东北所实施的移民侵略政策的形成过程及其实施，以及移民的形态、移民的管理机构、日本实行移民侵略的动机及其危害进行了系统分析，指出伪满时期日本向东北的移民，是有计划、有组织、分段实施的，是日本帝国主义图谋长期霸占中国的侵略计划的一部分，其实质是移民侵略。从历史人口学的角度来看，上述研究成果在某种程度上填补了我国在这个领域研究的空白。

《中日现代化起点的比较研究》

作者姓名：田毅鹏
发表期刊：《社会科学战线》
发表时间：2005 年第 4 期
获奖情况：吉林省第七届社会科学优秀成果奖一等奖

一　篇章结构和基本观点

本文共分为三部分，分别为问题的提出、中日两国现代化起点之标志、余论。本文认为，18～19 世纪，在侵略扩张的西方资本主义工业文明的严峻挑战面前，包括中日两国在内的非西方国家先后发起了旨在通过摄取西方工业文明以富国强兵的现代化运动。在确定起点的标准和具体标志问题上，学术界却有着不同的看法。本文在总结前人观点的基础上，对中日两国现代化的起点问题做了比较研究，以揭示中日现代化启动运行的特殊规律，进一步理解中日两国早期现代化的成败得失。从"长时段"的角度宏观审视中日两国现代化的启动进程，会发现，在明治维新前的一个多世纪前，亦即 18 世纪 70 年代，日本已经实现了由传统世界秩序观到现代世界观的"无形"之变，开始了以摄取西方文明为主题的现代化运动。而同时期的中国，则仍陶醉于"天朝意象"之中，难以自拔，这使得两国在现代化的启动阶段，已经存在一个不小的"时间差"，直接导致了两国现代化的不同命运。

二 主要创新和学术影响

本文的创新之处在于，把非西方国家"后发外生型"现代化的发轫过程概括为前后相续的两个阶段。其一是以对西方文明的"感应认识"为前提，其"传统世界秩序观"解体，"现代世界秩序观"形成，并开始从"形器"层面摄取西方先进文化的阶段。在这一时期内，非西方国家在与西方接触的过程中，开始逐渐摆脱传统世界秩序观的束缚，开始意识到在本国之外，还存在着更为广阔的文明世界，承认世界文明多元一体的总格局，实现了地理世界观和文化世界观的根本性转变，进而肯定西方文明的先进性，发起了移植西方科学技术体系的运动，这是其现代化发轫的起点。其二，在上述阶段的基础之上，统治阶级中的开明势力和初步掌握西学的社会精英人物联合起来，以"自上而下"的改革变法运动等形式全面推进、发起以"制度变革"为核心内容的资本主义现代化运动。这是其现代化的大力推进发展阶段。由此可见，非西方国家的现代化不是以剧烈的现代化改革运动开其端绪的，也不是以其社会自身具有现代性意义的变化开其端绪的，而是以传统世界秩序观的解体和新的世界秩序观的形成为起点的。

《论中国特色区域协调发展战略体系》

作者姓名： 王胜今　吴昊　于潇
发表期刊：《吉林大学社会科学学报》
发表时间： 2008 年第 2 期
获奖情况： 吉林省第八届社会科学优秀成果奖一等奖

一 篇章结构和基本观点

党的十七大报告系统地阐述了我国促进区域协调发展的战略体系。本文对其主要内容进行了系统总结和分析。论文提出，当前我国缩小区域发展差距的战略应该注重实现公共服务均等化和生产要素合理流动，而不是重新回到计划经济时期的均衡发展道路；区域发展总体战略的目标是四大区域形成合理的发展格局和协调互动机制；国土开发格局战略的基本方向是按照形成主体功能区的要求调整经济布局，形成国土的有序合理开发；推进区域一体化，突破行政区划界限形成若干经济圈和经济带，是我国区域开发的基本方向；针对特殊地区和贫困地区应该实施有力的扶持措施，加大对革命老区、民族地区、边疆地区、贫困地区发展的扶持力度，帮助资源枯竭地区实现经济转型；中国特色城镇化战略需要形成合理的城镇体系，推动中小城市与小城镇协调发展和发展城市群。

二　主要创新和学术影响

本文系统梳理了改革开放以来，特别是党的十六大以来中国区域发展战略与相关政策的演变，深入分析了我国的国土开发战略、区域总体发展战略、城市化战略、区域一体化战略等区域发展战略，并对当前存在的对区域协调发展内涵、中国特色城镇化道路等问题的模糊认识提出了有针对性的剖析和批判，是最早对我国区域发展战略进行系统总结和阐释的学术成果之一。

《当代中国老龄群体社会管理问题研究》

作者姓名： 宋宝安等
出版单位： 中国社会科学出版社
作者单位： 2009 年
获奖情况： 吉林省第八届社会科学优秀成果奖一等奖

一　篇章结构和基本观点

本书共分为十八章。本书认为人口老龄化是人类社会发展的必然结果，我国人口老龄化具有规模大、速度快、未富先老等特点，利用有限的人口红利机遇期，未雨绸缪，积累必要的养老资源，进行符合实际需要的制度设计，是迎接人口老龄化挑战，规避人口老龄化可能引发的社会危机，促进社会经济持续发展的战略选择。

二　主要创新和学术影响

本书在充分的社会调查研究的基础上，从我国人口老龄化所面临的一系列问题出发，运用定性研究与定量研究相结合的方法，比较详尽地分析了我国人口老龄化与社会经济发展的关系，揭示了养老观念、老年需求与社会养老制度设计的关系，探讨了养老的社会支持程度对养老方式选择的影响，论证了政府主导与公众参与在构建社会养老服务体系中的必要性，提出了构筑以家庭养老为主体、社区服务为依托的新型社会养老模式的理论和现实依据。

《单位社会的"终结"及其社会风险》

作者姓名： 田毅鹏　吕方
发表期刊：《吉林大学社会科学学报》

发表时间：2009 年第 6 期

获奖情况：吉林省第八届社会科学优秀成果奖一等奖

一　篇章结构和基本观点

本文共分为三部分。第一部分，单位社会"终结"之内涵；第二部分，单位社会走向终结的复杂性及其社会运行风险；第三部分，社会体制转换：从"整合控制"到"协同参与"。本文认为，所谓单位社会的"终结"，并非指具体的作为职场的"单位组织"的终结，而是指 1949 年以来形成的中国社会宏观联结方式的根本性变化，即由"国家—单位—个人"的控制体系向"国家—社区、社会团体—个人"协同参与模式的转变。社会联结方式的根本性变动，导致中国社会原子化动向和转型期社会联结的中断、错乱。昔日由单位组织承载的社会公共性也不可避免地走向"萎缩"，导致公共精神生活的"衰落"，使得转型期的中国社会面临着严峻的挑战。

二　主要创新和学术影响

本文提出，单位社会走向终结背景下的中国社会的转型危机，其实质是"社会"的缺席。如何在体制转换过程中实现社会创新，成为克服危机的关键。实现社会创新，首先要更新观念，摆脱单一经济逻辑的束缚，发现转型期社会运行的实践逻辑。应当承认，当中国社会告别了一个高度组织化的单位社会后，如何在新的历史条件下提高社会协同能力和公民参与意识，成为体制转换的根本问题。在中国，自 20 世纪 80 年代以来的转型社会在走向市场化的进程中，社会组织发展严重滞后，旧有的建立在单位组织基础上的"社会联结"被破坏了，而新的"社会联结"还没有建立起来，从而使人们走向原子化，社会认同感急剧下降。在单位社会走向消解的背景下加强社会组织建设，已迫在眉睫。

《后危机时代——制度与结构的反思》

作者姓名：董伟

出版单位：社会科学文献出版社

出版时间：2011 年

获奖情况：第七届高等学校科学研究优秀成果奖（人文社会科学）三等奖

一　篇章结构和基本观点

本书共分为导论和八个章节。导论提出了后危机时代建立制度与结构关系的理论与现实意义。第一章至第四章为理论篇，系统地阐述了经济制度与社会结构关系理论。分析了新自由主义从理论思潮演变为制度的历史过程，以及它与社会结构维度的关系，并运用马克思主义的基本理论阐述了人类社会的理想发展模式。第五章、第六章是实践篇，以俄罗斯转轨和拉美改革及中国的改革实践为例，从实践的角度论证制度选择与结构的关系。第七章是理论创新篇，提出了"制度－结构"理论。第八章为结论，阐述了运用"制度－结构"理论评析西方主流理论思潮——新自由主义及其经济制度形式的独特性。

本书运用制度与结构的关系理论，分析了新自由主义由一种理论思潮演变为一种经济制度，以及这种制度选择的结构性障碍；全面系统地评析了构成新自由主义经济制度的前提、根据、标准和尺度及其弊端。创新性地提出了社会生产方式决定制度的选择、社会结构决定经济制度存在的形式和性质的理论观点。认为当今人类社会发展面临的抉择就是要赋予马克思社会发展理论时代性内容，超越"自然历史过程"，扬弃"物的依赖性"，以提升人的价值与尊严为宗旨。

二　主要创新和学术影响

本书认为制度与结构在同时态上是平面化的相互关系；在历时态上则是一个运动的过程。新的制度的建立受到社会结构诸因素的制约和影响，二者的关系是社会发展的永恒话题。中国对新自由主义采取批判、借鉴的态度，努力达到经济制度选择与社会结构建构的和谐统一。新自由主义是一个庞大的理论体系，国际金融危机后，对其评价众说纷纭，在这一领域推进学术的进展殊为不易。为此，采取建立理论体系的分析方法，即探索制度－结构关系理论体系评价理论形态的新思路；同时，运用交叉学科研究的优势，在哲学、社会学、经济学的交叉领域寻求结合点，进而实现对主流经济制度本质的全面把握。

本书出版后得到了学术界的广泛关注。《经济日报》、《学术界》、光明网、人民网等媒体发表了评论。本书为反思后危机时代所面临的困惑提供了理论资源，为经济制度的重塑寻求了政策依据；为探索制度－结构关系分析体系评价理论形态开辟了新路径；为客观、深度解读国际金融危机和危机当中"中国模式"的魅力提供了新视角。

《当代文化矛盾与哲学话语系统的转变》

作者姓名：邴正

发表期刊：《中国社会科学》

发表时间：2011 年第 2 期

获奖情况：吉林省第九届社会科学优秀成果奖一等奖

一　篇章结构和基本观点

本文共分为三部分，第一部分分析了文化发展的五大矛盾；第二部分针对多重板块的文化构造问题，提出了建设社会主义核心价值体系、解决文化冲突和文化矛盾的基本策略；第三部分针对人与文化之间的矛盾，指出当代哲学主题与话语系统应随文化发展的要求而及时转变。

当代文化发展呈现出多元文化与一元文化、普世主义与民族主义、文化霸权和文化自主、理想主义和功利主义、大众文化与精英文化的矛盾冲突。我们的社会要和谐，首先要在文化层面整合。文化层面整合，就要重建我们的价值观，做好文化的创新，实现多重文化板块的跨越与整合。必须处理好意识形态追求与多重板块结构的矛盾、"公平"和"效率"的理念矛盾、文化创新与社会多重跨越的矛盾。

探索面向 21 世纪的民族精神，是马克思主义哲学理论研究的切入点和落脚点。纵观当代中国民族精神的走势，大体呈现为以下方面：理想主义传统与务实精神的结合问题；集体主义精神与市场经济的个性张扬的辩证结合；革命英雄主义精神与大众文化、日常生活的结合；全球化背景下的民族个性的拓展；多元板块互动与文化的统一性；民族精神新发展的核心理念的生成与人格楷模的塑造。

二 主要创新和学术影响

本文的创新之处在于提出当代哲学主题与话语系统应随文化发展的要求而及时转变，并进一步指出，当代中国哲学主题与话语的文化学转向，应从文化反思与批判入手、从建构具体的文化理念入手、从文化传承与文化创新入手，探索有助于社会主义理想主义与市场经济务实主义有机结合的新的民族精神。

《环境社会学理论与方法》

作者姓名：林兵
出版单位：中国社会科学出版社
出版时间：2012 年
获奖情况：吉林省第十届社会科学优秀成果奖一等奖

一 篇章结构和基本观点

本书共分为七部分，即环境问题及其本质、环境社会科学的理论视野、环境社会学的产生与发展、环境社会学的学科定位、中国环境社会学的学科发展、中国环境社会学的研究现状、环境与可持续发展。

本书主要研究了环境问题及其本质，考察了环境问题的历史性、现实性，以及环境问题产生的原因及本质。从方法论、理论目的等几个方面重点探讨了环境社会科学各学科的特点，意在把握各学科环境问题研究的理论特征及其区别，明晰学科群分界的方法论原则，厘清学科范式的边界。考察了环境社会学的产生与发展、理论渊源及方法论原则等内容，重点探讨了如何理解生态学法则的实质问题。本书较为侧重于理论分析，探讨了环境社会学学科的理论定位、理论流派及理论前沿等问题，强调环境社会学的理论研究应当发挥社会学的学科特点。同时，也分析了亚洲地区及欧美环境社会学的研究进展情况。从学术研究、学科队伍建设、方法论原则、研究内容等几个方面论述了我国环境社会学的学科建设问题。本书着重分析了我国环境社会学的研究现状，探讨了政府、企业、社会、生活生产方式与环境保护的关系，以及环境意识研究、环境 NGO 的社会作用等。就可持续发展的含义、思想内涵及中国可持续发展进程等问题进行了解读。

二　主要创新和学术影响

本书通过比较研究的方法分析了环境社会学各学科的理论特点及区别，对环境社会学各学科的理论范畴进行了相应的界定。同时站在马克思"类"的思想的基础上，重新解读了生态学法则的实质问题，对西方环境社会学自然主义的理论倾向进行了反思性批评。本书梳理了国内外环境社会学的研究现状及理论前沿的发展状况，探讨了中国环境社会学的理论原则及学科内容，强调中国环境社会学的研究应当有自己的研究方法论及相应的研究内容。

《转型期社会组织的价值诉求与迷思》

作者姓名： 崔月琴　袁泉
发表期刊：《南开学报》
发表时间： 2013 年第 3 期
获奖情况： 吉林省第十届社会科学优秀成果奖一等奖

一　篇章结构和基本观点

本文共分为三部分。第一部分为价值诉求：社会组织发展的重要推动因素。第二部分为价值迷思：社会组织发展的障碍与歧途。第三部分为价值回归：社会组织健康发展的路径探索。

社会组织的价值面向对其发展尤为重要：一方面，社会组织表达了社会成员日益多元的价值理想；另一方面，社会组织的价值诉求构成了其成长发育的重要推动因素，为其赢得了发展空间和机会。然而价值性只是社会组织运行的一个方面，社会组织的价值迷思所带来的异化在一定程度上已成为其发展的障碍性因素，甚至使组织的发展走向歧途。在组织的发展过程中，组织的价值性同公共性之间的张力，组织价值诉求同其行为模式的差异，以及组织价值理想的意识形态性都会成为其发展障碍，或使组织发展进入误区。如果说张扬价值理想是中国社会组织成长的动力，那么价值迷思所带来的异化则成为社会组织发展的障碍与歧途。价值性所带来的局限，不仅无助于社会组织在中国社会转型中承担应尽的责任，而且有损于社会组织自身价值诉求的真正实现。对此，既需要社会组织自身在坚持理想的同时不脱离现实，在追求自身价值的同时尊重不同价值，还需要公共政策在释放组织发展空间的同时去建立和完善组织的评估机制。

二　主要创新和学术影响

本文通过对社会组织发展中的价值因素的探讨，试图从价值的角度分析转型期中国社会组织发展的动力和根源，辨析并澄清社会组织发展过程中的价值迷思，探索超越现有发展困境的路径，以求为社会组织的健康发展和有效管理提供政策依据。

《面向21世纪的中国文化形象与文化符号——建设社会主义文化强国的理论思考》

作者姓名：邴正
发表期刊：《社会科学战线》
发表时间：2013 年第 3 期
获奖情况：第七届高等学校科学研究优秀成果奖（人文社会科学）三等奖
　　　　　吉林省第十届社会科学优秀成果奖一等奖

一　篇章结构和基本观点

本文共分为三部分。第一部分为文化符号与文化自觉，强调了文化的典型表征就是文化符号和文化符号形成的意义。第二部分为中国文化符号的承传矛盾，论述了当代中国文化所体现出的"古代传统文化""现代革命文化""外来文化""新生文化"交互融合、碰撞、冲突的矛盾。第三部分为当代中国文化符号创造与更新的思考，通过阐释文化与政治的关系、文化与经济的关系、多元文化之间的关系，分析了如何增强全民族文化创造力。

文化多元化造成文化符号的多元化矛盾，这也体现在中国文化符号认同与选择上。当代文化的多元板块之间的互动是一个多层次融合的过程，因而，加强文化共性的沟通与融合，显得尤为重要。当代中国文化符号创造与更新要处理好文化与政治的关系，努力摆脱政治实用主义的消极影响；要处理好文化与经济的关系，努力摆脱经济功利主义的消极影响；要处理好多元文化之间的关系，努力摆脱文化虚无主义的消极影响。

二 主要创新与学术影响

本文从文化社会学的视域对文化符号与文化自觉等进行了理论界定，不仅深化了学界对当代中国文化矛盾与融合的理解，拓展了文化社会学研究的理论视野，而且对全球化背景下中国如何通过文化形象与文化符号的更新与承传建设社会主义文化强国具有重要的理论指导意义。本文对"古代传统文化""现代革命文化""外来文化""新生文化"之间的矛盾进行了分析和概括，认为文化多元化造成文化符号的多元化矛盾，也体现在中国文化符号认同与选择上。

本文被《新华文摘》全文转载。

图书馆、情报与文献学

《信息经济学》

作者姓名：靖继鹏
出版单位：长春出版社
出版时间：1995 年

一　篇章结构和基本观点

本书共分为五部分。第一部分阐述了信息经济学的基本理论问题，包括信息和信息经济的含义与特征，信息经济学的发展历史、研究现状、研究对象及研究方法等基本内容；第二部分阐述了信息商品的基本概念和相关理论，包括信息商品、信息商品价值的界定，以及什么是信息商品的使用价值，在此基础上阐述了信息商品的价格理论及信息商品成交价格模式；第三部分探讨了信息活动的经济问题，包括信息商品市场、信息市场环境、信息商品市场营销与策略；第四部分从宏观视角探讨了信息产业经济，包括信息经济人、信息产业、信息产业与经济测试方法、信息系统效益评价、信息工作经济管理；第五部分阐述了信息经济与社会发展的关系，分析了信息经济给我们带来的机遇与挑战。

本书密切结合当下我国信息经济学的理论，并结合教学、科研，在实践中不断加深对这一领域的认识，从科研报告、学术论文中进行了借鉴和提炼，从多角度对"信息经济学"这一新兴学科进行了系统阐述，构建了信息经济学的学科框架。

二　主要创新和学术影响

本书的主要创新在于从一种前瞻性的角度出发，将信息经济理论与实践进行了很好地结合，提炼出了信息经济学的学科框架。在对信息和信息经济学的认识基础上，让我们对信息经济的规模化，信息活动的产业化有了深入的理解，认识到信息经济和社会发展的关系。本书不仅可作为从事信息经济和信息管理等方面工作的广大教学和技术人员的参考用书，而且可作为信息经济专业的参考教材。

《情报学理论基础》

作者姓名：靖继鹏　毕强

出版单位：吉林科学技术出版社

出版时间：1996 年

一　篇章结构和基本观点

本书共分为八章。第一章，绪论，介绍了情报的相关概念和情报学的概念及产生、基本原理及历史进程。第二章，情报学学科基础论，首先从哲学的角度认识情报学，阐述了唯物论的情报学观与波普尔的"三个世界"理论，以及情报学的认识和实践，情报学的产业观；其次介绍了情报学的数学基础，包括线性代数、概率分布与随机过程、数理统计与多元分析、集合论等在情报学中的应用；最后介绍了情报学的应用技术。第三章，情报学学科结构论，从情报学学科结构的角度认识情报学，包括情报学学科结构的"结构性"认识，情报学学科结构的时代特征。第四章，情报学学派发展论，包括情报学派产生的背景与原因，情报学学派理论的划分与标准，国外情报学学派理论的比较研究。第五章，情报学学科创造论，包括确定情报学分支学科体系的客观标准，情报学分支学科体系结构模式，理论情报学和应用情报学，情报学分支学科体系。第六章，情报学学科系统论，包括系统科学在情报学系统中的应用，情报学系统概论，情报学系统论的学科结构与功能。第七章，情报学学科方法论，包括学科方法与科学方法论，情报学方法论的客体性与主体性，情报学方法论体系，情报学研究中的科学方法。第八章，情报学学科趋势论，从世纪之交的情报学研究的热点进行探索，预测当代情报学的新的突破点。

本书尝试从情报学学科定义、学科基础、学科结构、学科理论探索，到情报学学科体系构建、学科内在核力和学科发展趋势的探讨来构建情报学的理论体系，以从中得到有益于学科理论建设的启迪。

二　主要创新和学术影响

本书从学科发展规律出发对情报学理论体系进行了尝试性的新探索，作为情报学理论基础的整体性探求，具有广泛的学科涵盖性和理论思维的跨学科性，具有理论概括的深刻性和学术思想的超前性，具有理论总结的动态性和学科眼光的时代性。本书不仅可作为从事图书情报学教学和科研人员的参考用书，而且可作为情报学专业教学的参考教材。

文　学

《跟青年谈鲁迅》

作者姓名： 冯文炳（废名）

出版单位： 中国青年出版社

出版时间： 1956 年

一　篇章结构和基本观点

本书是著名学者与文学家冯文炳（废名）先生研究鲁迅的论著。1956 年，冯文炳先生在课堂讲稿的基础上，出版了《跟青年谈鲁迅》。本书主要由三部分内容构成：第一是鲁迅的价值和意义；第二是鲁迅的思想与创作历程；第三是鲁迅文学创作的思想意蕴与艺术风格。其框架如下：为什么要研究鲁迅和怎样研究鲁迅；鲁迅的少年时代；鲁迅在日本；辛亥革命与鲁迅；五四运动；鲁迅的第一篇小说；分析《阿 Q 正传》；鲁迅怎样写杂感；鲁迅的杂文是诗史；共产主义者鲁迅；鲁迅与现实主义传统；鲁迅对文学形式与文学语言的贡献；鲁迅的艺术特点；鲁迅怎样对待文化遗产与民族形式；向鲁迅学习。

二　主要创新和学术影响

作为现代中国著名文化人士，冯文炳很早就对鲁迅及其创作熟悉并有相当研究，新中国成立后，他在新的思想意识与观念方法下对鲁迅及其创作进行了系统梳理与研究，其主要成果就是《跟青年谈鲁迅》。该书一方面是冯文炳个人对鲁迅及其创作思想的深刻理解和个性阐释，另一方面又深印着时代的思想与意识。本书书稿在出版前获得了胡乔木同志的肯定，在他的关心与支持下，中国青年出版社于 1956 年出版了本书。杨扬在 1962 年 9 月 28 日《人民日报》发表文章《一副引人的剪影——重读〈跟青年谈鲁迅〉》对本书进行了评介。

《老子校读》

作者姓名： 张松如（公木）

出版单位：吉林人民出版社

出版时间：1981 年

获奖情况：吉林省首届社会科学优秀成果奖特别奖

一　篇章结构和基本观点

本书共分为引言、《老子》上篇《道经》的校读、下篇《德经》的校读以及"论老子"、引用书目、后记等六个部分。校读的部分则包括校正后的文本、译文、校释说明、经文思想说解四个部分。校本主要以马王堆帛书《老子》甲乙本为底本，同时参照晋王弼，唐傅奕，宋司马光、苏辙，明清之际王夫之、清焦竑，近人奚侗、马叙伦、朱谦等的注本和考证本。

二　主要创新和学术影响

本书是新时期较早推出的一部老学名著，同时也是一部影响十分广远的老学经典。其特点显著。第一是用力甚勤，成就甚高。此书征引古今老学著作近百种；同时，作者在校读之时，还多方请益切磋，所咨所询的于省吾、杨公骥辈皆学界名宿，因而也就使得这部校读在当时具有集老学之大成的学术地位。第二是考证精细，见识不凡。古人校读《老子》往往精于考证，而缺乏思想的头脑；近人评论《老子》则又往往不懂文字之学，以致许多议论大而无当，空泛无根。但张松如的这部《老子校读》既通古人之"小学"，又明马克思主义之义理，因而校正文字能以理论来加强鉴别，说解思想能以考证来作为依托。第三是持论公允，自成一家。譬如，作者认为，老子在自然观方面是朴素的唯物主义的，是无神论的，在方法论方面是朴素的辩证的；在认识论领域，老子却从以道观物的立场出发，忽视感性认识，片面地夸大理性认识的作用，从而陷入了唯心主义的泥沼。这种认识显示了作者善于分析，善于全面把握学术研究对象的"长短"，从而使得此书的许多观点，远较近世以来一些简单化的论调更接近老子思想的本真。

本书的写作目的不是为了迎合政治，而只是出于追求真理的兴趣，这显然也是此书成就不凡的一大原因。后来，作者又将此书进一步提升、整顿，另成《老子说解》一书，显示了作者精益求精的治学精神，也为作者在海内外赢得巨大的学术声誉。

《日本文学史》

作者姓名：王长新

出版单位：外语教学与研究出版社

出版时间：1982 年

获奖情况：吉林省首届社会科学优秀成果奖优秀奖

一 篇章结构和基本观点

本书是改革开放后最早出版的高等学校日语语言文学专业用日本文学史教材。全书近 24 万字，除序言外，正文部分全部以日文撰写，语言地道精湛；既有文学史线性梳理与常识描述，又有经典篇章拔萃鉴赏，内容系统全面。

二 主要创新和学术影响

本书被我国多所高校日语语言文学专业选用为日本文学课程专业教材，首印数即达到 8000 册，一年半即告售罄，1984 年 4 月第二次印刷又加印 8500 册，依旧供不应求。本书不仅系统描述了自上古时期至第二次世界大战前一千多年间日本文学的发展历程，而且对各时代的历史背景、社会阶级关系以及经济结构等都有比较详细的介绍，与日本出版的同类著作相比具有自己独特的风格，在日本的日本文学研究学者中也获得高度评价。

《张竹坡与〈金瓶梅〉评点考论》

作者姓名：王汝梅
发表期刊：《吉林大学社会科学学报》
发表时间：1985 年第 1 期
获奖情况：吉林省首届社会科学优秀成果奖优秀奖

一 篇章结构和基本观点

本文共分为四部分。第一部分，竹坡生平思想。第二部分，竹坡与第一奇书。第三部分，小说批评史上的里程碑：驳斥"淫书"论，开创了《金瓶梅》评论的新阶段；总结《金瓶梅》写实成就，确立了写实主义小说艺术观；分析《金瓶梅》刻画人物性格的艺术特点，丰富了典型性格论。第四部分，张评本对曹雪芹创作的影响。

二 主要创新和学术影响

本文与《评张竹坡的金瓶梅评论》（载《文艺理论研究》1981 年第 2 期）为姊妹篇。本文被誉为大陆关于张竹坡研究的第一篇专题论文，促进了《张氏族谱》的发现。在《张氏族谱》被发现之后，作者在新资料基础上，较全面地论述了张竹坡生平思想与小说评点贡献，在学术界产生了广泛影响，为《张竹坡批评第一奇书金瓶梅》校点本的出版奠定了坚实的学术基础。

《论〈诗经〉至〈楚辞〉年间诗歌的发展》

作者姓名：李军

发表期刊：《吉林大学社会科学学报》

发表时间：1985 年第 5 期

获奖情况：吉林省首届社会科学优秀成果奖优秀奖

一　篇章结构和基本观点

本文共分为两部分。第一部分主要是提出问题，并结合文献，指出这三百年间的诗歌残存至今者就有五十多首，推断此期诗歌的实际数量则是难以确计的，并得出初步结论：这近三百年间，诗歌既没有泯灭，也没有衰微，而是有所发展。第二部分主要回答这近三百年间的诗歌到底是怎样发展的、其基本轮廓如何等问题。此部分以"新声"作为重要线索，梳理出三个循序渐进的诗歌发展层次：一是自陈灵以后，一种以"新声"为代表的民歌开始流行，至孔子之时蓬勃发展，进而与雅乐相抗衡并渗入宫廷；二是战国初期，新声蔚为大国，至子夏论乐时，已形成了与雅乐迥然不同的风格和体系；三是战国中期，新声统一了黄河流域的诗歌世界，随后便发生了向南流布和诗乐分离的趋向，进而迎来新的诗体——骚赋的产生和出现。

二　主要创新和学术影响

《诗经》至《楚辞》诞生前这三百年间诗歌的发展怎样、它在中国诗歌史上的地位与作用，是学者们较少关注的问题。本文针对这一先秦诗歌研究的薄弱环节，结合大量文献，提出引人深思的观点，弥补了此期诗歌研究的不足，推动了先秦诗歌研究。本文认为骚、赋与"新声"之间存在密切关系，这一观点也丰富并推动了辞赋起源研究。

《鲁迅与日本文学》

作者姓名：刘柏青

出版单位：吉林大学出版社

出版时间：1985 年

获奖情况：国家教委首届人文社会科学研究优秀成果奖二等奖

　　　　　吉林省首届社会科学优秀成果奖优秀奖

一　篇章结构和基本观点

本书由概论和 11 篇专论构成。概论以夹叙、夹议的方式概要探讨了鲁迅从青年时代留学日本到晚年参与左翼文学运动这数十年间与日本文学的丰富互动，尤其是鲁迅对日本文学作品及文献的翻译、评论情况。11 篇专论基本依照研究对象的历史先后排序，从日本文学在鲁迅早期思想及文学作品中的影响，到鲁迅对日本前辈与同辈作家作品的翻译、评介，再到同时期日本文学界对鲁迅及其作品的研究、评议，如"鲁迅与夏目漱石""鲁迅与白桦派作家""鲁迅与日本无产阶级文学"等，最后以对战后日本鲁迅研究的介绍与点评作为终章。此外，还有一篇附录"三十年代鲁迅会见过的日本作家简介"。全书条理清晰地论述了鲁迅与日本文学之间的关系，其中一些章节也可看作到那时为止日本文学界了解、研究鲁迅的一部简史。

二　主要创新和学术影响

本书是第一部以鲁迅与日本文学关系为研究对象的专著，在多个领域都具有开创意义。在鲁迅研究领域，这本专著规划了在我国学术界至今充满活力的"鲁迅文学中的日本文学影响"和"日本鲁迅研究史"两个研究方向；在中国现代文学领域，本书是中日近现代文学关系研究的奠基著作之一；在比较文学领域，本书不仅是我国较早采用译介学方法和影响研究方法进行研究的代表性著作之一，而且也是研究中国文学海外影响的早期代表著作之一。

著名鲁迅研究专家蒋锡金先生在为本书撰写的序言中说，作者"为大家做了许多值得感念的开拓性的探索""它不仅有助于我们对'鲁迅与日本文学的关系'问题的理解，也将有助于我们对鲁迅的整体理解，数十年来'鲁迅学'的'原地踏步'现象获得了推进的力量"。刘中树先生认为，本书"多方面多角度地介绍了鲁迅与日本文学的关系史料，论析了相互间的影响和各自的特点，拓展了新的领域，掘凿了新的深度。在目前鲁迅与日本文学的比较研究中，是一部较全面、深入和系统的著作"。

《文学典型研究的新发展》

作者姓名： 栾昌大
出版单位： 辽宁大学出版社
出版时间： 1986 年

一　篇章结构和基本观点

本书共分为五部分，即"统一说"及其诸流派、彻底突破"统一说"格局的典型观、系统论在性格分析中的运用、人物性格的二重组合理论、关于典型发展趋势的讨论。

传统的文学典型理论基本上持"共性与个性相统一"的论点，容易流于机械化、公式化。本书对"统一说"的理论内容和弊端进行了细致的分析，对新出现的典型理论，如在"系统论"方法下得出的典型观和关于人物性格的二重组合理论加以梳理，既指出了其合理、新颖之处，又指出了其在文学实践及哲学基础等方面存在的不足之处，进而提出了关于典型理论发展趋势的独到看法。认为，要吸取新思想，突破"统一论"格局，从整体上把握典型性格的特殊性。提出自己的新论点：成功的典型人物具有深广社会、审美内容的特殊性格。

二　主要创新和学术影响

典型理论是新时期初期文艺理论研究的热点之一。本书对典型理论和文学实践做出的分析成为相关研究的重要资料之一，许多参与讨论的文章对其加以引用参考。本书提出的论点是我国文学典型理论研究史中的一个独到看法，对文艺理论研究有很大的启发价值。

《中国各民族民间文学基础》

作者姓名： 李景江　李文焕
出版单位： 吉林大学出版社
出版时间： 1986 年 5 月
获奖情况： 吉林省首届社会科学优秀成果奖优秀奖

一　篇章结构和基本观点

本书共分为九章，分别为神话、民间传说、英雄史诗、民间歌谣、民间故事、民间叙事歌、民间小戏、社会主义时期民间文学、搜集与整理等。

所谓"民间文学"一向为"正统学士大夫"所鄙夷、所不屑，到辛亥革命其境遇有所改观，一时间"不仅成了中国文学史主要的成分，而且也成了中国文学史的中心"（郑振铎语）。鲁迅、胡适等都看到民间文学的巨大文学价值。

二　主要创新和学术影响

本书以中国各民族民间文学为学术对象，56 个民族的古今创作乃汪洋大海般的文字量让人望而生怯的"量"，足见作者劳作之繁巨。本书之于各民族文学文本、文献资料的筛选拣择亦耗费了作者精力心血，难能可贵的是作者具有独特的历史眼光和敏锐的审美感觉。

本书在广泛参阅文本作品的基础上，在思想和研究方法上也有所突破。作者首先将民间文学所蕴含的文学、历史、宗教、政治、哲学、民俗统合起来作为一个系统来认识，然后再进行局部、层次的研究、推敲，这是本书的亮点。

《鲁迅的文学观》

作者姓名：刘中树

出版单位：吉林大学出版社

出版时间：1986 年

一　篇章结构和基本观点

本书共分为八部分。第一部分，鲁迅文学观的体系和特点。本章是全书内容的纲要。本章提出鲁迅文学观的体系主要包括文学本质观、"为人生"的文学观、现实主义文学观、"革命文学"观、文艺批评观、比较文学观以及文学史观等七个方面。第二部分，鲁迅的文学本质观。论述了鲁迅文学观的思想理论基础，即他的文学本质观，包括文学起源论、文学的审美特征论和文学的审美功能论三部分。第三部分，鲁迅"为人生"的文学观。为了说明鲁迅"为人生"的文学观的基本思想和特征，本章详细阐述了鲁迅"为人生"与"遵命"文学，"为人生"与"立人"、改造国民性，"为人生"的创作主张三个问题。第四部分，鲁迅的现实主义文学观。主要论述了鲁迅是怎样从浪漫主义转变到现实主义的创作道路上的、鲁迅的主客观统一的现实主义创作原则、鲁迅的现实主义创作主张和创作特征。第五部分，鲁迅的"革命文学"观。主要论述了鲁迅"革命文学"观的形成与发展过程、鲁迅"革命文学"观的体系和内容。第六部分，鲁迅的文艺批评观。主要论述了鲁迅的文艺批评理论体系，这个体系以历史、逻辑和美学相一致的方法为核心，包括文艺批评的理论主张和文艺批评实践的特征两个主要方面。第七部分，鲁迅的比较文学观。从指导思想、理论主张和取得的成就三个方面，对鲁迅的文学比较研究理论和经验做出探讨，论述了鲁迅在文学比较活动方面有着明确的指导思想、坚实的理论主张、卓越的研究实践。第八部分，附录：论鲁迅的思想发展。论述了鲁迅思想发展经历的三个阶段、两次飞跃。

二　主要创新和学术影响

本书在体系上摆脱了此前先按照文学概论教科书的条目编排，然后引用鲁迅的观点加以阐释的套路，而是结合时代及其思想与创作实践，对其文学观的诸多命题进行了细致的分析，梳理出了符合鲁迅思想实际的文学理论体系。

本书出版后，引起了鲁迅研究界的较大关注。袁良骏、张梦阳、季红真、张福贵等著名学者都对其给予了很高的评价。袁良骏在《当代鲁迅研究史》一书中称《鲁迅的文学观》"是严格意义上的此类著作的第一本""无疑是抓住了鲁迅文学观的基本特点的"。张梦阳在其所著的《中国鲁迅学通史》一书中认为该书"首次从体系和特征、本质观、批评观等基本方面对鲁迅的文学观作了较为全面的阐释"。季红真在《文艺报》上撰文对其予以评述。张福贵先后在于《鲁迅研究月刊》和《社会科学战线》上发表的文章中对其予以引用和评述。《北京科技大学学报》（社会科学版）2013 年 3 期上的《近 30 年的鲁迅文化影响力的变迁——以鲁迅类图书的出版和图书馆借阅流通量的统计分析为例》一文也对本书予以评述。

《老子说解》

作者姓名： 张松如 （公木）

出版单位： 齐鲁书社

出版时间： 1987 年

获奖情况： 国家教委首届人文社会科学研究优秀成果奖二等奖

吉林省第二届社会科学优秀成果奖特别奖

一　篇章结构和基本观点

本书由经文、语译、校释、说解四部分组成。经文系于古今诸本近百种当中择善而从，逐句写定；以帛书甲、乙本为权衡，以汉晋以迄近现代各家著作做参考。经文写定之后，附以优美的语译。校释即校读记，以校为主，以释为辅，释义意在校文，经文是如何写定的，俱在校释中。说解缀于每章之末，以阐发章旨为主，并对其中一些重要概念、范畴进行分析剖解。四部分的关系如作者在自序中所说"虽然出发仍由经文，中经语译与校释，而归宿则在说解，一切以说解的裁断为凭依，也为了助成说解的裁断为目的"。

二　主要创新和学术影响

古今注疏、说解《老子》的著作众多，本书在众书之后却能别具一格而富于创新。这主要表现在以下三个方面。第一，经文不同于以往必以一家之言为蓝本的做法，而是于包括帛书《老子》在内的古今诸本中择善而从，从而做到吸收古今诸本之长，成为帛书本出土后《老子》经文校释工作较为完备的一部著作。第二，本书既考校训诂，又讲求义理，亦注意从现代科学发展的高度对老子思想做出说明、阐释，常能力排众议，有新颖独到之见。第三，本书提出并回答了许多中国历史和文化的重要问题，如对老子以及"儒道互补"的看法表现出深邃的洞见。本书推动了道家研究，对于深化中国文化的认识亦有裨益。

《五四文学革命运动史论》

作者姓名：刘中树
出版单位：吉林大学出版社
出版时间：1989 年
获奖情况：国家教委首届高等学校出版社优秀学术专著奖

一　篇章结构和基本观点

本书共分为四部分：绪论、上编、下编和附录。绪论部分的内容结合"五四"运动的宏观背景，论述了"五四"文学革命运动的发生过程、取得的成就，指出"五四"新文学运动与过去的文学运动有着质的差别，它以新的姿态出现在"五四"新文化运动中，发挥了独特的作用。上编集中论述了"五四"文学革命运动时期的重大问题，偏重史的梳理，在丰富史料的基础上，完整地介绍了"五四"文学革命运动史的脉络。下编着重介绍"五四"新文学运动时期的各种文学体裁——诗歌、小说、戏剧、散文取得的成就，以及文学社团（以文学研究会、创造社为主）的发展状况，对其中重要的作家还做了简介，全面、细致地展示了当年的创作情况。又另设专章介绍了现代小说与外来影响的关系。下编偏重对文学创作内容的介绍，在有着丰富、详尽史料的基础上，完整地描绘出了"五四"新文学创作的整体面貌。附录部分详细列举了"五四"文学革命运动期间的大事，给研究者提供了更多的参考资料和深入发掘、研究的空间。

二　主要创新和学术影响

本书是作者积多年研究之心得，针对 20 世纪 90 年代以来学界一些人对于"五四"文学和"五四"新文化的否定性评价，力图在叙述史实中论述问题，在充足史实的基础之上，表达了自己的史识。本书汇总了"五四"新文学的发展情况与成就，尤其是对'五四'文学革命运动史进行了阐述，既是对前人观点的涵容，又是对前人研究的深入与超越。

本书出版后被多位学者在学术论文中引用和评介，比如洪亮在《中国现代文学史编纂的历史与现状》（《中国现代文学研究丛刊》2012 年第 7 期）一文中对其进行了引用；在吉林大学出版社 1999 年出版的《中国人文社会科学二十年》一书中，黄也平教授对本书予以评述；《当代作家评论》2013 年 11 月第 6 期上同时有两篇文章对本书进行评述。

《"真和美将偕汝永世其昌"——纪念莎士比亚诞辰425周年》

作者姓名：张泗洋

发表期刊：《外国文学研究》

发表时间：1989 年第 2 期

获奖情况：吉林省第二届社会科学优秀成果奖特别奖

一　篇章结构和基本观点

莎士比亚戏剧一开始就受到民众的欢迎，在以后数百年中，也一直拥有大量的读者和观众。由此表明，真正伟大的艺术总是经得起时间考验的。而随着岁月的流转，莎士比亚必将越发光辉灿烂，对人类社会的发展和精神文化生活的提高有着永恒的积极意义，正如莎士比亚诗句所言"真和美将偕汝永世其昌。"论文既回顾了400 年来西方莎士比亚研究的历史和现状，也对莎士比亚在中国的译介和评论情况做了综述，并集中论述了马克思对莎士比亚的高度评价。因此，论文最后指出，莎士比亚艺术所蕴含的真理和道德力量，即使在当代中国社会，仍然具有深刻的现实意义。

二　主要创新和学术影响

莎士比亚所歌颂的真、善、美，对于我们抵制社会生活中市侩作风、拜金主义和官僚主义，也仍然具有潜移默化的功效。而这一切，正是我们纪念莎士比亚诞辰 425周年的意义之所在。

《文学失语症——新小说"语言革命"批判》

作者姓名：黄也平（黄浩）

发表期刊：《文学评论》

发表时间：1990 年第 2 期

一　篇章结构和基本观点

本文共分为六部分，分别为新小说——有病了、新古汉语、语言造型：艰难的工程、孤独的"文本"、语言的可能。

自 20 世纪 80 年代开始，伴随着西方现代主义文学的影响，中国也出现了小说写作的"探索"浪潮。为了区别于已有的现实主义小说，人们把此类小说称为实验小说、先锋小说或新小说。应当看到的是，在"新时期"的小说中，"新小说"写作的确是一种具有探索性和创新性的创作活动。它们在小说的内容主题和语言叙述两个方向上，对传统的现实主义文学进行了"革命"。其中，"新小说"在语言形式上的探索和创新，曾经颇有影响。以至于我们今天小说中的"第一人称叙述"，都是当时"新小说"汉语写作探索的结果。但是在当时的"新小说语言革命"过程中，也确实存在着泥沙俱下的局面。其中，在"语言革命"中的某些极端化实践，即属此类。

二　主要创新和学术影响

"新小说语言革命"，始终伴随着一种刻意"把话说不明白"的努力。在这种努力下，有相当一部分"新小说"，出现了说不明白话，乃至不会说话的"失语症"情况。由于一部分"极端化的语言实验"，出现了部分小说需要注释方可阅读的"新古汉语"现象。从文学发展的积极角度讲，"新小说语言革命"必然性地改变了传统化的文学写作和文学欣赏的方式。因为在传统现实主义文学世界里，人物、情节才是一切。语言只是一种"外在"的媒介物。"新小说"的语文实践，使人们明白了语言也是小说的一个"主角"。"新小说"不能一味地在语言革命上"打转转"。它必须看到，"新小说"除了重视语言之外，还需要重视人物、情节和故事。也就是，"新小说"要学会尊重小说传统。否则，它无法远行。

《欧美文学史》

作者姓名：李尚信

出版单位：吉林大学出版社

出版时间：1997 年

一　篇章结构和基本观点

本书共分为十部分，分别为古希腊罗马文学、中世纪文学、文艺复兴时期文学、十七世纪文学、十八世纪文学、十九世纪初期文学、十九世纪中期文学、十九世纪末至二十世纪初期文学、两次世界大战之间文学、第二次世界大战后文学。

本书在编写体例上，兼顾欧美文学史基本知识和重点作家作品两个方面。既对欧美文学发展的历史脉络、各个时期的重要思潮流派做简明的、力求全面的评述，又对重要的作家及其代表作品做重点论述。因此，本书既不同于通常的文学简史，又不异于作家作品论，是两者完善的融合。

本书在文学史观、理论观点和批评方法等学术问题上，做了大胆而有益的探索。例如，摒弃了"积极浪漫主义""消极浪漫主义""批判现实主义"等"左"的概念，做出了更允当的学术判断并辅以准确传神的概念术语。对一些作家，特别是二十世纪诸多作家的评论，克服了简单化的、政治化的倾向，力求做出实事求是的思想和艺术分析与评价。

二　主要创新和学术影响

本书的一个显著特点就在于率先突破了既往外国文学教学中"厚古薄今"的陈规，将 20 世纪欧美文学作为整个西方文学史的有机组成部分进行系统的评述。欧美文学是一个历史的发展过程。古代文学、近代文学是现代文学的前提，现代文学是古代文学和近代文学发展的结果。学习和研究古、近代文学固然重要，而学习和研究现代文学更具有现实意义。本书力求更加完整地阐释欧美文学的基本知识，全面、深入地认识和理解欧美文学的发展规律，了解现代欧美文学研究观念的发展和变化，以适应现代审美和艺术欣赏的要求。

本书于 1991 年问世，在当时国内同类教材中是第一部涵盖了从古希腊罗马时期到 20 世纪 80 年代的欧美文学通史，并于 1997 年、2003 年经两次修订再版，每次均在汲取学界新研究成果的基础上，做了不同程度的修订、充实和润色。

《第三自然界概说》

作者姓名：张松如（公木）

出版单位：吉林教育出版社

出版时间：1993 年

一　篇章结构和基本观点

本书是张松如（公木）先生在《话说第三自然界》的基础上撰写的一部力作。全书由诗论出发延伸至艺术，又由艺术延伸至哲学，言简意赅而又内涵丰富，思维缜密而又意蕴深厚。纵观全书，可以总结出如下几个特点。一是丰富哲理的蕴含。"第一自然界"是先于人类的自然界，是"无名"世界；"第二自然界"是"有名"世界，人类是生活于其中的主体，并通过劳动从"第一自然界"中被创造出来。公木先生在精辟论述了"第一自然界"和"第二自然界"后，推衍出了"第三自然界"的概念。在对这三个自然界的划分、阐释以及它们相辅相成、相互影响、相互转化关系的论述中蕴含着丰富的哲理。二是诗、艺术和哲学的融合。实践唯物主义作为全书的理论基础，是在对马克思主义哲学的思考中，融合现代西方多种哲学学说，并吸收中国传统哲学中的合理成分之后而形成的独特而又复杂的理论体系。全书把艺术或诗视为"第三自然界"中居于突出地位的"显族"或"超级大国"，本质上这是一本诗学专著或艺术著作。三是对人类崇高的赞颂。本书坚持"真善美"的统一，三者有机融合显现为艺术形象，突出了人的本质力量的对象化。"第三自然界"是人类的想象，这把人类置于最为核心的地位。

二 主要创新和学术影响

本书既是一本诗学专著，又是一本艺术著作，同时也是一本哲学著作。可以说，本书是公木先生于多年沉思后哲理与情思的升华。

《全宋词精华》

作者姓名： 喻朝刚

出版单位： 辽宁古籍出版社

出版时间： 1995 年

一 篇章结构和基本观点

本书共五册，140 万字。本书以《全宋词》为主要文本依据，同时参考了历代词的总集、别集、选本，词话、词评和其他有关资料，经词学名家喻朝刚先生反复斟酌、考量，选出词人 500 余家、词作近 2000 首，宋词精华的绝大部分都已被囊括其中。该书从不同的侧面反映了宋代的历史面貌、风土人情以及宋人丰富多彩的物质生活和精神世界。

本书除原文和作者小传外，还有"注释"、"解说"和"集评"等方面的内容。该书以作者为经，以时代先后为序，无名氏的作品，一律放在最后。同一作者之词，绝大多数按《全宋词》的次序排列，作品有编年者，则参考编年而定。

二 主要创新和学术影响

本书是喻朝刚教授从事词学研究 40 年的一部具有代表性的著作。本书突破了前人的审美观念和选词标准，不受豪放、婉约两大体派观念的局囿，选录了不少被打入冷宫的遗珠弃璧，使许多优秀作品在沉埋了数百年后又得以重新与广大接受者见面。同时，本书把宋词作为整体来审视，突破、纠正了长期以来流行的认为宋词题材狭窄、反映生活面不广的刻板之见和错误看法。本书"注释"简明准确，"解说"部分尤见著者功力，或介绍背景，或揭示词旨，或点明艺术特色，往往三言两语即钩玄提要、示人门径。其"集评"部分除选录宋、金、元、明、清历代有关词评外，还创例选录了当代词学大师夏承焘、唐圭璋和部分词学名家的评语。在没有任何检索条件下，这些"集评"文字都是喻朝刚教授积多年之功、集腋成裘，一首一首检录出来的。

本书出版后获得学界广泛好评，《词学研究年鉴》予之以专题述评，《中国文化报》《中国图书评论》《中华词学》《社会科学战线》等报刊相继发表书评，对其予以肯定性评介。

《中国诗歌史论丛书》

作者姓名：张松如（公木）　喻朝纲　姜念东　郭杰

出版单位：吉林教育出版社

出版时间：1995 年

获奖情况：国家社会科学基金项目优秀成果奖三等奖

一　篇章结构和基本观点

本书共分为九卷，依据历史线条依次是：《先秦诗歌史论》《汉代诗歌史论》《魏晋南北朝诗歌史论》《隋唐五代诗歌史论》《宋代诗歌史论》《辽金元诗歌史论》《明清诗歌史论》《中国近代诗歌史论》《中国现代诗歌史论》。

二　主要创新和学术影响

本书是我国第一套全面系统地总结和阐发中国诗歌文化的学术著作，卷帙浩繁、囊括古今、视野宏阔、观点深邃，在当时是关于中国整个古今诗歌史研究的绝无仅有之作，是中国诗歌史论的扛鼎之作。本书有三个特点。首先是通古今，气魄不凡。丛书九卷，分别看，都是极具个性的断代诗歌史论；合起来读，则从先秦一直贯穿到近代、现代，不仅内容十分完整，而且显示出统一的勇于开拓、积极进取、力求以历史研究照亮未来之路的学术精神。因而丛书自出版以来就受到读者的欢迎，被学界誉为"从中不仅可得关于诗歌的历史知识，而且可知中国诗歌的未来走向，是诗爱者的必备之书"。其次是广视角，议论厚重。诚如主编张松如教授所说，丛书九卷，"不是一般的诗歌史，不是一般的诗论，也不同于诗歌批评史或诗歌美学史；它是诗歌史论，属于艺术文化史性质，即诗的文化史，从文化视角来论述中国诗歌的历程与发展，或者说中国诗歌的文化之路"。再次是有新意，而且文采粲然。作为史论，能提出新的见解，已算是成功了一半。而丛书九卷，不仅每卷都能提出新鲜而扎实的见解，而且行文也常有诗的文采与气息。在结构上，第九卷将现代诗歌分为"春""夏""秋"三编加以论述，不仅构思新颖，而且贴切自然，使得整部现代诗歌史论都被笼罩在诗的色彩与灵动中。

《晚明文学与五四文学的时差与异质》

作者姓名：张福贵　刘中树

发表期刊：《中国社会科学》

发表时间：1996 年第 6 期

获奖情况：普通高等学校第二届人文社会科学研究成果奖三等奖

　　　　　吉林省第四届社会科学优秀成果奖一等奖

一　篇章结构和基本观点

本文共分为四部分。第一部分为精神关系：时间的差异与本质的差异。晚明文学与五四文学之间的精神联系并不能消灭二者之间的本质差异，它们不仅属于两个时代，而且属于两种文化体系。第二部分为文化底蕴：传统的反叛与现代的反叛。晚明文学属于传统之内反传统，五四文学是传统之外反传统。第三部分为人生价值：生命的意义与思想的意义。人的价值包括生命意义和思想意义两大层面。晚明文学的价值体现为生命意义的追求，而五四文学的价值在此基础上更着重于对思想的追求。第四部分为自由境界：个性的解放与群体的解放。晚明文学的解放是个体的，五四文学的解放包含着群体的解放。

二　主要创新和学术影响

从周作人开始，学界一直认为晚明文学是五四文学的思想源流，本文对此提出了质疑和反驳，认为晚明文学与五四文学虽然存在着一定的精神联系，但这并不能消除二者之间的本质差异，它们不仅属于两个时代，而且属于两种文化。晚明文学和五四文学在文化底蕴、人生价值、自由境界上都存在着传统与现代、生命与思想、个体与群体的不同形态与素质。

本文被《新华文摘》、《高校文科学报文摘》、《文摘报》、《中国人民大学复印报刊资料》（中国现代、当代文学研究）和（中国古代、近代文学研究）等转载。学者在《文学遗产》《明清小说研究》《学习与探索》《江海学刊》《晚明文学思潮研究》《中国人文社会科学二十年》等期刊上引用评介了本文 40 多次。著名学者章培恒认为"该文通过探讨晚明文学与五四文学的异同，表现了把中国古代文学与现代文学贯通起来的努力"（《人文社会科学研究现状与发展趋势》，湖南大学出版社，2001）；著名学者吴承学等称论文"对单纯在古代文学史范围内研究明清文学是个超越，它把明清文学看成是迄今为止的文学史中的一环，而且是尚在发生作用的文学史现象，这就为明清文学研究注入了新的动力，提供了新的视角。现代文学研究者的参与，对明清诗文研究是一大促进"（吴承学、曹虹、蒋寅《一个期待关注的学术领域——明清诗文研究三人谈》，《文学遗产》1999 年第 4 期）。

《西方文学批评史》

作者姓名：杨冬

出版单位：吉林教育出版社

出版时间：1998 年

获奖情况：教育部第三届中国高校人文社会科学研究优秀成果奖三等奖

一　篇章结构和基本观点

本书共分为五编四十章，总计 43 万字。第一编为《古希腊罗马与中世纪文学批评》，第二编为《文艺复兴至 18 世纪文学批评》，第三编为《19 世纪初期文学批评》，第四编为《19 世纪中期文学批评》，第五编为《19 世纪后期至 20 世纪初期文学批评》。本书从一个中国学者的视角，系统描述了从柏拉图、亚里士多德到尼采、勃兰兑斯的西方文学批评的发展轨迹，深入探讨了各种理论问题与批评方法。全书尤为注重对那些伟大的批评家进行个案分析，使宏观研究建立在微观研究的坚实基础上。

二　主要创新和学术影响

本书采用了广义的文学批评的概念，既涉及许多具体的批评见解，又涉及文学史研究，但中心任务是探讨文学理论与批评方法的演变。从这个意义上说，本书也是一部文学理论发展史书。本书强调，文学理论与批评方法都深深植根于历史之中，都是历史的建构。因此，要学习和研究文学理论，除了追根溯源，探究以往的文学理论之外，至今没有其他更好的途径。研究文学批评史，就是探讨文学理论与批评方法本身。这正是研究西方文学批评史的意义之所在。

本书借鉴了诸多西方学者的研究成果，但又不为前人所束缚，在若干重大理论问题上多有创见。例如，对亚里士多德的有机整体论诗学、华兹华斯和柯勒律治的想象理论、黑格尔的文学理论、圣勃夫的传记式批评、波德莱尔的应和理论、别林斯基的形象思维理论、布拉德雷的悲剧理论、勃兰兑斯的文学史观，本书都敢于突破前人之见，做出了独到而言之成理的评价。

在研究方法上，本书也做了大胆尝试。本书以微观研究为基础，细致辨析每一个具体问题，认真梳理各种理论思潮的来龙去脉。与此同时，本书采用以人物为纲的撰写体例，深入剖析每位批评家的理论得失，避免了轻率的断语和简单的结论。以我国目前在该领域的研究现状而言，这种处理方法显然更稳妥、更扎实。

《嬗变——辛亥革命时期至五四时期的中国文学》

作者姓名：刘纳

出版单位：中国社会科学出版社

出版时间：1998 年

获奖情况：吉林省第五届社会科学优秀成果奖一等奖

一 篇章结构和基本观点

本书共分为五章。第一章为历史变动中的文学变革，主要论述文学变革与历史变革的复杂关系，既关注二者之间的重合之处，也梳理其间的背离与错位之处。这里既有丰富的史料，也有基于史料而得出的理论观念。第二章为辛亥革命时期的中国文学，主要论述的是"小说界革命"的小说状况、诗歌变革时期的诗歌状况，尤其是论述了诗人广宣的创作，以及"戏曲与弹词"的变革；此外，也从女性主义的视角指出，这一时期女性作家的创作基本上是在男性作家的引导之下。第三章为 1912 ~ 1919 年的中国文学，是对辛亥革命之后中国文学复杂局面的梳理、研究。抓住若干问题，突显这个时期的文学特征：时代气氛与文学气氛，是一种总体氛围的勾勒，从宏观上把握这个时期的文学精神特质。然后，论及各种丰富的文学现象，有各种乱象如骂世、警世、混世、避世和售世，有回光返照的古典文学创作，其中包括骈文的一时兴盛，还有早期的文言与白话之争。第四章为在比较中寻找变革的轨迹，从变革时期思想文化观念的纵向比较入手，分析中国文学的变化。比如，从辛亥革命时期的文学的注重政治，到"五四"时期的文学注重思想；从辛亥革命前后文学大力宣传"国民"思想到"五四"时期"人"的发现。还有"五四"文学发难者与创作者之间的矛盾与悖论等复杂现象。第五章为五四新文学的实绩与光影，主要论述的是三个文体："五四"文学革命中的散文、诗歌与小说的文体变革；对"五四"文学"巨人"的研究，"巨人"包括胡适、陈独秀、鲁迅、钱玄同等人；"贫瘠的实绩与神奇的观影"则主要挖掘"五四"文学创作背后的伟大精神，虽然"五四"文学的创作成果未必多么耀眼，但是，其表现出来的现代精神足以成为后世文学的重要资源。

二 主要创新和学术影响

本书在大量查阅一手资料的基础上，研究评述了辛亥革命时期到五四时期中国文学变革的历史轨迹。描述了 1912 ~ 1919 年中国文学的历史，对辛亥时期"男性指导下的女性写作"，以及以往研究相当充分的"五四"时期文学，也提出了不少新认识。

本书对把握中国文学如何在 20 世纪初短短 20 年完成从"古代"到"近代"的

嬗变这类重大学术难题，进行了全面深入的突破性思考；同时，对文学史研究也显示出重要的方法论意义，启示我们明白应该运用怎样的方法研究文学史。

《对五四新文学发生及源流的再认识》

作者姓名：陈方竞　刘中树
发表期刊：《文艺研究》
发表时间：1999 年第 2 期
获奖情况：教育部第三届中国高校人文社会科学研究优秀成果奖三等奖
　　　　　吉林省第五届社会科学优秀成果奖一等奖

一　篇章结构和基本观点

本文共分为六部分。第一部分，起首总括直接促成"五四"新文学发生的主要三种成分：承续并发展章太炎学术思想的章门弟子的文学观构成新文学发生的"内源性"成分；陈独秀与胡适的文学观作为两种不同因素，构成新文学发生的"外源性介入"成分；严复、林纾的文学观作为一种不可或缺的成分，从正反两方面作用于新文学。第二部分，通过对比说明陈独秀和胡适是作为"外源性"成分介入以章太炎学术思想为主导的思想文化及文学变革主潮的。第三部分，着眼于 1917 年以前的北京大学，阐明北京大学为文学革命的倡导提供了怎样的基础，蕴蓄了何等的势能。第四部分，侧重于梳理 1913 年后的章太炎学术思想进入北大文科从而对"五四"所产生的影响。第五部分分析了 1917 年前后北京大学文科出现的"新"与"旧"、传统与现代的对立，指出作为文学革命的倡导者和响应者，胡适、蔡元培和倒戈的章门弟子及北大学生等的学术思想，与章太炎的学术思想是有着内在的本质联系的，实质上是对章太炎学术思想的发展与蜕变。第六部分，作者抓住鲁迅与章太炎的深刻联系，指明就艺术内部规律而言，鲁迅开创的"五四"新文学是与六朝文学相通的，魏晋文学构成了从章太炎到鲁迅所开启的"五四"新文学与传统大学联系之渊源。

二　主要创新和学术影响

本文对"五四"新文学源流的认识没有拘泥于一般的描述和理解，这是对此前研究思路和研究方法的重要突破，对以后的研究具有一定的导向意义。作者从学术传统和文学自身的内部规律出发，以学术渊源为纵轴，以"五四"时期的思想交锋为横线，全面、辩证地分析了"五四"新文学发生的根源。这种认识为理解和阐释"五四"新文学的发生提供了全新的视角和方法，这种认识所赖以产生的方法，对避免在学术研究中形成单一思维和武断结论，同样也具有非常重要的意义。

《"气韵"范畴考辨》

作者姓名：张锡坤

发表期刊：《中国社会科学》

发表时间：2000 年第 2 期

获奖情况：教育部第三届中国高校人文社会科学研究优秀成果奖三等奖

一　篇章结构和基本观点

本文共分为三部分：气韵诠释的误区、气韵与"气运"、气韵与"传神"。本文的基本观点如下。第一，把气韵等同于"传神"的诠释，存在着三大误区：以"风韵"解气韵之"韵"；以"文气"解气韵之"气"；以为气韵的哲学基础在于玄，无视玄学之"无"与"气"完全不调和。第二，气韵源于"气运"，二者的通假既有音韵学的依据，又有文献可证。气韵即气运，乃气运从哲学到文艺审美的延伸。刘勰的"自然之道"（阴阳之道），钟嵘的"气之动物"，与气韵有着共同的旨趣，是分别从文学、诗歌和绘画领域对文艺本体论的表达。第三，气韵与"传神"是两个不同范畴。比较之下，有神明之美与神动之美之别、虚静与物感之别、超迈与力遵之别。后人多以"传神"解气韵的原因，在于气韵于"余意"有所欠缺，尚未达意尽蕴，仅道气而未伸味，而这却是"传神"之长，由此气韵的诠释便为"传神"所包办。

二　主要创新和学术影响

本文的主要创新在于提出了以"风韵"置换气韵，是气韵诠释的误区所在；气韵源于气运，二者可以通假；气韵所依据的宇宙生成论主要还是源于《易传》；气韵的提出，是魏晋"文的自觉"在新的历史条件下的继续和发展；气韵的基本精神亦未尝不是神主形次、略形重神。然而，同样重神，气韵与传神却各有所指；气韵与传神的创作心态不同，一主物感，一主虚静；审美理想、创作心态的不同，决定了作品在风格上的差异；为宫廷画师的身份所限，谢赫的气韵也有与"写物"注重形似相容共处的一面，这反映了他自身美学思想的复杂性，但最终还是超越了"写物"的形似；气韵仅以气谈韵，生动有余，而余意有所欠缺。

本文的学术价值在于揭示了以"传神"诠释气韵的理论误区，指出玄学本体之无，与宇宙生成之气完全不调和；以为气韵源于气运，是气运从哲学到文艺审美的延伸，为论证这一中心论点，从音韵学、宇宙的生成，绘画线条与气韵的关系，以及刘勰的"自然之道"、钟嵘的"气之动物"与气韵所具有的共同旨趣着手，多层次、多角度地加以阐释，指出气韵的哲学基础，乃在玄学之后儒学复兴中高扬的《易传》；

把气韵与"传神"做"短兵相接"地比较，由审美理想、创作心态，创作风格的不同，概括出气韵的实质在于生命的律动。

《意识的强化与中日比较文学研究的再发展》

作者姓名：张福贵

发表期刊：《吉林大学社会科学学报》

发表时间：2001 年第 1 期

获奖情况：教育部第四届中国高校人文社会科学研究优秀成果奖三等奖

吉林省第六届社会科学优秀成果奖一等奖

一　篇章结构和基本观点

本文共分为三部分。第一部分为强化理论意识，在具体研究的基础上确立具有理论体系的批评模式。主要是从中国比较文学内部领域的研究路向和方法的差异性，来评价中日比较文学研究的实证研究路向。认为这一研究方法虽然保证了研究成果的历史真实性和学术可靠性，但是必须在证明事实的基础上强化理论意识。第二部分为强化文化批判意识，在意义研究中确立现代化价值取向。指出目前有关中日文学的比较研究中，许多成果的"意义"的表述，都在证明中日文学的文化一体论的共同感，应该理性对待比较研究中的文化价值观。第三部分为强化人类意识，以人类的同一性为尺度超越研究中的文化本位意识。文学和文化关系研究必然包含文化本位意识，但是又必须淡化由此导致的文化宗主国意识，这种意识会使学术研究从开始就产生一种超强的民族主义意识，而这种民族主义意识必然影响研究成果的学理性。要确立人类性价值观，超越文化比较中的本位意识。

二　主要创新和学术影响

具体实证研究是中日文学比较研究的主要方法和价值观，中国的中日比较文学研究深受其影响。多数研究仅仅是以陈述事实为起点而又以此为终点，最终实现的也可能仅是一种"知识"的描述和"事实"的证明，而非"意义"或"思想"的阐释与总结，成了"为比较而比较"的研究。必须强化理论意识，在具体研究的基础上确立具有理论体系的批评模式。目前的影响研究中存在着不同的层次，"事实—异同—原因—模式"的研究思路才是影响研究与关系研究的完整过程。

在目前有关中日文学的比较研究中，许多成果的"意义"的表述，都是从积极意义上证明中日文学的文化一体论的共同感，对其影响的消极评价尚不多见。中国在东方文化价值论面前应该保持足够的清醒：当年的历史教训是，所谓"东亚一系""同文同种"的文化逻辑最终走向了"大东亚共存共荣"的政治逻辑。在当下的中日比较文学研究中，文化批判意识必须介入，从而超越民族主义而确立人类意识。

《万叶集》

译者姓名：赵乐珄
出版单位：译林出版社
出版时间：2002 年

一　篇章结构和基本观点

本书是日本文学发展史上的第一部诗歌总集，堪称日本的《诗经》。其素材涉及恋爱、死亡、战争、政治事件、宴会、传说、旅行、四季风物等方方面面，作品的时间跨度从公元三四二年到七五九年约四百二十年。本书内容包括二十卷，共四千五百余首和歌。其中长歌二百六十五首、短歌四千二百零七首、旋头歌六十二首、连歌与佛足石歌各一首。署名的作者约有四百七十八人。作品内容主要分为三大类：其一是相闻歌，主要描写男女情爱、老幼相亲等内容；其二是挽歌，描写祭吊伤亡、临终追悼等内容；三是杂歌，主要描写旅行、狩猎、宴请、风物、感慨等内容。

二　主要创新和学术影响

本书作为《万叶集》的中文全译本，是国内最为全面、最为权威的日文诗歌翻译作品，是最受读者欢迎的《万叶集》中译本之一。歌集翻译不仅尊重原著，而且格式灵活、易读易懂。为此，日本著名《万叶集》专家、日本富山大学名誉教授、圣德大学教授山口博先生专以为此撰写了《〈万叶集〉与中国文学》一文以表祝贺。目前，该译著已成为国内日本文学研究，特别是日本古代诗歌研究的重要参考文献。

《在世界文化中创造中国现代先进的民族文化——关于中国文化现代化的理解》

作者姓名：刘中树
发表期刊：《清华大学学报》（哲学社会科学版）
发表时间：2002 年第 4 期
获奖情况：吉林省第六届社会科学优秀成果奖一等奖

一　篇章结构和基本观点

本文共分为三部分。第一部分论析了中国文化现代化转型期的文化保守主义思潮

（如国学热、新儒学等），指出其否定"五四"新文化运动，坚守传统文化本位的谬误，说明也不能以文化相对主义作为中国的文化原则。第二部分主要是批驳全球化就是西方化、美国化的观点，指出不同民族文化有不同的文化传统、不同的文化现实，且它们构成不同的文化个性。就文化而言，全球化是各种文化交汇、冲突永不停息的过程，而不是一个一元化的过程。全球化将导致世界文化的多极化，而不是单一化，只能实现多元文化的共存。中国文化现代化应该有自己的道路。第三部分阐述了文化的同一性原理，说明文化的同一性是指各国、各民族文化的相互联系、相互交流与影响的共同存在。我们必须坚持文化的同一性与特殊性、世界性与民族性相结合的原则，创造中国现代先进的民族文化。

二　主要创新和学术影响

从二十世纪初始至二十世纪末，中国文化和中国文学都处在现代化的转型过程中，伴随着历史进程的不乏理论思潮的论争和实践的探索。在怎样建构中国现代文化这个问题上有两种相互对立的理论，即传统文化本位论（本土化）与西方文化本位论（西方化）。本文认为，无论是传统文化本位论还是西方文化本位论都是偏激的，是对全球化的单一化理解，我们必须坚持文化的同一性与特殊性、多元化和民族化相结合的原则，尊重传统，而不为传统所束缚，吸收西方文化而不是西方化。中国文化要完成现代化转型，必须把自己融入世界，但是融入世界又不等于丧失自我，而是要在世界文化中按照"三个代表"重要思想所提出的代表"先进文化的前进方向"来创造中国现代先进的民族文化，也就是既吸收传统文化和西方文化的优秀成份，又超越传统文化和西方文化的中国特色的社会主义先进文化。这种文化的本质内涵，就是中国共产党十五大报告中所明确阐释的："建设有中国特色的社会主义的文化，就是以马克思主义为指导，以培育有思想、有道德、有文化、有纪律的公民为目标，发展面向现代化、面向世界、面向未来的，民族的科学的大众的社会主义文化。"

《刘中树文学论集》

作者姓名：刘中树

出版单位：吉林出版集团有限责任公司

出版时间：2008 年

一　篇章结构和基本观点

本书共分为两部分。第一部分以写作和发表的时间为顺序，共选取了《就〈阿Q正传〉的几个主要问题和冯文炳教授商榷》《鲁迅的早期思想》、《开一代诗风的〈女神〉》《谈"民族革命战争的大众文学"与"国防文学"两个口号的论争》《论五四文学革命运动》等21篇研究论文，反映了作者从青年步入老年的学术生涯。第二部分也以写作和发表的时间为序编排，共选取了《革命的现实主义和革命的浪漫主义相结合的艺术方法》《学习鲁迅　振兴中华》《重温鲁迅创作——札记三题》《鲁迅的启示：走向世界　创造自我》《高举邓小平理论旗帜　开展健康的文艺批评》等19篇论文，除第一篇发表在20世纪60年代外，其他都写于或发表于改革开放的新时期，集中反映了作者对改革开放新时期提出的文化和文学问题的宏观的理论思考。

二　主要创新和学术影响

本书汇集了作者50年对鲁迅研究及其他中国现当代文学研究方面的精华，本书选取的共40篇论文集中体现了作者"守正纳新"的文学观、文学史观和方法论。"守正"，即坚持马克思主义的世界观和方法论，实事求是，相信实证的研究方法；"纳新"则是指"守正"而不守旧，注意吸收古今中外的科学的思想理论，追踪新的思想成果，保持长久的思维活力和思想理论的先进性。本书以"守正纳新"的话语和姿态体现了作者的清醒和忧虑。在新时期既要不断纳新，同时又要守正，学术研究应该继续走实事求是之路，显示了作者踏实的精神气度和理论姿态。

本书出版后，受到了学界的高度评价，认为此书"从一个方面反映了一个成熟学者的与众不同和独树一帜"。新时期以来，"我们一直跟着西方走，但我们自己差不多已经迷失了方向感。我们的文学研究将要走向哪里，大概已经没有人能够回答。也正是在这样的语境中，本书的出版就有了不同寻常的意义"。"守正纳新"的观念受到学界的高度肯定，有学者认为这反映了作者的学术品格，且作者"稳健而不保守，开放而不激进"。

《宋词体演变史》

作者姓名：木斋

出版单位：中华书局

出版时间：2008年

获奖情况：吉林省第八届社会科学优秀成果奖一等奖

一　篇章结构和基本观点

本书不是一般意义上的词史著作，而是偏重于"论"的词体演进史著作，以词体来勾勒宋代词史。本书论证了宋词体演进史上最为重要的宋初体、柳永体、晏殊体、张先体、东坡体等14种词体在宋词体演变史中的不同特质、地位和影响，全书稿共40万字，从某种意义上来说，这是一部以写作大论文的方式来写的词体史著作。

二　主要创新和学术影响

本书的创新之处有以下几点。首先，选取了"词体"的研究视角，并且以宋代这一历史时期"词体"的变动和发展来构成一种史的范畴，从而开辟出了一个独特的词史研究领域。将这14种词体作为一个演变的、整体的"史"来加以诠释，开辟了词学研究领域的一块新的"园地"，也可以称之为词体学的尝试建构。其次，以创作者和接受者的互动关系作为词史发展的终极动力。词作线索虽然多元，但其中一条是以词的创作主体与接受主体的互动关系，特别是以词作的创作主体——词人的每个时期的不同构成和接受对象——听众或是读者对象的变化，以及引发的不同消费需求，来作为推动词体发展和演变的终极动力的。在词之初起到东坡体之前的阶段，以应制、应歌、应社等填词功能的不同点为纲要；在东坡体之后，则视每种词体的特质来选择不同的角度，但将创作主体和接受者两者之间的互动关系视为词体演变的一个终极动力。

《西周雅乐的刚健风貌与刘勰的"风骨"——〈文心雕龙·风骨〉"刚健"之再溯源》

作者姓名：张锡坤
发表期刊：《吉林大学社会科学学报》
发表时间：2009 年第 1 期
获奖情况：吉林省第八届社会科学优秀成果奖一等奖

一　篇章结构和基本观点

本文认为，"风骨"之意涵不仅以《易传》的乾阳"刚健"说为其理论来源，而且对它的诠释还应上溯至西周的雅乐乐奏。西周雅乐是一种庙堂典礼音乐，其主体结构是打击乐。打击乐重节奏而轻旋律，审美倾向是偏于刚健的。《乐记》是西周礼乐实践经验的总结，其雅乐理论为西周雅乐与"风骨"的中介。通过《乐记》的影响与渗透，《文心雕龙》为"风骨"提供了宏阔的理论背景；《风骨》的"风力遒"与《乐记》的"情深而文明，气盛而化神"，在外在风貌上完全一致，"骨髓峻"与《乐记》的"大乐必易，大礼必简"，在形式的简洁质朴上有着内在关联。以审美超出政治教化之上，源出于更高的本体世界，又是《风骨》与以政治标准为唯一的《乐记》雅乐理论的不同之处。

"风骨"是《文心雕龙》审美理想的集中体现，在整个创作论中占据核心的位置。论文拓宽了《文心雕龙》和"风骨"研究的思路，有利于澄清对"风骨"内涵阐释的混乱，从中亦可见刘勰对抵制六朝形式主义倾向所做的贡献。

二 主要创新和学术影响

本文的主要创新在于首次把西周雅乐的刚健风貌与刘勰的"风骨"联系起来论说。本文以《乐记》为西周雅乐与刘勰"风骨"之中介，亦是对"风骨"研究的最新发现。翔实考据了西周雅乐的刚健风貌。提出、疏理并论证了《乐记》的承前启后之作用。从"'风骨'的理论背景"、"博深而文明，气盛而化神"及"大乐必易，大礼必简"三个方面，透视了西周雅乐通过《乐记》对《风骨》篇的影响，属"风骨"研究的最新见解。

《杨振声文集》（《诗经》里面的描写）

作者姓名： 杨振声

出版单位： 线装书局

出版时间： 2009 年

一 篇章结构和基本观点

本书共分为两部分，第一部分或可被称为《诗》论简史。以为论《诗》肇始于孔子，而直到傅斯年，才"算是自有《诗经》以来老老实实论述《诗经》文学的文字"。其间学者主要论《诗》的功用性，但也有极少教人论及其文体性，及至唐宋文人作文论诗话才稍论及《诗经》的文学性。第二部分，即《诗经》的描写方面，包括《诗经》的写物、写景、写情。写物之下又分为写光、水、声、草木、鸟虫、风云雨露等，写景、写情亦有不同分类。

作为新文学运动初期涌现出的重要小说家、杰出的教育家，杨振声先生创作了大量的文学著述，包括有中、短篇小说和散文、杂文、诗歌等。虽然杨振声先生的成就主要体现在现代小说的创作上，而一些文论却也别具风格。《＜诗经＞里面的描写》一文具有显著的特色。

二 主要创新和学术影响

本书有如下特点。其一，结构安排合理，先叙述《诗》论之肇始，再到现代《诗》论，符合由古而今的时间顺序。其二，条分缕析，理清了《诗》论的线索，并突出了不同时代的不同《诗》论的特点，如功用性、文体性，而最终落脚于文学性。其三，层次鲜明，层层推进，更旁引曲证，以伸其说。论《诗》的描写方面分为物、景、情三层，更于每一层下分为某一种物，写某一种景而比较讨论之。

杨振声先生的这篇《〈诗经〉里面的描写》与历来纷繁林立的《诗》论角度均不同，显示出其对《诗经》的独到见解。

《"活着"的鲁迅：鲁迅文化选择的当代意义》

作者姓名：张福贵
出版单位：社会科学文献出版社
出版时间：2010 年
获奖情况：第六届高等学校科学研究优秀成果奖（人文社会科学）二等奖

一　篇章结构和基本观点

本书是 1999 年出版的原著《惯性的终结：鲁迅文化选择的历史价值》的修订本。本书共分十二章，在原著的基础上进行了较大的增改，文字增加了 1/3 以上。

本书以鲁迅文化选择的历史情境为思想背景，论述了鲁迅思想启蒙的现代意识构成、宗教观与科学观、辩证思维的逻辑形态、文化选择的艺术转化、人类性和时代性尺度、"拿来主义"的目的论与方法论、翻译活动在中国近代化中的思想价值等及其当代意义。同时，对鲁迅研究及思想评价中的"小鲁迅"还是"大鲁迅"问题、从"学鲁迅"到"鲁迅学"的研究转化问题等做了评述。

二　主要创新和学术影响

本书对于鲁迅"任个人"和"张灵明"这两个基本命题的思想关系进行了较深入的整体辨析：思想启蒙与道德救赎的主题的合一，整体上表现了"致人性于全"的最终目的。本书指出鲁迅的"国情特殊"论批判和"世界人"概念，是一种人类文化多元一体价值观。本书从对"彻底反传统"的重新认识出发，首次提出了鲁迅文化批判和文化建设的"方法论"和"本体论"的概念。本书针对当下对鲁迅思想价值的贬损和意识形态化的"捍卫"两种极端倾向，客观分析了 20 世纪末鲁迅评价的复杂形势，提出"小鲁迅"和"大鲁迅"的概念。

同行学者在《光明日报》《中国现代文学研究丛刊》《鲁迅研究月刊》等发表书评，高度评价了此书。著名学者孙玉石评价原著"在整体上显示了作者具有很强的理论思辨能力和富于创造性的学术研究水平"。关于鲁迅"彻底反传统"在文化转型期的方法论价值的论述，被著名学者中国社科院专家张梦阳称为"最富论战性和思辨性的驳论"，它"显示出整合性思维方法的效应。就这一问题来看，张著这一节是我迄今为止所见到的最为圆满的论析"。著名学者王吉鹏等评价"拿来主义"的论述"可谓是关于鲁迅的东西文化观最为辩证、最为深刻、最富感情的一篇力作"，"我们提出本时期是鲁迅与外国文化比较研究的深化期，其重要标志之一就是张福贵这篇长文的出现"。

《为"文化五四"辩护——两个"五四"的不同境遇与价值差异》

作者姓名： 张福贵
发表期刊：《吉林大学社会科学学报》
发表时间： 2010 年第 3 期
获奖情况： 吉林省第九届社会科学优秀成果奖一等奖

一 篇章结构和基本观点

本文共分为三部分：第一部分，两个"五四"的两种境遇。论文对"政治五四"有了更为客观公正的评论，超越了对其一贯的肯定和赞扬的传统范式，指出其逐渐显现的政治思想纲领的本质属性。对于"文化五四"，论文从历史境遇和时代变化的角度进行了梳理，并且对"文化五四"与"政治五四"之间的关系失衡和价值评价的异质进行了辨析。第二部分，"文化五四"的反传统本质。论文从正反两方面分析了认为"文化五四"断裂传统文化观点的存在理由，强调如果过分夸大"五四"新文化的传统属性，实质上是在淡化和消解"五四"新文化特质。认为"文化五四"的两大主题——"个性主义"与"人道主义"是人类思想的一致性表达，超越了民族和阶级的意识，从而与传统思想划清了界限。第三部分，彻底反传统的激进主义性质辨析。作者以鲁迅为例，指出近年来"文化五四"的激进主义备受贬损的事实，认为鲁迅等新文化先驱者思想的偏激来自认识的深刻，情感的激烈来自立场的坚定。论文还分析了人们长期以来认为"五四"新文化是"彻底反传统"之说产生的原因。

本文主要分析了相比"政治五四"来说"文化五四"长久以来被否定的原因，并从诸多方面为"文化五四"正名。强调了"文化五四"反传统的激进主义对传统重负的一种反应，也是中国思想文化的一种运作策略，因此，它也具有中国新文化建设的方法论价值。

二 主要创新和学术影响

本文对两个"五四"的概念及其关系进行了辨析，对长期存在的观点和结论给予了悖论式的新的阐释，通过历史事实的梳理为"文化五四"进行了有理有节的辩护，强调了"文化五四"在中国社会变革中的价值。本文提出"文化五四"反传统的激进主义思想既是对历史传统重负的强烈反拨，也是有效促进中国思想文化转型的一种操作策略，具有方法论的意义。

《佛禅语言诗性化考辨——"诗俏禅门"再认识》

作者姓名：王树海　刘春明

发表期刊：《吉林大学社会科学学报》
发表时间：2010 年第 4 期
获奖情况：吉林省第九届社会科学优秀成果奖一等奖

一　篇章结构和基本观点

本文除引言、结语外，核心内容由三部分组成，分别为宇宙本体的诗性描述、色相世界的诗性传递、神秘体验的诗意表达。

本文阐发的基本观点有四点。第一，禅门慕诗，是佛禅传道示法的需要。佛视诗作为"绮语"、世间主情。尤其是在佛教的中国化完成之后，精神世界的风云际会使禅家向诗示爱，诗俏禅门，蔚成大观，是佛禅传道示法的需要。第二，禅家"造祖""造史"所仰赖的诗法，显示了心灵、精神信史的光耀。从总体上说，禅门慕诗及其"造祖"过程中的文学意味、诗性诗意，却表现了一种终极意义的真实，精神世界的跌宕错位，使这种诗性文学意蕴的表述传达，呈现心灵、精神信史的光耀。第三，禅家"不立文字"之文字，乃诗之别名。禅家传法的四言诗式的"十六字令"，是一种根本性的主张、宣示，所谓"不立文字"，该是"立心"；"教外别传"，乃是"传心"；"直指人心"还是"指心"；"见性成佛"则是"见心"。第四，禅语不断诗性化的演进次第，也从另一方向反证了诗性语言的本质属性。其"不确语"亦"不诳语"的含混性，正是表现世界、传达"真如"最准确恰切的文字；诗不作伪，是"真"的"善美"，为诗禅融会提供了无限可能性，两者的出入变换足可进入艺术传达的化境。

二　主要创新和学术影响

倘着眼于学术价值，发现佛禅语言不断诗性化品质特点，对佛禅思维的追索探究，尤其是对佛禅与文学的关联研究会有进一步的推动作用。这至少告诉研究者对于内典语言文字的一般性考证、勘对，很难解决实质性的学术纠结，佛禅之于语言文字的不信任并非故作姿态的求新猎奇，而始终是立足于"真如""本心"的追寻捕捉。他们发现描述世界、传道示法最终无论如何也摆脱不了"文字"，而那种不得不用的"文字"，即其所谓"不离"的文字，只能是诗性文字。

《周易经传美学通论》

作者姓名：张锡坤　姜勇　窦可阳

出版单位：读书·生活·新知三联书店
出版时间：2011 年
获奖情况：第七届高等学校科学研究优秀成果奖（人文社会科学）三等奖
　　　　　　吉林省第九届社会科学优秀成果奖一等奖

一　篇章结构和基本观点

本书共分为十部分。第一章为引论：《易经》与《易传》的关联。第二章为《易经》美学意蕴的定位。第三章为《易传》美学思想之精髓。第四章为《周易》"明美"考论。第五章为《周易》与中国美学的审美观照。第六章为《周易》与中国诗学的以悲为美。第七章为文的渊源与《周易》之文。第八章为《易传》与《文心雕龙》。第九章为"易道阴阳"与"气韵"。第十章为《周易》与象思维。

本书对百年来由疑古学派建立起来的"经传分观"的范式进行了检讨和纠偏，重构了《周易》经、传的关联，向疑古派那种将经、传置于"绝然相反"地位的宗旨提出了挑战，强调"贯通"，把对《周易》经传关系的理解和研究范式引向了新的境界。在这一立意下，首先将《易经》的美学意蕴明确定位于它的"含章""离明之美""忧患"等基点上，进而从阐释学的角度梳理了"经""传"的关联与贯通。深入挖掘了《易传》文本的语体修辞及其对后世"纯文"的影响，以及"俯仰"式审美观照、阴阳气韵的审美价值、象思维对六朝美学（《文心雕龙》）重要的影响等。

二　主要创新和学术影响

本书的研究基点是弥合一百年来由疑古派造成的"经传分观"研究范式，从而实现《周易》经传哲学美学的新"贯通"，不仅对现代易学研究基础进行了全整的反思和严格的批判，而且为新的易学解释学的发展扫清了道路，对新的历史阶段易学研究新范式的建立，具有重要意义和价值。本书在经传新新相续的阐释学关联、易经美学的"含章"定位、《周易》言—象—义三层面的交感往复、中国文学'以悲为美'的易学起源、《易经》对明文之美与明动之美的美感形态的开启、经传俯仰宇宙对中国"俯仰之观"式的审美观照的孕育、经传如何作为中国"崇文"观念的主脉、《文心雕龙》"风骨"说应上溯到《易传》的乾阳"刚健说"乃至西周雅乐、易传阴阳之气与汉代气化宇宙论决定了"气运"到"气韵"的美学变迁、《周易》与中国哲学美学"非实体性""周流不息""生生不已""流动与转化""内在体验"等思维方式的形成等诸多方面，提出全新的问题与论说。在易学史、传统哲学、美学、艺术理论等不同领域，均有新的贡献。本书全面而深入地研究了《周易》经、传美学的诸多核心问题，以详密的考证和充实的理论展现了易学史和易学美学的当代新收获。在研究方法上，对接受美学、哲学解释学、人类学、考古学和艺术史方法的综合运用，将易学和美学研究推向了一个纵深的新境界，使对《周易》文化价值的理解产生了浓厚的现代感。

本书产生较为广泛的影响和好评，《人民日报》、《读书》、新华网等权威学术报刊和媒体均刊发评价文章。

《刘柏青文学论集》

作者姓名： 刘柏青

出版单位： 时代文艺出版社

出版时间： 2012 年

一　篇章结构和基本观点

本书上卷收有在 20 世纪 80 年代产生深远影响的《鲁迅与日本文学》《鲁迅与科学》《鲁迅与中国近代化》《近代中西文化论争和鲁迅》等文；也有研究郭沫若、茅盾等中国现代文学大家的专门文章。下卷收录了刘柏青先生于 1985 年撰写的《日本无产阶级文艺运动简史》，和发表在《文学评论》等刊物上的《三十年代左翼文艺所受日本无产阶级文艺思潮的影响》等开创了中日文学关系比较研究的重要文章，也有研究吉林大学同仁冯文炳（废名）、张松如（公木）等中国新文学名家的专门文章。

二　主要创新和学术影响

本书是刘柏青先生以鲁迅与日本文学、中国现代文学与日本文学关系为主要研究对象的专著，是集其一生研究之大成的文学论集，在多个学科都具有开创意义。在鲁迅研究领域，这本专著规划了在我国学术界至今充满活力的"鲁迅文学中的日本文学影响"和"日本鲁迅研究史"两个研究方向；在中国现代文学领域，本书是中日近现代文学关系研究的奠基著作之一；在比较文学领域，本书不仅是我国较早采用译介学方法和影响研究方法进行研究的代表性著作之一，而且是研究中国文学海外影响的早期代表著作之一。

《穿越时间之河——台湾"创世纪"诗社研究》

作者姓名： 白杨

出版单位： 吉林大学出版社

出版时间：2013 年

获奖情况：吉林省第十届社会科学优秀成果奖一等奖

一　篇章结构和基本观点

本书共分为六章。第一章侧重介绍在政治文化语境中"创世纪"社的缘起。第二章以对翻译、诗论和先锋写作等的评述为基础，叙述"创世纪"诗社异军突起于20 世纪 60 年代的历史面貌。第三章、第四章通过对文坛内外关于现代诗的论争等问题的阐述，侧重介绍台湾现代诗运动的转折，以及"创世纪"诗社在诗学探索中融合现代与传统的实践。第五章梳理 20 世纪 80 年代以后"创世纪"诗社的发展路向，及其同中国大陆文学界之间的诗学交流。第六章侧重评述台湾现代诗运动，以及"创世纪"诗人群的诗学实践对域外汉语诗歌写作，特别是对韩国文坛，和马华、越华、菲华文坛华语诗歌创作的影响。最后附录了《创世纪》诗刊历年刊载的诗人、诗论、诗作专辑目录，以及对代表性诗人的访谈等资料。

本书侧重在史料的挖掘和辨析中考察台湾"创世纪"诗社的发展历史，以实证研究和文本分析等方式呈现历史生态，并在此基础上梳理其与台湾现代新诗发展流变之间的关系。内容主要包括：系统梳理《创世纪》诗刊、诗社的产生与沿革历史；对"创世纪"诗社的内部组织形式、运作机制、人事关系、主要活动，以及其与"现代派"、"蓝星"和《笠》等其他社团之间的关系进行考察；在呈现社团发生、发展历史的基础上，对"创世纪"诗社不同阶段中同仁及创作群体的流动情况进行梳理与辨析；考察"创世纪"诗社同海外汉语诗歌发展的关系；借鉴"新文学整体观"等有效的文学史观念，将台湾文学置于中国文学的历史框架中进行审视，力求揭示"创世纪"诗社在中国现代文学传统形成过程中的自觉传承及其诗学异变，诗社主要成员的文学艺术成就定位，以及"创世纪"诗社在文学史上的地位和影响。

二　主要创新和学术影响

本书是中国大陆出版的首部社团史意义上的"创世纪"诗社研究著作。文学社团是中国现代文学发展中的重要组成要素之一，其文学活动、以刊物为中心的理论园地及核心成员的文学主张、创作实践等，常常成为引领一个时代文学潮流的标志。在20 世纪汉语新诗的研究领域中，有关新诗社团的研究积累并不多，特别是关于台湾现代诗社的研究就更为有限，本书的价值不仅在于澄清一种历史事实，而且在于思维意识与学术视野的重要突破。

本书致力于"创世纪"诗社作为文学社团的历史考察及其与台湾现代新诗流变之间关系的研究。以往的相关研究通常会将文学社团的考察变为对文学流派的描述，结果使流派因素压倒社团因素、理论概括压倒作家活动。从社团史研究的意义上看，

"创世纪"诗社作为台湾现代文学发展过程中影响深远、坚持得最久的文学社团，在文学史上的作用与目前对它的研究程度并不相称；从当前台湾地区的社会文化语境考虑，对其进行系统研究也具有现实的紧迫性和客观意义。

《鲁迅研究的三种范式与当下的价值选择》

作者姓名：张福贵

发表期刊：《中国社会科学》

发表时间：2013 年第 11 期

获奖情况：第七届高等学校科学研究优秀成果奖（人文社会科学）一等奖

吉林省第十届社会科学优秀成果奖一等奖

一　篇章结构和基本观点

本文共分为四部分，即 21 世纪鲁迅研究的态势与困境，历史性研究："还原鲁迅"的有效性与有限性，学问化研究：知识价值阐释与玄学化倾向，当代性研究：思想本体与时代的关联。

本文的主要内容包括两部分。第一部分是新世纪鲁迅研究的态势与困境。在学术逻辑回归与学术民间性凸显的态势下，当下鲁迅研究的立场和价值评价出现了明显分野，从整体思路看呈现"神""鬼""人"的思想流变与分歧。而这种流变与分歧主要来自研究者的主体意识和学术思想环境的改变。这不仅表现为对研究对象和研究结论进行学理逻辑的强化，而且表现为研究者的话语方式由政治话语转型为学术话语。第二部分是鲁迅研究学术史的三种基本范式及其价值。包括以史料挖掘为主的历史性研究；以知识阐释和审美评价为主的学问化研究；以追求思想的当下意义与价值为主的当代性研究，即鲁迅研究的当代价值和社会功能的关联性研究。每一种研究范式都是对鲁迅丰富复杂的精神世界的挖掘和理解，同时又都存在着某种程度的悖论和不同的价值功能。

二　主要创新和学术影响

本文的创新之处在于以下几点。第一，对当下鲁迅研究态势进行了分析和判断，认为它呈现了思想价值观的分化与转化，同时也面临着学术生长的困境和发展的机遇：作为学术高原，鲁迅研究空间的有限性导致研究的重复性、细小化和悖论式；学术立场的分化就是价值观的多元化，其背后是社会转型时期知识分子思想的新变，也是社会意识形态分化的重要表征。第二，对鲁迅研究学术史研究范式的形成与现状做了比较深入的分析。首先，提出历史性研究范式在"还原鲁迅"上既具有有效性又具有有限性。其次，对学问化研究范式的价值和偏向进行了分析。再次，认为当代性即鲁迅研究的当代价值和社会功能的关联性研究范式，既是一个如何超越学术史的问题，也是一个如何认识和实现鲁迅思想价值的问题，就是要强调其研究价值和功能的当下特殊意义。

本文被《中国社会科学》（英文版）转发、《中国人民大学复印报刊资料》（中国现当代文学研究）等转载。

心理学

《教学原则概论》

作者姓名：车文博

出版单位：湖北人民出版社

出版时间：1982 年

获奖情况：吉林省首届社会科学优秀成果奖优秀奖

一　篇章结构和基本观点

本书共分为九章。第一章为教学原则的基本理论，通论教学原则的本质、来源、理论基础、特点、体系和作用等，属于全书的纲领：以关于教育作为"一种特殊的社会现象"构成"人类自身再生产和社会扩大再生产的一种传递经验的重要手段"的深刻洞察为基础，通过系统地和批判地考察古今中外各种教育思想及其实践经验，确立辩证唯物主义的指导思想，并突出实践是检验真理的唯一标准的观点和对立统一规律的观点，为以下各章具体论述教学实践诸原则提供了世界观的基础和方法论的准则。第二至第九章，分别对科学性和思想性统一的原则、理论联系实际的原则、传授知识与发展能力相统一的原则、教师主导作用和学生自觉性积极性相结合的原则、直观性与抽象性统一的原则、系统性和循序渐进性相结合的原则、理解性和巩固性相结合的原则、统一要求和因材施教相结合的原则等，展开具体的论述，并系统地考察这些原则的思想来源、基本内涵、理论基础、实践意义及在教学实践中贯彻这些原则的基本策略。

二　主要创新和学术影响

教学原则是科学教育学的重要组成部分，属于教学论的范畴，也是保障教育原理通过教学实践实现教育理想的关键因素。全面系统地研究教学原则，不仅具有重要的理论价值，而且具有重大的实践意义。本书是这一领域的开拓性经典之作。国务院教育学学科评议组召集人、中央教育科学研究所博士生导师胡克英先生评论本书是"我国论述教学原则的第一部专著"；国务院教育学学科评议组成员、华东师范大学教育学博士生导师瞿葆奎先生指出，"就我国而论，无论'文革'前和'文革'后，经深入研究而出版专著的，都推车文博同志的著作。不仅它是第一部，同时也填补了教学论研究的这一领域的空白点。"

《意识与无意识》

作者姓名：车文博
出版单位：辽宁人民出版社
出版时间：1987 年
获奖情况：国家教委首届人文社会科学优秀成果奖二等奖

一 篇章结构和基本观点

本书主体内容由作者早年完成的 15 篇研究论文辑集而成，外加"序"和包含 5 个"一览表"的"附录"。篇目依次为《意识与无意识》《研究无意识心理的价值》《对当代脑科学成果的反思》《试评弗洛伊德主义》《对我国出现"弗洛伊德热"的分析》《个性心理学的方法论问题》《西方现代心理学发展的基本线索和趋势》《对阿维森纳〈灵魂论〉的剖析》《黑格尔心理学思想浅涉》《冯特在心理学史上的主要贡献》《冯特心理学的主要哲学基础》《人类心理学思想史上的伟大变革——学习马克思心理学思想札记》《加强苏联心理学研究的重要意义》《中国理论心理学三十年》《心理学的过去、现在和未来》。这些论文以意识和无意识为主线，对一些心理学理论和历史问题进行了探讨，主要包括三部分内容：一是关于意识和无意识的历史、本质、特征、种类、机制、关系和作用的研究；二是关于以意识或无意识为对象的西方现代心理学史的基本线索、发展趋势，和阿维森纳、黑格尔、冯特在心理学历史上的贡献及其局限的评论；三是关于马克思的心理学思想、苏联心理学在世界心理科学系统中的地位与作用、中国理论心理学三十年发展的道路和历史经验的反思，以及对整个人类心理学发展的回顾与前瞻。

二 主要创新和学术影响

本书既是我国第一部关于意识与无意识的学术专著，又是一部在极其艰难的条件下开拓创新、探索有关元心理学的典籍。故作者被公认为中国理论心理学奠基人之一、心理学史研究的学术权威、中国"给弗洛伊德'平反'的第一人"。心理学大师朱智贤认为，"本书具有高度的理论性、科学性、针对性和实践意义，为我国心理学的基本理论研究做出了重要贡献"。其中，对无意识本质提出的新见解、对意识与无意识关系的辩证分析、对意识与无意识转化条件的科学探讨、关于无意识研究的重大价值的揭示等，既有理论高度，又有科学的前瞻性。著名心理学家杨志良指出，关于这"四个内容,国内外有关内隐学习、内隐记忆以及内隐社会认知的实证研究结果也给予了关注和印证。"

《人本主义心理学》

作者姓名：车文博
出版单位：浙江教育出版社
出版时间：2003 年
获奖情况：吉林省第六届社会科学优秀成果奖一等奖

一　篇章结构和基本观点

本书共分为十二章。第一章属于全书总论,提出了对人本主义心理学的基本认识,并在极为错综复杂的历史背景中梳理了人本主义心理学思想的来龙去脉。第二章考察了人本主义心理学的思想先驱。第三、第四、第五、第六章以人物为线索,深入而细致地考察了人本主义心理学主要创立者的思想历程。第七、第八、第九、第十、第十一章以问题为线索,透彻而缜密地分析、论证了人本主义心理学的理论基础,属于全书的理论升华。第十二章为回顾与展望,既是对人本主义心理学的总结,同时又是对人本主义心理学未来发展趋势的展望。

二　主要创新和学术影响

本书不仅在写作体例上突破了传统的资料收集和词典释义式的研究模式,而且在思想内容方面论证了心理学的理论基础。综观全书,既有微观的分析,又有宏观的把握;既有纵向的梳理,又有横向的比较;既以思想演化为线索来展示历史,又以问题展开为逻辑来把握历史,从而全方位地提供了一幅关于人本主义心理学的整体画面。

《新心性心理学宣言——中国本土心理学原创性理论建构》

作者姓名：葛鲁嘉
出版单位：人民出版社
出版时间：2008 年

一　篇章结构和基本观点

本书共分为四部分,即中国心理学的理论创新、心理文化论要、心理生活论纲和心理环境论说。新心性心理学研究就是一种植根于中国本土文化资源或中国本土心性学说的创新努力,试图开辟中国心理学自己的学术发展的道路。新心性心理学有其基本的内涵和主张，对于心理学研究对象的理解和对于心理学研究方式的确立有一个基本的和创新的变化。对本土心理学的关注和心理学的本土化发展，已经成为世界性的潮流。从理论心理学的视角，对中西心理学的交汇的探讨，也已经成为研究性的热点。中国心理学在新世纪的发展面临着一个非常重要的选择，那就是从对西方或对外国心理学的模仿中解脱出来，使之植根于中国本土心理文化的传统。新心性心理学宣言是对建立在中国本土心性心理学基础之上的新心性心理学进行的宣告、宣示和宣扬。因此，它是总论性质的中国本土心理学、中国文化心理学、中国创新心理学。

二　主要创新和学术影响

新心性心理学是中国本土心理学基本理论的创新。心理学需要创新，本土心理学更需要创新。任何一个学科的发展，都建立在学科的不断创新的基础之上，都依赖于学科研究者的创新的精神、创新的意识和创新的研究。在心理学的研究中，有心理学的理论、方法和技术的划分。尽管方法和技术在心理学研究中是非常重要的方面，但是理论具有定向、导引、规范的作用。在心理学的思想探索和理论研究中，心理学的基本理论是核心的部分。因此，心理学的创新或原始性创新就应该集中在基本理论创新的方面。新心性心理学已经成为中国本土心理学核心理论的重要突破，是对全面引进和模仿西方心理学的重大转向，并且成为中国本土心理学创新性理论的重要代表。这就是在整体思路和框架上，为本土心理学设计和设想了一个更适合于中国本土文化和生活的心理学的成长目标和前行路径。

《中外心理学比较思想史》（三卷）

作者姓名：车文博
出版单位：上海教育出版社
出版时间：2009 年
获奖情况：第六届高等学校科学研究优秀成果奖（人文社会科学）一等奖

一　篇章结构和基本观点

本书共分为三卷，除导言、回顾与展望外，共有 43 章、268 万字。第一卷比较评析了古代中国、欧洲、印度、阿拉伯四方心理学基本理论、一般心理过程和个别心理差异的各种学说；第二卷比较评析了中外从哲学心理学发展为科学心理学的各种心理学思想及其发展；第三卷比较评析了中外当代心理学基本理论、主要流派和研究取向的新发展。

本书从"思想史"的视角和"类心理学"的高度跨文化比较研究了中外心理学思想的发展。其中以中外心理学发展的思想为经，以中国与外国心理学内容为纬，以心理学基本理论（即元理论）为主要内涵，纵观人类心理学发展的历史逻辑与思想逻辑，去发现异同、揭示规律、明确方向。

二　主要创新和学术影响

本书坚持人文精神与科学精神统一的原则，坚持跨文化比较的原则，坚持思想史元理论研究的原则，坚持中外心理学融合的原则，既不以欧美、中国心理学思想为唯一的取材范本，又不以知识、人物、事实、观点的简单罗列或堆砌为内容，而以心理学理论、思想的内在流变与内涵发展为主线，首次构建了一个中外心理学思想史的新的元理论体系。

本书掌握有较多国内外第一手新资料和新成果，开拓性地挖掘了印度古代、阿拉伯古代心理学思想以及日本、苏俄心理学的新进展，首次在心理学史著作中系统地阐述了中国现代人文主义心理学思想的内涵及其理论价值，提出了一系列评论西方心理学主要学派的新见解，丰富了对当代后现代心理学、本土心理学、认知神经心理学、进化心理学、生态心理学、积极心理学等新的研究取向系统评论的新内涵。本书按照专题进行了横向比较研究，从多元文化（东西方文化）出发，开拓了中外心理学思想的比较研究。

本书出版后受到学术界的广泛欢迎和高度评价，被誉为"具有很高学术价值和思想价值的心理学巨著"。此书先后获华东地区 2009 年优秀教育图书一等奖、2010年上海图书奖（2007~2009）一等奖、2011 年中华人民共和国新闻出版总署颁发的第三届"三个一百"原创出版工程奖。

《心理成长论本——超越心理发展的新心性心理学主张》

作者姓名： 葛鲁嘉
出版单位： 人民出版社
出版时间： 2012 年

一　篇章结构和基本观点

本书共分为十八章。人的心理的产生、演变和发展是心理学研究的重要或核心内容。但是，对于人的心理的产生、演变和发展，有着十分重要的不同理解。不同的心理学派、不同的心理学家、不同的心理学研究、不同的心理学探索、不同的心理学主张、不同的心理学观点，关于人的心理发展演变会有着取向各异的和十分不同的理解。当然，随着心理学学科的进步和成熟，发展心理学本身已经有了非常显著的变化和进展，开始出现十分重要的和重大的转变和转向。毕竟发展心理学的出现和兴起，就是发展心理学研究历史性的和根本性的变化和进步。更进一步，新心性心理学立足于中国本土文化，主张把心理发展的研究转换成心理成长的研究，这也必将是一个历史性的和根本性的转换和转折。可以说，在新心性心理学的理论视野中，心理成长的基本理念应该是对心理发展的基本理念的超越，心理成长的学术理解应该是对心理发展的学术理解的超越。心理成长的研究应该取代心理发展的研究，这无论是对人的心理发展的理解，还是对发展心理学的理解，都将带来根本性的改变和转换。

二　主要创新和学术影响

本书以中国本土心性心理学为根基，给阐释和解说人的心理变化发展带来了重大转换。这是对占有主导地位的西方发展心理学的全新突破，包括把着重于成熟和发展转向着重于成长和提升，把着重于生物和生理转向着重于心理和心性，把强调心理的直线发展转向全面扩展，把强调心理的平面扩展转向纵向提升。心理成长的概念含义涉及心理成长的基础、过程、目标、阻滞。心理成长有着特定的文化内涵、文化创造、文化思想、文化方式、文化源流。心理成长与心理文化的关系就在于心理成长的心理文化资源、心理文化差异、心理文化沟通、心理文化促进。心理成长与心理生活的关系就在于考察人的心理生活的含义、扩展和丰富。心理成长与心理环境的关系就在于探索人的心理环境的含义、建构和影响。心理成长与心理资源的关系就在于挖掘心理资源的含义、构成和价值。心理成长实际上就是心理生成的过程，是生成的存在，是创造的生成。心理成长会关系到个体的心理成长，是个体生活的建构、是心理生活的建构。心理成长也关系到群体的心理成长，是群体的共同的成长，是群体的心理互动，是群体的心理关系，是群体的成长方式。心理成长也会关系到人类的心理成长，是种族的心理，是民族的成长，是心理的成熟，是生活的质量。

新闻学与传播学

《论黄远生的新闻思想及其办报方针》

作者姓名：冯国和

发表期刊：《吉林大学社会科学学报》

发表时间：1986 年第 6 期

一　篇章结构和基本观点

本文共分为三部分。第一部分为黄远生对新闻传播的功能和舆论机关的使命的看法。在黄远生的办报实践中，他的新闻思想是有唯物主义思想在闪光的，并且他提出"舆论机关"的使命就是要"为民生社会请命"，他的办报方针具体体现为三个方面：为人民的疾苦"呼号而不平"；爱国反帝，表达了人民和社会的意愿；"指斥权贵"，喊出了民众的呼声。第二部分为黄远生对新闻报道和记者修养的要求。黄远生认为新闻报道对报道的事实要"一面求其精确，一面求其有系统"。通过结合其文章观点与相关史料分析，得出黄远生认为新闻报道要真实、全面、客观和公正的结论。并认为新闻记者要具备"四能"：脑筋能想、腿脚能奔走、耳能听、手能写。第三部分为黄远生对新闻语言和报纸文风的主张。黄远生注意语言通俗，大量运用当时人民口中的语汇。通过对黄远生通讯作品的引用举例，论证其在文风上扫除晦涩深奥、矫饰造作，代之以新鲜活泼的生动口语。

二　主要创新和学术影响

过去学术界普遍认为黄远生是政治记者，但这并不全面。黄远生真正从事新闻记者工作只有四五年的时间，本文通过对《远生遗著》中 236 篇各种不同文体的文章的分析，将其未被受到重视的思想提炼出来，从而对黄远生形成更为全面的认识。

本文先后被《新华文摘》1987 年 3 期和中国人民大学新闻系编辑组编《新闻学论集》全文转载，有关论述也有被收入、引入新闻史教材中。

《论传媒文化在清代文化结构中的地位和作用》

作者姓名：程丽红

发表期刊：《吉林大学社会科学学报》

发表时间：2009 年第 2 期

获奖情况：吉林省第八届社会科学优秀成果奖一等奖

一　篇章结构和基本观点

本文共分为两部分。第一部分论述清代前中期传媒文化的地位和作用。第二部分论述清末传媒文化对社会变迁的推动作用：其一，打破传统文化结构，驱动文化大众化；其二，营造社会风气，引导观念变迁；其三，发动舆论运动，推动社会政治变革。

本文基本观点是清前后两期传媒文化的性质有所不同，故它们在清代文化结构中的地位和作用也需区别对待。清前中期，传媒文化发展到了中国古代传媒文化的顶峰和熟烂阶段。但这一阶段的传媒文化处于古代水平，受缚于农业社会的经济结构和封建专制政治，在整个社会文化结构中的地位尚不显著。传媒文化在为清帝国政治大一统提供必要信息保障的同时，也不可避免地沦为思想和文化专制的工具。而清末，随着传播工具的革新，传媒文化之性质也为之一变，实现了向近代化的飞跃，其在晚清文化结构中的地位和作用亦迥异于前。晚清处于近代传媒文化取代古代传媒文化的变革时期，近代传媒文化的实质乃是西方工业革命以来，伴随着资本主义经济发展和民主政治进步而形成的以"自由"和"民主"观念为本质特征的传媒文化。传媒文化作为民主启蒙的有效途径而非帝王驭民的专制工具，在推动社会政治变革、观念变迁、文化进步方面，发挥着不可替代的作用。

二　主要创新和学术影响

学术界从政治、经济、文化等不同角度探寻清末社会变迁的动力和因素，但其中一个重要的社会动因——传媒文化被忽略。本文首次从传媒文化视角审视清代社会变迁问题，拓展了新的学术领域。本文关注到清代前后期由于社会变迁所引发的传媒文化性质的变化，并对传媒文化在清代前后期文化结构中的不同地位和作用进行了宏观剖视，涉入学界尚未触碰的新领域，具有学术创新价值；而传播学与史学的交叉与融合，不仅丰富了史学理论体系及其内涵，而且对亟待理论与视界拓展的史学和传播学领域，无疑具有重要的启示价值。

《社会思潮与媒介嬗变——清末社会改革运动中的大众传播媒介》

作者姓名：程丽红

发表期刊：《吉林大学社会科学学报》

发表时间：2012 年第 5 期

获奖情况：吉林省第十届社会科学优秀成果奖一等奖

一　篇章结构和基本观点

本文共分为三部分。第一部分，通过分析洋务思潮与国人早期商业报刊纷现之间的互动关系，提出国人早期商业报刊的兴起，在相当程度上因应了洋务强国的思想浪潮。第二部分，展现维新思潮与民族近代报业勃兴之间的内在逻辑联系，印证在维新思潮中，士人阶层的普遍觉醒，将近代报业推向高潮。第三部分，全面揭示清末"开民智"、革命思潮与白话报刊之崛起及口语传播复兴的相扶相长趋势，证实社会思潮有时甚至可以促使传播媒介跨越客观社会环境和物质条件的制约，急速跃进。

本文在清末社会改革运动的框架中，从社会思潮这一角度切入，审视传播媒介的嬗变理路，准确把握其发展的特殊规律。19 世纪 70 ~ 90 年代，洋务思潮促发国人早期商业报刊兴起。随后，维新思潮推动中国民族报业攀上了第一个高峰。而清末最后十年，"启蒙""革命"思潮则带来了白话报刊之崛起及口语传播的复兴。传播媒介与时代思潮相扶相长。透过清末社会改良运动中的媒介嬗变，可以清晰看到，作为一种重要的推进力量，社会思潮有时甚至可以促使传播媒介跨越客观社会环境和物质条件的制约，急速跃进。

二　主要创新和学术影响

本文从社会思潮角度切入，审视传播媒介的嬗变理路，不仅为新闻传播史，而且为思想史、社会史研究提供了崭新的视阈。以社会改革运动为框架审视清末的新闻传播现象，是新闻史研究的新尝试，有助于突破以往研究缺少历史理性和理论深度的局限。传播学与史学的交叉与融合，不仅丰富了史学理论体系及其内涵，而且对亟待理论与视界拓展的史学与传播学领域，具有重要的启示价值。探索社会运动、社会思潮与传播媒介之间的互动关系，准确把握其运演规律，具有重要的理论意义。

《三网融合与无线网络新竞争格局——探讨多屏、多终端互动的营销应用》

作者姓名：黄也平　杜怿平

发表期刊：《现代传播》

发表时间：2013 年第 1 期

获奖情况：吉林省第十届社会科学优秀成果奖一等奖

一　篇章结构和基本观点

本文共分为三部分：第一部分，三网融合带来的平台机遇与挑战；第二部分，三网融合后无线网络与虚拟技术对终端的整合；第三部分，总结。

在国家大力推动三网融合的主导性政策下，三网融合为无线网络业务带来了发展机遇与挑战。在无线网络的快速发展中，在家庭条件下出现了"一云多屏"的信息供求格局。于是，扩大高速无线网络的市场占有率，就成为网络供应商未来的战略重心。与此同时，服务供应商也应抓住无线网络发展所带来的机遇，在更大的范围内为用户提供更多的、更便捷的市场服务。而多屏互动和多终端互动的网络平台发展，也将以互动营销形式为广告营利提供一种新机会。

二　主要创新和学术影响

近年来，三网融合虽然步履艰难，但市场已经出现了积极的迹象。这主要包括三个方面：其一，电信运营商依托网络信息资源（包括网络电视资源），开发出了网络电视机顶盒；其二，部分有线电视网络公司，开发出了多屏互动产品；其三，4G 无线网络已经在 200 多个城市组网。

认识到三网融合的必然性，及早地调整发展思路，就应当是所有"参与方"的"积极共识"。这主要涉及三个方面：第一，由于无线网络的发展（主要在 4G 技术条件的支持下），只要市场提供相应的技术产品，在家庭范围内即可形成"一云多屏"的信息供给与需要格局；第二，扩大高速无线网络的市场占有，应该成为今后一个时期网络供应商的战略重点；第三，社会各类传媒业者也应抓住 4G 网络发展带来的"历史机遇"，在更大的市场空间里向用户提供创新的服务产品。

语言学

《汉语语法理论中的一些问题——读傅子东著〈语法理论〉后》

作者姓名：许绍早

发表期刊：《中国语文》

发表时间：1955 年第 31 期

一　篇章结构和基本观点

本文以傅子东所著《语法理论》为切入点，探讨了 20 世纪 50 年代在建立汉语语法理论体系过程中存在的一些问题。本文共分五部分。第一，语言的特征问题。以傅子东《语法理论》为代表的汉语语法理论不仅否认了汉语的特征，而且认为汉语语法是可以根据印欧语语法来进行解释的，从而将印欧语语法硬套在汉语语法身上。作者对这种观点持强烈的批评态度。第二，定义问题。傅子东在对"位次""词"等术语下定义时，不仅没有对术语进行清晰的说明，而且在不甚了解他人的观点前就反对他人的定义，而自己的定义又含糊不清。因此作者认为在讨论问题时，要从各种意见的根本出发，否则争论就是毫无意义的。第三，"位次论"问题。作者指出了傅子东书中出现的一些错误，如在解释"什么是词"时，存在着将词和语言、文字混为一谈的错误。在讨论词类和词性时，理论标准和实践标准不同，体系标准混乱。在解释"位次论"时是从想象出发的，抛开了汉语句子的结构形式，所以对于"位次论"的解释矛盾重重，对汉语的认识存在严重偏差。第四，省略问题。指出傅子东不顾语言事实，从想象出发，滥用省略，甚至反对汉语中的描写句，对一些语法现象的解释比较混乱。第五，解释语法要从结构出发。但傅子东则从概念范畴出发，凭主观想象增加一些词的意义，或随意将一些词说成"误用"，这就造成语法解释越来越偏离语言实际。

二　主要创新和学术影响

通过对《语法理论》一书中诸多问题的指证，本文对 20 世纪 50 年代汉语语法理论建构过程中存在的错误倾向提出了批评，阐释了自己的见解和看法，这些独到的认识直到今日仍有重要的参考价值。

《汉字形体学》

作者姓名： 蒋善国

出版单位：文字改革出版社

出版时间：1959 年

一　篇章结构和基本观点

本书共分为五章。第一章"汉字形体演变的总的分析"开篇明义，总结出汉字形体演变的八种规律。第二章"古今文字的断代"通过对汉字形体演变的客观分析，将古今汉字归为"大篆、小篆、古隶、今隶、真书、简体字"六种，并进一步划分出"古文字、过渡（即古隶阶段）、今文字"三大时代。第三章"古文字时代"对大篆阶段涉及的甲骨文、金文、石鼓文、诅楚文、籀文、古文等均做了详细的介绍和讨论，并对小篆的产生和流传、小篆与大篆的关系等做了说明。第四章"过渡时代"总结了古隶的产生和流传过程，细致梳理了隶变对汉字字形、意义等方面产生的影响。第五章"今文字时代"对"今隶、真书、草书、行书"的产生和特点进行了介绍，并分析了历史上简化汉字的相关现象，对当时的汉字改革工作提出了建议。

二　主要创新和学术影响

本书是作者探讨汉字的本质及其形体演变规律、建立科学的汉字学理论系统的系列专著之一，是其前期著作《中国文字之原始及其构造》和《汉字的组成和性质》等的进一步总结和深入。

本书着眼于汉字形体演变的全局，对汉字形体的演变进行了时代划分，系统讨论了古今各种汉字形体的产生和特点，总结了汉字形体演变的规律，证明了汉字形体演化的继承性、关联性和谱系性，指出简体字和简化的趋势贯穿于汉字形体演变的始终，明确了汉字音化和简化的两大演变趋势，为当时的汉字改革工作提供了重要的理论支持。

书中以隶变为汉字形体演变的转折点，从分化和混同两个方面讨论了汉字隶变的规律，在此基础上分析并归纳出小篆分化为隶书的偏旁以及隶书混同小篆的偏旁 443个，这是继许慎全面分析和总结小篆及古文 540 部件之后的又一重大成果，是根据新材料、新认识对汉字部件重新进行分析和总结的巨大进步。

此外，本书对古今各类汉字形体进行讨论和分析的同时，还附有大量图版资料及相关研究成果的介绍，这相当于一份关于汉字形体研究的阶段性资料汇编。

《古汉语虚词手册》

作者姓名：韩峥嵘
出版单位：吉林人民出版社
出版时间：1984 年
获奖情况：吉林省首届社会科学优秀成果奖优秀奖

一　篇章结构和基本观点

本书所列条目一般分四部分：字（词）头与注音、义项与解说、例句与今译、备考。全书词条按音序排列，首列字头及汉语拼音和注音字母，并标注古音声纽、韵部，以便说明虚词的假借、分化与发展。其次按义项解说其意义及用法，附有大量书证，书证多选自先秦及两汉作品，小部分取自魏晋以后，例句都有现代译文。大部分词条后面列有备考，对该条目做必要说明，提示其作为实词的基本意义和引申义。正文后附录古汉语虚字上古声、纽韵部表，供读者参考。

本书是一部较为全备的解释古汉语虚词的工具书。所收虚词包括助动词、代词、副词、介词、连词、助词、语气词、叹词与词缀九类 691 条。其中有单字条目 308 条，双字条目 370 条，三字条目 13 条，共计 51 万字。2005 年由吉林教育出版社出版的修订版，除校正原稿和排印的错误外，增补单字条目 50 条，双字条目 44 条。

二　主要创新和学术影响

本书的主要创新之处在于体例新颖全备、取材范围广泛、收词数量较多、解说详细明晰、语例释文准确。以沟通古今为原则，着重从意义和用法两方面对各类古汉语虚词加以阐述，探讨其与现代汉语虚词的对应关系。通过"备考"提示所收虚词作为实词的主要意义。书中对古汉语虚词的一些见解颇具独创性，表现出作者深厚的学术功力，对汉语虚词研究富有启发性。

本书征引广博，深入浅出，翔实谨严，便于应用。对古籍整理、古汉语教学与研究，良有裨益。出版以来，一直是文史学者案头须臾不离的重要工具书。本书由吉林人民出版社 1984 年 3 月初版，吉林教育出版社 2005 年 4 月修订再版，祝鸿熹《文史工具书辞典》、曹先擢《八千种中文辞书类编提要》等有专门介绍。

《关于现代汉语语法研究中的"同一性"原则》

作者姓名：孙维张

发表期刊：《吉林大学社会科学学报》
发表时间：1986 年第 5 期
获奖情况：吉林省首届社会科学优秀成果奖优秀奖

一　篇章结构和基本观点

本文共分三部分。第一部分从五个角度论证了语法研究贯彻同一性原则的必要性和重要性。第二部分举例性指出当时语法研究由于不重视同一性原则而带来的严重问题。第三部分讨论如何在语法研究中彻底贯彻同一性原则，主张必须做到三点：要做到保持现代汉语语法的共时系统的一致性，要做到保持分析对象的客观性，要做到在对语法现象的分析、归纳、综合与概括时坚持同一标准。

二　主要创新和学术影响

吕叔湘于 1962 年提到语法研究同一性原则问题，但这个问题一直没有得到学界足够的重视。本文对坚持同一性原则的重要性阐述得十分充分，在语法学界产生了良好的影响，1989 年《中国语文》杂志社编辑出版的论文集《语法研究和探索》（五）中有多篇论文讨论到同一性原则问题，与孙维张先生这篇论文不无关系。本文提出的如何彻底贯彻同一性原则的一些建议，既是有针对性的，也是建设性的。转换生成语法进入 20 世纪 90 年代才提出功能词组的观点，而孙维张在这篇论文中却已经有类似的主张。

《俄汉双解详解辞典》

作者姓名：刘相国
出版单位：吉林人民出版社
出版时间：1986 年
获奖情况：吉林省首届社会科学优秀成果奖优秀奖

一　篇章结构和基本观点

刘相国主编的《俄汉双解详解辞典》从中国学生学习俄语的角度出发，收录俄语常用词，采用俄汉两种语言对比的方式，对一个词既有中文解释，也有俄文解释，还附有图解和注释，能够充分体现俄语、汉语的差异，有助于低年级俄语学生准确、深入地理解词义，并提供了在各种场合运用词义的范例。

二　主要创新和学术影响

解决学生在掌握词汇过程中的典型困难，在当时具有填补国内空白的性质。

《新编高级英语》

作者姓名：张信威　张彦昌　欧阳筱苏　陈佳国　汪榕培

出版单位：北京外语教学与研究出版社

出版时间：1986 年、1987 年

获奖情况：吉林省首届社会科学优秀成果奖优秀奖

一　篇章结构和基本观点

本书作为全国高等学校英语专业统编教材是依据改版后的全国高等学校英语专业教学大纲编写的。本书定位于培养高校英语专业方面的通识人才，使学生通过四年的学习和训练具有扎实的英语基础、广泛的文化知识，并能够正确地、恰当地使用英语进行社会交流，具备从事英语教学、翻译、语言研究和其他涉外工作的能力。为此，这套教材在难易程度上做到了前后呼应，教材的体例能够反映教学过程，并具有明确的教学目标。在课文的选材上注重难易相结合、题材与时效性相结合，将学习重点放在语言、语法等和综合能力培养上，为圆满完成高校英语专业基础阶段教学和实现大纲的阶段性目标奠定了基础。

二　主要创新和学术影响

本书出版后便被国内多所高等学校选作英语专业指定教材，得到了同行教师和学生的好评。

《汉字学》

作者姓名：　蒋善国

出版单位：上海教育出版社

出版时间：1987 年

一　篇章结构和基本观点

本书由绪论和四编主体内容构成。在绪论中，作者对汉字学和汉字研究的历史沿革进行了说明，并对相关研究的历史成绩和问题进行了总结。第一编为《汉字的起源》，讨论了汉字起源的动力、方式和时代等问题。第二编为《汉字的特点》，从汉字的形、音、义三个方面出发，详细分析了汉字的特点。第三编为《汉字的创造类型》，总结了对《六书》的看法，并着重分析了象形字、指示字、会意字、形声字的

性质、作用和优缺点。第四编为《汉字的发展》，总结了一般文字体系演变的规律，并据此总结出汉字音化和简化的两大发展趋势。

二　主要创新和学术影响

本书继承了作者在《中国文字之原始及其构造》中首创的"比较文字学"的方法，将古代汉字与世界范围内其他地区文明的文字相互比较，指出汉字起源于人类伴随生产进步而逐渐扩大的交际需要，进一步确立了探讨汉字起源问题的客观视角。

本书研究汉字问题往往结合甲骨、金文等早期文字，从《说文》出发又不囿于《说文》，尝试打破"六书"的束缚，就汉字的构形方式及演变规律进行新的思考，建立了科学而独立的汉字学体系。在对汉字形、音、义方面的特点进行全面分析的基础上，总结出了汉字音化和简化的两大演化趋势，具有高度的概括性和前瞻性，对当时的汉字改革工作起到很大的指导作用。

本书是蒋善国先生汉字学理论的系统总结，与其前期编写的《中国文字之原始及其构造》《汉字形体学》《汉字的组成和性质》等著作一并构建起了包括汉字性质理论、汉字结构理论、汉字形体演变理论等方面在内的科学理论系统，在使汉字学发展成为一门渐趋独立的专门学科的过程中，做出了十分卓越的贡献，确立了蒋先生在中国文字学史上作为新派学者的学术地位。

《〈说文解字〉讲稿》

作者姓名：蒋善国
出版单位：语文出版社
出版时间：1988 年

一　篇章结构和基本观点

本书共分为五编。第一编为《〈说文解字〉简介》，介绍了《说文解字》的命名意义、成书和传本、字数和部数、体例和书例。第二编为《〈说文解字〉的价值和批判》，肯定了《说文解字》在汉字学史上的重要价值，并对其创作目的、创作思想、材料根据以及体例等方面的不足进行了批判。第三编为《研究〈说文解字〉的流派及其批判》，介绍并评价了十一个《说文解字》研究流派：校勘派、正字派、会意派、六书派、注疏派、声系派、通假派、释例派、语源派、专题派、古文字派。第四编为《"说文学"与清代古音学的研究》，介绍了根据《说文解字》研究古汉语语音的成绩。第五编为《研究〈说文解字〉的方法和要求》，提出了许多实用的步骤、方法和要求。

二　主要创新和学术影响

本书十分全面地介绍了《说文解字》的内容、体例、思想和价值，总结了以往的研究流派和成果，指出了不足，并指明了未来对其进行学习、研究的方法和要求，是一部眼光宏阔的《说文解字》通论性著作。本书每于理论方法之后附说大量实际例子进行说明，并于每编、每章甚至每节后附有十分详细的参考资料目录，十分方便学习和寻检。其整体内容的丰富以及具体讲解方面的巨细，对于《说文》的初学者而言，都可谓金针度人。

本书出版于 1988 年，实际上与蒋先生关于《说文解字》的另一部专著《〈说文解字〉释要》一并成书于 20 世纪 60 年代，是为讲解《说文解字》而编写的两部讲稿之一。《释要》旨在结合甲骨文、金文研究成果具体纠正《说文解字》在形义解释方面的错误。《讲稿》则注重于在"说文学"的意义上建立全面总结和研究《说文解字》的理论及方法。两部著作点、面结合，不仅惠及当时的学子，而且极大地推动了《说文解字》研究的进步。

《赫哲语》

作者姓名：张彦昌等
出版单位：吉林大学出版社
出版时间：1989 年
获奖情况：吉林省第二届社会科学优秀成果奖一等奖

一　篇章结构和基本观点

本书是目前国内语言学界首次运用现代语言学理论，对东北境内迄今鲜为人知的赫哲语的语音、语法、词汇进行系统和科学描述的著作，该课题研究获得了国家教委社会科学博士学科点专题研究基金项目资助。

二　主要创新和学术影响

本书出版后在国内外学界产生了广泛影响，具有重要的学术价值，曾经有两位海外学者专程来到长春索要这部图书。本书在 1990 年由中国教育图书进出口公司推荐参加了当年 10 月在德国举办的法兰克福图书博览会并获优秀图书奖。

《音韵学概要》

作者姓名：许绍早

出版单位：吉林大学出版社

出版时间：1994 年

一　篇章结构和基本观点

本书共分为四章，即绪论、韵书、中古以来的音韵系统和上古语音系统。第一章介绍了音韵学的内容、对象、作用及学习方法，结合现代汉语的语音分析，重点阐释了音韵学术语的渊源和内涵。第二章介绍了韵书产生的背景，从成书经过、体例、音系性质及价值等方面对《广韵》进行了系统讲解，论述了韵书的传承与改革。介绍了《中原音韵》的编撰目的、体例及性质，阐释了《中原音韵》在音韵学上的重要价值。第三章介绍了归纳声母、韵母的方法，并将等韵的研究纳入其中，根据古今声母、声调、韵母的演变过程，总结了汉语语音的演变特点。第四章介绍了研究上古音的目的、材料和方法，指出上古音研究需注意的问题，并阐述了前人的古音研究成果及认识。四个章节的内容循序渐进，以语音材料为基础、语音分析为手段，等韵与今音相结合，配之上古音，完整地展现了汉语语音系统演变的基本面貌。

二　主要创新和学术影响

作为一部音韵学教材，本书有以下三方面特色：一是重点阐述了语音分析的手段和术语，便于读者理解和掌握音韵学的基本知识；二是打破了以往教材将今音学、等韵学、古音学三大部分平列的传统，将等韵的内容纳入中古音的分析与研究中，有助于加深对等韵语音分析的理解；三是增加了古音学内容的比例，充分满足了相关专业学生阅读与学习上古文献的需要。此外，本书专注历史语音本身，淡化音韵研究的历史沿革问题，取材精审、深入浅出、详略得当，是一部经典的音韵学教材。

《论语言交流与生活、文化形式变异之关系》

作者姓名：宿久高

发表期刊：《吉林大学社会科学学报》

发表时间：2001 年第 1 期

获奖情况：吉林省第六届社会科学优秀成果奖一等奖

一　篇章结构和基本观点

语言交流与生活、文化形式的变异有着密切的关系。在漫长的历史进程中，它或潜在，或表象地对接受主体产生多层面的影响。中国古代语言、文化对日本文化、精神及生活史方面的影响即如此。这种影响，大多是以语言为载体实现的。语言和文化的纵向交流是一个国家或民族的发展史；横向交流则是不同国家或民族的交流史。其交流的规律，总是像大河流水，由高处流向低处，从阶段性的先进流向阶段性的滞后。为了社会的进步和民族的复兴，无论何时，我们对外来语言和文化都应该采取有选择的、积极的姿态。

二　主要创新和学术影响

本文提出了"劳动创造语言，这是语言的溯本论""语言是流动的。纵向流动的历史是一个国家或民族的发展史；而横向流动的历史，便是不同国家或不同民族之间的交流史""语言与文化横向传播过程中的'死胡同'和'十字路口'现象，形成语言与文化交流的又一特征"等观点具有创新之处，具有一定的学术价值，同时提出语言及文化的横向传播有其自身的规律。第一，像大河流水，总是由高处流向低处。在人类发展史上的某一个阶段，先进的、发达的文化总是与这种文化表述形式——语言一同被传播到非发达地域的。语言之所以在流动中得以传播，主要在于被传播的语言所表述的事物和现象的先进性。第二，语言和文化之所以被异国所理解，被固定乃至被赋予新的含义和形式，从而成为输入国语言及文化的固定成分，主要在于输入国固有文化传统的包容性和创造性。第三，语言及其表述的事物或现象的传播及由此产生的生活、文化形式的变异，与语言及其现象的接受主体——人的生活环境有着不可分割的联系。

《楚文字编》

作者姓名： 李守奎

出版单位： 华东师范大学出版社

出版时间： 2003 年

获奖情况： 教育部第四届中国高校人文社会科学研究优秀成果奖二等奖

吉林省第六届社会科学优秀成果奖一等奖

一　篇章结构和基本观点

本书是一部可以窥见楚文字全貌的大型古文字编。作者在多年研究楚文字的基础上，广泛吸收优秀研究成果，对两千年以前公布的所有楚文字进行了全面的搜集。这些材料包括铜器、石器、货币、简牍、缯帛、玺印、封泥、陶器等各种载体上的楚文字。通过对这些材料的系统整理和深入研究，提出单字字头，按照《说文解字》的次第编成十四卷。另附合文一卷、待考字一卷。本书是可以当作工具书使用的学术著作。具有如下特点：材料丰富，收字齐全。可借以了解楚文字整体面貌；释字精审，按断准确。古文字编不是资料的简单汇编，每个字的释读、隶定都代表着作者的学术观点。本书不仅对众说纷纭的疑难字有所裁断，而且有不少个人的考释成果；体例妥善，使用便利。此字编在体例上兼顾到文字载体，时代前后，楚、秦文字对应关系，楚文字内部同形、异体等多种关系。书后附有笔画和四角号码两套索引，甚便读者；制作精心，字形可靠。古文字字形贵在存真，本书较好地保存了楚文字的原貌。

二　主要创新和学术影响

古文字字编是历史悠久的学术著作类型，《楚文字编》在吸收前人、时贤同类著作各种长处的基础上，在体例上有所创新。本书以现代语言文字理论为指导，既表现文字记录的词义，又表现文字的形体结构。全书以楚文字与《说文解字》中小篆的对应关系表达楚文字所记录的词义；以异体字分行单列，表现楚文字的独特结构。

本书的学术价值有三点：以字编的形式表达了作者对楚文字的整体认识；对一些有争议的疑难字提出了独到的见解；对古文字编体例的改进有借鉴作用。

《汉代铜器铭文综合研究》

作者姓名： 徐正考
出版单位： 作家出版社
出版时间： 2007 年
获奖情况： 吉林省第八届社会科学优秀成果奖一等奖

一　篇章结构和基本观点

本书共分为两部分。第一部分以传世与出土的汉代铜器铭文为材料，对作者收集到的全部汉代铜器铭文（1302 篇）的内容进行了综合研究。第二部分对汉代铜器铭文中的简化问题、繁化问题、文字通假现象、讹误现象等做了描写分析，然后编出了字编。

二　主要创新和学术影响

综合研究部分指出，以往汉代铜器铭文研究或只以个别或部分铭文材料为对象进行研究，或以部分铭文为材料对某个或某些问题进行研究；还没有以传世与出土的所有汉代铜器铭文为研究对象的研究成果，也没有汉代铜器铭文研究的系统成果；由于掌握材料不全，对原文理解有误以及治学态度不严谨，某些研究往往得出不符合实际的结论。本书充分吸收已有的研究成果，弥补了该领域研究存在的问题，将汉代铜器铭文研究推向新的高度。

字编部分揭示了汉代铜器铭文文字的特点，其中简化方式的归纳、简化字大量出现的内因与外因的分析、文字通假类型的划分等所表现出的创新与突破尤为明显。本书以全部汉代铜器铭文为收字对象，收字齐全，已有的汉代铜器铭文中的可识字收罗已尽，编排科学，并纠正了以往研究中的不少误释。

本书从文字学角度出发，向学术界展示了汉代金文著录与研究的历史及汉代金文的特点，为人们了解汉代文字特点乃至汉字发展史提供了帮助，对其中一些疑难字提出了个人的见解；字编及附录为文字学、历史学、考古学、书法等领域的学者提供了一份有价值的材料；铭文内容的研究一方面进一步印证了传世文献中的相关记载，另一方面纠正了一些传世文献中的错误，并对传世文献有所补充。

《包山楚墓文字全编》

作者姓名： 李守奎　贾连翔　马楠
出版单位： 上海古籍出版社
出版时间： 2012 年
获奖情况： 第七届高等学校科学研究优秀成果奖（人文社会科学）二等奖

一　篇章结构和基本观点

本书共分为三部分，第一部分为文字全编，第二部分为释文，第三部分为声韵表。文字全编十四卷，将 12688 字按照《说文解字》部序依次排列，字头下注明古音，结构如与小篆不同则别出隶定，字样下有辞例。一些重要的问题和著者的见解以按语注明。释文部分是包山楚墓出土文献的一个简明读本，与字样下面的简短辞例相呼应，构成完整的辞例系统。声韵表将所释字按照古音归部，兼取古音为序体例的长处。这三部分互相配合，对包山楚墓文字的形、音、义予以全面表述。

二　主要创新与学术影响

本书有多处创新。一是体例创新，对于古文字字编这类著作，著者曾从学术史、学术价值及使用价值等方面进行过理论探讨。此书属于专题古文字字编，通过编排体例的改进，实现了形、音、义全面体现的目标。二是文字考释创新，字编不仅对已有的研究成果进行了系统的整理，而且对一些疑难字或常见字提出了新的见解。例如，新考出"刘""饴""圣"等字的异体字，对简文中的"作""杰"等字的构形重新予以诠释，对复杂的字际关系通过归部、按语等不同形式加以表达。三是字样提取创新，字形处理采用"基于数字图像处理的出土简帛字形图像的提取方法"（专利号：201210414370.0），每一个字形都经过计算机的精心处理，既保留了原迹的本相，又除去了污渍，理清了笔画的混沌，是真正意义上的"高清"图片，这不仅对我们研究古文字有益，对于书法爱好者模仿尤其便利。

对包山楚墓文字形、音、义、使用频率等予以全面、准确的表现，为该批材料的语言研究和战国文字研究提供了极大的便利。字编体例为专题文字编编纂提供了可资参考的范式。著者的最新释字成果融入其中，字编具有很高的学术性。高清晰度字样受到书法界的欢迎。

哲　学

《维特根斯坦哲学述评》

作者姓名： 舒炜光

出版单位： 三联书店

出版时间： 1982 年

获奖情况： 吉林省首届社会科学优秀成果奖优秀奖

一　篇章结构和基本观点

本书阐述了维特根斯坦前后期哲学的基本概念并梳理了维特根斯坦前后期哲学的潜在逻辑构架，对维特根斯坦哲学进行了尽可能准确、客观的论述。

国际上维特根斯坦哲学是最为难懂的哲学领域之一。一方面是因为维特根斯坦的用语和范畴与传统人们熟悉的哲学概念差别很大，很多都是他别出心裁的发明，误解与曲解成家常便饭，很多人从中得到了灵感，这些人彼此之间经常互相驳斥，然而也都申明自己从维特根斯坦哲学那里得到了某些启发。可见真正弄懂维特根斯坦哲学绝非易事。本书不仅合理抽取了维特根斯坦哲学的基本概念，而且还把这些概念构成了有机的整体。这在当时中国哲学的发展中是绝无仅有的。

二　主要创新和学术影响

本书对维特根斯坦哲学进行了严谨梳理，并站在马克思主义哲学的立场上做出了透辟的分析和评述，这件事本身就意义重大。当时的中国哲学界，马克思主义哲学和外国哲学有殊为不同的学术传统，两个传统间很少交集，马克思主义与其他学术传统的交集非常稀有而难得，本书开创了一个范例。

《建设哲学学是发展哲学的需要》

作者姓名： 张维久　王育民　刑世杰

发表期刊：《社会科学战线》

发表时间：1983 年第 4 期

获奖情况：吉林省首届社会科学优秀成果奖优秀奖

一　篇章结构和基本观点

本文共分为三部分。第一部分系统论证和阐发了哲学学的理论性质和根本特征，认为哲学学是从总体上把握哲学发展规律、特征、性质和功能的科学。第二部分具体分析了在我国建设哲学学的必要性和客观条件。本文认为，无论在马克思哲学经典作家的有关思想中，还是从哲学发展史的趋势，或者推进我国哲学发展的需要来看，建立哲学学都具有现实的可能性与必要性。第三部分对建设哲学学的指导思想、基本原则、研究范围等进行了前瞻性的探讨。本文具体分析了哲学学的研究范围，阐发了马克思哲学基本立场对于哲学学的指导性意义，并提出理论与实践的统一原则对于哲学学的建设所具有的突出价值。

二　主要创新和学术影响

本文在国内哲学界较早地提出了建设"哲学学"的基本观点和设想，并对之做了较为系统的分析和论证，可谓开国内"哲学学"研究之先声，对后来哲学观、元哲学问题的研究产生了重要的引导和推动作用。本文发表之后，被多部论著所引用，得到了学者们的重视，并被认为是国内哲学学研究的最早的重要成果之一。

《自然辩证法原理》

作者姓名：舒炜光

出版单位：吉林人民出版社

出版时间：1984 年

获奖情况：吉林省首届社会科学优秀成果奖优秀奖

一　篇章结构和基本观点

本书针对当时学术界存在的主要问题，系统地给予了呈现和解决。传统的自然辩证法研究被限制在狭义的马克思主义自然观的角度上。由于科学巨大的发展，一般国外哲学家普遍放弃了直接针对自然界的哲学研究，同时脱离科学的纯粹的认识论研究也很少得到关注。在这种局面下，国内自然辩证法的研究远远跟不上国际哲学发展的状况，没有能力做出适当的反应。舒炜光教授作为一个彻底的马克思主义理论工作者，一直以丰富和发展马克思主义为己任，力图使马克思主义跟上时代的步伐，反映时代的需要为目标。自然辩证法学科体系的构建和创立就是这样一种真诚的努力。

本书肯定自然界存在辩证法，但是自然辩证法的规律和范畴必须从自然科学的知识和发展中去抽取、丰富和发展。对于自然界的辩证法，不再可能直接针对自然去研究，而是要以科学为中介才能有其坚实可靠的研究基础。同时，科学研究是人类认识真理的活动，目的在于适应自然，改变人类的生存处境，使人类最终能够做自然界的主人。本书以人类的生存为主线，确立了认识和知识的地位，从中概括、抽取了自然辩证法的范畴和规律体系，在体系上达到了前所未有的高度。

二　主要创新和学术影响

舒炜光教授倾向于认为，马克思主义就是唯物辩证法，把辩证法作为主词，而唯物论是和黑格尔的唯心主义辩证法相区别的修饰词。自然辩证法的思想包含着舒炜光教授这样的马克思主义哲学的原则立场。在当时的学术界很少有人会这样主张，所以其体系的新颖和独创性是非常突出的。

《科学认识论》（第一卷）

作者姓名： 舒炜光

出版单位： 吉林人民出版社

出版时间： 1990 年

获奖情况： 国家社会科学基金项目优秀成果奖二等奖

一　篇章结构和基本观点

本书共分为五卷，分别是《导论》《发生论》《形成论》《发展论》《价值论》。《导论》主要论述科学认识论的研究方法和构架，探讨以科学认识这样一个认识形式作为研究对象和研究它的一些方法论原则。大体上来说，科学认识有其发生、形成、发展的历史过程，其内涵的形成和展现出现在科学有了成熟的知识形式的时候，就是第一个科学知识体系——经典力学确立的时候。以此为逻辑起点和历史事实的依据，我们研究科学需要采用那些重要的方法论原则。《发生论》研究的是解决科学认识从无到有的过程和这个过程中存在的规律。具体来说，这个时候的方法论要求是系统发生和个体发生关系最具重要性的方法论意义。个体发生从无到有的规律，也就是系统发生中从无到有的规律。《形成论》研究科学理论，或科学真理的形成规律。这里重点强调科学真理的确立是科学形成的标志，然后以科学真理的确立为目标追踪科学理论的形成过程的规律性。而《发展论》研究未来的规律，对科学发展提供前瞻性。《价值论》主要研究科学应用于社会生活的各个领域的具体规律。这样就非常全面地呈现了科学认识从发生、确立、发展到应用的几乎所有课题，并得使之到了完美的解答。

二　主要创新和学术影响

本书表现了舒炜光教授经世致用的学术取向。研究科学发生、形成、发展和应用的规律能够为管理者提供明智的、客观有效的指导思想和理论手段。本书避开了科学性的认识论，和关于科学的认识论研究这样的纯粹哲学的立场，站在科学认识的规律研究这样一个独特的立场展开了对科学的发生、形成、发展和应用价值的多方面规律的研究。

《普特南的科学实在论与库恩理论的主要分歧》

作者姓名：孙乃纪
出版单位：人民出版社
发表时间：1985 年
获奖情况：吉林省首届社会科学优秀成果奖优秀奖

一　篇章结构和基本观点

本文首先介绍了普特南所主张的"趋同"科学实在论，随后分析、比较了在科学理论名词的实在性问题上、在科学发展观上以及在科学进步和科学理论的真理性问题上普特南与库恩的理论分歧，并做了简短的评论。本文从马克思主义哲学的立场出发，提出如下观点：科学理论名词的实在性问题、科学发展观以及科学进步和科学理论的真理性问题三者互相联系，其中最根本的是理论名词的实在性问题。这里深刻地暴露了各种西方科学哲学理论的错误实质。他们都不把概念或名词看成反映客观对象的本质属性的思维形式，不把它看成人们通过实践从对象的许多属性中撇开非本质属性抽出本质属性而成的。因此，西方哲学家常常偏激地从两个极端看问题。一种极端否认客观对象的存在，认为名词不过是人造的虚构物。有的哲学家利用现代自然科学所研究的某些对象不可能直接被观察到这一特点，怀疑客观对象的存在，由此得出相对主义的结论。普特南抓住理论名词是有所指称的这一点来批驳库恩，对我们是有启发的。但普特南也是从另一个极端看问题的，他把名词和客观对象相等同。普特南在逻辑哲学中得出的承认抽象实体的结论，就是例证。从普特南和库恩的分歧中我们看到，西方科学哲学家接触到了一些深刻的哲学问题，有时还相当敏锐，但他们的结论远不能令人满意。

二　主要创新和学术影响

本文是国内最早研究科学实在论的文章，在 1983 年夏季的"第三次全国科学哲学学术讨论会"上被提交后，即被《世界科学》1983 年第 12 期发表；后被中国现代外国哲学学会主编的《现代外国哲学文集》收录。

《论社会主义生活方式的特征》

作者姓名：艾福成　赵仁光
发表期刊：《文明·科学·健康生活方式初探》
发表时间：1985 年第 6 期
获奖情况：吉林省首届社会科学优秀成果奖优秀奖

一　篇章结构和基本观点

本文共分两部分。第一部分为对生活方式两种定义的商榷。第一种定义认为，生活方式"是人们享用物质的、劳务的消费品和使用由他个人支配的闲暇时间的方式"；第二种定义认为，生活方式"是一定时期生活资料的内容和人们对它的利用形式及其与生活关系的统一"。本文认为，这两种定义排除了劳动活动，也不包括生活方式的全部领域和全部内容，都有其缺欠和不足之处，是不够全面的。本文提出："生活方式是人们的生命活动的总和。它应该包括生产活动，或者说劳动活动在内。"并对此定义进行了全面的论证和阐释。第二部分为社会主义生活方式的特征。本文认为社会主义生活方式主要有以下四个特征：第一，进行对社会有益的劳动，是社会主义生活方式的最基本特征；第二，在按劳分配的基础上，社会全体成员的生活水平逐步提高，合理安排消费，是社会主义生活方式的重要特征；第三，以共产主义的集体主义为一切行为的基本原则，是社会主义生活方式的显著特征；第四，培养和造就有理想、有道德、有文化、有纪律的全面发展的一代新人，是社会主义生活方式的又一重要特征。

二　主要创新和学术影响

本文以唯物史观为指导，把劳动活动放在生活方式之中，作为其重要内容，并对其他因素起基础和决定作用；与此同时把生活方式看作多因素、多层次的复杂社会现象，既包括劳动活动，又包括人类自身生产的活动，表现为一定的婚姻和家庭生活。还包括分配和物质消费的活动、政治活动以及精神文化生活等。这些生活活动和行为方式的总和，就是人们的生活方式。这样就使生活方式的概念得到完整、全面的界定，既有理论高度，也有科学性。在理论和学术上是非常有价值的。

本文揭示了社会主义生活方式的主要特征，能指导人们按照文明的、科学的、健康的生活方式生活，摒弃和抵制不文明、不科学、不健康的生活方式，在现实社会生活中具有重要的实践指导意义。

《客观主义知识论》

作者姓名：　舒炜光

发表期刊：《中国社会科学》

发表时间：1986 年第 6 期

一　篇章结构和基本观点

本文比较清晰地阐述了波普尔的客观主义知识论主张。在本体论上，波普尔是多元论的；在知识论上，波普尔是强调知识的多元、竞争和选优进化的。但是知识的发展并不以人的意志为转移。知识在本质上是自主发展的。因为知识是自主发展的，人只能按照知识发展的客观需要起到其应有的作用。这样一种主张是非常独特而又有启发性的学说。本文还论述了波普尔理论产生的历史条件，以波普尔及对逻辑实证主义哲学存在的问题和困难做出的回应，客观知识是波普尔在研究到了一定阶段的时候提出来的学说。这种客观自主的知识如何构成、如何发展，科学研究的方法论图示、知识的评价和选择标准等问题都是波普尔的研究引导出来的知识理论的新课题。但是舒炜光教授不赞成波普尔在本体论上的多元性见解，但是承认他的多元论对一元论者提出的问题和挑战。需要马克思主义理论工作者对此好好思考并做出回应。

二　主要创新和学术影响

舒炜光教授的哲学理念在很大程度上是非常亲近知识论的。在某种意义上说，舒炜光教授是马列主义哲学中最先挣脱传统认识论观念禁锢的哲学家。所以舒炜光教授用了很大精力于西方科学哲学的研究和他的哲学认识论信念有关。比较而言，在中国西方科学哲学家中，舒炜光教授比较看重波普尔的思想。

《论哲学的发展问题》

作者姓名：　高清海

发表期刊：《社会科学战线》

发表时间：1986 年第 4 期

获奖情况：吉林省首届社会科学优秀成果奖优秀奖

一　篇章结构和基本观点

本文共分两部分，即什么是哲学的发展和哲学应当如何发展。首先，就"什么是哲学的发展"这一问题，本文指出，理论的发展从来不是为了发展而发展的，发展意味着现实提出的新问题反映到了理论之中，转化为理论自身的矛盾，而理论为了解决自身的问题，便要针对自身的矛盾给出创造性的解答。哲学的发展，马克思主义哲学的发展同样如此。马克思主义哲学是哲学的科学形态，旧哲学奢望可以解决宇宙的一切奥秘，而马克思主义哲学则要求在不断的发展中追求科学真理，因此才成为具有无限活力的科学理论。既然承认马克思主义哲学需要发展，就意味着马克思主义哲学存在着自身的理论矛盾。本文指出，面对新的现实问题马克思主义哲学存在着如下的局限性：一是历史局限性；二是认识局限性；三是理论局限性。因为这些问题的存在，马克思主义哲学才能不断完善自身，成为具有无限活力的科学理论。其次，就"哲学应当如何发展"这一问题，本文认为，要发展马克思主义哲学，第一步就要改革教科书哲学体系。因为教科书哲学存在着三个问题：一是使哲学服从于政治需要；二是将哲学实证化、公式化，成为"实例总和"；三是使哲学简单化、庸俗化，从而不能反映马克思主义哲学的内容，反而阻碍了哲学的发展。除此之外文章还就哲学的发展问题提出了五点具体的认识：一是要吸收新鲜的科学认识成果与实践经验；二是将科学成果上升到思维和存在关系的高度，升华为哲学理论；三是勇于批判自身，找出自身的问题并解决；四是以开放的心态面对西方哲学成果，以宽容的心态面对理论研究中的错误；五是不能空谈发展，哲学的发展需要理论工作者刻苦钻研。

二　主要创新和学术影响

本文在改革开放的重要历史时期就"什么是发展"以及"怎样去发展"两个根本问题提出了创造性的解答，为哲学的未来发展以及整个社会的发展都奠定了坚实的理论基础，也为我们在新时代重新理解马克思主义哲学提供了积极的理论资源。

《马克思主义哲学基础》

作者姓名： 高清海
出版单位： 人民出版社
出版时间： 1985 年、1987 年
获奖情况： 吉林省首届社会科学优秀成果奖优秀奖

一　篇章结构和基本观点

本书共分为四部分。第一部分，意识与存在的关系——认识的基本矛盾；第二部分，客体——世界的统一性和多样性；第三部分，主体——人作为主体的规定性及其主体能力的根据和发展；第四部分，主体与客体的统一——在实践基础上真善美的统

一与自由的实现。

本书整体以列宁强调的辩证法、认识论、逻辑学三者的一致为原则，以意识与存在的基本矛盾关系为逻辑起点。指出马克思哲学研究的对象是认识的基本矛盾，而不是传统哲学笼统的世界整体，并由此出发分别论述了作为这一基本矛盾的两个对立面的"客体"和"主体"，最后又论述了主体和客体通过实践与认识的辩证发展所达到的有机统一。逻辑之间环环相扣，前一部分的展开为后一部分的论述提供了充分的逻辑前提，后一部分的延伸也更进一步深化了前一部分的逻辑前提。内容上以传统哲学的发展为线索，史、论结合地分析和总结了哲学史上重要的理论范畴，以唯物辩证法建构地发展了马克思主义哲学，完整地体现了逻辑的系统性和内容的一体化。

二　主要创新和学术影响

本书的创新之处在于以下几点。其一，逻辑结构的重大革新。传统教科书把马克思哲学分为"两个主义、四大板块"，即辩证唯物主义与历史唯物主义，唯物论、辩证法、认识论与历史观。它们虽有联系但基本上是相互独立和并列的关系，逻辑松散而缺乏内在联系。相反高清海教授以"辩证法、认识论、逻辑学三者一致"为指导，将逻辑结构革新为"矛盾篇"、"客体篇"、"主体篇"和"主客体统一篇"，逻辑清晰明了。其二，理论内容的大胆突破。传统教科书以"物质""运动""规律""认识""历史""实践"等为基本范畴，高清海教授则提出"系统类"、"社会物质类"、"存在与事物类"及"自主性类"四类范畴，不仅丰富了理论内容，而且也解决了各理论内容间的机械性。其三，思维方式的重大转换。传统教科书是以"物质本体论"在社会领域与历史领域的延伸与运用为逻辑起点的，实质是本体论的思维方式。高清海教授则将实践从传统的认识论范畴提升至马克思哲学的思维方式的高度，提出实践观点的思维方式，以此理解人与自然、人与社会以及人与人的关系。正是基于上述方面的创新，20世纪80年代高清海教授率先提出变革教科书体系，在国内学术界得到了积极的响应并推动了哲学教科书的改革和马克思哲学的深入研究。

《〈人民理解论〉研究》

作者姓名： 邹化政

出版单位： 人民出版社

出版时间： 1987 年

获奖情况： 国家教委首届人文社会科学优秀成果奖二等奖

一　篇章结构和基本观点

本书对近代哲学进行了创造性的概括，认为近代哲学发展的基本过程就是上帝的人本化过程，这个过程经过上帝的自然化、物质化达到了人类精神化。到了德国古典哲学，上帝的人本化达到高峰。可以说洛克的认识论就是这个上帝人本化过程中的一环。本书对洛克人类理解论的主要观点进行了系统的分析研究，其中对认识的先天性问题、内涵逻辑问题、主客观同一性问题等做出了独到的辨析，提出了具有创造性的观点。最后提出了解决认识超验性，从而达到唯物主义的构想。认为人类意识原理的辩证发展经过了三个阶段，即主观辩证法、客观辩证法、超验辩证法。超验辩证法的提出，是解决长期以来哲学的意识内在性难题的一次重要尝试。

二　主要创新和学术影响

本书将洛克的《人类理解论》放在近代哲学的大背景中来把握，既是对洛克认识理论的解读，也是作者对一系列重大哲学问题的探索。

《哲学与主体自我意识》

作者姓名： 高清海

出版单位： 吉林大学出版社

出版时间： 1988 年

获奖情况： 国家教委首届人文社会科学优秀成果奖一等奖

一　篇章结构和基本观点

本书共分为四部分，即哲学理论现状反思、哲学与主题的自我意识、哲学发展的内在逻辑和历史趋向、哲学进一步发展的问题。此外，选收了高清海教授若干年所写的与此内容相关的部分专题论文，从那里也能看出高清海教授思想运行的基本历程。本书论述了高清海教授对哲学、哲学的历史、马克思主义哲学的实质以及哲学理论进一步如何发展等问题的看法，是在实践论的基础上对主体自我意识理论的阐发。

二　主要创新和学术影响

高清海教授曾把本书看作"哲学体系改革的尝试"。高清海教授提出人总是从人出发去认识世界的，构成人的本质的实践性是一切认识的出发点。因此，由实践分化活动所形成的属人世界与自然世界的矛盾关系，才是哲学世界观理论所要认识和说明的基本内容；而构成属人世界与自然世界关系之本质内容的主观与客观、主观世界与客观世界的矛盾，就成为哲学理论所要解决的基本矛盾。从这种基本矛盾出发，高先生认为哲学理论由本体论到认识论再到人本学的发展，表现了人类对自身主体性质由直观认识阶段到反思认识阶段再到自觉认识阶段的三种最基本的哲学思维方式，即

"存在论"、"意识论"和"人本学"的思维方式。马克思主义哲学提出实践观点，意味着人类从此掌握了用以观察世界的一种崭新的思维方式。这种实践观点的思维方式是对存在观点、意识观点、人本观点的否定，又是它们在新的基础上的统一和提高。它的产生，表明人类已经开始进入自觉地发挥自身主体作用的发展阶段。

《从两极到中介——现代哲学的革命》

　　作者姓名：孙正聿
　　发表期刊：《哲学研究》
　　发表时间：1988 年第 8 期
　　获奖情况：国家教委首届人文社会科学优秀成果奖二等奖

一　篇章结构和基本观点

　　本文共分为四部分，即超越两极对立的思维方式、本体中介化的现实道路、以中介的观点对待一切事物、现代哲学的共同特征与内在分歧。传统的唯物主义哲学和唯心主义哲学，分别从对立的两极去思考自然界与精神的关系问题，因而始终僵持于"本原"问题的自然本体与精神本体的抽象对立，并以还原论的思维方式去说明二者的统一。现代哲学的根本特征，就在于以人类的社会历史存在为中介而扬弃了自然与精神、客观与主观的抽象对立，并把社会存在本身作为哲学所追寻的本体。这是本体观念的深刻革命，它改变了哲学的提问方式和追求方式，从而改变了人类的致知取向、价值取向和审美取向，即在深层次上改变了人类的思维方式。现代哲学在扬弃传统哲学的两极对立的过程中，视角则越来越聚焦在沟通两极的中介环节上，使实践哲学、科学哲学、文化哲学、意义哲学等成为现代哲学的多元形态。而透视现代哲学多元形态的深层统一性，就会发现，其实质都是以人类的社会存在（或其中的某个特征、部分、方面、环节）为本体的。可以说，整个现代哲学的产生和发展，都是以马克思的实践辩证法理论所实现的伟大哲学革命为实质内容和根本方向的。

二　主要创新和学术影响

　　本文的主要创新之处在于：一是指出传统哲学从对立的两极去思考自然界与精神的关系问题，其实质是把人的自然属性和精神属性抽象地对立起来；二是揭示了德国古典哲学克服两极对立的历程，黑格尔的本体的中介化内含了现代哲学的革命与历史唯物主义的萌芽；三是马克思的实践观点第一次寻得了从两极到中介的现实道路；四是从中介出发去思考自然界和精神的关系问题的现代哲学，实质则是以人的历史活动为中介把人的感性存在和精神活动具体地统一起来，从人的社会存在去寻求人类的安身立命之本，这是本体观念的深刻革命。本文在《哲学研究》上发表后，被《新华文摘》等全文转载，引起了学界的广泛关注。

《先秦儒家哲学新探》

作者姓名： 邹化政

出版单位： 黑龙江人民出版社

出版时间： 1990 年

获奖情况： 吉林省第三届社会科学优秀成果奖一等奖

一　篇章结构和基本观点

本书共分为四部分，即对哲学本质的论述、分析中国哲学人道即天道的传统、对先秦儒学诸子思想进行分析、总结出一个宇宙—心性—人性观的哲学系统。这个哲学系统既是对儒家思想体系的概括，也表达了作者对儒家思想及其发展的更精微的把握，所以它表达了作者在中西融通基础上所确立的一种哲学整体观。这个哲学系统的最终确立终结于超验辩证法，具体说，只有超验辩证法才能真正扬弃陆王的唯心主义，拯救儒学的合理内容，实现儒学与马克思主义的一种结合。

二　主要创新和学术影响

本书是站在中西比较的立场上，运用思辨分析的方法对儒家道统所做的一次全新的探索和诠释，主要涉及孔子、子思、孟子、荀子等先秦思想家的哲学思想，并概述了先秦儒家哲学从汉唐至宋明的变化和发展。

《中国哲学中的解释理论》

作者姓名： 李景林

发表期刊：《吉林大学社会科学学报》

发表时间： 1990 年第 3 期

获奖情况： 吉林省第二届哲学社会科学优秀成果奖一等奖

一　篇章结构和基本观点

本文以解释学研究为背景，以中国哲学解释理论的阐发为切入点，分别从中国古代哲学解释方法的理论前提、中国哲学特有的理解理论和解释方法、中国哲学解释理论的根本特色、中国哲学解释理论的本体论根据等四个方面系统地揭示了中国哲学解释理论的一般内容和特点。

本文指出，文化意义上的人类现实存在的矛盾可被归为通过语言文字所表现的人的共在形式与个体精神生命的矛盾，对此矛盾的理解和反省即是中国古代哲学解释方法的理论前提。中国哲学的解释方法，可用朱熹的"心法"来表述。所谓心法，就是他所理解的儒家道统、义理的传授方法。这种传授，虽然必须以文字为手段，但是它所传授的内容，是古今相通的"道心"。这个方法的内容，可用王弼"得象忘言，得意忘象"的命题来概括。它既表现了中国古代哲学传统的表述方法：隐喻和象征，又体现了中国古代哲学传统的为学方法。本文以为，中国哲学的解释理论，并不局限于一种认识的方法和工具，而是以建立人的存在的超越根据为其归依，这是中国哲学解释理论的一个根本特色。而这个解释方法之所以在中国哲学中具有普遍意义，乃是因为它有自己的本体论根据，即在中国哲学中，对人作为主体的理解是整体性的。这个整体的意义，相对来说，可以从相互关联的两个层次来说明，即身心的本原统一与知、情（意）统一。本文指出，在中国哲学中，语言概念的内涵，乃是包含着人的生命整体的全部涌流。故解释、理解必须是"心法""以心通性命之道"；而这个"心法"则必须以人的整体教养为根据。

二　主要创新和学术影响

本文以解释学为背景，从义理派的角度对中国哲学中的解释前提、解释理论、方法、特色及本体论依据进行了系统诠释。这一诠释，一方面以中国哲学的本有内容丰富了当代解释学的理论内涵，深化了解释学研究；另一方面则在中西解释学的相互观照中彰显了中国哲学的文化特质，有助于形成关于中国哲学的文化自觉意识。

《对科学的人文主义理解——瓦托夫斯基的科学哲学观述评》

作者姓名： 孙正聿

发表期刊：《中国社会科学》

发表时间： 1990 年第 4 期

一　篇章结构和基本观点

本文共分为五部分，即非主流的科学哲学观、理解科学的"哲学"、哲学理解的"科学"、概念框架理论与"理解"科学理解、瓦托夫斯基科学哲学观的启发和借鉴意义。主流的科学哲学拒斥形而上学而把哲学归结为对科学问题的解释，否认哲学的世界观意义而把哲学限定为对科学自身的研究，从而割断了科学、科学哲学与人文学科和人类活动基础的联系。瓦托夫斯基的非主流的科学哲学观，作为现代西方科学哲学主流的内在否定性，力图实现科学主义与人文主义合流。瓦托夫斯基把科学哲学作为对科学的人文主义理解，构成了连接科学与人文之间的桥梁与中介。正是从这种基本认识出发，瓦托夫斯基系统地考察了传统哲学的三个基本学科（形而上学、认识论和逻辑学），重新阐释了传统哲学的人文主义内涵及其与科学的连续性；以这种哲学观重新审度了科学的起源及其基本概念的人文主义基础，并从科学思想的起源及其方法的概念的基础、科学的结构功能特征、人类认识自然和认识自我的统一性三个方面探讨了科学活动与人类其他活动的连续性与间断性的对立统一；又以此为基础，把科学哲学具体化为理解科学理解的事业，并在三个层次的概念框架（常识概念框架、科学概念框架、哲学概念框架）的辩证统一中去探索科学思想的概念基础，从而实现了对科学的人文主义理解。

二 主要创新和学术影响

瓦托夫斯基的科学哲学观在主流的科学哲学之外，但较于正统的科学哲学把哲学改造为关于科学的哲学，其对科学的人文主义理解更为广大深刻，不仅保持了科学与人文的连续性，奠定了科学的存在论基础，而且以批判的辩证法构成了科学思维的灵魂。对这一非主流的科学哲学观的专门研究，体现了本文的深刻洞察力。述评瓦托夫斯基的科学哲学观，不仅倡导了一种富有生命力的科学哲学，提出了一条切实深刻的现代哲学的路径，而且呈现了作者独特的科学观与哲学观。

《实用主义大师杜威》

作者姓名： 邹铁军

出版单位： 吉林教育出版社

出版时间： 1990 年

获奖情况： 吉林省第二届社会科学优秀成果奖一等奖

一 篇章结构和基本观点

本书共分为十章。第一章"美国人的宠儿"介绍杜威的国际声誉，分析影响杜威思想形成和发展的三方面因素，介绍杜威的生平和成就。第二章"美国的精神与哲学"分析美国立国以来政治、经济特征以及文化精神气质，指出作为美国的时代精神精华的实用主义哲学是应运而生的。第三章"实用主义神圣家族"简要回顾实用主义的发展状况，介绍影响杜威的实用主义的开山鼻祖皮尔士（Charles Sanders Peirce, 1839 – 1914）的思想、实用主义运动的开创者詹姆斯（William James, 1842 – 1910）的理论贡献。第四章"脱颖而出独树一帜的实用主义教育家"论述杜威的实用主义教育理论及其对美国教育改革、普及和发展的贡献。第五章"荣登实用主义神圣殿堂的宝座"概括介绍杜威建造实用主义理论大厦的重要哲学著作。第六章"哲学的演进与新哲学观的确立"论述杜威关于原始意识、哲学产生、哲学的意义、哲学的功能的思想。第七章"哲学的改造"阐述杜威在整个社会历史和科学发展的大环境中考察哲学改造的必然性和可能性思想。第八章"经验的自然主义"介绍杜威关于经验与自然的理论及其对经验论哲学的贡献。第九章"工具主义"阐述贯穿于杜威的实验主义认识论中的基本思想——工具主义。第十章"杜威在中国"重新审视杜威，全面地实事求是地评价杜威。

二　主要创新和学术影响

本书是我国学者全面系统地阐述杜威学术思想的第一部专著。站在马克思主义科学的立场上，摆脱了简单化的思维模式的束缚，摆脱了传统僵化的批判观的影响，力求对杜威的哲学思想和教育思想做出全面的实事求是的评价。

《理论思维的前提批判》

作者姓名：孙正聿
出版单位：辽宁人民出版社
出版时间：1992 年
获奖情况：教育部第二届人文社会科学优秀成果奖二等奖

一　篇章结构和基本观点

本书从剖析理论思维的前提出发，分别考察了辩证法对形式逻辑、常识、科学和哲学的前提批判，并以辩证法的批判本质的历史发展为主线，论述了本体论追究的辩证法、认识论反省的辩证法、逻辑学反思的辩证法、实践论批判的辩证法以及文化批判的辩证法，从而系统地提出了一种探索辩证法理论的新思路。本书提出，辩证法的批判本质在于，它是对理论思维前提的自觉反思；辩证法的历史发展，是在更深层次上探索理论思维前提的内在矛盾；辩证法的社会功能，在于它使人们在社会生活的一切领域永远敞开自我批判的空间。

二　主要创新和学术影响

本书把思维和存在所服从的"同一规律"作为理论思维的"不自觉的和无条件的前提"，不但揭示了本体论、认识论、辩证法与哲学基本问题的内在关联，而且建立了哲学对全部构成思想的反思批判关系，从而提出了一种具有广阔空间的切实深刻的哲学活动方式，形成了作者本人的独特的哲学观。"理论思维的前提批判"作为一种富有成效的"研究范式"和"解释原则"，贯穿于其他学科研究与文化创作之中，推动了人文社会科学研究的范式转换。本书对于如何在哲学研究、科学发现、艺术创新和日常生活中运用辩证的思维方式，具有独到的启示作用。本书 2010 年被收入《当代中国人文大系》中，由中国人民大学出版社出版。

《辩证法的批判本质》

作者姓名：孙正聿
发表期刊：《中国社会科学》
发表时间：1992 年第 4 期

一　篇章结构和基本观点

本文共分为六部分，分别为理论思维的前提批判、辩证法对理论思维的前提批判与辩证法的批判本质、辩证法对形式逻辑的前提批判、辩证法对常识的前提批判、辩证法对科学的前提批判、辩证法对哲学的前提批判。本文重点讨论了辩证法在本质上是批判的这一命题，提出了从辩证法的批判本质去理解辩证法的基本思路。本文指出，作为哲学世界观和方法论的辩证法，在本质上是对蕴含于人类全部活动之中的理论思维的前提批判。据此，文章系统地考察了辩证法对形式逻辑、常识、科学和哲学的前提批判，具体地阐述了批判性构成辩证法本质的内在根据，丰富了这种前提批判的理论内容。

二　主要创新和学术影响

本文的创新之处为：一是提出思维与存在的同一性是各种构成思想的不自觉的和无条件的前提，辩证法在本质上是对理论思维的前提批判；二是形式逻辑是以排斥对推理前提的质疑并承诺思维运演与思维对象之间具有某种异质同构性为前提的，辩证法对形式逻辑的前提批判就是对抽象同一性的超越；三是辩证法对常识的前提批判，就是从思维与存在的矛盾关系中，运用"概念的逻辑"去反思"对象本质自身的矛盾"，从而超越"在绝对不相容的对立中"的形而上学思维方式，达到在对事物的肯定理解中同时包含对它的否定的理解；四是辩证法对科学的前提批判，则是对蕴含于科学活动、科学成果和科学革命之中的"理论思维的不自觉的和无条件的前提"的自觉反思；五是辩证法的哲学前提批判主要是揭露哲学前提的内在矛盾，否定既有的哲学"统一性原理"，并在更高的层次上展现理论思维的内在矛盾，形成表达新时代精神的哲学"统一性原理"。本文首次提出从辩证法的批判本质去理解辩证法的思路，并实现了对"辩证法在本质上是批判的"这一命题的完整深刻的理解，这一理解不仅构成了辩证法、本体论与哲学基本问题的内在统一，而且敞开了辩证法批判的广阔的理论空间。

《气功经典译著》

作者姓名： 乌恩溥

出版单位： 吉林文史出版社

出版时间： 1993 年

获奖情况： 吉林省第三届社会科学优秀成果奖一等奖

一　篇章结构和基本观点

本书共分为四部分。第一部分为《老子河上公章句》的注释和翻译。河上公，汉代的隐者，姓名不详，因在河滨解草为庵，故号称河上公。河上公从治身养生的角度出发注释了老子《道德经》，其注反映了古代气功学说在萌芽时期的基本观点，深受养生学和气功学的关注。该译注是在以宋刊本为底本并参照明世德堂刊本进行对校的基础上进行的。第二部分为伯阳撰的《周易参同契》的注释和翻译。魏伯阳，名翱，自号云牙子，会稽上虞人，约生活在东汉孝桓帝和灵帝时期。《周易参同契》是第一部完整系统地论述气功的著作，把我国气功的理论推向了高峰，为气功健身活动的发展做出了杰出的贡献。第三部分为魏夫人等人编撰的《黄庭经》的注释和翻译。这本书作为道家养生学的重要典籍，虽然在总体理论上没有超出《周易参同契》，但其中也有自己的独到的特点，自成体系。例如，本书明确提出上中下三丹田的理论，全面系统地论述了五脏六腑在精气运行过程当中的作用，还提出练功过程中配合呼吸精气辅助进行吞咽津液的必要性。第四部分为一位无名氏所撰写的《阴符经》。这本书成书年代约为公元 530~580 年期间，现保存的有唐李筌、南宋朱熹和俞琰的注疏本。这本书认为，天有天道、地有地道、人有人道，不过这三者息息相关、达到和谐统一；只有正确认识这三者的关系，才能达到理想的思想境界。

二　主要创新和学术影响

本书具有重大的理论和实践意义。它一方面系统地整理了中国古代关于气功养生的理论基础；另一方面又对这些著作进行了准确的注释和翻译。这为现代人研究气功和养生健身提供了不可或缺的文献资料。

《哲学的憧憬——〈形而上学〉的沉思》

作者姓名： 高清海

出版单位： 吉林大学出版社

出版时间：1993 年

获奖情况：吉林省第三届社会科学优秀成果奖一等奖

一　篇章结构和基本观点

本书共分为七部分，即哲学的秘密在于人、第一部体系化的哲学理论著作、"哲学"论、"本体"论、"动变"论、"矛盾"论、亚里士多德的"宇宙体系"。本书通过史论结合的方式，以亚里士多德的《形而上学》为例，梳理了两千年的本体论的内在结构。指出本体论在世界观方面寻求终极存在，在认识论方面寻求终极解释，在价值论方面寻求终极至善，实质是一种形而上学的思维方式。提出变革本体论的根本在于思维方式的革命，消除传统哲学的形而上学不仅是现代哲学产生的根源，而且是马克思哲学的伟大贡献。在此意义上，一方面，马克思以实践观点的思维方式否定形而上学的思维方式，以人的现实活动确立人在现实生活中的地位；另一方面，以人的否定性的统一解答现实而优于西方现代哲学。

二　主要创新和学术影响

本书的创新之处在于以下几点。首先，消解了传统形而上学的束缚。批判人们对终极存在、终极解释以及终极至善的迷恋，强调变革形而上学思维方式的重要性。其次，恢复了人的主体地位。在传统哲学的影响下，人受到"理念""神"等本体的压制，俨然是一个附属品，而破除形而上学思维方式的钳制之后，关键的一点就是给予了人应有的主体地位，而且是在现实生活中的活生生的主体地位。最后，强调实践活动的重要性。通过思维方式的变革反观马克思的哲学革命，提出实践观点的思维方式。不仅在国内学术界率先提出思维方式变革对理论与实践工作的重要性，而且也为马克思哲学的研究与实践困境提出了一条可行的解决路径。

《马库色：批判与重建》

作者姓名：刘少杰

出版单位：台湾唐山出版社

出版时间：1993 年

获奖情况：普通高等学校第二届人文社会科学研究成果奖三等奖

一　篇章结构和基本观点

本书是国内首部系统研究法兰克福学派主要代表人物马尔库塞（台湾译为马库色）思想理论的著作。全书由导论和七章内容构成。作者首先系统地考察了马尔库塞的生平经历和思想理论的历史演变，分析了他的理论学说的社会基础、思想渊源、发展阶段、主要观点、学术贡献、社会影响和历史局限。重点评析了马尔库塞的具体哲学思想及其对法西斯主义和发达资本主义意识形态批判的贡献和重建人类文明和开展总体社会主义革命的社会理论。

马尔库塞是法兰克福学派最重要的代表人物，其思想理论对 20 世纪哲学、社会学、政治学和美学等多种学科都产生了广泛而深刻的影响。虽然在 20 世纪后期中国学术界对马尔库塞思想理论有了一定的了解，但因为文献翻译和研究程度有限，学术界对马尔库塞思想观点的了解还存在很大局限，本书作为首部系统评析马尔库塞思想理论的著作，为克服这个局限做出了明显贡献。

二　主要创新和学术影响

本书对马尔库塞的实践唯物主义观点，辩证理性原则，本能解放理论，自然革命、感性革命和文化革命等方面思想观点的论述，具有积极的学术探索性和深刻的理论创新性。因此，尽管是在台湾出版的著作，但对大陆关于西方马克思主义和法兰克福学派的研究，特别是对关于马尔库塞思想理论的研究，都产生了重要影响。

《主体呼唤的历史根据和时代内涵》

作者姓名：　高清海

发表期刊：《中国社会科学》

发表时间：1994 年第 4 期

一　篇章结构和基本观点

本文共分为五部分。第一部分，主体形态的历史生成。提出对"主体"的认识：起初人只能以群体方式发挥主体性，最先形成的是集群主体，随着个人走向独立才会形成个人主体，作为最高统一性的类主体只能形成在这一切之后。第二部分，主体形态的人性根据。由于实践形成和决定人的本性，实践本性决定了人必然是处于历史发展中的具体存在。第三部分，主体的呼唤是人的自我解放呼声。人需要不断去强化自己的主体意识，以便坚定自己的主体信念和争取自我解放的奋斗决心。这种自我主体意识的表达和争取自我解放的呼声，就表现为对"主体"的弘扬。第四部分，今日弘扬主体的时代内涵。当代人类所面临的重大社会问题，反映出人和人、人和自然关系的失衡，本文认为解决当前问题的关键并不在于克服人类中心论的观念，更不能从弱化主体意识让人回到自然生活状态中着手；而应该通过升华人的主体意识，使人类尽快从个人本位提高到类主体形态来实现得解决。要做到这一点，必须实现观念的大转变，并通过现实的活动和斗争以提高人的实际主体地位。第五部分，从中国的历史和现实出发，认为个人作为主体的特性被禁锢，得不到自由的发展，导致社会长期停滞、发展缓慢。

二　主要创新和学术影响

作者提出并着重论述了培植个人主体是当前我国社会发展的迫切需要，破除集群主体的传统形式及其影响是发展类主体的基本前提。应发挥社会主义制度的优越性，去解放个人，培植具有充分活力的个人主体。

《商品意识和人文精神》

作者姓名：杨魁森

发表期刊：《中国社会科学》

发表时间：1994 年第 6 期

一　篇章结构和基本观点

本文共分为五部分，分别为商品意识和人文精神的不同内容特点和规律、商品意识和人文精神反映社会发展不同层次的要求、商品意识和人文精神在社会发展中的不同作用、批评以市场经济为基准筛选和建构文化的主张、商品意识和人文精神的结合是现代文明社会发展的要求。本文论述了构成现代文明意识基本内容的商品意识和人文精神的不同内涵和特点，认为它们分别反映着人类生存不同层次、不同方面的要求，在社会发展中起着不同的作用，不能互相取代。本文针对当时商品意识泛化、人文精神萎缩的现象，批评了主张以市场经济要求为基准去筛选和建构文化的观点，认为商品意识和人文精神的结合才是当今时代发展的潮流和需要。

二　主要创新和学术影响

20 世纪 90 年代我国进入市场经济社会初期，在理论界和实际生活中都流行一种"市场经济决定一切、压倒一切"的观点，这对建立市场经济社会的价值观、引导市场经济社会健康发展起着误导作用。本文在理论界首次提出商品意识和人文精神的区分及两者的不同内涵、特点和作用，批评了单纯的"生产决定论""经济决定论""技术决定论"等片面观点，伸张了以人为中心的社会全面发展的观点，这完全符合后来提出的"科学发展观"的国家发展理念。

《寻找"意义"：哲学的生活价值》

作者姓名：孙正聿

发表期刊：《中国社会科学》
发表时间：1996 年第 3 期

一　篇章结构和基本观点

本文共分为五部分，即反思现代哲学的自我理解、"有意义"的"生活世界"、"意义"的社会自我意识、寻找"意义"的理论方式、时代精神的"精华"。本文认为，人的世界是实现人的发展的"有意义"的"生活世界"；人与世界的关系，包括哲学在内的人类把握世界的各种方式，都应当从人类创造"生活世界"的"意义"去理解。从这种思路出发，通过具体考察"意义"的个体自我意识与社会自我意识的关系，哲学与人类把握世界的其他基本方式的关系，以及哲学与时代精神的关系，作者提出：哲学是作为"意义"的社会自我意识而存在的；揭示、反思和塑造人的"生活世界"的"意义"，是哲学对人类生活的不可或缺和不可替代的独特价值。

二　主要创新和学术影响

本文的创新之处在于：一是超越哲学与科学的二元关系，从哲学与人类把握世界的各种基本方式的多元关系，去考察哲学的存在价值；二是提出哲学作为"意义的社会自我意识"，并探讨了"意义的社会自我意识"与"意义的个体自我意识"的辩证关系；三是将哲学与人类把握世界的其他方式相比较，提出哲学的独特的存在方式：对"时代精神"的"反思与表征""塑造与引领"，构成了"时代精神的精华"。本文发表后，不仅对国内哲学界的哲学观研究起到推动性作用，而且通过呈现哲学的存在方式，为哲学研究与创作开拓了理论空间，为人文学界的意义寻求提供了重要启发。

《评波普对马克思历史决定论的诘难》

作者姓名：艾福成
发表期刊：《吉林大学社会科学学报》
发表时间：1996 年第 4 期
获奖情况：普通高等学校第二届人文社会科学研究成果奖三等奖。

一　篇章结构和基本观点

本文共分为三部分。第一部分为关于对社会规律的认识问题。马克思创立的历史唯物主义，承认社会规律的客观性和决定性，是一种决定论的理论。但马克思的历史决定论与机械决定论既有相同之处，又有根本区别。波普否定马克思的历史决定论，关键是否定历史发展规律的存在。与机械决定论相反，波普看到了社会运动不同于自然界运动的特殊性，看到了社会运动与自然界运动的差别，但是他把这种特殊性和差别性夸大了，走向了另一个极端：完全否认了社会规律的存在，陷入了历史唯心主义的错误之中。第二部分为关于历史进程的可预见性问题。马克思的历史决定论承认历史进程的可认识性和可预见性，历史决定论具有预测的功能。波普把每个个别的历史事件和整个社会看成唯一的、不重复的客体，认为社会是充满偶然性的世界，毫无重复性和必然性可言，根本无规律可循。所以，不可能做出科学的预测，更无法科学地预见其未来。波普把历史的偶然性绝对化，只看到了社会历史不可预测的一面，而否定社会历史的可预测性，陷入了一种片面性之中。第三部分为关于唯物史观是不是决定论的问题。马克思的唯物史观，是在肯定规律客观决定性的基础上，强调主体选择性的作用的，它是把合规律性和合目的性统一起来的选择决定论。只要我们承认马克思"发现了人类历史的发展规律"，就不能否定它的历史决定论的实质。一些学者之所以把唯物史观的实质归结为历史选择论，很重要的一个原因是他们割裂了这二者在实践基础上的统一。他们过分强调主体的选择性作用，却忽视了历史规律的决定性作用。

二　主要创新和学术影响

本文提出自己的独立见解，既不同意波普把马克思的历史决定论等同于自然因果决定论和机械决定论而对其加以否定，也不同意把唯物史观简单地归结为历史选择论。而是认为，马克思的唯物史观是超越了机械决定论和非决定论的更高级的决定论——辩证的决定论。本文的见解具有重要学术价值，受到学术界的重视。本文被《新华文摘》1996年第11期全文转载，而《哲学动态》1996年第10期对本文论点进行了摘编。

《自然中心主义生态伦理观的理论困境》

作者姓名：刘福森
发表期刊：《中国社会科学》
发表时间：1997年第3期

一　篇章结构和基本观点

本文共分为三部分。第一部分，关于能否从"是"中推导出"应当"的问题。从"是"中推导出"应当"是自然主义生态伦理观所面对的一个最主要的理论困境。自然主义生态伦理观把生态自然规律（"是"）作为人类保护自然的道德行为（"应当"）的终极根据，力图从"是"中推导出"应当"。但是，"应当"或"不应当"的道德选择直接依赖的正是价值判断而非事实判断。因此，如果缺少价值论的根据，单从存在论中是找不到道德原则的根据的。第二部分，关于自然界的"内在价值"。

自然界（或生态、生命）的“内在价值”概念，是自然主义生态伦理观的一个核心概念。对自然界的内在价值的确认，是自然主义生态伦理观的价值论基础。它认为，自然之物的存在本身即代表了它们的价值。“自然之物不是为人类而存在的，它们先于人类而存在。”这就直接把自然物的客观属性看作自然物的内在价值，仍然是用“是”解释“应当”。第三部分，关于自然界的权利。这种观点认为：第一，存在就意味着它有存在的权利；第二，物种之间的合作共生关系就是权利义务关系。权利概念本来是人类社会的概念，但被自然主义生态伦理学“自然化”了。

二　主要创新和学术影响

本文被学界看作我国人类中心主义生态伦理学的代表，被《中国社会科学》（英文版）1999 年第 1 期全文翻译发表。

《崇高的位置——世纪之交的哲学理性》

作者姓名：孙正聿
出版单位：吉林人民出版社
出版时间：1997 年
获奖情况：吉林省第四届社会科学优秀成果奖一等奖

一　篇章结构和基本观点

本书共分为六部分，即崇高与人的精神家园、寻找“意义”与重建“崇高”、崇高的追求与异化的崇高、消解崇高的异化与创造崇高的现实、“消解哲学”与失落崇高的精神困倦、崇高在当代中国哲学中的位置。哲学的历史就是求索真善美的历史。人类所寻求的真善美，如果可以用一个词来概括，那就是“崇高”。在人类的精神坐标上，崇高与渺小是对立的两极。哲学的历史，在其价值追求的意义上，就是寻求崇高的历史；哲学在寻求崇高的过程中，却使自己变成了被异化的崇高。因此，哲学的历史又是自我批判的历史，即不断地“消解”那种变成了“异化的崇高”的哲学的历史；哲学的当代使命，就是重新确认崇高的位置，也就是重新规划“哲学”。哲学与崇高之间的这种“四重化”关系，构成了以“崇高”为核心范畴的“前提批判”。作为存在论、真理论和价值论相统一的哲学，作为求索真善美即追寻崇高的哲学，它既不是像“科学”那样“表述”经验事实及其规律，也不是像“艺术”那样“表达”人的情感和意愿，而是以“表征”的方式构成理论形态的人类自我意识，构成“思想中所把握到的时代”，构成“时代精神的精华”和“文明的活的灵魂”。“表征”，是哲学的存在方式。哲学在自己的“表征”的存在方式中实现了对真善美即“崇高”的求索，实现了自己的存在论、真理论和价值论的统一。

二　主要创新和学术影响

本书以崇高的位置去透视哲学的历史演进，发现了哲学与崇高之间的这种"四重化"关系，构成了以"崇高"为核心范畴的"前提批判"。在回应卡尔纳普以语言的职能对哲学的批判中，发现了哲学的存在方式：哲学以"表征"的方式实现了对真善美即"崇高"的求索，实现了自己的存在论、真理论和价值论的统一。本书于2009年被收入《走进崇高丛书》，进而由人民出版社出版。

《哲学的命运与中国的命运——20年哲学历程的回顾与展望》

作者姓名： 高清海

发表期刊：《哲学研究》

发表时间： 1998 年第 6 期

获奖情况： 吉林省第五届社会科学优秀成果奖一等奖

一　篇章结构和基本观点

本文共分为四部分。第一部分深入探讨了政治、理论与实践的辩证关系。文章提出坚强的政治领导必须以正确的理论思想为前提。政治领导和理论指导的关系，犹如"硬件"和"软件"的关系，正确的思想路线需要坚强的政治做保证，而坚强的政治领导也必须以正确的理论思想为前提。第二部分认为正确的理论必须以正确的理解为前提，才谈得上正确的运用，因为对理论的理解与运用同样体现着世界观，理解本身也是世界观。理解意义上的世界观，主要表现为人们看待事物所遵循和运用的思维逻辑、价值取向、概念框架，或者叫作思维方式。要以"理解"这种世界观的根本转变来重新把握马克思的实践观点的思维方式。第三部分提出了"讲坛哲学"、"实践哲学"与"论坛哲学"三层次划分的问题，阐发了在哲学理论研究中破除传统教科书模式、破除教条主义继续解放思想的重要性。第四部分论证了马克思哲学的思维方式是一种崭新的实践观点的思维方式、理论态度和价值观念，提出了重新以马克思的实践观点的思维方式转变哲学世界观和进行哲学探索的任务。

二　主要创新和学术影响

本文创新之处在于以下几点。一是深入探讨了政治、实践与理论之间的辩证关系，提出坚强的政治领导要以尊重理论的逻辑规律为前提。二是提出"理解本身也是世界观"的论断，指出马克思破除了从先验原则出发的"抽象理性主义"的思维方式，确立了实践观点的思维方式，实现了哲学世界观的彻底变革，因此只有彻底转变世界观和思维方式，才能端正理论态度。三是论证了马克思的实践观点的思维方式，不是我们过去常常所说的"实干"，而是打开了全新的哲学天地的一种完全不同于过去的崭新的实践观点的思维方式、理论态度和价值观念。

《哲学通论》

作者姓名：孙正聿
出版单位：辽宁人民出版社
出版时间：1998 年
获奖情况：吉林省第五届社会科学优秀成果奖一等奖

一　篇章结构和基本观点

本书共分为七章：哲学的自我理解、哲学的思维方式、哲学的生活基础、哲学的主要问题、哲学的派别冲突、哲学的历史演进、哲学的修养与创造。本书认为哲学智慧是反思的智慧、批判的智慧、变革的智慧。它启迪、激发和引导人们在社会生活的一切领域永远敞开自我反思和自我批判的空间，从而实现人类的自我超越和自我发展。哲学熔铸着哲学家对人类生活的挚爱，对人类命运的关切，对人类境遇的焦虑，对人类未来的期待。哲学既是爱智的激情，又是"爱智之忧"的结晶。

二　主要创新和学术影响

本书的主要创新在于以下几点。一是主题具有显著的个性色彩，关于"哲学"的"通论"，既不是国内长期讲授的"哲学原理"，也不是国外关于各种哲学理论、哲学学科的介绍，而是集中地论述一个问题"哲学究竟是什么"。二是围绕"哲学究竟是什么"，构成了整部书的基本结构，富有创见地论述了哲学的重大理论问题。三是在深入研究马克思主义哲学理论的基础上，对哲学史和现代哲学的理论成果和理论问题做出了系统的马克思主义的回答。本书的学术价值在于其无论作为专著还是作为教材，都代表着改革开放以来我国哲学工作最为重要的研究成果之一，它的探索性、求实性、创造性和开拓性具有重大的理论意义和现实意义。

《"类哲学"与人的现代化》

作者姓名：高清海　余潇枫
发表期刊：《中国社会科学》
发表时间：1999 年第 1 期

一　篇章结构和基本观点

本文共分为三部分。首先，"现代化"并不意味着生活的"物质化"与"西方化"，而是在于"人"的现代化。要理解人的现代化就要在哲学上弄清楚"人是什么"。本文认为，传统人性论遵循"物的逻辑"，认为人具有先定的本质，从而将人抽象化；而类哲学则遵循"人的逻辑"，认为人的本性在于以否定自身为前提建立的统一性，这样的统一性就是"类"。因此，人的现代化就是人的类性不断充实、发展、丰富的过程。具体来看，马克思所说的历史三形态就是人的现代化过程，而哲学问题也从寻求永恒本质转化为解决人的现实生存问题。其次，本文认为，在现代化的进程中，个人主体要自觉以"类价值"为自身的存在意义。在历史三形态中，人因具有了独立的人格意识而从"群体本位"中走出，进入"个体本位"的历史形态。但是人对"独立"的单向度追求造成了人与自然、人与他人的极端对立和异化，因此现代化过程中的人出现了生存危机。"类哲学"指出人的现代化必须以"类价值"为指导准则，即突破自我中心，将人看作社会主体，将封闭的独立人格提升为"类人格"。最后，本文为我国现代化进程中存在的"人格危机"找到了出路。市场经济使人走出了群体本位的生存方式，进入了个体本位的生存方式，但不能摆脱"自发的联系"，无法克服人的异化状态。"类哲学"则是人格危机的出路，他要求人格在独立的基础上走向全面发展，是人与社会关系的和谐。社会主义市场经济则是"类人格"的实现方式，因为它超越了资本主义的自发性，有意识地培植具有高尚人格的独立个人。

二　主要创新和学术影响

本文提出了"类哲学"这一全新的哲学理论，并认为"类哲学"对人自身本质，即"类本质"提出了全新的理解。并以"类哲学"来关照人的现代化，在类哲学的基础上重新认识人类生存境况的存在意义，以及为人的现代化的自身实践提供了新的思考方式和自觉意识。

《高清海哲学文存》

作者姓名： 高清海

出版单位： 吉林人民出版社

出版时间： 1997 年

获奖情况： 吉林省第四届社会科学优秀成果奖一等奖

一　篇章结构和基本观点

本书共分六卷。第一卷，《哲学的创新》，论述有关哲学改革和发展问题的论文。

第二卷,《哲学的奥秘》,论述有关对人的理解及其与哲学的关系问题的论文。第三卷,《哲学思维方式变革》。第四卷,《传统哲学到现代哲学》,包括两部分内容,一部分是《哲学的憧憬——〈形而上学〉的沉思》一书的全文;另一部分是《欧洲哲学史纲新编》一书中高清海教授执笔写作的内容。第五卷,《哲学体系改革》,由高清海教授主编的《马克思主义哲学基础》(上、下册)的主要内容选辑而来。第六卷,《哲学在走向未来》,主要部分是论述有关哲学未来发展趋势问题的论文,另外还包括论述辩证法理论问题的论文,撰写的书序、书评、短文,最后部分是附录,收入了高清海教授和他人写的有关高清海教授的几篇传记材料以及高清海教授的著述年表。

本书收录了高清海教授多年来的思想成果,记录了高清海教授的学术历程,从最初尝试改革教科书体系,到推动哲学理论观念的变革,再到推动哲学思维方式的变革,最后确立"人"的观念的变革才是最根本的变革,每一卷书都以专题的形式收录了高清海教授的相关研究成果。

二 主要创新和学术影响

本书记录了高清海教授凝哲学理论改革与自己哲学生命的创造于一体而获得的理论探索、创新成果,展示了一个哲学家的心路历程。此外,本书不仅是高清海教授个人的哲学创新之路,而且也是中国哲学的改革之路,更是中国社会改革的思想基础。本书为我国社会主义现代化建设和全球人类未来发展提供了自己的见解与贡献。

《现代之后——20世纪晚期西方哲学》

作者姓名: 姚大志
出版单位: 东方出版社
出版时间: 2000 年
获奖情况: 教育部第三届中国高校人文社会科学研究优秀成果奖二等奖

一 篇章结构和基本观点

本书共分为两卷十章,上卷为《正义和历史》,包括第一章正义、第二章权利、第三章自由主义批判、第四章道德、第五章历史;下卷为《现代与后现代》,包括第六章什么是后现代、第七章后现代主义与实用主义、第八章后现代主义与马克思主义、第九章后现代主义与结构主义、第十章批判的现代主义。

20世纪的西方哲学大体上都属于语言哲学,在英美,分析哲学一统天下;在欧陆,现象学唯我独尊。但是自70年代以来,西方哲学发生了根本性的变化,出现了两种强有力的趋势,一种是政治哲学的迅速兴起,另一种是后现代主义的广泛传播。

最根本的变化是政治哲学成为当代哲学的主题，20 世纪晚期西方哲学中最重大、最激烈的争论几乎都是关于政治哲学的：70 年代"新自由主义"内部罗尔斯和诺奇克的争论，80 年代"新自由主义"与"社群主义"的争论，90 年代关于"历史终结论"的争论，以及贯穿这一时期的现代与后现代的争论。

二　主要创新和学术影响

本书对于理解和评价 20 世纪晚期西方哲学提出了许多独创性的观点，如"语言哲学的终结""政治哲学主题从自由到平等的变换""反契约论的自由主义""自由主义的两个教条"等，这些观点得到了学界的认可和欢迎。本书的研究和写作历经 10 年，其部分成果（如上卷关于政治哲学的内容）陆续发表于国内一些重要学术刊物，对我国政治哲学的研究发挥了一定的推动作用。另外，本书所研究的问题也具有高度的前沿性。

《马克思哲学的当代价值综论》

作者姓名： 高清海　叶汝贤　吴晓明等
发表期刊：《中国社会科学》
发表时间： 2001 年第 5 期

一　篇章结构和基本观点

本文共分为四部分。分别为如何看待对于马克思哲学实质的认识分歧、对马克思哲学的当代价值问题应该怎样看、马克思哲学的真正实质和精神究竟何在、我们从理论上研究马克思哲学的根本目的何在。

本文认为，与以往理解马克思哲学的一本教科书、一个体系、一种理解、"一统天下"的方式不同，现在对马克思哲学的研究思路和方法各具特色，是理解马克思思想的重大进步。学术问题、理论问题，只有通过不同见解的切磋、交流乃至争论，才能得到深化和发展。有了多种角度、多个侧面的不同理解，人们才会形成全面的认识，防止陷入理论的贫瘠化、教条化乃至僵化。马克思哲学实现的"革命性变革"，不再是追求无所不能的"万能药方"，而是一种提高自我意识和观察能力的思维方式、价值理念和精神意境。实质是"在批判旧世界中发现新世界"，直至解放全人类的实践活动。因此，我们的根本目的只能是沿着马克思开辟的道路往前走、去开创未来——开创哲学和人类的未来。

二　主要创新和学术影响

本文的创新之处在于以下几点。其一，破除"一家独尊"的"垄断解释权"，倡导多方面、多层次的研究方法。只有这样马克思哲学才能在不同的见解中焕发生机，才符合作为伟大思想家的马克思和作为现代哲学奠基理论的马克思哲学的思想本性。其二，重释马克思哲学的实质与精神。不是"解释世界"不等于不想去"改变世界"，"改变世界"也不意味不需要"解释世界"。二者真正的分别在于：所谓"解释世界"是从先验的理性原则出发的，而"改变世界"则是从现实世界，而不是从抽象原则出发的。其三，根据马克思哲学的根本目的，提出具有前瞻性的倡导——沿着马克思开辟的道路往前走、去开创未来。不仅要开创哲学的未来，而且要开创人类的未来。其思想之深刻，不仅得到叶汝贤、吴晓明、杨耕、余文烈、俞吾金、张奎良、张一兵等的一致认可，而且在此基础上推动了国内马克思哲学的进一步向前发展。

《塑造和引导新的时代精神——面向新千年的马克思哲学》

作者姓名：孙正聿
发表期刊：《中国社会科学》
发表时间：2001 年第 5 期
获奖情况：吉林省第六届社会科学优秀成果奖一等奖

一　篇章结构和基本观点

本文共分为两部分。第一部分，时代精神的变革与哲学使命的跃迁：两个"消解"与两种"归还"；第二部分，"消解"人对"物的依赖性"：历史的视野与"归还"的实现。文章认为，近代以来的哲学是消解人在"神圣形象"中的自我异化、以理性代替上帝的过程，其实质是以理论的方式表达了人的独立性建立在对物的依赖性基础上的生存状况。现代哲学的使命则跃迁为消解人在"非神圣形象"中的自我异化，把异化给理性的人的本质归还给个人；马克思哲学以实现人的全面发展这个历史大尺度，为当代哲学确认了消解对物的依赖性的历史任务。马克思的"批判的武器"自觉地承担起把人从抽象的普遍理性中解放出来的使命，承担起了把资本的独立性和个性变为人的独立性和个性的使命，正是这一哲学使命理论地塑造和引导了新的时代精神。

二　主要创新和学术影响

本文的创新之处在于以下几点。一是凸显哲学的人类性与时代性的统一。哲学作为"时代精神的精华"和"文明的活的灵魂"，不仅反映和表达自己时代的"时代精神"，而且更为重要的是塑造和引导新的"时代精神"。面向新千年的马克思哲学，其根本的使命与价值就是用"文明的活的灵魂"塑造和引导新世纪乃至新千年的时代精神。二是从马克思哲学以现实人的全面发展这个"历史的大尺度"出发，为当代哲学确认了"消解"人对"物的依赖性"的历史任务，并为当代哲学的自我发展确认了"从两极到中介"和"从层级到顺序"的基本理念，突显马克思哲学的当代使命与当代意义的统一。本文的学术价值在于从学理上对马克思哲学作为"时代精神的精华"和"文明的活的灵魂"进行了论证，塑造和引导了新的时代精神。

《中国传统哲学的思维特质及其价值》

作者姓名：高清海

发表期刊：《中国社会科学》

发表时间：2002 年第 1 期

一 篇章结构和基本观点

本文分析了中西哲学差别的根本原因，分别从思维特质、理论风格和表达方式三个方面进行对比研究：与西方哲学概念化的逻辑思辨之路不同，中国哲学关注的是完善人的生命本性，开发生命的内在价值，由此中国发挥了注重义理性的悟觉思维。悟道，是为了圆满生命、完善人格，需要用"心"体认（悟），是以主体与客体，内在与外在、人性与物性的融通一体为基点。这正中西哲学迥然不同的思维特质和理论风格的原因。中国哲学讲求"悟道"，通过对"道"的把握来表达人的超越性理想和形而上追求。道对物的超越是内在性的超越，属于既内在又超越的一体性关系。就这点来说，哲学作为"形而上学理论"，本文认为中国的表达方式是有优越性的。

二 主要创新和学术影响

与西方哲学本体与现象世界的逻辑分割不同，中国哲学不存在这样的危机。因为中国哲学不是靠概念体系中的逻辑关系来规定内涵的，而是对事物自身内在关系的直接表征，注重义理性的意象思维，它属于人的觉悟理性。本文旨在提醒我们在创新的过程中重新审视中国哲学的价值。

《思想中的时代——当代哲学的理论自觉》

作者姓名：孙正聿

出版单位：北京师范大学出版社

出版时间：2004 年

获奖情况：教育部第四届中国高校人文社会科学研究优秀成果奖二等奖

一　篇章结构和基本观点

本书是作者关于现代哲学革命和当代中国哲学改革的专题论文集，分为上、下两篇，上篇为《现代哲学革命》，下篇为《当代中国的哲学改革》。本书认为，"现代哲学革命"包括现代哲学的思维方式变革和现代哲学的发展趋向；"当代中国哲学改革"包括反思和解读马克思的哲学观、反思和解读马克思的本体论革命、梳理和总结当代中国的哲学历程、探索和阐释世纪之交的哲学理性、论述新千年的马克思主义哲学的历史任务。

二　主要创新和学术影响

本书的主要创新在于以下几点。第一，在关于现代哲学革命研究方面，提出并论述现代哲学实现了"从两极到中介"的思维方式变革，展示了"从层级到顺序"的发展趋向，为哲学界从总体上把握和认识现代哲学在新世纪的基本走向提供了新的理论视域。第二，在关于当代中国的哲学改革研究方面，提出并论述当代中国哲学的"从体系到问题"的研究范式转换，并且对哲学创新进行前提性思考。哲学创新主要是寻找理论资源，发现理论困难，创新理论思路和做出理论论证。第三，在关于马克思的哲学观及马克思的哲学革命的研究方面，提出并论述马克思主义哲学是关于人类解放和人的全面发展的哲学。以改变世界为己任的马克思主义哲学的当代使命，是把人从对物的依赖性中解放出来，把资本的独立性和个性变成人的独立性和个性，推进人的全面发展。

《辩证法的生存论基础》

作者姓名： 贺来
出版单位： 中国人民大学出版社
出版时间： 2004 年
获奖情况： 教育部第四届中国高校人文社会科学研究优秀成果奖三等奖

一　篇章结构和基本观点

本书共分为四部分。第一部分："寻求和确立辩证法的真实根基"，系统分析确立辩证法真实的理论根基这一课题所具有的重大的理论和现实意义。第二部分："辩证法的生存论本体论根基"，从正面论证人现实的、本源性的生命存在和活动方式构成了马克思哲学辩证法深层的本体论根基，即"生存论根基"。第三部分："寻求对社会历史和生活世界的辩证理解"，通过对现代西方哲学辩证法重要研究成果的清理，深化对马克思哲学辩证法的理解。第四部分："马克思辩证法与哲学的未来发展"，分析现代哲学发展过程中的深层矛盾，讨论马克思辩证法理论对于解决这些矛盾所具有的启示意义。

本书认为，辩证法是与哲学领域中最为核心的问题，即"本体论"或"存在论"问题内在联系在一起的。辩证法把"矛盾性"和"否定性"视为"存在"或"本体"的内在本性，使得在传统形而上学那里被实体化、凝固化、独断化的"存在"或"本体"流动起来，成为一个活化的、面向未来的不断自我超越和自我发展的过程。马克思把辩证法植根于人现实的、本源性的生存实践活动，使辩证法成为关于现实的"人的存在"的自我理解学说，辩证法由此超越了其近代形态，而确立起其现代形态，即生存论形态的辩证法。生存论辩证法对于深入理解人的生命存在和现实生活、促进人的精神品格的提升、理解和解决当代哲学中一系列深层的理论矛盾困境等，具有重要的当代价值。

二 主要创新和学术影响

本书是国内第一部从生存论视角对马克思哲学的辩证法理论进行系统深入研究的学术专著，其理论创新和学术价值主要体现在如下方面：把马克思哲学的辩证法理论置于哲学史的发展脉络中，系统深入地厘清和分析它所要解决的最为根本的理论课题和所要完成的理论任务，为对马克思的辩证法理论进行准确和深入的把握奠定了坚实可靠的理论基础；紧紧抓住对"存在论"问题的不同解决途径，深入探讨了辩证法的思维方式与传统形而上学思维方式的深层关系，有力地论证了辩证法思维方式作为代替形而上学思维方式的一种新型思维范式的历史根据和重大意义；立足于现代哲学视野，创新性地探讨了马克思辩证法理论的生存论根基，为阐释马克思辩证法的当代意义提供了一种具有启发性的理论视角。

《西方文明的危机与发展伦理学》

作者姓名： 刘福森
出版单位： 江西教育出版社
出版时间： 2005 年
获奖情况： 吉林省第七届社会科学优秀成果奖一等奖

一 篇章结构和基本观点

本书共分为七部分：发展的观念、毁灭未来的经济增长、消费主义的肆虐、上帝之死、自然之死、人之死、发展伦理学：发展的评价与规范。

本书通过对建立在西方工业文明基础上的不可持续的现代发展观的反思和批判，详尽地论述了作者在 1995 年首次提出的"发展伦理学"的基本概念和基本原理，并对西方现代发展观的哲学基础——西方近代主体形而上学和传统的人道主义进行了深入的批判。本书的立脚点是当代人类面对的生态环境危机，这个危机实质上是人类的生存危机。要解决这个危机不仅要有一个发展观的变革，而且要有一个哲学观念的变革。

二　主要创新和学术影响

本书的主要创新之处和意义在于倡导建立在新人道主义和自然存在论新哲学基础上的发展伦理学。现代发展观（进步观）的最大弊病就是"反自然"。反自然的根本特征之一，是用"人工秩序"取代"自然秩序"，用"文明选择"取代"自然选择"。其后果，一方面，是造成了自然生态系统的稳定和平衡的破坏；另一方面，也使得我们的生存方式同人的"生命原理"相冲突，造成现代文明病的发生。这种发展观的进步观是以接近和顺从自然为落后和耻辱，以征服和远离自然为先进和荣耀的。这种文明的进步过程，就是人类远离或背离自然的过程。其后果就是"自然之死"和"人之死"。

这种发展观的哲学基础就是近代主体形而上学和传统的人道主义哲学。主体性哲学把人看成一个绝对的主体，而世界只是作为人（主体）的它者（对象）而存在的，是被主体按照自己的本性"规划"成的存在，是为了人而生成的存在。在这种哲学中，人成为世界上唯一的具有独立的自足价值的存在。它把人的存在和实践能力凌驾于自然之上，在哲学上造成了"主体性疯狂"和"对存在的遗忘"。因此，我们需要一种新的哲学，一方面，这种新哲学要把人的超越性限制在一定的限度以内，倡导一种新人道主义哲学，重新反思、评价和规范人类的实践行为，这就是"发展伦理"；另一方面，我们要重塑自然存在论的根基，强调自然界在人类生存中的本源性基础，以保护正在失去的人类家园。发展伦理学就是建立在新人道主义和自然存在论这种新哲学基础上的。因此发展伦理学不仅是一种新伦理学，而且也是在当代历史条件下的一种使我们摆脱生存危机、重塑精神家园的新哲学。

《朴素地追问我们自己的问题和希望——中国哲学、西方哲学和马克思主义哲学会通的基础》

作者姓名：孙利天
发表期刊：《吉林大学社会科学学报》
发表时间：2005 年第 3 期
获奖情况：吉林省第七届社会科学优秀成果奖一等奖

一　篇章结构和基本观点

本文共分为三个部分。第一部分为"我们能否平凡、真实和快乐地生活"。从现代西方哲学和后现代主义哲学的最新发展趋势中，透视其生活世界基础，从我国普通大众的生活向往中提炼人们的生活理想，"我们能否平凡、真实和快乐地生活"是较为原始且具有普遍性的问题。第二部分为"为什么现代哲学的主题是批判和拆解"。以"我们能否平凡、真实和快乐地生活"作为哲学问题的视野，对现代西方哲学和当代中国哲学的发展会有一种新的理解。第三部分为"为什么是马克思主义哲学的中国化"。文章认为，马克思主义哲学是中国人平凡、真实、快乐地生活的最优理论，中国化的马克思主义哲学是当代中国哲学的主流，中、西、马哲学的会通应以中国化马克思主义哲学为基础。

二　主要创新和学术影响

本文的主要创新在于朴素地提出以人们能否平凡、真实、快乐地生活作为当代中国哲学研究的问题、标准和价值取向，是"三个有利于"标准和"三个代表"重要思想在哲学研究中的具体化和普遍化；以我们自己的问题和希望聚焦中、西、马哲学研究；以"我们能否平凡、真实和快乐地生活"作为根本问题和价值标准，对中、西、马哲学的当代意义重新评价。

本文对于澄清当代中国哲学研究的思想方向、价值取向具有基础性的意义，对于发展和创造中国化马克思主义哲学有推动和促进作用。

《马克思的政治理论及其路径》

作者姓名：张盾
发表期刊：《中国社会科学》
发表时间：2006 年第 5 期

一　篇章结构和基本观点

本文共分四部分。第一部分概述作为马克思政治哲学基石的阶级理论在 20 世纪西方学界所遇到的批评和挑战；第二部分探讨马克思阶级理论对现代政治哲学的重大影响；第三部分论证马克思的"无产阶级"概念不仅是对一个现实政治客体的直接事实性描述，而且更主要是用来表征马克思政治理想的一个理论规定，马克思阶级斗争学说的侧重点也不在无产阶级反抗运动的具体方略上，而是从理论上揭示现代社会政治对抗性的本质；第四部分回应西方学界盛行的"马克思没有政治理论"观点，指出马克思对政治理论的重大创新，乃是将政治问题从传统政治领域转移到经济领域，通过揭示资产阶级财产权的压迫性质，开拓出政治理论的一个全新论域，并对政治本质的理解达到了一种全新高度。

二　主要创新和学术影响

本文依据大量马克思主义经典文本和当代政治哲学的学术文献，从学理上对马克思阶级理论的理论内容和当代价值进行了系统而深入的重新考察；既回应了当代西方学界对这个理论的批评，坚持了马克思主义的基本立场和观点；同时也有助于在我国当今建设和谐社会和政治文明的过程中，对马克思的这一经典学说有一个严格准确的把握。

本文获第一届萧前哲学基金优秀论文奖。《哲学研究》2006 年第 12 期谢永康关于第六届马克思哲学论坛的述评文章，《天津社会科学》2006 年第 6 期孙麾关于国内马克思主义政治哲学研究进展的评论文章，均对本文的观点给予了肯定性报道和评价。本文被中国人民大学复印报刊资源《政治学》2006 年第 12 期作为第一篇全文转载，并被全文收入叶汝贤、李惠斌主编的十卷本《当代马克思主义研究丛书》第九卷《马克思主义实践哲学的现代解读》。

《边界意识和人的解放》

作者姓名：贺来
出版单位：上海人民出版社
出版时间：2007 年
获奖情况：第五届高等学校科学研究优秀成果奖（人文社会科学）三等奖

一　篇章结构和基本观点

本书共分为五部分。第一部分，"人的解放，一桩复杂的幸事"，揭示"解放话语"所蕴含的复杂性和多面性。第二部分，"形而上学思维方式及其'元意识'与人的'幼稚状态'"，重在反思"解放逻辑"背后所隐藏的深层理论思维方式和哲学意识。第三部分，"'后形而上学'与'边界意识'的兴起"，检点和清理现当代哲学在对"解放逻辑"所包含的独断论进行反思批判所取得的重大理论成果。第四部分，"'诗性'的自我创造：个体生活的游戏规则"，论证"个体我在"有着不能被"普遍性"所穿透的、不能被还原为公共生活的独立的私人空间，"诗性"的自我创造构成了其区别于公共生活的独立游戏规则。第五部分，"'后主体性'的'相互承认'：公共生活的'游戏规则'"，阐发了区别于个人生活的公共生活的规范性基础，着重论证在"后主体性"的视野里，"相互承认"与"人类团结"作为公共生活"游戏规则"的内涵。

本书用"边界意识"代替"元意识"，把个体生活与社会公共生活划界为两种相对独立、有着内在差异的"生活游戏"，并认为二者有着不尽相同的"游戏规则"，并非要完全割裂个人与社会之间的关联。本书力图说明的是个人与他人、个人与社会当然是有关联的，但这主要体现在公共生活领域，在此领域，个人必须接受"社会性规范"的范导，除此之外，我们必须充分肯定不能还原为公共生活的个人私人生活的独立空间。只有在"边界意识"这种"和而不同"的智慧的引导下，才能既推动"个性发展"，又促进"社会和谐"。

二 主要创新和学术影响

本书对长期以来支配着理解人与社会及其发展的哲学基础，即形而上学及其元意识进行了深入的前提性的检讨与反思，从一个新的视野为从哲学角度理解人与社会发展提供了富有启发性的思路。为克服形而上学及其元意识，克服现代性逻辑及其困境建设性地提出了一种新的哲学思维方式与理论意识，即"边界意识"。用"边界意识"取代"元意识"，指导重新思考和寻求"人的解放"的内涵与现实途径。运用"边界意识"，深入系统地探讨个人生活与社会生活各自的规范性基础，为人们重新理解个人生命、社会发展以及二者关系提供了一个建设性的新的思想坐标与理论框架。

《提出和探索马克思主义哲学研究中的重大理论问题——评2006年〈中国社会科学〉若干哲学论文》

作者姓名：孙正聿
发表期刊：《中国社会科学》
发表时间：2007年第2期

一 篇章结构和基本观点

本文共分为四部分，即新世界与新哲学、核心主题与核心命题、现实性与超越性、重新解读与重新领悟。本文是对陈先达、叶汝贤、张曙光、俞吾金发表在《中国社会科学》的四篇马克思主义哲学研究文章的评论。坚持和发展马克思主义哲学，需要提出和探索新的重大理论问题和现实问题，需要从"问题中的哲学"升华出"哲学中的问题"。"每个人的自由发展"与"一切人的自由发展"的关系，马克思主义哲学的"现实性"与"超越性"关系，以及马克思主义哲学的理论来源与马克思主义哲学的"本真精神"的关系，既是重大的"哲学中的问题"，又是对我们时代的"问题中的哲学"的升华。不仅从"问题中的哲学"升华为"哲学中的问题"，而且从"哲学中的问题"揭示出"问题中的哲学"，这应当是哲学研究，特别是马克思主义哲学研究的重要的方法论原则。

二　主要创新和学术影响

本文的创新之处在于：一是探讨了"哲学中的问题"与"问题中的哲学"的内在统一性，提出了哲学研究的重要方法论原则：从"哲学中的问题"揭示出"问题中的哲学"，从"问题中的哲学"升华为"哲学中的问题"，作为哲学之根本指向，关注"问题中的哲学"并造就"变革的哲学"，是以研究"哲学中的问题"并实现"哲学的变革"为理论思维条件的；二是呈现了一条提出、探索并深入理解重大哲学问题的学术批评道路，同时为学术批评向切实化与深刻化的方向发展提供了典范。本文推动了哲学研究的方法论自觉及其相关重大哲学问题的深入讨论，在国内哲学界引起了强烈反响。

《解放思想与变革世界观》

作者姓名：孙正聿
发表期刊：《中国社会科学》
发表时间：2008 年第 6 期
获奖情况：吉林省第八届社会科学优秀成果奖一等奖

一　篇章结构和基本观点

本文共分为三部分。第一部分，实事求是：变革脱离实际的世界观；第二部分，与时俱进：变革禁锢思想的思想前提；第三部分，开拓进取：变革无所作为的精神状态。本文的基本观点是解放思想的实质是变革世界观。变革世界观，就是使思想从脱离时代特征、世界潮流和创新实践的陈旧观念中解放出来，从禁锢思想的各种僵化的思想前提中解放出来，从"在绝对不相容的对立中"的思维方式中解放出来，从因循守旧和无所作为的精神状态中解放出来，形成"远视"未来和"透视"现实的能力，为创新实践开辟道路。

二　主要创新和学术影响

本文的主要创新在于以下几点。一是重新阐述了世界观，提出世界观是人们在自己的实践活动和历史发展中所形成的关于世界的根本观点，它本身是历史的而不是非历史的，是发展的而不是僵化的。二是提出世界观首先要有世界之观和时代之观，变化中的世界和变革中的中国，是今天的最真实的实际，是我们必须准确把握和深切理解的实际。三是提出解放思想是以新的思想取代旧的思想，因而是思想中的革命。科学发展观的重大意义，就在于它为错综复杂的社会实践活动做出顺序性的选择和制度性的安排，并为这种选择和安排提供赢得人民支持的理论支撑。四是提出解放思想是一种精神状态，它不仅要求人们从两极对立的思维方式中解放出来，从唯上唯书的研究方式中解放出来，从刻板僵化的话语方式中解放出来，而且必须从无所作为的精神状态中解放出来。本文的学术价值在于，在哲学层面重新阐释了世界观，具体地分析和论证了坚定不移地继续解放思想的历史任务。本文被《新华文摘》和《中国社会科学文摘》全文转载，并被收入《腾飞的翅膀：东北六所部属高校深入学习实践科学发展观活动集》《吉林社科讲坛》。

《黑格尔、马克思与后形而上学》

作者姓名：孙正聿

发表期刊：《中国社会科学》

发表时间：2008 年第 3 期

获奖情况：第五届高等学校科学研究优秀成果奖（人文社会科学）三等奖

一 篇章结构和基本观点

本文共分为三部分，即黑格尔对"抽象理性"的批判：辩证法与形而上学的"合流"，马克思对"抽象存在"的批判：辩证法对形而上学的"终结"，后形而上学对"宏大叙事"的批判：黑格尔和马克思的当代"澄明"。辩证法是对"抽象"的批判。在黑格尔的意义上，"抽象"就是"抽象的理性"，因而黑格尔的辩证法是通过对"抽象理性"的批判，以达到"普遍理性"的自觉。这是一种构成思想的内涵逻辑的辩证法。在马克思的意义上，"抽象理性"是根源于"抽象存在"的"抽象"，因而马克思的辩证法远不止于对"抽象理性"的批判，而是通过对"抽象理性"和"抽象存在（资本）"的双重批判，达到思想和实践的双重批判。这是"对现存的一切进行无情的批判"的辩证法。"后形而上学"对"抽象"的批判，则是以批判"同一性"哲学为立足点而形成的对思想的客观性和历史的规律性的双重挑战。在"后形而上学"的视域中，"澄明"黑格尔和马克思的辩证法，是在当代坚持和发展马克思的辩证法的重大的理论任务。

二 主要创新和学术影响

本文把辩证法概括为对"抽象"的批判，具体地阐述了黑格尔对"抽象理性"的批判，马克思对"抽象理性"和"抽象存在（资本）"的双重批判，并在"后形而上学"的视域中深入地阐述了黑格尔和马克思批判"抽象"的共同之处和本质区别，从而在当代哲学的背景下阐明了坚持和发展马克思主义辩证法的哲学道路。以辩证法重建形而上学，实现辩证法与形而上学的"合流"，这是黑格尔为自己确立的哲学使命：把形而上学变成辩证法，并以辩证法构成形而上学，黑格尔的这个哲学使命是以关于概念的逻辑学来完成的。马克思对"抽象"的批判，是对"抽象理性"和"抽象存在（资本）"的双重批判，因而是"对现存的一切的无情的批判"。"后形而上学"对"抽象"的批判，是以批判"同一性哲学"为立足点而形成的对思想的客观性和历史的规律性的双重挑战。在"后形而上学"的视域中"澄明"了黑格尔和马克思的辩证法，进而阐明当代辩证法的发展道路。文章提出，当代的辩证法理论要求我们在"现代性的困境"中"保持必要的张力"并"达到微妙的平衡"，这是当代人类的实践智慧的辩证法。

本文被《中国社会科学》（英文版）全文转载，先后被收入《当代学者视野中的马克思主义哲学：中国学者卷》和《当代视野中的马克思主义哲学》。《中国哲学年鉴（2009）》在"论文荟萃"中介绍了本文。《中国人民大学复印报刊资料》2008 年第 8 期全文转载了此文。本文对深化哲学基础理论，特别是对深化辩证法理论研究，从而在当代哲学的背景下坚持和发展马克思主义的辩证法理论，具有重要的学术价值，并产生了重要的学术影响。

《中国共识——中华复兴的和谐发展道路》

作者姓名：漆思

出版单位：中国社会科学出版社

出版时间：2008 年

获奖情况：吉林省第八届社会科学优秀成果奖一等奖

一 篇章结构和基本观点

本书分为导言、正文、附录三大部分。正文共六章：现代性历史转型的发展理论评说，全球发展模式博弈及话语权竞争，中国道路、中国模式与中国共识，中国特色的发展理论探索，中国风格的和谐发展观，中华复兴的和谐发展道路。本书认为，反思当代中国模式需要从发展哲学视角深入探讨中国模式的发展道路、发展理念及创新思路。本书系统论述了现代社会发展理论的演进逻辑，对全球发展模式与中国模式进行了比较，深入探讨了中国模式的发展道路与发展逻辑，提出了促进中华复兴的和谐发展共识与和谐发展观理论。

二 主要创新和学术影响

本书创新之处在于：一是提升出了命运自主、文化兼容、学习创新、人民本位、和谐发展的中国共识，探索了中国特色的和谐发展理论与和谐发展观；二是思考了中国模式的发展战略与制度创新路径，探讨了中国模式的创新思路；三是将中华和谐精神、社会主义公平价值、市场经济发展理念结合起来创建"中国社会主义市场经济"

的和谐发展模式；四是对改革开放以来中国经验进行理性反思，通过中国话语权的创建与中国思想软实力的提升来推进中华复兴。

《中国哲学、西方哲学、马克思主义哲学：价值信念层面的对话》

作者姓名：贺来

发表期刊：《中国社会科学》

发表时间：2008 年第 5 期

获奖情况：吉林省第八届社会科学优秀成果奖一等奖

一　篇章结构和基本观点

本文共分为三部分。第一部分讨论了中、西、马哲学对话的三个基本层次，即方法、知识与价值信念的层面。第二部分探讨了以往中、西、马哲学对话的重大缺失，即主要着重于前两个层次而相对忽视了第三个层面，而第三个层面恰恰是最重要的当然也是最为艰巨的层面。第三部分着重探讨了中、西、马哲学从价值信念层面进行对话的可能性、现实途径与核心目标。本文的基本观点是，马克思主义哲学指导下的价值信念层面的对话，是中国哲学、西方哲学、马克思主义哲学三者之间进行开放式对话的前提和基础，其实质是对人类文明和生命存在的合理形态及可能条件的反思与探寻。中、西、马哲学之间形成一种健康开放的良性对话格局，是当代中国哲学进一步发展所必须面对的"现代性课题"。

二　主要创新和学术影响

本文明确提出了中、西、马哲学对话的三个基本层面，分析了其各自的特点与内容。此处，本文也分析了以往在此课题上的深层缺陷；深入论述了中、西、马哲学在价值信念层面对话的独特价值与重要性；探讨了中、西、马哲学在价值信念层面对话的可能性与现实性以及核心目标。

《"现实的历史"：〈资本论〉的存在论》

作者姓名：孙正聿

发表期刊：《中国社会科学》

发表时间：2010 年第 2 期

一　篇章结构和基本观点

本文共分五部分，分别为经济范畴与现实的存在、商品的二重性与人的存在的二重性、货币的等价性与人对物的依赖性、资本的逻辑与现实的历史、解放的旨趣与解放的道路。《资本论》通过对商品、货币、资本、剩余价值等经济范畴和资本运动逻辑的考察与分析，深刻地揭示了"物与物的关系"掩盖下的"人与人的关系"，从而实现了"对现实的描述"与破解"存在的秘密"的统一。它为"缩短和减轻"社会发展过程中的"阵痛"和实现人类解放指明了现实道路，也为反思现代性提供了深层的存在论解释。《资本论》表明，马克思是真正的人道主义者，马克思主义并不是抽象的人道主义。

二　主要创新和学术影响

由经济范畴构成的《资本论》，在人类思想史上史无前例地揭示了"物与物的关系"掩盖下的"人和人的关系"，从而揭示了"现实的历史"即"存在"的秘密，因而关于资本的"资本论"同时是关于现实的历史的马克思主义的"存在论"。商品的二重性体现的是人的自然性与社会性的二重性。货币的等价性构成的是"以物的依赖性为基础的人的独立性"。资本的逻辑是把每个人的独立性和个性变为资本的独立性和个性。解放的道路是把人从"对物的依赖性"中解放出来，把资本的独立性真正地变成人的独立性即人自身的全面发展。本文所揭示的是，《资本论》构成了马克思主义哲学的整体性，实现了哲学批判、政治经济学批判与空想社会主义批判的三位一体。

《"内在超越"与哲学的批判本性》

作者姓名：贺来
发表期刊：《学术研究》
发表时间：2010 年第 9 期
获奖情况：吉林省第九届社会科学优秀成果奖一等奖

一　篇章结构和基本观点

本文共分为三部分。第一部分，"外在超越"与"哲学批判"的困境。对传统形而上学所代表的"外在超越"的"哲学批判"的内在困境进行了较为深入的分析与反思。第二部分，"内在批判"与"哲学批判"的可能性。对克服"外在超越"性质的哲学批判的可能途径进行了深入探讨。第三部分，辩证法与实践哲学的内在结合：哲学批判的实践理性转向。对马克思所开辟的"内在超越"性质的哲学批判方式进行了深入阐发。

本文系统地论证了在实践哲学的范式内，马克思以一种辩证的方式理解哲学的"内在"与"超越"的关系，从而实现哲学批判的实践理性转向，使哲学的批判性真正成为内在于现实生活同时超越现实生活的真实力量。要克服哲学批判性的这一深层困境，就必须克服"外在超越"的哲学前提和思维方式，消解其外在性及由此所带来的抽象性与独断性，实现从"外在超越"向"内在超越"的转换。

二 主要创新和学术影响

本文创新之处在于提出以"外在批判"为根据的传统形而上学的哲学批判由于其"外在性"，被证明是一种无根的、独断的和独白的，以否定现实生活世界作为归宿的批判。

《"道德政治"谱系中的卢梭、康德、马克思》

作者姓名：张盾
发表期刊：《中国社会科学》
发表时间：2011年第3期
获奖情况：吉林省第九届社会科学优秀成果奖一等奖

一 篇章结构和基本观点

本文共分为四部分：第一部分是"引论"，通过回顾黑格尔对康德伦理学的批评，提出全文的问题；第二部分是"卢梭的意图"，探讨卢梭开创"道德政治"的动机和要点，是把公民社会建立在"公意"和普遍性的基础上；第三部分是"康德政治哲学的上升思路和下降思路"，指出康德继承卢梭的思想，并以其道德哲学将卢梭的政治主题先验化，为"道德政治"奠定了一个全新的先验基础；第四部分是"马克思论财产权与穷人的权利"，揭示马克思在近现代政治哲学史的突出贡献在于，马克思彻底批判和解构了资产阶级财产权，将社会问题升级为政治问题，用"穷人的权利"取代普遍权利去规定现代人自由的最高意义，并以此将"道德政治"议程推向顶点。

本文系统探讨了现代政治哲学中的"道德政治谱系"。所谓"道德政治"是近代政治哲学的一个重大理论主题和思想趋向，其核心诉求是批判霍布斯、洛克式自由主义所造成的现代政治的非道德化，主张将现代政治建立在一个道德的基础上。这一谱系以卢梭对现代性的批判为开端，经过康德伦理学的先验奠基和黑格尔法哲学的市民社会研究，最后在马克思对资本主义社会结构，特别是对资产阶级财产权的批判中达到其顶点，形成了现代性批判的一个完整学术谱系，并成为现代政治哲学和道德哲学的内在连接点。

二 主要创新和学术影响

本文的创新之处在于，以准确的政治哲学视角和厚重的思想史内涵，将马克思历史唯物主义置于思想史的框架中加以考察，这有助于我们真正进入马克思学说的历史性本质，并更好地确定其伟大历史地位。

《马克思主义基础理论研究》

作者姓名：孙正聿
出版单位：北京师范大学出版社
出版时间：2011 年
获奖情况：吉林省第九届社会科学优秀成果奖一等奖

一　篇章结构和基本观点

本书共分为三部分，第一部分为序言和导论；第二部分为马克思主义基础理论研究，共 10 章；第三部分为附录，是关于马克思主义基础理论研究的调研报告，共 4 篇。

本书梳理和反思了当代中国马克思主义基础理论研究的状况，比较全面地总结了当代马克思主义基础理论研究的最新成果，对马克思主义基础理论研究的基本状况、主要成果和发展趋向做出了全面的、深入的总结与评价，进而提出和探索了马克思主义研究中的重大基础理论问题。本书以"超学科"的研究方式，从马克思主义的哲学批判、政治经济学批判和空想社会主义批判的统一出发，深入研究了马克思主义基本原理，深入研究了马克思主义的立场、观点和方法，破除了对马克思主义的教条式理解，从整体上推进了马克思主义基础理论研究。以马克思的"两大发现"为核心内容而阐述了马克思主义的基础理论，特别是以《资本论》等马克思主义经典著作为文本对象，在新的历史条件下论述了马克思所发现的人类历史发展规律和资本主义的运动规律，形成了关于马克思主义基础理论的系统化的研究成果。探索马克思主义基础理论研究与马克思主义学科建设的互动关系，既可以以马克思主义基础理论研究的新成果推进马克思主义的学科建设，又可以通过加强马克思主义的学科建设推进马克思主义的基础理论研究，有助于切实地、全面地推进马克思主义基础理论研究及其学科建设。

二　主要创新和学术影响

本书从马克思主义的历史使命和实质内容出发，以"超学科"的视野探讨了马克思主义的基础理论，形成了研究马克思主义的基本理念和总体思路，体现了马克思主义的哲学批判、政治经济学批判和空想社会主义批判的统一。本书从把马克思主义作为"一整块钢铁"的基本理念出发，构成了以世界观、辩证法、科学观、自然观、社会观、历史观、发展观、资本主义批判和科学社会主义理论为主要内容的马克思主义基础理论，特别是集中地、深入地研究了马克思的"两大发现"，为推进马克思主义基础理论研究提供了系统化的研究成果。本书对马克思主义基础理论的学科建设进行了系统的调研，形成了关于国内外马克思主义基础理论研究状况、国内马克思主义基础理论学科建设状况、中央实施马克思主义理论研究和建设工程进展状况的系列调研报告。

《马克思主义辩证法研究》

作者姓名： 孙正聿
出版单位： 北京师范大学出版社
出版时间： 2012 年
获奖情况： 第七届高等学校科学研究优秀成果奖（人文社会科学）二等奖
吉林省第十届社会科学优秀成果奖一等奖

一　篇章结构和基本观点

本书共分为三部分，即导言、正文（共八章）和附录。导言部分提出在马克思主义发展史上，马克思、恩格斯、列宁和毛泽东的辩证法既有一脉相承的发展脉络，又有各自独特的理论贡献。第一章论述马克思主义辩证法的当代反思。第二章论述马克思主义辩证法的经典命题。第三章论述马克思主义辩证法的理论遗产。第四章论述马克思主义辩证法的发展学说。第五章论述马克思主义辩证法的批判本性。第六章论述马克思主义辩证法的实践基础。第七章论述马克思主义辩证法的人类智慧。第八章论述马克思主义辩证法的当代课题。附录部分分别阐发了如何从哲学与哲学史的统一中去研究辩证法，以及如何从辩证法与人的精神家园建设的关系去推进辩证法研究。

本书是关于马克思主义辩证法的专题研究。在深入挖掘、分析马克思主义哲学经典文献的基础上，系统地阐述了马克思主义经典作家的辩证法，对马克思主义辩证法的理论遗产、实践基础、批判本性和当代课题等重要内容进行了深入探索，突显了马克思主义辩证法的理论魅力，对掌握马克思主义辩证法的精髓和实质、回应当代辩证法研究的前沿问题、深化马克思主义辩证法研究具有重要的理论价值。

二　主要创新和学术影响

本书系统地论述了马克思、恩格斯、列宁和毛泽东对马克思主义辩证法的各自的"独特的理论贡献"，丰富了马克思主义哲学史关于辩证法的理论内容，推进了对马克思主义经典作家的辩证法理论的研究。本书系统地阐发了马克思主义辩证法的经典命题、发展学说、批判本性、生活基础和实践智慧，拓展和深化了马克思主义辩证法研究的理论视野和思想内涵。本书提出并论证了马克思主义辩证法的当代课题，系统地阐发了当代辩证法理论的主要内容、基本范畴和历史任务，为辩证法研究开拓了当代视野。

本书作为国家社会科学基金重大项目、国家出版基金资助项目"马克思主义哲学基础理论研究"的最终成果之一，切实推进了对马克思主义辩证法的研究，在学术界获得好评，对研究马克思主义辩证法具有很高的学术价值。2013 年 5 月 8 日《光明日报》发表了袁贵仁、杨耕的文章《马克思主义哲学：我们时代的真理与良心》，推介了包括本书在内的《马克思主义基础理论研究》丛书，还发表了贺来的文章《辩证法：从现成"知识"到哲学"智慧"》，对本书做了专门评价。

《列宁的"三者一致"的辩证法——〈逻辑学〉与〈资本论〉双重语境中的〈哲学笔记〉》

作者姓名：孙正聿
发表期刊：《中国社会科学》
发表时间：2012 年第 9 期

一　篇章结构和基本观点

本文共分为四部分，分别为为什么辩证法是逻辑学、为什么辩证法是认识论、怎样理解《资本论》的"唯物主义的逻辑、辩证法和认识论"是"同一个东西"、以"三者一致"的理论自觉推进马克思主义辩证法研究。本文的基本观点是列宁《哲学笔记》中的辩证法，主要是在黑格尔《逻辑学》与马克思《资本论》双重语境互动中所形成的关于唯物主义的逻辑、辩证法和认识论"三者一致"的辩证法。不理解列宁的"三者一致"的辩证法思想，不仅造成了把辩证法当成"实例的总和"和"抽象的方法"的"两极相通"，把马克思主义辩证法变成朴素的辩证法和把马克思主义认识论变成直观反映论的"双重还原"，而且特别是导致了把列宁的辩证法归结为与"实践论的辩证法"相区别的"认识论的辩证法"，从而曲解了列宁的"三者一致"的辩证法。因此，在当代推进马克思主义哲学研究的一个重要的理论前提是，深化对列宁《哲学笔记》中的"三者一致"的辩证法思想的理解。如何理解马克思《资本论》的"唯物主义的逻辑、辩证法和认识论"是"同一个东西"，如何看待列宁在《逻辑学》与《资本论》双重语境互动中所阐发的"三者一致"辩证法思想，如何阐述马克思的唯物主义"从黑格尔那里吸取了全部有价值的东西并发展了这些有价值的东西"，不仅需要深入地探索《逻辑学》、《资本论》和《哲学笔记》中的辩证法，而且需要在反思全部哲学史的基础上，重新理解和阐释作为哲学的重大的基本问题的"思维和存在的关系问题"。因此，从"问题的本质"上看，只有以哲学思维的理论自觉为前提，才能推进马克思主义辩证法研究。

二　主要创新和学术影响

本文的创新之处在于以下几点。一是在黑格尔《逻辑学》与马克思《资本论》的双重语境之下，论证了列宁《哲学笔记》中的"唯物主义的逻辑、辩证法和认识论"的"三者一致"，充分阐释了列宁关于"辩证法也就是（黑格尔）和马克思的认识论"何以是"问题的实质"。二是具体地指出了不理解"三者一致"的辩证法而导致的对马克思主义哲学的种种误解，从而把深切理解列宁"三者一致"的哲学思想作为真实推进马克思主义辩证法的重要前提。本文推动了学界的马克思主义辩证法研究，使列宁的《哲学笔记》中的辩证法思想获得了完整的理解。

《马克思哲学与"存在论"范式的转换》

作者姓名：贺来
发表期刊：《中国社会科学》
发表时间：2012 年第 5 期

一　篇章结构和基本观点

本文共分为四部分，从不同角度论证了这一基本观点：马克思存在论思想的变革，最根本的体现在他提出了一种不同于传统哲学的对存在问题的解释原则，以一种全新的解释原则来重新理解存在者之存在，从而在理论硬核处超越了旧哲学的本体论传统，实现了存在论范式的转换，从实体本体论范式转换成生存论本体论。这就是马克思存在论变革的实质。

本文通过对传统哲学本体论的反思，认为马克思存在论的变革就体现在它要根本颠倒传统哲学对超感性的实体的迷恋，把存在论的基础从"知性实体"置换到"感性实践活动"上，在根本上改变理解存在问题的基本解释原则。在马克思那里，感性实践活动的确切含义是指人本源性的生存方式，这种本源性的生存方式构成了世界、人与世界以及人的奥秘和深层根据，它使得世界在遮蔽得以解蔽和敞开，使得世界、人和人与世界共同在起来，因而构成了存在者之存在的最本源的根据。

本文通过对马克思哲学本体论的深入分析，认为马克思从生存实践活动来理解人、世界以及人与世界的基础，理解存在者之存在的根据，这在根据上扭转了理解存在问题的眼光，从知识论的眼光转向了生存论的眼光，从名词的眼光转向了动词的眼光，从理论哲学的眼光转向了实践哲学的眼光，提供了一种全新的解决存在问题的现代哲学的解释原则。这种新的解释原则，表明了一种不同于传统的实体本体论的理论范式的诞生，即生存论本体论。这是现代哲学的范式，它与现代哲学家共同体联系在一起，其成员包括马克思、叔本华、尼采、海德格尔、雅斯贝尔斯等人，马克思是这一范式的奠基者和开创者之一。唯有从解释原则和理论范式转换的角度出发，才能从现代哲学的高度把马克思哲学本体论变革的价值巩固起来。

二　主要创新和学术影响

本文对马克思哲学的本体论思想及其所实现的理论变革做了较为深入的阐发，并立足于哲学发展史，对这种理论变革的真实意义进行了深度的反思和解读。本文发表之后，在学术界产生了重要影响，已经数十次被引用和评述，成为研究此问题的必读文献，被认为是国内关于马克思哲学本体论研究的代表性成果。

《"主体性"的当代哲学视域》

作者姓名： 贺来

出版单位： 北京师范大学出版社

出版时间： 2013 年

获奖情况： 第七届高等学校科学研究优秀成果奖（人文社会科学）三等奖

一　篇章结构和基本观点

本书共分为五部分。第一章为现当代哲学与抽象"主体性"批判。第二章为"价值主体"："主体性"不可消解的维度。第三章为"主体性"原则与马克思哲学的当代性。第四章为个人生活的目的与社会生活的统一性："个人主体性"的合法性及其限度。第五章为主体性与"自由"和"启蒙"概念的重新反思。

本书对现当代哲学中"'主体性'批判"思潮进行了深入分析和批判，充分吸收了现当代哲学的积极成果，从马克思哲学的基本观点出发，探讨了今天应该如何理解"主体性"思想的合理内核，马克思哲学主体性思想的理论内涵、思想旨趣和理论变革，以及马克思哲学的理论变革与主体性原则的深层关系。围绕"个人生活的目的与社会生活的统一性：'个人主体性'的合法性及其限度"这一课题，从"个人生活的目的"这一问题出发，对如何维护个人主体性不可剥夺的存在价值进行了充分的讨论。本书对"自由"与"启蒙"这两个与"主体性"原则与"主体性"哲学内在相关，同时也是现当代哲学中充分争议的重大课题进行了专门探讨。

二　主要创新和学术影响

本书对"主体性"原则在中国语境中的深层旨趣进行了深入分析，针对主体性观念在中国的复杂语境中所具有的重大价值进行了探讨，提出了在中国社会发展的"价值排序"中，"主体性"原则的落实所具有的特殊意义。本书围绕着马克思哲学主体性与近代哲学中的主体性思想的异同、马克思哲学主体性思想的思想内核、马克思哲学主体性思想与当代哲学对话的可能途径等重大课题，进行了有一定原创性的理论探索。本书对现当代哲学中"主体性批判"思潮进行了深入的反思，揭示"主体性批判"思潮兴起的深层背景与其真实的针对性，深入探讨了"主体性"批判思潮所具有的重大缺陷。本书通过对"认知主体"与"价值主体"进行了自觉的区分，为深入理解马克思哲学在主体性问题所实现的理论变革及其所具有的当代价值进行了创新性的探讨。本书对马克思哲学的"主体性"原则在当代世界，尤其是在当代中国现实社会生活中所具有的现实意义进行了全面深入的探讨。

本书入选 2012 年"国家哲学社会科学成果文库"，被《中国社会科学报》《光明日报》等权威报刊专文报道，全国哲学社会科学规划办公室在官方网站对该成果的内容与贡献进行了专门介绍。《社会科学研究》2015 年第 3 期发表了《价值主体：马克思哲学"主体性"思想的根本旨趣》的书评，评价其为具有"重要学术贡献"的专著。

《马克思政治哲学中的个人原则与社会原则》

作者姓名：张盾
发表期刊：《中国社会科学》
发表时间：2013 年第 8 期
获奖情况：第七届高等学校科学研究优秀成果奖（人文社会科学）三等奖
　　　　　　吉林省第十届社会科学优秀成果奖一等奖

一　篇章结构和基本观点

本文共分为五部分。第一部分概述西方古典政治哲学强调社会原则的优先性，近代西方政治哲学转向推崇个人权利，黑格尔则致力于实现个人原则与社会原则的综合。第二部分讨论马克思的目标是超越个人原则与社会原则的抽象二元对立，揭示在这两大原则消长背后进行着的西方社会结构的深刻变迁。第三部分指出马克思把资本主义时代的现代个人和现代社会关系一体划入了物化世界的物化逻辑中，而在"真正人的状态和人的关系"的新界面上提供出关于个人原则和社会原则之内在统一性的新理解。第四部分探讨马克思政治哲学与近代唯物论和唯心论的哲学渊源关系。第五部分从个人原则与社会原则的问题角度重新解说了马克思对资本主义的批判。

按照西方哲学对于政治的原初理解，政治的最高目标是道德性，即"应当存在的正义"，政治的本质则是精神的自由的创制领域；这种应然目标和精神本质表现为社会原则高于个人原则、公共善高于私利。马克思站在更高的应然立场和精神观点上，超越个人原则与社会原则的二元对立，把资本主义现实中的个人原则和社会原则一体划入异化世界的界面，证明现代个人和现代社会其实服从着相同的物化逻辑；同时证明，在全新的

"真正人的"世界图景中，人的全面发展的个性存在与其社会性存在是内在同一的，而非二元的。以此，马克思实现了西方政治哲学史上个人原则与社会原则的一次伟大综合。

二　主要创新和学术影响

本文以准确的政治哲学视角和厚重的思想史内涵，发掘了现代政治哲学史的一个长期被忽略的重大理论主题和重要思想趋向。本文重新清理了个人与社会的关系这一西方政治哲学的根本问题，并进一步说明马克思的重大贡献在于超越个人原则与社会原则的二元对立，实现了西方政治哲学史上个人原则与社会原则的一次成功综合。

本文被《中国人民大学复印报刊资料》（哲学原理）、《高等学校文科学术文摘》全文转载。

《乌托邦精神与哲学合法性辩护》

作者姓名：贺来
发表期刊：《中国社会科学》
发表时间：2013 年第 7 期
获奖情况：吉林省第十届社会科学优秀成果奖一等奖

一　篇章结构和基本观点

本文共分为四部分。第一部分，"乌托邦精神的危机：当代哲学合法性所面临的重大挑战"，对乌托邦精神作为哲学的根本精神的内涵进行了系统理论论证，并讨论了当代哲学中乌托邦精神的危机这一事关哲学合法性的重大课题。第二部分，"人的现实生命：乌托邦精神与哲学合法性的深层根据"，从人的现实生命与哲学的内在关系出发，论证了乌托邦精神作为哲学根本精神的合法性根据。第三部分，"乌托邦精神与传统形而上学的内在冲突"，深入哲学发展史，讨论了乌托邦精神之所以陷入深刻危机的思想根源。第四部分，"乌托邦精神的当代内涵与不可消解的哲学合法性"，对当代哲学应当确立的乌托邦精神的内涵进行了系统探讨。

乌托邦精神是哲学特有的精神品格，但在当代哲学中，它面临着十分严峻的挑战。拯救哲学的乌托邦精神，须克服传统形而上学思维方式与哲学乌托邦精神之间的内在冲突，重建哲学与现实的人的生命存在之间的关系，哲学的乌托邦精神在人的生命存在中有着深刻的根据，它凝聚着人的自我理解和自我意识，体现着人们对于自身生存需要和发展的觉解与憧憬，是推动人不断走向自由与解放的不可替代的思想力量。以现实的人的生命存在为根据，哲学的乌托邦精神将真正摆脱形而上学思维方式的桎梏，把对"不在场"的未来希望的追求精神和"反偶像崇拜"的反思批判精神确立为哲学乌托邦精神的核心内涵。哲学的当代合法性由此将得到深刻而有力的辩护。

二　主要创新和学术影响

本文在国内较早提出并较为系统地阐释了哲学的乌托邦精神这一重要概念，对于深入理解哲学的理论本性具有重要的学术价值。本文从乌托邦精神与人的现实生活的内在关系入手，对哲学乌托邦精神的理论内涵等进行了较深入的阐发，体现出较强的理论原创性。本文从乌托邦精神的角度，对哲学在当代所面临的危机与哲学当代合法性的重建进行了较为深入的论证，为哲学的当代合法性这一当代哲学的重大课题提供了有力的理论论证。

《历史唯物主义的辩证本性》

　　　作者姓名：贺来

　　　发表期刊：《中国社会科学》

　　　发表时间：2013 年第 3 期

一　篇章结构和基本观点

本文共分为三部分。第一部分，历史唯物主义的思想前提，论证了历史唯物主义与辩证法的深层一致性首先体现为辩证法所实现的重大变革，构成了历史唯物主义的理论前提。马克思通过对黑格尔辩证法的批判，使辩证法的理论基础发生了根本的转换，同时也为历史唯物主义提供了坚实的理论根基。第二部分，社会历史的辩证内涵，认为历史唯物主义的辩证本性进一步表现为历史唯物主义的"社会历史"概念以一种创造性的方式，为超越人与自然、主体与客体、自由与必然、形式与内容等一系列矛盾关系提供了深层基础，从而把"社会历史"理解为具有丰富辩证内涵的存在，这是历史唯物主义在哲学史上的重大贡献。第三部分，历史唯物主义的批判本性，论证了历史唯物主义内蕴的批判内涵及批判本质。

二　主要创新和学术影响

本文在理论基础上论证了历史唯物主义与辩证法的内在一致性和统一性，为超越历史上长期存在的"辩证唯物主义"与"历史唯物主义"的抽象对立提供了带有根本性的思路。本文发表之后，被国内同行数十次引用或评述，被认为是近年来历史唯物主义研究的代表性的成果，产生了重要影响。

《理想信念的理论支撑》

　　　作者姓名：孙正聿

出版单位：吉林人民出版社

出版时间：2014 年

获奖情况：中共中央宣传部精神文明建设"五个一工程"优秀作品奖

一　篇章结构和基本观点

本书共分为六部分，即理论支撑理想信念、理想信念与人的精神家园、理想信念与人的社会生活、理想信念与人的成长方式、理想信念与人的价值追求、理想信念与"中国梦"。

本书提出并回答了三个重大问题：一是要不要有坚定的理想信念，二是要有什么样的理想信念，三是用什么支撑我们的理想信念。本书提出，理想信念不会自发产生，坚定的理想信念必须有理论的支撑，特别是作为世界观、人生观、价值观的哲学的理论支撑。为此，本书从哲学的视野阐述了人的理想信念，特别是从马克思主义哲学对人的理解角度阐述了人的理想信念。

二　主要创新和学术影响

本书以马克思主义哲学基本原理为基石，从理想信念的视角，论述人的精神家园、人的社会生活、人的成长方式、人的价值追求和"中国梦"，展现了理想信念的冲突与搏斗、社会的动荡与变革、历史的迂回与前进，描述了人类自己创造自己、自己发展自己的波澜壮阔的画卷。当今中国人的理想信念，需要马克思主义和中国特色社会主义的理论支撑，必须把系统地掌握马克思主义作为我们的"看家本领"，必须切实地把马克思主义转化为人民的自觉追求。

本书出版后，《人民日报》《中国社会科学报》《中国新闻出版报》等发表了评论，认为本书是当代中国的一种以"读者逻辑"讲述理想信念的"大众哲学"，是"为人的精神家园奠基的理论著作"，在培育和弘扬社会主义核心价值观中发挥了重要作用。该书并被列入中宣部理论局、中组部干部教育局向党员干部推荐的第九批学习书目。

《"关系理性"与真实"共同体"》

作者姓名：贺来

发表期刊：《中国社会科学》

发表时间：2015 年第 6 期

一　篇章结构和基本观点

本文共分为四部分。第一部分，"主观理性"与"共同体"的矛盾：现代性深层的二律背反。第二部分，"关系理性"与"为他人的主体性"：重建共同体的前提。第三部分，关系理性与哲学价值立场的自觉。第四部分，真实的"共同体"超越抽象"主观理性"与"客观理性"。论文认为，"主观理性"与"共同感"的矛盾是现代性深层的"二律背反"。现代性的这一深层困境要求哲学对"理性"观念进行深入反省与重建。新型理性既不能是以抽象"共同体"为根据的"客观理性"，也不能是以抽象"个体"为根据的"主观理性"，而应该是超越二者的"关系理性"。以"关系理性"为基本原则，确立"为他人的主体性"观念，为克服"主观理性"与"共同感"的矛盾奠定了基本的思想前提。哲学对"关系理性"的自觉，既是人的自我理解的深化，也是对哲学的思想任务和价值关怀的一次重新设定。对于中哲、西哲、马哲来说，在推动个人自由个性发展的同时，促进人们之间的联合，并在此基础上追求真实的"共同体"，应成为其自觉的哲学意识和价值眷注。这构成了中哲、西哲、马哲对话与融合的重要生长点。

二 主要创新和学术影响

本文的创新之处在于以下几点。第一，本文从哲学基础理论层面，面向当代人类生活，在国内较早提出并深入论证了真实"共同体"何以可能的问题。第二，提出"关系理性"这一概念并对之进行了系统深入的论证。第三，以"关系理性"概念为支点，在国内较早提出了"为他人的主体"等概念，对于如何理解人自身存在及人与他人关系等重大问题具有创新性意义。第四，以"关系理性"概念为支点，对真实"共同体"何以可能做出了创新性的回答。第五，以"关系理性"概念为支点，对哲学在当代的价值自觉做出了有新意的阐发。

本文是国家社科基金重点项目的阶段性成果。被"中国社会科学网""今日头条""人民网"等多家学术与理论网站全文转载推介，在学术界产生了较大影响，得到了同行的肯定和好评。

政治学

《领导科学》

作者姓名：王惠岩

出版单位：中国展望出版社

出版时间：1986 年

获奖情况：吉林省首届社会科学优秀成果奖优秀奖

一　篇章结构和基本观点

本书共分为十一章，分别为领导工作是一门科学、现代领导观、领导与预测、领导与智囊、领导与决策、领导者的素质、领导体制、领导与用人之道、思想政治工作、领导艺术和领导校绩考评。

二　主要创新和学术影响

本书是吉林省委讲师团编写的供干部继续教育使用的教材，有如下特点。第一，总结了中国共产党领导革命和建设的经验，同时也借鉴吸收了国外在管理科学上的新成果，着重阐述现代领导活动的一般规律，有针对性，有时代感。第二，在知识体系上，以决策为核心，对领导科学的主要问题做了系统的论述。领导活动是领导者、被领导者和客观环境三者相互结合、相互作用的过程。决策行动的存在才使三者之间会发生必然的联系。因而以决策为核心，才能把各部分贯穿起来，形成互相连接的有机整体。第三，本书材料充实，具有新颖性，论述也较为简明顺畅、通俗易懂，很适合大多数领导干部学习使用。

本书是政治学学科恢复发展以来，吉林省第一本正式出版发行的领导科学教材，是此学科建设上的一个新的尝试。本书为广大领导干部掌握现代领导活动的一般规律和管理艺术提供了很好的参照与学习蓝本。

《日本行政管理概论》

作者姓名：邹均

出版单位：吉林人民出版社

出版时间：1986 年

获奖情况：吉林省首届社会科学优秀成果奖优秀奖

一　篇章结构和基本观点

本书共分为十三章，分别为现代日本行政管理学的形成和研究的对象、日本行政管理论、日本行政组织论、日本行政责任论、日本行政决策论、日本的人事管理、日本的定员管理、日本的机关管理、日本的情报管理、日本的统计管理、日本的财务管理、日本的行政监察和行政立法、日本的行政改革。

二　主要创新和学术影响

本书是我国最早全面系统介绍日本行政体系架构和行政制度创设的学术专著，也是迄今为止日本行政管理研究方面最具有权威性和影响力的学术著作之一。本书从日本行政管理理论的渊源、行政管理论、行政组织论、行政责任论、行政决策论等五大宏观方面，系统地介绍日本行政总体的体制架构，从人事管理、定员管理、情报管理、机关管理、统计管理、财务管理、行政监察与立法等七大微观方面，全面地解析了日本行政的具体政策和运作机制。本书的出版填补了我国日本行政管理研究的空白；时至今日，本书仍是日本行政领域各个方面研究的重要参考著作，为我国的日本行政研究开拓了新领域、明确了新方向、指明了新思路、确立了新范式，为摸索和实践我国行政管理体制的科学化、系统化和效率化做出了杰出贡献。

《国际战略学》

作者姓名：王家福

出版单位：黑龙江人民出版社

出版时间：1986 年

获奖情况：国家教委首届人文社会科学优秀成果奖一等奖

一　篇章结构和基本观点

本书以恩格斯关于"世界是转化过程集合体"的命题为总则，架构了国际战略结构纵横交叉型的整体：纵向是上、中、下的三个层次，即军事战、经济战、知识战的古往今来的国际战略总流向；横向是左、中、右的三个区位，依次是创新段、调整段、基础段所构成的"三区结构"。这个纵横交叉型结构，就是从深度上开掘过去，从广度上开拓现实，从过去与现实的互激中预见未来。本书基于最具创意的理论探讨与实际应用最佳结合的准则，确信国策是基于人而立足于国，直面地区而走向世界的；把国内事务与外交事务纳为一体，以达"知其内，而识其外"，通识内实而外强之理。

二 主要创新和学术影响

本书集作者 20 余年丰富的教学、研究及咨询经验，体系自成、观点自有、视角自具、风格自存，既可作为相关专业的教学用书，也可供其他领域学者、企事业人士和党政军干部参考研究。

《论民主与人》

    作者姓名：周光辉
    发表期刊：《时代论评》
    发表时间：1988 年第 11 期
    获奖情况：国家教委首届人文社会科学优秀成果奖二等奖

一 篇章结构和基本观点

本文共分为三部分，第一部分论述民主的价值在于实现和保障人的权利。作者认为，从民主的现代含义来看，民主指在形式上承认公民一律平等，公民通过行使政治权利间接地参与和影响政治决策；从民主的构建历程来看，民主制度的核心在于人权的法律化与制度化；从民主的根本衡量标准来看，评价民主的尺度在于实现和保障了的权利。第二部分论述民主制的实质是制约公共权力。公共权力的行使是否正当，将在很大程度上影响人权能否得到保障，而权力的支配性决定了它具有扩张的倾向。公共权力不受制约，必然导致对公民权利的侵犯。因此，保障公民权利的关键在于制约公共权力，而制约公共权力要依靠法律的制约、公共权力之间的制约以及人民的制约。第三部分论述民主精神内含着人道和理性精神。所谓人道精神，就是重视人和人的价值，民主精神并不否认人与人之间存在利益、人种、民族及宗教信仰上的差别甚至矛盾，但是它要求人们不能采取暴力的手段去解决分歧，而是在承认分歧的基础上，以协商、讨论、投票的方式解决矛盾，必要时应相互妥协。理性精神，就是承认人具有认识事物的思辨能力。理性精神觉醒的公民，可以在选择性规范的范围内，独立自主地参与民主过程。并且，理性精神承认人的不完善性，不承认存在全能的主宰。因此，理性精神强调规则意识。在民主政治中，衡量一个人是否有民主精神，主要看他是否遵守既定的规则和程序。民主精神之所以表现为遵守规则，就在于它防止决策过程中出现的任意性与专断性，而任意与专断恰恰是专制政治的特点。

二 主要创新和学术影响

本文作为改革开放后我国学界较早讨论民主理论的研究成果，简要而清晰地展示了民主理论的价值、实质与精神内涵，为政治学界相关领域的研究廓清了方向，赢得了国内主流媒体与政治学界的普遍认同和高度评价。1989 年 4 月 3 日，《人民日报》第六版刊登了本文的论点摘要，1989 年第 2 期《新华文摘》将此文作为封面文章全文转载。

《中国传统思想探索》

作者姓名：曹德本
出版单位：辽宁大学出版社
出版时间：1988 年
获奖情况：吉林省第二届社会科学优秀成果奖一等奖

一 篇章结构和基本观点

本书共分为三编十章。第一编分三章讲述了"中国传统哲学思想"："宇宙观""知行观""辩证观"；第二编分三章讲述了"中国传统伦理思想"："人性论""修养论""境界论"；第三编分四章讲述了"中国传统政治思想"："民本思想""仁政思想""功利思想""反专制思想"。本书的结语部分分析了中国传统思想的主要特点、积极因素、消极影响和必然前途。

二 主要创新和学术影响

本书有三大特点。第一，本书是在资产阶级自由化泛滥，彻底否定中国传统文化的浪潮下写的。作者不为所动，坚定地站在马克思主义的立场上，应用辩证法的观点，对中国传统思想既不是完全否定，亦不是完全肯定，而是采取批判继承的态度，根据大量的事实，做实事求是的分析，这是很难得的。第二，中国传统思想经历的时间特别长，在各个发展阶段中所有的人物、思想又特别复杂。作者应用马克思主义的理论、方法，剥丝抽茧，苦心探索，得出了公允、正确的结论，这无疑是很不容易的，足见他对中国古代文献、历史和哲学有深厚的功力。第三，将中国传统思想概括出两大特点，一是民族的特点；另一是重人伦的特点。关于民族的特点，应该承认它带有普遍性。我们在讲孔子和儒家思想的时候，只从自古以来的尧舜和《周易》的思想，就可看出中国传统思想是重人伦了。关于重人伦这一点，本书真正抓到了问题的本质。

《中国近代政治思想史》

作者姓名： 朱日耀

出版单位： 吉林大学出版社

出版时间： 1990 年

获奖情况： 吉林省第二届社会科学优秀成果奖二等奖

一　篇章结构和基本观点

本书共分为六部分，分别为鸦片战争时期地主阶级改革派的政治思想、太平天国农民政治思想、洋务思想、戊戌维新思想、资产阶级民主革命思想和五四前的新文化运动。

二　主要创新和学术影响

本书是较早的政治思想研究方面的一部独具特色的著作。

第一，作者以前后相继的思潮钩稽成册，在体例上进行了创新。对近代政治思想的分析论述，不是简单以代表人物连缀成篇，而是从思潮着眼，在更宏观上把握思潮的历史方位，掌握其特征与性质，再结合思想家个人的具体思想主张来进行考察，从思潮中分析人物思想的性质、意义，又从人物思想中透视思潮所达到的高度和局限，反映出近代政治思想的发展脉络和基本规律。

第二，本书探源溯流、源清流畅。本书没有仅限于社会历史条件，对选起的思潮，作者不仅简明扼要地分析了其产生的时代背景，而且提纲挈领地探讨了其思想来源。

第三，本书不囿旧说，敢于提出创见。在体例上，该书以思潮的涨落为主线将近代政治思想归纳为六大思潮。六大思潮依次递进，反映了近代政治思想发展的日益进步性质。作者明确地把近代政治思想的主题概括为实现近代化，即独立、民主和发展资本主义，并提出以此来判别思潮和思想家的是非功过，所论非同凡响。

《儒家治国方略》

作者姓名： 曹德本

出版单位： 吉林大学出版社

出版时间： 1994 年

获奖情况： 吉林省第三届社会科学优秀成果奖一等奖

一 篇章结构和基本观点

本书共分为五部分，即儒家治国方略的哲学论证、儒家治国方略的伦理准则、儒家治国方略的基本观点、儒家治国方略的兼容精神、儒家治国方略的价值取向。最后，本书还对儒家治国方略进行了总体评价和现代展望。

二 主要创新和学术影响

本书讲的是儒家学说中的大问题，涉及儒家学说的方方面面。

第一，本书把儒家的治国方略作为一个整体来研究，逻辑很清楚，结构很严谨，既有横的比较，又有历史分析。把儒家的治国方案归纳为仁政、民本、君臣、义利四个方面的观点，抓住了要领。又从天命观、天道观、天理观上分析儒家治国方略的哲学基础，从人性观、修养观、境界观上探索儒家治国方略的伦理依据。这把儒家的天人合一、内圣外王即修身治国平天下的学说体系清晰讲述了。接着又分析了儒家治国方略的兼容精神、深远影响和生命活力，使全书更加全面、系统。

第二，本书涉及的时间跨度很大，将两千多年里应当被研究的思想家、政治家都研究了。不仅研究儒家，而且研究法家、道家、道教、佛教，研究儒家与它们的关系，揭示儒家与法、道、佛长期相互斗争、相互渗透的历史过程。史料极为丰富，且不是随便引用，而是经过深入研究、仔细斟酌之后的结果。

第三，本书观点是立得住的。尤其是关于儒家治国方略的现代意义所提出的一些观点。如提出现代化过程中，应当依据当代的时代特点，对儒家治国方略做出选择，以为借鉴。又如说儒家治国方略不是一个单纯的政治主张，而是一个历时悠久、长期稳定、深入人心、得到官方认同且与封建社会始终相适应的完整思想体系。

《当代中国政治发展的十大趋势》

作者姓名： 周光辉
发表期刊：《政治学研究》
发表时间： 1998 年第 1 期
获奖情况： 教育部第三届中国人文社会科学研究优秀成果奖三等奖
吉林省第五届社会科学优秀成果奖一等奖

一 篇章结构和基本观点

本文以马克思主义为指导，通过运用政治学基本理论的分析，详细阐述和分析了我国以建设社会主义民主和法治为核心的政治发展所呈现的十大主要趋势。第一，国家在对社会控制的幅度、强度和组织结构上有了明显的转变，社会开始具有一定的自主权。第二，认识到中央权威和地方利益之间的关系，政府权力从中央高度集权转向寻求中央和地方集权和分权的相互协调。第三，对政治权威的看法实现了从"神"向人的转化，开始了由人格化权威向制度化权威的转变，人们逐渐以政府的实际作为来评价政治权威。第四，我国政治决策从注重经验转向注重科学，科学决策体制初步形成。第五，我国社会控制从以行政权力为主转向寻求以法律控制为主。第六，我国在廉政建设方面对权力主体从强调道德自律转向注重制度约束。第七，我国政治文化从群众文化开始转向公民文化。第八，在总结历史经验的基础上，我国新时期逐步提高了公民政治参与的质量，建立健全了公民政治参与的制度。第九，我国政治发展道路的选择从追求激进走向寻求渐进，逐步走上了一条符合我国国情的渐进式的政治发展道路。第十，我国的对外关系由闭关自守政策转向全面的全方位的对外开放政策，从而开创了我国外交的新局面。

二　主要创新和学术影响

本文从不同角度和侧面全面分析和探讨了我国当代政治发展的趋势，提出了一个全面地分析我国政治发展的理论框架。同时，本文也是对我国现实政治发展认真思考的结果，对推动我国社会主义民主和法治建设，具有十分重要的实践意义。

《政治责任与法律责任的比较分析》

作者姓名：张贤明
发表期刊：《政治学研究》
发表时间：2000 年第 1 期
获奖情况：吉林省第五届社会科学优秀成果奖一等奖

一　篇章结构和基本观点

本文共分为三部分：政治责任的基本含义；政治责任与法律责任的区别；政治责任与法律责任的联系。

本文主要阐述了民主政治是责任政治，责任政治的责任包括政治责任与法律责任两个容易混淆的方面。其中，政治责任是政治官员制定符合民意的公共政策并推动其实施的职责，以及没有履行好职责时所应受的制裁和谴责。与政治责任相比较而言，法律责任必须有法律的明文规定，而政治责任不可能由法律明文精确地规定；政治责任的追究相对于法律责任具有优先性；法律责任有专门的认定机关，而政治责任不能仅由专门机关来认定；政治责任与法律责任的承担方式不同；法律责任不具有连带性，而政治责任则具有连带性。此外，政治责任与法律责任也存在联系，政治责任的追究必须符合法律程序，而且两者在范围上也存在交叉。

二　主要创新和学术影响

责任政治是现代民主政治的基本特征和组成部分，因此政治责任构成了现代政治学研究的重大课题。文章从政治学理论的角度深入辨析了政治责任与法律责任的区别与联系，提出并论证了一些较为独到的见解，丰富了关于政治责任与法律责任的理论认识，具有突出的理论意义与学术价值。具体而言，文章在法律规定、实现机制、评价机关、承担方式等方面，论证了法律责任必须有法律的明文规定，政治责任则不可能完全由法律明文规定；政治责任的实现相对于法律责任特别是刑事法律责任的实现而言具有优先性；法律责任有其专门的评价机关，而政治责任则不必也不能仅由专门机关来评价；政治责任与法律责任就刑事责任承担而言存在明显差别。

本文作为政治责任概念内涵辨析、政治责任理论框架建构、政治责任实现机制确立这一系统研究的基础性环节和阶段性成果，就政治责任问题展开专题研究，提出了政治学理论的一个新视角，在民主政治的责任理论研究方面具有较强的创新性和开拓意义。

《论民主与法制》

作者姓名：王惠岩

发表期刊：《政治学研究》

发表时间：2000 年第 3 期

获奖情况：中共中央宣传部精神文明建设"五个一工程"奖

一　篇章结构和基本观点

本文共分为六部分，分别论述了"民主的概念"、"民主的性质"、"民主的形式"、"民主与集中"、"民主与法制"和"民主与党的领导"六个问题。在深入解读邓小平同志建设有中国特色社会主义理论和党的十四大、十五大文件精神的基础上，探索了当代中国社会主义民主政治与法制建设方面的一些重大理论问题。

二　主要创新和学术影响

在"民主的概念"中，文章重点强调了马克思主义经典作家关于"民主是一种国家形态"的观点，有力地批驳了西方学者混淆视听的歪曲论调。在"民主的性质"中，文章着力说明社会主义民主与资本主义民主的根本区别在于由市场经济所有制决定的享有民主的人的阶级性质不同。在"民主的形式"中，文章对比西方的"三权分立"制度，论证了社会主义"民主集中制"权力结构以及我国的"人民代表大会制度"作为社会主义民主理想实现形式的理论依据。在"民主与集中"中，文章强调了协调人民内部利益关系、维护中央权威的理论必然性和现实意义。在"民主与法制"中，文章提出以"制度化、法律化的规则的内容反映谁的意志"作为区分"法治"与"人治"根本标准。这是对社会主义法治理论精髓的高度概括，是社会主义法制理论与社会主义民主理论深层次结合的理论创新。在"民主与党的领导"中，文章提出了"政治总格局"的概念，指出了政治总格局对国家政权性质的依赖与反作用关系，强调实行民主和法制不能改变国家的政治总格局，其实质就是要坚持党在社会主义民主与法制建设中的领导核心作用。

《互联网对国家的冲击与国家的回应》

作者姓名： 周光辉　周笑梅
发表期刊： 《政治学研究》
发表时间： 2001 年第 2 期
获奖情况： 教育部第四届中国高校人文社会科学优秀成果奖二等奖

一　篇章结构和基本观点

本文共分两部分。第一部分以"互联网的发展对传统国家的冲击"为题，分"国家对个人行为控制的弱化""国家司法权面临新的挑战""国家的税收管辖权面临挑战""国家在国际关系中的主体地位进一步弱化""国家安全能力遭到削弱"五个部分进行讨论。第二部分以"国家对网络时代挑战的回应"为主题，分"以积极的态势适应互联网的发展""加强对互联网的规范""树立网络环境下新的国家主权意识""做好应对突发事件的准备""防止互联网可能引起的技术控制与集权主义"五个部分进行讨论。

本文的基本观点是，互联网所带来的重大影响之一就是它在一定程度上推进了政府管理现代化和政治民主化的进程，同时，它也对传统意义上的国家观念及体制，特别是国家主权观念及国家职能产生了相当的冲击，主要表现为国家对个人的控制力、国家的司法能力、国家的税收管辖权、国家在国际关系中的主体地位、国家的安全能力遭到削弱和挑战。面对互联网强大的发展趋势，国家必须适时地调整和变革其传统发展模式和制度框架，以适应技术条件高度跃进所导致的社会结构和生活样式的剧变。

二　主要创新和学术影响

本文的主要创新和学术影响体现为以下两点。第一，文章从政治学的视角，提出了互联网时代应树立新的国家安全观、新的国家主权观的观点。另外，文章拓展了政治学研究的传统领域，对建立网络政治学这一新的研究领域和学科具有一定的学术价值。第二，文章对国家如何面对网络时代的挑战提出了一些建设性意见和具体的对策。这对实际部门也具有一定的参考价值和实际意义。

《当代政治学基本理论》

作者姓名： 王惠岩

出版单位： 高等教育出版社

出版时间： 2001 年

获奖情况： 教育部第三届中国高校人文社会科学研究优秀成果奖一等奖

吉林省第五届社会科学优秀成果奖一等奖

一　篇章结构和基本观点

本书以马克思主义、毛泽东思想、邓小平理论为指导，针对当代国际、国内政治学领域中的一些重要理论问题，通过长期的思考、钻研，最终形成了多个理论专题。本书由十个有内在联系的专题构成，主要论述了四个方面的内容：其一，结合当代的发展，对马克思主义政权基本理论做了创新论述；其二，针对我国社会主义现代化过程中政治领域出现的一些重要问题进行了理论探索；其三，对西方政治学新领域的重要理论进行了分析；其四，在"论当代中国政治学发展"专题中，总结了我国政治学学科自恢复以来的发展历程，指出今后政治学的发展一定要深入学习邓小平理论，坚持政治学发展的正确方向。

二　主要创新和学术影响

本文的主要创新和学术影响体现在以下方面。第一，坚持马克思主义为指导与中国实际国情相结合，做到既要分析马克思主义基本理论，又要发展马克思主义理论。本书以其深厚的马克思主义政治学理论功底，在深入解读邓小平同志建设有中国特色社会主义理论和党的十四大、十五大文件精神的基础上，探索了当代中国社会主义政治建设方面的一些重大理论问题。第二，理论体系完整统一，逻辑严谨。本书以国家政权为核心，研究国家政权以及围绕国家政权的主要政治现象、政治关系及其发展规律。这就做到了把政治现象作为一个有机整体进行动态研究，抓住了政治现象的本质和核心，具有很强的逻辑性和现实性。第三，理论观点创新，与时俱进。伴随我国政治经济社会的不断发展，政治学理论具有与时俱进的特征。第四，文字简洁流畅，做到语义准确与深入浅出相结合。本书一改过去政治学著作对初级的、原始的、单细胞式的名词的解释性阐释，或是对一些有关阶级、国家、政党、政体、国体、民族等常识性知识的罗列，寓深奥于通俗易懂之中，语言简练，内容深刻。

《建设社会主义政治文明》

作者姓名：王惠岩

发表期刊：《政治学研究》

发表时间：2002 年第 3 期

获奖情况：吉林省第六届社会科学优秀成果奖一等奖

一 篇章结构和基本观点

本文认为，一定社会形态的生产关系决定了一定社会的政治文明的性质和发展水平。而政治文明的性质和发展水平的具体体现，就是政治理念指导下的政治制度的设置和管理（统治）方法的运用。

本文提出了以下观点。第一，建设社会主义政治文明，更加明确了发展社会主义民主的根本点和正确方向。第二，建设社会主义政治文明，能更广泛、更深刻、更具体地推动社会主义民主政治发展。第三，建设社会主义政治文明，对推动我国全面建设有中国特色社会主义具有重要意义。首先，政治文明是社会文明结构不可或缺的组成部分；其次，政治文明为物质文明和精神文明建设提供了良好的政治环境；再次，提出建设社会主义政治文明，是与我国加入 WTO 后社会主义市场经济建设相适应的。

二 主要创新和学术影响

本文的主要创新和学术影响体现在以下方面。首先提出正确理解政治文明的内涵。政治文明，通常是指人们改造社会所获得的政治成果的总和。具体说，是指每一种社会形态的生产关系所决定的政治发展程度或水平。其次指出十六大提出建设社会主义政治文明是全面建设小康社会的重大战略部署。因为一个社会的发展，特别是有中国特色的社会主义社会的发展，归根到底取决于生产力的不断发展，而这种发展，离不开政治文明提供政治动力和政治保障，也离不开精神文明提供精神动力和智力支持。再次提出在建设社会主义政治文明过程中，党的领导、人民当家做主和依法治国这三者是内在统一、有机联系起来的，这是社会主义政治文明的优势和特点。总之，全文坚持了马克思主义为指导与中国实际国情相结合，做到既要分析马克思主义基本理论，又要发展马克思主义理论。同时，本文体系完整统一、逻辑严谨、理论观点创新，与时俱进。

《政治文明的主题：人类对合理的公共秩序的追求》

作者姓名：周光辉

发表期刊：《社会科学战线》

发表时间：2003 年第 4 期

获奖情况：吉林省第六次社会科学优秀成果奖一等奖

一　篇章结构和基本观点

本文共分为两部分，第一部分以"秩序：政治的基本价值"为主题，第二部分以"政治文明与合理的公共秩序"为主题。

本文的基本观点是，对任何一个社会共同体而言，秩序都是最为基本的价值，正是有了秩序，人类的公共生活才成为可能。从功能的角度分析，政治这样一种社会治理方式是为了维系人类的公共生活的需要而产生的。从价值的角度说，政治的首要价值目标就是在人类的公共生活中建立有效的秩序。政治文明的性质决定了政治文明建设的主题和方向就是建立一种合理的公共秩序。政治的文明化过程，实际上正是人类一直在努力逐渐脱离野蛮、抛弃动物世界中那个弱肉强食的丛林法则的过程，而这一过程正是通过建立合理的公共秩序来实现的。合理的公共秩序，从政治学的角度看，是与社会占主导地位的价值观念、文化公理相一致，并以社会大多数成员自愿合作和普遍承认为基础所形成的秩序。关于合理的公共秩序的观念和标准具有历史性和相对性。

二　主要创新和学术影响

本文的主要创新和学术影响体现在：第一，不同于一般的政治哲学通过道德推理来对政治价值进行阐释与论证，本文从人类学的角度出发，探讨了公共秩序对于人类公共生活的价值，秩序与其他社会价值相比所具有的优越性，并指出公共权力的出现使得公共秩序的实现成为可能；第二，本文通过强调哲学意义上的合理性与政治学意义上的合理性的区别，指出合理的政治秩序是得到多数共同体成员认同的秩序，而这样的政治秩序必将是有理由、有根据和有价值的存在。

《政治责任的逻辑与实现》

作者姓名：张贤明

发表期刊：《政治学研究》

发表时间：2003 年第 4 期

获奖情况：吉林省第六届社会科学优秀成果奖一等奖

一　篇章结构和基本观点

本文共分为三部分：政治责任与代议制民主之间的逻辑关联、政治责任的实现条件、评判政治责任实现状况时应该持有的两个基本态度和立场。

本文首先在学理和实践的层面上基于责任与权力、政治责任与公共权力之间的联系，阐述了政治责任是公共权力的被委托者即行使者对公共权力的委托者即所有者的责任，并进一步论证了代议制民主同政治责任之间的逻辑关联，指出代议制民主不仅为政治责任提供了实践基础和动力，而且其中还蕴含着公共权力在公民和政府之间存在委托和被委托关系这一价值理念。其次，基于这样的认识，强调政治责任不仅是一种逻辑或理念，而且更需要在政治生活中通过一定的制度或方式得以实现，唯其如此才能推动民主政治的发展与完善。具体而言，权力制约是政治责任实现的根本条件；政务公开是政治责任实现的前提条件；政治责任主体的个人道德是政治责任实现的必要条件。最后，探讨了评判政治责任实现状况时应该持有的两个基本态度和立场，即实事求是、理性而冷静、避免盲目激进；依据政治行为的效果或后果，而不是基于政治行为的意图和目的做出评判。

二　主要创新和学术影响

现代民主政治是责任政治，而责任的核心内容之一就是政治责任，并且政治责任实现的状况是衡量民主政治完善程度的一个重要维度。因此，研究政治责任的逻辑，分析政治责任实现的基本条件，探讨评判政治责任是否实现的基本立场和态度，无疑具有重要的理论价值和实践意义。具体而言，本文的主要创新突出表现在三个方面。首先，基于政治学基本理论，深刻论述了公共权力、民主政治、政治责任之间的学理关联，指出现代民主就其本质而言是责任政治，它要求政治责任必须得以实现。其次，坚持历史与逻辑相结合的分析方法，指出政治责任不仅是一种逻辑或理念，而且需要在政治生活中通过一定的制度或方式得以实现，而政治责任实现的基本条件是权力制约与政务公开。最后，基于意图、目的与效果、后果之间的关联，从责任伦理的分析角度指出评判政治责任是否实现的基本立场和态度是理性地看待政治责任主体的行为效果或后果。

《理解代表——关于代表的正当性与代表方式合理性的分析》

作者姓名： 周光辉　彭斌

发表期刊： 《吉林大学社会科学学报》
发表时间： 2004 年第 6 期
获奖情况： 吉林省第七届社会科学优秀成果奖一等奖

一　篇章结构和基本观点

本文共分为三部分：为什么人类社会需要通过代表的方式进行社会管理；人类社会通过代表的方式进行社会管理的正当性依据；人类社会通过代表的方式进行社会管理的合理性分析。

本文认为，理解代表核心是要说明代表的正当性与代表方式的合理性问题。现代意义上的代表观念是建立在所有人都具有平等的内在价值的基础之上的，主权在民与公民权利成为代表正当性的依据，社会公众的同意与授权成为代表正当性的来源。代表观念的形成改变了政治的逻辑、政治思维的方式和政治的关系。在如何代表社会公众的意志方面，委托论与独立论、专职代表论与兼职代表论之间的争论是关于代表方式合理性的争论。通过投票选举代表来进行社会管理是人类社会的理性选择，但是必须通过法治的制度安排规范与约束代表的行为，以代表制为其核心的现代民主政治与法治是相辅相成的。

二　主要创新和学术影响

本文的主要创新和学术影响体现在以下两个方面。第一，文章从政治学的视角，通过规范分析的方法，从人类社会为什么需要通过代表进行社会管理、代表的正当性根据是什么以及如何代表三个方面来解析代表。这对代表观念的规范性研究具有一定的学术价值。第二，文章对代表的正当性与代表方式的合理性的分析，加深了人们对代表观念的规范性理解，这既对加强社会成员的代表观念和深入理解我国社会主义人民代表大会制度有一定的现实意义，同时也有助于社会主义政治文明与和谐社会的建设。

《政治学原理》（第二版）

作者姓名：王惠岩

出版单位：高等教育出版社

出版时间：2006 年

获奖情况：国家教委第二届优秀教材奖优秀奖

　　　　　吉林省第二届社会科学优秀成果奖一等奖。

一　篇章结构和基本观点

本书共分为十五章，分别为绪论、国家与阶级、国家的历史类型及其更替、资本主义国家、社会主义国家、国家形式、国家机构、国家与民族、国家与宗教、政党和政党制度、政治团体、政治文化、政治发展、中国的政治文明、国际政治。本书以国家政权为核心，研究国家政权以及围绕国家政权的主要政治现象、政治关系及其发展规律。同时，本书配有网络课程。

二 主要创新和学术影响

本书为教育部"高等教育面向 21 世纪课程教材"和"九五"重点教材，现为普通高等教育"十五"规划教材。本书是在 1999 年版的《政治学原理》基础上修改而成的，以马克思主义基本原理为指导，结合我国政治发展的实际需要，借鉴当代西方政治学的研究成果，创建了新的政治学原理课程体系。这种坚持马克思主义的基本观点、结合当代中国实际建设的具有中国特色的政治学原理体系，符合马克思主义基本原理，适应当代中国政治发展的需要，抓住了政治现象的本质和核心，赢得了国内政治学界的普遍认同和高度评价。这一课程体系目前已被国内高等院校的政治学专业和法学专业所普遍采用。

《政府：一个公正社会不可或缺的角色——关于政府再分配职能正当性的思考》

作者姓名：周光辉　殷冬水
发表期刊：《吉林大学社会科学学报》
发表时间：2006 年第 4 期
获奖情况：第五届高等学校科学研究优秀成果奖（人文社会科学）二等奖

一 篇章结构和基本观点

本文共分两部分。第一部分批判了以哈耶克为代表的新古典自由主义者对政府为实现社会正义而实施再分配职能的质疑。社会正义原则并不像新古典自由主义者所主张的那样是不存在的，政府并不像无政府主义者所理解的那样是一种纯粹的恶，而是一种不可替代的建设性力量。单单依赖市场难以建立公正社会。市场无法改变生产资料占有上的不平等对一个人生活前景的影响，也难以改变垄断行为所带来的不公。第二部分对政府再分配职能进行论证。正义是政府存在的一个目的，没有政府的作用，仅靠市场的自发调节是无法实现社会公平正义的，维护社会的公平正义是政府的重要责任，而政府履行维护社会公平正义的责任，是通过政府的再分配职能来实现的。政府实施再分配职能，不仅有助于改善社会弱势群体的生活境遇，而且有助于降低政治共同体的风险，提高社会整体的生活质量。

二　主要创新和学术影响

本文立足于当代中国社会发展的需要，从政治哲学的层面论证了政府在维护社会公正中不可或缺的作用，证明了政府再分配职能的正当性。本文的学术价值体现在以下三方面：第一，在国内学界较早地研究了政府再分配的正当性问题；第二，在国内学界较早地从再分配的角度切入哈耶克的政治哲学，对丰富哈耶克政治哲学的研究具有重要理论意义；第三，从政治哲学层面全面、系统、深入地论证了政府再分配行为的正当性，提升了学界对该问题的研究水平。

《中国政府改革与建设面临的五大困局》

作者姓名：颜德如　王连伟
发表期刊：《中国行政管理》
发表时间：2007 年第 12 期
获奖情况：吉林省第八届社会科学优秀成果奖一等奖

一　篇章结构和基本观点

改革开放以来的中国政府改革和建设，尽管已历经五轮，取得不少成就，但仍有五大困局，即规模困局、角色困局、利益困局、职能困局和目标困局。具体来说，规模困局，长期纠缠于大政府还是小政府；角色困局，面临如何摆脱"缺位"、"错位"与"越位"的难题；利益困局，面临如何在自利性与公益性之间平衡的问题；职能困局，面临着决定还是引导人民追求幸福生活的问题；目标困局，面临着到底要建立什么样的政府的难题。本文最后部分就化解以上困局认为，应恰当运用科学发展观，以科学性、协调性、全局性、动态性和人文性来指导中国政府的改革与建设。中国政府改革与建设的重心不是应该做什么而是如何做，不是自己如何做而是创造条件以使人民自己去做。

二　主要创新和学术影响

本文认为由于中国政府改革长期面临着五大困局：规模困局、角色困局、利益困局、职能困局和目标困局，造成政府改革步履维艰。文章围绕这些困局进行探讨和分析，并针对性地提出了摆脱困局的选择路径，即在科学发展观指导下，把握中国政府改革与建设的重心——创造条件以使人民自己去做。具体来说，就规模困局而言，以科学性为要求，保持与社会综合发展水平相适应的规模适度的政府；就角色困境来说，以协调性为要求，在适当的时机各自扮演好"球员"、"裁判"和"教练"的角色，同时还要协调好与其他社会组织的关系；从利益困局来说，以全局性为要求，在平衡个人动机与社会职责、自我利益与公共利益之际，以社会职责来规范、引导个人动机，以公共利益来激励、约束自我利益；从职能困局来讲，以动态性为要求，积极关注民生、洞悉民情，创造更多更好的条件，适当引导人民去自主地选择如何生活；就目标困局来看，以人文性为要求，以人为本，允许人民选择政府所提供的服务、利用政府去创造更多适合自身个性的服务。本文对当代中国政府改革与民主政治建设的研究做了一些有益的基础性探索工作。

《朝鲜半岛未来形势走向及我国的对策》

作者姓名：张慧智

采纳单位：外交部

采纳时间：2007 年

获奖情况：第五届高等学校科学研究优秀成果奖（人文社会科学）三等奖

一　篇章结构和基本观点

报告由五部分组成，第一部分为朝核问题的演化与我国的对策。重点分析了朝核问题发展的几种可能性，并提出了解决朝核问题的思路、原则、措施，以及从战略角度看朝鲜半岛问题的重要性。第二部分为美日俄对朝鲜半岛的战略思考与我国的对策。分别分析了美、日、俄对朝鲜半岛的战略诉求与三国与朝鲜半岛关系变化的预测，同时提出了我国的对策建议。第三部分为韩朝的战略思考与我国的对策。分析了韩国的统一诉求与朝鲜生存与发展战略的考量，尤其是针对朝韩关系变化对我国的影响提出了相应的对策建议。第四部分为朝鲜内部形势变化及我国的对策。针对目前朝鲜内部政治经济形势的变化提出了几种可能及其影响，并在此基础上提出了我国的对策建议。第五部分为朝鲜半岛停战机制向和平机制转换。分析了朝鲜半岛停战机制向和平机制转换的几种方式，以及在此过程中东北亚国际关系与势力均衡的变化方向，从而提出了我国的行动方案。

二　主要创新和学术影响

报告主要是根据朝鲜半岛目前的实际情况对未来趋势进行动态研究，并提出我国的对策方案，具有前瞻性和可操作性。创新之处主要体现为研究视角的创新：对朝鲜施加政治影响力的同时，加强经济"渗透"，以减少其政治上的抵触情绪，避免其强烈的民族主义作怪；对韩国持续发展经济合作的同时，加强政治文化交流，以减少其经济竞争心理带来的负面影响；对俄罗斯加强共识，保持共同立场；对美国和日本加强沟通，寻求"利益共有"和"风险共存"。

朝鲜半岛问题既是东北亚地区的热点问题，也是直接关涉我国国家安全的重要问题，且是目前最敏感、最紧迫的难点问题。朝鲜半岛政治经济形势变化、半岛和平机制的建立，南北未来统一问题、大国在半岛问题上的战略博弈，不仅会改变东北亚地区目前的势力均衡，而且将直接影响东北亚乃至亚太地区的和平与安全。因此，朝鲜半岛问题对中国来说既是外交问题，也是国家安全问题，更是国家发展问题。如何把握朝鲜半岛政治、经济、外交形势变化，使其向可控制方向发展；如何围绕朝鲜半岛问题处理大国之间的关系；如何使中国在半岛和平机制与东北亚安全机制构建过程中发挥积极的建设性作用，掌握主动；等等，都要求我国制定对朝鲜半岛的长期战略，保障我国国家利益不受损害。因此，本研究报告既有重要的学术价值，也有重大的现实意义。

《论全球性问题治理中西方发达国家的责任》

作者姓名： 刘雪莲
发表期刊： 《政治学研究》
发表时间： 2008 年第 1 期
获奖情况： 吉林省第八届社会科学优秀成果奖一等奖

一　篇章结构和基本观点

本文共分为三部分：一是全球性问题的实质及其表现；二是从历史和现实论证西方发达国家在全球性问题形成中的责任；三是阐述西方发达国家在全球问题治理中应承担的责任。

本文的基本观点是全球问题的实质是全球公共问题，主权国家在全球问题的治理中发挥着主导性的作用。今天我们所面对的全球性问题（特别是作为突出表现的环境问题）是历史积淀下来的，又在现实发展中不断加深。在整个全球性问题的形成过程中发达国家有着不可推卸的责任，因此，从观念、具体的合作以及法律的完善等诸多方面，发达国家都应该承担更多的责任。

二　主要创新和学术影响

从理论角度来看，本文将全球治理与国家责任紧密结合在一起，具体去探讨西方发达国家在全球问题治理中的责任问题，视角比较新。在现实中，发达国家和发展中国家在环境问题上的矛盾仍然很突出。同时，发达国家之间在保护环境的责任问题上相互推诿，增加了国际合作的难度。本文针对这一现实力图从理论上阐明在全球环境问题的治理中为什么西方发达国家要承担更多的责任，以及如何承担责任的问题，文章发表于哥本哈根国际环境会议之前，具有很强的现实意义，而且抓住了问题的本质。

《从管制转向服务：中国政府的管理革命——中国行政管理改革30年》

作者姓名：周光辉

发表期刊：《吉林大学社会科学学报》

发表时间：2008 年第 3 期

获奖情况：第六届高等学校科学研究优秀成果奖（人文社会科学）二等奖

一　篇章结构和基本观点

本文共分为四部分，第一部分分析了改革开放前我国行政管理权力高度集中的特征；第二部分分析了以政府职能转变为特点的我国行政管理改革；第三部分阐述了服务型政府建设的必要性；第四部分对 30 年行政管理改革进行了总结分析。

从总体上看，我国行政管理改革 30 年呈现一个过程、三个阶段的特点。行政管理改革是一个连续的、既相互衔接又不断深化的过程，形成了三个主要阶段。第一阶段旨在突破政治、经济一体化的中央高度集权的体制束缚，重点是"简政放权"；第二阶段是为了适应计划经济向市场经济体制的转轨，重点是转变政府职能；第三阶段是以建设服务型政府为目标，重点是推进政府管理模式的转变。

二　主要创新和学术影响

本文分析了我国行政管理改革 30 年三个发展阶段改革的不同重点，揭示了我国行政管理改革从管制转向服务的内在逻辑，同时分析了我国行政管理改革面临的三个挑战，提出了我国行政管理改革体现了一个方向和双重使命的观点，为我国不断深化行政管理体制改革和政府管理的现代转型提供了一种理论上的证明。

本文相继被《新华文摘》、《中国人民大学复印报刊资料》（公共行政）全文转载；被《中国政治学年鉴：2006—2008》《吉林大学纪念改革开放三十周年学术论文集》、《中国特色社会主义发展道路的探索》《吉林省纪念改革开放 30 周年理论研讨会暨首届社会科学学术年会获奖论文集》《回顾与展望：改革开放以来的中国政治学与政治发展》《治理改革》（Edited by Yu Keping, *The Reform of Governance*, Brill, Boston，2010）收录。

《中国官员责任追究制度建设的回顾、反思与展望》

作者姓名：张贤明　文宏

发表期刊：《吉林大学社会科学学报》

发表时间：2008 年第 3 期

获奖情况：第六届高等学校科学研究优秀成果奖（人文社会科学）三等奖

一　篇章结构和基本观点

本文共分为三部分。第一部分为"官员责任追究制度建设的发展历程"，第二部分为"官员责任追究制度建设的主要成效"，第三部分为"官员责任追究制度建设进一步推进的难点与展望"。

官员责任追究制度作为中国特色民主政治建设中重要的制度创新，改革开放以来在制度化水平、责任追究范围、权力控制等方面取得了长足的发展，有力地推进了政治文明进程，规范了官员的行为，促进了良好行政生态的生成。但官员责任追究制度在现实发展中也存在制度需求与制度环境缺陷之间、制度安排与实施能力有限之间、工具理性与价值理性之间的各种矛盾。破解这些矛盾，需要加强责任追究制度的研究，强化权力运行的责任取向，实现责任追究的制度创新。

二　主要创新和学术影响

本文综合运用文献研究法、历史追踪法、理论演绎法及制度研究法，在相关研究的基础上深入考察官员责任追究制度建设的理论内容与实现路径，并在以下三个方面有所创新。其一，学术视野的广阔性与问题追踪的全面性。本文对我国官员责任追究制度建设的情况做了全面的回顾、梳理与反思，对今后该领域的研究具有重要的理论价值。其二，学理研究的深刻性与现实关注的敏锐性。本文对我国官员责任追究制度建设的成效与问题分别予以阐述，总结了成就与经验，分析了问题产生的原因，具有学理和实践的深度。其三，机制运作的概括性与制度建设的前瞻性。本文提出了既具有理论性又具有操作性的建设性意见，对我国官员责任追究制度建设具有理论预测作用及现实指导意义。

本文发表后产生了较大的学术影响及社会效益，被引用 20 余次。被《新华文摘》全文转载、被收入《新华文摘精华本：2000—2008》（政治学卷）和《中国政治学年鉴：2006—2008》（政治学论文索引）。

《改革发展成果共享实现机制的理念定位》

作者姓名：张贤明　文宏

发表期刊：《理论月刊》

发表时间：2009 年第 7 期

获奖情况：吉林省第八届社会科学优秀成果奖一等奖

一　篇章结构和基本观点

本文共分为三部分，共享实现机制理念定位的内涵及其意义、当前共享实现机制理念定位失范的表现、共享实现机制理念定位的重塑与确立。

首先，本文在共享实现机制理念定位的内涵及其意义方面，指出改革发展成果共享需要理念定位创新，而理念定位是改革发展成果共享的前提和基础。具体而言，改革发展成果共享实现机制的理念定位可以厘定改革进程的思路及方向，可以优化成果共享的方式，可以明晰改革进程的目的。其次，论述了当前共享实现机制理念定位失范主要指在改革发展成果共享实现机制的构建过程中，由于在对传统批判与反思的同时并没有形成完善的发展理念，从而造成了理念失序和行为失调。这突出地表现为，对改革发展成果共享的认识存在曲解，对改革发展成果共享的实现路径存在误区，对改革发展成果共享的地位存在误解，对改革发展成果共享的范围限定过于狭隘，对改革发展成果共享的主体参与存在缺位，对改革发展成果共享与利益共享的内涵存在混淆。最后，分析了共享实现机制理念定位的重塑与确立应从三个方面寻求突破：明确改革发展成果共享实现机制所要解决的中心问题；把握改革发展成果共享实现机制的核心主线；确立改革发展成果共享实现机制的价值取向。

二　主要创新和学术影响

本文着力解决涉及人民群众切身利益的突出问题，使全体人民共享改革发展的成果，不仅是科学发展观的本质要求，同时也意味着改革开放成果共享实现机制的研究成为时代的新课题。文章的主要创新之处体现在着力论述改革发展成果共享机制理念定位的重要内涵及其意义，强调理念定位是改革发展成果共享的前提和基础。在此基础上，文章指出在我国改革发展成果共享实现机制的创建过程中，必须澄清现实中理念定位的种种误区，明确改革发展成果共享实现机制所要解决的中心问题、核心主线及价值取向，实现对成果共享实现机制的理念重塑。

《次国家政府参与国际合作的特点与方式》

作者姓名：刘雪莲　江长新
发表期刊：《社会科学战线》
发表时间：2010 年第 10 期
获奖情况：吉林省第九届社会科学优秀成果奖一等奖

一　篇章结构和基本观点

本文共分为四部分，第一部分阐明本论文的研究视角，第二部分和第三部分分析了次国家政府参与国际合作的特点和优势，第四部分阐述了次国家政府参与国际合作的问题与前景。

次国家层面的国际合作是全球化不断发展之后，国际关系发展中的新现象，它包括了诸多方面的内容。其中，次国家政府参与国际合作的问题是我们在以往的研究中比较忽视的，但同时又是越来越值得我们去关注的问题。次国家政府的国际行为具有非主权性；次国家政府的国际行为具有政府性和公共性；次国家政府的国际行为具有中介性。次国家政府参与国际合作的优势：第一，次国家政府参与国际合作为主权国家之间的合作提供了第二条道路；第二，次国家政府之间的国际合作"门槛"低，合作更易达成；第三，次国家政府参与国际合作的效果更具可视性、直观性，从而更具有生命力。次国家政府参与国际合作的问题与前景：第一，从国家内部来看，就是政府职能转变和地方政府的自主性问题；第二，从国家对外行为来看，次国家政府参与国际合作要与周边国家的需求和利益能够对接；第三，就是合作的制度化建设问题。

二　主要创新和学术影响

首先，本文在研究视角方面有创新，过去我们在研究国际合作的时候更多的是从国家角度去研究的，而对地方政府为主体的国际合作研究较少。这是一个新现象，也是一个新课题。其次，本文的研究是政治学和国际政治学相结合的产物，是将国内问题和国际问题紧密联系在一起进行分析和研究的，这也是符合全球化的时代发展需求的。最后，本文的研究是基于东北亚区域状况和吉林省的发展实际的，是对吉林省及其周边现实发展情况的理论总结。

《当代中国决策体制的形成与变革》

作者姓名：周光辉

发表期刊：《中国社会科学》

发表时间：2011 年第 3 期

获奖情况：第七届高等学校科学研究优秀成果奖（人文社会科学）二等奖

吉林省第九届社会科学优秀成果奖一等奖

一　篇章结构和基本观点

本文共分为四部分，第一部分为中国决策体制的形成及历史合理性分析，第二部分为中国决策体制的基本特征、问题及危机，第三部分为当代中国决策体制的变革，第四部分为评论与展望。

中国的决策体制是中国政治体制的中枢系统，也是决定中国发展的关键因素。以中国共产党为领导核心的决策体制从建立到改革开放前呈现集中化的趋势，存在着决策结构专业化分工程度不高、制度化程度低、偏重经验决策、决策过程封闭和缺乏自我修正与调节机制等弊端。改革开放后，决策体制改革的重点，是在决策结构、方式和机制三个主要方面推进决策民主化、科学化和法制化建设。实践证明，以决策民主化、科学化和法治化为导向的决策体制改革，成功地应对了中国经济和社会迅速变迁所带来的各种挑战。一个中国共产党主导、多方参与、科学论证、过程开放、依法运行的决策模式在决策体制改革的实践中初步形成。

二 主要创新和学术影响

本文通过对中国决策体制形成与变革的深入、系统的研究，为理解中国的发展变化提供了一个新的视角。本文将决策结构、决策方式和决策机制作为三个分析单元运用于探讨和分析当代中国决策体制的变革。这种探索有助于更为清晰地了解中国决策体制究竟在哪些方面发生了变革，哪些方面存在问题，进而为优化决策体制的改革提供理论依据。本文针对中国政治生态环境的新变化，提出了中国政治体制改革的一个新的有效路径，即通过决策民主化的改革构成连接党内民主与基层民主的通道，既可以降低改革的风险和成本，又可以有效地防止权力滥用和控制权力腐败，从而推进中国的政治文明与进步。

本文发表后受到了学术界的广泛欢迎和好评，被 *China Economist*、《中国社会科学》（英文版）先后转发，并被收录于《中国的政治发展：中美学者的视角》。本文对于学界廓清中国决策体制的发展脉络和基本趋势有着很高的参考价值，有利于研究者从政治学的视角加深对中国社会经济发展现状的理解和研究。本文作为"中美政治学者高级对话项目"的成果，对于西方学界了解当前中国共产党决策体制的现状及发展历程有着重要的参考价值，有利于中西方学界在加深对彼此政治生态理解的基础上进行理论对话和理论创造。

《加强中国国家安全战略的思考》

作者姓名：肖晞

发表期刊：《理论视野》

发表时间：2011 年第 6 期

获奖情况：吉林省第九届社会科学优秀成果奖一等奖

一 篇章结构和基本观点

本文以中国面临的国际形势变革为起点，从全球、地区和国内三个层面深入剖析了中国国家安全面临的主要外部威胁与挑战，继而提出了完善中国国家安全战略的基本原则。

中国国家安全战略基本趋向应是以国内安全为基石，持续夯实国家实力基础，力争将国家实力转化为国际影响力，保持谦虚平和的心态，锤炼勇于担当的锐气，致力于成为和平发展国际环境的塑造者，为和平发展成世界强国而谋划。

二　主要创新和学术影响

本文的创新之处在于以下几点。第一，把握重点与全面铺展并重，以把握重点为首要。中国国家安全战略的重点在东亚，我们应立足东亚（当前中国的重心），密布亚太（未来世界的重心），放眼全球（尤其着力于亚非拉发展中世界）。第二，正式的安全制度建设与灵活的结伴关系并重，更加重视国际盟友的作用。进入 21 世纪，中国在继续关注多边主义之时，要进一步回归传统的双边主义。第三，国际防范与国际合作并重，更加重视国际合作的议程设置能力。第四，关注传统安全威胁与关注非传统安全威胁并重，更加注重应对非传统安全手段的多元化和目标的延展性。第五，陆疆防卫与海疆防卫并重，更加重视海疆经营。第六，外交手段与军事手段并重，进一步强化外交能力及对外斗争的部门配合。

《公正、共享与尊严：基本公共服务均等化的价值定位》

作者姓名：张贤明　高兴辉
发表期刊：《吉林大学社会科学学报》
发表时间：2012 年第 4 期
获奖情况：第七届高等学校科学研究优秀成果奖（人文社会科学）三等奖

一　篇章结构和基本观点

本文共分为三部分。第一部分为"社会公正：引领基本公共服务均等化的根本导向"。第二部分为"成果共享：实现基本公共服务均等化的核心理念"。第三部分为"人的尊严：推进基本公共服务均等化的最终归宿"。

本文主要围绕基本公共服务均等化的价值定位展开，认为公正、共享与尊严是基本公共服务均等化的价值定位。本文首先基于基本公共服务和社会公正的主要内涵，论证了将社会公正作为当前中国推进基本公共服务均等化根本价值导向的主要原因。其次从三个方面阐述了改革发展成果共享是实现基本公共服务均等化核心理念的基本观点。最后，从过程维度和目的维度论述了以人的尊严作为推行基本公共服务均等化的最终归宿，为展开对这一工作的合理评价提供了具体的微观基础。

二 主要创新和学术影响

本文在理论层面解决了基本公共服务均等化研究的基础性问题。本文将社会公正、成果共享与人的尊严作为基本公共服务均等化的价值定位，是对基本政治价值观念的坚守。本文能够为实际推进基本公共服务均等化的顶层设计提供理论支持。价值定位是基本公共服务均等化制度设计与政策选择的基本前提与重要基础，只有在明确的价值定位基础上，才有可能在实际工作中调和理念、凝聚共识，调动社会力量推动基本公共服务均等化的实现。

本文自发表以来，受到学界广泛关注，产生了良好的社会效益，被《新华文摘》《高等学校文科学术文摘》《中国人民大学复印报刊资料》（公共行政）等全文转载。

《民主与腐败治理：一个经验研究综述》

作者姓名：龚蔚红　李虎
发表期刊：《浙江社会科学》
发表时间：2012 年第 2 期
获奖情况：吉林省第十届社会科学优秀成果奖一等奖

一 篇章结构和基本观点

本文共分为四部分，即民主水平与腐败治理的关系、民主经验与腐败治理的关系、经济发展水平等因素对民主治理腐败的影响、民主治理腐败的一般机制。

能够有效地治理腐败常常被认为是民主重要的工具性价值，但目前的经验研究表明民主与腐败治理之间的关系是复杂的，民主在许多情况下并不能够有效地治理腐败。民主的水平、民主的经验以及经济发展水平等因素都可能会影响民主治理腐败的效果。在对民主与腐败治理关系的经验研究进行综述的基础之上，本文提出了一种民主治理腐败机制的一般解释框架。当公民可以有效控制当选的政治精英，即存在自下而上的有效控制时，当选政治精英就会注重回应公民的要求，这样，如果公民在政治参与过程中表现出足够强的反腐败要求，当选政治精英就会有足够的动力去治理腐败。在此基础之上，如果当选政治精英可以有效地掌握权力，即当选政治精英可以有效地控制官僚，存在有效的自上而下的控制，民主就可以有效地治理腐败。这一解释框架有利于对民主有效治理腐败条件的探讨。这些条件只有部分是民主制度建设可以解决的，如设计一定的制度以解决民众反腐败的信息不对称问题，而经济发展水平等条件就不是民主制度建设本身可以解决的。这要求人们对民主治理腐败要有合理的期待，不切实际的过度期待不仅不利于民主政治建设，而且可能压垮民主制度。

二　主要创新和学术影响

本文的创新之处在于试图提出一种民主治理腐败机制的一般解释框架。

《中国文化外交的基本理念与开放格局》

作者姓名：刘清才　曲文娜
发表期刊：《吉林大学社会科学学报》
发表时间：2013 年第 5 期
获奖情况：吉林省第十届社会科学优秀成果奖一等奖

一　篇章结构和基本观点

本文共分为三部分。第一部分，中国文化外交的战略目标。论述了中国文化外交的三大战略目标：实现中国和平崛起，提升中国国家形象，增强中国文化软实力。第二部分，中国文化外交的基本理念。论述了中国文化外交应秉持的理念：扩大交流、增进友谊，相互尊重、开放包容，相互借鉴、共同发展。第三部分，中国文化外交的开放格局。论述了中国文化外交应实行全方位的开放格局：政府交流与民间交流并举，文化交流与文化贸易并重，走出去与请进来并行。

中国文化外交是中国总体外交的重要组成部分。它以中华文化为载体，向世界传播中华思想、文化和艺术。首先，文化外交以丰富多彩的文化交流形式，传递中国和平理念，服务于中国和平崛起的战略目标；提升中国国际声望，塑造良好的国家形象；向世界传播中国语言、文化和艺术，提升中国文化软实力。其次，通过文化外交加深各国人民间的相互理解，增进各国人民间的信任和友善；坚持开放、包容、兼收并蓄的方针；促进中国与世界的文化交流，包容互鉴，实现中国文化的发展与繁荣。最后，中国文化外交要实行开放格局，实行政府交流与民间交流并举；文化交流与文化贸易并重；走出去与请进来并行。

二　主要创新和学术影响

本文深入地论述了新时期中国文化外交的目标、理念与开放格局，分析了文化外交对于中国和平崛起、提升中国文化软实力所具有的特殊作用，论述了中国文化外交应当坚持的相互尊重、包容互鉴、共同发展的基本理念，提出了中国文化外交实行官方与民间、文化交流与文化贸易、走出去与请进来多重并举的开放格局。本文对我们明确新时期中国文化外交的目标与任务、探索中国文化外交的形式与方法、开创中国文化外交新局面，进行了深入思考和探索。

《全球化时代发展中国家的国家认同危机及治理》

作者姓名：周光辉　刘向东
发表期刊：《中国社会科学》
发表时间：2013 年第 9 期
获奖情况：吉林省第十届社会科学优秀成果奖一等奖

一　篇章结构和基本观点

本文共分为三部分：第一部分，国家认同危机发生的逻辑分析；第二部分，国家认同危机问题根源分析；第三部分，以现代国家制度建构强化国家认同。

全球化发展中的多民族国家建设面临一个凸显的问题，地方民族主义的泛起构成了对国家主权统一与秩序稳定的严重挑战。这种现象是民族认同作为一种地方特殊的文化认同对国家权力的诉求，对以宪法秩序为基础的国家认同的优先性造成威胁。这种挑战缘于全球化进程引起的现代社会的权力结构的变化，削弱了尚未完成现代"国家建设"的发展中国家的自主性及政治整合能力；以及发展中国家发展的结构性失衡与现代社会保障体系的不完善，引起地方民族成员质疑国家的有效性，突显原生的民族认同，并试图解构国家的完整性。对于发展中的多民族国家而言，要有效消解地方民族认同与国家认同的对立和冲突，强化国民的国家认同，就应该加强现代国家制度建设：确立公民身份，培育公民人格，实现身份认同；树立统合政治共同体一体化的宪法权威，实现权威认同；完善保障公民基本社会权利与矫正正义的现代社会保障制度，实现保障认同；构建公开透明、平等参与、民主协商的政治整合机制，实现程序认同。

二　主要创新和学术影响

本文从规范的角度分析了国家认同危机发生的内在逻辑：发展中国家的国家认同危机，说到底就是地方民族认同僭越其文化认同与地域认同的定位，进入国家政治层面，对公共权力发起诉求，挑战公共领域国家认同的优先性地位；公民身份被质疑，以宪法权威为核心的法律秩序遭到挑战。把这一问题放在全球化的语境中与发展中国家的发展性的背景中去探讨，也就是在一定时空中分析国家认同危机发生的原因，更富有解释力。本文结合中国的实际提出了应对国家认同危机的对策建议。

第二部分 一览表

|一|

获奖成果一览表

（按照获奖等级、作者的姓氏笔画）

（一）高等学校科学研究优秀成果奖（人文社会科学）

国家教委首届人文社会科学研究优秀成果奖

序号	成果名称	成果形式	获奖等级	获奖作者
1	国际战略学	著作	一等	王家福
2	思想政治教育学	著作	一等	陈秉公
3	哲学与主体自我意识	著作	一等	高清海
4	新编中国东北地区经济史	著作	二等	孔经纬
5	意识与无意识	著作	二等	车文博
6	鲁迅与日本文学	著作	二等	刘柏青
7	从两极到中介——现代哲学的革命	著作	二等	孙正聿
8	日本经济论	著作	二等	余晷鹏
9	南朝鲜经济开发战略和展望	著作	二等	张世和
10	投入产出技术研究	著作	二等	张屹山
11	老子说解	著作	二等	张松如
12	论按劳分配模式的换型	论文	二等	张维达
13	日美欧中小企业理论与政策	著作	二等	李玉潭
14	满铁史概述	著作	二等	苏崇民
15	《人类理解论》研究	著作	二等	邹化政
16	论民主与人	论文	二等	周光辉
17	康熙大帝全传	著作	二等	孟昭信
18	商文化与北方青铜器之再研究	论文	二等	林　云
19	无罪推定论	论文	二等	郑成良
20	中国奴隶社会史	著作	二等	金景芳
21	秦律通论	著作	二等	栗　劲
22	科学认识论	著作	二等	舒炜光
23	当代中国私营经济研究	著作	二等	潘　石

教育部第二届人文社会科学研究优秀成果奖

序号	成果名称	成果形式	获奖等级	获奖作者
1	理论思维的前提批判	著作	二等	孙正聿
2	《尚书·虞夏书》新解	著作	二等	金景芳 吕绍纲
3	信仰:法治的精神意蕴	论文	二等	姚建宗
4	评波普对马克思历史决定论的诘难	论文	三等	艾福成
5	马库色:批判与重建	著作	三等	刘少杰
6	中国东北农业史	著作	三等	李澍田
7	晚明文学与五四文学的时差与异质	论文	三等	张福贵 刘中树
8	利用 Stock – Watson 型景气指数宏观形势的分析和预测	论文	三等	陈 磊
9	中国农村基层政权研究	著作	三等	彭向刚

第三届中国高校人文社会科学研究优秀成果奖

序号	成果名称	成果形式	获奖等级	获奖作者
1	当代政治学基本理论	著作	一等	王惠岩
2	经济周期波动的分析与预测方法	著作	一等	董文泉
3	上市公司股利政策的实证分析	论文	二等	吕长江
4	林沄学术文集	著作	二等	林 沄
5	现代之后——20 世纪晚期西方哲学	著作	二等	姚大志
6	社会学的语言学转向	论文	三等	刘少杰
7	现代宏观经济冲击理论	著作	三等	刘金全
8	俄罗斯经济金融形势走向及我国对策	研究报告	三等	朱显平
9	网络经济学引论	著作	三等	纪玉山
10	"气韵"范畴考辨	论文	三等	张锡坤
11	西方文学批评史	著作	三等	杨 冬
12	对五四新文学发生及源流的再认识	论文	三等	陈方竞
13	当代中国政治发展的十大趋势	论文	三等	周光辉
14	我国物权变动理论的立法选择	论文	三等	彭诚信

第四届中国高校人文社会科学研究优秀成果奖

序号	成果名称	成果形式	获奖等级	获奖作者
1	思想中的时代——当代哲学的理论自觉	著作	二等	孙正聿
2	楚文字编	著作	二等	李守奎
3	互联网对国家的冲击与国家的回应	论文	二等	周光辉
4	中国人口与全面建设小康社会	著作	三等	王胜今
5	上市公司资本结构、股利分配及管理股权比例相比作用机制研究	论文	三等	吕长江

序号	成果名称	成果形式	获奖等级	获奖作者
6	老工业基地国有企业深化改革研究	著作	三等	宋冬林
7	意识的强化与中日比较文学研究的再发展	论文	三等	张福贵
8	辩证法的生存论基础——马克思辩证法的当代阐释	著作	三等	贺　来
9	权力场	著作	三等	霍存福

第五届高等学校科学研究优秀成果奖（人文社会科学）

序号	成果名称	成果形式	获奖等级	获奖作者
1	一物二卖的救济与防范	论文	二等	马新彦
2	我国经济周期波动中实际产出波动性的动态模式与成因分析	论文	二等	刘金全
3	吉林省人民政府财务顾问报告（国企改制）	研究报告	二等	宋冬林
4	亚洲的超越：构建东亚区域货币体系与“人民币亚洲化”	著作	二等	李　晓
5	以人为本的德育本体论解读——兼论由“民本”思想影响的德育到“人本”德育的历史性发展	论文	二等	陈秉公
6	政府：一个公正社会不可或缺的角色——关于政府再分配职能正当性的思考	论文	二等	周光辉
7	伪满时期中国东北地区移民研究——兼论日本帝国主义实施的移民侵略	著作	三等	王胜今
8	乐浪文化——以墓葬为中心的考古学研究	著作	三等	王培新
9	朝鲜半岛未来形势走向及我国的对策	研究报告	三等	张慧智
10	边界意识和人的解放	著作	三等	贺　来
11	论转型期弱势群体政治参与与社会公正	论文	三等	彭向刚

第六届高等学校科学研究优秀成果奖（人文社会科学）

序号	成果名称	成果形式	获奖等级	获奖作者
1	中外心理学比较思想史	著作	一等	车文博
2	包含货币因素的利率规则及其在我国的实证检验	论文	二等	张屹山
3	“活着”的鲁迅：鲁迅文化选择的当代意义	著作	二等	张福贵
4	马克思主义意识形态理论与社会主义核心价值理论体系建构	论文	二等	陈秉公
5	从管制转向服务：中国政府的管理革命——中国行政管理改革30年	论文	二等	周光辉
6	中国货币增长不确定性与经济增长关系检验（1980～2008）	论文	三等	刘金全
7	辩证法：黑格尔、马克思与后形而上学	论文	三等	孙正聿
8	中国官员责任追究制度建设的回顾、反思与展望	论文	三等	张贤明
9	建构碳金融运行机制支持我省低碳经济发展的建议	咨询报告	三等	杜　莉
10	法律的政治逻辑阐释	论文	三等	姚建宗
11	新创企业学习能力、资源整合方式对企业绩效的影响研究	论文	三等	蔡　莉

第七届高等学校科学研究优秀成果奖（人文社会科学）

序号	成果名称	成果形式	获奖等级	获奖作者
1	鲁迅研究的三种范式与当下的价值选择	论文	一等	张福贵
2	资产系统性风险跨期时变的内生性：由理论证明到实证检验	论文	二等	丁志国
3	时变参数"泰勒规则"在我国货币政策操作中的实证研究	论文	二等	刘金全
4	马克思主义辩证法研究	著作	二等	孙正聿
5	国际法哲学导论	著作	二等	何志鹏
6	包山楚墓文字全编	著作	二等	李守奎
7	当代中国决策体制的形成与变革	论文	二等	周光辉
8	法学研究及其思维方式的思想变革	论文	二等	姚建宗
9	内幕交易惩罚性赔偿制度的构建	论文	三等	马新彦
10	马克思政治哲学中的个人原则与社会原则	论文	三等	张 盾
11	公正、共享与尊严：基本公共服务均等化的价值定位	论文	三等	张贤明
12	周易经传美学通论	著作	三等	张锡坤
13	开发性金融在碳金融体系建构中的引致机制	论文	三等	杜 莉
14	面向21世纪的中国文化形象与文化符号——建设社会主义文化强国的理论思考	论文	三等	邴 正
15	"主体性"的当代哲学视域	著作	三等	贺 来
16	论大学学术权力	著作	三等	赵俊芳
17	宾组甲骨文分类研究	著作	三等	崎川隆
18	后危机时代——制度与结构的反思	著作	三等	董 伟
19	意识形态的经济功能及其中国经验	论文	三等	韩喜平
20	行政审批与权利转让合同的效力	论文	三等	蔡立东

（二）精神文明建设"五个一工程"奖

第七届精神文明建设"五个一工程"奖

序号	成果名称	成果形式	获奖作者
1	国企改革要把着眼点切实转变到搞好整个国有经济上来	论文	张维达

第八届精神文明建设"五个一工程"奖

序号	成果名称	成果形式	获奖作者
1	论民主与法制	论文	王惠岩

第十三届精神文明建设"五个一工程"奖

序号	成果名称	成果形式	获奖作者
1	理想信念的理论支撑	著作	孙正聿

（三）全国法学教材与科研成果奖

司法部法学教材和法学科研优秀成果奖

序号	成果名称	成果形式	获奖等级	获奖作者
1	法哲学范畴研究	著作	一等	张文显
2	法社会学原理	教材	二等	马新福
3	法律的犯罪构成与犯罪构成理论	论文	二等	李　洁
4	票据法	著作	二等	赵新华
5	经济法基石范畴论纲	论文	三等	刘红臻
6	当事人意思自治原则论纲	论文	三等	吕岩峰
7	论法理念与法律思维	论文	三等	郑成良
8	汉魏晋"比"辨析	论文	优秀	吕　丽
9	生活的场景与法治的向度	论文	优秀	姚建宗

第二届全国法学教材与科研成果奖

序号	成果名称	成果形式	获奖等级	获奖作者
1	马克思主义法理学——理论、方法和前沿	教材	一等	张文显
2	主体性与私权制度研究——以财产、契约的历史考察为基础	专著	二等	彭诚信
3	规则·秩序·无知——关于哈耶克自由主义的研究	专著	三等	邓正来
4	票据法问题研究	教材	优秀	赵新华
5	行政规章研究	专著	优秀	崔卓兰
6	全球化与法理学的变革和更新	论文	优秀	黄文艺

（四）中国人口科学优秀科研成果奖

第四届全国人口科学优秀成果奖

序号	成果名称	成果形式	获奖等级	获奖作者
1	伪满时期中国东北地区移民研究——兼论日本帝国主义实施的移民侵略	专著	一等	王胜今
2	中国13亿人口与经济发展的自然资源约束	论文	二等	景跃军
3	吉林省相对资源承载力与可持续发展研究	论文	三等	陈英姿
4	农村劳动力转移过程中存在的社会问题	论文	三等	侯　力
5	东北亚区域劳务合作研究	专著	优秀	于　潇

续表

序号	成果名称	成果形式	获奖等级	获奖作者
6	人口学导论	专著	优秀	尹 豪
7	吉林省加强引进独联体国家智力资源的对策研究	研究报告	优秀	王晓峰
8	唐朝至清朝东北地区人口迁移	论文	优秀	李雨潼
9	21世纪"国家生态环境安全"问题人口因素分析与对策选择	论文	优秀	李 辉

第五届中国人口科学优秀科研成果奖

序号	成果名称	成果形式	获奖等级	获奖作者
1	人力资本投资中政府的作用——对我国人力资本投资的反思	论文	三等	王彦军
2	中国出境旅游人口规模的增长、原因及趋势	论文	三等	王晓峰
3	中韩两国污染产业对环境影响的比较研究	论文	三等	景跃军
4	欧盟国家传统工业区改造中的就业政策及其启示	专著	优秀	杨 雪

（五）全国商务发展研究成果奖

全国商务发展研究成果奖

序号	成果名称	成果形式	获奖等级	获奖作者
1	大型零售店"进场费"与"优势地位滥用"规制	论文	优秀	吴小丁

（六）全国教育科学研究优秀成果奖

第三届全国教育科学研究优秀成果奖

序号	成果名称	成果形式	获奖等级	获奖作者
1	创建实验教学精品实验室的实践与思考	论文	三等	滕利荣

第四届全国教育科学研究优秀成果奖

序号	成果名称	成果形式	获奖等级	获奖作者
1	研究型大学本科人才培养模式：问题及改进策略	论文	三等	付景川 姚 岚

（七）钱端升法学研究成果奖

首届钱端升法学研究成果奖

序号	成果名称	成果形式	获奖等级	获奖作者
1	三大法系犯罪构成论体系性特征比较研究	论文	三等	李　洁
2	哈耶克法律哲学的研究	著作	荣誉奖	邓正来

第二届钱端升法学研究成果奖

序号	成果名称	成果形式	获奖等级	获奖作者
1	法治的生态环境	著作	二等	姚建宗
2	法律的犯罪构成与犯罪构成理论	论文	三等	李　洁

第三届钱端升法学研究成果奖

序号	成果名称	成果形式	获奖等级	获奖作者
1	论罪刑法定的实现	著作	三等	李　洁

第五届钱端升法学研究成果奖

序号	成果名称	成果形式	获奖等级	获奖作者
1	现代私法上的信赖法则	著作	二等	马新彦

（八）安子介国际贸易研究奖

第十届安子介国际贸易研究奖

序号	成果名称	成果形式	获奖等级	获奖作者
1	WTO 与环境保护	论文	三等	那　力

（九）吉林省社会科学优秀成果奖

吉林省首届社会科学优秀成果奖

序号	成果名称	成果形式	获奖等级	获奖作者
1	老子校读	著作	特别	张松如
2	陈云同志的经济思想	著作	特别	关梦觉
3	中国奴隶社会史	著作	特别	金景芳

续表

序号	成果名称	成果形式	获奖等级	获奖作者
4	古汉语虚词手册	著作	优秀	韩峥嵘
5	怎样认识我国新时期工人阶级内部的统一战线	论文	优秀	丁维陵
6	东北经济史	著作	优秀	孔经纬
7	日本文学史（日文版）	著作	优秀	王长新
8	张竹坡与《金瓶梅》评点考论	论文	优秀	王汝梅
9	中国人口增长分析	著作	优秀	王胜今
10	国际战略学	著作	优秀	王家福
11	领导科学	著作	优秀	王惠岩
12	教学原则概论	著作	优秀	车文博
13	论社会主义生活方式的特征	论文	优秀	艾福成
14	日本企业诊断学	著作	优秀	任文侠
15	从"停滞－膨胀"到"高失业－高赤字"	论文	优秀	刘传炎
16	鲁迅与日本文学	著作	优秀	刘柏青
17	俄汉双解详解辞典	著作	优秀	刘相国
18	普特南的科学实在论与库恩理论的主要分歧	论文	优秀	孙乃纪
19	关于现代汉语语法研究中的"同一性"原则	论文	优秀	孙维张
20	中国近现代政党史	著作	优秀	朱建华
21	东北抗日游击根据地的建立与丧失	论文	优秀	朱建华
22	市场细分的理论研究	论文	优秀	励瑞云
23	论《资本论》中逻辑与历史统一的几个问题	论文	优秀	宋晓绿
24	战后南朝鲜经济	著作	优秀	张世和
25	法论	著作	优秀	张光博
26	略论社会主义经济规律体系在个人消费品分配中的作用	论文	优秀	张应高
27	试谈俄汉双解详解词典的编纂	论文	优秀	张良玺
28	中国古代文学理论辞典	著作	优秀	张连第
29	新编高级英语（上）	著作	优秀	张彦昌
30	建设哲学是发展哲学的需要	论文	优秀	张维久
31	政治经济学教科书（资本主义部分）	著作	优秀	张维达
32	论《诗经》至《楚辞》年间诗歌的发展	论文	优秀	李 军
33	关于扩大再生产实现论及其应用中的若干问题	论文	优秀	李文哲
34	社会主义实践史上的一大创举——浅谈"一国两制"构想的意义	论文	优秀	李世华
35	马克思的无产阶级贫困化理论与日本工人阶级现状况	论文	优秀	李完稷
36	婚姻法学	著作	优秀	李忠芳
37	中国各民族民间文学基础	著作	优秀	李景江
38	农业生态经济	著作	优秀	李森林
39	论停滞膨胀	论文	优秀	沈学民
40	满铁史概述	论文	优秀	苏崇民
41	全国解放战争时期创建东北根据地的斗争	论文	优秀	邵鹏文
42	日本行政管理概论	著作	优秀	邹 钧
43	大学生修养	著作	优秀	陈秉公
44	小屯南地甲骨考释	著作	优秀	姚孝遂
45	秦律通论	著作	优秀	栗 劲

序号	成果名称	成果形式	获奖等级	获奖作者
46	政治经济学教科书（社会主义部分）	著作	优秀	高 群
47	马克思主义哲学基础	著作	优秀	高清海
48	论哲学的发展问题	论文	优秀	高清海
49	逻辑学辞典	著作	优秀	阎治安
50	马克思主义国家学说的重大发展	论文	优秀	焦英堂
51	维特根斯坦哲学述评	著作	优秀	舒纬光
52	自然辩证法原理	著作	优秀	舒纬光
53	全国工业月产值预报器	论文	优秀	董文泉
54	论资本主义经济政治发展不平衡规律及其在战后作用的新特点	论文	优秀	潘 石
55	关于我国镇政府管理经济的职能和镇政府的机构改革	论文	优秀	薄贵利
56	郑板桥集评注	著作	佳作	王锡荣
57	经济杠杆的综合运用应建立在把握经济规律体系的基础上	论文	佳作	尹文书
58	论我国民法与商品经济	论文	佳作	王 忠
59	中国现代资产阶级民主运动	著作	佳作	王金铻
60	《兰亭》论稿	论文	佳作	刘家相
61	关于微积分中无限小量的认识论问题	论文	佳作	刘猷桓
62	相对过剩人口与结构性失业	论文	佳作	孙 刚
63	论日本经济中的"二重结构"及其逐渐消失	论文	佳作	池元吉
64	哲学自学教材	著作	佳作	张维久
65	朝鲜解决农业问题的经验	著作	佳作	杨学忠
66	中国学生运动简史	著作	佳作	邵鹏文
67	杜威认识论述评	论文	佳作	邹铁军
68	当代大学生的品格和素养	著作	佳作	陈秉公
69	辩证唯物主义感觉理论的几个问题	论文	佳作	孟宪忠
70	亚当·斯密的《国富论》	著作	佳作	宛 樵
71	列宁的新经济政策理论及其现实意义	论文	佳作	郑 彪
72	欧洲哲学史上神的观念的演变——兼论这种演变同两条哲学路线发展的联系	论文	佳作	高文新
73	邓析的"两可"辩证逻辑思想	论文	佳作	高崇会
74	党的宗教政策是加强和巩固新时期爱国统一战线的一项战略措施	论文	佳作	麻玉林
75	论"智能之士"在战国变法中的作用	论文	佳作	黄中业
76	世界观的定义与马克思主义哲学的对象	论文	佳作	蔡英田

吉林省第二届社会科学优秀成果奖

序号	成果名称	成果形式	获奖等级	获奖作者
1	老子说解	著作	特别	张松如
2	中国历代土地制度史纲	著作	特别	乌廷玉
3	坚持四项基本原则新论	著作	特别	关梦觉
4	"真和美将借汝永世其昌"——纪念莎士比亚诞辰425周年	论文	特别	张泗洋

续表

序号	成果名称	成果形式	获奖等级	获奖作者
5	学易四种	著作	特别	金景芳
6	康熙大帝全传	著作	一等	孟昭信
7	中国资本主义史纲要	著作	一等	孔经纬
8	中国现代知识分子的历史轨迹	著作	一等	王金吾
9	人口社会学	著作	一等	王胜今
10	政治学原理	著作	一等	王惠岩
11	日本经济	著作	一等	池元吉
12	比较宪法纲要	著作	一等	张光博
13	赫哲语	著作	一等	张彦昌
14	论按劳分配模式的换型	论文	一等	张维达
15	中国哲学中的解释理论	论文	一等	李景林
16	中国农业生产的前景问题	著作	一等	李森林
17	满铁史概述	著作	一等	苏崇民
18	实用主义大师杜威	著作	一等	邹铁军
19	现代中国政府	著作	一等	陈瑞云
20	殷墟甲骨刻辞类纂	著作	一等	姚孝遂
21	论城市经济社会环境协调发展	论文	一等	高 群
22	中国传统思想探索	著作	一等	曹德本
23	当代社会主义民主研究	著作	二等	丁维陵
24	主体构造与秩序创新	论文	二等	刁永祚
25	综合平衡论	著作	二等	于光中
26	儒家伦理与近代日本	论文	二等	王中田
27	日本文学史	著作	二等	王长新
28	金瓶梅探索	著作	二等	王汝梅
29	汉学软思维——立体研究系统	论文	二等	王家福
30	中国诗歌史——先秦两汉部分	著作	二等	王锡荣
31	意识与无意识	著作	二等	车文博
32	论人格权及人格受损害的赔偿	论文	二等	申政武
33	论日本对亚欧直接投资的新动向与应取之对策	论文	二等	白成琦
34	马克思晚年对历史唯物主义的发展	论文	二等	艾福成
35	中国企业经营方式	著作	二等	刘永成
36	列宁的金融资本理论与当代美国经济现实	论文	二等	刘传炎
37	社会历史过程中的主体性、目的性和规律性	论文	二等	刘福森
38	对科学的人文主义理解——瓦托夫斯基的科学哲学观述评	论文	二等	孙正聿
39	文化流向与语言的扩散	论文	二等	孙维张
40	扎赉诺尔汉代墓葬第三次发掘出土颅骨的初步研究	论文	二等	朱 泓
41	中国近代政治思想史	著作	二等	朱日耀
42	东北解放战争史	著作	二等	朱建华

序号	成果名称	成果形式	获奖等级	获奖作者
43	对"弗洛伊德主义的马克思主义"的几点剖析	论文	二等	毕志国
44	论特有的和一般形式下的黑格尔辩证法——兼探西方辩证法史的宏观线索	论文	二等	许景行
45	法的一般理论	著作	二等	张文显
46	南朝鲜经济开发战略和发展规划	著作	二等	张世和
47	社会主义经济体制比较通论	著作	二等	张维达
48	文学美学	著作	二等	张德厚
49	性与法	著作	二等	李忠芳
50	杨匏安在传播马克思主义中的历史功绩	论文	二等	杜艳华
51	真善美的统一与综合认识论的研究	论文	二等	杨魁森
52	大学生人格学	著作	二等	陈秉公
53	关于周代宗法制度中君统与宗统的关系问题	论文	二等	陈恩林
54	论国民政制	论文	二等	陈瑞云
55	深化经济改革的基本思路探讨	论文	二等	郑彪
56	东北沦陷区新小说的艺术特色和审美价值	论文	二等	金训敏
57	斯宾诺莎的"泛神论"新考	论文	二等	姚大志
58	世界人口经济概论	著作	二等	洪英芳
59	"比价复归"遏制略考	论文	二等	耿刚
60	研究生教育管理	著作	二等	郭文岩
61	中国城镇集体经济研究	著作	二等	高群
62	欧洲哲学史上的实体范畴与马克思主义哲学的物质范畴	论文	二等	高文新
63	中国特色的建学道路初探	著作	二等	曹仲彬
64	党的"一大"闭幕日期考	论文	二等	曹仲彬
65	战国社会改革的历史经验	论文	二等	黄中业
66	《资本论》选释	著作	二等	詹连福
67	高等学校学生思想政治教育学概论	著作	二等	樊万青
68	论行政体制与行政管理	论文	三等	马敬仁
69	关于区域产业结构调整的几点思考	论文	三等	牛江涛
70	谈汉外类双语词典的对应词语的处理	论文	三等	王永全
71	对完善工资总额与经济效益挂钩的几点思考	论文	三等	刘永成
72	试论周恩来在"一五"期间对中国社会主义道路的初步构架	论文	三等	时戈
73	论法律文化的要素与结构	论文	三等	郑成良
74	美国农产品价格机制的运行与政府的调节政策	论文	三等	项卫星
75	英美文学中的女权思想	论文	三等	翁德修
76	社会供求总量的静态、动态与结构分析	论文	三等	耿作石
77	当前高等学校财务管理改革中的思想	论文	三等	商轶
78	论我国现阶段农村妇女生育行为与人口控制	论文	三等	景跃军

序号	成果名称	成果形式	获奖等级	获奖作者
79	略论完善中国共产党领导下的多党合作与协商制度	论文	三等	焦英棠
80	中国农村剩余劳动力转移与城镇化模式	论文	三等	董 辉
81	论两种社会必要劳动时间的关系	论文	三等	潘 石
82	论我国企业兼并	论文	鼓励	杨大光
83	论俄国的货币体制对东北资本主义经济的打击	论文	鼓励	朱显平
84	试论南朝鲜跨国公司的发展及其特点	论文	鼓励	李俊江

吉林省第三届社会科学优秀成果奖

序号	成果名称	成果形式	获奖等级	获奖作者
1	气功经典译注	著作	特别	乌恩溥
2	《红楼梦》新探	著作	特别	王湘浩
3	先秦儒家哲学新探	著作	特别	邹化政
4	社会主义市场经济导论	著作	一等	张维达
5	新编中国东北地区经济史	著作	一等	孔经纬
6	犯罪原因论概述——兼论犯罪学的基本范畴	论文	一等	王 牧
7	论二次大战后美国经济周期的变化	论文	一等	孙 刚
8	国有企业改革中值得思考的几个认识问题	论文	一等	纪玉山
9	建立社会主义民主政治的法律体系	论文	一等	张文显
10	产业结构调整与利润率平均化	论文	一等	李文哲
11	当代文化发展的十大趋势	论文	一等	邴 正
12	当代社会发展与文化观念变迁	论文	一等	邴 正
13	20世纪文学轨迹——诺贝尔文学现象研究	著作	一等	孟宪忠
14	论社会主义市场经济的文化精神	论文	一等	孟宪忠
15	东北亚区域经济发展的新特点	论文	一等	赵凤彬
16	哲学的憧憬——《形而上学》的深思	著作	一等	高清海
17	儒家治国方略	著作	一等	曹德本
18	我国现阶段劳资关系初探	论文	一等	潘 石
19	权力场——中国传统政治智慧研究	著作	一等	霍存福
20	比较文学与文化漫笔	著作	二等	于长敏
21	经济跳跃研究	著作	二等	毛 健
22	国际法规等级化的趋势及其影响	论文	二等	车丕照
23	近代日本国家发展战略	著作	二等	冯瑞云
24	对国有资产授权经营管理的思考	论文	二等	左长青
25	当代西方哲学理性重建	论文	二等	刘少杰
26	论市场体系的结构问题	论文	二等	刘永成
27	试论皖南新四军失败的责任问题	论文	二等	刘喜发
28	理论思维的前提批判——论辩证法的批判本性	著作	二等	孙正聿
29	西团山墓葬分期研究	论文	二等	朱永刚
30	初论提高马克思主义理论课教学实效	论文	二等	毕世杰

续表

序号	成果名称	成果形式	获奖等级	获奖作者
31	论经济增长的非均衡性质	论文	二等	毕世杰
32	90 年代日本发展战略与中日关系走向探视	论文	二等	池元吉
33	西方经济学教程	著作	二等	许纯祯
34	《诗经》时代的声调	论文	二等	许绍早
35	日本近年鲁迅研究述评(上下)	论文	二等	张福贵
36	日美欧中小企业理论与政策	著作	二等	李玉潭
37	当代西方跨国公司经营模式的五大转变	论文	二等	李俊江
38	布哈林与俄共布知识分子政策	论文	二等	李春隆
39	运用市场机制　繁荣国债一级市场	论文	二等	杜　莉
40	哲学与社会主义	著作	二等	杨魁森
41	思想政治教育学	著作	二等	陈秉公
42	先秦军事制度研究	著作	二等	陈恩林
43	免责条款论	论文	二等	崔建远
44	王明传	著作	二等	曹仲彬
45	移风易俗是战国社会改革的重要内容	论文	二等	黄中业
46	人工智能和人类心理	论文	二等	葛鲁嘉
47	房地产开发企业高额利润问题的对策	论文	二等	谢　地
48	国家战略论	著作	二等	薄贵利
49	高句丽考古	著作	二等	魏存成
50	关于环境效应指标的研究	论文	三等	于连生
51	斯拉夫的价格评价	论文	三等	毛　健
52	婚姻家庭关系要论	著作	三等	王卫东
53	《菜根谭》注释	著作	三等	王同策
54	从机械论到有机论——文化观念变革与唯物史观研究中的问题	论文	三等	刘福森
55	现实主义诗美原则的确定和胜利	论文	三等	张德厚
56	东汉宗族组织试探	论文	三等	张鹤泉
57	先秦儒学"中庸"说意义	论文	三等	李景林
58	外语教学与学习中的文化问题	论文	三等	陈林华
59	工业会计学基础	著作	三等	陈冠华
60	论贫困地区劳动力资源开发及其对策	论文	三等	洪英芳
61	重压下的优雅风度——评海明威笔下的人物形象	论文	三等	胡铁生
62	定罪量刑的理论与实践	著作	三等	高　格
63	社会发展与主体意识的进化	论文	三等	高文新
64	俄语语言国情学	著作	三等	谭　林
65	关中秦墓研究	论文	三等	滕铭予
66	关于我国财政体制改革思路的认识	论文	鼓励	白雪秋
67	现代管理会计应用教学方法异同观述评	论文	鼓励	吕长江
68	试论春秋会盟的历史作用	论文	鼓励	张全民
69	俄语话语的主题连贯性刍议	论文	鼓励	金　城

吉林省第四届社会科学优秀成果奖

序号	成果名称	成果形式	获奖等级	获奖作者
1	崇高的位置——徘徊于世纪之交的哲学	著作	一等	孙正聿
2	论高台山文化及其与辽西青铜文化的关系	论文	一等	朱永刚
3	劳动价值论的价值范畴与时间经济学	论文	一等	吴宇辉
4	资本市场引论	著作	一等	宋冬林
5	我国上市公司景气状况与股票价格关系分析	论文	一等	张屹山
6	社会主义市场经济条件下的市场公平与社会公平	论文	一等	张维达
7	晚明文学与五四文学的时差与异质	论文	一等	张福贵 刘中树
8	发展中国家国有企业的改革与借鉴	论文	一等	李俊江
9	教育国际化与后发展国家的文化	论文	一等	邴 正
10	鲁、齐、燕的始封及燕与邴的关系	论文	一等	陈恩林
11	法律、契约与市场	论文	一等	郑成良
12	论企业家行为激励与约束机制	著作	一等	徐传谌
13	高清海哲学文存	著作	一等	高清海
14	为垄断正名与反垄断	论文	一等	谢 地
15	关于目前我国通货膨胀的几个理论认识问题	论文	一等	潘 石
16	我国股票市场的实证分析	论文	二等	王锦功
17	试论邓小平社会主义精神文明的战略构想	论文	二等	邓如辛
18	公司法	著作	二等	石少侠
19	西方现代化理论的批判与重建	论文	二等	刘少杰
20	盟友与对手	著作	二等	刘喜发
21	人道主义还是自然主义	论文	二等	刘福森
22	对会计要素几个问题的再认识	论文	二等	吕长江
23	世界经济区域化、集团化的现状与区域经济圈贸易的发展	论文	二等	吕有晨
24	滨海自由经济区同珲春经济开发区的相互关系	论文	二等	朱显平
25	俄国1861年改革新论	论文	二等	张广翔
26	中华一体的历史轨迹	著作	二等	张博泉
27	论日本在东亚经济发展中的地位与作用	论文	二等	李 晓
28	汉代丧葬制度	著作	二等	李如森
29	商品经济的哲学透视——商品经济文化导论	论文	二等	杨魁森
30	当代人与文化	著作	二等	邴 正
31	关于中国现代文学走向世界的思考——鲁迅与世界文学	论文	二等	陈方竞
32	论公共权力的强制力	论文	二等	周光辉
33	中国经济发展与社会发展战略	著作	二等	孟宪忠
34	走出低谷 迈向新世纪——从受众与电影的审美关系谈起	论文	二等	姚 力
35	妇女解放与传统文化——新时期银屏女性形象透视	论文	二等	姚 力
36	拉丁美洲金融	著作	二等	项卫星

序号	成果名称	成果形式	获奖等级	获奖作者
37	清代汉语选择疑问句系统	论文	二等	徐正考
38	何孟雄后代今安在	论文	二等	曹仲彬
39	二十世纪美国小说史	著作	二等	付景川
40	基尼系数的抽样估计	论文	三等	于维生
41	法理学	著作	三等	马新福
42	中国的人口与经济	论文	三等	尹　豪
43	历史上中国东北地区同日本的特殊贸易关系	论文	三等	王连忠
44	促进企业转制需要合理化解债务	论文	三等	王振林
45	论政府有效干预经济的条件和保证——东亚模式的启示	论文	三等	王彩波
46	行政管理学	著作	三等	王惠岩
47	金融研究报告	论文	三等	左长青
48	评波普对马克思主义历史决定论的诘难	论文	三等	艾福成
49	社会交际语言学	著作	三等	吕明臣
50	现代哲学革命和当代辩证法理论	论文	三等	孙利天
51	库兹涅茨倒 U 理论质疑	论文	三等	纪玉山
52	中国现代诗歌史论	著作	三等	张德厚、张福贵
53	环境变化与企业对策	著作	三等	李玉潭
54	重建哲学与生活的联系——中国哲学走出危机之途径	论文	三等	李景林
55	公私法划分历史的启示	论文	三等	杨亚非
56	自由的历史建构	著作	三等	邹铁军
57	论日本阁僚等否定侵略战争的原因	论文	三等	陈景彦
58	论依法治国之法理要义	论文	三等	郑成良
59	自由主义的两个教条——评罗尔斯与诺奇克的争论	论文	三等	姚大志
60	论贫困地区人口经济的不良循环	论文	三等	洪英芳
61	价值理想的当代重建	论文	三等	贺　来

吉林省第五届社会科学优秀成果奖

序号	成果名称	成果形式	获奖等级	获奖作者
1	人口社会学	著作	一等	王胜今
2	当代政治学基本理论	著作	一等	王惠岩
3	嬗变——辛亥革命时期至五四时期的中国文学	著作	一等	刘　纳
4	上市公司股利政策的实证分析	论文	一等	吕长江
5	汉魏晋"比"辨析	论文	一等	吕　丽
6	哲学通论	著作	一等	孙正聿
7	东北青铜文化的发展阶段与文化区系	论文	一等	朱永刚

续表

序号	成果名称	成果形式	获奖等级	获奖作者
8	吉林省社会保障需求趋势与发展规划研究	论文	一等	宋宝安
9	俄国村社制度述论	论文	一等	张广翔
10	法理学	著作	一等	张文显
11	国有企业改革的几个误区	论文	一等	张屹山
12	政治责任与法律责任的比较分析	论文	一等	张贤明
13	政治经济学	著作	一等	张维达
14	我国民法应建立禁治产人制度——对完善自然人民事行为能力制度的思考	论文	一等	李建华
15	21世纪中国文化理念的构建	论文	一等	邴正
16	对五四新文学发生及源流的再认识	论文	一等	陈方竞
17	二战期间在日中国劳工问题研究	著作	一等	陈景彦
18	二战期间在日本的中国劳工	论文	一等	陈景彦
19	当代中国政治发展的十大趋势	论文	一等	周光辉
20	哲学的命运与中国的命运——20年哲学历程的回顾与展望	论文	一等	高清海
21	通货紧缩与农业结构调整	论文	一等	潘石
22	略谈消费者行为的定性调查与定量调查	论文	二等	于洪彦
23	早商文化研究	著作	二等	王立新
24	日本经济增长的制约因素及其前景	论文	二等	田中景
25	社会学的语言学转向	论文	二等	刘少杰
26	现代宏观经济冲击理论	著作	二等	刘金全
27	俄罗斯联邦制度的发展演变	论文	二等	刘清才
28	合同准据法论纲	论文	二等	吕岩峰
29	图们江跨国自由经济区的战略构想	论文	二等	朱显平
30	网络经济学引论	著作	二等	纪玉山
31	国有大型企业组织人事制度改革的经济学思考	论文	二等	宋冬林
32	政府上网给政府管理带来的机遇、挑战及对策研究	论文	二等	张锐昕
33	惯性的终结:鲁迅文化选择的历史价值	著作	二等	张福贵
34	"气韵"范畴考辨	论文	二等	张锡坤
35	南宋孙奕俗读"清入作去"考	论文	二等	李无未
36	"美是什么"命题辨伪——认知美学初论	论文	二等	李志宏
37	论当代国际贸易方式创新及对我国的经济影响	论文	二等	李俊江
38	物价水平·经济增长·通货紧缩	论文	二等	杜莉
39	精确农业的研究现状及其对我国发展精确农业的几点思考	论文	二等	杨印生
40	物化的时代——论商品经济的基本特征	论文	二等	杨魁森
41	文化的政治阐释学	著作	二等	陈永国
42	21世纪思想政治教育工作创新理论体系	著作	二等	陈秉公
43	论日本银行重组与经营战略变革	论文	二等	庞德良

序号	成果名称	成果形式	获奖等级	获奖作者
44	辽代斡鲁朵探析	论文	二等	武玉环
45	现代之后——20世纪晚期西方哲学	著作	二等	姚大志
46	法律与发展研究导论	著作	二等	姚建宗
47	社会存在与心理动机——论《土生子》别格的人格裂变	论文	二等	胡铁生
48	当代社会科学的发展趋势	论文	二等	贺来
49	行政文化与中国现代化	论文	二等	赵海月
50	东亚国家的融资体制与金融危机	论文	二等	项卫星
51	论民主的内在冲突——一种对民主的理解	论文	二等	麻宝斌
52	论适度再就业目标	论文	二等	麻彦春
53	剑桥战争史	著作	二等	付景川
54	政治哲学论纲	论文	二等	韩冬雪
55	从外在形而上学到内在形而上学	论文	三等	王天成
56	禅魂诗魄——佛禅与唐宋诗风的变迁	著作	三等	王树海
57	经济起飞与政治发展	著作	三等	王彩波
58	邓小平发展观的科学内涵	论文	三等	邓如辛
59	论政府财政支出对韩国经济的影响	论文	三等	石柱鲜
60	论尧舜禹时代的部落联合体	论文	三等	吕文郁
61	国有企业"善良代理人"的产生机制	论文	三等	孙乃纪
62	生产资源配置效率——生产前沿面理论及其应用	著作	三等	孙巍
63	邓小平关于台湾问题与中美关系的重要思想	论文	三等	齐平
64	20世纪世界社会主义回顾与思考	著作	三等	佟宝昌
65	中国古代政府论纲	著作	三等	张创新
66	对建国初期"一边倒"战略的新认识	论文	三等	张秀华
67	中国哲学的本体观念及建立本体的方法	论文	三等	张连良
68	吉林省社区建设状况与对策	论文	三等	张惠君
69	邓小平农业思想研究	论文	三等	李华
70	中国当代美学三大基本问题研究辨正	论文	三等	李志宏
71	抓住老工业基地发展的历史新机遇	论文	三等	李政
72	人事行政学	著作	三等	李德志
73	1917~1924年苏俄在中东铁路问题上的对华政策再探	论文	三等	杜君
74	中国货币及其发展	著作	三等	杜莉
75	西方文学批评史	著作	三等	杨冬
76	人格同一性问题的思辨	论文	三等	沈亚生
77	鲁迅与浙东文化	著作	三等	陈方竞
78	康熙评传	著作	三等	孟昭信
79	关于东亚经济模式的思考	论文	三等	金晓彤
80	关于马克思哲学"当代性"的理论思考	论文	三等	贺来

序号	成果名称	成果形式	获奖等级	获奖作者
81	浅议梁启超与政闻社	论文	三等	赵英兰
82	心态史学研究的误区	论文	三等	赵俊芳
83	为民执政 科学理政 依法行政从严治政——选择	论文	三等	课题组
84	我国节水农业发展面临的问题和对策	论文	三等	郭鸿鹏
85	太极拳与身心健康	论文	三等	高岩松
86	我国宏观经济计量模型及政策模拟分析	论文	三等	高铁梅
87	建立完善的社会保障——减轻国有企业负担的治本之策	论文	三等	崔 凤
88	产业组织优化与经济集约增长	著作	三等	谢 地
89	秦文化起源及相关问题再探讨	论文	三等	滕铭予
90	网络企业的发展走势	论文	三等	薛有志
91	西部经济开发与区域产业创新	论文	三等	魏益华

吉林省第六届社会科学优秀成果奖

序号	成果名称	成果形式	获奖等级	获奖作者
1	中国人口与全面建设小康社会	著作	一等	王胜今
2	建设社会主义政治文明	论文	一等	王惠岩
3	人本主义心理学	著作	一等	车文博
4	在世界文化中创造中国现代先进的民族文化——关于中国文化现代化的理解	论文	一等	刘中树
5	时变参数选择模型与货币政策的时变反应分析	论文	一等	刘金全
6	上市公司资本结构、股利分配及管理股权比例相互作用机制研究	论文	一等	吕长江
7	塑造和引导新的时代精神——面向新千年的马克思哲学	论文	一等	孙正聿
8	中国边疆地区古代居民 DNA 研究	论文	一等	朱 泓
9	俄罗斯同欧美政治经济关系的分析与预测	研究报告	一等	朱显平
10	老工业基地国有企业深化改革研究	著作	一等	宋冬林
11	观念与需求：社会养老制度设计的重要依据——东北老工业基地养老方式与需求意愿的调查与分析	论文	一等	宋宝安
12	政治责任的逻辑与实现	论文	一等	张贤明
13	意识的强化和中日比较文学研究的再发展	论文	一等	张福贵
14	楚文字编	著作	一等	李守奎
15	论中国民法的现代性问题——民法典立法基调前瞻	论文	一等	李建华
16	中国商业银行范围经济状态实证研究	论文	一等	杜 莉
17	我国精确农业技术产业化问题研究	论文	一等	杨印生
18	《春秋左传注》辨正十二则	论文	一等	陈恩林
19	政治文明的主题：人类对合理的公共秩序的追求	论文	一等	周光辉
20	西方名校"活力"探源	论文	一等	赵俊芳

续表

序号	成果名称	成果形式	获奖等级	获奖作者
21	国有经济控制力及控制方式新探	论文	一等	徐传谌
22	刑法的立法解释论	论文	一等	徐岱
23	论语言交流与生活、文化形式变异之关系	论文	一等	宿久高
24	行政规章研究	著作	一等	崔卓兰
25	论21世纪中国政治经济学的"四化"问题	论文	一等	潘石
26	控制权安排与国有企业经理腐败	论文	二等	王克敏
27	从"五普"数据看吉林省人口死亡水平和死亡模式	论文	二等	王晓峰
28	论制度化政治整合	论文	二等	王彩波
29	中国宪政的多元文化背景	论文	二等	任喜荣
30	理性选择研究在经济社会学中的核心地位与方法错位	论文	二等	刘少杰
31	论1937至1941年国民政府对日和谈与对外求援	论文	二等	刘会军
32	《音韵集成》对《韵略汇通》的影响	论文	二等	李子君
33	《辨音纂要》所传《中原雅音》	论文	二等	李无未
34	日韩金融改革的比较制度分析	著作	二等	李玉潭
35	论东亚货币合作的具体措施	论文	二等	李晓
36	略论国家公务员的政治行为规范与职业道德行为规范	论文	二等	李德志
37	主要股票市场指数与我国股票市场指数间的协整分析	论文	二等	陈守东
38	马克思哲学与"存在论"范式的转换	论文	二等	贺来
39	吉林省信息产业技术新模式及发展战略研究	论文	二等	徐宝祥
40	东北亚区域经济合作的切入点	论文	二等	麻彦春
41	中国"入世"后政府的职能转变及行为调整	论文	二等	彭向刚
42	规避腐败 提高公共投资绩效	论文	二等	谢地
43	秦文化:从封国到帝国的考古学观察	著作	二等	滕铭予
44	关于东北疆域史的几个问题	论文	二等	魏存成
45	政务公开的蕴涵与实质	论文	三等	王郅强
46	外国文学史话——西方20世纪前期卷	著作	三等	付景川
47	民法与劳动法:制度的发展与变迁	论文	三等	冯彦君
48	新闻传播策划与党报的舆论地位	论文	三等	刘坚
49	《周礼》中人才文书管理制度	论文	三等	孙瑞
50	周代史官文化	著作	三等	许兆昌
51	宏观经济微观模拟模型	论文	三等	张世伟
52	"严打":必须处理好四个关系	论文	三等	张旭
53	北魏都督诸州军事制度试探	论文	三等	张鹤泉
54	外资并购的动机及对中国经济的影响	论文	三等	李玉蓉
55	中国当代美学的理论支点:人的本质还是人的智能	论文	三等	李志宏

续表

序号	成果名称	成果形式	获奖等级	获奖作者
56	俄罗斯私有化改革的制度环境与转轨经济中的企业绩效	论文	三等	李俊江
57	二十一世纪的理想校长模式与素质结构	论文	三等	陈秉公
58	环境伦理的人性基础	著作	三等	林 兵
59	俄汉语新词对比研究	著作	三等	苗幽燕
60	论德莱塞小说的悲剧性——透视美国政治制度下的人际关系	论文	三等	胡铁生
61	文化差异与翻译——源语文化因素在目的语中的取向	论文	三等	赵文学
62	关于中国历史上疆域问题的几点认识	论文	三等	赵永春
63	公司理财	著作	三等	赵振全
64	银行监管职能从中央银行分离：一个值得注意的趋势	论文	三等	项卫星
65	精确农业的管理机制与决策支持体系研究	论文	三等	郭鸿鹏
66	公共利益与政府职能	著作	三等	麻宝斌
67	从"经典文学时代"到"后文学时代"	论文	三等	黄也平
68	知识霸权与美国的世界新秩序	论文	三等	黄凤志
69	中国心理学的科学化和本土化——中国心理学发展的跨世纪主题	论文	三等	葛鲁嘉
70	风险投资市场的生成与演进研究	著作	三等	蔡 莉
71	中西方政治学比较论纲	论文	三等	颜德如
72	"新经济"的微观基础及其对"发展"主题的启示	论文	三等	魏益华

吉林省第七届社会科学优秀成果奖

序号	成果名称	成果形式	获奖等级	获奖作者
1	伪满时期中国东北地区移民研究——兼论日本帝国主义实施的移民侵略	著作	一等	王胜今
2	中日现代化起点的比较研究	论文	一等	田毅鹏
3	虚拟经济与实体经济之间关联性的计量检验	论文	一等	刘金全
4	西方文明的危机与发展伦理学——发展的合理性研究	著作	一等	刘福森
5	朴素地追问我们自己的问题和希望——中国哲学、西方哲学和马克思主义哲学会通的基础	论文	一等	孙利天
6	老山汉墓女性墓主人的种族类型、DNA 分析和颅像复原	论文	一等	朱 泓
7	中国期货市场功能及国际影响的实证研究	论文	一等	张屹山
8	关于刑事责任的若干追问	论文	一等	张 旭
9	农机作业委托系统中介问题的制度经济学解说	论文	一等	杨印生
10	以人为本的德育本体论解读——兼论由"民本"思想影响的德育到"人本"德育的历史性发展	论文	一等	陈秉公

序号	成果名称	成果形式	获奖等级	获奖作者
11	理解代表——关于代表的正当性与代表方式合理性的分析	论文	一等	周光辉
12	中国城镇居民消费行为变异的四个假说及其理论分析	论文	一等	金晓彤
13	社会转型与大学的回应	论文	一等	赵俊芳
14	重思公司资本制原理	著作	一等	傅　穹
15	服务型政府:当代中国政府改革的目标模式	论文	一等	彭向刚
16	论我国自然资源产权制度改革	论文	一等	谢　地
17	吉林省全民创业体制机制问题研究	研究报告	一等	蔡　莉
18	一物二卖的救济与防范	论文	二等	马新彦
19	西方政治思想史:从柏拉图到约翰·密尔	著作	二等	王彩波
20	史识:中国现代文学史研究的灵魂	论文	二等	刘中树
21	人力资本"均化"与中国经济增长质量关系研究	论文	二等	刘海英
22	效率违约理论研究	论文	二等	孙良国
23	吉林省民营经济企业诚信问题研究	研究报告	二等	齐　平
24	老年人口养老意愿的社会学分析	论文	二等	宋宝安
25	十九世纪俄国村社制度下的农民生活世界——兼论近三十年来俄国村社研究的转向	论文	二等	张广翔
26	官员问责的政治逻辑、制度建构与路径选择	论文	二等	张贤明
27	马克思的政治理论及其路径	论文	二等	张　盾
28	城市居民对社会不平等现象的态度研究——以长春市调查为例	论文	二等	张海东
29	东北资源枯竭型城市接续产业发展问题	论文	二等	张维达
30	政府上网后吉林省政府信息政策和管理策略研究	研究报告	二等	张锐昕
31	中国古代诗歌"以悲为美"探索三题	论文	二等	张锡坤
32	新型农村合作医疗制度的制约因素与发展对策	论文	二等	李　华
33	论知识产权法定原则——兼论我国知识产权制度的创新	论文	二等	李建华
34	美国国有企业发展及其近期私有化改革研究	论文	二等	李俊江
35	靺鞨诸部与渤海建国集团	论文	二等	杨　军
36	西风东渐与中日知识分子的回应	论文	二等	陈景彦
37	"现代性"的反省与马克思哲学研究纵深推进的生长点	论文	二等	贺　来
38	金宋关系史	著作	二等	赵永春
39	旅游文化学	著作	二等	钟贤巍
40	当前各国金融监管体制安排及其变革:兼论金融监管体制安排的理论模式	论文	二等	项卫星
41	《论衡》同义词研究	著作	二等	徐正考
42	中国公共行政改革面临的十重困境	论文	二等	麻宝斌

序号	成果名称	成果形式	获奖等级	获奖作者
43	从落拓文人到报界闻人——对晚清职业报人的群体透视	论文	二等	程丽红
44	中国私营资本原始积累	著作	二等	潘 石
45	现代金融学理论的疏漏与分歧	论文	三等	丁志国
46	吉林省农村全面小康社会进程分析	论文	三等	于洪彦
47	蛋形瓮研究	论文	三等	井中伟
48	辽西区夏至战国时期文化格局与经济形态的演进	论文	三等	王立新
49	公共卫生应急体系系统信息网络建设研究	论文	三等	王 伟
50	明代的密疏:下情上达的一种特殊方式——以题本、奏本为参照	论文	三等	王 剑
51	被书写的叛逆:质疑"娜拉精神"	论文	三等	王桂妹
52	公共组织理论研究	著作	三等	刘雪华
53	论全球治理中和谐世界的构建	论文	三等	刘雪莲
54	走进恩格斯——《自然辩证法》探索	著作	三等	刘猷桓
55	俄罗斯银行体制与信贷企业研究	著作	三等	朱显平
56	论我国沿边开放城市的区域职能缺失	论文	三等	朱显平
57	国内区域中心城市财政问题研究	论文	三等	许梦博
58	公共财政的政治学分析	著作	三等	张亲培
59	新世纪的东亚区域货币合作:中国的地位与作用	论文	三等	李 晓
60	在中国建设服务型政府的理论基础	论文	三等	李 靖
61	税收质量研究——国家间的比较与反思	著作	三等	邵学峰
62	核心能力的构成维度及其特性	论文	三等	邹国庆
63	范式转换:新制度经济学的科学革命	论文	三等	徐传谌
64	美国中央情报局在中国西藏的准军事行动新探(1949~1969)	论文	三等	郭永虎
65	中西社会信任的制度比较	论文	三等	董才生
66	复仇·报复刑·报应说——中国人法律观念的文化解说	著作	三等	霍存福

吉林省第八届社会科学优秀成果奖

序号	成果名称	成果形式	获奖等级	获奖作者
1	溢出效应与门限特征:金融开放条件下国际证券市场风险对中国市场冲击机理	论文	一等	丁志国
2	信赖原则在现代私法体系中的地位	论文	一等	马新彦
3	宋词体演变史	著作	一等	王 洪
4	论中国特色区域协调发展战略体系	论文	一等	王胜今
5	单位社会的终结及其社会风险	论文	一等	田毅鹏
6	论全球性问题治理中西方发达国家的责任	论文	一等	刘雪莲
7	解放思想与变革世界观	论文	一等	孙正聿

序号	成果名称	成果形式	获奖等级	获奖作者
8	当代中国老龄群体社会管理问题研究	著作	一等	宋宝安
9	包含货币因素的利率规则及其在我国的实证检验	论文	一等	张屹山
10	改革发展成果共享实现机制的理念定位	论文	一等	张贤明
11	西周雅乐的刚健风貌与刘勰的"风骨"——《文心雕龙·风骨》"刚健"之再溯源	论文	一等	张锡坤
12	中韩产业关联的现状及其启示:基于《2000 年亚洲国际投入产出表》的分析	论文	一等	李　晓　张建平
13	关于高等学校外部融资负债经营的理性思考	论文	一等	杜　莉
14	马克思主义意识形态理论与社会主义核心价值体系建构	论文	一等	陈秉公
15	从管制转向服务:中国政府的管理革命——中国行政管理改革 30 年	论文	一等	周光辉
16	中国哲学、西方哲学、马克思主义哲学:价值信念层面的对话	论文	一等	贺　来
17	基于创新结构效应的产业类型划分及判定方法研究	论文	一等	赵树宽
18	中国旅游文化发展的历史及与传统文化的关系	论文	一等	钟贤巍
19	汉代铜器铭文综合研究	著作	一等	徐正考
20	刑法解释学的独立品格	论文	一等	徐　岱
21	信息不充分条件下的立法策略——从信息约束角度对全国人大常委会立法政策的解读	论文	一等	黄文艺
22	论传媒文化在清代文化结构中的地位和作用	论文	一等	程丽红
23	中国共识——中华复兴的和谐发展道路	著作	一等	漆　思
24	公司自治论	著作	一等	蔡立东
25	新创企业资源整合过程模型	论文	一等	蔡　莉
26	论中国马克思主义政治经济学指导地位的一元化问题	论文	一等	潘　石
27	中国政府改革与建设面临的五大困局	论文	一等	颜德如
28	新国学运动:跨世纪的文化浪漫主义——对新国学的文化确认与功能分析	论文	二等	王学谦
29	中国应确立相对独立的劳动诉讼制度——以实现劳动司法的公正和效率为目标	论文	二等	冯彦君
30	我国通货膨胀率均值过程和波动过程中的双长记忆性度量与统计检验	论文	二等	刘金全
31	生态伦理学的困境与出路	论文	二等	刘福森
32	东北玉米主产区农民利用期货市场增收的制约性因素分析	论文	二等	吕东辉
33	网络语言研究	著作	二等	吕明臣
34	基于企业文化的 ERP 实施能力分析及策略选择	论文	二等	毕新华
35	国有企业退出的锁定效应分析	论文	二等	汤吉军
36	"历史的终结"与历史唯物主义的命运	论文	二等	张　盾

续表

序号	成果名称	成果形式	获奖等级	获奖作者
37	论我国民法典基本原则表述的立法技术——兼论民法典基本原则立法表述中民事活动等概念的取舍	论文	二等	李建华
38	中国科技创新体系建设的历程与成就	论文	二等	李俊江
39	创业者信息资源的形成及对机会识别的作用	论文	二等	李雪灵
40	农机服务组织作业效率影响因素的实证分析	论文	二等	杨印生
41	TD－SCDMA 的商业化模式及产业发展政策研究	论文	二等	沈颂东
42	中国情境下的管理学理论构建与研究进路	论文	二等	邹国庆
43	中国环境社会学的理论建设——借鉴与反思	论文	二等	林 兵
44	论文学话语权在全球化进程中的新转向	论文	二等	胡铁生
45	"后专业主义"与社会科学研究的当代转向	论文	二等	赵俊芳
46	中国东北地区夏至战国时期的考古学文化研究	著作	二等	赵宾福
47	自由职业者的从业选择与从业方式探析——以社会变迁中个人与组织关系为视角	论文	二等	崔月琴
48	论我国服务型政府绩效评估的发展趋势	论文	二等	彭向刚
49	政治经济学(第三版)	著作	二等	谢 地
50	独立董事制度与会计透明度相关性的实证研究	著作	三等	毛志宏
51	诗禅证道——"贬官禅悦"和后期唐诗的"人造自然"风格	著作	三等	王树海
52	网络经济时代的货币理论	著作	三等	王 倩
53	机构知识库(IR)系统 Archimède 与 eDoc 比较研究	论文	三等	邓 君
54	制度性歧视与平等权利保障机构的功能——以农民权利保障为视角	论文	三等	任喜荣
55	新闻报道现代方法	著作	三等	刘 坚
56	改革开放三十年的中国法理学:1978~2008	论文	三等	刘雪斌
57	文化碰撞中的选择:中国传统礼仪法文化在近现代的变革	论文	三等	吕 丽
58	论中央政府集中财力的路径选择及可行性	论文	三等	孙德超
59	张家山汉简《二年律令》研究	著作	三等	朱红林
60	俄罗斯东部开发及其与我国东北振兴互动发展的思路	论文	三等	朱显平
61	基于持续发展的企业社会责任与企业战略目标管理融合研究	论文	三等	许正良
62	私营企业劳资利益博弈与和谐关系构建	论文	三等	齐 平
63	19 世纪末俄国城市化的若干特征	论文	三等	张广翔
64	犯罪学的西方理论与中国现实	论文	三等	张 旭
65	身体/语言:西苏与威蒂格的女性话语重建	论文	三等	张玫玫
66	在继续解放思想中开拓科学发展新境界	论文	三等	张金荣
67	公共政策与社会公正	著作	三等	张亲培
68	动产与不动产区分的相对化——兼论物的分类对所有权观念演进的影响	论文	三等	李国强

序号	成果名称	成果形式	获奖等级	获奖作者
69	当代中国法律体系的反思与重构	论文	三等	李拥军
70	发展创业型经济的路径模型与政策趋势	论文	三等	李 政
71	进场费的政府规制效果分析——基于权力范式的渠道研究	论文	三等	杜玉申
72	农业人口流动与农村土地流转	论文	三等	邵彦敏
73	清代东北地区库雅喇"新满洲"形成初探	论文	三等	陈 鹏
74	清代东北地区大家庭实态考察	论文	三等	赵英兰
75	法律义务冲突初论	论文	三等	钱大军
76	全球化背景下的地方政府竞争——提高政府核心竞争力的战略选择	论文	三等	麻宝斌
77	从"硬传播时代"到"软传播时代"——关于"硬传播"现象走向的历史质询	论文	三等	黄也平
78	新心性心理学宣言——中国本土心理学原创性理论建构	著作	三等	葛鲁嘉
79	略论经济发展方式转变中"人的地位"	论文	三等	韩喜平
80	关注公民公平感——我国部分公民公平感调查报告	论文	三等	薛 洁

吉林省第九届社会科学优秀成果奖

序号	成果名称	成果形式	获奖等级	获奖作者
1	我国城乡收入差距的库兹涅茨效应识别与农村金融政策应对路径选择	论文	一等	丁志国
2	现代私法上的信赖法则	著作	一等	马新彦
3	明懿文太子陵陵祭逾制考论	论文	一等	王 剑
4	佛禅语言诗性化考辨——"诗俏禅门"再认识	论文	一等	王树海
5	图们江地区跨国经济合作研究	著作	一等	王胜今
6	非全日制用工养老保险的立法模式选择——以中日比较为视角	论文	一等	冯彦君
7	中国货币增长不确定性与经济增长关系检验（1980~2008）	论文	一等	刘金全
8	次国家政府参与国际合作的特点与方式	论文	一等	刘雪莲
9	马克思主义基础理论研究	著作	一等	孙正聿
10	中国城镇居民劳动参与工资弹性的地区差异	论文	一等	张世伟 贾朋
11	基于权力范式的汇率决定研究	论文	一等	张屹山
12	"道德政治"谱系中的卢梭、康德、马克思	论文	一等	张 盾
13	为"文化五四"辩护——两个"五四"的不同境遇与价值差异	论文	一等	张福贵
14	周易经传美学通论	著作	一等	张锡坤
15	东亚产业关联的研究方法与现状——一个国际/国家间投入产出模型的综述	论文	一等	李 晓

序号	成果名称	成果形式	获奖等级	获奖作者
16	加强中国国家安全战略的思考	论文	一等	肖　晞
17	当代文化矛盾与哲学话语系统的转变	论文	一等	郇　正
18	论民族振兴与大学"共同知识课程"体系建构	论文	一等	陈秉公
19	当代中国决策体制的形成与变革	论文	一等	周光辉
20	我国不同区域农村居民消费：收敛还是发散？	论文	一等	金晓彤
21	儒生与汉代的文化交流和传播	论文	一等	禹　平
22	"内在超越"与哲学的批判本性	论文	一等	贺　来
23	集成供应链企业间合作创新能力评价研究	论文	一等	赵树宽
24	古代中国东北民族地区建置史	著作	一等	程妮娜
25	二元经济结构与农村发展	论文	一等	韩喜平
26	创业研究回顾与资源视角下的研究框架构建——基于扎根思想的编码与提炼	论文	一等	蔡　莉
27	其他综合收益的列报与披露——基于上市公司2009年度财务报告的分析	论文	二等	毛志宏
28	论中西形而上学的实现方式	论文	二等	王天成
29	企业社会责任效应	著作	二等	田　虹
30	乡村"过疏化"背景下城乡一体化的两难	论文	二等	田毅鹏
31	资本现象学——论历史唯物主义的本质问题	论文	二等	白　刚
32	中国传统法律体系的独特性探析	论文	二等	吕　丽
33	我国城乡基本公共服务均等化的发展现状及实现途径	论文	二等	孙德超
34	"人工设计生命"所引发的哲学和伦理问题	论文	二等	曲红梅
35	商品流通研究的市场营销学理论渊源探析	论文	二等	吴小丁
36	我国群体性事件的根源与影响	论文	二等	宋宝安
37	19世纪末～20世纪初俄国农业发展道路之争	论文	二等	张广翔
38	考虑非合意产出的生产率增长与环境规制：采用曼奎斯特—伦伯格指数的中国30个省际地区分析	论文	二等	张纯洪
39	改革发展成果共享与政府责任	论文	二等	张贤明
40	电子政府构建的政府基础：涵义、特征和构成	论文	二等	张锐昕
41	认知美学原理	著作	二等	李志宏
42	论财产性民事责任优先承担规则	论文	二等	李建华
43	国际贸易学说史	著作	二等	李俊江
44	创业型经济：内在机理与发展策略	著作	二等	李　政
45	契丹"四楼"别议	论文	二等	杨　军
46	公共投资对粮食主产区农业生产率增长的驱动效应分析——基于吉林省1989～2006年数据的实证检验	论文	二等	杨印生
47	公有制观念的冲突：社会主义市场经济理论与英国工党市场社会主义理论比较	论文	二等	邵彦敏
48	清代东北人口社会研究	著作	二等	赵英兰

续表

序号	成果名称	成果形式	获奖等级	获奖作者
49	大学郊区化及其对城市文化的影响	论文	二等	赵俊芳
50	产业旅游与东北振兴:欧盟产业旅游对东北老工业基地的启示	著作	二等	钟贤巍
51	关于古白话起源问题的再思考	论文	二等	徐正考
52	企业社会责任的利益相关者悖论与国有企业包容性增长	论文	二等	徐传谌
53	后单位时代社会管理组织基础的重构——以"中间社会"的构建为视角	论文	二等	崔月琴
54	行政自制与中国行政法治发展	论文	二等	崔卓兰
55	权责一致与权责背离:在理论与现实之间	论文	二等	麻宝斌
56	历史唯物主义的核心范畴:"物质生活的生产方式"	论文	二等	程彪
57	弥补保障性住房建设资金缺口的财税改革路径	论文	二等	谢地
58	追寻自由——从康德到马克思	著作	二等	韩志伟
59	互惠利他:和谐交往的公民态度	论文	二等	薛洁
60	证明责任配置裁量权之反思	论文	二等	霍海红
61	现象学的发生概念:从胡塞尔到德里达	论文	三等	王庆丰
62	我国基层乡村债务膨胀的潜在风险及应对建议	咨询报告	三等	王郅强
63	政治发展模式比较研究——新政治经济研究视角的分析	著作	三等	王彩波
64	转型社会下的多重复合性风险——三城市公众风险感知状况的调查分析	论文	三等	刘岩
65	我国农民售粮决策能力分析:基于行为金融学的视角——基于制度供给与制度需求角度的分析	论文	三等	吕东辉
66	听障儿童语言功能评估方法	论文	三等	吕明臣
67	社会批判:墨子与阿多诺音乐理论的一致性	论文	三等	朱廷丽
68	财政改革:地方政府职能转变的重要途径	论文	三等	宋艳
69	全民创业氛围形成的影响因素及演进机制	论文	三等	张秀娥
70	时代变迁与物权客体的重新界定	论文	三等	李国强
71	组织社会学视域中的学校课程实施	论文	三等	李洪修
72	科技哲思——科技异化问题研究	著作	三等	李桂花
73	我国上市公司财务危机预测模型研究——基于统计和人工智能方法构建	著作	三等	李清
74	合法性视角下的创业导向与企业成长:基于中国新企业的实证检验	论文	三等	李雪灵
75	构建我省农村资本市场对策研究	论文	三等	陈守东
76	非对称与时变:中外证券市场波动性特征的比较研究	论文	三等	周佰成
77	社会契约论与近代自由主义转型	著作	三等	林奇富
78	我国农村居民消费与收入的动态关系实证分析——基于变参数模型的计量检验	论文	三等	金春雨

序号	成果名称	成果形式	获奖等级	获奖作者
79	数人侵权的体系构成——对侵权责任法第8条至第12条的解释	论文	三等	曹险峰
80	促进中国创业教育发展的关键因素研究	论文	三等	葛宝山
81	如何处理和确定高句丽的历史定位	论文	三等	魏存成

吉林省第十届社会科学研究优秀成果奖

序号	成果名称	成果形式	获奖等级	获奖作者
1	资产系统性风险跨期时变的内生性：由理论证明到实证检验	论文	一等	丁志国
2	破坏型领导：何时危害性更大——关系取向及工具性对破坏型领导与强制性公民行为的调节作用	论文	一等	于桂兰
3	内幕交易惩罚性赔偿制度的构建	论文	一等	马新彦
4	长吉图开发开放先导区发展报告（2012）	著作	一等	王胜今
5	"村落终结"与农民的再组织化	论文	一等	田毅鹏
6	穿越时间之河——台湾"创世纪"诗社研究	著作	一等	白 杨
7	地方人大监督权论	著作	一等	任喜荣
8	时变参数"泰勒规则"在我国货币政策操作中的实证研究	论文	一等	刘金全
9	中国文化外交的基本理念与开放格局	论文	一等	刘清才
10	马克思主义辩证法研究	著作	一等	孙正聿
11	企业劳资关系冲突的形成过程及其政策意义——基于产权视角	论文	一等	年志远
12	沉淀成本、交易成本与政府管制方式——兼论我国自然垄断行业改革的新方向	论文	一等	汤吉军
13	规则型货币政策与经济周期的非线性关联机制研究	论文	一等	张小宇
14	资源、权力与经济利益分配通论	著作	一等	张屹山
15	马克思政治哲学中的个人原则与社会原则	论文	一等	张 盾
16	鲁迅研究的三种范式与当下的价值选择	论文	一等	张福贵
17	国际货币体系改革的集体行动与二十国集团的作用	论文	一等	李 晓
18	获得式学习与新企业创业：基于学习导向视角的实证研究	论文	一等	李雪灵
19	开发性金融在碳金融体系建构中的引致机制	论文	一等	杜 莉
20	面向21世纪的中国文化形象与文化符号——建设社会主义文化强国的理论思考	论文	一等	邴 正
21	主体人类学原理："主体人类学"概念提出及知识体系建构	论文	一等	陈秉公
22	全球化时代发展中国家的国家认同危机及治理	论文	一等	周光辉
23	环境社会学理论与方法	著作	一等	林 兵

序号	成果名称	成果形式	获奖等级	获奖作者
24	经济增长、经济结构与就业的关联性研究	著作	一等	林秀梅
25	大数据时代的联动式数据库营销模式建构——基于"一汽大众"的案例研究	论文	一等	金晓彤
26	法学研究及其思维方式的思想变革	论文	一等	姚建宗
27	乌托邦精神与哲学合法性辩护	论文	一等	贺　来
28	论大学学术权力	著作	一等	赵俊芳
29	以陶器为视角的红山文化发展阶段研究	论文	一等	赵宾福
30	转型期社会组织的价值诉求与迷思	论文	一等	崔月琴
31	三网融合与无线网络新竞争格局——探讨多屏、多终端互动的营销应用	论文	一等	黄也平
32	民主与腐败治理:一个经验研究综述	论文	一等	龚蔚红
33	社会思潮与媒介嬗变——清末社会改革运动中的大众传播媒介	论文	一等	程丽红
34	行政审批与权利转让合同的效力	论文	一等	蔡立东
35	中国情境下的创业研究:回顾与展望	论文	一等	蔡　莉
36	试论新时期坚持和完善社会主义政治制度	论文	二等	马雪松
37	夏商周考古	著作	二等	井中伟
38	吉林省保障性住房开发与建设的制度与政策研究	论文	二等	王文成
39	问题类型划分方法视野下的犯罪概念研究	论文	二等	王　充
40	利用 POS 犯罪之类型化研究	论文	二等	王军明
41	辩证法理论的思想移居	论文	二等	王庆丰
42	历史档案网络存取原则及其实现方法	论文	二等	王　萍
43	企业社会责任匹配性何时对消费者品牌态度更重要——影响消费者归因的边界条件研究	论文	二等	田　虹
44	西方政治哲学的危机与马克思政治哲学的兴起	论文	二等	白　刚
45	转型社会的环境风险群体性事件及风险冲突	论文	二等	刘　岩
46	中国有管理的离散浮动汇率制度的构建——基于 STAR 模型的外汇市场压力指数分析	论文	二等	刘　柏
47	东亚共同体建设的地缘政治分析	论文	二等	刘雪莲
48	农民工群体享有基本公共服务的现状及改进途径	论文	二等	孙德超
49	当代中国国有企业与私营企业诚信制度比较研究	著作	二等	齐　平
50	文化创新与民族复兴	论文	二等	何志鹏
51	1894～1914 年俄国酒销售垄断的初衷及效果	论文	二等	张广翔
52	公正、共享与尊严:基本公共服务均等化的价值定位	论文	二等	张贤明
53	公众对食品安全风险的感知与建构——基于三城市公众食品安全风险感知状况调查的分析	论文	二等	张金荣
54	中国当代文艺理论原创性体系建设的初步构想	论文	二等	张锡坤
55	我国民法典总则编私权客体制度的立法设计	论文	二等	李建华

续表

序号	成果名称	成果形式	获奖等级	获奖作者
56	东北老工业基地国有企业自主创新能力研究	著作	二等	李俊江
57	国有企业提高自主创新能力的制约因素与驱动机制	论文	二等	李 政
58	学校课程改革的冲突与化解路径——基于组织文化的视角	论文	二等	李洪修
59	社会保障研究范式的权利论转向	论文	二等	李贺平
60	"资本主体性"批判——马克思现代性批判的本质	论文	二等	李慧娟
61	"变家为国"：耶律阿保机对契丹部族结构的改造	论文	二等	杨 军
62	农户重大经济决策行为的仿生学研究——以黑龙江省农户参与、利用期货市场行为决策为例	论文	二等	杨印生
63	农村土地制度：马克思主义的解释与运用	著作	二等	邵彦敏
64	东靖民间谍案考析	论文	二等	陈景彦
65	动画艺术的构建与传播对儿童心理的影响	论文	二等	周大勇
66	"奇"范畴的生成演变及其诗学内涵	论文	二等	侯文学
67	Strategy for Technology Standardization based on the Theory of Entropy	论文	二等	姜 红
68	The Cooperative Effect Between Technology Standardization and Industrial Technology Innovation based on Newtonian Mechanics	论文	二等	赵树宽
69	利益表达平衡：社会正义的内在要求——我国社会不公发生逻辑与社会正义实现方式的政治学分析	论文	二等	殷冬水
70	清抄本《五音通韵》的语音意识	论文	二等	秦曰龙
71	非金融机构贷款人自身融资问题研究	论文	二等	傅 穹
72	The technical structure and origins of productivity growth	论文	二等	董直庆
73	竹那就内好的鲁迅研究	著作	二等	靳丛林
74	Aggregate investor preferences and beliefs in stock market	论文	三等	方 毅
75	跨体制社会资本及其收入回报	论文	三等	王文彬
76	权力的张力：从平等的视角看	论文	三等	王 立
77	社会公平视角下公共政策有效性的路径选择——关于公共政策效能的一种理论诠释	论文	三等	王彩波
78	中国宏观经济情境设计与路径预测	论文	三等	刘 汉
79	媒介文化生产与地域文化意义的构建	论文	三等	刘 坚
80	从韩剧看其跨文化传播的得与失	论文	三等	刘鸣筝
81	马克思哲学研究中三个不可回避的重要问题	论文	三等	刘福森
82	跨国粮商套期保值行为研究	论文	三等	吕东辉
83	西方环境伦理学研究的理论基础和当代转向	论文	三等	曲红梅
84	财政赤字、经常账户与政府债务研究——李嘉图等价视角的国际经验分析	论文	三等	齐红倩
85	从"两种意识"谈国家开放档案的价值实现	论文	三等	张卫东
86	贸易自由化、技术进步与工资不平等上升	论文	三等	张世伟

序号	成果名称	成果形式	获奖等级	获奖作者
87	创业警觉性、创造性思维与创业机会识别关系研究	论文	三等	张秀娥
88	丸山昇鲁迅研究视野中的鲁迅"进化论"	论文	三等	李明晖
89	分配正义视角下的"收入倍增计划"——基于"收入倍增计划"的国际比较研究	论文	三等	杨健潇
90	"经济人"概念的演进及其新探索——从"经济人"到"权利经济人"	论文	三等	辛本禄
91	清代前期俄罗斯佐领探赜	论文	三等	陈　鹏
92	基于OU过程的中房指数期权定价	论文	三等	周佰成
93	基于持久收入假说的我国农村居民消费行为研究	论文	三等	金春雨
94	"后工业化"理论与经济增长：基于产业结构视角的分析	论文	三等	赵儒煜
95	国有商业银行改制后的公司治理结构问题研究	著作	三等	项卫星
96	回应型公共行政模式对行政正义的契合与实现	论文	三等	董亚男
97	"中国梦"与理论工获奖作者的使命	论文	三等	韩喜平
98	全球化趋势下俄罗斯语言政策的调整及动因	论文	三等	潘海英

（十）长春市社会科学优秀成果奖

长春市首届社会科学优秀成果奖

序号	成果名称	成果形式	获奖等级	获奖作者
1	上市公司股利政策的实证分析	论文	一等	吕长江
2	解放思想的哲学与哲学的思想解放——改革开放以来的当代中国哲学	论文	一等	孙正聿
3	政治责任与法律责任的比较分析	论文	一等	张贤明
4	二战期间在日本的中国劳工	论文	一等	陈景彦
5	现代之后——20世纪晚期西方哲学	著作	一等	姚大志
6	后工业社会反论	著作	一等	赵儒煜
7	论行政权、行政相对方权利及相互关系	论文	一等	崔卓兰
8	"内部人控制企业"论质疑	论文	一等	潘　石
9	风险的定量化及决策准则	论文	二等	于惠春
10	人口社会学	著作	二等	王胜今
11	古埃及文字及其影响	论文	二等	令狐若明
12	当事人意思自治原则内涵探析	论文	二等	吕岩峰
13	庚辰存稿	著作	二等	吕绍纲
14	新"零售之轮"理论及其对我国零售业态发展的启示	论文	二等	吴小丁

序号	成果名称	成果形式	获奖等级	获奖作者
15	惯性的终结：鲁迅文化选择的历史价值	著作	二等	张福贵
16	对五四新文学发生及源流的再认识	论文	二等	陈方竞
17	论日本法人相互持股制度与公司治理结构	论文	二等	庞德良
18	关于马克思哲学"当代性"的理论思考	论文	二等	贺　来
19	行政文化与中国现代化	论文	二等	赵海月
20	汉代铜器铭文研究	著作	二等	徐正考
21	论适度再就业目标	论文	二等	麻彦春
22	政治哲学论纲	论文	二等	韩冬雪
23	幼儿园课程目标的结构模式浅论	论文	三等	王丽荣
24	论权威主义政体在经济发展中的作用	论文	三等	王彩波
25	邓小平发展观的科学内涵	论文	三等	邓如辛
26	剑桥战争史	著作	三等	付景川
27	劳动法学	著作	三等	冯彦君
28	现代晚报探索	著作	三等	刘　坚
29	嬗变——辛亥革命时期至五四时期的中国文学	著作	三等	刘　纳
30	警惕对国有企业的恶意经营	论文	三等	孙乃纪
31	当前改革理论中的若干认识误区	论文	三等	许　琳
32	邓小平关于台湾问题与中美关系的重要思想	论文	三等	齐　平
33	20世纪世界社会主义回顾与思考	著作	三等	佟宝昌
34	论苏轼与宋人的咏物词	论文	三等	吴　帆
35	科学地分析知识经济的前景及影响	论文	三等	吴　昊
36	企业知识及其创造能力分析	论文	三等	吴　迪
37	中国古代政府论纲	著作	三等	张创新
38	对建国初期"一边倒"战略的新认识	论文	三等	张秀华
39	现代韩国经济	著作	三等	张宝仁
40	"美是什么"命题辨伪	论文	三等	李志宏
41	严复思想对毛泽东早期文化观形成的影响	论文	三等	杜艳华
42	试析证券投资基金对证券市场稳定性的影响	论文	三等	杜　莉
43	人格同一性问题的思辨	论文	三等	沈亚生
44	21世纪思想政治教育工作创新理论体系	著作	三等	陈秉公
45	让历史告诉未来——论营销观念的演变与商业电影的发展	论文	三等	姚　力
46	《诗经》与夏商周村社文化	论文	三等	赵　雨
47	太极拳与身心健康	论文	三等	高岩松
48	论民主的内在冲突——一种对民主的理解	论文	三等	麻宝斌

长春市第二届社会科学优秀成果奖

序号	成果名称	成果形式	获奖等级	获奖作者
1	时变参数选择模型与货币政策的时变反应分析	论文	一等	刘金全
2	塑造和引导新的时代精神——面向新千年的马克思哲学	论文	一等	孙正聿
3	老工业基地国有企业深化改革研究	著作	一等	宋冬林

续表

序号	成果名称	成果形式	获奖等级	获奖作者
4	意识的强化与中日比较文学研究的再发展	论文	一等	张福贵
5	互联网对国家的冲击与国家的回应	论文	一等	周光辉
6	后现代西方社会学理论	著作	二等	刘少杰
7	汉魏晋"故事"辨析	论文	二等	吕　丽
8	马克思哲学与"存在论"范式的转换	论文	二等	贺　来
9	通货控制论	著作	二等	潘　石
10	外债对韩国金融危机的影响及中国的外债偿还能力	论文	三等	石柱鲜
11	在世界文化中创造中国现代先进的民族文化——关于中国文化现代化的理解	论文	三等	刘中树
12	九十年代俄罗斯:政治、经济与外交	著作	三等	刘清才
13	国际关系史	著作	三等	刘德斌
14	全俄统一市场究竟形成于何时	论文	三等	张广翔
15	政治责任的逻辑与实现	论文	三等	张贤明
16	中国市场经济与国有企业改革的政治经济学研究——张维达文集	著作	三等	张维达
17	《音韵集成》对《韵略汇通》的影响	论文	三等	李子君
18	楚文字编	著作	三等	李守奎
19	论中国民法的现代性问题——民法典立法基调前瞻	论文	三等	李建华
20	中国商业银行范围经济状态实证研究	论文	三等	杜　莉
21	环境伦理的人性基础	著作	三等	林　兵
22	论德赖塞小说的悲剧性——透视美国政治制度下的人际关系	论文	三等	胡铁生
23	银行监管职能从中央银行分离:一个值得注意的趋势	论文	三等	项卫星
24	国有经济控制力及控制方式新探	论文	三等	徐传谌
25	刑法的立法解释论	论文	三等	徐　岱
26	行政规章研究	著作	三等	崔卓兰
27	公共利益与政府职能	著作	三等	麻宝斌
28	中国"入世"后政府的职能转变及行为调整	论文	三等	彭向刚
29	秦文化:从封国到帝国的考古学观察	著作	三等	滕铭予
30	关于东北疆域史的几个问题	研究报告	三等	魏存成

长春市第三届社会科学优秀成果奖

序号	成果名称	成果形式	获奖等级	获奖作者
1	吉林省引进俄罗斯智力资源的现状与对策	论文	一等	王晓峰
2	WTO·有限政府·现代经济法	论文	一等	冯彦君
3	虚拟经济与实体经济之间关联性的计量检验	论文	一等	刘金全
4	教科书模式与多元化、个性化的学术要求	论文	一等	张福贵
5	论罪刑法定的实现	著作	一等	李　洁

序号	成果名称	成果形式	获奖等级	获奖作者
6	西风东渐与中日知识分子的回应	论文	一等	陈景彦
7	理解代表——关于代表的正当性与代表方式合理性的分析	论文	一等	周光辉 彭　斌
8	"现代性"的反省与马克思哲学研究纵深推进的生长点	论文	一等	贺　来
9	现代金融学理论的疏漏与分歧	论文	二等	丁志国
10	关于积极引进台湾中小企业群的建议	研究报告	二等	宋冬林
11	18～19世纪俄国城市化研究	著作	二等	张广翔
12	官员问责的政治逻辑、制度建构与路径选择	论文	二等	张贤明
13	城市居民对社会不平等现象的态度研究——以长春市调查为例	论文	二等	张海东
14	以人为本的德育本体论解读——兼论由"民本"思想影响的德育到"人本"德育的历史性发展	论文	二等	陈秉公
15	国有经济资源优化配置系统论	著作	二等	徐传谌
16	服务型政府:当代中国政府改革的目标模式	论文	二等	彭向刚
17	被书写的叛逆:质疑"娜拉精神"	论文	三等	王桂妹
18	略论中国古代档案法规发展分期	论文	三等	邓　君
19	西方建筑史	著作	三等	付景川
20	中日现代化起点的比较研究	论文	三等	田毅鹏
21	我国潜在经济增长、通货膨胀与宏观经济态势的关联性研究	论文	三等	石柱鲜
22	平等机会委员会与平等权利保护——香港的经验	论文	三等	任喜荣
23	论全球治理中和谐世界的构建	论文	三等	刘雪莲
24	语言功能与聋儿语言获得的性质及途径	论文	三等	吕明臣
25	公共财政的政治学分析	著作	三等	张亲培
26	中国古代诗歌"以悲为美"探索三题	论文	三等	张锡坤
27	百韵五言长律嬗变考述	论文	三等	沈文凡
28	中国金融风险预警研究	论文	三等	陈守东
29	中国城镇居民消费行为变异的四个假说及其理论分析	论文	三等	金晓彤
30	中国金融结构和经济增长的关联性分析:理论与实证	论文	三等	赵振全
31	当前各国金融监管体制安排及其变革:兼论金融监管体制安排的理论模式	论文	三等	项卫星
32	笔名与时代——晚清报人笔名探析	论文	三等	程丽红
33	论我国自然资源产权制度改革	论文	三等	谢　地
34	注册会计师审计制度的经济学分析	著作	三等	韩丽荣
35	中国对外直接投资战略的理论思考	论文	三等	魏益华

长春市第四届社会科学优秀成果奖

序号	成果名称	成果形式	获奖等级	获奖作者
1	利润区指数模型：企业利润区定量分析范式	论文	一等	丁志国
2	基于 OAIS 与 OAI－PMH 的数字档案馆共享功能框架设计	论文	一等	邓　君
3	学贯中西：重建社会学学科知识的基础	论文	一等	田毅鹏
4	解放思想与变革世界观	论文	一等	孙正聿
5	中国科技创新体系建设的历程与成就	论文	一等	李俊江
6	试论东汉的礼制建设	论文	一等	禹　平
7	中国哲学、西方哲学、马克思主义哲学：价值信念层面的对话	论文	一等	贺　来
8	刑法解释学的独立品格	论文	一等	徐　岱
9	中国共识：中华复兴的和谐发展道路	著作	一等	漆　思
10	东北亚地缘政治与中国地缘战略	著作	二等	刘清才
11	论全球性问题治理中西方发达国家的责任	论文	二等	刘雪莲
12	高技术产业集群创新路径与机理实证研究	论文	二等	朱秀梅
13	私营企业劳资利益博弈与和谐关系构建	论文	二等	齐　平
14	19 世纪末俄国城市化的若干特征	论文	二等	张广翔
15	现阶段全球经济失衡与中国的作用	论文	二等	李　晓
16	从管制转向服务：中国政府的管理革命——中国行政管理改革 30 年	论文	二等	周光辉
17	中国环境社会学的理论建设——借鉴与反思	论文	二等	林　兵
18	全球化背景下的地方政府竞争——提高政府核心竞争力的战略选择	论文	二等	麻宝斌
19	创业导向、小企业导向与企业绩效关系研究	论文	三等	马鸿佳
20	长影集团产业转型的思考	论文	三等	孔朝蓬
21	会计学	著作	三等	毛志宏
22	新国学运动：跨世纪的文化浪漫主义——对新国学的文化确认与功能分析	论文	三等	王学谦
23	宋词体演变史	著作	三等	王　洪
24	吉林省农业产业化龙头企业发展研究	著作	三等	王爱群
25	陈染创作的超性别意识	论文	三等	王　璐
26	瓦解资本的逻辑：马克思辩证法的批判本质	著作	三等	白　刚
27	风险社会理论新探	著作	三等	刘　岩
28	我国通货膨胀率均值过程和波动过程中的双长记忆性度量与统计检验	论文	三等	刘金全
29	《觉醒》中女性自我觉醒的句法分析	论文	三等	刘鸿雁
30	东北玉米主产区农民利用期货市场增收的制约性因素分析	论文	三等	吕东辉
31	论恐惧诉求式新闻标题对艾滋病预防的负面影响	论文	三等	严　俊
32	激进经济学的劳动力市场分割理论和歧视理论述评	论文	三等	吴宇晖

序号	成果名称	成果形式	获奖等级	获奖作者
33	中国政治制度史（第三版）	著作	三等	张创新
34	比较优势理论与中国对外贸易发展战略研究	著作	三等	张秀娥
35	中国官员责任追究制度建设的回顾、反思与展望	论文	三等	张贤明
36	西周雅乐的刚健风貌与刘勰的"风骨"——《文心雕龙·风骨》"刚健"之再溯源	论文	三等	张锡坤
37	城乡一体化就业保障体系的构建及其运行机制研究	研究报告	三等	李贺平
38	长白山靖宇产业物流园区项目建设市场调研报告	研究报告	三等	李海峰
39	基于 Timmons 创业要素模型的创业经验作用研究	论文	三等	李雪灵
40	耕地保护外部性内部化的路径选择	论文	三等	邵彦敏
41	耕地保护外部性内部化的路径选择	论文	三等	邵彦敏
42	金融资产波动模型与风险度量	著作	三等	陈守东
43	马克思主义意识形态理论与社会主义核心价值体系建构	论文	三等	陈秉公
44	马克思主义意识形态理论与社会主义核心价值体系建构	论文	三等	陈秉公
45	一种制度变迁的经济学诠释与模型分析	著作	三等	金春雨
46	中西政治社会化方法论之比较分析	论文	三等	娄淑华
47	论文学话语权在全球化进程中的新转向	论文	三等	胡铁生
48	清教在美国殖民地时期教育发展中的作用	论文	三等	赵文学
49	"后专业主义"与社会科学研究的当代转向	论文	三等	赵俊芳
50	区际市场分割对区域产业竞争力的作用机理	论文	三等	赵树宽
51	金融加速器效应在中国存在吗？	论文	三等	赵振全
52	美元本位制的问题及其可持续性	论文	三等	项卫星
53	《中国球类运动》——《现代足球基本技术（1～6）》	音像软件等	三等	梁永桥
54	论我国服务型政府绩效评估的发展趋势	论文	三等	彭向刚
55	欧洲联盟发展史	著作	三等	惠一鸣
56	论传媒文化在清代文化结构中的地位和作用	论文	三等	程丽红
57	略论经济发展方式转变中"人的地位"	论文	三等	韩喜平
58	基于资源视角的创业研究框架构建	论文	三等	蔡　莉
59	私营资本积累与东北经济振兴	著作	三等	潘　石

长春市第五届社会科学优秀成果奖

序号	成果名称	成果形式	获奖等级	获奖作者
1	我国城乡收入差距的库兹涅茨效应识别与农村金融政策应对路径选择	论文	一等	丁志国
2	内幕交易惩罚性赔偿制度的构建	论文	一等	马新彦
3	档案载体演变规律研究	论文	一等	邓　君
4	乡村"过疏化"背景下城乡一体化的两难	论文	一等	田毅鹏
5	中国货币增长不确定性与经济增长关系检验（1980～2008）	论文	一等	刘金全

序号	成果名称	成果形式	获奖等级	获奖作者
6	东北地区地质矿产资源开发利用管理制度创新调查研究报告	咨询成果	一等	齐　平
7	长春市城市居民食品安全意识调查和食品安全风险规制咨询报告	咨询成果	一等	张金荣
8	为"文化五四"辩护——两个"五四"的不同境遇与价值差异	论文	一等	张福贵
9	国际贸易学说史	著作	一等	李俊江
10	论碳金融体系及其运行架构	论文	一等	杜　莉
11	我国不同区域农村居民消费:收敛还是发散	论文	一等	金晓彤
12	儒生与汉代的文化交流和传播	论文	一等	禹　平
13	辩证法与实践理性——辩证法的"后形而上学"视野	著作	一等	贺　来
14	后单位时代社会管理组织基础的重构——以"中间社会"的构建为视角	论文	一等	崔月琴
15	违反行政程序司法审查中的争点问题	论文	二等	于立深
16	我国基层乡村债务膨胀的潜在风险及应对建议	咨询成果	二等	王郅强
17	明懿文太子陵陵祭逾制考论	论文	二等	王　剑
18	佛禅语言诗性化考辨——"诗俏禅门"再认识	论文	二等	王树海
19	资本现象学——论历史唯物主义的本质问题	论文	二等	白　刚
20	次国家政府参与国际合作的特点与方式	论文	二等	刘雪莲
21	我宜建立粮食紧急派发终端防范粮食危机	咨询成果	二等	孙宇翔
22	19世纪末—20世纪初俄国农业发展道路之争	论文	二等	张广翔
23	改革发展成果共享与政府责任	论文	二等	张贤明
24	周易经传美学通论	著作	二等	张锡坤
25	创业型经济:内在机理与发展策略	著作	二等	李　政
26	加强中国国家安全战略的思考	论文	二等	肖　晞
27	"满洲"名称述考	论文	二等	陈　鹏
28	非对称与时变:中外证券市场波动性特征的比较研究	论文	二等	周佰成
29	中英文广告语的文化反思	论文	二等	胡忠丽
30	资源汲取与名校活力	论文	二等	赵俊芳
31	关于古白话起源问题的再思考	论文	二等	徐正考
32	追寻自由——从康德到马克思	著作	二等	韩志伟
33	二元经济结构与农村发展	论文	二等	韩喜平
34	教育公平与政府责任的反思——以责任法制化为路径	论文	三等	王立峰
35	中国女性创业的制度环境与个人特性	论文	三等	王　旭
36	"碳陷阱":理论辨析与政策导向	论文	三等	王　倩
37	政治发展模式比较研究——新政治经济研究视角的分析	著作	三等	王彩波

序号	成果名称	成果形式	获奖等级	获奖作者
38	社会转型与价值选择——《嘉莉妹妹》与《高兴》比较研究	论文	三等	车俊思
39	政治创伤中的"文化记忆"——台湾现代诗人笔下"中国形象"的历史建构	论文	三等	白 杨
40	"广告中心"还是"用户中心"？——美英报纸网站商业模式转型分析	论文	三等	刘学义
41	转型社会下的多重复合性风险：三城市公众风险感知状况的调查分析	论文	三等	刘 岩
42	于憧憬中迷失，在救赎中回归——从小说《国王的人马》谈沃伦的人生观和历史观	论文	三等	曲 鑫
43	公共治理视域下行政裁量权的多中心治理	论文	三等	许玉镇
44	当前我国社会养老保险隐性债务规模精算分析	论文	三等	齐艺莹
45	传媒公共空间与市民社会的良性互动研究	论文	三等	严 俊
46	战国楚简地名辑证	著作	三等	吴良宝
47	犯罪学基本理论研究	著作	三等	张 旭
48	Productivity growth and environmental regulations-accounting for undesirable outputs: analysis of China's thirty provincial regions using the Malmquist – Luenberger index	论文	三等	张纯洪
49	中学生学习动力结构研究	研究报告	三等	李 光
50	我国上市公司财务危机预测模型研究——基于统计和人工智能方法构建	著作	三等	李 清
51	金初词人群体的心理认同与词的创作	论文	三等	李 静
52	契丹"四楼"别议	论文	三等	杨 军
53	公共投资对粮食主产区农业生产率增长的驱动效应分析——基于吉林省1989～2006年数据的实证检验	论文	三等	杨印生
54	公有制观念的冲突：社会主义市场经济理论与英国工党市场社会主义理论比较	论文	三等	邵彦敏
55	构建我省农村资本市场对策研究	研究报告	三等	陈守东
56	我国《反垄断法》"滥用市场支配地位"条款适用问题辨识	论文	三等	陈 兵
57	社会契约论与近代自由主义转型	著作	三等	林奇富
58	基于产业技术创新视角的产业分类与选择模型研究	论文	三等	姜 红
59	后现代文学的共生与反思——兼论中国当代文学的发展取向	论文	三等	胡铁生
60	论中美金融相互依赖关系中的非对称性	论文	三等	项卫星
61	信息焦虑量表编制及其信效度检验	论文	三等	曹锦丹
62	大企业组织竞争模式的经济学阐释	论文	三等	盛光华
63	权责一致与权责背离：在理论与现实之间	论文	三等	麻宝斌
64	高科技知识与国际政治权势	著作	三等	黄凤志

序号	成果名称	成果形式	获奖等级	获奖作者
65	汉朝语动词性结构对比与偏误分析	著作	三等	黄玉花
66	创业型战略管理——理论及实证研究	著作	三等	葛宝山
67	中国大中型银行与小型商业银行效率的比较——基于投入主导型的 DEA 测度	论文	三等	董 竹
68	资源整合过程、动态能力与竞争优势:机理与路径	论文	三等	董保宝
69	我国企业内部控制审计目标的理论分析及现实选择	论文	三等	韩丽荣
70	互惠利他:和谐交往的公民态度	论文	三等	薛 洁

长春市第六届社会科学优秀成果奖

序号	成果名称	成果形式	获奖等级	获奖作者
1	档案馆员激励机制研究	论文	一等	邓 君
2	"村落终结"与农民的再组织化	论文	一等	田毅鹏
3	大企业时代吉林省国企民企融合发展提升竞争力的对策建议	研究报告	一等	齐 平
4	公正、共享与尊严:基本公共服务均等化的价值定位	论文	一等	张贤明
5	风险感知:转基因食品的负面性——基于长春市城市居民食品安全意识的调查分析	论文	一等	张金荣
6	鲁迅"世界人"概念的构成及其当代思想价值	论文	一等	张福贵
7	相对所有权的私法逻辑	著作	一等	李国强
8	开发性金融在碳金融体系建构中的引致机制	论文	一等	杜 莉
9	"主体性"的当代哲学视域	著作	一等	贺 来
10	以陶器为视角的红山文化发展阶段研究	论文	一等	赵宾福
11	转型期社会组织的价值诉求与迷思	论文	一等	崔月琴
12	我国侵权责任法的侵权构成模式——以"民事权益"的定位与功能分析为中心	论文	一等	曹险峰
13	转型社会的环境风险群体性事件及风险冲突	论文	二等	刘 岩
14	东亚共同体建设的地缘政治分析	论文	二等	刘雪莲
15	生态文明建设中的几个基本问题	论文	二等	刘福森
16	企业劳资关系冲突的形成过程及其政策意义——基于产权视角	论文	二等	年志远
17	"拔尖实验班"的大学外语培养模式探索和教学效果研究	论文	二等	曲 鑫
18	论新闻采编人员的职业风险	论文	二等	严 俊
19	《增修互注礼部韵略》研究	著作	二等	李子君
20	丸山昇鲁迅研究视野中的鲁迅"进化论"	论文	二等	李明晖
21	国有企业提高自主创新能力的制约因素与驱动机制	论文	二等	李 政
22	东靖民间谍案考析	论文	二等	陈景彦

序号	成果名称	成果形式	获奖等级	获奖作者
23	清代前期俄罗斯佐领探赜	论文	二等	陈 鹏
24	论大学学术权力	著作	二等	赵俊芳
25	利益表达平衡：社会正义的内在要求——我国社会不公发生逻辑与社会正义实现方式的政治学分析	论文	二等	殷冬水
26	社会思潮与媒介嬗变——清末社会改革运动中的大众传播媒介	论文	二等	程丽红
27	竹内好的鲁迅研究	著作	二等	靳丛林
28	中国农村劳动力用工模式能否持续的实证检验	论文	二等	魏益华
29	试论新时期坚持和完善社会主义政治制度	论文	三等	马雪松
30	夏商周考古学	著作	三等	井中伟
31	大电影产业链的完善之路——长影集团影视资源衍生价值开发与影视文化拓展	论文	三等	孔朝蓬
32	Aggregate investor preferences and beliefs in stock market：A stochastic dominance analysis	论文	三等	方 毅
33	社会变迁中的社会资本与人力资本研究	著作	三等	王文彬
34	问题类型划分方法视野下的犯罪概念研究	论文	三等	王 充
35	海德格尔思想谱系中的实际性解释学	论文	三等	王庆丰
36	女性形象的文化悖论	论文	三等	王 璐
37	西方政治哲学的危机与马克思政治哲学的兴起	论文	三等	白 刚
38	基于汇率目标区的有管理的离散浮动汇率制度构建	论文	三等	刘 柏
39	21世纪初俄罗斯亚太政策研究	著作	三等	刘清才
40	运动人体科学理论与方法概论	著作	三等	孙 茹
41	外语课程改革环境下的教师信念取向及差异研究	论文	三等	张凤娟
42	美国亚洲再平衡战略及美韩同盟在其中的作用	论文	三等	张景全
43	网络时代政府职能转变问题研究	著作	三等	张锐昕
44	中国当代文艺理论原创性体系建设的初步构想	论文	三等	张锡坤
45	马克思工人合作工厂理论视阈下的蒙特拉贡合作公司研究	论文	三等	张嘉昕
46	关于扶持长春市小微企业健康发展的政策建议	研究报告	三等	李士梅
47	东北老工业基地国有企业自主创新能力研究	著作	三等	李俊江
48	南宋乾淳词坛研究	著作	三等	李 静
49	Chinese Education in Diplomacy（反思中国外交教学）	论文	三等	肖 晞
50	以体制机制创新为突破口加快推进全省开发区转型升级——关于加快推进全省开发区（工业集中区）转型升级有关情况的研究报告	研究报告	三等	陈太博
51	环境社会学理论与方法	著作	三等	林 兵
52	中国区域金融业效率非均衡性计量检验	论文	三等	金春雨
53	国有商业银行改制后的公司治理结构问题研究	著作	三等	项卫星

吉林大学哲学社会科学
优秀科研成果汇编

RESEARCH ACHIEVEMENTS OF JILIN UNIVERSITY
ON HUMANITIES AND SOCIAL SCIENCES

下 册

吉林大学 编著

社会科学文献出版社
SOCIAL SCIENCES ACADEMIC PRESS (CHINA)

目　录

第一部分　成果简介

第二部分　一览表

| 二 |

出版著作一览表（2001～2015 年）

（按作者的姓氏笔画和著作的出版时间排序）

哲学社会学院（哲学基础理论研究中心）

序号	作者	著作名称	著作类型	出版单位	出版时间
1	丁建略 陈玉生	社会心理学	译著	黑龙江科学技术出版社	2008 年
2	元永浩	天人合一的生存境界——从西方形而上学到中国形上境界	专著	吉林人民出版社	2006 年
3	元永浩	类哲学与人的未来	译著	韩国学术情报	2012 年
4	元永浩	잃어버린'철학의자아'를찾아서：마르크스철학에서유철학으로	专著	韩国白山书堂	2015 年
5	王文彬	社会统计学	编著	吉林大学出版社	2001 年
6	王文彬	社会变迁中的社会资本与人力资本研究——基于东北老工业基地的社会调查	专著	中国社会科学出版社	2013 年
7	王 立	平等的范式	专著	科学出版社	2009 年
8	王庆丰	德里达发生现象学研究	专著	中国社会科学出版社	2011 年
9	王丽娟	实验心理学	译著	江苏教育出版社	2006 年
10	王丽娟	最新幼儿脑力大开发	编著	吉林人民出版社	2010 年
11	王 远	论社会保障理念的人文向度	专著	吉林大学出版社	2015 年
12	王振林	人性、人道、人伦：西方伦理道德问题研究	专著	中国社会科学出版社	2011 年
13	王振林	现代西方交往理论研究	专著	中国社会科学出版社	2015 年
14	王跃新	创造性思维——训练与培养	编著	吉林大学出版社	2003 年
15	王跃新	现代科学技术革命与马克思主义	编著	吉林大学出版社	2004 年
16	王跃新	创新思维学教程	编著	红旗出版社	2010 年
17	王跃新 王洪胜	创新思维应用学	专著	吉林人民出版社	2010 年
18	王跃新	创新思维学	专著	吉林人民出版社	2010 年
19	王跃新	中国思维科学丛书	编著	吉林大学出版社	2013 年
20	王福生	艺术的背后——黑格尔论艺术	专著	吉林美术出版社	2007 年
21	王福生	求解"颠倒"之谜：马克思与黑格尔理论传承关系研究	专著	中国社会科学出版社	2010 年

序号	作者	著作名称	著作类型	出版单位	出版时间
22	车文博	心理学新词典	工具书	吉林人民出版社	2001 年
23	车文博	当代西方心理学新词典	工具书	吉林人民出版社	2001 年
24	车文博	心理咨询大百科全书	工具书	浙江科学技术出版社	2001 年
25	车文博	人本主义心理学	专著	浙江教育出版社	2003 年
26	车文博	中国心理学思想史	编著	湖南教育出版社	2004 年
27	车文博	弗洛伊德文集	译著	长春出版社	2004 年
28	车文博	弗洛伊德文集	译著	长春出版社	2004 年
29	车文博	透视西方心理学	专著	北京师范大学出版社	2007 年
30	车文博	西方心理学思想史	编著	湖南教育出版社	2007 年
31	车文博	车文博文集（1~10 卷）	专著	首都师范大学出版社	2010 年
32	田忠锋	艺术的背后——萨特论艺术	专著	吉林美术出版社	2007 年
33	田毅鹏 漆 思	"单位社会"的终结——东北老工业基地"典型单位制"背景下的社区建设	专著	社会科学文献出版社	2005 年
34	田毅鹏	东亚"新发展主义"研究	专著	中国社会科学出版社	2009 年
35	田毅鹏	知识·思想·权力：中日现代"世界秩序观"形成之比较研究	专著	中国社会科学出版社	2011 年
36	田毅鹏	单位共同体的变迁与城市社区重建	专著	中央编译出版社	2014 年
37	艾福成	马克思社会哲学的当代阐释	编著	吉林人民出版社	2005 年
38	伍 麟	现代心理学的人文传统与精神	专著	吉林人民出版社	2006 年
39	刘少杰	后现代西方社会学理论	专著	社会科学文献出版社	2002 年
40	刘少杰	经济社会学的新视野——理性选择与感性选择	专著	社会科学文献出版社	2005 年
41	刘少杰	国外社会学理论	编著	高等教育出版社	2006 年
42	刘连朋	新译黄庭经·阴符经	古籍整理	三民书局股份有限公司	2008 年
43	刘 钊	生活的意义	译著	人民大学出版社	2009 年
44	刘 钊	每天学点时间整理术	译著	机械工业出版社	2013 年
45	刘国梁 连 遥	新译悟真篇	译著	三民书局股份有限公司	2005 年
46	刘 岩	风险社会理论新探	专著	中国社会科学出版社	2008 年
47	刘猷桓	走进恩格斯——《自然辩证法》探索	专著	吉林大学出版社	2005 年
48	刘福森	西方文明的危机与发展伦理学——发展的合理性研究	专著	江西教育出版社	2005 年
49	刘福森	我们需要什么样的哲学——哲学观变革与历史唯物主义研究	专著	北京邮电大学出版社	2012 年
50	孙正聿	超越意识	专著	吉林教育出版社	2001 年
51	孙正聿	马克思辩证法理论的当代反思	专著	人民出版社	2002 年
52	孙正聿	哲学修养十五讲	专著	北京大学出版社	2004 年
53	孙正聿	思想中的时代——当代哲学的理论自觉	专著	北京师范大学出版社	2004 年
54	孙正聿	哲学通论（修订版）	专著	复旦大学出版社	2005 年

序号	作者	著作名称	著作类型	出版单位	出版时间
55	孙正聿	孙正聿哲学文集	专著	吉林人民出版社	2007 年
56	孙正聿	中国高校哲学社会科学发展报告（1978～2008）（哲学）	编著	广西师范大学出版社	2008 年
57	孙正聿	哲学通论（人民·联盟文库版）	专著	人民出版社	2010 年
58	孙正聿	当代中国马克思主义哲学专题研究	编著	吉林人民出版社	2010 年
59	孙正聿	崇高的位置（修订本）	专著	人民出版社	2010 年
60	孙正聿	理论思维的前提批判（第 2 版）：论辩证法的批判本性	专著	中国人民大学出版社	2010 年
61	孙正聿	孙正聿讲演录	专著	长春出版社	2011 年
62	孙正聿	马克思主义基础理论研究	专著	北京师范大学出版社	2011 年
63	孙正聿	人生哲学读本	专著	吉林人民出版社	2012 年
64	孙正聿	马克思主义辩证法研究	专著	北京师范大学出版社	2012 年
65	孙正聿	思想中的时代——当代哲学的理论自觉	专著	北京师范大学出版社	2013 年
66	孙正聿	理想信念的理论支撑	专著	吉林人民出版社	2014 年
67	孙正聿	人的精神家园	专著	江苏人民出版社	2014 年
68	孙正聿 高 超	辩证唯物主义党员干部读本	专著	人民出版社	2015 年
69	孙利天	死亡意识	专著	吉林教育出版社	2001 年
70	孙利天	论辩证法的思维方式	专著	吉林人民出版社	2006 年
71	孙利天	让马克思主义哲学说中国话	专著	武汉大学出版社	2010 年
72	孙利天	高清海哲学思想讲座	专著	中国社会科学出版社	2014 年
73	曲红梅	Selected Readings in Western Ethics	编著	北京邮电大学出版社	2014 年
74	许志晋	适用技术共生创新论	专著	吉林大学出版社	2007 年
75	吴海琳	组织变迁中的意识形态整合研究	专著	吉林人民出版社	2011 年
76	宋宝安	广就业问题研究	专著	吉林人民出版社	2006 年
77	宋宝安	当代中国老龄群体社会管理问题研究	专著	中国社会科学出版社	2009 年
78	宋宝安	中国残疾人社会保障与服务体系研究	编著	中国社会科学出版社	2012 年
79	张连良	《管子》伪书辨正	专著	陕西人民出版社	2004 年
80	张连良	中国古代哲学要籍说解	编著	吉林大学出版社	2006 年
81	张连良	中国古代哲学史	专著	中国社会科学出版社	2015 年
82	张 林	自尊：结构与发展	专著	中国社会科学出版社	2006 年
83	张 盾	马克思的六个经典问题	专著	中国社会科学出版社	2009 年
84	张 盾 田冠浩	黑格尔与马克思政治哲学六论	专著	学习出版社	2014 年
85	张霁雪	城乡结合部的社会样态与空间实践——基于 C 市东村的调查研究	专著	中国社会科学出版社	2014 年
86	李大强	悖论的基础分析	专著	吉林人民出版社	2001 年
87	李大强	圆的历史——数学推理与物理宇宙	译著	北京理工大学出版社	2003 年
88	李大强	推理的迷宫——悖论、谜题，及知识的脆弱性	译著	北京理工大学出版社	2005 年

序号	作者	著作名称	著作类型	出版单位	出版时间
89	李大强	绝妙推理:射雕英雄悖论传奇	专著	北京理工大学出版社	2008 年
90	李大强 李斌玉	语言与生产——范式批判	译著	黑龙江大学出版社	2011 年
91	李大强	推理的迷宫	译著	中信出版社	2015 年
92	李 为	芝诺悖论告诉我们什么:科学史与科学哲学专题研究	专著	吉林人民出版社	2007 年
93	李文祥	社区工作概论	编著	吉林大学出版社	2001 年
94	李文祥	国外社会学理论教学要求	编著	高等教育出版社	2003 年
95	李文祥	劳动者的自主性重建:社会日常生活视野下的现代企业制度绩效研究	专著	吉林人民出版社	2007 年
96	李晓红 巴 山	生命的思考	专著	中国社会科学出版社	2010 年
97	李晓玲	现代化变迁中的东北家族	专著	吉林人民出版社	2009 年
98	李海峰	基因时代	专著	长春出版社	2003 年
99	李海峰	科学与真理	专著	长春出版社	2003 年
100	李海峰	网络经济问题研究	专著	黑龙江人民出版社	2004 年
101	李海峰	西方科学哲学经典理论脉流	专著	吉林人民出版社	2009 年
102	李海峰	维特根斯坦语言哲学评析	专著	中国社会科学出版社	2012 年
103	李海峰	重读先哲:海德格尔	专著	长春出版社	2013 年
104	李海峰	重读先哲:维特根斯坦	专著	长春出版社	2013 年
105	李海峰	重读先哲:康德	专著	长春出版社	2013 年
106	李 聪	傅伟勋哲学思想研究	专著	吉林人民出版社	2011 年
107	杨轶华	最优社会效用的经济学方法与实证分析	专著	吉林人民出版社	2009 年
108	杨 锐	艺术的背后——弗洛伊德论艺术	专著	吉林美术出版社	2007 年
109	杨 锐	艺术的背后——阿恩海姆论艺术	编著	吉林美术出版社	2007 年
110	杨 锐	弗洛伊德:梦·背叛·野心	译著	北方联合出版传媒、万卷出版公司	2011 年
111	杨魁森	当代哲学与社会发展	编著	中国文联出版社	2004 年
112	杨魁森	哲学与生活世界	专著	中国社会科学出版社	2014 年
113	沈亚生	西方哲学经典作品解读	编著	吉林大学出版社	2003 年
114	沈亚生	人格 自我与个体性	专著	吉林人民出版社	2005 年
115	沈亚生 李 莹 袁中树	人学思潮前沿问题研究	专著	社会科学文献出版社	2010 年
116	芦 恒	房地产阶级社会	译著	译林出版社	2012 年
117	邱高兴	新译无量寿经	译著	三民书局股份有限公司	2007 年
118	邱高兴	禅源诸诠集都序	古籍整理	中州古籍出版社	2008 年
119	郗 正	现代科技革命与社会发展	编著	时代文艺出版社	2003 年
120	郗 正	吉林社科联四十年	编著	吉林人民出版社	2004 年

序号	作者	著作名称	著作类型	出版单位	出版时间
121	邴　正 邵汉明	《社会科学战线》创刊 25 周年精华集（1－5 卷）	编著	吉林人民出版社	2004 年
122	邴　正	科学发展观概论	编著	吉林人民出版社	2005 年
123	邴　正	中外社会稳定的理论与实践	编著	吉林人民出版社	2005 年
124	邴　正	构建社会主义和谐社会理论	编著	吉林人民出版社	2006 年
125	邴　正 邵汉明	为学与为道——中国学人的学术之路（上下卷）	编著	人民出版社	2006 年
126	邴　正	2007 年吉林省经济社会形势分析与预测	编著	吉林人民出版社	2006 年
127	邴　正	马克思主义文化哲学	专著	吉林人民出版社	2007 年
128	邴　正 邵汉明	东北历史与文化论丛（1～5 卷）	编著	吉林文史出版社	2007 年
129	邴　正	2008 年吉林省经济社会形势分析与预测	编著	吉林人民出版社	2007 年
130	邴　正 邵汉明	科学与宗教——《社会科学战线》精华集（2004～2008）	编著	吉林文史出版社	2008 年
131	邴　正	发展与文化：马克思主义辩证法与当代社会转型分析	专著	吉林大学出版社	2008 年
132	邴　正	吉林蓝皮书 2009 年吉林省经济社会形势分析与预测	编著	吉林人民出版社	2008 年
133	邴　正 邵汉明	中国学术三十年：1978～2008	编著	人民出版社	2009 年
134	邴　正	改革开放与中国社会学	编著	社会科学文献出版社	2009 年
135	邴　正	东北城市年鉴（2008）	编著	社会科学文献出版社	2009 年
136	邴　正	吉林蓝皮书——2010 年吉林省经济社会形势分析与预测	编著	吉林人民出版社	2009 年
137	邴　正	中国特色社会主义发展道路的探索	编著	吉林人民出版社	2009 年
138	邴　正	东北边疆历史与文化研究	编著	吉林人民出版社	2009 年
139	邴　正	吉林社科讲坛	编著	吉林人民出版社	2009 年
140	邴　正 邵汉明	国学新论	编著	人民出版社	2009 年
141	邴　正	民生保障的制度建设与政策选择	编著	吉林人民出版社	2010 年
142	邴　正	文化的威力：邴正讲演录	专著	长春出版社	2012 年
143	邹铁军	现代西方哲学	编著	吉林大学出版社	2001 年
144	邹铁军	历史上最具影响力的哲学名著 26 种	编著	陕西人民出版社	2007 年
145	邹铁军	20 世纪哲学名著导读	编著	陕西人民出版社	2011 年
146	陈　鹏 宋　卿	朱熹讲周易：白话《周易本义》	译著	长春出版社	2010 年
147	陈　鹏	路途漫漫丝貂情：明清东北亚丝绸之路研究	专著	兰州大学出版社	2011 年
148	林　兵	环境伦理的人性基础	专著	吉林人民出版社	2002 年
149	林　兵	环境社会学理论与方法	专著	中国社会科学出版社	2012 年

序号	作者	著作名称	著作类型	出版单位	出版时间
150	金庆英	心有所属——归属感的心理学研究	专著	吉林出版集团有限责任公司	2015 年
151	姚大志 赵雄峰	利奥塔	译著	黑龙江人民出版社	2002 年
152	姚大志	作为公平的正义——正义新论	译著	上海三联书店	2002 年
153	姚大志	关于高校哲学教学改革的理论思考	编著	吉林大学出版社	2003 年
154	姚大志	何谓正义：当代西方政治哲学研究	专著	人民出版社	2007 年
155	姚大志	无政府、国家和乌托邦	译著	中国社会科学出版社	2008 年
156	姚大志	罗尔斯	专著	长春出版社	2011 年
157	姚大志	作为公平的正义——正义新论	译著	中国社会科学出版社	2011 年
158	姚大志	当代西方政治哲学	编著	北京大学出版社	2011 年
159	姚大志	正义与善——社群主义研究	专著	人民出版社	2014 年
160	姚大志	被检验的人生	译著	上海译文出版社	2015 年
161	贺来	宽容意识	专著	吉林教育出版社	2001 年
162	贺来	辩证法的生存论基础——马克思辩证法的当代阐释	专著	中国人民大学出版社	2004 年
163	贺来	边界意识和人的解放	专著	上海人民出版社	2007 年
164	贺来	辩证法与实践理性：辩证法的"后形而上学"视野	专著	中国社会科学出版社	2011 年
165	贺来	"主体性"的当代哲学视域	专著	北京师范大学出版社	2013 年
166	贺来	有尊严的幸福生活何以可能	专著	中国社会科学出版社	2013 年
167	赵雄峰	艺术的背后——利奥塔论艺术	编著	吉林美术出版社	2007 年
168	贾中海	社会价值的分配正义——罗尔斯自由主义政治哲学批判	专著	中国社会科学出版社	2011 年
169	贾玉娇	利益协调与有序社会：社会管理视阈下中国转型期利益协调理论研究	专著	中国社会科学出版社	2011 年
170	高申春	谜米机器——文化之社会传递过程的"基因学"	译著	吉林人民出版社	2001 年
171	高申春	危机干预策略（第五版）	译著	高等教育出版社	2009 年
172	高申春	心灵的适应——机能心理学	专著	山东教育出版社	2009 年
173	高申春	心理咨询的过程——多元理论取向的整合探索（第六版）	译著	高等教育出版社	2009 年
174	高申春 魏连娣 冯晓杭	如何有效地助人——会谈与咨询的技术（第六版）	译著	高等教育出版社	2009 年
175	高申春 郑雨明 王东	互动中的咨询会谈：关系、过程与转变	译著	高等教育出版社	2010 年
176	高申春	找寻逝去的自我——大脑、心灵和往事的记忆	译著	吉林人民出版社	2011 年

序号	作者	著作名称	著作类型	出版单位	出版时间
177	高申春 吴友军 许　波	谜米机器	译著	吉林人民出版社	2011 年
178	高申春	梦的解析	译著	中华书局	2013 年
179	高清海	高清海哲学文存·续编（三卷本）	专著	黑龙江教育出版社	2004 年
180	黄冬梅	心理健康知识千题问答	工具书	白山出版社	2002 年
181	黄冬梅	实用拓展训练教程	编著	吉林人民出版社	2004 年
182	程　彪	从"解释世界"到"改变世界"——马克思哲学实现的哲学主题转换	专著	吉林人民出版社	2006 年
183	程　彪	思的事情——历史思维方式初探	专著	吉林人民出版社	2014 年
184	葛鲁嘉	精神分析纲要	译著	（台湾）知书房出版社	2002 年
185	葛鲁嘉	新心性心理学宣言——中国本土心理学原创性理论建构	专著	人民出版社	2008 年
186	葛鲁嘉	心理资源论析：心理学的历史、现实和未来的形态	专著	中国社会科学出版社	2010 年
187	葛鲁嘉	心理成长论本——超越心理发展的新心性心理学主张	专著	人民出版社	2012 年
188	葛鲁嘉	心理生活论纲——心里生活质量的新心性心理学探索	专著	经济科学出版社	2013 年
189	葛鲁嘉	心理学本土化——中国本土心理学的选择与突破	专著	上海教育出版社	2014 年
190	葛鲁嘉	哲学形态的心理学——哲学心理学与心理学哲学	专著	上海教育出版社	2014 年
191	董运生 王　岩	美国经济治理	译著	上海人民出版社	2009 年
192	韩志伟 倪　娜	艺术的背后——康德论艺术	专著	吉林美术出版社	2007 年
193	韩志伟	追寻自由——从康德到马克思	专著	中国社会科学出版社	2010 年
194	蒲新微	走进老年群体：从关怀到关照	专著	中国社会科学出版社	2014 年
195	漆　思	现代性的命运——现代社会发展理念批判与创新	专著	中国社会科学出版社	2005 年
196	漆　思	中国共识：中华复兴的和谐发展道路	专著	中国社会科学出版社	2008 年
197	漆　思 曹胜高	文化中国论丛：文化的力量	编著	吉林人民出版社	2012 年
198	翟奎凤	德育鉴	编著	北京大学出版社	2011 年
199	翟奎凤	易象正	古籍整理	中华书局	2011 年
200	翟奎凤	以易测天：黄道周易学思想研究	专著	中国社会科学出版社	2012 年
201	蔡英田	科技革命与世界观变革	专著	吉林大学出版社	2001 年

文学院（边疆考古研究中心）

序号	作者	著作名称	著作类型	出版单位	出版时间
1	于小植	惜别	译著	吉林人民出版社	2005 年
2	于 洪	信仰的崩溃与重建：宗教改革	专著	长春出版社	2010 年
3	马大勇	史承谦词新释辑评	专著	中国书店	2007 年
4	马大勇	清初庙堂诗歌集群研究	专著	吉林人民出版社	2007 年
5	马大勇	纳兰性德	专著	中华书局	2010 年
6	井中伟 王立新	夏商周考古学	编著	科学出版社	2013 年
7	公 木 赵 雨	诗经全解	古籍整理	长春出版社	2006 年
8	公 木 赵 雨	名家讲解《诗经》	古籍整理	长春出版社	2007 年
9	孔朝蓬	惯性的反思：反现代意识与 20 世纪中国文学	专著	吉林大学出版社	2009 年
10	孔朝蓬	广播节目主持艺术	编著	东北师范大学出版社	2012 年
11	木 斋	中国古代诗人的仕隐情结	专著	京华出版社	2001 年
12	木 斋	走出古典——唐宋词体与宋诗的演进	专著	中国社会科学出版社	2002 年
13	木 斋	宋词体演变史	专著	中华书局	2008 年
14	木 斋	历史的化石：知青十五年	创作成果	东方出版社	2009 年
15	木 斋	古诗十九首与建安诗歌研究	专著	人民出版社	2009 年
16	木 斋	等待——木斋编年诗选	创作成果	（台湾）丽文文化事业股份有限公司	2013 年
17	王立新	半支箭河中游先秦时期遗址	专著	科学出版社	2002 年
18	王立新 塔拉 朱永刚	林西井沟子—晚期青铜时代墓地的发掘与综合研究	编著	科学出版社	2010 年
19	王汝梅 张 羽	中国小说理论史	编著	浙江古籍出版社	2001 年
20	王汝梅	金瓶梅与艳情小说研究	专著	时代文艺出版社	2003 年
21	王汝梅	王汝梅解读《金瓶梅》	专著	时代文艺出版社	2007 年
22	王汝梅 张 羽	中国文学批评史	编著	北京师范大学出版社	2011 年
23	王汝梅 李昭恂 于凤树	张竹坡批评金瓶梅（上、下）	古籍整理	齐鲁书社	2014 年
24	王 志	东周列国志	编著	二十一世纪出版社	2012 年
25	王 志	楚辞评注	工具书	吉林大学出版社	2015 年
26	王 昊	《辨奸论》真伪考信编	编著	吉林人民出版社	2001 年
27	王俊秋	当代影视剧中的"清宫戏"研究	专著	光明日报出版社	2010 年

序号	作者	著作名称	著作类型	出版单位	出版时间
28	王 剑	明代密疏研究	专著	中国社会科学出版社	2005 年
29	王树海	诗禅证道："贬官禅悦"和后期唐诗的"人造自然"风格	专著	新星出版社	2007 年
30	王 健	茅盾小说经典	编著	二十一世纪出版社	2011 年
31	王 健	三言精华	编著	二十一世纪出版社	2012 年
32	王 健	胡适散文精选	编著	二十一世纪出版社	2013 年
33	王桂妹	五四文化激进主义与中国文学现代转型	专著	山西出版集团北岳文艺出版社	2007 年
34	王桂妹	文学与启蒙：《新青年》与新文学研究	专著	中国社会科学出版社	2010 年
35	王艳玲	米切尔与《飘》	编著	中国少年儿童出版社	2001 年
36	王培新	乐浪文化——以墓葬为中心的考古学研究	专著	科学出版社	2007 年
37	王培新 梁会丽	八连城——2004～2009 年度渤海国东京故址田野考古报告	编著	文物出版社	2014 年
38	王锡荣	楚辞	古籍整理	吉林文史出版社	2007 年
39	王锡荣	名家讲解郑板桥诗文	专著	长春出版社	2009 年
40	付景川	走遍世界丛书	编著	长春出版社	2001 年
41	付景川	外国文学史话（西方 20 世纪前期卷）	专著	吉林人民出版社	2001 年
42	付景川 杨德宏	世界短篇小说名著精选	编著	长春出版社	2002 年
43	付景川 杨德宏	世界中篇小说名著精选	编著	长春出版社	2003 年
44	付景川	西方建筑史	译著	吉林人民出版社	2004 年
45	付景川	外国文学 61 讲（学生版）	编著	吉林文史出版社	2005 年
46	付景川	西方 20 世纪前期文学（上、中、下）	专著	吉林文史出版社	2009 年
47	令狐若明	走进古埃及文明	专著	民主与建设出版社	2001 年
48	令狐若明	世界上古史	编著	吉林大学出版社	2007 年
49	令狐若明	埃及学研究：辉煌的古埃及文明	专著	吉林大学出版社	2008 年
50	冯恩学	俄国东西伯利亚与远东考古	专著	吉林大学出版社	2002 年
51	冯恩学	田野考古学（第二版）	编著	吉林大学出版社	2003 年
52	冯恩学	田野考古学（第三版）	编著	吉林大学出版社	2008 年
53	冯恩学 蔡 维	巴东雷家坪	编著	科学出版社	2009 年
54	冯恩学	奉节宝塔坪	编著	科学出版社	2010 年
55	史吉祥 郭富纯	2002 博物馆公众研究	编著	吉林人民出版社	2003 年
56	史海波	走出伊甸园：文明古国巡礼	专著	长春出版社	2010 年
57	史海波 由兴波 李清敏	水墨丹青：中国书画艺术	编著	世界知识出版社	2013 年

序号	作者	著作名称	著作类型	出版单位	出版时间
58	由兴波	诗词圣手——苏轼	编著	北方妇女儿童出版社	2002 年
59	由兴波	宋词三百首	古籍整理	广西师范大学出版社	2008 年
60	白 杨	文化想象与身份探寻——近五十年香港文学意识的嬗变	专著	吉林人民出版社	2006 年
61	白 杨	台港文学：文化生态与写作范式考察	专著	吉林大学出版社	2009 年
62	刘中树	毛泽东文艺思想与当代文艺发展	编著	吉林大学出版社	2005 年
63	刘中树 张福贵 白 杨	世界华文文学的新世纪	编著	吉林大学出版社	2006 年
64	刘中树	刘中树文学评论集	专著	吉林出版集团有限责任公司	2008 年
65	刘中树	刘中树文学论集（一）	专著	吉林出版集团有限责任公司	2008 年
66	刘中树	刘中树文学论集（二）	专著	吉林出版集团有限责任公司	2008 年
67	刘中树 张福贵 王学谦	现代文学基础	编著	北京大学出版社	2009 年
68	刘中树 许祖华	中国现代文学思潮史	编著	华中师范大学出版社	2009 年
69	刘中树	注解本沈从文短篇小说选	编著	（香港）天地图书有限公司	2011 年
70	刘中树	沈丛文短篇小说选	编著	（台湾）INK 印刻文学生活杂志出版有限公司	2012 年
71	刘中树	当下视野中的毛泽东文艺思想	编著	吉林大学出版社	2012 年
72	刘会军	近代以来中外关系与中国现代化	专著	吉林大学出版社	2005 年
73	刘会军	蒋介石与戴笠	专著	团结出版社	2009 年
74	刘会军	陈豹隐传	专著	吉林大学出版社	2009 年
75	刘会军	寻找真实的戴笠	编著	团结出版社	2011 年
76	刘会军	中国共产党九十年历程（第四卷）：共赴国难	编著	吉林人民出版社	2011 年
77	刘 坚	新闻报道现代方法	专著	吉林大学出版社	2009 年
78	刘学义	话语权转移：转型时期媒体言论话语权实践的社会路径分析	专著	中国传媒大学出版社	2008 年
79	刘柏青	短笛无腔信口吹	创作成果	吉林出版集团有限责任公司、时代文艺出版社	2012 年
80	刘 洋 林 海	综艺娱乐节目主持概论	编著	中国传媒大学出版社	2007 年
81	刘艳茹	语言的结构之思：索绪尔语言哲学思想及其现代张力	专著	吉林人民出版社	2008 年

续表

序号	作者	著作名称	著作类型	出版单位	出版时间
82	刘富华 孙维张	索绪尔与结构主义语言学	专著	吉林大学出版社	2002 年
83	刘富华	社会语言学概论	编著	吉林大学出版社	2004 年
84	刘富华	留学生实用汉语写作教程（上、下）	编著	吉林大学出版社	2004 年
85	刘富华	汉语乐园 3	编著	北京语言大学出版社	2005 年
86	刘富华 李 轶 吕文杰	汉语语音训练教程	编著	北京语言大学出版社	2006 年
87	刘富华	美猴王汉语（上下）	编著	北京语言大学出版社	2006 年
88	刘富华 孙 炜	语言学通论	专著	北京语言大学出版社	2009 年
89	刘富华	对日汉语语法教学法——怎样教日本人汉语语法	编著	北京语言大学出版社	2013 年
90	刘富华	对日汉语语音教学法——怎样教日本人汉语语音	编著	北京语言大学出版社	2014 年
91	刘 辉	走进诺贝尔科学奖	编著	吉林人民出版社	2009 年
92	刘德斌	国际关系史	编著	高等教育出版社	2003 年
93	刘德斌	当代国际关系问题	编著	吉林大学出版社	2003 年
94	刘德斌	世界历史与国际关系专业英语选读	编著	吉林大学出版社	2003 年
95	刘德斌	世界历史中的国际体系——国际关系研究的再构建	译著	高等教育出版社	2004 年
96	刘德斌	东北亚史	编著	吉林人民出版社	2006 年
97	刘德斌	美国人民：创建一个国家和一种社会（上、下卷）	译著	北京大学出版社	2008 年
98	刘德斌	中国与世界（第三辑）	编著	中国社会科学出版社	2013 年
99	刘德斌	全球化关键词	译著	北京大学出版社	2014 年
100	吕文杰 张青岭 李春红	大学汉语初级口语（上）	编著	华语教学出版社	2009 年
101	吕明臣	话语意义的建构	专著	东北师范大学出版社	2005 年
102	吕明臣	网络语言研究	专著	吉林大学出版社	2008 年
103	孙克文	对外汉语综合课教学研究	编著	商务印书馆	2006 年
104	孙克文	Типология словообразования китайского ирусского языков	专著	Минск ИП: Экоперспектива	2007 年
105	孙克文	Типология словообразованиякитайско и рускогоязыков	专著	РеспубликанскийИнст-итут высшей школы	2009 年
106	孙维张	佛源语词词典	工具书	语文出版社	2007 年
107	孙 瑞	金文简牍帛书中文书研究	专著	吉林文史出版社	2009 年
108	朱永刚 王立新 塔 拉	西拉木伦河流域先秦时期遗址调查与试掘	编著	科学出版社	2010 年

续表

序号	作者	著作名称	著作类型	出版单位	出版时间
109	朱泓	体质人类学	编著	高等教育出版社	2004 年
110	朱泓	东北、内蒙古地区古代人类的种族类型与DNA	编著	吉林人民出版社	2006 年
111	朴金波	西田"融创哲学"研究	专著	吉林大学出版社	2009 年
112	汤卓炜	环境考古学	编著	科学出版社	2004 年
113	许兆昌	周代史官文化——前轴心期核心文化形态研究	专著	吉林大学出版社	2001 年
114	许兆昌	夏商周简史	专著	福建人民出版社	2002 年
115	许兆昌	先秦史官的制度与文化	专著	黑龙江人民出版社	2007 年
116	许兆昌 于薇	魏晋南北朝简史	编著	福建人民出版社	2007 年
117	许兆昌	先秦乐文化考论	专著	黑龙江人民出版社	2010 年
118	张乃和	大发现时代中英海外贸易比较研究	专著	吉林人民出版社	2002 年
119	张乃和	英国文艺复兴时期的法律与社会	编著	黑龙江人民出版社	2007 年
120	张乃和	现代公民社会的起源	编著	黑龙江人民出版社	2007 年
121	张乃和	贸易、文化与世界区域化——近代早期中国与世界的互动与比较	专著	吉林人民出版社	2007 年
122	张全超	内蒙古和林格尔县新店子墓地人骨研究	专著	科学出版社	2010 年
123	张国举	唐诗精华注译评	工具书	长春出版社	2010 年
124	张忠培	肇源白金宝:嫩江下游一处青铜时代遗址的揭示	编著	科学出版社	2009 年
125	张松如	诗经	古籍整理	长春出版社	2011 年
126	张涛 徐延龙	软式排球	编著	吉林出版集团有限责任公司	2010 年
127	张福贵	中国现代文学作品选（1917～2000）（第一卷）	编著	高等教育出版社	2002 年
128	张福贵	跨文化传播:对外汉语教学与留学生教育探索	编著	高等教育出版社	2003 年
129	张福贵	中国文学130讲（现当代）	编著	吉林文史出版社	2005 年
130	张福贵	山高水长——刘中树先生执教48年纪念学术论文集	编著	长春出版社	2006 年
131	张福贵	"活着"的鲁迅:鲁迅文化选择的当代意义	专著	社会科学文献出版社	2010 年
132	张德厚	西方文论精解	专著	吉林大学出版社	2001 年
133	李书源	历史大教室（上、中、下）	工具书	南方出版社	2003 年
134	李书源	东北抗战实录	专著	长春出版社	2005 年
135	李书源	见证:四亿人的抗战	编著	蓝天出版社	2005 年
136	李书源	图说中国文化·建筑工程卷	编著	吉林人民出版社	2007 年

序号	作者	著作名称	著作类型	出版单位	出版时间
137	李书源 王明伟	东北抗战实录（第 2 版）	编著	长春出版社	2011 年
138	李书源	吉林大学图书馆藏稀见方志丛刊（全二十五册）	编著	国家图书馆出版社	2013 年
139	李　龙 周冰心 窦可阳	批评之后：对艺术和表演的新回应	译著	江苏美术出版社	2009 年
140	李伊萍	龙山文化：黄河下游文明进程的重要阶段	专著	科学出版社	2004 年
141	李　军	中国文学 128 讲（现当代·学生版）	编著	吉林文史出版社	2005 年
142	李守奎 洪玉琴	扬子法言译注	古籍整理	黑龙江人民出版社	2003 年
143	李守奎 李　轶	尸子译注	古籍整理	黑龙江人民出版社	2003 年
144	李守奎	楚文字编	专著	华东师范大学出版社	2003 年
145	李守奎 曲　冰 孙伟龙	上海博物馆藏战国楚竹书文字编	专著	作家出版社	2007 年
146	李守奎 贾连翔 马　楠	包山楚墓文字全编	编著	上海古籍出版社	2012 年
147	李志宏	文艺意识形态学说论争集	编著	吉林大学出版社	2006 年
148	李志宏 金永兵	站在新的历史起点上：新时期文学理论研究的回顾与反思	编著	时代文艺出版社	2008 年
149	李志宏	文学通论原理	编著	吉林大学出版社	2009 年
150	李志宏	新时期文学本性研究：以审美性和意识形态性为中心	专著	吉林大学出版社	2010 年
151	李志宏	认知美学原理教程	编著	吉林大学出版社	2012 年
152	李尚信	巴尔扎克与《人间喜剧》	编著	中国少年儿童出版社	2001 年
153	李尚信	欧美文学史	编著	吉林大学出版社	2003 年
154	李春红 张青岭 吕文杰	大学汉语初级口语（下）	编著	华语教学出版社	2009 年
155	李洪权	魏晋生活掠影	编著	沈阳出版社	2001 年
156	李　轶 张青岭 杨文昌	大学汉语中级口语（上）	编著	华语教学出版社	2009 年
157	李新宇	鲁迅的选择	专著	河南人民出版社	2003 年
158	李新宇	《呐喊》点评	编著	吉林文史出版社	2003 年
159	李　静	金词生成史研究	专著	中国社会科学出版社	2010 年

序号	作者	著作名称	著作类型	出版单位	出版时间
160	杨文昌 张青岭 李 铁	大学汉语中级口语（下）	编著	华语教学出版社	2009 年
161	杨 冬 吴元迈 张云君	外国文学史话（西方中古、文艺复兴卷）	专著	吉林人民出版社	2001 年
162	杨 冬	文学理论：从柏拉图到德里达	专著	北京大学出版社	2009 年
163	杨 冬 张云君	西方中古和文艺复兴文学（上、下）	专著	吉林文史出版社	2009 年
164	杨 军 吕绍纲	《诗经》婚恋诗与婚恋风俗研究	专著	吉林人民出版社	2001 年
165	杨 军	欧洲自由主义史	译著	吉林人民出版社	2001 年
166	杨 军	文化人类学	编著	吉林人民出版社	2003 年
167	杨 军 张乃和	东亚史（从史前至 20 世纪末）	编著	长春出版社	2006 年
168	杨 军 王秋彬	中国与朝鲜半岛关系史论	专著	社会科学文献出版社	2006 年
169	杨 军	高句丽民族与国家的形成和演变	专著	中国社会科学出版社	2006 年
170	杨 军	区域中国——中国区域发展历程	专著	长春出版社	2007 年
171	杨 军	周易文化大学讲稿	专著	中国人民大学出版社	2007 年
172	杨 军	渤海国民族构成与分布研究	专著	吉林人民出版社	2007 年
173	杨 军 吕净植	鲜卑帝国传奇	编著	中国国际广播出版社	2008 年
174	杨 军 张士东	阿拉伯人	编著	东方出版社	2008 年
175	杨 军	十八名家解周易（1～5 辑）	古籍整理	长春出版社	2009 年
176	杨 军	苏轼讲周易：白话《东坡易传》	古籍整理	长春出版社	2010 年
177	杨 军 王成玉	程颐讲周易：白话《伊川易传》	古籍整理	长春出版社	2010 年
178	杨 军 马旭俊	阿富汗史	译著	中国大百科全书出版社	2010 年
179	杨 军	契丹开国皇后	编著	中国国际广播出版社	2010 年
180	杨 军	走向陌生的地方——内陆欧亚移民史话	编著	兰州大学出版社	2011 年
181	杨 军 宁 波 关润华	东北亚古代民族史	编著	中国社会科学出版社	2014 年
182	杨 军	三国史记（校勘本）	古籍整理	吉林大学出版社	2015 年
183	杨建华	春秋战国时期中国北方文化带的形成	专著	文物出版社	2004 年

序号	作者	著作名称	著作类型	出版单位	出版时间
184	杨建华 蒋　刚	公元前 2 千纪的晋陕高原与燕山南北	编著	科学出版社	2008 年
185	杨翠红	法兰西人	专著	东方出版社	2008 年
186	杨翠红 杨晓聪 赵博文	创世神话:史前的世界	专著	长春出版社	2010 年
187	沈文凡	唐诗绝句	编著	吉林文史出版社	2003 年
188	沈文凡	汉魏六朝诗三百首译析	编著	吉林文史出版社	2005 年
189	沈文凡	排律文献学研究(明代篇)	专著	吉林人民出版社	2007 年
190	沈文凡 李博昊	名家讲解唐诗三百首	专著	长春出版社	2008 年
191	沈文凡 张德恒	梦溪笔谈	古籍整理	凤凰出版社	2009 年
192	沈文凡	唐诗三百首	工具书	长春出版社	2011 年
193	沈文凡 张德恒	名家讲解人间词话	工具书	长春出版社	2011 年
194	沈文凡 孙千淇	李白诗	工具书	中华书局	2014 年
195	沈文雪	文化版图重构与宋金文学生成研究	专著	光明日报出版社	2009 年
196	苏　畅 张　鹏	开创现实主义启蒙小说之先河:笛福与《鲁滨逊漂流纪》	编著	中国少年儿童出版社	2001 年
197	苏　畅	俄罗斯小说百年精选	编著	中国华侨出版社	2006 年
198	陈方竞 张中良	新版鲁迅文集:伪自由书·准风月谈·花边文学	编著	浙江人民出版社	2002 年
199	陈全家	清江流域古动物遗存研究	专著	科学出版社	2004 年
200	陈国庆	河口与振兴——牡丹江莲花水库发掘报告(一)	专著	科学出版社	2001 年
201	陈国庆	奉节新浦与老油坊	编著	科学出版社	2010 年
202	陈国庆	赤峰上机房营子与西梁	编著	科学出版社	2012 年
203	陈珊珊	大学语文	编著	辽宁人民出版社	2005 年
204	陈珊珊 李无未 秦曰龙	对外汉语教学论著指要与总目第二册(中国卷)	编著	作家出版社	2008 年
205	陈胜前	追寻人类的过去	译著	上海三联书店	2009 年
206	陈胜前	考古学:关键概念	译著	中国人民大学出版社	2012 年
207	陈瑞云	蒋介石与汪精卫	专著	团结出版社	2009 年
208	周大勇	媒介素养教育	编著	吉林人民出版社	2009 年
209	周　励	回望故土——寻找与解读司马桑敦	专著	传记文学出版社股份有限公司	2009 年

序号	作者	著作名称	著作类型	出版单位	出版时间
210	孟兆臣	分调绝妙好词:念奴娇·菩萨蛮	古籍整理	东方出版社	2001 年
211	孟兆臣	中国古代常用文体规范读本——赋	编著	吉林人民出版社	2004 年
212	孟兆臣	老上海俗语图说大全	专著	上海社会科学院出版社	2004 年
213	孟兆臣	中国近代小报史	专著	社会科学文献出版社	2005 年
214	孟兆臣	中国近代小报汇刊·方型周报.4	古籍整理	北京出版社	2009 年
215	孟兆臣	中国近代小报汇刊·社会日报.3	古籍整理	北京出版社	2009 年
216	孟兆臣	中国近代各地小报汇刊(第一辑)	编著	学苑出版社	2010 年
217	孟兆臣 安艳梅	中国近代各地小报汇刊(第二辑)	编著	学苑出版社	2011 年
218	孟兆臣	中国近代各地小报汇刊 第三辑	编著	学苑出版社	2013 年
219	孟兆臣	中国近代各地小报汇刊 第四辑	编著	学苑出版社	2015 年
220	孟昭信	神秘的孝庄皇后	专著	中国社会科学出版社	2008 年
221	林沄	林沄学术文集(二)	专著	科学出版社	2008 年
222	武玉环	辽制研究	专著	吉林大学出版社	2001 年
223	武玉环 杨军	遯亨集——吕绍纲教授古稀纪念文集	编著	吉林大学出版社	2003 年
224	武玉环	辽代刑法制度考述	专著	中国社会科学出版社	2004 年
225	武振玉	诗经对解	编著	吉林文史出版社	2003 年
226	武振玉	墨子	编著	凤凰出版传媒集团,凤凰出版社	2009 年
227	武振玉	两周金文虚词研究	专著	线装书局	2010 年
228	侯文学	汉代经学与文学	专著	人民出版社	2010 年
229	姚力 王丽	广告创意与案例分析	编著	高等教育出版社	2004 年
230	姚力	广播电视广告原理	编著	高等教育出版社	2006 年
231	柳英绿	韩汉翻译基础	专著	延边大学出版社	2002 年
232	柳英绿	韩汉语翻译教程	编著	延边大学出版社	2002 年
233	柳英绿	韩中翻译教程	编著	延边大学出版社	2002 年
234	柳春藩	正说诸葛亮	专著	中国青年出版社	2008 年
235	柳春藩	正说曹操	专著	中国青年出版社	2009 年
236	朱永刚	唐县南放水:夏、周时期遗存发掘报告	编著	文物出版社	2011 年
237	禹平 韩雪松	中国古代史	编著	吉林大学出版社	2007 年
238	胡柏一	汉语言文学基础与作品赏析	编著	吉林人民出版社	2004 年
239	赵元蔚	艺术的背后——王尔德论艺术	专著	吉林美术出版社	2007 年
240	赵元蔚	广告心理解析关键词	编著	吉林美术出版社	2011 年
241	赵永春 陈其泰	班固评传	专著	南京大学出版社	2002 年
242	赵永春	辽宋金元史论	专著	吉林人民出版社	2004 年

序号	作者	著作名称	著作类型	出版单位	出版时间
243	赵永春 郭彬蔚	历代国运——元朝	编著	经济日报出版社	2004 年
244	赵永春	金宋关系史	专著	人民出版社	2005 年
245	赵永春	中国东北民族关系史	编著	中央广播电视大学出版社	2008 年
246	赵英兰	民国生活掠影	专著	沈阳出版社	2001 年
247	赵英兰	民国社会政治研究	专著	吉林人民出版社	2001 年
248	赵英兰	派系与外交——民国时期对日外交思想研究	专著	吉林大学出版社	2005 年
249	赵　雨	上古歌诗的文化视野	专著	社会科学文献出版社	2005 年
250	赵　雨	元典之命运：以 1956 年思想学术境遇为中心	专著	香港国际学术文化资讯出版公司	2008 年
251	赵　雨 郭　杰 秋　芙	图文本．中国文学史话第八卷．清代文学	编著	吉林文史出版社	2008 年
252	赵宾福	东北石器时代考古	专著	吉林大学出版社	2003 年
253	赵宾福	中国东北旧石器文化（韩文版）	专著	韩国集文堂出版社	2006 年
254	赵宾福	中国东北地区夏至战国时期的考古学文化研究	专著	科学出版社	2009 年
255	徐正考	《论衡》同义词研究	专著	中国社会科学出版社	2004 年
256	徐正考	汉代铜器铭文文字编	专著	吉林大学出版社	2005 年
257	徐正考	汉代铜器铭文选释	专著	作家出版社	2007 年
258	徐正考	汉代铜器铭文综合研究	专著	作家出版社	2007 年
259	徐　萍	基辛格均势战略研究	专著	吉林人民出版社	2005 年
260	殷义祥	古文观止新注	古籍整理	人民文学出版社	2001 年
261	袁永锋 马卫东	司马光讲周易：白话《温公易说》	译著	长春出版社	2010 年
262	袁永锋 马卫东	节日情韵——中国传统节庆文化	编著	世界知识出版社	2013 年
263	梁亚东	论语新译	工具书	吉林大学出版社	2011 年
264	黄也平	一杆烟雨——历代词赏析	编著	吉林文史出版社	2004 年
265	黄也平	新世纪大众文化传播现象分析	专著	时代文艺出版社	2008 年
266	黄也平	文学通论——导论	编著	吉林大学出版社	2009 年
267	黄玉花	汉朝语述宾结构对比研究	专著	延边教育出版社	2002 年
268	黄玉花 成焕吉	只懂 ABC 的妈妈培养出了英语天才	译著	吉林摄影出版社	2003 年
269	黄玉花	한국인을위한중국어오류분석	专著	한국학술정보	2008 年
270	黄丽娜	高技术战争中军交运输心理保障研究	编著	解放军出版社	2005 年
271	彭善国	辽代陶瓷的考古学研究	专著	吉林大学出版社	2003 年

续表

序号	作者	著作名称	著作类型	出版单位	出版时间
272	彭善国	考古学——理论、方法与实践	译著	文物出版社	2004 年
273	惠一鸣	欧洲未来：挑战与前景	编著	中国社会科学出版社	2005 年
274	惠一鸣	欧洲联盟发展史（上、下）	专著	中国社会科学出版社	2007 年
275	程丽红	清代报人研究	专著	社会科学文献出版社	2008 年
276	程妮娜	东北史	编著	吉林大学出版社	2001 年
277	程妮娜	辽金史论丛——纪念张博泉教授逝世三周年论文集	编著	吉林人民出版社	2003 年
278	程妮娜	中国地方史纲	编著	吉林大学出版社	2007 年
279	程妮娜	东丰"皇家鹿苑"通考	编著	吉林文史出版社	2013 年
280	蒋 蕾 荆 宏	狂飙五万里	编著	长春出版社	2006 年
281	韩世明	辽金生活掠影	编著	沈阳出版社	2001 年
282	韩世明 都兴智	《金史》之《食货志》与《百官志》校注	古籍整理	中国社会科学出版社	2005 年
283	韩世明	明代女真家庭形态研究	专著	中国社会科学出版社	2006 年
284	韩世明	辽金史论集（第十辑）	编著	中国社会科学出版社	2007 年
285	韩世明 曲彦斌	辽宁文化通史·辽金卷	专著	大连理工大学出版社	2009 年
286	韩建立	《龙图公案》与中国古代公案小说	编著	吉林文史出版社	2011 年
287	韩建立	中学班级活动策划与组织	编著	吉林文史出版社	2013 年
288	韩建立	极品阅读·现代文：中考版	工具书	延边大学出版社	2013 年
289	韩建立	极品文言文宝典	工具书	延边大学出版社	2013 年
290	韩建立	清代语文教育文献研究	编著	（台湾）花木兰文化出版社	2015 年
291	靳丛林	东瀛文撷——20 世纪中国文学论	译著	吉林大学出版社	2003 年
292	靳丛林	从"绝望"开始	译著	生活·读书·新知三联书店	2013 年
293	靳丛林	鲁迅死因之谜	编著	（台湾）人间出版社	2014 年
294	蔡大伟	分子考古学导论	编著	科学出版社	2008 年
295	滕铭予	秦文化：从封国到帝国的考古学观察	专著	学苑出版社	2003 年
296	滕铭予	内蒙古东部（赤峰）区域考古调查阶段性报告	专著	科学出版社	2003 年
297	滕铭予	GIS 支持下的赤峰地区环境考古研究	专著	科学出版社	2009 年
298	潘 玲	伊沃尔加城址和墓地及相关匈奴考古问题研究	专著	科学出版社	2007 年
299	鞠惠冰	艺术的背后——布勒东论艺术	专著	吉林美术出版社	2007 年
300	鞠惠冰	艺术的背后——桑塔格论艺术	编著	吉林美术出版社	2007 年
301	鞠惠冰	广告创意哲学关键词	编著	吉林美术出版社	2011 年

序号	作者	著作名称	著作类型	出版单位	出版时间
302	鞠惠冰	广告文化学	编著	北京师范大学出版社	2013 年
303	魏存成	高句丽遗迹	专著	文物出版社	2002 年
304	魏存成	渤海考古	专著	文物出版社	2008 年

外国语学院

序号	作者	著作名称	著作类型	出版单位	出版时间
1	卜玉坤	《大学英语》(修订本)综合技能训练 AB 卷 6	工具书	上海外语教育出版社	2001 年
2	卜玉坤	大学专业英语 农林植物学英语 1	编著	外语教学与研究出版社	2001 年
3	卜玉坤 金晶鑫	大学专业英语 能源动力英语 1	编著	外语教学与研究出版社	2001 年
4	卜玉坤	大学专业英语 计算机英语 1	编著	外语教学与研究出版社	2001 年
5	卜玉坤	新编大学英语精释辅导与同步训练 3	工具书	外语教学与研究出版社	2001 年
6	卜玉坤 吴非晓	大学专业英语 机械英语 1	编著	外语教学与研究出版社	2001 年
7	卜玉坤	新概念求职英语:用最得体的表达实现你的职业梦想	编著	吉林科学技术出版社	2002 年
8	卜玉坤	大学专业英语 材料英语 1	编著	外语教学与研究出版社	2002 年
9	卜玉坤	大学专业英语 计算机英语 2	编著	外语教学与研究出版社	2002 年
10	卜玉坤 廖世敬	大学专业英语 化学与化工英语 1	编著	外语教学与研究出版社	2002 年
11	卜玉坤	新编大学英语精释辅导与同步训练 4	工具书	外语教学与研究出版社	2002 年
12	卜玉坤	新编大学英语精释辅导与同步训练 2	工具书	外语教学与研究出版社	2002 年
13	卜玉坤 金晶鑫	大学专业英语 能源动力英语 2	编著	外语教学与研究出版社	2002 年
14	卜玉坤	大学专业英语 机械英语 2	编著	外语教学与研究出版社	2002 年
15	卜玉坤	大学专业英语 医学英语 1	编著	外语教学与研究出版社	2002 年
16	卜玉坤	大学专业英语 管理学英语 1	编著	外语教学与研究出版社	2002 年
17	卜玉坤	大学英语 1 级水平测试训练精编详解	工具书	上海外语教育出版社	2002 年
18	卜玉坤	大学专业英语 人文社会科学英语 1	编著	外语教学与研究出版社	2002 年
19	卜玉坤 宋永燕	大学专业英语 农林植物学英语 2	编著	外语教学与研究出版社	2002 年
20	卜玉坤	大学专业英语 经济学英语 1	编著	外语教学与研究出版社	2002 年
21	卜玉坤	大学专业英语 电气与电子英语 1	编著	外语教学与研究出版社	2002 年
22	卜玉坤	大学专业英语 人文社会科学英语 2	编著	外语教学与研究出版社	2002 年
23	卜玉坤	大学专业英语 材料英语 2	编著	外语教学与研究出版社	2002 年
24	卜玉坤	大学英语 2 级水平测试训练精编详解	工具书	上海外语教育出版社	2002 年

续表

序号	作者	著作名称	著作类型	出版单位	出版时间
25	卜玉坤	大学专业英语 管理学英语 2	编著	外语教学与研究出版社	2002 年
26	卜玉坤	超越无限	译著	吉林科学技术出版社	2003 年
27	卜玉坤	大学英语 3 级水平测试训练精编详解	工具书	上海外语教育出版社	2003 年
28	卜玉坤	大学英语 5 级水平测试训练精编详解	工具书	上海外语教育出版社	2004 年
29	卜玉坤	大学英语 4 级水平测试训练精编详解	工具书	上海外语教育出版社	2005 年
30	卜玉坤	猫护养手册	工具书	香港万里机构	2005 年
31	卜玉坤	狗护养手册	工具书	香港万里机构	2005 年
32	卜玉坤 王晓彤	大学专业英语 经济学英语 2	编著	外语教学与研究出版社	2006 年
33	卜玉坤 高丽佳	大学专业英语 医学英语 2	编著	外语教学与研究出版社	2007 年
34	卜玉坤 程月芳 张振烈 何 林	新世纪理工科英语教程:机械工程（学生用书）	编著	上海外语教育出版社	2008 年
35	卜玉坤 程月芳 张振烈 何 林	新世纪理工科英语教程:机械工程（教师用书）	编著	上海外语教育出版社	2008 年
36	万冬梅	Героини А. Н. Толстого Типология образов и эволюция характеров	专著	莫斯科大学出版社	2006 年
37	万冬梅 夏海波 姜 湧	钢铁是怎样炼成的	译著	广西师范大学出版社	2008 年
38	于长敏	万延元年的足球队	译著	人民日报出版社	2002 年
39	于长敏	魔界——萨杰与魔法大战	译著	吉林出版集团有限责任公司	2006 年
40	于长敏	校园随笔	创作成果	吉林人民出版社	2006 年
41	于长敏	标准日汉字典	工具书	吉林出版集团有限责任公司	2009 年
42	于长敏	菊与刀:解密日本人	专著	吉林出版集团译文图书经营有限公司	2009 年
43	于长敏	管窥日本:从日本民间文学看日本民族文化	专著	吉林出版集团有限责任公司	2010 年
44	于长敏	建筑日本语（上、下）	编著	吉林出版集团有限责任公司	2014 年
45	尹允镇	朝鲜现代小说艺术模式研究	专著	韩国新星出版社	2001 年
46	尹允镇 杨乃晨 刘彦铭 俞成云	外国文学史（欧美分册）	编著	南海出版公司	2001 年

序号	作者	著作名称	著作类型	出版单位	出版时间
47	尹允镇	픽션과현실사이	专著	韩国新星出版社	2002 年
48	尹允镇	日本古代诗歌文学与中国文学的关联	专著	黑龙江朝鲜民族出版社	2005 年
49	尹允镇 池水涌 权赫律	韩国现代文学作品选	编著	上海交通大学出版社	2005 年
50	尹允镇	한중문학비교연구	专著	韩国首尔出版社	2006 年
51	尹允镇	재중조선인문학연구	专著	韩国新星出版社	2006 年
52	尹允镇	中韩交流标准韩国语．初级 1	编著	人民教育出版社	2006 年
53	尹允镇	中韩交流标准韩国语．初级 2	编著	人民教育出版社	2007 年
54	尹允镇	韩国文学史	编著	上海交通大学出版社	2008 年
55	尹允镇	韩国文学和韩中文学比较	专著	图书出版社	2014 年
56	王晓阳	语言自我中心成分及其文本解释	专著	中国社会科学出版社	2012 年
57	田 君	俄语实义切分的补充表达手段——语气词和标点符号	专著	吉林人民出版社	2002 年
58	田 君	俄汉身势成语的结构和语义特点	专著	吉林文史出版社	2005 年
59	伊秀波	工程硕士研究生英语听力教程	编著	清华大学出版社	2002 年
60	伊秀波	研究生英语听说教程（教师用书）	编著	吉林大学出版社	2002 年
61	伊秀波	研究生英语听说教程（学生用书）	编著	吉林大学出版社	2002 年
62	伊秀波	应用语言学——语言学习与语言教学	编著	吉林大学出版社	2004 年
63	刘丽华	实用日语语法释疑	编著	外语教学与研究出版社	2005 年
64	刘丽华	中日口译教程（初级）	编著	外语与教学研究出版社	2005 年
65	刘丽华 刘余馥	新概念日语考试先锋	工具书	吉林出版集团有限责任公司	2008 年
66	刘佐艳	语义的模糊性与民族文化	专著	吉林出版集团责任有限公司	2008 年
67	刘希彦	中高级英语语法例题与解析	编著	吉林大学出版社	2002 年
68	刘希彦 刘桂玲	心理语言学	专著	高等教育出版社 吉林大学出版社	2004 年
69	刘树仁	日汉相对话辞典	工具书	五南图书出版公司	2007 年
70	刘振生	石川达三文学评述	专著	吉林大学出版社	2001 年
71	孙明丽 石小竹	转化的象征——精神分裂症的前兆分析	译著	国际文化出版公司	2011 年
72	朱荣兰	英汉互译基础与提高	编著	吉林电子出版社	2004 年
73	权赫律	疯狂韩语 900 句	编著	广东省语言音像电子出版社	2004 年
74	权赫律	韩语语音闪电入门	工具书	广东语言音像电子出版社	2006 年
75	权赫律	关于春园与鲁迅的比较研究	专著	韩国:亦乐出版社	2007 年

序号	作者	著作名称	著作类型	出版单位	出版时间
76	权赫律 尹允镇	中韩交流标准韩国语泛读教程	编著	上海教育出版社	2010 年
77	权赫律	丛林不眠	译著	湖南人民出版社	2013 年
78	李 丽	Фразеология в русской и китайской языковых картинах мира на примере концепта 《ДОМ》	专著	Мосва изд-во ТЕЗАРУС	2007 年
79	李 丽 刘苏红	说俄语（应急口语必备）	工具书	吉林大学出版社	2008 年
80	李海平	论意义的语境基础——语用分析语境与诠释语境在意义追问中的整合	专著	辽宁大学出版社	2006 年
81	肖连河	俄语修辞学	编著	吉林大学出版社	2003 年
82	陈永国	海勒	译著	四川人民出版社	2001 年
83	卓新光	国际商务英语写作	编著	吉林科学技术出版社	2005 年
84	周异夫	西洋美术家画廊	译著	吉林美术出版社	2001 年
85	周异夫	中国传统水墨画学习丛书——墨兰篇 墨竹篇 墨菊篇	译著	吉林美术出版社	2004 年
86	周异夫	日本文学研究合萃：宿久高教授还历纪念	编著	吉林出版集团有限责任公司	2012 年
87	周异夫	宫泽贤治的《法华经》信仰与童话创作	专著	吉林出版集团有限责任公司	2013 年
88	苗幽燕	俄汉语新词对比研究	专著	吉林大学出版社	2001 年
89	金 城	俄语心理语言学纲要	编著	吉林人民出版社	2004 年
90	侯冰洁 刘希彦	英语教学方法论	编著	吉林大学出版社	2008 年
91	赵文学 刘婷婷 侯璐	格列佛游记	译著	时代文艺出版社	2005 年
92	赵文学	鲁宾逊漂流记	译著	时代文艺出版社	2005 年
93	钟盼盼	西班牙语习语词典	工具书	外语教学与研究出版社	2007 年
94	项蕴华	下岗女工身份的社会语言学研究	专著	吉林大学出版社	2009 年
95	项蕴华	语篇分析视角的再思考	专著	吉林大学出版社	2009 年
96	项蕴华	维也纳学派的批评性语篇分析理论在中国的应用研究	专著	吉林大学出版社	2014 年
97	唐 颖 曲 晶	英语修辞学	编著	吉林大学出版社	2004 年
98	唐 颖 周晓凤	跨文化修辞学	编著	吉林大学出版社	2013 年
99	唐 颖	艾·阿·理查兹诗歌批评理论	专著	吉林大学出版社	2014 年
100	徐明真	简明日本近现代文学史教程	编著	北京语言大学出版社	2007 年

序号	作者	著作名称	著作类型	出版单位	出版时间
101	徐明真	村上龙青少年主人公作品研究（日文版）	专著	知识产权出版社	2013 年
102	徐明真	村上龙青少年主人公作品研究（中文版）	译著	知识产权出版社	2013 年
103	宿久高	外苑芬芳——外国语言文学研究文集	编著	吉林教育出版社	2001 年
104	宿久高 陈多友 顾也力	高校日语专业 8 级考试模拟试题	工具书	中国对外翻译出版公司	2003 年
105	宿久高 陈多友 顾也力	高校日语专业 4 级考试模拟试题	工具书	中国对外翻译出版公司	2003 年
106	宿久高 周异夫	日语精读．第一册	编著	外语教学与研究出版社	2006 年
107	宿久高 周异夫	日语精读．第二册	编著	外语教学与研究出版社	2007 年
108	宿久高 周异夫	日语精读．第三册	编著	外语教学与研究出版社	2008 年
109	宿久高 邵艳平 于海鹏	日本的新感觉派文学及其在中国的研究	专著	吉林出版集团有限责任公司	2013 年
110	崔桂华	简明实用英语语法	工具书	吉林科学技术出版社	2002 年
111	崔桂华	"轴辐"模式:学校职业教育培训的组织构建	专著	吉林大学出版社	2012 年
112	崔　鉴	日本语通论	专著	大连理工大学出版社	2003 年
113	潘守文	民族身份的建构与解构——阿特伍德后殖民文化思想研究	专著	吉林大学出版社	2007 年
114	潘守文 胡文征	英语泛读教程．第二册	编著	北京大学出版社	2008 年
115	潘守文	《道德经》解译——以老解老译老	专著	吉林人民出版社	2015 年
116	薛亚红	医学专业英语——写作分册	编著	人民卫生出版社	2001 年

艺术学院

序号	作者	著作名称	著作类型	出版单位	出版时间
1	马　聪	中国戏曲音乐概论	编著	吉林教育出版社	2013 年
2	马　聪	中国说唱音乐概论	编著	吉林教育出版社	2015 年
3	马　聪	中国传统音乐——理论构建与艺术之美	专著	吉林大学出版社	2015 年
4	孔德明	"和谐"视野中的可持续设计研究——以中国 2010 年上海世博会为个案	专著	吉林大学出版社	2015 年

序号	作者	著作名称	著作类型	出版单位	出版时间
5	王昌和	当代中青年书画家精品：王昌和作品集	创作成果	吉林文史出版社	2008 年
6	付 璐	汽车车身造型设计美学研究	专著	吉林大学出版社	2010 年
7	付 璐	中国服务机器人设计美学研究	专著	吉林科学技术出版社	2012 年
8	付 璐	汽车造型设计美学概论	编著	机械工业出版社	2014 年
9	石鹏翔 解晓明 徐 丰	现代设计基础——设计素描	编著	北京工艺美术出版社	2008 年
10	石鹏翔	设计基础造型理论研究——设计基础造型理论的调整与补充	编著	吉林大学出版社	2009 年
11	孙姝丽	外国声乐经典教材（女中音）（上、下）	编著	吉林人民出版社	2007 年
12	孙晓航	影视广告解读与欣赏	编著	吉林人民出版社	2006 年
13	朱廷丽	西方钢琴艺术教程	编著	吉林大学出版社	2010 年
14	吴向东	中国美术家画廊：吴向东画集	创作成果	吉林美术出版社	2001 年
15	吴向东	吴向东素描人体	创作成果	吉林美术出版社	2007 年
16	吴向东	吴向东线描人体	创作成果	吉林美术出版社	2007 年
17	吴向东 吴健东	东北风情壁画集	创作成果	吉林美术出版社	2007 年
18	吴向东	吴向东油画集	创作成果	吉林美术出版社	2007 年
19	宋建华	艺术概论	编著	吉林美术出版社	2001 年
20	宋建华 郑秀华	装饰图案设计与应用	编著	吉林美术出版社	2003 年
21	张云生	空间设计新创意	编著	中国轻工业出版社	2006 年
22	张云生 棘 青	文物收藏常识	编著	吉林人民出版社	2009 年
23	张丽娟	视唱综合训练教程	编著	吉林音像出版社	2003 年
24	张丽娟	乐理、视唱练耳	编著	北京同心出版社	2003 年
25	张丽娟	音乐基础教育的理论与实践	创作成果	吉林音像出版社	2004 年
26	张晓晶	产品纹饰、灯具与环境空间设计	专著	吉林人民出版社	2004 年
27	张晓晶	中国艺术设计史	编著	吉林美术出版社	2006 年
28	张晓晶 张 葛	高句丽设计美学研究	专著	吉林大学出版社	2008 年
29	张 舸	高句丽艺术设计文化研究	专著	吉林大学出版社出版	2011 年
30	李公君 郭晓光	素描教学研究	编著	辽宁美术出版社	2005 年
31	李 妍	世界艺术经典——钢琴卷	编著	吉林音像出版社 吉林文史出版社	2006 年
32	李 恒	54 学时黑白画纪实	编著	吉林美术出版社	2003 年
33	李 恒	油画家左映雪生活速写	编著	吉林美术出版社	2004 年

序号	作者	著作名称	著作类型	出版单位	出版时间
34	李　恒	消磨时间——李恒绘画作品	创作成果	新华出版社	2010 年
35	杜大龙	元素的协奏曲:网页艺术设计的基本因素研究	专著	吉林大学出版社	2009 年
36	杨淑芳	杨淑若琵琶经典名曲专辑	创作成果	吉林音像出版社	2007 年
37	杨淑芳	琵琶的训练与演奏教学 DVD	创作成果	吉林大学音像出版社	2008 年
38	杨淑芳	琵琶的训练与演奏:英文线谱版	编著	吉林大学出版社	2009 年
39	杨淑芳	感悟林石城——吉林大学艺术学院纪念琵琶泰斗林石城诞辰九十周年文集	编著	吉林大学出版社	2013 年
40	陈　佳	水彩技法	编著	吉林美术出版社	2010 年
41	周正茂	Основные　пути　совершенствования фортепианной подготовки специалистов в вузах КНР	专著	俄罗斯莫斯科国立师范大学出版社	2008 年
42	孟德琦	如何办好墙报板报	编著	吉林人民出版社	2010 年
43	苗　薇	中国竹笛艺术鉴赏	编著	吉林大学出版社	2015 年
44	苗　薇	中国民族器乐概论教程	编著	吉林大学出版社	2015 年
45	金士友	远古神韵——音乐人类学视野中的满族民间萨满祭祀音乐	专著	吉林音像出版社	2008 年
46	金玺铎	视唱教程	编著	吉林科学技术出版社	2002 年
47	金玺铎	普通高校音乐教育实践与理论研究	编著	吉林人民出版社	2006 年
48	金玺铎	音乐专业学位研究生教育教学基本理论	编著	吉林大学出版社	2012 年
49	类维顺 张　钧	创作技法实例	编著	吉林美术出版社	2001 年
50	类维顺 刘学智	风景色彩技法实例	编著	吉林美术出版社	2001 年
51	类维顺 李　歆	静物色彩技法实例	编著	吉林美术出版社	2001 年
52	类维顺 张　钧	静物素描技法实例	编著	吉林美术出版社	2001 年
53	类维顺	色彩静物	编著	吉林美术出版社	2004 年
54	类维顺	时代美术	创作成果	时代文艺出版社	2004 年
55	类维顺 管君章	手·足·躯干	创作成果	福建美术出版社	2006 年
56	类维顺	中国美术家画廊:类维顺画集	创作成果	香港名人文化艺术出版社	2006 年
57	类维顺	类维顺中国画集	创作成果	吉林美术出版社	2011 年
58	类维顺 孙维国	中国当代美术家画廊(类维顺画集)	创作成果	吉林文史出版社	2012 年
59	类维顺	类维顺人物画集	创作成果	吉林文史出版社	2013 年
60	类维顺	十艺中国·当代书画百家丛书(第 3 辑)(类维顺卷)	创作成果	线装书局	2014 年

续表

序号	作者	著作名称	著作类型	出版单位	出版时间
61	类维顺	国画名家经典（类维顺）	创作成果	中国美术学院出版社	2015 年
62	胡卫军	东北萨满文化设计研究	专著	吉林大学出版社	2010 年
63	胡卫军	工业产品设计	编著	黑龙江美术出版社	2011 年
64	胡卫军	设计师专业色谱与配色设计:综合配色	工具书	电子工业出版社	2011 年
65	胡卫军	平面设计配色速查	编著	电子工业出版社	2013 年
66	赵开坤	中国油画名家画库（第2辑）（赵开坤）	创作成果	四川出版集团 四川美术出版社	2007 年
67	赵开坤	赵开坤艺术·油花卷	创作成果	长城出版社	2008 年
68	赵开坤	赵开坤艺术·线描卷	创作成果	长城出版社	2008 年
69	赵开坤	中国当代著名画家作品集（赵开坤）	创作成果	吉林美术出版社	2009 年
70	柴君赫	数字摄影与图像原理	编著	吉林人民出版社	2006 年
71	贾昕东	演变中的欧美美术流派	编著	吉林人民出版社	2006 年
72	郭薇	山山水水总关情——郭薇写生作品集	创作成果	吉林美术出版社	2007 年
73	高向阳	高向阳古诗卡作品集	专著	人民美术出版社	2002 年
74	高向阳	中国美术家画廊（高向阳画集）	创作成果	吉林美术出版社	2005 年
75	高向阳	中国画精品选系列丛书（高向阳）	创作成果	华夏文化艺术出版社	2006 年
76	高向阳	当代中国画名家扇面精品集（高向阳）	创作成果	中国文联出版社	2006 年
77	高向阳	国兰欣赏与写兰	编著	吉林美术出版社	2008 年
78	高向阳	高向阳速写	创作成果	吉林美术出版社	2012 年
79	曹江	曹江人体速写	创作成果	吉林美术出版社	2002 年
80	黄澈	合唱艺术	编著	中国文史出版社	2011 年
81	傅黎明	工业产品造型设计研究	专著	吉林人民出版社	2002 年
82	傅黎明	设计美学规律研究	专著	中国美术出版社	2006 年
83	傅黎明	设计美学法则研究	专著	吉林大学出版社	2008 年
84	傅黎明	付黎明教授艺术集萃	创作成果	吉林美术出版社	2010 年
85	傅黎明	工业产品设计美学研究	编著	吉林大学出版社	2012 年
86	傅黎明 许静	宋代女性头饰设计艺术探赜及其文化索隐	专著	吉林大学出版社	2014 年
87	蔡琦	颜色的呼唤——色彩元素在平面设计中的应用研究	专著	吉林大学出版社	2009 年

体育学院

序号	作者	著作名称	著作类型	出版单位	出版时间
1	方秀宠	野外生存指南	编著	吉林人民出版社	2007 年
2	关朝晖	现代足球训练理念诠释与应用	编著	华南理工大学出版社	2009 年
3	刘忠民	预防艾滋病教育教程	编著	高等教育出版社	2005 年

续表

序号	作者	著作名称	著作类型	出版单位	出版时间
4	刘忠民	体育保健与健康	编著	吉林大学出版社	2014 年
5	刘忠民	教师健康解码	编著	东北师范大学出版社	2014 年
6	刘姝	体育与健康理论教程	工具书	哈尔滨地图出版社	2004 年
7	刘姝	奥林匹克营销	编著	人民体育出版社	2005 年
8	孙茹	维廉－哈维	译著	广东教育出版社	2004 年
9	孙茹	地球环保	专著	广东教育出版社	2004 年
10	孙茹 邹晓峰	运动人体科学理论与方法概论	编著	吉林大学出版社	2013 年
11	孙常义 魏勇 邹然	网球运动教程	编著	吉林人民出版社	2012 年
12	许今刚 吴翔	新编体育与健康教程	编著	北京体育大学出版社	2006 年
13	吴杰 佟远堂	软式排球理论与运动方法	编著	吉林大学出版社	2003 年
14	张亚荣	形体修炼——肢体姿态语言训练教程	专著	吉林人民出版社	2010 年
15	张晓义 张世民 张少伟	大学体育教程	编著	吉林科学技术出版社	2007 年
16	张婷	速联网发现系列.1：鲨鱼	译著	吉林科学技术出版社	2003 年
17	张婷	高校体育双语教学	编著	吉林电子出版社	2011 年
18	李一	大学野外生存教材	编著	吉林人民出版社	2007 年
19	李丹	体育健康与健身运动的科学性研究	编著	吉林大学出版社	2013 年
20	李光欣 俞大伟 李丹	中学体育教材教法	编著	东北师范大学出版社	2011 年
21	李维希	普通高等学校体育课教程（理论部分）	编著	吉林省教育音像出版社	2004 年
22	李维希	野外生存手册	编著	吉林音像出版社	2005 年
23	李维希	高校野外生存读本	编著	吉林人民出版社	2007 年
24	李维希	大学体育与健康教程	编著	吉林科学技术出版社	2010 年
25	李萍	公关与社交礼仪	编著	吉林科学技术出版社	2001 年
26	李萍	人体形态结构与运动	编著	吉林人民出版社	2006 年
27	李鸿双	大学生运动健身指南	工具书	吉林人民出版社	2011 年
28	李湘浓	竞技越野滑雪	专著	长春摄影出版社	2003 年
29	杨庆玲	体育公关礼仪	编著	东北师范大学出版社	2010 年
30	杨杰	体育决策问题研究	专著	吉林大学出版社	2009 年
31	杨霆 颜天民	体育学习原理	编著	广西师范大学出版社	2005 年

序号	作者	著作名称	著作类型	出版单位	出版时间
32	沈 艳	速度轮滑运动教程	编著	吉林大学出版社	2014 年
33	迟 化 卢景波 何 英	无痛苦跑步	专著	吉林大学出版社	2012 年
34	迟 化	跨越（日记作品集）	编著	吉林大学出版社	2012 年
35	俞大伟 张 昊 李艳军	高校篮球运动专项训练全阐释	编著	中国商务出版社	2011 年
36	胡光霞	高校高水平运动队培养竞技体育人才研究	专著	吉林大学出版社	2014 年
37	赵立君	篮球裁判晋级必读	工具书	北京体育大学出版社	2005 年
38	徐延龙	保龄球	编著	吉林出版集团有限责任公司	2010 年
39	袁 吉	大学生健康教育	编著	延边大学出版社	2001 年
40	袁 吉	吉林省社会体育指导员培训辅导手册	编著	吉林人民出版社	2003 年
41	袁 吉	大学体育健康实用教程	编著	吉林文史出版社	2005 年
42	袁 吉	田径与户外运动	编著	北京体育大学出版社	2008 年
43	袁 吉 袁 林 麻新远	田径裁判实用教程	编著	吉林大学出版社	2012 年
44	袁 雷	大学生田径裁判员晋级必学	编著	吉林省长白山音像出版社	2005 年
45	袁 雷 袁 吉 杨道宁	现代大学体育教程	编著	人民体育出版社	2010 年
46	袁 雷	体育政治价值论	专著	吉林大学出版社	2013 年
47	袁 雷 周 游 马 慧	运动社会心理学导论	编著	吉林大学出版社	2013 年
48	袁 雷 袁 吉	大学体育（重名）	编著	吉林大学出版社	2013 年
49	袁 雷 杨 杰	运动心理学专题讨论	编著	吉林大学出版社	2013 年
50	袁 雷 郭玉莲	体育教学法新论	编著	吉林大学出版社	2013 年
51	龚德胜	篮球实用训练法	编著	吉林大学出版社	2012 年
52	董新伟	现代大学体育教程	编著	人民体育出版社	2010 年
53	裴海泓	体育与健康	编著	高等教育出版社	2002 年
54	裴海泓	体育（第三版）	编著	人民卫生出版社	2004 年
55	裴海泓	体育（第五版）	编著	人民卫生出版社	2013 年

公共外语教育学院

序号	作者	著作名称	著作类型	出版单位	出版时间
1	丁丽蓉 王 焱 许加澍 房 震 王培舒	神奇的科学魔方（上下）	译著	长春出版社	2002 年
2	丁丽蓉 吴 鹏	麦格希中英双语阅读文库 古希腊神殿	工具书	吉林出版集团有限责任公司	2013 年
3	于长敏	中日大词典	工具书	五南图书出版公司	2008 年
4	于 萍	专业英语选读	编著	吉林大学出版社	2003 年
5	马 毅	研究生英语读写教程（学生用书）	编著	吉林出版集团有限责任公司	2006 年
6	云天英 刘金丽	实用老年英语教程（上、下册）	编著	吉林大学出版社	2008 年
7	尤姿元	英国大众传播史	译著	世纪出版集团、上海人民出版社	2008 年
8	王晓平	MBA 英语阅读教程	编著	吉林出版集团有限责任公司、外语教育出版公司	2010 年
9	王 斌	都柏林心情	创作成果	黑龙江人民出版社	2004 年
10	王 斌	世纪之歌·都柏林心情——我的异国文化体验	创作成果	黑龙江省人民出版社	2006 年
11	王 斌	一个人的心情	创作成果	吉林人民出版社	2008 年
12	王 斌	发现心情	创作成果	吉林人民出版社	2009 年
13	王 斌	触摸心情	创作成果	吉林人民出版社	2010 年
14	王 斌	这样	创作成果	吉林人民出版社	2011 年
15	王 斌	那样	创作成果	吉林人民出版社	2015 年
16	冯 彦	学生辞书文库——（新版）汉英词典	工具书	吉林摄影出版社	2003 年
17	冯 彦	学生辞书文库——（新版）英汉词典	工具书	吉林摄影出版社	2003 年
18	冯 彦	《理工类大学金砖英语》读写教程 3	编著	对外经济贸易大学出版社	2012 年
19	关丽娟	新编大学英语四级仿真模拟试题	工具书	吉林科学技术出版社	2001 年
20	关丽娟	大学英语四级模拟试题	编著	吉林科学技术出版社	2004 年
21	关丽娟 李国东	新要求大学泛听教程	编著	吉林出版集团有限责任公司	2005 年
22	关丽娟	新编大学英语四级模拟试题 710 分	工具书	吉林科学技术出版社	2006 年
23	关丽娟 徐祥武 孙文成	新视野大学英语新阅读教程 . 4	编著	外语教学与研究出版社	2009 年

序号	作者	著作名称	著作类型	出版单位	出版时间
24	刘凤荣 刘建男 刘春红	濒临灭绝的生物	译著	吉林文史出版社	2011 年
25	刘龙根	世纪外语教学与研究（2003）	编著	吉林大学出版社	2003 年
26	刘龙根	意义底蕴的哲学追问	专著	吉林大学出版社	2004 年
27	刘春红	日汉字典	工具书	哈尔滨出版社	2003 年
28	刘春红	简明日华词典	工具书	五南图书出版公司	2005 年
29	刘春红 刘建男 刘凤荣	能量和生存的秘密	译著	吉林文史出版社	2011 年
30	刘洪涛	实用日语语法释疑	工具书	大连理工大学出版社	2001 年
31	刘淑范 崔 敏	大学英语四级考试考前冲刺	工具书	吉林大学出版社	2003 年
32	刘淑范 曲 鑫	大学商务英语口语	编著	高等教育出版社	2008 年
33	刘淑玲	教学十论	专著	吉林大学出版社	2015 年
34	刘淑玲	源流与赓续——西方文学文本阐幽及其思想探赜	专著	吉林大学出版社	2015 年
35	刘淑艳	实用日语考试对策	工具书	大连理工大学出版社	2005 年
36	刘 萍	文化传播与社会发展	编著	吉林人民出版社	2005 年
37	刘鸿雁	汽车英语	编著	外语教学与研究出版社	2009 年
38	刘 璇 于秀敏	实用汽车英语	编著	北京理工大学出版社	2008 年
39	吕 娜	马蒂斯	译著	吉林美术出版社	2004 年
40	孙永恩	基础日语阅读与理解	工具书	吉林教育出版社	2007 年
41	孙建华	当代美国社会与文化——体验一个真实的美国	编著	清华大学出版社	2015 年
42	孙 萍	实用英汉翻译新法	专著	吉林大学出版社	2001 年
43	孙 萍	实用英汉翻译技巧与实践	专著	吉林大学出版社	2003 年
44	孙 萍	大瑟尔	译著	中国人民大学出版社	2004 年
45	孙 萍	英汉翻译导论（英文版）	专著	吉林大学出版社	2004 年
46	孙 萍	朗文精读美国名篇故事（第三册）	译著	吉林出版集团有限责任公司	2005 年
47	孙 萍	朗文讲透美国经典名著（第三册）	译著	吉林出版集团有限责任公司	2005 年
48	孙 萍 綦天柱	文化视域下英汉语言文学比较研究与翻译	专著	吉林出版集团有限责任公司	2007 年

序号	作者	著作名称	著作类型	出版单位	出版时间
49	孙 萍 綦天柱 邵 蓉	美国文学名篇汉译难点指津	编著	吉林大学出版社	2010 年
50	孙 萍 綦天柱	文化转向——转向文化:中英语言文化比较与翻译	编著	吉林大学出版社	2010 年
51	孙 萍 綦天柱	英语专业研究生翻译教程	编著	吉林出版集团有限责任公司	2012 年
52	宇 璐 邹潇潇	我的第一本法语书	工具书	外文出版社	2010 年
53	宇 璐 邹潇潇	法语教室从入门到精通	编著	天津电子出版社	2014 年
54	曲 晶	美国历史与文化	编著	吉林科学技术出版社	2002 年
55	曲 鑫	朗文放眼世界英语教程 World View (学术用书 4)	编著	吉林出版集团有限责任公司	2006 年
56	朴 玉	科学探究活动手册．科学和技术	译著	长春出版社	2003 年
57	朴 玉 陈 兵	朗文商务英语	编著	长春出版社	2004 年
58	朴 玉	兰登书屋英语主流词汇一周通	译著	长春出版社	2007 年
59	朴 玉	科学家讲希腊神话	译著	长春出版社	2007 年
60	朴 玉	科学家讲《圣经》故事	译著	长春出版社	2007 年
61	朴 玉	小学科学课教学案例	工具书	长春出版社	2008 年
62	吴宪忠 付文平	研究生英语听说教程(非英语专业研究生使用)	编著	吉林出版集团有限责任公司	2006 年
63	吴宪忠	研究生英语听说教程(修订版)	编著	吉林出版集团有限责任公司、外语教育出版公司	2008 年
64	吴春梅	Портрет в рассказах и повестях Леонида Андреева	专著	Москва-Ярославль: издательство «Литера»	2006 年
65	宋英梅 佟陆离	应对刺儿头——与刺儿头老板、同事、客户一同高效工作	工具书	吉林出版集团有限责任公司	2007 年
66	张广林 杨 芳 吴 鹏	麦格希中英双语阅读文库 火星存在生命吗	工具书	吉林出版集团有限责任公司	2013 年
67	张广林 吴 鹏	麦格希中英双语阅读文库 航空母舰:海上漂浮之国	工具书	吉林出版集团有限责任公司	2013 年
68	张广林 王颖鹏 吴 鹏	麦格希中英双语阅读文库 恐龙蛋的发现	工具书	吉林出版集团有限责任公司	2013 年

序号	作者	著作名称	著作类型	出版单位	出版时间
69	张玉娟 陈春田	新世纪实用英语写作（修订版）	编著	外语教学与研究出版社	2006 年
70	张立岩	Использование пейзажной живописи в процессе развития русской речи китайских студентов	专著	Компания Спутник + 出版社	2007 年
71	张立岩 李 红 吴春梅	俄罗斯绘画作品在大学俄语课堂的应用——理论与实践	编著	吉林大学出版社	2012 年
72	张旭东	网络商务	译著	长春出版社	2001 年
73	张旭东	造化之极·大脑	译著	长春出版社	2001 年
74	张旭东	轻松成为交际高手	工具书	长春出版社	2001 年
75	张绪忠	细菌	译著	时代文艺出版社	2008 年
76	张博伟	实践课程指导教师的角色与指导策略	专著	吉林大学出版社	2015 年
77	张 焱	语言变异建构社会身份	专著	社会科学文献出版社	2013 年
78	张 焱	英汉翻译过程中的难译现象处理	专著	中国社会科学出版社	2015 年
79	张 锦	日本文人的对华战争观（1931～1945）	专著	中国文史出版社	2013 年
80	李庆华 贾怀东	魅力俄罗斯政治经济篇	编著	高等教育出版社	2015 年
81	李红玉	大学俄语四级模拟题集	工具书	哈尔滨工业大学出版社	2005 年
82	李春洁 王晶珠	日语考试对策	工具书	吉林大学出版社	2006 年
83	李 晔 秦曰龙	二拍精华	编著	二十一世纪出版社	2012 年
84	李艳春	教学法研究	工具书	乌克兰民族大学基辅出版社	2002 年
85	李 朝	商务英语听与说	编著	吉林文史出版社	2001 年
86	李 朝	实用商务英语翻译教程	编著	复旦大学出版社	2003 年
87	李 朝 李 蛟	实用商务英语基础教程	编著	复旦大学出版社	2003 年
88	李 朝	新大学英语词汇手册	工具书	国防工业出版社	2006 年
89	李 朝 李 军 刘海存	英语专业四八级词汇手册	工具书	国防工业出版社	2006 年
90	李 朝	大学商贸英语翻译教程	编著	复旦大学出版社	2007 年
91	李 朝 李 蛟	大学商贸英语商务专业教程（第二版）	编著	复旦大学出版社	2007 年
92	李 朝 杨仲韬	大学商贸英语翻译教程教学参考书	工具书	复旦大学出版社	2007 年
93	李 朝 曹 瑜	新编商务英语翻译教程	编著	清华大学出版社、北京交通大学出版社	2011 年

序号	作者	著作名称	著作类型	出版单位	出版时间
94	杜桂敏	WTO 实用英语阅读教程	工具书	沈阳出版社	2003 年
95	杜桂敏	敢死连	译著	电影频道国际部、长春电影制片厂译制片厂	2006 年
96	杜桂敏	深夜中的呼唤（上、下）	译著	电影频道国际部、长春电影制片厂译制片厂	2006 年
97	杨仲韬	告诉我关于什么	译著	北方妇女儿童出版社	2004 年
98	杨仲韬	新编英汉汉英大词典（修订本）	工具书	黑龙江人民出版社	2005 年
99	杨延伟	大学体验英语——快速阅读教程 1	编著	高等教育出版社	2005 年
100	杨延伟	朗文交际文化英语 1～2	编著	吉林出版集团有限责任公司	2005 年
101	杨延伟	朗文精彩人生英语（What a Life）1～3	编著	吉林出版集团有限责任公司	2005 年
102	杨延伟 尚涤非	激励员工	工具书	吉林出版社	2007 年
103	杨金珩	新编旅游英语	编著	吉林科学技术出版社	2003 年
104	杨　梅 孙莉莉 曹佳璠	新农村英语教师培训简明教程	编著	吉林大学出版社	2013 年
105	杨　梅	Carrying a Torch the Beijing Olympic Torch Relay in the British and Chinese Media	专著	Oxford Bern Bruxelles Frankfurt am Main New York Wien	2014 年
106	沈葆春	长春市民实用英语会话	编著	长春出版社	2002 年
107	邵　蓉 陶继芬	朗文讲透美国经典名著（1）	工具书	吉林出版集团有限责任公司	2005 年
108	邵　蓉	朗文精读美国名篇故事（1）	工具书	吉林出版集团有限责任公司	2005 年
109	陈云哲	日本语能力测试词汇例解	工具书	吉林大学出版社	2001 年
110	陈云哲 于长敏	旅之环	译著	花山文艺出版社、河北教育出版社	2001 年
111	陈云哲	日语中请求与拒绝、赞扬与贬损的语用策略研究	编著	吉林大学出版社	2012 年
112	陈　奇	现代西方版画教程：版画入门	译著	吉林美术出版社	2004 年
113	陈莉莉	大学体验英语快速阅读教程 2	编著	高等教育出版社	2005 年
114	孟　瑾	日本语常用词汇分析精解	工具书	高等教育出版社	2001 年
115	孟　瑾 傅羽弘 李　欣	研究生日语教程（修订版）	编著	吉林大学出版社	2001 年

序号	作者	著作名称	著作类型	出版单位	出版时间
116	孟瑾	世纪外语教学与研究（2001）	编著	吉林大学出版社	2001 年
117	孟瑾	世纪外语教学与研究（2002）	编著	吉林大学出版社	2002 年
118	孟瑾	简明日语语法学	编著	吉林大学出版社	2003 年
119	孟瑾	全国研究生日语水平考试大纲	工具书	高等教育出版社	2004 年
120	孟瑾	世纪外语教学与研究（2004）	编著	吉林大学出版社	2004 年
121	孟瑾	日语语用学入门	专著	吉林大学出版社	2005 年
122	孟瑾 崔敏	世纪外语教学与研究（2005）	编著	吉林大学出版社	2005 年
123	孟瑾 傅羽弘	新大学日语标准教程（提高篇）2	编著	高等教育出版社	2008 年
124	孟瑾	起风	译著	吉林大学出版社	2009 年
125	孟瑾	日语语用学研究	编著	高等教育出版社	2009 年
126	孟瑾	日语语法学词类研究	编著	高等教育出版社	2011 年
127	林质清	日语汉字词典（繁体版）	工具书	五南图书出版公司	2005 年
128	宣力 赵国复	英俄汉小词典	工具书	吉林大学出版社	2003 年
129	宣力 刘玮	高级俄语教程	编著	吉林大学出版社	2008 年
130	宣力 刘多勤	俄语常用词组与句型	工具书	吉林出版集团有限责任公司	2008 年
131	战菊 龚登埔	博流英语综合教程.1 学生用书	编著	高等教育出版社	2007 年
132	战菊	英语教师专业发展:高校英语教师现状个案研究	专著	外语教学与研究出版社	2008 年
133	战菊	语言学习策略	工具书	世界图书出版社	2008 年
134	战菊	成功写作入门	工具书	北京大学出版社	2008 年
135	战菊 严明 曲鑫	先锋英语综合教程 4	编著	高等教育出版社	2012 年
136	战菊 严明 曲鑫	先锋英语综合教程 2	编著	高等教育出版社	2012 年
137	战菊 严明 林娟	先锋英语同步练习 2	工具书	高等教育出版社	2012 年
138	战菊 严明 付慧敏	先锋英语同步练习 4	工具书	高等教育出版社	2012 年
139	战菊	社会文化语境中的英语写作教学与研究——第七届中国英语写作教学与研究国际研讨会论文集	编著	外语教学与研究出版社	2012 年

序号	作者	著作名称	著作类型	出版单位	出版时间
140	胡文征	翻译与后现代性	译著	中国人民大学出版社	2005 年
141	胡铁生	中国研究生英语精读教程	编著	吉林大学出版社	2001 年
142	胡铁生	中国研究生英语精读教程教师用书	工具书	吉林大学出版社	2001 年
143	胡铁生	美国文学论稿	专著	吉林大学出版社	2011 年
144	赵　岩	英日汉小词典	工具书	吉林大学出版社	2002 年
145	殷明玉	中国大学英语听说教程第四册（学生用书及教师用书）	编著	吉林大学出版社	2001 年
146	殷明玉 冯　镔	到美国生活去——朗文必备英语习语	译著	长春出版社	2004 年
147	殷明玉	大学体验英语快速阅读教程 3	编著	高等教育出版社	2006 年
148	聂志文	实用英语综合教程	工具书	吉林大学出版社	2001 年
149	郭秀丽	俄语（上、下）	编著	乌克兰哈尔科夫大学出版社	2004 年
150	高玉华	An OT Analysis of Null Arguments	专著	Dongin Publish Co.	2014 年
151	商雨虹	一个女人	译著	北京燕山出版社	2003 年
152	商雨虹	苍蝇	译著	吉林大学出版社	2009 年
153	崔　敏	大学英语写作实践	编著	吉林大学出版社	2003 年
154	崔　敏	新时代交互英语．视听说练习册．第 4 级	编著	清华大学出版社	2004 年
155	崔　敏	新大学英语泛读听说教程（1～4 册）	编著	吉林出版集团有限责任公司	2005 年
156	崔　敏	动感英语新要求大学泛听教程（1～4）	编著	吉林出版集团有限责任公司	2005 年
157	崔　敏 孟　瑾	世纪外语教学与研究（2006）	编著	吉林出版集团有限责任公司	2006 年
158	梁汇娟	全国英语口语大赛获奖者演讲精选	工具书	长春出版社	2007 年
159	绪可望	汉英空间关系构式对比研究	专著	吉林大学出版社	2014 年
160	傅羽弘 郭美辛	目标管理决定成败	译著	科学出版社	2007 年
161	傅羽弘	少爷	译著	吉林大学出版社	2009 年
162	傅羽弘	罗生门	译著	吉林大学出版社	2009 年
163	傅羽弘	舞女	译著	吉林大学出版社	2009 年
164	傅羽弘 覃　霄	柠檬	译著	吉林大学出版社	2010 年
165	傅羽弘 宋　婷	青梅竹马	译著	吉林大学出版社	2010 年
166	谢　刚 孙海波 刘金铃	英汉语用文化交际手册	编著	吉林人民出版社	2013 年
167	谢　刚	中国文学选译及评注	译著	吉林出版集团有限责任公司	2014 年

续表

序号	作者	著作名称	著作类型	出版单位	出版时间
168	韩松 马毅	研究生英语读写教程（教师用书）	工具书	吉林出版集团有限公司	2006 年
169	翟云波	大学日语教学测评系统	编著	吉林科学技术出版社	2006 年
170	谭德锋	Семантика временной нелокализованности действия и её выражение в русских пословицах	专著	Компания Спутник + 出版社	2005 年
171	滕玉梅 付文平	新博士生英语阅读教程	编著	吉林大学出版社	2002 年
172	滕玉梅	新博士生英语翻译教程	编著	吉林大学出版社	2002 年
173	滕玉梅	中高级英语习语双解手册	工具书	吉林大学出版社	2002 年
174	滕玉梅 付文平	捷进英语习语双解小词典	工具书	吉林出版集团有限责任公司	2007 年
175	滕玉梅	研究生英语综合教程（教师用书）（修订版）	编著	吉林出版集团有限责任公司、外语教育出版公司	2008 年
176	滕玉梅	研究生英语综合教程（学生用书）（修订版）	编著	吉林出版集团有限责任公司、外语教育出版公司	2008 年
177	滕玉梅	研究生英语综合教程（教师用书）	编著	吉林出版集团有限责任公司	2008 年
178	潘君默	大学英语六级考试经典套餐	工具书	吉林大学出版社	2001 年
179	潘海英 马毅	新编研究生英语综合教程	编著	高等教育出版社	2014 年

经济学院（中国国有经济研究中心）

序号	作者	著作名称	著作类型	出版单位	出版时间
1	丁一兵	企业的泛风险管理：一种动态地处理风险与机遇的系统化策略	译著	吉林人民出版社	2001 年
2	丁一兵	汇率制度选择	专著	社会科学文献出版社	2005 年
3	丁一兵	欧盟区域政策与欧洲产业结构变迁	编著	吉林大学出版社	2008 年
4	马长玉	卓越的服务营销	编著	吉林大学出版社	2005 年
5	马春文	日本的技术变革：从十七世纪到二十一世纪	译著	中国经济出版社	2002 年
6	马春文	开门——创新理论大师熊彼特	译著	吉林人民出版社	2003 年
7	马春文 宋春艳	新古典政治经济学——寻租和 DUP 行动分析	译著	长春出版社	2005 年
8	马春文 张东辉	发展经济学（第二版）	编著	高等教育出版社	2005 年

序号	作者	著作名称	著作类型	出版单位	出版时间
9	马春文	现代经济学的历程——大思想家的生平和思想	译著	长春出版社	2006 年
10	马春文 肖前进 张秋红	经济学方法论基础——一种普波尔主义视角	译著	长春出版社	2008 年
11	马春文 张 峥	凯恩斯传	译著	长春出版社	2008 年
12	马春文	政治发展的经济分析:专制和民主的经济起源	译著	上海财经大学出版社	2008 年
13	马春文 李敬国 杨丽欣	经济增长研究综述	译著	长春出版社	2009 年
14	马春文 张东辉	发展经济学(第 3 版)	编著	高等教育出版社	2010 年
15	马春文 李俊江	以人为本:全球化世界的发展伦理学	译著	长春出版社	2011 年
16	马春文	长寿时代的健康管理——经济学和生命伦理学的视角	译著	长春出版社	2013 年
17	孔经纬	中国的经济发展	专著	吉林人民出版社	2003 年
18	尹栾玉	中国政府社会性规制模式探析	专著	吉林大学出版社	2007 年
19	戈国莲 江易华	基础会计学(第二版)	编著	首都经济贸易大学出版社	2013 年
20	王 刚	西方国家金融系统演进的比较制度分析——兼论我国金融系统的改革	专著	吉林大学出版社	2006 年
21	王 倩	欧盟区域政策——从资金支持视角的分析	编著	吉林大学出版社	2007 年
22	王 倩 许梦博	欧盟区域政策及其对中国东北老工业基地振兴的启示	编著	吉林大学出版社	2007 年
23	王 倩	网络经济时代的货币理论	专著	人民出版社	2009 年
24	王 倩	国际金融	编著	清华大学出版社	2012 年
25	田中景	日本经济兴衰探源	专著	吉林大学出版社	2001 年
26	田中景	国企改革之鉴——日本的经验与教训	专著	中国经济出版社	2003 年
27	田中景	日本经济:过去·现状·未来	专著	中国经济出版社	2004 年
28	刘佳丽	自然垄断行业政府监管机制、体制、制度功能耦合研究	专著	经济科学出版社	2014 年
29	孙少岩	中国利率机制研究	专著	吉林人民出版社	2002 年
30	年志远	人力资本产权与国有企业所有权安排	专著	经济科学出版社	2004 年
31	年志远	二元产权经济学研究	专著	经济科学出版社	2008 年
32	年志远	教育理论与实践研究	专著	吉林大学出版社	2009 年
33	年志远	国有资产流失及其治理机制研究	专著	经济科学出版社	2012 年

序号	作者	著作名称	著作类型	出版单位	出版时间
34	年志远	企业理论与经济发展研究	专著	吉林大学出版社	2014 年
35	年志远	中国国有资产管理体制创新研究	专著	经济科学出版社	2015 年
36	池元吉	世界经济概论	编著	高等教育出版社	2003 年
37	池元吉	世界经济概论（第二版）	编著	高等教育出版社	2006 年
38	池晶	保险学教程	编著	科学出版社	2007 年
39	池晶	保险学教程（第二版）	编著	科学出版社	2013 年
40	汤吉军	沉淀成本与国有企业退出制度研究	专著	吉林大学出版社	2006 年
41	汤吉军	沉淀成本经济学与国有经济动态演化分析	专著	经济科学出版社	2008 年
42	汤吉军	国有经济论丛（2010）：中国经济发展方式转变与国有经济战略	编著	吉林大学出版社	2011 年
43	汤吉军 宋冬林	资源枯竭地区经济转型和可持续发展研究	专著	经济科学出版社	2012 年
44	汤吉军	国有经济论丛（2011）	编著	吉林大学出版社	2012 年
45	汤吉军	国有经济论丛（2012）	编著	吉林大学出版社	2013 年
46	汤吉军	传统产业转型升级理论与政策研究	专著	科学出版社	2014 年
47	汤吉军	国有经济论丛（2013）	编著	吉林大学出版社	2014 年
48	纪玉山 曹志强	现代技术创新经济学	专著	长春出版社	2001 年
49	纪玉山 贾成中	竞争性领域国有经济战略重组研究	专著	科学出版社	2009 年
50	许纯祯 吴宇晖 张东辉	西方经济学（第二版）	编著	高等教育出版社	2005 年
51	许纯祯 吴宇晖 张东辉	西方经济学（第三版）	编著	高等教育出版社	2008 年
52	许梦博	中国经济发展中的财政赤字问题研究	专著	吉林大学出版社	2009 年
53	许梦博	被物价支配的经济史	编著	人民邮电出版社	2009 年
54	齐艺莹	国有资本效率论	专著	经济科学出版社	2005 年
55	齐平	欧盟区域性人力资源管理	编著	吉林大学出版社	2008 年
56	齐平	当代中国国有企业与私营企业诚信制度比较研究	专著	经济科学出版社	2012 年
57	齐平	生态文明视野下矿产资源开发利用管理研究——以东北地区为例	专著	吉林大学出版社	2013 年
58	齐平	中央企业重组与国际竞争力提升研究	专著	经济科学出版社	2015 年
59	齐平茹	会计学	编著	吉林大学出版社	2003 年
60	吴宇晖	社会主义政治经济学：一种马克思主义的社会理论	译著	吉林人民出版社	2001 年

序号	作者	著作名称	著作类型	出版单位	出版时间
61	吴宇晖 张嘉昕	外国经济思想史	编著	高等教育出版社	2007 年
62	吴宇晖	当代西方经济学流派	编著	科学出版社	2011 年
63	吴宇晖	经济民主论	专著	社会科学文献出版社	2013 年
64	吴宇晖 张嘉昕	外国经济思想史（第二版）	编著	高等教育出版社	2014 年
65	吴宇晖 张东辉 许罕多	西方经济学（第四版）	编著	高等教育出版社	2014 年
66	宋冬林 金成晓	企业并购——契约权利重组与资本市场运作	专著	吉林大学出版社	2001 年
67	宋冬林	老工业基地国有企业深化改革研究	专著	长春出版社	2001 年
68	宋冬林 林秀梅 蒋成林	东北三省创新能力评价及产业结构调整对策研究	专著	吉林人民出版社	2008 年
69	宋冬林	东北老工业基地资源型城市发展接续产业问题研究	专著	经济科学出版社	2009 年
70	宋冬林	社会主义经济理论研究集萃——纪念新中国成立 60 周年	编著	经济科学出版社	2009 年
71	宋冬林 林秀梅	区域创新与经济增长问题研究	编著	吉林人民出版社	2010 年
72	宋冬林	吉林省产业发展及中日经济合作展望	专著	东北师范大学出版社	2011 年
73	张玉新	基于分布知识的企业理论	专著	吉林大学出版社	2012 年
74	张维达	张维达文集：中国市场经济与国有企业改革的政治经济学研究	专著	长春出版社	2001 年
75	张维达	社会主义市场经济导论（第二版）	编著	高等教育出版社、吉林大学出版社	2004 年
76	张嘉昕	工人自我管理——一部颠覆资本雇佣劳动的经济思想史	专著	社会科学文献出版社	2013 年
77	李士梅	信誉的经济学分析	专著	经济科学出版社	2005 年
78	李士梅	公债经济学	编著	经济科学出版社	2006 年
79	李士梅	经济发展方式转变与国有企业作用的理论研究	专著	吉林大学出版社	2014 年
80	李中义	经济增长中的国债效应研究	专著	经济科学出版社	2012 年
81	李 冬	日本环境问题研究	专著	吉林大学出版社	2003 年
82	李玉蓉	当代国际资本流动对后发国家经济增长效应研究	专著	经济科学出版社	2008 年
83	李俊江	国际贸易	编著	高等教育出版社	2008 年

序号	作者	著作名称	著作类型	出版单位	出版时间
84	李俊江 史本叶 侯 蕾	外国国有企业改革研究	专著	经济科学出版社	2010 年
85	李俊江 史本叶	国际贸易学说史	专著	光明日报出版社	2011 年
86	李俊江 史本叶 范 硕	东北老工业基地国有企业自主创新能力研究	专著	光明日报出版社	2013 年
87	李俊江	全球金融危机后的美国经济热点问题研究	编著	社会科学文献出版社	2015 年
88	李 政	企业成长的机理分析	专著	经济科学出版社	2005 年
89	李 政 杨晓非	创业时代——唤醒个人、企业和国家的创业精神	译著	清华大学出版社	2006 年
90	李 政 潘 玉	技术创业：科学家和工程师的创业指南	译著	机械工业出版社	2009 年
91	李 政	国有经济论丛（2009）：危机与变局中的国有经济	编著	吉林大学出版社	2009 年
92	李 政	创业型经济：内在机理与发展策略	专著	社会科学文献出版社	2010 年
93	李 政	中央企业技术创新报告（2011）	编著	中国经济出版社	2011 年
94	李 政	中央企业自主创新报告（2012）	编著	中国经济出版社	2013 年
95	李 政	中央企业自主创新报告（2013）	编著	中国经济出版社	2014 年
96	李 政	中央企业自主创新报告（2014）	编著	中国经济出版社	2015 年
97	李 政	中国民营企业自主创新报告（2014）	编著	中国经济出版社	2015 年
98	李 昱	中国经济高速增长时期的货币政策	专著	吉林大学出版社	2008 年
99	李 晓 丁一兵	亚洲的超越：构建东亚区域货币体系与"人民币亚洲化"	专著	当代中国出版社	2006 年
100	李 晓	21 世纪初期东亚货币合作与人民币国际化	编著	吉林大学出版社	2006 年
101	李 晓 丁一兵	东亚区域货币合作与人民币汇率制度改革	编著	经济科学出版社	2010 年
102	李 晓	后危机时代的东亚货币金融合作——人民币与日元的协调是可能的吗？	编著	吉林大学出版社	2010 年
103	李 晓	世界金融危机的日中对话——日元、人民币与亚洲货币金融合作	编著	春风社	2010 年
104	李 晓	人民币、日元与亚洲货币合作——中日学者的对话	编著	清华大学出版社	2010 年
105	李 晓 丁一兵	人民币区域化问题研究	专著	清华大学出版社	2010 年
106	李 晓	后危机时代的国际货币体系改革——目标、进程与人民币国际化	编著	吉林大学出版社	2012 年
107	李 晓	国际货币体系改革：中国的视点与战略	专著	北京大学出版社	2015 年

序号	作者	著作名称	著作类型	出版单位	出版时间
108	李　晓	2015 中日韩三国经济报告	编著	中日韩三国合作秘书处	2015 年
109	杜　莉	中国－欧盟：合作与发展	编著	吉林大学出版社	2005 年
110	杜　莉	投资行为与法律约束——基金与外汇	编著	吉林人民出版社	2005 年
111	杜　莉	投资行为与法律约束——股票与债券	编著	吉林人民出版社	2005 年
112	杜　莉 徐传谌	产业集聚与东北振兴：欧盟等国家（地区）的启示	编著	吉林大学出版社	2007 年
113	杜　莉 顾洪梅	中国－欧盟：传统工业区振兴中的金融与财政支持	编著	吉林大学出版社	2007 年
114	杜　莉	中国－欧盟：发展循环经济推动老工业基地振兴	编著	吉林大学出版社	2007 年
115	杜　莉	中国－欧盟：老工业基地资源型城市复兴	编著	吉林大学出版社	2007 年
116	杜　莉	欧盟区域经济政策	编著	吉林大学出版社	2007 年
117	杜　莉 王　倩	中国－欧盟：政府在老工业基地振兴中的作用	编著	吉林大学出版社	2008 年
118	杜　莉	振兴东北老工业基地的金融支持	专著	经济科学出版社	2012 年
119	杜　莉 宋兰旗	中国高校筹资制度创新研究	专著	科学出版社	2012 年
120	杜　莉 张　鑫	国有商业银行产权制度改革效应评析	专著	经济科学出版社	2013 年
121	杜　莉	低碳经济时代的碳金融机制与制度研究	专著	中国社会科学出版社	2014 年
122	杜　婕 邵学峰	区域经济发展与融资渠道选择——以企业债券融资促进吉林老工业基地振兴为例	专著	吉林大学出版社	2006 年
123	沙玉翠	一看就懂的经济学	编著	中国致公出版社	2011 年
124	邵学峰	税收质量研究——国家间的比较与反思	专著	经济科学出版社	2005 年
125	邵学峰	国有经济论丛——大型国有企业集团公司治理研究	编著	吉林大学出版社	2007 年
126	邵学峰	国有经济论丛（2008）：中国商业银行深化改革与管理创新研究	编著	经济科学出版社	2009 年
127	邵学峰 张在茂	中国经济发展中的财政分权体制改革研究	专著	社会科学文献出版社	2013 年
128	邵学峰	财政学	编著	清华大学出版社	2015 年
129	周佰成	投资学	编著	清华大学出版社	2012 年
130	郑贵廷	《资本论》原理教程（第二卷）	编著	吉林大学出版社	2001 年
131	金成晓 李　政 袁　宁	权力的经济性质	专著	吉林人民出版社	2008 年
132	姚毓春	创业型经济与就业问题研究	专著	经济科学出版社	2014 年
133	赵　放	日本市场经济制度研究——对后发展国家的启示	专著	吉林大学出版社	2001 年

序号	作者	著作名称	著作类型	出版单位	出版时间
134	赵放	国际营销学	编著	机械工业出版社	2004 年
135	项卫星 李宏瑾	外汇市场的驱动力——欧元的启动与金融市场新格局	译著	吉林人民出版社	2001 年
136	项卫星 王达	国有商业银行改制后的公司治理结构问题研究——中国如何汲取中东欧转轨国家的经验与教训	专著	经济科学出版社	2012 年
137	徐传谌 郑贵生	国有经济理论前沿报告（2001）	编著	经济管理出版社	2001 年
138	徐传谌	WTO 皇冠上的明珠——WTO 争端解决机制与案例分析	编著	吉林人民出版社	2002 年
139	徐传谌	WTO 与中国政府——适应开放之变 规范政府之道	编著	吉林人民出版社	2002 年
140	徐传谌	WTO 与中国服务业——尊消费者主权 重服务价值观	编著	吉林人民出版社	2002 年
141	徐传谌	WTO 游戏规则面面观——通晓规则 应对挑战	编著	吉林人民出版社	2002 年
142	徐传谌	WTO 与中国工业——乘风破浪 直挂云帆	编著	吉林人民出版社	2002 年
143	徐传谌	WTO 与中国企业——惊涛骇浪 谁主沉浮	编著	吉林人民出版社	2002 年
144	徐传谌	WTO 与中国农业——疾风知劲草 寒冬显轻松	编著	吉林人民出版社	2002 年
145	徐传谌 任俊生	国有经济理论前沿报告（2002）	编著	吉林大学出版社	2002 年
146	徐传谌	深化国有企业改革 振兴东北老工业基地	编著	吉林大学出版社	2004 年
147	徐传谌	国有经济论丛（2004）——东北老工业基地国有企业制度创新	编著	吉林大学出版社	2005 年
148	徐传谌	国有经济论丛（2005）——深化国企改革 规范治理结构	编著	吉林大学出版社	2006 年
149	徐传谌 郑贵廷	国有经济资源优化配置系统论	专著	经济科学出版社	2006 年
150	徐传谌 谢地	产业经济学	编著	科学出版社	2007 年
151	徐传谌	国有控股公司控制权配置研究	专著	经济科学出版社	2008 年
152	徐传谌	国有经济评论（第 1 卷第 1 辑）	编著	经济科学出版社	2009 年
153	徐传谌	国有经济评论（第 2 卷第 1 辑）	编著	经济科学出版社	2010 年
154	徐传谌 李政	中央企业应对金融危机报告（2010）	编著	中国经济出版社	2010 年
155	徐传谌	国有经济评论（第 2 卷第 2 辑）	编著	经济科学出版社	2010 年
156	徐传谌	国有经济评论（第 3 卷第 1 辑）	编著	经济科学出版社	2011 年
157	徐传谌	国有经济评论（第 3 卷第 2 辑）	编著	经济科学出版社	2011 年

序号	作者	著作名称	著作类型	出版单位	出版时间
158	徐传谌	国有经济评论（第 4 卷第 1 辑）	编著	经济科学出版社	2012 年
159	徐传谌	国有经济评论（第 4 卷第 2 辑）	编著	经济科学出版社	2012 年
160	徐传谌 彭华岗	中国国有经济发展报告（1949～2002）	专著	经济科学出版社	2012 年
161	徐传谌 彭华岗	中国国有经济发展报告（2003～2010）	专著	经济科学出版社	2013 年
162	徐传谌	国有经济评论（第 5 卷第 1 辑）	编著	经济科学出版社	2013 年
163	徐传谌	国有经济评论（第 5 卷第 2 辑）	编著	经济科学出版社	2013 年
164	徐传谌	国有经济评论（第 6 卷第 2 辑）	编著	经济科学出版社	2014 年
165	徐传谌	国有经济专题研究报告	编著	经济科学出版社	2014 年
166	徐传谌 彭华岗	中国国有经济发展报告（2003～2012）	编著	经济科学出版社	2015 年
167	顾洪梅	我国商业银行效率的测度与经验研究	专著	经济科学出版社	2010 年
168	麻彦春 魏益华 齐艺莹	人口、资源与环境经济学	编著	吉林大学出版社	2007 年
169	麻彦春	东北地区民营科技型企业创业研究	编著	吉林大学出版社	2008 年
170	黄立华	中国农村公共产品供给制度变迁与制度创新	专著	吉林文史出版社	2009 年
171	谢地	大象与蝴蝶共舞——产业组织案例分析	编著	长春出版社	2003 年
172	谢地	政府规制经济学	编著	高等教育出版社	2003 年
173	谢地	自然垄断行业国有经济调整与政府规制改革互动论	编著	经济科学出版社	2007 年
174	谢地	规制下的和谐社会	编著	经济科学出版社	2008 年
175	谢地 宋冬林	政治经济学（第三版）	编著	高等教育出版社	2008 年
176	谢地 杜莉 吕岩峰	法经济学	编著	科学出版社	2009 年
177	谢地	中央企业品牌建设报告（2011）	编著	中国经济出版社	2011 年
178	谢地	中央企业品牌建设报告（2012）	编著	中国经济出版社	2013 年
179	谢地 刘佳丽	垄断行业监管机制的法经济学研究——监管机制、体制与制度协调论	专著	经济科学出版社	2013 年
180	谢地	中央企业品牌建设报告（2013）	编著	中国经济出版社	2014 年
181	廖红伟	WTO 争端解决制度与国有企业改革研究——一个法经济学的视角	专著	经济科学出版社	2009 年
182	蔡壮	东北黑土区农业可持续发展研究	专著	吉林大学出版社	2013 年
183	潘石	通货控制论	专著	吉林大学出版社	2001 年
184	潘石	中国私营资本原始积累	专著	清华大学出版社	2005 年
185	潘石	嬗变——中国富豪的第一桶金	专著	清华大学出版社	2005 年

序号	作者	著作名称	著作类型	出版单位	出版时间
186	潘 石	私营资本积累与东北经济振兴	专著	清华大学出版社	2008 年
187	潘 石 年志远 胡岳岷	加入 WTO 后国企改革：新思路·新理论·新对策	专著	经济科学出版社	2011 年
188	潘 石	中国私营经济经济理论前沿问题研究	专著	吉林大学出版社	2011 年
189	魏益华	中国对外直接投资研究	专著	吉林大学出版社	2006 年

法学院（理论法学研究中心）

序号	作者	著作名称	著作类型	出版单位	出版时间
1	于立深	契约方法论——以公法哲学为背景的思考	专著	北京大学出版社	2007 年
2	于 莹	票据法	编著	高等教育出版社	2004 年
3	于 莹	证券法中的民事责任	专著	中国法制出版社	2004 年
4	于 莹	规范经营行为	编著	辽宁人民出版社	2005 年
5	于 莹 杨立洁 于 洁	掌控合同运作	编著	辽宁人民出版社	2005 年
6	于 莹	法学微言——赵新华教授花甲纪念	编著	吉林人民出版社	2007 年
7	于 莹	票据法（第二版）	编著	高等教育出版社	2008 年
8	马新彦	美国财产法与判例研究	专著	法律出版社	2001 年
9	马新彦	民法现代性与制度现代化	编著	吉林人民出版社	2002 年
10	马新彦	中华人民共和国物权法法条精义与案例解析	编著	中国法制出版社	2007 年
11	马新彦	物权法	编著	科学出版社	2007 年
12	马新彦	现代私法上的信赖法则	专著	社会科学文献出版社	2010 年
13	马新彦	合同法学	编著	中国人民大学出版社	2014 年
14	马新福	法理学	编著	科学出版社	2004 年
15	马新福 朱振汤 善 鹏	立法论——一种法社会学视角	专著	吉林人民出版社	2005 年
16	马新福	法理学·宪法学·法制史·行政法学与行政诉讼法学	编著	中国民主法制出版社	2006 年
17	丰 霏	法律制度的激励功能研究	专著	法律出版社	2015 年
18	王小钢	保卫环境：公民诉讼战略	译著	中国政法大学出版社	2011 年

序号	作者	著作名称	著作类型	出版单位	出版时间
19	王志远	犯罪成立理论原理——前序性研究	专著	中国方正出版社	2005 年
20	王志远	共犯制度的根基与拓展——从"主体间"到"单方化"	专著	法律出版社	2011 年
21	王奇才	法治与全球治理——一种关于全球治理规范性模式的思考	专著	法律出版社	2012 年
22	王建玲	亚太地区国家人权机构	译著	中国政法大学出版社	2010 年
23	王彦志	国际经济法总论:公法原理与裁判方法	工具书	华中科技大学出版社	2013 年
24	王彦明	公司资本制度的刑法保护	专著	吉林人民出版社	2005 年
25	王艳梅 王银芳	劳动者权益保障百例解析	工具书	机械工业出版社	2004 年
26	王艳梅 孙璐	破产法	专著	中山大学出版社	2005 年
27	王艳梅	化解劳资纠纷	编著	辽宁人民出版社	2005 年
28	邓正来	自由主义社会理论——解读哈耶克《自由秩序原理》	专著	山东人民出版社	2003 年
29	邓正来	王铁崖文选	编著	中国政法大学出版社	2003 年
30	邓正来	法理学:法律哲学与法律方法(修订版)	译著	中国政法大学出版社	2004 年
31	邓正来	哈耶克法律哲学的研究	专著	法律出版社	2004 年
32	邓正来	规则、秩序、无知——关于哈耶克自由主义的研究	专著	生活·读书·新知三联书店	2004 年
33	邓正来	寂寞的欢愉	专著	中国政法大学出版社	2004 年
34	邓正来	法理学(第一卷)	译著	中国政法大学出版社	2004 年
35	邓正来	研究与反思:关于中国社会科学自主性的思考(增订版)	专著	中国政法大学出版社	2004 年
36	邓正来	中国学术规范化讨论文选	编著	法律出版社	2004 年
37	邓正来	法律与中国——法学理论前沿论坛(第四卷)	编著	中国政法大学出版社	2005 年
38	邓正来	知识与法律——"小南湖读书小组"文选(第一辑)	编著	中国政法大学出版社	2005 年
39	邓正来	小路上的思与语	专著	北京大学出版社	2006 年
40	邓正来	中国法学向何处去——建构"中国法律理想图景"时代的论纲	专著	商务印书馆	2006 年
41	邓正来	国家与市民社会:一种社会理论的研究路径(增订版)	编著	上海人民出版社	2006 年
42	邓正来	反思与批判:体制中的体制外	专著	法律出版社	2006 年
43	邓正来	美国现代国际私法流派(修订版)	专著	中国政法大学出版社	2006 年
44	邓正来	法律与中国——法学理论前沿论坛(第五卷)	编著	中国政法大学出版社	2006 年
45	邓正来	知识与法律——"小南湖读书小组"文选(第二辑)	编著	中国政法大学出版社	2007 年

序号	作者	著作名称	著作类型	出版单位	出版时间
46	邓正来	法理学（第二卷）	译著	中国政法大学出版社	2007 年
47	邓正来	法律与中国——法学理论前沿论坛（第六卷）	编著	中国政法大学出版社	2007 年
48	邓正来	研究与反思——关于中国社会科学自主性的思考（修订版）	专著	中国政法大学出版社	2007 年
49	邓　勇	试论中华法系的核心文化精神及其历史运行:兼析古人法律生活中的"情理"模式	专著	法律出版社	2010 年
50	韦经建 王彦志	国际经济法案例教程	编著	科学出版社	2005 年
51	韦经建	国际法学·国际私法学·国际经济法学·法律职业道德	编著	中国民主法制出版社	2006 年
52	韦经建	国家主权理论与区域国际经济合作实践研究	专著	吉林人民出版社	2006 年
53	韦经建 王彦志	国际经济法案例教程（第二版）	编著	科学出版社	2011 年
54	丛中笑 纪常鲲 张　扬	通晓财税业务	编著	辽宁人民出版社	2005 年
55	丛中笑 程云琦	富贵成双:创业夫妻的成功之路	译著	长春出版社	2007 年
56	丛中笑	税法原理	专著	吉林大学出版社	2009 年
57	冯彦君	和谐社会建设与社会法保障	编著	中国劳动社会保障出版社	2008 年
58	申卫星	民法学	编著	北京大学出版社	2003 年
59	任喜荣	伦理刑法及其终结	专著	吉林人民出版社	2005 年
60	任喜荣 彭贵才	宪法学	编著	北京大学出版社	2006 年
61	任喜荣	刑官的世界——中国法律人职业化的历史透视	专著	法律出版社	2007 年
62	任喜荣	地方人大监督权论	专著	中国人民大学出版社	2013 年
63	刘小平 蔡宏伟	分析与批判:学术传承的方式——评邓正来《中国法学向何处去》	编著	北京大学出版社	2006 年
64	刘小平	被实现的民主——渐进性备选方案	译著	中国政法大学出版社	2007 年
65	刘亚军	引渡新论——以国际法为视角	专著	吉林人民出版社	2004 年
66	刘亚军	国际知识产权法专题研究——标准、利益、选择	编著	吉林人民出版社	2006 年
67	刘亚军	完善我国知识产权保护制度研究	专著	吉林人民出版社	2008 年
68	刘雪斌	代际正义研究	专著	科学出版社	2010 年
69	吕　丽	中国法制史考证（清代卷甲编）	专著	社会科学出版社	2003 年

序号	作者	著作名称	著作类型	出版单位	出版时间
70	吕丽 潘宇 张姗姗	中国传统法律制度与文化专论	工具书	华中科技大学出版社	2013 年
71	吕岩峰 何志鹏 孙璐	国际投资法	编著	高等教育出版社	2005 年
72	吕岩峰	吕岩峰论国际法	专著	吉林人民出版社	2005 年
73	吕岩峰	国际私法学教程	编著	吉林大学出版社	2007 年
74	吕岩峰 李海滢	中国区际刑事司法协助初论	专著	吉林人民出版社	2007 年
75	吕岩峰 黄新力 张刚	中华人民共和国国家赔偿法条文精义与案例解析	编著	中国法制出版社	2010 年
76	吕岩峰	国际私法学教程（第二版）	编著	吉林大学出版社	2014 年
77	孙冰心	劳务派遣法律规制研究	专著	吉林人民出版社	2012 年
78	孙红梅	公证制度新论	专著	吉林人民出版社	2006 年
79	孙红梅	公证实务研究	编著	河北教育出版社	2007 年
80	孙红梅	公证——一种预防性的法律证明制度	专著	中国书籍出版社	2008 年
81	孙良国	关系契约理论导论	专著	科学出版社	2008 年
82	孙学致	唯契约自由论——契约法的精神逻辑导论	专著	吉林人民出版社	2006 年
83	那力 何志鹏	WTO 与环境保护	专著	吉林人民出版社	2002 年
84	那力	WTO 与公共健康	编著	清华大学出版社	2005 年
85	那力	国际环境法	编著	科学出版社	2005 年
86	那力 王彦志 王小钢	国际法与环境（第二版）	译著	高等教育出版社	2007 年
87	齐明	破产法学:基本原理与立法规范	工具书	华中科技大学出版社	2013 年
88	何志鹏	国际经济法的宪法功能与宪法问题	译著	高等教育出版社	2004 年
89	何志鹏	全球化经济的法律调控	专著	清华大学出版社	2006 年
90	何志鹏 孙璐	欧洲人权法原则与判例（第三版）	译著	北京大学出版社	2006 年
91	何志鹏	法治与全球化研究文集	编著	吉林科学技术出版社	2006 年
92	何志鹏 孙璐	欧盟立法（2005～2006）（第16版）（上卷）	译著	北京大学出版社	2007 年
93	何志鹏	欧盟立法（2005～2006）（第16版）（下卷）	译著	北京大学出版社	2007 年
94	何志鹏	欧洲联盟法:发展进程与制度结构	专著	吉林大学出版社	2007 年
95	何志鹏	发展权与欧盟的法律体制	专著	吉林大学出版社	2007 年

序号	作者	著作名称	著作类型	出版单位	出版时间
96	何志鹏	人权全球化基本理论研究	专著	科学出版社	2008 年
97	何志鹏	国际经济法的基本理论	专著	社会科学文献出版社	2010 年
98	何志鹏	权利基本理论:反思与构建	专著	北京大学出版社	2012 年
99	何志鹏	国际法哲学导论	专著	社会科学文献出版社	2013 年
100	何志鹏	国际法	编著	清华大学出版社	2014 年
101	何志鹏	国际经济法治:全球变革与中国立场	专著	高等教育出版社	2015 年
102	何 鹏 李 洁	危险犯与危险概念	编著	吉林大学出版社	2006 年
103	吴振兴	犯罪形态研究精要（Ⅰ、Ⅱ）	编著	法律出版社	2005 年
104	吴 真	公共信托原则研究:环境权的一个新视角	专著	吉林人民出版社	2011 年
105	宋显忠 张文显	部门法哲学讲座（第一辑）	编著	高等教育出版社	2005 年
106	张文显	人文社会科学研究现状——高校"十五"规划咨询报告	编著	湖南大学出版社	2001 年
107	张文显	新视野·新思维·新概念:法学理论前沿论坛	编著	吉林大学出版社	2001 年
108	张文显	法哲学范畴研究（修订版）	专著	中国政法大学出版社	2001 年
109	张文显 李步云	法理学论丛（第 3 卷）	编著	法律出版社	2002 年
110	张文显	法理学	专著	中共中央党校出版社	2002 年
111	张文显	法学通论	编著	机械工业出版社	2002 年
112	张文显	司法改革报告:法律职业共同体研究	编著	法律出版社	2003 年
113	张文显	马克思主义法理学——理论、方法和前沿	编著	高等教育出版社	2003 年
114	张文显	法理学（第二版）	编著	高等教育出版社	2003 年
115	张文显	法学理论前沿论坛（第一卷）	编著	科学出版社	2003 年
116	张文显	法学理论前沿论坛（第二卷）	编著	科学出版社	2003 年
117	张文显	法理学	编著	法律出版社	2004 年
118	张文显	法学概论	编著	高等教育出版社	2004 年
119	张文显	法学理论前沿论坛（第三卷）	编著	科学出版社	2005 年
120	张文显	世纪之交的中国法学——法学研究与教育咨询报告（1990~2005）	编著	高等教育出版社	2005 年
121	张文显	二十世纪西方法哲学思潮研究	专著	法律出版社	2006 年
122	张文显 刘作翔	法理学（第三版）	编著	法律出版社	2007 年
123	张文显	法理学（第三版）	编著	高等教育出版社、北京大学出版社	2007 年
124	张文显 黄文艺	中国高校哲学社会科学发展报告:1978~2008（法学）	编著	广西师范大学出版社	2008 年

序号	作者	著作名称	著作类型	出版单位	出版时间
125	张文显 徐显明	全球化背景下东亚的法治与和谐：第七届东亚法哲学大会学术文集（上下册）	编著	山东人民出版社	2009 年
126	张文显	法哲学通论	专著	辽宁人民出版社	2009 年
127	张文显 黄文艺	法理学论丛（第 4 卷）	编著	法律出版社	2010 年
128	张文显	人民法院为大局服务为人民司法的理论与实践	编著	人民法院出版社	2010 年
129	张文显	法学概论（第二版）	编著	高等教育出版社	2010 年
130	张文显	张文显法学文选（1～10 卷）	专著	法律出版社	2011 年
131	张文显	知识经济与法律制度创新	专著	北京大学出版社	2012 年
132	张文显	法理学论丛	编著	法律出版社	2012 年
133	张文显	吉林大学法学院（理论法学研究中心）学术文库：中国特色社会主义宪政研究	编著	法律出版社	2013 年
134	张文显	法理学论丛（第八卷）	编著	法律出版社	2015 年
135	张文显	法理学论丛（第八卷）	编著	清华大学出版社	2015 年
136	张 旭	犯罪学要论	专著	法律出版社	2004 年
137	张 旭	人权与国际刑法	编著	法律出版社	2004 年
138	张 旭	国际刑法——现状与展望	编著	清华大学出版社	2005 年
139	张 旭	英美刑法论要	编著	清华大学出版社	2006 年
140	张 旭	澳大利亚联邦刑法典	译著	北京大学出版社	2006 年
141	张 旭	犯罪与生活方式	编著	黑龙江人民出版社	2008 年
142	张 旭	企业转型中的法律保障	编著	吉林大学出版社	2008 年
143	张 旭	跨国犯罪的惩治与防范：现状、问题与对应	编著	黑龙江人民出版社	2008 年
144	张 旭 单 勇	犯罪学基本理论研究	专著	高等教育出版社	2010 年
145	张 旭	国际刑事法院：以中国为视角的研究	编著	法律出版社	2011 年
146	李立丰	美国刑法犯意研究	专著	中国政法大学出版社	2009 年
147	李立丰	民意与司法：多元维度下的美国死刑及其适用程序	专著	中国政法大学出版社	2013 年
148	李立丰	司法民主与刑罚适用：以日本裁判员制度为研究视角	专著	中国政法大学出版社	2015 年
149	李韧夫	刑法学	编著	中国民主法制出版社	2006 年
150	李韧夫	中英美刑法基本问题研究	专著	法律出版社	2011 年
151	李国强	相对所有权的私法逻辑	专著	社会科学文献出版社	2013 年
152	李建华	经济刑法立法研究	专著	吉林大学出版社	2001 年
153	李建华	民法总论	编著	科学出版社	2007 年
154	李建华	民法总论立体化教学包（教师手册＋1CD）	编著	科学出版社	2007 年

续表

序号	作者	著作名称	著作类型	出版单位	出版时间
155	李建华	物权法	编著	吉林大学出版社	2008 年
156	李建华 申卫星 杨代雄	物权法	编著	中国人民大学出版社	2008 年
157	李建华 彭诚信	民法总论（第二版）	专著	吉林大学出版社	2009 年
158	李拥军	性权利与法律	专著	科学出版社	2009 年
159	李 昕	索洛维约夫法哲学思想研究	专著	法律出版社	2015 年
160	李 洁	论罪刑法定的实现	专著	清华大学出版社	2006 年
161	李 洁 张 军 贾 宇	中国刑法学年会文集（2007 年度）：和谐社会的刑法现实问题（上、中、下卷）	编著	中国人民公安大学出版社	2007 年
162	李 洁	罪与刑立法规定模式	专著	北京大学出版社	2008 年
163	李 洁	刑法学（上、下册）	编著	中国人民大学出版社	2008 年
164	李 洁	刑法的目的理性批判	专著	法律出版社	2014 年
165	李 洁	刑法学（第二版）	编著	中国人民大学出版社	2014 年
166	李洪祥 徐卫东	民法学	编著	中国民主法制出版社	2006 年
167	李洪祥	文化视角下的行政法治	专著	吉林人民出版社	2007 年
168	李洪祥	我国民法典立法之亲属法体系研究	专著	中国法制出版社	2014 年
169	李海滢	国际犯罪的基设性理论研究——一种本体论维度的观照	专著	吉林大学出版社	2008 年
170	杜宴林	法律的人文主义解释	专著	人民法院出版社	2005 年
171	杜宴林	法理学	编著	清华大学出版社	2014 年
172	杜宴林	生活中的法理（第三辑）	编著	法律出版社	2015 年
173	杨代雄	萨维尼法学方法论讲义与格林笔记	译著	法律出版社	2008 年
174	闵春雷	妨害证据犯罪研究	专著	吉林大学出版社	2004 年
175	闵春雷	刑事诉讼证明基本范畴研究	专著	法律出版社	2011 年
176	陈玉范	环境公益诉讼初探	专著	吉林人民出版社	2006 年
177	陈劲阳 吴丽君	犯罪论与法哲学	译著	华中科技大学出版社	2012 年
178	郑军男	不能未遂犯研究	专著	中国检察出版社	2005 年
179	郑军男	韩国刑法总论：第 11 版	译著	武汉大学出版社	2008 年
180	侯学宾	苏醒的法治	专著	中国政法大学出版社	2015 年
181	侯学宾	美国宪法解释中的原旨主义	专著	法律出版社	2015 年
182	姚建宗	法理问题之初步体认	编著	吉林人民出版社	2002 年

序号	作者	著作名称	著作类型	出版单位	出版时间
183	姚建宗 孙世彦	比较法的力量与弱点	译著	清华大学出版社	2002 年
184	姚建宗	法治的生态环境	专著	山东人民出版社	2003 年
185	姚建宗	法理学——一般法律科学	编著	中国政法大学出版社	2006 年
186	姚建宗	美国法律与发展研究运动述评	专著	法律出版社	2006 年
187	姚建宗	法理学	编著	科学出版社	2010 年
188	姚建宗	法律思想的律动:当代法学名家讲演录（第 2 辑）	编著	法律出版社	2010 年
189	姚建宗	法治思语	专著	法律出版社	2014 年
190	姚建宗	法律之理的遐思:法学作文自选集	专著	法律出版社	2014 年
191	祝　杰 韦洪发	论人和公民的自然法义务	译著	吉林人民出版社	2011 年
192	胡晓静	Rechtsfragen der chinesischen Corporate Governance——Auf Grundlage eines Vergleichs zwischen Deutschland und China	专著	PETER LANG	2006 年
193	胡晓静	公司法专题研究:文本·判例·问题	工具书	华中科技大学出版社	2013 年
194	胡晓静 杨代雄	德国商事公司法	译著	法律出版社	2014 年
195	赵惊涛	环境法新论	编著	吉林人民出版社	2002 年
196	赵惊涛	俄罗斯生态法律问题研究	专著	吉林大学出版社	2003 年
197	赵惊涛	中俄环境法公众参与制度比较研究	专著	吉林大学出版社	2005 年
198	赵惊涛	循环经济视野下的企业环境责任研究	专著	吉林人民出版社	2010 年
199	赵惊涛	企业环境责任实施的法律机制研究	专著	吉林人民出版社	2014 年
200	赵新华	票据法问题研究	编著	法律出版社	2002 年
201	赵新华 于　莹	票据法——论点·法规·案例	编著	法律出版社	2004 年
202	赵新华	票据法问题研究	编著	法律出版社	2007 年
203	赵新华	票据法论(修订版)	编著	吉林大学出版社	2007 年
204	徐卫东	商法基本问题研究	编著	法律出版社	2002 年
205	徐卫东	保险法学	编著	科学出版社	2004 年
206	徐卫东	保险法学(修订版)	编著	科学出版社	2006 年
207	徐卫东 龚廷泰	规范与创新:法学本科教育质量与教学改革工程	编著	南京师范大学出版社	2008 年
208	徐卫东	保险法学	编著	科学出版社	2009 年
209	徐卫东	保险法(2010 年版)	编著	北京大学出版社	2010 年
210	徐　岱	中国刑法近代化论纲	专著	人民法院出版社	2003 年

续表

序号	作者	著作名称	著作类型	出版单位	出版时间
211	徐 岱	刑法解释学基础理论建构	专著	法律出版社	2010 年
212	徐 晓	过错推定研究	专著	吉林人民出版社	2005 年
213	徐 晓	法学基本问题纵论（上、下卷）	编著	吉林人民出版社	2006 年
214	徐 晓	法律思维与法学理论	编著	吉林人民出版社	2006 年
215	钱大军	法律义务研究论纲	专著	科学出版社	2008 年
216	高 宇	保险法:原理·图解·案例·司考	编著	中国民主法制出版社	2015 年
217	崔卓兰	新编行政诉讼法学——当代中国行政诉讼理论与实践	编著	吉林人民出版社	2001 年
218	崔卓兰	国内经典案例分析	编著	吉林人民出版社	2001 年
219	崔卓兰	行政法学新论——当代中国行政法理论与实践	编著	吉林人民出版社	2002 年
220	崔卓兰 于立深	行政规章研究	专著	吉林人民出版社	2002 年
221	崔卓兰 孙良国	物业服务维权指南	编著	吉林人民出版社	2004 年
222	崔卓兰 闫丽彬	房屋拆迁维权指南	编著	吉林人民出版社	2004 年
223	崔卓兰 宋慧宇	医疗纠纷维权指南	编著	吉林人民出版社	2004 年
224	崔卓兰	生存环境维权指南	编著	吉林人民出版社	2004 年
225	崔卓兰 战 涛 卢护锋	行政诉讼法学（附:行政诉讼法学自学考试大纲）(2005 年版)	编著	北京大学出版社	2005 年
226	崔卓兰 杨 平	行政处罚法学（附:行政处罚法学自学考试大纲）(2005 年版)	编著	北京大学出版社	2005 年
227	崔卓兰 杨 平	行政复议法学（附:行政复议法学自学考试大纲）(2005 年版)	编著	北京大学出版社	2005 年
228	崔卓兰 罗嘉司 葛自丹	公务员法学（附:公务员法学自学考试大纲）(2005 年版)	编著	北京大学出版社	2005 年
229	崔卓兰	高校法治建设研究	编著	吉林人民出版社	2005 年
230	崔卓兰 任 峰 战 涛	仲裁法学（附:仲裁法学自学考试大纲）(2006 年版)	编著	北京大学出版社	2006 年
231	崔卓兰 王景斌	行政法与行政诉讼法	编著	吉林人民出版社	2006 年
232	崔卓兰 边 铁	生活与法——房屋拆迁	编著	人民法院出版社	2006 年

续表

序号	作者	著作名称	著作类型	出版单位	出版时间
233	崔卓兰 刘镓	生活与法——医患纠纷	编著	人民法院出版社	2006 年
234	崔卓兰 封彦宇	生活与法——证券维权	编著	人民法院出版社	2006 年
235	崔卓兰 刘彻	生活与法——生存环境	编著	人民法院出版社	2006 年
236	崔卓兰 国琨	生活与法——进城打工	编著	人民法院出版社	2006 年
237	崔卓兰 顾盼	生活与法——家有私车	编著	人民法院出版社	2006 年
238	崔卓兰 常淑红	生活与法——高校内外	编著	人民法院出版社	2006 年
239	崔卓兰	政府行政与法律规制——追求合法前提下的效率	编著	吉林文史出版社	2006 年
240	崔卓兰 赫然	中国地方立法研究	编著	东北师范大学出版社	2006 年
241	崔卓兰 季洪涛	行政程序法原理	专著	法律出版社	2007 年
242	崔卓兰	家有宠物百事通	编著	民主与建设出版社	2007 年
243	崔卓兰	投保防险百事通	编著	民主与建设出版社	2007 年
244	崔卓兰	业主安居百事通	编著	民主与建设出版社	2007 年
245	崔卓兰	地方立法实证研究	专著	知识产权出版社	2007 年
246	崔卓兰 许玉镇 姜城	我国政府行政模式创新研究	专著	吉林人民出版社	2009 年
247	崔卓兰	新时期维护高校稳定研究	编著	吉林大学出版社	2009 年
248	崔卓兰	高校公共安全的法制建设	编著	人民出版社	2011 年
249	崔卓兰	计划生育法律问题研究	编著	中国法制出版社	2013 年
250	崔卓兰	新形势下高校稳定工作的继承与创新研究	编著	吉林人民出版社	2013 年
251	崔卓兰	保障基本民生法律制度研究	编著	人民出版社	2013 年
252	曹险峰	人格、人格权与中国民法典	专著	科学出版社	2009 年
253	曹险峰	侵权责任法总则的解释论研究	专著	社会科学文献出版社	2011 年
254	黄文艺 杨亚非	立法学	编著	吉林大学出版社	2002 年
255	黄文艺	法律信仰——中国语境及其意义	编著	广西师范大学出版社	2003 年
256	黄文艺	全球结构与法律发展	专著	法律出版社	2006 年

序号	作者	著作名称	著作类型	出版单位	出版时间
257	黄文艺	生活中的法理（第一辑）	编著	科学出版社	2006 年
258	黄文艺	比较法：原理与应用	编著	高等教育出版社	2006 年
259	黄文艺	立法学	编著	高等教育出版社	2008 年
260	黄文艺	全球化的法律分析	编著	科学出版社	2008 年
261	黄文艺	中国法律发展的法哲学反思	专著	法律出版社	2010 年
262	傅 穹 彭诚信	物权法专题初论	专著	吉林大学出版社	2001 年
263	傅 穹	重思公司资本制原理	专著	法律出版社	2004 年
264	傅 穹	商法学与经济法学	编著	中国民主法制出版社	2006 年
265	彭诚信	主体性与私权制度研究——以财产、契约的历史考察为基础	专著	中国人民大学出版社	2005 年
266	彭诚信	财产理论	译著	北京大学出版社	2006 年
267	彭诚信	继承法（修订版）	编著	吉林大学出版社	2007 年
268	彭贵才	行政法学总论（附：行政法学自学考试大纲）（2005 年版）	编著	北京大学出版社	2005 年
269	彭贵才 马丽华	国家赔偿法概论（附：国家赔偿法概论自学考试大纲）（2005 年版）	编著	北京大学出版社	2005 年
270	彭贵才	行政执法理论与实务（附：行政执法理论与实务自学考试大纲）（2005 年版）	编著	北京大学出版社	2005 年
271	彭贵才 徐卫东 闫春雷	国家司法考试全程辅导教材：民事诉讼法学与仲裁制度·刑事诉讼法学	编著	中国民主法制出版社	2006 年
272	彭贵才	行政法学案例教程	编著	吉林人民出版社	2006 年
273	董文军	国家司法考试全程辅导教材：案例精解学科考点分值结构图	编著	中国民主法制出版社	2006 年
274	蔡立东	公司自治论	专著	北京大学出版社	2006 年
275	霍存福	权力场——中国政治的智慧	专著	沈阳出版社	2003 年
276	霍存福	中国法制史考证（甲编第四卷）	编著	中国社会科学出版社	2003 年
277	霍存福	复仇·报复刑·报应说——中国人法律观念的文化解说	专著	吉林人民出版社	2005 年
278	霍存福	权力场	专著	法律出版社	2008 年
279	霍存福 杨一凡	唐式辑佚（中国法制史考证续编·第八册）	专著	社会科学文献出版社	2009 年
280	霍存福 吕 丽	中国法律传统与法律精神：中国法律史学会成立 30 周年纪念大会暨 2009 年会论文集	编著	山东人民出版社	2010 年

行政学院

序号	作者	著作名称	著作类型	出版单位	出版时间
1	马雪松	政治世界的制度逻辑——新制度主义政治学理论研究	专著	光明日报出版社	2013 年
2	王 生	当代韩国民族主义研究	专著	社会科学文献出版社	2015 年
3	王立峰	高校法治的理论证成	专著	吉林人民出版社	2008 年
4	王 印 孙洪军	卢梭与《社会契约论》	编著	中国少年儿童出版社	2001 年
5	王郅强	转型期我国社会危机事件研究	专著	吉林人民出版社	2007 年
6	王郅强 文 宏	后农业税时代我国乡镇债务风险治理研究	专著	东北师范大学出版社	2012 年
7	王家福 徐 萍	战争背面的战争——世界多极化的前瞻、案例与对策	专著	吉林大学出版社	2002 年
8	王家福 徐 萍	国际战略学	编著	高等教育出版社	2005 年
9	王彩波	西方政治思想史:从柏拉图到约翰·密尔	编著	中国社会科学出版社	2004 年
10	王彩波	欧盟政体与政治	编著	吉林大学出版社	2007 年
11	王彩波	个人权利与社会正义:当代西方政治学名著导论	编著	中国社会科学出版社	2007 年
12	王彩波 王庆华	政府经济学	编著	首都经济贸易大学出版社	2009 年
13	王彩波	政治发展模式比较研究:新政治经济研究视角的分析	专著	中国社会科学出版社	2010 年
14	王彩波 王庆华	政府经济学(修订第二版)	编著	首都经济贸易大学出版社	2011 年
15	王惠岩	当代政治学基本理论	专著	高等教育出版社	2001 年
16	王惠岩	当代中国政治学的拓荒之路——王惠岩先生从教 50 周年文集	专著	吉林大学出版社	2001 年
17	王惠岩	政治学原理(第二版)	编著	高等教育出版社	2006 年
18	王惠岩	王惠岩文集(一～四卷)	专著	中国大百科全书出版社、党建读物出版社	2007 年
19	王惠岩 周光辉	政治学概论:2008 年版	编著	高等教育出版社	2008 年
20	刘清才	21 世纪初东北亚地缘政治——区域政治与国家关系	编著	吉林大学出版社	2004 年
21	刘清才	俄罗斯东北亚政策研究——地缘政治与国家关系	编著	吉林人民出版社	2006 年
22	刘清才	东北亚地缘政治与中国地缘战略	专著	天津人民出版社	2007 年
23	刘清才	21 世纪初俄罗斯亚太政策研究	专著	社会科学文献出版社	2013 年

序号	作者	著作名称	著作类型	出版单位	出版时间
24	刘雪华	公共组织理论研究	专著	黑龙江人民出版社	2004 年
25	刘雪华	行政伦理理论与实践	专著	吉林大学出版社	2010 年
26	刘雪莲	地缘政治学	编著	吉林大学出版社	2002 年
27	刘雪莲	整体视角的东北亚——地缘政治的分析	编著	吉林人民出版社	2005 年
28	刘雪莲 许 琳	中国东北亚地缘战略研究	专著	吉林人民出版社	2006 年
29	刘雪莲	欧洲一体化与全球政治	编著	吉林大学出版社	2008 年
30	刘雪莲	政治与全球化	专著	中国社会科学出版社	2011 年
31	孙晓春	中国政治思想史论	专著	吉林人民出版社	2002 年
32	孙晓春	中国传统政治哲学（上卷）	专著	吉林人民出版社	2003 年
33	孙晓春	天国在你心中	译著	吉林人民出版社	2004 年
34	孙晓春 曹海军	正义诸理论	译著	吉林人民出版社	2004 年
35	孙晓春	自由的道德	译著	吉林人民出版社	2006 年
36	孙德超	财政体制的政治分析	专著	社会科学文献出版社	2011 年
37	孙德超	中国省级政府基本公共服务发展报告	专著	社会科学文献出版社	2014 年
38	许玉镇	比例原则的法理研究——私人权益控制政府权力的法律维度	专著	中国社会科学出版社	2009 年
39	许玉镇	公众参与政府治理的法治保障	专著	社会科学文献出版社	2015 年
40	何力群	纸上风云——晚清民国政论人物小传	专著	中央广播电视大学出版社	2013 年
41	宋 艳	进城农民工弱势地位改变研究——政府人力资源管理的视角	专著	吉林大学出版社	2010 年
42	张创新	中国行政史论	专著	吉林人民出版社	2001 年
43	张创新	最新公文写作教程	编著	吉林科学技术出版社	2002 年
44	张创新	社会调查理论与方法	编著	吉林大学出版社	2003 年
45	张创新	行政管理学前沿问题专题研究	编著	吉林人民出版社	2004 年
46	张创新	中国古代政府论纲（修订本）	专著	吉林大学出版社	2004 年
47	张创新	中国政治制度史（第二版）	专著	清华大学出版社	2005 年
48	张创新	现代管理学概论（修订版）	编著	清华大学出版社	2005 年
49	张创新	中国现代政府行政制度比较研究	专著	吉林人民出版社	2006 年
50	张创新	中国当代政府管理模式与方法研究	编著	吉林人民出版社	2006 年
51	张创新	中国行政问责制度研究	专著	吉林人民出版社	2006 年
52	张创新	中国政治制度史（第三版）	编著	清华大学出版社	2009 年
53	张创新	公共管理学前沿探微	专著	社会科学文献出版社	2010 年
54	张创新	现代管理学概论（第3版）	编著	清华大学出版社	2010 年
55	张创新	公共管理学概论	编著	清华大学出版社	2010 年
56	张创新	中国地方政府行政管理理论热点问题研究	编著	吉林大学出版社	2011 年
57	张创新	机关公文写作	编著	中国人民大学出版社	2012 年

序号	作者	著作名称	著作类型	出版单位	出版时间
58	张创新 李双金	中国地方政府职能部门管理前沿问题专题研究	编著	吉林大学出版社	2012 年
59	张创新	政府官员问责：标准体系与制度设计相容性研究	专著	吉林大学出版社	2014 年
60	张创新	机关公文写作（第二版）	编著	中国人民大学出版社	2014 年
61	张创新	公共管理学概论（第 2 版）	编著	清华大学出版社	2015 年
62	张创新	中国政治制度史（第四版）	编著	清华大学出版社	2015 年
63	张丽华	主权博弈——全球化背景下国家与国际组织互动比较研究	专著	吉林大学出版社	2009 年
64	张亲培	公共财政的政治学分析	专著	吉林人民出版社	2004 年
65	张亲培	公共政策基础	编著	吉林大学出版社	2004 年
66	张亲培	新编公共政策基础	编著	吉林大学出版社	2009 年
67	张亲培	公共政策与社会公正	专著	吉林人民出版社	2009 年
68	张锐昕	电脑网络	编著	科学出版社	2001 年
69	张锐昕	建设廉洁勤政实高效政府	编著	人民出版社	2002 年
70	张锐昕	政府上网与行政管理	专著	中国大百科全书出版社	2003 年
71	张锐昕	电子政府概论	编著	中国人民大学出版社	2004 年
72	张锐昕 张玉春	办公自动化概论	编著	清华大学出版社	2004 年
73	张锐昕	办公自动化实用教程	编著	吉林大学出版社	2004 年
74	张锐昕	公务员电子政务培训教程	编著	清华大学出版社	2005 年
75	张锐昕	电子政务研究	专著	吉林人民出版社	2006 年
76	张锐昕 高静学 杨国栋 佟 岩	公务员电子政务考试辅导	编著	清华大学出版社	2006 年
77	张锐昕	公务员电子政务必修教程	编著	清华大学出版社	2008 年
78	张锐昕	电子政府概论（第二版）	编著	中国人民大学出版社	2010 年
79	张锐昕	电子政府与电子政务	编著	中国人民大学出版社	2011 年
80	张锐昕 张学华	走向集中审批——吉林省政务大厅建设的研究与实践	编著	党建读物出版社	2011 年
81	张锐昕	办公自动化概论（第二版）	编著	清华大学出版社	2012 年
82	张锐昕 杨国栋	网络时代政府职能转变问题研究	专著	中国书籍出版社	2013 年
83	张锐昕	项目管理	编著	清华大学出版社	2013 年
84	李 靖	中国政治与文明建设	编著	吉林人民出版社	2003 年
85	李 靖	管理心理学	编著	科学出版社	2006 年
86	李 靖	管理心理学（第二版）	编著	科学出版社	2011 年
87	李 靖	中西行政文化比较—价值观、思维方式、伦理	专著	东北师大出版社	2014 年

序号	作者	著作名称	著作类型	出版单位	出版时间
88	李德志	人事行政学	编著	高等教育出版社	2001 年
89	李德志	当代中国公共部门人力资源管理与开发	编著	科学出版社	2004 年
90	李德志 刘洪军	新时期军队管理学	编著	白山出版社	2007 年
91	李德志	公共部门人力资源管理与开发(第二版)	编著	科学出版社	2008 年
92	李德志	社会转型期弱势群体问题研究——以政府的责任与对策为视角	专著	吉林人民出版社	2009 年
93	李德志 马 力 张 顺	公务员制度	编著	科学出版社	2013 年
94	李德志 宋 艳 何 岩	公共人力资源管理与开发研究	专著	吉林大学出版社	2013 年
95	肖 晞	东北亚非传统安全研究	专著	中国经济出版社	2015 年
96	周光辉	论公共权力的合法性	专著	吉林出版集团有限责任公司	2007 年
97	周光辉	社会公正与政府责任学术论文集	编著	吉林人民出版社	2009 年
98	周光辉	公正与治理评论(2012):社会正义的治理之道	编著	吉林人民出版社	2012 年
99	周光辉	政府创新评论(一)	编著	东北师大出版社	2012 年
100	周光辉	政府创新评论(二)	编著	东北师大出版社	2013 年
101	周 敏	中国参政、就业政策中的性别平等问题研究	专著	吉林人民出版社	2013 年
102	宝成关	西潮与回应——近四百年思想嬗替研究	专著	吉林人民出版社	2004 年
103	宝成关	政治学思想史	编著	湖南教育出版社	2004 年
104	林奇富	社会契约论与近代自由主义转型	专著	光明日报出版社	2010 年
105	郭 锐	东亚地缘环境变化与中国区域地缘战略	专著	社会科学文献出版社	2015 年
106	崔卓兰	新编行政法学	编著	科学出版社	2004 年
107	曹海军 佟德志	民主及其批评者	译著	吉林人民出版社	2006 年
108	曹海军	哲学激进主义的兴起——从苏格兰启蒙运动到功利主义	译著	吉林人民出版社	2006 年
109	曹海军	权利与功利之间	译著	江苏人民出版社	2006 年
110	曹海军	社会正义论	译著	江苏人民出版社	2007 年
111	麻宝斌	公共利益与政府职能	专著	吉林人民出版社	2003 年
112	麻宝斌	公共行政学	编著	东北财经大学出版社	2006 年
113	麻宝斌 王郅强	政府危机管理理论与对策研究	专著	吉林大学出版社	2008 年
114	麻宝斌	中国社会转型时期的群体性政治参与	专著	中国社会科学出版社	2009 年
115	麻宝斌	十大基本政治观念	专著	社会科学文献出版社	2011 年
116	麻宝斌	社会正义与政府治理:在理想与现实之间	专著	社会科学文献出版社	2012 年

序号	作者	著作名称	著作类型	出版单位	出版时间
117	麻宝斌	当代中国行政改革	专著	社会科学文献出版社	2012 年
118	麻宝斌	吉林省廉政文化建设研究	专著	社会科学文献出版社	2013 年
119	麻宝斌	公共治理理论与实践	专著	社会科学文献出版社	2013 年
120	麻宝斌	公共组织理论与管理	编著	科学出版社	2015 年
121	麻宝斌	政府执行力	专著	社会科学文献出版社	2015 年
122	黄凤志	当代国际关系	编著	吉林大学出版社	2002 年
123	黄凤志	当代国际政治问题析论	编著	吉林大学出版社	2004 年
124	黄凤志	中国外交史 (1840～1949)	编著	吉林大学出版社	2005 年
125	黄凤志	信息革命与当代国际关系	专著	吉林大学出版社	2005 年
126	黄凤志 高 科 肖 晞	东北亚地区安全战略研究	专著	吉林人民出版社	2006 年
127	黄凤志	高科技知识与国际政治权势	专著	社会科学文献出版社	2010 年
128	黄凤志	东北亚地区政治与安全报告 (2012)	编著	社会科学文献出版社	2012 年
129	黄凤志 刘雪莲	东北亚地区政治与安全报告 (2013)	编著	社会科学文献出版社	2013 年
130	黄凤志 刘清才 张慧智	东北亚地区政治与安全 (2014)	编著	社会科学文献出版社	2014 年
131	彭向刚	领导科学概论	编著	高等教育出版社	2007 年
132	彭向刚	行政管理学	编著	高等教育出版社	2011 年
133	彭 斌 吴润洲	强势民主	译著	吉林人民出版社	2011 年
134	彭 斌	权力:一种激进的观点(第二版)	译著	江苏人民出版社	2012 年
135	彭 斌 刘 明	包容与民主	译著	江苏人民出版社	2013 年
136	赫泉玲	行政效率定量评估的理论与技术研究	专著	吉林人民出版社	2003 年
137	潘洪阳	转型期中国弱势群体保护中的政府责任研究	专著	吉林人民出版社	2009 年
138	颜德如	梁启超、严复与卢梭社会契约思想	专著	吉林人民出版社	2003 年
139	颜德如	自由主义与近代中国	编著	吉林文史出版社	2003 年
140	颜德如	严复与西方近代思想:关于孟德斯鸠与《法意》的研究	专著	吉林大学出版社	2005 年

商学院 (数量经济研究中心)

序号	作者	著作名称	著作类型	出版单位	出版时间
1	丁志国	大道至简:财富自由之路	专著	吉林文史出版社	2009 年
2	丁志国	金融学	编著	机械工业出版社	2011 年
3	于洪彦	Excel 统计分析与决策	编著	高等教育出版社	2001 年

序号	作者	著作名称	著作类型	出版单位	出版时间
4	于洪彦 赵春晓	品牌路线图——打造具有凝聚力的品牌之五步曲	译著	商务印书馆	2005 年
5	于洪彦 刘　洋	企业危机防范	译著	商务印书馆	2008 年
6	于洪彦 刘金星 张洪利	Excel 统计分析与决策（第 2 版）	编著	高等教育出版社	2009 年
7	于桂兰 魏海燕	人力资源管理	编著	清华大学出版社	2004 年
8	于桂兰 苗宏慧	人力资源管理	编著	清华大学出版社、北京交通大学出版社	2009 年
9	于桂兰 王弘钰	东北地区民营企业发育成长问题跨学科实证研究	编著	吉林人民出版社	2009 年
10	于桂兰 于　楠	劳动关系管理	编著	清华大学出版社、北京交通大学出版社	2011 年
11	于桂兰 于　米 于　楠	劳动关系：寻求平衡	译著	机械工业出版社	2013 年
12	于维生 朴正爱	博弈论及其在经济管理中的应用	编著	清华大学出版社	2005 年
13	于维生	博弈论与经济	编著	高等教育出版社	2007 年
14	于维生	权力范式与非瓦尔拉斯均衡	编著	吉林大学出版社	2014 年
15	尹　竹	基础设施产业的市场化改革	专著	经济科学出版社	2004 年
16	尹铁岩 刘　柏	管理创新能力培养实训教程	编著	吉林大学出版社	2008 年
17	毛志宏 姚梅芳	会计学	编著	中国财政经济出版社	2003 年
18	毛志宏	会计学	编著	经济科学出版社	2005 年
19	毛志宏	高级会计问题研究	编著	经济科学出版社	2005 年
20	毛志宏	独立董事制度与会计透明度相关性的实证研究	专著	经济科学出版社	2007 年
21	毛志宏	会计学（第 3 版）	编著	经济科学出版社	2011 年
22	王弘钰	劳务派遣工组织公平实证分析与对策研究	专著	经济科学出版社	2013 年
23	王丽杰	企业战略管理	编著	厦门大学出版社	2011 年
24	王丽杰	供应链管理	编著	厦门大学出版社	2012 年
25	王珏辉	ERP 实验教程	编著	吉林大学出版社	2008 年
26	田　虹	企业社会责任及其推进机制	专著	经济管理出版社	2006 年
27	田　虹	企业社会责任效应	专著	经济科学出版社	2011 年

序号	作者	著作名称	著作类型	出版单位	出版时间
28	田 虹 杨絮飞	战略管理	编著	机械工业出版社	2011 年
29	田 虹	企业社会责任教程	编著	机械工业出版社	2012 年
30	田 虹 杨絮飞	管理学	编著	厦门大学出版社	2012 年
31	任俊生	中国公用产品价格管制	专著	经济管理出版社	2002 年
32	任俊生	中国商业保险深化论	专著	长春出版社	2011 年
33	刘伟江	商务智能：概念、方法及在管理中的应用	专著	社会科学文献出版社	2011 年
34	刘金全	宏观经济政策作用机制的理论基础与计量研究	专著	经济科学出版社	2007 年
35	刘 柏 尹铁岩	企业竞争模拟实验教程	编著	吉林大学出版社	2008 年
36	刘海英	投入产出效率、结构因素与中国经济增长质量	专著	经济科学出版社	2011 年
37	吕长江	财务管理学	编著	南开大学出版社	2004 年
38	吕有晨	基于两种资本的现代企业管理	编著	吉林人民出版社	2004 年
39	孙秋枫	经济转轨时期合同法的经济学分析	专著	吉林大学出版社	2012 年
40	孙 烨	公司治理结构与公司成长能力研究	专著	吉林人民出版社	2007 年
41	孙 巍	效率与生产率的非参数分析	专著	社会科学文献出版社	2010 年
42	齐红倩	激励过程与模型——现代企业理论的应用	专著	吉林人民出版社	2004 年
43	吴小丁 王 丽	商品流通	译著	中国人民大学出版社	2004 年
44	吴小丁	商品流通论	编著	科学出版社	2005 年
45	吴小丁	反垄断与经济发展——日本竞争政策研究	专著	商务印书馆	2006 年
46	吴小丁 王 丽	流通原理	译著	机械工业出版社	2007 年
47	吴小丁	商品流通论（第二版）	编著	科学出版社	2009 年
48	吴小丁	零售吸引力的理论及测量	译著	科学出版社	2012 年
49	吴小丁	商业组织的内部构成	译著	科学出版社	2012 年
50	吴小丁	选址创新——创新者行为与商业中心地的兴亡	译著	科学出版社	2014 年
51	宋玉臣 刘 柏	金融市场投资实验教程	编著	吉林大学出版社	2008 年
52	宋玉臣	市场有效周期理论的构建、实证及应用	专著	中国人民大学出版社	2015 年
53	张屹山	经济与管理前沿问题研究（管理卷）	编著	吉林大学出版社	2003 年
54	张屹山	经济与管理前沿问题研究（经济卷）	编著	吉林大学出版社	2003 年
55	张屹山	经济与管理评论——2006 年吉林大学 60 周年校庆纪念文集	编著	经济科学出版社	2007 年
56	张屹山	金融衍生证券理论与实务	编著	经济科学出版社	2007 年

序号	作者	著作名称	著作类型	出版单位	出版时间
57	张屹山	宏观金融风险形成的微观机理研究：数理模型、计量方法与智能模拟	编著	经济科学出版社	2007 年
58	张屹山	基于权利范式的经济学理论研究	编著	方志出版社	2010 年
59	张秀娥	欧盟对外经济战略与中欧经贸合作研究	专著	吉林人民出版社	2005 年
60	张秀娥	吉林省民营中小企业创业激励机制问题研究	专著	吉林文史出版社	2007 年
61	张秀娥 董 竹 毛 佳	中国－欧盟：传统工业区转型与循环经济的发展	专著	吉林大学出版社	2007 年
62	张秀娥	比较优势理论与中国对外贸易发展战略研究	专著	中国人民大学出版社	2009 年
63	张秀娥	创业管理	编著	厦门大学出版社	2012 年
64	张秀娥	新时期提升吉林省全民创业理念研究	专著	吉林大学出版社	2012 年
65	张金山	企业全面管理沙盘模拟演练教程	编著	吉林大学出版社	2008 年
66	张金山 杜海波	人力资本、薪酬制度与企业绩效关系研究	专著	吉林大学出版社	2013 年
67	李 清	会计信息系统原理与实验教程	编著	清华大学出版社	2010 年
68	李 清	我国上市公司财务危机预测模型研究：基于统计和人工智能方法构建	专著	光明日报出版社	2011 年
69	李 清	会计信息系统原理与实验教程（第 2 版）	编著	清华大学出版社	2015 年
70	杜 莉 何志鹏	中国－欧盟：经济发展与社会公正	编著	吉林大学出版社	2009 年
71	杨惠昶	论理想的价值标准——国际货币体系演变的研究	专著	吉林大学出版社	2001 年
72	杨惠昶	金融学原理	编著	科学出版社	2006 年
73	杨絮飞 李 娌	旅行社经营管理	编著	东北师范大学出版社	2007 年
74	杨絮飞 李 娌	旅行社经营管理	编著	中国人民大学出版社	2011 年
75	杨絮飞 孙国霞	旅游管理学	编著	东北师范大学出版社	2012 年
76	杨絮飞	旅游管理学	编著	东北师范大学出版社	2014 年
77	杨絮飞 蔡维英	旅游景区管理	编著	北京大学出版社	2015 年
78	沈颂东 田 虹	公平与效率：中国公用企业改革	专著	吉林大学出版社	2004 年
79	沈颂东	公用企业经营领域改革理论与实践	专著	吉林人民出版社	2015 年
80	辛本禄	中国改革下一步	编著	中国经济出版社	2008 年
81	辛本禄	组织、权力与制度新论	专著	中国社会科学出版社	2014 年
82	陈守东	证券投资理论与分析	专著	吉林大学出版社	2001 年

序号	作者	著作名称	著作类型	出版单位	出版时间
83	陈守东 李小军 李　元	经济学和金融学中的随机方法	译著	上海人民出版社	2004 年
84	陈守东	金融资产波动模型与风险度量	专著	经济科学出版社	2007 年
85	陈守东	证券投资理论与分析	编著	科学出版社	2008 年
86	孟庆福	信用风险管理	专著	经济科学出版社	2006 年
87	庞晓波	内生经济增长理论——增长机制与动力的分析	专著	吉林大学出版社	2003 年
88	林秀梅	概率论与数理统计(修订版)	编著	长春出版社	2003 年
89	林秀梅 蒋成林	吉林省农村状况 农业生产及相关产业发展调查研究	编著	吉林人民出版社	2008 年
90	林秀梅 宋冬林	区域产业竞争力与产业发展问题研究	编著	吉林人民出版社	2010 年
91	林秀梅 宋冬林	吉林省高等教育与经济发展	专著	吉林人民出版社	2011 年
92	林秀梅 徐光瑞	我国区域高技术产业竞争力研究	专著	东北师范大学出版社	2011 年
93	林秀梅	吉林省高新技术产业竞争力综合评价与提升对策研究	专著	吉林人民出版社	2012 年
94	林秀梅	经济增长、经济结构与就业的关联性研究	专著	中国社会科学出版社	2012 年
95	林秀梅 藏肖鹏	我国服务业产业关联及生产率区域比较	专著	吉林大学出版社	2013 年
96	林秀梅	吉林省重点产业竞争合作与发展	专著	东北师范大学出版社	2013 年
97	林秀梅	我国文化产业发展及其路径选择	专著	吉林大学出版社	2015 年
98	金成晓	企业科层组织理论演进与国有企业组织制度创新	专著	吉林人民出版社	2001 年
99	金成晓	企业制度结构与运作效率	专著	吉林人民出版社	2003 年
100	金成晓	上市公司独立董事制度的经济学分析	专著	吉林人民出版社	2004 年
101	金成晓	中韩公司治理机制比较研究(英文版)	专著	吉林人民出版社	2007 年
102	金春雨	军需运筹学与系统工程	编著	解放军出版社	2004 年
103	金春雨	一种制度变迁的经济学诠释与模型分析	专著	吉林大学出版社	2008 年
104	金晓彤	中国城镇居民消费行为变异分析	专著	吉林人民出版社	2005 年
105	金晓彤	创业营销:创造未来的顾客	译著	机械工业出版社	2009 年
106	施　娟	营销渠道管理	编著	上海交通大学出版社	2010 年
107	赵振全	公司理财	编著	高等教育出版社	2003 年
108	赵振全	吉大数量经济研究 2004 年卷	编著	经济科学出版社	2006 年
109	赵振全	吉大数量经济研究 2005 年卷	编著	经济科学出版社	2007 年

序号	作者	著作名称	著作类型	出版单位	出版时间
110	赵振全 陈守东 吕长江	中国资本市场的结构优化与风险控制	专著	经济科学出版社	2007 年
111	赵振全	吉大数量经济研究 2007 年卷	编著	经济科学出版社	2011 年
112	赵振全	吉大数量经济研究 2006 年卷	编著	经济科学出版社	2011 年
113	赵振全 陈守东 吕长江 李志刚	公司理财（第二版）	编著	高等教育出版社	2011 年
114	赵振全	中国金融发展与经济增长研究	专著	科学出版社	2013 年
115	钟贤巍	旅游文化学	专著	北京师范大学出版社	2004 年
116	夏 光	人力资源管理教程	编著	机械工业出版社	2004 年
117	夏 光	人力资源管理案例·习题集	工具书	机械工业出版社	2006 年
118	夏 光 陆珍珍	顶级咨询	译著	中国铁道出版社	2006 年
119	夏 光 李布和 刘 浩	财务管理	编著	企业管理出版社	2007 年
120	夏 光	财务管理	编著	机械工业出版社	2008 年
121	夏 光	财务管理案例习题集	编著	机械工业出版社	2008 年
122	夏 光	经济法习题集	编著	中国铁道出版社、经济科学出版社	2008 年
123	夏 光	经济法教程	编著	中国铁道出版社、经济科学出版社	2008 年
124	夏 光	大学生职业生涯规划指南	编著	机械工业出版社	2009 年
125	秦晓利	生态心理学	专著	上海教育出版社	2006 年
126	郭英彤	宏观经济政策在欧盟地区的应用与效果评价	编著	吉林大学出版社	2008 年
127	董 竹	中小企业中小金融机构的发展与吉林省对策研究	专著	吉林人民出版社	2008 年
128	韩丽荣	注册会计师审计制度的经济学分析	专著	经济科学出版社	2006 年
129	韩丽荣 高瑜彬 胡玮佳	审计理论研究	编著	清华大学出版社	2014 年
130	蔡玉程	公司治理与公司绩效关系研究	专著	经济科学出版社	2014 年

马克思主义学院

序号	作者	著作名称	著作类型	出版单位	出版时间
1	王广义	近代中国东北乡村社会研究（1840—1931）	专著	光明日报出版社	2010年
2	王广义	Asia: the Harmonious Development through Understanding and Cooperation	编著	韩国高等教育财团、SNU Press（首尔大学出版社）	2013年
3	王为全	道德中国	专著	吉林大学出版社	2014年
4	王成	解读《共产党宣言》	专著	吉林出版集团有限责任公司	2013年
5	王成	文明中国	专著	吉林大学出版社	2014年
6	王丽荣 于红丽	关注教师的心理成长：职业倦怠的心理调适	专著	东北师范大学出版社	2005年
7	王丽荣 冯墨女	专业技术人员心理健康与心理调适	编著	国家行政学院出版社	2013年
8	王丽荣 刘昌兴	教师专业标准下的师德建设	编著	国家行政学院出版社	2013年
9	王丽荣 綦越	中小学生学习心理与学习指导	编著	国家行政学院出版社	2013年
10	王丽荣	思想政治教育接受心理研究	专著	吉林人民出版社	2013年
11	王勇	风范中国——学习习近平总书记系列重要讲话丛书	专著	吉林大学出版社	2014年
12	王勇	东亚一体化进程中的"美国因素"研究	专著	吉林大学出版社	2014年
13	王健	政策与法规（吉林省导游人员资格考试系列教材）	编著	旅游教育出版社	2014年
14	王淑荣	法官职业伦理——现代法治建设与法治教育必破之掣肘	专著	延边大学出版社	2008年
15	王淼	中华五千年	编著	白山出版社	2002年
16	王淼 王继奎	《马克思主义基本原理》学生辅学读本	编著	西南师范大学出版社	2008年
17	王淼	人类解放的追求	编著	吉林出版集团有限责任公司	2014年
18	邓如辛	邓小平社会主义发展观研究	专著	吉林人民出版社	2004年
19	邓如辛	中国共产党执政能力建设研究	编著	吉林大学出版社	2007年
20	邓如辛	以人为本：科学发展观的价值取向研究	编著	吉林大学出版社	2011年
21	邓如辛	邓小平理论和"三个代表"重要思想研究	专著	吉林大学出版社	2012年
22	邓如辛	自信中国	专著	吉林大学出版社	2014年
23	韦洪发	法治中国	专著	吉林大学出版社	2014年

续表

序号	作者	著作名称	著作类型	出版单位	出版时间
24	冯尚春	经济思想研究	编著	吉林人民出版社	2002 年
25	冯尚春	中国农村城镇化动力研究	专著	经济科学出版社	2004 年
26	冯尚春	政治经济学	编著	东北财经大学出版社	2011 年
27	白艳	中国共产党妇女干部培养教育研究	专著	吉林大学出版社	2012 年
28	刘洁	当代中国社会主义政党关系研究	专著	吉林大学出版社	2008 年
29	刘皓	解读《自然辩证法》	专著	吉林出版集团有限责任公司	2014 年
30	刘皓	马克思主义科技观研究	专著	吉林大学出版社	2014 年
31	吕红霞	大学生"村官"相关问题解答	工具书	吉林大学出版社	2011 年
32	吕连凤	社会基本矛盾理论	专著	吉林出版集团有限责任公司	2014 年
33	吕航	反倾销理论与实践争议问题研究	专著	吉林人民出版社	2013 年
34	孙伟 张密丹 陈全禄	形势与政策	编著	吉林大学出版社	2009 年
35	孙秀云	科技时代下人的发展困境研究	专著	吉林出版集团有限责任公司	2008 年
36	朱哲	科学发展观与当代中国社会的全面发展	专著	吉林大学出版社	2008 年
37	纪明	富强中国	专著	吉林大学出版社	2014 年
38	吴自聪	在个人理性与政府权力之间：奥尔森政治理论研究	专著	吉林大学出版社	2011 年
39	吴宏政	历史生存论的观念	专著	吉林人民出版社	2008 年
40	吴宏政 赵新宇	幸福中国	专著	吉林大学出版社	2015 年
41	吴宏政	先验思辨逻辑	专著	人民出版社	2015 年
42	吴蓓	近现代松花江流域水利开发史研究	专著	吉林科学技术出版社	2013 年
43	吴薇	农村居民消费结构研究——以吉林省为例	专著	吉林科学技术出版社	2009 年
44	宋连胜	中国民主革命与中国民主党派	专著	吉林人民出版社	2003 年
45	宋连胜 杜君 韩广富	马克思主义中国化研究	编著	吉林大学出版社	2007 年
46	宋连胜 董树彬	协商中国	专著	吉林大学出版社	2014 年
47	张秀华	蒙古族生活掠影	编著	沈阳出版社	2002 年
48	张秀华	新中国国际战略——从结盟到不结盟	专著	吉林人民出版社	2002 年
49	张艳梅	医疗保健公正研究	专著	吉林大学出版社	2010 年
50	张敏	生态伦理学整体主义方法论研究	专著	吉林人民出版社	2013 年
51	张敏	科学技术是第一生产力	专著	吉林出版集团有限责任公司	2014 年

序号	作者	著作名称	著作类型	出版单位	出版时间
52	张慧君 方　杲 侯治水	马克思主义视阈中的精神生活与全面建设小康社会	专著	长春出版社	2010 年
53	李冬坚 彭　莉	思想道德修养	编著	西南师范大学出版社	2008 年
54	李冬坚 彭　莉	思想道德修养与法律基础	编著	吉林大学出版社	2009 年
55	李　华	中国农村合作医疗制度研究	专著	经济科学出版社	2007 年
56	李泓祎	解读《帝国主义是资本主义的最高阶段》	专著	吉林出版集团有限责任公司	2014 年
57	李彦秋	五四道德革命研究	专著	吉林大学出版社	2015 年
58	李桂花	科技的人化——对人与科技关系的哲学反思	专著	吉林人民出版社	2004 年
59	李桂花 王为全 孙秀云	自然辩证法概论	编著	吉林大学出版社	2005 年
60	李桂花 王为金 孙秀云 包国祥	自然辩证法概论（第 2 版）	编著	吉林大学出版社	2009 年
61	李桂花	科技哲思:科技异化问题研究	专著	吉林大学出版社	2011 年
62	李桂花	自然辩证法概论专题研究	编著	吉林大学出版社	2012 年
63	李桂花	中国化的马克思主义科技观研究	专著	吉林大学出版社	2014 年
64	李　静	中国区域金融中心建设及东北亚区域合作中的银行竞争力研究	专著	长春出版社	2014 年
65	杜　君	执政党建设思想研究	专著	吉林人民出版社	2002 年
66	杜　君 吴　蓓 王金艳	中国近现代史基本问题研究	编著	吉林大学出版社	2010 年
67	杨　艺	吉林省服务业发展及对策研究	专著	吉林大学出版社	2006 年
68	杨　玉	现代科技革命与马克思主义	编著	吉林大学出版社	2003 年
69	杨洪兴	归属幸福论——中国人自己的幸福观	专著	吉林大学出版社	2014 年
70	肖爱民	综合的时代——新科技革命与思维方式变革趋势问题研究	专著	吉林人民出版社	2008 年
71	肖爱民	跨越"卡夫丁峡谷"	专著	吉林出版集团有限责任公司	2014 年
72	邵彦敏	中国农村土地制度研究	专著	吉林大学出版社	2008 年
73	邵彦敏 钱智勇	科学社会主义理论与实践专题研究	编著	吉林大学出版社	2009 年
74	邵彦敏	农村土地制度:马克思主义的解释与运用	专著	吉林大学出版社	2012 年

续表

序号	作者	著作名称	著作类型	出版单位	出版时间
75	邵彦敏	发展中国	专著	吉林大学出版社	2014 年
76	陈方南	民主革命时期国共两党政纲之比较研究	专著	吉林人民出版社	2010 年
77	陈松友	和谐社会的构建与扩大农民有序政治参与	专著	吉林大学出版社	2011 年
78	陈松友	廉政中国	专著	吉林大学出版社	2014 年
79	陈秉公	思想政治教育学原理	专著	辽宁人民出版社	2001 年
80	陈秉公	思想道德修养	编著	高等教育出版社	2004 年
81	陈秉公	思想政治教育学原理	编著	高等教育出版社	2006 年
82	陈秉公	思想政治教育学基础理论研究	编著	吉林大学出版社	2007 年
83	陈秉公	主体人类学原理:"主体人类学"概念提出及知识体系建构	专著	中国社会科学出版社	2012 年
84	周玲玲	马克思危机理论视域下的美国金融危机	专著	吉林人民出版社	2015 年
85	庞雅莉	社会主义理论与现实问题研究	编著	吉林人民出版社	2003 年
86	庞雅莉	当代社会主义研究	专著	吉林人民出版社	2004 年
87	庞雅莉	科学社会主义理论与实践	编著	吉林大学出版社	2006 年
88	罗克全	最小国家的极大值——诺齐克国家观研究	专著	社会科学文献出版社	2005 年
89	罗克全	平等中国	专著	吉林大学出版社	2014 年
90	冯正玉 董丁戈 赵 山	大学生心理发展指导教程	编著	吉林大学出版社	2007 年
91	郑晓艳	农村籍大学生道德社会化问题研究	专著	吉林人民出版社	2012 年
92	侯治水	马克思社会交往理论的当代阐释	专著	吉林大学出版社	2010 年
93	侯治水	解读《国家与革命》	专著	吉林出版集团有限责任公司	2014 年
94	姜淑芝	公共关系学	专著	吉林人民出版社	2008 年
95	娄淑华	大学生热点问题研究	专著	吉林人民出版社	2002 年
96	娄淑华	现代思想政治教育方法论	编著	吉林人民出版社	2007 年
97	娄淑华	现代思想政治教育方法论	编著	吉林人民出版社	2009 年
98	娄淑华	现代思想政治教育方法论(第三版)	专著	吉林人民出版社	2013 年
99	赵海月	中国政治分析:视界与维度	专著	吉林人民出版社	2001 年
100	赵海月	国际战略思想研究	专著	吉林人民出版社	2002 年
101	赵海月	中国政治分析:视界与维度(修订版)	专著	吉林大学出版社	2004 年
102	赵海月	当代国外马克思主义研究	编著	吉林大学出版社	2007 年
103	赵海月	中国政治分析:视界与维度(第三版)	专著	吉林大学出版社	2008 年
104	赵海月 孙 伟	毛泽东思想、邓小平理论和"三个代表"重要思想概论	编著	西南师范大学出版社	2008 年
105	赵海月	毛泽东思想、邓小平理论与"三个代表"重要思想概论(实训部分)	编著	吉林大学出版社	2009 年
106	赵海月	形势与政策教育专题	编著	吉林大学出版社	2009 年
107	赵海月	形势与政策教育教学热点专题研究	编著	吉林大学出版社	2010 年

序号	作者	著作名称	著作类型	出版单位	出版时间
108	赵海月	制度与人：当代中国民主政治建构研究	专著	吉林大学出版社	2012 年
109	赵海月	形势与政策教育教学热点专题研究（第三版）	编著	吉林大学出版社	2012 年
110	赵海月	当代中国政治思维视点与实践方位	专著	吉林大学出版社	2015 年
111	徐　充	马克思主义政治经济学原理	编著	吉林大学出版社	2004 年
112	徐　充	中国经济转型期城镇贫困问题研究	专著	吉林人民出版社	2004 年
113	徐　充	比较与借鉴：长、珠三角洲发展模式及东北经济振兴	专著	吉林人民出版社	2010 年
114	徐　充	全球经济调整下东北地区制造业转型升级研究	专著	吉林大学出版社	2015 年
115	徐景一	失衡与协调：民营企业和谐劳动关系构建研究	专著	吉林大学出版社	2014 年
116	聂长久	和谐中国	专著	吉林大学出版社	2014 年
117	聂长久	中国早期民粹主义政治思想研究（1907～1927）	专著	（台湾）花木兰文化出版社	2015 年
118	郭永虎	美国国会与中美关系中的"西藏问题"	专著	世界知识出版社	2011 年
119	郭玉芳	自由与平等	专著	吉林人民出版社	2015 年
120	钱智勇	对教育的经济学分析	专著	吉林大学出版社	2011 年
121	钱智勇 丛旭文	中国共产党所领导高等教育的功能研究	专著	吉林大学出版社	2013 年
122	钱智勇 丛旭文	改革中国	专著	吉林大学出版社	2014 年
123	高文新	马克思理论基本范畴研究	编著	吉林大学出版社	2007 年
124	高德胜	信息犯罪研究	专著	东北师范大学出版社	2014 年
125	常艳芳	大学精神的人文视界	专著	吉林人民出版社	2013 年
126	曹冬梅 吴敏先 阎海涛	共和国辉煌历程：开拓创新	编著	吉林人民出版社	2005 年
127	曹冬梅	建设社会主义新农村——新世纪以来的中国农村发展	专著	河北人民出版社	2015 年
128	曹毅哲	旗帜的守望：当代中国马克思主义意识形态研究	专著	吉林大学出版社	2011 年
129	梁伟锋	民主中国	专著	吉林大学出版社	2014 年
130	盛海英	邓小平理论和"三个代表"重要思想概论	编著	吉林大学出版社	2003 年
131	盛海英	从传统到现代——中国文化纲要	编著	吉林人民出版社	2008 年
132	阎少华	管制刑研究	专著	吉林人民出版社	2005 年
133	董树彬	当代中国和谐政党关系研究	专著	吉林大学出版社	2013 年
134	董树彬	政协协商制度	专著	吉林出版集团有限责任公司	2014 年

续表

序号	作者	著作名称	著作类型	出版单位	出版时间
135	韩广富	毛泽东中国现代化理论研究	专著	吉林人民出版社	2001 年
136	韩广富	发展思想研究	专著	吉林人民出版社	2002 年
137	韩广富	邓小平理论和"三个代表"重要思想论纲	编著	吉林大学出版社	2004 年
138	韩广富 胡永强	改革年代：邓小平的改革岁月	编著	辽宁人民出版社	2004 年
139	韩广富 曹希岑	中国共产党历史上的 1000 个为什么（上、下）	工具书	中共党史出版社	2006 年
140	韩喜平	中国农村村级债务问题研究	专著	吉林人民出版社	2001 年
141	韩喜平	中国农户经营系统分析	专著	中国经济出版社	2004 年
142	韩喜平	粮食直接补贴问题研究	编著	吉林省科学技术出版社	2006 年
143	韩喜平 庞雅莉	马克思主义发展史	编著	吉林大学出版社	2007 年
144	韩喜平 庞雅莉 穆艳杰	马克思经典著作精选导读	编著	吉林大学出版	2007 年
145	韩喜平 邵彦敏 杨 艺	欧盟社会经济结构与制度变迁	编著	吉林大学出版社	2008 年
146	韩喜平	资源型国有企业改革与发展	编著	吉林大学出版社	2009 年
147	韩喜平 吴宏政	国家核心价值与公民文化研究	编著	吉林大学出版社	2010 年
148	韩喜平	马克思主义发展史	编著	吉林大学出版社	2011 年
149	韩喜平	民生中国	专著	吉林大学出版社	2014 年
150	蒲星光	高校学子道德资本论	专著	吉林人民出版社	2006 年
151	翟 岩	市场秩序形成中的主流意识形态影响研究	专著	吉林大学出版社	2015 年
152	穆艳杰	马克思主义经典著作精选导读	编著	吉林大学出版社	2003 年
153	穆艳杰	马克思实践观变革——三种实践观比较研究	专著	吉林人民出版社	2006 年
154	穆艳杰	美丽中国	专著	吉林大学出版社	2014 年
155	薛 萍	全球化背景下的中国现代性	专著	吉林大学出版社	2013 年
156	薛 萍	文化中国	专著	吉林大学出版社	2014 年

东北亚研究院（东北亚研究中心）

序号	作者	著作名称	著作类型	出版单位	出版时间
1	于 潇	美日公司治理结构比较研究	专著	中国社会科学出版社	2003 年
2	于 潇	东北亚区域劳务合作研究	专著	吉林人民出版社	2006 年
3	于 潇	金融危机下蒙古社会经济发展研究	编著	吉林人民出版社	2012 年
4	于 潇 聂 鑫	东北亚老工业基地就业问题研究	专著	吉林人民出版社	2013 年

序号	作者	著作名称	著作类型	出版单位	出版时间
5	尹小平	简明市场营销手册	译著	科学出版社	2002 年
6	尹小平	日本产业国际竞争力实证分析——兼论中国产业国际竞争力发展	专著	吉林人民出版社	2003 年
7	尹　豪	人口学导论	编著	中国人口出版社	2006 年
8	巴殿君	冷战后日本对台湾政策研究	专著	九州出版社	2011 年
9	巴殿君	东北亚各国政治制度比较	专著	社会科学文献出版社	2015 年
10	王若茜 吕元明	日本文学史	专著	吉林人民出版社	2001 年
11	王若茜 齐秀丽	"浮世草子"的婚恋世界	专著	宁夏人民出版社	2005 年
12	王彦军	日本劳动力技能形成研究——基于人力资本理论的分析	专著	吉林人民出版社	2010 年
13	王胜今	现代朝鲜经济	编著	吉林大学出版社	2001 年
14	王胜今 尹　豪	东北亚区域人口与发展	编著	吉林大学出版社	2001 年
15	王胜今	中国人口与全面建设小康社会	编著	吉林大学出版社	2003 年
16	王胜今 田雪原 王国强	全面建设小康社会中的人口与发展	编著	中国人口出版社	2004 年
17	王胜今	东北亚地区和平与发展研究（上、下）——东北亚区域合作与中国东北振兴	编著	吉林人民出版社	2004 年
18	王胜今	伪满时期中国东北地区移民研究——兼论日本帝国主义实施的移民侵略	专著	中国社会科学出版社	2005 年
19	王胜今 王国强 林盛中	论国民素质与和谐社会	专著	吉林人民出版社	2006 年
20	王胜今 于　潇	图们江地区跨国经济合作研究	编著	吉林人民出版社	2006 年
21	王胜今 吴　昊	中国东北振兴与东北亚区域合作研究	编著	吉林人民出版社	2006 年
22	王胜今	人口·资源·环境与发展	编著	吉林人民出版社	2006 年
23	王胜今 李玉潭 朱显平	东北亚区域合作与中国东北振兴研究	编著	吉林人民出版社	2007 年
24	王胜今	蒙古国经济发展与东北亚国际区域合作	编著	长春出版社	2009 年
25	王胜今 韩喜平	中国特色高等教育发展道路研究	编著	吉林大学出版社	2010 年
26	王胜今	东北亚地区发展报告（2010）	专著	吉林大学出版社	2011 年

续表

序号	作者	著作名称	著作类型	出版单位	出版时间
27	王胜今 于　潇	中国人口老龄化问题研究	编著	吉林人民出版社	2012 年
28	王胜今 吴志攀	东北亚区域合作与长吉图开发开放研究	编著	吉林人民出版社	2012 年
29	王胜今	中国特色人口发展道路	编著	吉林人民出版社	2012 年
30	王胜今 于　潇	长吉图开发开放先导区发展报告（2012）：产业发展研究	编著	吉林人民出版社	2013 年
31	王胜今	人口．资源与环境经济学	编著	长春出版社	2014 年
32	王晓峰	美国政府经济职能及变化研究	专著	吉林人民出版社	2007 年
33	王晓峰	东北边境地区人口与发展研究	专著	吉林人民出版社	2014 年
34	王晓峰	东亚地区的人口老龄化：21 世纪的政策和挑战	译著	东北财经大学出版社	2015 年
35	王箫轲	美国对外经济援助研究	专著	社会科学文献出版社	2015 年
36	任　明	中国东北振兴及中韩经济合作的新构想	专著	韩国对外经济政策研究院	2005 年
37	孙　猛	中国能源消费碳排放及减排绩效研究	专著	社会科学文献出版社	2015 年
38	朱显平	俄罗斯银行体制和信贷企业研究	专著	吉林人民出版社	2004 年
39	朱显平 邹向阳	转轨时期的俄罗斯金融市场研究——区域经济干预理论的实践	专著	吉林人民出版社	2006 年
40	朱显平 李天籽	东北亚区域能源合作研究	专著	吉林人民出版社	2006 年
41	朴英爱	东北亚海洋生物资源资产化管理与合作研究：以中日韩为中心	专著	吉林大学出版社	2009 年
42	衣保中	区域开发与可持续发展：近代以来中国东北区域开发与生态环境变迁的研究	编著	吉林大学出版社	2004 年
43	衣保中 邱桂杰	可持续区域开发的理论与实践	编著	吉林大学出版社	2013 年
44	衣保中 邱桂杰	可持续区域开发问题研究	专著	社会科学文献出版社	2013 年
45	许世存	人口流动与经济社会发展研究	专著	社会科学文献出版社	2015 年
46	许昌福	西洋美术家画廊(55)：霍尔拜因	译著	吉林美术出版社	2002 年
47	许昌福	棉被	译著	吉林大学出版社	2009 年
48	许昌福	破戒	译著	吉林大学出版社	2010 年
49	许金秋	俄国文官制度研究	专著	吉林人民出版社	2013 年
50	余昺雕	世纪之交的东北亚区域经济——东北亚区域经济发展变化趋势及对策研究	编著	吉林文史出版社	2002 年
51	余昺雕 胡　方	现代日本经济论——小宫隆太郎学术思想研究	专著	吉林文史出版社	2003 年
52	余昺雕	中外增长三角研究	专著	吉林文史出版社	2004 年

序号	作者	著作名称	著作类型	出版单位	出版时间
53	佟新华	基于清洁发展机制的东北亚环境合作研究	专著	吉林人民出版社	2009 年
54	吴昊	中央银行独立性研究：发达国家的经验与中国的改革设想	专著	中国社会科学出版社	2003 年
55	张广翔	俄国社会史——个性、民主家庭、公民社会及法制国家的形成（帝俄时期：18 世纪至 20 世纪初）（上、下）	译著	山东大学出版社	2006 年
56	张广翔	18~19 世纪俄国城市化研究	专著	吉林人民出版社	2006 年
57	张广翔 许金秋 钟建平	帝俄时代生活史：历史人类学研究（1700~1917）	译著	商务印书馆	2013 年
58	张玉国	日美同盟关系转型研究	专著	社会科学文献出版社	2015 年
59	张宝仁 张慧智	东北亚区域贸易合作研究	专著	吉林人民出版社	2006 年
60	张建政	国际区域金融合作的制度分析	专著	吉林人民出版社	2009 年
61	张景全	日本对外结盟研究	专著	吉林人民出版社	2007 年
62	张慧智	大国关系中的朝鲜半岛	专著	吉林大学出版社	2003 年
63	张慧智	韩国现代化奇迹的过程	译著	吉林人民出版社	2006 年
64	李天籽 朱显平	石油价格冲击对经济增长影响的研究——以中国为例的考察	专著	长春出版社	2012 年
65	李天籽 李霞	东北亚区域能源安全与能源合作	专著	社会科学文献出版社	2014 年
66	李天籽	跨境次区域合作与中国沿边产业空间分布	专著	社会科学文献出版社	2015 年
67	李玉潭	东北亚区域经济概论	专著	吉林大学出版社	2001 年
68	李玉潭 庞德良	日韩金融制度比较研究	专著	吉林人民出版社	2002 年
69	李玉潭 陈志恒 殷立春	东北亚区域经济发展与合作机制创新研究	专著	吉林人民出版社	2006 年
70	李玉潭	中国东北对外开放	编著	吉林大学出版社	2008 年
71	李玉潭 庞德良	经济全球化与东北亚区域经济合作	编著	吉林人民出版社	2009 年
72	李玉潭	吉林省中小企业发展报告	编著	吉林大学出版社	2012 年
73	李雨潼	我国资源型城市经济转型问题研究	专著	长春出版社	2009 年
74	李春隆	九十年代俄罗斯：政治、经济与外交	编著	吉林大学出版社	2001 年
75	李晗斌	大图们江区域国际合作与长吉图战略	编著	吉林大学出版社	2015 年
76	李晗斌	FDI 对中国工业集聚的影响研究	专著	社会科学文献出版社	2015 年
77	李辉	基于城市化过程的东北地区生态安全研究	专著	吉林大学出版社	2011 年
78	李辉	中国新型城市化——区域比较与国际借鉴	专著	吉林大学出版社	2011 年

序号	作者	著作名称	著作类型	出版单位	出版时间
79	杨东亮	国债理论研究与中国实证检验	专著	长春出版社	2011 年
80	杨 雪	欧盟共同就业政策研究	专著	中国社会科学出版社	2004 年
81	杨 雪	欧盟国家传统工业区改造中的就业政策及其启示	专著	吉林大学出版社	2008 年
82	沈海涛	大正期日本外交における中国認識	专著	雄山閣出版	2001 年
83	沈海涛	日中関係進化への新しい試み	专著	日本僑報社	2004 年
84	沈海涛 张玉国 巴殿君	日本国家战略与东北亚外交	专著	吉林人民出版社	2006 年
85	沈海涛	外交漂流：日本东亚战略转型	专著	社会科学文献出版社	2015 年
86	邱 红	中国劳动力市场供求变化分析	专著	吉林人民出版社	2011 年
87	邱 红	人口学概论	编著	中央广播电视大学出版社	2011 年
88	陈志恒	东北亚区域经济一体化研究——以交易费用理论为视角	专著	吉林人民出版社	2006 年
89	陈治国	人民币国际化问题研究	专著	吉林人民出版社	2013 年
90	陈英姿	中国东北地区资源承载力研究	专著	长春出版社	2010 年
91	陈景彦	19 世纪中日知识分子比较研究	专著	吉林人民出版社	2006 年
92	陈景彦	20 世纪中日俄（苏）三国关系史研究	编著	长春出版社	2010 年
93	陈景彦 王玉强	江户时代日本对中国儒学的吸收与改造	专著	社会文献出版社	2014 年
94	庞德良	现代日本企业产权制度研究：日本"公司主义"的经济学分析	专著	中国社会科学出版社	2001 年
95	庞德良 张建政	东北亚区域金融合作研究	专著	吉林人民出版社	2006 年
96	庞德良	安倍政权与日本未来	专著	社会科学文献出版社	2014 年
97	侯 力	中国城市化过程中的耕地资源保护研究	专著	中国社会科学出版社	2010 年
98	胡仁霞	中国东北与俄罗斯远东区域经济合作研究	专著	社会科学文献出版社	2014 年
99	赵 杨	中国房地产市场财富效应研究	专著	吉林人民出版社	2014 年
100	赵儒煜	简明质量管理手册	译著	科学出版社	2002 年
101	赵儒煜	图解经营分析	译著	科学出版社	2002 年
102	赵儒煜 刘淑梅	简明经营管理手册	译著	科学出版社	2002 年
103	赵儒煜	产业革命论	专著	科学出版社	2003 年
104	赵儒煜 杨振凯	从破坏到共生——东北产业技术体系变革道路研究	专著	吉林大学出版社	2005 年
105	赵儒煜 李晗斌	东北亚区域交通物流合作研究	专著	吉林人民出版社	2006 年

序号	作者	著作名称	著作类型	出版单位	出版时间
106	赵儒煜 杨振凯	传统工业区振兴中的政府角色与作用:欧盟的经验与中国的选择	专著	吉林大学出版社	2008 年
107	赵儒煜 刘锦明 陈志恒	中国产业竞争力报告 2008	编著	吉林大学出版社	2008 年
108	赵儒煜	蒙古国从传统走向现代的草原之国	编著	香港城市大学出版社	2013 年
109	赵儒煜	论长吉图开发开放先导区产业发展战略	编著	吉林大学出版社	2015 年
110	徐文吉	东北亚地区和平与发展研究	编著	吉林大学	2001 年
111	徐文吉	中韩经济与管理比较研究	编著	经济科学出版社	2001 年
112	徐文吉	南北韩与中国	编著	韩国对外经济政策研究院	2002 年
113	徐文吉	朝鲜民主主义共和国西部地区水利化研究	专著	朝鲜金日成综合大学出版社	2004 年
114	徐文吉	中国的东北振兴计划与中、朝、韩合作展望	专著	韩国银川开发研究院出版社	2005 年
115	徐文吉	WTO 与中国经济	编著	中国环境科学出版社	2005 年
116	徐文吉	朝鲜半岛时局与对策研究	专著	山东大学出版社	2007 年
117	徐 博	冷战后俄罗斯亚太地缘战略	专著	社会科学文献出版社	2014 年
118	崔志宏	Многопартийность в современной России	专著	莫斯科大学出版社	2005 年
119	崔志宏	东北亚地缘政治与长吉图战略	编著	吉林大学出版社	2015 年
120	崔 健	外国直接投资与发展中国家经济安全	专著	中国社会科学出版社	2004 年
121	崔 健	外国直接投资影响下的发展中国家经济安全研究	专著	吉林大学出版社	2008 年
122	黄定天	黑龙江文学通史	编著	北方文艺出版社	2002 年
123	黄定天	东北亚国际关系史(修订本)	专著	黑龙江教育出版社	2003 年
124	黄定天	二十世纪中国东北边疆文化研究	编著	黑龙江人民出版社	2003 年
125	黄定天	中俄关系通史	专著	黑龙江人民出版社	2007 年
126	黄定天	中俄文化关系史稿	专著	长春出版社	2010 年
127	黄定天	折冲樽俎 纵横捭阖——东北亚国际关系专题研究	编著	吉林大学出版社	2011 年
128	傅树政 雷丽平	俄国东正教会与国家	专著	社会科学文献出版社	2001 年
129	景跃军 王胜今	区域经济理论与方法——中国区域经济实证研究	专著	吉林大学出版社	2001 年
130	景跃军	战后美国产业结构演变及与欧盟比较研究	专著	吉林人民出版社	2006 年
131	景跃军	中日韩环境保护与合作研究	专著	长春出版社	2015 年
132	董 伟	后危机时代:制度与结构的反思	专著	社会科学文献出版社	2011 年
133	廉晓梅	APEC 区域经济合作模式与发展前景研究	专著	中国社会科学出版社	2005 年
134	廉晓梅	中日韩自由贸易及我国的对策	专著	吉林大学人民出版社	2008 年

续表

序号	作者	著作名称	著作类型	出版单位	出版时间
135	雷丽平	苏维埃政权与东正教专题编辑校注之一	编著	社会科学文献出版社	2002 年
136	雷 鸣	日本节能与新能源发展战略研究	专著	吉林大学出版社	2010 年
137	戴 宇	志贺重昂国粹主义思想研究	专著	吉林教育出版社	2009 年

公共外交学院

序号	作者	著作名称	著作类型	出版单位	出版时间
1	王文奇	革故鼎新：中华人民共和国的两个三十年	编著	世界知识出版社	2013 年
2	王文奇	钟灵毓秀：中国自然与人文地理	编著	世界知识出版社	2013 年
3	孙丽萍	时代脉动——当代中国时尚	编著	世界知识出版社	2013 年

古籍研究所

序号	作者	著作名称	著作类型	出版单位	出版时间
1	于省吾	甲骨文字释林	专著	商务印书馆	2010 年
2	于海波	清代净土宗著述研究	专著	巴蜀书社	2009 年
3	于海波	《净土十要》研究	专著	吉林文史出版社	2012 年
4	于海波	地藏法门系列校对	古籍整理	香港国际艺术文化咨询出版公司	2014 年
5	于海波	净土十要点校（上、下册）	古籍整理	中华书局	2015 年
6	王连龙	新见北朝墓志集释	专著	中国书籍出版社	2013 年
7	王连龙	新见隋唐墓志集释	专著	辽海出版社	2013 年
8	丛文俊	《散氏盘》卷	编著	湖北美术出版社	2002 年
9	丛文俊	中国书法史·先秦·秦代卷	专著	江苏教育出版社	2002 年
10	丛文俊 张啸东	揭示古典的真实——丛文俊书学、学术研究论集	专著	中州古籍出版社	2003 年
11	丛文俊	书法史鉴——古人眼中的书法和我们的认识	专著	上海书画出版社	2003 年
12	丛文俊	篆隶书基础教程	专著	上海书画出版社	2005 年
13	丛文俊	丰草堂题跋书法	专著	辽海出版社	2006 年
14	冯胜君	二十世纪古文献新证研究	专著	齐鲁出版社	2006 年
15	冯胜君	郭店简与上博简对比研究	专著	线装书局	2008 年
16	吕文郁	周代的采邑制度（增订版）	专著	社会科学文献出版社	2006 年
17	吕文郁 夏保国 徐 阳	先秦天下	专著	长春出版社	2007 年

序号	作者	著作名称	著作类型	出版单位	出版时间
18	吕文郁	春秋战国文化史	专著	东北出版中心	2007 年
19	吕文郁	儒藏精华编第十三册	古籍整理	北京大学出版社	2014 年
20	孙赫男	《左氏会笺》研究	专著	光明日报出版社	2011 年
21	孙赫男	宋元以来词集丛刻研究	专著	花木兰文化出版社	2015 年
22	朱红林	《周礼》中商业管理制度研究	专著	吉林文史出版社	2003 年
23	朱红林	张家山汉简《二年律令》集释	专著	社会科学文献出版社	2005 年
24	朱红林	张家山汉简《二年律令》研究	专著	黑龙江人民出版社	2008 年
25	何景成	商周青铜器族氏铭文研究	专著	齐鲁书社	2009 年
26	何景成	西周王朝政府的行政组织与运行机制	专著	光明日报出版社	2013 年
27	吴良宝	中国东周时期金属货币研究	专著	社会科学文献出版社	2005 年
28	吴良宝	先秦货币文字编	古籍整理	福建人民出版社	2006 年
29	吴良宝	战国楚简地名辑证	专著	武汉大学出版社	2010 年
30	吴振武	《古玺文编》校订	专著	人民艺术出版社	2011 年
31	张固也	《管子》研究	专著	齐鲁书社	2006 年
32	张金梁	明代书法史探微	专著	时代文艺出版社	2003 年
33	张金梁	明代书学铨选制度研究	专著	上海书画出版社	2008 年
34	张金梁	《书史会要》校正	专著	吉林文史出版社	2008 年
35	张金梁	张金梁书法集	创作成果	吉林文史出版社	2012 年
36	张金梁	吉林省书画名家精品系列（张金梁卷）	创作成果	吉林美术出版社	2012 年
37	张金梁	中国书法史绎卷六——反思之施	专著	上海书画出版社	2014 年
38	张鹤泉	汉明帝研究	专著	吉林文史出版社	2002 年
39	张鹤泉	魏晋南北朝都督制度研究	专著	吉林文史出版社	2007 年
40	张鹤泉	中国古代的"家"与国家	专著	中华书局	2010 年
41	张鹤泉	魏晋南北朝史：一个分裂与融合的时代	专著	台湾三民书局股份有限公司	2010 年
42	李无未	周代朝聘制度研究	专著	吉林人民出版社	2005 年
43	李无未	音韵文献与音韵学史	专著	吉林文史出版社	2005 年
44	杨 龙	文化融合与政治升进——北魏政权中的汉族士人研究	专著	花木兰文化出版社	2012 年
45	沈 刚	秦汉时期的客阶层研究	专著	吉林文史出版社	2003 年
46	沈 刚	居延汉简语词汇释	专著	科学出版社	2008 年
47	沈 刚	长沙走马楼三国竹简研究	专著	社会科学文献出版社	2013 年
48	邵正坤	北朝家庭形态研究	专著	科学出版社	2008 年
49	邵正坤	北朝纪年造像记汇编	古籍整理	吉林人民出版社	2014 年
50	邵正坤	宗教信仰与北朝家庭	专著	吉林文史出版社	2014 年
51	陈恩林	逸斋先秦史学术论文集——陈恩林自选集	专著	吉林文史出版社	2003 年
52	单育辰	楚地战国简帛与传世文献对读之研究	专著	中华书局	2014 年
53	单育辰	郭店《尊德义》《成之闻之》《六德》三篇整理与研究	专著	科学出版社	2015 年
54	周忠兵	卡内基博物馆所藏甲骨研究（上、下）	专著	上海人民出版社	2015 年
55	崎川隆	宾组甲骨文分类研究	专著	上海人民出版社	2011 年

高等教育研究所

序号	作者	著作名称	著作类型	出版单位	出版时间
1	于 杨	现代美国大学共同治理理论与实践	专著	中国社会科学出版社	2011 年
2	马 捷 李 明	中小学生计算机使用道德规范	编著	东北师范大学出版社	2001 年
3	王文奇	复兴中国	专著	吉林大学出版社	2014 年
4	孙大廷	美国教育战略的霸权向度	专著	吉林大学出版社	2009 年
5	孙伟忠	贸易条件与经济增长	专著	吉林大学出版社	2013 年
6	张龙革	个人本体论研究	专著	中国社会科学出版社	2014 年
7	李洪修	基础教育改革研究	专著	吉林大学出版社	2013 年
8	赵义泉	英语学习策略	编著	吉林大学出版社	2003 年
9	赵义泉	信息技术与小学英语教学整合	编著	东北师大出版社	2004 年
10	赵义泉	超越式学习论	专著	吉林教育出版社	2010 年
11	赵义泉	超越式成长论	专著	吉林教育出版社	2012 年
12	赵俊芳	论大学学术权力	专著	中国社会科学出版社	2012 年
13	赵俊芳	中外部分大学核心竞争力发展研究报告	编著	吉林大学出版社	2013 年
14	赵俊芳	中国 985 大学核心竞争力发展报告	编著	吉林大学出版社	2014 年

管理学院

序号	作者	著作名称	著作类型	出版单位	出版时间
1	于 旭	科技成果转化难点与对策研究	专著	科学技术文献出版社	2014 年
2	于 洋	中国农地制度变迁路径研究	专著	吉林大学出版社	2006 年
3	王 峰	ERP – U8 会计信息化应用实务	编著	机械工业出版社	2013 年
4	王爱群	吉林省农业产业化龙头企业发展研究	专著	吉林人民出版社	2007 年
5	王爱群	企业风险管理理论与实务	编著	吉林人民出版社	2009 年
6	王爱群	企业内部控制与风险管理	编著	吉林人民出版社	2011 年
7	王爱群	企业集团财务管控研究	编著	延边大学出版社	2013 年
8	王爱群	上市公司内部控制缺陷披露影响因素及经济后果研究——基于权益和债务资本成本视角	专著	吉林大学出版社	2015 年
9	王 莹 徐 颖 王 军	经济统计学	编著	机械工业出版社	2005 年
10	王 莹 徐 颖 王 军	经济统计学（第 2 版）	编著	机械工业出版社	2009 年

序号	作者	著作名称	著作类型	出版单位	出版时间
11	王 萍 宋雪雁	电子档案管理基础	编著	清华大学出版社	2006 年
12	王 萍 张卫东	现代文秘工作实务	编著	机械工业出版社	2007 年
13	王 萍	电子档案著录标准及其应用	专著	吉林大学出版社	2010 年
14	王 萍 张卫东	秘书学教程	编著	辽宁大学出版社	2013 年
15	王晰巍	信息分析方法、案例及应用	编著	吉林大学出版社	2015 年
16	邓 君	盛京时报长春资料选编（民国卷 1916～1931）	编著	长春出版社	2013 年
17	田 硕	我国汽车产业自主创新模式研究	专著	吉林人民出版社	2010 年
18	刘子文	中国小城镇发展概论	专著	吉林大学出版社	2005 年
19	刘子文	资本运营与管理	编著	吉林大学出版社	2005 年
20	刘 娜	企业战略管理中企业社会责任融入问题研究	专著	光明日报出版社	2013 年
21	刘春山	产业结构动态优化理论与方法	专著	吉林人民出版社	2011 年
22	孙立荣	审计学	编著	吉林人民出版社	2004 年
23	孙立荣	吉林省老工业基地改造与可持续发展研究	专著	吉林人民出版社	2005 年
24	曲 然	市场营销学学习指南及习题集	工具书	清华大学出版社	2008 年
25	朱秀梅	创业网络动态演化及其对新企业成长的影响研究	编著	吉林大学出版社	2013 年
26	毕 强	Internet 信息资源开发与利用	专著	吉林科学技术出版社	2001 年
27	毕 强	网络经济与企业管理	专著	吉林科学技术出版社	2001 年
28	毕 强 杨文祥	网络信息资源开发与利用	编著	科学出版社	2002 年
29	毕 强 张海涛	信息检索	编著	吉林大学出版社	2003 年
30	毕 强	超文本信息组织技术	专著	科学技术文献出版	2004 年
31	毕 强	数字信息资源开发与利用（第二版）	编著	科学出版社	2009 年
32	毕 强	下一代数字图书馆知识组织	编著	吉林教育出版社	2009 年
33	毕 强 陈晓美	数字资源建设与管理	编著	科学出版社	2010 年
34	毕 强	基于概念格的数字图书馆知识构建	专著	吉林教育出版社	2013 年
35	毕新华	企业信息系统建设与管理变革	专著	吉林大学出版社	2002 年
36	毕新华 顾穗珊	现代物流管理	编著	科学出版社	2004 年
37	毕新华 顾穗珊	现代物流管理（第二版）	编著	科学出版社	2009 年
38	毕新华 于宝君 余翠玲	信息系统成长理论与模型	专著	吉林人民出版社	2010 年

续表

序号	作者	著作名称	著作类型	出版单位	出版时间
39	许正良	管理研究方法	编著	吉林大学出版社	2004 年
40	许正良 王利政	企业核心竞争力新解	专著	吉林大学出版社	2006 年
41	张少杰 李北伟	项目评估	编著	高等教育出版社	2006 年
42	张少杰 曲 然	东北老工业基地创新体系建设研究:创新能力与创新资源配置	编著	吉林人民出版社	2008 年
43	张少杰	项目评估(第二版)	编著	高等教育出版社	2011 年
44	张向先	国际贸易概论(第二版)	编著	高等教育出版社	2004 年
45	张向先	市场信息学	编著	中国财政经济出版社	2005 年
46	张向先	农业信息资源优化配置问题研究	专著	吉林人民出版社	2006 年
47	张向先	国际贸易概论(第三版)	编著	高等教育出版社	2008 年
48	张向先	国际贸易概论(第四版)	编著	高等教育出版社	2014 年
49	张海涛	信息检索教程	编著	黑龙江科学技术出版社	2004 年
50	张海涛	信息检索	编著	机械工业出版社	2006 年
51	张海涛	数字时代情报学理论与实践	编著	科学技术文献出版社	2006 年
52	张海涛	中国老工业基地可持续发展战略研究	编著	方志出版社	2007 年
53	李北伟	FDI 对吉林省产业发展的影响	专著	吉林文史出版社	2006 年
54	李北伟	投资经济学	编著	清华大学出版社	2009 年
55	李北伟	吉林省经济结构现状与调整方向	专著	吉林出版集团有限责任公司	2013 年
56	李北伟	大学生创业导引	编著	清华大学出版社	2013 年
57	李全喜	企业信息化与管理	编著	机械工业出版社	2005 年
58	李全喜	生产运作管理	编著	北京大学出版社、中国林业出版社	2007 年
59	李 时	应用统计学	编著	清华大学出版社、北京交通大学出版社	2005 年
60	李 松	管理信息系统实用教程	编著	北京大学出版社	2008 年
61	李 松	信息系统分析与设计	编著	电子工业出版社	2010 年
62	李春好	项目融资	编著	科学出版社	2004 年
63	李春好	项目融资(第二版)	编著	科学出版社	2009 年
64	李春好	复杂系统半经验半理论层次分析方法	专著	吉林人民出版社	2010 年
65	李惠先	我国城市基础设施民营化管理体系的研究	专著	吉林人民出版社	2015 年
66	杨 华	设备综合管理	编著	机械工业出版社	2014 年
67	杨 红	金融全球化进程中国际资本流动利益的分配	专著	吉林人民出版社	2011 年
68	杨 杰	管理经济学	编著	吉林大学出版社	2004 年
69	陈太博	支持型员工管理模式:机理与实证	专著	吉林人民出版社	2015 年

序号	作者	著作名称	著作类型	出版单位	出版时间
70	周柏翔	系统工程	编著	吉林人民出版社	2005 年
71	周培岩	企业战略导向与绩效关系实证研究	专著	吉林科学技术出版社	2009 年
72	苑学今	现代企业管理与技术经济分析	专著	吉林科学技术出版社	2003 年
73	苗　青	国际商务管理	编著	吉林大学出版社	2015 年
74	苗淑娟	融资方式对新创企业绩效的影响研究：基于创业者特征的视角	专著	吉林人民出版社	2011 年
75	姚梅芳	新编管理会计	编著	吉林人民出版社	2003 年
76	姚梅芳	生存型创业理论研究	专著	现代教育出版社	2008 年
77	姚梅芳	管理会计	编著	现代教育出版社	2011 年
78	姚梅芳	管理会计前沿	编著	吉林人民出版社	2012 年
79	姚梅芳	TMT 变更、创业战略选择与企业成长绩效的关系研究	专著	江苏凤凰教育出版社	2015 年
80	弭元英	新编财务会计	编著	吉林人民出版社	2003 年
81	赵宇恒	国有企业高层管理者激励补偿效应：基于中国上市公司的研究	专著	吉林人民出版社	2011 年
82	赵英才	学位论文创作	编著	机械工业出版社	2004 年
83	赵英才	学位论文创作（第 2 版）	专著	吉林大学出版社	2009 年
84	赵英才	企业管理学	编著	吉林大学出版社	2011 年
85	赵树宽	产业创新的传导机理及测度模型研究	专著	吉林人民出版社	2010 年
86	徐宝祥	本体论及其应用	编著	吉林人民出版社	2004 年
87	徐宝祥	信息系统开发方法	编著	机械工业出版社	2007 年
88	徐　颖	经济统计学——以 EXCEL 为分析工具	编著	吉林人民出版社	2011 年
89	郭立夫	运筹学	编著	吉林大学出版社	2002 年
90	郭立夫	决策理论与方法	编著	高等教育出版社	2006 年
91	顾穗珊	电子商务与现代物流管理	编著	机械工业出版社	2007 年
92	顾穗珊	物流与供应链管理	编著	机械出版社	2013 年
93	高贵富	民营企业国际创业战略研究	专著	现代教育出版社	2008 年
94	景　涛	营销系统授权与营销绩效关系研究	专著	吉林人民出版社	2010 年
95	葛宝山	创业融资：理论与实务	专著	中国科学技术大学出版社	2003 年
96	葛宝山	工程项目评估	编著	清华大学出版社、北京交通大学出版社	2004 年
97	葛宝山	创业型战略管理——理论及实证研究	专著	现代教育出版社	2011 年
98	董保宝	网络结构、动态能力与企业竞争优势	专著	世界图书出版广东有限公司	2014 年
99	董保宝	网络导向、创业能力与新创企业竞争优势	编著	世界图书出版公司	2015 年
100	董碧松	经济增长与收入分配关系研究	专著	吉林人民出版社	2011 年
101	靖继鹏	应用信息经济学	编著	科学出版社	2002 年

续表

序号	作者	著作名称	著作类型	出版单位	出版时间
102	靖继鹏	信息社会学	编著	科学出版社	2004 年
103	靖继鹏	信息经济学	编著	清华大学出版社	2004 年
104	靖继鹏	企业信息化规划与管理	编著	机械工业出版社	2006 年
105	靖继鹏	信息经济学（第二版）	编著	科学出版社	2007 年
106	靖继鹏	情报科学理论	编著	科学出版社	2009 年
107	蔡　莉	风险资本市场的生成与演进研究	专著	中国社会科学出版社	2003 年
108	蔡　莉	我国风险投资公司宏观支撑环境与运作机制	专著	中国人民大学出版社	2006 年
109	蔡　莉	科技型企业创生机理及绩效评价	专著	吉林人民出版社	2006 年
110	蔡　莉	科技型新创企业集群形成与发展机理研究	专著	科学出版社	2008 年
111	蔡　莉	创业管理（原书第 7 版）	译著	机械工业出版社	2009 年

生物与农业工程学院

序号	作者	著作名称	著作类型	出版单位	出版时间
1	杨印生	中国式精确农业发展问题研究	专著	吉林科学技术出版社	2003 年
2	郭鸿鹏	基于仿生算法的农业非点源污染系统动态模拟研究	专著	中国环境出版社	2013 年

应用技术学院

序号	作者	著作名称	著作类型	出版单位	出版时间
1	马　光	徒步旅行与障碍跑训练指导	编著	延边人民出版社	2009 年
2	刘术人	学前儿童早知道丛书——名言故事	编著	吉林美术出版社	2001 年
3	余　迎	学前儿童早知道丛书——妙语故事	编著	吉林美术出版社	2002 年
4	余　迎	五朵金花别样红	编著	中国工人出版社	2006 年
5	张国杰	新视野大学英语新阅读教程	编著	外语教学与研究出版社	2009 年
6	李　冰	大学体育与健康	编著	吉林科学技术出版社	2010 年
7	杨振凯	运筹学应用范例与解法（第 4 版）	编著	清华大学出版社	2006 年
8	杨振凯	管理学：基于能力的方法：第 10 版	译著	清华大学出版社	2009 年
9	杨振凯	宏观经济学原理（第 6 版）	译著	清华大学	2010 年
10	杨振凯	微观经济学原理（第 6 版）	译著	清华大学	2010 年
11	陈　军	现代体育素质教育训练丛书——登山与攀岩技术指导	编著	吉林文史出版社、吉林音像出版社	2006 年
12	郎　贺	大学体育与健康	编著	吉林科技出版社	2011 年
13	赵晓红	After Effects CS5 标准教程	编著	海洋出版社	2012 年

序号	作者	著作名称	著作类型	出版单位	出版时间
14	凌淑莉	机电专业英语	编著	北京理工大学出版社	2013 年
15	綦战朝	机电专业英语	编著	清华大学出版社	2007 年
16	綦战朝	英语代词及其限定用法（修订本）	工具书	沈阳出版社	2008 年
17	綦战朝	英语代词	工具书	吉林出版集团有限责任公司	2010 年

公共卫生学院

序号	作者	著作名称	著作类型	出版单位	出版时间
1	于双成	生物医学期刊投稿指南	工具书	军事医学科学出版社	2006 年
2	于双成	农村家庭健康信息手册	工具书	吉林大学出版社	2011 年
3	于双成	科技信息检索与利用	编著	清华大学出版社	2012 年
4	王 伟	医药信息管理基础	编著	吉林大学出版社	2005 年
5	王 伟	医学信息学	编著	高等教育出版社	2006 年
6	王 伟	信息计量学及其医学应用	编著	人民卫生出版社	2009 年
7	李站兵	医药信息检索	编著	吉林科学技术出版社	2006 年
8	曹锦丹	医药信息服务与用户	编著	高等教育出版社	2006 年

三

中文社会科学引文索引（CSSCI）收录论文
一览表（2001～2015 年）

（按照作者的姓氏笔画和论文的发表时间排序）

哲学社会学院（边疆考古研究中心）

序号	作者	论文名称	期刊来源	发表年度
1	丁　宁	黑格尔哲学中的证明原则	社会科学辑刊	2010
2	丁　宁	海德格尔与中国古人的"听"和"说"	江海学刊	2010
3	丁　宁	论思想的两种存在方式——以黑格尔和海德格尔为视角	东岳论丛	2015
4	卜长莉	"差序格局"的理论诠释及现代内涵	社会学研究	2003
5	于维生	出口退税问题的不完全信息动态博弈分析	统计研究	2001
6	于景辉	社会公正视野下的农民工社会保障	学习与探索	2009
7	马甜语	本土心理学:理解"心理"的别样视角——本土心理学对西方主流心理学的超越	理论探讨	2006
8	马新宇	走出价值相对主义的困境	云南社会科学	2010
9	乌恩溥	中国现代化挑战儒学现代化	社会科学战线	2003
10	元永浩	东西方哲学的殊途同归	吉林大学社会科学学报	2002
11	元永浩	怀特海对传统形而上学的批判、修正和超越	江苏社会科学	2005
12	元永浩	怀特海形而上学的核心范畴——现实的存在者	吉林大学社会科学学报	2006
13	元永浩	从古代中国象形文固有的思想逻辑看老子的"道"	吉林大学社会科学学报	2013
14	元永浩	怀特海对传统主体性原理的反思和改造	吉林大学社会科学学报	2014
15	王　一	风险与预期:社会保障对中国居民消费与储蓄行为的影响	社会:社会学丛刊	2009
16	王天成	思辨形而上学的艺术品格	社会科学辑刊	2011
17	王天成	论中西形而上学的实现方式	社会科学战线	2011
18	王天成	从"直观到逻辑"与"从逻辑到直观"——试论胡塞尔与黑格尔在解决直观与逻辑关系问题上的殊途同归	理论探讨	2012
19	王天成	黑格尔自由观的基本路径	社会科学战线	2012
20	王天成	康德自由概念发展的基本理路及其二重性	江苏行政学院学报	2012
21	王天成	从人学到形而上学	吉林大学社会科学学报	2013
22	王天成	形而上学重建的基本路径	社会科学辑刊	2013

续表

序号	作者	论文名称	期刊来源	发表年度
23	王天成	"绝对精神"在青年黑格尔思想中的演进过程	理论探讨	2015
24	王文彬	东北国有企业振兴发展中的人力资本问题	人口学刊	2004
25	王文彬	东北老工业基地人力资本发展的社会资本思考	人口学刊	2006
26	王文彬	社会资本情境及其差异性建构分析——东北国企干部、职工社会资本情境差异性原因的比较研究	社会科学战线	2008
27	王文彬	东北国企职工社会资本与人力资本和谐发展的社会学研究	东北亚论坛	2008
28	王文彬	人力资本与社会资源获得:东北国企的实证分析	人口学刊	2009
29	王文彬	寻求人力资源提升与社会资本培育的统一	吉林大学社会科学学报	2009
30	王文彬	自雇过程的社会网络分析	社会:社会学丛刊	2012
31	王文彬	人力资本差异性作用的影响因素:基于教育程度与网络场域关系的分析	人口学刊	2013
32	王文彬	社会资本视野中的社区建设:关系、参与和动力	吉林大学社会科学学报	2013
33	王文彬	互联网使用及其对社会认同的影响——基于 CGSS2010 数据的实证分析	江海学刊	2014
34	王文晶	胡塞尔"生活世界"的形而上精神	社会科学战线	2009
35	王 立	什么是启蒙:康德与福柯	社会科学战线	2005
36	王 立	诺奇克的平等观	学习与探索	2006
37	王 立	平等的限制	哲学动态	2006
38	王 立	优先性:自由与平等	社会科学辑刊	2007
39	王 立	德沃金视野中的自由与平等	法制与社会发展	2007
40	王 立	论德沃金的平等观	吉林大学社会科学学报	2008
41	王 立	平等的范式	社会科学研究	2008
42	王 立	超越权利限制	哲学研究	2008
43	王 立	优先性:自由与平等	四川大学学报	2009
44	王 立	"需要"的规范性	哲学动态	2010
45	王 立	罗尔斯"民主的平等"之真实意义	社会科学研究	2010
46	王 立	正义与应得	天津社会科学	2011
47	王 立	平等的双重维度:形式平等和实质平等	理论探讨	2011
48	王 立	正义与需要	社会科学辑刊	2011
49	王 立	沃尔泽的平等观探析	思想战线	2012
50	王 立	罗尔斯对平等之基础的三种证明	社会科学战线	2012
51	王 立	海德格尔的政治形而上学	学习与探索	2012
52	王 立	正义的边界	吉林大学社会科学学报	2012
53	王 立	需要与公民资格	理论探讨	2012
54	王 立	权力的张力:从平等的视角看	社会科学研究	2013
55	王 立	共同体之辨	人文杂志	2013
56	王 立	正义与"个人应得"	哲学动态	2013

序号	作者	论文名称	期刊来源	发表年度
57	王　立	罗尔斯的"反应得"及其理论困境	社会科学研究	2014
58	王　立	正义的推理：向前看还是向后看	吉林大学社会科学学报	2014
59	王　立	正义：在权利和平等之间——论德沃金的正义理论	学习与探索	2014
60	王　立	也论分配正义——兼评姚大志教授和段忠桥教授关于正义之争	哲学研究	2014
61	王　立	应得正义观之道德考察	浙江社会科学	2015
62	王会平	哲学的困惑：人类的"形上追求"	社会科学辑刊	2003
63	王如鹏	简论圈子文化	学术交流	2009
64	王庆丰	马克思的辩证法与哲学的视域转换	人文杂志	2003
65	王庆丰	存在的澄明与人类的解放——海德格尔与马克思的存在论思想之比较	天津社会科学	2004
66	王庆丰	人类自由解放的学说——马克思的哲学观及其所开辟的哲学道路	中州学刊	2005
67	王庆丰	哈贝马斯生活世界理论的语用学转型	马克思主义与现实	2005
68	王庆丰	哲学的反思与表征——评九卷本《孙正聿哲学文集》	社会科学战线	2007
69	王庆丰	从马克思对费尔巴哈的批判看"以人为本"的最终落脚点	学习与探索	2007
70	王庆丰	辩证法理论研究的两个教条及其超越——兼论近 30 年马克思主义辩证法思想研究的逻辑	哲学动态	2008
71	王庆丰	在何种意义上辩证法是一个政治哲学的概念	天津社会科学	2008
72	王庆丰	团结：后形而上学时代的政治哲学主题	学习与探索	2008
73	王庆丰	当代中国的事实与想象——《中国共识：中华复兴的和谐发展道路》述评	社会科学战线	2009
74	王庆丰	德里达发生现象学研究中的"历史"概念	吉林大学社会科学学报	2009
75	王庆丰	语言与现象学的本质还原	社会科学辑刊	2010
76	王庆丰	现象学的发生概念：从胡塞尔到德里达	江海学刊	2010
77	王庆丰	回问与发生现象学的方法	东岳论丛	2010
78	王庆丰	德里达与现象学的"发生"概念	云南社会科学	2010
79	王庆丰	辩证法理论的语言学转向	社会科学研究	2010
80	王庆丰	如何追问哲学基本问题	江海学刊	2011
81	王庆丰	历史唯物主义与中国问题	天津社会科学	2011
82	王庆丰	马克思哲学的思想原像	学习与探索	2012
83	王庆丰	辩证法理论的思想移居	天津社会科学	2012
84	王庆丰	哲学：成为科学抑或不是科学——对哲学与科学关系的哲学史反思	贵州社会科学	2012
85	王庆丰	《资本论》与哲学的未来	学习与探索	2013
86	王庆丰	剩余价值理论新释——马克思《资本论》的柄谷行人解读	学习与实践	2013
87	王庆丰	批判的辩证法与共产主义	哲学动态	2013
88	王庆丰	马克思的《资本论》与古典政治经济学	学术研究	2013

序号	作者	论文名称	期刊来源	发表年度
89	王庆丰	金融资本批判——马克思资本理论的当代效应及其逻辑理路	吉林大学社会科学学报	2013
90	王庆丰	海德格尔思想谱系中的实际性解释学	哲学研究	2013
91	王庆丰	重思马克思对黑格尔辩证法的"颠倒"	天津社会科学	2013
92	王庆丰	超越"资本的文明"："后改革开放时代"的中国道路	社会科学辑刊	2013
93	王庆丰	如何理解马克思辩证法的"批判"本质	江西社会科学	2013
94	王庆丰	"马克思与我们时代的哲学"学术研讨会综述	哲学动态	2013
95	王庆丰	如何奠基形而上学：康德与海德格尔	江汉论坛	2014
96	王庆丰	《资本论》的再现——詹姆逊对《资本论》的解读	学术交流	2014
97	王庆丰	马克思关于资本主义社会的三个隐喻	社会科学家	2015
98	王庆丰	当代《资本论》研究中值得关注的三个问题——从雷蒙·阿隆对马克思《资本论》的解读出发	江苏社会科学	2015
99	王庆丰	具体历史实践的"奥德赛"——科西克对《资本论》的"具体的总体"式解读	山东社会科学	2015
100	王庆丰	中国文化传统的"旧邦新命"——中国文化传统现当代转化的理论自觉	社会科学研究	2015
101	王庆丰	欲望形而上学批判——《资本论》的形上意义	社会科学辑刊	2015
102	王庆丰	何谓政治经济学批判——柯尔施解读《资本论》的核心议题	天津社会科学	2015
103	王庆丰	超越正义的社会是否可能？——罗尔斯对马克思《资本论》的政治哲学解读	东南大学学报	2015
104	王庆明	社会团结的转型与基础秩序的重建——基于对涂尔干"社会团结"的解读	福建论坛	2010
105	王成胜	市场经济的伦理属性与三个逻辑范畴	社会科学战线	2005
106	王丽娟	分心物特性抑制对记忆提取的影响	心理科学	2005
107	王丽娟	抑制机制发展研究述评	心理科学	2005
108	王丽娟	儿童前瞻记忆研究述评	心理科学进展	2006
109	王丽娟	自闭症谱系障碍者面孔识别的神经机制	心理科学进展	2009
110	王丽娟	自闭症儿童面孔识别障碍的理论研究	中国特殊教育	2009
111	王丽娟	儿童情绪表达规则认知能力研究述评	心理科学	2009
112	王丽娟	青少年基于事件的前瞻记忆：认知方式和情绪	心理科学	2010
113	王丽娟	线索特征和提示对基于事件前瞻记忆的影响	心理科学	2011
114	王丽娟	前瞻记忆的神经机制：来自临床研究的证据	心理科学	2013
115	王丽娟	动作记忆：记忆研究的新范畴	心理科学进展	2014
116	王丽娟	动作记忆 SPT 效应的理论探讨	心理科学	2014
117	王丽娟	认知方式与线索提示对学龄儿童基于事件前瞻记忆的影响	浙江大学学报	2015
118	王 远	对吉登斯"反思性"概念的理解	学习与探索	2010
119	王 远	当代中国社会保障理念的人文向度	理论探讨	2014

续表

序号	作者	论文名称	期刊来源	发表年度
120	王 远	从"民本"到"人本"——以儒学为核心的中国社会保障思想传统与当代变迁	社会科学辑刊	2015
121	王佳宁	初中生亲子、同伴、师生关系对学业的影响	心理科学	2009
122	王国坛	从自然态度到历史态度——谈马克思哲学观的变革	吉林大学社会科学学报	2003
123	王国富	康德哲学的本体论意蕴	社会科学辑刊	2005
124	王 岩	国有改制企业职工社会保障问题探讨	学习与探索	2007
125	王 岩	福利制度发展的社会力量——以韩国第三部门为视角	吉林大学社会科学学报	2010
126	王建民	去单位化、社区记忆的缺失与重建——资源枯竭型城市社区建设的社会学分析	甘肃社会科学	2006
127	王建民	社会转型中的象征二元结构:以农民工群体为中心的微观权力分析	社会:社会学丛刊	2008
128	王林平	马克思代价概念的新阐释	学习与探索	2007
129	王林平	涂尔干实证思想的内涵	学术交流	2009
130	王 英	领导行为有效性动态评价方法及实证研究	理论探讨	2004
131	王英伟	技术理性的生存论困境探析	社会科学战线	2009
132	王 星	东北地域文化模式的阻滞效应与转型——立足于东北老工业基地转型背景下的讨论	求是学刊	2007
133	王 星	调控失灵与社会的生产:以房地产业为个案及个案拓展	社会:社会学丛刊	2008
134	王振林	评析伽达默尔的语言理解游戏	长白学刊	2001
135	王振林	西方道德哲学合理性基础的摧毁与重构	吉林大学社会科学学报	2002
136	王振林	"主体间性"是个应该给予消解的无意义的概念吗?	华东师范大学学报	2002
137	王振林	西方道德哲学的寻根理路	人文杂志	2002
138	王振林	从主体理性的凯旋走向理性主体的黄昏	社会科学战线	2003
139	王振林	两种相悖的伦理话语:罗蒂与哈贝马斯	长白学刊	2003
140	王振林	认知思维方式的生存论转向	学习与探索	2003
141	王振林	透视后现代伦理学	人文杂志	2004
142	王振林	当代实践哲学与生活世界理论	学习与探索	2005
143	王振林	"乌托邦"思维与普遍伦理	吉林大学社会科学学报	2005
144	王振林	马克思主义场域中的哲学改造与冲突	文史哲	2005
145	王振林	理性主体与理性批判:现代性的哲学话语	学习与探索	2009
146	王振林	当代交往哲学中的实用主义之声	人文杂志	2010
147	王振林	约翰·杜威与民主交往理论	吉林大学社会科学学报	2010
148	王振林	符号、自我与交往——皮尔士的交往符号学理论	吉林大学社会科学学报	2012
149	王振林	苏格拉底:真理、知识与美德	理论探讨	2012
150	王振林	威廉·詹姆士:超越主客对立的交往哲学	人文杂志	2013
151	王振林	辨析康德义务体系中的不完全义务概念	社会科学战线	2013
152	王振林	米德的"符号互动论"解义	吉林大学社会科学学报	2014
153	王振林	人性视域下生态危机的哲学诠释	理论探讨	2014

序号	作者	论文名称	期刊来源	发表年度
154	王振林	梅洛—庞蒂的"他人与人的世界"	人文杂志	2015
155	王晓红	本体论：人之存在的理论诉求	社会科学辑刊	2005
156	王海锋	作为"科学"的科学社会主义	社会主义研究	2008
157	王海锋	穿越时间的幻像——论马克思《1857～1858 年经济学手稿》中的时间观	内蒙古社会科学	2009
158	王海锋	如何理解作为哲学的世界观——从海德格尔对康德的一个批评说开去	社会科学辑刊	2009
159	王海锋	马克思的劳动概念	东岳论丛	2010
160	王艳秀	论道德共识及其认知内涵	江西社会科学	2007
161	王跃新	遵循自然与自觉统一的创造性思维发生逻辑	吉林大学社会科学学报	2010
162	王跃新	思维科学与认知科学的汇流	中国软科学	2011
163	王跃新	创新思维发生及运行机制探赜	吉林大学社会科学学报	2015
164	王鸿刚	当代西方政治哲学研究综述	哲学动态	2001
165	王 新	城中村多元矛盾与冲突解决路径探索——以温州为例	城市发展研究	2010
166	王福生	面向差异：实践与对话	吉林大学社会科学学报	2002
167	王福生	马克思哲学与现代性的辩证法——以《共产党宣言》为例	求是学刊	2005
168	王福生	范式转换与中国化的马克思主义哲学新形态的建构——第五届"马克思哲学论坛"学术综述	吉林大学社会科学学报	2005
169	王福生	马克思《资本论》中的辩证法	社会科学战线	2006
170	王福生	黑格尔承认理论的四副面孔	吉林大学社会科学学报	2007
171	王福生	否定的辩证法与非同一性哲学——阿多诺《否定的辩证法》解读	学习与探索	2008
172	王福生	黑格尔辩证法的宗教前提	江苏社会科学	2008
173	王福生	马克思实践概念的文本分析	学术研究	2008
174	王福生	"总体性"与"非同一性"——论阿多诺对卢卡奇总体性辩证法的批判	人文杂志	2008
175	王福生	马克思对黑格尔的四重批判——以"颠倒"问题为核心	吉林大学社会科学学报	2010
176	王福生	自然、人为与自由：马克思对话施特劳斯	社会科学辑刊	2011
177	王福生	历史唯物主义与马克思的自然观	学术月刊	2011
178	王福生	革命、解放与自由：阿伦特与马克思	东岳论丛	2012
179	王福生	作为通往自由之路的社会主义——对哈耶克社会主义批判的一个回应	社会科学辑刊	2013
180	王福生	共产主义：正义与自由——《自由至上的共产主义：马克思、恩格斯与自由的政治经济学》述评	北京行政学院学报	2013
181	王福生	马克思主义的整体性及其内在结构	天津社会科学	2013
182	王福生	重温柯尔施的马克思主义观	社会科学研究	2014
183	王福生	重思《巴黎手稿》中的异化概念	吉林大学社会科学学报	2014
184	王福生	自由观念的四个区分	哲学研究	2015
185	王福生	理解中国特色社会主义的两个理论前提	毛泽东邓小平理论研究	2015

序号	作者	论文名称	期刊来源	发表年度
186	王 毅	论作为思维规律的哲学	求索	2007
187	车文博	学习陈老开拓创新的精神，开展可持续发展心理学的研究	应用心理学	2001
188	车文博	美国人本主义心理学哲学基础解析	自然辩证法研究	2001
189	车文博	戈尔德斯坦的机体论心理学评析	自然辩证法研究	2001
190	车文博	西方心理学思想史发展规律的探析	社会科学战线	2001
191	车文博	客观实验范式与主观经验范式的整合——当代西方心理学理论范式发展的走向	自然辩证法研究	2003
192	车文博	大学生解开心灵世界的良师益友——试评张厚粲教授主编的《大学心理学》	中国大学教学	2003
193	车文博	大学生心理压力感基本特点的调查研究	应用心理学	2003
194	车文博	人格心理学最新成果的展现——评黄希庭教授主译的《人格手册:理论与研究》	心理科学	2004
195	车文博	一部大众急需的心理学工具书——评黄希庭教授主编的《简明心理学辞典》	心理科学	2005
196	车文博	视野开阔，匠心独运——试评郭秀艳的《实验心理学》	心理科学	2005
197	车文博	欧洲心理论史探析	社会科学战线	2006
198	车文博	我国教育心理学教材建设的一部优秀著作——评张大均主编的《教育心理学》	西南师范大学学报	2006
199	车文博	欧洲欲求论探析	东北师大学报	2007
200	车文博	高瞻远瞩 革新建构——《潘菽全集》评析	心理科学进展	2008
201	车文博	欧洲人性论史辨析	南京师大学报	2008
202	车文博	勇于开拓 独树一帜——评林崇德教授《我的心理学观》	心理与行为研究	2009
203	付秀华	论社会主义市场经济的价值观——经济价值与伦理价值平等、协作模式	吉林大学社会科学学报	2001
204	付秀华	社会主义市场经济的伦理辩护	长白学刊	2003
205	付秀荣	立足儒学文本 阐释现代价值——评《儒家哲学智慧》	社会科学战线	2006
206	厉复魁	乡村基层民主建设的现状、难题及对策	社会科学战线	2002
207	厉复魁	农村建设小康社会"难"之追索	长白学刊	2003
208	田忠锋	超越形式逻辑的内涵逻辑——康德和黑格尔的辩证法	社会科学战线	2008
209	田冠浩	试论康德伦理学形式主义的来源和后果	天津社会科学	2010
210	田 浩	国外双职家庭研究的现状与展望	心理科学	2003
211	田 浩	文化心理学的方法论困境与出路	心理学探新	2005
212	田 浩	文化心理学的启示意义及其发展趋势	心理科学	2005
213	田 浩	文化心理学的双重内涵	心理科学进展	2006
214	田毅鹏	中日现代化比较研究一百年	世界历史	2001
215	田毅鹏	西学东渐与近代中国社会福利思想的勃兴	吉林大学社会科学学报	2001

序号	作者	论文名称	期刊来源	发表年度
216	田毅鹏	区域文化与社会发展——以吉林区域文化为中心	社会科学战线	2002
217	田毅鹏	中日现代化比较研究的几个理论问题	东北亚论坛	2003
218	田毅鹏	中国传统对外观念对早期现代化的影响	史学集刊	2003
219	田毅鹏	"典型单位制"对东北老工业基地社区发展的制约	吉林大学社会科学学报	2004
220	田毅鹏	找回"丢失的传统"	天津社会科学	2005
221	田毅鹏	全球化、民族国家与东亚认同	史学集刊	2005
222	田毅鹏	中日现代化起点的比较研究	社会科学战线	2005
223	田毅鹏	中外现代化比较研究的新趋向	学习与探索	2005
224	田毅鹏	东亚"新公共性"的构建及其限制——以中日两国为中心	吉林大学社会科学学报	2005
225	田毅鹏	社会学的人文属性与社会学研究——兼论费孝通《试谈扩展社会学的传统界限》一文的理论意涵	社会:社会学丛刊	2006
226	田毅鹏	20 世纪下半叶日本的"过疏对策"与地域协调发展	当代亚太	2006
227	田毅鹏	"典型单位制"的起源和形成	吉林大学社会科学学报	2007
228	田毅鹏	单位制度变迁与集体认同的重构	江海学刊	2007
229	田毅鹏	马克思社会空间理论及其当代价值	社会科学研究	2007
230	田毅鹏	轿车文明对都市社会空间的重塑	思想战线	2007
231	田毅鹏	社会重建的真意	吉林大学社会科学学报	2008
232	田毅鹏	中西社会结构之"异"与社会工作的本土化	社会科学	2008
233	田毅鹏	地域力与社会重建——以日本阪神淡路地震为例	福建论坛	2008
234	田毅鹏	中产阶层郊区化与城市公共文化的衰落	湖南师范大学社会科学学报	2008
235	田毅鹏	中国社会思想史研究三十年	社会科学战线	2008
236	田毅鹏	寻找中国社会的"自性"——梁启超"中国社会论"初探	江海学刊	2008
237	田毅鹏	转型期中国社会原子化动向及其对社会工作的挑战	社会科学	2009
238	田毅鹏	《江海学刊》与社会学的学缘	江海学刊	2009
239	田毅鹏	流动的公共性	开放时代	2009
240	田毅鹏	单位社会的终结及其社会风险	吉林大学社会科学学报	2009
241	田毅鹏	学贯中西:重建社会学学科知识的基础	江海学刊	2009
242	田毅鹏	"单位社会"起源之社会思想寻踪	社会科学战线	2010
243	田毅鹏	16 至 19 世纪中日"统治体制"变革思想之比较研究	史学集刊	2010
244	田毅鹏	"单位社会"历史地位的再评价	学习与探索	2010
245	田毅鹏	"过密社会"的来临及其挑战——以日本东京为例	江海学刊	2010
246	田毅鹏	社会原子化:理论谱系及其问题表达	天津社会科学	2010
247	田毅鹏	社会政策体系构建的社会理论基础	河北学刊	2010
248	田毅鹏	"关注农民工"专题空间生产、资本接续与权力介入的实践逻辑——对东北 C 市马路劳工生存状态的调查	社会科学	2010
249	田毅鹏	"新发展主义"的理论谱系及问题表达	福建论坛	2010
250	田毅鹏	"单位人"集体行动的实践逻辑——基于东北老工业基地 H 厂的个案考察	学术研究	2011

续表

序号	作者	论文名称	期刊来源	发表年度
251	田毅鹏	"过密社会"视域下城市社会管理的误区和盲点	探索与争鸣	2011
252	田毅鹏	"内藩外夷"与"五族共和"	学习与探索	2011
253	田毅鹏	城市化与"村落终结"	吉林大学社会科学学报	2011
254	田毅鹏	东亚现代化的"特殊"与"一般"	东北亚论坛	2011
255	田毅鹏	社会管理体制改革的理论逻辑	江苏社会科学	2011
256	田毅鹏	乡村"过疏化"背景下城乡一体化的两难	浙江学刊	2011
257	田毅鹏	老年群体与都市公共性构建	福建论坛	2011
258	田毅鹏	"村落终结"与农民的再组织化	人文杂志	2012
259	田毅鹏	共生思想与包容性社会政策体系的构建	社会科学	2012
260	田毅鹏	城市社会管理网格化模式的定位及其未来	学习与探索	2012
261	田毅鹏	城市管理"网格化"模式与社区自治关系刍议	学海	2012
262	田毅鹏	地域社会学:何以可能？何以可为？——以战后日本城乡"过密—过疏"问题研究为中心	社会学研究	2012
263	田毅鹏	转型期单位内部个人与组织关系的变迁及其影响	吉林大学社会科学学报	2012
264	田毅鹏	转型期中国城市社会管理之痛——以社会原子化为分析视角	探索与争鸣	2012
265	田毅鹏	"发展模式"研究的理论依托及其再定位	社会科学研究	2013
266	田毅鹏	城乡结合部非定居性移民的"社区感"与"故乡情结"	天津社会科学	2013
267	田毅鹏	"活私开公":东亚志愿主义发展的新路径	南开学报	2013
268	田毅鹏	城郊"村落单位化"的社会管理功能及其限度	社会科学	2014
269	田毅鹏	转型期社区组织的科层化及其走向——以 C 市 J 社区为例	吉林大学社会科学学报	2014
270	田毅鹏	计划时期国企"父爱主义"的再认识——以单位子女就业政策为中心	江海学刊	2014
271	田毅鹏	村落过疏化与乡土公共性的重建	社会科学战线	2014
272	田毅鹏	城乡结合部"社会样态"的再探讨	山东社会科学	2014
273	田毅鹏	单位人"住房策略"及其对单位共同体的影响——以 Y 厂为例	学习与探索	2014
274	田毅鹏	东亚村落发展的比较研究:经验与理论反思	山东社会科学	2014
275	田毅鹏	城乡结合部农业转移人口的社会关联与市民化	人文杂志	2015
276	田毅鹏	"后单位社会"基层社会治理及运行机制研究	学术研究	2015
277	田毅鹏	新时期中国城乡"社会样态"的变迁与治理转型	中国特色社会主义研究	2015
278	田毅鹏	单位制度变迁背景下国企绩效问题的再认识	学习与探索	2015
279	田毅鹏	后单位时期社会的原子化动向及其对基层协商的影响	南京社会科学	2015
280	田毅鹏	单位制形成早期国企的劳动纪律问题	江海学刊	2015
281	田毅鹏	单位制形成早期国企"典型动员"的类型及评价	福建论坛	2015

序号	作者	论文名称	期刊来源	发表年度
282	田毅鹏	"单位人"研究的反思与进路	天津社会科学	2015
283	田毅鹏	找回社区服务的"社会性"	探索与争鸣	2015
284	白　刚	体系的终结与马克思哲学的当代走向——对"教科书哲学"及"批判教科书哲学"的几点反思	南京社会科学	2002
285	白　刚	后体系时代：马克思哲学的未来走向	内蒙古社会科学	2004
286	白　刚	自治的本体论——马克思哲学本体论的真实意蕴	人文杂志	2005
287	白　刚	"本体论"与"伦理学"——形而上学的两个向度	学海	2005
288	白　刚	马克思批判的辩证法的时代回响——读阿多诺《否定的辩证法》	天津社会科学	2006
289	白　刚	马克思哲学视野中的现代性问题研究述评	教学与研究	2006
290	白　刚	马克思宗教批判的双重使命	社会科学研究	2006
291	白　刚	如何推进我国的马克思主义哲学研究	哲学研究	2006
292	白　刚	当代中国与马克思辩证法研究的四大范式	教学与研究	2007
293	白　刚	哲学目光里的"哲学"——读《孙正聿哲学文集》	天津社会科学	2007
294	白　刚	形而上学的"私人化"——读贺来教授的《边界意识和人的解放》	社会科学战线	2007
295	白　刚	马克思辩证法的本体论革命	西南大学学报	2007
296	白　刚	制度伦理与共产主义精神	河北学刊	2007
297	白　刚	马克思"类哲学"——科学发展观的理论基础	社会科学家	2008
298	白　刚	从"概念辩证法"到"资本辩证法"——马克思对黑格尔辩证法的扬弃	江海学刊	2009
299	白　刚	《哲学通论》与哲学教育改革——《哲学通论》出版十周年学术研讨会述要	哲学动态	2009
300	白　刚	马克思与辩证法的自由批判精神	吉林大学社会科学学报	2009
301	白　刚	马克思辩证法超越形而上学的两条道路	东岳论丛	2009
302	白　刚	"思想体现现实"与"现实趋向思想"——马克思主义中国化的双重逻辑	社会主义研究	2009
303	白　刚	马克思的现代性批判	社会科学研究	2009
304	白　刚	西方政治思想传统中的马克思政治哲学	马克思主义研究	2010
305	白　刚	资本现象学——论历史唯物主义的本质问题	哲学研究	2010
306	白　刚	黑格尔概念辩证法的形而上学本性	天津社会科学	2010
307	白　刚	马克思的资本辩证法——辩证法的革命与革命的辩证法	江苏社会科学	2010
308	白　刚	哲学与政治的张力——阿伦特政治哲学述评	山东社会科学	2013
309	白　刚	超越现代性的两条道路：马克思与阿伦特	人文杂志	2013
310	白　刚	政治经济学批判与资本现象学——《资本论》的哲学革命	学习与探索	2013
311	白　刚	资本逻辑与现代性——马克思哲学视野中的现代性批判	学海	2013
312	白　刚	"超越"资本逻辑的四条道路——兼论马克思历史唯物主义的当代价值	南京社会科学	2013

序号	作者	论文名称	期刊来源	发表年度
313	白　刚	《资本论》的哲学史意义	山东社会科学	2014
314	白　刚	当代政治哲学的走向——从阿伦特到马克思	社会科学研究	2014
315	白　刚	作为"正义论"的《资本论》	文史哲	2014
316	白　刚	马克思的"生产辩证法"——评鲍德里亚的《生产之镜》	学习与实践	2014
317	白　刚	《资本论》的世界历史意义	山东社会科学	2015
318	白　刚	作为政治哲学的《资本论》	江苏社会科学	2015
319	白　刚	资本：马克思资本主义社会中"物"的概念	南京社会科学	2015
320	白　刚	《资本论》：马克思的"希望空间"	天津社会科学	2015
321	白　刚	黑格尔、马克思与古典政治经济学	现代哲学	2015
322	白　刚	"超现代性"的现代性——马克思的现代性追求	理论探索	2015
323	白　刚	资本的张力——从"古典经济学"到《资本论》	理论探讨	2015
324	白利鹏	历史复杂性：历史哲学的困境与出路	学习与探索	2005
325	艾福成	人——实践——历史——《德意志意识形态》的内在逻辑	学习与探索	2002
326	艾福成	马克思的唯物史观与社会哲学	吉林大学社会科学学报	2003
327	艾福成	从实践唯心主义到实践唯物主义——解读马克思《对黑格尔的辩证法和整个哲学的批判》	社会科学战线	2003
328	艾福成	马克思社会哲学思想的当代阐释	学习与探索	2004
329	龙　晶	对天地的一个现象学考察	人文杂志	2014
330	龙　晶	对生命的一个现象学考察	吉林大学社会科学学报	2015
331	任春雷	"当代哲学基础理论"学术研讨会综述	吉林大学社会科学学报	2003
332	伍　麟	斯金纳激进行为主义的一个理论特色及其反思	心理学探新	2001
333	伍　麟	心理学哲学的位置	吉林大学社会科学学报	2002
334	伍　麟	国外环境心理学研究的新进展	心理科学进展	2002
335	伍　麟	"心"的"形而上学"——论心理学哲学的理论根基、内容与功能	学习与探索	2003
336	伍　麟	"生活世界"中的心理学	南京师大学报	2003
337	伍　麟	人本主义心理学的危机及其僭越	心理学探新	2003
338	伍　麟	作为人文科学的心理学	自然辩证法研究	2003
339	伍　麟	20世纪的美国现象学心理学简评	心理科学	2004
340	伍　麟	心理学的"自然主义"情结	南京师大学报	2004
341	伍　麟	时代精神与当代环境心理学的应对	南京师大学报	2005
342	伍　麟	胡塞尔的心理学情怀——现象学心理学思想对西方主流心理学的价值	吉林大学社会科学学报	2005
343	伍　麟	当代环境心理学研究的任务与走向	西北师大学报	2006

续表

序号	作者	论文名称	期刊来源	发表年度
344	伍 麟	网络环境中心理学研究的特点与方法论问题	华中师范大学学报	2006
345	伍 麟	思想中的历史——心理学哲学的思维视角与心理学历史的知识形态	哲学动态	2006
346	伍 麟	科学心理学"意识自然化"的现象学解构	华中师范大学学报	2007
347	伍 麟	西方主流心理学意识观的现象学批判与重构	心理科学	2008
348	伍 麟	现象学心理学的地位与价值	哲学动态	2008
349	伍 麟	注意与记忆中的"积极效应"——"老化悖论"与社会情绪选择理论的视角	心理科学进展	2009
350	伍 麟	心理学的"科学性"与方法论的文化生态学转向	吉林大学社会科学学报	2009
351	伍 麟	心理学家的处方权："发展必然"还是"错误选择"	华中师范大学学报	2010
352	伍 麟	心理学的"危机"与"统一"：哲学探索的三条路径	哲学动态	2010
353	伍 麟	现象学的心理学贡献	社会科学战线	2010
354	伍 麟	风险概念的哲学理路	哲学动态	2011
355	伍 麟	风险感知研究中的心理测量范式	南京师大学报	2012
356	伍 麟	社会焦虑的时间视角	哲学动态	2013
357	伍 麟	群体参照效应的研究进展及未来研究路径	华中师范大学学报	2013
358	伍 麟	从"教育"到"信任"：风险沟通的知识社会学分析	社会科学战线	2013
359	刘少杰	现代社会学理论承诺与理论原则的矛盾	社会学研究	2002
360	刘少杰	东北地区经济结构调整中的社会流动趋势	社会科学战线	2002
361	刘少杰	中国社会转型中的感性选择	江苏社会科学	2002
362	刘少杰	理性选择研究在经济社会学中的核心地位与方法错位	社会学研究	2003
363	刘少杰	制度场转变中的感性选择	吉林大学社会科学学报	2003
364	刘少杰	重建东北老工业基地经济发展的社会基础	吉林大学社会科学学报	2004
365	刘少杰	举步维艰的感性选择——东北老工业基地失业人员求职行为方式研究	学习与探索	2004
366	刘少杰	突破边缘化的理论选择——经济学扩张与新经济社会学的回应	社会科学战线	2004
367	刘少杰	中国社会秩序的理性化困境	学习与探索	2005
368	刘少杰	社会理性化的感性制约——建构和谐社会的难题	吉林大学社会科学学报	2005
369	刘少杰	感性意识的选择性	学海	2005
370	刘少杰	中国社会学的价值追求与理论视野	吉林大学社会科学学报	2006
371	刘 伟	普特南内在实在论与相对主义	自然辩证法研究	2009
372	刘伟斌	论消费时代视觉文化的困境及其超越	求索	2010
373	刘 冲	论马克思的人权批判理论	社会科学辑刊	2006
374	刘启刚	情绪调节的影响效果研究述评	中国特殊教育	2008

序号	作者	论文名称	期刊来源	发表年度
375	刘怀光	生态文明与人类世界观的转变	理论探讨	2003
376	刘 李	古典精神分析的"症候"与"解释"概念	社会科学研究	2009
377	刘 李	作为解释学的意识形态理论	贵州社会科学	2011
378	刘 李	尼采美学中的"陶醉"与"形式"概念	河南社会科学	2012
379	刘 李	历史唯物主义"思想"与"现实"关系的解释学分析	社会科学研究	2013
380	刘 李	尼采对认识现象的阐释及其理论性质	河南社会科学	2013
381	刘国梁	道符与《周易》	中国道教	2003
382	刘 岩	风险社会的结构性困境与风险文化的建构——一种拓宽当代风险社会理论的视角	学习与探索	2005
383	刘 岩	马克思主义视野中的风险社会理论批判	马克思主义与现实	2006
384	刘 岩	当代社会风险问题的凸显与理论自觉	社会科学战线	2007
385	刘 岩	风险社会理论视野中的和谐社会议题	吉林大学社会科学学报	2007
386	刘 岩	社区福利服务新取向:2008年两岸社会福利学术研讨会综述	社会:社会学丛刊	2008
387	刘 岩	从"公民参与"到"群众参与"——转型期城市社区参与的范式转换与实践逻辑	浙江社会科学	2008
388	刘 岩	城市社区组织的自主性缺失与内源性发展	社会科学战线	2009
389	刘 岩	风险的社会建构:过程机制与放大效应	天津社会科学	2010
390	刘 岩	社会思想研究的反思与界限拓展——"中国社会思想及其现代性"学术研讨会暨第七届中国社会思想史年会综述	社会科学战线	2010
391	刘 岩	风险文化的二重性与风险责任伦理构建	社会科学战线	2010
392	刘 岩	转型社会下的多重复合性风险——三城市公众风险感知状况的调查分析	社会	2011
393	刘 岩	转型社会的环境风险群体性事件及风险冲突	社会科学战线	2013
394	刘 岩	从种性、群性风险到类性风险——当代风险整体转型的人性解读	社会科学战线	2014
395	刘 岩	风险社会公众面对环境风险的行动选择与应对	社会科学战线	2015
396	刘拥华	从经典到现代:社会分工与社会团结——对博兰尼一个命题的质疑	社会:社会学丛刊	2006
397	刘 威	反思与前瞻——中国社会慈善救助发展六十年	学术论坛	2009
398	刘 威	街区邻里政治的动员路径与二重维度——以社区居委会为中心的分析	浙江社会科学	2010
399	刘 威	"行动者"的缺席抑或复归——街区邻里政治研究的日常生活转向与方法论自觉	南京社会科学	2010
400	刘 威	从"中国经验"到"中国模式"——慈善救助之文化逻辑、经验局限与发展走向	福建论坛	2010
401	刘 威	"和而不同":中国社会工作的实践分殊与经验会通	中州学刊	2010
402	刘 威	回归国家责任:公益慈善之资源动员及群众参与的新传统	深圳大学学报	2010

序号	作者	论文名称	期刊来源	发表年度
403	刘 威	慈善资源动员与权力边界意识：国家的视角	东南学术	2010
404	刘 威	解开中国慈善的道德枷锁——从"恻隐之心"到"公共责任"的价值跃迁	中州学刊	2013
405	刘 威	冲突与和解——中国慈善事业转型的历史文化逻辑	学术论坛	2014
406	刘 威	重新为慈善正名——写在《人民日报》社论"为慈善正名"发表二十周年之际	浙江社会科学	2014
407	刘 威	"好人好事"与中国人的慈善观	社会科学战线	2015
408	刘 威	弱关系的力量——社会关系网络理论视域中的志愿服务行动	学习与探索	2015
409	刘 威	超越官与民：慈善事业转型与组织生态重构	中州学刊	2015
410	刘 威	国家在场的慈善事业：经验局限与转型进路	学术论坛	2015
411	刘啸霆	休闲问题的当代意境与学科建设	自然辩证法研究	2001
412	刘婧娇	农村残疾人就业保障问题研究——以东北为例	西北大学学报	2014
413	刘 博	投资者风险偏好量表编制及测量恒等性检验	求索	2010
414	刘猷桓	自然辩证法的逻辑——从《自然辩证法》原著到《自然辩证法原理》	自然辩证法研究	2009
415	刘福森	自然的价值	长白学刊	2001
416	刘福森	从实践唯物主义到历史唯物主义	理论探讨	2001
417	刘福森	公平的历史尺度和人道尺度——历史唯物主义视野中的效率与公平	人文杂志	2001
418	刘福森	马克思恩格斯关于历史唯物主义的书信的当代价值	长白学刊	2002
419	刘福森	生存的关照：历史唯物主义的解释原则	理论探讨	2002
420	刘福森	论发展伦理学——可持续发展观的伦理支点	江海学刊	2002
421	刘福森	消费主义文化价值观的后现代解读	自然辩证法研究	2002
422	刘福森	价值迷失：现代工业文明发展观的"走火入魔"	吉林大学社会科学学报	2003
423	刘福森	马克思"新唯物主义"世界观的总体性质	人文杂志	2003
424	刘福森	"环境哲学"的五个问题	自然辩证法研究	2003
425	刘福森	论"发展伦理学"的人学基础	自然辩证法研究	2005
426	刘福森	发展的观念	学习与探索	2005
427	刘福森	消费主义霸权统治的生存论代价	人文杂志	2005
428	刘福森	奠基于新哲学的发展伦理学——论发展伦理学的形而上学基础	自然辩证法研究	2006
429	刘福森	消费合理性："节约型社会"的消费评价	理论探讨	2006
430	刘福森	论思辨辩证法的称谓、对象、动力和开端问题	理论探讨	2006
431	刘福森	发展合理性的追寻——发展伦理学的理论实质与价值	北京师范大学学报	2007
432	刘福森	从本体论到生存论——马克思实现哲学变革的实质	吉林大学社会科学学报	2007
433	刘福森	生态伦理学的困境与出路	北京师范大学学报	2008

续表

序号	作者	论文名称	期刊来源	发表年度
434	刘福森	寻找时代的精神家园——兼论生态文明的哲学基础	自然辩证法研究	2009
435	刘福森	新生态哲学论纲	江海学刊	2009
436	刘福森	与时代同行:生态文明呼唤一场哲学革命	人文杂志	2010
437	刘福森	哲学观:我们该如何对待哲学	江海学刊	2011
438	刘福森	中国人应该有自己的生态伦理学	吉林大学社会科学学报	2011
439	刘福森	马克思哲学研究中三个不可回避的重要问题	哲学研究	2012
440	刘福森	哲学的理论特质:马克思哲学不是什么	江海学刊	2013
441	刘福森	马克思实现的哲学观革命	江海学刊	2014
442	刘福森	"哲学就是哲学史"命题的是与非	哲学研究	2014
443	刘福森	马克思哲学研究中的方法论问题——实践唯物主义与历史唯物主义之争的理论实质	现代哲学	2015
444	刘增明	卡尔·施米特政治哲学解读	社会科学辑刊	2009
445	华军	经典与阅读——寻求传统经典理解范式的突破	人文杂志	2009
446	华军	中国哲学人性思想之反思	内蒙古社会科学	2011
447	华军	究古今之变 成一家之言——"当代中国哲学史研究研讨会"述评	社会科学战线	2013
448	华军	论儒家道德本原的二重建构——以孔子为例的考察	孔子研究	2013
449	华军	理念、现实与教化——论儒家中道观的三重本体视界	社会科学战线	2014
450	华军	情感与人生——论儒学的情感特质与当代启示	陕西师范大学学报	2015
451	华军	情感与幸福——论儒学情感诸面向及对当代情感危机的启示	吉林大学社会科学学报	2015
452	吕方	新公共性:食品安全作为一个社会学议题	东北大学学报	2010
453	吕方	"新发展主义"与发展社会学研究的转向——评田毅鹏教授新著《东亚"新发展主义"研究》	社会科学战线	2010
454	吕晓峰	论心理学与文化关系	心理科学	2010
455	吕鹏	农业产业化中政府、企业、农户的互动与博弈——从资源优化与再分配的角度看	经济纵横	2003
456	孙长智	中国高等教育的转型矛盾及其理念回归	吉林大学社会科学学报	2007
457	孙正聿	本体的反思与表征——追问和理解哲学的一种思路	哲学动态	2001
458	孙正聿	怎样理解作为世界观理论的哲学?	哲学研究	2001
459	孙正聿	"生存论转向"的哲学内涵	哲学研究	2001
460	孙正聿	塑造和引导新的时代精神——面向新千年的马克思哲学	中国社会科学	2001
461	孙正聿	当代中国的哲学历程	教学与研究	2001
462	孙正聿	反思:哲学的思维方式	社会科学战线	2001
463	孙正聿	哲学创新的前提性思考	求是学刊	2001
464	孙正聿	人的全面发展与当代中国:人的解放的旨趣、历程和尺度——关于马克思人的全面发展学说的思考	学术月刊	2002

序号	作者	论文名称	期刊来源	发表年度
465	孙正聿	解放何以可能——马克思的本体论革命	学术月刊	2002
466	孙正聿	哲学如何面向现实？	江苏社会科学	2002
467	孙正聿	哲学反思之路——孙正聿教授访谈	学术月刊	2002
468	孙正聿	站在大学的讲台上	中国大学教学	2003
469	孙正聿	当代人类的生存困境与新世纪哲学的理论自觉	社会科学辑刊	2003
470	孙正聿	马克思的哲学观与马克思开辟的哲学道路	社会科学战线	2003
471	孙正聿	人类思想运动的逻辑——黑格尔概念辩证法的真实意义	社会科学战线	2003
472	孙正聿	理论课要会"讲理"——我讲"哲学通论"	中国高等教育	2004
473	孙正聿	中国新起点与科学发展观	社会科学战线	2004
474	孙正聿	《哲学通论》与当代中国哲学	现代哲学	2004
475	孙正聿	我国人文社会科学研究的范式转换及其他——关于文科研究的几点体会	学术界	2005
476	孙正聿	学术规范与学术发展	吉林大学社会科学学报	2005
477	孙正聿	20 世纪上半叶哲学观论争与当代中国哲学发展道路	吉林大学社会科学学报	2005
478	孙正聿	哲学问题的人类性与哲学思想的独创性——关于传统哲学当代性的思考	天津社会科学	2005
479	孙正聿	怎样理解马克思的哲学革命	吉林大学社会科学学报	2005
480	孙正聿	推进哲学教育改革，提高中华民族的哲学修养	中国大学教学	2006
481	孙正聿	历史的唯物主义与马克思主义的新世界观	哲学研究	2007
482	孙正聿	历史唯物主义的真实意义	哲学研究	2007
483	孙正聿	提出和探索马克思主义哲学研究中的重大理论问题——评 2006 年《中国社会科学》若干哲学论文	中国社会科学	2007
484	孙正聿	以哲学的工作方式推进马克思主义哲学研究	学术月刊	2007
485	孙正聿	辩证法：黑格尔、马克思与后形而上学	中国社会科学	2008
486	孙正聿	哲学与哲学教育	哲学动态	2008
487	孙正聿	解放思想与变革世界观	中国社会科学	2008
488	孙正聿	辩证法与精神家园	天津社会科学	2008
489	孙正聿	对作为"范式"的哲学教科书的检讨与反思	河北学刊	2008
490	孙正聿	前提批判的哲学理论——一种哲学研究范式的自我阐释	社会科学辑刊	2008
491	孙正聿	伟大的实践与实践的哲学——改革开放以来的中国马克思主义哲学	社会科学战线	2008
492	孙正聿	改革开放以来中国哲学发展的历史与逻辑	吉林大学社会科学学报	2008
493	孙正聿	做学问	哲学动态	2009
494	孙正聿	《哲学通论》与世界观的前提批判	吉林大学社会科学学报	2009
495	孙正聿	"世界 3"与文化的前提批判	学习与探索	2009
496	孙正聿	历史唯物主义与哲学基本问题——论马克思主义的世界观	哲学研究	2010
497	孙正聿	"现实的历史"：《资本论》的存在论	中国社会科学	2010
498	孙正聿	"哲学就是哲学史"的涵义与意义	吉林大学社会科学学报	2011

序号	作者	论文名称	期刊来源	发表年度
499	孙正聿	与时俱进地探讨重大理论问题	马克思主义与现实	2011
500	孙正聿	三组基本范畴与三种研究范式——当代中国马克思主义哲学研究的历史与逻辑	社会科学战线	2011
501	孙正聿	哲学研究的理论自觉	哲学研究	2011
502	孙正聿	以理论方式面向现实 探索和回答时代课题	求是	2011
503	孙正聿	哲学之为哲学："不是问题"的"基本问题"	江海学刊	2011
504	孙正聿	哲学的形而上学历险	天津社会科学	2011
505	孙正聿	在文化传承创新中践行"育人为本"	中国高等教育	2011
506	孙正聿	研究和撰写《当代中国哲学史》的几个问题	吉林大学社会科学学报	2012
507	孙正聿	马克思主义辩证法研究的当代课题	社会科学辑刊	2012
508	孙正聿	"说中国话"的马克思主义哲学——《让马克思主义哲学说中国话》的思路与意义	学习与探索	2012
509	孙正聿	列宁的"三者一致"的辩证法——《逻辑学》与《资本论》双重语境中的《哲学笔记》	中国社会科学	2012
510	孙正聿	恩格斯的"理论思维"的辩证法	哲学研究	2012
511	孙正聿	现代化与现代化问题——从马克思的观点看	马克思主义与现实	2013
512	孙正聿	从哲学角度看中国当代文学——孙正聿教授访谈录	学习与探索	2013
513	孙正聿	《资本论》与马克思主义哲学	学习与探索	2014
514	孙正聿	哲学：思想的前提批判	中国高校社会科学	2014
515	孙正聿	怎样做到"一切从实际出发"	求是	2014
516	孙正聿	"活化"老问题与"深化"新问题——以"思维和存在的关系问题"为例	理论视野	2014
517	孙正聿	大气、正气和勇气——高清海先生的为人与为学	吉林大学社会科学学报	2014
518	孙正聿	人文社会科学研究要用心于"真"——吉林大学资深教授孙正聿先生访谈	社会科学家	2014
519	孙正聿	人与世界的否定性统一——高清海对人与世界关系的理解	天津社会科学	2015
520	孙正聿	毛泽东的"实践智慧"的辩证法——重读《实践论》《矛盾论》	哲学研究	2015
521	孙正聿	共产党人的世界观和方法论	求是	2015
522	孙正聿	从实践的观点看——当代中国马克思主义哲学研究的范式转换	社会科学战线	2015
523	孙玉祥	"网络时代"与人的存在方式变革	求是学刊	2001
524	孙利天	哲学理论创新方法的探索：说"笨想"	社会科学战线	2001
525	孙利天	生存论的态度与本体论的理解	社会科学战线	2001
526	孙利天	21世纪哲学：体验的时代	长白学刊	2001
527	孙利天	高清海教授的哲学思想与当代中国哲学的发展——纪念高清海教授执教五十周年	社会科学战线	2002
528	孙利天	哲学体系的自身区分及其循环论证	长白学刊	2002

序号	作者	论文名称	期刊来源	发表年度
529	孙利天	实践理性的自然基础——中国哲学对意识能动性的理解	吉林大学社会科学学报	2002
530	孙利天	后现代主义哲学与东方思想	社会科学战线	2003
531	孙利天	信仰的对话:辩证法的当代任务和形态	社会科学战线	2003
532	孙利天	价值哲学的困惑与思索	吉林大学社会科学学报	2003
533	孙利天	作为思想的形而上学	学习与探索	2003
534	孙利天	创造中华民族自己的哲学理论——高清海先生的哲学遗嘱	社会科学战线	2004
535	孙利天	试论当代中国哲学的思想起点	吉林大学社会科学学报	2004
536	孙利天	学术规范的内在支撑——学术精神	吉林大学社会科学学报	2005
537	孙利天	哲学为什么没有被遗忘	天津社会科学	2005
538	孙利天	让学生懂得为学做人的大道理	高校理论战线	2005
539	孙利天	朴素地追问我们自己的问题和希望——中国哲学、西方哲学和马克思主义哲学会通的基础	吉林大学社会科学学报	2005
540	孙利天	内在与超越——内在意识形而上学的根本焦虑	社会科学	2006
541	孙利天	中国曾经有过高清海哲学学派吗?——纪念高清海先生逝世三周年	吉林大学社会科学学报	2007
542	孙利天	生命领会和精神自觉——中西马哲学会通的辩证本体基础	社会科学战线	2008
543	孙利天	马克思主义哲学研究认识论转向的意义——纪念改革开放 30 周年	江苏社会科学	2008
544	孙利天	马克思的唯物史观对黑格尔辩证法的颠倒	马克思主义与现实	2008
545	孙利天	对马克思哲学革命的多重理解及思想意义	河北学刊	2009
546	孙利天	中国哲学的未来	社会科学辑刊	2010
547	孙利天	后形而上学思想的确定性	社会科学战线	2011
548	孙利天	我们如何走出人的自身生产带来的自身毁灭的危险——回答海德格尔对马克思人的学说的评论	吉林大学社会科学学报	2011
549	孙利天	生命与精神的自身运动:分析与综合统一的本体基础	社会科学	2012
550	孙利天	多元基础主义的哲学观	社会科学战线	2012
551	孙利天	中国哲学史研究的主体自觉	吉林大学社会科学学报	2013
552	孙利天	多元与超越——人类的理性信念和历史理解	社会科学战线	2013
553	孙利天	向自然学习的智慧——现代性遮蔽的精神维度	社会科学战线	2014
554	孙利天	寻求根基性的存在经验	社会科学辑刊	2014
555	孙利天	作为生命体验的辩证法	学术交流	2015
556	孙利天	哲学理论如何落到实处	社会科学战线	2015
557	孙利天	自发自觉的辩证法:论中国传统文化的现代转化	吉林大学社会科学学报	2015
558	孙璟涛	论哲学的个性	社会科学战线	2003
559	孙　蕾	优质家庭环境的特点:对高入学准备水平幼儿家长的访谈研究	东北师大学报	2009
560	孙　蕾	儿童自我调节水平的发展与培养——养育科学的视角	东北师大学报	2015

序号	作者	论文名称	期刊来源	发表年度
561	曲红梅	历史唯物主义与道德——对马克思道德理论研究理路的探寻	吉林大学社会科学学报	2009
562	曲红梅	马克思哲学：一种反形而上学的新人道主义	理论探讨	2010
563	曲红梅	康德世界公民思想的四个焦点问题	吉林大学社会科学学报	2012
564	曲红梅	西方环境伦理学研究的理论基础和当代转向	自然辩证法研究	2013
565	曲红梅	古代世界公民主义与现代世界公民主义	哲学研究	2014
566	曲红梅	儒家的世界主义与斯多葛学派的世界公民主义	吉林大学社会科学学报	2014
567	曲红梅	一种来自中国的世界主义的模式——作为"宇宙生命主体"的高清海先生的"类存在"概念	吉林大学社会科学学报	2015
568	朱万润	洛克自然状态新探	社会科学研究	2008
569	朱万润	诺齐克自由理论的双重维度	马克思主义与现实	2010
570	朱宝安	论当代中国老年人的心理特点与生存价值	社会科学战线	2005
571	许志晋	风险社会中的科学传播	科学学研究	2005
572	许志晋	论适用技术共生创新	管理现代化	2006
573	许志晋	共识会议的实质及其启示	中国科技论坛	2006
574	许志晋	论科技风险的产生与治理	科学学研究	2006
575	许志晋	支撑循环经济与和谐社会的适用技术共生创新研究	中国软科学	2006
576	许志晋	适用技术共生创新的风险控制研究	管理现代化	2007
577	许志晋	论风险社会中的科学技术发展	中国科技论坛	2007
578	许 波	人本主义健康人格和儒家理想人格的比较研究	心理学探新	2001
579	许 波	西方进化心理学概述——当代西方心理学发展的一种新取向	国外社会科学	2005
580	那 瑛	梁启超的公私观	史学集刊	2007
581	吴友军	实践与历史	理论探讨	2001
582	吴友军	论实践的否定性本质	东北师大学报	2002
583	吴友军	信仰与人的历史性存在	思想战线	2003
584	吴庆华	社区阶层化：后单位社会城市社区变异的必然趋势	学术交流	2008
585	吴旭平	全球化资本主义经济危机实质	学术论坛	2010
586	吴海琳	意识形态现代化研究的新视域	江汉论坛	2009
587	吴海琳	集体良知、价值理性与知识社会学	江海学刊	2010
588	吴海琳	制度变迁下的国有企业组织意识形态分化探析	人文杂志	2011
589	吴海琳	意识形态研究的组织论视角初探	吉林大学社会科学学报	2011
590	吴海琳	组织意识形态整合下的组织认同重构	学习与探索	2013
591	吴清军	乡村中的权力、利益与秩序——以东北某"问题化"村庄干群冲突为案例	战略与管理	2002
592	吴跃平	反思欧洲科学的三个维度及其现代意义	吉林大学社会科学学报	2001
593	吴跃平	技术传统与技术哲学视界	自然辩证法研究	2005
594	吴跃平	传统知识的主流类型之二——工艺学知识	人文杂志	2007

序号	作者	论文名称	期刊来源	发表年度
595	吴跃平	《齐民要术》与中国的技术规范	自然辩证法研究	2011
596	吴跃平	"技术的一般涵义"与"技术的现代涵义"	人文杂志	2012
597	宋一苇	事件哲学视域中的现代性与后现代性	社会科学辑刊	2005
598	宋宝安	吉林省社会保障制度运行现状及其趋势分析	社会科学战线	2001
599	宋宝安	东北实现现代化必须先期解决社会保障问题	经济纵横	2001
600	宋宝安	观念与需求：社会养老制度设计的重要依据——东北老工业基地养老方式与需求意愿的调查与分析	吉林大学社会科学学报	2003
601	宋宝安	乡村治理：宗族组织与国家权力互动关系的历史考察	长白学刊	2003
602	宋宝安	吉林老工业基地社会养老保障基金供需失衡的成因及对策	经济纵横	2005
603	宋宝安	老年人口养老意愿的社会学分析	吉林大学社会科学学报	2006
604	宋宝安	我国社会养老制度的政策回应度问题研究	江海学刊	2007
605	宋宝安	人口素质与教育公平	社会科学战线	2007
606	宋宝安	论我国城乡社会保障制度衔接的必要性与对策	学习与探索	2007
607	宋宝安	社会管理策略的转型：从现代化到可持续生计	社会科学战线	2009
608	宋宝安	参保补贴：扩大社会养老覆盖面的重要途径	学习与探索	2009
609	宋宝安	论实现社会从稳定到有序的战略抉择	吉林大学社会科学学报	2009
610	宋宝安	我国群体性事件的根源与影响	吉林大学社会科学学报	2010
611	宋宝安	利益均衡机制与社会安全——基于吉林省城乡居民社会安全感的研究	学习与探索	2010
612	宋宝安	城镇老年人再就业对幸福感的影响——基于吉林省老年人口的调查研究	人口学刊	2011
613	宋宝安	我国群体性事件频发的理论解释与启示	社会科学战线	2011
614	宋宝安	控制物价：创新社会管理促进社会稳定的关键环节	学习与探索	2012
615	宋宝安	从有限特惠向专门保障的转向——基于东北农村残疾人问题的调查	人口学刊	2012
616	宋宝安	残疾人家庭扶助与社会保障的功能比较	吉林大学社会科学学报	2012
617	宋宝安	强调差异性：新自由主义对残疾人社会保障的启示——兼论残疾人特殊社会保障的必要性	社会科学战线	2014
618	张士清	澄明被经济学语境遮蔽的人道主义——兼析施密特对结构主义的批判	社会科学辑刊	2003
619	张云阁	费尔巴哈哲学中的辩证法思想	理论探讨	2005
620	张仕平	性别价值观与农村出生婴儿性别比失衡	人口学刊	2006
621	张仕平	农村人口流迁动因研究评说	人口学刊	2009
622	张以明	实践的中介意义——论黑格尔辩证法的存在基础	吉林大学社会科学学报	2003
623	张未知	试论唯物辩证法的价值论原则	理论探讨	2010
624	张未知	试论马克思主义哲学价值精神	东北师大学报	2010
625	张兴桥	唯物史观也是新唯物主义世界观	理论探讨	2001

序号	作者	论文名称	期刊来源	发表年度
626	张兴桥	人类生存的悖论与发展伦理学	理论探讨	2003
627	张连良	架起逻辑与直觉融通的桥梁——《直觉与逻辑》一书读后	长白学刊	2001
628	张连良	学术史研究应成为 21 世纪中国文化研究的一大重点	长白学刊	2002
629	张连良	从《中庸》看中国哲学范畴"三位一体"的特征	人文杂志	2003
630	张连良	中国古代哲学对合理哲学文化形式的有益探索	吉林大学社会科学学报	2004
631	张连良	"自己讲"，"讲自己"——评《中国学术通史》	社会科学战线	2005
632	张连良	周敦颐"人极"标准思想的哲学意义	人文杂志	2006
633	张连良	马克思主义哲学中国化语境下的中国哲学	吉林大学社会科学学报	2013
634	张连良	从《大学问》看王阳明"致良知"思想的逻辑结构	社会科学战线	2014
635	张连良	论王阳明"致良知"思想的逻辑环节及其研究的方法论缺陷——以王门"四句教"为核心的考察	南京师大学报	2014
636	张连良	栗谷治国思想与宋明理学	社会科学战线	2015
637	张国钧	论形而上学的生存意蕴	学习与探索	2005
638	张宗艳	从后现代的维度看康德的理性幸福	社会科学战线	2010
639	张 林	大学生心理压力感量表编制理论及其信、效度研究	心理学探新	2003
640	张 林	中学生学习策略运用、学习效能感、学习坚持性与学业成就关系的研究	心理科学	2003
641	张 林	态度研究的新进展——双重态度模型	心理科学进展	2003
642	张 林	自我调节学习理论的研究综述	心理科学	2003
643	张 林	大学生心理压力应对方式特点的研究	心理科学	2005
644	张金荣	培育中间阶层，建设小康社会	战略与管理	2004
645	张金荣	科学发展观与政治文明建设	理论前沿	2005
646	张金荣	现代企业制度效率问题的社会学思考	华中师范大学学报	2005
647	张金荣	中国文化演进中的亲子传承模式转换研究	吉林大学社会科学学报	2006
648	张金荣	马克思异化理论的意义分析	社会科学战线	2007
649	张金荣	文明论：东北亚研究的新视角	东北亚论坛	2007
650	张金荣	在继续解放思想中开拓科学发展新境界	求是	2008
651	张金荣	鄂伦春人族群意识的当代转型研究	社会科学战线	2010
652	张金荣	风险感知：转基因食品的负面性——基于长春市城市居民食品安全意识的调查分析	社会科学战线	2012
653	张金荣	转型期完善社区治理与协动机制的再探讨	东北师大学报	2013
654	张金荣	公众对食品安全风险的感知与建构——基于三城市公众食品安全风险感知状况调查的分析	吉林大学社会科学学报	2013
655	张金荣	韦伯与桑巴特比较视角下的现代社会起源——兼论中国现代性之发端	东北师大学报	2014
656	张金荣	"后家庭时代的家庭"理论的中国适用性研究	社会科学辑刊	2014

序号	作者	论文名称	期刊来源	发表年度
657	张金荣	乡镇政府在农村基本公共服务供给中的困境与出路	红旗文稿	2015
658	张彦彦	道德规范与择偶标准:以道德五基准理论为视角	伦理学研究	2014
659	张 盾	从启蒙运动看康德先验伦理学的动机	吉林大学社会科学学报	2003
660	张 盾	现代性问题图景中的康德先验伦理学	学术月刊	2003
661	张 盾	从马克思到舍勒:反现代性理论的转型	浙江学刊	2003
662	张 盾	马克思哲学革命中的伦理学问题	哲学研究	2004
663	张 盾	辩证法与当代哲学的命运——评阿多诺对辩证法的重新诠释	南京大学学报	2004
664	张 盾	从反现代性角度重新解读马克思异化理论	人文杂志	2004
665	张 盾	论马克思主义哲学研究应以现代性作为其问题背景	求是学刊	2005
666	张 盾	重新辨析马克思创立历史唯物主义的理论本意——评后现代理论对马克思"生产"概念的批判	哲学研究	2005
667	张 盾	从异化劳动的批判到劳动本身的批判——评当代激进理论对马克思的一种误读	学术月刊	2005
668	张 盾	从后现代主义的挑战看马克思批判理论的当代效应——评后现代理论对马克思"使用价值"概念的批判	天津社会科学	2005
669	张 盾	马克思主义当代视域中的韦伯	南京大学学报	2005
670	张 盾	论马克思社会理论的当代效应——以西美尔《货币哲学》为案例	吉林大学社会科学学报	2005
671	张 盾	怎样理解马克思哲学变革规划的总问题——评徐长福教授对马克思哲学观的解读	文史哲	2005
672	张 盾	怎样理解马克思开辟的哲学道路——评阿尔都塞对马克思哲学观的激进解读	学习与探索	2005
673	张 盾	保卫唯物史观——评萨林斯对历史唯物主义的批判	浙江学刊	2005
674	张 盾	问题意识:马克思主义哲学研究的创新路径	天津社会科学	2006
675	张 盾	马克思的两种"发展"概念及其当代性	吉林大学社会科学学报	2006
676	张 盾	20 世纪后期西方马克思主义阶级理论研究述评	哲学动态	2006
677	张 盾	重新阐释马克思与黑格尔的理论传承关系——从黑格尔的视角看	江海学刊	2006
678	张 盾	哲学经济学视域中的劳动论题——关于马克思与黑格尔理论传承关系的微观研究	南京大学学报	2006
679	张 盾	马克思的政治理论及其路径	中国社会科学	2006
680	张 盾	激进民主:马克思政治理论域中的民主问题	学术月刊	2006
681	张 盾	马克思实践哲学视野中的"承认"问题——黑格尔"主人/奴隶辩证法"与马克思政治理论的历史渊源	马克思主义与现实	2007
682	张 盾	在什么意义上黑格尔辩证法是马克思哲学变革的思想源头？——从"卢卡奇－科耶夫解读"看	复旦学报	2007
683	张 盾	马克思与黑格尔《精神现象学》	吉林大学社会科学学报	2007

序号	作者	论文名称	期刊来源	发表年度
684	张盾	交往的异化：马克思《穆勒评注》中的"承认"问题	现代哲学	2007
685	张盾	黑格尔与马克思历史观的关系——黑格尔历史原理的"显白教诲"	马克思主义与现实	2008
686	张盾	黑格尔对康德哲学的批判和超越——从马克思哲学的视角看	哲学研究	2008
687	张盾	精神自我发展历程的辩证法——黑格尔历史原理的"隐微教诲"	天津社会科学	2008
688	张盾	黑格尔的"历史和逻辑统一"是如何可能的——黑格尔历史原理的案例研究	吉林大学社会科学学报	2008
689	张盾	卢梭的问题，康德的回答——重思康德先验伦理学的动机	社会科学	2008
690	张盾	回到前哲学的政治——评阿伦特对马克思政治哲学的解读	江西社会科学	2008
691	张盾	黑格尔和马克思的"世界历史"概念	马克思主义与现实	2009
692	张盾	"历史的终结"与历史唯物主义的命运	中国社会科学	2009
693	张盾	《哲学通论》的意义及其根据	吉林大学社会科学学报	2009
694	张盾	马克思哲学研究的思想史路径——以"市民社会与历史唯物主义"为案例	哲学研究	2010
695	张盾	现代性批判之"异常思"：施特劳斯论马克思	天津社会科学	2010
696	张盾	论黑格尔对财产权的批判及其对马克思的影响——黑格尔《法哲学》的"秘传教诲"	江海学刊	2010
697	张盾	在道德与法律之间——现代性反思的主客观二维之争及其解决	江苏社会科学	2011
698	张盾	康德与黑格尔：谁是马克思的精神源头？	哲学动态	2011
699	张盾	"道德政治"谱系中的卢梭、康德、马克思	中国社会科学	2011
700	张盾	财产权批判的政治观念与历史方法	哲学研究	2011
701	张盾	财产权问题与黑格尔法哲学的当代意义	人文杂志	2011
702	张盾	从当代财富问题看马克思对蒲鲁东的批判	吉林大学社会科学学报	2011
703	张盾	财产权批判与《资本论》的主题	江海学刊	2011
704	张盾	对社会的再发现：从卢梭到马克思	马克思主义与现实	2012
705	张盾	黑格尔、分析哲学和形而上学的未来	社会科学辑刊	2013
706	张盾	"道德政治"的奠基与古典自然法	中国人民大学学报	2013
707	张盾	康德：近代政治个人主义的最高愿景	哲学动态	2013
708	张盾	马克思政治哲学中的个人原则与社会原则	中国社会科学	2013
709	张盾	马克思与近代政治个人主义	学习与探索	2013
710	张盾	"创世问题"还是"平凡原理"——与赵汀阳一起追问存在	河北学刊	2014
711	张盾	论马克思与古典政治经济学的理论渊源	哲学研究	2014
712	张盾	论黑格尔逻辑学与其政治哲学的关系	教学与研究	2014

序号	作者	论文名称	期刊来源	发表年度
713	张海东	城市居民对社会不平等现象的态度研究——以长春市调查为例	社会学研究	2004
714	张海东	城市居民社会不平等态度的代际差别——以长春市调查为例	青年研究	2004
715	张海东	论中国国家社会化问题	社会科学战线	2004
716	张继平	制度转型的文化制约:文化社会学的一个分析	社会科学战线	2006
717	张淑东	马克思人力资本思想的多维透视	社会科学战线	2010
718	张琳琳	职业倦怠研究本土化	理论探讨	2007
719	张鹏翔	发展伦理学的生存论解读	理论探讨	2003
720	张霁雪	城乡结合部外来人口的空间实践与城市融入	山东社会科学	2014
721	张霁雪	单位人的集体记忆与身份生产——基于 H 厂三代工人口述历史的研究	学习与探索	2014
722	张霁雪	城乡结合部"撤村建居"型社区的文化转型与再生产	社会科学战线	2014
723	张霁雪	新马克思主义城市社会学对我国地域政策的启示	中国特色社会主义研究	2014
724	李大强	关于动态的真理语义模型	科学技术与辩证法	2001
725	李大强	知道者悖论与"知道"的语义分析	自然辩证法通讯	2002
726	李大强	作为反馈机制的真理概念——兼论戴维森的真理理论	自然辩证法通讯	2005
727	李大强	分析悖论的分析	哲学研究	2006
728	李大强	对象、可能世界与必然性——《逻辑哲学论》的本体论分析	吉林大学社会科学学报	2007
729	李大强	纽科姆悖论与赋值游戏	社会科学研究	2010
730	李大强	寻找同一条河流——同一性问题的三个层次	社会科学辑刊	2010
731	李大强	上帝与勺子——《逻辑哲学论》中的指称关系	社会科学战线	2011
732	李大强	当我们谈论 X 时	理论探讨	2011
733	李大强	四种同一性概念与莱布尼兹法则	社会科学研究	2012
734	李大强	伽达默尔哲学解释学中批判的可能性	吉林大学社会科学学报	2012
735	李大强	事实与真——"事实"的哲学用法分析	社会科学研究	2013
736	李大强	非对称伦理学与世界公民主义宽容悖论	吉林大学社会科学学报	2014
737	李大强	社群主义的理论图景——读姚大志教授力作《正义与善:社群主义研究》	社会科学研究	2015
738	李 为	基督教的理性嬗变与近代科学的产生	社会科学研究	2006
739	李 为	认知科学与当代认识论自然化路向	社会科学战线	2006
740	李 为	概念组织进化:图尔明对科学理性问题的解决	自然辩证法研究	2007
741	李 为	图尔明"自然秩序理想"概念的意义	思想战线	2007
742	李 为	图尔明 20 世纪 50 年代初对逻辑经验主义的批评	云南师范大学学报	2007
743	李文祥	企业起源的社会维度	社会科学战线	2003
744	李文祥	社会学科学性根基的困境解析与超越	吉林大学社会科学学报	2003
745	李文祥	东北企业改制中的集体主义重建	经济纵横	2004

序号	作者	论文名称	期刊来源	发表年度
746	李文祥	"三大神器"的功效寻根及其启示	现代日本经济	2004
747	李文祥	当代日本企业改制困境及其启示	东北亚论坛	2005
748	李文祥	困境呈现与集体主义缺失——现代企业制度效率问题的社会学观察	社会科学战线	2005
749	李文祥	资源枯竭型城市的社会保障制度改进	甘肃社会科学	2006
750	李文祥	人口老龄化背景下的吉林省社会养老保险制度改革	人口学刊	2006
751	李文祥	当代中国企业组织的人本化建构	学习与探索	2006
752	李文祥	社会建设中的制度风险与制度协调	天津社会科学	2007
753	李文祥	从个人选择到社会选择的理论扩展——评阿马蒂亚·森《理性与自由》对理性选择研究的理论贡献	社会学研究	2008
754	李文祥	民族福利建设中的制度风险及其规避——以鄂伦春族为例	吉林大学社会科学学报	2008
755	李文祥	鄂伦春族社会福利制度的历史转型	史学集刊	2009
756	李文祥	我国少数民族农村社区的社会保障统筹研究——以剌尔滨鄂伦春族为例	社会科学战线	2010
757	李文祥	少数民族农村社会保障模式重构研究	社会科学战线	2011
758	李文祥	社会工作介入与农村扶贫模式创新——基于中国村寨扶贫实践的研究	社会科学战线	2013
759	李文祥	企业社会责任的社会治理功能研究	社会科学战线	2015
760	李文祥	社会工作介入与农村社会管理转型	吉林大学社会科学学报	2015
761	李文祥	本土性与专业性社会工作的整合与重塑——基于农民工城镇融入实践的研究	社会科学辑刊	2015
762	李文翔	单位诉求与科学方式——也谈"社会学是什么"	长白学刊	2003
763	李无苑	论罗马俱乐部和法兰克福学派对知性文化的批判	社会科学辑刊	2005
764	李 龙	马克思哲学认识论的生存论转向	长白学刊	2003
765	李兆良	宗教的文化心理学研究:第三种探索的路径	国外社会科学	2014
766	李全喜	研究机构科技工作者职业发展的障碍与对策	中国科技论坛	2008
767	李全喜	中国科学技术哲学界的一次盛会——2008年全国博士生学术论坛(科学技术哲学)召开	科学技术与辩证法	2009
768	李全喜	女性科技工作者职业发展影响因素的三维解析	科学学与科学技术管理	2009
769	李全喜	从耗散结构理论看农民有序流动	西北人口	2009
770	李志军	现代性问题图景中的马克思与西美尔	内蒙古社会科学	2007
771	李国俊	社会危险的技术伦理透视	马克思主义与现实	2004
772	李 岩	德勒兹对黑格尔的概念批判及其哲学意义	社会科学战线	2010
773	李 青	理性行为的博弈延伸	自然辩证法研究	2003
774	李 青	交换的社会原则	长白学刊	2003
775	李洪波	全新认识和解读心理学性质的努力与尝试——评《心理学文化品性》	社会科学战线	2009
776	李贺平	非正规就业群体权益保护中行业工会的作用研究	吉林大学社会科学学报	2012

序号	作者	论文名称	期刊来源	发表年度
777	李贺平	社会保障研究范式的权利论转向	社会科学战线	2012
778	李贺平	权利导向下的社会保障制度有效供给研究	社会科学战线	2013
779	李晓勇	判断及政治的审美化——简论阿伦特对康德政治哲学的解读与重构	社会科学战线	2008
780	李晓勇	评阿伦特对马克思政治观的解读	社会科学战线	2010
781	李晓玲	东北地区家族制度变迁及其对家族成员关系的影响	社会科学战线	2007
782	李晓玲	振兴吉林现状分析——对吉林省"解放思想"千份问卷的调查	社会科学战线	2009
783	李海峰	科学认识主体和科学认识客体的发生	科学技术与辩证法	2002
784	李海峰	从人类思维方式演变重新理解自然辩证法	自然辩证法研究	2002
785	李海峰	诗意生存:后现代建造观哲学解读	自然辩证法研究	2005
786	李海峰	"自然"何以"辩证法"——《自然辩证法》文本学研究	科学技术与辩证法	2007
787	李海峰	抽象性与具体性的统一——怀特海"事件"理论的哲学价值	吉林大学社会科学学报	2009
788	李海峰	认识的确定性与"上帝"观念的演变——兼论自然科学与基督教信仰之间的关系	社会科学辑刊	2013
789	李海峰	从抽象理性到生存理性——试论现代西方哲学的生存论转向	东北大学学报	2015
790	李海峰	赫哲族鱼皮制作技艺及传承的社会文化功能	贵州民族研究	2015
791	李素艳	"差异"的统治——解构主义政治哲学的一个维度	学术交流	2008
792	李艳艳	稳定有序视域下的公共产品分配问题——源于制度层面的研究	吉林大学社会科学学报	2009
793	李艳艳	我国社会管理绩效评估问题研究	社会科学战线	2013
794	李艳艳	社会分层背景下的社会保障团结功能研究	社会科学战线	2015
795	李艳艳	目标定位视角下的社会管理创新研究	社会科学辑刊	2015
796	李颖姣	经验与必然:马克思的方法论研究	齐鲁学刊	2006
797	李慧娟	从解释世界到改变世界——马克思对黑格尔哲学的"颠倒"	东北师大学报	2006
798	李慧娟	马克思对启蒙思想的超越	学习与探索	2006
799	李慧娟	从理论视域到现实视域——论马克思的"世界"概念	中国社会科学院研究生院学报	2009
800	李慧娟	历史和个人的双重构建——《德意志意识形态》所实现的哲学革命	学习与探索	2010
801	李慧娟	启蒙的界限——兼及霍克海默、阿多诺《启蒙辩证法》	社会科学战线	2010
802	李慧娟	恩格斯在何种意义上提出哲学基本问题	江海学刊	2011
803	李慧娟	全球化时代境遇中的马克思主义哲学——"马克思主义哲学的当代课题"学术研讨会综述	社会科学战线	2012
804	李慧娟	"资本主体性"批判——马克思现代性批判的本质	社会科学辑刊	2013
805	李慧娟	卢梭和马克思:超越启蒙的两条路径	学习与探索	2014

序号	作者	论文名称	期刊来源	发表年度
806	李慧娟	启蒙的三重困境与马克思的超越	吉林大学社会科学学报	2015
807	李聪	生命整全意义的追寻	求索	2009
808	李聪	生命意义与生命教育	广东社会科学	2011
809	李聪	"孝"观念在中国古代丧葬文化中的演进	社会科学战线	2011
810	杨白	形而上学的人性与人的形而上学性	社会科学辑刊	2008
811	杨白	诗意的栖居：必要性、可能性及其实质	社会科学战线	2010
812	杨白	时代精神状况与存在的遗忘——海德格尔对本质主义形而上学的生存论批判	吉林大学社会科学学报	2010
813	杨帆	权利与平等的张力对中国分配体制改革的启示	社会科学辑刊	2007
814	杨沐	现代哲学视域中的阳明心学	江西社会科学	2006
815	杨沐	辩证法的现代生成理路——从认识本身反思辩证法的一次尝试	求索	2007
816	杨沐	时空的新内涵界定	福建论坛	2008
817	杨沐	论客观时空的实践构成	学术论坛	2008
818	杨轶华	我国社会保障基金投资运营的风险管理与控制	经济纵横	2009
819	杨轶华	生育率内生的最优基金制的社会保障代际模型	吉林大学社会科学学报	2011
820	杨轶华	不可分的效用函数下健康效用与最优碳税	社会科学战线	2011
821	杨晓	精神现象学对先验哲学的超越	人文杂志	2008
822	杨晓	作为认识论的语言学——创造思想的"语言形式平面"	吉林大学社会科学学报	2012
823	杨晓	论索绪尔的"符号"概念——语言学的认识论意义	天津社会科学	2012
824	杨晓	内蕴形而上学的文化本体观	社会科学辑刊	2015
825	杨淑琴	犹太民族与"墙"——对巴以"隔离墙"的文化探源	学习与探索	2006
826	杨淑静	工具理性与理性批判力量的终结	学习与探索	2007
827	杨硕	认知神经心理学于意识问题的研究及哲学思考	求索	2010
828	杨锐	心理学研究的社会化趋向	长白学刊	2003
829	杨魁森	从道德研究看人的发展	天津社会科学	2001
830	杨魁森	哲学就是生活观	学习与探索	2004
831	杨魁森	从矛盾观点看和谐社会	社会科学战线	2005
832	杨魁森	历史思维方式的当代建构	吉林大学社会科学学报	2005
833	杨魁森	哲学如何表达生活	学习与探索	2006
834	杨魁森	生活世界转向与现代哲学革命	吉林大学社会科学学报	2007
835	杨魁森	科学思维和历史思维——关于生活世界的认识方式	社会科学研究	2008
836	杨魁森	劳动与生活	社会科学战线	2010
837	沈亚生	"知识经济时代的哲学问题、全球化问题"研讨会综述	社会科学战线	2001
838	沈亚生	唯物史观视野中的"知识经济"问题	吉林大学社会科学学报	2001
839	沈亚生	哲学人学的前提批判——兼谈马克思主义的人学自由观	学习与探索	2002
840	沈亚生	关于我国高校哲学教学深层结构的改革问题	教学与研究	2003
841	沈亚生	"人的全面发展"思想与完善哲学人格理论	长白学刊	2003
842	沈亚生	世界哲学大会简介	哲学动态	2003

序号	作者	论文名称	期刊来源	发表年度
843	沈亚生	重温波普尔与辩证法本质还原——读《现代智慧的理性批判——波普尔〈猜想与反驳〉研究》	自然辩证法研究	2005
844	沈亚生	当代科学技术革命与人格自我论研究的理论创新	自然辩证法研究	2006
845	沈亚生	哲学辩证法的真经失传与本质还原	学术研究	2006
846	沈亚生	社会发展观的辩证法与和谐社会建设	理论探讨	2006
847	沈亚生	哲学基础理论的全球对话——"哲学：基础理论与当代问题"国际学术研讨会综述	社会科学战线	2007
848	沈亚生	社会主义和谐社会的根本价值导向	社会科学研究	2007
849	沈亚生	价值观相对主义辨析	人文杂志	2008
850	沈亚生	评罗德·比勒的分析马克思主义理论——马克思的历史观是唯物主义吗？	吉林大学社会科学学报	2010
851	沈亚生	人性研究的疑难与破解	理论探讨	2012
852	沈亚生	人学价值论与人的价值的三个维度	学习与探索	2012
853	沈亚生	我国当代人性论研究的回顾与思考	清华大学学报	2014
854	沈亚生	当代世界哲学家的马克思主义情怀——第23届世界哲学大会"马克思主义的未来"专题圆桌会议评介	国外理论动态	2014
855	沈亚生	人学思潮在中国	学术交流	2015
856	沈亚生	中国道路与中国梦研究中的辩证法价值论与实践观前提	社会科学研究	2015
857	肖 丹	我们需要怎样的功利主义教育观——J·S·密尔的应答	清华大学教育研究	2010
858	芦 恒	韩国现代化进程中市民社会的发展	当代亚太	2005
859	芦 恒	日常生活与底层的真实表述——评《女工 1970：她们的反历史》	社会学研究	2008
860	芦 恒	边缘底层与贫民区秩序——国外城市贫民区研究述评及对国内相关研究的启示	贵州社会科学	2009
861	芦 恒	"工作贫困"及其社会风险探析——以韩国青年贫困现象为例	青年研究	2012
862	芦 恒	韩国社会的公共性危机与转换	东北亚论坛	2013
863	芦 恒	东北城市棚户区形成与公共性危机——以长春东"安屯棚户区"形成为例	华东理工大学学报	2013
864	芦 恒	"工作贫困"简论与中国式反思	社会科学战线	2013
865	芦 恒	东北老工业基地城市棚户区的类型与社区建设	吉林大学社会科学学报	2013
866	芦 恒	共生互促：公共性与社会发展的内在逻辑关系探析	社会科学	2015
867	辛本禄	组织人：现代人生存方式的一种新诠释	理论探讨	2005
868	辛本禄	在自发性、诱致性与强制性之间——多支柱养老保障模式的制度分析及建构	学习与探索	2005
869	连 遥	论内丹学体系的逻辑建构	吉林大学社会科学学报	2006
870	邱高兴	原始佛教"因缘"义考察——以四《阿含经》为中心	吉林大学社会科学学报	2004
871	邱高兴	孝戒关系论——佛教对中国传统伦理观念调和性解释	社会科学战线	2005

序号	作者	论文名称	期刊来源	发表年度
872	邱高兴	史料翔实的元代佛教研究——《中国佛教史：元代》读后	浙江社会科学	2007
873	邱高兴	改革开放三十年来的佛学研究	社会科学战线	2008
874	邴正	以德求师，以德育人——论市场经济条件下的高校师德建设	中国高等教育	2001
875	邴正	振兴东北老工业基地与东北社会发展模式转型	吉林大学社会科学学报	2004
876	邴正	以人为本是马克思主义的基本原则	社会科学战线	2005
877	邴正	从社会发展理论看构建和谐社会	学习与探索	2005
878	邴正	人与文化的矛盾与当代社会发展的主题	社会科学辑刊	2010
879	邴正	论文化研究的三大渊源与三条路径	学海	2010
880	邴正	面向21世纪的中国文化形象与文化符号——建设社会主义文化强国的理论思考	社会科学战线	2013
881	邴正	法律机会结构变迁与业主诉讼维权的兴起	社会科学战线	2014
882	邹化政	论直观与逻辑的本真相关性	社会科学战线	2001
883	邹铁军	一部拓荒性学术著作——评金寿铁著《心灵的界限——雅斯贝尔斯精神病理学研究》	长白学刊	2001
884	邹铁军	论道德自律	学习与探索	2003
885	邹铁军	科学实验思维与皮尔士的实效主义	学习与探索	2004
886	邹铁军	新的世界形态的形而上学——金寿铁《真理与现实——恩斯特·布洛赫哲学研究》评介	社会科学战线	2008
887	陆通	基于自我的近代知识确定性的转向与终结	深圳大学学报	2009
888	陈向义	论国内可持续发展理论研究的局限性	社会科学辑刊	2002
889	陈莉莉	斯特劳森的指称观——语用概念的指称论	东北师大学报	2014
890	陈鹏	社会思想史研究的新进展——"中国社会思想及其现代性"学术研讨会综述	吉林大学社会科学学报	2010
891	陈鹏	清代东北地区鄂伦春编旗初探	东北师大学报	2011
892	陈鹏	"满洲"名称述考	民族研究	2011
893	陈鹏	《娘家与婆家——华北农村妇女的生活空间和后台权力》评介	妇女研究论丛	2012
894	陈鹏	清代东北地区少数民族社会福利探析——以清政府对"新满洲"实行赏奴政策为例	贵州社会科学	2012
895	陈鹏	清代前期俄罗斯佐领探赜	民族研究	2012
896	陈鹏	"世界秩序观"变动与中日早期现代化的分途——田毅鹏教授《知识、思想、权力：中日现代"世界秩序观"形成之比较研究》读后	社会科学战线	2012
897	周卫嘉	解读中国经济发展模式的新视角	社会科学战线	2010
898	周宁	论心理学的日常性	自然辩证法研究	2001

序号	作者	论文名称	期刊来源	发表年度
899	孟宪忠	论生态市场经济	社会科学战线	2001
900	孟秋丽	弗洛伊德精神分析无意识观念的理论性质	南京师大学报	2007
901	林　兵	环境伦理学中的"人"观——一种马克思主义的"人类中心"观点	吉林大学社会科学学报	2001
902	林　兵	论人对自然的"伦理性"关系	社会科学战线	2002
903	林　兵	理解环境问题的实质——当代人与自然的两种矛盾形态	长白学刊	2002
904	林　兵	西方环境伦理学的理论误区及其实质	吉林大学社会科学学报	2003
905	林　兵	西方环境社会学的理论发展及其借鉴	吉林大学社会科学学报	2007
906	林　兵	从自然主义、人类中心主义到类哲学	学习与探索	2007
907	林　兵	中国环境社会学的理论建设——借鉴与反思	江海学刊	2008
908	林　兵	中国环境问题的理论关照——一种环境社会学的研究视角	吉林大学社会科学学报	2010
909	林　兵	环境管理的社会基础——从单位组织到社会组织	福建论坛	2010
910	林　兵	单位制度及其偏好——经济社会学视域下的传统单位制国企研究	吉林大学社会科学学报	2012
911	林　兵	"吸纳嵌入"管理：社会组织管理模式的新路径——以浙江省N市H区社会组织服务中心为例	江海学刊	2014
912	林　兵	传统单位制中的家族识别方式——基于制度与文化的解释	吉林大学社会科学学报	2014
913	林　兵	"单位"研究的新思维——评《"单位共同体"的变迁与城市社区重建》	社会科学战线	2015
914	林　兵	购买服务中的合谋：科层制逻辑对地方政府与社会组织合作关系的影响	福建论坛	2015
915	郑弘波	论市场经济与人的自由个性生成	吉林大学社会科学学报	2001
916	郑雨明	决策判断中认知偏差及其干预策略	统计与决策	2007
917	郑　南	日本社会建设新思维：地域社会的新公共性建设——以丰田市团体活动为例	东北亚论坛	2013
918	郑　南	丰田公司的发展与地域社会——以先行研究为基础	现代日本经济	2013
919	郑　南	东北草根组织的发展与地域社会建设——以日本"新公共性理论"为参照	学习与探索	2015
920	郑　南	社会组织发展的新形态——台湾社会企业的发展与启示	学术研究	2015
921	郑荣双	共性与差异——试论有限的相对主义与跨文化心理学、本土心理学的关系及意义	自然辩证法研究	2001
922	郑荣双	人的类本质的失落与回归——科学主义取向心理学的基本特征与人文主义取向心理学的追求	自然辩证法研究	2002
923	郑荣双	国外本土心理学研究进展	心理科学进展	2002
924	郑荣双	本体的沉沦与拯救——科学主义取向心理学与人文主义取向心理学本体论解析	自然辩证法研究	2003

序号	作者	论文名称	期刊来源	发表年度
925	郑荣双	心理学全球化的趋势	心理科学进展	2003
926	郑荣双	心理学的整合理论	心理科学	2003
927	郑荣双	本土心理学特征论析	心理学探新	2003
928	姚大志	呼唤公正	天津社会科学	2001
929	姚大志	何谓正义:罗尔斯与哈贝马斯	浙江学刊	2001
930	姚大志	道德证明与现代性	吉林大学社会科学学报	2002
931	姚大志	罗尔斯正义理论的道德基础	江海学刊	2002
932	姚大志	朝向二十一世纪的西方哲学	浙江学刊	2002
933	姚大志	人类有权利克隆自己吗	哲学研究	2003
934	姚大志	什么是辩证法?	社会科学战线	2003
935	姚大志	现代性与启蒙	求是学刊	2003
936	姚大志	亚里士多德还是尼采?——麦金太尔对现代道德哲学的批判	学习与探索	2003
937	姚大志	契约论与政治合法性	复旦学报	2003
938	姚大志	科学的合法性:现代与后现代	华东师范大学学报	2004
939	姚大志	罗尔斯的契约主义与政治哲学的证明	江苏社会科学	2004
940	姚大志	后现代主义与启蒙	社会科学战线	2005
941	姚大志	哈贝马斯的程序主义	吉林大学社会科学学报	2005
942	姚大志	哈贝马斯的权利理论	浙江学刊	2005
943	姚大志	作为道德原则的正义	吉林大学社会科学学报	2006
944	姚大志	罗蒂:自由主义和社群主义——罗蒂政治哲学批判之一	厦门大学学报	2006
945	姚大志	平等:自由主义与社群主义	文史哲	2006
946	姚大志	社群主义的两副面孔——评沃尔策的正义理论	天津社会科学	2007
947	姚大志	论拉兹的至善主义及其得失	求是学刊	2007
948	姚大志	后现代自由主义:罗蒂政治哲学批判	江海学刊	2007
949	姚大志	新功利主义——拉兹对自由主义的证明	社会科学研究	2007
950	姚大志	第三种自由主义?——拉兹权利理论批判	思想战线	2007
951	姚大志	罗尔斯与功利主义	社会科学战线	2008
952	姚大志	何谓正义:自由主义、社群主义和其他	吉林大学社会科学学报	2008
953	姚大志	罗尔斯正义理论的基本理念	社会科学研究	2008
954	姚大志	重叠共识观念能证明什么?——评罗尔斯的政治自由主义	天津社会科学	2009
955	姚大志	正义的张力:马克思和罗尔斯之比较	文史哲	2009
956	姚大志	罗尔斯:来自马克思主义的批评	马克思主义与现实	2009
957	姚大志	罗尔斯正义理论的形而上学基础	哲学动态	2009
958	姚大志	罗尔斯正义原则的问题和矛盾	社会科学战线	2009
959	姚大志	从《正义论》到《政治自由主义》——罗尔斯的后期政治哲学	中国人民大学学报	2010

续表

序号	作者	论文名称	期刊来源	发表年度
960	姚大志	批判之批判：功利主义对罗尔斯的反驳	复旦学报	2010
961	姚大志	一种程序正义？——罗尔斯正义原则献疑	江海学刊	2010
962	姚大志	正义与罗尔斯的共同体	思想战线	2010
963	姚大志	评德沃金的平等主义	吉林大学社会科学学报	2010
964	姚大志	哈贝马斯政治哲学的内在逻辑	社会科学研究	2010
965	姚大志	差别原则与民主的平等	社会科学辑刊	2010
966	姚大志	公共理性与合法性——评罗尔斯的《政治自由主义》	江苏行政学院学报	2010
967	姚大志	动机功利主义（译文）	世界哲学	2011
968	姚大志	罗尔斯与功利主义（译文）	世界哲学	2011
969	姚大志	反思平衡与道德哲学的方法	学术月刊	2011
970	姚大志	罗尔斯与社会最低保障	华东师范大学学报	2011
971	姚大志	分配正义：从弱势群体的观点看	哲学研究	2011
972	姚大志	社群主义的自由主义批判	厦门大学学报	2011
973	姚大志	罗尔斯的"基本善"：问题及其修正	中国人民大学学报	2011
974	姚大志	什么是启蒙：过去和现在	社会科学战线	2011
975	姚大志	桑德尔的人类学重构及其还原	社会科学研究	2012
976	姚大志	麦金太尔与传统	思想战线	2012
977	姚大志	麦金太尔的自由主义批判	社会科学辑刊	2012
978	姚大志	麦金太尔的历史主义：三种不同的版本	社会科学	2012
979	姚大志	正义与乌托邦	社会科学战线	2012
980	姚大志	当代功利主义哲学	世界哲学	2012
981	姚大志	再论分配正义——答段忠桥教授	哲学研究	2012
982	姚大志	沃尔策：特殊主义与普遍主义之间	华中师范大学学报	2012
983	姚大志	桑德尔的自由主义批判	哲学动态	2012
984	姚大志	G. A. 柯亨与当代自由主义	马克思主义与现实	2012
985	姚大志	桑德尔：权利与善	理论探讨	2012
986	姚大志	麦金太尔的善观念批判	四川大学学报	2013
987	姚大志	"小社群主义"——麦金太尔社群主义研究	求是学刊	2013
988	姚大志	社群主义和共同体的限度	江苏社会科学	2013
989	姚大志	社群主义的社会批判是如何可能的——以沃尔策为例	天津社会科学	2013
990	姚大志	一种约定主义的正义？——评沃尔策的正义观	学习与探索	2013
991	姚大志	三论分配正义——答段忠桥教授	吉林大学社会科学学报	2013
992	姚大志	德性与实践——评麦金太尔的德性观	社会科学辑刊	2013
993	姚大志	评桑德尔的分配正义观	社会科学	2013
994	姚大志	社会正义论纲	学术月刊	2013

序号	作者	论文名称	期刊来源	发表年度
995	姚大志	分配正义的原则：平等、需要和应得——以沃尔策为例	社会科学研究	2014
996	姚大志	平等如何能够加以证明	中国人民大学学报	2014
997	姚大志	论反平等主义	马克思主义与现实	2014
998	姚大志	拉平反驳与平等主义	世界哲学	2014
999	姚大志	社群主义的焦虑——评桑德尔的共同体观念	学习与探索	2014
1000	姚大志	反对不平等——关于平等主义的一种论证	文史哲	2014
1001	姚大志	评福利平等	社会科学	2014
1002	姚大志	评资源平等	社会科学战线	2014
1003	姚大志	能力平等：第三条道路？	浙江大学学报	2014
1004	姚大志	善治与合法性	中国人民大学学报	2015
1005	姚大志	论福利机会的平等	学术月刊	2015
1006	姚大志	不平等主义——关于不平等的论证及其问题	江海学刊	2015
1007	姚大志	利他主义与道德义务	社会科学战线	2015
1008	姚大志	平等主义的图谱	吉林大学社会科学学报	2015
1009	姚大志	论分配正义——从政治哲学的观点看	社会科学	2015
1010	姚大志	麦金太尔的现代道德哲学批判	求是学刊	2015
1011	姚大志	佩蒂特与当代共和主义	江苏行政学院学报	2015
1012	姚大志	麦金太尔的共同体：一种批评	哲学动态	2015
1013	姚大志	论消极的平等主义	哲学研究	2015
1014	相秀丽	从哲学反思到实践技艺——辩证法的嬗变	求是学刊	2008
1015	相秀丽	论马克思人类解放思想与西方精神传统的历史关联	学术交流	2008
1016	荆 雨	试析帛书《黄帝四经》"道生法"思想的内涵及意义	中国哲学史	2005
1017	贺 来	生存哲学：中国语境及其使命	哲学动态	2001
1018	贺 来	"道德共识"与现代社会的命运	哲学研究	2001
1019	贺 来	寻求超越"中心"与"边陲"格局的途径——哲学研究中的一个根本课题	社会科学战线	2001
1020	贺 来	"本体论"究竟是什么——评《本体论研究》	长白学刊	2001
1021	贺 来	人学研究的三个辩证层次	求是学刊	2001
1022	贺 来	辩证法与人的存在——对辩证法理论基础的再思考	哲学研究	2002
1023	贺 来	马克思哲学与"存在论"范式的转换	中国社会科学	2002
1024	贺 来	超越"绝对"与"相对"的知性对立：哲学未来发展的重大主题	天津社会科学	2002
1025	贺 来	马克思哲学与"人"的理解原则的根本变革	长白学刊	2002
1026	贺 来	"在批判旧世界中发现新世界"与哲学的当代合法性——马克思的"动词性"哲学观及其当代意义	吉林大学社会科学学报	2002
1027	贺 来	对话与宽容：辩证法的重大理论精神	求是学刊	2002
1028	贺 来	略论哲学观与哲学的内在循环关系	求是学刊	2002
1029	贺 来	现代性哲学与后现代哲学：一对欢喜冤家——对现代性哲学与后现代哲学辩证关系的思考	学术月刊	2002

序号	作者	论文名称	期刊来源	发表年度
1030	贺 来	"生态困限"与现代社会的发展方式	江海学刊	2002
1031	贺 来	"宽容"的合法性根据——市场经济中的宽容文化及其哲学透析	南京社会科学	2002
1032	贺 来	对辩证法三种研究范式的批判性反思	学术研究	2002
1033	贺 来	哲学：一种批判性的"自由思想"——马克思哲学观的灵魂和核心	哲学动态	2003
1034	贺 来	从中国思想史的视野来推进马克思主义哲学的自我理解	天津社会科学	2003
1035	贺 来	人本源性的生存方式与辩证法的真实根基——对马克思一段重要论述的解读	社会科学战线	2003
1036	贺 来	价值秩序的颠倒与现代社会的命运	吉林大学社会科学学报	2003
1037	贺 来	为什么今天仍需要谈论马克思	现代哲学	2003
1038	贺 来	现代哲学的"划界方法"及其理论意义	学习与探索	2003
1039	贺 来	"奥斯维辛"与现代哲学——考察现代哲学转向的一个重要参照系	天津社会科学	2004
1040	贺 来	马哲、中哲、西哲的"功能统一性"与当代中国哲学的探索	吉林大学社会科学学报	2004
1041	贺 来	论马克思哲学研究中的两个教条及其超越	求是学刊	2004
1042	贺 来	马克思的哲学变革与价值虚无主义课题	复旦学报	2004
1043	贺 来	现代人的价值处境与"责任伦理"的自觉	江海学刊	2004
1044	贺 来	实践与人的现实生命——对"生存论本体论"的一点辩护	学术研究	2004
1045	贺 来	"以人为本"的社会发展观的哲学前提	哲学研究	2005
1046	贺 来	价值个体主义与道德合理性基础的重构	吉林大学社会科学学报	2005
1047	贺 来	"现代性"的反省与马克思哲学研究纵深推进的生长点	求是学刊	2005
1048	贺 来	传统形而上学的价值及其限度——从"生命现象"的视角看	天津社会科学	2005
1049	贺 来	"认识论转向"的本体论意蕴	社会科学战线	2005
1050	贺 来	用哲学追求和创造希望——纪念高清海先生逝世一周年	天津社会科学	2005
1051	贺 来	辩证法与过程哲学的对话——科布教授访谈录	哲学动态	2005
1052	贺 来	论真理的社会生活本性	江海学刊	2006
1053	贺 来	公共生活与真理观的转向	吉林大学社会科学学报	2006
1054	贺 来	"边界意识"：当代哲学"和而不同"的哲学智慧	天津社会科学	2006
1055	贺 来	"相互承认"与"人类团结"：社会批判规范基础的范式转换	社会科学战线	2006
1056	贺 来	"群"与"己"：边界及其规则——对"群己权界"的当代哲学反思	学术月刊	2006
1057	贺 来	确立"哲学创作"与"哲学研究"的良性循环关系——对哲学发展中一个前提性问题的思考	哲学动态	2006
1058	贺 来	三大独断论的摒弃：当代哲学根本性的理论进展	中国人民大学学报	2006

续表

序号	作者	论文名称	期刊来源	发表年度
1059	贺 来	哲学教育的规范化与创新人才的培养	教学与研究	2006
1060	贺 来	"主体性"观念的反思与意识形态批判	马克思主义与现实	2007
1061	贺 来	"后形而上学"：视域与辩证法的批判本性	吉林大学社会科学学报	2007
1062	贺 来	罗蒂：个人自由与社会团结的守护者	求是学刊	2007
1063	贺 来	马克思理论的哲学维度与理论存在样式的转换	学术研究	2007
1064	贺 来	论马克思实践哲学的政治意蕴	哲学研究	2007
1065	贺 来	社会团结与社会统一性的哲学论证——对当代哲学中一个重大课题的考察	天津社会科学	2007
1066	贺 来	辩证法对话维度的当代复兴——从伽达默尔解释学与辩证法的深层结合看	社会科学辑刊	2007
1067	贺 来	辩证法与现代性课题	学习与探索	2007
1068	贺 来	何为"哲学基础理论"研究	哲学动态	2008
1069	贺 来	中国哲学、西方哲学、马克思主义哲学：价值信念层面的对话	中国社会科学	2008
1070	贺 来	辩证法的命运与中国现代性的建构	吉林大学社会科学学报	2008
1071	贺 来	中、西、马哲学的融合与民族"哲学自我"的重构	学术月刊	2008
1072	贺 来	形而上学元意识：一种需要反思的哲学意识	学术研究	2008
1073	贺 来	超越"现实"的"现实关怀"——马克思哲学如何理解和关注现实？	哲学研究	2008
1074	贺 来	个人责任、社会正义与价值虚无主义的克服	哲学动态	2009
1075	贺 来	辩证法与实践理性	天津社会科学	2009
1076	贺 来	辩证法与形而上学：一个需要重新审视的哲学"对子"	吉林大学社会科学学报	2009
1077	贺 来	哲学观念变革的三个重大议题	学术月刊	2009
1078	贺 来	形而上学的社会历史批判——马克思开辟的形而上学批判的独特样式	马克思主义与现实	2009
1079	贺 来	真理与公共生活	社会科学战线	2009
1080	贺 来	从"形而上学现代性"到"后形而上学现代性"——自由观的哲学反省与范式转换	厦门大学学报	2009
1081	贺 来	"诗性"的自我创造与个人生活的目的	社会科学研究	2009
1082	贺 来	论马克思哲学与形而上学的深层关系——"形而上学的终结"与"形而上维度的拯救"	哲学研究	2009
1083	贺 来	启蒙精神与哲学的当代合法性	哲学研究	2010
1084	贺 来	界限分析与批判：当代哲学重要的工作方式	江苏社会科学	2010
1085	贺 来	"内在超越"与哲学的批判本性	学术研究	2010
1086	贺 来	"发展观"的后形而上学视野——对辩证法"发展"观点的重新审视	学术月刊	2010
1087	贺 来	努力推动哲学观念的深入变革——贺来教授访谈	学术月刊	2010
1088	贺 来	"形而上学终结"之后的哲学主题	天津社会科学	2011
1089	贺 来	"传统间"关系："传统复兴"的前提性问题	哲学动态	2011

序号	作者	论文名称	期刊来源	发表年度
1090	贺 来	深化"主体性"研究的重大课题——从"认知主体"到"价值主体"	学术月刊	2011
1091	贺 来	"主体性"批判的意义及其限度	江海学刊	2011
1092	贺 来	"主体性"观念的价值内涵与社会发展的"价值排序"	吉林大学社会科学学报	2011
1093	贺 来	有尊严的幸福生活何以可能？	哲学研究	2011
1094	贺 来	"主体中心困境"的超越——海德格尔的思考及其启示	江西社会科学	2011
1095	贺 来	寻求价值信念的真实主体——反思与克服价值虚无主义的基本前提	社会科学战线	2012
1096	贺 来	历史唯物主义的辩证本性	中国社会科学	2012
1097	贺 来	"自由"与"实践"的哲学申辩与哲学观念的变革——与俞吾金教授的《实践与自由》为展开	求是学刊	2012
1098	贺 来	哲学是人幸福生活的仆人	吉林大学社会科学学报	2012
1099	贺 来	哲学的"中道"与思想风险的规避	哲学研究	2012
1100	贺 来	个体性"哲学自我"的显明：理论创新的重大前提	江海学刊	2012
1101	贺 来	哲学如何回应"祛魅"的现代世界——理解现当代哲学的重要视角	天津社会科学	2012
1102	贺 来	"中国现代哲学"何以可能——哲学理论自觉的一个前提性问题	哲学动态	2012
1103	贺 来	反思现实生活中的抽象力量——马克思主义哲学中国化的重要生长点	教学与研究	2012
1104	贺 来	"后形而上学"与哲学的合理存在方式	社会科学战线	2013
1105	贺 来	哲学的"民主化"趋向——理解现代哲学精神的重要维度	天津社会科学	2013
1106	贺 来	重思马克思哲学与德国古典哲学关系的真实意义	哲学动态	2013
1107	贺 来	乌托邦精神与哲学合法性辩护	中国社会科学	2013
1108	贺 来	后形而上学视域与教育理念的转换	学习与实践	2013
1109	贺 来	重温"无知"的智慧：哲学当代复兴的重要起点	吉林大学社会科学学报	2014
1110	贺 来	哲学理论创新的基本要素：以德国古典哲学研究为个案	江海学刊	2014
1111	贺 来	重新反思"哲学基本问题"——哲学观念变革的重大课题之一	北京大学学报	2014
1112	贺 来	超越理想主义与犬儒主义的"辩证法"——对当代中国人精神生活的分析	学术月刊	2014
1113	贺 来	现代社会价值规范基础的反省与重建——马克思哲学现代性批判的核心课题	哲学研究	2014
1114	贺 来	马克思哲学自由观的三个基本维度	社会科学研究	2014
1115	贺 来	"人的本质是一切社会关系的总和"意味着什么	学习与探索	2014
1116	贺 来	在人们心满意足的地方引起不安——高清海先生示范的哲学精神及其特殊意义	江海学刊	2015
1117	贺 来	我们应从黑格尔哲学中吸取什么思想资源	现代哲学	2015

序号	作者	论文名称	期刊来源	发表年度
1118	贺　来	"陌生人"的位置——对"利他精神"的哲学前提性反思	文史哲	2015
1119	贺　来	"思维"与"存在"的异质性与辩证法的批判本质	天津社会科学	2015
1120	贺　来	"关系理性"与真实的"共同体"	中国社会科学	2015
1121	贺　来	马克思正义理论的四个基本问题	学术交流	2015
1122	贺　来	超越"一"与"多"关系的难局——一种实践哲学的解决方案	中国人民大学学报	2015
1123	赵宗金	隐喻意义的开放性——隐喻理解过程的心理语言学分析	社会科学研究	2006
1124	赵宗金	隐喻与意识的对象化	社会科学研究	2008
1125	赵定东	历史与现实：中俄边民跨境流动的社会因素分析	人口研究	2003
1126	赵定东	中俄中产阶层的比较与分析	东北亚论坛	2003
1127	赵定东	论关东文化选择及其对区域经济的意义	东北亚论坛	2004
1128	赵定东	"关系"的魅力与移民的"社会适应"：中哈移民的一个考察	市场与人口分析	2004
1129	赵　玲	自然观内涵新解	哲学动态	2001
1130	赵　玲	论自然观变革中的因果性和目的性	自然辩证法研究	2001
1131	赵　玲	论自然观变革中的时间观问题	科学技术与辩证法	2001
1132	赵　玲	论现代自组织生态自然观的实质	社会科学战线	2001
1133	赵　玲	自然概念的历史演变——与自然观变革的实质	长白学刊	2001
1134	赵　玲	自然观的现代形态——自组织生态自然观	吉林大学社会科学学报	2001
1135	赵海英	孟子浩然之气思想的逻辑架构	社会科学战线	2013
1136	赵海英	身体与他者——论梅洛—庞蒂的他者理论	马克思主义与现实	2015
1137	郝鸿军	探讨模式框架促进制度完善——评贾丽萍著《欠发达地区农村养老保障建设研究》	社会科学战线	2012
1138	项蕴华	国外有关身份的社会语言学研究	哲学动态	2009
1139	奚彦辉	对于中国古典道家"自我"的一种新的解读	心理学探新	2006
1140	奚彦辉	老子顺应的自我观探究	心理科学	2008
1141	徐晓宇	自由的实在性之思——康德实践哲学中的自由理论述评	理论探讨	2010
1142	徐晓海	维护社会稳定的新机制：有效的社会管理	吉林大学社会科学学报	2010
1143	徐晓海	普适性制度公正原则与社会管理的有效性	学习与探索	2011
1144	徐晓海	论新媒体环境下的社会管理创新	社会科学战线	2012
1145	徐晓海	农村残疾人扶贫合作网络模式研究	社会科学战线	2014
1146	晋运锋	当代西方功利主义研究述评	哲学动态	2010
1147	晋运锋	功利与平等——当代功利主义的平等理论	伦理学研究	2012
1148	晋运锋	权利奠基于功利——当代功利主义对权利之基础的思考	法制与社会发展	2012
1149	晋运锋	弱势群体为什么那么重要？——兼论充足主义正义观	中国人民大学学报	2015
1150	晋运锋	从康德到费希特——在后康德哲学语境下重新审视费希特早期知识学	世界哲学	2015
1151	秦晓利	主流心理学科学观的来源与结构——经典物理学与主流心理学科学观比较分析	心理学探新	2003

序号	作者	论文名称	期刊来源	发表年度
1152	贾玉娇	从制度性底层到结构性底层——由威尔逊《真正的穷人》思考中国底层群体管理问题	社会:社会学丛刊	2009
1153	贾玉娇	农村重度残疾人社会保障问题分析——基于吉林省十县（市、区）的调查	华南农业大学学报	2011
1154	贾玉娇	社会建设:利益协调与有序社会	重庆大学学报	2012
1155	贾玉娇	对我国民族地区群体性事件的规律性认识及对策建议	贵州民族研究	2012
1156	贾玉娇	社会保障视角下美国两次经济危机解析及启示	经济纵横	2012
1157	贾玉娇	走向全纳:残疾人无障碍理念的新发展	吉林大学社会科学学报	2012
1158	贾玉娇	市场力量的祛魅——对美国金融危机引发社会不稳定现象的解读	社会科学战线	2013
1159	贾玉娇	社会秩序何以可能——对中国社会秩序重建的理论考量与路径探索	河南社会科学	2013
1160	贾玉娇	吉林省劳动力资源构成现状、问题及优化	人口学刊	2014
1161	贾玉娇	中国社会结构分析范式的演进与反思	河南社会科学	2014
1162	贾玉娇	现代城市管理之痛:城管和小商贩矛盾探析	山东社会科学	2014
1163	贾玉娇	社会管理的理论研究与基层实践——一项基于文献的梳理和思考	浙江社会科学	2014
1164	贾玉娇	创新社会治理体制:目标、条件及关键议题	社会科学战线	2014
1165	贾玉娇	国家与社会:构建何种治理秩序？——基于中国社会管理研究的反思	社会科学	2014
1166	贾玉娇	利益群体:推动社会均衡的结构力量	人文杂志	2014
1167	贾玉娇	从社会管理到社会治理:现代国家治理能力提升路径研究	吉林大学社会科学学报	2015
1168	贾玉娇	走向治理的中心:现代社会保障制度与西方国家治理——兼论对中国完善现代国家治理体系的启示	江海学刊	2015
1169	郭金山	西方心理学自我同一性概念的解析	心理科学进展	2003
1170	钱之佳	科学与理性的基础性分析——从逻辑与历史的角度	科学技术与辩证法	2006
1171	高文新	面向未来:马克思主义哲学理论创新的三个重要生长点	吉林大学社会科学学报	2003
1172	高文新	论哲学的作用——兼论当代中国人文精神的塑造	学习与探索	2003
1173	高文新	论伊斯兰教与基督教的相同性——当代世界社会和谐的新思路	社会科学战线	2005
1174	高文新	与民族同命运——忆我的老师高清海先生	社会科学战线	2005
1175	高申春	人的尊严与心理学的使命——评车文博教授《人本主义心理学》一书	心理科学	2002
1176	高申春	进化论与心理学及主体性——西方心理学史的一个新的理解之维	东北师大学报	2002
1177	高申春	意识实在与行为主义革命的破产	南京师大学报	2002

序号	作者	论文名称	期刊来源	发表年度
1178	高申春	冯特心理学遗产的历史重估	心理学探新	2002
1179	高申春	德国心理学的理论性质及其发展道路	社会科学战线	2003
1180	高申春	现代世界与人文科学	求是学刊	2003
1181	高申春	正本清源,继往开来——评车文博教授主编《弗洛伊德文集》(修订版)	心理科学	2005
1182	高申春	范式论心理学史批判	自然辩证法研究	2005
1183	高申春	心理学:危机的根源与革命的实质——论冯特对后冯特心理学的关系	吉林大学社会科学学报	2005
1184	高申春	詹姆斯心理学的现象学阐释	心理学探新	2007
1185	高申春	文化社会传递过程的"基因学"阐释及其未来——关于memetics的思考与批判	自然辩证法研究	2010
1186	高申春	心理学的困境与心理学家的出路——论西格蒙·科克及其心理学道路的典范意义	社会科学战线	2010
1187	高申春	进化论心理学思想的人类学哲学批判	南京师大学报	2010
1188	高申春	试论詹姆斯的"彻底的经验主义"	河南师范大学学报	2011
1189	高申春	车文博无意识心理学思想对弗洛伊德主义的超越	心理科学	2011
1190	高申春	车文博先生对无意识心理学研究的理论贡献	南京师大学报	2011
1191	高申春	论达尔文进化论的运用误区	自然辩证法研究	2011
1192	高申春	心理进化的逻辑与达尔文的心理学陷阱	西北师大学报	2011
1193	高申春	詹姆斯心理学的现象学转向及其理论意蕴	心理科学	2011
1194	高申春	胡塞尔与心理学的现象学道路	南京师大学报	2012
1195	高申春	人本主义心理学:历史与启示	学习与探索	2013
1196	高申春	科学心理学的观念及其范畴含义解析	心理科学	2013
1197	高申春	西方心理学若干历史发展模式的审视与省思	南京师大学报	2013
1198	高申春	胡塞尔时间心理学思想初探	西南大学学报	2013
1199	高申春	时间、自我与意识——现象学视域下人类意识的独特性	河南师范大学学报	2015
1200	高申春	论心理学作为科学的观念及其困境与出路	南京师大学报	2015
1201	高清海	"哲学观念变革"丛论[五篇]——找回我们失去的"哲学自我"	社会科学战线	2001
1202	高清海	"人"的双重生命观:种生命与类生命	江海学刊	2001
1203	高清海	马克思的哲学观变革及其当代意义	天津社会科学	2001

序号	作者	论文名称	期刊来源	发表年度
1204	高清海	中国传统哲学的思维特质及其价值	中国社会科学	2002
1205	高清海	哲学的"创新"本性:《理论思维与工程思维》序	天津社会科学	2002
1206	高清海	"人"需要建立对自己行为后果负责的精神	社会科学辑刊	2002
1207	高清海	论人的"本性"——解脱"抽象人性论"走向"具体人性观"	社会科学战线	2002
1208	高清海	中国传统哲学属于全人类的精神财富	吉林大学社会科学学报	2002
1209	高清海	走出自己的创新路	求是学刊	2002
1210	高清海	重提德国古典哲学的人性理论	学术月刊	2002
1211	高清海	马克思对"本体思维方式"的历史性变革	现代哲学	2002
1212	高清海	形而上学与人的本性	求是学刊	2003
1213	高清海	一篇"批判者和思想者"的论文——《理论思维与工程思维》评介	学术研究	2003
1214	高清海	哲学的终结与人类生存	江海学刊	2003
1215	高清海	社会国家化与国家社会化——从人的本性看国家与社会的关系	社会科学战线	2003
1216	高清海	中华民族的未来发展需要有自己的哲学理论	吉林大学社会科学学报	2004
1217	崔　凤	全球化与制度创新	吉林大学社会科学学报	2002
1218	崔　凤	加入WTO与中国社会保障改革	东北亚论坛	2003
1219	崔　凤	社会分化过程中的弱势群体及其政策选择	吉林大学社会科学学报	2003
1220	崔月琴	合理性:理性精神的当代意蕴	社会科学战线	2003
1221	崔月琴	合理性的凸显与传统理性主义批判	长白学刊	2003
1222	崔月琴	加强学术规范化教育,完善学术评价机制	吉林大学社会科学学报	2005
1223	崔月琴	有限理性思路的扩展与补充——基于组织决策视野中的思考	社会科学战线	2007
1224	崔月琴	自由职业者的从业选择与从业方式探析——以社会变迁中个人与组织关系为视角	南京大学学报	2008
1225	崔月琴	从"单位人"到"自由人"——我国自由职业者生存特征的社会学分析	福建论坛	2008
1226	崔月琴	转型期中国社会组织发展的契机及其限制	吉林大学社会科学学报	2009
1227	崔月琴	回到社会:非政府组织研究的社会学视野	江海学刊	2009
1228	崔月琴	新时期中国社会管理组织基础的变迁	福建论坛	2010
1229	崔月琴	后单位时代社会管理组织基础的重构——以"中间社会"的构建为视角	学习与探索	2010
1230	崔月琴	发挥综合优势,创新办刊模式	学习与探索	2010
1231	崔月琴	社会管理的组织化路径——社区民间组织的"均衡化"发展	社会科学战线	2011
1232	崔月琴	转型期社会组织的价值诉求与迷思	南开学报	2013
1233	崔月琴	转型社会的组织基础再造——以律师事务所为例	学术研究	2013

序号	作者	论文名称	期刊来源	发表年度
1234	崔月琴	社会组织管理模式变迁及创新路径	江海学刊	2014
1235	崔月琴	再组织化过程中的地缘关系——以地缘性商会的复兴和发展为视角	吉林大学社会科学学报	2014
1236	崔月琴	社会组织治理结构的转型——基于草根组织卡理斯玛现象的反思	学习与探索	2014
1237	崔月琴	转型期宗教慈善发展的困境及路径选择	思想战线	2014
1238	崔月琴	"双重脱嵌"：外源型草根 NGO 本土关系构建风险——以东北 L 草根环保组织为个案的研究	学习与探索	2015
1239	崔月琴	社会组织的发育路径及其治理结构转型	福建论坛	2015
1240	崔月琴	社会治理创新背景下社会组织的资源困局	学术研究	2015
1241	康孝军	反推数学及其哲学意义	科学技术哲学研究	2015
1242	黄冬梅	跨文化研究视域下的进化与文化对行为的塑造——以隔代投资研究为例	吉林大学社会科学学报	2013
1243	黄达安	农民工融入社区的身份认同研究——以长春市 D 社区为例	华南农业大学学报	2008
1244	黄达安	"妖魔化"与权力关系再生产：国内报纸对农民工报道的内容分析	西北人口	2009
1245	黄其洪	休谟主义的胜利：我们时代的精神氛围	天津社会科学	2005
1246	程 彪	马克思哲学的"实践"范畴研究评析	哲学动态	2002
1247	程 彪	作为哲学的认识论	天津社会科学	2002
1248	程 彪	"实践"与哲学主题的转换	吉林大学社会科学学报	2002
1249	程 彪	哲学——哲思	长白学刊	2002
1250	程 彪	超越"解释世界"与"改变世界"的悖论	人文杂志	2003
1251	程 彪	改变世界：马克思哲学的主题	学习与探索	2005
1252	程 彪	超越实证与思辨——马克思哲学的历史思维方式	文史哲	2006
1253	程 彪	《哲学通论》的个性风格	吉林大学社会科学学报	2009
1254	程 彪	被生产的生活	江海学刊	2010
1255	程 彪	历史唯物主义的核心范畴："物质生活的生产方式"	吉林大学社会科学学报	2011
1256	程 彪	意识形态批判与历史唯物主义的理论特质	学习与探索	2015
1257	舒跃育	从历史人物到艺术形象——以诸葛亮完美艺术形象塑成原因为例	学习与探索	2010
1258	葛鲁嘉	中国心理学的科学化和本土化——中国心理学发展的跨世纪主题	吉林大学社会科学学报	2002
1259	葛鲁嘉	论心理学哲学的研究对象	学习与探索	2003
1260	葛鲁嘉	追踪现代科学心理学发展的十个线索	心理科学	2004
1261	葛鲁嘉	本土心性心理学对人格心理的独特探索	华中师范大学学报	2004
1262	葛鲁嘉	心理生活论纲——关于心理学研究对象的另类考察	陕西师范大学学报	2005

序号	作者	论文名称	期刊来源	发表年度
1263	葛鲁嘉	对心理学方法论的扩展性探索	南京师大学报	2005
1264	葛鲁嘉	对中国本土传统心理学的不同学术理解	东北师大学报	2005
1265	葛鲁嘉	新心性心理学的理论建构——中国本土心理学理论创新的一种新世纪的选择	吉林大学社会科学学报	2005
1266	葛鲁嘉	科学形态的心理学议评——心理学的五种历史形态考察之五	华东师范大学学报	2005
1267	葛鲁嘉	心理学研究中环境的性质、类别和功能	北京师范大学学报	2005
1268	葛鲁嘉	西方实证心理学与中国心性心理学概念范畴的比较研究	社会科学战线	2005
1269	葛鲁嘉	心理环境论说——关于心理学对象环境的重新理解	陕西师范大学学报	2006
1270	葛鲁嘉	体证和体验的方法对心理学研究的价值	华南师范大学学报	2006
1271	葛鲁嘉	宗教形态的心理学述评——心理学的五种历史形态考察之三	华中师范大学学报	2007
1272	葛鲁嘉	对心理学研究中环境的理解	人文杂志	2007
1273	葛鲁嘉	心理学中国化的学术演进与目标	陕西师范大学学报	2007
1274	葛鲁嘉	心理学研究中定性研究与定量研究的定位问题	西北师大学报	2007
1275	葛鲁嘉	心理学技术应用的途径与方式	科学技术与辩证法	2008
1276	葛鲁嘉	心理学视野中人的心理生活的建构与拓展	社会科学战线	2008
1277	葛鲁嘉	心理资源论——心理学的历史、现实和未来的形态	陕西师范大学学报	2008
1278	葛鲁嘉	心理学与相关学科的关系探讨	吉林大学社会科学学报	2009
1279	葛鲁嘉	心理学研究的生态学方法论	社会科学研究	2009
1280	葛鲁嘉	心理成长论本——超越心理发展的心理学主张	陕西师范大学学报	2010
1281	葛鲁嘉	从心理环境的建构到生态共生原则的创立	南京师大学报	2011
1282	葛鲁嘉	理论心理学研究的核心性课题	陕西师范大学学报	2014
1283	葛鲁嘉	常识形态心理学的基本类别	苏州大学学报	2014
1284	董才生	偏见与新的回应——中国社会信任状况的制度分析	社会科学战线	2004
1285	董才生	中西社会信任的制度比较	学习与探索	2005
1286	董才生	振兴东北的社会学思考：加快社会信用体系建设	东北亚论坛	2005

序号	作者	论文名称	期刊来源	发表年度
1287	董才生	社会学视野里的社会信用及其体系建设	理论探讨	2005
1288	董才生	论制度社会学在当代的建构	江苏社会科学	2006
1289	董才生	西方经济社会学关于信任的研究述略	社会科学辑刊	2006
1290	董才生	对中国封建社会长期延续问题的社会学解读	社会科学战线	2006
1291	董才生	"社会主义公民社会"在当代中国的建构	吉林大学社会科学学报	2006
1292	董才生	当代西方社会学信任研究的新趋势	内蒙古大学学报	2007
1293	董才生	当代西方经济发展研究的新视野	学习与探索	2007
1294	董才生	春运问题的人口社会学分析	人口学刊	2008
1295	董才生	美国社会信用体系建设的经验教训对我国的启示	东北亚论坛	2008
1296	董才生	论现代公民社会兴盛的社会资本基础	吉林大学社会科学学报	2008
1297	董才生	论吉登斯的信任理论	学习与探索	2010
1298	董才生	论当代西方社会学理论研究的特色	社会科学战线	2012
1299	董才生	网络化时代的社会信任发展趋势	天津社会科学	2013
1300	董才生	论当代中国的信任社会建设	社会科学战线	2013
1301	董才生	论社会政策项目确定的依据	河北学刊	2014
1302	董才生	美国养老金制度对中国企业职工养老金制度改革的启示	社会科学战线	2014
1303	董才生	现代性的扩展与现代社会理论的兴起	贵州社会科学	2014
1304	董才生	论贝克风险社会理论的解释框架	自然辩证法研究	2015
1305	董才生	当代中国社会学研究的核心：和谐社会秩序及其建构	社会科学研究	2015
1306	董才生	西方信任社会研究反思	吉林大学社会科学学报	2015
1307	董才生	论当代西方社会政策学研究的特点	理论与改革	2015
1308	董运生	网络阶层：一个社会分层新视野的实证分析	吉林大学社会科学学报	2006
1309	董运生	地位一致性与阶层结构化	吉林大学社会科学学报	2007
1310	董运生	中国社会思想及其现代性——第七届中国社会思想史年会综述	社会：社会学丛刊	2010
1311	董运生	网络秩序的建构：共同体与公共性	中共中央党校学报	2015
1312	董晋骞	现象学逻辑的历史的辩证发展——从黑格尔经费尔巴哈到胡塞尔	社会科学辑刊	2004
1313	董 震	《马克思的幽灵》语境中的三重幽灵	云南社会科学	2010
1314	谢中起	生态生产力理论与人类的持续性生存	理论探讨	2003
1315	谢江平	试论亚里士多德的技术观	自然辩证法研究	2007
1316	谢江平	现代社会中的专家	自然辩证法研究	2008
1317	韩志伟	全国"马克思哲学观"学术研讨会综述	哲学动态	2002
1318	韩志伟	简论黑格尔辩证法的思辨结构	社会科学战线	2003
1319	韩志伟	论康德先验逻辑的知性特性和辩证特性——马克思哲学变革的理论前提	吉林大学社会科学学报	2004
1320	韩志伟	历史性的辩证法与辩证法的历史性	人文杂志	2004
1321	韩志伟	现代性的自我批判与马克思哲学视野的变革	求是学刊	2005

序号	作者	论文名称	期刊来源	发表年度
1322	韩志伟	论马克思哲学思维方式变革的生存论基础	天津社会科学	2005
1323	韩志伟	生产与技术：马克思实践哲学的嬗变	学术研究	2005
1324	韩志伟	反思的现代性——黑格尔政治哲学的一个维度	吉林大学社会科学学报	2010
1325	韩志伟	论道德感的实践本性——以苏格兰启蒙运动为中心的考察	理论探讨	2011
1326	韩志伟	历史哲学的界限及其超越——论唯物史观的本质	东岳论丛	2011
1327	韩志伟	近代历史理论视野中的历史唯物主义	学术研究	2011
1328	韩志伟	先验反思的界限与现代哲学观念变革	天津社会科学	2012
1329	韩志伟	人的历史性存在何以可能？——基于马克思共产主义学说的思考	教学与研究	2012
1330	韩志伟	论康德实践哲学的界限问题	理论探讨	2013
1331	韩志伟	历史唯物主义的方法论意义	北方论丛	2013
1332	韩志伟	论阿伦特的行动概念及其困境	社会科学研究	2015
1333	蒲新微	中国城市老年群体的社会分层及其结构——以长春市为例	人口学刊	2009
1334	蒲新微	分层保障：探索有中国特色养老保障模式的新思路	学习与探索	2009
1335	蒲新微	中国养老制度改革的囿限及其破解	当代经济研究	2014
1336	蒲新微	我国中青年群体的养老诉求及制度参与研究	南京社会科学	2015
1337	蒲新微	马克思信用思想的逻辑阐释及当代价值	天津社会科学	2015
1338	蒲新微	政策性增权策略中的老年人力资源再开发研究	社会科学辑刊	2015
1339	蒲新微	不同职业类型居民的养老预期及养老方式偏好——基于吉林省的实证研究	南京师大学报	2015
1340	靳枫	老工业基地的城市社区组织模式探讨——以沈阳市 H 社区为例	社会科学辑刊	2004
1341	漆思	全球化与现代性的转向及其重写	吉林大学社会科学学报	2002
1342	漆思	邴正教授的社会探寻与文化情怀	社会科学战线	2003
1343	漆思	提升吉林地域文化的战略思考	社会科学战线	2003
1344	漆思	"一国多模"：后发现代化转型的创新思维——基于化解"东北现象"问题的前提反思	吉林大学社会科学学报	2004
1345	漆思	社会发展理论综合创新研究的文化自觉——访邴正教授	学术界	2005
1346	漆思	中国哲学的"和"思维特质与和谐发展理念	吉林大学社会科学学报	2005
1347	漆思	"易和哲学"论纲：社会和谐发展观的中国哲学理念	江海学刊	2006
1348	漆思	走向权利和谐的社会制度建设时代	吉林大学社会科学学报	2006
1349	漆思	现代性问题的批判维度及其辩证扬弃	社会科学战线	2007
1350	漆思	现代性矛盾与现代化历史批判	学习与探索	2007
1351	漆思	"天下"思维与全球化时代人类的世界责任观	世界哲学	2007
1352	漆思	反思中国模式的发展逻辑与发展理念	吉林大学社会科学学报	2008
1353	漆思	中国模式发展问题的哲学反思	哲学动态	2009
1354	漆思	改革开放以来中国发展观的演进与发展道路探寻	政治学研究	2009

续表

序号	作者	论文名称	期刊来源	发表年度
1355	漆 思	改革三十年中国模式的发展理念与发展共识	社会科学战线	2009
1356	漆 思	全球比较视野下中国模式之反思	江海学刊	2009
1357	漆 思	哲学社会学院举办"康德的世界公民主义思想在当代的影响"跨学科青年学术论坛	吉林大学社会科学学报	2009
1358	漆 思	中国文化"化境"与马克思主义中国化的文化会通	社会科学战线	2010
1359	漆 思	现代性的主体主义理念批判	江西社会科学	2011
1360	漆 思	文化自觉的价值诉求与价值构建	吉林大学社会科学学报	2012
1361	漆 思	现代文化矛盾的哲学反思与文化自觉	社会科学战线	2012
1362	漆 思	文史哲会通的人性自觉与中国哲学史的重写	江西社会科学	2012
1363	漆 思	类本性理论的当代观照与人性自觉	江西社会科学	2013
1364	漆 思	中国梦:现代性文明批判与当代生活理想建构	南京社会科学	2013
1365	漆 思	马克思政治哲学视域中的个人自由与社会正义	江西社会科学	2014
1366	漆 思	从理性批判的哲学思辨走向语言批判的生活世界——论康德到维特根斯坦的西方哲学观变革逻辑	江海学刊	2014
1367	熊韦锐	西方心理学对禅定的功效研究	心理科学进展	2010
1368	熊韦锐	心理学中的人性论问题	心理科学	2010
1369	翟 岩	从经济人范式到公共选择理论——评布坎南互动统一中的经济学与政治学	学习与探索	2004
1370	翟 岩	利益集团与政府增长及官员政治——从公共选择理论透视西方社会政府和官员的行为	学习与探索	2005
1371	翟奎凤	黄道周论《周易》与天文历算	周易研究	2009
1372	翟奎凤	理学近思 宋明新道——评陈来先生的《宋元明哲学史教程》	社会科学战线	2010
1373	翟奎凤	黄道周《易象正》的成书、版本及崇祯本的发现	吉林大学社会科学学报	2010
1374	翟奎凤	当代哲学范式的转换与哲学发展的新趋向国际学术研讨会纪要	吉林大学社会科学学报	2010
1375	翟奎凤	冯友兰先生学术思想研讨会暨冯友兰先生诞辰115年逝世20年纪念会	中国哲学史	2011
1376	翟奎凤	黄道周"七十二卦"易历星象、中医藏象说述论	周易研究	2011
1377	翟奎凤	乾元统天:孔子对帝天神道的革命——读熊十力《乾坤衍》	江海学刊	2011
1378	翟奎凤	梁启超《德育鉴》思想研究	社会科学战线	2011
1379	翟奎凤	从孔子论"生无所息"看儒家的生死哲学	西北大学学报	2012
1380	翟奎凤	价值儒学:基于新理学的新儒学——陈来先生儒学思想述评	学术界	2012
1381	蔡英田	两个体系 两种理解——论"实践唯物主义"同"辩证唯物主义和历史唯物主义"对实践的不同理解	吉林大学社会科学学报	2001
1382	潘宇鹏	辩证法:崇高的人生境界	理论探讨	2006

续表

序号	作者	论文名称	期刊来源	发表年度
1383	黎　兵	初中生时间管理倾向、自我效能感、学习归因与学业成绩关系的研究	心理学探新	2004
1384	燕　燕	梅洛－庞蒂:具身意识的身体	世界哲学	2010
1385	燕　燕	具身的形式灵魂:亚里士多德与梅洛－庞蒂	现代哲学	2010
1386	薛俊清	马克思哲学中"实践"的三重变奏	中国人民大学学报	2007
1387	魏连娣	汉语短时识别中的偏好效应	心理科学	2005

文学院（边疆考古研究中心）

序号	作者	论文名称	期刊来源	发表年度
1	马卫东	战国贿赂三论	吉林大学社会科学学报	2002
2	马卫东	周代社会中礼物的功能及其流变	社会科学战线	2004
3	马卫东	春秋时代五等爵制的存留及其破坏	史学集刊	2006
4	马卫东	春秋"国"、"家"关系刍议	史学集刊	2008
5	马卫东	春秋楚国政不下移原因新探	郑州大学学报	2009
6	马卫东	春秋公族政治述论	社会科学辑刊	2009
7	马卫东	《乾》卦爻辞与周文王克商方略	周易研究	2011
8	马卫东	中国古代三大治世的历史成因	吉林大学社会科学学报	2011
9	马卫东	《容成氏》"文王服九邦"考辨——兼论《空成氏》的主体思想及其学派归属	史学集刊	2012
10	马卫东	战国农学理论五大流派刍议	西北农林科技大学学报	2012
11	马卫东	战国时代的科技进步与经济发展	贵州社会科学	2012
12	马卫东	春秋采邑制度在历史上的进步作用	社会科学战线	2012
13	马卫东	《周礼》所见地图及其地图管理制度	档案学通讯	2012
14	马卫东	《尧典》的历史观及其创作时代	求索	2012
15	马卫东	大一统源于西周封建说	文史哲	2013
16	马卫东	大一统与民族史撰述	史学集刊	2013
17	马卫东	清华简《系年》与郑子阳之难新探	古代文明	2014
18	马卫东	"周公居东"与《金縢》疑义辨析	史学月刊	2015
19	马大勇	论董以宁及其《蓉渡词》——兼谈艳体词风在清初的流变	吉林大学社会科学学报	2001
20	马大勇	魏延何尝有反骨	文史知识	2004
21	马大勇	庞统:盛名之下有虚士	文史知识	2004
22	马大勇	"百分百智囊"贾诩	文史知识	2005
23	马大勇	于禁:无言的结局	文史知识	2005

序号	作者	论文名称	期刊来源	发表年度
24	马大勇	"二十世纪诗词史"之构想	文学评论	2007
25	马大勇	"摧折惊魂断,哀歌带血腥":论宋琬的"怨怒"诗心	西北师大学报	2007
26	马大勇	论现代旧体诗词不可不入史——与王泽龙先生商榷	文艺争鸣	2008
27	马大勇	略论新诗创作对古典诗歌资源的接受与整合	吉林大学社会科学学报	2008
28	马大勇	论近代苏州词坛的创作构成与理论祈向	求是学刊	2011
29	马大勇	20世纪旧体诗词研究的回望与前瞻	文学评论	2011
30	马大勇	近百年词社考论	文艺争鸣	2012
31	马大勇	留得悲秋残影在:论《庚子秋词》	求是学刊	2013
32	马大勇	偶开天眼觑红尘:论王国维词——兼谈20世纪哲理词的递嬗	文艺争鸣	2013
33	马大勇	种子推翻泥土,溪流洗亮星辰——网络诗词平议	文学评论	2013
34	马大勇	"兀傲故难双":论文廷式词——兼论清民之示"稼轩风"	社会科学战线	2014
35	马大勇	南中国士,岭海词宗:论詹安泰词——兼论"民国四大词人"	求是学刊	2015
36	马大勇	"我词非古亦非今":论顾随词	文学评论	2015
37	马良玉	袁世凯与"二十一条"	历史教学	2005
38	乌廷玉	一九二九至一九四九年闽西地区土地关系的演变	中共党史研究	2005
39	井中伟	西周墓中"毁兵"葬俗的考古学观察	考古与文物	2006
40	井中伟	蛋形瓮研究	考古学报	2006
41	井中伟	由曲内戈形制辨祖父兄三戈的真伪	考古	2008
42	井中伟	东周吴越铜戈比较研究	东南文化	2008
43	井中伟	叶县旧县四号春秋墓出土青铜兵器研究	文物	2009
44	井中伟	夏商周时期戈戟之秘研究	考古	2009
45	井中伟	铜戈起源考	考古与文物	2009
46	井中伟	殷墟王陵区早期盗掘坑的发生年代与背景	考古	2010
47	井中伟	镊策、钉齿镰与镝衔——公元前二千纪至前三世纪中西方御马器比较研究	考古学报	2013
48	井中伟	河北邯郸薛庄遗址发掘报告	考古学报	2014
49	井中伟	安阳王古道村周代贵族墓四题	考古与文物	2015
50	孔朝蓬	反现代意识的优势与误区——20世纪中国现代化进程之探索	吉林大学社会科学学报	2002
51	孔朝蓬	历史的呈现与反思——观《激情燃烧的岁月》有感	文艺争鸣	2003
52	孔朝蓬	浪漫的消失:情感倾向简化——（1919～1979）中国新文学60年的情感轨迹	文艺争鸣	2003
53	孔朝蓬	成长的蜕变——论当代中国电影的成长主题	文艺争鸣	2007
54	孔朝蓬	长影集团产业转型的思考	当代电影	2008
55	孔朝蓬	平民电视竞歌节目的定位与生存	中国广播电视学刊	2009
56	孔朝蓬	电影音乐对影片情节叙事的构建	文艺争鸣	2010

序号	作者	论文名称	期刊来源	发表年度
57	孔朝蓬	当代中国影视文化转型与发展策略	文艺争鸣	2011
58	孔朝蓬	大电影产业链的完善之路——长影集团影视资源衍生价值开发与影视文化拓展	吉林大学社会科学学报	2013
59	孔朝蓬	文学经典与商业大片的冲突与融合——巴兹·鲁赫曼的《了不起的盖茨比》2013 版电影改编	文艺争鸣	2013
60	孔朝蓬	欲望都市：名流效应商品化与新世纪都市电影	当代电影	2014
61	孔朝蓬	"球土化"背景下中国文化身份的转向——基于新媒体传播的视角	文艺争鸣	2014
62	孔朝蓬	新媒体传播与影视艺术发展——中国影视高层论坛暨中国高教学会影视教育专业委员会 2015 年年会综述	艺术百家	2015
63	孔朝蓬	成长主题的自我裂变与成长叙事的局限——徐静蕾导演电影研究	当代电影	2015
64	孔朝蓬	叙事·镜像·解构——美国惊悚类系列片《死神来了》的叙事策略与文化意识研究	当代电影	2015
65	孔朝蓬	大传媒时代文学的跨媒介传播现象研究	学习与探索	2015
66	尹　航	浅析清末城镇乡地方自治制度	社会科学战线	2005
67	方　启	中华文明起源的特征	历史教学	2011
68	木　斋	唐宋词体论略	吉林大学社会科学学报	2003
69	木　斋	唐宋诗词中的春节	文史知识	2004
70	木　斋	论张先词古今一大转变及"始创瘦硬之体"	山西大学学报	2005
71	木　斋	初论古诗十九首产生在建安曹魏时代——从五言诗形成历程角度的探寻	山西大学学报	2005
72	木　斋	稼轩词本质特征新论	中州学刊	2005
73	木　斋	论早期应制应歌词的词史意义	江海学刊	2005
74	木　斋	略论古诗十九首的产生时间和作者阶层	山西大学学报	2005
75	木　斋	试论五言诗的成立及其形成的三个时期	山西大学学报	2005
76	木　斋	论建安五言诗女性题材的兴起——兼论《怨诗》的作者	山西大学学报	2006
77	木　斋	论建安游宴诗的兴起——兼论《今日良宴会》的作者	山西大学学报	2006
78	木　斋	论唐宋的诗体借鉴历程——以温韦、张先、晏欧、少游、美成体为中心线索的探讨	社会科学研究	2006
79	木　斋	论东坡体由"应"向"非应"的飞跃	吉林大学社会科学学报	2006
80	木　斋	论晏欧体	中州学刊	2006
81	木　斋	论少游体	江苏社会科学	2006
82	木　斋	论建安山水题材五言诗及其诗歌史意义	社会科学战线	2006

续表

序号	作者	论文名称	期刊来源	发表年度
83	木斋	白石体开辟了新的应社方式论	中州学刊	2007
84	木斋	论宋初体	社会科学研究	2007
85	木斋	略论词产生于盛唐宫廷——关于词的起源、界说和发生	学习与探索	2008
86	木斋	冯延巳《阳春集》真伪论考——兼论《阳春集》与《寿域词》之关系	社会科学研究	2008
87	木斋	从语汇语句角度考量古诗十九首与建安诗歌	山西大学学报	2009
88	木斋	论秦嘉五言诗《赠妇诗》三首为伪作	学习与探索	2009
89	木斋	论中唐中前期文人词的渐次兴起	东南大学学报	2009
90	木斋	论李白词为词体发生的标志	中州学刊	2009
91	木斋	论《古诗十九首》与曹植的关系——兼论《涉江采芙蓉》为曹植建安十七年作	社会科学研究	2009
92	木斋	论唐五代词向北宋词的演变历程——王国维"变伶工之词而为士大夫之词"之论的反思	四川大学学报	2009
93	木斋	论双音词转型视角下的十九首与建安五言诗	清华大学学报	2010
94	木斋	论《洛神赋》为曹植辩诬之作	山西大学学报	2010
95	木斋	论江南清乐及乐府诗的属性及与曲词发生的起源关系	求是学刊	2010
96	木斋	论中国文学的三次自觉——以建安曹魏文学自觉为中心	学术研究	2010
97	木斋	《古诗十九首与建安诗歌研究》反思	社会科学研究	2010
98	木斋	论李白王维在曲词写作上的分野——兼论盛唐诗歌为中国文学的第二次自觉	齐鲁学刊	2011
99	木斋	采遗芙蓉:曹植诗文中的爱情意象——兼论建安十六年对曹植的意义	山西大学学报	2011
100	木斋	论清商乐始于曹魏建安时期——以曹丕《燕歌行》为中心	学习与探索	2011
101	木斋	曲词民间起源论检讨——曲词发生史研究的回顾与反思	吉林大学社会科学学报	2011
102	木斋	论唐代乐舞制度变革与曲词起源	文学评论	2011
103	木斋	略论曲词不产生于燕乐	海南大学学报	2012
104	木斋	论《孔雀东南飞》的作者和写作背景	山西大学学报	2012
105	木斋	论陆机《拟古诗》、《赴洛道中作》等五言诗的写作时间	求是学刊	2012
106	木斋	后东坡时代的诗化革新与传统回归——以方回体为中心的探讨	学习与探索	2012
107	木斋	论晚唐五代诗客曲子词的演变历程——以皇甫松、和凝、韩偓、孙光宪为中心	社会科学战线	2012

序号	作者	论文名称	期刊来源	发表年度
108	木　斋	论佛经俗讲寺院梵唱对曲词通俗化历程的推动——兼谈释德诚歌诗的意义	山西大学学报	2013
109	木　斋	阿阁宫闱背景下的情话——《古诗论》系列论文其一	学习与探索	2013
110	木　斋	论苏李诗应主要为曹植甄后送行别离之作	郑州大学学报	2013
111	木　斋	论古诗"建安曹植"说的学术史承续	厦门大学学报	2013
112	木　斋	"双阙"为曹魏洛阳宫城建筑的铁证——略复孙明君先生	陕西师范大学学报	2014
113	木　斋	玉阶空伫立——李白词真实性验证	陕西师范大学学报	2015
114	木　斋	论中国诗歌的起源发生——兼论《周颂》为中国诗歌的开山之作	山西大学学报	2015
115	王万志	中国边疆民族历史与文化研讨会暨中国民族史学会第十一次学术研讨会综述	史学集刊	2007
116	王万志	略论金代山西文人与地域文学的发展及原因	史学集刊	2009
117	王万志	金朝前期陕甘区域文化特征	史学集刊	2014
118	王天兵	浅析白先勇的《台北人》	文艺争鸣	2008
119	王文奇	市民社会与国际体系的互动——基于近现代历史的考察	东北大学学报	2010
120	王文玲	新时期儿童视角小说创作论	东北师大学报	2006
121	王文玲	新时期小说儿童叙事的双重变奏	齐鲁学刊	2008
122	王乐乐	唐代渤海国釉陶器的类型及相关问题探讨	华夏考古	2006
123	王立新	辽西区夏至战国时期文化格局与经济形态的演进	考古学报	2004
124	王立新	辽西区史前社会的复杂化进程	吉林大学社会科学学报	2005
125	王立新	也谈文化形成的滞后性——以早商文化和二里头文化的形成为例	考古	2009
126	王立新	内蒙古通辽市扎鲁特旗香山镇双龙泉与水泉沟遗址的调查	考古与文物	2011
127	王立新	中国东北地区发现万年前后陶器——吉林白城双塔遗址一期遗存的发现与初步认识	吉林大学社会科学学报	2013
128	王立新	吉林白城双塔遗址新石器时代遗存	考古学报	2013
129	王立新	内蒙古克什克腾旗喜鹊沟遗址发掘简报	考古	2014
130	王立新	试析商代方国都邑与商王朝军事重镇的异同——以三星堆和吴城城址为例	江汉考古	2015
131	王立新	论克什克腾旗喜鹊沟铜矿遗址及相关问题	考古	2015
132	王光全	过去完成体标记"的"在对话语体中的使用条件	语言研究	2003
133	王光全	定中结构中"的"字的隐现规律	吉林大学社会科学学报	2006

序号	作者	论文名称	期刊来源	发表年度
134	王光全	同命题"了"字句	汉语学习	2006
135	王光全	汉语处所化的机制及其在教学中的应用	世界汉语教学	2008
136	王光全	构词域与后缀"—子"的语义问题	世界汉语教学	2009
137	王光金	关于"近T"结构	语文研究	2002
138	王　冰	古汉语反义词研究初探	吉林大学社会科学学报	2005
139	王成果	青少年心理危机与危机干预	中国青年研究	2003
140	王汝梅	萧氏父子文学集团的小说思想观念	文艺理论研究	2001
141	王汝梅	今后的红学之路怎样走？	红楼梦学刊	2006
142	王汝梅	《金瓶梅》绣像评改本：华夏小说美学史上的里程碑	吉林大学社会科学学报	2007
143	王汝梅	《稀见珍本明清传奇小说集》解题（选五则）	明清小说研究	2008
144	王贞年	法家政治思想研究二十年	社会科学战线	2002
145	王　丽	情感担保的力量——R－P网格与广告情感诉求策略	吉林大学社会科学学报	2002
146	王宏慧	世界浪漫主义文学诗学观念比对研究——以华兹华斯与雪莱诗学观念为考据	求索	2012
147	王　志	《左传》"士有隶子弟"献疑	中山大学学报	2009
148	王志成	"暖男"：新世纪都市语境中影视剧的男性形象建构	文艺争鸣	2015
149	王坤鹏	郭店楚简《老子》甲组新释	世界宗教文化	2015
150	王学谦	还乡文学：20世纪中国乡土文学的自然文化追求	东北师大学报	2001
151	王学谦	来自生命深处的呐喊——论《狂人日记》的生命意识	吉林大学社会科学学报	2002
152	王学谦	精神创伤的升华——鲁迅"改造国民性"思想形成的心理因素	齐鲁学刊	2002
153	王学谦	自由意志及其陷阱——对鲁迅生命意识的双向分析	吉林大学社会科学学报	2003
154	王学谦	火的冰：鲁迅生命炼狱的起点——鲁迅第一篇散文诗《自言自语》生命解读	鲁迅研究月刊	2004
155	王学谦	自由意志：青年鲁迅生命主义特质	社会科学战线	2004
156	王学谦	反传统：自由意志的高峰体验——论鲁迅反传统的生命意识	吉林大学社会科学学报	2004
157	王学谦	《狼图腾》与新世纪文学的生命叙事	文艺争鸣	2005
158	王学谦	探寻生命自由——《娜拉走后怎样》的重新解读	鲁迅研究月刊	2005
159	王学谦	和谐社会建构与知识分子的价值选择	吉林大学社会科学学报	2005
160	王学谦	自由精神与大学教育——谈大学人文素质教育	中国大学教学	2006
161	王学谦	青年鲁迅的生命世界观结构及其文化类型分析	中国现代文学研究丛刊	2006
162	王学谦	《狂人日记》与鲁迅文学的生命结构（一）	鲁迅研究月刊	2007
163	王学谦	鲁迅与尼采——哲学思想关系论纲	文艺争鸣	2007
164	王学谦	爱与死：在冷酷的世界中绘制欲望的图案——论余华的长篇小说《兄弟（上）》	吉林大学社会科学学报	2007
165	王学谦	道家文化：鲁迅生命意识的传统资源	齐鲁学刊	2007
166	王学谦	《狂人日记》与鲁迅文学的生命结构（二）	鲁迅研究月刊	2007

序号	作者	论文名称	期刊来源	发表年度
167	王学谦	《狂人日记》与鲁迅文学的生命结构（三）	鲁迅研究月刊	2008
168	王学谦	疯狂·童年·兔和猫——《呐喊》《彷徨》中的三种自然及其生命隐喻	文艺争鸣	2008
169	王学谦	新国学运动：跨世纪的文化浪漫主义——对新国学的文化确认与功能分析	求是学刊	2008
170	王学谦	一个意志主义者的勇敢搏击——对鲁迅反传统的再思考	文艺争鸣	2009
171	王学谦	鳄鱼的"血地"温情与狂放幽默——莫言散文的故乡情结与恣肆反讽	吉林大学社会科学学报	2009
172	王学谦	面对死亡的"魏晋风度"——鲁迅临终散文《死》的道家文化意蕴	吉林大学社会科学学报	2010
173	王学谦	启蒙者的非启蒙心态——五四新文化运动的历史性局限	求是学刊	2010
174	王学谦	知识的重组与陌生化——读孟繁华、程光炜的《中国当代文学发展史》	南方文坛	2010
175	王学谦	冷峻的悲悯，纠结的同情——对张爱玲《小团圆》情思内蕴的分析	文艺争鸣	2011
176	王学谦	独与天地精神往来——鲁迅生命意志与道家文化的关联	中国现代文学研究丛刊	2011
177	王学谦	致命的自由——鲁迅精神遗产的特质及其当代意义	文艺争鸣	2011
178	王学谦	本土化：天朝心态的现代变型——由"顾彬事件"引起的文化反思	东岳论丛	2011
179	王学谦	没有辛亥革命，何来五四文学——辛亥革命与五四文学革命的发生	学习与探索	2011
180	王学谦	鲁迅为何改写老子和孔子？——从《出关》看鲁迅晚年心态的复杂性	文艺争鸣	2012
181	王学谦	对敌意的诗性升华——鲁迅与梁实秋论战的审美分析	求是学刊	2012
182	王学谦	李佩甫：一个被低估的作家	小说评论	2013
183	王学谦	寻求突破的有益尝试——评许祖华等的《鲁迅小说的跨艺术研究》	鲁迅研究月刊	2013
184	王学谦	田园与反田园叙事的混合——论李佩甫《红蚂蚁 绿蚂蚱》及现代田园小说审美传统	文艺争鸣	2013
185	王学谦	残酷的慈悲——莫言《檀香刑》的存在原罪与悲悯情怀	当代作家评论	2014
186	王学谦	莫言与鲁迅的家族性相似	吉林大学社会科学学报	2014
187	王学谦	新时期文学日常叙事的先驱文本——论刘心武《立体交叉桥》及其文学史意义	文艺争鸣	2014
188	王学谦	莫言《天堂蒜薹之歌》的艺术价值	社会科学战线	2014
189	王学谦	"吃人"悲剧的当代叙事——李佩甫《送你一朵苦楝花》与鲁迅《狂人日记》的精神联系	学术交流	2014
190	王学谦	虚构之美：王小波小说的想象力游戏	求是学刊	2014
191	王学谦	"热烈"与"静穆"的背后——鲁迅与朱光潜论争的美学、文化根源	鲁迅研究月刊	2014

序号	作者	论文名称	期刊来源	发表年度
192	王学谦	用自己的眼光看西方文论——张江的"强制阐释论"与中国文论建设	文艺争鸣	2015
193	王学谦	《红高粱家族》与莫言小说的基本结构	当代作家评论	2015
194	王建华	关于人口考古学的几个问题	考古	2005
195	王建华	黄河中下游地区史前人口年龄构成研究	考古	2007
196	王昊	论李清照《词论》的女性主义话语立场	吉林大学社会科学学报	2001
197	王昊	论宋人词体观念的建构	中国文化研究	2004
198	王昊	辛弃疾与朱熹交游关系考论	吉林大学社会科学学报	2004
199	王昊	《老学庵笔记》的史料价值	文史知识	2005
200	王昊	论蒙元时代"乐府文学"的流衍及元人"乐府文学"观的建构	暨南学报	2006
201	王昊	诸宫调文体特征辨说	中国文化研究	2007
202	王昊	雅正与尊情:元好问词学思想的内在张力及其意蕴	社会科学战线	2009
203	王昊	"词曲递变"初探——兼析"唐曲暗线说"和"唐宋词乐主体说"	吉林大学社会科学学报	2009
204	王昊	论金代全真道士词人对柳词的接受	兰州大学学报	2011
205	王昊	论金词与元词的异质性——兼析"词衰于元"传统命题	文学遗产	2011
206	王昊	黑水城出土《刘知远诸宫调》作期和著作权综考	吉林大学社会科学学报	2012
207	王昊	试论西夏文学的华儒内蕴	北京大学学报	2013
208	王昊	"敦煌曲"名义和"唐词"论争及其现代学术意义	北京大学学报	2014
209	王明伟	"小说界革命"与晚清士人的边缘化	史学集刊	2002
210	王明伟	陆羯南与戊戌变法	史学集刊	2008
211	王明伟	梁启超与陆羯南的国民主义	贵州社会科学	2009
212	王明伟	弃士经商与晚清士人的边缘化	社会科学战线	2009
213	王明伟	明末耶酥会传教士与佛朗机——传教士是侵略者观念的形成(译文)	史学集刊	2011
214	王明伟	试论陆羯南的立宪政治思想	社会科学战线	2013
215	王欣	欧洲浪漫派与中国现代诗创作	文艺争鸣	2008
216	王雨	试论汉字文化圈的历史经验	社会科学战线	2008
217	王亮	全球化语境中国产都市电影本土化叙事的缺失	当代电影	2014
218	王亮	《毒战》:杜琪峰警匪片修辞策略的内地化调节	文艺争鸣	2014
219	王亮	《地心引力》:奇观狂欢与"后电影"时代的真实观	文艺争鸣	2015
220	王亮	从"作者电影"到"数据库电影"——张一白电影创作探	当代电影	2015
221	王亮	电影象征(隐喻)修辞探赜——以《地心引力》和《少年派的奇幻漂流》为例	文艺争鸣	2015
222	王亮	好莱坞心理惊悚片的堆栈模型叙事结构举隅	当代电影	2015

序号	作者	论文名称	期刊来源	发表年度
223	王俊秋	在生命欲望中沉浮的女性——虹影小说的情感追寻历程	吉林大学社会科学学报	2006
224	王俊秋	开拓与坚守——访刘中树教授	学习与探索	2005
225	王俊秋	一份灵魂的悔过书——冯小刚"变脸"评点	文艺争鸣	2005
226	王俊秋	救赎与忏悔：虹影小说的道德反省与宗教意识	当代作家评论	2006
227	王俊秋	历史剧也是一种历史文本——从清宫戏看历史人物的再创造	齐鲁学刊	2008
228	王俊秋	"共和国文学 60 年"学术研讨会侧记	文学评论	2009
229	王俊秋	从模式化到经典化——《青春之歌》的文学史意义	文艺理论与批评	2010
230	王俊秋	电影续拍的价值有多少？——从《非诚勿扰 2》看续拍的趋势	文艺争鸣	2011
231	王俊秋	守正创新的学术品格——刘中树先生的学术研究之路	高校理论战线	2011
232	王俊秋	电影中的都市空间意象建构	文艺争鸣	2012
233	王俊秋	"新草根"：近年电影中的小人物形象塑造及意义——从电影《泰囧》热说起	文艺争鸣	2013
234	王俊秋	网络影视评论的传播机制与社会功能	武汉大学学报	2015
235	王 剑	论天主教文化与明末清初的儒学环境	东北师大学报	2001
236	王 剑	从吴宝秀案看紫柏大师的经世原因	求是学刊	2001
237	王 剑	情绪化的批判——从杨光先的《不得已》说起	吉林大学社会科学学报	2002
238	王 剑	论明代中前期中朝使臣的走私贸易	吉林大学社会科学学报	2003
239	王 剑	近 50 年来清代奏折制度研究综述	中国史研究动态	2004
240	王 剑	论明代密疏的传递与进呈	学术月刊	2004
241	王 剑	论明代密疏的保密制度	文史哲	2004
242	王 剑	论明代密疏的处理	史学月刊	2004
243	王 剑	明初密疏言事改革的制度化趋势	社会科学战线	2005
244	王 剑	论明代密疏言事的职能资格	吉林大学社会科学学报	2005
245	王 剑	明代密疏书写格式考论	史学集刊	2005
246	王 剑	明代的密疏：下情上达的一种特殊方式——以题本、奏本为参照	西南师范大学学报	2005
247	王 剑	汉代上封事考论	学习与探索	2005
248	王 剑	纳哈出盘踞辽东时明朝与高丽的关系	中国边疆史地研究	2006
249	王 剑	密疏与嘉靖皇帝的理政方式	学习与探索	2007
250	王 剑	密疏的非常制参与与明代的皇权决策	吉林大学社会科学学报	2007
251	王 剑	关注初始条件差异与史学研究的新视野——以"资本主义萌芽"问题研究的反思为例	学习与探索	2008
252	王 剑	密疏政治与嘉靖朝内阁倾轧之新探	吉林大学社会科学学报	2008
253	王 剑	密疏政治：明世宗理政方式的新特点	西北师大学报	2008

序号	作者	论文名称	期刊来源	发表年度
254	王　剑	"奸臣"与"奸帝"：陈瑛与明成祖关系论	求是学刊	2009
255	王　剑	彭慕兰：示象的人——对"欧洲中心论"的批判和中西交互比较研究的坚守	学习与探索	2010
256	王　剑	1500——1949年中国的环境变迁（译文）	社会科学战线	2011
257	王　剑	密疏的非常制参与与嘉靖朝政治	学习与探索	2011
258	王　剑	明懿文太子陵陵祭逾制考论	历史研究	2011
259	王　剑	突变与内生：礼部尚书与嘉靖朝政治	学习与探索	2012
260	王　剑	政治变动与"小人"政治文化——以"小人"与嘉靖朝的祀典改制与为心	吉林大学社会科学学报	2012
261	王　剑	承继、突变与适调：明初政治变动中的政治文化	求是学刊	2013
262	王　剑	政治文化：传统政治史研究的新增长极	古代文明	2014
263	王　剑	有明之无善政自内阁始——论明初政治变动中的内阁政治文化	求是学刊	2015
264	王　姝	连动结构紧缩与动词词义增值	世界汉语教学	2012
265	王　姝	汉语领属构造的可让渡梯度	语言教学与研究	2012
266	王　姝	"V个X"结构的生成：轻动词解释	语言教学与研究	2015
267	王春雪	天津蓟县北台旧石器地点调查简报	中原文物	2013
268	王树海	佛禅与刘禹锡的人情诗性	社会科学战线	2002
269	王树海	"贬官禅悦"与柳宗元的诗歌创作	东北师大学报	2003
270	王树海	韩诗佛辨——兼论韩愈诗歌之于唐宋诗风变迁的过渡意义	吉林大学社会科学学报	2004
271	王树海	"衲子"未得衲子心欲矫"浮艳"落"苦""僻"——贾岛入出佛门的尘俗遭际及其诗风的成型	吉林大学社会科学学报	2006
272	王树海	"荆公体"诗歌的佛家怀抱	吉林大学社会科学学报	2008
273	王树海	佛禅语言诗性化考辨——"诗俏禅门"再认识	吉林大学社会科学学报	2010
274	王树海	黄庭坚禅悦诗风的诗学意义	东北师大学报	2010
275	王树海	略论苏轼早期对佛教的接受	山西大学学报	2011
276	王树海	白居易佛学依止及其诗歌成就辩难	吉林大学社会科学学报	2011
277	王树海	论韦应物诗歌的佛禅韵味	社会科学战线	2012
278	王树海	郑谷诗格"高""卑"辨白	文艺争鸣	2013
279	王树海	论苏轼词的佛禅精神	学习与探索	2013
280	王树海	狂禅之于汤显祖的"有情世界"	学术交流	2014
281	王树海	华枝春满　天心月圆——弘一法师出世、谢世的文学品性辨正	吉林大学社会科学学报	2014
282	王秋彬	谁来引领东亚共同体：历史经验与现实思考	史学集刊	2005
283	王秋彬	以英国学派视角审视东北亚国际社会	吉林大学社会科学学报	2007

序号	作者	论文名称	期刊来源	发表年度
284	王秋彬	"反美主义"概念辨析	社会科学战线	2008
285	王秋彬	反美主义的历史演进	史学集刊	2008
286	王秋彬	后冷战时代东北亚区域一体化的抉择	史学集刊	2010
287	王秋彬	后冷战时代东北亚区域国际社会结构分析	吉林大学社会科学学报	2010
288	王倩	"有点＋太＋A"构式的量——兼论"有点"计量层次的迁移	世界汉语教学	2013
289	王倩	论语言中量的整合	社会科学战线	2013
290	王健	后文学时代的"经典焦虑症"	大连理工大学学报	2012
291	王健	信息化文学社会的经典危机与"经典焦虑"	社会科学战线	2014
292	王桂妹	五四文化激进主义历史主体剖析	社会科学战线	2003
293	王桂妹	西方价值参照下的民族话语的建构与汰变	河北学刊	2004
294	王桂妹	五四文化激进主义及其反思的历史性检视	江汉论坛	2005
295	王桂妹	"东方色彩"的自觉追求与建构——闻一多诗美实践与诗学理想再阐释	武汉大学学报	2005
296	王桂妹	重读"娜拉"的两个中国文本	文艺争鸣	2005
297	王桂妹	被书写的叛逆:质疑"娜拉精神"	西南师范大学学报	2006
298	王桂妹	"白话＋文言"的特别格式——《新青年》语境中的《狂人日记》	文艺争鸣	2006
299	王桂妹	民族性自审与性别隐喻	文学评论	2007
300	王桂妹	启蒙策略的调整与文学的变迁——从《安徽俗话报》到《新青年》	江汉论坛	2007
301	王桂妹	中国文化、文学中的"色戒意识"与张爱玲的逆向书写	吉林大学社会科学学报	2008
302	王桂妹	中国文学中的"铁路火车"意象与现代性想象	学术交流	2008
303	王桂妹	于"抵抗处"求"和解":《聊斋志异》的分裂性情爱叙事	西南大学学报	2008
304	王桂妹	道德株连审美——五四启蒙话语与"大团圆"模式	文艺争鸣	2009
305	王桂妹	论老舍的"天真"（上）	福建论坛	2009
306	王桂妹	超前的批判——重审对五四"科学主义"反思的有效性	郑州大学学报	2009
307	王桂妹	"恨"时代的"爱"——论老舍在中国现代文学史上的情感殊调	小说评论	2009
308	王桂妹	"五四女作家群"的历史建构曲线	文学评论	2010
309	王桂妹	启蒙之剑与习俗之饼——论《新青年》中的"过年之争"	文艺争鸣	2010
310	王桂妹	缱绻与决绝:五四新文学家的"新诗"与"旧诗"	江汉论坛	2010
311	王桂妹	被"个性时代"淹没的"个性"——论陈衡哲新诗创作与五四精神的共振与异动	武汉大学学报	2010
312	王桂妹	缱绻与决绝:启蒙视域与戏曲改良的激情表述之途	西南大学学报	2010

序号	作者	论文名称	期刊来源	发表年度
313	王桂妹	《骆驼祥子》：虚假的城乡结构	文艺争鸣	2011
314	王桂妹	新文苑与旧战场——中国现代文学现代转型与林纾及其古文的历史性退场	文艺争鸣	2013
315	王桂妹	伪满洲国时期的协和剧	武汉大学学报	2013
316	王桂妹	在"狂人"的精神文化链条上：林纾人格论	西南大学学报	2013
317	王桂妹	林纾的"大道"与"小道"	江汉论坛	2014
318	王桂妹	"反动派"的建构与消解："甲寅派"阅读史	文艺争鸣	2014
319	王桂妹	从"无意开新"到"有意守旧"：《甲寅》一贯的文学趣味	文学评论	2014
320	王桂妹	自杀：五四时代的一种精神症候——《新青年》关注的两起自杀事件	华南师范大学学报	2015
321	王艳玲	刘白诗人群的唱和活动及其诗歌创作——以刘白唱和诗的四次结集为中心	天津大学学报	2009
322	王艳玲	论王安忆小说叙述视角的转换	社会科学战线	2009
323	王培新	渤海早期都城遗址的考古学探索	吉林大学社会科学学报	2003
324	王培新	渤海早期王城研究中的几个问题	中国边疆史地研究	2013
325	王培新	辽宁辽阳苗圃汉魏石室墓2008年发掘报告	考古学报	2015
326	王锡荣	谈《古诗十九首》中被误解的几首友情诗	吉林大学社会科学学报	2003
327	王锡荣	《全本新注〈聊斋志异〉》若干问题商榷	吉林大学社会科学学报	2011
328	王璐	"累斯嫔"文学情结与男权文化——对陈染作品的一种解读	当代作家评论	2006
329	王巍	句尾语气助词"了"研究述评	社会科学战线	2009
330	车红梅	认同与超越——论毕淑敏小说对知识女性悲剧的思考	文艺争鸣	2008
331	车红梅	终极意义下的灵魂救赎——论毕淑敏小说创作理念	求索	2009
332	车红梅	为诗一辩——王家新20世纪90年代诗歌论	文艺争鸣	2010
333	车红梅	岁月留痕——北大荒知青纪实文学	学习与探索	2010
334	车红梅	论北大荒知青小说的风俗描写	小说评论	2010
335	邓峰	美国对华贸易管制政策与日中贸易关系（1948~1958年）	东北亚论坛	2001
336	邓峰	试论推动日本加入关贸总协定的政治因素	现代日本经济	2001
337	邓峰	冷战初期美国对日本加入关贸总协定的外交政策	吉林大学社会科学学报	2001
338	邓峰	美国对日本经济复兴政策的演变	美国研究	2002
339	邓峰	试析1955年美日关税谈判	史学集刊	2002
340	邓峰	论美国关税法的演变	东北亚论坛	2005
341	邓峰	冷战初期美国对日本的贸易政策	现代日本经济	2005
342	韦华	巴塞尔姆小说创作的后现代反情节特征	当代外国文学	2004
343	丛瑞华	刘勰"江山之助"说的理论价值	社会科学战线	2007
344	丛瑞华	《文心雕龙》用典刍议	东北师大学报	2007

续表

序号	作者	论文名称	期刊来源	发表年度
345	付景川	"20 世纪文艺复兴"的重要篇章——两次大战期间的美国小说思潮述评	东北师大学报	2002
346	付景川	美国当代多元化文学中的一支奇葩——奇卡诺文学及其文化取向	吉林大学社会科学学报	2007
347	付景川	生存环境危机的焦虑与救赎——对《大白鲨》与《格力士灰熊》的解读	吉林大学社会科学学报	2008
348	付景川	吉林大学创新人才培养模式探索与实践	中国大学教学	2008
349	付景川	凯瑟、福克纳和海明威原始主义倾向的生态关怀	东北师大学报	2009
350	付景川	研究型大学本科人才培养模式：问题及改进策略	教育研究	2010
351	付景川	传统认识论美学向当代存在论美学的跨越——薇拉·凯瑟的生态审美观刍议	东北师大学报	2011
352	令狐若明	古埃及人的书写材料和书写工具	世界历史	2002
353	令狐若明	埃及学：一门近代新兴学科的诞生	史学集刊	2002
354	令狐若明	中国的埃及学研究	史学集刊	2003
355	令狐若明	埃及学的成长与发展	吉林大学社会科学学报	2003
356	令狐若明	古埃及人的数学成就	史学集刊	2004
357	令狐若明	古代埃及的档案	史学集刊	2005
358	令狐若明	20 世纪以来的埃及学研究	史学集刊	2007
359	令狐若明	埃及前王朝时代的埋葬习俗	吉林大学社会科学学报	2007
360	令狐若明	古埃及文明的传统特点	社会科学战线	2008
361	冯　炜	剥离生命的真实内核——阎连科对生命的拷问	文艺争鸣	2011
362	冯恩学	人类向北美洲迁徙的考古观察	社会科学战线	2005
363	冯恩学	黑龙江中游地区鞑靼文化的区域性及族属探讨	吉林大学社会科学学报	2005
364	冯恩学	吐尔基山辽墓墓主身份解读	民族研究	2006
365	冯恩学	黑水鞑靼思慕部探索	中国边疆史地研究	2006
366	冯恩学	重庆奉节宝塔坪遗址出土的铭文金牌饰	文物	2008
367	冯恩学	下颌托——一个被忽视的袄教文化遗物	考古	2011
368	冯恩学	黑水鞑靼的装饰品及渊源	华夏考古	2011
369	冯恩学	辽墓反映的契丹人汉化与汉人契丹化	吉林大学社会科学学报	2011
370	冯恩学	试论萨满教宇宙观对解读考古现象的重要性	贵州社会科学	2012
371	冯恩学	蒙古国出土金微州都督仆固墓志考研	文物	2014
372	冯恩学	中国烧酒起源新探	吉林大学社会科学学报	2015
373	冯恩学	夫余北疆的"弱水"考	中国边疆史地研究	2015
374	冯　楠	四处砖石类文物的杀菌与封护	考古与文物	2011
375	史　记	论"五四"时期惠特曼在中国的传播与接受	求索	2012
376	史吉祥	博物馆观众研究是博物馆教育研究的基本点——对博物馆观众定义的新探讨	东南文化	2009
377	史海波	古代埃及玛阿特简论	史学集刊	2001

序号	作者	论文名称	期刊来源	发表年度
378	史海波	从教谕文献看古代埃及的伦理教育	史学集刊	2008
379	史海波	从教谕文献看古代埃及伦理教育的传统内容	东北师大学报	2008
380	史海波	古典史学的"现代"遗产——对古典史学与"史学现代化"问题相连接的思考	史学集刊	2013
381	史海波	神话、编年与史学——从古代文明的历史记录中反思历史学的起源问题	史学集刊	2013
382	史海波	古代埃及王权历史表述模式的起源	东北师大学报	2014
383	史海波	文明比较视野下的史学起源的社会条件	史学集刊	2015
384	田茫茫	略论萧乾特写的写作特征	学术交流	2009
385	田 野	试析 50 年代日本对印度尼西亚的赔偿外交及其影响	史学集刊	2010
386	由兴波	图书馆的传统文化公共播讲	图书馆杂志	2009
387	由兴波	俄罗斯 1991——2011 年中国文学研究述评	社会科学战线	2013
388	由兴波	唐宋论书诗中的比况手法	中国书法	2015
389	白 杨	从也斯的小说看香港文学意识	文艺争鸣	2004
390	白 杨	第十四届世界华文文学国际学术研讨会评述	文学评论	2006
391	白 杨	"文学史"重构与书写的限制——大陆文学史视野中的"香港文学"	社会科学辑刊	2008
392	白 杨	"诗性"的批评与思想的魅力——孟繁华的文学评论风格简论	文艺争鸣	2011
393	白 杨	金仁顺小说中的婚恋书写	小说评论	2012
394	白 杨	《第九个寡妇》:原型意象与讲述方式	文艺争鸣	2013
395	白 杨	民族性·世界性·人类性:莫言小说的核心质素与诗学启示	同济大学学报	2013
396	白 杨	精神信念与学术品格——刘中树文学史观的构成及其写作实践	当代作家评论	2013
397	白 杨	背离与回归:"先锋"探索的一体两面——20 世纪 70 年代后《创世纪》的诗论建构及其思想意义	文艺争鸣	2014
398	白 杨	英语世界里中国现当代文学研究的格局与批评范式	吉林大学社会科学学报	2014
399	白 杨	女性私语空间:一九九〇年代台湾文学中的公寓书写	当代作家评论	2015
400	任东波	东亚共同体的观念建构——徘徊于逻辑与历史之间	史学集刊	2005
401	任东波	民族主义与区域主义——论后冷战时代东北亚安全观念建构的双重困境	东北亚论坛	2005
402	任东波	"欧洲中心论"与世界史研究——兼论世界史研究的"中国学派"问题	史学理论研究	2006
403	任东波	历史观与意识形态:世界历史叙事中的现代化理论	史学集刊	2006
404	任东波	范例与超越:全球史观的实践和全球化时代的批判——评《全球通史——从史前史到 21 世纪》	北京大学学报	2007

序号	作者	论文名称	期刊来源	发表年度
405	任东波	范例与超越：全球史观的实践和全球化时代的批判——评《全球通史》	中国图书评论	2007
406	任东波	欧洲经验与世界历史：英国学派的封闭性与开放性	吉林大学社会科学学报	2007
407	任东波	东亚区域史研究模式析论———一种全球史观的反思与批判	社会科学战线	2009
408	任东波	区域东亚与知识"东亚"	史学集刊	2009
409	任东波	现代东亚国际体系建构时期的区域安全模式	史学集刊	2010
410	任东波	传统与典型：英国学派的历史叙事	吉林大学社会科学学报	2011
411	任东波	赫伯特·巴特菲尔德与英国学派的传统历史叙事	史学集刊	2012
412	任东波	全球史观与民族主义历史叙事	史学集刊	2013
413	任东波	从国际社会到国际体系——英国学派历史叙事的转向	史学理论研究	2014
414	任东波	从"广场协议"到"卢浮宫协议"：美国敲打日本的历史透视与启示	当代经济研究	2015
415	任东波	全球化时代与汤因比的文明史观	史学集刊	2015
416	任玉华	"汉语是主题突出的语言"在对外汉语教学中的应用	社会科学战线	2006
417	任玉华	东北沦陷区文学诉诸的"女人的悲剧"——"鸦片"所充当的重要角色	文艺争鸣	2008
418	任玉华	汉语"连"字句预设的主观量问题	吉林大学社会科学学报	2013
419	任玉华	汉代妇女与酿酒的关系研究	社会科学战线	2013
420	刘一秀	传统与现代的纠结	小说评论	2010
421	刘中树	抓住合校契机,搞好学科整合	中国高等教育	2001
422	刘中树	21 世纪东北亚区域合作的展望	东北亚论坛	2001
423	刘中树	在世界文化中创造中国现代先进的民族文化——关于中国文化现代化的理解	清华大学学报	2002
424	刘中树	经济全球化的挑战与中国大学建设	中国高教研究	2002
425	刘中树	文艺学发展要守本纳新、守本创新	学术研究	2004
426	刘中树	文艺学学科建设要守正纳新、守正创新	暨南学报	2004
427	刘中树	贴近文艺实践,恪行守正创新——加强现实文艺问题研究	学习与探索	2005
428	刘中树	新时期的文化思潮与中国现代文学研究	吉林大学社会科学学报	2005
429	刘中树	史识：中国现代文学史研究的灵魂	文学评论	2006
430	刘中树	读高擎洲先生《旧云新影——中国现代文学论集》	文学评论	2007
431	刘中树	"五四精神"与中国新文学	社会科学辑刊	2008
432	刘中树	对改革开放 30 年文学实践理论研究的思考	吉林大学社会科学学报	2008
433	刘中树	1978～2008 年辜鸿铭研究述评	吉林大学社会科学学报	2008
434	刘中树	废名与中国现代诗化小说传统	社会科学战线	2009
435	刘中树	守正创新 成就斐然——贺陆贵山教授学术生涯五十年	文艺理论与批评	2012
436	刘中树	关于开展东北地域文化研究的一些思考	学习与探索	2012

序号	作者	论文名称	期刊来源	发表年度
437	刘中树	马克思主义文艺理论中国化的一次飞跃——纪念《讲话》发表70周年	学习与探索	2012
438	刘中树	辜鸿铭历史行为的思想理论认识因缘	吉林大学社会科学学报	2012
439	刘中树	找回伟大的鲁迅和鲁迅的伟大	山西大学学报	2013
440	刘中树	守正纳新　思理常青——在吉林大学文学院的讲演	当代作家评论	2013
441	刘中树	20世纪中国文学发展史论	吉林大学社会科学学报	2014
442	刘文山	新干涉主义:21世纪初国际秩序的主要威胁	吉林大学社会科学学报	2001
443	刘艺虹	世纪之交小说情爱主题的沉浮与流变	齐鲁学刊	2006
444	刘立成	"不但"类连词的成词理据	汉语学习	2008
445	刘会军	北洋军阀政府政治制度新论	史学集刊	2001
446	刘会军	中外经济关系的根本转折——中国"复关"和"入世"的历史透视	社会科学战线	2001
447	刘会军	论1937至1941年国民政府对日和谈与对外求援	史学集刊	2003
448	刘会军	外交斡旋、非官方出访和舆论策应——国民政府抗战外交的特殊运作	民国档案	2005
449	刘会军	全民族抗战新论——兼谈国共两党在抗日战争中的地位和作用	史学集刊	2007
450	刘会军	制宪国民大会代表选举与产生述论	民国档案	2008
451	刘会军	奉天省第一届国会议员选举析论	史学月刊	2008
452	刘会军	晚清民国期间三次选举论析	吉林大学社会科学学报	2010
453	刘会军	关税会议期间国民党在北方的民众动员	史学集刊	2011
454	刘会军	论训政时期南京政府地方党政关系	北方论丛	2011
455	刘会军	孙中山宪政思想中几个问题的辨析	民国档案	2012
456	刘会军	国民革命中的农民动员与阶级斗争	北方论丛	2012
457	刘会军	1931年国民会议代表选举述论	史学月刊	2012
458	刘会军	安福国会议员选举论略	社会科学战线	2012
459	刘会军	《大北新报》的创办与日本对中国东北的新闻侵略	东北师大学报	2013
460	刘会军	行宪国民大会代表选举述论	北方论丛	2013
461	刘会军	南京政府时期现代选举制度的推进与演化	社会科学战线	2013
462	刘军	北魏驸马都尉述论	史学集刊	2010
463	刘坚	新闻传播策划与党报的舆论地位	新闻战线	2002
464	刘坚	传媒批判理论的新闻传播观	吉林大学社会科学学报	2006
465	刘坚	语境控制理论的跨文化传播意义	东北师大学报	2007
466	刘坚	新闻本体研究的理论调整	社会科学战线	2008
467	刘坚	媒介文化生产与地域文化意义的构建	吉林大学社会科学学报	2012
468	刘坚	媒介文化权力关系分析的多元视角	社会科学战线	2012

序号	作者	论文名称	期刊来源	发表年度
469	刘 坚	媒介文化理论的意义符号阐释	社会科学战线	2015
470	刘 纳	贯穿"古"与"今"、"旧"与"新"的通道	江汉论坛	2003
471	刘 芳	近二十年来中国商会研究综述	历史教学问题	2006
472	刘迎新	歌唱发声向播音发声转换及发声异同分析	语言文字应用	2006
473	刘迎新	少数民族新闻报道在构建和谐社会中的作用	中央民族大学学报	2015
474	刘学义	欧美视域下的网络媒体可信度研究	国际新闻界	2010
475	刘学义	"广告中心"还是"用户中心"？——美英报纸网站商业模式转型分析	新闻与传播研究	2010
476	刘学义	影响新闻网站可信度之相关因素——以美国研究为中心	西南民族大学学报	2010
477	刘学义	移动终端的杂志"客户端模式"	北京理工大学学报	2012
478	刘学义	媒体评论的危机与转型	西南民族大学学报	2013
479	刘学义	微博戏仿的狂欢话语分析	大连理工大学学报	2014
480	刘学义	搜索引擎侵犯媒体版权的行为与法律责任	国际新闻界	2014
481	刘鸣筝	梯度飞跃——西方社会封建时期和近现代资本主义时期新闻立法比较研究	社会科学战线	2005
482	刘鸣筝	青年志愿服务面临的问题与对策——以吉林省为例	中国青年研究	2011
483	刘鸣筝	从传播学的视角看《蜗居》中的女性形象	文艺争鸣	2011
484	刘鸣筝	艾森豪威尔时期美国公共外交刍议	史学集刊	2013
485	刘鸣筝	从韩剧看其跨文化传播的得与失	文艺争鸣	2013
486	刘鸣筝	论韩国电视剧的跨文化传播及对我国的启示	社会科学战线	2013
487	刘春明	略论南社"欲一洗前代结社之弊"理想的落空	学习与探索	2010
488	刘春明	略论南社的国粹主义和民族主义渊源	史学集刊	2012
489	刘春明	略论南社"海内文学导师"理想的落空	社会科学战线	2012
490	刘春明	《野叟曝言》：失意儒士的疏狂理想解读	学习与探索	2012
491	刘 洁	试论新时期的对台统战工作	长白学刊	2001
492	刘炳范	讽刺小说·私小说·元小说——织田作之助《世态》解读	齐鲁学刊	2007
493	刘晔骁	传播效果：假设性效果观的理论论证	吉林大学社会科学学报	2002
494	刘艳茹	索绪尔与现代西方哲学的语言转向	外语学刊	2007
495	刘艳茹	形而上的"价值"与形而下的"用法"——索绪尔与后期维特根斯坦意义理论比较研究	自然辩证法研究	2012
496	刘艳茹	汉字类网络词语的构造规律	深圳大学学报	2012
497	刘艳茹	语言"伪娘"化的社会语言学考察	社会科学战线	2013

序号	作者	论文名称	期刊来源	发表年度
498	刘雪松	文学批评与哲学	当代文坛	2007
499	刘富华	胡适在新诗发展中的贡献与局限性	吉林大学社会科学学报	2004
500	刘富华	"被欲望"的梦魇与"逃离"的歧途——陈染小说的"男性态度"	文艺争鸣	2005
501	刘富华	一价动词与其行动元语义关系再论	语言教学与研究	2007
502	刘富华	时间词的语用特点及其与范围副词"都"的语序	世界汉语教学	2009
503	刘富华	唐代周边国家和地区的"遣唐生"与唐文化的传播	史学集刊	2011
504	刘富华	制作动词在句式中不对称分析	东北师大学报	2011
505	刘富华	日语汉字音中的长音与中古汉语音韵对应规律研究	东北师大学报	2012
506	刘雄伟	历史的客观性何以可能——兼为唯物史观辩护	云南社会科学	2013
507	刘雄伟	"史德"与传统史学的明道自觉	史学集刊	2013
508	刘雄伟	叙事的转向与历史客观性的重建	社会科学辑刊	2014
509	刘雄伟	历史唯物主义与历史学	学习与探索	2015
510	刘雄伟	论唯物史观对历史虚无主义的内在超越——兼评杨天石、梁柱的历史虚无主义争论	社会主义研究	2015
511	刘德斌	软权力:美国霸权的挑战与启示	吉林大学社会科学学报	2001
512	刘德斌	"后冷战时代"的推测与判定	吉林大学社会科学学报	2002
513	刘德斌	中国农村现代化研究的新视野——评侯建新《农民、市场与社会变迁——冀中11村透视并与英国乡村比较》	史学集刊	2003
514	刘德斌	世界历史的视野与国际关系研究的重建——来自巴里·布赞的挑战	吉林大学社会科学学报	2003
515	刘德斌	从国家战略角度构建中国新型大学——从美国一流大学的培育谈起	郑州大学学报	2004
516	刘德斌	布赞和利特尔《世界史中的国际体系》笔谈——新的历史诠释与新的学科构建	史学集刊	2004
517	刘德斌	"软权力"说的由来与发展	吉林大学社会科学学报	2004
518	刘德斌	"全球史观"问题:困局与机遇	历史教学问题	2005
519	刘德斌	"全球历史观"的困局与机遇	史学理论研究	2005
520	刘德斌	从苏联到俄罗斯:历史学科的变化与前景——专访莫斯科大学历史系主任卡尔波夫教授和副主任鲍罗德金教授	史学集刊	2006
521	刘德斌	巴里·布赞与英国学派	吉林大学社会科学学报	2007
522	刘德斌	30年后的新起点	史学理论研究	2008
523	刘德斌	美国历史的生动解读	历史教学问题	2008
524	刘德斌	改革开放以来国际关系史研究的拓展	史学集刊	2008
525	刘德斌	东北亚史研究的学术价值与现实意义	史学集刊	2010
526	刘德斌	当代世界的不同解读	吉林大学社会科学学报	2010
527	刘德斌	霸权与帝国:两种不同的组织形态与逻辑	吉林大学社会科学学报	2011
528	刘德斌	文化的交流、碰撞与国际体系的变迁	史学理论研究	2011

序号	作者	论文名称	期刊来源	发表年度
529	刘德斌	国家类型的划分——拓展国际安全研究的一种思路	国际政治研究	2012
530	刘德斌	聚合与裂变:当代世界的历史演进	史学集刊	2012
531	刘德斌	国际关系史解读的几个问题	史学集刊	2014
532	刘德斌	公共外交时代	吉林大学社会科学学报	2015
533	刘德斌	全球历史观:理想与现实之间的徘徊	史学集刊	2015
534	吉林大学边疆考古研究中心	重庆奉节县三峡工程库区崖墓的清理	考古	2004
535	吉林大学边疆考古研究中心	北京市石景山区老山汉墓出土颅骨的计算机虚拟三维人像复原	文物	2004
536	吉林大学边疆考古研究中心	北京市石景山区老山汉墓出土人类遗骸的线粒体DNA分析	文物	2004
537	吉林大学边疆考古研究中心	北京市石景山区老山汉墓出土人骨的研究报告	文物	2004
538	吉林大学边疆考古研究中心	湖北秭归石门嘴遗址发掘	考古学报	2004
539	吉林大学边疆考古研究中心	2002年内蒙古林西县井沟子遗址西区墓葬发掘纪要	考古与文物	2004
540	吉林大学边疆考古研究中心	湖北巴东县雷家坪遗址第二次发掘简报	考古	2005
541	吉林大学边疆考古研究中心	奉节宝塔坪遗址2003年发掘简报	江汉考古	2005
542	吉林大学边疆考古研究中心	吉林敦化市敖东城遗址发掘简报	考古	2006
543	吉林大学边疆考古研究中心	内蒙古林西县井沟子西梁新石器时代遗址	考古	2006
544	吉林大学边疆考古研究中心	中国边疆考古的新视野——中国边疆考古学术讨论会纪要	考古	2006

序号	作者	论文名称	期刊来源	发表年度
545	吉林大学边疆考古研究中心	吉林敦化市永胜金代遗址一号建筑基址	考古	2007
546	吉林大学边疆考古研究中心	奉节县刘家院坝遗址 2002 年发掘报告	江汉考古	2007
547	吉林大学边疆考古研究中心	奉节县头堂包遗址 2002 年发掘简报	江汉考古	2007
548	吉林大学边疆考古研究中心	内蒙古赤峰市上机房营子遗址发掘简报	考古	2008
549	吉林大学边疆考古研究中心	内蒙古赤峰市康家湾遗址 2006 年发掘简报	考古	2008
550	吉林大学边疆考古研究中心	云南澄江县学山遗址试掘简报	考古	2010
551	吉林大学考古 DNA 实验室	河北阳原县姜家梁遗址新石器时代人骨 DNA 的研究	考古	2001
552	吕军	湖北省博物馆观众行为调查报告	东南文化	2012
553	吕军	博物馆藏品与文化多样性	东南文化	2014
554	吕冰	传播产业中手机短信市场的动向剖析	生产力研究	2006
555	吕冰	我国手机短信广告运营方法的战略研究	理论前沿	2006
556	吕冰	重构社会责任之下的新闻自由和情报保密之平衡	社会科学家	2006
557	吕明臣	网络交际中自然语言的属性	吉林大学社会科学学报	2004
558	吕明臣	话语意义研究的理论演进	社会科学战线	2005
559	吕明臣	言语过程与聋哑儿童自然语言获得的若干问题	吉林大学社会科学学报	2006
560	吕明臣	"不然"格式的语义分析	郑州大学学报	2010
561	吕明臣	时空环境和言语交际类型	吉林大学社会科学学报	2011
562	吕明臣	"不论……都……"的语义分析	社会科学战线	2011
563	吕明臣	"即使……也……"的语义分析	求索	2012
564	吕明臣	祈使句交际意图的实现过程	社会科学辑刊	2013
565	吕明臣	祈使句强制度的生成机制	社会科学战线	2013
566	吕海琛	英雄形象塑造与十七年《人民文学》的爱情叙事	齐鲁学刊	2007
567	孙兴杰	社会·国际社会·世界社会——三种国际关系史阐释的视角？	史学集刊	2009

序号	作者	论文名称	期刊来源	发表年度
568	孙丽萍	现代化理论与肯尼迪政府的印尼政策	社会科学战线	2007
569	孙丽萍	双重的矛盾——印度尼西亚与美国关系的历史解析（1949～1966）	史学集刊	2007
570	孙丽萍	超越"威斯特伐利亚束身衣"——以英国学派视角审视国际体系	吉林大学社会科学学报	2010
571	孙 昊	英国地方史研究中的莱斯特学派	史学理论研究	2006
572	孙 昊	辽代的辽东边疆经略——以鸭绿江女真为中心的动态考察	贵州社会科学	2010
573	孙艳华	日本浪漫主义对欧洲浪漫主义的摄取	东北亚论坛	2008
574	孙 媛	吴宓的红学研究与现代小说批评的新进展	大连理工大学学报	2010
575	孙 媛	从整合走向现代——试论吴宓诗学思想的现代性建构理路	东岳论丛	2010
576	孙 瑞	《周礼》中人才文书管理制度	档案学研究	2003
577	孙 瑞	《周礼》中版图文书制度与人口、土地资源管理探析	人口学刊	2003
578	孙 瑞	《周礼》中市场法制管理文书探究	法制与社会发展	2003
579	孙 瑞	《周礼》中市场行政管理文书探究	吉林大学社会科学学报	2003
580	孙 瑞	《周礼》中财用物文书制度阐微	东北师大学报	2003
581	孙 瑞	论周代令书的特点	档案学研究	2004
582	孙 瑞	论周代令书的性质	东北师大学报	2004
583	孙 瑞	汉代简牍中所见私人契约	学习与探索	2006
584	孙 瑞	汉代简牍中所见丧葬私文书	档案学通讯	2006
585	孙 瑞	汉代简牍私文书所反映的几种社会现象	社会科学战线	2007
586	孙 瑞	论周代令书的形成	档案学通讯	2008
587	孙 瑞	西周、春秋时期颁布令书传播信息的方法和渠道	学习与探索	2011
588	孙 瑞	帛书《战国纵横家书》中上行文书的来源及形成	湘潭大学学报	2012
589	孙 瑞	从张家山汉简《二年律令》看汉代处罚文书犯罪的特点	法制与社会发展	2012
590	孙 瑞	汉代简牍中所见私人书札及簿籍	东北师大学报	2012
591	孙 蕾	渑池笃忠遗址仰韶文化晚期人骨研究	华夏考古	2010
592	成璟瑭	内蒙古赤峰魏家窝铺新石器时代遗址的发现与认识	文物	2014
593	成璟瑭	葫芦岛市博物馆藏东大杖子墓地出土器物研究	文物	2015
594	曲海泓	对中国东北电视方言类节目的文艺学解读	学习与探索	2011
595	曲海泓	论意境在有声艺术语言中的映现	现代传播	2007
596	曲海泓	论艺术类专业教学情感场的构建——兼谈播音主持专业的以情带教	中国广播电视学刊	2007

序号	作者	论文名称	期刊来源	发表年度
597	朱永刚	中国东北先史环壕聚落的演变与传播	华夏考古	2003
598	朱永刚	东北青铜时代的发展进程及特点	吉林大学社会科学学报	2004
599	朱永刚	查干木伦河流域古遗址文化类型及相关问题	考古与文物	2004
600	朱永刚	论西梁遗存及其相关问题	考古	2006
601	朱永刚	从肇源白金宝遗址看松嫩平原的青铜时代	吉林大学社会科学学报	2008
602	朱永刚	辽东地区双房式陶壶研究	华夏考古	2008
603	朱永刚	白金宝文化篦纹陶纹饰初论	考古与文物	2008
604	朱永刚	河北唐县南放水遗址 2006 年发掘简报	考古	2011
605	朱永刚	关于南宝力皋吐墓地文化性质问题的几点思考	考古	2011
606	朱永刚	探索内蒙古科尔沁地区史前文明的重大考古新发现——哈民忙哈遗址发掘的主要收获与学术意义	吉林大学社会科学学报	2012
607	朱永刚	东北燕秦汉长城与早期铁器时代考古学文化研究的若干问题	社会科学战线	2014
608	朱　泓	中国南方地区的古代种族	吉林大学社会科学学报	2002
609	朱　泓	中国边疆地区古代居民 DNA 研究	吉林大学社会科学学报	2003
610	朱　泓	老山汉墓女性墓主人的种族类型、DNA 分析和颅像复原	吉林大学社会科学学报	2004
611	朱　泓	河南禹州市瓦店新石器时代人骨研究	考古	2006
612	朱　泓	中国西北地区的古代种族	考古与文物	2006
613	朱　泓	东胡人种考	文物	2006
614	朱　泓	中国边疆地区汉代以后古人骨的研究	史学集刊	2006
615	朱　泓	近年来我国古人骨研究前沿领域的新进展	史学集刊	2008
616	朱　泓	探寻东胡遗存——来自生物考古学的新线索	吉林大学社会科学学报	2009
617	朱　泓	喇嘛洞三燕文化居民族属问题的生物考古学考察	吉林大学社会科学学报	2012
618	朱　泓	哈民忙哈遗址房址内人骨的古人口学研究——史前灾难成因的法医人类学证据	吉林大学社会科学学报	2014
619	朴金波	西田的"绝对无"	吉林大学社会科学学报	2001
620	朴金波	西方哲学"语言学转向"的哲学史意义	吉林大学社会科学学报	2006
621	朴金波	论"西田哲学"的融创性	吉林大学社会科学学报	2013
622	汤卓炜	亚洲动物考古的回顾与展望	吉林大学社会科学学报	2013
623	许兆昌	重、黎绝地天通考辨二则	吉林大学社会科学学报	2001
624	许兆昌	略论周代史官宗教思想的"人文"取向	吉林大学社会科学学报	2002
625	许兆昌	阎步克著《乐师与史官》读后	中国史研究	2003
626	许兆昌	出入经史，蔚为大观——评丁鼎著《〈仪礼·丧服〉考论》	史学集刊	2004
627	许兆昌	双赢的学术"联姻"	史学集刊	2004
628	许兆昌	胤征羲和事实考	吉林大学社会科学学报	2004
629	许兆昌	东亚文化传统的多元与统一	史学集刊	2005
630	许兆昌	试论上古时期"乐"的政治表达功能	吉林大学社会科学学报	2006
631	许兆昌	"樂"字本义及早期樂与藥的关系	史学月刊	2006
632	许兆昌	中国史学的教化传统及其现代价值	社会科学战线	2007

序号	作者	论文名称	期刊来源	发表年度
633	许兆昌	虞舜乐文化零证	史学集刊	2007
634	许兆昌	思想解放是学术发展之根本	史学集刊	2008
635	许兆昌	前现代国际体系与尧舜禹时代	史学集刊	2008
636	许兆昌	从仲弓四问看战国早期儒家的政治关注	史学月刊	2010
637	许兆昌	周代籍礼"风土"考	吉林大学社会科学学报	2012
638	许兆昌	《史记·五帝本纪》中黄帝形象的知识考古	史学集刊	2012
639	许兆昌	传统史学与价值认同	史学集刊	2013
640	许兆昌	论《竹书纪年》所述"五帝"、"三王"史的特点	贵州社会科学	2014
641	许兆昌	周代"千亩"地望考	古代文明	2014
642	许兆昌	试论《武王践祚》的文本流变	古代文明	2015
643	许多澍	如何评价吴梅	文艺争鸣	2002
644	许多澍	改革开放 30 年中国人择偶偏好的变迁及其社会成因	东北师大学报	2008
645	许昌福	鲁迅"造人术"的原作	鲁迅研究月刊	2001
646	齐珮	近代日本文人与中国文化——以大正文人的上海体验为中心	东北亚论坛	2006
647	严俊	吉林省人口和计划生育宣传教育调研——以 96 条标语口号分析为例	人口学刊	2008
648	严俊	电视直播:危机中引导舆论的利器——评央视汶川大地震直播报道	甘肃社会科学	2009
649	严俊	从"气候门"事件看美国媒体的虚假平衡报道	新闻记者	2010
650	严俊	传媒公共空间与市民社会的良性互动研究	吉林大学社会科学学报	2011
651	严俊	论新闻采编人员的职业风险	学术论坛	2013
652	余静	从近年来三峡考古新发现看楚文化的西渐	江汉考古	2005
653	余静	安徽淮河以南地区两汉墓葬的分期	东南文化	2008
654	吴亚娟	浅论国家主义对日本自然主义文学的影响	内蒙古大学学报	2008
655	吴亚娟	五四新文学与自然主义	齐鲁学刊	2008
656	吴帆	论李煜李清照词相似的审美特征及其成因	吉林大学社会科学学报	2006
657	吴彤	论太平天国运动初期的洪、杨矛盾	武汉大学学报	2005
658	吴彤	孙中山与护国运动	史学集刊	2007
659	吴彤	中国参加一战与日本的关系	西南大学学报	2008
660	吴良宝	《国语》周景王"铸大钱"的钱币学考察	社会科学战线	2005
661	吴泽义	评《胡适治学方法研究》	史学集刊	2008
662	吴春红	构式语法理论视角下的汉语处所范畴探析	东北师大学报	2010
663	吴振武	关于新见垣上官鼎铭文的释读	吉林大学社会科学学报	2005

序号	作者	论文名称	期刊来源	发表年度
664	吴 敬	赣江流域宋代葬俗的考古学观察	东南文化	2009
665	吴 敬	宋代厚丧薄葬和葬期过长的考古学观察	贵州社会科学	2010
666	吴 敬	以考古材料为视角的贵州地区宋代葬俗研究	贵州民族研究	2011
667	吴 敬	辽代契丹文化与汉文化的考古学观察	社会科学战线	2011
668	吴 敬	宋代川陕四路墓葬特征的区域性研究	考古与文物	2011
669	吴 敬	滇文化青铜器动物装饰的造型特征与艺术表现	民族艺术研究	2011
670	吴 敬	金代女真贵族墓汉化的再探索	考古	2012
671	吴 敬	关于偏远型古遗址文物保护规划的几点认识——基于文化保护"十六字方针"的思考	东南文化	2013
672	吴 敬	论南方宋墓的共性特征及其成因	考古与文物	2014
673	吴景明	守望大地：苇岸散文的生态意识	文艺争鸣	2009
674	吴景明	用奇幻点燃孩子的生态意识——中国当代生态童话简论	东北师大学报	2010
675	吴景明	"良民宗教"的建构与推行——兼论中国古典诗歌的言志抒情性	求索	2010
676	宋玉彬	渤海都城的田野考古研究	社会科学战线	2015
677	宋玉彬	吉林珲春古城村1号寺庙址遗物整理简报	文物	2015
678	宋玉彬	试论佛教传入图们江流域的初始时间	文物	2015
679	宋 阳	《周易》美学研究一瞥——以"《周易》经传美学通论"为中心	吉林大学社会科学学报	2010
680	宋 阳	伽达默尔之诗思疏论	求索	2010
681	宋 鸥	搭建跨学科研究的国际平台——"历史学与国际关系学：方法论探索与学科构建"高级国际学术研讨会综述	史学集刊	2003
682	宋 鸥	跨学科研究的深入互动——"历史学与国际关系学：英国学派的启示"国际学术研讨会综述	吉林大学社会科学学报	2007
683	宋 鸥	墨西哥人移民美国的历程	安徽史学	2008
684	宋 鸥	美国墨西哥移民的人口效应评析	史学集刊	2009
685	宋 鸥	墨西哥移民在美国的地域分布模式	学海	2009
686	宋 鸥	美国墨西哥移民的行业分布与职业结构	拉丁美洲研究	2009
687	宋 卿	渤海忽汗州都督府朝贡唐王朝述论	史学集刊	2006
688	宋 卿	肃慎、挹娄研究综述	中国史研究动态	2007
689	宋 卿	唐代东北原始部落形式的羁縻府州朝贡述论	黑龙江民族丛刊	2007
690	宋 卿	唐代营州政府经济职能初探	社会科学辑刊	2009
691	宋 卿	唐代平卢节度使略论	中国边疆史地研究	2010
692	宋 卿	试述唐前期平卢节度使的职官兼任	西南大学学报	2011
693	宋 卿	试论营州在唐代东北边疆的地位与作用	东北师大学报	2011
694	宋 卿	"中国古代边疆问题"研讨会综述	史学集刊	2013

序号	作者	论文名称	期刊来源	发表年度
695	宋　卿	试述唐代东北边疆重镇营州的权力伸缩	史学集刊	2014
696	宋　卿	唐代营州军事设置探究	中国边疆史地研究	2015
697	宋　娟	论温庭筠乐府诗与其词之间的关系	学术交流	2008
698	张乃和	15～17 世纪中英海外贸易政策比较研究	吉林大学社会科学学报	2001
699	张乃和	15～17 世纪中英海外贸易商人主体权利之比较	中国社会经济史研究	2003
700	张乃和	论近代英国版权制度的形成	世界历史	2004
701	张乃和	社会结构论纲	社会科学战线	2004
702	张乃和	超越世界体系论	史学集刊	2004
703	张乃和	认同理论与世界区域化研究	吉林大学社会科学学报	2004
704	张乃和	东亚多元一体论	史学集刊	2005
705	张乃和	近代英国法人观念的起源	世界历史	2005
706	张乃和	现代公民社会的起源	吉林大学社会科学学报	2006
707	张乃和	发生学方法与历史研究	史学集刊	2007
708	张乃和	英国学派与中世纪欧洲模式研究	吉林大学社会科学学报	2007
709	张乃和	寻找中国世界史学科发展的 A 点	史学集刊	2008
710	张乃和	现代西方史学的客观性危机及其启示	社会科学战线	2009
711	张乃和	东北亚区域的历史透视	史学集刊	2010
712	张乃和	从国王名称和徽章等看都铎英国的王权	世界历史	2010
713	张乃和	近代早期威尔士公国特许权的衰落	吉林大学社会科学学报	2010
714	张乃和	英国学派与世界史本体论问题	吉林大学社会科学学报	2011
715	张乃和	英国学派与国际会议史研究	史学集刊	2012
716	张乃和	欧洲文明转型与现代史学的诞生	史学集刊	2013
717	张　云	在历史与现实之间:历史学的研究与应用	江汉论坛	2003
718	张　云	在历史与现实之间:历史学的研究与应用	历史教学问题	2004
719	张　云	透视当代国际关系中的"跨国传媒"问题——兼论"跨国传媒"作为"全球市民社会"是否成立	世界经济与政治	2006
720	张文立	黑豆嘴类型青铜器中的西来因素	考古	2004
721	张文娟	对有爱世界的翩翩祝福——读迟子建新作《福翩翩》及回顾其创作历程	当代文坛	2007
722	张文娟	近代妇女解放思想与五四新文化运动	齐鲁学刊	2008
723	张丛皞	谈萧红的文学史价值——为萧红诞辰百年而作	学习与探索	2011
724	张丛皞	"大团圆"与中国现代小说创作的主体意识变迁	贵州社会科学	2011
725	张丛皞	暗黑世界的描摹——苏童小说的"空间诗学"	文艺争鸣	2011
726	张丛皞	无名氏小说创作中的"红楼"影像	求索	2011
727	张丛皞	《二十世纪中国文学史》写作研讨会综述	中国现代文学研究丛刊	2012
728	张丛皞	民元作为民国文学史起点的意义与价值——以《共和国教科书》为参照	文艺争鸣	2012
729	张丛皞	中国文学的"现代"与"当代"高峰论坛学术研讨会综述	当代作家评论	2014
730	张丛皞	"城市文学"要有城市的精魂	当代作家评论	2015

序号	作者	论文名称	期刊来源	发表年度
731	张丛皞	中国现代文学研究会第十二届常务理事会暨现代文学研究最新动态与学科发展高端论坛综述	中国现代文学研究丛刊	2015
732	张全超	内蒙古和林格尔县新店子墓地古代居民的食谱分析	文物	2006
733	张全超	新疆尼勒克县穷科克一号墓地古代居民的食物结构分析	西域研究	2006
734	张全超	新疆罗布淖尔古墓沟青铜时代人骨微量元素的初步研究	考古与文物	2006
735	张全超	新疆地区古代居民的人种地理变迁	社会科学战线	2006
736	张全超	关于匈奴人种问题的几点认识	中央民族大学学报	2006
737	张全超	靺鞨文化的生物考古学新探——以特罗伊茨基靺鞨墓地为例	中央民族大学学报	2009
738	张全超	新疆巴里坤县黑沟梁墓地出土人骨的食性分析	西域研究	2009
739	张全超	新疆哈密天山北路墓地出土人骨的稳定同位素分析	西域研究	2010
740	张全超	先秦时期内蒙古中南部地区居民的迁徙与融合	中央民族大学学报	2010
741	张全超	靺鞨人种考	史学集刊	2010
742	张全超	上海松江区广富林遗址良渚时期人骨微量元素的初步研究	东南文化	2010
743	张全超	云南澄江县金莲山墓地出土人骨稳定同位素的初步分析	考古	2011
744	张全超	新疆古墓沟墓地人骨的稳定同位素分析：早期罗布泊先民饮食结构初探	西域研究	2011
745	张全超	内蒙古凉城县水泉墓地辽代人骨研究	考古	2011
746	张全超	湖北青龙泉遗址东周时期墓葬出土人骨的稳定同位素分析	江汉考古	2012
747	张全超	辽宁阜新县界力花遗址出土人骨研究	考古	2014
748	张多强	吴说书法略论	中国书法	2005
749	张芳馨	对比叙事与都市精英形象的自嘲——《人在囧途》与《人再囧途之泰囧》比较分析	文艺争鸣	2013
750	张芳馨	莫言小说中"婴孩"形象的诡异意味	社会科学战线	2014
751	张芳馨	地域文化视域下东北文学的当代阐释——以金仁顺小说中的东北书写为例	学习与探索	2014
752	张芳馨	新世纪以来"伤痕文学"研究趋向	小说评论	2014
753	张芳馨	关键的批评——评《二十世纪中国文学批评99个词》	中国教育学刊	2014
754	张芳馨	古老、传统与历久弥新——中国文化的特点与对比叙事	文艺争鸣	2014
755	张芳馨	"莲花盛开的村庄"——甫跃辉乡土小说论	当代作家评论	2015
756	张连第	金圣叹的人生哲学与他对《西厢记》的评点	吉林大学社会科学学报	2003
757	张 卓	新时期环境文学解读	社会科学战线	2006
758	张 卓	"游子"的新文化意蕴	社会科学战线	2011
759	张 卓	炽热的游子情怀——论留学生文学的"中国情结"	文艺争鸣	2013
760	张固也	《管子·侈靡篇》的结构与主题	史学集刊	2001

序号	作者	论文名称	期刊来源	发表年度
761	张固也	唐卢元福墓志考释	史学史研究	2008
762	张学昕	梳理文学在内心的细节	当代作家评论	2004
763	张　忠	民国自由报人的社会角色探析	云南社会科学	2010
764	张昀韬	简论王尔德与谷崎润一郎小说的唯美特色	东北亚论坛	2002
765	张金梁	"南安体"、"南路体"、"梅花体"研究	中国书法	2005
766	张剑鸣	传统营销观念与中国早期商业电影	吉林大学社会科学学报	2013
767	张彧彧	元代"汉儿言语"的交际价值和文化价值	江西社会科学	2015
768	张彧彧	"向"的"时—空"词义系统跨语言共性的认知阐释	江淮论坛	2015
769	张　涛	贾平凹创作年表简编	文艺争鸣	2012
770	张　涛	错位的批评与知识分子话语重建——重评"废都现象"	文艺争鸣	2014
771	张　涛	理论贡献与立场偏狭——重评夏志清的《中国现代小说史》	文艺争鸣	2014
772	张　涛	是"起源"，还是"过渡"？——王德威的"被压抑的现代性"刍议	文艺争鸣	2015
773	张　涛	论夏志清《中国现代小说史》的建构方式	小说评论	2015
774	张　涛	理念分歧与意气之争：一场文学史论争的回顾与反思	南方文坛	2015
775	张　涛	在启蒙现代性与"游戏文章"之间游移——略议李欧梵的"现代性的追求"	文艺争鸣	2015
776	张望发	关于中介语产生因素及相互关系的再认识	东北大学学报	2010
777	张喜久	英雄的神话：弗莱的悲剧观	社会科学战线	2008
778	张斯琦	论微博与社会秩序的二重影响	甘肃社会科学	2012
779	张斯琦	《足球小子》与社会现状关系分析	文艺争鸣	2013
780	张斯琦	新闻摄影的传播境况	编辑之友	2013
781	张斯琦	艺术生产流程中各要素的审视与论争——兼及微博的"揭露"与"探讨"功能	文艺争鸣	2014
782	张斯琦	都市电影中"屌丝"族的自我审慎与最终"逆袭"	当代电影	2014
783	张斯琦	阎连科式写作：以桃花源对抗乌托邦	当代作家评论	2015
784	张斯琦	引进类真人秀节目的本土表达	中国电视	2015
785	张斯琦	说唱文学的人物中心性与复沓叙事——以《伊玛堪》为例	文艺争鸣	2015
786	张斯琦	市场经济下中国新媒体电影的叙事特征研究	当代电影	2015
787	张斯琦	大传媒时代文学的传播及其价值的重新思考——张福贵教授访谈录	当代作家评论	2015
788	张斯琦	大传媒时代中国文学叙事形式研究	文艺争鸣	2015
789	张斯琦	北美华文文学在媒介传播中的嬗变	学术交流	2015
790	张景全	20 世纪中前期加拿大及前苏联的沙尘灾害	东北亚论坛	2002
791	张景全	武士道与骑士道的差异性初探——以"忠"理念为中心	日本学刊	2003
792	张景全	论骑士制度的繁荣期	史学集刊	2003

序号	作者	论文名称	期刊来源	发表年度
793	张景全	关于中日钓鱼群岛争端的几点认识	东北亚论坛	2005
794	张景全	国际体系与日本对外结盟	日本学刊	2005
795	张景全	日本的海权观及海洋战略初探	当代亚太	2005
796	张景全	日美同盟的强化及其影响	现代国际关系	2006
797	张景全	从同盟机制角度看美国对日本历史问题的态度	当代亚太	2006
798	张景全	结盟对国家崛起、发展的影响——以日本为例的历史分析	日本学刊	2006
799	张殿元	广告文化的性别建构问题分析	妇女研究论丛	2003
800	张殿元	广告文化的性别建构问题分析	思想战线	2003
801	张殿元	超越表象：社会广告化的深度分析	新闻与传播研究	2004
802	张殿元	批判研究：广告文化传播的另类解读	现代传播	2004
803	张殿元	大众文化操纵的颠覆——费斯克“生产者式文本”理论述评	国际新闻界	2005
804	张福贵	行为上的“暴民”与思想上的“顺民”——关于《原野》复仇行为和意识的批判	中国现代文学研究丛刊	2001
805	张福贵	20世纪中国文学中的两种反现代意识	文艺争鸣	2001
806	张福贵	意识的强化与中日比较文学研究的再发展	吉林大学社会科学学报	2001
807	张福贵	关于中国现代文学史研究的范式问题	文艺争鸣	2003
808	张福贵	从文学史到思想史——中日“无产阶级小说”的形象关联和思想关联	吉林大学社会科学学报	2003
809	张福贵	经典化理解：当下鲁迅研究不可缺少的主题	鲁迅研究月刊	2004
810	张福贵	教科书模式与多元化、个性化的学术要求	文学评论	2004
811	张福贵	人性主题的畸形呈现——张资平小说性爱主题论之一	文艺研究	2004
812	张福贵	东北老工业基地振兴与东北现代文化人格的缺失	社会科学辑刊	2004
813	张福贵	错位的批判：一篇缺少同情与关怀的冷漠之作——重读叶圣陶的小说《潘先生在难中》	文艺争鸣	2004
814	张福贵	宽容的道德哲学——兼答贺仲明先生	文艺争鸣	2005
815	张福贵	人类思想主题的生命解读——张资平小说性爱主题论之二	社会科学战线	2005
816	张福贵	鲁迅研究的思想意义与学术理性	东北师大学报	2006
817	张福贵	革命史体系与现代文学史写作的逻辑缺失	吉林大学社会科学学报	2006
818	张福贵	从“学鲁迅”到“鲁迅学”——建国以来东北学人鲁迅研究的历史评价	社会科学战线	2009
819	张福贵	底层的真相与病相——解读《高兴》	文艺争鸣	2009
820	张福贵	文学史写作的四种制约	文艺争鸣	2010
821	张福贵	经典的主题与非经典的艺术——“红色经典叙事”影视热映后的反思	文艺争鸣	2010

续表

序号	作者	论文名称	期刊来源	发表年度
822	张福贵	为"文化五四"辩护——两个"五四"的不同境遇与价值差异	吉林大学社会科学学报	2010
823	张福贵	当下中国学术危机的三大症候	学术界	2010
824	张福贵	萧红文学世界的人类性价值	学习与探索	2011
825	张福贵	从"现代文学"到"民国文学"——再谈中国现代文学的命名问题	文艺争鸣	2011
826	张福贵	鲁迅思想的民众本位与鲁迅研究的大众化价值	武汉大学学报	2011
827	张福贵	文化创新的本质与大学精神的功能	吉林大学社会科学学报	2012
828	张福贵	"文化安全"的悖论与"软实力"的正途	学术月刊	2012
829	张福贵	经典文学史的书写与文学史观的反思——以严家炎《二十世纪中国文学史》为中心	文艺研究	2012
830	张福贵	新世纪文学的哀叹:回不去的"八十年代"	当代作家评论	2013
831	张福贵	鲁迅"世界人"概念的构成及其当代思想价值	文学评论	2013
832	张福贵	小说与话剧文本转换的现代性表达——关于新世纪话剧的文本考察	求是学刊	2013
833	张福贵	"世界华文文学"学科性的三个概念	江汉论坛	2013
834	张福贵	走出"教科书时代"——现当代文学学术前提的反思与重建	中国现代文学研究丛刊	2013
835	张福贵	鲁迅研究的三种范式与当下的价值选择	中国社会科学	2013
836	张福贵	东北文化历史构成的断层性与共生性	学习与探索	2014
837	张福贵	文化的伦理逻辑与悲凉的温情叙事——读迟子建的《群山之巅》	当代作家评论	2015
838	张福贵	人生命题的智慧解答——吕钦文《哲理与情思》遐想	文艺争鸣	2015
839	张遥	读徐晓鹏的《月蚀》集	文艺争鸣	2008
840	张遥	当代网络影评的生成机制与传播特征	扬子江评论	2014
841	张锡坤	《易传》"美"、"文"渊源考	吉林大学社会科学学报	2003
842	张锡坤	中国古代诗歌"以悲为美"探索三题	文艺研究	2004
843	张锡坤	再论中国古代诗歌的"以悲为美"——兼答徐国荣先生	文艺研究	2005
844	张锡坤	"象思维"与卦爻象的美学意义	社会科学战线	2006
845	张锡坤	中国古代的"象思维"——兼评王树人新著《回归原创之思》	吉林大学社会科学学报	2006
846	张锡坤	西周雅乐的刚健风貌与刘勰的"风骨"——《文心雕龙·风骨》"刚健"之再溯源	吉林大学社会科学学报	2009
847	张锡坤	俯仰宇宙审美观照源起之再追索——从《诗经·大雅·旱麓》的"鸢飞戾天,鱼跃于渊"谈起	吉林大学社会科学学报	2010
848	张锡坤	中国古代审美观照的拓展与深化——论郭象"独化"哲学中的"俯仰"与"虚静"的整合	吉林大学社会科学学报	2011
849	张锡坤	中国当代文艺理论原创性体系建设的初步构想	吉林大学社会科学学报	2012

序号	作者	论文名称	期刊来源	发表年度
850	张嫘	时政新闻播音语言的嬗变	福建论坛	2009
851	张霁	论胡适"新红学"派作为现代学术范式之生成	文艺争鸣	2008
852	张德厚	试论马克思主义美学的现代化	吉林大学社会科学学报	2001
853	张德厚	传统叙述与当代阅读——从电视剧《书香门第》的叙述策略谈起	电视研究	2003
854	张德厚	拓展文学观念和文学研究领域	吉林大学社会科学学报	2003
855	张德厚	西方文艺理论因果关系思维模式刍议	吉林大学社会科学学报	2004
856	李子文	论康有为的大同思想	史学集刊	2001
857	李子君	章炳麟的《成均图》及"音转理论"	山西大学学报	2004
858	李子君	《礼部韵略》对宋人语言研究的功用	吉林大学社会科学学报	2006
859	李子君	《增修互注礼部韵略》版本考述——兼释元代屡刊《增修互注礼部韵略》的原因	文献	2010
860	李子君	论《礼部韵略》与《集韵》的差异	吉林大学社会科学学报	2012
861	李子君	宋代诗赋取士的官韵	北方论丛	2012
862	李书源	真盛意使华与鸦片战争期间的中法关系	史学集刊	2003
863	李书源	区域史研究理论与近代东北区域史研究	史学集刊	2008
864	李书源	民国初年东北地区女性自杀现象解读——以 1912 ～ 1921 年间《盛京时报》刊载的 578 例女性自杀案例为中心	吉林大学社会科学学报	2009
865	李书源	试论牡丹江地区的农业合作化运动	史学集刊	2013
866	李书源	铁路与近代东北交通体系的重构（1898 ～ 1931）	社会科学辑刊	2014
867	李书源	民初奉天临时省议会述略	天津师范大学学报	2014
868	李长虹	论梅娘的小说创作	齐鲁学刊	2006
869	李冬梅	试论"鲁迅的当下接受"	社会科学战线	2009
870	李冬梅	90 年代女性城市书写中地域文化的时代变迁	求索	2012
871	李玉君	赵永春《金宋关系史》评介	中国史研究动态	2006
872	李龙	文学的救赎与救赎的文学——底层文学与现代性问题	文艺理论与批评	2008
873	李龙	向新的历史维度开放——"新时期文学理论研究的回顾与反思"学术研讨会侧记	社会科学战线	2008
874	李龙	解构与"文学性"问题——论保罗·德曼的"文学性"理论	当代外国文学	2008
875	李龙	克里斯特瓦的文本理论浅析	吉林大学社会科学学报	2011
876	李龙	怎样认识文学基本理论研究	文艺争鸣	2012
877	李龙	重构马克思主义美学的历史维度	中国人民大学学报	2014
878	李龙	"东亚"的现代是否可能？——中日两国的现代叙述与现代性理念反思	人文杂志	2014
879	李伊萍	南兴埠遗址"大汶口文化晚期遗存"分析	华夏考古	2008

续表

序号	作者	论文名称	期刊来源	发表年度
880	李伟大	"N - 职 + N - 亲"结构歧义度考察	语言教学与研究	2010
881	李　军	英美女性实验小说传统及其先验创作的特征	求是学刊	2008
882	李守奎	表意字的表达功能与古文字考释	吉林大学社会科学学报	2005
883	李守奎	评《古文字构形学》	考古	2008
884	李守奎	古文字字编类著作的回顾与展望	吉林大学社会科学学报	2008
885	李守奎	面向全球的汉字学——关于汉字研究融入国际学术体系的思考	吉林大学社会科学学报	2012
886	李　希	陶渊明诗学与郭象哲学之关系考	求索	2010
887	李志宏	英德法各国是如何保证高等教育质量的	中国高等教育	2001
888	李志宏	人类审美活动的层次构成与整体性质——兼论我国当前的美学论争	吉林大学社会科学学报	2001
889	李志宏	中国当代美学的理论支点：人的本质还是人的智能	学术月刊	2002
890	李志宏	当代中国美与美感关系研究的回顾与分析	社会科学战线	2003
891	李志宏	中国美学的现代性进展与科学化方向	吉林大学社会科学学报	2003
892	李志宏	中国当代文学的历史观与审美性	吉林大学社会科学学报	2004
893	李志宏	美本质研究将怎样终结——再论"美是什么"是伪命题	吉林大学社会科学学报	2005
894	李志宏	意识形态不等同于观念上层建筑——"审美意识形态论"哲学根基分析	学术月刊	2006
895	李志宏	人类审美是怎样从无到有的——对新实践美学及实践美学的解析与提问	厦门大学学报	2006
896	李志宏	"审美意识"加"形态"的理论实质——评"文学审美意识形态的逻辑起点"的逻辑	高校理论战线	2007
897	李志宏	文学审美性界说	学习与探索	2007
898	李志宏	马克思主义意识形态学说与文艺的意识形态性	文艺争鸣	2008
899	李志宏	怎样科学地坚持文艺的意识形态性——兼析"形似审美意识形态论表述"	吉林大学社会科学学报	2008
900	李志宏	"实践存在论美学"评析	文艺理论与批评	2010
901	李志宏	丰厚的思想，深刻的启迪——公木先生诞辰百周年纪念	吉林大学社会科学学报	2010
902	李志宏	认识论和"主客二分"何错之有？——兼论实践存在论美学的倒退	文艺争鸣	2013
903	李志宏	难以否认的美学倒退走向——对实践存在论美学自我辩解的评析	文艺争鸣	2013
904	李志宏	根源性美学歧误匡正："美"字不是"美"——兼向张玉能先生及实践美学谱系请教	吉林大学社会科学学报	2013
905	李志宏	论审美关系的发生与结成——实践存在论美学"审美关系逻辑在先说"评析	学习与探索	2014
906	李志宏	美学的根本问题不是美本质而是"物何以美"——兼论康德美学的科学性和超前性	河南社会科学	2015
907	李志宏	中国马克思主义文艺观的学理依据	中国高校社会科学	2015

序号	作者	论文名称	期刊来源	发表年度
908	李志宏	马克思唯物史观的本质是现代存在论吗？——"实践存在论美学"哲学根基分析	学习与探索	2015
909	李志宏	谁在倒退：认知美学与实践存在论美学之辩——答张玉能、张弓、寇鹏程诸先生	文艺争鸣	2015
910	李佳	忠君与忠社稷关系辨——论明代土木之变中的士大夫政治价值观	求是学刊	2012
911	李佳	论明代君臣冲突中的士大夫的政治价值观	西南大学学报	2013
912	李佳	论明代阁臣在君臣冲突情境中的行为取向——以李东阳、费宏与王锡爵为中心	云南社会科学	2013
913	李佳	明朝宦官干政形象的一种政治文化解读——以王振为中心	东北师大学报	2014
914	李佳	明代官员"忠"谥考论	求是学刊	2014
915	李佳	晚明官员的建言去官与起复封赠	古代文明	2014
916	李佳	相名、相业与君相政治思维：明人相论解析	史学月刊	2015
917	李佳	"以谏为忠"与"以谏求名"——论晚明士大夫的谏诤观与政治生态	史学集刊	2015
918	李明军	文化蒙蔽：鲁迅小说中女性形象的精神桎梏	鲁迅研究月刊	2004
919	李明晖	对《文字狱两案例》一文的异议	鲁迅研究月刊	2007
920	李明晖	丸山昇鲁迅研究视野中的鲁迅"进化论"	文学评论	2013
921	李明晖	以革命为名义的"革命"——"丸山鲁迅"研究札记	中国现代文学研究丛刊	2013
922	李明晖	何为"丸尾鲁迅"	中国现代文学研究丛刊	2014
923	李明晖	北冈正子的鲁迅研究	鲁迅研究月刊	2015
924	李松儒	上博七《武王践阼》的抄写特征及文本构成	江汉考古	2015
925	李剑影	再论"玩它个痛快"	汉语学习	2007
926	李春享	朝汉语工具范畴对比	汉语学习	2009
927	李柯	试论《挪威的森林》与《了不起的盖茨比》中的象征手法比较	东北亚论坛	2002
928	李洪权	论金元全真教经济生活方式的衍变	史学集刊	2007
929	李洪权	金元之际全真教道观的社会经济来源	郑州大学学报	2008
930	李洪权	论全真教与金元社会的纲常伦理	史学集刊	2009
931	李洪权	论金元时期全真教的财产观念	西南大学学报	2009
932	李洪权	论金元时期全真教的物质消费特征	求是学刊	2011
933	李洪权	论金元时期全真教对孝道伦理的维护	贵州社会科学	2013
934	李洪权	金元之际全真教的社会救济活动	社会科学战线	2013
935	李洪权	金元之际全真教的政治参与和政治抉择	史学集刊	2013
936	李洪权	论金元时期全真教的善恶观念	求是学刊	2013

序号	作者	论文名称	期刊来源	发表年度
937	李 轶	先秦度量单位"尺""寸"用字考	云南师范大学学报	2010
938	李 振	初期延安文学的革命家庭书写——以《夜》和《乡长夫妇》为例	河南师范大学学报	2011
939	李 振	1940年代初延安保育困境的文学书写	齐鲁学刊	2011
940	李 振	可贵的现场反思——20世纪40年代初延安文学中的革命婚恋	南开学报	2011
941	李 振	介入家庭：革命实用思维的扩展——1940年代延安文学现象之一	湘潭大学学报	2011
942	李 振	妇女解放书写的新模式——1942年之后延安文学的性别话语之一	中国现代文学研究丛刊	2012
943	李 振	1942年后延安文学创作中母性叙事模式的转变	江汉论坛	2012
944	李 振	"文""史"断裂的起点——论《小二黑结婚》的叙事策略	东岳论丛	2012
945	李 振	小说世界中的野心家——阿乙论	南方文坛	2012
946	李 振	《创业史》：细节中的逻辑与常识问题	齐鲁学刊	2013
947	李 振	"像守财奴一样守住自己的往事"——路内论	文艺争鸣	2013
948	李 振	苏区文艺的组织化过程	文史哲	2014
949	李 振	"70后"的"文革"想象与叙述——以《花街往事》和《认罪书》为例	当代作家评论	2014
950	李 振	关于"中国故事"的若干疑问	南方文坛	2014
951	李 振	"中国故事"：到底应该怎么讲？	当代作家评论	2014
952	李 振	张楚小说论	河南师范大学学报	2015
953	李 振	艰难的"时代性"——从《收获》"青年作家小说专辑"说开去	南方文坛	2015
954	李 振	1977~1983：文学空间再认识	扬子江评论	2015
955	李 振	1940年代延安文学中的妇女问题	湘潭大学学报	2015
956	李 梦	纯文学的历史演进与价值取向	人文杂志	2004
957	李 梦	女性阅读：通往存在的必由之路	社会科学战线	2008
958	李 梦	《私人生活》的存在与虚无	齐鲁学刊	2009
959	李淑华	赫鲁晓夫时期苏联书刊检查评议	北方论丛	2010
960	李新宇	面对世纪末文化思潮对鲁迅的挑战（三）——兼及五四新文化运动的现实合法性问题	鲁迅研究月刊	2001
961	李新宇	1928：新文化危机中的鲁迅	中国现代文学研究丛刊	2001
962	李新宇	迷失的代价（上）——20世纪中国文艺大众化运动再思考	文艺争鸣	2001
963	李新宇	迷失的代价（下）——20世纪中国文艺大众化运动再思考	文艺争鸣	2001

序号	作者	论文名称	期刊来源	发表年度
964	李新宇	精神康复之路的探寻——筱敏散文阅读札记	文艺争鸣	2001
965	李新宇	鲁迅：启蒙路上的艰难持守	齐鲁学刊	2001
966	李新宇	精神坚守者的姿态	文艺争鸣	2002
967	李新宇	价值重估的尺度——论五四人学思想及其现代意义	齐鲁学刊	2002
968	李新宇	国民革命与新文学环境的恶化——20 世纪中国文学的知识分子话语	文艺争鸣	2003
969	李新宇	秦晖："问题"与"主义"的庄严求索	文艺争鸣	2003
970	李新宇	徐友渔：乱云中的抵抗与守护	文艺争鸣	2003
971	李新宇	启蒙五题	齐鲁学刊	2003
972	李新宇	多视角的青春摹写——序吕丁丁《颜色醒了》	文艺争鸣	2004
973	李 静	略论"以文为词"	北京大学学报	2005
974	李 静	张孝祥的临安交游与词的创作论略	求是学刊	2005
975	李 静	洪皓使金与词的创业、传播	北京大学学报	2008
976	李 静	金初词坛的群落构成刍论	社会科学战线	2010
977	李 静	从完颜亮到完颜璟：金代女真人词的嬗变轨迹述论	学术论坛	2010
978	李 静	金初词人群体的心理认同与词的创作	文学评论	2011
979	李 静	"盛世"气象与金代中期本土词人群体	文艺研究	2011
980	李 静	北宋前期词人词作的地理分布	学术论坛	2012
981	李 静	刘扬忠先生治学胜概探微	社会科学战线	2012
982	李 静	宋代"戏作"词的体类及其嬗变	北京大学学报	2014
983	李 静	体格之变与北宋中前期词运之转关	吉林大学社会科学学报	2014
984	李 静	宋代酬赠词的性别差异	学习与探索	2014
985	李 静	北宋中后期词对晚唐诗的递嬗与自我定位——兼论诗词同质异构现象	学习与探索	2015
986	杨丹丹	顾城之死的文化解析	求索	2008
987	杨丹丹	革命历史小说中的叙事成规——对于《保卫延安》的非文本化理解	文艺理论与批评	2010
988	杨丹丹	历史·成长·女性——解读苏童的《河岸》	小说评论	2010
989	杨 冬	试论雷纳·韦勒克的批评史研究	吉林大学社会科学学报	2002
990	杨 冬	西方文学批评史研究的百年历程	文艺理论研究	2005
991	杨 冬	批评史的意义	吉林大学社会科学学报	2005
992	杨 冬	一部独特的现实主义文学史——由奥尔巴赫《摹仿论》所引发的思考	文艺争鸣	2006
993	杨 冬	西方文学批评史研究在当代中国	文艺争鸣	2007
994	杨 冬	一段令人缅怀的批评史——重读 1946 至 1949 年的西方文论经典	吉林大学社会科学学报	2007

序号	作者	论文名称	期刊来源	发表年度
995	杨 冬	略谈西方文学批评史研究在当代中国	文艺理论研究	2007
996	杨 冬	新批评派与有机整体论诗学	吉林大学社会科学学报	2008
997	杨 冬	百年中国批评史中的"勃兰兑斯问题"——关于勃兰兑斯在中国的译介与接受	文艺争鸣	2009
998	杨 冬	"诗歌是一种生活的批评"——马修·阿诺德的诗歌理论和批评方法	学习与探索	2010
999	杨 冬	诗歌与哲理：一个比较诗学的话题	文艺争鸣	2011
1000	杨 冬	英美现代诗论的"经文"——从柯勒律治的想象力理论说起	吉林大学社会科学学报	2011
1001	杨 冬	韦勒克的启示——《近代文学批评史》研究方法述评	文艺争鸣	2012
1002	杨 冬	意趣盎然的小说诗学——戴维·洛奇《小说的艺术》阅读札记	文艺争鸣	2013
1003	杨 冬	理论的限度	文艺争鸣	2015
1004	杨 军	也谈高句丽柳花神话	社会科学战线	2001
1005	杨 军	高句丽五部研究	吉林大学社会科学学报	2001
1006	杨 军	高句丽中央官制研究	黑龙江民族丛刊	2001
1007	杨 军	高句丽族属溯源	社会科学战线	2002
1008	杨 军	公元前朝鲜半岛的民族迁徙与融合	东北亚论坛	2002
1009	杨 军	高句丽地方统治结构研究	史学集刊	2002
1010	杨 军	布赞带给中国古代史研究的启示	史学集刊	2004
1011	杨 军	中国与古代东亚国际体系	吉林大学社会科学学报	2004
1012	杨 军	秽国考	黑龙江民族丛刊	2004
1013	杨 军	中、日与东亚共同体：从历史到现实	史学集刊	2005
1014	杨 军	粟末靺鞨与渤海国	中国边疆史地研究	2005
1015	杨 军	"回回"名源辨	回族研究	2005
1016	杨 军	高句丽地方官制研究	社会科学辑刊	2005
1017	杨 军	对恩格斯"起源论"的三个误解	吉林大学社会科学学报	2006
1018	杨 军	靺鞨诸部与渤海建国集团	民族研究	2006
1019	杨 军	拓跋鲜卑早期历史辨误	史学集刊	2006
1020	杨 军	诚朴笃厚、广博易良的儒者——记吾师吕绍纲先生	社会科学战线	2007
1021	杨 军	《红楼梦》"乌进孝进贡"考	明清小说研究	2008
1022	杨 军	构建与开拓：改革开放以来的中国地方史研究	史学集刊	2008
1023	杨 军	东亚封贡体系确立的时间——以辽金与高丽的关系为中心	贵州社会科学	2008
1024	杨 军	高句丽早期五部考	西北第二民族学院学报	2008
1025	杨 军	朝鲜史书《三国史记》所载"靺鞨"考	中国边疆史地研究	2008
1026	杨 军	儒学在朝鲜半岛的早期传播	贵州社会科学	2009
1027	杨 军	试析朝鲜李朝文人疆域史观之误——以对安市城的认识为中心	史学集刊	2010

序号	作者	论文名称	期刊来源	发表年度
1028	杨 军	契丹"四楼"别议	历史研究	2010
1029	杨 军	东夫余考	史学集刊	2010
1030	杨 军	清代中朝边境贸易中的"揽头"	清史研究	2010
1031	杨 军	段部族源辨	晋阳学刊	2010
1032	杨 军	靺鞨人的迁徙与渤海国	求是学刊	2010
1033	杨 军	关于郑和佛教信仰两条史料的辨伪	北方民族大学学报	2011
1034	杨 军	宇文部世系及始迁时间地点考	贵州社会科学	2011
1035	杨 军	耶律俨《皇朝实录》与《辽史》	史学史研究	2011
1036	杨 军	辽代的宰相与使相	学习与探索	2012
1037	杨 军	双重边疆：古代中国边疆的特殊性	史学集刊	2012
1038	杨 军	变家为国：耶律阿保机对契丹部族结构的改造	历史研究	2012
1039	杨 军	辽代南京留守的选任与转迁研究	求索	2013
1040	杨 军	辽朝南面官研究——以碑刻资料为中心	史学集刊	2013
1041	杨 军	辽朝人口总量考	史学集刊	2014
1042	杨 军	契丹始祖传说与契丹族源	首都师范大学学报	2014
1043	杨 军	辽代斡鲁朵研究	学习与探索	2015
1044	杨 军	任那考论	史学集刊	2015
1045	杨宇辰	试析二十世纪初的中国买办社会	长白学刊	2003
1046	杨建华	燕山南北商周之际青铜器遗存的分群研究	考古学报	2002
1047	杨建华	欧亚草原经济类型的发展阶段及其与中国长城地带的比较——读《欧亚草原东西方的古代交往》	考古	2004
1048	杨建华	中国古代文明过程考察的不同角度及其相关问题	吉林大学社会科学学报	2005
1049	杨建华	从聚落布局看史前宗教功能的演变	考古	2005
1050	杨建华	从晋陕高原"勺形器"的用途看中国北方与欧亚草原在御马器方面的联系	西域研究	2007
1051	杨建华	略论中国北方地区古代游牧民族文化发展模式	吉林大学社会科学学报	2007
1052	杨建华	陕西清涧李家崖东周墓与"河西白狄"	考古与文物	2008
1053	杨建华	中国北方东周时期两种文化遗存辨析——兼论戎狄与胡的关系	考古学报	2009
1054	杨建华	三叉式护手剑与中国西部文化交流的过程	考古	2010
1055	杨建华	张家川墓葬草原因素寻踪——天山通道的开启	西域研究	2010
1056	杨建华	中国早期铜器的起源	西域研究	2012
1057	杨建华	略论秦文化与北方文化的关系	考古与文物	2013
1058	杨建华	俄罗斯图瓦和阿尔泰地区的早期游牧文化	西域研究	2014
1059	杨建华	商文化对中国北方以及欧亚草原东部地区的影响	考古与文物	2014
1060	杨建华	匈奴联盟与丝绸之路的孕育过程——青铜时代和早期铁器时代中国北方与欧亚草原的文化交往	吉林大学社会科学学报	2015
1061	杨 枫	鲁迅"反传统"辨析：对西方后殖民主义"鲁迅观"的反诘	鲁迅研究月刊	2004

序号	作者	论文名称	期刊来源	发表年度
1062	杨炳菁	试析村上春树的处女作《且听风吟》	解放军外国语学院学报	2008
1063	杨祥银	美国公共历史学综述	国外社会科学	2001
1064	杨祥银	国际政治中的经济制裁政策还能走多远——从冷战后的经济制裁走向谈起	世界经济与政治	2001
1065	杨富波	审美与求真的角力——论"典型"的内涵及其争论的根源	文艺争鸣	2014
1066	杨　晶	中国现代女性革命小说的再认识	东北师大学报	2006
1067	杨莹莹	论张爱玲小说中的都市边缘女性	中国现代文学研究丛刊	2015
1068	杨翠红	俄罗斯对外贸易的发展历程	东北亚论坛	2002
1069	杨翠红	俄罗斯东正教会与对外贸易（11～14 世纪）	东北亚论坛	2003
1070	杨翠红	试论东正教的罗斯化	史学集刊	2004
1071	杨翠红	蒙古统治罗斯初期政教关系的变化	社会科学战线	2007
1072	杨翠红	中世纪修道院与俄罗斯文化	北方论丛	2011
1073	杨翠红	蒙古统治罗斯后期政教关系的变化	史学集刊	2011
1074	杨翠红	俄国编年史传统与史学现代化	史学集刊	2013
1075	杨翠红	俄国早期工业化进程解析	贵州社会科学	2013
1076	杨翠红	罗斯基督教化促进国家封建化——兼论罗斯东正教修道院的特征与作用	社会科学战线	2014
1077	杨翠红	全球化视野下的俄罗斯史学	史学集刊	2015
1078	杨翠红	苏联妇女在苏德反法西斯战争中的作用	贵州社会科学	2015
1079	沈文凡	唐诗创作与唐代学术关系的全新探讨——评《唐学与唐诗》	中国图书评论	2001
1080	沈文凡	大历诗坛上的一个特殊存在——试论韦应物诗歌古近诸体的艺术风貌	吉林大学社会科学学报	2002
1081	沈文凡	唐宋诗分题材研究与构想——以考古诗、邸报诗及类分意识为中心	吉林大学社会科学学报	2003
1082	沈文凡	百韵五言长律嬗变考述	社会科学战线	2004
1083	沈文凡	宋词中的独特体式——福唐独木桥体	社会科学辑刊	2006
1084	沈文凡	能知天地理,善晓鬼神情——唐代"鬼诗"创作初探	社会科学辑刊	2007
1085	沈文凡	唐代诗人姚合研究综述	东北师大学报	2007
1086	沈文凡	日本俳句与中国唐诗艺术表现之异同	日本研究	2009
1087	沈文凡	"长律"、"排律"名称之文献缉考——以唐宋元明时期作为考察范围	东北师大学报	2009
1088	沈文凡	唐代诗韵之明人接受文献初缉	社会科学辑刊	2010
1089	沈文凡	唐诗名篇名句之明代接受与传播	社会科学战线	2010
1090	沈文凡	苏轼是否通音律与苏词是否合律可歌略辨	北方论丛	2010
1091	沈文凡	"杨家将"娱乐审美与伦理道德主题的分化与合流	南京师大学报	2010

序号	作者	论文名称	期刊来源	发表年度
1092	沈文凡	黄巢《自题像》探赜与索隐——兼论韩国南羲采《龟磵诗话》对唐诗的举证价值	福州大学学报	2010
1093	沈文凡	韩愈贬潮心迹考论——从比较昌黎《论佛骨表》与傅奕《请除释教书》展开	兰州大学学报	2011
1094	沈文凡	韩愈乐府歌诗创作刍论——以《琴操》十首为诠解对象	中山大学学报	2011
1095	沈文凡	隋唐东北边塞诗创作述论	吉林大学社会科学学报	2011
1096	沈文凡	宋辽交聘背景下的彭汝砺使辽诗	学习与探索	2011
1097	沈文凡	唐代射猎诗研究	社会科学辑刊	2012
1098	沈文凡	盛唐诗幸:百年来唐玄宗诗歌研究综论	吉林大学社会科学学报	2013
1099	沈文凡	余恕诚先生学术思想述评	社会科学战线	2014
1100	沈文凡	唐代渤、日通聘赠答诗初探	文艺争鸣	2015
1101	沈文凡	唐代渤海国聘日使节诗歌初论	学术界	2015
1102	沈文雪	宋金南北渡文士心态与文学格调	社会科学辑刊	2008
1103	沈文雪	宋金对峙中期南北文士心态与文学格调	社会科学辑刊	2010
1104	沈 刚	周代食政的特点与形成因素探论	史学集刊	2001
1105	沈芝霞	鲁迅人生对当代青年的启示	中国青年研究	2006
1106	肖明禹	金属浮雕——由守义的"易拉罐艺术"	文艺争鸣	2010
1107	肖 攀	论出土《日书》中的五行及其配物运用	社会科学战线	2012
1108	苏克军	无"家"的彷徨——鲁迅对于"家"的绝望与痛苦	吉林大学社会科学学报	2009
1109	苏 畅	翻译与期待视野的互动——以"党的文学"的译介为例	甘肃社会科学	2013
1110	豆海锋	城固宝山商时期遗存相关问题的探讨	考古与文物	2010
1111	邱 月	当代都市小说的都市情结与反都市情结	求索	2008
1112	邱 月	当电影艺术遇上广告营销——微电影广告的传播优势探析	文艺争鸣	2014
1113	邱 月	影像建构与文字阐释——赵春江西藏人文地理研究的新视角	文艺争鸣	2014
1114	邱 月	娱乐至上——一场媒介与消费主义的合谋	文艺争鸣	2015
1115	邵正坤	论汉代国家的仓储管理制度	史学集刊	2003
1116	邵会秋	早期斯基泰文化及欧亚草原的动物纹起源问题的探讨——从《斯基泰—伊朗动物纹风格的起源》一文谈起	西域研究	2006
1117	邵会秋	试论新疆阿勒泰地区的两类青铜文化	西域研究	2008
1118	邵会秋	东西方文化早期的碰撞与融合——从新疆史前时期文化格局的演进谈起	社会科学战线	2009
1119	邵会秋	关于草原考古的几个问题——从库兹米娜《印度——伊朗人的起源》一书谈起	西域研究	2012
1120	邵会秋	欧亚草原与中国新疆和北方地区的有銎战斧	考古	2013
1121	邵会秋	从夏家店上层文化青铜器看草原金属之路	考古	2015
1122	陈小三	苏州林屋洞出土玉简铭文初探	东南文化	2010

序号	作者	论文名称	期刊来源	发表年度
1123	陈方竞	对鲁迅与章学诚联系及其"五四"意义的再认识	社会科学战线	2001
1124	陈方竞	关于"道德主义"问题——五四新文化（文学）运动中心的多重对话（一）	鲁迅研究月刊	2002
1125	陈方竞	关于"道德主义"问题——五四新文化（文学）运动中心的多重对话（二）	鲁迅研究月刊	2002
1126	陈方竞	关于"道德主义"问题——五四新文化（文学）运动中心的多重对话（三）	鲁迅研究月刊	2002
1127	陈方竞	"校"与"刊"相结合的北京大学透视——对五四新文化运动萌生根基的再认识	中国现代文学研究丛刊	2002
1128	陈方竞	对《新青年》发动批孔及文学革命的再认识	吉林大学社会科学学报	2002
1129	陈方竞	关于"世界主义"问题——五四新文化（文学）运动中心的多重对话（一）	鲁迅研究月刊	2003
1130	陈方竞	关于"世界主义"问题——五四新文化（文学）运动中心的多重对话（二）	鲁迅研究月刊	2003
1131	陈方竞	关于"世界主义"问题——五四新文化（文学）运动中心的多重对话（三）	鲁迅研究月刊	2003
1132	陈方竞	关于"世界主义"问题——五四新文化（文学）运动中心的多重对话（四）	鲁迅研究月刊	2003
1133	陈方竞	报刊出版：对"五四"新文学发生的"外缘"透视	文艺争鸣	2003
1134	陈方竞	五四新文学与"大学文化"关系透视	文艺争鸣	2004
1135	陈全家	黑龙江海林市细林河遗址出土的动物骨骼遗存研究	考古	2004
1136	陈全家	和龙市柳洞旧石器地点发现的石制品研究	华夏考古	2005
1137	陈全家	郑州西山遗址出土动物遗存研究	考古学报	2006
1138	陈全家	安图沙金沟旧石器遗址发现的石器研究	华夏考古	2008
1139	陈全家	吉林和龙青头旧石器遗址的新发现及初步研究	考古与文物	2008
1140	陈全家	嫩江流域青铜时代生业方式研究	华夏考古	2011
1141	陈全家	湖北丹江口市杜店旧石器时代遗址发掘简报	考古	2013
1142	陈全家	内蒙古哈民忙哈新石器时代遗址出土蚌制品研究	考古	2015
1143	陈 刚	周文小说风格论	社会科学研究	2005
1144	陈志伟	《女诫》——封建妇德著作之滥觞	图书馆学研究	2009
1145	陈志伟	中文古籍全文数据库指要	图书馆学研究	2014
1146	陈国庆	内蒙古赤峰地区发现红山及夏家店下层文化时期陶窑	吉林大学社会科学学报	2005
1147	陈国庆	赤峰上机房营子石城址考古发掘与启示	吉林大学社会科学学报	2006
1148	陈国庆	试论赵宝沟文化	考古学报	2008
1149	陈国庆	红山文化研究	华夏考古	2008
1150	陈国庆	燕山南北地区史前原始宗教的形成与发展	考古与文物	2008
1151	陈国庆	阴河、英金河流域夏家店下层文化石城址研究	社会科学战线	2012
1152	陈 畅	试论考古类型学的逻辑与原则	华夏考古	2006
1153	陈珊珊	《语言自迩集》对日本明治时期中国语教科书的影响	吉林大学社会科学学报	2009

序号	作者	论文名称	期刊来源	发表年度
1154	陈胜前	考古推理的结构	考古	2007
1155	陈胜前	考古学的文化观	考古	2009
1156	陈胜前	燕山—长城南北地区史前文化的适应变迁	考古学报	2011
1157	陈胜前	当代西方考古学研究范式述评	考古	2011
1158	陈胜前	考古学理论的层次问题	东南文化	2012
1159	陈胜前	大山前遗址夏家店下层文化石铲的功能研究	考古	2013
1160	陈胜前	理解后过程考古学：考古学的人文转向	东南文化	2013
1161	陈胜前	宾福德的学术遗产——当代中国考古学的视角	东南文化	2014
1162	陈胜前	考古学研究的"透物见人"问题	考古	2014
1163	陈胜前	作为科学的考古学	东南文化	2015
1164	陈继玲	哈德逊河画派与美国自我意识的崛起	史学集刊	2012
1165	陈　靓	新疆察布查尔县索墩布拉克墓地出土人头骨研究	考古	2003
1166	陈瑞云	让史实说话——读《中国妇女抗战史研究》	史学集刊	2001
1167	陈瑞云	"真正道德家，才是真正共产党"——老一代共产党人与传统道德	史学集刊	2001
1168	陈瑞云	东北地下抗日斗争述论	史学集刊	2005
1169	陈瑞云	关于中政会在国民党中央体制中地位的探讨	史学集刊	2008
1170	周大勇	"新新闻"之回归与启示	文艺争鸣	2012
1171	周大勇	历史传播细节化与大众化的嬗变——《长春，伪满洲国那些事》读后	社会科学战线	2013
1172	周大勇	官员的媒介素养与政府形象传播	中共中央党校学报	2013
1173	周　荣	文化身份与城市的"他者"	当代文坛	2010
1174	周　莉	"别说"类语用标记来源探讨	汉语学报	2013
1175	周　莉	前后分句中不同的连接成分"别说"	世界汉语教学	2013
1176	周　莉	连词"别说"与"不但"	语言研究	2014
1177	周　莉	再论后分句引导语"别说"	语文研究	2014
1178	周　莉	现代汉语研究的西化与本土化	学术论坛	2015
1179	周　慧	现代人起源问题与DNA——"线粒体夏娃理论"述评	考古	2002
1180	孟兆臣	小说与方言——白话小说研究领域的一个重要命题	社会科学战线	2004
1181	孟兆臣	20世纪20~40年代通俗小说在上海小报上的传播	中国现代文学研究丛刊	2005
1182	孟兆臣	论中国近代小报的研究价值	社会科学战线	2006
1183	孟兆臣	从统计数据看小报中的现代文学史料	社会科学战线	2008
1184	孟兆臣	小报与新文学关系考论	社会科学战线	2009
1185	孟兆臣	中国近代小报中的时尚资料	社会科学战线	2011
1186	孟兆臣	海派方型周报	社会科学战线	2013
1187	孟兆臣	海派小报中的上海俗语	社会科学战线	2015
1188	孟春蕊	以父权为核心的家庭伦理思考——李安电影解读	文艺争鸣	2009
1189	孟昭信	《中国官制史》评介	史学集刊	2002
1190	孟昭信	研究清代学术思想史的新成果——读《清代学术探研录》	史学集刊	2003

序号	作者	论文名称	期刊来源	发表年度
1191	孟昭信	满蒙联姻的最新研究成果——读杜家骥著《清朝满蒙联姻研究》	史学集刊	2004
1192	孟昭信	千锤百炼,精益求精——读韦庆远、柏桦著《中国政治制度史》	史学集刊	2005
1193	屈 菲	社会构图与群像描写:《水》的革命叙事范式	社会科学战线	2014
1194	屈 菲	论布莱希特间离效果理论及其反叛性——以《大胆妈妈和她的孩子们》为例	学习与探索	2015
1195	屈 菲	当代女性文学的现实主义创作路径	社会科学家	2015
1196	屈 菲	从黑暗森林到生活世界——论《三体》系列小说中的话语意识	文艺争鸣	2015
1197	岳 辉	从《中国语文》看历史语法研究的发展	社会科学战线	2004
1198	岳 辉	朝鲜时代汉学师生的构成及特征分析	学习与探索	2005
1199	岳 辉	浅析动物隐喻词语的语言表达与语义系统	社会科学战线	2006
1200	岳 辉	《华音启蒙谚解》和《你呢贵姓》的语言基础	吉林大学社会科学学报	2006
1201	岳 辉	19 世纪朝鲜汉语教科书语言的干扰	民族语文	2007
1202	岳 辉	朝鲜初期汉语官话教科书内容研究	社会科学战线	2011
1203	岳 辉	朝鲜时期汉语官话教科书体例和内容的嬗变研究	社会科学	2011
1204	岳 辉	"A 的 A,B 的 B"格式考察	社会科学战线	2015
1205	岳 辉	日据朝鲜半岛时期汉语教育的殖民色彩	山东大学学报	2015
1206	林 沄	柯斯莫《中国前帝国时期的北部边疆》述评	吉林大学社会科学学报	2003
1207	林 沄	所谓"青铜骑马造像"的考辨	考古与文物	2003
1208	林 沄	"商—周考古界标"平议	吉林大学社会科学学报	2004
1209	林 沄	"百姓"古义新解——兼论中国早期国家的社会基础	吉林大学社会科学学报	2005
1210	林 沄	真该走出疑古时代吗？——对当前中国古典学取向的看法	史学集刊	2007
1211	林 沄	欧亚草原有角神兽牌饰研究	西域研究	2009
1212	林 沄	对我国考古学学科发展的一些设想	社会科学战线	2012
1213	林海曦	试论青田华侨出国谋生的心理态势之嬗变	社会科学战线	2013
1214	林海曦	刘震云:中国经验的极端叙述——以《我不是潘金莲》为例	文艺争鸣	2014
1215	林海曦	浙南地区华侨社会关系网络探析——以青田华侨个案为例	浙江社会科学	2014
1216	林海曦	浅析陈琪的博览会文化观	社会科学战线	2015
1217	林海曦	人口生态视域下浙南青田跨国流动人口探析	厦门大学学报	2015
1218	林海曦	浅析欧战浙江青田华工群体	福建论坛	2015
1219	林 森	钟离国相关问题试析	考古与文物	2015

序号	作者	论文名称	期刊来源	发表年度
1220	武玉环	春秋时期的职官考核制度	史学集刊	2001
1221	武玉环	论辽与高丽的关系及辽的东部边疆政策	吉林大学社会科学学报	2001
1222	武玉环	从《睡虎地秦墓竹简》看秦国地方官吏的犯罪与惩罚	吉林大学社会科学学报	2003
1223	武玉环	渤海与高句丽族属及归属问题探析	史学集刊	2004
1224	武玉环	渤海与高句丽族属、族俗的比较研究	社会科学辑刊	2005
1225	武玉环	王氏高丽时期的渤海移民	吉林大学社会科学学报	2007
1226	武玉环	辽代人口考述	学习与探索	2009
1227	武玉环	论金代自然灾害及其对策	社会科学战线	2010
1228	武玉环	论金朝的防灾救灾思想	史学集刊	2010
1229	武玉环	金代的防灾救灾措施述论	吉林大学社会科学学报	2010
1230	武玉环	金代自然灾害的时空分布特征与基本规律	史学月刊	2010
1231	武玉环	论金朝县级官吏的选任与考核	吉林大学社会科学学报	2012
1232	武玉环	金代的乡里村寨考述	中国边疆史地研究	2013
1233	武玉环	辽代职官考核制度探析	史学集刊	2014
1234	武玉环	辽代对草原丝绸之路的控制与经营	求索	2014
1235	武振玉	魏晋六朝汉译佛经中的同义连用总括范围副词初论	吉林大学社会科学学报	2002
1236	武振玉	程度副词"好"的产生与发展	吉林大学社会科学学报	2004
1237	武振玉	程度副词"非常、异常"的产生与发展	古汉语研究	2004
1238	武振玉	金文"在"字词性初探	社会科学辑刊	2007
1239	武振玉	两周金文"及"字用法试论	东北师大学报	2007
1240	武振玉	两周金文"承继"类动词试论	社会科学辑刊	2010
1241	武振玉	殷周金文中的赐予义动词	陕西师范大学学报	2010
1242	武振玉	论"尤最"副词来源及其表现的汉民族文化心理	求索	2012
1243	武振玉	近20年古汉语动词研究综述	社会科学辑刊	2012
1244	武振玉	殷周金文"献纳"义动词释论	深圳大学学报	2013
1245	武振玉	殷周金文实词虚化研究	求是学刊	2013
1246	武振玉	从相关语言现象看周金文所反映的为政观	社会科学战线	2014
1247	武振玉	西周金文中的抽象名词	中山大学学报	2014
1248	郑君雷	战国时期燕墓陶器的初步分析	考古学报	2001
1249	郑春颖	《后汉书·高句骊传》史源学研究	中国边疆史地研究	2010
1250	郑 率	蒋介石1928年统一前后政治运筹评议	史学集刊	2003
1251	郑 率	近代中外经济关系中关税与厘金的纠葛	史学集刊	2006
1252	郑 率	蒋介石与抗战胜利前夕国民党的行宪决策	民国档案	2010
1253	郑 率	抗战胜利后蒋介石对宪政的态度	史学集刊	2010
1254	金花子	20世纪初中国"国民精神"的批判与改造——兼析林语堂的"国民性"	求索	2008

序号	作者	论文名称	期刊来源	发表年度
1255	金明艳	语言论：语义型语言的结构原理和研究方法	求索	2013
1256	金明艳	语义组合研究域下的句法构式意义构建与识解——以"手＋N"构式中"手"字句法为实例考察	求索	2013
1257	金屏	追求大众化是电视读书栏目发展的一大误区	编辑之友	2004
1258	金铖	重构普罗米修斯神话——再读《弗兰肯斯坦》	社会科学战线	2011
1259	金铖	中西浪漫主义内在化的两种选择——以《庄子》和《弗兰肯斯坦》为例	齐鲁学刊	2011
1260	金铖	《诺桑觉寺》的理想婚姻之辨	社会科学战线	2012
1261	金铖	如何理解英国浪漫主义小说刍议	文艺争鸣	2012
1262	侯文学	说虹蜺——兼论周楚文化的分歧及影响	社会科学家	2005
1263	侯文学	儒道视阈下的灵台意象	宁夏社会科学	2006
1264	侯文学	扬雄智论发微	宁夏社会科学	2008
1265	侯文学	屈原作品尚"情"倾向的文化考察——以楚地音乐与出土文献为依据	吉林大学社会科学学报	2010
1266	侯文学	玉女形象的生成过程考察	学术研究	2010
1267	侯文学	对汉代作家教育情况的考察——以探讨汉代经学与文学的关系为目的	贵州社会科学	2010
1268	侯文学	周人婚服之制与先秦儒家婚姻理念	宁夏社会科学	2010
1269	侯文学	"散发"的儒、道取向与意象转化	宁夏社会科学	2011
1270	侯文学	《史记》叙事的都邑意识	兰州大学学报	2012
1271	侯文学	屈宋作品的山水审美取向及其对汉赋的影响	华南师范大学学报	2012
1272	侯文学	"奇"范畴的生成演变及其诗学内涵	文学评论	2013
1273	侯冰洁	反义同形现象的认知理据解析	东北师大学报	2013
1274	修磊	寓言中的女性生存——铁凝小说刍论	学术交流	2008
1275	姜明	轻阅读：当代阅读模式的另一种可能	文艺争鸣	2015
1276	姜勇	"中华美学学会第六届全国美学大会暨'全球化与中国美学'学术研讨会"综述	吉林大学社会科学学报	2004
1277	姜勇	周原残陶簋铭文重读——一则误判了的所谓出土易文献	周易研究	2010
1278	姜勇	《文心雕龙》枢纽论的天文学理解——兼与邓国光先生商榷	吉林大学社会科学学报	2012
1279	姜勇	冲突及其消解——德性与审美在宋明理学中的纠葛	文艺争鸣	2012
1280	姜勇	舒卷的粉墙	读书	2013
1281	姜勇	中国古代文论与"轴心时代"——"大文化"范式的初创	吉林大学社会科学学报	2013
1282	姜勇	"回到拉萨——李强书画印巡回展西藏展暨李强工作室首届毕业作品展"纪行	中国书法	2015
1283	宫波	论欧阳修的禅缘诗境	学习与探索	2010
1284	施斌	电视"故事"类栏目解析	社会科学战线	2009

续表

序号	作者	论文名称	期刊来源	发表年度
1285	施 斌	霓裳幻影：女性都市电影中的"物质主义"	当代电影	2014
1286	施 斌	论惊悚片的"焦虑"隐喻	当代电影	2015
1287	柳英绿	虚词"给"在口语中分布特点考察	学术交流	2014
1288	柳英绿	汉语拼音化运动的历史进程与现实困境	吉林大学社会科学学报	2014
1289	段天璟	舞阳贾湖遗址墓葬分期研究	华夏考古	2006
1290	段天璟	解析陶器：从实践到理论的尝试	考古与文物	2007
1291	段天璟	南放水遗址夏和西周时期遗存的初步认识	考古	2011
1292	段天璟	红山文化聚落遗址研究的重要发现——2010 年赤峰魏家窝铺遗址考古发掘的收获与启示	吉林大学社会科学学报	2011
1293	段天璟	宁镇地区夏时期的考古学文化结构——兼谈江淮地区的文化变迁	东南文化	2011
1294	段天璟	吉林白城市双塔遗址一、二期遗存的相关问题	考古	2013
1295	段天璟	龙山时代晚期嵩山以西地区遗存的性质——从王湾遗址第三期遗存谈起	中原文物	2013
1296	段天璟	二里头文化时期环渤海地区的文化区域与互动态势	社会科学战线	2014
1297	段天璟	等级—规模法则在考古区域分析研究中的相关问题	考古	2015
1298	祝东平	生命的意义——读阎连科的《日光流年》	文艺争鸣	2002
1299	祝东平	疑问代词用法新论	社会科学战线	2006
1300	祝东平	"的"用于已然动作的条件	汉语学习	2007
1301	祝东平	副词"才"主观量表达的语义基础	吉林大学社会科学学报	2007
1302	祝东平	"就"字句、"才"字句表主观量"早"、"晚"与"了"的隐现	宁夏大学学报	2008
1303	祝东平	关于"嫁娶难题"的质疑	语言科学	2009
1304	祝东平	"再"、"还"重复义与动词性词语的"有界"、"无界"	汉语学习	2010
1305	祝东平	失衡的对话——穿越者与话语环境的戏剧性冲突	文艺争鸣	2012
1306	禹 平	明朝内庙祭祀制度探讨	吉林大学社会科学学报	2004
1307	禹 平	曹魏侍中与三省制	史学集刊	2009
1308	禹 平	试论东汉的礼制建设	吉林大学社会科学学报	2009
1309	禹 平	元帝到新莽时期的礼制变革	社会科学战线	2011
1310	禹 平	汉明帝与东汉的文化发展——兼论汉明帝时期的中外交流	南开学报	2011
1311	禹 平	儒生与汉代的文化交流和传播	吉林大学社会科学学报	2011
1312	胡柏一	对当下东北地域文学、文化热潮的"误读"及其启示	社会科学战线	2004
1313	胡柏一	报告文学的底层意识与作家的文学自觉	文艺争鸣	2004
1314	胡柏一	东北女性文学的地域文化情结	社会科学战线	2008
1315	胡柏一	报告文学与当代文学的关系	文艺争鸣	2008
1316	胡柏一	新世纪报告文学的新趋向	深圳大学学报	2009
1317	胡铁生	全球化语境下比较文学学科定位的再思考	求是学刊	2009

序号	作者	论文名称	期刊来源	发表年度
1318	胡铁生	福克纳对莫言的影响与莫言的自主创新	求是学刊	2014
1319	赵元蔚	鲍德里亚的拟像理论与后现代消费主体	社会科学战线	2014
1320	赵元蔚	日本的"下流社会"	读书	2014
1321	赵元蔚	消费社会的"阴性化"特质	读书	2015
1322	赵永春	关于中国历史上疆域问题的几点认识	中国边疆史地研究	2002
1323	赵永春	关于北方民族史研究的几个问题	黑龙江民族丛刊	2003
1324	赵永春	论金熙宗的改革	社会科学辑刊	2004
1325	赵永春	完颜昌对宋态度的转变及其成因	史学集刊	2004
1326	赵永春	"兀术不死,兵革不休"考辨	学习与探索	2005
1327	赵永春	评杨茂盛新著《中国北疆古代民族政权形成研究》	黑龙江民族丛刊	2005
1328	赵永春	国家形成理论的新探索——评《中国北疆古代民族政权形成研究》	史学理论研究	2005
1329	赵永春	伪齐刘豫被废原因考辨	吉林大学社会科学学报	2006
1330	赵永春	金宣宗对宋政策之失误	史学集刊	2006
1331	赵永春	辽朝兴衰的历史启示	黑龙江民族丛刊	2006
1332	赵永春	金朝兴衰的历史启示	江海学刊	2007
1333	赵永春	试论"澶渊之盟"对宋辽关系的影响	社会科学辑刊	2008
1334	赵永春	辽人自称"北朝"考论	史学集刊	2008
1335	赵永春	中国古代的"中国"与"国号"的背离与重合——中国古代"中国"国家观念的演进	学习与探索	2008
1336	赵永春	辽金与高丽的"保州"交涉	中国边疆史地研究	2008
1337	赵永春	独辟蹊径的中国地方史研究——程妮娜主编《中国地方史纲》评介	史学集刊	2009
1338	赵永春	试论金人的"中国观"	中国边疆史地研究	2009
1339	赵永春	辽人自称"中国"考论	社会科学辑刊	2010
1340	赵永春	试论辽人的"中国"观	文史哲	2010
1341	赵永春	"中国多元一体"与辽金史研究	中央民族大学学报	2011
1342	赵永春	关于民族关系主流问题的学术讨论	广西民族研究	2011
1343	赵永春	从复数"中国"到单数"中国"——试论统一多民族中国及其疆域的形成	中国边疆史地研究	2011
1344	赵永春	关于中国古代华夷关系演变规律的理性思考——华夷关系的历史定位、演变轨迹与文化选择	学习与探索	2012
1345	赵永春	关于"人口迁移"、"移民"及其相关概念	史学集刊	2012
1346	赵永春	"宋、辽、金三史的正统体系"在明代未被颠覆——兼与刘浦江商榷	学术月刊	2012
1347	赵永春	契丹自称"炎黄子孙"考论	西南大学学报	2012
1348	赵永春	关于辽金的"正统性"问题——以元明清辽宋金"三史分修"问题讨论为中心	学习与探索	2013

序号	作者	论文名称	期刊来源	发表年度
1349	赵永春	金人自称"正统"的理论诉求及其影响	学习与探索	2014
1350	赵永春	试论清人的辽金"正统观"——以辽宋金"三史分修""各与正统"问题讨论为中心	社会科学	2014
1351	赵永春	金代品官命妇获封赠途径研究	西南大学学报	2014
1352	赵英兰	农民离村与近代中国社会	史学集刊	2001
1353	赵英兰	胡汉民论南京国民政府对日外交析	东北亚论坛	2002
1354	赵英兰	日本横滨开港与华侨社会	吉林大学社会科学学报	2002
1355	赵英兰	论毛泽东抗日外交观	中共党史研究	2004
1356	赵英兰	清代东北人口的统计分析	人口学刊	2004
1357	赵英兰	东北朝鲜移民社会经济与文化考察（1840～1945年）	东北亚论坛	2004
1358	赵英兰	论1928～1936年张学良对日外交观	社会科学战线	2004
1359	赵英兰	清代东北边疆户口管理体系及其演变	社会科学战线	2007
1360	赵英兰	晚清东北地区人口婚姻状况探析	人口学刊	2007
1361	赵英兰	从满化、汉化,到民族多元一体化——清代东北族际关系之演变	东北亚论坛	2007
1362	赵英兰	清代东北地区大家庭实态考察	吉林大学社会科学学报	2007
1363	赵英兰	改革开放以来中国近现代史研究动态与趋向	史学集刊	2008
1364	赵英兰	近代东北地区汉族家族社会探究	吉林大学社会科学学报	2008
1365	赵英兰	生态环境视域下清代东北地区人口状况解读	吉林大学社会科学学报	2009
1366	赵英兰	浅议梁启超与政闻社	社会科学战线	2010
1367	赵英兰	清末民初东北民间祈雨信仰与社会群体心理态势	吉林大学社会科学学报	2011
1368	赵英兰	转型社会下近代社会阶层结构的衍变	南京社会科学	2013
1369	赵英兰	民国时期青田华侨在海外的分布格局考量	理论学刊	2013
1370	赵英兰	近代东北区域社会史的研究趋向	史学集刊	2014
1371	赵英兰	民国时期社会信仰态势嬗变之缘由	社会科学战线	2015
1372	赵 雨	《对联谱》注释辨正	中国图书评论	2004
1373	赵 雨	《黄庭坚诗集注》校点句读商榷	学术界	2009
1374	赵 雨	公木先生与二十世纪中国人文学术	文艺争鸣	2010
1375	赵 雨	曾国藩修持工夫论	东南学术	2013
1376	赵 雨	屈原自沉考论	求索	2013
1377	赵 雨	曾国藩《读陈硕甫〈毛诗传疏〉札记》考论	学术论坛	2013
1378	赵俊杰	中原地区汉末至曹魏时期的墓葬等级与葬俗变迁的阶段性	中州学刊	2010
1379	赵俊杰	试论集安地区高句丽新旧墓制的过渡时段	东南文化	2012
1380	赵俊杰	乐浪、带方二郡覆亡前后当地汉人集团的动向与势力发展	吉林大学社会科学学报	2012
1381	赵俊杰	再论高句丽山城城墙内侧柱洞的功能	考古与文物	2012
1382	赵俊杰	集安禹山两座高句丽时期积石墓的时代及相关问题	考古	2012

序号	作者	论文名称	期刊来源	发表年度
1383	赵俊杰	乐浪、带方二郡的兴亡与带方郡故地汉人聚居区的形成	史学集刊	2012
1384	赵俊杰	平壤及周边地区高句丽中期壁画墓的演变	考古	2013
1385	赵俊杰	集安禹山41号高句丽壁画墓的时代	考古与文物	2014
1386	赵俊杰	吉林九台市关马山M1的时代、文化性质及相关问题	考古	2014
1387	赵俊杰	高句丽后期都城"平壤城"再考	社会科学战线	2014
1388	赵俊杰	高句丽太王陵墓主"广开土王"说的反思——出土铭文铜铃再研究	考古与文物	2015
1389	赵彦昌	论析档案行政执法中的自由裁量权	档案学通讯	2001
1390	赵准胜	《狼图腾》：从沉默到宣泄以及"别一种另类"	东北师大学报	2005
1391	赵宾福	重庆峡江地区的四种新石器文化	文物	2004
1392	赵宾福	东北地区新石器时代考古学文化的发展阶段与区域特征	社会科学战线	2004
1393	赵宾福	重庆奉节先秦时期考古的主要收获——来自长江三峡库区的两个考古学个案研究	史学集刊	2004
1394	赵宾福	东北新石器文化的分期与特点	求是学刊	2004
1395	赵宾福	红山文化研究历程及相关问题再认识	内蒙古大学学报	2005
1396	赵宾福	关于小河沿文化的几点认识	文物	2005
1397	赵宾福	兴隆洼文化的类型、分期与聚落结构研究	考古与文物	2006
1398	赵宾福	东北新石器文化格局及其与周边文化的关系	中国边疆史地研究	2006
1399	赵宾福	从中坝和大溪遗址看老关庙下层文化的分期与年代	考古	2006
1400	赵宾福	重庆奉节县老关庙新石器时代遗址土坑墓的发掘	考古	2006
1401	赵宾福	东北旧石器时代的古人类、古文化与古环境	学习与探索	2006
1402	赵宾福	嫩江流域新石器时代生业方式研究	考古	2007
1403	赵宾福	图们江流域的青铜时代文化研究	考古	2008
1404	赵宾福	东北旧石器文化与邻区旧石器文化的关系	内蒙古大学学报	2008
1405	赵宾福	关于赵宝沟文化的聚落形态问题	华夏考古	2008
1406	赵宾福	以陶器为视角的双房文化分期研究	考古与文物	2008
1407	赵宾福	西团山文化分期研究	考古学报	2009
1408	赵宾福	考古学的分期与石器时代的分野	贵州社会科学	2009
1409	赵宾福	双房文化青铜器的型式学与年代学研究	考古与文物	2010
1410	赵宾福	新乐下层文化的分期与年代	文物	2011
1411	赵宾福	牡丹江流域新石器文化序列与编年	华夏考古	2011
1412	赵宾福	东北地区夏至战国时期考古学文化时空框架的构建	社会科学战线	2011
1413	赵宾福	骆驼墩文化遗存与太湖西部史前文化（上）	东南文化	2011
1414	赵宾福	以陶器为视角的红山文化发展阶段研究	考古学报	2012
1415	赵宾福	"富河文化"与赵宝沟文化的地方类型	考古	2012
1416	赵宾福	考古专业本科生课程体系及田野考古学国家级精品课程建设——以吉林大学为例	历史教学	2014

序号	作者	论文名称	期刊来源	发表年度
1417	赵 彬	论诗歌语言的音乐性	社会科学战线	2005
1418	赵 彬	王小妮论	文艺争鸣	2009
1419	赵 彬	西方后现代文化理论对我国当代女性诗歌创作的影响	文艺争鸣	2013
1420	赵 彬	论当代女性诗歌艺术变革的个人化倾向	文艺争鸣	2013
1421	赵 彬	论当下打工诗歌中的精神困境主题	文艺理论与批评	2013
1422	郝军启	论贾平凹小说对性意象的重复叙述	齐鲁学刊	2009
1423	钟文荣	论罗尔纲对太平天国档案文献的鉴辨成就——兼谈其鉴辨的方法	档案学研究	2003
1424	姬 蕾	论个人主义与"五四"新文学的影响	东北师大学报	2008
1425	徐正考	《论衡》词语札记	史学集刊	2002
1426	徐正考	古汉语专书词汇研究中同义关系的确定方法问题	吉林大学社会科学学报	2002
1427	徐正考	古汉语专书同义词的研究方法与原则问题	吉林大学社会科学学报	2003
1428	徐正考	《论衡》同义词辨析	社会科学战线	2004
1429	徐正考	菩提留支译经中的言说类词语	求是学刊	2009
1430	徐正考	现代汉语偏正式"名·动"复合词研究	吉林大学社会科学学报	2010
1431	徐正考	"寓名"说略	社会科学辑刊	2011
1432	徐正考	一种结构特殊的偏正式复合名词	苏州大学学报	2011
1433	徐正考	关于古白话起源问题的再思考	社会科学战线	2011
1434	徐正考	一种特殊结构的动物复合名词	河北大学学报	2012
1435	徐正考	语言特征的考察与"误题"译经译者的确定——以《阿育王经》和《阿育王传》为例	吉林大学社会科学学报	2013
1436	徐正考	汉语局部同素反义名词研究	复旦学报	2015
1437	徐伟东	编码与遮蔽:1959～1961年浩然的小说创作	齐鲁学刊	2006
1438	徐连云	梁启超"诗界革命"内涵新探	文艺争鸣	2007
1439	徐英春	一种故事两种说法——革命历史小说与新历史小说比较研究	学习与探索	2004
1440	徐英春	革命历史小说与新历史小说的比较	社会科学战线	2007
1441	徐英春	感性表达与理性反思——革命历史小说与新历史小说比较	学习与探索	2007
1442	徐英春	审视中国文化传统的一个现代视角——读新历史小说	社会科学战线	2009
1443	徐英春	传统文化与现代观念的有机融合——再读新历史小说	文艺争鸣	2009
1444	徐英春	解构神圣革命历史——新历史小说研究	学习与探索	2009
1445	徐 萍	论库尔斯克战役的立体化合成	史学集刊	2001
1446	徐 萍	"9·11"事件与美国的战略图谱设计	吉林大学社会科学学报	2002
1447	徐 萍	基辛格均势外交论析	西南师范大学学报	2003

序号	作者	论文名称	期刊来源	发表年度
1448	徐　萍	中国周边安全环境透析	国际问题研究	2007
1449	徐　萍	美苏冷战与中国内战的起因和结局——以东北为中心的考察	史学集刊	2010
1450	徐　萍	民族主义、公民权与国家形态的重塑	世界经济与政治论坛	2012
1451	徐　萍	俄罗斯亚太政策透析	国际问题研究	2012
1452	殷义祥	楚文化的特点及影响	吉林大学社会科学学报	2001
1453	索秀芬	小河西文化初论	考古与文物	2005
1454	袁国兴	早期话剧研究的态势和潜能	社会科学辑刊	2001
1455	袁国兴	我是谁？——当代文学批评的定位与价值实现	文艺争鸣	2001
1456	袁国兴	早期中国话剧研究的学术定位及其理论意义	吉林大学社会科学学报	2001
1457	袁国兴	晚清戏剧变革与外来影响——兼谈近代戏剧变革模式的演变和早期话剧与改良戏曲的关系	文艺研究	2002
1458	袁国兴	中国现代文学研究中的"现代性"话语质疑	文艺争鸣	2002
1459	袁国兴	外倾心态下的自我误读——中国古代文学资源进入现代文学的一种特殊渠道	江汉论坛	2003
1460	高明晨	全球化、后殖民性与中国当代电影的文化自觉	社会科学战线	2003
1461	高晓芳	略论我国博物馆的传播过程	东南文化	2009
1462	高晓芳	信息全球化下的博物馆传播研究	东南文化	2012
1463	高晓芳	纪录片《考古中国》对中国文化遗产的传播及启示	文艺争鸣	2013
1464	高晓芳	论中国物质文化遗产传播的必要性及紧迫性	学习与探索	2013
1465	高晓芳	文化遗产类电视节目的传播误区	文艺争鸣	2014
1466	高晓芳	中国物质文化遗产的电视传播	文艺争鸣	2015
1467	高晓芳	中韩文化遗产管理比较研究	学习与探索	2015
1468	高晓芳	中国物质文化遗产的特点与传播研究	社会科学战线	2015
1469	高盛荣	关注草根，关注生命——解读"小小说桂军"	南方文坛	2009
1470	高福顺	长安北京成为封建社会前后期都城的内在因素	社会科学战线	2006
1471	高福顺	粟末靺鞨史迹考	学习与探索	2006
1472	高福顺	高句丽中央官位等级制度的演变	史学集刊	2006
1473	高福顺	关于中国古代东北疆域问题的几点认识——东北疆域发展的动态过程与阶段性特征	学习与探索	2007
1474	高福顺	辽代上京地区官学教育发展探析	黑龙江民族丛刊	2007
1475	高福顺	辽朝西京地区官学教育发展探析	黑龙江民族丛刊	2007
1476	高福顺	辽朝文教政策之影响	史学月刊	2007
1477	高福顺	辽朝南京地区官学教育发展探析	社会科学战线	2008
1478	高福顺	尊孔崇儒，华夷同风——辽朝文教政策的确立及其特点	学习与探索	2008
1479	高福顺	辽朝"进士"称谓考辨	史学集刊	2009
1480	高福顺	辽朝科举考试录取规模述论	内蒙古社会科学	2010
1481	高福顺	辽朝私学教育初探	求是学刊	2010
1482	高福顺	边疆治理视阈下的中国古代边疆文教	史学集刊	2012

序号	作者	论文名称	期刊来源	发表年度
1483	高福顺	辽朝科举考试中的府试	学习与探索	2012
1484	高福顺	契丹皇族儒家经史教育考论	中国边疆史地研究	2013
1485	高福顺	碎片化与全视野:中国区域史研究的价值取向	史学集刊	2014
1486	高福顺	辽朝及第进士释褐任官考论	学习与探索	2015
1487	勒丛林	热情的选择:近代日本文学在中国	鲁迅研究月刊	2001
1488	崔剑昆	以史为鉴,发展中国东北经济——评《中国东北经济变迁》一书	东北亚论坛	2001
1489	崔 娃	《汤姆叔叔的小屋》的家庭伦理解读	社会科学战线	2012
1490	崔银秋	从 MtDNA 研究角度看新疆地区古代居民遗传结构的变化	中央民族大学学报	2004
1491	崔银秋	吐鲁番盆地青铜至铁器时代居民遗传结构研究	考古	2005
1492	曹任何	治理与善治的合法性分析	南京社会科学	2003
1493	曹林红	民族原初生命力的归复——论《故事新编》与鲁迅的复古思想	求索	2006
1494	曹林红	民俗学研究视野与现代文学国民性主题的发生	求索	2008
1495	曹 起	独特的视角,睿智的思考——《尘埃落定》中傻子的内心对话解读	小说评论	2010
1496	梁玉水	全国毛泽东文艺思想研究会 2011 学术年会综述	文艺理论与批评	2011
1497	梁玉水	马克思的诗歌:重构马克思思想的一种思路	社会科学辑刊	2012
1498	梁玉水	李泽厚:为什么说"实践美学"尚未开始?	文艺争鸣	2013
1499	梁玉水	"审美认知模式"理论探究——基于认知神经科学视域的当代美学研究	文艺争鸣	2014
1500	梁玉水	构建基于实践观点的马克思主义智能人类学审美观	学习与探索	2014
1501	梁玉水	中国美学与世界美学对话的路径与理论建树	文艺争鸣	2014
1502	梁玉水	体"妙"与析"美"——中西方审美精神的比较	社会科学战线	2014
1503	梁玉水	马克思现代性批判思想的生成及其维度	学习与探索	2015
1504	梁亚东	拗音与《广韵》三四等韵	古汉语研究	2006
1505	梁晓君	一个时代和一个作家——重评浩然和他的《艳阳天》	文艺理论与批评	2010
1506	黄也平	文学:对"单语言时代"的历史告别——"全语言文学"实践对经典文学观的批判	吉林大学社会科学学报	2010
1507	黄也平	论民生新闻审俗现象与民众审俗权力	求索	2012
1508	黄也平	网络语言对现代汉语的创新及其文化反思	江西社会科学	2012
1509	黄也平	民生新闻"审俗现象"与民众审俗权力——民生新闻的审美信息接触点分析	烟台大学学报	2012
1510	黄也平	软传播:新世纪中国"国家传播"的方式选择	吉林大学社会科学学报	2013
1511	黄也平	肇源白金宝陶器绳纹图样的文化特征分析	内蒙古社会科学	2014
1512	黄也平	理解知青文学的历史前提——文艺批评视野下的知青身份辨析	文艺争鸣	2015
1513	黄也平	理想主义还是价值误区——对梁晓声"知青写作"两种"误读"的基本分析	吉林大学社会科学学报	2015

序号	作者	论文名称	期刊来源	发表年度
1514	黄中业	重评秦始皇帝	社会科学战线	2001
1515	黄玉花	朝鲜语动词 ka ta 的语法化	民族语文	2004
1516	黄玉花	韩国留学生的篇章偏误分析	中央民族大学学报	2005
1517	黄玉花	韩国留学生汉语趋向补语习得特点及偏误分析	汉语学习	2007
1518	黄玉花	朝鲜语因果复句关联标记 – a sə 和 – ni kka 的主观性差异	中央民族大学学报	2011
1519	黄玉花	韩国语背景的汉语学习者母语迁移研究	浙江社会科学	2012
1520	黄玉花	朝鲜语 – ni 和 – ni kka 的语用差异	民族语文	2013
1521	黄玉花	韩国学生汉语同形回指羡余现象分析	社会科学战线	2014
1522	黄玉花	关于语言对比研究的新思考	学术交流	2014
1523	黄玉花	汉韩语言对比研究的现实困境与路径选择	吉林大学社会科学学报	2015
1524	黄晓通	张学良与东北大学之"国立化"进程	东北大学学报	2010
1525	黄 浩	文学崇高论批判——对一个古典主义文化神话的现实解释	文艺争鸣	2001
1526	黄 浩	从"经典文学时代"到"后文学时代"——简论"后文学社会"的五大历史特征	文艺争鸣	2002
1527	黄 浩	在贫穷的文学史面前——对文学史自以为是的历史质疑	吉林大学社会科学学报	2002
1528	黄 浩	走进"后文学时代"——一个历史结构主义者给 21 世纪文学所作的注解	吉林大学社会科学学报	2003
1529	黄 浩	文学经典主义批判——兼答盖生先生	吉林大学社会科学学报	2005
1530	黄 浩	从文学信仰时代到文学失仰时代——对文学经典主义的批判	吉林大学社会科学学报	2007
1531	彭善国	辽代青白瓷器初探	考古	2002
1532	彭善国	内蒙古地区出土的元代瓷器及相关问题	内蒙古社会科学	2006
1533	彭善国	俄罗斯滨海地区出土定窑瓷器的探讨	考古	2007
1534	彭善国	试析"盈"字款瓷器	考古与文物	2007
1535	彭善国	辽阳金正隆五年瓷质"明堂之券"	文物	2010
1536	彭善国	渤海故地辽金遗存举隅	社会科学战线	2012
1537	彭善国	东北、内蒙古出土的耀州窑青瓷——以墓葬材料为中心	考古与文物	2015
1538	惠一鸣	论欧盟在新国际战略格局中的地位	社会科学战线	2002
1539	程丽红	笔名与时代——晚清报人笔名探析	社会科学战线	2005
1540	程丽红	在国业与家业之间——晚清报人陈范评议	史学集刊	2005
1541	程丽红	晚清时期东北报业评述	东北亚论坛	2005
1542	程丽红	从落拓文人到报界闻人——对晚清职业报人的群体透视	吉林大学社会科学学报	2006
1543	程丽红	论传媒文化在清代文化结构中的地位和作用	吉林大学社会科学学报	2009
1544	程丽红	在传统与现代之间——中国现代报业家的自我身份认同	探索与争鸣	2010
1545	程丽红	近代日本来华民间报人的文化立场——以新闻传播为视角的考察	东北亚论坛	2011

序号	作者	论文名称	期刊来源	发表年度
1546	程丽红	社会思潮与媒介嬗变——清末社会改革运动中的大众传播媒介	吉林大学社会科学学报	2012
1547	程丽红	在矛盾中前行——追索成舍我的思想世界	社会科学战线	2013
1548	程丽红	清初京报的沉浮与小报之兴衰	探索与争鸣	2013
1549	程丽红	清代新闻传播史研究的困境与思路	社会科学战线	2014
1550	程丽红	李提摩太：报业"政论时代"的揭幕者	史学集刊	2014
1551	程丽红	清末政治变革中的海外华文报刊——基于方汉奇、谷长岭、叶凤美纂辑之未刊稿《海外华文报刊表》的考察	学术论坛	2015
1552	程妮娜	辽金时期渤海族习俗研究	学习与探索	2001
1553	程妮娜	渤海与日本交聘中"高丽国"的辨析	吉林大学社会科学学报	2001
1554	程妮娜	东北古史分期探赜	中国边疆史地研究	2002
1555	程妮娜	论唐代中央政权对契丹、奚人地区的羁縻统治	吉林大学社会科学学报	2002
1556	程妮娜	辽代女真属国、属部研究	史学集刊	2004
1557	程妮娜	护乌桓校尉府探析	黑龙江民族丛刊	2004
1558	程妮娜	元朝对黑龙江下游女真水达达地区统辖研究	中国边疆史地研究	2005
1559	程妮娜	唐代安东都护府研究	社会科学辑刊	2005
1560	程妮娜	强力与绥怀：辽宋民族政策比较研究	文史哲	2006
1561	程妮娜	元代朝鲜半岛征东行省研究	社会科学战线	2006
1562	程妮娜	辽金王朝与中华多元一体的关系	史学集刊	2006
1563	程妮娜	辽朝乌古敌烈地区属国、属部研究	中国史研究	2007
1564	程妮娜	金朝西北部契丹等游牧民族的部族、纪制度研究	吉林大学社会科学学报	2007
1565	程妮娜	古代中国藩属体制的探索——读《汉唐藩属体制研究》	史学集刊	2008
1566	程妮娜	近现代鄂伦春社会转型中人口问题探赜——以黑河地区鄂伦春社会人口为中心	社会科学战线	2010
1567	程妮娜	汉代东北亚封贡体制初探	学习与探索	2010
1568	程妮娜	琉球王国的首里城（译文）	史学集刊	2012
1569	程妮娜	辽朝黑龙江流域属国、属部朝贡活动研究	求是学刊	2012
1570	程妮娜	先秦东北古族与中原政权的朝贡关系	史学集刊	2012
1571	程妮娜	明代辽东都司女真等族内迁与朝贡史事考	社会科学辑刊	2012
1572	程妮娜	隋唐高丽朝贡制度研究	社会科学战线	2013
1573	程妮娜	唐朝渤海国朝贡制度研究	吉林大学社会科学学报	2013
1574	程妮娜	汉魏晋时期东部鲜卑朝贡制度研究	学习与探索	2014
1575	程妮娜	汉至唐时期肃慎、挹娄、勿吉、靺鞨及其朝贡活动研究	中国边疆史地研究	2014
1576	程妮娜	羁縻与外交：中国古代王朝内外两种朝贡体系——以古代东北亚地区为中心	史学集刊	2014
1577	程妮娜	夫余国与汉魏晋王朝的朝贡关系	求是学刊	2014
1578	程妮娜	明代女真朝贡制度研究	文史哲	2015
1579	程妮娜	女真与辽朝的朝贡关系	社会科学辑刊	2015
1580	程妮娜	高句丽与汉魏晋及北族政权的朝贡关系	安徽史学	2015

序号	作者	论文名称	期刊来源	发表年度
1581	程妮娜	东部乌桓从朝贡成员到编户齐民的演变	民族研究	2015
1582	董美含	"食物"的诉求	读书	2011
1583	董美含	"美国华裔文学"的概念界定	文艺争鸣	2011
1584	董美含	历史语境下美国华裔女性文学的"食物"叙事传统	文艺争鸣	2014
1585	蒂尼	当文学面对体育的时候	文艺研究	2009
1586	蒂尼	体育广告的传播艺术	文艺争鸣	2009
1587	蒂尼	向上的爱——陈奕纯的艺术世界	文艺争鸣	2010
1588	蒋刚	重庆、鄂西地区商周时期甲骨的类型学研究	江汉考古	2005
1589	蒋金玲	辽代荫补制度考	史学集刊	2010
1590	蒋金玲	辽代进士仕宦问题考述	中国边疆史地研究	2012
1591	蒋金玲	辽代南面财赋机构考	求索	2012
1592	蒋金玲	辽代自然灾害的时空分布特征与基本规律	东北师大学报	2012
1593	蒋金玲	辽代汉族进士家世考	社会科学战线	2012
1594	蒋金玲	汉族士人在辽代文坛的地位	贵州社会科学	2012
1595	蒋金玲	辽代汉人的入仕与迁转	中国史研究	2013
1596	蒋金玲	《贾师训墓志》"驸马侍中刘公"辨析	史学集刊	2014
1597	蒋蕾	"满映"作家群落考	社会科学战线	2008
1598	蒋蕾	东北沦陷区中文报纸:文化身份与政治身份的分裂——对伪满《大同报》副刊叛离现象的考察	社会科学战线	2010
1599	韩文淑	生态意识与新世纪乡村叙事	贵州社会科学	2013
1600	韩文淑	新世纪乡村叙事中的"差异性"表达	学习与探索	2013
1601	韩文淑	东北作家群与东北地域文化书写	学习与探索	2014
1602	韩文淑	新世纪中国作家的母语自觉	当代作家评论	2014
1603	韩文淑	新世纪乡村叙事中的权力视角	文艺争鸣	2014
1604	韩世明	关于我国古代边事和边疆稳定问题	史学集刊	2012
1605	韩世明	辽代皇族六院部夷离堇房相关问题考	民族研究	2012
1606	韩世明	辽《驸马萧公平原公主墓志》再考释	文史	2013
1607	韩世明	渤海王族姓氏新考	中国边疆史地研究	2015
1608	韩建立	《艺文类聚》子目数量辨正	图书馆工作与研究	2011
1609	韩建立	《艺文类聚引用书目》考辨	图书馆工作与研究	2013
1610	韩建立	《艺文类聚》领修人考辨	社会科学战线	2014
1611	韩松	论《教授的房子》中的现代地域主义	社会科学战线	2013
1612	韩雪松	理想的超越与现实的沉沦——《红楼梦》中甄宝玉的形象价值论	吉林大学社会科学学报	2007
1613	韩雪松	北魏外交文书试探	史学集刊	2013
1614	鲁弘	想象中国与中国想象——中国想象与消费时代文学理论研讨会综述	文艺争鸣	2006
1615	鲁弘	知青小说的非整体性	南方文坛	2008

序号	作者	论文名称	期刊来源	发表年度
1616	鲁念覃	"冬烘"、"冬烘先生"溯源	吉林大学社会科学学报	2009
1617	廉　欢	略述中美日三角关系及其对东北亚局势的影响	社会科学战线	2005
1618	窦可阳	作为接受本文的《易经》	孔子研究	2011
1619	窦可阳	中国古代文学理论学会第十七届年会综述	吉林大学社会科学学报	2011
1620	窦可阳	接受美学"中国化"的三十年	文艺争鸣	2012
1621	窦可阳	论《隐秀》的"象外之隐"与易学	周易研究	2014
1622	窦可阳	论接受美学的开放性	社会科学战线	2014
1623	窦可阳	诗化的人生,诗化的文论——宗白华与他的文论历程	文艺争鸣	2015
1624	雷亚平	五四与古典传统叙述资源的隐与显——文革期初版的战争题材长篇小说之叙述资源分析	吉林大学社会科学学报	2006
1625	雷亚平	意义的绝对控制——文革时期出版的战争题材长篇小说叙述方式分析	华中科技大学学报	2006
1626	雷亚平	主题先行:文革战争题材长篇小说的构思局限	齐鲁学刊	2006
1627	靳丛林	冷漠的观照:五四新文学到日本	鲁迅研究月刊	2001
1628	靳丛林	平衡与差异:五四时期中日文学交流史论	吉林大学社会科学学报	2001
1629	靳丛林	鲁迅改造国民性思想的由来——加纳治五郎给第一批毕业生讲话的波澜	鲁迅研究月刊	2002
1630	靳丛林	鲁迅与弘文学院学生"退学"事件(上)	鲁迅研究月刊	2002
1631	靳丛林	鲁迅与弘文学院学生"退学"事件(下)	鲁迅研究月刊	2002
1632	靳丛林	竹内好的《鲁迅》与李长之的《鲁迅批判》	吉林大学社会科学学报	2006
1633	靳丛林	竹内好:凭借鲁迅的历史反省	中国现代文学研究丛刊	2010
1634	靳丛林	重温中国现代小说的灿烂理想——读谢昭新《中国现代小说理论发展史》有感	中国现代文学研究丛刊	2011
1635	靳丛林	竹内好:凭藉鲁迅的文化反思	文学评论	2011
1636	靳丛林	鲁迅论(译文)	鲁迅研究月刊	2011
1637	靳丛林	"现代性"追问下的历史与学术——评赵京华《周氏兄弟与日本》	鲁迅研究月刊	2013
1638	靳丛林	寻找"鲁迅创造的鲁迅"——木山英雄《野草》研究的启示	中国现代文学研究丛刊	2013
1639	靳丛林	在比较中看到的存在主义:论山田敬三的《野草》研究	鲁迅研究月刊	2013
1640	靳丛林	关于《故事新编》(译文)	中国现代文学研究丛刊	2015
1641	靳丛林	"竹内鲁迅"的"回心之轴"与鲁迅的"确信"	吉林大学社会科学学报	2015
1642	管书合	袁世凯对日外交述论	史学集刊	2007
1643	管书合	1910～1911年东三省鼠疫之疫源问题	历史档案	2009
1644	管书合	"火烧船厂"与近代吉林城市消防变迁——以宣统三年吉林省城大火为中心	史学集刊	2009
1645	管书合	防疫还是排华?——1911年俄国远东地区大规模驱逐华侨事件研究	华侨华人历史研究	2011
1646	管书合	地权变动与清代东北移民	江西社会科学	2015

序号	作者	论文名称	期刊来源	发表年度
1647	蔡大伟	陕西泉护村古代黄牛的分子考古研究	考古与文物	2014
1648	蔡大伟	陕西泉护村古代黄牛的分子考古研究	考古与文物	2014
1649	霁 虹	兵家军事思想研究 20 年回顾	社会科学战线	2003
1650	滕铭予	从考古学看中国古代从封国到帝国的转变	吉林大学社会科学学报	2003
1651	滕铭予	秦雍城马家庄宗庙遗址祭祀遗存的再探讨	华夏考古	2003
1652	滕铭予	GIS 在环境考古研究中应用的若干案例	吉林大学社会科学学报	2006
1653	滕铭予	半支箭河中游先秦时期遗址分布的空间考察	吉林大学社会科学学报	2009
1654	滕铭予	GIS 在内蒙古敖汉旗环境考古研究中的初步应用与探索	华夏考古	2009
1655	滕铭予	GIS 在半支箭河中游环境考古中的应用	考古与文物	2009
1656	滕铭予	也谈弓形器的形制及相关问题	考古	2011
1657	滕铭予	中原地区东周铜器墓分类新论	考古	2013
1658	滕铭予	东周时期冀北山地玉皇庙文化的中原文化因素	考古学报	2014
1659	潘 玲	黑龙江桦南县小八浪遗址动物骨骼的鉴定与分析	考古	2002
1660	潘 玲	西沟畔汉代墓地四号墓的年代及文化特征再探讨	华夏考古	2004
1661	潘 玲	劓面习俗的渊源和流传	西域研究	2006
1662	潘 玲	完工墓地的文化性质和年代	考古	2007
1663	潘 玲	论鹿石的年代及相关问题	考古学报	2008
1664	潘 玲	外贝加尔匈奴遗存的年代	华夏考古	2009
1665	潘 玲	论矩形透雕阶梯纹青铜牌饰	考古	2010
1666	潘 玲	西汉时期乌桓历史辨析	史学集刊	2011
1667	穆艳霞	"人与鬼的纠葛和交融"——五四新文化倡导中鲁迅对民间宗教的双重体验	山西大学学报	2007
1668	霍东峰	尉迟寺遗址中"尉迟寺类型"遗存的分期与年代	华夏考古	2010
1669	霍东峰	全面揭露发掘法与探方揭露发掘法评议	考古	2015
1670	鞠惠冰	现代广告:人与物关系的解码	现代传播	2002
1671	鞠惠冰	广告中女性形象批判的文化反思	南京社会科学	2002
1672	鞠惠冰	形象文化与后现代广告的狂欢	电影艺术	2008
1673	鞠惠冰	村上春树与"地下铁事件"	读书	2014
1674	鞠惠冰	现代"爱丽丝"的梦游仙境	读书	2015
1675	鞠 斐	电视直播节目的传播学意义	电视研究	2003
1676	魏 东	鹤壁刘庄遗址下七垣文化墓地出土人骨标本鉴定报告	华夏考古	2009
1677	魏存成	渤海遗迹的发现与研究	社会科学战线	2001
1678	魏存成	近年来我国高句丽考古的主要发现与研究	东北亚论坛	2001
1679	魏存成	中原、南方政权对高句丽的管辖册封及高句丽改称高丽时间考	史学集刊	2004
1680	魏存成	集安在高句丽历史上的重要地位及其遗产表现	吉林大学社会科学学报	2004
1681	魏存成	唐鸿胪井刻石与渤海政权的定名、定位及发展	吉林大学社会科学学报	2006
1682	魏存成	渤海政权的对外交通及其遗迹发现	中国边疆史地研究	2007

序号	作者	论文名称	期刊来源	发表年度
1683	魏存成	集安高句丽大型积石墓王陵研究	社会科学战线	2007
1684	魏存成	靺鞨族起源发展的考古学观察	史学集刊	2007
1685	魏存成	汉唐时期中国通往朝鲜半岛和日本的文化线路及文化交流	吉林大学社会科学学报	2008
1686	魏存成	玄菟郡的内迁与高句丽的兴起	史学集刊	2010
1687	魏存成	中国境内发现的高句丽山城	社会科学战线	2011
1688	魏存成	如何处理和确定高句丽的历史定位	吉林大学社会科学学报	2011
1689	魏存成	高句丽南北道辨析	社会科学战线	2012
1690	魏存成	我的学术经历	社会科学战线	2014
1691	魏存成	新中国成立以来高句丽考古的主要发现与研究	社会科学战线	2014
1692	魏存成	渤海墓葬演变与渤海初期人口的民族构成	吉林大学社会科学学报	2014

外国语学院

序号	作者	论文名称	期刊来源	发表年度
1	于长敏	《大陆小道》——木山捷平人生中一段狭窄的路	东北亚论坛	2006
2	于长敏	荒山之恋失乐园——情感与传统道德的冲突	文艺争鸣	2006
3	于长敏	试论近代日本的对华文化情报战略——情报学历史研究视角的分析	图书馆学研究	2009
4	于林龙	论支撑哈贝马斯意义理论的生活世界——从生活世界看哈氏形式语用学的理论基础	外语学刊	2009
5	于林龙	走向交往范式的意义理论	社会科学战线	2010
6	于林龙	融入交往范式的意向主义意义理论——从胡塞尔到哈贝马斯	学习与探索	2010
7	于林龙	形式语用学的意义理解问题——深层解释学的视角	外语教学	2010
8	尹允镇	"寻根文学"的文化启迪和《流泪的图们江》	民族文学研究	2005
9	尹允镇	"记纪歌谣"和巫俗文化的关联	东北亚论坛	2006
10	尹允镇	胡适在朝鲜	鲁迅研究月刊	2008
11	尹允镇	论"万叶假名"、"吏读文"与汉字间的关系	东疆学刊	2010
12	尹允镇	滑稽荒唐到讽刺——朴善锡的小说艺术表现论	民族文学研究	2012
13	王萍	理性求证与直觉智慧——柯勒律治与济慈文论比较研究	深圳大学学报	2005
14	王萍	认知、审美与诗歌文本的陌生化	东北师大学报	2006
15	王萍	审美视界中的"空白"与"空缺"——从现代主义到后现代主义	东北师大学报	2008

续表

序号	作者	论文名称	期刊来源	发表年度
16	王萍	空灵意境的营造与动态结构的平衡——中西诗学话语中的空白观对比研究	东北师大学报	2010
17	王萍	中国文化元素与欧美文学的接受——以列夫·托尔斯泰为例	东北师大学报	2014
18	王朝晖	"文化大革命"初期的美国对华政策	美国研究	2006
19	王新新	中国之于大江健三郎——大江健三郎 1960 年访华研究	文艺争鸣	2001
20	王新新	从大江文学看战后日本文学中的天皇制禁忌	吉林大学社会科学学报	2002
21	王新新	发心中所感,斥战争之罪——论大江健三郎随笔的反战观	东北亚论坛	2003
22	叶君	语言、社会认同和少数族群	吉林大学社会科学学报	2009
23	刘丽华	从认知心理学看"コ、ソ、ア"的游离性	外语研究	2011
24	刘佐艳	表规模、数量词语的模糊性及民族文化特点	中国俄语教学	2004
25	刘桂玲	对两种"对话"论的三维思考——文艺批评领域和阅读研究领域中"对话"理论对比分析	文艺争鸣	2012
26	刘桂玲	指称转喻的组篇功能及其意义识解	东北师大学报	2014
27	刘桂玲	庭审语篇中情感劝说的实现手段	社会科学战线	2014
28	刘桂玲	汉语人物指称语的现实构建功能	东北师大学报	2015
29	孙明丽	在荆棘中歌唱——《荆棘鸟》与《红字》女主人公形象比较	外语学刊	2010
30	孙明丽	从事实到虚构:论新闻对美国文学的影响	东北师大学报	2013
31	曲晶	中西礼貌概念对比	东北师大学报	2005
32	曲晶	对英语专业人才培养目标和课程设置的再审视	中国高等教育	2007
33	曲晶	性别角色差异在话语间接程度中的体现	东北师大学报	2007
34	曲晶	英汉词汇文化内涵迁移对比研究	外语学刊	2007
35	权赫律	韩国"同人杂志"的发展与流变——以对《文学与知性》的考察为中心	当代作家评论	2011
36	池晶	论日本保险业的危机、对策及启示	东北亚论坛	2001
37	吴野迪	浅读林椿与竹高成员间的交游诗	文艺争鸣	2014
38	宋欣	意象图式理论对日语多义动词的释义作用——以移动动词"流れる"为例	外语研究	2010
39	张宁宁	阿里巴乌街上的怪女孩——《一无所获》对传统女性形象的颠覆	文艺争鸣	2013
40	张宁宁	在水泥森林中逃离爱情——论小说《失恋纪实录》	文艺争鸣	2014
41	张立波	日本作家井上厦及日本医学专家眼中的鲁迅课堂笔记	鲁迅研究月刊	2010
42	张玫玫	作为战争机器的女同性恋书写:从德勒兹的"生成论"观照威蒂格的写作实践	外国文学研究	2008

序号	作者	论文名称	期刊来源	发表年度
43	张玫玫	身体/语言：西苏与威蒂格的女性话语重建	外国文学	2008
44	张珊珊	多视角写作手法与赫斯顿小说主题	东北师大学报	2001
45	李杰	文学的时代价值	文艺争鸣	2006
46	李牧群	从《宗教大法官》看陀思妥耶夫斯基的基督思想	社会科学战线	2013
47	李海平	意义与生存境域——海德格尔生存论语境对意义研究的基础性地位	东北师大学报	2005
48	李海平	语境在意义追问中的本体论性——当代语言哲学发展对意义的合理诉求	东北师大学报	2006
49	李海平	当代语言哲学中意义对语境的整体论回归	吉林大学社会科学学报	2009
50	李新民	构建大学英语多媒体网络教学模式的探索	外语电化教学	2006
51	杨明明	世纪之交的俄罗斯戏剧	文艺争鸣	2002
52	肖婧	网络多媒体环境下如何从学习策略上提高听力自主学习效率	外语电化教学	2006
53	陈云哲	论谷崎润一郎的中国观	文艺争鸣	2006
54	陈永国	"形象描写逝去时代的性质"：文学理论和历史书写	外国文学	2001
55	陈永国	海登·怀特的历史诗学：转义、话语、叙事	外国文学	2001
56	卓新光	顺应理论视角下的文化专有项翻译策略	东北师大学报	2007
57	周异夫	战后初期日本文坛的战争反思	社会科学战线	2015
58	周晓凤	语言重叠现象的实质性问题——以汉、英两种语言中的重叠形式为例	东北师大学报	2013
59	周晓凤	网络流行语现象的语言文化分析	东北师大学报	2014
60	周晓凤	论色彩词"绿"在使用中的语义充实	学术交流	2014
61	林全胜	《高等学校俄语专业教学大纲》评述	中国俄语教学	2004
62	金城	巴赫金的语言、意义和意识形态观	学术交流	2008
63	金城	评价语句的言语行为分析	外语学刊	2009
64	金晶	女性生态主义的女性意识流变问题研究	求索	2012
65	金晶	韩国现代女性小说创作面面观	社会科学家	2014
66	侯冰洁	反义同形的语义理解机制研究	东北师大学报	2014
67	胡文征	评加拿大华裔作家方曼俏的小说	外国文学动态	2010
68	胡建军	现代资本主义社会与人的"异化"——论开高健小说《巨人与玩具》的社会批判思想	东北师大学报	2013
69	赵文学	文化差异与翻译——源语文化因素在目的语中的取向	吉林大学社会科学学报	2003
70	赵文学	论清教主义对美国主流文化价值观的影响	东北大学学报	2008
71	赵文学	美国殖民地时期教育发展主要特点探析	东北大学学报	2008

续表

序号	作者	论文名称	期刊来源	发表年度
72	赵文学	清教在美国殖民地时期教育发展中的作用	史学集刊	2009
73	赵杰	论伯恩斯坦的语言能力观	学习与探索	2011
74	赵娜	论贝尔·胡克斯的身份批评理论	求索	2013
75	项蕴华	身份建构研究综述	社会科学研究	2009
76	项蕴华	维也纳学派语篇——历史分析方法及其在中国的应用	武汉大学学报	2013
77	唐颖	"同志"称谓的源流及其演变原因	社会科学战线	2008
78	唐颖	诗歌解读的新视角——诗歌象似性修辞	文艺争鸣	2008
79	徐明真	政治经济背景下的日本三大综合杂志之变迁	现代日本经济	2006
80	徐明真	百炼此身渡乱世：井上靖文学的一个母题——从《弃老》入手	吉林大学社会科学学报	2007
81	袁霙	佐拉·尼尔·赫斯顿被遗忘的背后——兼谈赫斯顿的创作观	吉林大学社会科学学报	2001
82	都岚岚	论属下妇女的再现	外国文学	2006
83	都岚岚	叛逆女生：大众文化中的美国青年女性主义	南方文坛	2008
84	宿久高	论语言交流与生活、文化形式变异之关系	吉林大学社会科学学报	2001
85	宿久高	川端康成的新感觉派文学理论	社会科学战线	2003
86	宿久高	片冈铁兵的"新感觉派"文学理论	吉林大学社会科学学报	2003
87	宿久高	论日本文学译作中的注释问题——以山崎丰子作品为例	外语学刊	2012
88	宿久高	生态批评视阈中的《污染海域》	东疆学刊	2012
89	崔桂华	生态语言学：语言系统的生态学视角研究	东北师大学报	2012
90	崔桂华	生态语言学：语言系统的整体性与多样性	社会科学战线	2012
91	裴浩星	创伤理论视阈下马拉默德创作研究	东北师大学报	2013
92	谭林	商务版《最新俄语语法》简评	外语学刊	2001
93	潘守文	《肉体伤害》与后殖民政治	当代外国文学	2008
94	潘守文	阿特伍德与加拿大土著文化	解放军外国语学院学报	2010

艺术学院

序号	作者	论文名称	期刊来源	发表年度
1	于庚芬	谈高等学校音乐审美教育	江苏高教	2008
2	孔德明	"渔家绝技"何接续"活态文化"怎承传——对话非物质文化遗产保护专家、渔猎文化研究学者张敏杰教授	民族艺术研究	2010
3	孔德明	试论赫哲族鱼皮服饰审美与手工技艺的传承和保护	北方民族大学学报	2010

续表

序号	作者	论文名称	期刊来源	发表年度
4	孔德明	形和神的融通 情与理的合璧——关于"图""文"的象化审美及视觉符号语义之再思考	福建师范大学学报	2011
5	孔德明	"和谐造物"设计审美论	文艺研究	2013
6	孔德明	由"中国制造"到"中国设计"——和谐视域下的本土化设计阐幽及其审美发微	文艺争鸣	2013
7	王月颖	天籁抑或人籁:对艺术本体的存在之思	求索	2012
8	王丽伟	地方性剧种遗存抢救与保护——东北黄龙府文化与黄龙戏历史考察	文艺争鸣	2014
9	付璐	创造性思维中的方法论——论彩车造型设计	文艺争鸣	2010
10	付璐	服务于生活的"机器人"设计美学	文艺争鸣	2010
11	付璐	中国民族乐器造型的美学研究	民族艺术研究	2010
12	付璐	满族萨满乐器造型设计美学研究	文艺争鸣	2011
13	付璐	蒙古族民族乐器设计美学研究	文艺争鸣	2011
14	付璐	天声人语 音韵传情——浅析怒族乐器达比亚的应用及其美学呈现	民族艺术研究	2011
15	付璐	论"中国元素"的设计与创新	求索	2012
16	付璐	赫哲族萨满乐器的形韵摭谈	社会科学战线	2012
17	付璐	文化产业的发展形式与前景	宏观经济管理	2013
18	付璐	区域创意产业发展调查研究	经济纵横	2014
19	刘彤	作为自然与理想相统一的艺术美的客观性——黑格尔艺术哲学中的美学原理	社会科学战线	2014
20	吕净植	《木兰辞》多元音乐文化嬗变	文艺争鸣	2010
21	吕净植	试论春秋诸侯国外交中音乐的运用	东北师大学报	2010
22	吕净植	文化的交流与嬗变——中朝音乐交流溯源	文艺争鸣	2012
23	孙晓航	加强大学美术教育,提升大学生审美素质	中国高等教育	2005
24	朱廷丽	社会批判:墨子与阿多诺音乐理论的一致性	社会科学战线	2011
25	朱廷丽	音乐美学中的"自律"与"他律"	文艺争鸣	2012
26	张晓晶	东北地域文化对传统艺术设计的影响	东北师大学报	2015
27	杨淑芳	论浦东派琵琶的精华《婆媳相争》	文艺争鸣	2011
28	陈佳	徐渭的绘画对其书法的影响研究	文艺争鸣	2009
29	陈佳	钟繇"行狎书"考辨	文艺争鸣	2010
30	陈佳	满族祭祀剪纸研究	文艺争鸣	2011
31	孟德琦	视觉语言的情感世界与大众审美文化	文艺争鸣	2010
32	金玺铎	论高校研究生公共艺术教育课程体系的构建	东北师大学报	2011
33	修远	东北地区文化产业发展现状及存在问题分析	社会科学战线	2012
34	类维顺	近代中国美术风格变化原因浅析	文艺争鸣	2013

续表

序号	作者	论文名称	期刊来源	发表年度
35	类维顺	"艺术的时代特征"美术史观的当代性	文艺争鸣	2014
36	类维顺	浅析民国时期东北地区绘画的社会性特征	文艺争鸣	2015
37	胡卫军	试析萨满教对东北诸民族文化的影响	文艺争鸣	2010
38	胡卫军	萨满教对东北地区少数民族服饰的影响	民族艺术研究	2010
39	胡卫军	萨满神帽造型艺术	民族艺术研究	2010
40	胡卫军	萨满面具审美	文艺争鸣	2011
41	胡卫军	萨满教对东北地区诸民族物质生活民俗的影响	文艺争鸣	2013
42	胡卫军	基于视觉形式语言的产品情感设计研究	山东社会科学	2015
43	栗壮志	中西方绘画艺术的美学差异	文艺争鸣	2011
44	郭薇	文本与绘画的关系——以中日《赤壁图》的构成元素为例	文艺争鸣	2015
45	曹江	蚁美楷电影海报的美学特征	社会科学战线	2013
46	曹江	靳尚谊素描讲学中的思辨批判特质	文艺争鸣	2013
47	曹江	日益边缘化的当代中国绘画	文艺争鸣	2015
48	傅黎明	论李渔造物设计思想中的平民意识	湖南社会科学	2013
49	傅黎明	李渔"宜"论造物设计观探微	艺术百家	2013
50	傅黎明	品牌标志设计的动态之美	文艺争鸣	2015
51	傅黎明	中国动漫审美的时代特征研究	学习与探索	2015
52	蔡琦	现代女性饰品的审美特质	学术界	2009
53	蔡琦	现代女性饰品的设计风格研究	山东社会科学	2009

体育学院

序号	作者	论文名称	期刊来源	发表年度
1	刁振东	"三双"武术教学模式的研究	北京体育大学学报	2005
2	刁振东	试论日本武士家训形成及其影响——以中日两国家族制度和家训的差异为视角	东北亚论坛	2008
3	马慧	体育事业与体育产业内在关联的再思考	沈阳体育学院学报	2014
4	方秀宠	吉林省低收入人群体育锻炼现状的调查与分析	天津体育学院学报	2006
5	王丽岩	不同刺激呈现方式对乒乓球运动员视觉搜索特征的影响	中国体育科技	2009
6	王丽岩	高水平射箭运动员动觉感受性的实验研究	中国体育科技	2013
7	王明辉	篮球运动员运动决策准确性和速度差异性的眼动研究	北京体育大学学报	2007
8	王祥全	我国朝鲜族体育的流变	体育文化导刊	2012
9	冯淑娟	第 48 届世乒赛马琳技术统计分析	天津体育学院学报	2006
10	任庆伟	农民工养老保险中的行政责任诉求与路径选择	甘肃社会科学	2013
11	关朝晖	基于文献计量的短道速滑研究进展	情报科学	2012

序号	作者	论文名称	期刊来源	发表年度
12	刘东波	镖局的生存空间与民间武术的传承与创新	北京体育大学学报	2008
13	刘英学	我国城市青少年实物性体育消费品的品牌调查与分析	西安体育学院学报	2008
14	刘姝	对中国体育代表团品牌形象的研究	北京体育大学学报	2006
15	刘锋	短道速滑使用槽刃冰刀的理论初探	体育学刊	2013
16	刘巍	我国优秀400m栏运动员栏间技术的生物力学诊断	武汉体育学院学报	2008
17	刘巍	转型期构建我国体育诚信制度探究	学术交流	2014
18	华景梅	和谐社会构建视角下的我国社区体育发展模式	体育与科学	2006
19	孙一	中日足球青少年培养比较	北京体育大学学报	2008
20	孙一	中、日、韩三国青少年足球培养体系比较研究	中国体育科技	2008
21	孙一	吉林省冰雪旅游产业发展探究	体育科学	2011
22	孙东辉	高校足球"（5＋10）min"模拟训练法	体育学刊	2006
23	孙东辉	自组织理论视域下当前体育教育系统发展的逻辑思考	沈阳体育学院学报	2014
24	孙彦	论我国体育产业的现状、问题与对策	北京体育大学学报	2004
25	孙彦	中外足球比赛停顿规律的对比分析及其训练学意义	沈阳体育学院学报	2014
26	孙茹	中国花样队男子单人滑运动员调整期生理生化指标分析	天津体育学院学报	2006
27	朴忠淑	膝关节及髋关节等速肌力与功率自行车及滑板滑行无氧功之间的关系	体育科学	2005
28	许今刚	公办民营的城市青少年训练资源优化配置网络的构建	武汉体育学院学报	2006
29	何思森	力竭游泳对大鼠肠组织 MDA、Free－SH、ATP 含量及 $Na^+-K^+-ATPase$ 活性的影响	成都体育学院学报	2011
30	佟强	过度运动对肾脏细胞外基质、金属蛋白酶及其抑制因子影响的实验研究	北京体育大学学报	2006
31	佟强	我国运动员退役研究综述	中国体育科技	2014
32	吴杰	吉林省冰雪体育旅游产业的发展现状及对策研究	经济纵横	2008
33	吴杰	国际金融危机对我国体育产业发展的影响及对策	经济纵横	2009
34	张亚荣	《体操运动员二、三级技术等级标准修改草案》的特点及意义	体育学刊	2008
35	张春利	课程资源开发的困境与对策	东北师大学报	2014
36	张晓义	我国中学体育教材教法存在的问题及改进对策	体育学刊	2006
37	张晓义	学校体育学被弱化现象引发的思考	体育学刊	2007
38	张晓义	国际体坛不平等现象的社会学分析及中国竞技体育的使命	北京体育大学学报	2008
39	张晓义	国际竞技体育地域发展不均衡现象的社会学分析	武汉体育学院学报	2008
40	张晓义	中国选择奥林匹克的历史必然	体育学刊	2008
41	张晓义	新中国参加赫尔辛基奥运会始末——熊斗寅先生访谈录	体育学刊	2008
42	张晓义	我国夏季奥运项目非均衡发展成因分析	北京体育大学学报	2009
43	张晓义	国际体坛种族歧视现象存在的根源分析	武汉体育学院学报	2009
44	张晓义	新时期中国体育国际发展战略研究的探讨	成都体育学院学报	2009

序号	作者	论文名称	期刊来源	发表年度
45	张晓义	二战后国际体育大发展对中国体育的启示	武汉体育学院学报	2010
46	张晓义	二战后国际体育大发展的国际政治学分析	体育学刊	2010
47	张晓义	"一边倒"时期中国体育国际发展战略的历史回顾	北京体育大学学报	2011
48	张 毅	我国滑雪产业可持续发展路径研究	体育文化导刊	2013
49	李凤丽	世界优秀速滑运动员弯道蹬冰技术的时间特征分析（上）	天津体育学院学报	2006
50	李凤丽	世界优秀速滑运动员弯道蹬冰技术的时间特征分析（下）	天津体育学院学报	2006
51	李建民	速滑运动员优秀组与一般组弯道蹬冰技术的比较研究	北京体育大学学报	2006
52	李贵阳	优秀青少年速滑运动员下肢骨骼肌弹性势能利用率特征研究	天津体育学院学报	2004
53	李 萍	日本企业文化的管理结构特征——兼论其历史意义和局限性	现代日本经济	2002
54	李湘浓	试论人文体育与2008年"人文奥运"	北京体育大学学报	2005
55	李湘浓	中国竞技体育国际角色转变的发展战略	北京体育大学学报	2009
56	李湘浓	我国竞技体育国际角色定位转换的动因及价值	天津体育学院学报	2009
57	杨庆玲	析韩国足球崛起的综合效应——论当代"三力合一"的竞技运动	体育与科学	2003
58	杨庆玲	拳击文化与现代拳击运动的二元走向	北京体育大学学报	2011
59	杨 杰	运动员应对方式的因素特征与心理状态的关系	成都体育学院学报	2004
60	杨 杰	青少年体育消费心理预期行为研究	成都体育学院学报	2008
61	杨 杰	论竞技体育的观念及其异化	成都体育学院学报	2010
62	迟 化	吉林大学举办校园铁人三项赛的尝试	北京体育大学学报	2004
63	迟 化	无痛苦跑对改善大学生跑步恐惧心理的影响	体育学刊	2006
64	迟 化	我国学生耐久力下降与跑步教育缺失及对策研究	中国体育科技	2007
65	迟 化	吉林省城乡居民身高观研究	人口学刊	2007
66	迟 化	我国学生跑步枯燥的认知探讨	北京体育大学学报	2009
67	邹晓峰	运动性疲劳对跳深动作结构影响的生物力学分析	体育学刊	2009
68	邹晓峰	中外体育服装品牌消费者满意度影响因素及比较研究	沈阳体育学院学报	2014
69	周 游	少年短道速滑运动员专项心理能力评定的研究	北京体育大学学报	2004
70	尚 颖	泛在智能环境下的数字图书馆知识服务	情报科学	2010
71	范丽雯	2005年《体育科学》的引文分析	情报科学	2006
72	范丽雯	2006年《北京体育大学学报》文献计量分析	情报科学	2008
73	俞大伟	我国体育对外援助的历史回顾	北京体育大学学报	2010
74	俞大伟	我国体育援外教练工作研究	体育文化导刊	2012
75	俞大伟	改革开放前的中国体育对外援助	沈阳体育学院学报	2014
76	姚继伟	信息技术在体育素质教育中的应用研究	情报科学	2007
77	柳 刚	关于建立我国体育保险市场监督管理体系的探讨	体育与科学	2006
78	柳 钢	对奥林匹克品牌营销的研究	北京体育大学学报	2008

序号	作者	论文名称	期刊来源	发表年度
79	胡兆晖	文化冲突和融合与体育文化发展的关系	北京体育大学学报	2010
80	赵春花	优秀速滑运动员弯道蹬冰技术的运动学分析	中国体育科技	2006
81	班玉生	信息化对体育产业发展的作用分析	情报科学	2006
82	班玉生	中、日足球教练员培训方式的比较研究	中国体育科技	2007
83	袁 吉	论2008年北京奥运会三大理念的内涵及其对全民健身活动的影响	体育与科学	2004
84	袁 雷	中、外女子100m跑优秀运动员成绩演变及技术特征的比较分析	体育与科学	2004
85	袁 雷	我国高等体育教育质量保障体系的建构	体育与科学	2005
86	袁 雷	论体育理念对政治文化的影响——以奥运会为例	北京体育大学学报	2012
87	高岩松	高校学生微量元素水平与体质体能的相关性	北京体育大学学报	2009
88	高彩艳	从《红楼梦》看古代女性养生健身	体育文化导刊	2012
89	龚德胜	论体育市场服务的伦理常规与体育道德特例	体育与科学	2006
90	龚德胜	我国大学生对体育杂志的选择与需要	北京体育大学学报	2006
91	龚德胜	我国体育仲裁基本性质问题探讨	体育与科学	2007
92	龚德胜	2008年奥运会后我国竞技体育竞赛体制的发展方向	体育与科学	2008
93	龚德胜	中国体育价值选择的历史演变及展望	体育与科学	2009
94	龚德胜	论英联邦三国体育资本的运用	体育与科学	2014
95	程湘南	速滑直道滑行技术的生物力学诊断	天津体育学院学报	2004
96	董新伟	体育全球化背景下学校武术发展的影响因素与应对策略	体育与科学	2010
97	裴 鹏	体育舞蹈艺术表现力的文化解析	体育文化导刊	2013
98	靳厚忠	我国田径竞技后备人才培养现状问题剖析	天津体育学院学报	2005
99	裴晶晶	韵律操练习干预对自闭症儿童姿势控制能力的影响	沈阳体育学院学报	2014
100	戴 珂	普通高校排球专项选修课程序教学实验	体育学刊	2007
101	戴 珂	博弈论在高校球类教学中的应用	体育学刊	2009
102	魏 勇	基于文献计量的蹦床研究进展	情报科学	2009
103	魏 勇	基于文献计量的高山滑雪研究进展	情报科学	2011

公共外语教育学院

序号	作者	论文名称	期刊来源	发表年度
1	丁丽蓉	个体自由追求与群体制约机制的冲突——从维特形象看宝玉形象的本质	社会科学战线	2009
2	丁丽蓉	论《红楼梦》中女性形象的自主意识	社会科学战线	2010
3	丁丽蓉	与生活和解——裘山山作品中的女性	文艺争鸣	2010
4	丁丽蓉	人文关怀的缺失——从萨克雷看曹雪芹的男权话语	东北师大学报	2011

续表

序号	作者	论文名称	期刊来源	发表年度
5	丁丽蓉	族群英雄与超人形象——以《年月日》与《热爱生命》为例	文艺争鸣	2011
6	丁丽蓉	同声传译信息处理过程分析——以图式理论为视角	情报科学	2012
7	丁丽蓉	"玩偶"的误读——从娜拉出走到裴山山笔下女性的多元化选择	学习与探索	2012
8	丁丽蓉	"穿越"的荒诞意识——从《变形记》看《步步惊心》	文艺争鸣	2012
9	丁丽蓉	信息资源共享对科技论文摘要撰写及英译的影响	情报科学	2013
10	丁丽蓉	关于"奋斗"的叙事——马丁·伊登与孙少平形象比较	文艺争鸣	2013
11	丁丽蓉	现代信息技术在大学英语写作教学中的应用——以写作自动评价系统为例	情报科学	2014
12	马玉芳	知识地图在大学英语教师知识管理中的应用:现状与展望	中国电化教育	2009
13	马玉芳	构建大学外语教学科研机构的知识地图	中国电化教育	2010
14	马 毅	基于语义 Web 技术的外语教学模式研究	情报科学	2013
15	云天英	《喧哗与骚动》中的救赎母题	社会科学战线	2008
16	云天英	福克纳文学创作的文化语境	文艺争鸣	2012
17	云天英	网络环境下的大学英语自主学习模式研究	中国电化教育	2013
18	云天英	福克纳小说转义理论之失乐园隐喻研究	东北师大学报	2015
19	王守宏	"慕课"背景下以内容为依托的大学英语 ESP 教学模式研究	中国电化教育	2015
20	王延彬	诺曼·梅勒小说主题与泛极权主义情结	东北师大学报	2008
21	王延彬	论口译实践中"信"的内涵与实现途径	东北师大学报	2009
22	王 栋	外延性、彻底解释与整体论——论戴维森意义理论的三个维度	山东社会科学	2011
23	王 栋	戴维森意义理论维度下的语言哲学观	求索	2011
24	王 栋	后分析哲学视阈中的意义理论研究	求索	2012
25	王 栋	真值条件意义理论视阈中指称问题的演变	东北师大学报	2012
26	王 栋	戴维森意义理论之镜:意义的公共性与三角测量解释模式	东北师大学报	2013
27	王 栋	信息结构与语用能力的相关性研究	情报科学	2013
28	王 倩	计算机网络上的外语教与学	情报科学	2002
29	王晓平	解读阿加莎·克里斯蒂小说创作的艺术张力	文艺争鸣	2014
30	王 聪	大学英语习得模式的构建——以克拉申理论为视角	社会科学战线	2012
31	王 聪	大学英语教学中的文化教学研究	社会科学战线	2014
32	王 聪	大学英语自适应学习环境下的学习者学习风格研究	中国电化教育	2014

序号	作者	论文名称	期刊来源	发表年度
33	王 聪	翻转课堂教学法在美国：历史、现状与课题	外国教育研究	2015
34	王 薇	东北资源型城市经济转型障碍与对策研究	经济纵横	2008
35	车俊思	论德莱塞《嘉莉妹妹》中的哲学沉思	东北师大学报	2009
36	车俊思	社会转型与价值选择——《嘉莉妹妹》与《高兴》比较研究	文艺争鸣	2011
37	车俊思	社会转型与信仰重建——论德莱塞笔下"美国梦"的嬗变	东北师大学报	2011
38	车俊思	德莱塞伦理观的文化透视	文艺争鸣	2012
39	付文平	多媒体计算机辅助下的英语视听说教学	中国电化教育	2008
40	付慧敏	加拿大语言管理探析	东北师大学报	2013
41	冯 彦	概念隐喻语际迁移标记性探析	东北师大学报	2011
42	冯 彦	基于信息技术的大学英语测试	情报科学	2011
43	冯 彦	复合型法律英语人才培养模式的构建	社会科学战线	2011
44	冯 彦	商业广告语篇中的评价资源研究	外语学刊	2012
45	冯 彦	评价理论视域下商业广告语篇中的态度资源研究	社会科学战线	2012
46	申云化	现代教育技术环境下多模态与元认知对英语听力的促进作用研究	中国电化教育	2014
47	石 华	计算机网络信息对双语转换的作用	情报科学	2012
48	伍思静	基于知识地图构建大学外语教师专业学习共同体	中国电化教育	2011
49	关海鸥	语义模糊性理解与翻译策略研究	外语学刊	2007
50	关海鸥	汉语模糊修辞英译限度的美学解读	东北师大学报	2011
51	关海鸥	关联性思维与模糊语言：中国古代文论审美依托	社会科学战线	2011
52	关海鸥	以"象"化"境"——从意、象互文及其文化传承看诗歌意境的语际重塑	文艺争鸣	2011
53	关海鸥	模因论与互文性：文学翻译研究新视野	东北师大学报	2012
54	刘龙根	维特根斯坦语义理论刍议	吉林大学社会科学学报	2001
55	刘龙根	言语行为意义观浅论	学习与探索	2003
56	刘龙根	意义规定于语境——言语行为意义论中的语境观探微	学习与探索	2005
57	刘龙根	意向性与意义理解——从言语行为论的视角看	吉林大学社会科学学报	2005
58	刘龙根	大学英语听力理解测试及其改革刍论	中国大学教学	2005
59	刘龙根	建基于实践理论的意义观探微	社会科学战线	2005
60	刘龙根	语力概念与意义表征	东北师大学报	2005

序号	作者	论文名称	期刊来源	发表年度
61	刘龙根	稳步推进 CET 听力测试改革	中国高等教育	2005
62	刘伟萍	功能语言学和认知语言学的认知取向	东北师大学报	2009
63	刘晓波	"传染病"视角下"××门"扩散的模型研究	求是学刊	2012
64	刘晓波	澳大利亚语言政策的发展变迁及其动机分析	东北师大学报	2013
65	刘晓波	澳大利亚公共图书馆的多元语言信息服务体系及其对我国的启示	情报科学	2014
66	刘晓波	英语教育的不平等对社会流动的抑制作用	社会科学家	2014
67	刘艳华	教师整合技术的学科教学知识（TPACK）境脉因子模型构建研究	现代远距离教育	2015
68	刘艳华	挖掘信息技术的隐性教育功能——美国《提升意志力：21 世纪成功的核心要素》报告解读及启示	电化教育研究	2015
69	刘淑范	怎样办好地方电视英语新闻节目	中国广播电视学刊	2008
70	刘淑艳	高校外语教学中的文化教学现状及改革策略探讨	教育科学	2008
71	刘淑艳	亚文化研究在跨文化交际中的地位与作用探析	东北师大学报	2008
72	刘　嘉	军队院校公共外语教学面临的问题及对策思考	教育学报	2012
73	吕　娜	论安扎杜尔之"新女性混血意识"	社会科学战线	2009
74	吕美嘉	从认知角度看二人转人物描写隐喻	东北师大学报	2014
75	吕美嘉	吉林省二人转理论研究综述	社会科学战线	2014
76	吕美嘉	多模态教学模式对大学生英语阅读能力影响的研究	中国电化教育	2014
77	吕　萍	大学日语教育听说技能训练模式探讨	东北师大学报	2011
78	吕　萍	日本企业办学对中国企业办学的启示——以日本经济结构改革特区成果为例	东北师大学报	2013
79	吕　萍	泛媒体时代日本的媒介素养教育与文化	东北师大学报	2014
80	孙　力	"人在说"，"语言在说"？	社会科学战线	2012
81	孙永恩	翻译艺术观"现实"关照的本体论意义	东北师大学报	2007
82	孙　凌	薇拉·凯瑟小说中所蕴含的生态审美观探析	河南社会科学	2011
83	孙　凌	工业文明的失乐园——《一个迷途的女人》的生态视角解读	社会科学战线	2011
84	孙　萍	译介学理论在文学翻译批评中的应用	东北师大学报	2005
85	宇　璐	基于语言模因论的语言接触过程与结果探析	东北师大学报	2015
86	曲　鑫	大学英语 CAI 新型评价模式的研究与实践	中国电化教育	2007

序号	作者	论文名称	期刊来源	发表年度
87	曲 鑫	于憧憬中迷失，在救赎中回归——从小说《国王的人马》谈沃伦的人生观和历史观	社会科学战线	2010
88	曲 鑫	约翰·斯坦贝克小说创作与30年代加州腹地的斗争	东北师大学报	2012
89	曲 鑫	"拔尖实验班"的大学外语培养模式探索和教学效果研究	中国外语	2013
90	曲 鑫	大学英语教师专业化发展进程中的科研观	东北师大学报	2014
91	曲 鑫	大学英语教师专业化发展进程中的科研观	东北师大学报	2014
92	曲 鑫	基于学生思辨能力培养的外语教学一对一数字化学习环境研究	中国电化教育	2014
93	曲 鑫	信息技术对大学英语选修课程体系优化与信息服务提升研究	情报科学	2014
94	朱丽娟	幻象式对蹠运动——一种文学发展模式	文艺争鸣	2011
95	朱丽娟	思考世界文学的观念准备	社会科学战线	2013
96	朱励群	俄罗斯"突变性"社会转型模式生成根源分析	东北亚论坛	2007
97	朱淑华	二语习得中石化现象产生的认知原因及应对策略	东北师大学报	2011
98	朱淑华	外语教师专业发展的有效助力—研究型教学与教师素质构建	社会科学战线	2011
99	朱淑华	论大学外语教师专业学习共同体的构建	东北师大学报	2012
100	朱淑华	教师知识结构的学理分析——基于对西方教师知识研究的回溯	外国教育研究	2012
101	朱淑华	高校英语教师学习共同体的交互主体性研究	东北师大学报	2013
102	朱淑华	品特之荒诞戏剧到政治剧的演变	文艺争鸣	2013
103	朱淑华	美国教师专业发展的"尊重项目"及其启示	外国教育研究	2013
104	朱锋颖	从利科诠释学视域看葛浩文的文本翻译	东北师大学报	2014
105	朱锋颖	从身份的迷失到和谐人格的建构——评美国华裔作家伍慧明的《骨》	小说评论	2014
106	朱锋颖	高校英语微课信息服务平台构建	情报科学	2015
107	朴 玉	倾其一生，难寻理想自我——解读菲利普·罗斯的《普通人》	当代外国文学	2008
108	朴 玉	《冤家，一个爱情故事》：对大屠杀的深层思考	当代外国文学	2009
109	朴 玉	评菲利普·罗斯在《反美阴谋》中的历史书写策略	当代外国文学	2010
110	朴 玉	从德里罗的《坠落的人》看美国后"9·11"文学中的创伤书写	当代外国文学	2011

序号	作者	论文名称	期刊来源	发表年度
111	朴　玉	多重记忆书写——论约瑟夫·奥尼尔的《地之国》	当代外国文学	2012
112	朴　玉	《恐怖分子》的文化想象与他者书写	外语与外语教学	2012
113	朴　玉	高等教育国际化新进展及其对外语教育的启示	外语教学理论与实践	2013
114	朴　玉	"我们也是受害者"——评哈米德在《拉拉尔茶馆的陌生人》中的文化创伤书写	国外文学	2013
115	朴　玉	找寻诗意栖居之地——《布鲁克林的荒唐事》中的"地方"诗学	外国文学	2014
116	朴　玉	承载历史真实的文学想象——论《愤怒》中的历史记忆书写	当代外国文学	2014
117	朴　玉	新世纪美国政治小说的跨国书写——评《迈向地缘政治小说:21 世纪美国小说》	当代外国文学	2015
118	朴　玉	论麦凯恩《佐利姑娘》中的属下他者形象	湖南科技大学学报	2015
119	牟为姣	论美国华裔作家的国家身份建构	文艺争鸣	2011
120	牟为姣	解构美国华裔男性的刻板形象	文艺争鸣	2012
121	牟为姣	论网络环境对大学生跨文化交际能力的影响	中国电化教育	2013
122	吴宪忠	现代文本研究综述	情报科学	2008
123	吴宪忠	情报类学术论文英文摘要的体裁文析	情报科学	2010
124	吴宪忠	情报类学术论文英文摘要的时态特征	情报科学	2012
125	张广林	大学英语教学中的人文素质教育刍议	北京交通大学学报	2009
126	张广林	隐喻的认知观与隐喻翻译策略	东北师大学报	2009
127	张凤娟	电子语言素养——信息技术与外语课程整合的生长点	情报科学	2013
128	张立梅	多媒体环境下英语视听说课堂设计研究	中国电化教育	2009
129	张旭东	从奈达的"对等"理论看译者的追求	东北师大学报	2009
130	张旭东	美国影片《本杰明·巴顿》的时间哲学	文艺争鸣	2010
131	张旭东	绚烂如蝶翼的艺术——纳博科夫的创作风格赏析	文艺争鸣	2011
132	张旭东	同声传译的释意理论视角——浅论面对时间压力的同传信息处理原则	东北师大学报	2011
133	张而立	论大学英语 CAI 课件的理论依据——评《大学英语·精读》(修订本)多媒体光盘第二册	中国电化教育	2001
134	张而立	从对立到融合——论悲剧和喜剧关系的演变	文艺争鸣	2007
135	张海鹰	欧亚主义视角下的俄国历史观	俄罗斯中亚东欧研究	2014
136	张素菊	基于跨文化语境的非语言信息对外语教学的影响	情报科学	2011
137	张素菊	赖肖尔与日韩邦交正常化——一种跨文化的解读	社会科学战线	2012
138	张绪忠	论中国英语教育规划中的问题与对策	东北师大学报	2009

续表

序号	作者	论文名称	期刊来源	发表年度
139	张绪忠	中西比喻差异的哲学探源	东北大学报	2010
140	张绪忠	我国语言规划中外国语言因素的缺失及应对策略	东北师大学报	2011
141	张绪忠	语言规划视角下的中式英语研究	社会科学战线	2011
142	张绪忠	语言管理与美国语言管理实践	东北大学报	2012
143	张博伟	美国实习指导教师研究述评	外国教育研究	2014
144	张焱	网络语言——语言变化的新思潮	社会科学辑刊	2008
145	李冰	大学生英语网络自主学习研究	中国电化教育	2013
146	李冰	贝娄小说的犹太性	文艺争鸣	2013
147	李冰	菲利普·罗斯对犹太性的反拨与超越	文艺争鸣	2014
148	李冰	论贝娄小说的犹太性与世界性	文艺争鸣	2015
149	李利群	从网络教学谈提高大学英语教学质量	中国大学教学	2007
150	李杰	太宰治的鲁迅观	文艺争鸣	2009
151	李杰	叹息中走过的日本女性文学——以《女系家族》为例	社会科学战线	2012
152	李晔	中动结构产生的类型学动因	社会科学战线	2014
153	李晔	英语中动结构起源假说	武汉大学学报	2015
154	李晔	中动结构动词认知选择条件之"心理期待性"	华南师范大学学报	2015
155	李晔	《大学英语》微课程教师话语调查及其教学效用分析——以第一届中国外语微课大赛获奖作品为样本	外语电化教学	2015
156	李朝	话语分析中的认知与逻辑	东北师大学报	2008
157	李新民	大学英语网络语境构建的理论探索	外语电化教学	2008
158	李新民	语言个性化认知的理论探索	东北师大学报	2012
159	李锡江	语言类型学视野下语言、思维与文化关系新探	东北师大学报	2014
160	李锡江	英语介词习得与概念迁移探究——以介词 IN 为例	外语学刊	2015
161	杜中全	记忆理论与英语听力改善	中国电化教育	2011
162	杜中全	论网络环境下的大学英语自主学习	中国电化教育	2012
163	杜中全	认知负荷理论与大学英语教学	社会科学战线	2012
164	杨建丽	文化冲突的哲学理据及化解理路	求索	2009
165	沈葆春	元认知策略与研究生英语写作	东北师大学报	2009
166	谷珊	大学英语与高中英语教学衔接策略	社会科学战线	2012
167	谷珊	"小"环境下的"大"人物——再谈简·奥斯订作品《傲慢与偏见》	文艺争鸣	2014

592

序号	作者	论文名称	期刊来源	发表年度
168	邹云敏	见证历史的空间——评西蒙·马维尔小说《玻璃屋》	外国文学动态	2011
169	邹丽丹	在生态批评视野中重读《论"文学是人学"》	文艺争鸣	2010
170	邹丽丹	试论《兔子四部曲》现代性精神危机的生态解困	东北师大学报	2012
171	邹丽丹	母亲形象流变与文化身份建构——后殖民语境中美国华裔族群的主体性回归	外语学刊	2014
172	陈云哲	思想解放前期的"启蒙叙事"——刘心武《班主任》的非文本化解读	求索	2011
173	陈云哲	诗性文化的浪漫体验与精神故乡的现实寻根	外语学刊	2013
174	陈云哲	中国传统文化的追寻与现实的错位——芥川龙之介的中国之旅与中国书写	求索	2014
175	陈秀娟	中国英语学习者强化语的使用情况调查与分析——基于CLEC 语料库的研究	大连理工大学学报	2008
176	陈秀娟	研究生学术英语写作研究	社会科学战线	2012
177	陈秀娟	研究生英语写作的多维度分析	东北师大学报	2012
178	陈秀娟	中外情报学期刊论文英文摘要的对比分析	情报科学	2013
179	陈秀娟	面向语言信息处理的语义研究——合著者的社会网络分析	情报科学	2013
180	陈春田	第二语言的遗忘与保持	学术交流	2009
181	周桂君	沉浮于自由、爱与美的炼狱——雪莱与徐志摩比较研究	社会科学辑刊	2005
182	周桂君	"虚静"理论视域下的"消极能力"说——中国古代哲学理念与济慈诗论比较研究	东北师大学报	2005
183	周桂君	语用学视角下的诗歌解码——以济慈的《秋颂》为例	求是学刊	2006
184	周桂君	注视:约翰·济慈的莎评范式	东北师大学报	2006
185	周桂君	东西方文化语境下的美、真、善——济慈审美观与道家审美观的比较研究	东北师大学报	2008
186	周海燕	美国大学本科的通识教育及其启示	外国教育研究	2009
187	周海燕	美国大学的多元文化教育及其启示	外国教育研究	2011
188	周海燕	全球教育背景下的外语教育政策及其启示——以美国与澳大利亚为例	外国教育研究	2012
189	孟宪华	中日社会教育差异性浅析	现代日本经济	2003
190	孟宪华	"BK21 工程"与韩国高等教育改革	东北亚论坛	2004
191	林 娟	"活动"中的英语写作教材评估与使用——来自高校英语教师的声音	现代外语	2015
192	宣 力	言语行为的要素之一——取效结果探析	社会科学辑刊	2008
193	宣 力	论蒙古统治对俄罗斯文化的影响	社会科学辑刊	2010
194	战 菊	语言	外国文学	2003
195	战 菊	形式语言理论、学习理论与演化动力学——语言进化论框架下的英语学习	吉林大学社会科学学报	2007

序号	作者	论文名称	期刊来源	发表年度
196	战 菊	社会变革与民族语言——中美两国语言学科在新形势下发展的影响研究	河南师范大学学报	2008
197	战 菊	大学英语教师的叙事分析：信念及其构建	中国外语	2010
198	战 菊	老龄化社会背景下语言资源分配中的伦理关怀	南京社会科学	2010
199	战 菊	中国英语的本质、根源及发展——基于语言变异理论的解读	吉林大学社会科学学报	2015
200	洪爱英	论权力隐喻下的汉英语言之争	东北师大学报	2015
201	胡忠丽	透过广告语言看中西文化在个人主义—集体主义方面的差异（一）	鲁迅研究月刊	2006
202	胡忠丽	中英文广告语的文化反思	文艺争鸣	2010
203	胡铁生	论德莱塞小说的悲剧性——透视美国政治制度下的人际关系	东北师大学报	2003
204	胡铁生	奥尼尔的社会悲剧观——兼评社会悲剧《长日入夜行》	吉林大学社会科学学报	2004
205	胡铁生	论阿瑟·密勒的悲剧观	学术研究	2004
206	胡铁生	论文学发展与全球化因素的互动关系——中美文学发展史中全球化因素的对比研究	学习与探索	2005
207	胡铁生	结构与解构：基于文本的悖论与统一	东北师大学报	2006
208	胡铁生	全球化语境下比较文学教师的素质建设	外语与外语教学	2006
209	胡铁生	人的自我探索与和谐境界的追求——评拉尔夫·艾里森的《看不见的人》	宁夏社会科学	2006
210	胡铁生	欠发达地区英语高层次教育改革探索——吉林省英语高层次教育评析及其对西北地区的启示	甘肃社会科学	2007
211	胡铁生	对抗与和谐：生态意义上的矛盾与统一——论麦尔维尔《白鲸》中人与自然的关系	社会科学辑刊	2008
212	胡铁生	论文学话语权在全球化进程中的新转向	学习与探索	2008
213	胡铁生	中美文化的碰撞与融合——论美国华裔作家在中美文化交流中的历史作用	江海学刊	2008
214	胡铁生	生态批评的理论焦点与实践	吉林大学社会科学学报	2009
215	胡铁生	新兴学科的历史发展与时代反思——中国比较文学学科建设的百年回顾与现状评估	河南师范大学学报	2009
216	胡铁生	后现代文学的共生与反思——兼论中国当代文学的发展取向	学习与探索	2010
217	胡铁生	欧洲政治哲学对美国早期政论文学的影响——再论美国文学形成过程中的全球化因素	厦门大学学报	2010
218	胡铁生	对中国网络媒体生态传播现状的思考	西南民族大学学报	2010
219	胡铁生	论美国诺贝尔文学奖的政治意蕴	学术研究	2011

序号	作者	论文名称	期刊来源	发表年度
220	胡铁生	后现代文学非人类他者形象的塑造及其意义——《纳尼亚传奇》与《哈利·波特》对比研究	社会科学辑刊	2011
221	胡铁生	当代中美戏剧文学现状及其走向对比研究	学习与探索	2011
222	胡铁生	论全球化语境下美国戏剧文学的发展	东北师大学报	2011
223	胡铁生	论文学与政治的意蕴交映——2010 年诺贝尔文学奖评奖感思	社会科学	2011
224	胡铁生	美国戏剧文学发生学的内外因素	河南师范大学学报	2011
225	胡铁生	论文学在文化强国进程中的软实力作用	学习与探索	2013
226	胡铁生	论文学的政治性批评	学术研究	2013
227	胡铁生	莫言对域外元小说的接受与创新——以《酒国》为例	当代作家评论	2014
228	胡铁生	后现代主义文学的不确定性特征——以《第二十二条军规》的黑色幽默叙事策略为例	吉林大学社会科学学报	2015
229	胡铁生	中国可持续性发展的内外因素——以国际互信和反腐倡廉为例	甘肃社会科学	2015
230	胡铁生	文学政治价值的生成机制	山东大学学报	2015
231	胡铁生	基督教文化在明清的境遇及文化的相互影响	学习与探索	2015
232	胡铁生	莫言魔幻现实主义的是非曲直	社会科学战线	2015
233	胡铁生	社会存在与人的欲望追求——论德莱塞笔下嘉莉欲望追求的价值取向	广东社会科学	2015
234	赵　丹	文化预设对言语交际的影响	外语与外语教学	2008
235	赵金宇	商业广告语篇中的情态资源	东北师大学报	2012
236	赵桂英	概念隐喻标记性在二语习得过程中的实证研究	外语学刊	2011
237	赵桂英	混乱无序的井然有序 ——福克纳的叙事艺术赏析	文艺争鸣	2012
238	赵桂英	信息技术在大学英语教学中的应用	情报科学	2012
239	赵桂英	"时空"概念隐喻的哲学基础与萨丕尔－沃尔夫假说	东北师大学报	2012
240	赵桂英	概念隐喻的运作机制在法律语言中的使用效力	社会科学战线	2012
241	赵桂英	情感概念隐喻哲学与萨丕尔—沃尔夫假说	东北师大学报	2013
242	赵婉秋	美国高等教育大众化发展历程对我国的启示	社会科学战线	2011
243	赵婉秋	后方法论视域中大学英语教学语言技能融合模式探索	外语学刊	2015
244	夏文静	乔治·爱略特女性意识初探——从《米德尔马契》中的女性人物谈起	社会科学战线	2012
245	夏文静	《呼啸山庄》框架叙事中潜生态伦理意识的凸显	东北师大学报	2013

序号	作者	论文名称	期刊来源	发表年度
246	夏文静	《呼啸山庄》中艾米莉潜生态伦理意识的三分法	文艺争鸣	2014
247	夏文静	盖斯凯尔夫人长篇小说文学伦理学解读	东北师大学报	2014
248	栗冰怡	语言习得理论在外语教学中的应用	中国大学教学	2005
249	秦晓蕾	语言模糊性的经验现实主义阐释	东北师大学报	2014
250	聂大海	语言获得理论及其形成的哲学基础	学习与探索	2004
251	聂大海	克里普克反驳摹状词理论的三个证明	社会科学战线	2012
252	陶桂凤	洪堡特语言民族观视角下中西方"死亡"委婉语对比研究	新疆大学学报	2012
253	商雨虹	超越死亡的文学——从超越死亡的视角对川端文学的探究	东北亚论坛	2008
254	商 亮	虚构与象征的典范《纪念爱米丽的一朵玫瑰花》——兼论福克纳对莫言的影响	河南师范大学学报	2014
255	崔 敏	母语知识与外语学习	内蒙古大学学报	2006
256	崔 敏	大学英语教学新型评价体系的研究与实践	中国外语	2010
257	梁汇娟	大学英语认知过程听力理解的教学实践	中国大学教学	2008
258	梁汇娟	情绪的对应性对外语听力理解学习成绩影响实证研究	中国外语	2009
259	梁汇娟	情绪对二语写作创新影响的调查与实证研究	中国外语	2013
260	梁彩琳	语义范畴原型理论研究：回顾与展望	外语学刊	2010
261	绪可望	评英美模式在德国高等教育改革中的应用	外国教育研究	2006
262	绪可望	再论语言、认知和现实世界	外语学刊	2013
263	绪可望	基于认知的空间关系构式——以 on、above、over 构式为例	外语教学	2013
264	绪可望	个性与共性视角下的"字本位"理论	东北师大学报	2013
265	绪可望	欧盟多语教育政策及其基础教育阶段的实践	外国教育研究	2014
266	绪可望	空间关系构式研究——以英语 V + up 构式为例	外语与外语教学	2014
267	绪可望	象征性与逻辑性——汉英语言结构类型新解	东北师大学报	2014
268	黄定天	评《日本社会历史转型期的土地问题研究》	世界历史	2004
269	黄定天	20 世纪上半叶旅华俄侨的由来及其人口结构	人口学刊	2004
270	黄 浩	宽容的历史主义与历史文学的发展	吉林大学社会科学学报	2004
271	富冬青	应该爱上的"生命之轻"——读米兰·昆德拉的《庆祝无意义》	文艺争鸣	2014
272	富冬青	美国文学对"美国梦"的解构及其反思	学术交流	2015
273	富冬青	欧·亨利小说中的女性角色及婚姻价值观	东北师大学报	2015

序号	作者	论文名称	期刊来源	发表年度
274	富冬青	熟悉和陌生的上海故事——兼谈西方文学对中国当代文学影响	文艺争鸣	2015
275	富冬青	卡夫卡与反俄狄浦斯——浅析德勒兹对卡夫卡的反俄狄浦斯化解读	文艺争鸣	2015
276	富胜利	古希腊语言观与形而上学——兼与中国先秦语言观对比	社会科学战线	2009
277	富胜利	拉美魔幻现实主义与中国当代文学	文艺争鸣	2009
278	焦伟达	语义 Web 运作机制的认知语义学基础	情报科学	2011
279	董晓航	诗歌式微与小说勃兴——维多利亚时代文类嬗变刍议	东北师大学报	2011
280	蒋宏影	谈英语中的隐喻	河北大学学报	2002
281	谢丹文	艾略特的"传统"与"非个性化"	文艺争鸣	2003
282	谢丹文	自然法与第二语言习得	教育理论与实践	2004
283	谢 刚	语言符号价值的哲学探索	甘肃社会科学	2014
284	谢 刚	论索绪尔的语用哲学思想	山东社会科学	2014
285	谢 刚	"差异"与"时间":索绪尔语言本体论的哲学解读	东北师大学报	2014
286	谢 刚	通向语言的本质:索绪尔与胡塞尔语言哲学比较研究	东北师大学报	2015
287	韩 松	元认知在非英语专业研究生英语写作中作用的实证研究	外语与外语教学	2008
288	韩 松	对非英语专业研究生学术英语写作教学的多元思考	学位与研究生教育	2010
289	廖正刚	东北文化的肌肤——从历史及认知角度看东北方言	东北亚论坛	2008
290	翟云波	语言学习过程中的信息处理和转换分析	情报科学	2006
291	谭德峰	俄格冲突与俄罗斯独联体政策的未来	东北亚论坛	2009
292	潘海英	全球化语境下美国语言政策对我国语言教育的启示	东北师大学报	2010
293	潘海英	全球化趋势下俄罗斯语言政策的调整及动因	东北师大学报	2013
294	潘海英	弗洛依德的语言观及其意义研究	东北师大学报	2014
295	潘海英	西方女权主义视域下桐华的作品	文艺争鸣	2015
296	潘海英	基于输入和输出理论的研究生公共英语课程体系构建	外语学刊	2015
297	潘海英	全球化进程中外语教育政策的回顾与发展	社会科学战线	2015
298	潘雅莉	文化的差异在《女勇士》中的体现	文艺争鸣	2008
299	穆婉姝	语料库:新型外语学习资源的理据分析	中国电化教育	2010
300	穆婉姝	生态翻译学视域下的鲁迅翻译思想	东北师大学报	2010
301	穆婉姝	鲁迅先生的"译有所为"	社会科学战线	2014
302	霍 红	论主体间性视角下的网络辅助教学实践	中国电化教育	2011

序号	作者	论文名称	期刊来源	发表年度
303	霍 红	拉康符号学视域下换喻与隐喻的关系问题	东北师大学报	2014
304	霍 红	从结构主义到解构主义——拉康"元语言"观演变进路	社会科学家	2014

经济学院（中国国有经济研究中心）

序号	作者	论文名称	期刊来源	发表年度
1	丁一兵	关于东亚区域货币合作的研究:文献综述	当代亚太	2004
2	丁一兵	2004 年印度经济:崛起中的机遇与挑战	世界经济	2005
3	丁一兵	东亚货币合作的新进展	世界经济	2006
4	丁一兵	"21 世纪初期东亚汇率合作与人民币汇率问题研究"学术研讨会综述	世界经济	2006
5	丁一兵	经济发展水平与国际货币的选择—基于 OTC 交易量的实证研究	亚太经济	2012
6	丁一兵	FDI 流入对中国出口品技术结构变化的影响——一个动态面板数据分析	世界经济研究	2012
7	丁一兵	日元国际化的直接影响因素及空间溢出效应——基于 OTC 交易量的空间面板模型研究	世界经济研究	2013
8	丁一兵	美元区位分布的条件及空间溢出效应	经济评论	2013
9	丁一兵	货币国际化的影响因素:基于交换结构矩阵的实证研究	国际经贸探索	2013
10	丁一兵	中国在东亚区域贸易中的地位变化与其经济结构调整	国际商务	2013
11	丁一兵	银行业竞争度提升对国有企业绩效的影响	江汉论坛	2013
12	丁一兵	实际有效汇率变动与就业关系的中韩对比分析	经济问题探索	2013
13	丁一兵	企业出口二元边际与经济结构转型	南京社会科学	2014
14	丁一兵	融资约束、技术创新与跨越"中等收入陷阱"——基于产业结构升级视角的分析	产业经济研究	2014
15	丁一兵	企业出口二元边际与产业结构优化——基于跨国面板数据的分析	国际商务	2014
16	丁一兵	贸易产品结构与对外直接投资对日元国际化的影响——基于空间杜宾模型的实证分析	现代日本经济	2014
17	丁一兵	有效汇率、工资与经济结构变动——基于东亚高增长经济体的理论与实证分析	经济经纬	2014
18	丁一兵	现阶段中国的金融改革与人民币国际化	社会科学家	2014
19	丁一兵	外国大型国有企业经济绩效的影响因素——基于世界 500 强企业面板数据的实证分析	江汉论坛	2015
20	丁一兵	中美大型企业社会责任对其企业效率的影响机制研究——基于 DEA–Tobit 两步法的分析	产业经济研究	2015

序号	作者	论文名称	期刊来源	发表年度
21	丁肇勇	正确处理虚拟经济与实体经济的关系	经济纵横	2003
22	于乃书	中国新型农村金融机构发展研究	学习与探索	2015
23	于乃书	农村金融机构发展中的主体行为分析及激励机制的构建	中央财经大学学报	2015
24	于秀艳	信息技术产业的产出弹性分析	情报科学	2001
25	于良春	经济发达国家电力产业的规制改革	当代财经	2004
26	于　洋	"重建个人所有制"的现代合约经济学解读	经济学家	2002
27	于　辉	对我国金融创新的理性思考	经济纵横	2004
28	于　辉	对我国存款准备金制度的述评及完善建议	社会科学战线	2005
29	于　辉	对中国存款准备金制度争议的几点思考	税务与经济	2005
30	于　震	中国金融发展与生产率增长	社会科学战线	2008
31	于　震	金融发展与经济增长关联性研究分歧评析	社会科学辑刊	2009
32	于　震	中国金融发展与资本配置效率关联性研究	当代经济研究	2009
33	于　震	外商直接投资与中国经济增长——基于金融发展视角的实证研究	学术交流	2009
34	于　震	会计信息价值相关性研究的新思路	学习与探索	2009
35	于　震	利率期限结构与宏观经济因素关联性的实证研究	学习与探索	2011
36	于　震	中国在东亚经济一体化中的角色演化与策略选择：基于经济周期同步性的实证研究	世界经济研究	2013
37	于　震	东亚经济周期同步性与区域经济一体化	数量经济技术经济研究	2014
38	于　震	动态拨备制度在我国宏观审慎监管中的应用研究	学习与探索	2014
39	于　震	"次贷危机"后中美金融市场联动性更强了吗	经济学家	2014
40	于　震	信贷周期与经济周期关联性研究：中日比较及其启示	世界经济研究	2014
41	于　震	日本宏观审慎监管的政策效果与启示——基于信贷周期调控的视角	国际金融研究	2015
42	于　震	经济安全互动视角下东亚地区合作格局演变与中国应对	南京师大学报	2015
43	马　宁	吉林省农村金融发展问题探析	东北亚论坛	2010
44	马春文	马克思与哈耶克——兼评邓正来先生的《规则·秩序·无知》	法制与社会发展	2004
45	马春文	什么是政治经济学？	社会科学战线	2005
46	马春文	人口红利对经济发展影响的实证研究	统计与决策	2012
47	马春文	不可能实现的范式转换？——评林毅夫的新结构经济学	社会科学战线	2015
48	马春文	中原经济区不同类型城市协同发展的推进研究	理论与改革	2015
49	马振江	构建董事会中心主义的公司法人治理结构	东北师大学报	2009
50	马振江	我国基金管理公司独立董事制度的研究分析	东北师大学报	2010
51	马登科	巨无霸指数与汉堡包经济学	经济学动态	2008
52	马登科	基于基金持仓头寸的国际油价动荡研究：1994～2009	世界经济研究	2010

续表

序号	作者	论文名称	期刊来源	发表年度
53	尹栾玉	马克思国际贸易理论与克鲁格曼新贸易理论之比较	马克思主义研究	2007
54	尹栾玉	从经济性管制到社会性管制:汽车产业政策的未来走向	生产力研究	2007
55	尹栾玉	美、日对外贸易战略转变的特征及对我国的借鉴意义	当代经济研究	2007
56	尹栾玉	社会主义新农村文化建设的制度经济学分析	税务与经济	2007
57	尹栾玉	论我国对外贸易结构的战略调整	学习与探索	2007
58	尹栾玉	马克思国际贸易理论对外贸增长方式转变的启示	高校理论战线	2008
59	尹栾玉	日本公共教育支出结构的特征及其借鉴	现代日本经济	2010
60	尹栾玉	中国汽车产业政策的历史变迁及绩效分析	学习与探索	2010
61	尹栾玉	政府规制与汽车产业自主创新——兼论后危机时代中国汽车产业的发展路径	江海学刊	2010
62	毛健	论经济增长中的跳跃发展规律	中国社会科学院研究生院学报	2004
63	毛健	自然资源:合理开发与经济增长相关分析	经济学动态	2010
64	王文成	2009中国国有经济发展论坛暨"危机与变局中的国有经济研讨会"综述	经济管理	2009
65	王文成	不同类型经济形式投资对经济增长拉动效应的比较研究	经济管理	2011
66	王文成	不同所有制形式对经济增长的影响	中国软科学	2011
67	王文成	农村不同收入群体借贷的收入效应分析——基于农村东北地区的农户调查数据	中国农村经济	2012
68	王文成	经济周期波动下国有经济对经济增长的影响研究	经济体制改革	2013
69	王文成	国有经济的投资效应研究——基于中国工业制造业28个行业的实证分析	中国工业经济	2013
70	王文成	国有经济投资对非国有经济投资的带动效应研究	中国软科学	2013
71	王文成	我国典型地区保障性住房建设经验及对吉林省的启示	经济体制改革	2014
72	王文成	中国国有企业社会责任与企业绩效相关性研究	中国软科学	2014
73	王文成	全球股票市场动态特征比较研究——基于STFIGARCH模型	经济管理	2014
74	王平	汽车行业销售预测系统的分析、设计与实施	情报科学	2001
75	王刚	论我国国有企业公司治理结构的多样化选择	东北师大学报	2003
76	王刚	论国有商业银行治理结构的改革	当代经济研究	2004
77	王刚	论人民币汇率制度演进中金融体制改革的策略	江汉论坛	2006
78	王达	后危机时代的中美经济关系:基于全球金融危机视角分析	亚太经济	2010
79	王达	论美国影子银行体系的发展、运作、影响及监管	国际金融研究	2012
80	王达	美国的出口管制政策及其对美中贸易的影响	东北亚论坛	2012
81	王达	论国际金融监管改革的最新进展:全球金融市场LEI系统的构建	世界经济研究	2013
82	王达	美国主导下的现行国际金融监管框架:演进、缺陷与重构	国际金融研究	2013

序号	作者	论文名称	期刊来源	发表年度
83	王达	美国"再工业化"战略及其对中国经济的影响	东北亚论坛	2013
84	王达	影子银行演进之互联网金融的兴起及其引发的冲击——为何中国迥异于美国？	东北亚论坛	2014
85	王达	论美国互联网金融的主要模式、演进及启示	亚太经济	2014
86	王达	美国互联网金融的发展及中美互联网金融的比较——基于网络经济学视角的研究与思考	国际金融研究	2014
87	王达	美国互联网金融的发展及其影响	世界经济研究	2014
88	王达	亚投行的中国考量与世界意义	东北亚论坛	2015
89	王达	静悄悄的金融统计体系革命：意义、进展及中国的参与	国际经济评论	2015
90	王达	美国金融数据体系改革的背景、进展及影响	亚太经济	2015
91	王达	美国互联网金融与传统金融的融合	学术交流	2015
92	王达	美国主导下的全球金融市场LEI系统——最新进展与中国的参与策略	现代经济探讨	2015
93	王达	亚投行的全球金融治理意义、挑战与中国的应对	国际观察	2015
94	王达	宏观审慎监管的大数据方法：背景、原理及美国的实践	国际金融研究	2015
95	王劲松	我国汇率改革及对企业经营的影响	经济纵横	2008
96	王莘航	关于发展农村资金互助合作组织的思考	农业经济问题	2008
97	王远征	资本市场在博弈中整合	中国国情国力	2007
98	王远征	中国企业国际营销的品牌战略	税务与经济	2007
99	王国兵	国有企业内部人控制与国有资产流失：一个合谋的视角	江汉论坛	2007
100	王建东	关于售粮与折问题研究	农业经济问题	2003
101	王泽彩	我国财政分税制的缺陷日益显现	经济纵横	2007
102	王泽彩	财政均富：实现公共服务均等化的理论探索	财政研究	2007
103	王倩	马克思主义视角的电子货币属性和职能分析——兼与尹龙商榷	当代经济研究	2005
104	王倩	电子货币对货币供应量的冲击及应对策略	经济社会体制比较	2005
105	王倩	金融网络化背景下我国银行业市场结构的思考	理论前沿	2005
106	王倩	我国网络金融监管的现状及政策建议	经济纵横	2006
107	王倩	电子支付科技影响货币乘数的实证分析	社会科学战线	2008
108	王倩	振兴落后地区的财政援助政策：欧盟的经验和启示	经济体制改革	2008
109	王倩	城市基础设施建设市场化融资的影响因素分析	经济纵横	2009
110	王倩	银行卡替代现金及替代途径的实证分析	经济体制改革	2009
111	王倩	国际货币金融体系的民主化改革路向	学习与探索	2010
112	王倩	人民币汇率制度的应机选择与未来取向	江汉论坛	2010
113	王倩	中国碳金融的发展策略与路径分析	社会科学辑刊	2010
114	王倩	农村金融、财政支农与农民收入的均衡与动态分析	社会科学战线	2010
115	王倩	电子货币对中央银行负债的冲击	当代经济研究	2010
116	王倩	农村金融、财政支农和农村经济增长的协整分析：1978～2007	吉林大学社会科学学报	2010

续表

序号	作者	论文名称	期刊来源	发表年度
117	王 倩	"碳陷阱"：理论辨析与政策导向	经济学家	2011
118	王 倩	低碳经济发展中的金融功能分析	社会科学辑刊	2012
119	王 倩	国有银行产权改革绩效与制度创新	江汉论坛	2012
120	王 倩	碳交易制度的先决问题与中国的选择	当代经济研究	2013
121	王 倩	美国非常规货币政策流动性效应的实证研究	社会科学辑刊	2013
122	王 倩	后危机时代中国宏观经济政策对通货膨胀的影响——基于 FTPL 理论视角	学习与探索	2014
123	王 倩	美国双扩张经济政策对我国通货膨胀的溢出效应	东北亚论坛	2014
124	王 倩	基于不同原则下的碳权分配与中国的选择	当代经济研究	2014
125	王 倩	吉林省农村民间金融现状及其治理对策探析	东北师大学报	2014
126	王 倩	中国碳排放权交易市场的有效性研究	社会科学辑刊	2014
127	王 倩	城镇化推动碳减排的经济效应分析	经济纵横	2014
128	王 倩	我国经济周期对投资策略的影响研究	吉林大学社会科学学报	2015
129	王 倩	中日碳排放库兹涅茨曲线对比研究	社会科学辑刊	2015
130	王 倩	中国碳配额价格影响因素的区域性差异	浙江学刊	2015
131	王爱群	吉林省农业产业化比较优势实证分析	当代经济研究	2008
132	王智辉	俄罗斯资源依赖型经济的长期增长	东北亚论坛	2008
133	王 鹏	东北老工业基地虚拟经济发展的问题与对策	经济纵横	2004
134	王静文	美、日技术创新的差异及对我国的启示	经济纵横	2003
135	王静文	从国际生产网络角度比较美日企业模式	现代日本经济	2007
136	韦艳玲	战略性贸易政策在印度软件业上的应用	经济纵横	2007
137	冯永琦	中美经济波动的国际贸易传导机制实证分析	当代财经	2009
138	冯永琦	美国经济波动影响中国经济的国际传导机制分析	财贸研究	2010
139	冯永琦	中国进口贸易结构变化与经济增长关系实证研究	经济问题探索	2013
140	冯永琦	日元离岸与在岸利率联动效应研究	现代日本经济	2014
141	冯永琦	我国台湾地区土地改革对经济持续增长的影响研究	经济体制改革	2014
142	冯永琦	人民币实际有效汇率变动的进口贸易转型效应	世界经济研究	2014
143	冯永琦	香港离岸人民币即期汇率市场定价影响力研究	社会科学战线	2014
144	冯永琦	土地改革对经济持续增长的影响——基于台湾省土地改革的研究	农业经济问题	2014
145	冯 迅	我国股指期货与股票交易的关联性分析	税务与经济	2007
146	史本叶	提高国有企业创新能力：基于国家创新体系的视角	经济社会体制比较	2010
147	史本叶	英国剑桥高技术产业集群风险投资的经验及启示	经济纵横	2011
148	史本叶	中国对外贸易成本分解与出口增长的二元边际	财经研究	2014
149	史本叶	看跌期权低估、银行信贷与房地产泡沫	经济问题探索	2014
150	史本叶	中国对东盟直接投资：区位选择、影响因素及投资效应	武汉大学学报	2015
151	史本叶	城市化发展的非线性特征研究——基于面板门槛模型的实证分析	学习与探索	2015

序号	作者	论文名称	期刊来源	发表年度
152	史自力	日本汽车产业成长特点及其对中国汽车工业发展的借鉴意义	经济与管理研究	2006
153	史 威	论国有企业与外部人控制问题	经济纵横	2005
154	田中景	IT 革命在日本进展迟缓的原因及前景	现代日本经济	2001
155	田中景	日本地方国有企业的现状及前景	东北亚论坛	2002
156	田中景	中日经贸关系的现状与前景	现代日本经济	2003
157	田中景	日本经济的现状和前景分析	世界经济与政治论坛	2004
158	田中景	稳定增长阶段的日本经济	现代日本经济	2007
159	田中景	进一步推进我国农业保险发展的对策	中国金融	2009
160	田中景	美国金融危机对中国完善金融监管体系的启示	东北亚论坛	2009
161	田中景	国外资本并购异化研究——以"凯雷"并购徐工机械为例	经济纵横	2009
162	田中景	后危机时代中日韩对外经贸关系分析	现代日本经济	2010
163	田中景	中日两国中间产品贸易影响因素实证分析——基于中国27 个行业 2001～2006 年面板数据	亚太经济	2010
164	田中景	中日双边贸易发展问题研究	江汉论坛	2011
165	田中景	发达国家公用事业市场化的两难困境——以邮政事业为例	国家行政学院学报	2011
166	田丽洁	商业银行混业经营问题探析	社会科学战线	2003
167	白英姿	新一轮国际贸易保护与我国外贸战略调整	经济纵横	2008
168	石纬林	欧盟国家产业集群的特点及对振兴东北老工业基地的启示	经济纵横	2007
169	石纬林	现阶段推进人民币区域化的具体措施	社会科学战线	2009
170	石纬林	现阶段推进人民币区域化的基本原则与路径	经济纵横	2009
171	石纬林	商业银行开展低碳金融业务的国际经验及启示	经济纵横	2013
172	石纬林	日本新潟县地方企业对华投资研究	现代日本经济	2014
173	石纬林	日本消费税改革政策的效果分析	社会科学战线	2014
174	石纬林	信息技术视野下国际交流与合作项目整合及优化研究	中国电化教育	2015
175	石林松	中国区域经济周期长度的统计检验	统计与决策	2011
176	石林松	FDI 对中国与主要贸易对象国经济周期协动性的影响分析	吉林大学社会科学学报	2012
177	石林松	中日两国政府对国际金融危机的对策效应研究	现代日本经济	2012
178	石林松	中国主要宏观经济变量对经常项目的动态影响分析	社会科学战线	2012
179	石林松	我国通货膨胀与产出缺口的关系研究	经济纵横	2012
180	任俊生	论垄断行业产品价格的监督	长白学刊	2002
181	任俊生	论准公共品的本质特征和范围变化	吉林大学社会科学学报	2002
182	任俊生	国有企业新一轮改革与发展的对策——加入 WTO 后国有企业改革与发展国际学术研讨会综述	经济研究	2002
183	任俊生	论公用事业体制改革目标模式的四大特征	长白学刊	2003

序号	作者	论文名称	期刊来源	发表年度
184	关立新	世界经济发展与加强国际经济协调	学习与探索	2002
185	关立新	经济全球化时代国家主权的维护与创新	中国青年政治学院学报	2002
186	关丽洁	加大金融支持力度,促进长吉图发展	东北亚论坛	2010
187	关丽洁	吉林省就业问题研究	人口学刊	2011
188	关丽洁	中国铁路改革:产权解构与社会资本融资	学习与探索	2012
189	关丽洁	技术创新、制度创新与跨越"产业结构陷阱"	马克思主义研究	2013
190	关丽洁	资源环境约束下的新型城市化内涵及推进对策	社会科学辑刊	2015
191	关丽洁	中国模式与深化我国经济体制改革的路径选择	马克思主义研究	2015
192	关丽洁	经济新常态下技术创新动力系统与机制	社会科学战线	2015
193	刘艺欣	论中国巨额外汇储备的制度压抑	江汉论坛	2008
194	刘旸	私募权益资本的循环增值和宏观经济效应	中央财经大学学报	2010
195	刘远航	我国职业经理人市场发展难点分析	长白学刊	2003
196	刘远航	东北老工业基地经济结构调整的障碍及对策分析	当代经济研究	2003
197	刘远航	我国国有资产管理体制的模式选择	经济学家	2003
198	刘远航	国有企业制度成本的一般分析	江汉论坛	2008
199	刘佳丽	主要发达国家自然垄断行业监管机制嬗变的适用性分析及对我的启示	东北师大学报	2014
200	刘佳丽	西方公共产品理论回顾、反思与前瞻——兼论我国公共产品民营化与政府监管改革	河北经贸大学学报	2015
201	刘佳丽	我国自然垄断行业政府监管的研究范式亟待改革	学术交流	2015
202	刘佳丽	城市公用事业民营化中公共利益的维护与政府监管体系重构	经济与管理研究	2015
203	刘国斌	高校会计信息化技术研究	情报科学	2005
204	刘国斌	增强国有企业创新力促进东北老工业基地快速发展	东北亚论坛	2005
205	刘忠和	中国政府社会盈利性实现的路径选择	理论前沿	2004
206	刘若昕	推动欠发达地区私营企业发展的政策	经济纵横	2013
207	刘金全	财政政策作用的阶段性和非对称性检验	财经科学	2003
208	刘金全	论经济政策的有效性与动态非相容性——政治经济周期理论的拓展	经济评论	2003
209	刘金全	中国经济增长:阶段性、风险性和波动性	经济学家	2003
210	刘金全	我国经济增长的新态势与经济政策的稳定性	吉林大学社会科学学报	2003
211	刘金全	我国货币政策对于实际冲击和名义冲击反应的灵敏性分析	中国经济问题	2003
212	刘勇	新经济广义论	吉林大学社会科学学报	2002
213	刘春山	六部门动态优化模型在吉林老工业基地产业结构优化升级中的运用	东北亚论坛	2006
214	刘美平	中国社会主义经济之特色	当代经济研究	2001
215	刘美平	马克思主义人口城市化理论	人口学刊	2002
216	刘美平	城市土地制度的改革与优化	当代经济研究	2002

续表

序号	作者	论文名称	期刊来源	发表年度
217	刘美平	信息化是实现城乡产业结构升级的根本途径	经济纵横	2002
218	刘美平	加入 WTO 后中国国有企业改革与发展国际学术研讨会综述	经济纵横	2002
219	刘美平	当代中国发展经济学论纲	吉林大学社会科学学报	2002
220	刘美平	城乡人力资源存量的结构性分析	社会科学	2002
221	刘凌波	财政政策在解决"三农"问题过程中的作用与效率	财政研究	2004
222	刘凌波	关于构建节约型社会的几个问题	理论前沿	2005
223	刘凌波	"省管县"财政体制改革的实践与思考	宏观经济管理	2005
224	刘凌波	进一步完善我国管理层收购的融资制度	税务与经济	2005
225	刘凌波	加快我国国有企业改革必须突破几个关键环节	经济纵横	2005
226	刘晓鑫	论东亚汇率合作的制度协调	世界经济研究	2006
227	刘铮	城镇化障碍因素及路径选择	经济学动态	2003
228	刘静暖	土地自然力承载问题探析	当代经济研究	2009
229	刘赣州	试论中国银行业并购的系统环境构建	金融科学	2001
230	刘赣州	资本市场与资本配置效率：基于中国的实证分析	当代经济研究	2003
231	吉林大学中国国有经济研究中心课题组	国企改组中债务重组方式研究	长白学刊	2002
232	吉林大学中国国有经济研究中心课题组	治理效率：一个深化公司治理的新视角	当代经济研究	2002
233	吉林大学中国国有经济研究中心课题组	沃尔玛成功的经济学解释——对国有服务性企业的启示	长白学刊	2003
234	吉林大学中国国有经济研究中心课题组	对国有企业分配制度改革问题的探讨	长白学刊	2003
235	吉林大学中国国有经济研究中心课题组	论我国国有企业公司治理结构的多样化选择	长白学刊	2003
236	吉林大学中国国有经济研究中心课题组	金融控股公司：加入 WTO 后我国金融业发展模式的现实选择	东北亚论坛	2003

序号	作者	论文名称	期刊来源	发表年度
237	吉林大学中国国有经济研究中心课题组	国外产业发展的若干经验研究与借鉴	当代经济研究	2003
238	吉林大学中国国有经济研究中心课题组	日本公司治理结构的特点及对我国企业改革的借鉴	当代经济研究	2003
239	吉林大学中国国有经济研究中心课题组	从国有企业跨国经营中的资产流失看国有资产管理方式的改进	社会科学战线	2004
240	吉林大学中国国有经济研究中心课题组	中国商业银行利润效率实证研究——考虑风险因素的影响	学习与探索	2008
241	孙　飞	中国税负转嫁模式创新初探	财贸经济	2001
242	孙少岩	国有股减持配套改革中的两个问题	长白学刊	2002
243	孙少岩	论国有企业的股份制改造	社会科学战线	2003
244	孙少岩	论国有企业的"单位"特征	长白学刊	2003
245	孙少岩	外资并购国有中小企业中应注意的几个问题	长白学刊	2003
246	孙少岩	总结入世经验,加快中国经济发展	东北亚论坛	2003
247	孙少岩	论美国企业职工持股制及启示	当代经济研究	2003
248	孙少岩	深化国企改革,促进人的解放	吉林大学社会科学学报	2003
249	孙少岩	存款准备金制度研究	税务与经济	2003
250	孙少岩	振兴东北,创业优先	经济与管理研究	2004
251	孙少岩	东北城镇社会保障制度试点存在的问题与对策	人口学刊	2004
252	孙少岩	深化国有企业改革,振兴东北老工业基地——"国有经济长春论坛"研讨会综述	东北亚论坛	2004
253	孙少岩	论我国国有控股公司治理结构问题	学习与探索	2004
254	孙少岩	论住房抵押贷款证券化问题	江汉论坛	2004
255	孙少岩	关于我国发行地方公债的探讨	当代经济研究	2004
256	孙少岩	从交易成本的角度看改善东北地区投资软环境	经济与管理研究	2005
257	孙少岩	加强制度创新,推动国有企业改革——东北老工业基地国有企业制度创新学术研讨会综述	管理世界	2005
258	孙少岩	国有资产流失及管理层收购问题	学习与探索	2005
259	孙少岩	两岸共同市场研究	经济与管理研究	2005
260	孙少岩	振兴东北中的扩大就业问题研究	东北亚论坛	2005
261	孙少岩	公司治理结构研究中的误区	税务与经济	2005

序号	作者	论文名称	期刊来源	发表年度
262	孙少岩	论我国的金融风险与银行股份制改造	吉林大学社会科学学报	2006
263	孙少岩	限制资本弱化的法规问题研究	经济纵横	2006
264	孙少岩	发展吉林省产权市场，促进国有资本流动	东北亚论坛	2007
265	孙少岩	从制度经济学角度分析土地流转	税务与经济	2007
266	孙少岩	如何防止产权交易过程中国有资产流失	理论前沿	2008
267	孙少岩	论吉林村镇银行可持续发展问题	东北亚论坛	2008
268	孙少岩	垄断性与竞争性国有企业经营者激励机制甄别	经济体制改革	2008
269	孙少岩	面向农村新变化探索我国农村金融发展途径	理论前沿	2009
270	孙少岩	探索东北农村地区金融发展有效途径	东北亚论坛	2009
271	孙少岩	我国国有商业银行治理结构的特殊性分析	经济纵横	2009
272	孙少岩	从部门银行向流程银行转变的交易成本经济学分析	经济纵横	2009
273	孙少岩	吉林省证券业发展对策研究——基于"十一五"期间数据	东北亚论坛	2010
274	孙少岩	探索转变经济发展方式的有效途径	社会科学战线	2011
275	孙少岩	货币理论的新思考	吉林大学社会科学学报	2011
276	孙少岩	完善我国上市公司信息披露制度的建议	经济纵横	2011
277	孙少岩	灾后日元升值初探	东北亚论坛	2011
278	孙少岩	欧洲债务危机的几点思考	国际观察	2012
279	孙少岩	浅析日本农村金融体系	现代日本经济	2013
280	孙少岩	存款准备金政策效应研究	财经问题研究	2013
281	孙少岩	欧洲债务危机的深层次原因探讨	经济纵横	2013
282	孙少岩	基于 ARIMA 模型对吉林省失地人口的研究	人口学刊	2014
283	孙少岩	日本寿险业衰退原因探析	现代日本经济	2014
284	孙少岩	中俄跨境人民币结算研究——基于人民币国际化和美欧制裁俄罗斯的双重背景分析	东北亚论坛	2015
285	孙少岩	新时期商业银行的战略抉择	经济纵横	2015
286	孙少岩	论中国影子银行的规范发展问题	社会科学战线	2015
287	孙世强	论经济政策效应最大化条件——兼论均衡理论在经济政策运行中的应用	当代经济研究	2005
288	孙世强	现代日本经济与环境保护之耦合分析	现代日本经济	2005
289	孙　旭	美国证券市场信息披露制度对我国的启示	经济纵横	2008
290	孙　逊	关于股权分置改革问题的思考	税务与经济	2006
291	孙浩进	财富分配的历史与现实——兼论缓解当前分配矛盾	社会科学辑刊	2007
292	孙浩进	论和谐社会语境下新的收入分配观——从公平与效率矛盾角度的解析	社会科学战线	2007
293	孙浩进	西方收入分配理论的扬弃——兼论对中国收入分配改革的启示	学术交流	2008
294	孙浩进	分配的交易费用与制度供求——兼论公平分配制度的建立	山东社会科学	2008

序号	作者	论文名称	期刊来源	发表年度
295	孙浩进	中国收入分配不公平问题分析及制度思考	学习与探索	2009
296	孙 黎	财政政策促进图们江区域外向型经济发展研究	经济纵横	2015
297	孙 黎	美国"出口倍增计划"及其对中国经济的影响	东北亚论坛	2015
298	孙 黎	美国"出口倍增计划"的实施及效果分析——基于双重差分模型的经验检验	财经问题研究	2015
299	孙 黎	美国"再工业化"战略的实施及其对中国企业赴美投资的启示	理论探讨	2015
300	安洪军	论保险投资资产证券化	保险研究	2004
301	安洪军	论所有权集中的本质特征	当代经济研究	2006
302	安洪军	所有权集中的政治经济学解释	东北师大学报	2006
303	安洪军	论保险管制的适度性	保险研究	2006
304	年志运	国有独资公司治理权力优化配置研究	经济与管理研究	2005
305	年志远	中国私营企业成长中的制度变迁	吉林大学社会科学学报	2001
306	年志远	论企业所有权的状态依存特征	经济与管理研究	2002
307	年志远	企业所有权的激励功能	当代经济研究	2002
308	年志远	论人力资本产权流动	四川大学学报	2002
309	年志远	企业治理结构理论评析及创新	长白学刊	2003
310	年志远	企业所有权概念辨析——兼与张维迎教授商榷	吉林大学社会科学学报	2003
311	年志远	变异所有权与债权——也论人力资本投资者的权利	天津社会科学	2004
312	年志远	中小企业技术创新的模式选择——模仿创新	科学管理研究	2004
313	年志远	企业所有权内涵和主体演进	当代经济研究	2004
314	年志远	振兴东北老工业基地的制度经济学思考	经济纵横	2004
315	年志远	企业所有权安排理论评析及发展	税务与经济	2004
316	年志远	企业所有权与财产所有权	社会科学战线	2004
317	年志远	国有企业家人力资本的归属、特征和定价	当代经济研究	2005
318	年志远	论国有企业经营者配置方式选择	经济与管理研究	2005
319	年志远	人力资本实际使用权与人力资本法权使用权	学习与探索	2005
320	年志远	论物质资本产权与人力资本产权交易	四川大学学报	2006
321	年志远	地方政府非理性经济行为及矫正	江汉论坛	2006
322	年志远	吉林省国有企业所有权分享安排创新研究	经济纵横	2006
323	年志远	企业所有权分享安排与企业业绩	求索	2006
324	年志远	物质资本产权与人力资本产权的"化合反应"研究	学习与探索	2006
325	年志远	分级式社会保障理论研究	税务与经济	2006
326	年志远	日本年金制度及对我国的启示	现代日本经济	2007
327	年志远	国有企业所有权分享安排及创新研究	经济纵横	2007
328	年志远	物质资本产权与人力资本产权再交易研究	吉林大学社会科学学报	2007

序号	作者	论文名称	期刊来源	发表年度
329	年志远	地方保护及其效应辨析	江汉论坛	2007
330	年志远	企业所有权分享主体研究	经济体制改革	2007
331	年志远	WTO"陷阱"及我国因应策略——以法经济学为视角	理论前沿	2008
332	年志远	构建国家经济安全保障机制的法经济学分析	社会科学战线	2008
333	年志远	国家经济安全预警指标体系的构建	东北亚论坛	2008
334	年志远	竞争性领域国有企业竞争力分析	经济纵横	2008
335	年志远	物质资本产权与人力资本产权比较研究	吉林大学社会科学学报	2008
336	年志远	吉林省社会养老问题实证分析	社会科学战线	2009
337	年志远	从法经济学视角看我国加入 WTO 后的"陷阱"	社会科学战线	2009
338	年志远	我国新型农村金融机构制度安排的缺陷及其完善	经济纵横	2009
339	年志远	物质资本产权与人力资本产权契约	吉林大学社会科学学报	2009
340	年志远	产权结构视角下的区域经济增长	中共中央党校学报	2010
341	年志远	基于产权视角的企业劳资关系特征研究	社会科学战线	2010
342	年志远	金融危机背景下东北老工业基地持续发展探析	理论探讨	2010
343	年志远	企业劳资关系的变易性及其政策意义——基于马克思劳动力理论视角	江汉论坛	2010
344	年志远	国有企业"地王"问题研究	江汉论坛	2010
345	年志远	物质资本产权与人力资本产权合作研究	吉林大学社会科学学报	2010
346	年志远	中国烟草行业体制改革研究	中国行政管理	2011
347	年志远	企业委托代理劳资关系研究	吉林大学社会科学学报	2011
348	年志远	国有企业"地王"行为辨析	管理世界	2012
349	年志远	企业劳资关系冲突的形成过程及其政策意义——基于产权视角	吉林大学社会科学学报	2013
350	年志远	高校非经营性国有资产市场化改革研究——基于制度变迁的视角	经济体制改革	2013
351	年志远	国资委权益监管与政府行政监管——兼论国资委监管职能定位	社会科学战线	2013
352	年志远	国有企业用工制度改革研究	当代经济研究	2013
353	年志远	国有企业契约及其政策意义	东北师大学报	2013
354	年志远	国有商业银行发展混合所有制经济研究	理论探讨	2014
355	年志远	资产专用性与国有企业用工制度分析	清华大学学报	2014
356	年志远	国有商业银行信贷问题的制度性成因分析	经济体制改革	2014
357	年志远	国有独资公司治理结构重构研究	经济体制改革	2015
358	成荣敏	长吉图产业发展战略研究	宏观经济管理	2010
359	朱冬梅	对国有外贸企业改革的思考	经济纵横	2001
360	朱冬梅	绿色壁垒对我国出口产品的影响	经济与管理研究	2001
361	朱冬梅	"三资"企业在我国实施转移价格的危害及对策	经济纵横	2001

序号	作者	论文名称	期刊来源	发表年度
362	朱冬梅	网络社会专业外贸企业何去何从	对外经贸实务	2002
363	朱冬梅	中日经贸摩擦的增加与中日经贸关系的发展	现代日本经济	2003
364	朱冬梅	普惠制方案的修订对我国出口贸易的影响及应对措施	经济纵横	2004
365	朱贵云	我国农村人力资本投资与非农就业关系的实证研究——基于1978~2007年的经验证据	华南农业大学学报	2009
366	毕秀水	国有企业建立现代企业制度的市场化路径	当代经济研究	2002
367	池元吉	论市场与政府	经济评论	2001
368	池元吉	论私人资本主义向社会资本主义的转变——对当代资本主义的分析	吉林大学社会科学学报	2002
369	池元吉	评田中景《日本经济——过去·现状·未来》	世界经济	2004
370	池元吉	论发展生产力与实现社会主义的关系	吉林大学社会科学学报	2004
371	池元吉	马克思恩格斯阶级和阶级斗争理论与当代现实——西方国家阶级关系的演变趋势	吉林大学社会科学学报	2005
372	池元吉	对马克思主义基本原理的认识	东南大学学报	2008
373	池晶	论我国银行保险业务的风险隐患与防范对策	社会科学战线	2006
374	池晶	借鉴发达国家经验,健全我国保险市场退出机制	社会科学战线	2008
375	池晶	论政府在中国巨灾风险管理体系中的角色定位	社会科学战线	2010
376	汤吉军	国有企业投资、沉淀成本与证券市场制度变迁	当代经济研究	2004
377	汤吉军	从沉淀成本角度分析经济全球化	税务与经济	2004
378	汤吉军	民间投资的制度经济学分析	财经科学	2004
379	汤吉军	沉淀成本、通货紧缩与国企战略退出	当代财经	2004
380	汤吉军	投资成本补偿与东北老工业基地国企制度创新	经济与管理研究	2005
381	汤吉军	国有企业市场退出与并购重组的对策	经济纵横	2005
382	汤吉军	再论振兴东北老工业基地的新思路	东北亚论坛	2006
383	汤吉军	高新技术产业投资、沉淀成本与补偿制度创新	当代经济科学	2006
384	汤吉军	资产专用性与东北地区资源型城市产业转型	东北亚论坛	2007
385	汤吉军	大型国有企业软预算约束的行为经济学分析	税务与经济	2007
386	汤吉军	经济体制转型的行为经济学分析	学习与探索	2007
387	汤吉军	国有企业制度变迁中路径依赖的内生性分析:基于沉淀成本视角	经济体制改革	2007
388	汤吉军	沉淀成本与转型期证券市场制度变迁的内生性	经济问题	2007
389	汤吉军	基于成本视角的企业外包研究	经济经纬	2008
390	汤吉军	西方经济学视角下的沉淀成本局限及其重构——兼论马克思经济学的贡献	江汉论坛	2008
391	汤吉军	正交易成本下的沉淀成本相关性分析	经济学家	2008
392	汤吉军	国有资产流失估算及其管理:以实物期权为视角	理论前沿	2009
393	汤吉军	交易成本视角下的沉没成本效应研究	管理世界	2009

序号	作者	论文名称	期刊来源	发表年度
394	汤吉军	基于沉淀成本视角的企业重组博弈分析	中国工业经济	2009
395	汤吉军	制度变迁的锁定效应研究：一种沉淀成本方法	学习与探索	2009
396	汤吉军	国有企业退出的锁定效应分析	中国经济问题	2009
397	汤吉军	生态环境资源定价与补偿机制设计：一种实物期权方法	中国人口·资源与环境	2009
398	汤吉军	道德风险、沉淀成本效应与软预算约束	经济经纬	2009
399	汤吉军	沉淀成本效应的行为经济学分析	江汉论坛	2009
400	汤吉军	历史沉淀成本与经济转型的路径依赖及其超越	经济学家	2009
401	汤吉军	财务预算约束与沉淀成本效应	经济体制改革	2009
402	汤吉军	沉没成本相关性的新制度金融学分析	当代经济科学	2009
403	汤吉军	资产负债表的宏观管理研究——论治理经济危机的新思路	经济管理	2010
404	汤吉军	企业研发投资的实物期权与产品定价机制分析	经济纵横	2010
405	汤吉军	预期沉淀成本理论及其现实意义	学术月刊	2010
406	汤吉军	马克思经济学视角下的可持续发展与制度创新	中国经济问题	2010
407	汤吉军	交易成本与企业成长分析	江汉论坛	2010
408	汤吉军	科学发展观的马克思主义经济学阐释	经济学家	2010
409	汤吉军	资产专用性、"敲竹杠"与新制度贸易经济学——兼论保护主义的适度合理性	经济问题	2010
410	汤吉军	市场结构与环境污染外部性治理	中国人口·资源与环境	2011
411	汤吉军	经济发展方式转变障碍与制度创新	学海	2011
412	汤吉军	历史经济学理论及其现实意义	学习与探索	2011
413	汤吉军	囚犯困境视角下资源枯竭的博弈分析	管理世界	2011
414	汤吉军	气候变化的行为经济学研究前沿	经济学动态	2011
415	汤吉军	交易成本视角下煤矿安全治理的制度分析——兼论国有煤矿企业改革的新思路	经济体制改革	2011
416	汤吉军	制度变迁过程的历史沉淀成本效应分析	学术月刊	2012
417	汤吉军	资产专用性与国有企业收入分配的博弈分析	江汉论坛	2012
418	汤吉军	有效市场失效、金融危机与中央银行功能	学习与探索	2012
419	汤吉军	计划与市场经济体制下国有经济功能的比较研究	经济纵横	2012
420	汤吉军	沉淀成本效应与国有企业自主创新动力不足分析	经济体制改革	2012
421	汤吉军	科斯定理与低碳经济可持续发展	社会科学研究	2012
422	汤吉军	沉淀成本、交易成本与政府管制方式——兼论我国自然垄断行业改革的新方向	中国工业经济	2012
423	汤吉军	经济发展方式转变背景下国有企业重组分析	管理世界	2013
424	汤吉军	国有企业公司治理结构变迁、路径依赖与制度创新	江汉论坛	2013
425	汤吉军	构建制度性基础设施、和谐社会与共同富裕	学习与探索	2013
426	汤吉军	交易成本视角下货币供给内生性新解释——兼论国有金融机构功能再定位	当代经济研究	2013

序号	作者	论文名称	期刊来源	发表年度
427	汤吉军	经济学研究的遍历性与非遍历性假设：争论与拓展	经济学动态	2013
428	汤吉军	我国公用事业政府监管研究——以自然垄断为视角	经济体制改革	2013
429	汤吉军	马克思经济学与新古典经济学：沉淀成本比较与综合	财经问题研究	2013
430	汤吉军	交易成本、货币非中性与通货膨胀治理	社会科学研究	2013
431	汤吉军	收益递增、市场竞争与经济危机新解释——兼论我国大型国有企业重组的逻辑	吉林大学社会科学学报	2013
432	汤吉军	风险、根本不确定性与政府管制	山东大学学报	2014
433	汤吉军	沉淀成本、资源型国企垄断与改革新思路	江汉论坛	2014
434	汤吉军	国有企业"在位诅咒"与市场导向的改革思路	经济与管理研究	2014
435	汤吉军	边际成本定价悖论、国有企业重组及政府管制	当代经济研究	2014
436	汤吉军	资产专用性、敲竹杠与国有企业治理结构选择	经济体制改革	2014
437	汤吉军	不完全契约视角下国有企业发展混合所有制分析	中国工业经济	2014
438	汤吉军	消费者沉淀投资、垄断与政府管制目标	财经问题研究	2015
439	汤吉军	内生沉淀成本不为零条件下的经济动态调整分析	东北师大学报	2015
440	汤吉军	沉淀投资、资产重组与企业所有权配置——兼论大型国企为什么不能简单私有化	吉林大学社会科学学报	2015
441	汤吉军	大学生就业与创业理性选择分析	教育与经济	2015
442	汤吉军	市场失灵、国有企业与政府管制	理论学刊	2015
443	汤吉军	国有企业跨国并购风险防范的制度研究	经济体制改革	2015
444	汤吉军	国有企业"三位一体"改革模式探析	江汉论坛	2015
445	汤吉军	公用事业的经济效率及交易成本最小化问题	社会科学研究	2015
446	汤吉军	科斯定理、沉淀成本与政府反垄断	经济与管理研究	2015
447	汤吉军	国有企业治理体系的制度分析	现代经济探讨	2015
448	汤吉军	行为创新经济学研究进展	经济学动态	2015
449	汤吉军	行为法经济学理论前沿分析及其现实意义	学习与探索	2015
450	纪玉山	深化改革：国有企业应对入世挑战的出路所在	长白学刊	2002
451	纪玉山	我国网络金融发展中存在的问题及对策研究	经济纵横	2002
452	纪玉山	现代技术创新经济学的理论框架	理论前沿	2002
453	纪玉山	十六大报告中的经济理论创新	吉林大学社会科学学报	2003
454	纪玉山	科学把握信息社会与网络经济的发展趋势——读乌家培新著《信息社会与网络经济》	吉林大学社会科学学报	2003
455	纪玉山	竞争性领域国有经济的战略调整与民营经济的发展	当代经济研究	2003
456	纪玉山	竞争性领域国有经济退出承接的新模式——对"动态股权制"经验的思考	社会科学战线	2003
457	纪玉山	网络金融活动中的外部性及其引发的政策思考	吉林大学社会科学学报	2003
458	纪玉山	竞争性领域国有经济战略调整的理论思考	经济学动态	2004
459	纪玉山	东北老工业基地的调整改造必须走新型工业化道路	吉林大学社会科学学报	2004

序号	作者	论文名称	期刊来源	发表年度
460	纪玉山	竞争性领域国有企业社会功能辨析	当代经济研究	2004
461	纪玉山	我国公共卫生保障系统建设的宏观经济分析与政策建议	中共中央党校学报	2004
462	纪玉山	论政府在公共品提供中的作用	学习与探索	2004
463	纪玉山	西方国有企业发展与改革历程及其对我国的借鉴意义	东北亚论坛	2004
464	纪玉山	建立和谐社会必须重视经济发展的社会成本问题	吉林大学社会科学学报	2005
465	纪玉山	中等收入者比重的扩大及"橄榄型"财富结构的达致	社会科学研究	2005
466	纪玉山	在效率优先的基础上重建社会公平	经济与管理研究	2005
467	纪玉山	吉林省增强可持续发展能力的现实选择	经济纵横	2005
468	纪玉山	谨防"霍夫曼陷阱"，走重化工业"轻型化"道路	学习与探索	2005
469	纪玉山	技术进步与居民收入分配差距	当代经济研究	2005
470	纪玉山	我国产业结构与经济增长关系之协整模型的建立与实现	当代经济研究	2006
471	纪玉山	国外石油城市的经济转型及经验借鉴	经济纵横	2006
472	纪玉山	循环经济范式下的新型工业化道路探析	税务与经济	2006
473	纪玉山	东北老工业基地振兴：一个结构主义视角	经济与管理研究	2006
474	纪玉山	霍夫曼理论适合中国的工业化模式吗？——兼议新型工业化道路中的重化工业发展路径	吉林大学社会科学学报	2007
475	纪玉山	科技创新促进经济增长的微观机理与政策选择	经济社会体制比较	2007
476	纪玉山	网络经济时代的企业竞争力提升策略	社会科学战线	2008
477	纪玉山	中国石油消费的动态影响因素分析	经济与管理研究	2008
478	纪玉山	代际和谐视角下的工业化模式选择	学习与探索	2008
479	纪玉山	中国经济增长中的科技创新乘数效应：微观机理与宏观测算	经济学家	2008
480	纪玉山	对经济增长理论的全面审视和有力拓展——评《经济增长理论探索》	经济纵横	2009
481	纪玉山	《自然力经济学》评介	马克思主义研究	2010
482	纪玉山	低碳经济的发展趋势及中国的对策研究	社会科学辑刊	2010
483	纪玉山	我国参与国际排污权交易的政治经济学分析	华南师范大学学报	2010
484	纪玉山	超越"比较优势陷阱"："十二五"时期我国对外贸易的战略调整	学习与探索	2010
485	纪玉山	维护中国发展权视角下的国际碳博弈——兼议经济增长与气候变化问题之争	社会科学辑刊	2011
486	纪玉山	从"单一"到"包容"：中国经济增长理念的传承与超越	学习与探索	2012
487	纪玉山	中国矿产资源优化配置中的环境保护问题研究	当代经济研究	2012
488	纪玉山	关于建立我国碳排放权交易市场的对策	经济纵横	2012
489	纪玉山	"中等收入陷阱"形成机制及跨越	江苏行政学院学报	2012
490	纪玉山	经济稳定增长与碳减排双重目标优化模型	河北经贸大学学报	2013
491	纪玉山	中国人口老龄化对经济结构的影响研究	社会科学辑刊	2013
492	纪玉山	低碳经济条件下我国矿产资源开发利用规划体系研究	当代经济研究	2013

续表

序号	作者	论文名称	期刊来源	发表年度
493	纪玉山	经济全球化背景下中国矿产资源统一管理战略研究	财经问题研究	2013
494	纪玉山	我国矿产资源产权制度改革的政策建议	经济纵横	2013
495	纪玉山	异化消费下的产权、分配与经济正义	社会科学辑刊	2014
496	纪玉山	"北京共识"与"中国模式"：探索、争鸣与重识	学术交流	2014
497	纪玉山	物联网战略的国际经验及其对我国产业发展的政策启示	理论探讨	2014
498	纪宝山	高低端产品价格"剪刀差"规律初探——兼论我国产业结构升级战略	社会科学战线	2005
499	许罕多	关于外汇干预理论的几个重要问题	当代经济研究	2006
500	许诺晨	"锈带"复兴对吉林省汽车产业集群发展的启示	华东经济管理	2008
501	许梦博	我国"赤字"理论的研究及其体系构建	长白学刊	2002
502	许梦博	关于财政赤字研究存在的问题及对策分析	财经研究	2002
503	许梦博	国内区域中心城市财政问题研究	财政研究	2006
504	许梦博	城市财政支出的国际比较及启示	理论探讨	2006
505	许梦博	国内区域中心城市财政问题研究	税务与经济	2006
506	许梦博	关于我国财政绩效管理问题的思考	经济纵横	2007
507	许梦博	新型农村合作医疗制度资金筹集模式研究	当代经济研究	2007
508	许梦博	诱致性合作、公共物品供给与新农村建设	当代经济研究	2008
509	许梦博	种粮补贴绩效与农村合作经济组织	吉林大学社会科学学报	2008
510	许梦博	文化产业结构的演进及中国的战略选择	社会科学战线	2009
511	许梦博	中国特色财政赤字理论体系构建	当代经济研究	2009
512	许梦博	吉林省环境库兹涅茨曲线研究	吉林大学社会科学学报	2009
513	许梦博	地方政府债务问题的国际比较及启示	求实	2009
514	许梦博	结构性视角：事权与支出责任的适应性浅析	财政研究	2014
515	齐艺莹	论社会主义国有资本范畴	税务与经济	2004
516	齐艺莹	冗员失业、社会负担与国有企业效率	人口学刊	2004
517	齐艺莹	当前我国社会养老保险隐性债务规模精算分析	人口学刊	2011
518	齐 平	超市经营的制衡因素及其对策思考——对长春市两家超市经营失败的分析及启示	税务与经济	2004
519	齐 平	国企负责人年薪制的思考	税务与经济	2006
520	齐 平	知识型员工有效激励机制研究	经济纵横	2006
521	齐 平	私营企业劳资利益博弈与和谐关系构建	马克思主义研究	2007
522	齐 平	民营企业员工心理契约的构建	社会科学战线	2008
523	齐 平	私营企业制度边界与持续发展	经济纵横	2008
524	齐 平	新制度供给与民营企业的健康发展	学习与探索	2008
525	齐 平	论我国私营企业的交易成本与诚信制度构建	江海学刊	2009
526	齐 平	我国国有企业诚信经营能力的理性分析	经济纵横	2009
527	齐 平	交易成本与资源型企业和谐成长	学习与探索	2010
528	齐 平	以国有企业重组为契机促进私营企业成长	经济纵横	2012
529	齐 平	文化强国视野下国有企业文化自觉与企业成长关系研究	吉林大学社会科学学报	2014

序号	作者	论文名称	期刊来源	发表年度
530	齐　平	中央企业竞争力提升与重组策略选择	求是学刊	2014
531	齐　平	中央企业深化改革中重组整合保障机制的构建	学术交流	2014
532	齐　平	国有经济发展与"幸福社会"构建关系探讨	社会科学战线	2014
533	齐　平	非正式制度与国企民企融合发展	江汉论坛	2014
534	齐　平	交易成本、禀赋效应与国有股权转让定价——兼论国有企业混合所有制改革的新思路	河北经贸大学学报	2015
535	齐平茹	论电力价格改革中的政府管制	当代经济研究	2006
536	齐平茹	论消费需求与经济增长	社会科学战线	2007
537	齐树天	也谈社会保障体系的建立与完善	长白学刊	2002
538	齐美东	论中国金融业混业经营模式的变迁	理论探讨	2005
539	齐美东	构筑振兴东北老工业基地的金融支持体系	经济纵横	2005
540	齐美东	中国商业银行产品和服务营销探讨	生产力研究	2005
541	何　彬	国有经济比重、区域经济增长与碳排放——基于动态门限库兹涅茨曲线的分析	江汉论坛	2013
542	何　彬	中国地区国有经济生产率演变及收敛性——基于共同前沿 Malmquist 生产率指数的分析	经济经纬	2013
543	何　彬	中国大学科技成果转化效率演变与影响因素——基于 Bootstrap - DEA 方法和面板 Tobit 模型的分析	科学学与科学技术管理	2013
544	何　彬	韩国创新集群演化及其影响因素研究	科研管理	2014
545	佟　伟	公司治理中控制权配置问题的理论分析	经济纵横	2004
546	佟　伟	论从产权到控制权的内在逻辑——产权的"权利"、"权力"解析	税务与经济	2005
547	佟　伟	对我国公司控制权市场的思考	经济纵横	2005
548	吴小丁	论竞争政策的本质	学习与探索	2005
549	吴宇晖	东北老工业基地资源型城市发展接续产业中引进国外智力资源研究	税务与经济	2005
550	吴宇晖	东北老工业基地资源型城市发展接续产业中人力资源开发研究	东北亚论坛	2005
551	吴宇晖	"息票经济"模式与"证券私有化"实践的分析	当代经济研究	2005
552	吴宇晖	从实际出发求索经济学真谛——张维达教授学术思想述要	高校理论战线	2006
553	吴宇晖	东北煤炭城市产业转型战略中人与自然和谐发展研究	东北亚论坛	2006
554	吴宇晖	论越南社会主义定向市场经济体制——中越社会主义市场经济体制改革之比较	经济社会体制比较	2008
555	吴宇晖	经济民主：一种关于"劳动的政治经济学"	当代经济研究	2008
556	吴宇晖	构建和谐财政分权管理体制的对策研究	经济纵横	2008
557	吴宇晖	激进经济学的劳动力市场分割理论和歧视理论述评	马克思主义研究	2009
558	吴宇晖	民主公司、劳动产权与所有制——大卫·艾勒曼产权理论及评析	学习与探索	2009

序号	作者	论文名称	期刊来源	发表年度
559	吴宇晖	存在一个关于经济增长的中国模式吗	社会科学研究	2011
560	吴宇晖	后凯恩斯主义经济学的货币非中性理论	当代经济研究	2012
561	吴宇晖	市场失灵，还是制度失灵？——论企业内资源非配置型效率	政治经济学评论	2012
562	吴宇晖	经济增长与"富裕中的贫穷"——重温新剑桥学派经济增长理论	学习与探索	2012
563	吴宇晖	试论政治经济学与经济学之间的关系	政治经济学评论	2013
564	吴宇晖	分级教育、人力资本与区域经济增长	社会科学辑刊	2014
565	吴宇晖	中国战略性新兴产业发展问题研究	学术交流	2014
566	吴宇晖	也谈"克强经济学"	华东经济管理	2015
567	吴英慧	从规制数量到规制质量——韩国规制改革及其启示	亚太经济	2009
568	宋兰旗	中国公立高校债务归属的产权经济学分析	经济纵横	2009
569	宋冬林	对价值决定问题的再认识	当代经济研究	2002
570	宋冬林	机构投资者参与公司治理的经济学分析	经济纵横	2002
571	宋冬林	所有权与控制权分离问题再探讨——兼论我国国有资产管理体制改革的相关问题	南开管理评论	2003
572	宋冬林	我国城镇居民消费过度敏感性的实证检验与经验分析	管理世界	2003
573	宋冬林	"犹他奇迹"对吉林省实现跨越式发展目标的启示	经济纵横	2003
574	宋冬林	从调整农村生产关系入手增强农业市场竞争力	求是	2003
575	宋冬林	国有经济的战略性调整与国有经济控制力	管理世界	2003
576	宋冬林	控制权机制对公司治理的影响	经济理论与经济管理	2003
577	宋冬林	振兴东北老工业基地的资金"入口"与市场"出口"	经济与管理研究	2004
578	宋冬林	振兴东北老工业基地的资金"入口"与市场"出口"	税务与经济	2004
579	宋冬林	关于东北老工业基地调整改造的主要问题和思路	吉林大学社会科学学报	2004
580	宋冬林	东北老工业基地资源型城市发展接续产业的理论认识	求是学刊	2004
581	宋冬林	从代际公平分配角度质疑新古典资源定价模式	经济科学	2004
582	宋冬林	美、日企业退出与呼吁体制比较及对中国企业改革的启示	经济社会体制比较	2004
583	宋冬林	沉淀成本与资源型城市转型分析	中国工业经济	2004
584	宋冬林	新经济增长理论前提批判	经济评论	2005
585	宋冬林	资源枯竭型地区发展接续产业研究	学习与探索	2005
586	宋冬林	我国煤炭产业局部转型与政策性扶持研究	经济与管理研究	2005
587	宋冬林	煤炭城市特殊就业再就业体系的探索	人口学刊	2005
588	宋冬林	制度因素对经济增长影响的实证分析——以吉林省为例	经济纵横	2005
589	宋冬林	资源型城市制度弹性、沉淀成本与制度变迁	厦门大学学报	2006
590	宋冬林	中国煤炭资源利用现状及成因分析——基于不可再生资源经济学的视角	求是学刊	2009
591	宋冬林	中国农村金融发展与农民收入增长的实证研究——基于1978～2009年的数据检验	经济问题	2011

续表

序号	作者	论文名称	期刊来源	发表年度
592	宋晓舒	考虑研发费用的扩大再生产模型研究	当代经济研究	2010
593	张天勘	基于法经济学视阈的反垄断立法	学习与探索	2009
594	张长新	推动吉港两地更紧密经贸合作的路径选择	社会科学战线	2010
595	张世伟	退休制度改革方案的微观模拟	学习与探索	2005
596	张世伟	养老保险政策的微观模拟	吉林大学社会科学学报	2005
597	张世伟	一个基于主体的宏观经济模型	管理科学学报	2005
598	张东明	企业剩余权分配问题解析	江汉论坛	2010
599	张东明	中国国有经济战略调整、CSR、公司治理与经济发展方式转变——"2010中国国有经济发展论坛"观点综述	经济管理	2011
600	张东明	对企业剩余权的重新解读	经济纵横	2011
601	张东明	中央企业年薪制存在的两个重大误区	经济体制改革	2011
602	张东明	完善国有企业公司治理必须澄清三个问题	经济体制改革	2012
603	张东明	用"要素相对重要性理论"解释经营者剩余权	经济管理	2012
604	张东明	国有垄断企业收入"双高"问题及治理思路	经济体制改革	2013
605	张东明	国有企业实行混合所有制若干观念问题思考	经济体制改革	2015
606	张玉新	对外开放政策对我国产业集聚的影响	中国行政管理	2008
607	张玉新	知识分工与经济组织的研究视域	求索	2008
608	张玉新	国外企业工作组织的新变革及启示	经济纵横	2005
609	张玉新	跨境次区域经济合作中我国沿边地方政府行为分析	东北亚论坛	2012
610	张玉新	地方政府土地融资风险及其管理	中国行政管理	2013
611	张玉新	IPO对中国商业银行效率的影响分析	社会科学战线	2013
612	张玉新	国际区域经济一体化背景下中国沿边城市经济空间分布与影响因素	管理世界	2014
613	张伟伟	浅议日元与人民币协调的必要性	现代日本经济	2006
614	张伟伟	印度利用外商直接投资问题研究综述	经济纵横	2008
615	张兆义	企业并购后的组织再造问题研究	经济纵横	2006
616	张兆义	美国农业保险模式发展及对中国的启示	社会科学战线	2008
617	张宗新	融资制度：一个国际比较的分析框架	世界经济	2001
618	张宗新	中国证券市场低效率的制度分析	经济管理	2001
619	张宗新	中国融资制度内在缺陷的实证分析	改革	2001
620	张宗新	马克思主义融资思想探析	经济体制改革	2001
621	张宗新	试析虚拟经济认识上的五个误区	中国人民大学学报	2001
622	张宗新	虚拟经济认识上的五个误区	上海经济研究	2001
623	张宗新	虚拟经济认识上的五大误区	当代财经	2001
624	张宗新	股权结构优化与上市公司治理的改进	经济评论	2001
625	张宗新	中国证券市场制度风险的生成及化解	经济研究	2001
626	张宗新	马克思主义融资思想探析	当代经济研究	2002
627	张宗新	证券市场低效率：基于制度变迁的一种解析	经济科学	2002
628	张宗新	重新认识融资制度范畴	学习与探索	2003

序号	作者	论文名称	期刊来源	发表年度
629	张建平	人民币汇率制度进一步改革的动因与基础	社会科学战线	2008
630	张建平	吉林省与日本经济合作的历史与发展	现代管理科学	2008
631	张建平	中国东北地区与韩国产业关联研究	社会科学战线	2009
632	张洪平	论流通领域劳动的生产性与非生产性	当代经济研究	2005
633	张洪平	流通过程的地位和作用再认识	经济学家	2006
634	张洪平	关于社会主义流通理论创新的几个认识问题	当代经济研究	2006
635	张洪平	复活马克思的纯粹流通费用补偿范式	当代经济研究	2008
636	张洪平	从流通一般到社会主义流通的特殊性	当代经济研究	2014
637	张炳雷	东北地区大型国有企业集团国有股份拆分托管经营模式初探	东北亚论坛	2008
638	张炳雷	国有上市公司实行股票期权激励机制的制度约束分析	理论前沿	2008
639	张炳雷	国有企业社会责任：一个沉淀成本的分析视角	经济体制改革	2008
640	张炳雷	大型国有集团公司国有股份拆分托管经营模式初探	经济纵横	2009
641	张炳雷	国有企业海外投资所面临的困境与对策	海南大学学报	2010
642	张炳雷	国有企业承担社会责任的政府规制研究	中国行政管理	2011
643	张炳雷	国有企业海外投资的困境分析：一个社会责任的视角	经济体制改革	2011
644	张炳雷	中国股票市场稳定与国有控股上市公司的冲突性制度分析	江汉论坛	2012
645	张炳雷	公有制和私有制的公平与效率之辨——分配的本质研究	财经问题研究	2014
646	张炳雷	国有资本经营预算对企业控制力与投机行为的制度约束研究	经济体制改革	2015
647	张炳雷	垄断、分工与市场	财经问题研究	2015
648	张 迹	论我国企业并购动因的路径依赖	经济纵横	2002
649	张 迹	重视和发挥机构投资者在公司治理中的作用——安然事件的启示	长白学刊	2002
650	张晓辉	我国农村社会转型时期新农村建设构想	经济纵横	2006
651	张钰新	法律、投资者保护和金融体系的发展	经济评论	2004
652	张维达	推进国有经济结构的战略性调整	当代经济研究	2002
653	张维达	深化对劳动价值论的认识与解决科技工作和经营管理的按劳分配问题	理论前沿	2002
654	张维达	关于劳动价值论中的分配问题	当代经济研究	2002
655	张维达	科技工作和经营管理劳动的特殊性及其报酬	探索与争鸣	2002
656	张维达	国有经济结构调整要有新突破	理论学刊	2003
657	张维达	发展和规范经济鉴证类中介机构	吉林大学社会科学学报	2003
658	张维达	东北资源枯竭型城市接续产业发展问题	吉林大学社会科学学报	2005
659	张维达	我国农业产业化龙头企业的发展及对策研究	经济纵横	2008
660	张嘉昕	"限塑令"的福利效应与改进机理	社会科学辑刊	2011
661	张嘉昕	劳动产权理论的创生与发展	社会科学战线	2011

序号	作者	论文名称	期刊来源	发表年度
662	张嘉昕	施韦卡特的经济民主社会主义模式评析	科学社会主义	2011
663	张嘉昕	国有资源性产业规模经济悖论解析	宏观经济管理	2011
664	张嘉昕	经济语言学：一门新兴边缘学科的厘清与追踪	贵州社会科学	2011
665	张嘉昕	西方马克思主义经济理论与劳动者管理型企业模式	学习与探索	2011
666	张嘉昕	马克思经济学与现代西方经济学劳动关系理论的比较研究	经济纵横	2011
667	张嘉昕	吉林新能源汽车产业发展研究	宏观经济管理	2012
668	张嘉昕	长吉图开发开放先导区通道建设的物流经济效益分析——以中朝通道为例	东北亚论坛	2012
669	张嘉昕	马克思工人合作工厂理论视阈下的蒙特拉贡合作公司研究	马克思主义研究	2012
670	张嘉昕	东北地区生态农业发展路径思考	环境保护	2013
671	张嘉昕	劳动产权：一种不容忽视的财产权理论	河南师范大学学报	2014
672	张嘉昕	排斥与容纳：劳动与资本关系的演进及走向均衡的趋势	社会科学研究	2014
673	张嘉昕	我国国有经济发展总体形势的定量分析（1993～2011）——对批评国有经济的实证回应	马克思主义研究	2014
674	张 巍	报酬递增在主流经济学中何以缺失	经济学家	2002
675	李士梅	当前中国制造业发展面临的主要问题及对策研究	中央财经大学学报	2004
676	李士梅	信誉：经济学阐释	东北师大学报	2004
677	李士梅	推进城镇化：我国国债投资思路的新选择	税务与经济	2005
678	李士梅	我国东南"民工荒"问题的经济学分析	人口学刊	2005
679	李士梅	信誉理论及其在中国的发展前景	理论前沿	2006
680	李士梅	论社会主义新农村建设与农村公共产品的梯次供给	经济纵横	2006
681	李士梅	经济和谐：一个制度与制度变迁的视角分析	江汉论坛	2006
682	李士梅	中国养老模式的多元化发展	人口学刊	2007
683	李士梅	我国工业企业信用能力评价的理论思考	吉林大学社会科学学报	2008
684	李士梅	我国中小企业信用缺失的根源及其对策	江汉论坛	2009
685	李士梅	中国低碳经济发展模式的路径选择	江汉论坛	2011
686	李士梅	国有经济向战略性新兴产业集中的理性思考	学习与探索	2012
687	李士梅	国有装备制造企业转变发展方式问题研究	当代经济研究	2013
688	李士梅	国有战略性新兴产业布局的基础条件与创新路径	江汉论坛	2013
689	李士梅	"再工业化"背景下国有装备制造企业转型的难点与对策	东北师大学报	2014
690	李士梅	企业自主创新的博弈分析	东北师大学报	2015
691	李士梅	股权结构对国有装备制造企业创新投入的影响	求是学刊	2015
692	李中义	公共财政视角下的社会保障制度构建	财政研究	2007

续表

序号	作者	论文名称	期刊来源	发表年度
693	李中义	农村社会养老保险制度建设中的政府行为重构	社会科学战线	2008
694	李中义	李嘉图等价定理的有效性分析及启示	当代经济研究	2008
695	李中义	李嘉图等价定理述评	江汉论坛	2008
696	李中义	国有企业经营者薪酬激励制度变迁与模式选择	经济体制改革	2009
697	李中义	新型农村合作医疗制度建设中的政府主导责任探析	经济管理	2010
698	李中义	新型农村合作医疗中的道德风险分析及控制	经济经纬	2010
699	李中义	信息不对称、制度缺陷与公立医院的道德风险	经济体制改革	2012
700	李中义	深入推进国有经济战略性调整——"2012中国国有经济发展论坛"观点综述	经济管理	2013
701	李中义	国有经济的功能定位与战略调整——兼评"国进民退"	财经问题研究	2014
702	李中义	基于资源配置视角的国有企业垄断问题研究	学习与探索	2014
703	李双久	全球化背景下中国房地产业发展的战略抉择	社会科学战线	2007
704	李世朗	制定有效产业组织政策实现经济结构调整目标	长白学刊	2001
705	李 冬	建立循环型经济系统是实现可持续发展的理想途径	未来与发展	2001
706	李 冬	方兴未艾的日本生态企业	东北亚论坛	2001
707	李 冬	日本企业环境管理的发展	现代日本经济	2001
708	李 冬	日本的环境NGO	东北亚论坛	2002
709	李 冬	论日本的循环型经济社会发展模式	现代日本经济	2003
710	李 冬	关于我国发展循环经济的目标及对策思考	未来与发展	2004
711	李 冬	论循环型社会目标下的日本地区经济的绿色化	东北亚论坛	2004
712	李 冬	循环型社会的重要支柱产业——日本"3R"产业的发展	现代日本经济	2005
713	李 冬	循环经济中的公众参与	未来与发展	2005
714	李 冬	日本沿海工业城市的环境再生	东北亚论坛	2006
715	李 冬	如何构建循环经济发展的动力机制	经济纵横	2008
716	李 冬	日本环境产业的发展	东北亚论坛	2009
717	李 冬	吉林省农产品出口贸易竞争力的测算与分析	经济纵横	2009
718	李 冬	日本发展低碳经济的未来构想	现代日本经济	2011
719	李 冬	发达国家环境碳排放问题实证研究及启示	学习与探索	2011
720	李 冬	中美清洁能源贸易摩擦动向、原因及对策研究	求索	2012
721	李 冬	震灾与核电事故阴影下日本未来能源政策走向	东北亚论坛	2014
722	李玉蓉	我国证券市场加速对外开放的影响因素	经济纵横	2001
723	李玉蓉	外资并购的动机及对中国经济的影响	社会科学战线	2003
724	李玉蓉	FDI技术溢出效应与后进国家人力资源开发	当代经济研究	2005
725	李玉蓉	经济发展阶段与国际资本流入方式选择及效应:东亚与拉美的经验	吉林大学社会科学学报	2006
726	李玉蓉	人民币实际有效汇率变动对中国就业的影响	统计与决策	2010
727	李 何	我国汽车产业过剩生产能力策略运用的实证研究	经济纵横	2011
728	李 兵	日本的超稳定经济结构浅析	现代日本经济	2004

序号	作者	论文名称	期刊来源	发表年度
729	李宏瑾	试论经济全球化的实质、争论的根源及对中国的启示	东北亚论坛	2001
730	李宏瑾	"入世"与我国利率市场化	金融研究	2001
731	李国荣	我国各地区经济发展的综合评价分析	统计与决策	2009
732	李　季	中韩机电产品产业内贸易实证研究	国际贸易问题	2010
733	李俊久	以自由贸易的名义——从东盟——日本CEP看日本对外贸易政策的变化	国际经济评论	2003
734	李俊久	日本对东亚经济战略的调整与中国的对策	社会科学战线	2008
735	李俊久	日本——东盟CEP框架下的区域产业分工	东南亚纵横	2008
736	李俊久	日本FTA战略论析	当代亚太	2009
737	李俊久	协定一体化情境下的日本对东盟新经济外交	现代国际关系	2009
738	李俊久	美元本位制下的货币——金融依附	世界经济研究	2011
739	李俊久	东亚美元本位制解析	亚太经济	2011
740	李俊久	货币权力视角下的美国对华汇率外交研究	社会科学	2013
741	李俊久	"院外援华集团"与美国对华汇率外交	社会科学战线	2014
742	李俊久	利益集团如何影响美国汇率政策？	世界经济研究	2014
743	李俊久	东亚美元本位制的可持续性——基于结构性权力的视角	国际金融研究	2014
744	李俊久	美国对华汇率外交中的利益集团政治	当代亚太	2014
745	李俊久	美国施压人民币汇率的政治逻辑	东北亚论坛	2014
746	李俊久	东亚美元本位的制度缺陷及其解决	天津社会科学	2014
747	李俊久	论美元霸权的结构属性及人民币的崛起战略	马克思主义研究	2015
748	李俊江	论网络贸易的迅速发展及对我国经济的影响	吉林大学社会科学学报	2001
749	李俊江	2001年中国世界经济学会常务理事会年会纪要	世界经济	2002
750	李俊江	政府与企业：加入WTO后国有企业改革再探讨	长白学刊	2002
751	李俊江	拉美国家国有企业改革及对中国的启示	东北亚论坛	2002
752	李俊江	英国公有企业改革的绩效、问题及其对我国的启示	吉林大学社会科学学报	2002
753	李俊江	美国公司治理模式的特点及对我国企业改革的启示	吉林大学社会科学学报	2003
754	李俊江	新加坡与韩国国有企业改革及管理体制的比较	东北亚论坛	2003
755	李俊江	俄罗斯私有化改革的制度环境与转轨经济中的企业绩效	社会科学战线	2003
756	李俊江	中、日、韩农产品贸易争端分析及中国的对策	东北亚论坛	2004
757	李俊江	地区聚集和合作优势：以信息产业跨国投资为例	世界经济	2004
758	李俊江	国有企业跨国经营中的公司治理结构问题	当代经济研究	2004
759	李俊江	美国数字经济探析	经济与管理研究	2005
760	李俊江	论人民币升值对我国贸易收支的影响	经济纵横	2005
761	李俊江	日本中小企业全球化经营的新趋势及其对我国的启示	东北亚论坛	2006
762	李俊江	美国国有企业发展及其近期私有化改革研究	吉林大学社会科学学报	2006
763	李俊江	国外老工业基地改造的措施与启示	经济纵横	2006
764	李俊江	新兴古典贸易理论述评	江汉论坛	2006
765	李俊江	吉林省高增长低就业的现状、成因及对策	经济纵横	2006
766	李俊江	欧洲资源型城市复兴的经验借鉴——对振兴我国东北老工业基地的启示	吉林大学社会科学学报	2007

序号	作者	论文名称	期刊来源	发表年度
767	李俊江	日本中小企业在东亚地区投资模式的变化及影响	国际经济评论	2007
768	李俊江	21世纪初美国经济发展趋势分析	东北亚论坛	2007
769	李俊江	论主权财富基金的兴起及其对国际金融体系的影响	当代亚太	2008
770	李俊江	试析美国经济走势	国际问题研究	2008
771	李俊江	金融制度创新:小额信贷与公平分配的机理分析	财政研究	2008
772	李俊江	当前美国经济综合风险分析	国际金融研究	2008
773	李俊江	中蒙经贸合作的现状与发展前景	东北亚论坛	2008
774	李俊江	中国科技创新体系建设的历程与成就	吉林大学社会科学学报	2008
775	李俊江	中韩农产品贸易自由化及其对策研究	亚太经济	2008
776	李俊江	全球金融危机下美国贸易保护主义的新变化与中国应对策略	社会科学战线	2009
777	李俊江	新贸易保护主义的经济学分析	东北亚论坛	2009
778	李俊江	中俄能源与技术合作现状及前景分析	学习与探索	2009
779	李俊江	从封闭走向开放——日本中小企业创新模式的转变	东北亚论坛	2010
780	李俊江	中小企业自主创新与风险投资的关系——美国小企业的经验与启示	吉林大学社会科学学报	2010
781	李俊江	"集市效应"与经济绩效:德国"集市经济"分析	吉林大学社会科学学报	2011
782	李俊江	美国、日本和欧盟跨国中小企业的异质性比较	社会科学战线	2012
783	李俊江	中国资源类企业"走出去":基于异质性企业贸易理论的分析	江汉论坛	2012
784	李俊江	东北地区招商引资状况与对策探析	经济纵横	2012
785	李俊江	中朝经贸关系发展现状与前景展望	东北亚论坛	2012
786	李俊江	日本利率政策变革对中小企业融资模式影响的分析	现代日本经济	2012
787	李俊江	评《世界经济概论》	世界经济	2012
788	李俊江	中国企业国际生产组织模式选择及实证分析	吉林大学社会科学学报	2013
789	李俊江	中国对美国直接投资的内在动因、主要障碍与应对策略	社会科学战线	2013
790	李俊江	日本中小企业技术创新模式的演变分析	现代日本经济	2015
791	李俊江	产业集群视角下小微企业的融资问题、优势及对策	当代财经	2015
792	李变花	新增长理论与中国经济增长质量的提高	经济体制改革	2004
793	李　政	老工业基地国有企业制度创新研究	求是学刊	2001
794	李　政	知识管理:企业管理的新阶段	长白学刊	2002
795	李　政	日本中小企业创业金融支援体系研究与借鉴	现代日本经济	2006
796	李　政	直面改革实践,追索经济学真谛——马克思主义经济学家张维达先生学术思想追述	当代经济研究	2008
797	李　政	促进创业理论:企业发展带动就业的选择	学习与探索	2008
798	李　政	公平与效率的关系新论——从和谐社会视角的审视	江汉论坛	2008
799	李　政	发展创业型经济的路径模型与政策趋势	经济社会体制比较	2008
800	李　政	创业是否能促进我国技术进步及效率提高?——一个基于面板协整方法的分析	经济社会体制比较	2009

序号	作者	论文名称	期刊来源	发表年度
801	李 政	金融危机下的国有企业改革与创新发展——2009中国国有经济发展论坛综述	经济学动态	2009
802	李 政	"国进民退"之争的回顾与澄清——国有经济功能决定国有企业必须有"进"有"退"	社会科学辑刊	2010
803	李 政	后危机时代中国创业型经济发展战略探析	学习与探索	2010
804	李 政	中国高等教育中的创业精神与就业绩效研究	学习与探索	2011
805	李 政	企业家人力资本与区域经济增长差异——基于动态面板和面板门限模型的实证研究	社会科学研究	2012
806	李 政	中国国有经济规模与经济增长条件收敛——基于1978～2008年省际面板数据的实证研究	求是学刊	2012
807	李 政	以区域特色高技术产业链建设促进中国高技术产业创新发展	社会科学战线	2012
808	李 政	经济全球化背景下我国矿产资源可持续利用战略与机制	社会科学辑刊	2012
809	李 政	中国创意经济发展政策及其效果	经济学家	2012
810	李 政	"国企争议"与国有企业创新驱动转型发展	学习与探索	2012
811	李 政	FDI是否抑制了中国企业家精神的形成——基于面板门限模型的分析	社会科学研究	2013
812	李 政	国有企业提高自主创新能力的制约因素与驱动机制	学习与探索	2013
813	李 政	经济学研究应该更加注重思想理论创新——"经济学论文的思想性与技术性的关系"专题学术研讨会综述	吉林大学社会科学学报	2014
814	李 政	国有企业真的缺乏创新能力吗——基于上市公司所有权性质与创新绩效的实证分析与比较	经济理论与经济管理	2014
815	李 政	我国地区研发效率的演变和收敛性特征——基于随机前沿方法的分析	华东经济管理	2014
816	李 政	技术型创业与非技术型创业对经济绩效影响的非对称性	吉林大学社会科学学报	2014
817	李 政	中国高铁产业赶超型自主创新模式与成功因素	社会科学辑刊	2015
818	李 政	新常态下中央企业自主创新及其生态环境建设	学习与探索	2015
819	李 政	创新投入、产业结构与经济增长	求是学刊	2015
820	李 政	当前东北地区经济增长问题成因与创新转型对策	经济纵横	2015
821	李 政	"新常态"下民营企业的创新驱动发展战略	理论学刊	2015
822	李 昱	中小企业融资困境与我国金融体制创新	经济纵横	2005
823	李 昱	民营企业融资困境的金融制度分析	经济纵横	2006
824	李 昱	对我国居民储蓄存款流向的思考	社会科学战线	2007
825	李 昱	应扶持和引导农村非正规金融机构发展	经济纵横	2007
826	李 昱	投资者的流动性偏好和股票定价——基于流动性偏好前提下的CAPM	吉林大学社会科学学报	2007
827	李 昱	日本债券市场的发展及对中国的启示	现代日本经济	2011
828	李 昱	新能源企业发展背景下的碳国债发行设计	经济纵横	2012
829	李洪江	经营衰落激起制度改革,适应环境变化再寻生机——对90年代日本企业制度改革的分析	现代日本经济	2001

续表

序号	作者	论文名称	期刊来源	发表年度
830	李洪江	跨国公司对发展中国家市场争夺策略及当地企业的应对措施	吉林大学社会科学学报	2001
831	李洪国	现代公司人格独立及有限责任制度研究——对当前企业"破产逃债"现象的制度分析	经济纵横	2003
832	李晓	布什新政权的"以日制中"战略及其影响	世界经济与政治	2001
833	李晓	苦涩的"独立宣言"——从日本银行的利率调整看日本的金融制度改革	国际经济评论	2001
834	李晓	论东亚区域货币合作的具体构想与实现路径	经济科学	2002
835	李晓	论东亚货币合作的具体措施	世界经济	2002
836	李晓	当前日本经济形势及中日经济关系的新变化	东北亚论坛	2003
837	李晓	关于东亚地区汇率制度选择的若干争议	经济学动态	2003
838	李晓	东亚区域货币体系的构建:必要性、可行性与路径选择	社会科学战线	2003
839	李晓	新世纪的东亚区域货币合作:中国的地位与作用	吉林大学社会科学学报	2004
840	李晓	论人民币的亚洲化	世界经济	2004
841	李晓	"日元国际化"的困境及其战略调整	世界经济	2005
842	李晓	现阶段的东亚金融合作:面临的挑战及政策建议	国际经济评论	2005
843	李晓	中国在东亚经济中地位的提升:基于贸易动向的考察	世界经济与政治论坛	2005
844	李晓	世界经济形势的回顾、展望及其对中国的影响	东北亚论坛	2005
845	李晓	"经济主义"时代的中日关系	国际经济评论	2006
846	李晓	经济冲击对称性与区域经济合作:东亚与其他区域的比较研究	吉林大学社会科学学报	2006
847	李晓	印度经济能够赶超中国吗?——兼论"中印比较"的意义	国际经济评论	2006
848	李晓	亚洲债券市场的流动性分析	外交评论	2006
849	李晓	美国经济霸权与全球经济失衡	东北亚论坛	2007
850	李晓	现阶段全球经济失衡与中国的作用	吉林大学社会科学学报	2007
851	李晓	全球金融动荡环境下的东亚金融合作:政策选择及建议	国际经济评论	2008
852	李晓	中印经济增长对就业影响力的比较研究	社会科学战线	2008
853	李晓	产业结构转换能力的比较分析——以吉林省为例	东北亚论坛	2008
854	李晓	中日两国在东亚区域内贸易中地位的变化及其影响	当代亚太	2009
855	李晓	中韩产业关联的现状及其启示:基于《2000年亚洲国际投入产出表》的分析	世界经济	2009
856	李晓	人民币汇率变动趋势及其对区域货币合作的影响	国际金融研究	2009
857	李晓	全球金融危机下东亚货币金融合作的路径选择	东北亚论坛	2009
858	李晓	东亚产业关联的研究方法与现状——一个国际/国家间投入产出模型的综述	经济研究	2010
859	李晓	推进长吉图开发开放先导区建设的政策建议——基于地区间产业关联研究的结论	东北亚论坛	2010

序号	作者	论文名称	期刊来源	发表年度
860	李　晓	中国作为东亚市场提供者的现状与前景	吉林大学社会科学学报	2010
861	李　晓	"美元体制"的可持续性与东亚货币金融合作的路径选择	学术月刊	2010
862	李　晓	东亚产业关联与经济相互依赖性——基于 AⅡOT 2000 的实证分析	世界经济研究	2010
863	李　晓	现阶段的国际货币体系改革：东亚的困境与战略选择	世界经济与政治论坛	2010
864	李　晓	东亚货币合作为何遭遇挫折？——兼论人民币国际化及其对未来东亚货币合作的影响	国际经济评论	2011
865	李　晓	香港人民币离岸市场的发展与预期风险	世界经济研究	2011
866	李　晓	中国持有美国资产机会成本的估算	吉林大学社会科学学报	2012
867	李　晓	香港离岸人民币利率的形成与市场化	社会科学战线	2012
868	李　晓	国际货币体系改革的集体行动与二十国集团的作用	世界经济与政治	2012
869	李　晓	美国对外负债的可持续性：外部调整理论的扩展	世界经济	2012
870	李　晓	美国霸权的文明起源、结构变化与世界格局——评程伟等著《美国单极思维与世界多极化诉求之博弈》	国际经济评论	2013
871	李　晓	美元体制下东亚经济体汇率的联动关系：现状及变化趋势	东北亚论坛	2013
872	李　晓	从"安倍经济学"的前景看中国经济面临的挑战与机遇	国际经济评论	2014
873	李　晓	美国净对外负债前景与美元汇率调整	国际金融研究	2014
874	李　晓	全球金融危机对国内外原油市场间溢出效应的影响	求是学刊	2015
875	李　晓	国际油价变动对中国贸易结构影响的实证研究	经济经纬	2015
876	李　晓	"一带一路"战略实施中的"印度困局"——中国企业投资印度的困境与对策	国际经济评论	2015
877	李　晓	中美经济脱钩演进及其测度研究——兼论中美经济联系的新变化及其对中国经济的影响	世界经济研究	2015
878	李　晓	美国国际投资头寸结构与对外资产负债利差——兼论中美金融关系的影响	国际金融研究	2015
879	李晓冬	基于分布知识的所有权安排内生性研究综述	经济纵横	2006
880	李　通	经济发展方式的演进与政府规审	经济纵横	2008
881	李　博	国有资产管理体制实证研究	经济纵横	2006
882	杜氏秋恒	越南国有企业改革的回眸与前瞻	太平洋学报	2007
883	杜　莉	利率微调政策：物价回升条件下的现实选择	经济纵横	2001
884	杜　莉	资产证券化的趋势与我们的选择	社会科学战线	2001
885	杜　莉	信用缺失——我国市场经济发展的制约	经济纵横	2002
886	杜　莉	我国商业银行竞争性市场结构再造	社会科学战线	2002
887	杜　莉	中国商业银行范围经济状态实证研究	金融研究	2002
888	杜　莉	论我国银行业产业组织结构再造	当代经济研究	2002
889	杜　莉	我国金融工具创新的路径选择之一——将优先股引入企业股份结构	吉林大学社会科学学报	2002

序号	作者	论文名称	期刊来源	发表年度
890	杜 莉	我国商业银行规模经济及其状态比较	吉林大学社会科学学报	2003
891	杜 莉	战争的经济学视角考察	经济纵横	2003
892	杜 莉	中国经济与社会发展的失衡及其矫正	四川大学学报	2004
893	杜 莉	美、日、澳金融策划业的发展与中国本土化发展设计	东北亚论坛	2004
894	杜 莉	吉林省信用状况的调查与思考	税务与经济	2004
895	杜 莉	欧洲中央银行统一货币政策的内外制约与协调改进	经济纵横	2004
896	杜 莉	振兴东北老工业基地与政府规制取向选择	当代经济研究	2004
897	杜 莉	证券投资基金羊群行为及其市场影响分析	吉林大学社会科学学报	2005
898	杜 莉	法经济学释义及其辨析	吉林大学社会科学学报	2006
899	杜 莉	商业银行中间业务的重新审视——基于金融生态理论的分析框架	学习与探索	2006
900	杜 莉	股票市场政策信息反应偏差实证方法的选择及政府行为取向	江汉论坛	2006
901	杜 莉	中国省际收入差距的面板数据分析	东北师大学报	2006
902	杜 莉	东北老工业基地金融生态考评	经济纵横	2006
903	杜 莉	关于高等学校外部融资负债经营的理性思考	管理世界	2007
904	杜 莉	论东北老工业基地振兴中的金融规制	经济纵横	2007
905	杜 莉	金融混业经营及其监管:德国和英国的比较与借鉴	经济体制改革	2007
906	杜 莉	以研究型大学的优势资源培养金融创新人才	中国高等教育	2008
907	杜 莉	吉林省金融业对经济增长贡献的实证分析	经济纵横	2009
908	杜 莉	构建振兴东北老工业基地金融支持体系的实证研究	吉林大学社会科学学报	2009
909	杜 莉	欧洲金融:创新·危机·监管	管理世界	2010
910	杜 莉	低碳经济模式下国有企业行为目标的选择	江汉论坛	2011
911	杜 莉	建构碳金融运行机制支持吉林省低碳经济发展	东北亚论坛	2011
912	杜 莉	利用碳金融体系推动产业结构的调整和升级	经济学家	2012
913	杜 莉	金融危机背景下信用评级行为的效应分析	社会科学战线	2012
914	杜 莉	产业结构调整升级:碳金融交易机制的助推——基于欧盟数据的实证研究	清华大学学报	2012
915	杜 莉	绿色金融、社会责任与国有商业银行的行为选择	吉林大学社会科学学报	2012
916	杜 莉	碳金融交易问题研究述评	江汉论坛	2013
917	杜 莉	开发性金融在碳金融体系建构中的引致机制	中国社会科学	2013
918	杜 莉	吉林省金融创新效应及其提升	东北亚论坛	2013
919	杜 莉	我国碳排放总量控制交易的分配机制设计——基于欧盟排放交易体系的经验	国际金融研究	2013
920	杜 莉	我国碳金融宏观与微观监管体系建构	武汉大学学报	2013
921	杜 莉	高校财务走出沉重外部负债"泥潭"的反思	管理世界	2013

序号	作者	论文名称	期刊来源	发表年度
922	杜 莉	国有商业银行产权制度改革绩效评析	经济学家	2014
923	杜 莉	中国国有商业银行治理结构改革绩效评价与提升	社会科学战线	2014
924	杜 莉	碳金融交易风险：度量与防控	经济管理	2014
925	杜 莉	如何在碳金融交易中合理界定政府与市场的关系？——理论与实证	吉林大学社会科学学报	2015
926	杜 莉	中国区域碳金融交易价格及市场风险分析	武汉大学学报	2015
927	杜 婕	欧洲中央银行与美联储利率政策实践及效果评价与分析	东北亚论坛	2003
928	杜 婕	优化我国证券收益所得课税的思考	税务与经济	2005
929	杜 婕	企业债券融资推动吉林省经济增长的实证分析	东北亚论坛	2007
930	杜 婕	推进我国房产税改革的基本思路——兼议美国房产税借鉴	价格理论与实践	2011
931	杜 婕	我国城市房屋征收补偿问题探讨	宏观经济管理	2012
932	杜 婕	吉林省高新技术产业园区的战略选择与融资博弈	情报科学	2012
933	杜 婕	民间资本进入农村金融服务领域的制度分析	财贸经济	2013
934	杜 婕	信息时代证券场外交易市场的构建	情报科学	2013
935	杜 婕	美国量化宽松货币政策对中国宏观经济的冲击——基于世界石油价格为传导路径的分析	当代经济研究	2014
936	杨 昭	关于当前我国通货膨胀问题的研究观点综述	经济纵横	2008
937	杨 洁	我国企业并购的体制环境与策略	经济纵横	2006
938	杨超文	完善我国地方税体系的思考	税务研究	2010
939	杨超文	完善个人所得税制度的路径选择	经济纵横	2010
940	沈晶玮	论国有土地资本化授权经营的现实思路	长白学刊	2002
941	花秋玲	通货膨胀时期的投资策略分析	数理统计与管理	2012
942	花秋玲	影响我国通货膨胀的汇率传导渠道——基于 FAVAR 模型的实证分析	经济问题探索	2014
943	花秋玲	中日货币政策有效性的比较研究	统计与决策	2014
944	苏 提	中国与东盟国家经贸合作发展路径选择及对策建议	东南亚纵横	2008
945	邵学峰	税收质量的界定、制度比较与借鉴	学习与探索	2005
946	邵学峰	振兴东北老工业基地的税收政策取向	经济与管理研究	2005
947	邵学峰	以税收征管机制创新推动东北振兴	税务研究	2005
948	邵学峰	创新税收征收管理机制为振兴东北老工业基地助力	东北亚论坛	2005
949	邵学峰	社会保障：深化国企改革的制度保证	江汉论坛	2005
950	邵学峰	深化企业改革,规范治理结构——海峡两岸企业改革与重组学术研讨会综述	经济与管理研究	2005
951	邵学峰	税收执法监督的博弈分析	税务与经济	2005
952	邵学峰	增值税转型的绩效分析——以东北老工业基地为例	经济纵横	2005
953	邵学峰	以多元化融资模式促进吉林省经济振兴	经济纵横	2006
954	邵学峰	美日公司治理的制度比较——对东北老工业基地的启示	东北亚论坛	2006

序号	作者	论文名称	期刊来源	发表年度
955	邵学峰	论财政转型中我国农村教育支出的困境与对策	经济纵横	2006
956	邵学峰	以公平促进效率：科学发展观指导下的税收理念	江汉论坛	2006
957	邵学峰	以产业集聚促进东北振兴——第六届国有经济论坛"欧盟—中国：区域政策与产业集聚"国际学术研讨会综述	管理世界	2007
958	邵学峰	国有资产流失与所有者主体缺位：由"公地经济"引发的思考	经济与管理研究	2007
959	邵学峰	经济转型、利益调整与财政政策选择	财政研究	2007
960	邵学峰	日本"泡沫经济"破灭后的税收政策评析	现代日本经济	2007
961	邵学峰	企业边界：静态决定模型及动态演变	税务与经济	2007
962	邵学峰	财政转型下的公共投资结构分析	吉林大学社会科学学报	2007
963	邵学峰	财政风险：根源、影响与防范——对提高中国公共财政安全的思考	学习与探索	2007
964	邵学峰	国有企业国际化经营剖析	江汉论坛	2007
965	邵学峰	欠发达地区大型国有企业集团公司治理外生约束条件分析	经济体制改革	2007
966	邵学峰	马克思主义利益观、公平分配与中国税制改革	理论前沿	2008
967	邵学峰	大型国有企业集团公司治理的改革与完善——第七届国有经济论坛综述	经济研究	2008
968	邵学峰	中国商业银行深化改革与管理创新研究——第八届国有经济论坛综述	管理世界	2008
969	邵学峰	绿色税收：欧盟经验与东北之鉴	东北亚论坛	2008
970	邵学峰	优化财政生态的分权治理研究——省管县财政体制改革值得关注的几个方面	财政研究	2009
971	邵学峰	县级地方经济均衡发展的财政分权模式选择研究	经济纵横	2009
972	邵学峰	非经营性国有资产流失的财政分权治理研究	学习与探索	2009
973	邵学峰	预算约束、地方政府偏好与国有企业改革	江汉论坛	2009
974	邵学峰	创意产业与区域经济增长：中国的模式——以网游业为例	东北亚论坛	2010
975	邵学峰	我国高等教育财政拨款机制改革研究	经济体制改革	2010
976	邵学峰	论非经营性国有资产的财务监管机制	江汉论坛	2011
977	邵学峰	激励企业科技创新的税收政策研究	经济纵横	2012
978	邵学峰	土地财政依赖：分权体制下政府间激励相容问题解析——2001～2013年省级面板数据	学习与探索	2014
979	邵学峰	我国资源型国有企业利润上缴问题及制度重构探析	经济纵横	2015
980	邵学峰	矿产资源开发利用国际化战略：日本的经验与启示	现代日本经济	2015
981	邵波	我国金融业混合经营模式的选择及监管体系重构	当代经济研究	2004
982	邵雷	我国大企业技术创新研究	经济与管理研究	2007
983	邹国庆	企业间制度构建及其战略	学习与探索	2005
984	邹国庆	企业外部社会资本的测量及其功效——基于中国房地产开发和经营行业上市公司的实证研究	吉林大学社会科学学报	2008

序号	作者	论文名称	期刊来源	发表年度
985	陈晓君	门德尔斯原始工业化理论及其启示	北方论丛	2010
986	陈晓君	农村金融制度供给决定的博弈分析	学习与探索	2010
987	陈理浩	企业财务伦理探讨	社会科学战线	2008
988	陈理浩	促进吉林省产业集群发展的对策	经济纵横	2008
989	陈　磊	国有企业的制度成本分析	税务与经济	2006
990	周启元	关于世界经济全球化的几个理论问题的探讨	吉林大学社会科学学报	2001
991	周佰成	中、美证券市场的波动周期比较	经济纵横	2006
992	周佰成	中国上市公司治理、绩效与高管薪酬相关性研究	数理统计与管理	2007
993	周佰成	中美宏观经济波动周期比较分析	社会科学战线	2007
994	周佰成	中美证券市场在险价值比较分析	学习与探索	2007
995	周佰成	中国与国际证券市场的动态相关性分析	吉林大学社会科学学报	2011
996	周佰成	资本市场的创业板公司绩效比较分析	学习与探索	2011
997	周佰成	包容性增长：社会经济发展的新范式	当代经济研究	2011
998	周佰成	吉林省发展基金产业的可行性研究	东北亚论坛	2011
999	周佰成	中日股票市场发行制度比较研究	现代日本经济	2011
1000	周佰成	基于 PORT 及王变换下汽车保险期权定价研究	东北师大学报	2011
1001	周佰成	非对称与时变：中外证券市场波动性特征的比较研究	经济管理	2011
1002	周佰成	外国企业国有资产出资人机构模式的比较与借鉴	社会科学战线	2012
1003	周佰成	部分国家发展农业巨灾保险的启示	经济纵横	2012
1004	周佰成	金融创新对经济增长的动态影响研究	学习与探索	2012
1005	周佰成	中国货币政策对股票价格的影响—基于 FAVAR 模型的分析	当代经济研究	2012
1006	周佰成	汽车保险损失率期权定价模型及实证研究	数理统计与管理	2013
1007	周佰成	基于 OU 过程的中房指数期权定价	管理世界	2013
1008	周佰成	对冲基金绩效影响因素研究	统计与决策	2014
1009	周佰成	中国利率变动对证券市场的动态影响——基于 VAR - MGARCH - BEKK 模型的研究	学习与探索	2014
1010	周佰成	中国上市公司中公有制经济的地位与作用测度	江汉论坛	2015
1011	周佰成	中国国有企业分层分类管理研究	社会科学战线	2015
1012	周　虹	跨国并购对我国企业的影响及对策	东北亚论坛	2002
1013	周　虹	浅谈虚拟资本推动经济增长的效应	当代经济研究	2003
1014	周　虹	马克思国债理论对提高我国宏观调控效果的启示	当代经济研究	2007
1015	周　琳	大东北旅游圈框架下资源型城市旅游业发展研究	学习与探索	2010
1016	国有经济战略调整与国有企业深化改革研究课题组	加快市场化进程是振兴东北老工业基地的根本出路	社会科学战线	2003

序号	作者	论文名称	期刊来源	发表年度
1017	国有经济战略调整与国有企业深化改革研究课题组	国有企业债务问题及其处理对策新探	吉林大学社会科学学报	2003
1018	罗昌瀚	非正式制度及其在构建和谐社会中的作用研究	理论探讨	2006
1019	罗斯丹	国际资本流动传导机制研究——基于对中国金融安全的影响	当代经济研究	2009
1020	罗斯丹	当前我国实体经济与金融安全关系研究	经济纵横	2009
1021	范 硕	韩国创新模式：大学、集群与创新体系	亚太经济	2011
1022	范 硕	剑桥大学科技商业化的经验及启示	中国科技论坛	2011
1023	范 硕	创新体系的"韩国模式"：URIs与集群的作用	科学学与科学技术管理	2011
1024	范 硕	社会资本在创新集群形成中的作用——"剑桥现象"的启示	学习与探索	2012
1025	范 硕	西方创新集群研究最新进展评述	科技进步与对策	2012
1026	范 硕	中国金融发展提高了资本产出效率吗？——实证检验与理论解释（1981～2009）	经济管理	2012
1027	范 硕	亚洲人口老龄化的发展、挑战以及应对策略	人口学刊	2013
1028	范 硕	国有工业企业生产率的区域性差异及收敛性检验——基于贝叶斯SFA共同边界方法	财贸研究	2013
1029	范 硕	东亚创新集群发展模式的空间面板模型分析——基于日、韩数据的实证检验	南京社会科学	2014
1030	范 硕	韩国创新集群发展模式的实证检验——基于空间面板模型的分析	亚太经济	2014
1031	范肇臻	论东北地区国有资本优化配置	社会科学战线	2004
1032	郑贵廷	我国商业银行规模经济问题与金融改革策略透析	经济研究	2002
1033	郑贵廷	创设我国国债期货交易恢复的时机和条件	长白学刊	2003
1034	郑贵廷	在制度框架下研究经济人假设——从完全理性到适应性理性	吉林大学社会科学学报	2003
1035	郑贵廷	人口老龄化的经济学再审视	人口学刊	2007
1036	郑贵廷	老年人口消费的社会再生产拓展模型研究	学习与探索	2007
1037	郑贵廷	东北黑土区耕地流转问题研究	学习与探索	2009
1038	郑海航	深圳市国有资产管理体制改革的调研报告	经济与管理研究	2004
1039	金成晓	我国商业银行业公司治理结构与经营绩效的实证研究	税务与经济	2006
1040	金成晓	重化工业化是中国经济发展的必经阶段——基于产业结构调整角度的分析	经济纵横	2006
1041	姚 力	大众文化的时间困境	吉林大学社会科学学报	2002
1042	姚 力	中小企业的融资难题与金融机构改革	当代经济研究	2002

序号	作者	论文名称	期刊来源	发表年度
1043	姚力	论公共产品供给的"价格陷阱"	学习与探索	2002
1044	姚毓春	资源型城市发展接续产业的分类模式及对策	经济与管理研究	2005
1045	姚毓春	基于主成分分析法的中日韩三国可持续发展水平综合测度	经济纵横	2006
1046	姚毓春	东北老工业基地中小企业融资难的原因及对策	学术交流	2008
1047	姚毓春	正确认识"约谈"的价格调控作用	价格理论与实践	2011
1048	姚毓春	资源枯竭型地区转型的社会承载力研究	当代经济研究	2011
1049	姚毓春	创业型经济的经济学属性解析	学习与探索	2011
1050	姚毓春	信息化水平与经济发展之间的联动性研究——基于中美两国的实证分析	情报科学	2011
1051	姚毓春	我国消费环境制约因素与对策建议	宏观经济管理	2011
1052	姚毓春	人的城镇化:内在逻辑与战略选择	学习与探索	2014
1053	姚毓春	劳动力与资本错配效应:来自十九个行业的经验证据	经济学动态	2014
1054	姚毓春	人的城镇化的政治经济学逻辑	当代经济研究	2014
1055	姚毓春	资源富集地区:资源禀赋与区域经济增长	管理世界	2014
1056	姚毓春	中国工业部门要素收入分配格局	中国工业经济	2014
1057	姚毓春	大学生创业模式:现状、问题与对策——基于吉林省大学生科技园创业企业的调查分析	青年研究	2014
1058	姚毓春	浅议新型城镇化背景下土地制度变革	社会科学战线	2014
1059	姚毓春	有条件资源诅咒在中国存在吗?	吉林大学社会科学学报	2014
1060	姜正新	电信资费模式研究	经济理论与经济管理	2005
1061	姜正新	我国电信产业不对称双限资费规制模式	经济理论与经济管理	2006
1062	姜华未	美、日公司治理结构的比较分析	理论前沿	2001
1063	姜泽华	马克思的产业结构升级思想	当代经济研究	2002
1064	姜鑫	利益相关者公司治理模式评析及启示	税务与经济	2005
1065	段志伟	推动东北老工业基地产业集聚的对策	经济纵横	2006
1066	赵利胜	从保险安全角度完善我国保险监管体制	经济理论与经济管理	2003
1067	赵岳阳	制度变迁视角下的利益集团理论	当代经济研究	2010
1068	赵岳阳	论"高学历失业"与高等教育体制失衡——基于吉林省的分析与思考	东北师大学报	2010
1069	赵岳阳	中国经济发展问题的理论述评	社会科学战线	2011
1070	赵岳阳	中国国有企业公有制属性实现途径的认知与辨析	社会科学战线	2012
1071	赵岳阳	浅论中国对外开放中的制度隔离	东北师大学报	2013
1072	赵岳阳	优化中央企业治理结构的对策研究	经济纵横	2014
1073	赵岳阳	回到全球化:中国国有制经济公有制属性的实现	江汉论坛	2014
1074	赵岳阳	实践社会主义道路:中国国有企业改革深化的探讨	经济体制改革	2014

序号	作者	论文名称	期刊来源	发表年度
1075	赵岳阳	国有经济发展与完善市场经济体制——"2013 中国国有经济发展论坛"观点综述	经济管理	2014
1076	赵岳阳	资本主义仪式锁闭的探析——制度主义的理论扬弃与应用	财经问题研究	2014
1077	赵 放	论日本企业经营制度的转换	现代日本经济	2001
1078	赵 放	论技术和制度在经济增长中的关系	吉林大学社会科学学报	2002
1079	赵 放	欧盟对华反倾销之分析及对策	长白学刊	2002
1080	赵 放	评日本邮政事业改革	东北亚论坛	2003
1081	赵 放	论技术和制度的关系及其在经济增长中的作用	当代经济研究	2003
1082	赵 放	对日本经济中不良债权问题现状的评析	现代日本经济	2003
1083	赵 放	"中国威胁论"之虚实考证	日本学刊	2004
1084	赵 放	东北亚区域分工协作的走向——日本产业结构调整意图评析	东北亚论坛	2004
1085	赵 放	难以摆脱的长期低迷——日本经济现状论析	现代日本经济	2004
1086	赵 放	围绕"补充"还是"压迫"的争论——日本政府金融机构改革及其作用评析	东北亚论坛	2005
1087	赵 放	趋势、问题与对策——新世纪初日本对华投资现状考查	国际贸易问题	2005
1088	赵 放	新环境新变化——日本对外贸易政策动向评析	现代日本经济	2005
1089	赵 放	从中美知识产权冲突看中国知识产权战略	财经问题研究	2006
1090	赵 放	从内部经济失衡和产业转移看中美贸易失衡	世界经济与政治论坛	2006
1091	赵 放	由"非资本逻辑"向"资本逻辑"的转变——日本企业集团重组原因分析	现代日本经济	2006
1092	赵 放	布什政府对华"新阶段"贸易政策浅析	当代亚太	2007
1093	赵 放	布什政府对华贸易政策浅析	财经问题研究	2007
1094	赵 放	论我国省际经济的和谐发展	当代经济研究	2007
1095	赵 放	论新世纪日本核能利用与能源结构性矛盾	现代日本经济	2007
1096	赵 放	增长极理论视角下政府干预政策的选择	经济纵横	2007
1097	赵 放	中美服务贸易国际竞争力比较分析——兼论中国服务贸易结构性失衡	世界经济研究	2007
1098	赵 放	对日本邮政民营化改革的是非评析	东北亚论坛	2008
1099	赵 放	美国服务贸易的阶段性特征与竞争力分析	财贸经济	2008
1100	赵 放	从外商对华投资战略转型和产业转移看吉林省引进外资策略的调整	经济纵横	2008
1101	赵 放	企业是属于股东的吗?——以日本为参照系的议论	经济与管理研究	2009
1102	赵 放	日本农业贸易保护政策的问题及其改革思路评析	日本学刊	2009
1103	赵 放	平等与效率的冲突——围绕日本遗产税"存"与"废"的争论	日本研究	2009
1104	赵 放	中国对外直接投资诱因、意图及制约因素之辨析	社会科学战线	2009

序号	作者	论文名称	期刊来源	发表年度
1105	赵 放	不容乐观的东北亚区域合作走势分析——对吉林省对外经贸战略的若干思考	东北亚论坛	2009
1106	赵 放	粮食主权与WTO农业贸易体制的重新审视	中州学刊	2009
1107	赵 放	日本FTA战略的困惑	当代亚太	2010
1108	赵 放	体验经济的本质及其成长性分析	社会科学战线	2010
1109	赵 放	美韩FTA的起步、拖延及影响——以东亚区域合作为视角的分析	东北亚论坛	2010
1110	赵 放	中日双边产业内贸易及影响因素实证研究	世界经济研究	2010
1111	赵 放	中韩双边产业内贸易实证分析	国际经贸探索	2010
1112	赵 放	中美双边产业内贸易及影响因素实证研究	国际经贸探索	2011
1113	赵 放	东亚生产性服务业和制造业的产业关联分析	世界经济研究	2012
1114	赵 放	日本经济为什么缺乏景气实感	现代日本经济	2013
1115	赵 放	中日韩服务业产业内贸易比较分析	东北师大学报	2013
1116	赵 放（经济学）	体验经济与中国体验型产业发展的研究	社会科学战线	2013
1117	赵 放（经济学）	体验经济的思想基础及其规定性的阐释	吉林大学社会科学学报	2014
1118	赵 放（经济学）	关于我国碳审计问题的对策性思考	审计研究	2014
1119	赵新宇	论代际公平视角下不可再生资源利用的外部性	当代经济研究	2008
1120	赵新宇	东北地区生态足迹评价研究	吉林大学社会科学学报	2009
1121	赵新宇	论资源枯竭型地区接续替代产业的选择原则	当代经济研究	2009
1122	赵新宇	中国是否被资源所诅咒——基于生态足迹模型和中国省际面板数据的实证研究	吉林大学社会科学学报	2012
1123	赵新宇	公共支出与公众主观幸福感——基于吉林省问卷调查的实证研究	财政研究	2013
1124	赵新宇	收入、预期与公众主观幸福感——基于中国问卷调查数据的实证研究	经济学家	2013
1125	赵新宇	区域发展战略、自然资源与经济增长——基于中国省际面板数据的实证研究	武汉大学学报	2013
1126	赵新宇	宏观税负、亲贫式支出与公众主观幸福感	当代经济研究	2013
1127	赵新宇	教育影响幸福吗——基于中国问卷调查数据的实证研究	吉林大学社会科学学报	2014
1128	赵新宇	吉林省制造业竞争力研究	经济纵横	2014
1129	赵新宇	亲贫性支出与公众主观幸福感——基于2013年中国问卷调查数据的实证研究	社会科学战线	2015
1130	项卫星	《国际贸易创新论》评介	东北亚论坛	2001
1131	项卫星	银行监管职能从中央银行分离：一个值得注意的趋势	世界经济	2001

序号	作者	论文名称	期刊来源	发表年度
1132	项卫星	马来西亚金融体制的结构性缺陷	当代亚太	2002
1133	项卫星	中国是否应该引入存款保险制度	国际经济评论	2002
1134	项卫星	金融全球化：目标、途径以及发展中国家的政策选择	国际金融研究	2003
1135	项卫星	美国的独立董事制度及其对我国的借鉴	长白学刊	2003
1136	项卫星	当前各国金融监管体制安排及其变革：兼论金融监管体制安排的理论模式	世界经济	2004
1137	项卫星	金融监管中的信息与激励——对现代金融监管理论发展的一个综述	国际金融研究	2005
1138	项卫星	银行信贷扩张与房地产泡沫：对东亚金融危机教训的反思	东北亚论坛	2005
1139	项卫星	中东欧五国银行体系改革过程中的外资参与问题研究	国际金融研究	2005
1140	项卫星	一部有关东亚货币合作研究的开拓性力作——评李晓、丁一兵的《亚洲的超越》	东北亚论坛	2006
1141	项卫星	美国的借贷型经济增长模式及其对中国的影响	当代亚太	2006
1142	项卫星	俄罗斯融资体制的缺陷及其教训	东北亚论坛	2006
1143	项卫星	国有商业银行激励机制中的棘轮效应	社会科学战线	2006
1144	项卫星	银行信贷扩张与房地产泡沫：美国、日本及东亚各国和地区的教训	国际金融研究	2007
1145	项卫星	中美金融关系的动态演进	当代亚太	2007
1146	项卫星	城市贫困女性权益缺失的制度经济学分析	人口学刊	2007
1147	项卫星	金融支持与吉林省房地产市场的发展	东北亚论坛	2007
1148	项卫星	日本经济的复苏及其对全球经济的影响	现代日本经济	2007
1149	项卫星	市场供求与房地产市场宏观调控效应——一个理论分析框架及经验分析	经济评论	2007
1150	项卫星	新兴市场国家金融部门外国直接投资：文献综述	南开经济研究	2007
1151	项卫星	论转轨国家国有商业银行改制后的公司治理模式	吉林大学社会科学学报	2007
1152	项卫星	新兴市场国家金融部门外国直接投资问题研究	世界经济研究	2007
1153	项卫星	拉丁美洲、中东欧及东亚新兴市场国家金融部门外国直接投资研究	国际金融研究	2008
1154	项卫星	东亚地区新兴市场经济体金融部门FDI的增长及其发展趋势	东北亚论坛	2008
1155	项卫星	论国有商业银行不良资产证券化技术的运用和推广	财经问题研究	2008
1156	项卫星	美元本位制的问题及其可持续性	国际金融研究	2009
1157	项卫星	经济自由与经济增长：来自各国的证据	南开经济研究	2009
1158	项卫星	境外战略投资者与国有控股商业银行公司治理结构改革	财经问题研究	2009
1159	项卫星	人民币汇率变动对吉林省外贸的影响	东北亚论坛	2009
1160	项卫星	黑龙江省文化产业竞争力分析	学习与探索	2010
1161	项卫星	新兴市场国家金融部门FDI增长中的"传染效应"研究	国际金融研究	2010

序号	作者	论文名称	期刊来源	发表年度
1162	项卫星	中国对外贸易与地区间收入差距变化	社会科学战线	2010
1163	项卫星	日美金融危机的比较分析	现代日本经济	2010
1164	项卫星	全球私募权益资本发展的特点和新趋势	世界经济研究	2010
1165	项卫星	危机后对"华盛顿共识"和"北京共识"的思考——关于经济自由与经济增长的经验分析	世界经济研究	2010
1166	项卫星	境外战略投资者减持中国国有控股商业银行股权的原因、影响与对策	经济评论	2010
1167	项卫星	国际资本流动格局的变化对新兴市场国家的冲击——基于全球金融危机的分析	国际金融研究	2011
1168	项卫星	论中美金融相互依赖关系的非对称性	世界经济研究	2011
1169	项卫星	人民币汇率变动对中美贸易结构收支的影响——基于SITC分类标准的实证分析	东北亚论坛	2012
1170	项卫星	我国中央银行数量型货币调控面临的挑战与转型方向	国际金融研究	2012
1171	项卫星	中美经济相互依赖关系中的敏感性和脆弱性——基于"金融恐怖平衡"视角的分析	当代亚太	2012
1172	项卫星	日本石油危机与能源结构的调整及主导产业研究	求索	2013
1173	项卫星	美元本位制对中美经济关系的影响	东北亚论坛	2014
1174	项卫星	"金融恐怖平衡"视角下的中美金融相互依赖关系分析	国际金融研究	2014
1175	项卫星	货币市场基准利率的性质及对Shibor的实证研究	经济评论	2014
1176	项卫星	中美经济相互依赖关系对美国汇率政治的制约	当代亚太	2014
1177	项卫星	中美经济相互依赖关系中的"债务人逻辑"	世界经济研究	2014
1178	项卫星	美国的汇率政治与人民币汇率之争	东北亚论坛	2015
1179	项卫星	中美经济相互依赖中的消极依赖与积极依赖	经济学家	2015
1180	项卫星	美国的贸易政治对贸易政策决策的影响——基于TPP谈判的视角	世界经济研究	2015
1181	徐传谌	企业家职业化的含义、条件与途径研究	社会科学战线	2001
1182	徐传谌	国有企业技改效果的实证分析及其对策	长白学刊	2002
1183	徐传谌	"企业家与专家高层论坛：国企改革新思路学术研讨会"综述	吉林大学社会科学学报	2002
1184	徐传谌	国际工程市场的竞争	经济管理	2002
1185	徐传谌	关于完善我国上市公司独立董事制度的思考	长白学刊	2002
1186	徐传谌	谈入世后我国国有企业管理创新	当代经济研究	2002
1187	徐传谌	"退出"路上五道槛	企业管理	2002
1188	徐传谌	国有经济股权融合方式分析	长白学刊	2002
1189	徐传谌	对国有股减持问题的思考	社会科学战线	2002
1190	徐传谌	国有经济存在的理论依据	吉林大学社会科学学报	2002
1191	徐传谌	国有经济控制力及控制方式新探	社会科学战线	2002

续表

序号	作者	论文名称	期刊来源	发表年度
1192	徐传谌	耗散结构、自组织与制度耦合——入世后国企制度变迁障碍及发展趋向的演进经济学解释	当代经济研究	2003
1193	徐传谌	完善我国社保体系的几点政策建议	管理世界	2003
1194	徐传谌	构建中国新型国有资产监督管理体制问题探讨	社会科学战线	2003
1195	徐传谌	对国有控股公司治理结构透明度问题的思考	长白学刊	2003
1196	徐传谌	我国国有经济在转轨时期功能定位分析	学习与探索	2003
1197	徐传谌	新制度经济学派的主要企业理论述评	江汉论坛	2004
1198	徐传谌	东北老工业基地的就业压力及对策分析	东北亚论坛	2004
1199	徐传谌	"经济人"假设的发展	当代经济研究	2004
1200	徐传谌	加快市场化制度创新,振兴东北老工业基地	经济与管理研究	2004
1201	徐传谌	制度创新是振兴东北老工业基地的关键	学习与探索	2004
1202	徐传谌	从法经济学的新视野审视效率价值——兼论效率与正义的辩证统一关系	经济与管理研究	2005
1203	徐传谌	法经济学学科定位探析	经济学动态	2005
1204	徐传谌	非正规金融与我国金融体系的发展和完善	税务与经济	2005
1205	徐传谌	转型时期我国国有企业公司治理失效分析	江汉论坛	2005
1206	徐传谌	东北地区扩大开放的思路与对策	经济纵横	2005
1207	徐传谌	范式转换:新制度经济学的科学革命	管理世界	2005
1208	徐传谌	合谋与国有企业内部人控制问题	经济纵横	2005
1209	徐传谌	东北高管激励缺失的实证研究	经济与管理研究	2005
1210	徐传谌	加快制度创新完善东北老工业基地的要素市场	东北亚论坛	2005
1211	徐传谌	振兴东北要充分发挥上市公司的重要作用	当代经济研究	2005
1212	徐传谌	关于用双向交易模式来降低股市风险的相关分析	税务与经济	2005
1213	徐传谌	剩余权扩散假说与国有企业改革	学习与探索	2005
1214	徐传谌	论理论创新与国有经济改革	吉林大学社会科学学报	2005
1215	徐传谌	东北老工业基地的制度"解锁"与制度创新——兼评关于老工业基地落后成因争鸣的各家观点	东北亚论坛	2006
1216	徐传谌	公开服务型政府的内涵及其治理	经济与管理研究	2006
1217	徐传谌	国债挤出效应与我国国债政策取向	经济纵横	2006
1218	徐传谌	对我国上市公司独立董事制度中寻租的思考	江汉论坛	2006
1219	徐传谌	科层竞争理论:原因、策略与结果	管理世界	2006
1220	徐传谌	诺斯制序分析中的建构理性主义及反思	上海经济研究	2006
1221	徐传谌	制度变迁内部动力机制分析	税务与经济	2006
1222	徐传谌	政府主导型投资:结果与原因	吉林大学社会科学学报	2006
1223	徐传谌	国有中小企业改革的阻力及对策——兼论经营者激励与职工补偿计划	经济纵横	2006
1224	徐传谌	国有资产流失成因及治理对策研究	经济体制改革	2007
1225	徐传谌	国有大型企业集团的目标多元化问题及其解决措施	理论前沿	2007

续表

序号	作者	论文名称	期刊来源	发表年度
1226	徐传谌	中国商业银行×效率实证研究	经济研究	2007
1227	徐传谌	网络型厂商公司治理结构与市场行为机制的理论探析——基于资本结构与定价行为的视角	中国工业经济	2007
1228	徐传谌	自然垄断行业中网络型厂商资本结构与定价机制研究	财政研究	2007
1229	徐传谌	提高大型国有企业集团核心竞争力：以企业文化为视角	东北亚论坛	2007
1230	徐传谌	城市经济可持续发展研究："城市病"的经济学分析	税务与经济	2007
1231	徐传谌	剩余权最优配置探寻与国有企业改革	吉林大学社会科学学报	2007
1232	徐传谌	制度经济学的哲学基础——从马克思主义哲学角度审视新制度经济学	学习与探索	2007
1233	徐传谌	地方政府合作机制新探	江汉论坛	2007
1234	徐传谌	从新古典厂商理论到现代企业理论：制度内化与范式转换	当代经济研究	2007
1235	徐传谌	国有企业集团公司组织结构与运营效率分析	财政研究	2008
1236	徐传谌	产业集群策略与东北老工业基地振兴研究	经济纵横	2008
1237	徐传谌	制序分析中的理性定位问题	江汉论坛	2008
1238	徐传谌	大型国有集团公司治理效率指标的选择与构造	经济与管理研究	2008
1239	徐传谌	国有企业改革与剩余权配置：对要素重要原则的解析	经济体制改革	2008
1240	徐传谌	大型国有企业集团公司的治理机制与治理条件探索	经济体制改革	2009
1241	徐传谌	发挥中央企业在"保增长"中的生力军作用	理论前沿	2009
1242	徐传谌	国有资本运营制度创新的动力与逻辑基础研究	经济纵横	2009
1243	徐传谌	交易成本新探：起源与本质	吉林大学社会科学学报	2009
1244	徐传谌	在危机中坚持社会主义市场经济体制的改革方向	江汉论坛	2009
1245	徐传谌	我国国有企业特殊社会责任研究	经济管理	2010
1246	徐传谌	循环经济的理论思想渊源与实践——以美、日、德、中为例	东北亚论坛	2010
1247	徐传谌	中国国有企业社会责任研究	吉林大学社会科学学报	2010
1248	徐传谌	国有企业委托代理问题研究	经济纵横	2011
1249	徐传谌	老工业基地国有企业社会责任与国有企业改革研究	东北亚论坛	2011
1250	徐传谌	企业社会责任的利益相关者悖论与国有企业包容性增长	江汉论坛	2011
1251	徐传谌	国有企业与民营企业社会责任比较研究	经济纵横	2011
1252	徐传谌	新制度经济学视角下的国有企业效率研究	学习与探索	2012
1253	徐传谌	中央企业战略重组的不确定性及其规制研究	经济体制改革	2012
1254	徐传谌	国有经济产业分布与产业绩效的非线性关联研究	统计与决策	2012
1255	徐传谌	中央企业国际化经营水平评析——基于32家中央企业的统计数据	山东社会科学	2012
1256	徐传谌	中央企业国际化经营的战略定位研究	厦门大学学报	2013
1257	徐传谌	中国国有企业竞争力现状、原因及提升途径	经济体制改革	2013

序号	作者	论文名称	期刊来源	发表年度
1258	徐传谌	国有文化资产管理新体制构建	经济体制改革	2014
1259	徐传谌	中央企业核心竞争力的测度与分析	学习与探索	2014
1260	徐传谌	国有文化产业融资模式创新何以可能	江汉论坛	2014
1261	徐传谌	中国高技术产业竞争力研究	求是学刊	2014
1262	徐传谌	论社会主义国有经济与市场经济的结合	财经问题研究	2014
1263	徐传谌	逐步实现共同富裕必须发展和壮大国有经济	马克思主义研究	2014
1264	徐传谌	国有企业海外并购中的经济安全问题研究	经济体制改革	2015
1265	徐传谌	国有企业提升自主创新能力研究	财经问题研究	2015
1266	徐传谌	国有经济改革与中国发展道路的选择	江汉论坛	2015
1267	徐传谌	所有制结构中公有制经济规模对贫富差距的影响——基于《中国统计年鉴》数据的实证研究	社会科学研究	2015
1268	徐传谌	我国社会主义初级阶段公有制经济的主体地位研究——兼析公有制经济比重与基尼系数的关系	马克思主义研究	2015
1269	徐 充	东北地区物流产业的发展障碍与对策	理论探讨	2006
1270	徐 充	日本汽车产业的发展及其对我国的启示	现代日本经济	2007
1271	徐 充	东北地区物流产业的发展与整合	中国流通经济	2008
1272	徐 充	东北地区集群经济的发展障碍与对策选择	学术交流	2008
1273	徐 充	民营企业组织创新的局限与突破	学习与探索	2008
1274	徐 充	温台地区民营企业人力资源管理模式的转换与创新	现代管理科学	2008
1275	徐 充	民营企业组织创新的局限与突破	商业研究	2009
1276	徐 充	收入差距、分配关系及其政策匹配	改革	2009
1277	徐 充	关于拓展我国农村消费信贷的思考	经济问题	2009
1278	徐 充	马克思虚拟资本理论的逻辑蕴涵与当代价值	学术论坛	2010
1279	徐 充	通过高新区发展战略性新兴产业的思考	经济纵横	2011
1280	徐 充	东北地区制造业发展模式转型及路径研究	吉林大学社会科学学报	2011
1281	徐 充	制度变迁视阈下"珠三角"发展模式的演进及启示	学习与探索	2012
1282	徐 充	抑制居民收入分配差距的政府规制	求索	2012
1283	徐 充	我国政府规制收入分配差距的对策思考	理论探讨	2012
1284	徐 充	后金融危机时期环保产业面临的问题与对策	环境保护	2013
1285	徐 充	中国企业境外直接投资风险规避研究	当代经济研究	2014
1286	徐 阳	EMV迁移对中国银行卡发展的影响及应对策略	经济纵横	2009
1287	徐 迟	东北老工业基地国有企业改革的难点与对策	经济纵横	2004
1288	徐敏生	人口老龄化的战略对策	中国统计	2001
1289	索 红	论中国政府职能越位和缺位的数量边界	数量经济技术经济研究	2001
1290	索 红	论我国劳动力市场的开放运作	当代经济研究	2001
1291	莫 衍	国有资产分级管理模式中政企联系度的比较	经济学家	2003
1292	郭进伟	农村人力资本投资：破解"三农"难题的根本	人口学刊	2005

序号	作者	论文名称	期刊来源	发表年度
1293	郭建顺	我国科技期刊的高自引率及其不合理自引的甄别	中国科技期刊研究	2010
1294	郭海雷	日本电子商务模式研究及对我国的启示	现代日本经济	2002
1295	顾洪梅	基于 SFA 模型对我国商业银行经济效率的测度与研究	经济经纬	2009
1296	顾洪梅	中国省域金融发展与碳排放研究	中国人口·资源与环境	2012
1297	顾洪梅	社会主义国有经济与资本主义国有经济的比较研究——兼评国有企业所有制无差别论	江汉论坛	2012
1298	顾洪梅	国有经济发展与国有企业深化改革——"2013 中国国有经济发展论坛"综述	吉林大学社会科学学报	2014
1299	顾洪梅	我国国有金融资本在商业银行分布状况研究	财经问题研究	2014
1300	顾洪梅	中国商业银行风险、收益对效率影响的实证分析——基于动态面板数据的系统 GMM 估计	社会科学战线	2014
1301	顾洪梅	我国碳金融监管模式——基于制度经济学视角	经济体制改革	2015
1302	高云辉	欧盟能源市场整合及一体化举措与进程	社会科学战线	2010
1303	高元录	东北地区民营经济发展的制度分析	东北亚论坛	2007
1304	高文博	实施稳健财政政策的选择和对策	当代经济研究	2005
1305	高建华	日本银行体系的脆弱性与其金融安全网的演变	东北亚论坛	2005
1306	高建华	我国目前不宜推出存款保险制度	经济纵横	2005
1307	高建华	存款保险制度失效性研究	经济社会体制比较	2006
1308	高　群	东亚区域旅游、环境合作与经济可持续发展	东北亚论坛	2001
1309	曹彦生	利率政策执行效果的实证分析	经济与管理研究	2006
1310	曹　霞	金融衍生产品的会计计量	内蒙古大学学报	2009
1311	麻彦春	东北亚区域经济合作的切入点	东北亚论坛	2001
1312	麻彦春	论企业清洁生产	吉林大学社会科学学报	2001
1313	麻彦春	国有企业要以加入 WTO 为契机练好内功	理论前沿	2002
1314	麻彦春	把国有企业改革的着眼点放在搞好整个国民经济上来	税务与经济	2003
1315	麻彦春	国有企业要以加入 WTO 为契机走创新之路	吉林大学社会科学学报	2003
1316	麻彦春	清洁生产：国有企业生产模式的创新	长白学刊	2003
1317	麻彦春	发展私营经济与促进国有企业改革	理论前沿	2003
1318	麻彦春	发展私营经济是振兴东北老工业基地的重要抉择	东北亚论坛	2004
1319	麻彦春	振兴东北老工业基地的切入点	税务与经济	2004
1320	麻彦春	论东北老工业基地国有企业"三项制度"改革	当代经济研究	2005
1321	麻彦春	我国国有企业改革实施 MBO 的可行性分析	理论前沿	2006
1322	麻彦春	国企改制后市场整合中的民营企业发展问题研究	东北亚论坛	2006
1323	麻彦春	吉林省中小企业发展中的金融支持研究——结合台湾地区模式的实证分析	经济纵横	2006

序号	作者	论文名称	期刊来源	发表年度
1324	麻彦春	吉林省中小企业发展中的金融支持问题研究——结合日本模式的实证分析	现代日本经济	2006
1325	麻彦春	论税收征收管理技术创新	税务与经济	2006
1326	麻彦春	对降低我国国企改制交易费用的探讨——以吉林省国企改制为例	经济与管理研究	2006
1327	麻彦春	产业集聚视角下科技园融资的实证分析	税务与经济	2007
1328	麻彦春	公司治理结构:模式阐释与制度构建	江汉论坛	2007
1329	麻彦春	论国企改制中的员工身份置换与构建新的稳定预期——以吉林省为例	人口学刊	2008
1330	黄立华	论农村公共产品供给中的政府责任	吉林大学社会科学学报	2009
1331	黄金峰	论日本农村的第三部门	现代日本经济	2005
1332	景玉琴	开放、保护与产业安全	财经问题研究	2005
1333	程丽霞	国有企业战略性改组的制约因素与解决对策	社会科学战线	2003
1334	程丽霞	加入世界贸易组织后我国企业战略管理的本土化探析	经济与管理研究	2005
1335	程丽霞	企业成长理论的渊源与发展	江汉论坛	2006
1336	蒋抒博	我国食品安全管制体系存在的问题及对策	经济纵横	2008
1337	谢地	论教育产业的产品或服务的性质及教育产业政策	当代经济研究	2001
1338	谢地	中国教育投资市场化改革初探	社会科学战线	2002
1339	谢地	我国国有企业退出壁垒分析及对策	当代经济研究	2002
1340	谢地	中国电信业改革新思路——由互联互通矛盾引发的思考	经济纵横	2002
1341	谢地	产业组织政策模式的国际比较与借鉴	经济学动态	2003
1342	谢地	构筑有效竞争的机制	经济学家	2003
1343	谢地	公共投资、经济增长与腐败的相关问题研究	求是学刊	2003
1344	谢地	论自然垄断与国有经济的关系——国际比较及中国视角	社会科学战线	2003
1345	谢地	我国政府规制体制改革及政策选择	吉林大学社会科学学报	2003
1346	谢地	论公共生产和服务领域改革的"非国有化"偏好——以城市公共交通行业改革为例	经济纵横	2003
1347	谢地	自然垄断产业国有经济改革与发展的路径选择——有效竞争、公众参与、形象重塑	当代经济研究	2003
1348	谢地	略论使社会财富源泉充分涌流的制度安排	当代经济研究	2004
1349	谢地	振兴东北老工业基地与城市公用事业改革发展	经济与管理研究	2004
1350	谢地	论我国自然资源价格形成机制的重构	学习与探索	2005
1351	谢地	论创新与发展中国理论经济学的路径	当代经济研究	2006
1352	谢地	有效监管与驾驭现代市场经济的能力	社会科学战线	2006
1353	谢地	软环境的塑造与政府规制质量	吉林大学社会科学学报	2006
1354	谢地	关于证券市场政府监管"度"的若干思考——从法经济学视角的审视	学习与探索	2007
1355	谢地	构建和谐社会与政府的规制角色	江汉论坛	2008

序号	作者	论文名称	期刊来源	发表年度
1356	谢 地	职业安全规制问题研究：基于法经济学的视角	经济学家	2008
1357	谢 地	张维达教授的主要学术思想与贡献	经济纵横	2008
1358	谢 地	工业化、城市化需要与农民权益的衡平	社会科学研究	2008
1359	谢 地	论中国特色社会主义经济的主要特征	四川大学学报	2008
1360	谢 地	美、韩、俄等国改进政府规制质量运动及其借鉴	经济社会体制比较	2009
1361	谢 地	中国特色高等教育投融资体制的改革与发展研究	中国高教研究	2009
1362	谢 地	中国不动产确权制度的经济学分析——法经济学语境下的反思	江汉论坛	2009
1363	谢 地	日韩动漫产业发展机制分析	现代日本经济	2010
1364	谢 地	中国社会主要矛盾转型与经济发展方式转变	四川大学学报	2010
1365	谢 地	监管博弈与监管制度有效性——产品质量监管的法经济学视角	学习与探索	2010
1366	谢 地	国有企业跨国并购动因及路径选择——基于政治经济学语境	江汉论坛	2010
1367	谢 地	村镇银行贷款"脱农化"问题亟待解决	经济纵横	2011
1368	谢 地	弥补保障性住房建设资金缺口的财税改革路径	社会科学辑刊	2011
1369	谢 地	我国广播电视行业政府监管机制、体制和制度研究	学习与探索	2011
1370	谢 地	欧美主权债务危机的经济政策根源及我国的对策	山东大学学报	2012
1371	谢 地	国外自然垄断行业政府监管机制研究述评	经济社会体制比较	2012
1372	谢 地	经济发展"牵引力"结构畸形的生成机理与调整策略	社会科学研究	2012
1373	谢 地	发达资本主义国家化解自身基本矛盾的历史轨迹及启示	政治经济学评论	2012
1374	谢 地	马克思、恩格斯土地与住宅思想的现代解读——兼及中国土地与住宅问题反思	经济学家	2012
1375	谢 地	"三个理论版块"的有机融合与"三个实践主体"的良性互动	政治经济学评论	2013
1376	谢 地	《理论是非辨析：误解错解马克思主义理论事例评说》评介	当代经济研究	2013
1377	谢 地	培育新型农村小额信贷机构的思路	经济纵横	2013
1378	韩小威	我国区域经济一体化发展战略的选择	经济纵横	2002
1379	韩 冰	优化我国信息产业组织结构的思考	当代经济研究	2003
1380	韩丽娜	传统文化视角下农村居民消费行为探讨	社会科学辑刊	2010
1381	韩 松	从西方货币政策传导机制理论看我国货币政策传导机制效力	经济纵横	2004
1382	韩 松	利用信用制度化解我国出口企业的信用风险	税务与经济	2006

序号	作者	论文名称	期刊来源	发表年度
1383	韩 鹏	老年人口的收入来源与实现渠道研究	社会科学战线	2006
1384	韩 鹏	企业年金的收入分配效应探析	内蒙古大学学报	2007
1385	鲁 敏	浅谈我国经济增长路径——不平衡增长下的协调发展	财政研究	2010
1386	詹连富	论我国农村社会养老保险制度建立问题	吉林大学社会科学学报	2010
1387	廖红伟	国有资产监管的机制构建与完善	江汉论坛	2008
1388	廖红伟	垄断行业政府规制效率及改进机制	当代经济研究	2009
1389	廖红伟	我国国有资产监管问题与对策研究	经济纵横	2009
1390	廖红伟	资本重组与国有资产流失监管分析	江汉论坛	2009
1391	廖红伟	国有电信垄断行业寡占竞争策略分析	经济体制改革	2009
1392	廖红伟	中央企业战略重组模式选择与瓶颈突破	经济管理	2010
1393	廖红伟	后危机时代国有企业战略重组的机理与路径选择	经济纵横	2011
1394	廖红伟	"委托—代理"机制与国有资产出资人模式创新	江汉论坛	2011
1395	廖红伟	论国有企业战略重组与产权结构优化	学习与探索	2013
1396	廖红伟	国有电力垄断行业的价格规制改革与制度创新	江汉论坛	2013
1397	廖红伟	分税制与地方财政赤字——基于东部地区面板数据的模型检验	社会科学研究	2014
1398	廖红伟	国有电力行业价格规制、外国经验借鉴与深化改革	经济体制改革	2014
1399	廖红伟	国外国有经济发展演进的历史轨迹与启示	江汉论坛	2014
1400	廖红伟	产权视角下中国资源性国有资产管理体制创新	理论学刊	2015
1401	廖红伟	国有企业深化改革与规范治理——"2014中国国有经济发展论坛"综述	马克思主义研究	2015
1402	廖红伟	产权视角下国有文化资产管理体制改革与创新	江汉论坛	2015
1403	廖红伟	外国自然垄断行业资产管理体制经验借鉴与改革启示	经济体制改革	2015
1404	蔡 壮	东北黑土区现代农业发展研究	东北亚论坛	2008
1405	蔡 壮	有中国特色的红色管理理论研究	社会科学战线	2012
1406	蔡 壮	东北黑土区水土流失防治工程建后管护模式研究	吉林大学社会科学学报	2013
1407	滕 珊	我国中央银行货币政策传导机制的扭曲与政策效果的弱化——基于商业银行成本收益视角的研究	软科学	2008
1408	潘 石	通货膨胀与通货紧缩的"可容忍区间"及"交替性"分析	经济学动态	2001
1409	潘 石	一部研究小城镇的创新之作——《小城镇发展论》简评	社会科学战线	2001
1410	潘 石	控制通货紧缩的财政政策分析	当代经济研究	2001
1411	潘 石	论21世纪中国政治经济学的"四化"问题	经济学动态	2002
1412	潘 石	论21世纪中国政治经济学的革新与发展	社会科学战线	2002
1413	潘 石	加入WTO与中国农业革命	当代经济研究	2002
1414	潘 石	通货紧缩预期对我国经济发展的影响及应对策略	吉林大学社会科学学报	2002
1415	潘 石	经济学理论创新集——评《夏兴园选集》	中南财经政法大学学报	2002
1416	潘 石	中国加入WTO后深化国企改革的若干理论思考	经济学动态	2003

序号	作者	论文名称	期刊来源	发表年度
1417	潘　石	产权创新：中国私营资本企业可持续发展的基础与关键	天津社会科学	2003
1418	潘　石	收入分配差距的成因及对策分析——评《中国现阶段收入分配差距问题研究》	中国图书评论	2003
1419	潘　石	马克思资本原始积累理论对中国的适用性分析	税务与经济	2003
1420	潘　石	对"新经济"的新思考	当代经济研究	2003
1421	潘　石	论转型期我国政府微观规制职能的重构	吉林大学社会科学学报	2003
1422	潘　石	中国农业发展理论的传统和现代形式的评析与反思	江汉论坛	2003
1423	潘　石	社会主义市场经济理论研究的一部力作——评杨欢进教授《社会主义市场经济理论专题研究》	税务与经济	2004
1424	潘　石	入世后国有企业改革走出困境的关键	当代经济研究	2004
1425	潘　石	东北经济落后原因诸说评析	东北亚论坛	2004
1426	潘　石	科学对待私有制与剥削	当代经济研究	2005
1427	潘　石	论当代中国私营资本原始积累的社会功效	税务与经济	2005
1428	潘　石	论加入WTO后中国国有企业改革新战略	吉林大学社会科学学报	2005
1429	潘　石	关于推进我国财政支出绩效评价改革的建议	经济纵横	2006
1430	潘　石	改革开放：中国私营资本原始积累的大环境	税务与经济	2006
1431	潘　石	中国私营资本原始积累"原罪"说辨析	江汉论坛	2006
1432	潘　石	试论我国私有制经济存在的长期性	天津社会科学	2006
1433	潘　石	振兴东北经济四要素：结构·体制·资本·人才	东北亚论坛	2006
1434	潘　石	当代中国私营资本原始积累的历史必然性及现实基础	当代经济研究	2006
1435	潘　石	私营资本企业劳资矛盾及其调解机制	吉林大学社会科学学报	2006
1436	潘　石	论中国马克思主义政治经济学指导地位的一元化问题	经济学动态	2006
1437	潘　石	马克思主义政治经济学现代化误区辨析	当代经济研究	2007
1438	潘　石	东北经济腾飞的"飞机模式"构想	经济纵横	2007
1439	潘　石	"所有制偏好论"：国企改革深化的理论障碍	税务与经济	2007
1440	潘　石	吉林省民营科技企业管理体制与制度创新的目标及对策建议	东北亚论坛	2008
1441	潘　石	我国私营企业主收入属性探析——与刘成碧同志讨论与商榷	当代经济研究	2008
1442	潘　石	中国特色社会主义经济理论体系论纲	吉林大学社会科学学报	2008
1443	潘　石	非公股份合作金融组织和私营银行进入银行业问题研究	学习与探索	2008
1444	潘　石	数学化：中国政治经济学现代化的误区	经济学家	2008
1445	潘　石	经济社会可持续发展定要符合人类本性——从马克思人性理论说起	社会科学战线	2009
1446	潘　石	推动马克思主义政治经济学大众化	当代经济研究	2009
1447	潘　石	产权范畴的多维解析与内涵新释	吉林大学社会科学学报	2009
1448	潘　石	东北老工业基地私营经济加快发展的路径选择	东北师大学报	2009

序号	作者	论文名称	期刊来源	发表年度
1449	潘　石	人性的全面发展与践行科学发展观	当代经济研究	2010
1450	潘　石	我国高学历失业的科学统计及范畴界定	经济纵横	2010
1451	潘　石	关于"高学历失业"的理论分析与对策思考	东北师大学报	2010
1452	潘　石	中国结构性减税的五大原则	学术月刊	2010
1453	潘　石	经济资本及其管理：中国商业银行风险管理革命	社会科学研究	2010
1454	潘　石	中国"高学历失业"：主要特征、产生机制及对策建议	吉林大学社会科学学报	2010
1455	潘　石	吉林省民营科技企业发展滞后的法律政策因素分析	东北亚论坛	2011
1456	潘　石	中国"高学历失业"研究述评	当代经济研究	2011
1457	潘　石	我国当前通货膨胀的典型特征、生成原因及治理对策	吉林大学社会科学学报	2011
1458	潘　石	通货膨胀螺旋的特征、生成机制及应对策略	江汉论坛	2011
1459	潘　石	"工资－物价螺旋上升"之机理、效应及对策	学术月刊	2011
1460	潘　石	通货膨胀螺旋类型、形成机理及治理对策	学习与探索	2012
1461	潘　石	通货膨胀预期与通货膨胀加速的关系及治理对策	当代经济研究	2012
1462	潘　石	促进高校毕业生就业的对策思考	经济纵横	2012
1463	潘　石	论中央企业深化改革与科学发展	当代经济研究	2012
1464	潘　石	战后日本国有企业私有化的特点、后果评析及启示	现代日本经济	2012
1465	潘　石	中国土地"招拍挂"制度变迁效应及改进方向	理论探讨	2013
1466	潘　石	中央企业改革发展目标：国际"一流"企业	吉林大学社会科学学报	2013
1467	潘　石	吉林省民营经济发展水平比较与对策研究	当代经济研究	2013
1468	潘　石	中国私营企业制度：特征、影响及创新	东北师大学报	2013
1469	潘　石	毛泽东国有企业改革思想论析	当代经济研究	2013
1470	霍　然	邓小平对马克思主义市场经济学说的继承和发展——纪念邓小平"南方谈话"发表十周年	长白学刊	2002
1471	戴群中	德国全能银行制度及其对我国的启示	税务与经济	2007
1472	魏益华	马克思、列宁的对外直接投资思想及其方法论意义	当代经济研究	2005
1473	魏益华	对中国保险业高交易成本的经济学分析	社会科学战线	2009
1474	魏益华	提高我国证券市场监管质量的思考	经济纵横	2009
1475	魏益华	政府对 FDI 规制的政策目标与政策结构研究	吉林大学社会科学学报	2010
1476	魏益华	中国农村劳动力用工模式能否持续的实证检验	学习与探索	2013
1477	魏益华	推进我国保障性住房制度建设的对策	经济纵横	2014
1478	魏益华	β 系数时间标度幂律特征研究——基于分形市场假说	厦门大学学报	2014
1479	魏益华	人口新常态下中国人口生育政策调整研究	人口学刊	2015

法学院（理论法学研究中心）

序号	作者	论文名称	期刊来源	发表年度
1	于 宁	法律中实践推理的内涵及其运行	吉林大学社会科学学报	2001
2	于立深	世纪之交行政法学研究的五年回顾与展望	法制与社会发展	2001
3	于立深	宪法司法化片论	法制与社会发展	2001
4	于立深	我国宪法典公民权利条款评析	长白学刊	2002
5	于立深	依法行政的范式转换——从计划帝国迈向法治国家	法制与社会发展	2002
6	于立深	《行政程序法》编纂中的矛盾关系及其化解	长白学刊	2003
7	于立深	程序的多重视角	法制与社会发展	2003
8	于立深	中国行政法律制度创新	法制与社会发展	2003
9	于立深	美国《管制计划与审查》行政命令	行政法学研究	2003
10	于立深	中国公法学现代化的方法论进路	法商研究	2005
11	于立深	区域协调发展的契约治理模式	浙江学刊	2006
12	于立深	公法的"知识瓶颈"与方法论变革	法制与社会发展	2007
13	于立深	美国文书工作减负法	行政法学研究	2008
14	于立深	权利义务的发展与法治国家的建构	法制与社会发展	2008
15	于立深	通过实务发现和发展行政合同制度	当代法学	2008
16	于立深	行政立法的过程、体例与技术——以《治安管理处罚法》为例	浙江学刊	2008
17	于立深	行政立法性事实研究	法商研究	2008
18	于立深	行政诉讼对基层民主纠纷的救济功能	中国行政管理	2009
19	于立深	概念法学和政府管制背景下的新行政法	法学家	2009
20	于立深	论政府的信息形成权及当事人义务	法制与社会发展	2009
21	于立深	中国行政法学 30 年的理论发展	当代法学	2009
22	于立深	现代行政法的行政自制理论——以内部行政法为视角	当代法学	2009
23	于立深	论我国行政决策民主机制的法治化	国家行政学院学报	2010
24	于立深	依申请政府信息公开制度运行的实证分析——以诉讼裁判文书为对象的研究	法商研究	2010
25	于立深	违反行政程序司法审查中的争点问题	中国法学	2010
26	于立深	行者立法不作为研究	法制与社会发展	2011
27	于立深	《行政强制法》实施中若干争议问题的评析	浙江社会科学	2012
28	于立深	中国特色社会主义行政法与行政诉讼法学理论研究	当代法学	2012
29	于立深	公共问题的技术解与契约解	读书	2013
30	于立深	行政诉讼受案范围的权利义务实际影响条款研究	当代法学	2013
31	于立深	多元行政任务下的行政机关自我规制	当代法学	2014
32	于立深	地方行政程序法的实施与实效分析——以福建、广西、湖南为例	江汉论坛	2014
33	于立深	论社会稳定风险评估制度的行政自制功能	东北大学学报	2015

序号	作者	论文名称	期刊来源	发表年度
34	于 兵	法律视野中的时间范畴	法制与社会发展	2004
35	于 宏	纠纷解决过程的法社会科学分析——读《纠纷的解决与审判制度》	河北法学	2007
36	于 娟	我国证券非公开发行特定对象的界定	山东社会科学	2010
37	于 娟	商法价值指向与经济法价值向度相关度考察	求索	2010
38	于晓艺	"基本法律神话"的破灭——评《法与现代心智》	法律科学	2007
39	于 莹	证券市场与诚实信用原则	法制与社会发展	2001
40	于 莹	票据权利善意取得三论	清华大学学报	2001
41	于 莹	论以连续交易的方式操纵证券市场价格罪	法学家	2002
42	于 莹	论票据的无因性原则及其相对性——票据无因性原则"射程距离"之思考	吉林大学社会科学学报	2003
43	于 莹	信用问题的法律分析及调整——以合同法为中心之探讨	法学评论	2003
44	于 莹	股东查阅权法律问题研究	吉林大学社会科学学报	2008
45	于 莹	改革开放30年中国商法学研究回顾	当代法学	2009
46	于 莹	英美票据法中融通票据制度初探	当代法学	2009
47	于 莹	论票据质押的设立与效力	法学评论	2009
48	于 莹	证券虚假陈述侵权责任中信赖推定之证成——欺诈市场理论局限性的克服	法制与社会发展	2011
49	于 莹	优先股制度与创业企业——以美国风险投资为背景的研究	当代法学	2011
50	于 莹	中国特色的社会主义商法学理论研究	当代法学	2013
51	于 莹	美国401（k）计划法律构造研究——兼论对中国养老金入市的启示	社会科学战线	2013
52	于 莹	适应性效率理论与公司法的适应性——以创业投资为样本的研究	吉林大学社会科学学报	2013
53	于 莹	破产程序中抵销规则的解释论考察	甘肃社会科学	2014
54	于 莹	Cookie跟踪中的隐私权保护——美国经验与中国选择	求是学刊	2015
55	马 乐	平行进口法律规制的再思考——以知识产权独占许可为视角	当代法学	2009
56	马建军	西方国家职工参与公司治理制度及其对我国的启示	东北亚论坛	2003
57	马新彦	美国财产法上的土地现实所有权研究	中国法学	2001
58	马新彦	债权人代位权异点析	法制与社会发展	2001
59	马新彦	信赖规则之界定	法制与社会发展	2002
60	马新彦	论信赖规则的逻辑结构	吉林大学社会科学学报	2003
61	马新彦	形式要件与法律行为的效力——民法典关于法律行为形式要件及其功能的应然设计	法制与社会发展	2003
62	马新彦	一物二卖的救济与防范	法学研究	2005

序号	作者	论文名称	期刊来源	发表年度
63	马新彦	美国转交付制度的利用及改造——我国物权变动模式视角下的制度设计	吉林大学社会科学学报	2005
64	马新彦	土地承包经营权流转的物权法思考	法商研究	2005
65	马新彦	罗马法所有权理论的当代发展	法学研究	2006
66	马新彦	妨害及其救济制度比较研究	社会科学战线	2008
67	马新彦	妨害及其救济——解析我国物权法第35条	吉林大学社会科学学报	2008
68	马新彦	信赖原则在现代私法体系中的地位	法学研究	2009
69	马新彦	我国未来侵权法市场份额规则的立法证成——以美国侵权法研究为路径而展开	吉林大学社会科学学报	2009
70	马新彦	论知识经济时代空间隐私权的侵权法保护——以美国侵权法空间隐私权保护为启示的研究	法律科学	2010
71	马新彦	信赖原则指导下的规则体系在民法中的定位	中国法学	2011
72	马新彦	内幕交易惩罚性赔偿制度的构建	法学研究	2011
73	马新彦	论惩罚性赔偿的损害填补功能——以美国侵权法惩罚性赔偿制度为启示的研究	吉林大学社会科学学报	2012
74	马新彦	两大法系信赖法则的融合——以美国《路易斯安那民法典》为对象	法学评论	2012
75	马新彦	现代化通信工具大规模侵权惩罚性赔偿制度构建	求是学刊	2013
76	马新彦	英美法遗产信托制度研究——兼论我国遗产继承制度的完善	求是学刊	2014
77	马新彦	电信网络运营商强制消费惩罚性赔偿责任的立法论证	当代法学	2014
78	马新彦	第三方电子支付中的责任归属问题研究	东北师大学报	2014
79	马新彦	论不动产占有的公示效力	山东社会科学	2014
80	马新彦	网络侵权中转发者责任考察	社会科学辑刊	2015
81	马新彦	浮动抵押制度的价值冲突与解决	山东社会科学	2015
82	马新福	东亚法治社会论纲	法制与社会发展	2002
83	马新福	论法律人的养成	吉林大学社会科学学报	2002
84	马新福	走向民主、科学的地方立法——简评《地方立法的民主化与科研学化构想》	长白学刊	2003
85	马新福	中国古代法律服务初论	法制与社会发展	2003
86	马新福	劳动权的法社会学论析	吉林大学社会科学学报	2004
87	马新福	立法权的内在限制——一种法律和立法二元划分的进路	法制与社会发展	2005
88	马新福	论隐私权和知情权的冲突	社会科学战线	2005
89	马新福	法律信任初论	河北法学	2006
90	马新福	现代社会中的人民调解与诉讼	法制与社会发展	2006
91	马新福	公民养老权涵义论析	河北法学	2007
92	马新福	以道德正当性为统领的立法价值建构——评陈雪平的《立法价值研究——以精益学理论为视阈》	当代世界与社会主义	2010

序号	作者	论文名称	期刊来源	发表年度
93	丰 霏	诉权理论的发展路向	中外法学	2008
94	丰 霏	中国法治科学发展的理论延伸——第五届"全国法学理论博士生论坛"综述	法制与社会发展	2009
95	丰 霏	法律制度激励功能的理论解说	法制与社会发展	2010
96	丰 霏	论见义勇为的奖金激励条款	当代法学	2010
97	丰 霏	法律激励的理想形态	法制与社会发展	2011
98	丰 霏	法律治理中的激励模式	法制与社会发展	2012
99	丰 霏	从立法技术到治理理念：中国语境下法律激励理论的转向	法商研究	2015
100	丰 霏	法官员额制的改革目标与策略	当代法学	2015
101	丰 霏	当代中国法律激励的实践样态	法制与社会发展	2015
102	仇晓光	论金融控股公司设立模式的立法选择	东北师大学报	2010
103	尹奎杰	权利思维方式论	法制与社会发展	2004
104	王小林	论国际私法的法律价值导向及其实现	求索	2010
105	王小林	二氧化碳海底封存与国际海洋环境保护法	学术论坛	2010
106	王小钢	认真对待中国反思性法制现代化	政法论坛	2007
107	王小钢	贝克的风险社会理论及其启示——评《风险社会》和《世界风险社会》	河北法学	2007
108	王小钢	中国法学"现代化范式"之关系主义批判——评《中国法学向何处去》	河北法学	2007
109	王小钢	中国环境权理论的认识论研究	法制与社会发展	2007
110	王小钢	揭开环境权的面纱：环境权的复合性	东南学术	2007
111	王小钢	中国环境法律演化的可能路向——以西方法律演化理论为概念工具	当代法学	2008
112	王小钢	对"环境立法目的二元论"的反思——试论当前中国复杂社会背景下环境立法的目的	中国地质大学学报	2008
113	王小钢	中国环境法学 30 年发展历程和经验	当代法学	2009
114	王小钢	为什么环保局不宜做环境公益诉讼原告？	环境保护	2010
115	王小钢	透视环境基本法中的公益诉讼	环境保护	2010
116	王小钢	"共同但有区别的责任"原则的适用及其限制——《哥本哈根协议》和中国气候变化法律与政策	社会科学	2010
117	王小钢	"共同但有区别的责任"原则的解读——对哥本哈根气候变化会议的冷静观察	中国人口·资源与环境	2010
118	王小钢	义务本位论、权利本位论和环境公共利益——以乌托邦现实主义为视角	法商研究	2010
119	王小钢	从行政权力本位到公共利益理念——中国环境法律制度的理念更新	中国地质大学学报	2010

续表

序号	作者	论文名称	期刊来源	发表年度
120	王小钢	渭河流域水污染补偿实施方案的功能剖析	环境保护	2010
121	王小钢	对环保部门当原告的些许疑虑——谈昆明小哨畜牧小区污染案环保局角色定位	环境保护	2011
122	王小钢	以环境公共利益为保护目标的环境权利理论——从"环境损害"到"对环境本身的损害"	法制与社会发展	2011
123	王小钢	论环境公益诉讼的利益和权利基础	浙江大学学报	2011
124	王小钢	《水污染防治法》为公益诉讼提供了法律基础吗？	浙江社会科学	2011
125	王小钢	国外环境基本法特色制度述评	环境保护	2011
126	王小钢	中美海洋污染损害赔偿制度及渤海湾溢油损害赔偿	环境保护	2011
127	王心怡	我国涉外产品责任法律适用制度的立法完善	求是学刊	2005
128	王立东	试论公司法资本三原则的中国命运	社会科学战线	2009
129	王充	从理论向实践的回归——论我国犯罪构成中构成要件的排列顺序	法制与社会发展	2003
130	王充	日本刑法中的原因自由行为理论	法商研究	2004
131	王充	罪刑法定原则论纲	法制与社会发展	2005
132	王充	论大陆法系犯罪论体系的实质化倾向——以梅兹格（Mezger）的犯罪论体系为视角	浙江社会科学	2006
133	王充	论犯罪论体系中合理性价值判断的实现	法制与社会发展	2006
134	王充	中日犯罪论体系的比较与重构——以行为论与犯罪论的关系为视角	中国法学	2006
135	王充	刑法问题类型划分方法与构成要件的排列顺序	法制与社会发展	2007
136	王充	论构成要件理论的违法·有责行为类型说	当代法学	2008
137	王充	中国刑法学理论发展 30 年	当代法学	2009
138	王充	面向立法与面向司法研究视野下的犯罪特征问题	河南师范大学学报	2009
139	王充	义务冲突三论	当代法学	2010
140	王充	被害人承诺三题	河南社会科学	2010
141	王充	体系与机能之间——论构成要件与违法性的关系	法律科学	2011
142	王充	论防卫意识	当代法学	2011
143	王充	明确性与妥当性之间——论刑法解释界限的设定标准	社会科学研究	2012
144	王充	论盗窃罪中的非法占有目的	当代法学	2012
145	王充	问题类型划分方法视野下的犯罪概念研究	中国人民大学学报	2012
146	王充	罪刑法定视野下的量刑规范化——以明确性与适当性的博弈为视角	求是学刊	2012
147	王军明	利用 POS 犯罪之类型化研究	当代法学	2013
148	王军明	论政治责任与刑事责任的权力基础	社会科学战线	2014
149	王军明	身份犯的本质及其类型化问题研究	东北大学学报	2014

序号	作者	论文名称	期刊来源	发表年度
150	王军明	知识产权刑事司法保护的现实困境及其出路	湖南师范大学社会科学学报	2014
151	王庆海	条约对第三国（方）的法律效力	法学研究	2001
152	王庆海	中国加入WTO对政府行使管辖的挑战与对策	社会科学战线	2001
153	王庆海	国际法上的内政及不干涉内政原则新论	吉林大学社会科学学报	2001
154	王　欢	低调人弹奏执著曲	社会科学战线	2006
155	王　欢	和谐之于效率意义的法哲学思考	法制与社会发展	2006
156	王克金	权利冲突论——一个法律实证主义的分析	法制与社会发展	2004
157	王克金	自然法思想的起源和它的形而上学本性	法制与社会发展	2008
158	王克金	权利冲突研究中需要进一步澄清的问题	法制与社会发展	2010
159	王志远	立体化犯罪成立理论体系的过程价值	中国刑事法杂志	2006
160	王志远	变动中的刑法"主客观相统一原则"——以奸淫幼女犯罪的主观要件设定为线索	法制与社会发展	2006
161	王志远	如何应对传统定罪思维的困境——我国犯罪成立理论体系完善的核心问题	法律科学	2006
162	王志远	我国现行共犯制度下片面共犯理论的尴尬及其反思	法学评论	2006
163	王志远	利用事前状态型绑架罪及其延伸	中国刑事法杂志	2007
164	王志远	论后实证主义法学时代的刑事违法观	当代法学	2008
165	王志远	我国教唆犯制度的逻辑困境及其反思	政治与法律	2008
166	王志远	区分制共犯制度模式研究	当代法学	2009
167	王志远	过失基准行为论:过失犯刑事责任范围的限定	中国刑事法杂志	2010
168	王志远	环境犯罪视野下我国单位犯罪理念批判	当代法学	2010
169	王志远	多元身份主体共同犯罪之定性难题及前提性批判	法律科学	2010
170	王志远	事实与规范之间:当代中国刑法立法方法论批判	法制与社会发展	2011
171	王志远	实质违法观的续造:客观归责理论的真正贡献	吉林大学社会科学学报	2011
172	王志远	论我国共犯制度存在的逻辑矛盾——以教唆、帮助自杀的实践处理方案为切入点	法学评论	2011
173	王志远	进行中的刑罚理论革命:犯罪控制意义上的公正追求（译文）	当代法学	2012
174	王志远	参与犯处罚条件的立法论思考——以我国共犯制度实践为视野	社会科学战线	2013
175	王志远	德日共犯制度实践思维当中的"主体间"与"单方化"——我国共犯制度思维合理性的域外视角审视	法律科学	2013
176	王志远	参与犯处罚原则设定模式比较研究——以我国参与犯处罚原则立法完善为线索	吉林大学社会科学学报	2015
177	王志远	在"公益"与"私权"之间:违法性认识问题再认识	法学家	2015
178	王国柱	作品使用者权的价值回归与制度构建——对"著作权中心主义"的反思	东北大学学报	2013

续表

序号	作者	论文名称	期刊来源	发表年度
179	王国柱	期刊版式设计权的立法定位与制度解析——兼论《著作权法》中相关规定的完善	编辑学报	2014
180	王国柱	我国媒体职务作品著作权归属制度的完善——以《著作权法》的第三次修改为契机	出版发行研究	2015
181	王国柱	著作权"选择退出"默示许可的制度解析与立法构造	当代法学	2015
182	王国柱	我国知识产权间接侵权制度的立法构造——兼论知识产权间接侵权与多数人侵权的差异	东北大学学报	2015
183	王国柱	多数人侵权视野下的知识产权间接侵权制度	大连理工大学学报	2015
184	王国柱	媒体融合背景下网络转载的版权规则	出版发行研究	2015
185	王国柱	新闻媒体融合发展的著作权之维	编辑之友	2015
186	王奇才	理想图景与正义问题——《中国法学向何处去》读后	河北法学	2007
187	王奇才	全球治理的法律渊源及其合法律性问题	法制与社会发展	2011
188	王奇才	中国法学的苏联渊源——以中国法学的学科性质和知识来源为主要考察对象	法制与社会发展	2012
189	王奇才	法治与全球治理机制的合法化	西北农林科技大学学报	2013
190	王奇才	地方法治建设竞争与购买人民调解服务	南京社会科学	2014
191	王奇才	列宁社会主义法制建设思想与当代中国法治建设	马克思主义与现实	2015
192	王岩云	作为法价值的"和谐"涵义初探	法制与社会发展	2006
193	王岩云	物权法定原则存废论争的理性思考	法制与社会发展	2006
194	王岩云	权利的张扬与追寻——2006年中国权利问题研究综述	法制与社会发展	2007
195	王岩云	论商标禁用权范围的判定	税务与经济	2007
196	王 勇	迈向反思的法理学——一种全球化背景下法律移植的视角	华东政法学院学报	2005
197	王 勇	迈向二十一世纪的中国法学——"中国法学的反思与前瞻学术论坛"综述	法制与社会发展	2005
198	王 勇	转型社会和关于法治中国想象的重组	现代法学	2006
199	王 勇	法律社会学及其中国研究进路的初步思考——一般理论与本土问题的知识建构	法制与社会发展	2007
200	王 勇	法律移植研究与当代中国的法律现代化	法制与社会发展	2008
201	王 勇	中国传统犯罪构成理论的特点解读	社会科学战线	2009
202	王 勇	中国传统犯罪构成理论缺陷析	当代法学	2009
203	王 勇	关于中国犯罪构成理论走向的前提性追问	法制与社会发展	2010
204	王 勇	奠基阶段的传统犯罪构成理论研究	当代法学	2010
205	王 勇（刑法学）	论我国《刑法》第147条的罪过形式——基于刑法立法的解读	法学杂志	2011
206	王 勇（刑法学）	从《刑法》修订看中国环境犯罪立法观转变	环境保护	2011

序号	作者	论文名称	期刊来源	发表年度
207	王　勇（刑法学）	犯罪构成理论的当下图景与可能走向——21世纪第一个十年犯罪构成理论研究的初步考察	当代法学	2011
208	王　勇（刑法学）	中国死刑研究的三个误区与路径调整	吉林大学社会科学学报	2012
209	王　勇（刑法学）	环境犯罪立法：理念转换与趋势前瞻	当代法学	2014
210	王　勇（刑法学）	超越复仇：公众舆论、法院与死刑的司法控制	吉林大学社会科学学报	2015
211	王彦志	非政府组织的兴起与国际经济法的合法性危机	法制与社会发展	2002
212	王彦志	非政府组织与世界贸易组织争端解决机制	法制与社会发展	2003
213	王彦志	论作为国际经济法体制结构性基础的公民社会	法制与社会发展	2008
214	王彦志	投资条约保护伞条款的实践及其基本内涵	当代法学	2008
215	王彦志	再论国际经济法学的基石范畴——一个跨国经济（公）法的视角	法制与社会发展	2009
216	王彦志	什么是国际法学的贡献——通过跨学科合作打开国际制度的黑箱	世界经济与政治	2010
217	王彦志	国际法上国家契约的法律保护	当代法学	2010
218	王彦志	跨国经济公法概念的多元理路：比较与反思	江西社会科学	2010
219	王彦志	国际投资争端解决的法律化：成就与挑战	当代法学	2011
220	王彦志	非政府组织参与全球环境治理——一个国际法学与国际关系理论的跨学科视角	当代法学	2012
221	王彦志	国际投资法上公平与公正待遇条款改革的列举式清单进路	当代法学	2015
222	王彦明	论公司资本制度刑法保护原则	法制与社会发展	2003
223	王彦明	公司资本犯罪刑法规制的有限性及其抗制——兼论刑法与公司法关系之协调	吉林大学社会科学学报	2003
224	王彦明	股东同意与公司财产的刑法保护——被害人同意理论在公司制度中的运用	吉林大学社会科学学报	2004
225	王彦明	论德国法中的股东表决权——基于德国《有关增强企业控制与透明度法》的研究	社会科学战线	2007
226	王彦明	公司增资中股东新股认购权排除制度研究——以德国股份法为研究视角	吉林大学社会科学学报	2008
227	王彦明	欧盟最新公司治理改革论要	当代法学	2009
228	王彦明	论股东的临时股东大会召集请求权——兼论中国相关公司立法的完善	社会科学战线	2010
229	王彦明	金融危机下国家干预经济的反思与对策——以国家干预行为的程序理性为视角	广东社会科学	2010
230	王彦明	论股东大会制度的改革：以现代信息技术为视角	社会科学战线	2011
231	王彦明	有限责任公司的现代化——德国公司法文本竞争的嬗变	社会科学战线	2012

序号	作者	论文名称	期刊来源	发表年度
232	王彦明	从新《民事诉讼法》探讨检察机关的环境诉权	环境保护	2013
233	王彦明	我国上市公司外部监督论略——以"看门人"机制为分析进路	社会科学战线	2013
234	王彦明	德国股份公司的监事会：历史发展与现代挑战	社会科学战线	2015
235	王彦明	税收法定视域下地方政府会议纪要合法性检讨	法学	2015
236	王彦明	简政放权理念下政府角色调适的公司法解读：以公司注册制改革为研究视角	东北师大学报	2015
237	王彦明	政府补贴的法理与规制进路	河南社会科学	2015
238	王思洋	日本金融监管体系的重建与启示	东北亚论坛	2010
239	王虹霞	卡多佐的社会功利观——解读《司法过程的性质》	河北法学	2007
240	王家国	权利的互惠性	法制与社会发展	2009
241	王艳梅	中国法学会商法学研究会 2002 年年会综述	中国法学	2002
242	王艳梅	健全信用机制的商法保障——中国法学会商法学研究会 2002 年（长春）学术研讨会综述	法制与社会发展	2002
243	王艳梅	中国法学会商法学研究会 2002 年学术研讨会综述	吉林大学社会科学学报	2002
244	王艳梅	企业概念与地位的法律分析	社会科学战线	2012
245	王艳梅	票据效力确认的起源、原则与外在表达	当代法学	2012
246	王艳梅	日本空白票据规则及对我国的启示	现代日本经济	2013
247	王艳梅	我国有限责任公司盈余分配诉讼实证研究	社会科学战线	2014
248	王艳梅	公益性数字图书馆建设中的信息网络传播权授权问题研究	情报科学	2015
249	王艳梅	论票据关系对原因关系之影响	当代法学	2015
250	王晨宇	国际守法文化及近期发展：国际关系司法化	当代法学	2010
251	王淑荣	论法律职业家素养	长白学刊	2003
252	王皎皎	离退休人员就业权法律保护问题研究	当代法学	2008
253	王晶宇	和谐作为法律价值的必要性浅析——以和谐思维审视社会，让社会走向和谐	法制与社会发展	2006
254	王晶宇	从自由主义民主到世界主义民主——评戴维·赫尔德《民主与全球秩序——从现代国家到世界主义治理》	河北法学	2007
255	王晶宇	支配、正当性与法律理想图景——读《中国法学向何处去》	河北法学	2007
256	王晶宇	法理学中的全球化范式	法制与社会发展	2008
257	王福友	纳税人法律地位的转变与税法理念的更新	税务研究	2004
258	车传波	论我国公司组织机构的重构	法制与社会发展	2001
259	车传波	综合法治论——兼评形式法治论与实质法治论	社会科学战线	2010
260	车传波	公司分立法律问题探析	东岳论丛	2010
261	车传波	公司机会准则的司法裁判	法律科学	2010
262	车传波	论民法典的外部关系	社会科学研究	2014

序号	作者	论文名称	期刊来源	发表年度
263	邓正来	邓正来先生话中国法学的重建	法制与社会发展	2003
264	邓正来	中国法学的重建——批判与建构	吉林大学社会科学学报	2003
265	邓正来	对知识分子"契合"关系的反思与批判——关于中国社会科学自主性的再思考	天津社会科学	2004
266	邓正来	迈向全球结构中的中国法学——庞德《法理学》（五卷本）代译序	吉林大学社会科学学报	2004
267	邓正来	学术规范化与学术环境的建构——对《高等学校哲学社会科学研究学术规范（试行）》之合法性的质疑	开放时代	2004
268	邓正来	我的学术之路与中国社会科学的发展——在受聘西南政法大学名誉教授晚会上的致辞	现代法学	2004
269	邓正来	中国法学向何处去（上）——建构"中国法律理想图景"时代的论纲	政法论坛	2005
270	邓正来	中国法学向何处去（中）——建构"中国法律理想图景"时代的论纲	政法论坛	2005
271	邓正来	对"法制与社会发展"之判准的反思——贺《法制与社会发展》出版十周年	法制与社会发展	2005
272	邓正来	迈向中国学术规范化讨论的第二阶段	吉林大学社会科学学报	2005
273	邓正来	学术自主性与知识生产	浙江学刊	2005
274	邓正来	中国学术刊物的发展与学术为本	吉林大学社会科学学报	2005
275	邓正来	迈向自主的澳门社会科学——《社会科学发展在澳门》序	学习与探索	2005
276	邓正来	中国法学向何处去（下）——对苏力"本土资源论"的批判	政法论坛	2005
277	邓正来	中国法学向何处去（续）——对梁治平"法律文化论"的批判	政法论坛	2005
278	邓正来	知识：开放与封闭——《知识与法律》序言	法制与社会发展	2005
279	邓正来	"弘扬学术批判刑，提升中国学术"——《中国书评》主编邓正来先生访谈	学术界	2005
280	邓正来	临界：中国青年学者的使命与担当——《中国法律哲学临界丛书》总序	华东政法学院学报	2006
281	邓正来	中国法学的批判与建构——就《中国法学向何处去》答吉林大学理论法学读书小组	政法论坛	2006
282	邓正来	中国法律哲学当下基本使命的前提性分析——作为历史性条件的世界结构	法学研究	2006
283	邓正来	以学术为本，办出学术期刊的品位	学习与探索	2006
284	邓正来	全球化时代与中国法学——"主体性中国"的建构理路	学习与探索	2006
285	邓正来	中国法学的发展与世界结构	现代法学	2006
286	邓正来	主持人寄语：回归经典，个别阅读——写在"西方法律哲学论著书评"栏目开设之际	河北法学	2006

序号	作者	论文名称	期刊来源	发表年度
287	邓正来	主持人寄语：在考问中推进思考——写在"考问《中国法学向何处去》"栏目开设之际	河北法学	2006
288	邓正来	"理想图景"、"世界结构"与"定义中国"——与邓正来谈《中国法学向何处去》	河北法学	2006
289	邓正来	"学在民间"与中国社会科学的发展——对《中国社会科学季刊》与《中国书评》的分析	学术界	2006
290	邓正来	历史描述中的意识与问题——序陈夏红《那些法律的圣徒》	学术界	2006
291	邓正来	批判与回应：寻求中国法学的主体性	浙江社会科学	2006
292	邓正来	法学研究中"以小见大"的个案——《信仰与权威》序	法制与社会发展	2006
293	邓正来	关于"国家与市民社会"框架的反思与批判	吉林大学社会科学学报	2006
294	邓正来	直面全球化的主体性中国——谈"中国法学的主体性建构"	中国法学	2007
295	邓正来	学术自主性与中国法学研究	社会科学战线	2007
296	邓正来	后形而上时代的"沟通主义法律观"——《法律的沟通之维》代译序	社会科学	2007
297	邓正来	我的学术道路——邓正来教授访谈	学术界	2007
298	邓正来	回归经典，个别阅读——《西方法律哲学家研究年刊》总序	学术界	2007
299	邓正来	全球化背景下社会科学研究的自主性问题——以澳门社会科学发展为视角	厦门大学学报	2007
300	邓正来	研究性翻译与个殊化研究——《西方法律哲学文选》序	社会科学战线	2008
301	邓　勇	中国古代永佃制度及其法文化分析	长白学刊	2002
302	邓　勇	论中国古代法律生活中的"情理场"——从《名公书判清明集》出发	法制与社会发展	2004
303	邓　勇	《中国法学向何处去》的意义与两种反思	法制与社会发展	2006
304	韦经建	海商合同三题	法制与社会发展	2002
305	韦经建	论国际经济法的公平原则	吉林大学社会科学学报	2002
306	韦经建	论国际经济法与国际商法的学科分立	吉林大学社会科学学报	2005
307	韦经建	论海上货物运输法的强制缔约义务的适用及其规范的制度价值	法制与社会发展	2007
308	韦经建	加拿大反倾销调查中的"市场经济地位"问题研究	当代法学	2011
309	韦经建	东北亚能源合作中管道运输领域法律问题研究	当代法学	2012
310	丛中笑	构建我国绿色税收法律体系	江汉论坛	2003
311	丛中笑	税的本质探析	法制与社会发展	2006
312	丛中笑	和谐征纳的法理求索及现实观照	法学评论	2006
313	丛中笑	论中国财政制度法治化的创新	暨南学报	2006
314	丛中笑	涉税犯罪客体新论	社会科学战线	2007

序号	作者	论文名称	期刊来源	发表年度
315	丛中笑	税收国家及其法治构造	法学家	2009
316	丛中笑	经济法公平观在当代中国的现实阐释——以基本公共服务均等化为对象的解读	当代法学	2009
317	丛中笑	全球金融风暴下财政风险的立法控制	吉林大学社会科学学报	2009
318	丛中笑	法治国家视角下的公共财政	财贸研究	2009
319	丛中笑	我国个人所得税法工薪累进税率的优化——扩大级距、减并级次和降低税率	当代法学	2010
320	丛中笑	法与经济之学:法经济学与经济法学	当代法学	2011
321	冯学伟	明清契约中的"吉祥语"和吉祥文化	法制与社会发展	2010
322	冯彦君	民法与劳动法:制度的发展与变迁	社会科学战线	2001
323	冯彦君	世纪之交经济法学研究的五年回顾与展望	法制与社会发展	2001
324	冯彦君	强迫职工劳动罪若干问题探讨	法制与社会发展	2001
325	冯彦君	我国劳动法中应设立竞业禁止条款——兼谈弥补我国《劳动法》第 22 条的立法缺失	吉林大学社会科学学报	2002
326	冯彦君	劳动权论略	社会科学战线	2003
327	冯彦君	强化社会弱势群体法律保护的新视野	法制与社会发展	2003
328	冯彦君	WTO·有限政府·现代经济法	社会科学战线	2004
329	冯彦君	公司分立与劳动权保障——我国应确立劳动契约承继制度	法学家	2005
330	冯彦君	中国应确立相对独立的劳动诉讼制度——以实现劳动司法的公正和效率为目标	吉林大学社会科学学报	2007
331	冯彦君	理想与现实之间的《劳动合同法》——总体评价与创新点解析	当代法学	2008
332	冯彦君	社会公正和谐的六十年求索——中国劳动和社会保障法的发展轨迹	社会科学战线	2009
333	冯彦君	改革开放 30 年中国社会法学的理论贡献	当代法学	2009
334	冯彦君	劳动合同服务期规则的适用——以"东航返航事件"为切入点	当代法学	2009
335	冯彦君	非全日制用工养老保险的立法模式选择——以中日比较为视角	当代法学	2010
336	冯彦君	论职业安全权的法益拓展与保障之强化	学习与探索	2011
337	冯彦君	同工同酬原则的困惑与反思	法商研究	2011
338	冯彦君	"劳动关系"判定标准的反思与重构	当代法学	2011
339	冯彦君	退休再就业:劳动关系抑或劳务关系——兼评"社会保险标准说"	社会科学战线	2012
340	冯彦君	食品安全保障:定位、机制与实效	吉林大学社会科学学报	2012
341	冯彦君	社会救助权的可诉性及其证成	江西社会科学	2013
342	冯彦君	中国特色社会主义社会法学理论研究	当代法学	2013
343	冯彦君	劳务派遣的法治化探寻——解释论与立法论的双重考量	学习与探索	2013

序号	作者	论文名称	期刊来源	发表年度
344	冯彦君	"和谐劳动"的观念更新与机制调适	社会科学战线	2015
345	冯彦君	关于"法律信仰"的遐思与追问	东北师大学报	2015
346	叶向荣	论我国私募证券转售制度的完善	证券市场导报	2010
347	叶　蓁	产业损害的构成因素及其认定方法	环球法律评论	2008
348	宁立标	美国"权利病"的分析及其对中国的启示——读《权利话语》一书	学术界	2008
349	宁立标	论南非对同性恋者权利的宪法保护	西亚非洲	2009
350	甘德怀	代表所有权：物权法争议中一个被忽视的概念	法制与社会发展	2006
351	甘德怀	作为命令的法律——兼评约翰·奥斯丁《法理学的范围》	河北法学	2007
352	甘德怀	中国法律理想图景的吊诡与反思性——评邓正来《中国法学向何处去》	现代法学	2007
353	田思源	论犯罪被害人的社会支援	法制与社会发展	2002
354	田洪鋆	浅论法经济学学派	学术交流	2009
355	田洪鋆	应对涉华贸易特殊保障措施的对策研究	经济纵横	2010
356	田洪鋆	国际私法中规则和标准之争的经济学分析	法制与社会发展	2011
357	田洪鋆	科斯定理中产权概念的法学解析	东北师大学报	2011
358	田洪鋆	日本放射性污水排海之思	环境保护	2011
359	田洪鋆	谨防跨境污染转嫁——日本核污染食品出口中国之思	环境保护	2011
360	田洪鋆	经济学方法分析冲突法问题之述评	当代法学	2011
361	田洪鋆	竞争还是合作——法律选择的经济学困境	社会科学战线	2011
362	田洪鋆	如何追究康菲石油公司的法律责任	环境保护	2012
363	田洪鋆	国际私法经济学分析的困境	吉林大学社会科学学报	2012
364	田洪鋆	发达国家环境仲裁制度及对我国的启示	环境保护	2013
365	田洪鋆	法律选择的个人利益 Vs 政府利益	社会科学战线	2013
366	申卫星	百年民法典	中外法学	2001
367	申卫星	论优先权同其他担保物权之区别与竞合	法制与社会发展	2001
368	白云飞	论量刑公正	中国刑事法杂志	2010
369	白云飞	量刑中的损害赔偿问题研究	求索	2010
370	石　晶	关于动产善意取得制度的思考	政法论坛	2004
371	任海涛	大陆法系正犯与共犯区分理论评述——兼谈对我国共犯形式客观说之反思	中国刑事法杂志	2006
372	任喜荣	世纪之交宪法学研究的五年回顾与展望	法制与社会发展	2001
373	任喜荣	中国宪政的多元文化背景	法制与社会发展	2001
374	任喜荣	"伦理法"的是与非	吉林大学社会科学学报	2001
375	任喜荣	伦理刑法传统与刑法民族性	法制与社会发展	2002

序号	作者	论文名称	期刊来源	发表年度
376	任喜荣	公民权利保障机制的完善	法制与社会发展	2003
377	任喜荣	"刑官"初论——当代中国法律人职业化的历史透视（一）	法制与社会发展	2003
378	任喜荣	论宪法发展研究的文化取向	吉林大学社会科学学报	2003
379	任喜荣	批判与重构——地方人大"宪法监督权"研究之反思	法商研究	2003
380	任喜荣	宪法典的文化意义	法学评论	2003
381	任喜荣	有限的宪法典与宽容的宪政制度——以"全球化"为概念性工具的分析	中国法学	2004
382	任喜荣	"刑官"的知识结构解析——当代中国法律人职业化的历史透视（二）	法制与社会发展	2004
383	任喜荣	中国古代刑官的权力解析——法律人职业化的历史透视（三）	法制与社会发展	2005
384	任喜荣	论宪法学研究中的历史分析方法	法学家	2005
385	任喜荣	平等机会委员会与平等权利保护——香港的经验	法制与社会发展	2006
386	任喜荣	中国宪法学发展 30 年	法制与社会发展	2009
387	任喜荣	"集体行使监督职权原则"的法律方法解析	当代法学	2009
388	任喜荣	预算监督与财政民主：人大预算监督权的成长	华东政法大学学报	2009
389	任喜荣	地方人大预算监督权力成长的制度分析——中国宪政制度发展的一个实例	吉林大学社会科学学报	2010
390	任喜荣	作为"新兴"权利的信访权	法商研究	2011
391	任喜荣	当代中国宪政建设中的"主义"与"问题"	法制与社会发展	2012
392	任喜荣	中国特色社会主义宪法学理论研究	当代法学	2012
393	任喜荣	"社会宪法"及其制度性保障功能	法学评论	2013
394	任喜荣	宪法基本文化政策条款的规范分析	社会科学战线	2014
395	任喜荣	"低保信息永久公示"的制度逻辑及其法学批判	当代法学	2014
396	任喜荣	论中国宪法学的"制度研究"传统及其转型	吉林大学社会科学学报	2014
397	任喜荣	理解宪法基本价值的五个维度	吉林大学社会科学学报	2015
398	任瑞兴	全球化时代的主体性诉求——解读《中国法学向何处去》	法制与社会发展	2006
399	任瑞兴	司法审查的普通法之维——评《普通法与自由主义理论》	河北法学	2007
400	全小莲	揭开"谁主张谁举证"的面纱——论 WTO 举证责任分配问题	宁夏社会科学	2008
401	关珍	司法公信力初论——概念、类型与特征	法制与社会发展	2005
402	刘小平	传承和演进：法律哲学发展的历史——解读罗斯科·庞德的《法律史解释》	吉林大学社会科学学报	2005
403	刘小平	"理想图景"讨论中的"哥顿神结"	政法论坛	2005
404	刘小平	"全球结构"与学者的智性努力——访邓正来先生	学习与探索	2006

序号	作者	论文名称	期刊来源	发表年度
405	刘小平	哈耶克:自由的两条理路和两种法律观的混淆——对《自由秩序原理》一书的文本分析	河北法学	2007
406	刘小平	社会秩序的正当性和可欲性——邓正来的"终身问题"及其思想视野	社会科学战线	2007
407	刘小平	方法论个人主义与"中国法律理想图景"的建构	现代法学	2007
408	刘小平	封闭与开放——研究哈耶克理论的两个前提性问题	法制与社会发展	2008
409	刘小平	法学中西之间:西方法学在中国法学理论体系建构中的贡献和定位	法制与社会发展	2012
410	刘小平	中国法律信仰论的内在悖论及其超越	法商研究	2014
411	刘小平	自发秩序、有限民主与园丁式国家:哈耶克社会理论与政治哲学的整体逻辑	广东社会科学	2014
412	刘小平	新兴(新型)权利法律问题研究	学习与探索	2015
413	刘小平	政治宪法及其规范性问题——英国政治宪法观的中国启示	当代法学	2015
414	刘小平	法治中国需要一个包容性法治框架——多元现代性与法治中国	法制与社会发展	2015
415	刘亚军	浅析引渡的新形式——向国际刑庭乃至国际刑事法院进行的引渡	法制与社会发展	2002
416	刘亚军	知识产权国际保护标准的解读与启示——以利益平衡为视角	吉林大学社会科学学报	2006
417	刘亚军	虚拟角色商品化权法律保护刍议——美国实践的启示	当代法学	2008
418	刘亚军	我国专利产品平行进口制度新发展之理论探究——以《专利法》的修改为考察对象	社会科学战线	2012
419	刘亚军	国际法治语境下遗传资源惠益分享规则的思考	社会科学战线	2013
420	刘亚军	知识产权国际法治探析	吉林大学社会科学学报	2014
421	刘亚军	国际技术许可中限制性行为法律规制的现实与挑战	当代法学	2014
422	刘亚军	文化创意产业的知识产权保护	社会科学辑刊	2015
423	刘红臻	走向现代性:中国经济法学发展的历程与启示	法制与社会发展	2003
424	刘红臻	人权的制度表达	法制与社会发展	2004
425	刘红臻	自主与不自足经济社会情境中的经济法定位:"社会性"的解读	法制与社会发展	2005
426	刘红臻	人体基因财产权研究——"人格性财产权"的证成与施用	法制与社会发展	2010
427	刘红臻	中国特色社会主义法学理论体系的形成过程及其基本标志	法制与社会发展	2013
428	刘红臻	"法治中国建设理论与实践研讨会"综述	法制与社会发展	2013
429	刘松珍	调职权论略	当代法学	2012
430	刘松珍	论企业年金立法上的信赖义务规范——基于老年人退休金利益保护的视角	社会科学战线	2012

序号	作者	论文名称	期刊来源	发表年度
431	刘畅	从警察权介入的实体法规制转向自主规制——日本食品安全规制改革及启示	求索	2010
432	刘晓林	"《唐律疏议·户婚》无死刑"辨正	甘肃社会科学	2007
433	刘海安	过错对侵权法上填补性责任之赔偿范围的影响	政治与法律	2009
434	刘涛	司法能动主义的历史演进与论争	求索	2010
435	刘雪斌	宪政、合法性与效率：全国人大组成的修改和乡镇人大任期的变革	法制与社会发展	2004
436	刘雪斌	法定权利的伦理学分析	法制与社会发展	2005
437	刘雪斌	论一种作为公平的代际正义	法制与社会发展	2006
438	刘雪斌	论未来世代权利的法哲学基础	内蒙古社会科学	2007
439	刘雪斌	正义、文明传承与后代人："代际正义的可能与限度"	法制与社会发展	2007
440	刘雪斌	和谐社会中的世代关系及其正义研究	学习与探索	2007
441	刘雪斌	论代际正义的原则	法制与社会发展	2008
442	刘雪斌	改革开放三十年的中国法理学：1978～2008	法制与社会发展	2008
443	刘雪斌	国际人权法治初探	吉林大学社会科学学报	2011
444	刘雪斌	中国特色社会主义法学理论体系的发展途径	法制与社会发展	2013
445	刘雅君	论引渡与公共秩序保留	法制与社会发展	2001
446	刘瑞瑞	不作为共犯概说	中国刑事法杂志	2004
447	吕丽	《清会典》辨析	法制与社会发展	2001
448	吕丽	汉魏晋"故事"辨析	法学研究	2002
449	吕丽	例以辅律，非以代律——谈《清史稿·刑法志》律例关系之说的片面性	法制与社会发展	2002
450	吕丽	汉"谋反"、"大逆"、"大逆不道"辨析	社会科学战线	2003
451	吕丽	汉魏晋的礼仪立法与礼仪故事	法制与社会发展	2003
452	吕丽	古代冠服礼仪的法律规制	法制与社会发展	2004
453	吕丽	古代祭祀礼仪的法律规制与文化内涵	法制与社会发展	2005
454	吕丽	唐律有关祭祀犯罪的立法及其影响	社会科学战线	2007
455	吕丽	礼仪犯罪初探——以明律为中心的研究	法制与社会发展	2008
456	吕丽	礼仪法与故事关系探析	当代法学	2008
457	吕丽	中国法律史学发展30年理论创新回顾	法制与社会发展	2009
458	吕丽	礼仪犯罪再论——以明律为中心的研究	法制与社会发展	2009
459	吕丽	文化碰撞中的选择：中国传统礼仪法文化在近现代的变革	当代法学	2009
460	吕丽	影响唐代死刑适用的法律观念分析	法制与社会发展	2010
461	吕丽	中国传统法律体系的独特性探析	社会科学战线	2011
462	吕丽	例与清代的法源体系	当代法学	2011
463	吕丽	中国传统慎刑观对"制刑之义"的阐释	法制与社会发展	2012
464	吕丽	《盟水斋存牍》中的慎刑理念分析	学术研究	2012
465	吕丽	《大清通礼》的法律地位	当代法学	2014

序号	作者	论文名称	期刊来源	发表年度
466	吕　丽	严明与矜谨:《折狱龟鉴》的核心审断理念	法制与社会发展	2015
467	吕岩峰	世纪之交国际法学研究的五年回顾与展望	法制与社会发展	2001
468	吕岩峰	建立与发展中国跨国企业的法律思考	法制与社会发展	2002
469	吕岩峰	准据法及其理论与方法论纲	吉林大学社会科学学报	2004
470	吕岩峰	论国际合同法体系	吉林大学社会科学学报	2006
471	吕岩峰	国际私法与经济分析:综述与评析	社会科学战线	2007
472	吕岩峰	论国际物权关系的适当法——物之所在地法原则之理析	吉林大学社会科学学报	2007
473	吕岩峰	和谐世界视域中的国际私法观照——以现代国际私法体系的构建为焦点	法学	2007
474	吕岩峰	国际犯罪与涉外犯罪、跨国犯罪关系辨析——以基础概念解析为进路	当代法学	2008
475	吕岩峰	国际侵权关系法律适用规则之适当法评论	吉林大学社会科学学报	2011
476	吕岩峰	国际侵权关系法律适用的实证法流变及政策考量	社会科学战线	2011
477	吕岩峰	行政审判中的"政府利益"分析——国际私法中"政府利益分析说"之借鉴	社会科学战线	2012
478	吕岩峰	论国际侵权关系的适当法体系	社会科学战线	2013
479	吕岩峰	国际私法的和谐价值追求	东北师大学报	2014
480	吕岩峰	罗马法之国际私法论纲:"适当—和谐论"的维度	社会科学战线	2015
481	孙大伟	作为侵权法正当性基础的结果责任——以英美侵权法理论的发展为背景	法制与社会发展	2009
482	孙世彦	论国际人权法下国家的义务	法学评论	2001
483	孙世彦	国际人权条约的形式分析	现代法学	2001
484	孙召银	物权法的功能定位	法制与社会发展	2006
485	孙红梅	行政调解初探	长白学刊	2001
486	孙丽君	和谐与秩序的暗合与分野——以法律价值为视角的探究	法制与社会发展	2006
487	孙丽君	司法的悖论——司法的民主化与司法的精英化之矛盾探究	河北法学	2007
488	孙良国	契约中的主观主义与客观主义研究	法制与社会发展	2005
489	孙良国	私法上错误制度的重新构造	华东政法学院学报	2006
490	孙良国	效率违约理论研究	法制与社会发展	2006
491	孙良国	从形式主义到实质主义——现代合同法方法论的演进	华东政法大学学报	2007
492	孙良国	违约责任中的所获利益赔偿研究	法制与社会发展	2008
493	孙良国	不动产交易信息披露义务研究——基础框架的设定	当代法学	2008
494	孙良国	信息披露义务群的构成研究——以功能的实现为视角	社会科学研究	2008
495	孙良国	有意违约的研究	法制与社会发展	2009
496	孙良国	期望损害赔偿的实现:替代交易的研究	当代法学	2009
497	孙良国	人身权侵权获益赔偿的构成要件及其适用——兼评《侵权责任法草案（三审稿）》第20条	法学	2009

序号	作者	论文名称	期刊来源	发表年度
498	孙良国	效率违约理论批判	当代法学	2010
499	孙良国	公务员订立营利性投资经营协议的效力及其法律后果——从张继峰入股煤矿案谈起	法学	2010
500	孙良国	论人身权侵权获益赔偿的性质、功能与适用	法律科学	2011
501	孙良国	再论公务员违反禁止性规定订立营利性合同的效力——以学界通说和法院判决为评判对象	浙江社会科学	2011
502	孙良国	消费者何以有撤回权	当代法学	2011
503	孙良国	消费者撤回权中的利益衡量与规则设计	浙江社会科学	2012
504	孙良国	可预见规则的现代难题	西南大学学报	2012
505	孙良国	单方修改合同条款的公平控制	法学	2013
506	孙良国	违反保护他人的法律的侵权责任及其限度——以"儿童模仿《喜羊羊与灰太狼》烧伤同伴案"为例	法学	2014
507	孙良国	论新《消费者权益保护法》中的主要规制技术	当代法学	2014
508	孙良国	法律家长主义视角下转基因技术之规制	法学	2015
509	孙国东	社会学法理学的（可能）代价与限度——从社会整合看庞德《法理学》（第1卷）	河北法学	2007
510	孙国东	"特权文化"与差序格局的再生产——对差序格局的阐发兼与阎云翔商榷	社会科学战线	2008
511	孙学致	面向新世纪的民商法发展研讨会综述	中国法学	2001
512	孙学致	论诉讼时效期间的起算——以未定期限债权为客体的分析路径	法制与社会发展	2002
513	孙学致	由自由达致责任——关于契约自由的内在规定性理论	吉林大学社会科学学报	2003
514	孙学致	契约的正义——读《法律、立法与自由》札记	法制与社会发展	2006
515	孙学致	公平规范的本质	东北师大学报	2006
516	孙学致	合同的概念	上海交通大学学报	2006
517	孙学致	契约自由、"契约自由权"与契约权利——一个私权逻辑理论视角的分析	吉林大学社会科学学报	2006
518	孙学致	私法内的管制——《劳动合同法》规范结构的初步整理	当代法学	2008
519	孙学致	应修改继承法扩大继承人范围——从溥仪著作权继承之争说起	法学	2008
520	孙学致	特约生效要件成就前合同的效力——未生效合同概念批判之一	当代法学	2011
521	孙学致	有效保险监管制度的法律建构	社会科学战线	2012
522	孙学致	生成于法条与政策之间的裁判理性	吉林大学社会科学学报	2013
523	孙学致	环境行政公益诉讼公民诉权的权利基础	社会科学战线	2013
524	孙　畅	气候变化对生物多样性保护的国际法概念的影响	社会科学家	2010

序号	作者	论文名称	期刊来源	发表年度
525	朱　振	用宪法守护人权	法制与社会发展	2004
526	朱　振	乞讨是一项权利吗？——透视城市乞讨现象	法制与社会发展	2004
527	朱　振	哲学的方法与后现代法理学	现代法学	2005
528	朱　振	"知识权力"之下的知识分子	政法论坛	2005
529	朱　振	人格权的伦理分析	法制与社会发展	2005
530	朱　振	全球化进程中的中国法学——访张文显教授	学习与探索	2006
531	朱　振	法律实证主义的强立场——兼评拉兹《法律的权威》	河北法学	2006
532	朱　振	哈特/德沃金之争与法律实证主义的分裂——基于"分离命题"的考察	法制与社会发展	2007
533	朱　振	法律权威与行动理由——基于拉兹实践哲学进路的考察	法制与社会发展	2008
534	朱　振	权威命题与来源命题——排他性法律实证主义的一种论证理路	法制与社会发展	2009
535	朱　振	政治权威与道德自主性:悖论及协调的可能性——对沃尔夫哲学无政府主义论证思路的一种反思	法制与社会发展	2010
536	朱　振	权威命题与法律理由的性质:一个反思性的评论	法制与社会发展	2011
537	朱　振	权威、共同善与内在观点——菲尼斯的权威论及其与法实证主义的区分	法制与社会发展	2012
538	朱　振	中国特色社会主义法治话语体系的自觉建构	法制与社会发展	2013
539	朱　振	论悔捐行为的无责理由、责任要件与风险防范	浙江社会科学	2015
540	朱　振	通往新型法治的改革:中国语境的思考	法制与社会发展	2015
541	朱翠微	WTO 争端解决机制执行程序中的"合理期限"问题探讨	长白学刊	2002
542	朱翠微	从发展中国家视角看全球化时代知识产权的国际保护问题	南京师大学报	2006
543	朱　耀	被告人最后陈述权实证研究——以中国法院网直播的 50 个案件为素材	湖南大学学报	2010
544	江　鹏	证券内幕交易的心理分析及防范措施	经济纵横	2008
545	汤媛媛	社会保险基金的运营	东北师大学报	2010
546	邢　丹	母子公司破产中的利益衡平	当代法学	2011
547	邢　丹	关联交易中的利益分析	社会科学战线	2011
548	邢　栋	区域一体化进程中的国家主权理论	社会科学战线	2004
549	那　力	国际环境法律问题与中国	社会科学战线	2001
550	那　力	WTO 与环境保护法律问题	法制与社会发展	2001
551	那　力	论环境事务中的公众权利	法制与社会发展	2002
552	那　力	WTO·环境保护·可持续发展	法制与社会发展	2003
553	那　力	烟草贸易的国际法控制:世界卫生组织与《控制烟草贸易框架公约》	甘肃政法学院学报	2004

序号	作者	论文名称	期刊来源	发表年度
554	那 力	公共健康保护的主要争议评析	法学	2004
555	那 力	WTO 与公共健康：一个世界性的前沿话题	中州学刊	2006
556	那 力	国际经济法理论的多元视角	法制与社会发展	2006
557	那 力	议会参与 WTO 事务问题初探	法学家	2006
558	那 力	国际环境损害责任的两个重大变化	法商研究	2006
559	那 力	WTO 义务减让表的解释问题	当代法学	2008
560	那 力	从国际环境法看国际法及国际法学的新发展	法学评论	2009
561	那 力	义务为本，和谐至上——中国传统思想对当代法的范式价值	理论与改革	2009
562	那 力	环境权与人权问题的国际视野	法律科学	2009
563	那 力	无形资产转让定价的国际税法调整：公平交易原则 VS 全球公式法	当代法学	2010
564	那 力	GATT 第 20 条 a、b、d 款及 GATS 第 14 条的"必需"问题：变化与发展	国际贸易	2010
565	那 力	低碳经济背景下 WTO 体系所得税优惠问题探析	社会科学辑刊	2011
566	那 力	民用核能风险及其国际法规制的学理分析——以整体风险学派理论为进路	法学杂志	2011
567	那 力	"国际法治"：一种手段而非一个目标	东北师大学报	2012
568	那 力	联合国范本与经合组织范本：区别与晚近发展	江西社会科学	2012
569	那 力	消减短期影响气候变化物质：政策、机制与全球治理	江西社会科学	2012
570	那 力	"乌拉圭河纸浆厂案"判决在环境法上的意义	法学	2013
571	那 力	论 FTA 中的地理标志与中国的选择	江淮论坛	2013
572	那 力	资本弱化税制改革的两种主要方式：ACE 与 CBIT	东北大学学报	2013
573	那 力	对公共环境资源上私人权利的限制——奥斯特罗姆的"自主治理理论"与英国的公地法	社会科学战线	2013
574	那 力	再议在 WTO 争端解决中建立金钱补偿机制	山西大学学报	2014
575	那 力	全球森林治理：理念、机制、机构	郑州大学学报	2015
576	齐 明	论破产重整中的公司治理——美国经验及其借鉴	当代法学	2009
577	齐 明	破产重整期间的企业控制权刍议——兼评《破产法》第 73 条	当代法学	2010
578	齐 明	我国破产法中自愿破产原则的反思与重构——从中美重整制度的比较出发	东北师大学报	2010
579	齐 明	重整期间公司控制权二元模式探究——兼论我国破产管理人制度的不足与完善	求是学刊	2010

续表

序号	作者	论文名称	期刊来源	发表年度
580	齐 明	破产法体系构建的功能主义指向及其市场依赖	当代法学	2012
581	齐 明	论我国破产程序转换与债权人后续重整申请权	东北师大学报	2015
582	齐 明	我国破产原因制度的反思与完善	当代法学	2015
583	何志鹏	可持续发展与国际经济新秩序	法制与社会发展	2001
584	何志鹏	WTO 的环境立场与环境规则	法制与社会发展	2002
585	何志鹏	知识产权与国际经济新秩序	法制与社会发展	2003
586	何志鹏	可持续发展与中国的法制创新	法制与社会发展	2003
587	何志鹏	人权的全球化：概念与维度	法制与社会发展	2004
588	何志鹏	国际经济法与可持续发展	法商研究	2004
589	何志鹏	对国家豁免的规范审视与理论反思	法学家	2005
590	何志鹏	非自然权利论	法制与社会发展	2005
591	何志鹏	人权的来源与基础探究	法制与社会发展	2006
592	何志鹏	人的回归：个人国际法上地位之审视	法学评论	2006
593	何志鹏	权利发展与制度变革	吉林大学社会科学学报	2006
594	何志鹏	人权的全球化：现实与对策	学习与探索	2006
595	何志鹏	全球化与国际法的人本主义转向	吉林大学社会科学学报	2007
596	何志鹏	"自然的权利"何以可能	法制与社会发展	2008
597	何志鹏	国际法治：良法善治还是强权政治	当代法学	2008
598	何志鹏	对当代中国法学教育的反思与展望——中国法学教育2008 年年会综述	当代法学	2008
599	何志鹏	超越国家间政治——主权人权关系的国际法治维度	法律科学	2008
600	何志鹏	规范管理，改革创新，全面提高法学教育质量——教育部高等学校法学学科教学指导委员会、中国法学会法学教育研究会 2007 年年会暨中国法学教育论坛侧记	中国大学教学	2008
601	何志鹏	国际法治：一个概念的界定	政法论坛	2009
602	何志鹏	以人权看待发展	法制与社会发展	2009
603	何志鹏	中国国际法学 30 年：成就与经验	当代法学	2009
604	何志鹏	主权：政治现实、道德理想与法治桥梁	当代法学	2009
605	何志鹏	国家观念的重塑与国际法治的可能	吉林大学社会科学学报	2009
606	何志鹏	去全球化浪潮下自由主义之再省思	江海学刊	2009
607	何志鹏	国际法的哲学之维：内涵、功能与路径	法学家	2010
608	何志鹏	中国国际法研究反思	政法论坛	2010
609	何志鹏	我国法学实践教育之反思	当代法学	2010
610	何志鹏	国际经济法的基本范畴：内涵与重构	江西社会科学	2010
611	何志鹏	大国政治中的司法困境——国际法院"科索沃独立咨询意见"的思考与启示	法商研究	2010

序号	作者	论文名称	期刊来源	发表年度
612	何志鹏	WTO 体制的发展取向论	现代法学	2010
613	何志鹏	全球制度的完善与国际法治的可能	吉林大学社会科学学报	2010
614	何志鹏	权利冲突：一个基于"资源—需求"模型的解释	环球法律评论	2011
615	何志鹏	世界正义的发展与主权利益的选择——国际人权司法化与中国立场	当代法学	2011
616	何志鹏	从"和平与发展"到"和谐发展"——国际法价值观的演进与中国立场调适	吉林大学社会科学学报	2011
617	何志鹏	国际法的辩证法	江西社会科学	2011
618	何志鹏	从强权入侵到多元善治——武力干涉领域国际法的现存框架与演进方向	法商研究	2011
619	何志鹏	反思国际刑法上的有罪不罚	法学评论	2011
620	何志鹏	国际软法何以可能：一个以环境为视角的展开	当代法学	2012
621	何志鹏	文化创新的必要条件	吉林大学社会科学学报	2012
622	何志鹏	国际社会契约：法治世界的原点架构	政法论坛	2012
623	何志鹏	文化创新与民族复兴	江西社会科学	2012
624	何志鹏	大国政治中的正义谜题——阿拉伯变局与国际法价值反思	法商研究	2012
625	何志鹏	在政治与伦理之间：本体维度的国际法	浙江大学学报	2012
626	何志鹏	从自由走向发展：后危机时代的国际贸易治理	厦门大学学报	2012
627	何志鹏	中国特色国际法理论：问题与改进	华东政法大学学报	2013
628	何志鹏	保护的责任：法治黎明还是暴政重现？	当代法学	2013
629	何志鹏	大国政治的终结——国际法治的目标探究	吉林大学社会科学学报	2013
630	何志鹏	国际社会契约：法治理念的现实涵摄	政法论坛	2013
631	何志鹏	中国特色社会主义国际法理论	法制与社会发展	2013
632	何志鹏	新国学：中华文化的时代表达	江西社会科学	2013
633	何志鹏	论中国国际法心态的构成因素	法学评论	2014
634	何志鹏	国际法治何以必要——基于实践与理论的阐释	当代法学	2014
635	何志鹏	作为国际法方法的批判现实主义	法制与社会发展	2014
636	何志鹏	"良法"与"善治"何以同样重要——国际法治标准的审思	浙江大学学报	2014
637	何志鹏	大国之路的国际法奠基——和平共处五项原则的意义探究	法商研究	2014
638	何志鹏	国际关系的现实主义维度——和平共处五项原则的立场探究	吉林大学社会科学学报	2014
639	何志鹏	走向国际法的强国	当代法学	2015
640	何志鹏	国际软法的效力、局限及完善	甘肃社会科学	2015
641	何志鹏	中国话语的法律表达	海南大学学报	2015

序号	作者	论文名称	期刊来源	发表年度
642	何志鹏	主权豁免的中国立场	政法论坛	2015
643	何志鹏	菜单、需求与能力：国际争端的解决途径探析	社会科学辑刊	2015
644	何志鹏	国际法治的中国表达	中国社会科学	2015
645	何志鹏	大国之路的外交抉择——万隆会议与求同存异外交理念发展探究	史学集刊	2015
646	吴凡明	汉代的孝治及其社会秩序建构的德化机制	湖南大学学报	2009
647	吴　宁	社会弱势群体保护的权利视角及其理论基础——以平等理论透视	法制与社会发展	2004
648	吴　宁	权利·自由·秩序	社会科学战线	2005
649	吴　彦	世界正当秩序之建构——评邓正来《谁之全球化？何种法哲学？》	开放时代	2010
650	吴振兴	犯罪形态研究纲要	法制与社会发展	2002
651	吴　真	真伪储蓄合同之辨——储蓄合同效力的考察	法制与社会发展	2002
652	吴　真	试论公共信托原则	社会科学战线	2008
653	吴　真	企业环境责任制度体系之重建——以循环经济为视角	当代法学	2008
654	吴　真	公共信托原则与土地环境损害赔偿的甄别标准	当代法学	2009
655	吴　真	自然资源法基本概念剖析	中州学刊	2009
656	吴　真	公共利益：公共信托原则的价值彰显	社会科学战线	2010
657	吴　真	从公共信托原则透视环境法之调整对象	当代法学	2010
658	吴　真	公共信托原则视角下的环境权及环境侵权	吉林大学社会科学学报	2010
659	吴　真	反向征收确认中权利冲突的化解——以公民生存权与环境权为视角	河南师范大学学报	2010
660	吴　真	公共信托原则与信托关系辨	郑州大学学报	2011
661	吴　真	美国森林法评析	环境保护	2012
662	吴　真	农村地区化工企业地下水污染防治问题探析	环境保护	2013
663	吴　真	生态文明视域下我国野生生物保护法的路径选择——以美国《濒危物种法》为借鉴	吉林大学社会科学学报	2013
664	吴　真	英美环境决策司法审查制度评析	社会科学战线	2015
665	宋伟卫	人身危险性理论评析	河北法学	2004
666	宋思宇	刑罚的多重意蕴	广西民族大学学报	2006
667	宋显忠	合理性与现代法的理性构造	吉林大学社会科学学报	2002
668	宋显忠	英美国家的宪政传统及其程序观念	法制与社会发展	2003
669	宋显忠	程序正义及其局限性	法制与社会发展	2004
670	宋显忠	宪政与程序保障	法制与社会发展	2006
671	宋显忠	通过法律的权利保障	吉林大学社会科学学报	2006
672	宋显忠	法律的形式、实体和程序	社会科学战线	2007

序号	作者	论文名称	期刊来源	发表年度
673	宋显忠	法律事实的实证探究	法学论坛	2008
674	宋显忠	什么是部门法哲学？	法制与社会发展	2009
675	宋显忠	全球时代的宪政与法治	吉林大学社会科学学报	2009
676	张丹丹	商品化权的正当性论析——基于财产权劳动学说的思考	当代法学	2009
677	张丹丹	真实人物形象商品化权的域外法律保护模式评述	社会科学辑刊	2010
678	张丹丹	真实人物形象商品化权的性质辨析及法律保护模式	大连理工大学学报	2010
679	张丹丹	商品化权侵权责任的认定——以我国《侵权责任法》一般条款的适用为视角	东北大学学报	2010
680	张丹丹	著作权法在保护虚构角色形象方面的局限及对策	法学	2010
681	张丹丹	魔术的著作权法保护困境的突破	社会科学战线	2011
682	张丹丹	商品化权关系中的利益冲突与平衡	山东社会科学	2011
683	张丹丹	魔术的著作权法保护之思	北京理工大学学报	2013
684	张丹丹	影视节目名称的法律保护路径探析	当代法学	2015
685	张友连	构建和谐社会与法精神的转换	法制与社会发展	2006
686	张天上	隐私权的经济分析	法制与社会发展	2006
687	张天上	权利的历史主义批判——读麦金太尔的《追寻美德：伦理理论研究》	河北法学	2007
688	张文显	入世与法学教育改革	中国高等教育	2001
689	张文显	世纪之交法理学研究的五年回顾与展望	法制与社会发展	2001
690	张文显	改革开放新时期的中国法理学	法商研究	2001
691	张文显	当代中国法哲学研究范式的转换——从阶级斗争范式到权利本位范式	中国法学	2001
692	张文显	WTO 与中国法律发展	法制与社会发展	2002
693	张文显	法律职业共同体引论	法制与社会发展	2002
694	张文显	以"三个代表"重要思想为指导，推进依法治校	中国高等教育	2003
695	张文显	制度创新是灵魂	法制与社会发展	2003
696	张文显	理论创新是法学的第一要务——十六大与法学理论创新	中国法学	2003
697	张文显	用发展着的马克思主义指导哲学社会科学教材建设	求是	2004
698	张文显	把握核心要素　凝炼当代中国大学精神	中国高等教育	2004
699	张文显	创新范式与方法实现高校思想教育的战备突破	中国高等教育	2004
700	张文显	新时代新阶段的中国理论法学	法制与社会发展	2004
701	张文显	邓小平民主法制思想之精髓	法制与社会发展	2004
702	张文显	"全球化时代的中国法学学术研讨会"发言摘要	法制与社会发展	2004
703	张文显	高校法理论教学存在的问题与改革思路	中国大学教学	2004
704	张文显	建设研究型大学需要良好的学术规范	吉林大学社会科学学报	2005
705	张文显	全球化时代的中国法治	吉林大学社会科学学报	2005

序号	作者	论文名称	期刊来源	发表年度
706	张文显	弘扬实践育人理念,构建实践育人格局	中国高等教育	2005
707	张文显	公正·民主·诚信·认同·和睦——读构建和谐校园的价值基础	中国高等教育	2005
708	张文显	现代大学管理理念创新与实践	管理世界	2005
709	张文显	权利时代的理论景象	法制与社会发展	2005
710	张文显	哲学社会科学如何实现理论创新	中国高等教育	2006
711	张文显	社会主义法治理念导言	法学家	2006
712	张文显	构建社会主义和谐社会的法律机制	中国法学	2006
713	张文显	法律与全球化问题探讨	学习与探索	2006
714	张文显	部门法哲学引论——属性和方法	吉林大学社会科学学报	2006
715	张文显	大学章程:现代大学制度的载体	中国高等教育	2006
716	张文显	深化学术规范建设,推动哲学社会科学创新	中国高等教育	2007
717	张文显	我们应当塑造怎样的现代大学生活	中国高等教育	2007
718	张文显	走向和谐法治	法学研究	2007
719	张文显	加强法治,促进和谐——论法治在构建社会主义和谐社会中的地位和作用	法制与社会发展	2007
720	张文显	法治宣言,法学文献——十七大报告的文学解读	法制与社会发展	2007
721	张文显	贯彻十七大精神,发展改革中国法学教育	中国大学教学	2008
722	张文显	改革开放新时期的中国法治建设	社会科学战线	2008
723	张文显	论中国特色社会主义法治道路	中国法学	2009
724	张文显	人民法院司法改革的基本理论与实践进程	法制与社会发展	2009
725	张文显	社会主义法治的中国特色	法制与社会发展	2009
726	张文显	和谐精神的导入与中国法治的转型——从以法而治到良法善治	吉林大学社会科学学报	2010
727	张文显	我们需要怎样的习惯法研究?——评高其才著《瑶族习惯法》	法制与社会发展	2011
728	张文显	司法:法律效果与社会效果的衡平分析	社会科学战线	2011
729	张文显	中国特色社会主义司法理论体系初论	法制与社会发展	2012
730	张文显	论法律文化与司法建设	社会科学战线	2012
731	张文显	在新的历史起点上推进法学理论创新引领中国法学思潮——主编新年致辞	法制与社会发展	2013
732	张文显	司法文明新的里程碑—2012刑事诉讼法的文明价值	法制与社会发展	2013
733	张文显	突破机制体制壁垒组建培育司法文明协同创新中心	中国高等教育	2013
734	张文显	全面推进法制改革,加快法治中国建设——十八届三中全会精神的法学解读	法制与社会发展	2014
735	张文显	现代性与后现代性之间的中国司法——诉讼社会的中国法院	现代法学	2014
736	张文显	运用法治思维和法治方式治国理政	社会科学家	2014
737	张文显	法治化是国家治理现代化的必由之路	法制与社会发展	2014

序号	作者	论文名称	期刊来源	发表年度
738	张文显	司法改革的政治定性	法制与社会发展	2014
739	张文显	全面推进依法治国的伟大纲领——对十八届四中全会精神的认知与解读	法制与社会发展	2015
740	张文显	法治的文化内涵——法治中国的文化建构	吉林大学社会科学学报	2015
741	张文显	中国特色社会主义法治理论的科学定位	法学	2015
742	张光博	坚持和发展我国社会主义宪法的优势	政治学研究	2003
743	张　旭	"严打":必须处理好四个关系	法制与社会发展	2001
744	张　旭	国际犯罪刑事责任再探	吉林大学社会科学学报	2001
745	张　旭	酷刑:以人权为视角的思考	吉林大学社会科学学报	2002
746	张　旭	维和行动与人权保护——以国际刑法为视角的思考	法制与社会发展	2002
747	张　旭	社会演进与刑法修改——以德国为视角的研究	法制与社会发展	2003
748	张　旭	试论我国产业投资基金的发展模式	税务与经济	2003
749	张　旭	刑事司法中的人权保护:以我国为视角的思考	吉林大学社会科学学报	2003
750	张　旭	关于"一事不再理"原则的再思考	法学评论	2003
751	张　旭	关于刑事责任的若干追问	法学研究	2005
752	张　旭	犯罪学研究范式论纲	法学评论	2005
753	张　旭	构建刑法学研究方法体系	河北法学	2006
754	张　旭	当代公司治理结构演变的新趋势与我国的对策	经济纵横	2006
755	张　旭	转型中的中国社会与未成年人犯罪预防——一种整合性教育预防体系的建构理路	吉林大学社会科学学报	2006
756	张　旭	从方法到方法论——以刑事科学为场域的反思	法制与社会发展	2007
757	张　旭	排除个人刑事责任事由研究——《罗马规约》与中国刑法的冲突与协调	吉林大学社会科学学报	2007
758	张　旭	论刑事政策学与犯罪学的学科价值及其连接点	法商研究	2007
759	张　旭	犯罪学的西方理论与中国现实	吉林大学社会科学学报	2008
760	张　旭	论犯罪与文化的关系——以文化的规范性为视角	法学论坛	2008
761	张　旭	行政认定与刑事司法认定的关系	社会科学战线	2009
762	张　旭	环境犯罪行为比较研究——以刑事立法为视角	吉林大学社会科学学报	2010
763	张　旭	风险社会的刑事政策方向选择	吉林大学社会科学学报	2011
764	张　旭	民事责任、行政责任和刑事责任——三者关系的梳理与探究	吉林大学社会科学学报	2012
765	张　旭	市民社会背景下刑法与民法的冲突及其选择	河北学刊	2012
766	张　旭	被害在犯罪学体系中的地位:分析与探究	当代法学	2013
767	张　旭	国际刑法视野下的中国刑法之评判	吉林大学社会科学学报	2014
768	张　旭	食品安全犯罪刑事立法的反思与完善——以体系性思维为视阈	社会科学战线	2014
769	张　旭	依法治国视域中的刑法功能研究	吉林大学社会科学学报	2015
770	张　旭	被害人承诺在中国刑法中的地位分析	东北师大学报	2015

序号	作者	论文名称	期刊来源	发表年度
771	张伯晋	法家学派的渊源与属性考论	法制与社会发展	2010
772	张秀玲	修复性司法下的多元化犯罪预防	内蒙古大学学报	2008
773	张佳鑫	纠纷解决中的互利正义——一种实体正义与程序正义之外的正义观念	甘肃社会科学	2010
774	张姗姗	古中国的契约观念——以唐、宋为中心	法制与社会发展	2008
775	张 亮	由正义到和谐:法律精神的转换与升华	法制与社会发展	2006
776	张 姝	社会保障是社会和谐的基本保障	社会科学战线	2005
777	张 姝	实现社会保障权的条件和机制	社会科学战线	2006
778	张淞纶	从"所有状态"到所有权	社会科学研究	2005
779	张淞纶	现代性问题框架中的物权行为理论	浙江学刊	2005
780	张艳梅	国际知识产权条约体系下的国际公共领域探究	当代法学	2011
781	张艳梅	私权扩张的限制与公共利益的重构——兼评药品知识产权困境及其出路	求索	2011
782	张艳梅	论知识产权法的公共领域:利益冲突之镜像	社会科学战线	2013
783	张艳梅	知识产权全球治理的现实困境与路径建构——以传统知识保护为研究视角	求索	2015
784	张艳梅	利益平衡视角下知识产权全球治理的局限与突破	东北师大学报	2015
785	张 斌	论现代立法中的利益平衡机制	清华大学学报	2005
786	张 斌	战略视野中的文化建构与国家安全	社会科学战线	2005
787	张 琪	定义"中国":出路抑或陷阱	政法论坛	2005
788	张 舒	正确把握权利与义务的关系:大学生法律基础教育的核心	求是	2007
789	张 舒	学术期刊征收版面费可构成单位受贿罪	法学	2007
790	张潇潇	试论经济公益诉讼建立的基础	社会科学辑刊	2007
791	张翼飞	法律推理不确定性的内部溯因	求索	2010
792	张馨元	从规范违反说和法益侵害说看认定未遂犯着手的差别	社会科学战线	2004
793	张馨元	论我国专利权的刑法保护	社会科学战线	2006
794	李冬梅	论现代环境法面临的若干新问题——以美国环境法为视角	当代法学	2008
795	李立丰	犯意之于美国刑法中的共谋	当代法学	2008
796	李立丰	美国法的"刑"与"非刑"	环球法律评论	2009
797	李立丰	上帝与死囚:基督教视野中的美国死刑问题	世界宗教研究	2010
798	李立丰	种族屠杀犯罪处理实效的批判与反思——基于卢旺达冈卡卡法庭模式的考察	法商研究	2010
799	李立丰	独立青少年司法模式的应然废止:以美国实践为蓝本的前提批判与经验分析	当代法学	2012

序号	作者	论文名称	期刊来源	发表年度
800	李立丰	伊斯兰教法中的女性继承权：以国际人权法为视角的评价与反思	世界宗教研究	2012
801	李立丰	民意的司法拟制——论我国刑事审判中人民陪审制度的改革与完善	当代法学	2013
802	李立丰	政治民主与司法"独裁"悖论的制度破解：以日本裁判员制度为视角	比较法研究	2015
803	李立丰	当经验记忆沦为文学记忆：论村上春树"满洲叙事"之史观	外国文学评论	2015
804	李声炜	法律制度的需求层次、博弈及路径分析	河北法学	2004
805	李韧夫	英国刑法中的谋杀罪	法制与社会发展	2001
806	李韧夫	论英美刑法中的犯罪疏忽	法制与社会发展	2003
807	李韧夫	论英美刑法犯罪故意观	吉林大学社会科学学报	2003
808	李韧夫	中美刑法间接故意比较研究	吉林大学社会科学学报	2005
809	李韧夫	中国刑法现代化践行的法文化障碍及克服——以市民社会为视角的考察	法制与社会发展	2006
810	李韧夫	论犯罪心理概念的发展对当代美国刑法的影响	当代法学	2009
811	李韧夫	高校学生权利救济的法律分析	学习与探索	2011
812	李韧夫	醉酒驾车肇事案件定性问题研究——以解释权为重点	当代法学	2011
813	李韧夫	刑法因果关系认定模式研究	吉林大学社会科学学报	2011
814	李韧夫	我国警察裁量基准发展探析	东北师大学报	2012
815	李韧夫	英美刑法中的犯意转移理论	法律科学	2013
816	李国强	绝对所有权观念的检讨——以不动产所有权的观念变迁为视角	吉林大学社会科学学报	2007
817	李国强	医疗损害责任中过错的判定	社会科学战线	2009
818	李国强	相对所有权观念在所有权保护中的解释论应用	法制与社会发展	2009
819	李国强	无体财产概念对现代所有权观念的影响	当代法学	2009
820	李国强	所有权公法限制的经济学分析	经济纵横	2009
821	李国强	股权在公司治理中的效用——从股权的财产权属性的视角观察	吉林大学社会科学学报	2009
822	李国强	动产与不动产区分的相对化——兼论物的分类对所有权观念演进的影响	浙江社会科学	2009
823	李国强	所有权的观念性——近代私法上所有权的历史性格	现代法学	2009
824	李国强	"权能分离论"的解构与他物权体系的再构成——一种解释论的视角	法商研究	2010
825	李国强	时代变迁与物权客体的重新界定	北京师范大学学报	2011
826	李国强	英美法系所有权观念的变迁	社会科学战线	2011
827	李国强	民法冲突解决中的利益衡量——从民法方法论的进化到解释规则的形成	法制与社会发展	2012

序号	作者	论文名称	期刊来源	发表年度
828	李国强	论共同继承遗产的分割规则——以《物权法》的解释和《继承法》的修改为视角	法学论坛	2013
829	李国强	东亚成年监护制度的比较	吉林大学社会科学学报	2013
830	李国强	论消费者的民事主体定位与民法语境下消费者权益保护理念的解释	社会科学战线	2014
831	李国强	我国成年监护制度运行中的问题及其立法修改趋向	当代法学	2014
832	李庚香	人及其超越性——雅斯贝尔斯的存在主义美学	吉林大学社会科学学报	2003
833	李建华	论经济刑法立法的定位	社会科学战线	2001
834	李建华	法人越权行为原则的再认识	法制与社会发展	2001
835	李建华	论中国民法的现代性问题——民法典立法基调前瞻	法制与社会发展	2002
836	李建华	论私法自治与我国民法典——兼评《中华人民共和国民法(草案)》第4条的规定	法制与社会发展	2003
837	李建华	论我国物权请求权诉讼时效制度的立法选择——兼论《中华人民共和国民法(草案)的相关规定》	法学评论	2003
838	李建华	论我国法定抵押权制度的立法模式	社会科学战线	2004
839	李建华	专家对第三人承担民事责任的理论基础——兼论德国新债法对我国民事立法的启示	社会科学战线	2005
840	李建华	论物权变动的便捷与安全原则——兼评《中华人民共和国民法(草案)》的相关规定	吉林大学社会科学学报	2005
841	李建华	论知识产权法定原则——兼论我国知识产权制度的创新	吉林大学社会科学学报	2006
842	李建华	以人为本与中国民法典的价值取向	社会科学战线	2006
843	李建华	论经济犯罪民事责任的归责原则与构成要件	当代法学	2008
844	李建华	我国民法典总则编私权的立法设计——对私权一般性规定和类型化的反思	吉林大学社会科学学报	2008
845	李建华	经济犯罪民事责任的界定及其强化	法学杂志	2009
846	李建华	中国未来民法典总则编私法责任一般条款的立法设计	社会科学战线	2009
847	李建华	《中华人民共和国侵权责任法(草案)》立法研讨会综述	当代法学	2009
848	李建华	论商铺业主经营权与建筑物区分所有权冲突的司法处理	法学论坛	2009
849	李建华	论《侵权责任法(草案)》结构体例设计之不足——以特殊侵权行为之内涵分析为视角	暨南学报	2009
850	李建华	论民事权益——民法保护对象的立法和司法双重确认	法学杂志	2011
851	李建华	论财产性民事责任优先承担规则	社会科学战线	2011
852	李建华	构筑私权的类型体系	当代法学	2012
853	李建华	我国民法典总则编私权客体制度的立法设计	吉林大学社会科学学报	2012
854	李建华	论合同相对性原则在处理商品房买卖合同纠纷中的司法适用	法律科学	2012
855	李建华	中国民法典应构建老年监护制度——兼论中国自然人民事行为能力制度完善	社会科学战线	2012
856	李建华	大规模侵权惩罚性赔偿制度的适用	法学杂志	2013

序号	作者	论文名称	期刊来源	发表年度
857	李建华	我国食品侵权潜在损害医疗检查费制度的构建	经济纵横	2013
858	李建华	民法典人格权客体立法设计的理论选择	社会科学战线	2013
859	李建华	人格权财产利益制度的基本原则	湖南社会科学	2014
860	李建华	论商事权利理论体系的构建	吉林大学社会科学学报	2014
861	李建华	论商事权利研究范式	社会科学战线	2014
862	李建华	论民法典"提取公因式"的立法技术	河南社会科学	2015
863	李拥军	从"人可非人"到"非人可人"：民事主体制度与理念的历史变迁——对法律"人"的一种解析	法制与社会发展	2005
864	李拥军	论权利的生成	学术研究	2005
865	李拥军	论市民社会的权利——对个人、社会、国家权利关系的一种解析	华东政法学院学报	2005
866	李拥军	"法治、宪政与人权"学术研讨会会议纪要	法制与社会发展	2005
867	李拥军	判例法在中国的"可行"与"缓行"	政治与法律	2006
868	李拥军	现代西方国家性犯罪立法的特点与趋向——关于完善我国当前性犯罪立法的一点思考	河北法学	2006
869	李拥军	宽容与不容：现代社会法对性调整的特点与趋势——以性权利为视角的考察	法制与社会发展	2006
870	李拥军	掀开法律的男权主义面纱——对中国当代性犯罪立法的文化解读与批判	法律科学	2007
871	李拥军	从斗争到合作：权利实现的理念更新与方式转换	社会科学	2008
872	李拥军	从意识到话语：性权利观念的历史演进与发展脉络	法制与社会发展	2008
873	李拥军	性权利存在的人性基础——中国当代性行为立法不能省略的维度	华东政法大学学报	2008
874	李拥军	我国军婚特殊保护制度的困境与出路	当代法学	2009
875	李拥军	权利与权力的分野与暗合——对个人与国家权利关系的一种解析	甘肃社会科学	2009
876	李拥军	当代中国法律体系的反思与重构	法制与社会发展	2009
877	李拥军	从传统到现代：性法律理念的更新与调整方式的转换	法律科学	2009
878	李拥军	卢梭人民主权理论的内在逻辑及其警示	社会科学辑刊	2010
879	李拥军	中国环境法治的理念更新与实践转向——以从工业社会向风险社会转型为视角	学习与探索	2010
880	李拥军	婚姻的起源与婚姻形态的演变——一个突破功能主义的理论解释	山东大学学报	2010
881	李拥军	当代中国法律中的"政治人"影像	华东政法大学学报	2011
882	李拥军	性的自治与规制——在法律规则的视野下对性权利的一种解读	法制与社会发展	2012
883	李拥军	我国人民陪审制度的现实困境与出路——基于陪审复兴背后的思考	法学	2012

序号	作者	论文名称	期刊来源	发表年度
884	李拥军	自私的基因与两性的博弈：人类婚姻制度生存机理的生物学解释	法律科学	2012
885	李拥军	"政治之重"与"司法之轻"：我国当下人民陪审制度的社会价值与存在基础	社会科学辑刊	2012
886	李拥军	主体性重建与现代社会纠纷解决方式的转向	学习与探索	2012
887	李拥军	"亲属相奸"何以为罪？——对乱伦罪回归中国刑法的深层思考	兰州大学学报	2012
888	李拥军	中国特色社会主义法学理论发展的动力与机制	法制与社会发展	2013
889	李拥军	"孝"的法治难题及其理论破解	学习与探索	2013
890	李拥军	"亲亲相隐"与"大义灭亲"的博弈：亲属豁免权的中国面相	中国法学	2014
891	李拥军	法律与伦理的"分"与"合"——基于清末"礼法之争"背后的思考	学习与探索	2015
892	李 昕	论美国公司法中的外部董事制度	法制与社会发展	2002
893	李 昕	索洛维约夫人权思想论纲	法学杂志	2011
894	李 昕	法是善的底限——索洛维约夫法哲学思想的核心	当代法学	2012
895	李 剑	论反垄断法的价值取向	法制与社会发展	2008
896	李 剑	论联合抵制交易的违法性判断标准	当代法学	2009
897	李 剑	论反垄断法规则模糊性的原因	当代法学	2010
898	李 剑	论经济分析方法在反垄断法中的应用	学习与探索	2011
899	李 剑	论销售者的产品缺陷责任——兼议《产品质量法》第42条与第43条的关系	当代法学	2011
900	李 剑	论市场失灵与经济法的关系——以市场规制法为视角的考察	学习与探索	2012
901	李 剑	论反垄断法在市场经济中的价值意蕴	当代法学	2012
902	李 剑	论垄断合同理论对合同相对性原则的超越	社会科学战线	2012
903	李 剑	论反垄断法中的环境豁免问题	环境保护	2013
904	李 剑	论反垄断法的实质理性	学习与探索	2013
905	李 剑	论垄断协议违法性的分析模式——由我国首例限制转售价格案件引发的思考	社会科学	2014
906	李 剑	欧盟汽车售后市场纵向垄断协议规制及其启示	价格理论与实践	2015
907	李宪普	论上市公司股东持股变动信息披露法律管制的限度——以证券公开原则与信托法上的保密义务的冲突为例	河北法学	2005
908	李 洁	不同罪刑阶段罪与刑设定模式研究	中国法学	2002
909	李 洁	刑法中财产损失与人员伤亡后果并列与分别规定之利弊分析	政法论坛	2002
910	李 洁	论一般没收财产刑应予废止	法制与社会发展	2002
911	李 洁	罚金刑之数额规定研究	吉林大学社会科学学报	2002
912	李 洁	罪刑法定之明确性要求的立法实现——围绕行为程度之立法规定方式问题	法学评论	2002

序号	作者	论文名称	期刊来源	发表年度
913	李洁	中日涉罪之轻微行为处理模式比较研究	法律科学	2002
914	李洁	论我国刑事司法统计信息的公布	法学	2004
915	李洁	中日共犯问题比较研究概说	现代法学	2005
916	李洁	美国刑法中主观罪过表现形式初探	法学评论	2005
917	李洁	公正定罪实现论纲	吉林大学社会科学学报	2006
918	李洁	刑法超法规司法解释的理性选择	甘肃政法学院学报	2007
919	李洁	中国犯罪构成理论构建的理论体系与价值前提	吉林大学社会科学学报	2008
920	李洁	前见的证成与修正：传统定罪思维之超越——兼论犯罪构成理论模式之选择	政治与法律	2008
921	李洁	论犯罪定量因素立法化对法定刑模式的要求——以抢劫罪为实例的研究	江苏行政学院学报	2008
922	李洁	中国通论犯罪构成理论体系评判	法律科学	2008
923	李洁	遏制重刑：从立法技术开始	吉林大学社会科学学报	2009
924	李洁	中国法科研究生教育向何处去	中国高教研究	2010
925	李洁	为他人谋取利益不应成为受贿罪的成立条件	当代法学	2010
926	李洁	我国假发票犯罪刑罚立法的反思及评判	政治与法律	2010
927	李洁	论量刑规范化应当缓行——以我国现行刑法立法模式为前提的研究	吉林大学社会科学学报	2011
928	李洁	量刑规范化的规范方式选择	当代法学	2011
929	李洁	论教唆、帮助自杀行为的可罚性	政治与法律	2013
930	李洁	死刑并科财产刑的实质根据质疑	当代法学	2013
931	李洪祥	"家庭暴力"之法律概念解析	吉林大学社会科学学报	2007
932	李洪祥	我国未来民法典中亲子关系否认制度的建构	当代法学	2008
933	李洪祥	《侵权责任法（草案）》第四十八条规定之检讨及立法建议	法学杂志	2009
934	李洪祥	中国内地与香港互相认可离婚判决的困境与解决模式选择	法制与社会发展	2010
935	李洪祥	离婚财产分割协议的类型、性质及效力	当代法学	2010
936	李洪祥	我国亲属法应当回归未来民法典	吉林大学社会科学学报	2011
937	李洪祥	婚姻法律存在的问题及对策研究——以亲属法体系的完善为视角	当代法学	2012
938	李洪祥	吉林省长春市2008至2010年预防和制止家庭暴力实践情况的调查报告	当代法学	2012
939	李洪祥	预防和制止家庭暴力的困境与出路——以长春市家庭暴力及防治情况的调查为例	新视野	2012
940	李洪祥	遗产归扣制度的理论、制度构成及其本土化	现代法学	2012
941	李洪祥	论我国民法典立法之亲属法体系构建的价值取向	社会科学战线	2012

序号	作者	论文名称	期刊来源	发表年度
942	李洪祥	离婚妇女婚姻家庭权益司法保障实证研究——以吉林省中等发达地区某基层法院2010～2012年抽样调查的离婚案件为对象	当代法学	2014
943	李洪祥	夫妻一方以个人名义所负债务清偿规则之解构	政法论丛	2015
944	李洪祥	我国离婚率上升的特点及其法律对策	社会科学战线	2015
945	李炳烁	法律价值体系之内的自由与和谐	法制与社会发展	2006
946	李哲范	"显失公正"之定位	当代法学	2010
947	李哲范	统一行政行为概念的路径选择——以国外行政诉讼立法技术为借鉴	当代法学	2012
948	李哲范	司法变更权限定与扩大的博弈——以司法权界限论为视角	吉林大学社会科学学报	2012
949	李哲范	论行政裁量权的司法控制——《行政诉讼法》第5条、第54条之解读	法制与社会发展	2012
950	李晓红	股权分置改革承诺的履行监管与股东权益保护	证券市场导报	2007
951	李晓欧	中国重刑化弊端及其限制路径——以《中华人民共和国刑法修正案（八）》为观照	当代法学	2010
952	李海平	社团自治与宪法变迁	当代法学	2010
953	李海平	社团自治与基本权利变迁	社会科学战线	2011
954	李海平	宪法上人的尊严的规范分析	当代法学	2011
955	李海平	政府购买公共服务法律规制的问题与对策	国家行政学院学报	2011
956	李海平	论作为宪法权利的团体自治权	吉林大学社会科学学报	2011
957	李海平	论社会宪政	法律科学	2012
958	李海平	少数族群差异权利的证成——金里卡的多元文化自由主义	学术研究	2012
959	李海平	论人的尊严在我国宪法上的性质定位	社会科学	2012
960	李海平	论党内民主的宪制化	云南社会科学	2013
961	李海平	论作为我国宪法学基本范畴的非国家公权力	江汉论坛	2014
962	李海平	从宪法的实践到实践的宪法——宪法社会学的理论逻辑	社会科学战线	2014
963	李海滢	浅谈刑事附带民事诉讼中的精神损害赔偿问题	长白学刊	2001
964	李海滢	亲手犯问题研究	中国刑事法杂志	2004
965	李海滢	关于应对我国当前跨国腐败犯罪的新思索	理论探讨	2007
966	李海滢	国际犯罪与国际不法行为关系透析	政治与法律	2007
967	李海滢	腐败犯罪控制视野下的资格刑研究	法学杂志	2009
968	李海滢	涉外腐败犯罪刑事管辖权冲突问题研究——以中国为视角的思考	当代法学	2009
969	李海滢	我国偷税罪立法完善新思维——以刑法与税法之协调为进路	政治与法律	2009
970	李海滢	生态文明建设与刑法完善	社会科学战线	2010

续表

序号	作者	论文名称	期刊来源	发表年度
971	李海滢	加强党内监督制度化建设必须注意四个问题	理论探讨	2010
972	李海滢	利用影响力受贿罪的法理解析	东北师大学报	2011
973	李海滢	国际刑事法院吓阻国际刑事违法行为的能力：一种理论上的评估	社会科学战线	2011
974	李海滢	国际刑法学研究的困境与出路：以中国为基点的思索	法律科学	2012
975	李海滢	我国刑事被害人救助制度的未来走向——以国家刑事赔偿、国家刑事补偿与刑事被害人救助关系辨析为进路	齐鲁学刊	2012
976	李海滢	执法正义：法治政府的价值理念	社会科学研究	2012
977	李海滢	国际刑法学科发展的瓶颈与出路——以我国20所法学权威机构为调查对象	当代法学	2013
978	李海滢	中国反腐败对外刑事司法合作的拓展——对"中行开平案"与"厦门远华特大走私案"的反思	社会科学战线	2013
979	李海滢	试论国际刑事法院对维和人员犯罪的管辖	吉林大学社会科学学报	2013
980	李 晨	人权入宪与我国行政诉讼制度的完善	中州学刊	2005
981	李 强	法律社会学中的法律文化概念——评劳伦斯·弗里德曼《选择的共和国》	法律科学	2006
982	李 强	马克斯·韦伯法律社会学中的方法论问题	法制与社会发展	2007
983	李綦通	惯常行为理论视野下青少年犯罪的犯罪学因果关系	当代法学	2009
984	李綦通	恢复性司法理念下我国刑事和解制度的构建	北京理工大学学报	2010
985	李綦通	论国际刑法的"法"属性	东北大学学报	2010
986	李綦通	从国际主义到世界主义：论全球性法律的基础理念	北方论丛	2010
987	李綦通	论自由主义权利理论的演变——从古典自由主义到新自由主义	学习与探索	2010
988	李綦通	紧张理论视野下的犯罪发生机制及对策	四川大学学报	2010
989	李綦通	犯罪生态学理论视野下我国城市流动人口犯罪的成因与对策	东疆学刊	2011
990	李綦通	国际刑事法院的新自由制度主义理论解读	社会科学辑刊	2012
991	李綦通	被害预防——我国犯罪治理的常规模式	社会科学战线	2014
992	李綦通	证伪·整合：犯罪原因论发展路径的选择	东北大学学报	2014
993	李綦通	国际关系理论演进与国际刑事法院的设立	学习与探索	2014
994	杜文俊	内幕交易民事赔偿的实体问题研究	社会科学	2003
995	杜建明	认真对待阶级——转型时期中国法学一个不可或缺的维度	法制与社会发展	2010

续表

序号	作者	论文名称	期刊来源	发表年度
996	杜健荣	对现代法治的反思——评 R. M. 昂格尔《现代社会中的法律》	河北法学	2007
997	杜健荣	法律与社会的共同演化——基于卢曼的社会系统理论反思转型时期法律与社会的关系	法制与社会发展	2009
998	杜宴林	现代化进程中的中国法治——方法论的检讨与重整	法制与社会发展	2001
999	杜宴林	后现代方法与法学研究范式的转向	吉林大学社会科学学报	2001
1000	杜宴林	法律人文主义教育论纲	法制与社会发展	2002
1001	杜宴林	论中国法制现代化的现实关切与终极关怀	法制与社会发展	2003
1002	杜宴林	古典自然法的人文主义解释	法制与社会发展	2004
1003	杜宴林	法律本体的人文主义基础论析	法制与社会发展	2005
1004	杜宴林	公民社会培育的法治之道	吉林大学社会科学学报	2006
1005	杜宴林	中国法学的概念解析——兼谈中国法学向何处去	法制与社会发展	2006
1006	杜宴林	当代中国法学发展理论的解构与建构——以人为本为视角的考察	法制与社会发展	2008
1007	杜宴林	驯化法律：部门法哲学的基本使命	法学评论	2011
1008	杜宴林	论法学研究的中国问题意识——以关于法律信仰问题的争论为分析线索	法制与社会发展	2011
1009	杜宴林	从文化视角看社科研究的协同创新	中国高等教育	2013
1010	杜宴林	民族区域自治制度的源与流：知识谱系的考察	法制与社会发展	2013
1011	杜宴林	当下中国需要怎样的治理现代化——基于法治文明的视角	法制与社会发展	2014
1012	杨二奎	道家法治理念之精义	中州学刊	2010
1013	杨代雄	电子商务法律模型论纲	法制与社会发展	2002
1014	杨代雄	萨维尼法学方法论中的体系化方法	法制与社会发展	2006
1015	杨代雄	私权一般理论与民法典总则的体系构造——德国民法典总则的学理基础及其对我国的立法启示	法学研究	2007
1016	杨代雄	物权法定原则批判——兼评《中华人民共和国物权法》第五条	法制与社会发展	2007
1017	杨代雄	主体意义上的人格与客体意义上的人格——人格的双重内涵及我国民法典的保护模式选择	环球法律评论	2008
1018	杨代雄	伦理人概念对民法体系构造的影响——民法体系的基因解码之一	法制与社会发展	2008
1019	杨代雄	物权变动规范模式分析框架的重构——兼及我国《物权法》中物权变动规范模式的解读	当代法学	2009
1020	杨代雄	我国民法典中权利复原请示权的立法构想——以民事权利救济制度二元结构的确立为主旨	法学评论	2009
1021	杨建军	"法理"词义考	宁夏社会科学	2008
1022	杨 波	对法律事实建构论的初步阐释——以主体间性为分析进路的思考	法制与社会发展	2006

序号	作者	论文名称	期刊来源	发表年度
1023	杨 波	论法律事实的程序保障	当代法学	2008
1024	杨 波	由"真实"到"程序内的共识"——刑事诉讼事实认定标准理论的新展开	法制与社会发展	2010
1025	杨 波	法律事实建构论的规则之维——以刑事诉讼为对象的分析	当代法学	2010
1026	杨 波	法律事实建构论论纲——以刑事诉讼为中心的分析	吉林大学社会科学学报	2010
1027	杨 波	法律事实建构论的主体之维——以刑事诉讼为对象的分析	政法论坛	2011
1028	杨 波	证据裁判原则新论	社会科学战线	2011
1029	杨 波	诉讼认识论探究——以刑事诉讼为对象的分析	求是学刊	2011
1030	杨 波	法律事实建构论的程序之维——以刑事诉讼为对象的分析	学习与探索	2011
1031	杨 波	非法证据排除规则适用程序研究——以庭审程序为核心的分析	中国刑事法杂志	2011
1032	杨 波	被追诉人阅卷权探究——以阅卷权权属为基点的展开	当代法学	2012
1033	杨 波	中国特色社会主义刑事诉讼法学理论研究	当代法学	2013
1034	杨 波	由证明力到证据能力——我国非法证据排除规则的实践困境与出路	政法论坛	2015
1035	杨晓畅	社会正义抑或个人自由？——庞德利益理论根本诉求的探究	法制与社会发展	2010
1036	杨晓畅	试论社会转型时期中国法律哲学建构的三个维度	学习与探索	2010
1037	杨清望	物权法的价值理念基础	法制与社会发展	2006
1038	杨清望	个人选择：现代社会秩序正当性的基础——评《选择的共和国：法律、权威与文化》	河北法学	2007
1039	杨清望	社会转型与物权法精神的现代化	政法论坛	2007
1040	沈映涵	解读描述社会学——哈特法律理论中描述性方法研究的前提性分析	法制与社会发展	2007
1041	邹立君	从知识增量的角度解读罗斯科·庞德《法理学》第一卷	吉林大学社会科学学报	2005
1042	邹立君	"现实"的问题化：一种崭新的理论进路	政法论坛	2005
1043	邹立君	良好程序理论的超越：朗·富勒法律秩序观的建构——兼评富勒《社会秩序原理》	法律科学	2006
1044	邹志臣	行政契约的法律控制研究	经济纵横	2006
1045	闵春雷	世纪之交诉讼法学研究的五年回顾与展望	法制与社会发展	2001
1046	闵春雷	证据价值论	法制与社会发展	2002
1047	闵春雷	证据概念的反思与重构	法制与社会发展	2003
1048	闵春雷	刑事侦查程序中司法审查机制的构建	法制与社会发展	2003
1049	闵春雷	证据法学理论基础探究	吉林大学社会科学学报	2003
1050	闵春雷	完善我国刑事搜查制度的思考	法商研究	2005

续表

序号	作者	论文名称	期刊来源	发表年度
1051	闵春雷	羁押的理性控制——羁押实质条件之完善	吉林大学社会科学学报	2005
1052	闵春雷	刑事庭前程序研究	中外法学	2007
1053	闵春雷	刑事诉讼中的程序性证明	法学研究	2008
1054	闵春雷	中国诉讼法学 30 年理论创新回顾	当代法学	2009
1055	闵春雷	证明对象研究走向评析	吉林大学社会科学学报	2009
1056	闵春雷	严格证明与自由证明新探	中外法学	2010
1057	闵春雷	证据裁判原则的新展开	法学论坛	2010
1058	闵春雷	论量刑证明	吉林大学社会科学学报	2011
1059	闵春雷	《刑事诉讼法修正案（草案）》完善的基本方向——以人权保障为重心	政法论坛	2012
1060	闵春雷	论侦查程序中的会见权	当代法学	2012
1061	闵春雷	非法证据排除规则适用问题研究	吉林大学社会科学学报	2014
1062	闵春雷	量刑证明的困境与出路	学术交流	2015
1063	陈庆安	论公务犯罪的单位主体	中州学刊	2006
1064	陈兵	"法学流派"类型研究	江汉论坛	2009
1065	陈兵	从继受到自主创新,19 世纪下半叶美国法上垄断概念研究	中外法学	2010
1066	陈兵	解读美国反托拉斯法适用中的合理规则——兼论英美法上"贸易限制合同"案件的处理模式	太平洋学报	2010
1067	陈兵	不当得利的识别与最密切联系原则的适用——以美国模式为考察对象	大连理工大学学报	2010
1068	陈兵	《谢尔曼法》域外适用中"礼让"的变迁与启示——由我国"维生素 C 案"引发的思考	法学	2010
1069	陈兵	论《谢尔曼法》域外适用制度及其启示——以美国 20 世纪 70 年代成型期案例考察为基础	江汉论坛	2010
1070	陈兵	金融风险转移的再审视与金融监管理念之更新——从美国资产证券化问题说开	学术论坛	2010
1071	陈兵	我国《反垄断法》"滥用市场支配地位"条款适用问题辨识	法学	2011
1072	陈兵	美国法上共谋与联合限制贸易概念的生成与早期适用——以 19 世纪下半叶历史进路的考察为中心	当代法学	2011
1073	陈兵	国际视域下非政府组织生长的原因解说	江汉论坛	2011
1074	陈兵	普通法上董事侵权责任解说——由香港法院近年判例引起的思考	北京理工大学学报	2012
1075	陈兵	美国反托拉斯法生成进路研究——以规制铁路公司垄断为线索	法制与社会发展	2012
1076	陈兵	论农业产业政策与竞争政策的协调——以农业产业法规与反垄断法农业适用除外制度之关系补正为中心	江汉论坛	2013

序号	作者	论文名称	期刊来源	发表年度
1077	陈 兵	法学教育应推进模拟法庭教学课程化	中国大学教学	2013
1078	陈 兵	我国农业利益的竞争法保护路径探析——兼谈反垄断法农业适用除外制度之改进	学术论坛	2013
1079	陈 兵	论反垄断法对消费者的保护——以滥用市场支配地位案件为中心	湖南师范大学社会科学学报	2013
1080	陈 兵	农业市场竞争文化缺失与竞争监管缺位及其消解	西北农林科技大学学报	2013
1081	陈 兵	反垄断法实施与消费者保护的协同发展	法学	2013
1082	陈 兵	论我国现阶段反垄断法实施重点——以美国经验为参照	社会科学	2013
1083	陈 兵	现代反垄断法语境中的消费者保护	上海财经大学学报	2013
1084	陈 兵	论法治视阈下我国农业工业化污染协同防治体系	南京农业大学学报	2014
1085	陈 兵	"二战"后日本农业产业政策的演进及其启示——以相关立法为中心的解说	农业经济问题	2014
1086	陈 兵	网络购物对消费者知情权的挑战与应对	社会科学战线	2014
1087	陈 兵	我国食品安全单一治理的困境与多维治理的选择	江汉论坛	2014
1088	陈 兵	网络团购给税收监管带来的挑战与应对	云南社会科学	2014
1089	陈 兵	新经济时代从"以票控税"到"信息管税"的转向——由B2T税收征管问题引发的思考	法学	2014
1090	陈 兵	信息化背景下消费者保护法律模式升级——以新《消费者权益保护法》为视角	江西社会科学	2015
1091	陈 兵	汽车行业价格垄断协议违法性认定与法律治理	法学	2015
1092	陈 兵	《税收征收管理法》修订下网络交易税收监管问题解读——以第三方平台管控为中心	上海财经大学学报	2015
1093	陈 兵	法治经济语境下负面清单模式与政府管制改革	东北师大学报	2015
1094	陈 兵	建立农村环境ADR机制探索	西北农林科技大学学报	2015
1095	陈 兵	网络经济下相关市场支配地位认定探析——以3Q为例	价格理论与实践	2015
1096	陈 兵	论全球化视阈下我国税收征管法律模式改革理路——以网络交易税收征管为中心的解读	中山大学学报	2015
1097	陈劲阳	过当犯论要	法制与社会发展	2002
1098	陈劲阳	英美刑法语境中的主观主义与客观主义——安东尼·杜夫犯罪未遂理论解读	社会科学战线	2003
1099	陈劲阳	刑法信条学与犯罪论体系的构筑	法制与社会发展	2006
1100	陈劲阳	犯罪论体系理论史上问题思考模式论要——以法国刑法学为主要视角	社会科学战线	2006

续表

序号	作者	论文名称	期刊来源	发表年度
1101	陈劲阳	论大陆法系犯罪论体系的概念	求索	2006
1102	陈劲阳	英国唯心主义哲学刑罚观探析	社会科学战线	2013
1103	陈劲阳	死刑的正当性再思——交往主义刑罚理论背景下的考察	吉林大学社会科学学报	2014
1104	陈昊天	战后日本区域开发与法律支撑体系	现代日本经济	2007
1105	陈 胥	试论渎职罪的立法缺陷	法学评论	2001
1106	单平基	自然资源国家所有权性质界定	求索	2010
1107	单 勇	犯罪的文化冲突论——基于中国转型社会的分析	法制与社会发展	2008
1108	单 勇	被害人权利保护与恢复性司法	当代法学	2008
1109	单 勇	中国犯罪治理模式的文化研究——运动式治罪的式微与日常性治理的兴起	吉林大学社会科学学报	2009
1110	单 勇	"前理解"对刑法解释的消极影响及其控制	法商研究	2009
1111	周红阳	为什么问得那么不妙——去蔽过程中的法律寻求者	浙江社会科学	2006
1112	周红阳	越过边境去立法——柏拉图《理想国》的一个注脚	河北法学	2007
1113	周红阳	哈耶克的两条路——阅读《规划·秩序·无知》	法制与社会发展	2007
1114	周国兴	法律不确定性命题——一个问题史的考察	环球法律评论	2010
1115	周国兴	公共性/批判性的重建——评《去政治化的政治：短20世纪的终结与90年代》	开放时代	2010
1116	周晓虹	正当性、合理性和现实性——世贸组织法中发展中国家的特殊和差别待遇	法制与社会发展	2002
1117	周晓虹	一般法理学的"乌托邦"——述评《全球化与法律理论》	法制与社会发展	2005
1118	周晓虹	是否存在一个公平的竞技场？——论主权财富基金的投资待遇	当代法学	2011
1119	周晓虹	关于主权财富基金治理的三重追问	当代法学	2012
1120	庞 正	三个代表与政治文明入宪之意义	法制与社会发展	2004
1121	庞铁力	我国石油行业垄断的法律规制	求索	2010
1122	林雪标	我国反腐败源头性制度探析	河南师范大学学报	2008
1123	林雪标	资产分享相关问题研究	河南师范大学学报	2010
1124	苗 炎	哈特社会规则理论的限度	法制与社会发展	2007
1125	苗 炎	凯尔森法律规范性理论评析	法制与社会发展	2009
1126	苗 炎	哈特法律规范性理论再研究	法制与社会发展	2010
1127	苗 炎	全国人大常委会立法政策反思——以立法修改背景下的司法解释为例的分析	法制与社会发展	2012
1128	苗 炎	司法民主：完善人民陪审员制度的价值依归	法商研究	2015
1129	苗 炎	人民陪审员制度启动模式研究	当代法学	2015
1130	范 森	慎用逮捕措施是宽严相济的必然要求	法学杂志	2008
1131	范德繁	针对网络犯罪之认定探讨——兼评刑法相应立法的完善	法制与社会发展	2001
1132	郑军男	不能未遂犯论争——"客观危险说"批判	法制与社会发展	2002

序号	作者	论文名称	期刊来源	发表年度
1133	郑军男	西原春夫教授学术报告综述	法制与社会发展	2002
1134	郑军男	刑法司法解释方法论——寻求刑法司法解释的客观性	吉林大学社会科学学报	2003
1135	郑军男	论定罪中的"主客观相统一原则"——解读刑法理论中的主观主义与客观主义	法制与社会发展	2005
1136	郑军男	德日构成要件理论的嬗变——贝林及其之后的理论发展	当代法学	2009
1137	郑军男	论刑法学上的犯罪构成概念	当代法学	2010
1138	郑军男	一元的行为无价值论及其批判——德日违法性理论考察	吉林大学社会科学学报	2010
1139	郑军男	日本死刑适用中公共舆论的影响	吉林大学社会科学学报	2012
1140	郑军男	韩国刑法不能犯之探究——以韩国刑法第27条为核心	当代法学	2013
1141	郑成良	中美两国司法理念的比较	法制与社会发展	2003
1142	郑维炜	国际技术贸易中知识产权保护的前提性困境与出路	求索	2009
1143	郑智航	建构"中国法律理想图景"的知识基础——读《中国法学向何处去》	河北法学	2006
1144	郑智航	宽容意识与权利话语的逻辑转向	法制与社会发展	2009
1145	郑智航	论适当生活水准权的救济	政治与法律	2009
1146	郑智航	南非食物权定性的论争及其启示	法商研究	2009
1147	郑智航	论南非健康权的救济	西亚非洲	2009
1148	郑雅方	行政裁量基准实质渊源——以公共政策为例	社会科学战线	2010
1149	郑雅方	论行政裁量基准的实质渊源——以行政惯例为例	法制与社会发展	2010
1150	侯学宾	美国宪法解释中的原旨主义——一种学术史的考察	法制与社会发展	2008
1151	侯学宾	美国宪法解释中的不同民主观——原旨主义和能动主义之比较	当代法学	2010
1152	侯学宾	含义、原初性与宪法忠诚——原旨主义的三种基本共识性命题	法制与社会发展	2010
1153	侯学宾	我国法官等级制度之检讨——以大法官群体为例	法商研究	2013
1154	侯学宾	司法机关释宪的制度困境——一种原旨主义回答	社会科学战线	2013
1155	侯学宾	中国法治指数设计的思维度	法律科学	2013
1156	侯　强	移植与改造:清末新式法律教育中的行政法教学	行政法学研究	2006
1157	侯　强	清末留日热潮对近代中国法制现代化的影响	历史档案	2007
1158	侯瑞雪	整合进路中的发展策略:伯克利学派的理论纲领——兼评《转变中的法律与社会:迈向回应型法》	河北法学	2006
1159	姚建宗	法治与公共话语	吉林大学社会科学学报	2001
1160	姚建宗	国家统一司法考试与我国司法官遴选:基本认识与框架设计思路	法制与社会发展	2002
1161	姚建宗	开放的学术论坛与自由的思想殿堂:对我国法学学术刊物的功能期待——为《法制与社会发展》创刊十周年而作	法制与社会发展	2005
1162	姚建宗	权利思维的另一面	法制与社会发展	2005

序号	作者	论文名称	期刊来源	发表年度
1163	姚建宗	主题变奏:中国法学在路上——以法理学为视角的观察	法律科学	2007
1164	姚建宗	中国法律哲学的立场和使命——评邓正来教授《中国法学向何处去》	河北法学	2007
1165	姚建宗	法律传统论纲	吉林大学社会科学学报	2008
1166	姚建宗	论法律与政治的共生:法律政治学导论	学习与探索	2010
1167	姚建宗	法律的政治逻辑阐释	政治学研究	2010
1168	姚建宗	新兴权利论纲	法制与社会发展	2010
1169	姚建宗	法学研究及其思维方式的思想变革	中国社会科学	2012
1170	姚建宗	中国特色社会主义法学理论体系研究	法制与社会发展	2012
1171	姚建宗	中国特色社会主义法律基本原理释论	学习与探索	2013
1172	姚建宗	中国语境中的法律实践概念	中国社会科学	2014
1173	姚建宗	当代中国法律移植认识的基调演变——基于学术史的考察与展望	新疆师范大学学报	2015
1174	姚 莹	国际海上货物运输中的权利转让问题研究——以UNCITRAL《运输法公约(草案)》为视角	当代法学	2008
1175	姚 莹	《鹿特丹规则》对承运人"凭单放货"义务重大变革之反思——交易便利与交易安全的对弈	当代法学	2009
1176	姚 莹	东北亚区域海洋环境合作路径选择——"地中海模式"之证成	当代法学	2010
1177	姚 莹	解决中日东海争端的司法路径探析	当代法学	2011
1178	姚 莹	"共同但有区别责任"原则下海运减排路径探析	当代法学	2012
1179	姚 莹	中国破解中菲"南海困局"的路径选择	海南大学学报	2014
1180	姚 莹	德班平台气候谈判中我国面临的减排挑战	法学	2014
1181	姚 莹	2014年孟加拉国与印度孟加拉湾划界案评述——兼论对中菲南海仲裁案的启示	当代法学	2015
1182	姚 莹	南海环境保护区域合作:现实基础、价值目标与实现路径	学习与探索	2015
1183	姜 朋	内幕人短线交易收益归入制度简论	法制与社会发展	2001
1184	祝 杰	信托制股权投资基金发展研究	东北师大学报	2011
1185	祝 杰	从制度演进视域研究保险监管制度的转型与建构	求索	2012
1186	祝 杰	我国保险资金运用法律规则的审视与优化	当代法学	2013
1187	祝 杰	我国保险监管的困局与出路	东北师大学报	2013
1188	胡晓静	德国上市公司中董事会与监事会的共同作用	当代法学	2008
1189	胡晓静	论公司社会责任:内涵、外延和实现机制	法制与社会发展	2010
1190	胡晓静	论董事自我交易的法律规制	当代法学	2010
1191	胡晓静	有限责任公司隐名出资法律问题研究——对《公司法解释(三)》的解读	当代法学	2012
1192	胡晓静	论设立中公司的民事主体地位——以德国法为借鉴	吉林大学社会科学学报	2013

续表

序号	作者	论文名称	期刊来源	发表年度
1193	胡晓静	论股东优先购买权的效力	环球法律评论	2015
1194	赵 玉	有限合伙型股权投资基金的本土化法律思考	法学杂志	2010
1195	赵 玉	论我国有限合伙型股权投资基金的制度结构与完善路径	社会科学研究	2010
1196	赵 亮	论宽严相济刑事政策几个问题	当代法学	2008
1197	赵俊甫	过失实行行为研究	中国刑事法杂志	2004
1198	赵俊甫	推定——一个魔术词语的概念解析	河南师范大学学报	2008
1199	赵 珊	略论表见代理	社会科学辑刊	2004
1200	赵海乐	澳大利亚对华反倾销中"特殊市场情况"的滥用	国际经贸探索	2014
1201	赵海乐	是国际造法还是国家间契约——"竞争中立"国际规则形成之惑	安徽大学学报	2015
1202	赵海乐	论外资并购国家安全审查中的投资者保护缺失——以三一集团诉奥巴马案为视角	现代法学	2015
1203	赵惊涛	排污权交易与清洁发展机制	当代法学	2008
1204	赵惊涛	循环经济视野下企业环境责任的正当性分析	社会科学战线	2009
1205	赵惊涛	排污权及存在的正当性	法制与社会发展	2009
1206	赵惊涛	低碳经济与环境立法创新	环境保护	2010
1207	赵惊涛	低碳经济与企业环境责任	吉林大学社会科学学报	2010
1208	赵惊涛	低碳经济视野下企业环境责任实施的路径选择	吉林大学社会科学学报	2011
1209	赵惊涛	资源型城市的生态保护与环境治理	环境保护	2012
1210	赵惊涛	生态文明视域下环境责任预防机制构建——以倾倒工业废水污染土地案为例	环境保护	2013
1211	赵惊涛	协商解决环境纠纷机制的选择	吉林大学社会科学学报	2015
1212	赵新华	世纪之交民商法学研究的五年回顾与展望	法制与社会发展	2001
1213	赵新华	《票据法》上票据金额记载规定的立法完善	法学	2011
1214	赵 路	俄罗斯联邦军事检察制度	当代法学	2008
1215	郝耀武	论物权效率原则	法制与社会发展	2006
1216	饶明辉	行政权的扩张与限制:从"戒严"到"紧急状态"	法制与社会发展	2004
1217	唐颖侠	国际贸易中的提单欺诈问题探析	上海大学学报	2002
1218	夏继森	说不尽的"现代性"——评《中国法学向何处去》	河北法学	2006
1219	夏锦文	论当事人程序自主权与法官诉讼指挥权的衡平——以民事司法为对象的考察	江海学刊	2006
1220	徐卫东	论垄断性营业行为的商法调控手段	法制与社会发展	2002
1221	徐卫东	论我国保险法上危险增加的类型化与危险增加的通知义务	吉林大学社会科学学报	2002
1222	徐卫东	董事的信托义务研究——从制度协调的视角调控董事行为的一种尝试	吉林大学社会科学学报	2004

序号	作者	论文名称	期刊来源	发表年度
1223	徐卫东	人性化考量下的台湾地区司法改革	吉林大学社会科学学报	2005
1224	徐卫东	中国高等法学教育三十年发展回顾	当代法学	2008
1225	徐卫东	现代和谐法治社会结构、有机运转探析——以法社会学视角	当代法学	2008
1226	徐卫东	投保人如实告知义务刍议	学习与探索	2012
1227	徐卫东	私人银行的业务承接及其法律风险防范	东南学术	2013
1228	徐卫东	保险公司社会责任论——公益性本质与社会性经营的法律契合	法学杂志	2014
1229	徐岱	世纪之交刑法学研究的五年回顾与展望	法制与社会发展	2001
1230	徐岱	罪刑法定原则与中国刑法近代化	法制与社会发展	2001
1231	徐岱	中国刑名及刑罚体系近代化论纲	吉林大学社会科学学报	2001
1232	徐岱	行贿罪之立法评判	法制与社会发展	2002
1233	徐岱	期待可能性的机能：扩张或紧缩	吉林大学社会科学学报	2002
1234	徐岱	刑法的立法解释论	吉林大学社会科学学报	2003
1235	徐岱	被害人承诺之刑法评价	吉林大学社会科学学报	2004
1236	徐岱	偷渡犯罪问题新透视	社会科学战线	2006
1237	徐岱	未成年人犯罪的刑法处遇——刑事政策视域下的学理解释	吉林大学社会科学学报	2006
1238	徐岱	论虚拟财产刑法保护的现状及其出路	法制与社会发展	2007
1239	徐岱	刑法谦抑理念下的刑事和解法律规制	吉林大学社会科学学报	2007
1240	徐岱	打击恐怕犯罪的中国刑法应对	华东政法学院学报	2007
1241	徐岱	和谐社会语境下的刑法现实问题——中国法学会刑法学研究会 2007 年年会综述	当代法学	2008
1242	徐岱	海峡两岸"刑法理论与刑法适用研讨会"学术综述	当代法学	2008
1243	徐岱	论知识产权犯罪惩治的困境及其出路	政治与法律	2008
1244	徐岱	恢复性司法的刑事政策价值及中国引入的模式	河南师范大学学报	2008
1245	徐岱	刑法解释学的独立品格	法学研究	2009
1246	徐岱	犯罪所得之物之刑法解释与适用——以商业贿赂犯罪为视角	中国刑事法杂志	2009
1247	徐岱	商业贿赂犯罪的刑事实体法完善	当代法学	2009
1248	徐岱	犯罪本质与实质违法性的判定	吉林大学社会科学学报	2009
1249	徐岱	单位犯罪刑事责任实现的困境及出路	社会科学战线	2010
1250	徐岱	刑事政策下的寻衅滋事罪立法及其完善——以《中华人民共和国刑法修正案（八）草案》为视角	当代法学	2010
1251	徐岱	犯罪本质下的三大关系论	吉林大学社会科学学报	2011
1252	徐岱	刑事辩护律师之法律伦理思考——涉黑案件中的正义、道德、尊严之辩	当代法学	2012
1253	徐岱	死刑司法控制的地方性实践与方向	吉林大学社会科学学报	2012

序号	作者	论文名称	期刊来源	发表年度
1254	徐岱	中国特色社会主义刑法学理论体系	当代法学	2013
1255	徐岱	美国死刑适用的最新现状及走向	当代法学	2014
1256	徐岱	美国死刑走向废除的障碍及启示	吉林大学社会科学学报	2014
1257	徐岱	规范目的视角下合同诈骗罪定罪问题研究	社会科学战线	2015
1258	徐岱	论被害方诉求与死刑的司法控制	吉林大学社会科学学报	2015
1259	徐晓	论董事义务与商业裁判规则	法制与社会发展	2001
1260	徐晓	论破产别除权的行使	当代法学	2008
1261	徐晓	商法学教材建设的困惑与思考	中国大学教学	2010
1262	徐晓	论票据利益返还请求权制度的废除	法商研究	2015
1263	徐清飞	物权法的人文精神检讨	法制与社会发展	2006
1264	徐清飞	全球化下的普遍人权批判：基于欧洲的视角——评 Global Law：A Triple Challenge	河北法学	2007
1265	徐清飞	《法律的概念》的功利主义检讨——以法律与道德的分离为中心	法制与社会发展	2007
1266	徐鹏	反倾销中的新要素——公共利益原则的确立	理论探讨	2010
1267	徐鹏	论规制权限不行使责任及其成立要件——以日本行政法及其判例为考察对象	求索	2010
1268	袁红梅	试论药品知识产权的国际保护与发展中国家民族工业的关系	科技管理研究	2007
1269	贾少学	关于物权法基本原则的几点思考	法制与社会发展	2006
1270	贾少学	论和谐作为法价值的表现	法制与社会发展	2006
1271	资琳	修宪与公私法定位之变迁	法制与社会发展	2004
1272	资琳	制度何以为凭？——兼评桑德尔《自由主义与正义的局限》	法律科学	2006
1273	都亳	我国对 WTO 争端解决机制的应对策略	吉林大学社会科学学报	2001
1274	都亳	双边投资条约发展的一个新动向	法制与社会发展	2002
1275	都亳	多边投资框架的发展趋势——兼论中国对策	法制与社会发展	2003
1276	都亳	绿色贸易壁垒的法经济学分析	当代法学	2009
1277	都亳	从 WTO 原材料出口限制案看环保的机遇	环境保护	2012
1278	都亳	世界贸易组织发展趋势及我国对策	经济纵横	2015
1279	钱大军	法律义务的合理性分析	社会科学战线	2003
1280	钱大军	法律义务的逻辑分析	法制与社会发展	2003
1281	钱大军	论法律义务冲突的构成要件与产生原因	社会科学战线	2005
1282	钱大军	反思与重构——以既有的西方法律思想史课程及其教科书为线索	法制与社会发展	2005
1283	钱大军	身分与法律义务、法律义务冲突	法制与社会发展	2006
1284	钱大军	公共权力的法学阐释	求是学刊	2006
1285	钱大军	中国法律理想图景与反本质主义——一个“本质主义者”的追问	河北法学	2007

序号	作者	论文名称	期刊来源	发表年度
1286	钱大军	权利应当如何证明:权利的证明方式	法制与社会发展	2007
1287	钱大军	法律体系的重释——兼对我国既有法律体系理论的初步反思	吉林大学社会科学学报	2007
1288	钱大军	弱式意义上的平等对待	法制与社会发展	2008
1289	钱大军	法律义务冲突初论	法制与社会发展	2009
1290	钱大军	论我国法律体系构建的误区	政治与法律	2010
1291	钱大军	法律与法律义务关联研究	法制与社会发展	2010
1292	钱大军	论法律体系理论在我国立法中的应用	吉林大学社会科学学报	2010
1293	钱大军	新建还是复制——我国法律职业教育改革的困境与前景	当代法学	2011
1294	钱大军	吉林大学法学本科教学改革(2008~2010)述评	中国大学教学	2011
1295	钱大军	论影响法律职业教育课程设置的三个因素	中国大学教学	2012
1296	钱大军	法律体系理论与当代中国法律体系的建构——以法律体系理论的有用与无用为分析起点	南京师大学报	2012
1297	钱大军	司法公信力应当如何建构	社会科学战线	2013
1298	钱大军	论权利义务之间的转换	南京社会科学	2013
1299	钱大军	学习权视野下的大学本科课程设置	教育发展研究	2013
1300	钱大军	再论"权利本位"	求是学刊	2013
1301	钱大军	环境法应当以权利为本位——以义务本位论对权利本位论的批评为讨论对象	法制与社会发展	2014
1302	钱大军	司法政策的治理化与地方实践的"运动化"	学习与探索	2015
1303	钱大军	当代中国法律体系构建模式之探究	法商研究	2015
1304	顾乐	论刑法解释主体的资格与本体	政治与法律	2008
1305	顾乐	也谈罪刑法定与刑法解释	学术论坛	2008
1306	高永明	足球反赌的刑事法规制	天津体育学院学报	2010
1307	高宇	保险法修订草案中的精神与技术	当代法学	2008
1308	高宇	中国高等法学教育30年:回顾与评鉴	当代法学	2009
1309	高国栋	元首外交:参与国际法治	法制与社会发展	2004
1310	高格	我的刑法学术思想	法制与社会发展	2001
1311	高湘宇	保险人在追偿诉讼中的代位权	保险研究	2005
1312	崔卓兰	论行政规章监督的法学机理和机制	吉林大学社会科学学报	2001
1313	崔卓兰	日本行政指导制度及其法律控制理论	行政法学研究	2001
1314	崔卓兰	从压制型行政模式到回应型行政模式	法学研究	2002
1315	崔卓兰	行政许可的学理分析	吉林大学社会科学学报	2004
1316	崔卓兰	从美国的环境执法看非强制行政	行政法学研究	2004
1317	崔卓兰	契约、服务与诚信——非强制行政之精神理念	社会科学战线	2005
1318	崔卓兰	地方立法膨胀趋向的实证分析	吉林大学社会科学学报	2005
1319	崔卓兰	论民主与效率的协调兼顾——现代行政程序的双重价值辨析	中国行政管理	2005
1320	崔卓兰	论行政程序的内在价值——基于对行政程序底线伦理的探索	法制与社会发展	2006

序号	作者	论文名称	期刊来源	发表年度
1321	崔卓兰	非强制行政的价值分析	社会科学战线	2006
1322	崔卓兰	地方立法质量提高的分析和探讨	行政法学研究	2006
1323	崔卓兰	中央与地方立法权力关系的变迁	吉林大学社会科学学报	2007
1324	崔卓兰	析行政自由裁量权的过度规则化	行政法学研究	2008
1325	崔卓兰	行政自制之途径探寻	吉林大学社会科学学报	2008
1326	崔卓兰	行政自制的可能性分析	法律科学	2009
1327	崔卓兰	行政自制与中国行政法法治发展	法学研究	2010
1328	崔卓兰	农村社会保障制度的价值取向与制度创新——以城乡一体化为视角	吉林大学社会科学学报	2010
1329	崔卓兰	中国食品安全监管方式研究	社会科学战线	2011
1330	崔卓兰	非强制行政行为制度化探微	法制与社会发展	2011
1331	崔卓兰	我国老龄社会的法律制度及其法律对策	吉林大学社会科学学报	2011
1332	崔卓兰	区际行政协议试论	当代法学	2011
1333	崔卓兰	行政自我评价法律制度探究	行政法学研究	2011
1334	崔卓兰	行政权滥用的预测与防范	法学杂志	2012
1335	崔卓兰	高校决策管理法制化研究——以学术权力与行政权力均衡配置为视角	社会科学战线	2012
1336	崔卓兰	我国食品安全监管法律制度之改革与完善	吉林大学社会科学学报	2012
1337	崔卓兰	社会管理创新与行政给付新发展	当代法学	2013
1338	崔卓兰	行政惯例:行政自我规范的实践机制	社会科学战线	2013
1339	崔卓兰	行政自制理论的再探讨	当代法学	2014
1340	崔卓兰	构建行政规章自我评价的法律机制	社会科学战线	2014
1341	崔卓兰	从压制型到回应型:行政法治理模式的转换——群体性事件的行政法反思	社会科学辑刊	2014
1342	崔明健	试论互联网上国际知识产权纠纷的管辖权	河北法学	2005
1343	曹险峰	人格权法与中国民法典的制定	法制与社会发展	2002
1344	曹险峰	论人格权的法定化——人格权法独立成编之前提性论证	吉林大学社会科学学报	2006
1345	曹险峰	论德国民法中的人、人格与人格权——兼论我国民法典的应然立场	法制与社会发展	2006
1346	曹险峰	论1804年《法国民法典》中的人格与人格权——兼论我国民法典的应然做法	社会科学战线	2007
1347	曹险峰	论"多因一果"的侵权行为——兼论多数人侵权行为体系之建构	法律科学	2007
1348	曹险峰	无过错责任原则之真实意蕴——兼论我国《侵权责任法》相关条文之原则性设定	烟台大学学报	2009
1349	曹险峰	填补损害功能的适用与侵权责任法立法——兼评《侵权责任法草案(三次审议稿)》的相关规定	当代法学	2010
1350	曹险峰	论数人环境污染侵权责任的承担——以对《侵权责任法》第67条及相关规定的分析为主	环境保护	2011

序号	作者	论文名称	期刊来源	发表年度
1351	曹险峰	数人侵权的体系构成——对侵权责任法第 8 条至第 12 条的解释	法学研究	2011
1352	曹险峰	论侵权责任法规范的适用	社会科学战线	2012
1353	曹险峰	论公平责任的适用——以对《侵权责任法》第 24 条的解释论研读为中心	法律科学	2012
1354	曹险峰	论不可抗力在环境污染责任中的法规范适用——兼评《侵权责任法》第 29 条	当代法学	2013
1355	曹险峰	我国侵权责任法的侵权构成模式——以"民事权益"的定位与功能分析为中心	法学研究	2013
1356	曹险峰	《侵权责任法》第 12 条之按份责任正当性论证——兼论第 12 条与第 37 条第 2 款的关系	苏州大学学报	2014
1357	曹　盛	公正审判权的宪法性论说	当代法学	2009
1358	曹　盛	先行行为的定位、范围及立法之探讨	法学杂志	2010
1359	曹锦秋	循环经济立法价值论	社会科学辑刊	2008
1360	淳于闻	法律的"概念"澄明——评 H. L. A. 哈特《法律的概念》	河北法学	2006
1361	麻　锐	对经济犯罪概念的再认识	社会科学战线	2008
1362	黄文艺	法学是一门什么样的科学	法制与社会发展	2001
1363	黄文艺	多元法律文化互动的多元透视	吉林大学社会科学学报	2001
1364	黄文艺	论当代西方比较法学的发展	比较法研究	2002
1365	黄文艺	比较法：批判与重构	法制与社会发展	2002
1366	黄文艺	开拓前进,成就辉煌——国家重点学科吉林大学法学理论学科简介	法制与社会发展	2002
1367	黄文艺	全球化与法理学的变革和更新	法制与社会发展	2002
1368	黄文艺	英美法理学与中国法理学	吉林大学社会科学学报	2002
1369	黄文艺	法律国际化与法律全球化辨析	法学	2002
1370	黄文艺	论法律文化传播	现代法学	2002
1371	黄文艺	法律教育四题	法律科学	2002
1372	黄文艺	十六大之后中国政治法的发展	法制与社会发展	2003
1373	黄文艺	十六大报告与法学理论创新	吉林大学社会科学学报	2003
1374	黄文艺	法律职业的特征解析	法制与社会发展	2003
1375	黄文艺	知识引进的方法论——评邓正来先生的《规则·秩序·无知》	法制与社会发展	2004
1376	黄文艺	人体器官移植	法制与社会发展	2004
1377	黄文艺	东亚区域主义法律话语之考察	法学	2005
1378	黄文艺	法律家与法治——对中国法治之路的一种思考	南京社会科学	2005
1379	黄文艺	反思和批判现行学术体制	吉林大学社会科学学报	2005
1380	黄文艺	法律职业话语的解析	法律科学	2005

序号	作者	论文名称	期刊来源	发表年度
1381	黄文艺	全球化时代的法哲学——第 22 届 IVR 世界大会综述	法制与社会发展	2005
1382	黄文艺	全球化与世界法律发展	学习与探索	2006
1383	黄文艺	对新时期中国法制现代化的理论反思	政法论坛	2007
1384	黄文艺	论中国特色社会主义法律发展道路	法制与社会发展	2007
1385	黄文艺	对中国法学的反思的再反思	现代法学	2007
1386	黄文艺	法律体系形象之解构与重构	法学	2008
1387	黄文艺	为形式法治理论辩护——兼评《法治：理念与制度》	政法论坛	2008
1388	黄文艺	全球化时代的东亚区域主义法律叙事——第七届东亚法哲学大会综述	法制与社会发展	2008
1389	黄文艺	新中国高等教育法治化道路研究	中国高教研究	2009
1390	黄文艺	信息不充分条件下的立法策略——从信息约束角度对全国人大常委会立法政策的解读	中国法学	2009
1391	黄文艺	中国法理学 30 年发展与反思	法制与社会发展	2009
1392	黄文艺	全球化时代的国际法治——以形式法治概念为基准的考察	吉林大学社会科学学报	2009
1393	黄文艺	中国特色社会主义法律体系理论的总结与反思	河南社会科学	2010
1394	黄文艺	作为一种法律干预模式的家长主义	法学研究	2010
1395	黄文艺	论高校社会主义法治理念教育	思想理论教育导刊	2010
1396	黄文艺	公共利益内涵的法哲学界定	南京社会科学	2010
1397	黄文艺	法律与民族性格——一种法律研究范式的梳理与反思	法律科学	2010
1398	黄文艺	重构还是终结——对法系理论的梳理与反思	政法论坛	2011
1399	黄文艺	权利政治的语义分析	云南大学学报	2011
1400	黄文艺	中国特色社会主义法律体系的理论解读	思想理论教育导刊	2012
1401	黄文艺	公法研究中的概念清理和重整	法学研究	2012
1402	黄文艺	宪政视野中的美国劳动权理念研究	东北师大学报	2012
1403	黄文艺	论中国特色社会主义立法理论	南京社会科学	2012
1404	黄文艺	中国的多元化纠纷解决机制：成就与不足	学习与探索	2012
1405	黄文艺	认真对待地方法治	法学研究	2012
1406	黄文艺	民主法治建设的新纲领——对十八大报告政治法律思想的解读	法制与社会发展	2013
1407	黄文艺	对"法治中国"概念的操作性解释	法制与社会发展	2013
1408	黄文艺	法治中国的内涵分析	社会科学战线	2015
1409	黄宪昱	司法公正视域下的刑事裁判文书改革	东北师大学报	2005

序号	作者	论文名称	期刊来源	发表年度
1410	龚子秋	论业主权及物业管理制度之完善	江海学刊	2007
1411	傅穹	路径依赖与最低资本额安排	法制与社会发展	2002
1412	傅穹	法定资本制:诠释、问题、检讨——从公司不同参与人的利益冲突与衡量观察	南京大学法律评论	2002
1413	傅穹	公司转投资、保证、借贷、捐赠规则	政法论坛	2004
1414	傅穹	股票面额取舍之辩	比较法研究	2004
1415	傅穹	公司资本维持原则的现代思考	社会科学战线	2004
1416	傅穹	论折价发行、异价发行与分期缴纳规则	南京大学学报	2004
1417	傅穹	公司三大资本制模式之比较及我国公司资本制的定位	法商研究	2004
1418	傅穹	公司减资规则论	法学评论	2004
1419	傅穹	分期缴纳规则下的公司诉讼	当代法学	2008
1420	傅穹	上市公司收购与反收购的规则变迁	当代法学	2009
1421	傅穹	金融监管的变局与路径:以金融危机为背景的法律观察	社会科学研究	2009
1422	傅穹	高管薪酬的法律迷思	法律科学	2009
1423	傅穹	公司社会责任的法律迷思与规制路径	社会科学战线	2010
1424	傅穹	内幕交易的规制:以债权人利益保护为中心的观察	社会科学	2010
1425	傅穹	强制性信息披露对债权人保护的法律变革	西南民族大学学报	2010
1426	傅穹	公司控制权滥用规制的法理基础与司法判断	社会科学战线	2011
1427	傅穹	内幕交易规制的立法体系进路:域外比较与中国选择	环球法律评论	2011
1428	傅穹	变迁中的非上市公众公司治理法律规则	上海财经大学学报	2011
1429	傅穹	独立董事勤勉义务边界与免责路径	社会科学	2011
1430	傅穹	超越"名义主义"的先公司合同统一责任规则	当代法学	2011
1431	傅穹	非金融机构贷款人自身融资问题研究	经济体制改革	2012
1432	傅穹	非上市公众公司的制度价值与规则检讨	上海财经大学学报	2013
1433	傅穹	破产债权人财产制度的法律解释	社会科学研究	2013
1434	傅穹	禁止内幕交易立法理念转换及其体系效应——从反欺诈到市场诚信	法律科学	2013
1435	强昌文	社会转型与法学研究意识的更新	现代法学	2003
1436	强昌文	诚信:权利神圣的生长点——一个异域诚信故事的启迪	法制与社会发展	2004
1437	强强	保险偿付能力监管制度研究	中共中央党校学报	2010
1438	强强	我国保险监管体系现状及改进建议	国家行政学院学报	2010
1439	彭诚信	民事责任现代归责原则的确立	法制与社会发展	2001
1440	彭诚信	民事与行政纠纷竞合之诉讼问题研究	吉林大学社会科学学报	2001

续表

序号	作者	论文名称	期刊来源	发表年度
1441	彭诚信	智力成果、知识产权与占有制度	法商研究	2002
1442	彭诚信	现代西方法理学的基本问题	法制与社会发展	2002
1443	彭诚信	空间权若干问题在物权立法中的体现	吉林大学社会科学学报	2002
1444	彭诚信	从利益到权利——以正义为中介与内核	法制与社会发展	2004
1445	彭诚信	罗尔斯和诺齐克正义理论导读——兼谈现代哲学研究的理论困境与思维转型	法制与社会发展	2005
1446	彭诚信	义务观念的现代理解	学习与探索	2005
1447	彭诚信	善意取得合同效力的立法解析与逻辑证成	中国法学	2009
1448	彭诚信	论征收制度中认定公共利益的程序性设计	吉林大学社会科学学报	2009
1449	彭贵才	我国公立高等学校管理权的行政法理思考	吉林大学社会科学学报	2006
1450	彭贵才	论法治视野下中国警察权的重构	社会科学战线	2009
1451	彭贵才	论我国警察权行使的法律规制	当代法学	2009
1452	彭贵才	论城市房屋拆迁中公民私有财产权的保护	当代法学	2010
1453	彭贵才	论民事与行政交叉案件的审理模式	当代法学	2011
1454	彭贵才	论我国非诉行政执行听证制度的构建	社会科学战线	2011
1455	彭贵才	试论行政紧急权运作中公民权利的限制与保障	社会科学战线	2012
1456	彭贵才	环境行政不作为诉讼的关键问题探析——以一起村民诉环保局行政不作为案件为例	环境保护	2013
1457	曾莉	包容性实证主义法学之承认规则类别研究	法制与社会发展	2006
1458	温静芳	关于物权法立法技术的讨论	法制与社会发展	2006
1459	温静芳	关于人权的探究——评《人的权利与人的多样性——人权哲学》	河北法学	2007
1460	焦宝乾	法教义学的观念及其演变	法商研究	2006
1461	程晓燕	私权视角下的社会保险基金监管	当代法学	2008
1462	童伟华	论日本刑法中的占有	太平洋学报	2007
1463	童伟华	紧急行为中的刑、民关系——以日本法为例	太平洋学报	2008
1464	董文军	平等视野中的消费者权利解读	法制与社会发展	2007
1465	董文军	我国《劳动合同法》中的倾斜保护与利益平衡	当代法学	2008
1466	董文军	无固定期限劳动合同的规范功能分析	华东政法大学学报	2008
1467	董文军	消费者权利保护中的国家干预	河南师范大学学报	2008
1468	董文军	中国经济法学理论发展30年	当代法学	2009
1469	董文军	我国惩戒处分法律规制问题研究	当代法学	2010
1470	董文军	劳动合同经济补偿的制度嬗变与功能解析	当代法学	2011
1471	董劭伟	唐代吏部尚书选任考察	北方论丛	2010
1472	董进宇	浅谈刑罚的宽和化——兼评贝卡里亚的刑罚观	法制与社会发展	2001
1473	蒋超	民族习惯法与民族习惯涵义解析	学术界	2008
1474	蒋超	民族区域自治制度的多维度分析	江汉论坛	2008

序号	作者	论文名称	期刊来源	发表年度
1475	蒋　超	民族习惯法与国家制定法关系研究	求索	2008
1476	蒋　超	民族区域自治制度的多维度分析	广西民族研究	2008
1477	蒋　超	论少数民族习惯法的现代化途径	甘肃社会科学	2008
1478	谢登科	论协商性司法的事实基础	学术界	2013
1479	谢登科	论性侵未成年人案件中被害人权利保障	学术交流	2014
1480	谢登科	论刑事简易程序扩大适用的困境与出路	河南师范大学学报	2015
1481	谢登科	论刑事简易程序中的证明标准	当代法学	2015
1482	谢登科	论旅游合同纠纷中的精神损害赔偿——基于实证主义的阐释	旅游学刊	2015
1483	谢登科	合适成年人在场制度的实践困境与出路——基于典型案例的实证分析	大连理工大学学报	2015
1484	谢登科	困境与出路:附条件不起诉适用实证分析	北京理工大学学报	2015
1485	谢登科	环境权法律属性分析——以环境犯罪刑事和解为视角	求是学刊	2015
1486	韩　平	微观权力分析——读米歇尔·福柯的《规训与惩罚》	河北法学	2006
1487	韩　平	寻找疯癫"言说"的可能性:从考古学到系谱学的转换——读福柯《疯癫与文明》	河北法学	2007
1488	韩　玲	保险诈骗罪中几种特殊行为方式的司法认定	政治与法律	2005
1489	鲁鹏宇	论行政法学的阿基米德支点——以德国行政法律关系论为核心的考察	当代法学	2009
1490	鲁鹏宇	论行政法权利的确认与功能——以德国公权理论为核心的考察	行政法学研究	2010
1491	鲁鹏宇	德国公权理论评介	法制与社会发展	2010
1492	鲁鹏宇	论行政法的观念革新——以公私法二元论的批判为视角	当代法学	2010
1493	鲁鹏宇	法政策学初探——以行政法为参照系	法商研究	2012
1494	鲁鹏宇	论反信息公开行政程序——兼评我国《政府信息公开条例》第 23 条之规定	国家行政学院学报	2012
1495	鲁鹏宇	行政介入的形态	当代法学	2012
1496	鲁鹏宇	法治主义与行政自制——以立法、行政、司法的功能分担为视角	当代法学	2014
1497	詹清荣	中国财政法治化创新的法哲学解析	法制与社会发展	2005
1498	赖　宇	论一事不再理原则	法制与社会发展	2003
1499	管人庆	论投资连结保险投保人的投资利益保护	社会科学辑刊	2010
1500	臧　彦	保险契约信息不对称的法律规制	法制与社会发展	2002
1501	臧　彦	反思欧盟制宪实践——哈贝马斯式的视角	法制与社会发展	2007
1502	蔡立东	论合同解除制度的重构	法制与社会发展	2001

序号	作者	论文名称	期刊来源	发表年度
1503	蔡立东	公司相互持股的负效应探析	国有资产管理	2002
1504	蔡立东	论公司制度生成的建构主义路径依赖	法制与社会发展	2002
1505	蔡立东	无权处分行为法律效力新诠——合同法第51条评析	吉林大学社会科学学报	2002
1506	蔡立东	公司法制的人文主义转向	法制与社会发展	2003
1507	蔡立东	公司治理中的"多数派暴政"问题	法制与社会发展	2003
1508	蔡立东	公司本质论纲——公司法理论体系逻辑起点解读	法制与社会发展	2004
1509	蔡立东	论法人之侵权行为能力——兼评《中华人民共和国民法典（草案）》的相关规定	法学评论	2005
1510	蔡立东	转让合同效力与善意取得构成的立法选择——基于立法技术的考量	吉林大学社会科学学报	2006
1511	蔡立东	宅基地使用权取得的法律结构	吉林大学社会科学学报	2007
1512	蔡立东	论股东会决议撤销权的主体及其行使	当代法学	2008
1513	蔡立东	中国民法学30年	当代法学	2009
1514	蔡立东	论农村集体土地所有权的缺省主体	当代法学	2009
1515	蔡立东	个体主义方法论与使用人侵权责任的重构	烟台大学学报	2009
1516	蔡立东	行政审批与合资企业股权转让合同的效力	吉林大学社会科学学报	2010
1517	蔡立东	职能主义法人分类模式批判——兼论我国民法典法人制度设计的支架	社会科学战线	2011
1518	蔡立东	论土地承包经营权的变动模式	当代法学	2011
1519	蔡立东	法人分类模式的立法选择	法律科学	2012
1520	蔡立东	论业主撤销权的行使——以上海法院的司法实践为参照	山东社会科学	2012
1521	蔡立东	法人名誉权侵权法保护的实证研究	社会科学辑刊	2012
1522	蔡立东	论承包地收回的权利构造	法商研究	2012
1523	蔡立东	股东大会机关化构造之反思	吉林大学社会科学学报	2013
1524	蔡立东	行政审批与权利转让合同的效力	中国法学	2013
1525	蔡立东	中国特色社会主义民法学理论研究	当代法学	2013
1526	蔡立东	历史建筑保护的物权法进路	山东社会科学	2014
1527	蔡立东	闲置国有建设用地使用权收回制度的司法实证研究	法商研究	2014
1528	蔡立东	论土地承包经营权转让中的发包方同意	吉林大学社会科学学报	2014
1529	蔡立东	论法人行为能力制度的更生	中外法学	2014
1530	蔡立东	"平等主体关系说"的弃与留——未来《民法典》调整对象条款之抉择	法学论坛	2015
1531	蔡立东	承包权与经营权分置的法构造	法学研究	2015
1532	蔡宏伟	对私有财产权入宪的理解	法制与社会发展	2004
1533	蔡宏伟	"许霆案"与中国法律的形式主义困境——兼论波斯纳的法律活动理论	法制与社会发展	2008

序号	作者	论文名称	期刊来源	发表年度
1534	蔡宏伟	试论当代中国的"部门法哲学"概念	法制与社会发展	2010
1535	潘 宇	明清讼师秘本中的状词解析	法制与社会发展	2007
1536	潘 宇	清代州县审判中对讼师的禁制及原因分析	法制与社会发展	2009
1537	潘 宇	明清州县司法审判中的"人情"因素——以"一女二嫁""典雇妻女"、"买休卖休"案件为中心	法制与社会发展	2011
1538	潘红艳	被保险人法律地位研究	当代法学	2011
1539	潘红艳	论保险人的免责条款明确说明义务——以对保险行业的实践考察为基础	当代法学	2013
1540	潘红艳	保险人免责条款明确说明义务可替代性研究	甘肃社会科学	2013
1541	潘红艳	环境污染责任保险中第三人直接请求权研究	环境保护	2013
1542	潘红艳	《保险法》第 57 条立法解析及其完善	当代法学	2014
1543	潘红艳	论食品安全强制责任保险的制度构建	社会科学战线	2014
1544	颜毅艺	社会变迁中的利益、权利、权力和制度——透视城市拆迁	法制与社会发展	2004
1545	颜毅艺	法律的自治与开放——当代美国法社会学方法论变革导论	法制与社会发展	2007
1546	颜毅艺	论本科法社会学教学的课程安排	法制与社会发展	2008
1547	薛 狄	生物燃料产业和可持续发展研究	经济纵横	2009
1548	薛 狄	生物燃料贸易与相关的国际规则：发展中国家的挑战和机遇	社会科学战线	2010
1549	霍存福	世纪之交法律史学研究的五年回顾与展望	法制与社会发展	2001
1550	霍存福	中国传统法文化的文化性状与文化追寻——情理法的发生、发展及其命运	法制与社会发展	2001
1551	霍存福	汉语言的法文化透视——以成语与熟语为中心	吉林大学社会科学学报	2001
1552	霍存福	法学专业教学质量评估的制度构想	法制与社会发展	2002
1553	霍存福	吐鲁番回鹘文借贷契约研究	吉林大学社会科学学报	2004
1554	霍存福	法家重刑思想的逻辑分析	法制与社会发展	2005
1555	霍存福	唆讼、吓财、挠法：清代官府眼中的讼师	吉林大学社会科学学报	2005
1556	霍存福	敦煌租佃契约与古罗马租契的比较研究	法学家	2005
1557	霍存福	再论中国古代契约与国家法的关系——以唐代田宅、奴婢卖买契约为中心	法制与社会发展	2006
1558	霍存福	法谚：法律生活道理与经验的民间形态——汉语谚语的法文化分析	吉林大学社会科学学报	2007
1559	霍存福	敦煌吐鲁番借贷契约的抵赦条款与国家对民间债负的赦免——唐宋时期民间高利贷与国家控制的博弈	甘肃政法学院学报	2007
1560	霍存福	"合情合理，即是好法"——谢觉哉"情理法"观研究	社会科学战线	2008
1561	霍存福	事务主义与官僚主义：谢觉哉论"躬亲庶务"与"委任责成"——写在《权力场——中国人的政治法律智慧》7 版之际	法制与社会发展	2008

序号	作者	论文名称	期刊来源	发表年度
1562	霍存福	中国古代契约精神的内涵及其现代价值——敬畏契约、尊重契约与对契约的制度性安排之理解	吉林大学社会科学学报	2008
1563	霍存福	宋明清"告不干己事法"及其对生员助讼的影响	华东政法大学学报	2008
1564	霍存福	加强和深化法律文化精神的提炼	法学研究	2009
1565	霍存福	汉语歇后语的法律文化概观——以《杂纂七种》为中心的分析	法制与社会发展	2009
1566	霍存福	"断狱平"或"持法平"：中国古代司法的价值标准——"听讼明"、"断狱平"系列研究之一	华东政法大学学报	2010
1567	霍存福	契约本性与古代中国的契约自由、平等——中国古代契约语言与社会史的考察	甘肃社会科学	2010
1568	霍存福	契约本性与古代中国的契约自由、平等（续）——中国古代契约语言与社会史的考察	甘肃社会科学	2010
1569	霍存福	以《大明令》为枢纽看中国古代律令制体系	法制与社会发展	2011
1570	霍存福	沈家本眼中的"情·法"结构与"情·法"关系——以《妇女离异律例偶笺》为对象的分析	吉林大学社会科学学报	2012
1571	霍宏霞	自由：权利与功利下的言说——读密尔《论自由》	河北法学	2007
1572	霍昶旭	二重无权抗辩研究	东北师大学报	2010
1573	霍海红	民事诉讼契约的意义追问	华东政法学院学报	2007
1574	霍海红	对我国诉讼时效期间的多维反思	法制与社会发展	2008
1575	霍海红	论证明责任机制的限度	当代法学	2008
1576	霍海红	论我国诉讼时效效力的私人自治转向——实体与程序双重视角的观察	现代法学	2008
1577	霍海红	证明责任概念的分立论——基于中国语境的考察	社会科学	2009
1578	霍海红	证明责任配置裁量权之反思	法学研究	2010
1579	霍海红	未定期债权时效起算——一个"中国式问题"的考察	吉林大学社会科学学报	2010
1580	霍海红	"20年期间"定性之争鸣与选择——以《民法通则》第137条为中心	华东政法大学学报	2010
1581	霍海红	我国自认撤销规则的反思与重构	法商研究	2011
1582	霍海红	胜诉权消灭说的"名"与"实"	中外法学	2012
1583	霍海红	诉讼时效延长规则之反省	法律科学	2012
1584	霍海红	论我国撤诉规则的私人自治重构	华东政法大学学报	2012
1585	霍海红	民事诉讼法理论的中国表达	法制与社会发展	2013
1586	霍海红	论共同危险行为规则之无因果关系免责——以《侵权责任法》第10条之解释为中心	中外法学	2015
1587	魏建国	数学思维与近代西方法制形式理性化	社会科学研究	2006

行政学院

序号	作者	论文名称	期刊来源	发表年度
1	丁建彪	柏拉图和谐思想探析——以《理想国》为文本研究	东北师大学报	2010
2	于君博	市场力量与农村基层组织建设——基于吉林省农安县"项目支书"模式的个案分析	南京农业大学学报	2013
3	于君博	中国网络公共事件的议程互动模式——基于社会公平正义相关事件的经验研究	南京师大学报	2013
4	于君博	中国社会公平正义研究的知识来源、结构与前沿	北京社会科学	2013
5	于君博	中国社会公平正义状况的实证分析（2002～2010）	马克思主义与现实	2014
6	于欣佳	奥巴马的困境——美国在世界气候变化问题面前的选择	世界经济与政治论坛	2010
7	于海洋	体系转换理论视角下的朝鲜半岛安全问题	东北亚论坛	2008
8	于海洋	全球经济衰退与国际格局的调整	社会科学	2009
9	于海洋	人口与区域安全：理论模型及其在东北亚的现实检验	国际论坛	2009
10	于海洋	新帝国主义的影响与中国外交的公正追求——从波恩气候谈判看价值与结构层次的国际矛盾	中共中央党校学报	2010
11	于海洋	东亚区域化的进展——基于核心价值与发展路径的探讨	东南亚研究	2010
12	于海洋	自贸区与政治一体化——中日韩自贸区的战略设计及实施	东北亚论坛	2011
13	于海洋	地区概念的引入与地缘政治学的中观层次研究的加强	学术论坛	2012
14	于海洋	国际战略研究的批判性解析与理论创新的可能	国际观察	2012
15	于海洋	论中国战略型环境保护体制及其建设——以环境公共产品供给为例	学习与探索	2013
16	于海洋	对东北亚地区领土争议的战略思考	国际问题研究	2014
17	于海洋	基本公共服务均等化进程中的社会谈判——基于"政府—社会"二元关系的探讨	江汉论坛	2014
18	于海洋	大战略研究的反思与代价管理的必要——关于战略代价的若干思考	国际观察	2014
19	于海洋	地缘经济分析框架的批判与重塑	学术交流	2014
20	于营	论全球化背景下的国际机制	东北亚论坛	2005
21	马雪松	在"积极隐士"与"伦理相对主义者"之间——梭罗政治思想内在张力评析	社会科学辑刊	2008
22	马雪松	新制度主义政治学的内在张力与理论取向	上海行政学院学报	2011
23	马雪松	历史制度主义视域下政治合法性的内在张力	南京社会科学	2011
24	马雪松	社会学制度主义的发生路径、内在逻辑及意义评析	南京师大学报	2011
25	马雪松	国外新制度主义政治学研究述评	上海行政学院学报	2012
26	马雪松	试论新时期坚持和完善社会主义政治制度	政治学研究	2012
27	马雪松	中央与地方关系的完善与发展—十六大以来的新探索	理论探索	2012

序号	作者	论文名称	期刊来源	发表年度
28	马雪松	制度设计的逻辑前提、路径选择与意义评析——政治制度生成的学理阐释	四川师范大学学报	2012
29	马雪松	公共文化服务体系建设：功能预期、价值取向与路径选择	探索	2012
30	马雪松	政治制度的维系途径：基于新制度主义政治学的理论诠释	湖北社会科学	2014
31	马雪松	论国家治理体系与治理能力现代化制度体系的功能建构	南京师大学报	2014
32	马雪松	现代国家建设视域下改革发展成果共享的均衡机制	学习与探索	2015
33	马雪松	明礼定制："道德治腐"与"制度治腐"的机理阐释及路径之辩	湖北社会科学	2015
34	马雪松	旧制度主义：政治科学中制度研究的诸传统	上海行政学院学报	2015
35	马雪松	话语制度主义：观念与话语的解释力	国外理论动态	2015
36	马雪松	国家治理现代化视域下政治安全的内在机理与实现途径	探索	2015
37	亓 光	政治价值：面向本真的可能诠释	内蒙古社会科学	2010
38	亓 光	无法和解的政治价值——20 世纪自由主义和社会主义关于政治价值争论的实质	毛泽东邓小平理论研究	2010
39	亓 光	社会主义、自由主义与政治价值——20 世纪两大思潮争论的一种解释	社会科学	2010
40	亓 光	三维均衡之上的公正概念	学海	2010
41	亓 光	如何正确看待社会主义的政治价值	社会主义研究	2010
42	亓 光	公正与正义的辨异论略	武汉大学学报	2010
43	亓 光	自由主义政治价值的语境阐释——一份政治哲学上的考量	贵州社会科学	2010
44	允春喜	黄宗羲民本主义理念与卢梭人民主权学说	山东社会科学	2008
45	允春喜	王船山民本思想的政治逻辑	西北大学学报	2008
46	孔庆茵	三种世界秩序模式的现实分析	东北亚论坛	2005
47	文 宏	高校危机事件与大学生心理行为调适	当代青年研究	2006
48	文 宏	社会主义新农村建设视域下的乡村债务分析及化解路径优化	社会科学家	2008
49	王长安	对西部民族地区经济发展滞后的政治学思考	甘肃社会科学	2007
50	王 生	韩国疏美亲中现象剖析	东北亚论坛	2006
51	王 生	中韩建交 15 年：外交史上的奇迹　和平共处的典范	东北亚论坛	2007
52	王 生	韩国外交的美国情结与现实抉择——接近美国并不会疏远中国	东北亚论坛	2008
53	王 生	试析韩国政治民族主义对 21 世纪初朝韩关系发展的影响	社会科学战线	2010

序号	作者	论文名称	期刊来源	发表年度
54	王　生	试析当代韩国民族主义	现代国际关系	2010
55	王　生	中韩建交 20 年：取得的成果与面临的课题	东北亚论坛	2012
56	王　生	层次分析视角下中国软实力战略问题研究	社会科学战线	2012
57	王　生	国际体系转型与中国周边外交之变，从维稳到维权	现代国际关系	2013
58	王　生	构建中俄新型大国关系的基础与路径	现代国际关系	2013
59	王立峰	法律合法性的批判与超越——韦伯与哈贝马斯的法政治学思想比较	法制与社会发展	2008
60	王立峰	和谐社会视阈下的法治政府	当代法学	2008
61	王立峰	教育公平与政府责任的反思——以责任法制化为路径	社会科学战线	2010
62	王立峰	法律正义：和谐社会的制度基石	学习与探索	2010
63	王立峰	行政自制理论视阈下的"行政三分制"——以深圳市行政体制改革为例	中州学刊	2010
64	王立峰	司法正义理念的溯源及证成	齐鲁学刊	2011
65	王立峰	法律与政治的关系模式：自主、嵌入抑或交叉？——评马罗·赞姆伯尼的《法律与政治：当代法学理论的困局》	国外社会科学	2011
66	王立峰	法政治学的核心范畴研究——以布迪厄的"场域理论"为视角	社会科学研究	2013
67	王立峰	党规与国法一致性的证成逻辑——以中国特色社会主义法治为视域	南京社会科学	2015
68	王立峰	基于"法律与政治关系"的中国法政治学的前提性问题批判	江海学刊	2015
69	王庆华	我国城乡收入差距扩大的制度分析	山西财经大学学报	2006
70	王庆华	我国收入分配差距的症结与政策建议	宏观经济管理	2008
71	王庆华	公共医疗卫生的公益性及其实现	理论前沿	2009
72	王庆华	论政策过程中的利益博弈与价值博弈	中国行政管理	2009
73	王庆华	收入分配机制与政策选择路径	中共中央党校学报	2010
74	王庆华	利益博弈时代公共政策的价值取向	吉林大学社会科学学报	2010
75	王庆华	社会管理创新的政策学解读：基于社会建构论的理论探讨	社会科学战线	2012
76	王庆华	决策科学化与公众参与：冲突与调和——知识视角的公共决策观念反思与重构	吉林大学社会科学学报	2013
77	王郅强	化解当前我国乡镇债务的困境分析	郑州大学学报	2006
78	王郅强	转型期高校危机管理体系中的心理干预机制研究	现代大学教育	2006
79	王郅强	乡村债务：建设社会主义新农村的重大现实障碍	经济问题	2006
80	王郅强	东北振兴视野下的化解乡镇债务的理性思考	东北亚论坛	2006
81	王郅强	健全行政问责制，提高政府执行力——"行政问责制与政府执行力"研讨会综述	中国行政管理	2007
82	王郅强	从零和博弈到正和博弈——转型期群体性事件治理的理念变革	吉林大学社会科学学报	2010

序号	作者	论文名称	期刊来源	发表年度
83	王郅强	我国应急避难场所现存问题与发展策略	东岳论丛	2011
84	王郅强	转型期中国社会矛盾的基本形态与性质分析	学习与探索	2012
85	王郅强	社会群体性突发事件的应急管理机制研究——以北京市为例	中国行政管理	2012
86	王郅强	利益与秩序：当代中国矛盾治理的二维分析	理论探讨	2012
87	王郅强	我国保障性住房分配中的准入与退出机制研究——以C市为例	当代经济研究	2012
88	王郅强	《孙子兵法》中的危机观研究——兼论对现代危机管理的启示	东岳论丛	2012
89	王郅强	身体抗争：转型期利益冲突中的维权困境	探索	2013
90	王郅强	影响我国社会管理创新的障碍分析与启示——以公共权力作为切入点	理论探讨	2013
91	王郅强	古代国家仪式在传统危机管理中的作用——以祭祀为研究对象	南京社会科学	2014
92	王冠群	民主建设30年	山东社会科学	2008
93	王家福	美苏"黄金时代"的比较研究	史学集刊	2003
94	王家福	热战、冷战、冷和：美国全球扩张的战略反思	史学集刊	2005
95	王海滨	试论俄军武器装备现代化	国际论坛	2007
96	王海滨	俄美关于反导问题的斗争及其对世界军事安全的影响	俄罗斯中亚东欧研究	2009
97	王彩波	社会保障的东西方比较	东北亚论坛	2001
98	王彩波	西方新保守主义民主观述评	吉林大学社会科学学报	2001
99	王彩波	论东亚的社会发展与结构变迁	东北亚论坛	2002
100	王彩波	论我国社会转型时期的政治稳定机制	吉林大学社会科学学报	2002
101	王彩波	西欧福利国家的理论演变与政策调整	教学与研究	2003
102	王彩波	论制度化政治整合	吉林大学社会科学学报	2003
103	王彩波	利益分化与中国渐进性政治发展	江苏社会科学	2004
104	王彩波	西方近代自由主义传统：从霍布斯到约翰·密尔	社会科学战线	2004
105	王彩波	对东亚模式的几点政治经济分析	东北亚论坛	2005
106	王彩波	论政治文明的阶段性	吉林大学社会科学学报	2005
107	王彩波	社会协调发展与政府责任——关于发展中国家政府责任的研究和国际经验借鉴	吉林大学社会科学学报	2007
108	王彩波	政治秩序·经济效率·社会公正——转型国家的社会公正及政府责任研究	学习与探索	2007
109	王彩波	绿色政治：将自然关怀与环境思维引入政治维度	吉林大学社会科学学报	2008
110	王彩波	政治的市场与道德的市场——基于中国市场体制建设的政治面向和道德维度的分析	吉林大学社会科学学报	2009
111	王彩波	优良的社会治理与相对的平等——日本经验的再思考	东北亚论坛	2010
112	王彩波	论霍布斯对自由主义的贡献	贵州社会科学	2010
113	王彩波	正义与德性：休谟政治哲学探析	社会科学战线	2011

序号	作者	论文名称	期刊来源	发表年度
114	王彩波	试析公共舆论的内涵与功能——基于公共舆论与民主政治关系的分析	江苏社会科学	2012
115	王彩波	社会公平视角下公共政策有效性的路径选择——关于公共政策效能的一种理论诠释	吉林大学社会科学学报	2012
116	王彩波	试析邻避冲突对政府的挑战——以环境正义为视角的分析	社会科学战线	2012
117	王彩波	分配正义的幻想——哈耶克对分配正义的批判	内蒙古社会科学	2013
118	王彩波	政治义务的立与破:基于自愿主义的一种审视逻辑	南京师大学报	2013
119	王彩波	理解公共政策——基于政策维度、方法和效能视角的新探索	学习与探索	2013
120	王彩波	中国特色社会主义政治发展道路研究论纲——本质内涵、动力系统与实践路径	吉林大学社会科学学报	2013
121	王彩波	西方精英民主理论评析——关于民主主体、实现方式及其困境	教学与研究	2013
122	王彩波	“群众”视角下的中国政治参与	湖北社会科学	2014
123	王彩波	当代中国政制安排的演进逻辑、完善与优化——中国社会主义政治发展的制度因素分析	社会科学战线	2015
124	王彩波	中国经济发展道路中的国家自主性	吉林大学社会科学学报	2015
125	王彩波	中国特色国家治理现代化的核心要素及其表征——基于“价值多维性—主体层次性—方法复合性”的分析	江苏社会科学	2015
126	王维国	人大民主中的协商机制探讨	中国社会科学院研究生院学报	2010
127	王维国	公关性及其一般类型	新视野	2010
128	王　婷	东北亚发展型国家比较研究与反思	理论前沿	2008
129	王惠岩	试论邓小平民主与法制理论——访吉林大学王惠岩教授	社会主义研究	2001
130	王惠岩	民族政治学研究的创新力作——评《民族政治学导论》	政治学研究	2002
131	王惠岩	建设社会主义政治文明	政治学研究	2002
132	王惠岩	建设社会主义政治文明	文史哲	2002
133	王惠岩	中国特色国家行政制度研究的拓新之作——评张立荣著《论有中国特色的国家行政制度》	政治学研究	2003
134	王惠岩	哲学社会科学研究必须坚持正确方向	政治学研究	2003
135	王惠岩	一部为中国“广义政治”论道的创意之作——简评刘德厚《广义政治论》一书	政治学研究	2004
136	王惠岩	构建社会主义和谐社会研究	学习与探索	2005
137	王惠岩	回顾与展望:发展中的中国政治学	吉林大学社会科学学报	2005
138	史晓东	文化认同:欧洲一体化的隐性动力	湖南师范大学社会科学学报	2010
139	田建明	美英“特殊关系”的构建与冷战的起源(1944～1950)	史学集刊	2008

续表

序号	作者	论文名称	期刊来源	发表年度
140	石文玉	张之洞政治思想初探——以《劝学篇》为中心	史学集刊	2008
141	刘　畅	基于风险社会理论的我国食品安全规制模式之构建	求索	2012
142	刘　畅	论日本国家赔偿中的行政求偿	学习与探索	2012
143	刘　畅	风险社会下我国食品安全规制的困境与完善对策	东北师大学报	2012
144	刘　畅	日本商业保险制度改革评析及启示	经济纵横	2012
145	刘　畅	论我国食品安全的经济性规制	理论探讨	2012
146	刘晓靖	公平、公正、正义、平等辨析	郑州大学学报	2009
147	刘晓靖	阿马蒂亚·森"以自由看待发展"思想论析	河南社会科学	2010
148	刘笑言	女性群体内部政治参与的非制度性障碍分析	河南社会科学	2010
149	刘笑言	政治哲学视域下融入性别视角的公共政策模式分析	河南师范大学学报	2010
150	刘清才	中俄美大国战略关系与中国的外交选择	吉林大学社会科学学报	2001
151	刘清才	21世纪初国际关系的基本特点	山西大学学报	2002
152	刘清才	俄罗斯总统普京的对内政策	东北亚论坛	2002
153	刘清才	亚太地区领土争端的成因及其解决方法	东北亚论坛	2003
154	刘清才	俄罗斯总统普京的朝鲜半岛政策与朝核立场	东北亚论坛	2004
155	刘清才	俄日和平条约谈判与北方领土问题	俄罗斯研究	2005
156	刘清才	冷战后世界秩序的变化与重构	东北亚论坛	2005
157	刘清才	建构和谐世界:关于世界秩序范式的理论探讨	吉林大学社会科学学报	2006
158	刘清才	中俄关系进入全面发展的新时期	东北亚论坛	2006
159	刘清才	非政府组织在全球治理中的角色分析	国际问题研究	2006
160	刘清才	俄美战略交锋及其对中国的影响	现代国际关系	2008
161	刘清才	俄罗斯总统与总理的宪法地位与权限划分	俄罗斯中亚东欧研究	2008
162	刘清才	超越冷战思维,构建和谐的东北亚地区新秩序	东北亚论坛	2008
163	刘清才	改革开放以来中国国际秩序理论的发展与创新	吉林大学社会科学学报	2008
164	刘清才	中国崛起与国际体系互动关系分析	天津师范大学学报	2010
165	刘清才	全球金融危机背景下俄罗斯的亚太外交	东北亚论坛	2010
166	刘清才	东北亚国际体系转型与中国面临的机遇和挑战	吉林大学社会科学学报	2011
167	刘清才	中俄两国经贸关系发展现状及其广阔前景	东北亚论坛	2012
168	刘清才	俄罗斯政治制度的建立及其改革	俄罗斯中亚东欧研究	2012
169	刘清才	中国文化外交的基本理念与开放格局	吉林大学社会科学学报	2013
170	刘清才	中俄推动建立亚太地区安全与合作架构的战略思考	东北亚论坛	2014
171	刘清才	西方制裁背景下俄罗斯远东地区发展战略与中俄区域合作	东北亚论坛	2015
172	刘清才	推动建立亚太地区安全合作架构的战略构想与路径选择	吉林大学社会科学学报	2015

续表

序号	作者	论文名称	期刊来源	发表年度
173	刘雪华	论公共权力与公共责任的构建	社会科学辑刊	2004
174	刘雪华	论服务型政府建设与政府职能转变	政治学研究	2008
175	刘雪华	论公共政策的民意基础	社会科学战线	2011
176	刘雪华	谈我国政府公信力提升与政府职能转变	东北师大学报	2011
177	刘雪华	公民参与视野下的政府信任差序危机及应对	上海行政学院学报	2015
178	刘雪莲	全球化与当代中国政治发展的前提	长白学刊	2001
179	刘雪莲	全球化与国际关系的新发展	吉林大学社会科学学报	2001
180	刘雪莲	关于全球化的推进与抵制	社会科学战线	2002
181	刘雪莲	日本与国际相互依存	东北亚论坛	2002
182	刘雪莲	关于经济全球化背景下国家主权实质的认识	政治学研究	2004
183	刘雪莲	从地缘政治角度看中日关系	东北亚论坛	2004
184	刘雪莲	论全球治理中和谐世界的构建	吉林大学社会科学学报	2006
185	刘雪莲	全球化背景下国家中心地位的变迁	社会科学战线	2007
186	刘雪莲	中国在朝鲜半岛的地缘安全战略分析	东北亚论坛	2007
187	刘雪莲	"和谐世界"视角下中国的中亚战略	西安交通大学学报	2007
188	刘雪莲	论全球性问题治理中西方发达国家的责任	政治学研究	2008
189	刘雪莲	理念还是现实——论全球治理中的矛盾性	吉林大学社会科学学报	2008
190	刘雪莲	论全球问题治理中国家责任的确立	学习与探索	2009
191	刘雪莲	次国家政府参与国际合作的特点与方式	社会科学战线	2010
192	刘雪莲	朝核问题视角下的东北亚安全	东北亚论坛	2010
193	刘雪莲	冷战后美韩同盟不断强化的深层动因解析	吉林大学社会科学学报	2010
194	刘雪莲	论国际制度视角下中国与世界关系的变迁	学习与探索	2010
195	刘雪莲	当代地缘政治学研究的新视域与新动向	山东社会科学	2011
196	刘雪莲	全球化时代的新地缘政治安全观	东北亚论坛	2011
197	刘雪莲	全球化时代的地缘政治结构:海陆联合的全球结构与合作性区域结构	政治学研究	2011
198	刘雪莲	全球化时代海陆关系的超越与中国的选择	东北亚论坛	2011
199	刘雪莲	影响东亚国际体系转型的主要因素与中国的战略选择	吉林大学社会科学学报	2011
200	刘雪莲	国际体系视角下的欧盟对华政策分析	西安交通大学学报	2012
201	刘雪莲	东亚共同体建设的地缘政治分析	社会科学战线	2012
202	刘雪莲	"边缘地带"国家的海陆分裂性格与对外战略选择——以朝鲜半岛国家为分析主体	东北亚论坛	2013
203	刘雪莲	奥巴马政府积极介入南海问题的层次性动因分析	国际观察	2013
204	刘雪莲	提升中韩关系的战略思考	吉林大学社会科学学报	2013
205	刘雪莲	中日韩自贸区谈判的协调型博弈分析	吉林大学社会科学学报	2014
206	刘雪莲	新时期中国国家政治安全面临的挑战及其应对	教学与研究	2015

序号	作者	论文名称	期刊来源	发表年度
207	吕耀东	洞爷湖八国峰会与日本外交战略意图	日本学刊	2008
208	吕耀东	中日双边互动模式:情境与调控	日本学刊	2009
209	孙一平	平等的空间:当代分配正义下平等理论之争	学术交流	2008
210	孙一平	义务的起源:霍布斯的阐释与争议	学习与探索	2008
211	孙一平	相对优势还是绝对劣势——平等观念与优先性理论之辩	学习与探索	2010
212	孙长虹	政府职能转变的新课题:建立现代政府危机管理体系	社会科学辑刊	2004
213	孙红妮	货币政策影响下的商业银行利率风险管理	吉林大学社会科学学报	2004
214	孙洪魁	东北亚区域合作的文化视角——打造区域合作的文化基础	东北亚论坛	2006
215	孙洪魁	中国面向东北亚战略构建与运作的思考	社会科学战线	2006
216	孙晓春	关于真理问题的道德反省	吉林大学社会科学学报	2001
217	孙晓春	民主政治的道德基础	天津社会科学	2002
218	孙晓春	儒家人性学说与中国传统政治哲学	史学集刊	2002
219	孙晓春	罗尔斯政治哲学方法解析	吉林大学社会科学学报	2002
220	孙晓春	两宋天理论的政治哲学解析	清华大学学报	2004
221	孙晓春	中国传统政治哲学的社会历史环境分析	史学集刊	2004
222	孙晓春	社会公正:现代政治文明的首要价值	吉林大学社会科学学报	2005
223	孙晓春	社会公正:和谐社会的基本前提	山西大学学报	2005
224	孙德超	论行政程序对行政自由裁量权滥用的控制	社会科学战线	2006
225	孙德超	论中央政府集中财力的路径选择及可行性	社会科学战线	2009
226	孙德超	分税制改革成效评析	经济纵横	2009
227	孙德超	论财政调控与转移支付体系的完善	经济问题	2009
228	孙德超	经济危机对各国公共就业服务的影响——以大学生就业为例	河南师范大学学报	2010
229	孙德超	三分事权:推进基本公共服务均等化的前提性基础	河南师范大学学报	2011
230	孙德超	中国的财政分权、政治集权与经济增长——以地方预算外资金的膨胀为例	社会科学	2011
231	孙德超	大学生就业新政问题研究述评	经济纵横	2011
232	孙德超	公共就业服务不均等的现实考察及均等化途径研究	河南师范大学学报	2011
233	孙德超	基本公共服务均等化与地方预算外资金膨胀的化解——基于1984～2007年集权与分权的历史考察	学习与探索	2011
234	孙德超	基本公共服务均等化与中央和地方博弈规则的完善	内蒙古社会科学	2012
235	孙德超	推进基本公共服务均等化的基本原则——事权与财权财力相匹配	教学与研究	2012

序号	作者	论文名称	期刊来源	发表年度
236	孙德超	农民工群体享有基本公共服务的现状及改进途径	吉林大学社会科学学报	2012
237	孙德超	义务教育服务不均等的现实考察及均等化途径研究	社会科学战线	2012
238	孙德超	基本社会保障服务不均等的现实考察及均等化途径研究	福建论坛	2012
239	孙德超	地方政府非预算财政膨胀的成因及对策	内蒙古社会科学	2013
240	孙德超	美国政府问责体系的结构功能及其经验借鉴	理论探讨	2013
241	孙德超	推进基本公务服务均等化的直接途径:规范转移支付的结构和办法	东北师大学报	2013
242	孙德超	地区医疗卫生服务均等化评价指标体系的构建	中国行政管理	2013
243	孙德超	微博反腐中侵权风险的成因及化解	福建论坛	2013
244	孙德超	城镇化背景下公共服务体系建设面临的挑战与对策探析	福建师范大学学报	2013
245	孙德超	农民工工伤保险制度的运行现状及改进途径	河南师范大学学报	2014
246	孙德超	促进城镇化发展的城市财政支出改革研究	城市发展研究	2014
247	孙德超	促进城镇化建设的公共服务供给改革	社会科学	2014
248	孙德超	人大预算决算审查监督职能的加强:双重障碍与消解途径	社会科学战线	2014
249	孙德超	发达国家食品安全监管的做法及启示	经济纵横	2014
250	孙德超	从文化和意识形态看中国软实力	内蒙古社会科学	2014
251	孙德超	构建公务员工资正常增长机制的理念及方法	理论探讨	2014
252	孙德超	美国地方政府公共服务供给及对中国的启示	学习与探索	2014
253	孙德超	地方财力与公务员工资水平:关系类型及转化机理	学术研究	2014
254	孙德超	政府引导低碳消费方式的障碍与消解路径探析	福建师范大学学报	2015
255	孙德超	公共服务均等化经济思想变迁与反思	社会科学	2015
256	孙德超	公务员工资制度面临的挑战与改革方向	理论探讨	2015
257	孙德超	群体性事件的新趋势、成因及预防策略	东北师大学报	2015
258	孙德超	内外约束:行政组织成员责任落实的理论演变与融合机理	内蒙古社会科学	2015
259	曲　婧	和谐文化建设的必要性及路径	道德与文明	2008
260	朱万润	做错事的权利	世界哲学	2012
261	朱万润	无强制义务的自由:诺奇克自由观探析	理论探讨	2012
262	朱万润	权利与自由关系的辨析——以伯林两种自由概念为参照	哲学动态	2013
263	朱万润	权利的基础:从政治哲学的观点看	理论视野	2013
264	许一多	实用主义:美国的外交哲学	长白学刊	2002

序号	作者	论文名称	期刊来源	发表年度
265	许玉镇	试论比例原则在我国法律体系中的定位	法制与社会发展	2003
266	许玉镇	论领导人的行政法律责任	社会科学战线	2008
267	许玉镇	论我国行政复议调解制度的目标定位——以地方规范性文件的比较分析为视角	当代法学	2009
268	许玉镇	论领导人的责任及责任分类	吉林大学社会科学学报	2009
269	许玉镇	论立法民主参与中公众代表的代表性——以行政立法中的行政相对方为例	社会科学战线	2011
270	许玉镇	我国旧村改造中利益相关者合作治理模式探析——以山东沈泉庄的改造实践为例	吉林大学社会科学学报	2011
271	许玉镇	公共治理视域下行政裁量权的多中心治理	当代法学	2011
272	许玉镇	分权与地方治理:美洲经验的启示(译文)	吉林大学社会科学学报	2014
273	许玉镇	论公共决策领域中政府回应网络民意的法治化	江汉论坛	2015
274	许 琳	布什政府单边主义外交解析	吉林大学社会科学学报	2002
275	许 琳	奥巴马政府亚太战略解析	东北亚论坛	2012
276	何俊武	政治正义:构建和谐社会的价值之维	求索	2006
277	佟佳江	伪满时期"蒙地奉上"研究	民族研究	2003
278	佟佳江	第一部孝庄皇后的长篇传记——评孟昭信著《孝庄皇后》	史学集刊	2003
279	吴自聪	经济增长与国家兴衰:奥尔森利益集团理论的运用与探析	江西社会科学	2008
280	吴克昌	政治发展与政治稳定:理论与实践	求索	2002
281	宋衍涛	开放社会的民主冲突逻辑	江苏社会科学	2003
282	宋衍涛	冲突政治学体系的形成	南京社会科学	2003
283	宋衍涛	20世纪90年代西方市场社会主义的三种模式	当代世界与社会主义	2003
284	宋衍涛	《大国政治的悲剧》霸权逻辑的脆弱性——评约翰·米尔斯海默的"中国威胁论"	东北亚论坛	2004
285	宋衍涛	政治权力的实现模式、整合及其变革	内蒙古社会科学	2005
286	宋 艳	财政改革:地方政府职能转变的重要途径	社会科学战线	2010
287	宋 艳	"民心网"的创新何以可能	社会科学战线	2013
288	宋 艳	从辽宁民心网看政府治理创新	中国行政管理	2015
289	张力娜	和谐社会的政治基础——有关政治正义的探讨	东北大学学报	2009
290	张友国	中亚利益格局中的美国与中国	东北亚论坛	2004
291	张东宁	世界新秩序的建立与国家的选择	东北亚论坛	2005
292	张创新	唐朝群相发展五段说	吉林大学社会科学学报	2001
293	张创新	亚里士多德的和谐社会思想初探	政治学研究	2005
294	张创新	从"新制"到"良制":我国行政问责的制度化	中国人民大学学报	2005
295	张创新	行政问责的制度理性——一种基于制度变迁的成本效应分析	社会科学研究	2006

序号	作者	论文名称	期刊来源	发表年度
296	张创新	地方政府绩效评估信息失真的成因及其治理	中州学刊	2006
297	张创新	大部制改革与小政府模式辨析	中国行政管理	2008
298	张创新	基于流程的公共部门绩效评估机理研究	社会科学战线	2008
299	张创新	当代中国政府管理模式的新思维与和谐社会的契合	吉林大学社会科学学报	2008
300	张创新	服务型政府视阈下政府执行力提升新探	中国行政管理	2010
301	张创新	我国党政领导干部问责幅度实证研究	中国行政管理	2012
302	张创新	我国行政领导干部问责层级的实证研究	吉林大学社会科学学报	2013
303	张创新	十七大以来政府管理创新的思路与举措	湖南社会科学	2013
304	张创新	西藏县级政府公共服务能力评价体系研究	西藏大学学报	2013
305	张红梅	银行公司治理中各行为主体间的正和博弈分析——以招商银行发行 100 亿元可转债引发的冲突及解决方案为例	金融论坛	2006
306	张丽华	评析俄罗斯总统制的确立及根源	东北亚论坛	2001
307	张丽华	美国的国家利益观与其对台政策的逻辑关系	长白学刊	2001
308	张丽华	国际组织的历史演进	东北师大学报	2003
309	张丽华	非零和博弈——国家主权和国际组织关系的再思考	社会科学战线	2004
310	张丽华	规范、制度与国际秩序	吉林大学社会科学学报	2007
311	张丽华	和谐世界理念指导下的中国外交实践	理论前沿	2009
312	张丽华	经济全球化背景下国家利益分析	政治学研究	2009
313	张丽华	在国家和国际组织互动中重塑国家利益	社会科学战线	2009
314	张丽华	国家主体地位的变化及认识	东北师大学报	2010
315	张丽华	国家和国际组织的权力功能比较分析	学习与探索	2010
316	张丽华	东北亚海权争端与中国的新思维	东北亚论坛	2011
317	张丽华	地缘环境变迁与中国粮食安全战略选择	理论探讨	2012
318	张丽华	地缘环境下中日韩粮食安全比较研究	学习与探索	2012
319	张丽华	欧债危机对中国的影响与启示	经济纵横	2012
320	张丽华	全球气候多边治理困境及对策分析	求是学刊	2013
321	张丽华	中欧气候变化治理利益格局比较及对策分析	东北师大学报	2014
322	张丽华	制动冲突:解决中日东海权益争端之战略与对策	东北亚论坛	2014
323	张丽华	从推责到合作:中美气候博弈策略研究——基于"紧缩趋同"理论视角	学习与探索	2015
324	张国山	我国市场监管的价值取向与模式构建	天津大学学报	2010
325	张贤明	论政治责任的相对性	政治学研究	2001
326	张贤明	试论法治与民主的基本关系	吉林大学社会科学学报	2002
327	张贤明	政治责任的逻辑与实现	政治学研究	2003

序号	作者	论文名称	期刊来源	发表年度
328	张贤明	哈耶克政治思想的逻辑——《规则·秩序·无知》读后	法制与社会发展	2004
329	张贤明	政治文明的基本形态：责任政治	吉林大学社会科学学报	2004
330	张贤明	官员问责的政治逻辑、制度建构与路径选择	学习与探索	2005
331	张贤明	社会主义和谐社会与政府责任	政治学研究	2006
332	张贤明	中国官员责任追究制度建设的回顾、反思与展望	吉林大学社会科学学报	2008
333	张贤明	政治责任与社会公正：当代中国政治学的重要课题——吉林大学行政学院博士生导师张贤明教授访谈	社会科学家	2008
334	张贤明	新中国60年政治建设与政治发展经验的几点思考	政治学研究	2009
335	张贤明	改革发展成果共享与政府责任	政治学研究	2010
336	张贤明	共享与正义：论有尊严地共享改革发展成果	吉林大学社会科学学报	2011
337	张贤明	应得的基础：分配正义视角的理论分析	学习与探索	2011
338	张贤明	民生的政治属性、价值意蕴与政府责任	理论探讨	2011
339	张贤明	当代中国问责制度建设及实践的问题与对策	政治学研究	2012
340	张贤明	从本土诉求到全球视野：当代中国政治学繁荣与发展的思考	贵州社会科学	2012
341	张贤明	当代中国基本公共服务体系建构的基本思路	学习与探索	2012
342	张贤明	阳光政治建设的思考	理论探讨	2012
343	张贤明	公正、共享与尊严：基本公共服务均等化的价值定位	吉林大学社会科学学报	2012
344	张贤明	改革发展成果共享视域下的行政性行为垄断与规制	中国行政管理	2013
345	张贤明	低成本利益表达机制的构建之道	吉林大学社会科学学报	2014
346	张贤明	以完善和发展制度推进国家治理体系和治理能力现代化	政治学研究	2014
347	张贤明	发展成果共享视域下土地流转的约束条件与政府责任	湖北社会科学	2014
348	张贤明	论改革发展成果共享的三项原则	理论探讨	2014
349	张贤明	论国家治理现代化的法治意蕴	上海行政学院学报	2015
350	张贤明	整合碎片化：公共服务的协同供给之道	社会科学战线	2015
351	张贤明	论改革发展成果共享的三重特性	理论探讨	2015
352	张 郁	行政监督的伦理基础	求索	2007
353	张亲培	中国预算管理体制改革的政治分析	长白学刊	2001
354	张亲培	日本中央政府机构改革简论	东北亚论坛	2002
255	张亲培	日本社区住民政治概说	东北亚论坛	2003
356	张亲培	投票行为研究的发展及范式转换	吉林大学社会科学学报	2003
357	张亲培	公民社会与和谐社会的构建	吉林大学社会科学学报	2006
358	张亲培	和谐社会的公共政策论	吉林大学社会科学学报	2007
359	张亲培	选举制度与公共政策——一个社会公正的视角	国家行政学院学报	2008
360	张亲培	资源枯竭型城市转型的个案研究	经济纵横	2010
361	张亲培	公共政策体制论纲	吉林大学社会科学学报	2010
362	张亲培	公共政策与社会公正：权威与公共性的考察	东北师大学报	2010
363	张亲培	中国压力型预算调整研究	学术界	2010

序号	作者	论文名称	期刊来源	发表年度
364	张亲培	论政策过程的公正性维度	社会科学战线	2011
365	张亲培	比较公共政策研究：回顾与展望	经济社会体制比较	2011
366	张亲培	论公共政策问题的合法性构建	求索	2011
367	张胜玉	公民资格与公共治理——基于公共领域的展望	河南师范大学学报	2010
368	张寅	西方保守主义政治思想的二维性存在——理论意识和实践意识的视角分析	学术探讨	2010
369	张铮	荀子与商鞅学派研究	北方论丛	2010
370	张铮	近代"经今古文"学派与"荀学"	学习与探索	2010
371	张铮	试论荀子对中国传统文化贡献	学习与探索	2011
372	张铮	学术与政治之间——以梁启超"荀学"评价为对象的考察	史学集刊	2011
373	张铮	近出楚简与中国传统政治思想研究述论	学习与探索	2012
374	张铮	论中国早期"学""术"的产生与发展	江苏社会科学	2013
375	张铮	论"公共知识"与文明国家的构建	贵州社会科学	2014
376	张铮	历史进程视域下中国古代民本思想的发展理路	山东大学学报	2014
377	张铮	网络反腐：意义、问题与改进路径——基于网络反腐流程的分析	社会主义研究	2015
378	张铮	多中心治理视角下社会弱势群体救助模式研究——以服刑人员未成年子女为例	管理世界	2015
379	张铮	突发事件中网络谣言的治理	国家行政学院学报	2015
380	张博	贫富差距与政府责任	学习与探索	2008
381	张喜红	坚持政治体制改革的法治取向	长白学刊	2001
382	张辉	选人用人公信度评价指标体系构建研究	学术研究	2010
383	张辉	党政领导干部选拔任用制度改革的政治学分析	华南师范大学学报	2010
384	张锐昕	论网络时代的政府责任	社会科学辑刊	2001
385	张锐昕	面向21世纪国家公务员的科技素质	社会科学战线	2001
386	张锐昕	电子公务：公共管理发展的新途径	江苏社会科学	2002
387	张锐昕	建立电子政务评估制度的动因	社会科学战线	2005
388	张锐昕	简析入世对中国政治发展的影响	天津社会科学	2005
389	张锐昕	电子政务绩效评估制度建设的目标和重点	中国行政管理	2006
390	张锐昕	政府门户网站的功能及其保障机制	理论探讨	2007
391	张锐昕	网络时代西方国家政府职能转变：动因、对策及启示	兰州大学学报	2007
392	张锐昕	联合国电子政务调研评估体系的特点和启示	情报科学	2010
393	张锐昕	行政服务中心：发展愿景、路径选择与趋近策略	吉林大学社会科学学报	2010
394	张锐昕	地方政府行政审批制度改革中的政策选择——以吉林省政务大厅为例	东疆学刊	2011

序号	作者	论文名称	期刊来源	发表年度
395	张锐昕	电子政府内涵的演进及其界定	社会科学辑刊	2011
396	张锐昕	论电子政府的政府基础:起始条件与构建策略	求索	2012
397	张锐昕	中国地方政府行政审批制度改革模式的探索及其应然走向——基于吉林省相对集中审批模式的分析	内蒙古社会科学	2012
398	张锐昕	电子政务与政府职能转变的逻辑关联	甘肃社会科学	2012
399	张锐昕	电子化政府绩效评估系统的角色和功用初探	江苏行政学院学报	2013
400	张锐昕	政府全面质量管理的缺陷及其纠正	社会科学战线	2013
401	张锐昕	云计算环境下政务信息资源管理运行和约束机制	情报科学	2014
402	张锐昕	公共服务质量:特质属性和评估策略	北京行政学院学报	2014
403	张锐昕	政府电子公共服务的内涵和外延	行政论坛	2015
404	李 畅	冷战后日本的新和平主义思潮研究——以《反恐特别措施法》的实施为例	社会科学战线	2008
405	李 博	日本电子政府的构筑与发展	东北亚论坛	2006
406	李 辉	政府绩效评估对象心理认同现状的实证研究——以 J 省处级领导干部为调查对象	学术论坛	2009
407	李 辉	政府绩效评估功能实现机制研究——以评估对象心理认同为视角	社会科学辑刊	2010
408	李 辉	治理视野下的公民精神	河南师范大学学报	2010
409	李 靖	关于行政伦理责任与行政伦理行为选择困境的几点认识	东北师大学报	2005
410	李 靖	在中国建设服务型政府的理论基础	政治学研究	2005
411	李 靖	经济全球化背景下我国政府模式的重构	社会科学家	2005
412	李 靖	试论绩效考核中的自我效能考核	社会科学战线	2007
413	李 靖	政府:和谐社会构建的主体	理论探讨	2007
414	李 靖	行政伦理视域下的商业贿赂治理	吉林大学社会科学学报	2008
415	李 靖	第三部门参与:科技体制创新的多元化模式	科学学研究	2011
416	李 靖	东北地方政府创新动力之现状、原因与对策——基于"中国地方政府创新奖"的分析	东北师大学报	2013
417	李 靖	审议民主视角下的民事民议实践研究——以吉林省安图县群体诉求服务中心为例	社会科学战线	2014
418	李德志	略论国家公务员的政治行为规范与职业道德行为规范	吉林大学社会科学学报	2001
419	李德志	改变我国农民工弱势地位的对策思考	吉林大学社会科学学报	2005
420	李德志	我国政府加强农村人力资源能力建设的责任与对策	吉林大学社会科学学报	2007
421	杜霁雪	民主审议与政治正当性的充分实现	社会科学战线	2009
422	杨占国	关于推进我国政治文明建设的几点思考	中国特色社会主义研究	2007
423	杨国栋	论网络时代政府职能转变的十大取向	新疆社会科学	2010
424	杨亮军	论制度正义视域下政府问责制的建构	西北师大学报	2010

序号	作者	论文名称	期刊来源	发表年度
425	杨健潇	分配正义视角下的"收入倍增计划"——基于"收入倍增计划"的国际比较研究	学习与探索	2013
426	杨健潇	试论卢梭的三种自然状态与两种社会契约——卢梭政治哲学的一致性问题	求是学刊	2014
427	杨健潇	"群众路线"的政治学考察——基于"民本"与"民主"的比较视角	湖北社会科学	2014
428	杨海涛	政策网络视角下的社区治理失灵问题研究	东北大学学报	2010
429	沈海涛	中国周边海洋主权争端的战略性应对分析	教学与研究	2012
430	肖 克	建构主义视角下的国家安全分析	内蒙古社会科学	2007
431	肖 晞	冷战后美日同盟：从"漂流"到强化	现代日本经济	2006
432	肖 晞	中美在东亚安全结构中的冲突——2006 年美国《四年防务评估报告》的一种解读	东北亚论坛	2006
433	肖 晞	东北亚安全合作的若干思考	教学与研究	2007
434	肖 晞	论文化对国际制度创新的影响	东北亚论坛	2008
435	肖 晞	国际关系主流理论范式中的安全合作模式	学习与探索	2008
436	肖 晞	当代中国外交教学的缺失与启示	世界经济与政治	2010
437	肖 晞	中国实施良种战略的必要性与路径探析	社会科学战线	2010
438	肖 晞	东北亚非传统安全：问题领域及合作模式	东北亚论坛	2010
439	肖 晞	和平发展、互利共赢的中国东北亚战略构想——"中国东北亚战略与政策研究"开题报告会综述	东北亚论坛	2010
440	肖 晞	政治学中新制度主义的新流派：话语性制度主义	华中师范大学学报	2010
441	肖 晞	中国传统文化中的"和"对中国外交的影响	武汉大学学报	2010
442	肖 晞	结构主义战争观：一个基于历史研究的评估	中山大学学报	2010
443	肖 晞	中国外交战略定位：历史进程、现实基础与原则策略	西安交通大学学报	2010
444	肖 晞	冲突与战争的根源：三种主流国际战争观的分歧及其比较	甘肃社会科学	2010
445	肖 晞	安全的获得与维持：西方国际关系理论对安全问题的思索	当代世界与社会主义	2010
446	肖 晞	西班牙巴斯克民族主义问题论析	国际论坛	2010
447	肖 晞	冷战后东亚秩序的转型与中美两国的东亚战略	吉林大学社会科学学报	2010
448	肖 晞	中国国际角色与结构性认知	求索	2010
449	肖 晞	墨家思想对中国国际战略定位的启示	国际观察	2011
450	肖 晞	加强中国国家安全战略的思考	理论视野	2011
451	肖 晞	东北亚安全走向与中国战略调整	教学与研究	2011

序号	作者	论文名称	期刊来源	发表年度
452	肖晞	日本战略趋向与中国的应对	国际观察	2014
453	肖晞	中国和平发展道路：文化基础、战略取向与实践意义	国际观察	2015
454	肖晞	中国海外利益维护与拓展模式构建探析	学习与探索	2015
455	苏云婷	女性的缺席与国际无政府状态	妇女研究论丛	2006
456	陈君	俄罗斯武器出口现状与趋势	现代国际关系	2009
457	陈秉公	以人为本的德育本体论解读——兼论由"民本"思想影响的德育到"人本"德育的历史性发展	教育研究	2005
458	陈秉公	马克思主义意识形态理论与社会主义核心价值体系建构	马克思主义研究	2008
459	陈秉公	试论思想政治理论课教材体系向教学体系转化的规律性	思想理论教育导刊	2008
460	周光辉	互联网对国家的冲击与国家的回应	政治学研究	2001
461	周光辉	政治文化研究的一部力作——评孙正甲著《政治文化学》	政治学研究	2002
462	周光辉	政治文明的主题：人类对合理的公共秩序的追求	社会科学战线	2003
463	周光辉	理解代表——关于代表的正当性与代表方式合理性的分析	吉林大学社会科学学报	2004
464	周光辉	认真对待共和国——关于和谐社会的政治基础的思考	吉林大学社会科学学报	2005
465	周光辉	公共问题背后的公民观念——从政治学的视角看待社会公共问题	吉林大学社会科学学报	2006
466	周光辉	政府：一个公正社会不可或缺的角色——关于政府再分配职能正当性的思考	吉林大学社会科学学报	2006
467	周光辉	"社会公正与政府责任"国际学术研讨会综述	中国行政管理	2006
468	周光辉	理解公民——关于和谐社会成员身份的思考	马克思主义与现实	2006
469	周光辉	起点平等：超越自然选择的生存逻辑——关于起点平等的发生前提、内在要求与政府责任的思考	学习与探索	2007
470	周光辉	从管制转向服务：中国政府的管理革命——中国行政管理改革30年	吉林大学社会科学学报	2008
471	周光辉	民主：社会正义的生命和保障——关于民主对社会正义的价值的思考	文史哲	2008
472	周光辉	跨越时间之维的正义追求——代际正义的可能性研究	政治学研究	2009
473	周光辉	构建现代国家——以组织化、制度化与民主化为分析视角	社会科学战线	2009
474	周光辉	政治民主化：当代中国的实践和经验——改革开放三十年中国民主化的进展、影响及经验	天津社会科学	2010
475	周光辉	构建现代国家制度以实现国家的长治久安	探索与争鸣	2010
476	周光辉	当代中国决策体制的形成与变革	中国社会科学	2011
477	周光辉	垄断经营：社会正义的困境——中国国有企业行业垄断问题的政治学分析	社会科学战线	2012
478	周光辉	创业之路　精神永存—深切缅怀王惠岩先生	吉林大学社会科学学报	2012
479	周光辉	全球化时代发展中国家的国家认同危机及治理	中国社会科学	2013

序号	作者	论文名称	期刊来源	发表年度
480	周光辉	推进国家治理现代化需要寻求和凝聚社会共识	法制与社会发展	2014
481	周光辉	推进国家治理现代化的有效路径:决策民主化	理论探讨	2014
482	宝成关	近 20 年来大陆"文化热"与孙中山文化思想研究	江苏社会科学	2001
483	宝成关	从"甲午"到"庚子"——论晚清华夷观念的崩溃	吉林大学社会科学学报	2002
484	宝成关	秩序重建与价值重构的最初努力	史学月刊	2012
485	宝成关	论孙中山的国民观	广东社会科学	2012
486	宝成关	论辛亥时期的国民观	江苏社会科学	2012
487	宝成关	论中国近代政治思想发展演变的内在逻辑—兼论近代中国选择社会主义的必然性	政治学研究	2012
488	宝成关	主题·内容·线索:关于中国政治思想史体系建设的几点思考	社会科学战线	2012
489	宝成关	中国特色社会主义人本思想的理论基础和思想渊源	政治学研究	2013
490	宝成关	中国特色社会主义人本思想研究论纲	吉林大学社会科学学报	2013
491	尚　伟	均势理论与世界秩序	西南师范大学学报	2005
492	林志鹏	论社会转型期我国公民政策参与	长白学刊	2003
493	林志鹏	论完善我国公民政策参与的意义及其路径选择	理论探讨	2003
494	林奇富	批判与重构:公共权力的合法性与合理性——约翰·密尔功利主义政治哲学探微	吉林大学社会科学学报	2001
495	林奇富	契约论批判与批判的尺度——杰里米·边沁功利主义政治哲学探析	吉林大学社会科学学报	2003
496	林奇富	重视行政过程中协商的功能	探索与争鸣	2009
497	林建华	储安平自由主义思想评析	史学集刊	2002
498	金　新	全球化大叙事:批判与超越——全球化文本的后现代主义解读	国际论坛	2010
499	姚　璐	后危机时代全球治理发展的新动向	国外理论动态	2013
500	姚　璐	和平共处五项原则理念与实践探析——六十年的"变"与"不变"	教学与研究	2014
501	姚　璐	论全球正义——关于正义问题及实现路径的分析	太平洋学报	2015
502	姜延迪	海洋开发与发展循环经济的国际法框架	当代经济研究	2010
503	姜淑芝	改革攻坚阶段思想政治工作面临的挑战	社会科学战线	2001
504	姜淑芝	政党权威与政府能力:发展中国家政治稳定问题的两个视角	社会科学战线	2005
505	娄淑华	论人口素质在和谐社会发展中的作用	人口学刊	2005
506	宫笠俐	决策模式与日本环境外交—以日本批准《京都议定书》为例	国际论坛	2011
507	宫笠俐	日本在国际气候谈判中的立场转变及原因分析	当代亚太	2012
508	宫笠俐	后冷战时代日本环境外交战略研究	东北亚论坛	2012
509	宫笠俐	环境正义的公共政治向度—环境物品分配体系的制度安排	学习与探索	2012

序号	作者	论文名称	期刊来源	发表年度
510	宫笠俐	公共环境服务供给模式研究	中国行政管理	2012
511	胡 威	日、美、英等发达国家公务员制度的变革及借鉴	东北亚论坛	2005
512	胡晓燕	柏拉图和谐社会观新解	政治学研究	2006
513	胡德超	城市公用事业管理体制改革的国际经验及启示	经济纵横	2007
514	赵大鹏	以礼为治或抑以法为治:兼评中国传统文化的社会功能	求索	2007
515	姬国海	关于我国政务公开的内涵界定	东北师大学报	2002
516	姬国海	政务公开与社会主义民主政治	吉林大学社会科学学报	2002
517	徐永军	政治制度合法性视野中的政治发展	内蒙古社会科学	2004
518	徐 佳	对霸权稳定论的解读与评判	学术交流	2009
519	徐彦山	论俄罗斯管理中的反常现象	东北亚论坛	2005
520	徐彦山	解读俄罗斯新一轮的公共行政改革	东北亚论坛	2006
521	徐 萍	冲突与共容——论冷战后东北亚的两种战略态势	社会科学战线	2007
522	徐 博	俄罗斯东部地区开发开放战略评析	现代国际关系	2010
523	殷冬水	好政府的现代想象——关于洛克政府观念内在逻辑的政治哲学反思	南京社会科学	2008
524	殷冬水	中国民主前景海外研究述评	国外理论动态	2011
525	殷冬水	利益表达平衡:社会正义的内在要求	江汉论坛	2013
526	殷冬水	群众路线:中国国家治理的一种实践形式——当代中国群众路线两种观念的实践困境与应对路径	南京社会科学	2014
527	殷冬水	20世纪90年代以来中国村民自治实践海外研究的跟踪分析	国外理论动态	2014
528	殷冬水	政治平等:神话还是现实——政治平等的内在逻辑与实现路径的规范分析	江海学刊	2015
529	殷冬水	记忆与权力:民族自省的政治逻辑——东北沦陷史陈列馆抗战国家叙事的个案研究	社会科学战线	2015
530	殷冬水	民主人心:乡村政治建设的教育工程	南京社会科学	2015
531	殷冬水	极权国家动员逻辑与运作形式的政治哲学反思	东北大学学报	2015
532	聂兴超	道德域下中立性原则的不确定性与辩护性	求索	2010
533	郭 锐	韩国政治转型研究:一种基于民主化序列的分析范式	社会主义研究	2005
534	郭 锐	中朝韩经贸关系纵深发展的战略进路	国际经贸探索	2006
535	郭 锐	继往开来 再谱新章——"纪念华北人民政府成立60周年座谈会"综述	中国行政管理	2008
536	郭 锐	国际体系转型与东北亚多边制度安排构想	同济大学学报	2008
537	郭 锐	中俄能源合作的问题与对策	经济纵横	2009
538	郭 锐	马克思主义国际政治经济学述评:从研究范式的角度	求实	2009
539	郭 锐	中俄能源安全合作的概念体系、逻辑困境与现时问题	统计与决策	2009

序号	作者	论文名称	期刊来源	发表年度
540	郭 锐	韩国政治转型研究:一种民主化序列的分析范式	学术论坛	2009
541	郭 锐	科学推进中国特色社会主义行政管理体制理论与实践创新——研讨会暨第20届年会综述	中国行政管理	2010
542	郭 锐	奥巴马政府对朝政策的新理念及其走向	同济大学学报	2010
543	郭 锐	性别伦理与合作偏好——女性主义国际合作观述评	伦理学研究	2010
544	郭 锐	俄韩军事技术合作及其战略问题的研究	太平洋学报	2010
545	郭 锐	民族主义与韩国外交政策	世界经济与政治论坛	2010
546	郭 锐	结构性权力视角下的美韩同盟变迁	社会主义研究	2010
547	郭 锐	近年来日本军工产业转型研究	现代日本经济	2011
548	郭 锐	以政府管理创新推进中国特色行政管理体制改革—中国行政管理学会2010年会暨"政府管理创新"研讨会综述	中国行政管理	2011
549	郭 锐	经贸因素与联盟转型——以美国东亚联盟为例	社会主义研究	2011
550	郭 锐	韩国海洋安全战略调整与海军军备发展	国际论坛	2011
551	郭 锐	国际关系定量研究与数据库建设——评《中外关系鉴览1950～2005——中国与大国关系定量衡量》	世界经济与政治	2011
552	郭 锐	国际机制视角下的东北亚环境合作	中国人口·资源与环境	2011
553	郭 锐	韩国海洋安全战略演变的路径探析	太平洋学报	2011
554	郭 锐	俄越防务合作的现状、动向与影响	南洋问题研究	2011
555	郭 锐	西方国家主流媒体"中国国防透明度"报道研究	当代亚太	2012
556	郭 锐	民族主义与地区合作:对深化中日韩合作关系的思考	世界民族	2012
557	郭 锐	韩国—东盟防务安全合作探究	南洋问题研究	2012
558	郭 锐	冷战后地缘理论的发展与嬗变——学理依据、研究框架与后现代转向	教学与研究	2012
559	郭 锐	韩国海洋安全战略调整及现实影响	同济大学学报	2012
560	郭 锐	朝鲜半岛问题与中俄关系的互动	俄罗斯中亚东欧研究	2013
561	郭 锐	"安全困境"视角下的朝鲜半岛和平机制	社会主义研究	2013
562	郭 锐	"朝鲜式特区经济"与中朝边境经济区合作	亚太经济	2013
563	郭 锐	冷战后东亚地区军备发展的动力分析	外交评论	2013
564	郭 锐	新时期我国研究生培养模式改革探究	高教探索	2013
565	郭 锐	印度与越南的防务安全合作:现状、影响及趋向	当代世界社会主义问题	2014
566	郭 锐	冷战后韩国基督教的保守化倾向及对国家政治的影响	世界宗教研究	2014
567	郭 锐	近代以前日本的朝鲜观	史学月刊	2014
568	郭 锐	中国特色大国外交理论与实践创新——全国高校国际政治研究会2015年年会综述	现代国际关系	2015
569	郭 锐	俄美两国对东亚地缘战略的调整及比较	同济大学学报	2015
570	陶 鹏	新封建主义:全球化、市场和超级消费链	国外理论动态	2004

序号	作者	论文名称	期刊来源	发表年度
571	陶叡	乡村治理中的制度变迁分析——以村民自治制度为视角	中国行政管理	2010
572	曹阳	21世纪初俄罗斯周边地缘政治状况的量化分析	东北亚论坛	2004
573	曹海军	转型期公共利益的实现路径选择	长白学刊	2002
574	曹海军	生态主义背景下政策分析方法的变革与局限	江苏社会科学	2006
575	曹海军	生态文明视野下政策分析的理论建构	人文杂志	2006
576	曹海军	"统合主义"政府：一种新型的政府治理模式	理论探讨	2006
577	曹海军	西方民主理论视野下的两种政治道德观	学海	2007
578	麻宝斌	吉林省农村乡级党员组织建设问题研究	社会科学战线	2001
579	麻宝斌	论民主的法治前提	吉林大学社会科学学报	2001
580	麻宝斌	治道变革：公共利益实现机制的根本转变	吉林大学社会科学学报	2002
581	麻宝斌	公共利益与公共悖论	江苏社会科学	2002
582	麻宝斌	公共行政改革的理性思考与现实选择	社会主义研究	2002
583	麻宝斌	论地方政府公共行政理念之变革	吉林大学社会科学学报	2003
584	麻宝斌	政治正义的历史演进与现实要求	江苏社会科学	2003
585	麻宝斌	公平与效率关系的政治学分析	政治学研究	2003
586	麻宝斌	振兴老工业基地进程中的政府行为分析	东北亚论坛	2004
587	麻宝斌	以社会正义规导行政行为：从实质到程序	理论探讨	2004
588	麻宝斌	中国公共行政改革面临的十重困境	吉林大学社会科学学报	2005
589	麻宝斌	新时期中国社会的群体性政治参与	政治学研究	2005
590	麻宝斌	社会正义何以可能	吉林大学社会科学学报	2006
591	麻宝斌	全球化背景下的地方政府竞争——提高政府核心竞争力的战略选择	北京行政学院学报	2007
592	麻宝斌	中美两国地方治理模式比较	吉林大学社会科学学报	2008
593	麻宝斌	全球化时代的地方政府治理模式	学海	2008
594	麻宝斌	政府社会管理精细化初探	北京行政学院学报	2009
595	麻宝斌	中国基本公共服务均等化改革分析	社会科学战线	2009
596	麻宝斌	政府流程再造的基本策略	经济纵横	2009
597	麻宝斌	中国公共就业服务均等化问题研究	东北师大学报	2009
598	麻宝斌	权责一致与权责背景：在理论与现实之间	政治学研究	2010
599	麻宝斌	谋求公共行政发展的新动力——国际行政科学学会第28届年会情况简述	中国行政管理	2010
600	麻宝斌	协同型政府：治理时代的政府形态	吉林大学社会科学学报	2010
601	麻宝斌	从社会管理到社会治理：挑战与变革	学习与探索	2011
602	麻宝斌	政府与社会的协同治理之路—以汪清县城市社区管理改革为个案	吉林大学社会科学学报	2011
603	麻宝斌	社会公正测量的五个维度	理论探讨	2012
604	麻宝斌	从法治到心治：政府社会管理中的软执行力	天津社会科学	2012
605	麻宝斌	中国竞争性选拔干部制度变迁问题研究	湖南社会科学	2012

序号	作者	论文名称	期刊来源	发表年度
606	麻宝斌	再论制度执行力	理论探讨	2013
607	麻宝斌	制度执行力探析	天津社会科学	2013
608	麻宝斌	社会正义测评：主题、内容与框架	理论探讨	2014
609	麻宝斌	论政府执行力的类型及层次	天津社会科学	2014
610	麻宝斌	走出政策执行不力的体制困境	探索与争鸣	2015
611	麻素挺	基于 GIS 和 RS 多源空间信息的吉林西部生态环境综合评价	资源科学	2004
612	黄凤志	布列斯特和约签订后的俄德关系（1918 年 3～11 月）	史学集刊	2001
613	黄凤志	知识经济兴起对南北关系的影响	吉林大学社会科学学报	2001
614	黄凤志	全球化对当代国际关系的影响	东北亚论坛	2002
615	黄凤志	知识霸权与美国的世界新秩序	当代亚太	2003
616	黄凤志	信息革命与经济全球化	东北亚论坛	2003
617	黄凤志	信息革命与当代世界格局演变	吉林大学社会科学学报	2003
618	黄凤志	东北亚安全秩序的困境与对策研究	东北亚论坛	2005
619	黄凤志	东北亚地区均势安全格局探析	现代国际关系	2006
620	黄凤志	数字鸿沟与国际关系知识霸权	东北亚论坛	2006
621	黄凤志	当代国际政治秩序特征探析	吉林大学社会科学学报	2007
622	黄凤志	信息化进程中国际体系与秩序特征探析	东北亚论坛	2009
623	黄凤志	德法和解历史对中日建立战略互惠关系的借鉴与思考	东北亚论坛	2010
624	黄凤志	信息化时代单极多元国际体系特征探析	吉林大学社会科学学报	2010
625	黄凤志	中国东北亚安全利益的多维审视	东北亚论坛	2011
626	黄凤志	中国东北亚地缘政治安全探析	现代国际关系	2011
627	黄凤志	朝核问题六方会谈机制评析	现代国际关系	2011
628	黄凤志	朝鲜政坛变化及其对东北亚局执的影响	现代国际关系	2012
629	黄凤志	地缘政治学理论的困境与创新	国际论坛	2012
630	黄凤志	当代国际体系权力转换问题研究	吉林大学社会科学学报	2012
631	黄凤志	NSC37/8 文件与美国对台政策转变	史学集刊	2012
632	黄凤志	美韩同盟强化与中国的战略应对	国际论坛	2013
633	黄凤志	中美在朝核问题上的互动及其前景探析	现代国际关系	2013
634	黄凤志	当代国际体系权力模式问题探析	吉林大学社会科学学报	2014
635	黄凤志	大国崛起历史经验的反思及其对中国的启示	社会科学战线	2015
636	黄凤志	日本对"一带一路"的认知与应对	现代国际关系	2015
637	黄晓东	美国地方政府的结构及运作特点论析	吉林大学社会科学学报	2009
638	龚蔚红	社会正义与政府责任	太平洋学报	2010
639	龚蔚红	法治治理民主失效的政治基础研究	社会科学战线	2010
640	龚蔚红	作为责任的正义——社会主义初级阶段分配正义原则研究	吉林大学社会科学学报	2011
641	龚蔚红	通过慈善实现正义—创造性资本主义及其批判	学术界	2011
642	龚蔚红	民主与腐败治理：一个经验研究综述	浙江社会科学	2012

序号	作者	论文名称	期刊来源	发表年度
643	龚蔚红	以权力正当性的形式要求为基础的形式法治—对罗尔斯《正义论》中法治理论的解读	求是学刊	2012
644	傅耕石	服务型政府:我国政府发展的理性选择——关于服务型政府的内涵与合理性的思考	社会科学战线	2007
645	储新宇	安全需求大于经贸需求——冷战时期中美共同利益汇合点分析	当代中国史研究	2006
646	彭向刚	坚持党的基本纲领实现中华民族的伟大复兴	长白学刊	2001
647	彭向刚	我国村民自治存在的问题与对策探讨	吉林大学社会科学学报	2001
648	彭向刚	加强和改善我国公共管理教育的若干思考	社会科学战线	2002
649	彭向刚	建设社会主义政治文明是全面建设小康社会的重要目标	社会科学战线	2003
650	彭向刚	认真贯彻落实"三个代表"重要思想　维护广大人民根本利益	长白学刊	2003
651	彭向刚	创新发展政治学理论　推进社会主义政治文明建设	吉林大学社会科学学报	2003
652	彭向刚	中国"入世"后政府的职能转变及行为调整	吉林大学社会科学学报	2003
653	彭向刚	我国行政审批制度的突出问题与改革的目标模式	学术研究	2003
654	彭向刚	论构建和谐社会中的政府能力建设	吉林大学社会科学学报	2005
655	彭向刚	平衡计分卡与公共服务型政府的战略管理	中山大学学报	2006
656	彭向刚	以公共服务为主旨构建当代中央与地方关系	社会科学战线	2006
657	彭向刚	论服务型政府的服务精神	社会科学战线	2007
658	彭向刚	论振兴东北老工业基地进程中的地方政府责任	东北亚论坛	2007
659	彭向刚	论转型期弱势群体政治参与与社会公正	吉林大学社会科学学报	2007
660	彭向刚	论我国服务型政府绩效评估的发展趋势	吉林大学社会科学学报	2008
661	彭向刚	论行政指导的制度困境与路径选择	同济大学学报	2008
662	彭向刚	建国以来反腐倡廉建设的回顾与展望	同济大学学报	2009
663	彭向刚	高水平研究型大学社科科研管理创新战略	东南学术	2009
664	彭向刚	论我国价格听证制度的完善	天津社会科学	2010
665	彭向刚	论我国公共服务创新中公民参与的价值及路径	吉林大学社会科学学报	2010
666	彭向刚	论服务型政府绩效评估实施中的问题与对策	同济大学学报	2010
667	彭　斌	认真对待权力——关于权力的正当性与权力运用方式的合理性的思考	学海	2011
668	彭　斌	作为支配的权力:一种观念的分析	浙江社会科学	2011
669	彭　斌	当代西方共和主义政治哲学发展评析	南京社会科学	2012
670	彭　斌	共和主义的权力理念分析	南京社会科学	2013
671	彭　斌	作为反支配的权力:一种观念的分析	浙江社会科学	2013
672	彭　斌	作为无支配的权力:一种观念的分析	浙江社会科学	2014

序号	作者	论文名称	期刊来源	发表年度
673	彭　斌	包容与民主	读书	2014
674	彭　斌	迈向更具包容性的沟通型民主——评艾利斯·扬的《包容与民主》	国外理论动态	2015
675	彭　斌	卢克斯的三维权利观	读书	2015
676	董存胜	对浪漫主义思潮的一种解读	社会科学战线	2007
677	韩冬雪	论马克思主义的自由观	新视野	2001
678	韩冬雪	论马克思主义的权利观	吉林大学社会科学学报	2001
679	韩冬雪	王惠岩教授的学术成就与学术思想	高校理论战线	2003
680	韩晓峰	大学生自我同一性与心理健康水平关系的研究	人口学刊	2004
681	韩晓峰	论自我同一性概念的整合	心理学探新	2004
682	韩艳丽	中国城市化与公共政策互动关系研究	河南社会科学	2010
683	雷大川	近代中国民主诉求的价值取向与民初政治转型的困境	社会科学战线	2005
684	蔡秋梅	浅析预防与遏制公共权力异化	经济纵横	2009
685	赫泉玲	多维度社会公正度量的基本逻辑与现实途径	吉林大学社会科学学报	2009
686	赫泉玲	网络民意的形成机制及其理性表达的引导策略	情报科学	2013
687	颜德如	胡适与西方进化论	史学月刊	2001
688	颜德如	中西方政治学比较论纲	吉林大学社会科学学报	2003
689	颜德如	严复对"自繇"思想的解读	江苏社会科学	2003
690	颜德如	离合之间:梁启超与西方自由主义	江苏社会科学	2004
691	颜德如	卢梭与晚清革命话语	学海	2005
692	颜德如	严复与自由主义在中国的失败	历史教学	2005
693	颜德如	孙中山"一片散沙"说析论	广东社会科学	2005
694	颜德如	严复对孟德斯鸠中国观的回应	江苏社会科学	2006
695	颜德如	严复自由观再探:围绕"国群自由"与"小己自由"的分析——以《法意》为中心	福建论坛	2006
696	颜德如	中国政府改革与建设面临的五大困局	中国行政管理	2007
697	颜德如	顾准民主观之检讨	学习与探索	2007
698	颜德如	孙中山思想中被忽视的四个问题	广东社会科学	2007
699	颜德如	深化中国协商民主的公民认同——一种观念史的研究路径	学习与探索	2008
700	颜德如	"被压弯的树枝"——近代中国启蒙问题之反思	江苏社会科学	2008
701	颜德如	"同心协力":孙中山关于解决中国问题的思考	广东社会科学	2009
702	颜德如	"执一"与"用中"——中国应对国际金融危机之道	吉林大学社会科学学报	2009
703	颜德如	中国特色社会主义民主政治发展的五种制约因素	学习与探索	2011
704	颜德如	国家转型的助推器:现代国家构建视野下的辛亥革命	国家行政学院学报	2011
705	颜德如	中国府际关系的现状及发展趋向	学习与探索	2012
706	颜德如	中国政府改革30年:特点、问题及其化解	理论探讨	2012
707	颜德如	严复翻译之评析:以孟德斯鸠《法意》首段为例	福建论坛	2012
708	颜德如	中国传统政治文化价值的主导性特点:崇"一"尚"独"	贵州社会科学	2013

续表

序号	作者	论文名称	期刊来源	发表年度
709	颜德如	论"中国梦"的政治内涵	理论探讨	2013
710	颜德如	从政治建设方略角度理解和拓展"中国梦"的内涵	探索与争鸣	2013
711	颜德如	严复参照何种英译本翻译孟德斯鸠《法意》？	福建论坛	2013
712	颜德如	城乡基本公共服务均等化的实现路径探析	学习与探索	2014
713	薛洁	信任：民主的心理基础	江苏社会科学	2006
714	薛洁	关注公民公平感——我国部分公民公平感调查报告	吉林大学社会科学学报	2007
715	薛洁	偏好伪装：民主与和谐的生存态度	学术交流	2008
716	薛洁	"当代中国社会公正与政府治理"国际学术研讨会纪要	吉林大学社会科学学报	2010
717	薛洁	互惠利他：和谐交往的公民态度	政治学研究	2011
718	薛洁	公民义务感：彰显文明的政治态度	江苏社会科学	2012
719	薛洁	公民合作正义的实现路径	理论探讨	2013
720	薛洁	逃出平等的"阴影"——身份焦虑的现代性解析	江苏社会科学	2014
721	薛洁	当代中国民众公正观的变迁	社会科学战线	2014
722	薛洁	基本公共服务均等化公民满意度调查报告	湖北社会科学	2014
723	鞠海龙	IT革命对东北亚经济发展的影响	东北亚论坛	2001

商学院（数量经济研究中心）

序号	作者	论文名称	期刊来源	发表年度
1	丁志国	国有股流通中几个问题的思考	经济纵横	2001
2	丁志国	国有股流通的意义所在	当代经济研究	2001
3	丁志国	行为金融学信息反映异常分析	经济纵横	2004
4	丁志国	现代金融学理论分歧述评	当代经济研究	2005
5	丁志国	证券市场过度反映周期性特点研究——国际市场实证比较	学习与探索	2005
6	丁志国	中国公司治理中存在的问题与对策	经济纵横	2005
7	丁志国	投资者情绪、内在价值估计与证券价格波动——市场情绪指数假说	管理世界	2005
8	丁志国	基于市场摩擦的信息反映效率研究——信息漏出与渗入假说	社会科学战线	2005
9	丁志国	有效市场理论的思考——兼论传统金融学与行为金融学的分歧	经济学动态	2005
10	丁志国	现代金融学理论的疏漏与分歧	社会科学	2006
11	丁志国	股权分置改革对价方案解析	财经科学	2006
12	丁志国	股权分置改革均衡对价	中国工业经济	2006
13	丁志国	时变理性预期假说与过度反应假说——基于ANST—GARCH模型的国际证券市场实证检验	吉林大学社会科学学报	2006

续表

序号	作者	论文名称	期刊来源	发表年度
14	丁志国	股权分置改革财富再分配效应	财贸经济	2006
15	丁志国	股权分置改革受限股份流通次序	经济管理	2007
16	丁志国	溢出效应与门限特征:金融开放条件下国际证券市场风险对中国市场冲击机理	管理世界	2007
17	丁志国	经济周期与证券市场波动关联性——基于向量 SWARCH 模型的新证据	数量经济技术经济研究	2007
18	丁志国	噪音交易能驱逐理性套利吗？——噪音交易与理性套利的博弈分析	财贸经济	2007
19	丁志国	股权分置改革财富分配的公允性研究	当代经济研究	2007
20	丁志国	决策黑箱:现代投资决策理论新探	社会科学	2007
21	丁志国	现代金融学噪音交易理论文献综述	江汉论坛	2007
22	丁志国	CAPM 跨期悖论:β 系数时变存在性理论研究	吉林大学社会科学学报	2008
23	丁志国	理性套利还是噪音交易:交易者的投资决策机理	当代经济研究	2008
24	丁志国	现代行为金融学的前沿问题	江汉论坛	2008
25	丁志国	利润区指数模型:企业利润区定量分析范式	中国工业经济	2009
26	丁志国	基于市场摩擦的广义有效市场假说	吉林大学社会科学学报	2009
27	丁志国	信任与担忧:中国共同基金执业能力评价	学习与探索	2009
28	丁志国	股权分置改革对市场并购效率的影响研究	经济纵横	2010
29	丁志国	股权分置改革是否真正提升证券市场效率	学习与探索	2010
30	丁志国	我国城乡收入差距的库兹涅茨效应识别与农村金融政策应对路径选择	金融研究	2011
31	丁志国	"名义"风格与投资组合"黑箱"——基金风格漂移行为的动态分析	东北师大学报	2011
32	丁志国	我国证券市场信息调整路径的动态区间估计	吉林大学社会科学学报	2011
33	丁志国	农户融资路径偏好及影响因素分析——基于吉林省样本	中国农村经济	2011
34	丁志国	直接影响与空间溢出效应:我国城市化进程对城乡收入差距的影响路径识别	数量经济技术经济研究	2011
35	丁志国	农村金融对减少贫困的作用研究	农业经济问题	2011
36	丁志国	国际资本流动对中国股市的影响	中国软科学	2011
37	丁志国	中国经济可持续发展过程中的资源跨期约束	学习与探索	2012
38	丁志国	资产系统性风险跨期时变的内生性:由理论证明到实证检验	中国社会科学	2012
39	丁志国	由理论到数据:实证宏观经济学分析范式的演进	求是学刊	2012
40	丁志国	中美两国间价格体系的动态传导机理	财贸经济	2012
41	丁志国	美国货币政策对中国价格体系的影响机理	数量经济技术经济研究	2012
42	丁志国	农村金融有效促进了我国农村经济发展吗	农业经济问题	2012
43	丁志国	中国经济增长的核心动力——基于资源配置效率的产业升级方向与路径选择	中国工业经济	2012
44	丁志国	碳排放、产业结构调整与中国经济增长方式选择	吉林大学社会科学学报	2012

续表

序号	作者	论文名称	期刊来源	发表年度
45	丁志国	由理想市场到现实交易:现代金融学理论假设的演进	当代经济研究	2013
46	丁志国	拉斯·彼特·汉森对经济学与金融学的学术贡献	经济学动态	2013
47	丁志国	基于区域经济差异的影响农村经济发展的农村金融因素识别	中国农村经济	2014
48	丁志国	通货膨胀跨境传染机制	吉林大学社会科学学报	2014
49	丁志国	利率期限结构的动态机制:由实证检验到理论猜想	管理世界	2014
50	丁志国	宏观经济因素影响利率期限结构的稳定性判别	数量经济技术经济研究	2014
51	刁莉男	ASMEC - O:一个基于主体的开放经济模型	吉林大学社会科学学报	2001
52	刁莉男	国际分工演化过程模拟实验研究	财经研究	2006
53	万相昱	我国城镇居民劳动参与率状况与成因——基于微观数据的经验研究	西北师大学报	2008
54	于乃书	债权放弃和追贷对日本不良债权的影响	东北亚论坛	2004
55	于大力	我国高科技产业的综合评价研究	科技进步与对策	2008
56	于洪彦	企业竞争力的评价初探	当代经济研究	2003
57	于洪彦	品牌忠诚度的构成及其测量	吉林大学社会科学学报	2003
58	于洪彦	顾客满意指标体系设计	税务与经济	2003
59	于洪彦	顾客生涯价值理论的回顾与展望	税务与经济	2005
60	于洪彦	吉林省农村全面小康社会进程分析	吉林大学社会科学学报	2005
61	于洪彦	市场导向、创新与企业表现的关系——基于中国服务业的实证研究	南开管理评论	2006
62	于洪彦	当代市场营销研究课题分析	税务与经济	2006
63	于洪彦	市场导向理论研究现状与展望	税务与经济	2007
64	于洪彦	市场导向与企业绩效关系研究——基于中国服务业的实证分析	吉林大学社会科学学报	2007
65	于洪彦	中国家庭生命周期模型的构建及实证研究	管理科学	2007
66	于洪彦	制度变迁与农户经营行为的结构化理论分析	调研世界	2008
67	于洪彦	网络中选择环境对多样化寻求行为的影响研究	南开管理评论	2008
68	于洪彦	东北农村居民消费行为解析	经济纵横	2008
69	于洪彦	农村居民小康信心指数的编制与分析	统计与决策	2009
70	于洪彦	消费者下载非法在线音乐意图影响因素研究	管理学报	2009
71	于洪彦	AMA官方营销定义动态演化及其启示探析	外国经济与管理	2010
72	于桂兰	人力资本的风险研究	人口学刊	2003
73	于桂兰	中、美企业经营者激励机制比较	当代经济研究	2005
74	于桂兰	"三要素"人力资源定义探讨	人口学刊	2005
75	于桂兰	人力资本分享剩余索取权与控制权——基于制度演化的知识分析	吉林大学社会科学学报	2005
76	于桂兰	大学本科生职业倾向与职业生涯规划影响因素研究	中国人力资源开发	2008
77	于桂兰	工人人力资本的测量维度与经济价值研究	社会科学战线	2008
78	于桂兰	工会制度与工人权利:基于产权经济学的分析	吉林大学社会科学学报	2008

序号	作者	论文名称	期刊来源	发表年度
79	于桂兰	战略人力资源管理理论与人力资本理论的整合——重读《知识员工的报酬管理》有感	中南财经政法大学学报	2008
80	于桂兰	我国劳动力价值实现程度与劳动争议关系的实证研究	马克思主义研究	2009
81	于桂兰	中国工人权利实现程度及其影响因素研究	社会科学战线	2013
82	于桂兰	心里契约与组织公民行为的关系——元分析回顾及样本选择与测量方法的调节作用	吉林大学社会科学学报	2013
83	于桂兰	辱虐管理与员工绩效:员工沉默的中介作用	社会科学战线	2014
84	于桂兰	中国情境下企业员工网络建构行为量表开发	吉林大学社会科学学报	2015
85	于桂兰	上下级关系对组织政治知觉与员工离职倾向影响的被中介的调节效应分析	管理学报	2015
86	于维生	出口退税问题的不完全信息动态博弈分析	财贸经济	2001
87	于维生	确定产品检验两类错误概率的博弈论方法	数理统计与管理	2006
88	于维生	经济权力视角下的外部性问题	学习与探索	2010
89	于维生	嵌入人力资本变量的固定价格非均衡模型	统计与决策	2012
90	于维生	资产升值预期、居民收入与房价的均衡关系研究	价格理论与实践	2012
91	于维生	国际金融监管的博弈解析与中国政策选择	国际金融研究	2013
92	于维生	基于伯川德推测变差的有限理性动态寡头博弈的复杂性	数量经济技术经济研究	2013
93	于维生	中国碳税政策可行性与方式选择的博弈研究	中国人口·资源与环境	2013
94	于维生	延迟决策下的动态斯坦科尔伯格推测变差模型及其复杂性分析	系统工程	2013
95	于维生	基于有限理性和适应性预期的排污权交易模型研究	统计与决策	2014
96	于 楠	人力资源管理的经济学研究评述	经济学动态	2008
97	于 楠	东北地区民营企业发育成长的经济环境——企业家视角的分析	东北亚论坛	2008
98	马世兵	股改对价计算依据与公允对价计算原则探讨	现代财经	2005
99	马庆魁	利率期限结构的形成机制与影响因素分析	学习与探索	2009
100	马丽娜	科技项目评估中的层次灰色评价模型应用研究	科技管理研究	2008
101	马丽娜	新兴企业控制权配置问题研究	社会科学战线	2010
102	马丽娜	中国电影市场热议	文艺争鸣	2010
103	马丽娜	基于再制造过程的逆向物流外包战略决策模型研究	管理现代化	2013
104	马丽娜	再制造产品的经济合理性评价	科技管理研究	2014
105	马洪潮	中国股市投机的实证研究	金融研究	2001
106	马洪潮	国外行为经济理论模式综述	经济学动态	2002
107	马 辉	中国股市对居民消费行为影响的实证分析	消费经济	2006
108	马 辉	增值税转型对财政收入影响的实证研究——以吉林省为例	中央财经大学学报	2007
109	尹仁燮	韩国人口结构变化对储蓄的影响	人口学刊	2006
110	尹仁燮	中国入世后银行业的改革与韩企进入中国市场的机会	东北亚论坛	2007

续表

序号	作者	论文名称	期刊来源	发表年度
111	尹 竹	我国基础设施产业市场化改革与政府机构的设置	中国行政管理	2004
112	尹 竹	日本基础设施产业市场化改革的模式及绩效评价	亚太经济	2006
113	尹 竹	东北亚区域合作与中国东北地区的振兴	亚太经济	2010
114	尹 明	吉林省发展产业集群的思考	经济纵横	2010
115	方 毅	跟踪误差下积极资产组合投资的风险约束机制	中国管理科学	2006
116	方 毅	CVaR、VaR 应用在 RAROC 的比较研究	数理统计与管理	2007
117	方 毅	房屋销售价格和租赁价格的关系研究	数理统计与管理	2007
118	方 毅	国内外金属期货市场"风险传染"的实证研究	金融研究	2007
119	方 毅	国内外期铜价格之间的长期记忆成分和短期波动溢出效应	数理统计与管理	2008
120	方 毅	我国地区高技术产业竞争力评价	中国科技论坛	2009
121	方 毅	中国房价与地价的关系研究	统计与信息论坛	2009
122	方 毅	基于多元 GARCH 的金融资产预测研究	统计与决策	2009
123	方 毅	区域动态效率评价视角的我国高技术产业增长路径研究	经济管理	2010
124	方 毅	中美经济"脱钩"还是"挂钩"	国际金融研究	2010
125	方 毅	亚太地区股票市场的联动程度——基于次级贷冲击的研究	世界经济研究	2010
126	方 毅	东北三省高技术产业竞争力提升策略研究	软科学	2010
127	方 毅	中国高技术产业研发的动态效率研究	数理统计与管理	2012
128	方 毅	状态依赖下的股市正反馈交易	数理统计与管理	2013
129	方 毅	石油冲击对"金砖国家"经济增长和通胀的影响	世界经济研究	2013
130	方 毅	国际煤价与中国 GDP、能源消费的关联关系——兼论我国经济增长的资源约束阶段性假说	上海经济研究	2013
131	方 毅	"热钱"变动及其影响因素	经济与管理研究	2015
132	毛志宏	吉林省中小企业融资问题研究	社会科学战线	2004
133	毛志宏	对制定中国上市公司管理层讨论与分析披露范本的探讨	社会科学战线	2010
134	毛志宏	上市公司财务报告重述的经济后果研究	当代经济研究	2010
135	毛志宏	其他综合收益的列报与披露——基于上市公司 2009 年年度财务报告的分析	会计研究	2011
136	毛志宏	其他综合收益列报与披露存在的问题及其原因分析——基于沪深两市 2009~2011 年年度财务报告数据	四川大学学报	2012
137	毛志宏	公允价值分层计量对上市公司信息风险的影响——基于沪深 A 股市场的经验证据	吉林大学社会科学学报	2014
138	毛志宏	公允价值分层披露与信息不对称	东北大学学报	2015
139	王广亮	国有企业产权改革的规则	中国工业经济	2005
140	王广亮	权力视角下的企业契约分解与变迁	中国工业经济	2007
141	王广亮	经济权力、公司治理与高管薪酬	学习与探索	2011
142	王广慧	教育对农村劳动力流动和收入的影响	中国农村经济	2008

序号	作者	论文名称	期刊来源	发表年度
143	王广慧	义务教育法收入效应的实证研究	社会科学辑刊	2009
144	王广慧	基于倾向分匹配法的农民工培训收入效应实证研究——以吉林省为例	统计与信息论坛	2009
145	王广慧	教育—工作匹配程度对新生代农民工收入的影响	中国农村经济	2014
146	王广慧	高校毕业生就业质量影响因素的经验分析	教育与经济	2015
147	王心如	资产证券化的经济学本质:马克思经济理论的视角	学术交流	2009
148	王心如	美国支持中小企业科技创新的政策体系及其借鉴	商业研究	2009
149	王计昕	美日创业投资实质的探索与启示	东北亚论坛	2006
150	王计昕	新时期的新型经济模式——集先进文化、高资本、高科技及产业经济一体化	学术交流	2009
151	王弘钰	知识经济与人才资源开发战略	人口学刊	2002
152	王弘钰	论日本人力资源开发战略	东北亚论坛	2002
153	王弘钰	企业信息集成研究	情报科学	2002
154	王弘钰	基地 PDM 的企业信息管理	情报科学	2002
155	王弘钰	日韩人才资源开发与管理机制的比较研究	东北亚论坛	2003
156	王弘钰	论国有企业的有效激励机制	吉林大学社会科学学报	2003
157	王弘钰	加入 WTO 后的国有企业人力资源策略研究	人口学刊	2003
158	王弘钰	日本企业所有权安排的演变研究	现代日本经济	2005
159	王弘钰	论所有权的配置与东北老工业基地国有企业振兴	东北亚论坛	2005
160	王弘钰	企业人力资本激励机制研究	人口学刊	2005
161	王弘钰	民营企业家的培育模型与东北老工业基地的振兴	人口学刊	2008
162	王弘钰	东北区域民营企业家成长的动力机制探析——以吉林省民营企业为背景的实证研究	东北亚论坛	2008
163	王弘钰	吉林省农业企业员工素质与离职倾向关系研究	中国人口科学	2009
164	王弘钰	地下雇用的危害与治理	社会科学战线	2009
165	王弘钰	农业企业员工素质与工作卷入关系实证分析——以吉林省农业企业为例	吉林大学社会科学学报	2010
166	王弘钰	农村女性相对剩余劳动力非农就业的影响因素对策研究	人口学刊	2012
167	王弘钰	劳务派遣工组织公平结构特征与对策研究	社会科学战线	2012
168	王弘钰	社会认同视域下农民工劳动偏差行为形成机制	吉林大学社会科学学报	2015
169	王立勇	内部控制系统评价定量分析的数学模型	审计研究	2004
170	王立勇	内部控制系统评价的定量分析模型	财经研究	2004
171	王立勇	经济与金融计量分析理论与应用国际学术会议综述	经济学动态	2005
172	王立勇	评析专家学者 2005 年经济增长率预测的准确性	经济学动态	2006
173	王立勇	财政政策非线性效应研究综述	经济学动态	2006
174	王亚男	金融周期、储蓄率与经济增长	学习与探索	2009
175	王丽杰	供应链管理中的合作伙伴关系研究	经济纵横	2006
176	王丽杰	供应链整体绩效评价指标体系的构建研究	生产力研究	2007
177	王丽杰	交易费用视角下的供应链合作企业间的信任机制研究	理论探讨	2011

序号	作者	论文名称	期刊来源	发表年度
178	王丽杰	循环经济视角下的供应链运作绩效评价研究	东北师大学报	2013
179	王丽杰	循环经济视角下的闭环供应链管理实施问题研究	经济问题探索	2013
180	王丽杰	汽车制造业绿色供应链协同管理研究	理论探讨	2013
181	王克明	银企关系中的道德风险分析	数量经济技术经济研究	2002
182	王克敏	投资者保护与权益市场均衡模型	数量经济技术经济研究	2001
183	王克敏	所有权结构、投资者保护与管理者行为控制	数量经济技术经济研究	2001
184	王克敏	控制权安排与国有企业经理腐败	吉林大学社会科学学报	2001
185	王克敏	东亚金融危机中的公司所有权结构与绩效	世界经济	2002
186	王克敏	股权结构与资本结构的相关性及其影响	数量经济技术经济研究	2003
187	王克敏	西方银行管制与证券市场管制的相互作用机制研究	财贸经济	2003
188	王克敏	股权结构、投资者保护与公司绩效	管理世界	2004
189	王宏利	企业并购中的经营协同效应与其价值的评估	当代经济研究	2003
190	王宏利	企业并购与产业结构调整研究	税务与经济	2004
191	王忠玉	《横截面与面板数据的经济计量分析》书评	经济评论	2008
192	王林辉	论股市与经济增长互动机理	经济学动态	2005
193	王欣昱	中国宏观经济波动与信用变化比的相关性研究	云南社会科学	2013
194	王欣昱	基于主成分聚类分析的低碳旅游景区评价方法	统计与决策	2013
195	王欣昱	基于信用变化比的我国宏观经济运行监测研究	求索	2013
196	王欣昱	基于省域模面板数据的城乡信贷配给效率差异性测算	统计与决策	2013
197	王欣昱	我国信贷配给效率差异性研究——基于31个省域面板数据	云南社会科学	2013
198	王金明	利用可变参数模型估算中国开放经济乘数	世界经济	2004
199	王金明	对我国房地产市场需求和供给函数的动态分析	中国软科学	2004
200	王金明	SW型先行景气指数建设的实证研究	中国管理科学	2007
201	王金明	基于先行指数对我国通货膨胀率的预测	统计与决策	2011
202	王金明	我国经济周期波动对通货膨胀的动态影响——基于合成指数的实证研究	金融研究	2012
203	王金明	我国通货膨胀决定因素的计量分析	统计研究	2012
204	王金明	欧盟经济波动对我国影响的计量研究	国际经贸探索	2013
205	王金明	我国货币供给与物价波动的动态关联研究	南京社会科学	2013
206	王金明	我国先行指数对经济波动的预警功能研究	江苏社会科学	2014
207	王金明	中美经济波动同步性及贸易驱动效应研究	统计与决策	2014
208	王亮	投资差异与增长敛散性的统计检验	统计与决策	2010
209	王亮	中国经济增长的决定因素分析——基于贝叶斯模型平均（BMA）方法的实证研究	统计与信息论坛	2010
210	王珏辉	基于层次分析法的电子商务模式选择研究	情报科学	2007
211	王珏辉	论电子商务的基本模式	社会科学战线	2010
212	王珏辉	国内新兴产业十年发展形势的文献计量分析	情报科学	2011

序号	作者	论文名称	期刊来源	发表年度
213	王珏辉	长吉图先导区装备制造业集群发展模式研究	社会科学战线	2013
214	王珏辉	服务业区域集聚和区位优势的研究——以吉林省为例	价格理论与实践	2013
215	王珏辉	我国保障性住房的制度约束与突破路径	当代经济研究	2014
216	王珏辉	战略性新兴产业区域集聚和区位优势研究	财经问题研究	2014
217	王晓彦	商业集聚内店铺的目标顾客与实际顾客差异比较	北京工商大学学报	2010
218	王 晨	后金融危机时期城市商业银行风险管理研究	经济纵横	2010
219	王淑华	简论研究生培养质量管理制度	数量经济技术经济研究	2003
220	王景峰	我国转轨时期通货膨胀特征实证分析	当代经济研究	2005
221	王 楠	人民币汇率与国际石油价格协整分析	东北亚论坛	2009
222	王 鹏	完善我国房产税计税依据的几点建议	当代经济研究	2009
223	王嘉川	证券业不良资产：现状、影响与处置	财经理论与实践	2004
224	邓 创	自然利率研究的新进展	经济学动态	2005
225	邓 创	我国实际货币缺口与产出缺口、通货膨胀率的关系	社会科学战线	2008
226	邓 创	基于自然利率对我国货币政策反应函数的实证分析	吉林大学社会科学学报	2009
227	邓 创	关于我国货币需求与实际货币缺口的经验研究——基于二阶局部调整模型的分析	经济经纬	2009
228	邓 创	泰勒规则与我国货币政策反应函数——基于潜在产出、自然利率与均衡汇率的研究	当代财经	2011
229	邓 创	我国潜在产出、自然利率与均衡汇率的联合估计及其应用	数理统计与管理	2012
230	邓 创	中美货币政策外溢效应的时变特征研究	国际金融研究	2013
231	邓 创	我国货币政策宏观调控效应的时变特征	吉林大学社会科学学报	2014
232	邓 创	中国的金融周期波动及其宏观经济效应的时变特征研究	数量经济技术经济研究	2014
233	邓 创	中国货币政策应该盯住资产价格吗？	南京社会科学	2015
234	邓 创	中国的三次产业波动与货币政策调控效应检验	统计与决策	2015
235	邓 创	中美金融周期的协动性及其传导途径分析	世界经济研究	2015
236	丛剑波	我国股市的特质波动风险分析	经济纵横	2009
237	冉 斌	我国休闲旅游发展趋势及制度创新思考	经济纵横	2004
238	冉 斌	经济服务化趋势下发展我国服务业的对策	经济纵横	2005
239	冉 斌	服务经济时代的服务管理策略	社会科学战线	2007
240	冉 斌	区域分异对中国服务业与制造业发展水平影响的比较	社会科学战线	2010
241	冉 斌	服务企业的生产率与绩效改进探析	经济纵横	2010
242	冉 斌	变革型领导、领导—部属交换与员工知识分享行为	南京社会科学	2013
243	冉 斌	员工沉默与工作满意度关系实证研究	社会科学战线	2014
244	史忠党	高管薪酬对企业外部投资选择的影响研究	云南社会科学	2013
245	田 虹	我国信息化发展的法律保障研究	情报科学	2003
246	田 虹	信息化与国民经济发展的相关机理研究	情报科学	2004
247	田 虹	透视公用企业的政府规制	中国软科学	2004

序号	作者	论文名称	期刊来源	发表年度
248	田　虹	解析企业与其利益相关者的相关性	经济纵横	2005
249	田　虹	日本公用企业政府规制的借鉴	东北亚论坛	2005
250	田　虹	日本企业社会责任研究	现代日本经济	2006
251	田　虹	从利益相关者视角看企业社会责任	管理现代化	2006
252	田　虹	企业社会责任的矢量研究	管理现代化	2006
253	田　虹	吉林省企业社会责任问题研究	经济纵横	2006
254	田　虹	危机反应策略对企业声誉影响机制的研究	管理现代化	2009
255	田　虹	企业文化与企业制度的共生性	管理现代化	2009
256	田　虹	企业社会责任与企业绩效的相关性——基于中国通信行业的经验数据	经济管理	2009
257	田　虹	企业社会责任义利观的阐释	社会科学战线	2010
258	田　虹	绿色新政对日本经济的影响及其对我国的启示——企业社会责任视角的阐释	管理现代化	2011
259	田　虹	企业社会责任匹配性何时对消费者品牌态度更重要——影响消费者归因的边界条件研究	南开管理评论	2013
260	田　虹	产品伤害危机对消费者品牌态度的影响机制研究	中国地质大学学报	2013
261	田　虹	基于利益相关者视角的产业集群治理机制研究	社会科学战线	2013
262	田　虹	产品伤害危机响应策略对品牌态度的影响研究——企业社会责任匹配性的调节作用	学习与探索	2013
263	田　虹	网络媒体企业社会责任评价研究	吉林大学社会科学学报	2014
264	田　虹	企业社会责任履行的动力机制研究	审计与经济研究	2014
265	田　虹	社会责任履行对企业声誉影响的实证研究——利益相关者压力和道德滑坡的调节效应	吉林大学社会科学学报	2015
266	田　虹	营销伦理决策测量研究述评与展望	华东经济管理	2015
267	田　虹	企业环境伦理对绿色创新绩效的影响研究	西安交通大学学报	2015
268	田　虹	前瞻型环境战略对企业绿色形象的影响研究	管理学报	2015
269	田　虹	企业社会责任可见性和透明度对竞争优势的影响——基于企业声誉的中介作用及善因匹配的调节效应	南京社会科学	2015
270	田　萍	缺失数据下 ARMA(1,1)模型的估计方法	中国管理科学	2008
271	田　萍	随机利率下期权定价的探讨	数理统计与管理	2008
272	田　萍	一种基于三叉树的利率期限结构模型	统计与决策	2011
273	田　萍	中国剩余劳动力人口红利消失时点预测	中国高校社会科学	2015
274	田　萍	中国二元经济的数理印证与节点预测	学术月刊	2015
275	白仲林	同期相关面板数据退势单位根检验的小样本性质	数量经济技术经济研究	2006
276	石　岩	货币错配与金融安全	社会科学战线	2009
277	石柱鲜	中日韩三国经济的相互影响分析	世界经济	2001
278	石柱鲜	外债对韩国金融危机的影响及中国的外债偿还能力	世界经济	2002

序号	作者	论文名称	期刊来源	发表年度
279	石柱鲜	关于我国财政政策的有效性——利用货币流通速度的分析	吉林大学社会科学学报	2003
280	石柱鲜	区域型宏观经济模型的开发与预测研究——兼论吉林省"十五"期间经济发展前景	预测	2003
281	石柱鲜	关于中国潜在 GDP 与景气波动、通货膨胀的经验研究	世界经济	2004
282	石柱鲜	对我国中长期财政收支目标水平的估计	中国软科学	2004
283	石柱鲜	2004 年我国主要宏观经济指标的变动趋势分析	数量经济技术经济研究	2004
284	石柱鲜	基于自然利率的货币政策效应非对称性研究	中国软科学	2005
285	石柱鲜	我国政府支出对居民消费的挤出效应分析	学习与探索	2005
286	石柱鲜	关于中国外汇风险预警研究——利用三元 Logit 模型	金融研究	2005
287	石柱鲜	对我国外汇风险预警指数的估计及其主要影响因素分析	吉林大学社会科学学报	2005
288	石柱鲜	我国潜在经济增长、通货膨胀与宏观经济态势的关联性研究	经济学动态	2005
289	石柱鲜	对我国 2005～2006 年经济增长态势的分析与预测	经济与管理研究	2005
290	石柱鲜	中国股票市场"周内效应"的再研究	数理统计与管理	2005
291	石柱鲜	中国的自然利率与经济增长、通货膨胀的关系	世界经济	2006
292	石柱鲜	对我国潜在产出、结构预算与财政态势的关联性研究	数量经济技术经济研究	2006
293	石柱鲜	基于结构基本预算缺口的我国财政政策可持续性检验	中国软科学	2006
294	石柱鲜	频带分析方法在我国景气周期波动中的应用	统计研究	2007
295	石柱鲜	2007 年我国经济周期波动分析与主要宏观经济指标的预测——利用 Logistic 回归模型的分析	数量经济技术经济研究	2007
296	石柱鲜	利用多变量马尔科夫转移因子模型对我国经济周期波动的经验研究	数理统计与管理	2007
297	石柱鲜	吉林省科技投入对潜在产出贡献率的定量估计	中国科技论坛	2007
298	石柱鲜	中国主要宏观经济变量与利率期限结构的关系：基于 VAR—ATSM 模型的分析	世界经济	2008
299	石柱鲜	中、日、韩潜在产出的估计与比较分析	东北亚论坛	2008
300	石柱鲜	中国通货膨胀的适度区间与非对称性——基于自然失业率的实证分析	当代财经	2008
301	石柱鲜	中国自然失业率的估计与应用——基于 HPMV 滤波的实证分析	财经科学	2008
302	石柱鲜	基于小波的我国经济周期波动的分析与预测	吉林大学社会科学学报	2009
303	石柱鲜	关于我国产业结构调整与经济周期波动的实证研究	数理统计与管理	2009
304	石柱鲜	贸易对中日韩经济周期协动性的影响研究	东北亚论坛	2009
305	石柱鲜	Taylor 规则在我国货币政策中的实证检验——基于时变隐性通货膨胀目标的新证据	当代财经	2009
306	石柱鲜	中国物价影响因素非线性变动及效应的经验分析	经济评论	2009
307	石柱鲜	产业结构变化对中日韩经济周期协动性的影响	现代日本经济	2010
308	石柱鲜	中日韩经济周期波动及其主要影响因素分析	现代日本经济	2011

序号	作者	论文名称	期刊来源	发表年度
309	石柱鲜	间接税对我国行业产出和居民收入的影响——基于CGE模型的分析	吉林大学社会科学学报	2011
310	任开宇	股票市场规模反常分析	数量经济技术经济研究	2002
311	任俊生	美国次贷危机的影响及对我国信用制度建设的启示	经济纵横	2009
312	任俊生	"有尊严"的城镇居民住房及其实现途径	福建论坛	2011
313	刘大志	中国社保制度改革的局部成本与整体进程	当代经济研究	2001
314	刘日昊	我国缩小区域经济非均衡发展的对策	经济纵横	2006
315	刘东昌	激活我国消费市场的再思考	管理世界	2003
316	刘东昌	我国粮食生产与流通市场化问题探讨	地域研究与开发	2004
317	刘汉	国内外粮食期货价格动态关联与传导机制研究	价格理论与实践	2015
318	刘汉	大中华区股票市场波动特征、关联性与一体化	经济与管理研究	2015
319	刘玉红	中国转轨时期宏观经济政策传导机制及政策效应的模拟分析	数量经济技术经济研究	2006
320	刘玉红	中国动态货币政策乘数和总需求曲线分析	金融研究	2006
321	刘玉红	基于权力的价格形成机理	学习与探索	2011
322	刘玉红	人力资本的经济权力与企业剩余分配	学习与探索	2013
323	刘玉红	解决资源代际公平问题的制度博弈及路径选择	求索	2014
324	刘伟江	电子商务模式分析及展望	吉林大学社会科学学报	2001
325	刘伟江	电子商务中的价格歧视现象	经济与管理研究	2004
326	刘伟江	电子商务环境下基于信任的购买行为模型	经济与管理研究	2005
327	刘伟江	电子商务风险及控制策略	东北师大学报	2005
328	刘伟江	基于Web挖掘的客户行为识别和推荐方法研究	社会科学战线	2009
329	刘伟江	数据挖掘技术在零售企业会员价值预测中的应用研究	情报科学	2010
330	刘伟江	奇异值分解法在预测用户页面兴趣度方面的应用	数理统计与管理	2012
331	刘伟江	延边朝鲜族劳动力外流及其影响研究	人口学刊	2014
332	刘伟江	少数民族地区农村劳动力流动及其影响因素研究	人口学刊	2015
333	刘伟江	基于网络搜索数据的消费者信心指数预测研究——以台湾地区为例	浙江学刊	2015
334	刘伟江	货币政策外溢性对我国房地产价格影响研究——以美国为例	经济问题探索	2015
335	刘伟江	宏观经济与中美股市动态相关性研究	中南大学学报	2015
336	刘伟江	网络消费者信心指数和物价波动的相关性研究	山东大学学报	2015
337	刘宇清	知识经济环境下图书馆的知识管理与知识服务研究	情报科学	2006
338	刘扬	特征选择方法在信用评估指标选取中的应用	数理统计与管理	2006
339	刘芳	中国A、B股市场关联性的实证分析	税务与经济	2007

续表

序号	作者	论文名称	期刊来源	发表年度
340	刘　畅	中小企业融资问题新探	经济纵横	2008
341	刘苹苹	基于人力资本的公司治理结构研究	东北师大学报	2005
342	刘金叶	我国商业银行结构特征对货币政策的信贷反应研究	财经问题研究	2009
343	刘金全	中国经济周期的非对称性和相关性研究	经济研究	2001
344	刘金全	名义粘性假设下就业和货币政策冲击的交互分析	数量经济技术经济研究	2001
345	刘金全	宏观经济分析的微观基础	吉林大学社会科学学报	2001
346	刘金全	时变参数选择模型与货币政策的时变反应分析	中国社会科学	2002
347	刘金全	我国通货膨胀路径的对称性和波动性分析	中国管理科学	2002
348	刘金全	当前中国经济增长的有效需求驱动特征	经济科学	2002
349	刘金全	宏观经济冲击的作用机制与传导机制研究	经济学动态	2002
350	刘金全	货币政策作用的有效性和非对称性研究　·	管理世界	2002
351	刘金全	我国经济增长的阶段性、波动性和在险增长水平度量	数量经济技术经济研究	2002
352	刘金全	中国实际GDP序列的非对称性度量和统计检验	财经研究	2002
353	刘金全	通货膨胀和紧缩下经济政策乘数作用的对比	财经研究	2002
354	刘金全	股票价格与实际利率之间长期协整与短期影响关系的实证检验	预测	2002
355	刘金全	我国居民储蓄率与经济增长之间的关系研究	中国软科学	2002
356	刘金全	通货膨胀和紧缩下货币需求函数的对比分析	财经研究	2002
357	刘金全	我国GDP形成中供给和需求因素作用的比较分析	当代经济科学	2002
358	刘金全	中国经济增长出口驱动假说的实证检验	数量经济技术经济研究	2002
359	刘金全	中国货币政策非中性——货币—产出的因果关系和影响关系检验	吉林大学社会科学学报	2002
360	刘金全	加入WTO后中国经济运行趋势判断	经济学家	2002
361	刘金全	我国固定资产投资和经济增长之间影响关系的实证分析	统计研究	2002
362	刘金全	离散卡根模型中的货币政策机制分析	数量经济技术经济研究	2002
363	刘金全	从"软着陆"到"软扩张"——论我国经济增长的阶段性和宏观经济调控的政策取向	经济学动态	2003
364	刘金全	投资波动性与经济周期之间的关联性分析	中国软科学	2003
365	刘金全	实际经济与名义经济规模和活性的关联性分析	复旦学报	2003
366	刘金全	时间序列的分整检验与"费雪效应"机制分析	数量经济技术经济研究	2003
367	刘金全	我国货币政策作用非对称性和波动性的实证检验	管理科学学报	2003
368	刘金全	"预防性储蓄"动机的实证检验	数量经济技术经济研究	2003
369	刘金全	我国经济周期波动态势与经济增长趋势分析	数量经济技术经济研究	2003
370	刘金全	经济增长的阶段性假说和波动性溢出效应检验	财经研究	2003
371	刘金全	中国经济增长与通货膨胀的动态相关性	世界经济	2003
372	刘金全	我国货币政策作用机制的阶段性与货币——产出之间影响关系检验	统计研究	2003
373	刘金全	我国经济增长的阶段性和"全面小康增长"的实现途径	社会科学战线	2003

序号	作者	论文名称	期刊来源	发表年度
374	刘金全	货币政策作用非对称性离散选择模型及其检验	南京大学学报	2003
375	刘金全	经济周期态势与条件波动性的非对称性关联分析	管理世界	2003
376	刘金全	经济增长在险水平、条件波动性与经济增长态势研究	中国工业经济	2003
377	刘金全	经济增长风险的冲击传导和经济周期波动的"溢出效应"	经济研究	2003
378	刘金全	虚拟经济与实体经济之间关联性的计量检验	中国社会科学	2004
379	刘金全	我国通货膨胀名义成因和实际成因的检验分析	吉林大学社会科学学报	2004
380	刘金全	通货膨胀率与产出增长率之间趋势性与波动性关联的实证分析	南开经济研究	2004
381	刘金全	我国积极财政政策研究"紧缩效应"的形成机制及其检验	财经问题研究	2004
382	刘金全	工业产出波动中需求和供给冲击的影响机制分析	世界经济	2004
383	刘金全	我国 GDP 增长率序列中趋势成分和周期成分的分解	数量经济技术经济研究	2004
384	刘金全	我国积极财政政策的"财政幻觉"分解与计量检验	财经研究	2004
385	刘金全	流动性约束与消费行为关系的实证研究	管理科学学报	2004
386	刘金全	资产收益率与通货膨胀率关联性的实证分析	财经研究	2004
387	刘金全	规则性与相机选择性货币政策的作用机制分析	中国管理科学	2004
388	刘金全	我国经济中"托宾效应"和"反托宾效应"的实证检验	管理世界	2004
389	刘金全	货币供给增长率与通货膨胀率之间的短期波动影响和长期均衡关系分析	中国软科学	2004
390	刘金全	我国经济增长趋势与经济周期波动性之间的作用机制检验	管理世界	2005
391	刘金全	我国新一轮经济周期态势与宏观调控取向	学习与探索	2005
392	刘金全	我国财政政策作用机制与经济周期波动的相依性检验	财贸经济	2005
393	刘金全	我国经济增长"软扩张"过程中的"反弹效应"度量及其检验	中国管理科学	2005
394	刘金全	我国经济周期波动中实际产出波动性的动态模式与成因分析	经济研究	2005
395	刘金全	我国经济周期波动性与阶段性之间关联的非对称性检验——Plucking 模型对中国经济的实证研究	统计研究	2005
396	刘金全	我国经济增长的"自然率"水平与可持续增长路径的识别与检验	经济学动态	2005
397	刘金全	人民币汇率购买力平价假说的计量检验——基于 Markov 区制转移的 Engel—Granger 协整分析	管理世界	2006
398	刘金全	我国国际资本流动性程度和非流动性原因的度量与检验——来自中美日三国消费模式对比的经验证据	财经研究	2006
399	刘金全	中国经济周期波动的区制转移模型及区制状态	浙江大学学报	2006

序号	作者	论文名称	期刊来源	发表年度
400	刘金全	我国通货膨胀率动态波动路径的结构性转变特征与统计检验	中国管理科学	2006
401	刘金全	中国菲利普斯曲线的动态性与通货膨胀率预期的轨迹：基于状态空间区制转移模型的研究	世界经济	2006
402	刘金全	中国短期和长期货币需求函数稳定性的实证分析	管理科学	2006
403	刘金全	我国货币政策冲击对实际产出周期波动的非对称影响分析	数量经济技术经济研究	2006
404	刘金全	具有 Markov 区制转移的向量误差修正模型及其应用	管理科学学报	2006
405	刘金全	利率期限结构的马尔科夫区制转移模型与实证分析	经济研究	2006
406	刘金全	具有平滑迁移的 ARFIMA 模型及其应用	中国管理科学	2007
407	刘金全	我国通货膨胀率均值过程和波动过程中的双长记忆性度量与统计检验	管理世界	2007
408	刘金全	经济周期波动中均值水平与条件波动性的状态划分及相关性检验	吉林大学社会科学学报	2007
409	刘金全	利率期限结构与宏观经济因素的动态相依性——基于 VAR 模型的经验研究	财经研究	2007
410	刘金全	我国经济周期阶段性划分与经济增长走势分析	中国工业经济	2008
411	刘金全	我国货币政策的中介目标与宏观经济波动的关联性	金融研究	2008
412	刘金全	我国上市公司可持续债券融资问题研究	经济纵横	2008
413	刘金全	我国经济周期波动的非对称性检验——基于"三元组"检验方法的新证据	经济科学	2009
414	刘金全	金融危机下我国经济周期波动态势与经济政策取向	中国工业经济	2009
415	刘金全	基于非线性 VAR 模型对我国货币政策非对称作用效应的实证检验	中国管理科学	2009
416	刘金全	我国省际经济增长敛散性的定量测度与经验证据——基于 1952～2006 年数据的分析	管理世界	2009
417	刘金全	中国环境污染与经济增长之间的相关性研究——基于线性和非线性计量模型的实证分析	中国软科学	2009
418	刘金全	中国经济周期的阶段性划分和经济波动的非对称性——基于马尔可夫区制转移模型的研究	社会科学战线	2009
419	刘金全	股票收益率与通货膨胀率的相关性研究——基于对我国经济周期波动过程的考察	吉林大学社会科学学报	2009
420	刘金全	我国经济周期波动率的成分分解及稳定性研究	财经研究	2009
421	刘金全	中国"自然增长率"与经济长波主体的内在关联性研究	财贸研究	2009
422	刘金全	亚洲国家经济增长路径的实际敛散性	世界经济	2009
423	刘金全	中国货币增长不确定性与经济增长关系检验（1980～2008）	中国社会科学	2010
424	刘金全	我国经济中"托宾效应"的实证检验——基于小波分析的新证据	大连理工大学学报	2010

序号	作者	论文名称	期刊来源	发表年度
425	刘金全	中国实际产出增长率及其不确定性中的长期记忆性和相关性测度	社会科学战线	2010
426	刘金全	我国通货膨胀率及通货膨胀不确定性的持续性和记忆性检验	吉林大学社会科学学报	2010
427	刘金全	中国宏观经济混频数据模型应用——基于 MIDAS 模型的实证研究	经济科学	2010
428	刘金全	Copula－MGARCH 模型及其估计方法在汇率市场中的应用	数量经济技术经济研究	2010
429	刘金全	随机波动模型的马尔可夫链—蒙特卡洛模拟方法——在沪市收益率序列上的应用	数理统计与管理	2010
430	刘金全	中日菲利普斯曲线机制与价格调整过程的非对称性检验	现代日本经济	2011
431	刘金全	我国改革开放以来三个快速经济增长周期模式和成因的对比分析	学海	2011
432	刘金全	我国经济增长的供需总量驱动特征与阶段性分析	经济纵横	2011
433	刘金全	金融危机后期的新凯恩斯菲利普斯曲线估计与经济政策启示	吉林大学社会科学学报	2011
434	刘金全	我国经济周期波动态势的区域划分与动态特征检验	经济与管理研究	2011
435	刘金全	我国利率规则与实际产出和通货膨胀率之间的非对称关联机制研究	上海交通大学学报	2011
436	刘金全	我国固定资产投资与经济增长的关联性研究	社会科学辑刊	2012
437	刘金全	我国货币政策周期与经济周期之间的关联性研究	上海经济研究	2012
438	刘金全	不确定性、通货膨胀与实际产出之间的关联研究——基于 VAR－GARCH 模型的实证检验	吉林大学社会科学学报	2012
439	刘金全	时变参数"泰勒规则"在我国货币政策操作中的实证研究	管理世界	2012
440	刘金全	当前我国经济增长和通货膨胀的波动态势	经济纵横	2012
441	刘金全	中国"十二五"初期经济周期波动态势分析	社会科学战线	2012
442	刘金全	"新经济学"理论前沿探析	经济学动态	2013
443	刘金全	产业增长、货币供给冲击与结构调整	经济管理	2013
444	刘金全	我国金融发展与经济增长关系的收入"门限效应"检验	吉林大学社会科学学报	2014
445	刘金全	我国经济增长率动态波动机制——基于 TVP－VAR 模型的实证研究	上海经济研究	2014
446	刘金全	中国积极财政政策有效性及政策期限结构研究	中国工业经济	2014
447	刘金全	中国增长型经济周期的量化研究及波动态势分析	社会科学战线	2014
448	刘金全	宏观经济景气波动对我国农产品价格的影响	当代经济研究	2014
449	刘金全	金融机构脆弱性与经济增长的区制关联性研究	南京社会科学	2015
450	刘金全	我国财政政策的非对称效应	当代经济研究	2015
451	刘金全	我国经济周期波动的"软着陆"态势与持续期估计	经济学家	2015
452	刘金全	资产价格错位与货币政策调控:理论分析与政策模拟	经济学动态	2015

序号	作者	论文名称	期刊来源	发表年度
453	刘金全	中国新一轮"低通货膨胀"下的货币政策选择	经济问题探索	2015
454	刘金全	中国通货膨胀成本的非对称性与货币政策动态调控模式研究	数量经济技术经济研究	2015
455	刘金全	中央银行规避经济收缩和通胀偏好的模式与途径研究	经济研究	2015
456	刘柏	我国国际收支对货币政策独立性的冲击	财经问题研究	2005
457	刘柏	国际收支理论的演变	社会科学战线	2006
458	刘柏	基于STAR模型的中国实际汇率非线性态势预测	数量经济技术经济研究	2008
459	刘柏	中国实际利率平价的KSS非线性单位根检验	财经问题研究	2008
460	刘柏	信用信息情报的微观机理研究	情报科学	2008
461	刘柏	基于STAR模型的中日汇率态势检验	现代日本经济	2011
462	刘柏	开放经济条件下东北地区出口敏感度比较分析	东北亚论坛	2011
463	刘柏	中国外汇市场压力指数的构建和检验	社会科学战线	2012
464	刘柏	中国汇率调控模式研究	学习与探索	2012
465	刘柏	日本汇率与股价之间的迭代影响	日本学刊	2013
466	刘柏	中国汇率与出口竞争力的协动变化	当代经济研究	2013
467	刘柏	中国有管理的离散浮动汇率制度的构建——基于STAR模型的外汇市场压力指数分析	经济学家	2013
468	刘柏	基于汇率目标区的有管理的离散浮动汇率制度构建	求是学刊	2013
469	刘柏	完善人民币汇率形成机制的制度选择	经济纵横	2013
470	刘柏	TPP冲击下亚太新秩序整合的中国对策	东北亚论坛	2014
471	刘柏	经济学方法论的解构与本体回归	天津社会科学	2014
472	刘柏	中国股价与汇率非线性累积过程的非对称迭代影响	国际金融研究	2014
473	刘海英	中国经济增长质量提高和规模扩张的非一致性实证研究	经济科学	2006
474	刘海英	X—效率下的劳动要素供给理论分析	生产力研究	2006
475	刘海英	非国有经济发展对中国经济增长质量影响机理研究——来自VEC模型的新证据	经济学家	2007
476	刘海英	工业增长、信贷供求和货币政策调整	中国工业经济	2009
477	刘海英	产业技术标准的市场路径与中国企业的战略联盟选择	内蒙古大学学报	2009
478	刘海英	吉林省环境污染与经济增长相关性的路径特征识别研究	经济纵横	2009
479	刘海英	中国城乡卫生经济系统投入产出动态效率的对比研究	农业经济问题	2010
480	刘海英	中国城市经济增长绩效的长期均衡和短期调整——基于中国34个中心城市的分析	江海学刊	2011
481	刘海英	中国农村地区公共卫生资源投入比城市地区更无效吗	农业技术经济	2011
482	刘海英	中国农村地区医疗机构的服务效率真的比城市低吗？——基于三阶段DEA调整后产出非径向扩张测度效率的新证据	中国农村观察	2011
483	刘海英	中国城乡地区医疗卫生系统服务效率的对比研究	中国软科学	2011

续表

序号	作者	论文名称	期刊来源	发表年度
484	刘海英	中国存在过度医疗问题吗？——基于省际地区城市医院医疗服务效率测度视角	社会科学	2015
485	刘消寒	政府对中小企业扶持体系的构建	社会科学战线	2012
486	吕长江	股利分配倾向研究	经济科学	2001
487	吕长江	上市公司资本结构特点的实证分析	南开管理评论	2001
488	吕长江	现金股利与股票股利的比较分析	经济管理	2002
489	吕长江	上市公司资本结构、股利分配及管理股权比例相互作用机制研究	会计研究	2002
490	吕长江	企业财务状况对负债代理成本的影响	数量经济技术经济研究	2002
491	吕长江	中国证券市场中 Beta 系数的存在性及其相关特性研究	南开管理评论	2003
492	吕长江	财务困境、财务困境间接成本与公司业绩	南开管理评论	2004
493	吕长江	会计诚信缺失的机理分析	吉林大学社会科学学报	2004
494	吕长江	上市公司董事会设置与公司业绩的实证研究——以东北地区为例	财经问题研究	2004
495	吕长江	上市公司财务困境与财务破产的比较分析	经济研究	2004
496	吕长江	上市公司财务状况分类研究	会计研究	2004
497	吕长江	中韩金融合作的战略研究	东北亚论坛	2005
498	吕长江	公司治理结构与股利分配动机——基于代理成本和利益侵占的分析	南开管理评论	2005
499	吕长江	上市公司财务困境预测方法的比较研究	吉林大学社会科学学报	2005
500	吕长江	财务杠杆对公司成长性影响的实证研究	财经问题研究	2006
501	吕长江	ST 公司生命轨迹的实证分析	经济管理	2006
502	吕有晨	激发职工积极性	企业管理	2001
503	吕有晨	产权的新经济史观分析	吉林大学社会科学学报	2001
504	吕有晨	日本企业集团的演进与创新	现代日本经济	2003
505	孙乃纪	东北老工业基地企业中的"义家族"现象分析	东北亚论坛	2005
506	孙凤英	大小非相关盈余管理问题的实证研究	当代经济研究	2012
507	孙叶萌	基于马尔科夫区制转移模型的风险价值度量——对我国股市波动区制的识别与预警	经济纵横	2010
508	孙叶萌	货币本性与政府责任——关于金融危机的理论思考	学习与探索	2011
509	孙叶萌	利率波动与我国股市波动的区制相关性分析	经济纵横	2011
510	孙叶萌	我国上市公司管理者过度自信与衍生金融工具运用动机的实证研究	社会科学辑刊	2015
511	孙宇翔	企业组织的有机化变革	社会科学战线	2010
512	孙宇翔	产品原始创新的两难选择与克服路径	吉林大学社会科学学报	2010
513	孙秋枫	宪法经济学对宪政的启示	社会科学战线	2006
514	孙秋枫	欧洲资源型城市发展中的政府作用及启示	经济纵横	2007
515	孙秋枫	试论朝鲜货币人民币化的可能性	社会科学战线	2012
516	孙秋枫	朝鲜农业政策金融的做法及启示	经济纵横	2012

序号	作者	论文名称	期刊来源	发表年度
517	孙　烨	美日两国审计实务框架比较	社会科学战线	2005
518	孙　烨	从美、日、英跨国并购看会计的国际化障碍	东北亚论坛	2005
519	孙　烨	企业多角化经营行为分析	学习与探索	2006
520	孙　烨	基于全球税收成本最小化的跨国公司组织结构设置	当代经济研究	2006
521	孙　烨	企业所有权性质与规模对环境信息披露的影响分析——来自上市公司的经验证据	社会科学战线	2009
522	孙　烨	中国上市公司企业特性与高管薪酬差距的实证	统计与决策	2010
523	孙　烨	中国上市公司投资者关系管理的动机分析	社会科学战线	2011
524	孙　烨	东北地区价值损伤型上市公司的宏观环境分析	东北亚论坛	2011
525	孙　烨	东北地区上市公司股东财富的影响因素分析——基于公司治理角度	社会科学战线	2012
526	孙　烨	薪酬委员会独立性与高管货币薪酬：独立董事声誉的调节作用	东南学术	2013
527	孙　烨	会计盈余时效性、薪酬委员会结构与经理人薪酬契约有效性	山西财经大学学报	2013
528	孙　烨	结构化理论框架下的会计研究	经济问题	2014
529	孙　烨	公司共同董事配置问题研究	当代经济研究	2014
530	孙　巍	转轨时期中国工业的效率与生产率——动态非参数生产前沿面理论及其应用	中国管理科学	2002
531	孙　巍	工业经济增长方式转变程度的区域性特征	中国软科学	2002
532	孙　巍	资产闲置、资产专用性与要素拥挤的理论内涵	数量经济技术经济研究	2003
533	孙　巍	转轨时期中国工业生产要素拥挤的特征分析	管理科学学报	2004
534	孙　巍	地区性因素、集约性特征与工业经济增长——中国工业经济省际差异成因的经验研究	中国软科学	2005
535	孙　巍	生产要素拥挤的理论内涵	学习与探索	2005
536	孙　巍	市场化进程对地区工业经济发展的作用机理研究	数量经济技术经济研究	2005
537	孙　巍	商业银行绩效的演化趋势及其形成机理——基于1996～2002年混合数据的经验研究	金融研究	2005
538	孙　巍	现阶段工业产能过剩"窖藏效应"的数理分析及其实证检验	吉林大学社会科学学报	2008
539	孙　巍	中国轿车市场供求结构不对称性及需求缺口分析	学习与探索	2008
540	孙　巍	收入效应说与现阶段轿车市场需求的规律性——基于2004～2006年21种典型轿车月度数据的实证分析	商业研究	2008
541	孙　巍	现阶段电信业市场结构与价格竞争行为关系的实证研究	中国工业经济	2008
542	孙　巍	基于PI—LC理论的现阶段居民消费行为研究	中国软科学	2008
543	孙　巍	产业技术特征与市场结构分化——基于2000～2006年中国制造业数据的经验证据	东北师大学报	2008
544	孙　巍	我国资金流动性波动规律的信息披露问题研究	情报科学	2009
545	孙　巍	产能利用与固定资产投资关系的面板数据协整研究——基于制造业28个行业样本	经济管理	2009

序号	作者	论文名称	期刊来源	发表年度
546	孙　巍	我国制造业区域产业结构的收敛性研究	经济管理	2010
547	孙　巍	投资政策与生产资料需求的关联性研究——以我国中重型商用车市场为例	吉林大学社会科学学报	2011
548	孙　巍	基于持久财产假说的购买力度量与应用	统计与决策	2011
549	孙　巍	资产升值预期及居民收入水平对房价的影响研究	求索	2011
550	孙　巍	资产升值预期、收入水平对房地产价格的影响	统计与决策	2011
551	孙　巍	外资银行进入对我国银行业竞争度影响的测度	统计与决策	2012
552	孙　巍	中国商业银行金融中介功能转型绩效的实证研究	经济管理	2012
553	孙　巍	国内外投资对制造业技术进步影响的行业分化特征	数理统计与管理	2012
554	孙　巍	现阶段城镇居民耐用品消费行为特征变化的计量研究	学习与探索	2013
555	孙　巍	我国制造业工业品价格影响因素分析	统计与决策	2013
556	孙　巍	中国工业电力消耗结构效应和密度效应研究	当代经济研究	2013
557	孙　巍	中国城镇居民收入分布的变迁研究	吉林大学社会科学学报	2013
558	孙　巍	引入收入变迁因素的 AIDS 模型的扩展及实证检验	数理统计与管理	2013
559	孙　巍	市场需求对重工业投资影响的非对称性诱导效应研究	产业经济研究	2014
560	孙　巍	基于三层嵌套 Logit 模型的轿车消费行为研究	中国经济问题	2014
561	孙　巍	中国能源消费与经济增长的因果分析——基于 Divisia 指数法和 Toda – Yamamota 检验	暨南学报	2014
562	孙　巍	市场需求对钢铁行业产能配置的非对称动态调整机制研究	南京师大学报	2014
563	孙　巍	能源效率常用测度指标的比较研究	经济纵横	2014
564	孙　巍	能源异质性及其与资本替代的非对称效应研究	经济问题	2015
565	孙　巍	日本能源管理分析及对我国的启示	现代日本经济	2015
566	孙　巍	收入分布变迁的城乡消费市场效应差异研究——基于 CHFS 数据的汽车消费实证	社会科学战线	2015
567	孙　巍	收入分布变迁与消费结构转变——基于门限模型的非线性计量分析	数理统计与管理	2015
568	庄慧彬	论坚持和完善我国的基本经济制度	当代经济研究	2003
569	朱欣乐	农村小额信用贷款的风险管理研究	经济纵横	2010
570	牟大鹏	"公司＋基地＋农户"的农业生产经营模式探析	经济纵横	2005
571	闫　超	中国股票市场牛熊市运行周期探究	经济与管理研究	2014
572	闫　超	我国财政政策与宏观经济的关联性研究	经济问题探索	2014
573	齐红倩	价格战的成因与企业应对对策	理论前沿	2001
574	齐红倩	城市化与农业经济增长分析	数量经济技术经济研究	2002
575	齐红倩	附加价格调整机制的中国宏观经济模型	中国软科学	2003
576	齐红倩	现代企业理论框架下的公司绩效:理论与实证分析	吉林大学社会科学学报	2004
577	齐红倩	企业本质属性的激励理论及管理实践	经济纵横	2004
578	齐红倩	基于选择性理性的激励模型及应用研究	中国工业经济	2005
579	齐红倩	发展循环经济　实现我国农业的可持续发展	学习与探索	2005

序号	作者	论文名称	期刊来源	发表年度
580	齐红倩	城市化模式选择与我国"三农"问题	人口学刊	2006
581	齐红倩	论农村深化改革进程中的效率与平等问题	经济纵横	2009
582	齐红倩	相对质量的现实构造——基于需求因素的经济学分析	经济管理	2010
583	齐红倩	发展慈善事业,破解老龄化困境	人口学刊	2010
584	齐红倩	我国经济稳定发展与企业竞争方式的转变	经济纵横	2010
585	齐红倩	建设创新型国家与高等教育创新人才培养	中国高等教育	2011
586	齐红倩	我国区域自主创新与政府行为的溢出效应研究	吉林大学社会科学学报	2012
587	齐红倩	财政赤字、经常账户与政府债务研究——李嘉图等价视角的国际经验分析	世界经济研究	2012
588	齐红倩	我国流动性过剩、CPI 变化机制与通货膨胀度量	财经问题研究	2013
589	齐红倩	我国养老保障政策与财政稳定性的动态模拟研究	求索	2013
590	齐红倩	房地产财富效应与中国城镇居民消费不对称性	南京社会科学	2013
591	齐红倩	跨学科视野下经济学教学模式改革与创新	中国大学教学	2013
592	齐红倩	我国影子银行的发展及其风险防范	深圳大学学报	2013
593	齐红倩	供给和需求冲击下的全要素生产率变动与中国产能过剩	南京社会科学	2014
594	齐红倩	我国城镇化进程中居民消费变动趋势与持续性——基于供给与需求冲击的视角	深圳大学学报	2014
595	齐红倩	我国企业所有制差异与效率对流动性风险的影响	经济问题探索	2015
596	齐红倩	中国城镇化为何背离缩小城乡差距目标?——基于中国经济不同发展阶段的差异性分析	南京社会科学	2015
597	齐红倩	我国公共债务对私人投资的影响效应研究	求索	2015
598	齐红倩	我国公共债务对三次产业增长的动态影响研究	深圳大学学报	2015
599	齐红倩	理性均衡视角下"精明增长"的生态逻辑与启示	中国地质大学学报	2015
600	齐红倩	公共债务对经济增长影响的非线性特征——基于 PSTR 模型的国际经验分析	世界经济研究	2015
601	齐红倩	中国公共债务对经济增长的传导效应	财经问题研究	2015
602	齐红倩	污染密集型产业承接增加居民健康成本支出了吗——基于中西部省际面板数据的空间计量分析	山西财经大学学报	2015
603	齐红倩	资产价格具有通货膨胀指示作用吗——基于 LT－TVP－VAR 模型的实证研究	南方经济	2015
604	齐红倩	中国城镇化发展水平测度及其经济增长效应的时变特征	经济学家	2015
605	齐红倩	我国污染排放差异变化及其收入分区治理对策	数量经济技术经济研究	2015
606	何建华	组织环境对女性职业生涯发展的影响:基于保险业的实证研究	软科学	2007
607	何 理	技术性贸易壁垒的 Bertrand 博弈分析	财经问题研究	2006
608	吴小丁	日本竞争政策过程的制度特征	日本学刊	2001

续表

序号	作者	论文名称	期刊来源	发表年度
609	吴小丁	哈夫模型与城市商圈结构分析方法	财贸经济	2001
610	吴小丁	BtoC 与传统零售业	中国流通经济	2001
611	吴小丁	现代竞争理论的发展与流派	吉林大学社会科学学报	2001
612	吴小丁	经济发展过程与竞争政策评价——日本竞争政策演变的启示	经济社会体制比较	2003
613	吴小丁	大型零售店"进场费"与"优势地位滥用"规制	吉林大学社会科学学报	2004
614	吴小丁	韩国零售业态发展及政府规制	东北亚论坛	2006
615	吴小丁	零售业过度竞争的理论界定及判断标准	财贸经济	2007
616	吴小丁	吉林省大型零售企业过度竞争的原因及对策研究	经济纵横	2007
617	吴小丁	"品牌联营"模式对百货店业态的质疑	吉林大学社会科学学报	2008
618	吴小丁	对零售业过度竞争解释的理论缺陷	浙江大学学报	2010
619	吴小丁	商品流通研究的市场营销学理论渊源探析	外国经济与管理	2011
620	吴小丁	我国生鲜农产品流通的中央批发市场制度构想	商业经济与管理	2014
621	吴小丁	餐饮功能感知对商业集聚魅力度的影响	数理统计与管理	2014
622	吴小丁	城市中心商业街魅力度感知线索分析	城市问题	2015
623	吴小玲	科技进步作用的测算方法与实证分析	吉林大学社会科学学报	2002
624	吴桂珍	地区经济发展的现状和潜力分析	当代经济研究	2006
625	吴桂珍	城市化过程中的农村化现象分析	求是学刊	2012
626	吴桂珍	城市化进程对城乡收入差距影响的空间异质性分析	吉林大学社会科学学报	2013
627	宋大龙	管制变化影响企业控制权转移与绩效研究	财经问题研究	2007
628	宋大龙	管制变化影响控制权转移企业价值研究	社会科学战线	2007
629	宋玉臣	股票市场内幕交易的检验与控制	当代经济研究	2004
630	宋玉臣	沪深股市均值回归的实证检验	金融研究	2005
631	宋玉臣	股票价格均值回归理论研究综述	税务与经济	2006
632	宋玉臣	信息不对称与内幕交易对证券市场影响的辩证分析	社会科学战线	2006
633	宋玉臣	我国股票市场运行与政府行为的相关性及评价	经济纵横	2007
634	宋玉臣	政府调控行为与股票市场博弈的均衡过程研究	经济纵横	2009
635	宋玉臣	股票市场失灵的政府行为选择与博弈分析	吉林大学社会科学学报	2009
636	宋玉臣	现代金融投资理论和实践的二重分歧与诠释路径	经济学家	2012
637	宋玉臣	现代金融学理论的缺陷与解决路径	社会科学	2012
638	宋玉臣	中国股票市场制度建设之悖论	管理现代化	2013
639	宋玉臣	股票市场 IPO 制度市场化演进可能面临的风险与对策	社会科学战线	2013
640	宋玉臣	中国股票市场价格发现功能的缺失——来自上证 50 指数的实证证据	东北大学学报	2013
641	宋玉臣	科技创新型企业创业板上市融资效率研究	财经理论与实践	2014
642	宋玉臣	股票市场与经济增长的匹配性研究	求索	2014
643	宋玉臣	中国农村制度变革过程中的金融冲突与解决路径	社会科学战线	2014
644	宋玉臣	股票市场价格发现功能的国际比较研究	学习与探索	2015

续表

序号	作者	论文名称	期刊来源	发表年度
645	宋　博	基于 VaR 风险控制的半 log - 最优资产组合模型	统计与信息论坛	2010
646	宏观经济监测预警课题组	对我国经济周期波动变化特征的实证分析	吉林大学社会科学学报	2004
647	张丁育	俄罗斯如何摆脱经济危机刍议	社会科学战线	2010
648	张大龙	中国保险深化理论与实证分析	社会科学辑刊	2010
649	张小宇	"泰勒规则"在中国经济运行中的经验证据	财经研究	2010
650	张小宇	规则型货币政策与经济周期之间的非线性关联机制研究	世界经济	2013
651	张小宇	内地股票市场与国际主要股票市场的非线性关联机制研究	数理统计与管理	2015
652	张小宇	货币政策、产出冲击对房地产市场影响机制——基于经济发展新常态时期的分析	中国工业经济	2015
653	张世伟	ASMEC - M：一个基于主体的市场经济模型	数量经济技术经济研究	2001
654	张世伟	宏观经济微观模拟模型	吉林大学社会科学学报	2001
655	张世伟	ASMEC—S：一个基于主体的股份制经济模型	吉林大学社会科学学报	2002
656	张世伟	一个基于主体的转轨经济模型	数量经济技术经济研究	2002
657	张世伟	微观模拟模型与宏观经济分析	东北亚论坛	2003
658	张世伟	均衡迁移过程的模拟分析	数量经济技术经济研究	2003
659	张世伟	有限理性和经济进化	江汉论坛	2004
660	张世伟	基于主体的宏观经济微观模拟模型	财经科学	2004
661	张世伟	经济政策模拟实验研究	中国软科学	2004
662	张世伟	通货膨胀经济中均衡选择问题研究	世界经济	2004
663	张世伟	个人所得税制度改革的微观模拟	吉林大学社会科学学报	2006
664	张世伟	吉林省城镇就业、失业和劳动参与的现状和对策	人口学刊	2006
665	张世伟	吉林省城镇劳动力市场中的性别工资差异	东北亚论坛	2007
666	张世伟	农村劳动力流动的收入分配效应——基于吉林省农户数据的经验研究	吉林大学社会科学学报	2007
667	张世伟	库兹涅茨倒 U 型假说：基于基尼系数的分析途径	经济评论	2007
668	张世伟	经济增长与收入差距：一个基于主体的经济模拟途径	财经科学	2007
669	张世伟	养老保险制度改革的财政效应和收入分配效应——基于微观模拟的研究途径	人口与经济	2008
670	张世伟	家庭教育背景对个人教育回报和收入的影响	人口学刊	2008
671	张世伟	个人所得税制度改革的劳动供给效应——基于自然实验的研究途径	吉林大学社会科学学报	2008
672	张世伟	基于洛伦茨曲线的收入分配评价方法	江西社会科学	2008
673	张世伟	城市贫困群体就业扶持政策的劳动供给效应——一个基于自然实验的研究	经济评论	2008
674	张世伟	个人所得税制度的收入分配效应——基于微观模拟的研究途径	财经科学	2008

序号	作者	论文名称	期刊来源	发表年度
675	张世伟	分位数上的性别工资歧视——基于东北城市劳动力市场的经验研究	中国人口科学	2009
676	张世伟	公共政策的行为微观模拟模型及其应用	数量经济技术经济研究	2009
677	张世伟	东北地区城市劳动力市场中户籍歧视问题分析	中国农村经济	2009
678	张世伟	城镇劳动力市场工资方程和劳动参与方程联立估计	财经问题研究	2009
679	张世伟	中国城镇劳动力市场中劳动参与弹性研究	世界经济文汇	2009
680	张世伟	农村劳动力流动的影响因素分析——基于生存分析的视角	中国人口·资源与环境	2009
681	张世伟	人力资本对农村迁移劳动力收入的影响研究	重庆大学学报	2009
682	张世伟	培训对农民工收入的影响	人口与经济	2010
683	张世伟	工薪所得税减除费用标准提升的作用效果：基于劳动供给行为微观模拟的研究途径	世界经济	2010
684	张世伟	中国城镇居民不同收入群体的劳动参与行为——基于参数模型和半参数模型的经验分析	管理世界	2010
685	张世伟	东北城镇居民劳动供给行为分析	东北亚论坛	2010
686	张世伟	城市劳动力市场中性别工资差异的变动——基于固定效应模型的研究途径	经济评论	2010
687	张世伟	城镇居民不同收入群体消费行为分析	财经科学	2010
688	张世伟	中国城镇居民劳动参与工资弹性的地区差异	吉林大学社会科学学报	2011
689	张世伟	东北地区城镇家庭劳动供给行为研究——基于劳动供给离散选择模型的经验分析	中国人口科学	2011
690	张世伟	家庭资产与城镇居民消费行为实证研究	求索	2011
691	张世伟	法定货币作为交换媒介的研究——一个基于分类器系统的模拟	财经科学	2011
692	张世伟	城市中农村迁移家庭的劳动供给行为分析	中国人口·资源与环境	2011
693	张世伟	分位数上城镇居民消费支出的决定	财经问题研究	2011
694	张世伟	贸易自由化、技术进步与工资不平等上升	吉林大学社会科学学报	2013
695	张世伟	农民工培训的收入效应	财经科学	2013
696	张世伟	最低工资标准调整的收入分配效应	数量经济技术经济研究	2014
697	张世伟	垄断对工资不平等的影响	财经问题研究	2014
698	张世伟	国有部门和非国有部门工资差异的变动	当代经济研究	2014
699	张世伟	农民工和城镇工劳动报酬差异的变动	统计与信息论坛	2014
700	张世伟	培训时间对农民工收入的影响	人口学刊	2015
701	张代强	前瞻性利率规则在我国的实证研究——基于分位数回归方法的变参数检验	数量经济技术经济研究	2008
702	张艾莲	含有货币变量的宏观经济模型简析	税务与经济	2006
703	张艾莲	东北地区消费过度敏感性分析	东北亚论坛	2013
704	张艾莲	日本消费信贷及其对中国消费经济发展的启示	现代日本经济	2013

序号	作者	论文名称	期刊来源	发表年度
705	张艾莲	萧条经济中的发展	读书	2013
706	张艾莲	人民币汇率的长记忆性及制度完善	学习与探索	2014
707	张艾莲	中国货币结构的缓长记忆过程及制度完善	金融经济学研究	2014
708	张艾莲	论日本金融不稳定的内生变化	日本学刊	2014
709	张艾莲	外汇市场投机性攻击压力的跨国比较	经济学家	2014
710	张艾莲	中国金融分市场的相异态势和协同变化	社会科学战线	2014
711	张艾莲	亚洲基建投资格局背后的中日经济博弈与制衡	日本学刊	2015
712	张屹山	吉林农业发展战略探讨	经济纵横	2001
713	张屹山	论国有企业改革的根本问题是解决委托代理关系	中国工业经济	2001
714	张屹山	论中国证券市场的投机与泡沫	财贸经济	2001
715	张屹山	数量经济学的特定内涵与学科定位	数量经济技术经济研究	2002
716	张屹山	关于推出股指期货的可行性分析	财贸经济	2002
717	张屹山	建立多层次证券市场体系是推动中国民营企业发展的有效途径	社会科学战线	2003
718	张屹山	中国当前财政政策引发通货膨胀的可能及对策	吉林大学社会科学学报	2003
719	张屹山	随机Solow—Swan模型的基本公式及相对稳定性	数量经济技术经济研究	2003
720	张屹山	对国有企业产权多元化有关问题的探讨——兼与"推进国有大中型企业产权多元化改革"课题组商榷	经济学动态	2004
721	张屹山	真实的经济过程:利益竞争与权力博弈——经济学研究的权力范式	社会科学战线	2004
722	张屹山	浮动利率结构下的远期定价与风险管理	中国软科学	2004
723	张屹山	资本的泛化与权力博弈	中国工业经济	2004
724	张屹山	我国上市公司大股东与中小股东企业剩余分配不均衡的权力解读——兼论我国上市公司中小投资者利益保护机制	财贸经济	2005
725	张屹山	2005年中国宏观经济波动态势与成因的动态分析	数量经济技术经济研究	2005
726	张屹山	"三农"问题与农民权利研究	学习与探索	2005
727	张屹山	论东北经济中行政权力与经济权力的博弈	吉林大学社会科学学报	2005
728	张屹山	中国期货市场功能及国际影响的实证研究	管理世界	2006
729	张屹山	前瞻性货币政策反应函数在我国货币政策中的检验	经济研究	2007
730	张屹山	中国股市庄家交易操纵的模型与政策分析	管理世界	2007
731	张屹山	股权价值决定:一种基于经济权力的证券资产定价模型	财贸经济	2007
732	张屹山	试论政府在解决市民住房问题上的思路	经济纵横	2007
733	张屹山	从汇率谜团到汇率决定的社会福利平价	吉林大学社会科学学报	2007
734	张屹山	试论我国的社会公平与经济效率	社会科学战线	2007
735	张屹山	货币替代:人民币贬值和升值阶段的比较研究——基于行为经济学的特征分析和理论阐释	财贸经济	2008
736	张屹山	经济学研究的权力范式导论	学习与探索	2008
737	张屹山	包含货币因素的利率规则及其在我国的实证检验	经济研究	2008

续表

序号	作者	论文名称	期刊来源	发表年度
738	张屹山	我国通货膨胀率波动路径的非线性状态转换——基于通货膨胀持久性视角的实证检验	管理世界	2008
739	张屹山	经济权力结构与生产要素最优配置	经济研究	2009
740	张屹山	权力视角下经济主体博弈理论研究	社会科学战线	2009
741	张屹山	中国房屋销售价格、土地价格和租赁价格的关系研究	吉林大学社会科学学报	2010
742	张屹山	基于权力范式的汇率决定研究	经济研究	2010
743	张屹山	基金绩效评价问题研究	经济管理	2010
744	张屹山	资本和金融项目开放对中国宏观经济影响的实证研究	中国工业经济	2010
745	张屹山	我国财富资本化对民间投资的影响研究	吉林大学社会科学学报	2011
746	张屹山	扩大内需的意义与途径的再认识	社会科学战线	2011
747	张屹山	资源、权力与经济利益分配的关系探索	学习与探索	2012
748	张屹山	企业内部权力结构与企业绩效	吉林大学社会科学学报	2012
749	张屹山	泰尔(Theil)指数及其在中国的适用性检验—兼论收入分配与扩大内需	经济与管理研究	2012
750	张屹山	股权结构对我国信托公司绩效的影响分析	吉林大学社会科学学报	2013
751	张屹山	试论以权力结构调整促经济社会发展——兼论政党制度对经济社会发展的作用机理	学习与探索	2014
752	张屹山	国债发行对居民消费影响的动态弹性分析——基于可变参数模型的实证研究	吉林大学社会科学学报	2014
753	张屹山	制度变迁下交易费用变化的权力视角分析——对诺斯第二悖论的再认识	东北师大学报	2014
754	张屹山	资源、环境与农业可持续发展——物料平衡原则下的省级农业环境效率计算	农业技术经济	2014
755	张屹山	中国居民家庭收入结构、金融资产配置与消费	华东经济管理	2015
756	张屹山	美国货币政策与中国物价水平关系的经验研究	财经问题研究	2015
757	张屹山	中国经济波动率对经济增长率非对称影响效应的实证分析	东北师大学报	2015
758	张屹山	科学构建中国社会主义体制改革的权力范式	社会科学战线	2015
759	张　帆	对我国民营企业融资问题的思考	经济经纬	2006
760	张秀娥	经济全球化中的政府职能协调	国际经济合作	2001
761	张秀娥	日本经济为何输掉10年	现代日本经济	2001
762	张秀娥	促进中欧经贸合作的有利因素	对外经贸实务	2002
763	张秀娥	美国金融监管给我们的启示	税务与经济	2003
764	张秀娥	美国处理金融危机给我们的启示	东北亚论坛	2003
765	张秀娥	日本人为何鼓噪人民币升值	现代日本经济	2004
766	张秀娥	技术性贸易壁垒的理论分析与对策研究	税务与经济	2005
767	张秀娥	日本技术性贸易壁垒的特点及应对策略	现代日本经济	2005
768	张秀娥	促进吉林省中小企业发展的对策	经济纵横	2005

序号	作者	论文名称	期刊来源	发表年度
769	张秀娥	优化产业结构，促进就业增长	人口学刊	2006
770	张秀娥	现代物流企业创新机制研究	经济纵横	2007
771	张秀娥	基于比较优势和竞争优势的贸易战略选择	学习与探索	2007
772	张秀娥	中小企业竞争力评价文献评述	经济纵横	2009
773	张秀娥	从鲁尔区振兴看东北地区资源型城市经济转型	学习与探索	2009
774	张秀娥	产业集聚与产业园区建设的链式共生模式	科技进步与对策	2009
775	张秀娥	基于 GEM 修正模型的返乡农民工创业活动影响因素分析	社会科学战线	2010
776	张秀娥	返乡农民工创业动机及激励因素分析	经济纵横	2010
777	张秀娥	全民创业氛围形成的影响因素及演进机制	学习与探索	2011
778	张秀娥	农民工返乡创业问题的 SWOT 分析与对策	求索	2011
779	张秀娥	农民工返乡创业影响因素与创业活动的关系	经济纵横	2011
780	张秀娥	农民工返乡创业影响因素分析	财经问题研究	2012
781	张秀娥	创业团队成员信任对社会网络与企业创新能力关系的影响	经济与管理研究	2012
782	张秀娥	创业机会成长与实现的"幸运"机制	学习与探索	2012
783	张秀娥	创业机会识别机制解析	云南社会科学	2012
784	张秀娥	文化价值观、创业认知与创业决策的关系	经济问题探索	2012
785	张秀娥	网络嵌入性、动态能力与中小企业成长关系研究	东南学术	2012
786	张秀娥	农民工返乡创业的现实困境及其化解之策	社会科学战线	2012
787	张秀娥	技术性贸易壁垒对我国出口贸易的影响及对策分析	当代经济研究	2012
788	张秀娥	创业警觉性、创造性思维与创业机会识别关系研究	社会科学战线	2013
789	张秀娥	农民工返乡创业与社会主义新农村建设关系解析	东北师大学报	2013
790	张秀娥	城镇化进程中的农村中小企业发展问题研究	山东社会科学	2013
791	张秀娥	东北地区创业环境对公司创业导向与创业绩效的影响分析	经济纵横	2013
792	张秀娥	创业团队异质性对创业绩效的影响——基于对七省市264家创业企业的调研分析	华东经济管理	2013
793	张秀娥	新生代农民工返乡创业与政府支持体系建设	求是学刊	2013
794	张秀娥	新生代农民工返乡创业意愿的经济学思考	学习与探索	2013
795	张秀娥	动态环境对中小企业动态能力与企业成长间关系之调节作用——以台湾中小企业为研究对象	求索	2013
796	张秀娥	返乡创业对新生代农民工市民化的推进作用	东北师大学报	2014
797	张秀娥	创业者社会网络对新创企业绩效的影响机制	社会科学家	2014
798	张秀娥	创业团队异质性如何影响绩效：基于团队氛围中介效应的分析	武汉大学学报	2014
799	张秀娥	返乡农民工创业企业成长路径选择及其启示	山东社会科学	2015

序号	作者	论文名称	期刊来源	发表年度
800	张秀娥	信息生态视角下创业意愿形成机制解析	科技进步与对策	2015
801	张秀娥	新型城镇化背景下新生代农民工返乡创业体制机制建构	理论探讨	2015
802	张秀娥	社会网络对新生代农民工创业意向的影响机理研究	华东经济管理	2015
803	张秀娥	新型城镇化的发展模式及路径研究	经济纵横	2015
804	张秀娥	基于信息生态学的创业认知边界研究	科技进步与对策	2015
805	张秀艳	人工神经元网络在经济学中应用的研究现状及研发策略	数量经济技术经济研究	2001
806	张秀艳	用人工神经元网络解决经济问题的有效性和局限	吉林大学社会科学学报	2001
807	张秀艳	汇率对我国主要宏观经济指标的影响分析	吉林大学社会科学学报	2002
808	张秀艳	人才流动的经济学分析	吉林大学社会科学学报	2003
809	张秀艳	人力资本与东北经济振兴	吉林大学社会科学学报	2006
810	张秀艳	我国可转换债券市场与股票市场动态传导关系实证研究	当代经济研究	2009
811	张秀艳	可转换债券市场与股票市场的波动和关系——基于二元GARCH模型的实证研究	吉林大学社会科学学报	2009
812	张秀艳	创新、知识过滤与毁灭性创新——基于 Aghion &Howitt 毁灭性创新模型的扩展研究	吉林大学社会科学学报	2014
813	张纯洪	基于个体行为与群体行为下的"经济人"假设理论分析	生产力研究	2006
814	张纯洪	企业动态核心能力的要素构成模型研究	科技管理研究	2007
815	张纯洪	战略联盟在产业技术标准形成中的作用及启示	管理现代化	2008
816	张纯洪	模块化生产对汽车产业的影响及其后发优势分析	科学学研究	2008
817	张纯洪	日本在华汽车厂商供应商选择倾向问题研究	四川大学学报	2010
818	张纯洪	中国经济全要素生产率的环境敏感性分析	经济学家	2012
819	张纯洪	地区发展不平衡对工业绿色全要素生产率的影响——基于三阶段 DEA 调整测度效率的新视角	当代经济研究	2014
820	张　建	企业营销结构研究	生产力研究	2005
821	张　建	企业营销质量研究综述	生产力研究	2006
822	张金山	经理层伦理的管理效应和治理效应	经济管理	2009
823	张金山	基于 SWOT 分析的企业竞争情报获取途径研究	情报科学	2009
824	张金山	后危机时代美联储流动性互换分析	当代经济研究	2013
825	张金山	竞争情报在企业沙盘模拟中的应用	情报科学	2013
826	张金山	低碳经济发展战略与中国商业银行业务创新研究	内蒙古社会科学	2013
827	张金山	股东和地方政府共同影响下的企业决策模型研究	学习与探索	2013
828	张思彤	我国城市增长模式的实证分析	城市发展研究	2010
829	张春田	人民币升值背景下的资产价格泡沫及宏观调控措施	经济纵横	2007
830	张洪利	从双重危境现象看品牌忠诚	经济纵横	2008
831	张炳辉	美国次贷危机对中国房地产市场的警示	经济纵横	2008
832	张秋惠	中国农村居民收入结构对其消费支出行为的影响——基于 1997～2007 年的面板数据分析	中国农村经济	2010

序号	作者	论文名称	期刊来源	发表年度
833	张秋惠	东北民营企业家劳动关系信念研究	东北亚论坛	2010
834	张秋惠	我国劳动争议案件数量增长问题研究	学习与探索	2010
835	张秋惠	劳资关系的产权理论演化研究	南京农业大学学报	2010
836	张 健	中国地区收入差距趋于收敛还是发散？	学习与探索	2007
837	张桂莲	中国人口老龄化对经济发展的影响分析	人口学刊	2010
838	张艳秋	股权集中程度与投资行为扭曲关系研究	学习与探索	2010
839	张艳秋	国企高管薪酬决定基础：经营业绩还是盈余管理	新疆大学学报	2015
840	张朝辉	基于 P2P 模式的 C2C 信用评价方法研究	管理评论	2015
841	张 煜	新经济与传统经济理论	当代经济研究	2003
842	张 鹤	国外总需求和总供给对中国经济增长拉动作用的经验分析	世界经济	2005
843	张 鹤	国内外金属期货市场价格联动的比较研究	世界经济	2007
844	李帅帅	启动我国农村消费市场的对策思考	经济纵横	2005
845	李帅帅	竞争—垄断理论及其演变	当代经济研究	2005
846	李 夺	住房抵押贷款证券化对金融市场效率作用机制的研究	税务与经济	2004
847	李 夺	资产证券化和金融市场效率	求索	2004
848	李 丽	基于利益相关者理论的收入确认问题探讨	经济纵横	2005
849	李志刚	我国税收收入增长速度的门限效应	当代经济研究	2008
850	李 政	发展创业型经济是振兴东北老工业基地的关键	学习与探索	2005
851	李树森	财政扶持政策对西部地区农民参加新农村合作医疗的影响——基于自然实验的研究途径	西北人口	2010
852	李 晓	欧洲货币一体化的推动力与大国关系——从国际政治经济学角度的考察	学习与探索	2007
853	李晓龙	金融危机视阈下我国中小企业的营销策略选择	东北师大学报	2009
854	李晓芳	应用 HP 滤波方法构造我国增长循环的合成指数	数量经济技术经济研究	2001
855	李晓芳	我国经济指标季节调整中消除春节因素的方法研究	数量经济技术经济研究	2003
856	李晓芳	税收和政府支出政策对产出动态冲击效应的计量分析	财贸经济	2005
857	李晓芳	运用状态空间模型估计我国动态的最优宏观税负	财政研究	2007
858	李晓芳	我国财政政策自动稳定功能的计量检验	统计与决策	2010
859	李益平	我国身股制与西方股票期权激励制度比较研究	经济纵横	2003
860	李 清	未来会计信息系统特征探讨	学习与探索	2005
861	李 清	基于遗传算法的上市公司财务危机预测模型研究	数理统计与管理	2008
862	李 清	东北地区上市公司财务困境预警研究	吉林大学社会科学学报	2008
863	李 清	基于案例推理的财务危机预测模型研究	经济管理	2009
864	李 清	基于适度财务指标和遗传算法的财务危机预测模型研究	统计与信息论坛	2010
865	李 清	财务危机预测主要方法比较研究	数理统计与管理	2012

序号	作者	论文名称	期刊来源	发表年度
866	李　清	上市公司内部控制指数影响因素研究	审计与经济研究	2013
867	李　清	基于案例推理的财务报告舞弊识别研究	财经理论与实践	2015
868	杜玉申	进场费的政府规制效果分析——基于权力范式的渠道研究	中国工业经济	2008
869	杜玉申	构建创新平台,培育现代服务业创新	中国软科学	2008
870	杜玉申	政治权力、经济权力与中立政府的经济制度选择	经济社会体制比较	2013
871	杜玉申	利基企业商业生态系统战略研究	科技进步与对策	2014
872	杜玉申	公平与效率统一的权力基础	学习与探索	2015
873	杜峥平	德国鲁尔区的改造对东北老工业基地振兴的启示	经济纵横	2007
874	杜晓宇	我国货币供给与货币缺口的实证比较	财经问题研究	2009
875	杜　莉	发展循环经济,促进我国经济的可持续发展——"中国—欧盟:循环经济发展论坛"综述	吉林大学社会科学学报	2007
876	杜　莉	"金融危机背景下的老工业基地可持续发展"学术研讨会综述	吉林大学社会科学学报	2009
877	杜　莉	可转债市场成交量对收益率波动的非对称冲击效应研究	管理世界	2009
878	杜　莉	成交量变化与可转债指数波动的协整分析	社会科学战线	2009
879	杜　莉	高校应构建财权事权对称的内部经济分配模式	中国高等教育	2010
880	杜　莉	金融危机:判定、成因、影响与应对——关于金融危机问题研究的综述	社会科学战线	2010
881	杜　莉	高校债务重组与化解路径选择	经济纵横	2010
882	杜　莉	论碳金融体系及其运行架构	吉林大学社会科学学报	2010
883	杨东亮	李嘉图等价定理的中国实证检验	学习与探索	2009
884	杨玉英	对我国加快发展生产性服务业意义的再认识	宏观经济管理	2009
885	杨守东	中国金融风险预警研究	数量经济技术经济研究	2006
886	杨体军	东北地区增值税转型现况及推广建议——以吉林省为例	经济纵横	2007
887	杨　菁	人民币汇率能否反映世界经济因素——来自国际市场主要原材料价格的证据	学习与探索	2007
888	杨显佐	我国电信业区域非均衡发展特征研究	经济纵横	2007
889	杨　顺	创新与核心能力体系研究	西北大学学报	2006
890	杨晓东	用口碑营销提升企业营销竞争力	经济管理	2006
891	杨惠昶	日本经济怎样掉进了美国设计的陷阱	东北亚论坛	2001
892	杨惠昶	政府怎样满足顾客的需要	经济管理	2002
893	杨惠昶	十六大报告对马克思主义经济理论的继承和创新	吉林大学社会科学学报	2003
894	杨惠昶	美国人是否还会保持领先优势	东北亚论坛	2003
895	杨惠昶	开发金融衍生产品中国商业银行的战略选择	当代经济研究	2003
896	杨惠昶	社会所有是公有制的有效实现形式	社会科学战线	2006
897	杨惠昶	马克思对货币银行理论的创新——古典货币数量说批判	当代经济研究	2007
898	杨惠昶	马克思主义经济学与新制度学派在企业理论上的分歧	学习与探索	2007

序号	作者	论文名称	期刊来源	发表年度
899	杨惠昶	马克思的货币理论与电子货币	当代经济研究	2008
900	杨惠昶	人民币汇率改革必须坚持国家本位	经济纵横	2008
901	杨絮飞	东北工业旅游发展的现状及对策	经济纵横	2004
902	杨絮飞	自然保护区生态旅游规划与管理对策研究	商业研究	2008
903	沈颂东	论市场经济下行政权力的运用于监督	学习与探索	2005
904	沈颂东	未来我国公用企业改革的政策取向	经济纵横	2005
905	沈颂东	我国公用企业的政府规制目标的政策选择	经济纵横	2006
906	沈颂东	中国汽车业产业集中与地理集中之关系研究	学术交流	2009
907	沈颂东	我国邮政业改革效果评价体系及实证研究	统计与决策	2010
908	沈颂东	呼叫中心服务质量测评模型的构建与分析	经济管理	2011
909	沈颂东	电信业务捆绑的福利经济分析	东北大学报	2012
910	苏治	套利能保持资本市场有效吗——行业金融学套利局限性与风险性分析	经济纵横	2005
911	谷宇	人民币汇率波动性对中国进出口影响的分析	世界经济	2007
912	谷宇	国际资本流动背景下人民币汇率的均衡水平及短期波动	金融研究	2008
913	谷瑶	我国上市公司股票流动性价值分析	经济纵横	2008
914	辛本禄	第三部门的研究及其实践意义	理论探讨	2003
915	辛本禄	我国竞争与垄断现象的特殊性及政策建议	学习与探索	2004
916	辛本禄	组织理论中人性假定的演进及评述	社会科学战线	2006
917	辛本禄	现代组织文化的产生、层级及其特征	社会科学战线	2009
918	辛本禄	拉动经济增长新兴消费产业研究——以老龄产业为例	西北人口	2012
919	辛本禄	权力结构变化与经济制度创新——基于历史视角的分析	河北学刊	2012
920	辛本禄	"经济人"概念的演进及其新探索——从"经济人"到"权力经济人"	学习与探索	2013
921	辛本禄	社会运行与社会发展：马克思与社会学家的对话	南京社会科学	2013
922	辛本禄	中国经济改革的动力机制研究——基于权力结构的视角	天津社会科学	2013
923	辛本禄	企业和谐劳动关系指标体系的构建	南京师大学报	2013
924	邵欣炜	基于 VaR 的证券投资组合风险评估及管理体系	数量经济技术经济研究	2003
925	邹国庆	从企业理论的发展看企业的经济性质	当代经济研究	2002
926	邹国庆	战略本质三种观点的诠释	数量经济技术经济研究	2003
927	邹国庆	组织学习：企业持续竞争优势的源泉	长白学刊	2003
928	邹国庆	企业持续竞争优势的经济学评析	当代经济研究	2003
929	邹国庆	论知识管理与构造企业竞争优势	经济纵横	2003
930	邹国庆	持续竞争优势：企业能力与环境的融合进化	吉林大学社会科学学报	2003
931	邹国庆	企业持续竞争优势视角下的企业边界探析	吉林大学社会科学学报	2004
932	邹国庆	动态机制下的企业能力构建与变革	学习与探索	2004
933	邹国庆	关于企业技续竞争优势的新阐释	江汉论坛	2004

序号	作者	论文名称	期刊来源	发表年度
934	邹国庆	企业竞争优势理论综述	经济学动态	2004
935	邹国庆	企业规制结构与竞争优势	当代经济研究	2004
936	邹国庆	核心能力的构成维度及其特性	中国工业经济	2005
937	邹国庆	中国情境下的管理学理论构建与研究进路	软科学	2009
938	邹国庆	经济转型中的政治关联与企业绩效：基于我国上市公司的实证研究	管理现代化	2010
939	邹国庆	经济转型中的组织冗余与企业绩效：制度环境的调节作用	中国工业经济	2010
940	邹国庆	管理者的社会关系与企业绩效——组织学习的中介作用	山西财经大学学报	2010
941	邹国庆	组织间关系的作用机制：基于合法性与交易费用的研究视角	软科学	2010
942	邹国庆	基于制度信任的企业间知识共享意愿	吉林大学社会科学学报	2010
943	邹国庆	组织冗余研究文献综述及发展趋势	求索	2011
944	邹国庆	国外关于企业吸收能力的研究文献述评	经济纵横	2011
945	邹国庆	新兴经济体的制度质量与企业绩效：企业控制权的调节作用	吉林大学社会科学学报	2012
946	邹国庆	基于制度结构解释框架的区域创新引致机制研究	求索	2012
947	邹国庆	知识基础与企业吸收能力实证研究	统计与决策	2012
948	邹国庆	企业探索性创新与利用性创新平衡关系研究动态	经济纵横	2013
949	邹国庆	组织学习·知识创新·企业绩效	求索	2013
950	邹国庆	论组织学习与制度质量	山东社会科学	2013
951	邹国庆	知识搜索与组织学习：基于高新技术企业的实证研究	科技进步与对策	2014
952	邹国庆	转型经济体的制度情景及企业战略选择	社会科学战线	2015
953	邹国庆	管理者社会资本与创新绩效：制度环境的调节作用	理论探讨	2015
954	陈　飞	我国货币政策工具变量效应的实证分析	金融研究	2002
955	陈艺妮	网络购物中基于信任—不信任视角的顾客细分研究	管理现代化	2010
956	陈守东	上证综合指数 VaR 的度量	数量经济技术经济研究	2002
957	陈守东	基于 GARCH 模型的 VaR 方法对中国股市的分析	吉林大学社会科学学报	2002
958	陈守东	中国沪深股市收益率及波动性相关分析	金融研究	2003
959	陈守东	主要股票市场指数与我国股票市场指数间的协整分析	数量经济技术经济研究	2003
960	陈守东	基于业绩评估的高级管理层激励控制模型	数量经济技术经济研究	2003
961	陈守东	中国股票市场 FF 多因子模型的比较分析	吉林大学社会科学学报	2003
962	陈守东	股本变动对我国股票市场影响的实证检验	经济学动态	2004
963	陈守东	上海股市的阶段性分析与有效性检验	学习与探索	2005
964	陈守东	Copula 函数度量风险价值的 Monte Carlo 模拟	吉林大学社会科学学报	2006
965	陈守东	中国房地产业投资与经济增长的实证研究	未来与发展	2006
966	陈守东	运用二元选择模型建立我国的金融预警模型	学习与探索	2006
967	陈守东	商业银行经营效率评价与影响因素分析	财贸经济	2006
968	陈守东	基于极值分布理论的 VaR 与 ES 度量	数量经济技术经济研究	2007

序号	作者	论文名称	期刊来源	发表年度
969	陈守东	区域金融发展与区域经济增长——基于中国数据的实证分析	财贸经济	2008
970	陈守东	我国财政支出不确定性对居民消费影响的实证研究	数量经济技术经济研究	2009
971	陈守东	中国金融风险预警的MS－VAR模型与区制状态研究	吉林大学社会科学学报	2009
972	陈守东	中国银行体系脆弱性的动态分析与预测	吉林大学社会科学学报	2010
973	陈守东	金融压力指数与工业一致合成指数的动态关联研究	财经问题研究	2011
974	陈守东	我国银行体系的稳健性研究——基于面板VAR的实证分析	数量经济技术经济研究	2011
975	陈守东	外商直接投资对中国出口贸易的影响分析	理论探讨	2012
976	陈守东	二元GED－GARCH模型的利率与汇率波动溢出效应研究	管理学报	2012
977	陈守东	国际金融危机对我国进出口贸易的冲击——基于贸易方式视角的实证研究	吉林大学社会科学学报	2012
978	陈守东	基于突变级数的创业板成长性研究	证券市场导报	2013
979	陈守东	中小企业融资创新研究	经济纵横	2013
980	陈守东	我国金融不稳定性及其对宏观经济非对称影响分析	国际金融研究	2013
981	陈守东	美国金融危机对中国进出口贸易的影响	当代经济研究	2013
982	陈守东	人民币汇率变化不确定性与外汇储备增长研究	上海经济研究	2013
983	陈守东	我国境内银行货币错配比较研究——基于人民币汇率变化不确定性视角	当代经济科学	2013
984	陈守东	系统性金融风险及其防范对策研究	社会科学战线	2013
985	陈守东	政策不确定下中国股市与宏观经济相关性的非对称效应研究	当代财经	2014
986	陈守东	货币供给、通货膨胀与产出波动的动态效应研究：1992～2013	南方经济	2014
987	陈守东	我国股票市场不稳定性分解与经济增长	财经问题研究	2014
988	陈守东	利率期限结构与宏观经济——基于动态潜在因子模型的研究	吉林大学社会科学学报	2014
989	陈守东	我国金融机构的系统性金融风险评估——基于极端分位数回归技术的风险度量	中国管理科学	2014
990	陈守东	论经济增速换档期的信托业转型策略	经济纵横	2014
991	陈守东	我国银行治理特征与银行稳健性的关系研究	南京农业大学学报	2015
992	陈守东	货币市场利率和资本市场利率的多元时变因果关系研究	西安交通大学学报	2015
993	陈守东	通胀率动态与通胀惯性度量	南方经济	2015
994	陈守东	货币政策对流动性去向的动态影响	财经科学	2015
995	陈　磊	中国转轨时期经济景气的测定和分析	世界经济	2001
996	陈　磊	我国转轨时期经济周期波动的谱分析	数量经济技术经济研究	2001

续表

序号	作者	论文名称	期刊来源	发表年度
997	周闯	中国城镇居民的劳动供给行为——倒 S 型劳动供给曲线在中国城镇劳动力市场上的实证检验	财经科学	2009
998	周宏	融资约束对中国上市公司投资行为影响的实证研究	财经科学	2012
999	周佰成	中国证券市场发展壮大必须解决的几个问题	经济纵横	2002
1000	周佰成	国债的现行状况及最优规模分析	金融研究	2002
1001	周佰成	我国工商企业信用评估指标体系研究	经济纵横	2003
1002	呼建光	金融消费者保护:经济理论与法律形式	社会科学	2013
1003	孟庆福	股票市场过度投机的综合评价研究	吉林大学社会科学学报	2003
1004	孟庆福	内地与香港股票市场信用风险的比较	税务与经济	2006
1005	孟庆福	信用评级的新方法——多元自适应回归样条在民营企业信用评级中的应用	广东金融学院学报	2011
1006	孟岩	金融衍生工具的风险分析	经济纵横	2003
1007	孟岩	吉林省节能降耗的形势与对策	经济纵横	2007
1008	岳春华	论我国民营企业人力资源管理	社会科学战线	2008
1009	岳春华	东北地区人才资源开发与管理的对策研究	东北亚论坛	2008
1010	庞晓波	我国金融发展与经济增长的弱相关性及其启示	数量经济技术经济研究	2003
1011	庞晓波	我国货币市场的非均衡性检验	吉林大学社会科学学报	2005
1012	庞晓波	代际交换难题与货币研究	学习与探索	2006
1013	庞晓波	均衡汇率和汇率均衡性识别中的问题	天津社会科学	2008
1014	庞晓波	基于 ANN 方法对汇率波动非线性的检验与预测比较	吉林大学社会科学学报	2008
1015	庞晓波	搜寻匹配、网络效应与货币起源演化	南开经济研究	2008
1016	庞晓波	我国货币政策传导中的通货膨胀隐患	社会科学战线	2008
1017	庞晓波	国际石油价格对我国宏观经济的影响——一个基于 MS—VECM 的分析框架	社会科学战线	2008
1018	庞晓波	中国金融改革进程中的利率敏感性问题研究	当代经济研究	2008
1019	庞晓波	高校预算软约束的制度成因及其治理	中国高教研究	2009
1020	庞晓波	金融安全网络与金融机构道德风险	吉林大学社会科学学报	2009
1021	庞晓波	经济治理理论与中国经济发展	经济纵横	2010
1022	庞晓波	中国轿车业 X 效率研究——基于三阶段 DEA 模型的分析	财经问题研究	2010
1023	庞晓波	国际体系结构与国家行为:一个博弈理论模型	东北亚论坛	2010
1024	庞晓波	中日两国汇率与股价指数的联动性分析	现代日本经济	2010
1025	庞晓波	理解金融自由化效应:增长与波动	社会科学	2010
1026	庞晓波	货币供给对动态效率指标影响的实证分析	求索	2011
1027	庞晓波	分析师报告能够预测与解读财务报告吗——来自中国股市的经验证据	财贸经济	2011
1028	庞晓波	贸易溢出效应对人民币有效汇率的影响	国际金融研究	2011
1029	庞晓波	人民币有效汇率波动对我国分类出口产品的影响——基于两时段面板数据的实证研究	经济问题	2011

序号	作者	论文名称	期刊来源	发表年度
1030	庞晓波	流动性治理问题的探讨	经济纵横	2011
1031	庞晓波	日历时间组合法的并购公司股东长期财富效应研究	求索	2012
1032	庞晓波	金融—实体经济非均衡与中国的通货膨胀	中南财经政法大学学报	2012
1033	庞晓波	中国股市存在盈余公告后的价格漂移吗？	吉林大学社会科学学报	2012
1034	庞晓波	流动性失衡与物价和股价波动	东北师大学报	2013
1035	庞晓波	住房价格波动及其泡沫生成机制研究	当代经济研究	2013
1036	庞晓波	宏观审慎监管政策与货币政策关系研究	经济纵横	2013
1037	庞晓波	人民币外汇市场压力与我国货币政策相互作用研究	经济经纬	2013
1038	庞晓波	信贷行为与金融稳定关联性研究	金融论坛	2013
1039	庞晓波	金融危机国际传染研究述评——基于传染病学视角	浙江社会科学	2015
1040	庞晓波	中国经济景气变化与政府债务风险	经济研究	2015
1041	庞晓波	欧债危机对全球及中国传染性的测度分析——基于复杂网络的模拟研究	世界经济研究	2015
1042	林秀梅	我国粮食生产投入要素效益比较分析	数量经济技术经济研究	2003
1043	林秀梅	中国股市动量投资策略和逆向投资策略的实证研究	数量经济技术经济研究	2004
1044	林秀梅	振兴东北老工业基地重要的是产业结构的调整	社会科学战线	2004
1045	林秀梅	东北三省产业结构效益动态比较分析	学习与探索	2005
1046	林秀梅	我国经济增长与失业的非线性关系研究	数量经济技术经济研究	2007
1047	林秀梅	提升我国区域工业竞争力的对策研究	经济纵横	2008
1048	林秀梅	我国高技术产业竞争力省际比较	当代经济研究	2010
1049	林秀梅	区域经济整合下的欠发达地区产业结构调整——以吉林省为例	社会科学战线	2011
1050	林秀梅	日本制造业"路在何方"——基于全要素生产率的启示	现代日本经济	2012
1051	林秀梅	三阶段 DEA 模型的中国服务业效率	北京理工大学学报	2012
1052	林秀梅	关于银行业效率问题的研究述评	经济纵横	2012
1053	林秀梅	东北三省生产性服务业的产业关联关系分析	中国科技论坛	2012
1054	林秀梅	文化产业发展影响因素的区域差异研究——基于面板数据模型	当代经济研究	2014
1055	林秀梅	吉林省文化产业的关联拉动效应分析——基于投入产出模型	东北师大学报	2014
1056	林秀梅	中国文化市场经营机构效率研究	北京理工大学学报	2014
1057	林秀梅	全球生产网络下出口贸易价值含量的国际比较——基于金砖国家国际投入产出模型	国际经贸探索	2015
1058	林秀梅	知识产权保护对经济增长的技术差距门槛效应——基于中国省际面板数据的经验分析	当代经济研究	2015
1059	苗宏慧	"双阶梯"制度：一种人力资源开发的有效工具	社会科学战线	2008

序号	作者	论文名称	期刊来源	发表年度
1060	苗宏慧	以"双阶梯理论"为导向的业务支撑部门人力资源开发——吉林移动业务支撑部门的实践	中国人力资源开发	2009
1061	苗宏慧	政企关系对民营企业发展影响的调查研究	经济纵横	2013
1062	苗宏慧	评郑观应的实业救国思想	社会科学战线	2013
1063	郑　丽	注册会计师的社会角色分析	生产力研究	2004
1064	郑　丽	我国会计服务业发展中需要解决的问题及对策	经济纵横	2008
1065	郑　丽	矿业企业环境保护内部控制的构建——基于紫金矿业环境污染案例的分析	环境保护	2013
1066	郑挺国	我国货币——产出非对称影响关系的实证研究	经济研究	2008
1067	金成晓	企业并购的类型与相应模型	数量经济技术经济研究	2001
1068	金成晓	青岛顺联的"国民待遇"	财经界	2002
1069	金成晓	上市公司独立董事制度的经济学分析	数量经济技术经济研究	2002
1070	金成晓	所有权与控制权分离问题再探讨——兼论我国国有资产管理体制改革的相关问题	财经问题研究	2002
1071	金成晓	市场社会主义理论的演进及其启示	当代经济研究	2002
1072	金成晓	企业科层治理中监督机构作用机制研究	吉林大学社会科学学报	2002
1073	金成晓	日元贬值与日本的亚太发展新战略	东北亚论坛	2002
1074	金成晓	独立董事制度与企业高管的更选	长白学刊	2003
1075	金成晓	外资并购国有企业问题研究评述	当代经济研究	2003
1076	金成晓	东北老工业基地产业集聚与民营经济的发展	当代经济研究	2004
1077	金成晓	东北老工业基地产业竞争力提升问题研究	求是学刊	2004
1078	金成晓	我国商业银行业市场结构与经营绩效	学习与探索	2005
1079	金成晓	东北老工业基地产业结构调整与主导产业选择实证研究	税务与经济	2005
1080	金成晓	中国高新技术产业优先发展行业选择的计量分析	社会科学战线	2006
1081	金成晓	日资出逃对中国制造业的影响——基于可计算一般均衡模型CGE的模拟分析	东北亚论坛	2007
1082	金成晓	基于Logit模型对中国上市公司治理失效问题的实证研究	吉林大学社会科学学报	2008
1083	金成晓	征收物业税对住房价格影响的动态计量分析	经济科学	2008
1084	金成晓	改革开放30年我国农村建设成就——一个综合评价模型及其应用	山西财经大学学报	2008
1085	金成晓	我国大型国有企业集团公司治理失效探析	学习与探索	2008
1086	金成晓	全球化背景下的金融创新研究	江西社会科学	2008
1087	金成晓	国外流动性过剩理论的最新发展:一个文献综述	江汉论坛	2008
1088	金成晓	中国与东盟贸易对我国制造业影响的一般均衡模拟分析	东南亚纵横	2008
1089	金成晓	我国产业安全监测预警指数的构建及其应用	吉林大学社会科学学报	2009
1090	金成晓	我国粮食安全状况的实证分析	江西社会科学	2009
1091	金成晓	我国产业安全研究的历史与发展动态评述	财经问题研究	2010
1092	金成晓	中国能源产业安全预警:基于分位数回归方法的计量研究	学习与探索	2010

续表

序号	作者	论文名称	期刊来源	发表年度
1093	金成晓	我国农村土地承包经营权入股问题的法经济学思考	江西社会科学	2010
1094	金成晓	信贷政策效应的非对称性、信贷扩张与经济增长	统计研究	2010
1095	金成晓	最优货币政策规则、通货膨胀与经济增长	吉林大学社会科学学报	2011
1096	金成晓	开放经济条件下我国货币政策就业效应的计量研究	经济科学	2011
1097	金成晓	价格水平与财政政策选择——基于 BVAR 模型的计量研究	学习与探索	2012
1098	金成晓	国外通货膨胀预期管理研究的新进展及其借鉴意义	江西社会科学	2012
1099	金成晓	有管理的浮动汇率体制下货币政策的有效性	社会科学战线	2012
1100	金成晓	"泰勒规则"在中国的适用性研究	南京社会科学	2013
1101	金成晓	利率规则、物价稳定与经济均衡	求索	2013
1102	金成晓	汇率变动对价格水平的非线性传导效应——基于 LSTAR 模型的计量研究	软科学	2013
1103	金成晓	包含汇率因素的非线性泰勒规则及其在中国的适用性检验	统计与决策	2013
1104	金成晓	通货膨胀动态惯性特征与货币政策区制转移效应的计量研究	上海经济研究	2013
1105	金成晓	基于货币稳定与金融稳定的货币政策规则计量检验	江西社会科学	2014
1106	金成晓	基于非参数 ARCH 模型的沪深指数波动性研究	山西大学学报	2014
1107	金成晓	中国货币政策区制转移效应研究——核心通货膨胀视角	重庆大学学报	2014
1108	金成晓	人民币实际有效汇率决定因素比较计量研究	统计与决策	2014
1109	金成晓	沪深 300 股指期货收益率及波动率的长记忆性研究	北京理工大学学报	2014
1110	金成晓	基于失业率与通货膨胀率的我国最优货币政策规则选择	西安交通大学学报	2015
1111	金成晓	我国油气资源税由从量计征改为从价计征的政策效应——基于双重差分法的计量分析	财经理论与实践	2015
1112	金春雨	规避军队后勤保障社会化委托代理风险的模型分析	学习与探索	2006
1113	金春雨	垂直型产业集群交易成本剩余的博弈模型解析	江汉论坛	2008
1114	金春雨	基于持久收入假说的我国农村居民收入对消费影响效应区域差异分析——来自面板数据模型的经验证据	农业技术经济	2010
1115	金春雨	我国股票市场量价关系的实证研究——基于上证指数的 VAR 模型分析	价格理论与实践	2010
1116	金春雨	我国房地产基础价值测算及其价格泡沫识别——基于状态空间模型的分析	价格理论与实践	2010
1117	金春雨	我国电信服务业股指波动的研究—基于 SWARCH 模型的实证分析	价格理论与实践	2011
1118	金春雨	我国农村居民消费与收入的动态关系实证分析——基于变参数模型的计量检验	江汉论坛	2011

续表

序号	作者	论文名称	期刊来源	发表年度
1119	金春雨	产业结构与经济增长效应的关系研究——吉林省主体功能区产业结构演变与经济增长效应分析	价格理论与实践	2012
1120	金春雨	中国区域金融业效率非均衡性计量检验	社会科学战线	2012
1121	金春雨	基于持久收入假说的我国农村居民消费行为研究	农业经济问题	2012
1122	金春雨	东北区域经济一体化框架下城市职能与竞争力研究	经济纵横	2012
1123	金春雨	基于三阶段 DEA 模型的我国区域旅游业效率评价	旅游学刊	2012
1124	金春雨	基于 Panel–VAR 模型的我国金融业发展与经济增长关联性的计量检验	管理评论	2013
1125	金春雨	我国区域金融业全要素生产率的追赶效应与增长效应分析	统计与决策	2013
1126	金春雨	我国制造业劳动生产率增长源泉的两阶段动态演变及对比分析	内蒙古社会科学	2013
1127	金春雨	我国服务业结构效应与空间效应的区位变迁——来自我国八大经济区服务业的经验证据	求是学刊	2014
1128	金春雨	产业集聚、知识溢出与工业经济增长——基于空间面板模型的实证研究	财经论丛	2015
1129	金春雨	我国制造业空间集聚与制造业劳动生产率互动关系研究	经济纵横	2015
1130	金春雨	环渤海城市制造业集聚的经济增长溢出效应与拥挤效应——基于面板门限模型的实证分析	经济问题探索	2015
1131	金春雨	中国制造业劳动生产率增长来自全要素生产率变动还是要素积累效应——基于状态空间随机前沿面板模型的计量分析	统计与信息论坛	2015
1132	金春雨	我国高技术产业空间集聚及影响因素研究——基于省级面板数据的空间计量分析	科学学与科学技术管理	2015
1133	金春雨	制造业集聚外部性与经济增长非线性关系实证分析——基于面板平滑迁移模型	学习与探索	2015
1134	金振宇	试析商业模式的价值创造流程——以延边分众传媒有限公司为例	东疆学刊	2010
1135	金晓彤	论知识经济时代的企业文化建设	吉林大学社会科学学报	2001
1136	金晓彤	人力资本的测度与企业人才流失的调控	数量经济技术经济研究	2002
1137	金晓彤	我国居民消费行为分析——过度敏感性假说的运用	财贸经济	2002
1138	金晓彤	我国铁路运输企业的属性定位与改革取向	管理现代化	2002
1139	金晓彤	西方主流经济学的消费行为理论述评	税务与经济	2003
1140	金晓彤	连锁效应导引下的中国城镇居民消费行为：理论假说与实态验证	经济科学	2004
1141	金晓彤	中国城镇居民消费行为变异的四个假说及其理论分析	管理世界	2004
1142	金晓彤	中日农民收入与消费结构比较研究	现代日本经济	2007
1143	金晓彤	中国城镇居民间歇式周期性波动的消费行为	吉林大学社会科学学报	2007
1144	金晓彤	我国农村居民人情消费的动机分析	消费经济	2008

序号	作者	论文名称	期刊来源	发表年度
1145	金晓彤	消费者与仿冒侵权产品关系的商业伦理分析	经济管理	2008
1146	金晓彤	创新型价值链管理——基于"一汽大众"订单制产销模式的案例研究	中国工业经济	2009
1147	金晓彤	基于感知公平的顾客抱怨处理满意度与顾客忠诚之间关系的实证研究	软科学	2009
1148	金晓彤	中国现阶段商业银行盈利能力分析	西北大学学报	2009
1149	金晓彤	传播过度时代的营销说服与说服路径	管理现代化	2009
1150	金晓彤	不同类型转换成本的调节作用机制研究	管理评论	2010
1151	金晓彤	我国不同区域农村居民消费：收敛还是发散？	管理世界	2010
1152	金晓彤	中外日用品牌关系质量对顾客购买行为的影响——基于产品危机情境的研究	经济管理	2010
1153	金晓彤	我国消费需求增速动态过程的区制状态划分与转移分析	中国工业经济	2010
1154	金晓彤	居民消费与经济增长关联性的实证分析——基于中国与日本的比较	现代日本经济	2010
1155	金晓彤	我国农村居民人情消费行为的特征与基缘——以豫南杨集村为例	吉林大学社会科学学报	2010
1156	金晓彤	我国消费增长均值过程和波动过程的双长期记忆性测度	经济问题探索	2011
1157	金晓彤	我国不同区域城镇居民消费与收入收敛性的实证研究	经济科学	2011
1158	金晓彤	农村居民对新型农村合作医疗的感知价值与参与意愿：人格特质的调节效应	经济管理	2011
1159	金晓彤	吉林省农村居民消费变动趋势预测与对策	经济纵横	2011
1160	金晓彤	台湾地区老龄人口休闲消费的影响因素与趋势展望	亚太经济	2012
1161	金晓彤	中国与亚洲发达经济体居民消费：收敛还是发散？	吉林大学社会科学学报	2012
1162	金晓彤	口碑传播对中国农村居民购买决策影响力的影响因素分析	中国农村经济	2012
1163	金晓彤	中国老龄人口消费：现状与趋势	西北人口	2012
1164	金晓彤	台湾地区人口老龄化对经济社会的影响研究	人口学刊	2012
1165	金晓彤	中国台湾地区老龄人口旅游消费现状与发展趋势分析	经济问题探索	2012
1166	金晓彤	台湾地区老龄人口旅游消费现状与影响因素分析——兼谈对大陆老龄人口旅游市场开发的启示	台湾研究集刊	2012
1167	金晓彤	中国消费者奢侈品牌购买意愿的传导机制研究——基于"态度功能理论"视角	经济管理	2012
1168	金晓彤	新生代农民工成就动机与主观幸福感的关系探析——基于社会支持、社会比较倾向的调节作用	中国农村观察	2013
1169	金晓彤	日本文化产业发展路径分析	现代日本经济	2013
1170	金晓彤	我国老龄消费的新特征及促进对策	经济纵横	2013
1171	金晓彤	大数据时代的联动式数据库营销模式构建——基于"一汽大众"的案例研究	中国工业经济	2013

续表

序号	作者	论文名称	期刊来源	发表年度
1172	金晓彤	新生代农民工社会认同建构与炫耀性消费的悖反性思考	社会科学研究	2013
1173	金晓彤	中国居民文化消费对经济增长的贡献有多大？——兼论扩大文化消费的路径选择	社会科学战线	2013
1174	金晓彤	亚洲国家"以房养老"模式对我国的经验借鉴——以日本和新加坡反向住房抵押贷款为例	亚太经济	2014
1175	金晓彤	新生代农民工社会认同建构的路径选择：外显性炫耀与内隐性积累的文化消费模式对比分析	江苏社会科学	2014
1176	金晓彤	新生代农民工教育型文化消费对务工收入的逆向作用机制分析——基于全国 31 省份 4268 份调研问卷	农业技术经济	2014
1177	金晓彤	基于文化区域细分的新生代农民工消费行为差异比较	经济管理	2014
1178	金晓彤	新生代农民工教育型文化消费探析：社会认同构建的路径选择	吉林大学社会科学学报	2015
1179	金晓彤	"金玉其外"的消费选择背后——新生代农民工社会认同与炫耀性消费解析	经济体制改革	2015
1180	金晓彤	农民工群体购买意愿形成机理理论框架与实证研究——自我概念一致性、参照群体和感知风险的作用机制	外国经济与管理	2015
1181	金晓彤	差异化就业的新生代农民工收入影响因素分析——基于全国 31 省（市）4268 个样本的实证研究	青年研究	2015
1182	金晓彤	新生代农民工职业培训研究的回顾与展望	求索	2015
1183	金晓彤	营销信息对环保型产品购买意愿的影响研究	华东经济管理	2015
1184	侯 旻	百货店店铺印象中的服务要素测量研究	商业经济与管理	2010
1185	姚 平	煤炭城市的发展战略研究	中国软科学	2010
1186	姚 瑞	我国企业社会责任战略研究	经济纵横	2010
1187	姜 新	证券投资基金羊群效应实证研究	学习与探索	2005
1188	宫 剑	论创业型经济的发展与创业型社会的构建	吉林大学社会科学学报	2008
1189	施 娟	基于关系要素的关系营销互动管理	经济管理	2007
1190	施 娟	顾客期望的构成及驱动因子分析	管理现代化	2008
1191	施 娟	顾客期望的构成与驱动因子的关系	经济管理	2008
1192	施 娟	品牌关系质量与消费遭遇产品伤害的反应特征研究——基于事前信念的视角	经济管理	2011
1193	柳 季	试论多层次资本市场体系的构建——以 NASDAQ 市场为例	东北师大学报	2005
1194	胡铮洋	我国关税政策对宏观经济影响分析	财经问题研究	2008
1195	赵 飞	吉林省外商直接投资经济效应的实证研究	东北亚论坛	2008
1196	赵石磊	中国商业银行 X 效率实证分析	学习与探索	2008
1197	赵京波	应对跨国公司对华知识产权案件的水平评价原则	学术交流	2009
1198	赵 岩	公允价值对金融类上市公司盈余管理影响的实证研究	统计与决策	2010
1199	赵 岩	应计利润对其持续性的影响	求索	2010
1200	赵 岩	银行资本结构与盈余持续性关系实证研究	求索	2010

序号	作者	论文名称	期刊来源	发表年度
1201	赵 岩	关于负债融资与投资规模相关性研究——基于2004～2009年中国数据的实证检验	经济问题	2011
1202	赵 岩	基于要素权力的企业家生成机制及其创新	理论探讨	2011
1203	赵 岩	基于契约剩余的企业家激励约束机制机理初探	学习与探索	2012
1204	赵 岩	中国上市公司企业家激励约束机制与企业业绩关系再研究——国有控股与非国有控股公司的比较视角	经济管理	2014
1205	赵昕东	2001年：稳步发展的中国经济	数量经济技术经济研究	2001
1206	赵昕东	我国货币政策工具变量效应的实证分析	数量经济技术经济研究	2002
1207	赵昕东	基于蒙特卡洛——马尔科夫链（MCMC）的ARMA模型选择	数理统计与管理	2006
1208	赵 亮	金融危机环境下农民工回流问题分析	江西社会科学	2009
1209	赵振全	解决公股流通问题的关键原则与对策	数量经济技术经济研究	2001
1210	赵振全	同股同权同价模式解决国有股流通	吉林大学社会科学学报	2001
1211	赵振全	国有股流通与股票市场制度修正	财经科学	2001
1212	赵振全	我国证券市场结构分析及优化	数量经济技术经济研究	2001
1213	赵振全	股票市场对经济增长作用的实证研究	数量经济技术经济研究	2002
1214	赵振全	证券选择准则有效性的实证分析	数量经济技术经济研究	2003
1215	赵振全	股票市场信息对称性的影响因素分析	数量经济技术经济研究	2003
1216	赵振全	中国股票市场波动和宏观经济波动关系的实证分析	数量经济技术经济研究	2003
1217	赵振全	"BED"信用评估方法	中国软科学	2003
1218	赵振全	我国资本市场结构问题研究综述	经济纵横	2004
1219	赵振全	小康社会独立指标评价体系及评价标准	吉林大学社会科学学报	2004
1220	赵振全	金融发展对经济增长影响的实证分析	金融研究	2004
1221	赵振全	论中国经济增长的新阶段	经济学动态	2004
1222	赵振全	"动量交易策略"与"反转交易策略"国际实证比较研究	中国软科学	2005
1223	赵振全	中国证券市场过度反应非对称性研究	吉林大学社会科学学报	2005
1224	赵振全	价值增加法在中国公司投资价值评估中的应用	当代经济研究	2005
1225	赵振全	再论中国证券市场过度反应实证检验——方法论与数据周期敏感性分析	学习与探索	2005
1226	赵振全	我国股票市场收益率非对称均值回归特征的计量检验——基于ANST-GARCH模型的实证分析	数量经济技术经济研究	2005
1227	赵振全	中国证券市场波动的区制关联性	财贸经济	2005
1228	赵振全	股票市场交易量与收益率动态影响关系的计量检验：国内与国际股票市场比较分析	世界经济	2005
1229	赵振全	构建我国独立电信规制体系的探讨	未来与发展	2006
1230	赵振全	开放式基金风险比较的实证研究	当代经济研究	2006
1231	赵振全	我国国际收支对通货膨胀传导机制的经济计量检验	数量经济技术经济研究	2006
1232	赵振全	信息？噪音？泡沫？——现代金融学前沿问题综论	学习与探索	2006
1233	赵振全	中国金融结构和经济增长的关联性分析：理论与实证	吉林大学社会科学学报	2006

续表

序号	作者	论文名称	期刊来源	发表年度
1234	赵振全	金融加速器效应在中国存在吗？	经济研究	2007
1235	赵振全	沿海城市制造业竞争力比较研究	未来与发展	2007
1236	赵振全	基于政策性国际收支变动的有管理离散浮动汇率制度的探讨	管理世界	2007
1237	赵振全	金融发展与经济增长的非线性关联研究——基于门限模型的实证检验	数量经济技术经济研究	2007
1238	赵振全	中国上市公司会计信息价值相关性的动态分析与动因检验	财贸经济	2007
1239	赵振全	基于国际收支的宏观经济景气预警研究	吉林大学社会科学学报	2007
1240	赵振全	过度反应对称周期研究——国际证券实证	管理科学学报	2008
1241	赵振全	参数法下中国商业银行成本 X 效率实证研究	吉林大学社会科学学报	2008
1242	赵振全	消费与投资变动对我国经济增长的动态影响	吉林大学社会科学学报	2009
1243	赵振全	我国通货膨胀拐点预测模型及其应用研究	吉林大学社会科学学报	2012
1244	赵晓民	商业聚集经济性推动与消费需求拉动的耦合分析	管理现代化	2007
1245	赵晓民	从购买风险感知理论解释商业集聚对店铺印象的影响	商业经济与管理	2011
1246	赵晓民	客流拥挤触动零售商信任的实证研究	经济管理	2011
1247	赵 晶	盈余持续性对盈余预测影响的实证研究	学习与探索	2010
1248	钟贤巍	振兴东北老工业基地与发展产业旅游	社会科学战线	2004
1249	钟贤巍	论市场主导取代政府主导——从区域经济整合看东北振兴	经济纵横	2004
1250	钟贤巍	长白山旅游模式扩展及其原因分析	社会科学战线	2005
1251	钟贤巍	旅游文化学初探	社会科学战线	2006
1252	钟贤巍	从旅游管理学科特点看旅游人才的培养	经济纵横	2006
1253	钟贤巍	欧盟产业旅游发展对我国东北老工业城市转型的启示	社会科学战线	2007
1254	钟贤巍	振兴东北老工业基地与发展产业旅游	经济纵横	2007
1255	钟贤巍	中国旅游文化发展的历史及与传统文化的关系	社会科学战线	2008
1256	钟贤巍	论旅游文化与经济社会发展的辩证关系	经济纵横	2008
1257	钟贤巍	东北民俗旅游的文化特质与开发策略——开掘东北社会转型之精神动力的一种探索	社会科学战线	2009
1258	钟贤巍	论我国民俗旅游的开发和保护	经济纵横	2009
1259	钟贤巍	从"共谋"、"冲突"到"和谐"——民俗旅游的内在文化张力及其调和	吉林大学社会科学学报	2009
1260	倪昌红	高管团队的政治联结能改善企业绩效吗——基于战略视角的分析	财经科学	2010
1261	唐 亮	我国经济区域发展非均衡状态度量	社会科学战线	2006
1262	夏 光	知识经济时代我国企业人力资源发展及对策	人口学刊	2004
1263	夏 光	企业人力资本投资价值拓展研究	社会科学战线	2005
1264	夏 光	权力市场下的腐败机制和治理研究	中国工业经济	2005
1265	夏 光	中日两国人力资源管理特点的比较研究	东北亚论坛	2006

序号	作者	论文名称	期刊来源	发表年度
1266	夏　光	一汽实业高管培训的三大法宝	中国人力资源开发	2007
1267	夏　光	基于企业人力资本租赁思想基础的激励效应研究	吉林大学社会科学学报	2007
1268	夏　光	人力资源、人力资本与人力资产的比较研究	中国人力资源开发	2008
1269	夏　光	人力资本内涵与分类的再研究	人口学刊	2008
1270	徐立本	购买力平价理论在人民币汇率预测中的应用	吉林大学社会科学学报	2005
1271	徐光瑞	中国高技术产业集聚与产业竞争力——基于5大行业的灰色关联分析	中国科技论坛	2010
1272	秦晓利	论创业动机发展研究	社会科学战线	2010
1273	秦晓微	国际金融危机对中国银行安全的影响分析	社会科学战线	2009
1274	袁　宁	东北文化环境对民营企业家成长的影响解析	东北亚论坛	2008
1275	贾婧唯	对我国宏观经济走势判断的若干争论述评	经济纵横	2009
1276	郭凤鸣	国有部门和非国有部门中的性别工资差异——基于双重样本选择模型的经验研究	数量经济技术经济研究	2010
1277	郭凤鸣	教育和户籍歧视对城镇工和农民工工资差异的影响	农业经济问题	2011
1278	郭凤鸣	性别工资差异缘何扩大？——基于职业分割的分析视角	世界经济文汇	2012
1279	郭凤鸣	教育与工资性别歧视	教育与经济	2012
1280	郭凤鸣	区域经济环境对工资性别差异的影响——基于多层模型的分析途径	人口学刊	2013
1281	郭凤鸣	中国城镇劳动力市场中年资回报的实证检验	统计与决策	2014
1282	郭明星	我国货币供给增长率与国内产出增长率之间影响关系检验——来自MS-VECM模型的新证据	数量经济技术经济研究	2005
1283	郭英彤	预防动机对居民储蓄的影响——应用平行数据模型的实证分析	数量经济技术经济研究	2004
1284	郭英彤	应用缓冲储备模型实证检验我国居民的储蓄行为	数量经济技术经济研究	2006
1285	郭英彤	社会养老保障制度影响我国居民储蓄行为的实证检验	消费经济	2007
1286	郭英彤	扩大内需研究中的误区与出路	科学社会主义	2010
1287	郭英彤	城市化对我国汽车产业生产率的影响	经济纵横	2013
1288	郭　睿	中国股票市场效率的实证检验	税务与经济	2004
1289	顾　宁	吉林省银行保险发展中的问题、成因及对策	税务与经济	2006
1290	顾　宁	中国资本项目完全开放的条件分析	社会科学战线	2007
1291	顾　宁	中国利率市场化改革的风险与治理	学习与探索	2007
1292	顾　宁	后危机时代金融监管创新机制研究	社会科学战线	2010
1293	顾　宁	化解我国地方政府债务风险的对策研究	经济纵横	2011
1294	顾　宁	农户信贷需求结构分析	农业经济问题	2012
1295	顾　宁	中国碳排放的环境库兹涅茨效应识别与低碳政策选择	经济管理	2013
1296	顾　宁	农业现代化进程中的金融支持路径识别	农业经济问题	2013
1297	顾　宁	新型城镇化进程中的金融创新与金融风险	求是学刊	2015
1298	高　飞	随机控制理论与风险度量	数量经济技术经济研究	2002
1299	高向飞	制度化关系约束与企业创新选择	经济管理	2009

序号	作者	论文名称	期刊来源	发表年度
1300	高向飞	政府干预的效率分析：一个新制度主义视角	经济体制改革	2009
1301	高勇	开发区企业集群创新势能研究	社会科学战线	2010
1302	高勇	日本老龄人口就业结构及启示	西北人口	2013
1303	高勇	日本老龄人力资源与就业特征分析	人口学刊	2013
1304	高铁梅	我国货币政策传导机制的动态分析	金融研究	2001
1305	高铁梅	我国财政政策乘数效应的动态分析	财贸经济	2002
1306	高铁梅	我国工业景气调查数据的综合分析	预测	2002
1307	高铁梅	2002年中国经济发展分析与预测	数量经济技术经济研究	2002
1308	高铁梅	中国钢铁工业景气指数的开发与应用研究	中国工业经济	2003
1309	高铁梅	国际经济景气分析研究进展综述	数量经济技术经济研究	2003
1310	崔畅	我国价格泡沫成分的形成机制分析与实证检验	财经研究	2005
1311	梁化军	东北老工业基地国有企业的退出障碍、退出路径及政策选择	社会科学战线	2004
1312	梁英	产品市场竞争对高管激励效应影响的实证研究	当代经济研究	2011
1313	梁英	产品市场竞争程度、控股股东性质与公司治理绩效	当代经济研究	2012
1314	梁英	公司治理对上市公司信息披露及时性的影响研究	当代经济研究	2014
1315	渠邕	政府绩效管理体系现存问题归类	社会科学战线	2014
1316	盛光华	西方环境营销理论评介	经济学动态	2003
1317	盛光华	西方国家企业孵化器问题的研究动向	当代经济研究	2005
1318	盛光华	密封投标定价机理解析	学习与探索	2008
1319	盛光华	日本风险企业创业、成长过程解析——以日本东海医疗器械株式会社为例	现代日本经济	2010
1320	盛光华	我国低碳经济发展的重点、难点与路径	求是学刊	2010
1321	盛光华	高新技术企业孵化器成功运行的主要标志	学习与探索	2010
1322	盛光华	中小企业脆弱性解析	当代经济研究	2011
1323	盛光华	大企业组织竞争模式的经济学阐释	求是学刊	2011
1324	盛光华	农户小额信用贷款道德风险的随机监管博弈分析	中国农村观察	2014
1325	盛光华	补贴方式对创新模式选择影响的演化博弈研究	管理科学学报	2015
1326	盛光华	发达国家发展保障性住房的做法及启示	经济纵横	2015
1327	盛光华	新生代农民工主观幸福感影响因素的识别与分析	青年研究	2015
1328	盛光华	新生代农民工主观幸福感的影响因素	城市问题	2015
1329	矫幸	我国中小企业跨国经营的策略	经济纵横	2002
1330	银成钺	消费者对品牌延伸的评价——价格与延伸相似度的交互影响	管理科学	2006
1331	隋建利	我国通货膨胀结构突变及不确定性检验	统计研究	2011
1332	隋建利	金融危机情形下中美两国货币市场及产品市场运行差异性探析	社会科学战线	2011
1333	隋建利	中美两国货币增长不确定性与经济周期联动机制的差异性分析	国际金融研究	2011

序号	作者	论文名称	期刊来源	发表年度
1334	隋建利	基于太阳黑子冲击视角的中国货币政策有效性测度	管理世界	2011
1335	隋建利	中国旅游经济增长动态路径的阶段性变迁识别——基于马尔科夫区制转移模型的实证分析	旅游学刊	2013
1336	隋建利	改革开放以来我国教育投资周期与宏观经济周期同步吗——基于"双阶段"马尔科夫区制转移模型的实证分析	教育与经济	2013
1337	隋建利	现行汇率机制下人民币汇率收益率及波动率中有双长期记忆性吗？	国际金融研究	2013
1338	隋建利	中国农业经济增长动态路径的变迁分析	学习与探索	2014
1339	隋建利	货币政策和 CPI 在不同时期对 GDP 的影响有差别吗	社会科学战线	2014
1340	隋建利	中国旅游经济的周期划分与增长预测	经济管理	2014
1341	隋建利	教育投入对经济增长的影响恒久不变吗——改革开放以来的路径演化分析	教育与经济	2015
1342	隋建利	旅游经济与宏观经济内在联动机制具有周期性吗？	经济管理	2015
1343	黄卫挺	创业研究范式转向与层次模型构建	外国经济与管理	2010
1344	黄 鹏	建立农村个人信用体系是新农村建设的重要举措	税务与经济	2007
1345	黄 静	基金投资行为与投资绩效实证研究	数理统计与管理	2006
1346	黄 静	证券分析师业绩预测和投资评级准确性实证分析	数理统计与管理	2006
1347	傅劲锋	中国跨国公司对外直接投资动机与策略分析	华南农业大学学报	2008
1348	傅 磊	中国证券市场未来需求力量分析	数量经济技术经济研究	2001
1349	傅 磊	我国证券市场持续发展的基本途径	数量经济技术经济研究	2002
1350	程延炜	对我国 2006 年经济增长率预测准确性的评析	经济学动态	2007
1351	董 竹	中国大中型银行与小型商业银行效率的比较——基于投入主导型的 DEA 测度	经济管理	2011
1352	董 竹	中国环境治理投资对环境质量冲击的计量分析——基于 VEC 模型与脉冲响应函数	中国人口·资源与环境	2011
1353	董 竹	小额贷款公司与地方经济发展的耦合作用研究——基于长春市的数据	社会科学战线	2012
1354	董 竹	我国小型商业银行绩效的影响因素分析	统计与决策	2012
1355	董 竹	长吉图开发开放先导区的区域引力与产业布局研究	东北亚论坛	2012
1356	董 竹	系统风险性：当下金融业系统性风险贡献度研究	河南社会科学	2015
1357	董秀良	上市公司的股权结构、所有权安排与治理结构	当代经济研究	2001
1358	董秀良	公司控制权、代理成本与公司治理结构的选择	经济纵横	2001
1359	董秀良	上市公司控制权结构：问题与对策	当代经济研究	2002
1360	董秀良	股票发行定价制度及其对市场效率的影响	当代财经	2002
1361	董秀良	股权结构、股东行为与核心代理问题研究	经济评论	2003
1362	董秀良	交易量适合作为股价波动信息的代理变量吗？——来自中国沪深股市的证据	数量经济技术经济研究	2008

序号	作者	论文名称	期刊来源	发表年度
1363	董直庆	消费与股价的作用机制分析	数量经济技术经济研究	2003
1364	董直庆	中国股价行为模式分析	数量经济技术经济研究	2003
1365	董直庆	股票价格与价值的测度及特性分析——基于流动性的新解释	数量经济技术经济研究	2004
1366	董直庆	投资者成长与股票价格的互动机制分析	吉林大学社会科学学报	2005
1367	董直庆	分类要素贡献和中国经济增长根源的对比检验	经济科学	2007
1368	董直庆	我国财政与经济增长关系:基于 Bootstrap 仿真方法的实证检验	数量经济技术经济研究	2007
1369	董直庆	我国通货膨胀和证券市场周期波动关系——基于小波变换频带分析方法的实证检验	中国工业经济	2008
1370	董直庆	我国证券市场与宏观经济波动关联性:基于小波变换和互谱分析的对比检验	金融研究	2008
1371	董直庆	我国区域经济双峰模式和要素贡献分解——基于省际面板数据的实证检验	吉林大学社会科学学报	2009
1372	董直庆	政府治理结构和中国经济增长关联性检验:1978～2006	学习与探索	2009
1373	董直庆	CPI 和 PPI 周期协动效应——基于频带分析方法的实证检验	数量经济技术经济研究	2009
1374	董直庆	贸易还是产权:我国经济增长根源的对比检验	财贸经济	2009
1375	董直庆	我国经济增长来源——来自资本体现式技术进步的经验证据	吉林大学社会科学学报	2010
1376	董直庆	我国服务贸易技术结构优化了吗?	财贸经济	2010
1377	董直庆	我国通货膨胀和股市周期波动共变性和非一致性再检验	经济学家	2010
1378	董直庆	我国农村经济制度改革和开放政策实施成因的经济学分析	学习与探索	2011
1379	董直庆	资本体现式技术进步与经济增长周期波动关联效应	求是学刊	2011
1380	董直庆	劳动力市场需求分化和技能溢价源于技术进步吗?	经济学家	2011
1381	董直庆	我国出口贸易技术结构优化了吗? ——基于 UNC 数据的实证检验	吉林大学社会科学学报	2011
1382	董直庆	技术水平提升中国出口贸易国际竞争力了吗? ——来自跨国的经验证据	财经论丛	2013
1383	董直庆	技能溢价源于技术进步偏向性吗?	统计研究	2013
1384	董直庆	技术进步技能偏向性与技能溢价:一个理论模型和经验解释	求是学刊	2013
1385	董直庆	劳动收入占比下降源于技术进步偏向性吗?	吉林大学社会科学学报	2013
1386	董直庆	我国技术进步方向及其劳动收入分配效应检验	上海财经大学学报	2013
1387	董直庆	技能溢价:基于技术进步方向的解释	中国社会科学	2014
1388	董 奕	论企业财务治理权的配置	学习与探索	2006
1389	董 奕	我国上市公司现金股利支付水平实证研究	求索	2011

续表

序号	作者	论文名称	期刊来源	发表年度
1390	董 奕	后危机时代中国商业银行的营业战略变化方向	学习与探索	2011
1391	蒋瑛琨	货币渠道与信贷渠道传导机制有效性的实证分析——兼论货币政策中介目标的选择	金融研究	2005
1392	蒋瑛琨	中国货币需求函数的实证分析——基于两阶段（1978～1993、1994～2004）的动态检验	中国软科学	2005
1393	韩广哲	统计套利模型研究——基于上证 50 指数成份股的检验	数理统计与管理	2007
1394	韩冬梅	银行业全要素生产性和范围经济性	数量经济技术经济研究	2002
1395	韩冬梅	电子货币对金融市场的冲击及金融政策的操作	吉林大学社会科学学报	2003
1396	韩百荣	阻碍东北老工业基地发展的制度缺失分析——以吉林省注册会计师审计制度为例进行的问卷调查	吉林大学社会科学学报	2005
1397	韩丽娜	宏观经济学视角下消费行为理论发展述评	社会科学辑刊	2008
1398	韩丽荣	关于增值税免税的经济分析	当代财经	2002
1399	韩丽荣	流转税对企业集团运输部门的独立是否有影响	社会科学战线	2004
1400	韩丽荣	我国财政监督与审计监督职责交叉问题的解决思路	生产力研究	2005
1401	韩丽荣	市场治理结构与注册会计师审计的独立性	学习与探索	2005
1402	韩丽荣	注册会计师审计制度构成要素的经济学分析	当代经济研究	2006
1403	韩丽荣	我国企业内部控制审计目标的理论分析及现实选择	吉林大学社会科学学报	2011
1404	韩丽荣	自愿性披露时期内部控制缺陷影响因素的实证分析——以我国制造业 A 股上市公司样本为例	吉林大学社会科学学报	2013
1405	韩丽荣	日本政府购买公共服务制度评析	现代日本经济	2013
1406	韩丽荣	内部控制审计制度变迁的制度经济学分析	求是学刊	2014
1407	韩丽荣	企业环境信息披露对审计费用影响的实证分析	当代经济研究	2014
1408	韩丽荣	带强调事项段无保留审计意见的市场反应研究	湖南社会科学	2015
1409	韩丽荣	异常审计费用对审计质量的影响研究	当代经济研究	2015
1410	韩丽荣	数据安全性：中国 A 股上市公司异常会计信息与财务报告舞弊风险的识别	河南社会科学	2015
1411	廉 鹏	公司管理者盈余预测研究综述	投资研究	2009
1412	廉 鹏	公司内部人交易研究综述	当代经济研究	2009
1413	路耀华	电子商务在亚洲的现状及发展趋势	东北亚论坛	2001
1414	路耀华	日本电子商务发展的特点及对我国的启迪	现代日本经济	2001
1415	路耀华	中国电子商务发展之路探索	吉林大学社会科学学报	2001
1416	路耀华	我国电子商务当前存在的问题及发展策略	吉林大学社会科学学报	2002
1417	路耀华	建立整合性商务智能系统的思考	经济纵横	2002
1418	路耀华	借鉴日本大型零售企业经验，加速我国电子商务的应用与发展	东北亚论坛	2003
1419	路耀华	我国电子化广告的现状及发展研究	情报科学	2003
1420	路耀华	中日物流案例比较及其启示	东北亚论坛	2005
1421	蔡玉程	公司治理与公司管理：双向互动作用机理研究	学习与探索	2011
1422	蔡玉程	中国上市公司有效股权结构研究	学习与探索	2014

续表

序号	作者	论文名称	期刊来源	发表年度
1423	蔡玉程	吉林省经济增长来源和技术扩散效应研究	当代经济研究	2014
1424	蔡玉程	吉林省人口城镇化问题研究	人口学刊	2014
1425	蔡玉程	技术进步方向：1978～2010——以吉林省为例	社会科学战线	2014
1426	蔡玉程	我国上市公司治理效率优化及其国际经验借鉴	学术交流	2014
1427	魏 建	两种公共产品的供给与中国农村的发展	西北大学学报	2009
1428	魏 建	就业保护与就业水平关系研究进展	经济学动态	2010

马克思主义学院

序号	作者	论文名称	期刊来源	发表年度
1	于 新	邓小平哲学思想基本特色初探	中国青年政治学院学报	2001
2	于 新	哈贝马斯"科学技术即是意识形态"评析	长白学刊	2001
3	于 新	劳动价值论与效用价值论发展历程的比较研究	经济纵横	2010
4	尹栾玉	马克思竞争理论与新古典综合竞争理论比较研究	当代经济研究	2003
5	尹栾玉	坚持"五个统筹"实现全面协调可持续发展	高校理论战线	2004
6	尹栾玉	美、日社会性规制政策演变的比较及其借鉴	当代经济研究	2005
7	方 杲	论精神生活的主体性特征	社会科学辑刊	2008
8	方 杲	没有绝对的道德行为规范——对康德道德命令的反思	社会科学家	2010
9	方 杲	信息社会和谐发展的伦理基石：公平的正义	图书馆建设	2014
10	方 杲	公平的正义：公共图书馆促进信息公平的伦理基石	图书馆	2015
11	方 杲	莱布尼茨的自由观及其意义	伦理学研究	2015
12	王广义	论清代东北地区"乡约"与社会控制	史学集刊	2009
13	王广义	从"中体西用"到民族本土化回归：东北教育的近代化历程	社会科学战线	2010
14	王广义	亚细亚文库文献评介	图书馆建设	2010
15	王广义	近代中国东北地区地权的流变	华南农业大学学报	2011
16	王广义	国外有关中国东北抗联的历史资料与研究述评	甘肃社会科学	2015
17	王广义	民国时期东北移民的片断记忆——稿本《调查东北移民日记》的发现及其学术价值	图书馆	2015
18	王为全	"国家核心价值与公民文化建设"研讨会综述	当代世界与社会主义	2010
19	王冬云	交往视域下的大学生人格建构研究	江苏高教	2011
20	王冬云	社会主义核心价值观：当代中国文化认同的核心	伦理学研究	2015
21	王 平	高校思想政治理论课课堂教学质量评价指标研究	北京交通大学学报	2008
22	王幼英	情感教育——全球化时代教育视阈的拓展	社会科学战线	2009

序号	作者	论文名称	期刊来源	发表年度
23	王立平	个人责任与有限保障——论哈耶克的社会保障思想及其理论渊源	内蒙古大学学报	2009
24	王立平	蒙古族传统生态文化价值观的形成及现实意义	中央民族大学学报	2010
25	王 成	进步观念的困境及其出路	云南社会科学	2012
26	王 成	进步观念确立的基本前提	云南社会科学	2013
27	王 成	反思马克思主义理论的划分及其整体性	教学与研究	2013
28	王丽君	论邓小平发展民族地区经济的思想	长白学刊	2001
29	王丽君	把握党维护国家安全战略的各种关系	长白学刊	2002
30	王丽君	国外学者关于中国发展的问题意识研究	社会科学战线	2013
31	王丽荣	中国心理健康教育理论创新的文化审视	东北师大学报	2010
32	王丽荣	行动控制理论及其在教育中的应用	外国教育研究	2011
33	王丽荣	人的发展：现代思想政治教育研究的价值追求	东北师大学报	2013
34	王金艳	东北解放区的法制建设	长白学刊	2001
35	王金艳	邓小平的农业发展战略思想	当代经济研究	2001
36	王金艳	陈云对解放战争时期接管城市工作的贡献	高校理论战线	2005
37	王金艳	我国残疾人扶贫开发的进程及经验探讨	社会科学战线	2006
38	王金艳	毛泽东与抗战胜利前后党的城市工作	东北师大学报	2009
39	王金艳	党的十七大以来当代中国马克思主义大众化问题研究综述	中共党史研究	2010
40	王金艳	中国共产党接管城市史的阶段划分	理论学刊	2012
41	王金艳	中国共产党接管城市工作的历史经验	理论学刊	2013
42	王金艳	中国共产党接管城市工作的理论体系	东北师大学报	2013
43	王金艳	雨露计划扶贫培训探析	理论学刊	2015
44	王 勇	文化帝国主义与中国电影话语权建设	文艺争鸣	2014
45	王 勇	论中国参政党的政党性	理论探讨	2014
46	王 勇	美国农业政策的特点及启示	经济纵横	2014
47	王春荣	农村环境治理中的社会资本探析	东北师大学报	2013
48	王 健	我国农村剩余劳动力转移的物质基础和渠道	当代经济研究	2007
49	王 健	论按贡献分配是社会主义分配的最高理念	经济纵横	2007
50	王 健	提高我国消费增长率的制约因素及对策	税务与经济	2007
51	王 健	燃油消费税征收的背景、效应及启示	社会科学战线	2009
52	王彩波	寻求自由与民主的内在和谐——贡斯当自由思想剖析	文史哲	2010
53	王淑荣	通过邓小平理论教学增强当代大学生的使命感和责任感	中国高教研究	2001

序号	作者	论文名称	期刊来源	发表年度
54	王淑荣	日本律师职业主义的沿革	法制与社会发展	2006
55	王淑荣	自由主义平等的潜在性——兼论正义、主体与法的关联性	社会科学战线	2008
56	王淑荣	中国共产党执政的合法性基础——以马克思主义利益观为视角的分析	马克思主义研究	2010
57	王淑荣	法官职业伦理的法治功能	社会科学战线	2011
58	王淑荣	马克思主义革命观与中国新民主主义革命	江汉论坛	2011
59	王淑荣	论裁判的伦理与法理	理论学刊	2012
60	王淑荣	论法官的裁判良心	法制与社会发展	2012
61	王淑荣	司法伦理在法治国家建设中的价值论析	社会科学战线	2014
62	王淑荣	依法治国的时代价值论析	理论学刊	2014
63	王淑荣	论隐性思想政治教育价值实现的条件	思想理论教育导刊	2015
64	王维杰	詹姆逊后现代马克思主义理论辨析	学术交流	2008
65	王淼	资本逻辑的批判与形而上学的超越——马克思形而上社会历史批判思想探析	云南社会科学	2011
66	王淼	资本统治、异化与全球化	东岳论丛	2011
67	王淼	理性批判与社会历史批判	社会科学家	2011
68	王淼	从理论理性到实践理性："后形而上学"视野中的辩证法阐释——读贺来的《辩证法与实践理性》	社会科学战线	2012
69	王淼	"个人现在受抽象统治"——马克思对资本的存在论批判	吉林大学社会科学学报	2012
70	王淼	方式、向度与旨趣:马克思资本逻辑批判对形而上学批判的三重变革	教学与研究	2014
71	王瑜	大地伦理学:批判与辩护	河南师范大学学报	2010
72	王颖	社会主义新农村建设中农村人力资源开发的思考	人口学刊	2006
73	王颖	"概论"课分教学指导委员会2011年工作会议综述	思想理论教育导刊	2012
74	邓如辛	以人为本与社会主义价值目标的统一性	社会科学战线	2005
75	邓如辛	从必然走向自由:邓小平认识社会主义的历史性飞跃	理论探讨	2005
76	邓如辛	中国循环经济发展的动因分析与对策选择	当代经济研究	2005
77	邓如辛	以人为本:发展生产力的根源性	生产力研究	2005
78	邓如辛	列宁关于社会主义和资本主义和平共处思想探析	理论探讨	2006
79	邓如辛	论马克思主义中国化的基础	河南师范大学学报	2008
80	邓如辛	当代我国科技创新与经济增长的协同演化	学习与探索	2010
81	邓如辛	试论中国共产党确立以人为本执政理念的必然性	理论探讨	2011
82	邓如辛	中国共产党民生观的形成与创新	理论探讨	2014
83	邓如辛	论公民基本文化权利的内涵及保障	学术交流	2014
84	邓如辛	中国共产党"从严治党"的三大创新	理论探讨	2015

序号	作者	论文名称	期刊来源	发表年度
85	韦洪发	金融危机背景下金融业经营模式及相关法律规制指向	当代经济研究	2011
86	韦洪发	全球化背景下的法治理念更新	社会科学战线	2011
87	付秀荣	从冲突到和谐：马克思的多元文化观	学习与探索	2011
88	付秀荣	文化冲突论的当代表现与评析	社会科学战线	2011
89	付秀荣	资本逻辑的批判之思——读《瓦解资本的逻辑：马克思辩证法的批判本质》	东岳论丛	2011
90	付秀荣	马克思主义中国化的现代性诉求	社会主义研究	2014
91	仝联勃	文化批判的转向与哲学立场的转变——论卡西尔对康德批判精神的承继逻辑	社会科学辑刊	2010
92	冯尚春	建立促进农业产业化的制度支持系统	农业技术经济	2001
93	冯尚春	从产业战略到结构战略的嬗变——对跨世纪经济结构调整的思考	长白学刊	2001
94	冯尚春	发达国家城镇化及其对我国的启示	城市发展研究	2004
95	冯尚春	马克思主义城镇理论	当代经济研究	2004
96	冯尚春	西部人才资源开发的路径依赖	内蒙古大学学报	2004
97	冯尚春	农民素质与农村剩余劳动力的转移	社会科学战线	2005
98	冯尚春	构建中国农村城镇化的动力系统	税务与经济	2005
99	冯尚春	中国特色城镇化道路与产业结构升级	吉林大学社会科学学报	2005
100	冯尚春	西部民族地区城镇化的落后性与发展方式选择	贵州民族研究	2005
101	冯尚春	提高农民素质是促进农民非正规就业的有效途径	经济纵横	2005
102	冯尚春	中国城镇发展的经济系统分析	内蒙古大学学报	2007
103	冯尚春	城镇平衡发展视阈中的我国居民收入差距分析	学习与探索	2007
104	冯尚春	农村公共产品供给不足的个案调查研究——以农村医疗卫生产品供给为例	经济纵横	2008
105	冯尚春	中国特色城镇化道路与城乡社会保障制度的链接	思想理论教育导刊	2009
106	冯尚春	和谐社会视阈下的妇女解放层次研究——兼论马克思主义妇女观	社会科学战线	2010
107	冯尚春	论中国特色城镇化道路	中共中央党校学报	2011
108	冯尚春	中国粮食供给模式的实现选择——兼论发展现代农业	社会科学战线	2012
109	可凌玮	浅探荀子性"恶"伦理观的理论内核	道德与文明	2009
110	白艳	家庭暴力社会干预	学术交流	2008
111	白艳	我国区域经济发展战略的演变及对东北经济的影响	学习与探索	2008
112	白艳	从《潜伏》中性别角色塑造看大众传媒制造者性别意识的嬗变	学术交流	2009
113	白艳	海峡两岸经贸关系的演变历程与前瞻	经济纵横	2010
114	白艳	试析大革命失败后知识分子参政作用	学习与探索	2010
115	白艳	政务公开与政府治理模式的转换	理论探讨	2010

序号	作者	论文名称	期刊来源	发表年度
116	白 艳	中西妇女发展道路不同选择比较与启示	理论探讨	2011
117	白 艳	性别意识及传达理念的社会影响	文艺争鸣	2012
118	白 艳	和谐社会视阈下妇女参政政策问题研究	社会科学战线	2012
119	石 瑛	论社会主义核心价值体系对西方价值观念的超越	科学社会主义	2011
120	石 瑛	完善行政决策听证的策略选择	社会科学战线	2012
121	石 瑛	五四时期马克思主义大众化探因	社会科学战线	2013
122	刘 冰	深化认识社会主义荣辱观与科学发展观的辩证统一	东北师大学报	2006
123	刘丽欣	小康社会居民消费结构多样化趋势预测	长白学刊	2003
124	刘丽欣	浅析当前中国通货膨胀的现状、成因及治理	东北师大学报	2012
125	刘丽霞	农地制度："公权"与"私权"博弈的现状、问题及改革建议	经济纵横	2006
126	刘 怡	马恩早期著作中"人"的思想的演进历程	理论前沿	2006
127	刘 姝	美国对法国核武器研制的评估与对策（1958～1960）	社会科学战线	2009
128	刘 姝	二战后美国对法属北非政策及动因分析	史学月刊	2010
129	刘 姝	北约危机与美国的应对（1966～1967）	社会科学战线	2011
130	刘 姝	试析战后初期美国对法国的公共外交政策	社会科学战线	2015
131	刘 洁	美国是影响东北亚区域安全的关键性因素	长白学刊	2002
132	刘 洁	20世纪80年代以来我国区域人口发展的不平衡态势及其对策	人口学刊	2003
133	刘 洁	"九·一八"事变前东北地区反日斗争的特点	东北亚论坛	2003
134	刘 洁	美国对华政策的基本取向是导致台海危机的根本动因	东北亚论坛	2005
135	刘 洁	论解放前后东北土地占有关系的变革及其积极作用	史学集刊	2008
136	刘 洁	抗日战争时期中国共产党与中间党派合作模式及成因的探析	社会科学战线	2009
137	刘 洁	试论台海局势缓和对东北亚地区安全形势的影响	东北亚论坛	2010
138	刘 洁	论民主党派与新社会阶层的政治参与	理论探讨	2010
139	刘 洁	论我国农村卫生服务体系建设中的政府责任	吉林大学社会科学学报	2011
140	刘 洁	马克思主义多党合作学说中国化的理论创新	社会科学战线	2012
141	刘 洁	毛泽东对"民主思路"的理论探索及其现实启示	学习与探索	2012
142	刘 洁	党际政治协商民主的政治价值和发展路径——基于科学民主决策的思考	理论学刊	2012
143	刘 洁	日本农村合作金融体系的构建及其对我国的启示	现代日本经济	2013
144	刘 洁	农村合作金融风险防范机制的构建	当代经济研究	2013
145	刘 洁	跨界民族国家认同与边疆和谐稳定对策研究	理论学刊	2013
146	刘 洁	图们江地区人口外流的社会影响及解决对策	东北亚论坛	2013
147	刘 洋	经济"新常态"背景下"中国模式"的转型升级	河北经贸大学学报	2015
148	刘 涛	思想解放没有止境	长白学刊	2001

序号	作者	论文名称	期刊来源	发表年度
149	刘 涛	高校思想教育工作要注重创新和实效	中国高教研究	2001
150	刘 皓	关于大学生创业的几点思考	社会科学战线	2010
151	刘 皓	浅析毛泽东科学技术思想及其实践	东北师大学报	2012
152	刘 皓	邓小平科学技术思想的特点探析	东北师大学报	2014
153	刘 皓	马克思主义科技观的丰富与发展	社会科学战线	2014
154	刘 皓	从民间自发转向制度自觉:网络反腐制度化的动因与路径	学习与探索	2014
155	刘 辉	中央苏区时期中国共产党反腐败斗争的历史经验及启示	江西社会科学	2006
156	刘雅文	论资本市场信息披露机制的建设	情报科学	2005
157	刘雅文	资本运营中的信息不对称及其对策	情报科学	2005
158	刘雅文	老子经济思想探讨	东北师大学报	2006
159	刘雅文	中小企业融资中的信息不对称问题分析与对策研究	情报科学	2007
160	刘雅文	中小企业融资与信息化建设	情报科学	2008
161	刘雅文	道家文化与和谐文化构建	东北师大学报	2008
162	刘雅文	基于主题地图的高校学科信息组织模式研究	图书情报工作	2009
163	刘雅文	交通基础设施对东北经济地域形成与经济增长作用分析	社会科学战线	2009
164	刘雅文	基于长尾理论的数字图书馆用户保障研究	图书馆学研究	2009
165	刘雅文	儒家文化与和谐文化构建	东北师大学报	2011
166	吕玉莲	我国生态环境面临的挑战与对策	经济纵横	2003
167	吕玉莲	我国三板市场发展的制约因素与对策	经济纵横	2006
168	吕红霞	当代人际交往困惑的道德诉求	长白学刊	2002
169	吕红霞	现代社会学生人格不良倾向及对策研究	教育理论与实践	2008
170	吕红霞	信仰教育及其价值论析	社会科学辑刊	2008
171	吕 航	应对反倾销对策研究	东北师大学报	2012
172	吕慧燕	论周王室在"礼崩乐坏"中的作用	武汉大学学报	2007
173	吕慧燕	先秦道家和谐思想及现实意义	社会科学战线	2011
174	吕慧燕	荀子生态和谐思想探论	东北师大学报	2013
175	吕慧燕	荀子的生态经济思想及启示	经济纵横	2013
176	孙 伟	马克思主义国际政治理论价值目标及当代意义	社会主义研究	2011
177	孙秀云	中外企业文化比较研究	经济纵横	2009
178	孙秀云	马克思历史生存论的辩证逻辑	学术交流	2009

序号	作者	论文名称	期刊来源	发表年度
179	孙秀云	哈贝马斯对技术化生存的批判	社会科学战线	2010
180	孙秀云	实践思维方式视野中的科技异化问题研究	学习与探索	2010
181	孙秀云	从消费活动的原则看当代消费异化的根源	学习与探索	2011
182	孙秀云	还原马克思的哲学思想何以可能——评汤姆·洛克曼提出的还原马克思哲学的五个条件	吉林大学社会科学学报	2011
183	孙秀云	从"首位哲学"到"现代性的新生"——沃尔夫冈·豪格对当代马克思主义哲学的重新理解	社会科学研究	2015
184	孙 慧	"三大批判"与科学社会主义	科学社会主义	2015
185	孙 慧	何为卡西尔意义上的文化形而上学？	社会科学家	2015
186	孙 慧	《资本论》价值概念的"术语革命"——经济范畴的存在论意涵	中南大学学报	2015
187	朱 哲	论功利主义与集体主义道德观	长白学刊	2001
188	朱 哲	入世后政府职能转变的路径选择分析	长白学刊	2002
189	朱 哲	对马克思主义的经济分析法学的探讨	理论探讨	2005
190	朱 哲	关于中国现阶段民主政治建设路径取向的思考	马克思主义与现实	2008
191	朱 哲	我国私营企业劳资关系存在的问题与对策	经济纵横	2008
192	朱 哲	中国区域经济发展战略的演变与东北经济的发展	社会科学战线	2009
193	朱 哲	贸易条件对国际经济秩序的影响及我国应采取的对策	经济纵横	2009
194	朱 哲	自由主义宪政民主与中国民主政治建设	学术交流	2009
195	朱 哲	马克思主义视阈中的公共权力异化问题初探	学习与探索	2010
196	朱 哲	马克思主义中国化民族特色的思考	理论探讨	2010
197	朱 哲	从多党竞争到多党合作——中国政党制度的历史考问与当代考量	学习与探索	2013
198	朱 哲	人民政协协商民主的实现形式与完善路径	理论探讨	2014
199	朱 哲	发展协商民主的几个维度	理论探索	2014
200	朱 哲	中国农村基层协商民主发展路径分析	理论探讨	2015
201	朱翠微	美的异化与艺术生产:马克思美学疏解	吉林大学社会科学学报	2012
202	朱翠微	道德、政治与历史——康德"永久和平论"中理论难题及其解决	学术研究	2012
203	朴英爱	论东北亚地区新的渔业合作体制	东北亚论坛	2001
204	朴英爱	论东北亚地区新海洋秩序与我国的对策	东北亚论坛	2004
205	纪 明	可持续发展技术观下的中国海洋生态环境保护分析	社会科学辑刊	2013
206	纪 明	中国矿产资源开发利用的问题分析与对策研究	社会科学战线	2014
207	许 鸣	我国发行地方债券面临的新问题及对策分析	经济纵横	2009
208	许重光	建立吉林省卫生资源新格局的构想	社会科学战线	2001
209	闫少华	中国共产党创建初期法制观探析	理论学刊	2013
210	闫少华	革命根据地政权建立后中国共产党的法制观	理论学刊	2014
211	闫少华	改革开放初期中国共产党法制观评述	理论学刊	2015
212	何世芬	还历史人物的本来面目——评《张国焘传》	中共党史研究	2001

序号	作者	论文名称	期刊来源	发表年度
213	吴自聪	东北老工业基地产业结构调整的制度分析和路径选择	经济纵横	2004
214	吴自聪	农村公共产品供给制度创新与国际经验借鉴——以韩国新村运动为例	东北亚论坛	2008
215	吴宏政	生存论路向对知识论路向的超越——马克思历史生存论在本体论层面实现的变革	理论探讨	2003
216	吴宏政	我国学者关于历史唯物主义总体性质的最新解释	人文杂志	2003
217	吴宏政	马克思哲学是生存论路向的本体论	人文杂志	2003
218	吴宏政	理解马克思哲学的三种态度	南京社会科学	2004
219	吴宏政	"以人为本"与发展伦理学	社会科学辑刊	2004
220	吴宏政	发展伦理学中伦理主体的拓展	自然辩证法研究	2005
221	吴宏政	从实践唯物主义到历史生存论	学习与探索	2006
222	吴宏政	论自然伦理的绝对法则	自然辩证法研究	2007
223	吴宏政	"信仰的知"的历程及其对象化结构的克服	社会科学辑刊	2007
224	吴宏政	论马克思主义基本原理的整体性	思想理论教育导刊	2008
225	吴宏政	先验思辨逻辑初探——关于"形而上学何以可能"问题的新思路	哲学研究	2009
226	吴宏政	先验思辨逻辑的基本问题——先天分析—综合判断何以可能	社会科学辑刊	2009
227	吴宏政	前提批判:内在形而上学的思辨原理——《哲学通论》中的哲学基础理论	吉林大学社会科学学报	2009
228	吴宏政	"在"的语法考察与生存论回溯——海德格尔《形而上学导论》对存在论的奠基	学习与探索	2009
229	吴宏政	文化存在论的先验基础及其思辨逻辑	求是学刊	2010
230	吴宏政	人学与神学:德国古典哲学中的两条致思路径	天津社会科学	2011
231	吴宏政	对一切判断所遵循的先验逻辑的演绎	南京社会科学	2012
232	吴宏政	试析"第二谬误推理"中的消极证明与先验幻相	天津社会科学	2012
233	吴宏政	为什么说《资本论》是马克思的逻辑学	学习与探索	2013
234	吴宏政	《资本论》为什么不是"经济学的形而上学"	江苏社会科学	2015
235	吴宏政	历史唯物主义的"世界观"内涵	学习与探索	2015
236	吴宏政	德意志一般意识形态"幻象"的瓦解	哲学动态	2015
237	吴宏政	思想政治教育学"基础理论"的界定与研究进展	思想理论教育导刊	2015
238	吴 蓓	张群对日外交观评析	社会科学战线	2006
239	吴 蓓	中日交涉与张群对日外交策略	东北亚论坛	2007
240	吴 薇	试析百姓消费需求增长的障碍及排除对策	长白学刊	2003
241	吴 薇	马克思主义劳动和劳动价值论在当代面临的挑战	东北师大学报	2004
242	吴 薇	马克思经济学中的消费经济理论及当代价值	当代经济研究	2007
243	吴 薇	马克思和谐社会思想及当代价值	东北师大学报	2007

序号	作者	论文名称	期刊来源	发表年度
244	吴　薇	我国农村居民消费结构变迁分析	中共中央党校学报	2009
245	吴　薇	吉林省农村居民与全国农村居民消费结构比较研究	经济纵横	2009
246	吴　薇	吉林省城乡居民消费结构比较分析	东北师大学报	2009
247	吴　薇	吉林省农村居民消费结构分析	学习与探索	2009
248	吴　薇	基于 ELES 模型的吉林省城乡居民消费结构比较分析	吉林大学社会科学学报	2010
249	吴　薇	强化消费、投资、出口协调拉动促进国民经济又好又快发展——对我国经济发展结构分析	经济问题探索	2010
250	吴　薇	中国城乡居民消费结构差距分析	学习与探索	2012
251	吴　薇	我国农村居民消费结构趋势预测	中共中央党校学报	2012
252	吴　薇	邓小平消费经济思想及现实意义	经济纵横	2013
253	吴　薇	对农村居民消费结构趋势预测——以吉林省为例	社会科学战线	2013
254	宋立瑛	加入 WTO 与我国经济发展中必须正确处理的几个关系——铭记东南亚金融危机的深刻教训	东北亚论坛	2004
255	宋立瑛	应该提升的中国劳动力价值——以"中国制造"与中日韩国际竞争为例	东北亚论坛	2005
256	宋立瑛	论新兴工业与现代服务业融合发展在东北地区产业结构中的战略意义	东北亚论坛	2006
257	宋立瑛	现阶段我国工业反哺农业问题研究观点综述	经济纵横	2006
258	宋连胜	民主党派历史性转变原因探析	长白学刊	2002
259	宋连胜	民主党派实现历史性转变的标志问题	东北师大学报	2002
260	宋连胜	中国共产党追求社会主义政治文明的历程与经验	东北师大学报	2003
261	宋连胜	民主党派与第二次国共合作	理论学刊	2003
262	宋连胜	"农工民主"与"工农民主"——中国民主党派早期民主思想论析	社会科学战线	2003
263	宋连胜	民主党派与东北老工业基地振兴	社会科学战线	2004
264	宋连胜	建国初期陈云对毛泽东统一战线思想的贡献	学习与探索	2005
265	宋连胜	民主党派与抗日战争时期的民主宪政运动	史学集刊	2005
266	宋连胜	再论民主党派在抗日战争中的作用及特点	社会科学战线	2006
267	宋连胜	民主观与社会选择——民主党派早期民主主思想评析	学习与探索	2006
268	宋连胜	"马克思主义中国化"学科建设与思想政治理论教育和教学	东北师大学报	2006
269	宋连胜	提高管理社会事务的本领促进社会和谐团结	马克思主义与现实	2006
270	宋连胜	试论中国民主党派对新民主主义革命的贡献	学习与探索	2007
271	宋连胜	论邓演达的社会主义观	社会科学战线	2009
272	宋连胜	论政党关系和谐的前提条件	东疆学刊	2010
273	宋连胜	中国政党关系和谐问题研究现状与趋势	理论探讨	2010

序号	作者	论文名称	期刊来源	发表年度
274	宋连胜	论共产党内部和谐对民主党派的示范引领作用	南京社会科学	2010
275	宋连胜	论政党关系和谐的基本功能	甘肃社会科学	2010
276	宋连胜	当代中国党际协商民主的发展历程与基本经验	东南大学学报	2011
277	宋连胜	论中国特色和谐政党关系的构成要素	社会科学战线	2011
278	宋连胜	执政党建设与参政党建设互相促进的实现路径	政治学研究	2011
279	宋连胜	中国政党制度的理论构建	社会科学战线	2013
280	宋连胜	社会主义协商民主理论源头探析	理论学刊	2013
281	宋连胜	当代中国协商民主与西方协商民主互动效应分析	理论学刊	2014
282	宋连胜	鲍德里亚对政治经济学范式的质疑及其误区	学习与探索	2014
283	宋连胜	国家治理现代化背景下协商民主实现形态与价值	理论学刊	2015
284	宋连胜	从"民主协商"到"协商民主"——论中国特色社会主义协商民主制度的历史演进	社会科学战线	2015
285	张秀华	郭道甫对蒙古民族觉醒的作用初探	东北亚论坛	2002
286	张秀华	长期混淆的几个重要概念——农村割据、军事大本营和农村革命根据地关系之我见	史学集刊	2002
287	张秀华	关于时代和时代主题的再思考	理论学刊	2002
288	张 岩	试论《中日修好条规》的不平等性	东北师大学报	2013
289	张 波	实现我国政府法治化的路径选择	社会科学战线	2010
290	张 波	政府绩效评估中优化公民参与效益的有效途径	东北师大学报	2010
291	张 波	治理理论下政府公共权力的有效实现	学习与探索	2010
292	张 波	政府规制理论的演进逻辑与善治政府之生成	求索	2010
293	张 波	劳资关系中政府定位的应然选择与国际借鉴	甘肃社会科学	2010
294	张 波	论完善公共文化服务体系保障机制的战略意义及其路径	学习与探索	2013
295	张 波	责任政府视域下的政府执行力建设研究	理论探讨	2013
296	张 波	不确定性条件下公共文化产品供给最优决策行为分析	统计与决策	2013
297	张 波	公共文化服务的均等化和多样性之逻辑解析	社会科学战线	2015
298	张 波	我国公共文化服务的政治意蕴及其供给逻辑	理论探讨	2015
299	张 波	中国现代政府构建的文化选择	东北师大学报	2015
300	张 敏	简析大地伦理学中的进化论伦理学思想	南京社会科学	2007
301	张 敏	自然价值论伦理学的生态——整体论原则	科学技术与辩证法	2008
302	张 敏	论道德情感体验与生态伦理价值的确立	学习与探索	2013
303	张 淇	建国以来党正确认识和处理民族关系的基本经验	北京交通大学学报	2009
304	张 淇	《新民主主义论》与马克思主义中国化、时代化和大众化	齐鲁学刊	2010
305	李 华	我国农村劳动力就业的路径选择与制度支持	人口学刊	2003

序号	作者	论文名称	期刊来源	发表年度
306	李 华	构建农村健康保障制度的财政政策选择	财政研究	2004
307	李 华	新型农村合作医疗制度的制约因素与发展对策	求是	2005
308	李 华	我国农村合作医疗变迁的制度环境分析	学习与探索	2005
309	李 华	马克思恩格斯的人力资源思想	当代经济研究	2005
310	李 华	新型农村合作医疗制度中的政府职责分析	财政研究	2005
311	李 华	医疗保障规制的国际经验与启示	经济纵横	2007
312	李 波	中国特色社会主义政治建设的历史进程与基本经验	社会科学辑刊	2009
313	李 波	中间势力在抗日战争中历史作用辨析	北方论丛	2010
314	李彦秋	章士钊的"农业文明"论	史学集刊	2008
315	李桂花	科学技术发展中的伦理因素与建设	科学技术与辩证法	2002
316	李桂花	当代科技发展前沿问题的哲学探索	社会科学战线	2002
317	李桂花	科技异化与科技人化	哲学研究	2004
318	李桂花	论马克思恩格斯的科技异化思想	科学技术与辩证法	2005
319	李桂花	从科技异化到科技人化	自然辩证法通讯	2005
320	李桂花	现代科技发展对伦理建设的新要求	西南师范大学学报	2006
321	李桂花	论科技异化与科技人化	科学管理研究	2006
322	李桂花	论爱因斯坦的科技伦理思想	西南大学学报	2007
323	李桂花	弘扬科学精神，撒播人文情怀——《自然辩证法通讯》的五大特点	自然辩证法通讯	2008
324	李桂花	科技价值之澄明	社会科学战线	2008
325	李桂花	论科技进步条件下教育的"人本"走向	现代大学教育	2008
326	李桂花	毛泽东、邓小平、江泽民科技思想之比较	学术论坛	2008
327	李桂花	马克思的宗教异化思想	西南民族大学学报	2008
328	李桂花	摆脱技术困境之路——埃吕尔技术哲学思想简析	学习与探索	2009
329	李桂花	论江泽民的科技伦理思想	学术论坛	2009
330	李桂花	马克思、恩格斯哲学视域中的人与自然的关系	探索	2011
331	李桂花	江泽民科技人才思想的丰富内涵	学术论坛	2011
332	李桂花	超越单向度的人——论马尔库塞的科技异化批判理论	社会科学战线	2012
333	李桂花	试论科学家异化	自然辩证法研究	2012
334	李桂花	哈贝马斯"第一位的生产力"与邓小平"第一生产力"之比较	理论学刊	2013
335	李桂花	毛泽东科技思想的丰富内涵与鲜明特色	学术论坛	2013
336	李桂花	中国特色社会主义生态文明建设的基本内涵及其相互关系	理论学刊	2014
337	李桂花	论科技进步与教育发展良性循环的实现	理论学刊	2015
338	李 楠	科学发展观的科学理念与价值诉求	河北大学学报	2009

序号	作者	论文名称	期刊来源	发表年度
339	李　静	从韩剧看韩国文化软实力构建	文艺争鸣	2014
340	李　静	我国地区金融集聚水平的测度	求是学刊	2014
341	李　静	我国地区金融集聚驱动因素的实证分析	东北师大学报	2014
342	杜　君	对刘少奇"天津讲话"的再思考	长白学刊	2001
343	杜　君	中国现代知识分子的特点及历史贡献	理论学刊	2002
344	杜　君	浅谈东北解放区各级教育的发展历程及基本经验	史学集刊	2009
345	杜　君	简述 1930 年代中共对东北境内朝鲜共产主义者的政策	社会科学战线	2010
346	杜　君	浅谈土地革命战争时期党的干部教育	东北师大学报	2011
347	杜　君	论有效提升领导干部的领导力与执行力	理论探讨	2011
348	杜　君	社会主义革命和建设时期党的农民思想政治教育的历史考察	理论学刊	2012
349	杜　君	新农村建设与农民思想政治教育	东北师大学报	2012
350	杜　君	解放战争时期中国共产党的干部教育论析	社会科学战线	2012
351	杜　君	论党在抗战时期局部执政的特点及经验	理论学刊	2013
352	杜　君	张闻天在东北城乡工作中的贡献	理论学刊	2014
353	杜　君	大众文化的意识形态功能	学术交流	2015
354	杜　君	张闻天外交思想探析	理论学刊	2015
355	杨　艺	浅谈日本农业信息化的发展及启示	现代日本经济	2005
356	杨　艺	美国信息服务业的发展及对我国的启示	情报科学	2006
357	杨　艺	韩国农业信息化发展的特点及启示	经济纵横	2007
358	杨　艺	二元经济结构与城乡经济发展方式的转变	社会科学战线	2010
359	杨　艺	我国城市建筑垃圾的处理现状与建议	环境保护	2013
360	杨　玉	论实践的阻禁原则	人文杂志	2001
361	杨丽娟	理工科女大学生思想心理状况的研究	中国高教研究	2001
362	邰彦敏	美日现代农地制度的比较与借鉴	东北亚论坛	2004
363	邱丽敏	试论和谐文化在构建和谐社会中的地位和作用	社会科学战线	2008
364	邱丽敏	发展农产品加工业是拉动农村经济发展的动力	经济纵横	2008
365	邱丽敏	我国农产品加工业税收政策存在的问题及对策	经济纵横	2010
366	邱　琳	社会主义发展历程的回顾与展望	长白学刊	2001
367	邱　琳	论可持续发展战略与实现全面建设小康社会奋斗目标的必然选择	科学社会主义	2003
368	邵彦敏	提高农民素质是农村经济发展的根本	人口学刊	2001
369	邵彦敏	浅析中日农业保护政策	现代日本经济	2002
370	邵彦敏	美日农业技术进步的经验与我国农业技术进步模式的选择	东北亚论坛	2003
371	邵彦敏	经济制度动态发展的理论分析——马克思制度经济学与新制度经济学的比较	当代经济研究	2004

序号	作者	论文名称	期刊来源	发表年度
372	邵彦敏	我国农村土地制度的产权经济分析	税务与经济	2006
373	邵彦敏	马克思土地产权理论的逻辑内涵及当代价值	马克思主义与现实	2006
374	邵彦敏	农业人口流动与农村土地流转	人口学刊	2007
375	邵彦敏	欧盟在农业多功能性问题上的立场及我国的对策	经济纵横	2007
376	邵彦敏	"主体"的虚拟与"权利"的缺失——中国农村集体土地所有权研究	吉林大学社会科学学报	2007
377	邵彦敏	耕地保护外部性内部化的路径选择	农业技术经济	2008
378	邵彦敏	新农村建设与发展范式的转变	东北师大学报	2008
379	邵彦敏	经济体制转轨的制约因素	江汉论坛	2008
380	邵彦敏	"当代中国马克思主义大众化研究"理论研讨会综述	思想理论教育导刊	2009
381	邵彦敏	论马克思东方社会土地制度理论	当代经济研究	2010
382	邵彦敏	"马克思农村发展理论与新农村建设论坛"观点综述	经济纵横	2010
383	邵彦敏	基于农地发展权视角的土地征收增值分配研究	学习与探索	2010
384	邵彦敏	公有制观念的冲突:社会主义市场经济理论与英国工党市场社会主义理论比较	马克思主义研究	2011
385	邵彦敏	历史演进视角下的中国共产党协调农村土地冲突思想	社会科学战线	2012
386	邵彦敏	优势理论分析框架下的创新驱动发展战略选择	当代经济研究	2013
387	邵彦敏	我国农村集体经营方式创新与机制构建	经济纵横	2014
388	邵彦敏	减持美债:跳出"斯蒂格利茨怪圈"的选择	社会科学辑刊	2015
389	邵彦敏	改革开放以来中国农村土地冲突嬗变的逻辑审视	学习与探索	2015
390	邵彦敏	马克思主义理论当代价值的方法论思考	理论学刊	2015
391	邵彦敏	中国人的发展经济学会2015年年会暨学术研讨会观点综述	经济纵横	2015
392	里光年	从观念的解放思想到实践的解放思想——中国特色社会主义理论的历史唯物主义基础	社会科学家	2011
393	里光年	中俄与中日"战略关系"的测量与比较分析	甘肃社会科学	2011
394	陆翠岩	现代人力资源统计的深层次思考	统计与决策	2009
395	陆翠岩	我国创业板市场发展中存在的问题及对策	经济纵横	2010
396	陆翠岩	在科学发展观视野下构建社会评价指标体系	统计与信息论坛	2010
397	陈方南	国共两党最初政治纲领的比较研究	东北师大学报	2001
398	陈方南	20世纪50年代初国共两党农村土地改革政策比较研究	社会科学战线	2006
399	陈方南	新中国农村土地政策评析	学习与探索	2006
400	陈方南	新中国城市土地政策评析	东北师大学报	2006
401	陈方南	新农村建设视域下新型农民市场意识的培养	东北师大学报	2010
402	陈方南	影响农民公民意识形成的障碍及其解决途径	山东社会科学	2010

序号	作者	论文名称	期刊来源	发表年度
403	陈方南	中国农民主体性问题考察与路径构建	求索	2010
404	陈方南	中国乡村治理问题研究的方法论考察——"国家—社会"理论是否适用	江海学刊	2011
405	陈方南	论村民自治中传统乡村文化与现代民主意识的融合	社会科学战线	2012
406	陈松友	毛泽东领袖地位确立时间新论	西南师范大学学报	2002
407	陈松友	共产国际与毛泽东领袖地位的确立	理论探讨	2003
408	陈松友	王明回国是向毛泽东夺权吗？——抗战初期共产国际派王明回国原因之我见	西南师范大学学报	2004
409	陈松友	争取时间加快发展——学习邓小平有关时间问题的论述	毛泽东思想研究	2005
410	陈松友	土地革命时期中央苏区反腐败的历史经验及启示	理论探讨	2005
411	陈松友	陈云与解放战争初期东北战略方针的转变	社会科学战线	2005
412	陈松友	王稼祥与毛泽东领袖地位的确立	社会科学家	2005
413	陈松友	"邓陈合作"与第二代中共中央领导集体的形成	社会科学家	2007
414	陈松友	中央苏区时期中国共产党局部执政的历史经验及其启示	江西社会科学	2008
415	陈松友	毛泽东领导地位确立时间问题再探讨	海南大学学报	2008
416	陈松友	抗战时期陕甘宁边区反贪腐的历史经验及启示	社会科学家	2008
417	陈松友	土地革命战争时期中央苏区的卫生防疫	社会科学战线	2009
418	陈松友	中华苏维埃时期中国共产党执政合法性资源的开发及启示	社会科学家	2009
419	陈松友	论发展社会主义民主政治中的农民制度化政治参与	南京社会科学	2010
420	陈松友	20世纪30年代苏区的疫病流行及其防治	甘肃社会科学	2010
421	陈松友	农民制度化政治参与的制约因素及完善对策	社会科学家	2011
422	陈松友	农民制度化政治参与的现实意义和完善路径	当代世界与社会主义	2011
423	陈松友	十六大以来中共开发执政合法性资源探析	理论探讨	2011
424	陈松友	抗战时期陕甘宁边区的疫病防治工作	中共党史研究	2011
425	陈松友	抗战时期陕甘宁边区的社会救济	社会科学战线	2011
426	陈松友	和谐社会的构建与农民的制度化政治参与	探索	2011
427	陈松友	中国共产党领导职工民主管理的历程和经验	东北师大学报	2012
428	陈松友	新中国成立初期东北地区的疫病防治	社会科学战线	2014
429	陈松友	延安整风对中国共产党群众路线教育实践活动的导向	社会科学家	2014
430	陈松友	新中国成立初期东北地区的鼠疫流行及其防控	东北师大学报	2015
431	陈秉公	马克思主义公正观与农民工在市民过程中社会公正的实现	政治学研究	2007
432	陈秉公	论《思想道德修养与法律基础》课的教学规律与教学境界	江汉论坛	2007

序号	作者	论文名称	期刊来源	发表年度
433	陈秉公	论用社会主义核心价值体系引领社会思潮的基本途径——关于十七大报告一个基本观点的深层理论解读	政治学研究	2008
434	陈秉公	论建构实现农民工市民化社会公正的社会系统	中国特色社会主义研究	2008
435	陈秉公	关于吉林省确立"现代工业立省"核心发展战略的建议	东北亚论坛	2008
436	陈秉公	论实现农民工市民化的社会公正	江汉论坛	2008
437	陈秉公	论国家意识形态"高势位"建设的规律性——30年国家意识形态建设成功经验的理论解读	马克思主义研究	2009
438	陈秉公	论民族振兴与大学"共同知识课程"体系建构	中国高等教育	2009
439	陈秉公	论社会主义核心价值体系引领社会思潮的规律性	江汉论坛	2009
440	陈秉公	再论国家核心价值"高势位"建设的规律性——200年中国核心价值"高势位"建设成功经验的理论解读	理论探讨	2010
441	陈秉公	论"人格结构与选择"图型理论及其知识系统建构	江汉论坛	2011
442	陈秉公	"人格结构与选择"图型理论及其价值——兼论"主体人类学"对具体的"完整人"学科知识空缺的填补	理论探讨	2011
443	陈秉公	"主体人类学"概念的提出及知识体系建构	吉林大学社会科学学报	2011
444	陈秉公	高校马克思主义理论学科建设的基本经验与前瞻	中国高等教育	2011
445	陈秉公	"类群结构与选择"图型理论提出及知识体系建构	社会科学战线	2011
446	陈秉公	论多样性的现代含义与中国人类学学科体系建构	理论探讨	2012
447	陈秉公	论支撑中华民族伟大复兴的铸魂工程——解读十八大报告提出的"积极培育和践行社会主义核心价值观"	中国高等教育	2013
448	陈秉公	论当代国民人格的层次	理论探讨	2013
449	陈秉公	深化教育改革与当代理想人格模式建构	中国高等教育	2014
450	陈秉公	"结构与选择"机制下的人的生命本体——马克思主义人学理论的新探索	中国社会科学	2014
451	陈雷生	论儒家"普遍和谐"观念的现代意义	理论探讨	2006
452	周秀英	从经济与文化一体化趋势看中国特色企业文化建设	社会科学战线	2001
453	周秀英	顺应经济全球化趋势加快中国人才培养	长白学刊	2001
454	周秀英	论产权清晰相对性的人性根源	东北师大学报	2007
455	周秀英	论生态危机的制度与人性根源	吉林大学社会科学学报	2008
456	周秀英	论马克思流通费用理论的价值	社会科学战线	2009
457	周秀英	彻底摆脱"铁饭碗"观念困扰的意义与路径	东北师大学报	2009
458	周秀英	中国房地产周期波动的实证分析	学习与探索	2009
459	庞雅莉	我国农村人力资源能力提升的理论支持和现实路径	东北师大学报	2003
460	庞雅莉	马克思主义的发展是时代特征和民族形式的统一	科学社会主义	2005
461	庞雅莉	转型期正确处理人民内部矛盾问题的再探索	社会科学战线	2005

序号	作者	论文名称	期刊来源	发表年度
462	林娣	供求总量与结构视角下"民工荒"问题透析	东北师大学报	2011
463	林娣	新生代农民工市民化的人力资本困境	东北师大学报	2014
464	林娣	新生代农民工市民化的社会资本困境与出路	社会科学战线	2014
465	罗克全	"道德边际约束"与国家限度——诺齐克的权利理论研究	天津社会科学	2003
466	罗克全	规范性政治哲学的道德基础:柏拉图与亚里士多德	法制与社会发展	2003
467	罗克全	"独立性"与"优先性"——诺齐克与罗尔斯的自由之辩	吉林大学社会科学学报	2003
468	罗克全	市场道德与中立政府	学习与探索	2004
469	罗克全	"古典自由主义"之"古"与"新古典自由主义"之"新"——"消极自由"主义国家观研究	南京社会科学	2005
470	罗克全	"自由至上主义"如何为国家辩护——以诺齐克国家观为例	学海	2005
471	罗克全	论市场原则的哲学维度	社会科学辑刊	2008
472	罗克全	权利应得——分配原则的正义基础	吉林大学社会科学学报	2009
473	罗克全	论马克思主义的社会正义原则	北京行政学院学报	2010
474	罗克全	规范性和描述性:政治哲学的伦理基础	社会科学辑刊	2010
475	罗克全	作为可能尺度的人的自由——马克思主义实践观的精神实质	社会科学战线	2010
476	罗克全	"无害"与"至善"——基本价值兼容终极价值的合法性	学习与探索	2010
477	罗克全	作为悖论性存在的人的"心态问题"——生态问题的哲学根据	浙江社会科学	2010
478	罗克全	马克思实践观:作为社会正义原则的可能	学术研究	2010
479	罗克全	当代政治哲学的新发展——种族主义研究	社会科学辑刊	2012
480	罗克全	越界行为的正义约束	贵州社会科学	2012
481	罗克全	道德与利益追求的双重消解	吉林大学社会科学学报	2012
482	金易	深化分配制度改革应适度引入"按需分配"机制	学术交流	2008
483	侯治水	陈云对建设中国特色社会主义经济的科学探索	社会科学家	2005
484	侯治水	研究生创新素质的培养及其政治理论教育改革	社会科学家	2008
485	姜淑芝	论制度道德的建设原则及社会效应	社会科学战线	2008
486	娄淑华	中西政治社会化方法论之比较分析	政治学研究	2008
487	娄淑华	教学中的交往问题研究	社会科学战线	2008
488	娄淑华	西方政治社会化研究论纲	社会科学战线	2008
489	娄淑华	德育方法创新的基本思路探索	社会科学战线	2011
490	娄淑华	导师在研究生思想政治教育中的作用	思想理论教育导刊	2012
491	宣春波	从统计数据看新中国成立后对建党和大革命时期陈独秀研究之进展——以四部党史权威著作为样本	中共党史研究	2009
492	赵显钧	马克思劳动价值论新见	长白学刊	2002

序号	作者	论文名称	期刊来源	发表年度
493	赵显钧	"十六大"确立的分配原则及价值理论基础	经济纵横	2002
494	赵海月	论教育含量对政治参与的制约	吉林大学社会科学学报	2001
495	赵海月	美国对外行为的政治文化考辨	吉林大学社会科学学报	2002
496	赵海月	论坚持以人为本与执政为民	理论前沿	2005
497	赵海月	制度与公民:民主含量的两个维度	哲学研究	2006
498	赵海月	中国地缘政治环境与中国战略安全分析	学习与探索	2006
499	赵海月	后马克思主义:概念、性质与意义	新视野	2008
500	赵海月	为什么必须坚持人民代表大会制度而不能搞"三权分立"	思想理论教育导刊	2009
501	赵海月	社会生态化是构建和谐社会的智性选择	学习与探索	2009
502	赵海月	中国走和平发展道路的国际背景与国际战略选择	思想理论教育导刊	2010
503	赵海月	全球治理与和谐世界	理论与改革	2010
504	赵海月	社会主义生态文明的理论构架与实践方位	探索	2010
505	赵海月	海德格尔生态伦理思想考析	甘肃社会科学	2010
506	赵海月	生态马克思主义与生态文明建设	学习与探索	2011
507	赵海月	马克思主义观念体系的重构	理论学刊	2012
508	赵海月	列斐伏尔"空间三元辩证法"的辨识与建构	吉林大学社会科学学报	2012
509	赵海月	大卫·哈维"时空修复"理论的建构与考量	北京行政学院学报	2012
510	赵海月	"非辩证的马克思主义研究":辩证解读、价值取向与积极意义	理论学刊	2013
511	赵海月	论毛泽东对恩格斯女性解放思想的继承与发展	理论学刊	2014
512	赵海月	执政党意识形态建构的功用价值与路径选择	湖北社会科学	2015
513	郝玲玲	政府沟通与公民参与:转型期中国政府公信力提升的基本途径	理论探讨	2012
514	郝玲玲	论现代政府公信力的理论基础与存在前提	东北师大学报	2013
515	郝玲玲	责任政府视阈下的政府执行力建设	社会科学战线	2013
516	郝玲玲	论法治行政与行政权力的有效制约	社会科学战线	2014
517	闻凤兰	波普尔的客观理解法述评	学习与探索	2008
518	闻凤兰	论社会科学方法论的内在冲突及其消弭	自然辩证法研究	2009
519	闻凤兰	重新评价波普尔的"第三世界"理论	社会科学战线	2009
520	闻凤兰	论波普尔的社会科学方法论体系	学习与探索	2009
521	闻凤兰	论西方科学哲学从逻辑主义到历史主义转向的深层基础	社会科学战线	2015
522	倪伟	实现长白山旅游资源可持续利用的途径和措施	经济纵横	2002
523	倪伟	加入WTO与我国的产业松绑	经济纵横	2003
524	倪伟	论科学地认识和应用股份制	当代经济研究	2006
525	徐充	人力资源开发:我国民营企业发展不容忽视的问题	长白学刊	2003
526	徐充	深化国有企业分配制度改革的理论思考	当代经济研究	2004
527	徐充	论中小型民营企业人力资源管理模式——浙江温、台州地区民营经济透析	学习与探索	2004

续表

序号	作者	论文名称	期刊来源	发表年度
528	徐 充	完善东北老工业基地社会保障体系的探索	理论探讨	2004
529	徐 充	论政府参与行为的社会经济效应	江汉论坛	2004
530	徐 充	我国产业结构调整的制度分析	社会科学家	2004
531	徐 充	发展东北老工业基地产业集群的理论思考	社会科学辑刊	2004
532	徐 充	加快东北老工业基地国有经济布局和结构调整的思考	税务与经济	2005
533	徐 充	温台模式给振兴东北老工业基地带来的思考	财经问题研究	2005
534	徐 充	东北老工业基地产业集群的转型与发展	求是学刊	2005
535	徐 充	民营企业家族制管理模式的局限与突破	生产力研究	2005
536	徐 充	从"六方会谈"看东北亚经济合作	东北亚论坛	2005
537	徐 充	我国城镇居民贫困问题的对策思考	社会科学家	2005
538	徐 充	整合与超越:新全球化时代经济学范式探微	经济问题	2007
539	徐 充	马克思主义生态自然观的逻辑演进	中国青年研究	2014
540	徐奉臻	基于新型现代化的工具主义价值之省思	思想战线	2008
541	徐景一	市场经济改革进程中的劳动者权益保障	社会科学辑刊	2014
542	徐景一	经济新常态背景下地方政府治理集体劳动争议模式研究	当代经济研究	2015
543	徐 翔	论土地使用权的资本化	吉林大学社会科学学报	2001
544	秦长春	多媒体 CAI 教学模式初探	中国电化教育	2001
545	聂长久	近代中国民粹主义与马克思主义的早期传播	社会主义研究	2008
546	聂长久	贝伦生态社会主义宣言	当代世界社会主义问题	2010
547	聂长久	悖论中的两难选择——评《贝伦生态社会主义宣言》	社会主义研究	2010
548	聂长久	论现代影音传媒与当代口述史学的关系	当代中国史研究	2011
549	贾中海	哈贝马斯对罗尔斯事实与价值关系二元论的批判	学习与探索	2005
550	贾中海	哈耶克进化论理性主义对罗尔斯理性建构主义的批判	学习与探索	2006
551	贾中海	论公平正义	理论前沿	2008
552	贾中海	当代西方公平正义理论及其元哲学问题	学习与探索	2008
553	贾中海	原初契约论的哲学方法论意义	社会科学辑刊	2010
554	贾中海	波普尔的事实与价值二元论与当代自由主义	学习与探索	2011
555	贾中海	三种经典公平正义理论之比较	理论探讨	2011
556	贾中海	民主社会主义的价值体系:原旨、批判与选择	政治学研究	2011
557	贾中海	哈贝马斯言语行为理论:阐释·批判·回应	学习与探索	2012
558	贾中海	社会公平正义的三维视阈	北方论丛	2013
559	贾中海	信息时代文化帝国主义新形式探析	理论探讨	2015
560	贾中海	事实与价值关系的二元论及其规范意义	吉林大学社会科学学报	2015
561	郭永虎	毛泽东与东北老工业基地的建设与发展	毛泽东思想研究	2004
562	郭永虎	陈云对中国革命关键转折的阐释	毛泽东思想研究	2005
563	郭永虎	毛泽东的节约思想及实践	毛泽东思想研究	2006
564	郭永虎	柔克义与近代美国的西藏政策	中国藏学	2006
565	郭永虎	美国中央情报局在中国西藏的准军事行动新探（1949～1969）	当代中国史研究	2006

序号	作者	论文名称	期刊来源	发表年度
566	郭永虎	近代基督教在西藏的传播研究状况述评	宗教学研究	2006
567	郭永虎	尼克松政府时期美国的西藏政策初探——基于美国最新解密文件的解读	中国藏学	2008
568	郭永虎	美国国会"涉藏立法"的历史考察	当代中国史研究	2008
569	郭永虎	美国国会干涉西藏事务的早期活动（1959～1989）	东北师大学报	2008
570	郭永虎	20世纪70年代美国的西藏政策	当代中国史研究	2009
571	郭永虎	《日本涉藏史——近代日本与中国西藏》读后	抗日战争研究	2009
572	郭永虎	20世纪40年代美国在新疆地区的渗透活动	新疆社会科学	2009
573	郭永虎	20世纪50年代美国制定和执行西藏政策的跨部门分析	东北师大学报	2011
574	郭永虎	1949～1959年美国《纽约时报》涉藏报道初探	当代中国史研究	2011
575	郭永虎'	近代《泰晤士报》关于辛亥革命新闻报道的文本分析	南京社会科学	2011
576	郭永虎	战后日苏"北方四岛"争端中的美国因素探微	俄罗斯中亚东欧研究	2011
577	郭永虎	近十年来中国学界关于九一八事变研究综述	中共党史研究	2011
578	郭永虎	近代《纽约时报》关于辛亥革命新闻报道初探	历史教学	2011
579	郭永虎	尼克松政府对中国钓鱼岛政策初探	当代中国史研究	2012
580	郭永虎	近代清政府对外国人入藏活动的管制政策	东北师大学报	2012
581	郭永虎	近十年来中国学界关于中日邦交正常化研究述评	当代中国史研究	2012
582	郭永虎	美国对中菲南沙群岛争端政策的历史考察——基于美国新近解密外交档案的解读	当代中国史研究	2013
583	郭永虎	西藏叛乱后美国总统艾森豪威尔与达赖喇嘛秘密通信探析	当代中国史研究	2014
584	郭永虎	美国国会干涉中国香港事务的历史考察	当代中国史研究	2015
585	郭永虎	"争夺心灵和思想"——20世纪50～60年代美国对华心理宣传战初探	史学集刊	2015
586	钱智勇	高等教育消费的职业阶层分析	社会科学战线	2005
587	钱智勇	对教育收益的经济学分析	暨南学报	2006
588	钱智勇	中国的教育应当生产什么	社会科学战线	2008
589	钱智勇	论大学生群体行为的疏导与教育	思想理论教育导刊	2010
590	钱智勇	论教育培养的价值观对经济增长的决定作用	学习与探索	2011
591	钱智勇	人民币升值对中美经济发展的影响	社会科学战线	2011
592	钱智勇	关于教育劳动生产率的两种理论观点及其评析	求索	2011
593	钱智勇	政治经济学视角下中国改革与凯恩斯革命的比较	学习与探索	2012
594	钱智勇	市场对资源配置的决定作用与政府的经济作用	学习与探索	2014
595	陶莹	冷战时期美国对印度政策的演变	历史教学	2007
596	陶莹	冷战时期影响印美关系的因素分析	史学集刊	2008

续表

序号	作者	论文名称	期刊来源	发表年度
597	高仁立	对孙中山"师马克思之意"的再认识	史学集刊	2012
598	高文新	论中国传统哲学与文化的世俗性	吉林大学社会科学学报	2002
599	高文新	中国传统哲学宗教的特点与新哲学的建构	吉林大学社会科学学报	2004
600	高文新	论卡西尔文化世界的多重内涵	求是学刊	2008
601	高文新	对《基督教经典译丛》总序的几点讨论	社会科学战线	2010
602	高文新	中国特色社会主义的人类性意义	吉林大学社会科学学报	2010
603	高文新	黑格尔与现代性社会	河南社会科学	2010
604	高文新	实事求是哲学论析	吉林大学社会科学学报	2013
605	高文新	"实事"正义	社会科学辑刊	2013
606	高文新	高校思想政治改革初议	社会科学战线	2014
607	高德胜	信息犯罪新论	求是学刊	2006
608	高德胜	论信息共同犯罪的片面共犯	东北师大学报	2007
609	高德胜	论案件事实真实性的语义界说	社会科学战线	2008
610	高德胜	关于案件事实界定	东北师大学报	2008
611	高德胜	基于信息语境的信息法益的内涵与类型研究	东北师大学报	2012
612	高德胜	权力斗争的历史话语——谱系学与福柯对主体的重构	学习与探索	2013
613	高德胜	空间向度的历史审视与当代资本主义的空间政治	社会科学战线	2014
614	高德胜	人的诞生与消亡——"知识考古学"与福柯的早期主体观	学习与探索	2014
615	高德胜	社会网络信息生态治理的模式与策略	情报科学	2014
616	高德胜	日常生活实践与大众抵抗的政治学	河南师范大学学报	2014
617	高德胜	现代性视阈下的文化统战	东北师大学报	2014
618	常艳芳	大学精神的时代表证	东北师大学报	2004
619	常艳芳	大学精神的人文视界:关注和谐发展的人的培养	江苏高教	2005
620	常艳芳	美国现代大学精神及其对中国大学的影响	外国教育研究	2006
621	常艳芳	论公共视野下大学与大学人的使命	东北师大学报	2009
622	常艳芳	我国现代大学制度创建的文化困境与路径依赖	东北师大学报	2010
623	常艳芳	大学学术道德失范与整治的制度研究	社会科学战线	2014
624	常艳芳	中国现代大学制度创建与创新的路径选择	东北师大学报	2014
625	常艳芳	存在与教化:雅斯贝尔斯教育思想的哲学根基	北京社会科学	2014

序号	作者	论文名称	期刊来源	发表年度
626	常艳芳	存在与责任——雅斯贝尔斯高等教育思想研究	社会科学战线	2015
627	常艳芳	大学生科学精神与技术责任理念的培育——雅斯贝尔斯科学技术教育思想研究	东北师大学报	2015
628	曹冬梅	廉政建设视野下的政府信息公开制度	情报科学	2008
629	曹仲彬	中国共产党成立于1920年吗？——与程金蛟、沈海波商榷	理论探讨	2004
630	曹毅哲	葛兰西的意识形态观——《实践哲学》对马克思主义理论的贡献	首都师范大学学报	2007
631	曹毅哲	以人为本的当代内涵	天津大学学报	2008
632	曹毅哲	伦理与政治之争：中国社会意识形态的显与隐	首都师范大学学报	2011
633	曹毅哲	社会意识的历史继承性和社会遗传性	北京师范大学学报	2011
634	梁大伟	略论司戴德海参崴之行的成因	社会科学战线	2012
635	盛海英	试论民主监督的历史文化源流	科学社会主义	2006
636	盛海英	20世纪五六十年代朱德对"三农"问题的思考	中国特色社会主义研究	2007
637	盛海英	冯玉祥走向新民主主义中国的心态研究	史学集刊	2008
638	盛海英	冯玉祥最终走向反蒋拥共的深层动因探究	社会科学战线	2009
639	盛海英	社会主义制度建立初期朱德对农村建设的思考	东北师大学报	2009
640	阎少华	毛泽东的刑罚思想与中国刑罚制度	理论学刊	2001
641	阎少华	俄罗斯新刑法限制自由评析	东北亚论坛	2002
642	阎少华	中日刑法受贿罪概要比较	吉林大学社会科学学报	2002
643	阎少华	对管制刑的历史考察与再认识	理论学刊	2003
644	阎少华	区域差异比较与东北三省经济发展的路径分析	东北亚论坛	2009
645	储新宇	试论区域合作秩序建构的动因——国家社会性视角下的经验分析	当代世界与社会主义	2006
646	储新宇	国际政治视角下的国家需求结构分析	马克思主义研究	2006
647	储新宇	中国的地位身份分析——兼论中国国家利益诉求范围	吉林大学社会科学学报	2006
648	储新宇	试论中国外交中的负责任行为	理论前沿	2006
649	储新宇	试论区域一体化合作路径——历史维度的经验分析	社会科学战线	2007
650	储新宇	区域合作秩序建构的条件分析——历史维度的经验考察	东北亚论坛	2007
651	董丁戈	营造和谐与理想的精神家园——高校校园文化的发展研究	社会科学战线	2006
652	董丁戈	高校人文类选修课程建设若干问题的研究与实践	中国大学教学	2010
653	董丁戈	高校人文类选修课教学方法优化的研究与实验	中国大学教学	2012
654	董丁戈	当代基于自然伦理的生态文明建构	学术交流	2014
655	董树彬	论中国政党关系和谐的衡量标准	河北大学学报	2010

序号	作者	论文名称	期刊来源	发表年度
656	董树彬	中国多党合作制度的创造性价值	山东社会科学	2010
657	董树彬	以增进党内和谐促进政党关系和谐	江汉论坛	2010
658	董树彬	非对称性和谐：中国模式的特色与优势	求实	2012
659	董树彬	协商民主：促进政党关系和谐的重要途径	马克思主义与现实	2012
660	董树彬	论中国协商民主研究的马克思主义学术话语权	理论与改革	2014
661	董树彬	论中国多党合作制度的学术话语权	学术论坛	2014
662	董树彬	人大选举民主与政协协商民主的协同发展	理论探讨	2015
663	董蕾	网络环境下的德育信息化建设	情报科学	2008
664	韩广富	论毛泽东现代化思想的特点	长白学刊	2001
665	韩广富	毛泽东对中国现代化道路的探索	东北师大学报	2001
666	韩广富	第三代中央领导集体的农业发展战略思想	当代经济研究	2002
667	韩广富	对毛泽东、张闻天年谱中一封电报发出时间的考证	中共党史研究	2004
668	韩广富	当代中国农村扶贫开发的历史经验	东北师大学报	2006
669	韩广富	论我国农村扶贫开发机制的创建	东北师大学报	2007
670	韩广富	论中国特色社会主义理论体系的形成发展及党对其认识和概括	东北师大学报	2008
671	韩广富	"当代中国马克思主义大众化研究"理论研讨会综述	高校理论战线	2009
672	韩广富	论陈云解决民生问题的思想及其现实意义	东北师大学报	2010
673	韩广富	依托校园文化建设平台推动马克思主义大众化的几点思考	东北师大学报	2010
674	韩广富	中国特色社会主义理论和经典现代化理论之若干比较	学习与探索	2011
675	韩广富	中国共产党农村扶贫开发工作史纲的逻辑构建	理论学刊	2012
676	韩广富	当代中国农村扶贫开发瞄准目标的调整	社会科学战线	2012
677	韩广富	党政机关选派干部下乡扶贫制度的建立	理论学刊	2013
678	韩广富	对青年团转为中共党员相关问题的考证与分析	中共党史研究	2014
679	韩广富	我国东西扶贫协作的回顾与思考	理论学刊	2014
680	韩广富	新媒体视域下中国公民政治参与的有效途径探析	理论探讨	2015
681	韩广富	论中国政府同亚洲开发银行在农村扶贫开发领域的合作问题	理论学刊	2015
682	韩广富	中国政府同国际社会在扶贫开发领域交流与合作问题探析	当代中国史研究	2015
683	韩广寓	中国扶贫开发基本经验国际化问题论析	社会科学战线	2009
684	韩国顺	马克思土地产权理论对中国农村土地所有制改革的启示	河南社会科学	2010
685	韩喜平	加入WTO中国农业发展的保护选择	长白学刊	2001
686	韩喜平	关于中国农民经济理性的纷争	吉林大学社会科学学报	2001

序号	作者	论文名称	期刊来源	发表年度
687	韩喜平	东北乡镇企业发展滞后的历史文化探讨	东北亚论坛	2001
688	韩喜平	经济全球化研究的政治学视角——《经济全球化的政治影响》评介	东北亚论坛	2002
689	韩喜平	试论马克思的改造小农理论	当代经济研究	2002
690	韩喜平	劳动价值论与按要素分配	生产力研究	2003
691	韩喜平	中国农户经营的制约因素分析	税务与经济	2003
692	韩喜平	调动农民两种生产积极性是农村发展的源泉	理论学刊	2003
693	韩喜平	农民负担的政治经济学分析	吉林大学社会科学学报	2003
694	韩喜平	区域经济发展差距的人力资源因素——基于吉林省和浙江省发展差距的思考	人口学刊	2004
695	韩喜平	日本农业保护政策的演变及启示	现代日本经济	2005
696	韩喜平	纳税评估：概念与意义	税务与经济	2005
697	韩喜平	马克思与市场社会主义两种劳动产权理论比较	学习与探索	2006
698	韩喜平	论和谐社会与经济发展的内在统一性	科学社会主义	2006
699	韩喜平	我国粮食直补政策的经济学分析	农业技术经济	2007
700	韩喜平	从"四个维度"理解科学发展观	法制与社会发展	2007
701	韩喜平	国有资产流失的博弈分析	税务与经济	2007
702	韩喜平	收入分化与教育政策选择	吉林大学社会科学学报	2007
703	韩喜平	中国农村土地运行"悖论"的经济学解析	求是学刊	2007
704	韩喜平	从价格支持到农村发展——欧盟共同农业政策的演变与启示	理论探讨	2007
705	韩喜平	论科学发展观对经济发展理论的突破与创新	当代世界与社会主义	2009
706	韩喜平	建国以来党对农业与工业关系的理论认识与政策演进	科学社会主义	2009
707	韩喜平	论思想政治教育的定性测评	思想理论教育导刊	2009
708	韩喜平	我国农村和谐社会构建中存在的问题及对策	经济纵横	2009
709	韩喜平	中国农村制度变迁的路径与成效	求是学刊	2009
710	韩喜平	"中国模式"与理论职责	马克思主义研究	2010
711	韩喜平	提高思想政治理论课教学实效是一项系统工程	思想理论教育导刊	2010
712	韩喜平	研究全球化经济发展战略学的一部力作——《经济全球化与我国经济发展战略选择问题研究》评价	当代经济研究	2010
713	韩喜平	二元经济结构与农村发展	吉林大学社会科学学报	2010
714	韩喜平	对二元增长模式的反思：基于发展的导向	学习与探索	2010
715	韩喜平	论中国特色高等教育管理体制的改革路径	大学教育科学	2010
716	韩喜平	马克思政治经济学理论的时代价值	贵州社会科学	2011
717	韩喜平	和谐劳动关系的演进逻辑及发展方向	社会科学战线	2011
718	韩喜平	异质性视角下农民专业合作社管理协同研究	学习与探索	2011
719	韩喜平	把握"马克思主义发展史"学科建设的方向和特点	思想理论教育导刊	2011
720	韩喜平	马克思主义理论观的新发展	吉林大学社会科学学报	2011
721	韩喜平	"权利"和"利益"视域下的社会主义公正观	天津师范大学学报	2012

序号	作者	论文名称	期刊来源	发表年度
722	韩喜平	主流意识形态的坚守与马克思主义的发展	高校理论战线	2012
723	韩喜平	科学发展观的生态文化渊源及意蕴	理论学刊	2012
724	韩喜平	当代生态文化思想溯源——兼论科学发展观的生态文化意蕴	当代世界与社会主义	2012
725	韩喜平	马克思劳资关系思想解析	当代经济研究	2012
726	韩喜平	中国大学的文化责任	大学教育科学	2012
727	韩喜平	异质性视角下两种类型合作社动力系统构造	社会科学辑刊	2012
728	韩喜平	"马克思主义发展史"研究主线的选择与辨析	思想理论教育导刊	2013
729	韩喜平	马克思的演化经济思想及对演化经济学的贡献	北方论丛	2013
730	韩喜平	马克思主义中国化探索的理论自信	思想理论教育导刊	2013
731	韩喜平	意识形态的经济功能及其中国经验	理论学刊	2013
732	韩喜平	情系思政课 共筑中国梦	中国高等教育	2013
733	韩喜平	社会主义核心价值体系与当代中国经济发展	东北师大学报	2013
734	韩喜平	"中国梦"与理论工作者的使命	马克思主义研究	2013
735	韩喜平	"市场社会化"社会主义经济模式述评	当代经济研究	2014
736	韩喜平	欠发达地区农民合作社发展路径的优化问题	学术交流	2014
737	韩喜平	全面深化改革增进民生福祉	山东社会科学	2014
738	韩喜平	经济学研究伦理属性的学说史考察	中共中央党校学报	2014
739	韩喜平	农村正规金融部门对农户的信贷歧视分析	社会科学战线	2014
740	韩喜平	中国垄断行业收入偏高问题及其矫正	理论学刊	2014
741	韩喜平	中国农村金融信用担保体系构建	农业经济问题	2014
742	韩喜平	社会主义核心价值观培育与高校的责任	中国高等教育	2014
743	韩喜平	社会主义改革与保障和改善民生	湖南社会科学	2014
744	韩喜平	教育领域寻租特征、原因及其治理	东北师大学报	2014
745	韩喜平	群众路线教育实践活动的民生导向与实效研究	思想理论教育导刊	2014
746	韩喜平	中国城镇化融入乡愁情愫之论析	学术交流	2014
747	韩喜平	构建具有中国特色的哲学社会科学学术话语体系	红旗文稿	2014
748	韩喜平	东北地区城市化进程中制度创新与政策调整研究	学习与探索	2015
749	韩喜平	突破保障和改善民生的认识误区	湖北社会科学	2015
750	韩喜平	我国国有企业承担社会责任问题研究	理论探讨	2015
751	韩喜平	农地流转服务平台的功能障碍及破解进路——基于吉林省德惠市402户农户的调研分析	贵州社会科学	2015
752	韩喜平	思想政治理论课教学一定要用好马克思主义理论研究和建设工程重点教材	思想理论教育导刊	2015
753	韩喜平	马克思主义"经济道德"何以可能——基于康德理性主义道德学原理的论证	南京师大学报	2015
754	韩喜平	习近平民生思想研究	中国特色社会主义研究	2015

序号	作者	论文名称	期刊来源	发表年度
755	韩喜平	二元结构下农田水利建设投融资体系构建	理论探讨	2015
756	韩喜平	理论创新的"问题倒逼"的规律研究	广东社会科学	2015
757	韩喜平	马克思主义理论的整体性创新需要问题意识	南京大学学报	2015
758	韩喜平	"四个全面"战略布局的民生导向解析	南京社会科学	2015
759	韩喜平	中国高等教育的历史选择与时代回应	吉林大学社会科学学报	2015
760	韩喜平	习近平"三农"发展的中国梦略论	理论学刊	2015
761	蒲星光	社会伦理道德观的二重性	社会科学战线	2005
762	蒲星光	社会伦理道德观的多重性	科学社会主义	2005
763	蒲星光	儒家文化道德对韩国的深远影响	东北亚论坛	2005
764	蒲星光	高校学生素质结构探析	科学社会主义	2007
765	慕向斌	中东路事件中共产国际的策略对中国革命的影响	理论学刊	2003
766	翟岩	试析结构与行动理论相互融合的可能与途径	社会科学战线	2008
767	翟岩	中国社会转型制度研究的新范式："互动式"研究	吉林大学社会科学学报	2008
768	穆艳杰	论三种自由观与三种实践观	社会科学战线	2002
769	穆艳杰	论三种人性观与三种实践观	长白学刊	2002
770	穆艳杰	论马克思实践观对道德实践观与生产实践观的超越	吉林大学社会科学学报	2002
771	穆艳杰	论可持续发展中的"生态环境"与"心态环境"的关系	长白学刊	2003
772	穆艳杰	论生态危机与心态失衡的关系	东北师大学报	2004
773	穆艳杰	从政治、经济批判到生态批判——从经典马克思主义到生态学马克思主义	学术交流	2009
774	穆艳杰	生态学马克思主义的生态危机理论分析	吉林大学社会科学学报	2009
775	穆艳杰	马克思主义存在形态及其关系分析	东北师大学报	2010
776	穆艳杰	关于科学发展观长效机制的理论思考	当代世界与社会主义	2011
777	穆艳杰	当代历史虚无主义批判	政治学研究	2011
778	穆艳杰	以生态文明建设为基础努力建设美丽中国	社会科学战线	2013
779	穆艳杰	社会批判：马克思主义哲学的根本变革	理论学刊	2013
780	穆艳杰	唯物史观视野中的"生态问题"——乔纳森．休斯对西方生态主义的批判	吉林大学社会科学学报	2014
781	穆艳杰	生态文明与环境权的解说维度	理论学刊	2014
782	穆艳杰	生态学马克思主义的派别分歧与论战	理论探讨	2015
783	穆颜杰	构建和谐社会的关键是社会制度公正与分配公平	东北师大学报	2005
784	穆颜杰	论人与自然的内在和谐与外在和谐	学习与探索	2007
785	穆颜杰	从"增长极限论"到"科学发展观"	社会科学战线	2009
786	薛萍	工业文明发展观与可持续发展观	当代经济研究	2004
787	薛萍	"实事求是"的解读与中国社会的曲折发展	科学社会主义	2010

序号	作者	论文名称	期刊来源	发表年度
788	魏晓莎	美国推动农业生产经营规模的做法及启示	经济纵横	2014
789	魏晓莎	日本农地适度规模经营的做法及借鉴	经济纵横	2015
790	魏晓莎	中国农产品价格支持政策对粮食进出口的影响评析	云南社会科学	2015

东北亚研究院（东北亚研究中心）

序号	作者	论文名称	期刊来源	发表年度
1	"'延龙图'区域人口发展战略研究"课题组	"延龙图"区域人口发展战略研究	人口学刊	2010
2	"中国老龄人口健康问题与对策研究"课题组	吉林省四平地区老年人健康影响因素及对策探析	人口学刊	2010
3	于 潇	公共机构养老发展分析	人口学刊	2001
4	于 潇	东北亚天然气资源开发与我国的对策	东北亚论坛	2002
5	于 潇	日本对华 ODA 政策调整的趋势及原因分析	现代日本经济	2002
6	于 潇	长春市人口迁移状况以及人口管理模式转变的思考	人口学刊	2003
7	于 潇	日本主银行制度演变的路径分析	现代日本经济	2003
8	于 潇	东北地区就业体制转换及其障碍分析	人口学刊	2004
9	于 潇	80 年代以来美国贸易政策的演变及其启示	东北亚论坛	2004
10	于 潇	日本天然气市场开发及其对我国的启示	现代日本经济	2005
11	于 潇	吉林省农村人口问题与社会经济发展分析	人口学刊	2005
12	于 潇	东北老工业基地就业问题研究	吉林大学社会科学学报	2005
13	于 潇	东亚地区自由贸易协定进程中的日中竞争	现代日本经济	2006
14	于 潇	建国以来东北地区人口迁移与区域经济发展分析	人口学刊	2006
15	于 潇	我国区域经济发展与结构变迁——东北地区经济结构调整过程中的自主创新之路	吉林大学社会科学学报	2006
16	于 潇	从日本 FTA 战略看东北地区经济一体化的发展趋势	现代日本经济	2007
17	于 潇	东北亚政治安全困境及其对区域经济合作的影响	吉林大学社会科学学报	2007
18	于 潇	蒙古国经济发展现状评析	亚太经济	2008
19	于 潇	吉林省最低生活保障制度与经济发展的协同性分析	人口学刊	2009
20	于 潇	长吉图开发开放先导区与国际大通道建设研究	东北亚论坛	2010
21	于 潇	长吉图开发开放先导区的国际大通道建设	吉林大学社会科学学报	2010
22	于 潇	长吉图开发开动先导区人口与经济协调发展研究	人口学刊	2011
23	于 潇	中国人口老龄化对消费的影响研究	吉林大学社会科学学报	2012

序号	作者	论文名称	期刊来源	发表年度
24	于 潇	日本制造业产业内贸易的特点及原因分析	现代日本经济	2012
25	于 潇	长吉图开发开放先导区建设的进展和趋势	东北亚论坛	2012
26	于 潇	我国省际人口迁移及其对区域经济发展的影响分析——"五普"和"六普"的比较	人口学刊	2013
27	于 潇	中蒙"阿尔山—乔巴山"铁路通道建设研究	东北亚论坛	2013
28	于 潇	日本介护保险制度下的老年护理服务介绍	人口学刊	2014
29	于 潇	经济发展差距时空演变分析	河北经贸大学学报	2014
30	于 潇	中国省际碳排放绩效及 2020 年减排目标分解	吉林大学社会科学学报	2015
31	于 潇	日本经济发展对 APEC 进程的影响及中国的应对战略	现代日本经济	2015
32	于 潇	长三角地区人力资本对经济增长影响的比较研究	人口学刊	2015
33	马与鸿	发展非公有制经济——解决吉林省就业问题对策分析	人口学刊	2003
34	马 超	从经济发展看日本战后的环境政策演变	现代日本经济	2005
35	马 超	产业结构、公共支出与区域经济发展——基于 1955 ~ 2007 年日本县级面板数据的 Granger 因果关系检验	现代日本经济	2010
36	井志忠	日、美、欧电力市场化改革分析	东北亚论坛	2004
37	井志忠	自然垄断行业市场化改革后市场操纵力与竞争效率研究	经济纵横	2005
38	井志忠	俄罗斯电力市场化改革解析	东北亚论坛	2005
39	公 辉	重视校园综合治理在校园文化建设中的作用	中国高等教育	2002
40	尹小平	产业国际竞争力:重振雄风 尚待时日	现代日本经济	2003
41	尹小平	汽车产业:保持优势 寻求市场	现代日本经济	2004
42	尹小平	制造业:技术挽危局 战略救颓势	现代日本经济	2005
43	尹小平	20 世纪 90 年代以来日本经济低迷的社会经济制度因素探究	现代日本经济	2005
44	尹小平	日本"肯定列表制度"对我国食品贸易的影响及对策	经济纵横	2006
45	尹小平	亚洲债券基金的推出背景、影响及发展方向	东北亚论坛	2007
46	尹小平	日本经济高速增长的得与失	现代日本经济	2007
47	尹小平	日美半导体产业竞争中的国家干预——以战略性贸易政策为视角的分析	现代日本经济	2010
48	尹小平	中国汽车销量影响因素的实证分析	统计与决策	2011
49	尹小平	战略性新兴产业税收政策的国际借鉴与路径选择	求索	2012
50	尹小平	日本产业结构演进路径及启示	学习与探索	2012
51	尹小平	集团主义文化与日本金字塔式垄断体制的沿革	东北师大学报	2012
52	尹小平	科技政策与经济增长:美国的经验	当代经济研究	2013
53	尹小平	集团主义文化与日本公司治理结构的内部化制度变迁	现代日本经济	2014
54	尹小平	日本国债对民间支出的经济效应分析	现代日本经济	2015
55	尹 豪	21 世纪全球人口与发展	人口学刊	2001
56	尹 豪	改革开放后中国经济增长、劳动市场变化及未来展望	人口学刊	2001
57	尹 豪	东北亚区域人口与可持续发展	东北亚论坛	2001

序号	作者	论文名称	期刊来源	发表年度
58	尹　豪	改革开放以来中国对外劳务输出发展综述	人口学刊	2002
59	尹　豪	吉林省人口与生态环境的可持续发展研究	人口学刊	2003
60	尹　豪	韩国外籍劳工政策及外籍劳工现状	人口学刊	2004
61	尹　豪	振兴东北老工业基地与农村剩余劳动力转移	东北亚论坛	2004
62	尹　豪	东北亚区域劳动力迁移与人力资源合作	吉林大学社会科学学报	2005
63	尹　豪	中国台湾地区人口老龄化与老年人社会保障	人口学刊	2006
64	尹豪	美国产业结构演变比较研究的力作——评《战后美国产业结构演变及与欧盟比较研究》	人口学刊	2007
65	尹　豪	中国与韩国出生性别比问题比较研究	人口学刊	2007
66	尹　豪	"大连市生育成本调查"结果分析	人口学刊	2008
67	尹　豪	改革开放以来我国对外劳务输出发展研究	人口学刊	2009
68	尹　豪	东北亚区域人力资源开发与合作研究	人口学刊	2009
69	巴殿君	朝美和谈对东北亚格局的影响	东北亚论坛	2001
70	巴殿君	布什与小泉政府时期的美日军事同盟	东北亚论坛	2002
71	巴殿君	日本与朝鲜半岛国家的战略选择	东北亚论坛	2003
72	巴殿君	论朝鲜半岛多边安全合作机制	东北亚论坛	2004
73	巴殿君	日朝关系与朝核问题	东北亚论坛	2005
74	巴殿君	日本"政治大国"走向与自主防卫	东北亚论坛	2006
75	巴殿君	21 世纪中美双边关系中的台湾问题	东北亚论坛	2007
76	巴殿君	论日本与中国台湾地区的经贸关系及其特征	现代日本经济	2007
77	巴殿君	朝鲜核危机的现状及展望	东北亚论坛	2008
78	巴殿君	东北亚区域经济合作的政治环境	东北亚论坛	2009
79	巴殿君	新形势下中国社会主义"和谐世界观"的构建	贵州社会科学	2009
80	巴殿君	东北亚区域合作政治互信关系的构筑	新视野	2009
81	巴殿君	从文化视角透视日本外交政策的战略选择	日本学刊	2010
82	巴殿君	论东北亚区域制度化合作的外部干预与内部制约	东北亚论坛	2010
83	巴殿君	论东北亚区域的地区治理	新视野	2010
84	巴殿君	"情感文化因素"下的日本战略调整与中日"邻国困境"	日本学刊	2012
85	巴殿君	从战略文化透析日韩安全合作的因素构成	日本学刊	2013
86	巴殿君	有关朝鲜核问题的几点思考	东北亚论坛	2014
87	巴殿君	论国际体系的转型与东亚地缘政治困境	吉林大学社会科学学报	2014
88	巴殿君	冷战后俄罗斯与台湾关系的演变:背景、政策与影响因素	吉林大学社会科学学报	2015
89	巴殿君	论"一带一路"战略内涵、风险及前景——以国际关系为视角	湖北社会科学	2015
90	方　军	中国纺织企业在俄罗斯跨国经营的探讨	东北亚论坛	2006
91	王乃时	论日本明治时期技术引进政策的特征与作用	东北亚论坛	2002
92	王广野	加快吉林省老工业基地调整改造推进国有企业改革的对策	东北亚论坛	2004

续表

序号	作者	论文名称	期刊来源	发表年度
93	王广野	增加农民收入与建设农村小康社会养老模式的关系分析	人口学刊	2005
94	王化波	日本未婚青年的生育意愿研究	人口学刊	2001
95	王化波	西部大开发中的人口产业结构问题研究	吉林大学社会科学学报	2001
96	王化波	吉林省劳动就业的现状分析与展望	人口学刊	2002
97	王化波	影响朝鲜族生育水平的因素分析	人口学刊	2003
98	王化波	影响朝鲜族生育水平的因素分析	人口学刊	2004
99	王化波	延边朝鲜族妇女生育意愿的影响因素分析	人口学刊	2005
100	王化波	吉林省生态人口容量研究——以2002年为例	人口学刊	2007
101	王化波	迁入地类型的选择——基于五普资料的分析	人口学刊	2008
102	王化波	省际间人口迁移流动及原因探析	人口学刊	2009
103	王化波	延边朝鲜族人口迁移的影响因素研究	人口学刊	2011
104	王化波	珠海市老年人生活质量研究	人口学刊	2012
105	王发臣	蒙古国对外战略格局分析	东北亚论坛	2003
106	王发臣	东亚安全——特性及根源、危机与策论	东北亚论坛	2004
107	王玉强	朱子学的日本化与兰学的兴起	东北亚论坛	2007
108	王玉强	日本朱子学者的产生与新汉学的传播	东北亚论坛	2012
109	王玉强	江户初期日本朱子学者的哲学自觉	学习与探索	2012
110	王玉强	历史视角下日本学界对东亚共同体的审视	东北亚论坛	2013
111	王玉强	日本朱子学的官学化研究	社会科学战线	2013
112	王国强	经济增长不等于发展——对全面、协调和可持续的科学发展观的认识和思考	人口学刊	2004
113	王学礼	战时苏联战俘报纸的宣传目标及成效	贵州社会科学	2013
114	王学礼	二战期间苏联战俘的接收、关押及警备制度	河南师范大学学报	2013
115	王学礼	战后苏联战俘报纸的宣传目标、内容及成效	俄罗斯中亚东欧研究	2013
116	王学礼	战俘劳动对战时苏联经济的影响	贵州社会科学	2015
117	王绍章	19世纪下半期俄国经济发展中的"第三种人"	内蒙古大学学报	2001
118	王绍章	油气资源与俄罗斯21世纪的东北亚战略	东北亚论坛	2002
119	王绍章	两次世界大战期间苏日关系中的石油因素	东北亚论坛	2003
120	王绍章	19世纪下半期俄国社会斗争中的"第三种人"	俄罗斯研究	2003
121	王绍章	俄日油气关系的3个层面	东北亚论坛	2004
122	王绍章	冷战时期苏联的石油与天然气:效能和限度——俄罗斯石油:军事战中的效能	东北亚论坛	2006
123	王绍章	石油战:苏联卫国战争时期的苏德战场	社会科学战线	2007
124	王绍章	复杂而缓慢的社会转型——《18~19世纪俄国城市化研究》评介	史学集刊	2008
125	王绍章	盘点两国新型关系的构建——《俄罗斯与阿塞拜疆关系20年》评介	俄罗斯中亚东欧研究	2013
126	王若茜	中国东北沦陷时期的宗教	东北亚论坛	2001

序号	作者	论文名称	期刊来源	发表年度
127	王若茜	东北沦陷时期的朝鲜族宗教	东北亚论坛	2002
128	王若茜	东北沦陷时期的日本宗教	吉林大学社会科学学报	2002
129	王若茜	"浮世草子"和"三言二拍"中的果报论与天命观	东北亚论坛	2003
130	王若茜	作家命运与文学观——试论"三言二拍"与西鹤的"好色物"比较研究	东北亚论坛	2005
131	王若茜	中日市民宗教意识的差异——以"浮世草子"和"三言三拍"为中心	东北亚论坛	2006
132	王彦军	职业技能教育与人力资源开发	人口学刊	2002
133	王彦军	人力资本投资中政府的作用——对我国人力资本投资的反思	人口学刊	2007
134	王彦军	劳动力技能形成及收益模式分析	人口学刊	2008
135	王彦军	中国劳动力市场发展对人力资本投资的影响分析	人口学刊	2009
136	王彦军	日韩应对人口老龄化对策的经验及启示	人口学刊	2015
137	王秋丽	逆境中求生存——日本保险业兼并透析	现代日本经济	2001
138	王秋丽	九十年代以来国外的产业整合及对我的启示	经济纵横	2001
139	王胜今	论日本对中国东北地区的移民侵略——日本军国主义侵略本质的新视角	东北亚论坛	2001
140	王胜今	由美日企业制度比较分析日本经济衰退之根源	日本学刊	2001
141	王胜今	建设东北亚跨国运输走廊的设想及意义	东北亚论坛	2001
142	王胜今	东北亚劳动力产业结构及其区域合作	经济学动态	2002
143	王胜今	日本统治朝鲜半岛时期向中国东北移民的研究	东北亚论坛	2002
144	王胜今	市场经济体制下计划生育工作的发展方向——黑龙江省黑河市从"三为主"、"三结合"走向"三自主"的历程调查报告	人口学刊	2002
145	王胜今	中国与周边国家区域合作的研究	东北亚论坛	2003
146	王胜今	论中国计划生育事业对全面建设小康社会的历史贡献	人口学刊	2003
147	王胜今	信息时代的中国企业国际化机遇与战略——评《信息传播全球化与中国企业经营国际化战略》	东北亚论坛	2003
148	王胜今	东北亚区域经济合作新构想	东北亚论坛	2003
149	王胜今	我国与周边国家区域经济合作前景展望	经济学动态	2003
150	王胜今	东北老工业基地振兴与东北亚区域合作	东北亚论坛	2004
151	王胜今	我国人口、资源与环境经济学学科发展的思考	吉林大学社会科学学报	2004
152	王胜今	中国与周边国家区域合作的战略与对策	东北亚论坛	2004
153	王胜今	教师聘任制的机制创新及其辩证关系	中国高等教育	2005
154	王胜今	东北地区资源型城市发展的问题及对策研究	吉林大学社会科学学报	2005
155	王胜今	吉林省农村剩余劳动力的测算及转移对策探讨	人口学刊	2005
156	王胜今	论"五个统筹"与区域经济发展——以东北振兴为实例的分析	社会科学战线	2005
157	王胜今	从中日关系的深层矛盾看"东北共同体"的未来——兼论东亚合作中的矛盾与竞争	东北亚论坛	2005

序号	作者	论文名称	期刊来源	发表年度
158	王胜今	论东北振兴过程中的政府职能	东北亚论坛	2006
159	王胜今	人力资本所有者在知识型企业中的地位分析	人口学刊	2006
160	王胜今	论东北振兴过程中的城市化与城镇体系建设	吉林大学社会科学学报	2006
161	王胜今	20世纪90年代东北地区省际间人口迁移的人力资本考察	人口学刊	2007
162	王胜今	以人的全面发展统筹解决人口问题	人口学刊	2007
163	王胜今	东北亚地区建立自由贸易区（FTA）的现状与趋势	东北亚论坛	2007
164	王胜今	以科学发展观统领区域经济社会发展——论《东北地区振兴规划》的指导思想与政策取向	东北亚论坛	2007
165	王胜今	东北亚区域经济合作的发展趋向展望	吉林大学社会科学学报	2007
166	王胜今	推动区域协调发展的几个战略	求是	2008
167	王胜今	论中国特色区域协调发展战略体系	吉林大学社会科学学报	2008
168	王胜今	关于国际金融危机背景下中国改革和发展的几点思考	社会科学战线	2009
169	王胜今	我国高等教育大众化十年盘点与省思	高等教育研究	2009
170	王胜今	省际间人力资本流动及原因探析	吉林大学社会科学学报	2009
171	王胜今	科学认识中国人口和计划生育事业取得的伟大成就——纪念《公开信》发表30周年	社会科学战线	2010
172	王胜今	论长吉图开发开放先导区建设与发展战略	社会科学战线	2010
173	王胜今	人口计生工作职能转变与建设高素质职业化队伍	人口学刊	2010
174	王胜今	吉林省能源消费问题及调整对策思考	东北亚论坛	2010
175	王胜今	从国家战略高度认识长吉图开发开放先导区的建设和发展	吉林大学社会科学学报	2010
176	王胜今	转型期我国大学人才培养模式的若干思考	大学教育科学	2010
177	王胜今	发达国家典型养老保险模式改革及其启示	吉林大学社会科学学报	2011
178	王胜今	东北亚区域经济合作的进展与发展前景	东北亚论坛	2012
179	王胜今	流入人口社会融入感的结构与影响因素分析——基于吉林省的调查数据	人口学刊	2013
180	王胜今	流动人口职业结构差异的影响因素分析——以黑龙江省为例	社会科学战线	2013
181	王胜今	高等教育发展若干重要关系思考	求是	2013
182	王胜今	吉林省流动人口的就业特征及其影响因素分析	吉林大学社会科学学报	2013
183	王胜今	以"开拓"为名的日本移民侵略——日本移民侵略档案分析	东北亚论坛	2015
184	王 哲	面对全球化的APEC——从亚太经合组织第八次领导人非正式会议看其发展	东北亚论坛	2001
185	王晓峰	90年代俄罗斯家庭结构和单亲家庭状况分析	人口学刊	2001
186	王晓峰	从"五普"数据看吉林省人口死亡水平和死亡模式	人口学刊	2002
187	王晓峰	东北亚地区国际劳务合作与我国的境外就业	人口学刊	2004
188	王晓峰	美国和日本政府经济职能比较研究	现代日本经济	2005

续表

序号	作者	论文名称	期刊来源	发表年度
189	王晓峰	美国人力资源开发中政府的作用	人口学刊	2005
190	王晓峰	吉林省引进俄罗斯智力资源的现状与对策	人口学刊	2006
191	王晓峰	中国出境旅游人口规模的增长、原因及趋势	人口学刊	2006
192	王晓峰	新农村建设中农民增收致富的影响因素与对策——基于东北地区农村青年劳动力的调查研究	人口学刊	2008
193	王晓峰	东北地区城市化现状研究	社会科学战线	2008
194	王晓峰	城市社区养老服务需求及影响分析——以长春市的调查为例	人口学刊	2012
195	王晓峰	边境地区农村人口流出及影响因素分析——以黑龙江省三个边境县的调查为例	人口学刊	2014
196	王晓峰	老龄化加速期人口因素对日本经济增长的影响——以人口、经济的双重拐点为视角	现代日本经济	2014
197	王晓峰	延边朝鲜人口流动的特征和影响因素研究	人口学刊	2015
198	王晓峰	延边朝鲜族人口流动的特征和影响因素研究	人口学刊	2015
199	王浩	吉林省区域创新能力分析	东北亚论坛	2006
200	王惠宇	《苏日中立条约》与东北抗日联军的"战略转移"	河北学刊	2006
201	王惠宇	西安事变前后苏联对国共两党政策的转变	社会科学辑刊	2007
202	王箫轲	总体安全观视角下的中国援外战略分析	太平洋学报	2015
203	王箫轲	大国竞争与中国对东南亚的经济外交	东南亚研究	2015
204	东北亚研究中心"东北老工业基地振兴"课题组	东北老工业基地振兴与区域经济的协调发展	吉林大学社会科学学报	2004
205	冯建超	日本首都圈规划调整及对我国的启示	东北亚论坛	2009
206	冯辉	日本对内直接投资政策的演化、原因及未来动向	现代日本经济	2004
207	冯辉	大连在东北亚区域合作与竞争中的对策研究	东北亚论坛	2005
208	冯辉	九州硅岛的发展与日本产业集群计划	现代日本经济	2006
209	冯瑞云	冷战后的日美安保体制军国主义性质论析	社会科学战线	2001
210	叶艳华	试析日英同盟成立的历史背景	东北亚论坛	.2005
211	白成琦	就业非农化时期的人力资源开发与就业效应——中日两国比较研究兼论中国的政策选择	日本学刊	2002
212	任明	韩国妇女社会地位问题探析	人口学刊	2004
213	任明	韩国企业集团公司治理结构特征分析及启迪	东北亚论坛	2005
214	任明	韩国政府开发就业机会的政策及其评析	人口学刊	2006
215	任明	日本 FTA 政策的动向、特征及展望	现代日本经济	2007
216	任明	朝鲜人力资源培训体制论析	人口学刊	2008
217	任明	2011 年韩国经济展望	东北亚论坛	2011
218	任明	日本与朝鲜经济关系及其前景展望	现代日本经济	2015

序号	作者	论文名称	期刊来源	发表年度
219	任 明	韩国人口老龄化对劳动生产率的影响	人口学刊	2015
220	刘玉宝	冷战背景下的苏联核计划探析	河南师范大学学报	2009
221	刘国斌	吉林省县域经济发展思考	东北亚论坛	2006
222	刘国斌	日美中小企业信用担保体系比较分析	现代日本经济	2006
223	刘国斌	利用城镇化发展县域经济的战略选择	当代经济研究	2006
224	刘忠桂	封建俄国缙绅会议简析	东北亚论坛	2004
225	刘 娟	改革开放以来吉林省女性人力资本分析	人口学刊	2001
226	刘 娟	90年代以来中国城市人口结构体系分析	人口学刊	2002
227	刘维东	日本M&A市场的新趋势	现代日本经济	2010
228	刘 静	创新对企业区位选择影响研究	当代经济研究	2008
229	吕 卉	农业全盘集体化时期特殊移民的迁移、安置和利用——基于俄罗斯最新解密档案的分析	河南师范大学学报	2009
230	吕 卉	苏联1937～1938年"富农战役"研究	河南师范大学学报	2010
231	孙洪军	日本出版产业困境解析	现代日本经济	2007
232	孙晓霞	长江三角洲城市化与可持续发展的对策研究	农业经济问题	2007
233	孙 瑜	《旧金山对日和约》的签订及其影响	现代日本经济	2005
234	孙慧宗	中日农业剩余劳动力转移制度环境比较分析	东北亚论坛	2007
235	孙慧宗	中国城市化与二氧化碳排放量的协整分析	人口学刊	2010
236	孙 毅	吉林省城镇家庭人力资本投资方式研究	人口学刊	2005
237	安永万	朝鲜经济改革措施的分析及展望	东北亚论坛	2003
238	安永万	朝鲜半岛铁路连接与地区开发的分析	现代日本经济	2003
239	庄美男	中日"萧条经济"比较分析	现代日本经济	2001
240	朱卫新	汉字与汉文化在东亚的传播与影响	东北亚论坛	2007
241	朱秀杰	1991年以来俄罗斯的中国移民构成分析	人口学刊	2010
242	朱显平	俄罗斯2000年的经济与未来的发展战略	东北亚论坛	2001
243	朱显平	经济政策调整将决定俄罗斯经济的未来发展	东北亚论坛	2002
244	朱显平	与时俱进 创新思维——评《中国人口与全面建设小康社会》	人口学刊	2003
245	朱显平	中俄能源合作及对东北亚区域经济的影响	东北亚论坛	2004
246	朱显平	"东北亚地区和平与发展第11次国际学术会议"综述	东北亚论坛	2004
247	朱显平	加强东北亚区域能源合作保障我国能源安全	东北亚论坛	2004
248	朱显平	论我国沿边开放城市的区域职能缺失	东北亚论坛	2006
249	朱显平	东北亚区域能源合作研究	吉林大学社会科学学报	2006
250	朱显平	中国——中亚新丝绸之路经济发展带构想	东北亚论坛	2006
251	朱显平	"上海合作组织"框架下的中国与中亚国家金融合作目标及途径	东北亚论坛	2007
252	朱显平	俄罗斯东部开发及其与我国东北振兴互动发展的思路	东北亚论坛	2008

序号	作者	论文名称	期刊来源	发表年度
253	朱显平	新形势下中国东北振兴战略同俄罗斯东部发展战略的互动合作	东北亚论坛	2009
254	朱显平	上海合作组织框架下的区域经济一体化:进展与动力	俄罗斯中亚东欧研究	2010
255	朱显平	辟建长吉图先导区的战略意义	吉林大学社会科学学报	2010
256	朱显平	东北亚地区经济合作发展动态	东北亚论坛	2012
257	朱显平	金正恩时代的朝鲜和图们江区域的中俄朝合作	东北亚论坛	2012
258	朱显平	亚太地区的安全稳定与俄中利益	东北亚论坛	2012
259	朱显平	俄罗斯面向亚太的东部能源开发战略及中俄合作研究	吉林大学社会科学学报	2013
260	朱显平	中国对俄投资:现状、趋势及发展方向	东北亚论坛	2014
261	朱显平	把命运共同体意识植根于中俄区域合作,立足长远共同发展	东北亚论坛	2014
262	朱显平	俄罗斯面向亚太的东部能源开发战略及中俄合作研究	吉林大学社会科学学报	2014
263	朱显平	恢复历史的公正——俄罗斯学者对中国抗日战争的评析	东北亚论坛	2015
264	朱显平	纪念中国人民抗日战争暨世界反法西斯战争胜利70周年——在吉林大学中俄区域合作研究中心做的报告	东北亚论坛	2015
265	朱显平	金融发展、城镇化与经济增长	经济问题探索	2015
266	朱海燕	试论日本的经济外交与大国追求	现代日本经济	2003
267	朱艳丽	民营经济发展给地方政府管理带来的挑战——以吉林省为例	东北亚论坛	2007
268	朴英爱	中国东北亚物流中心化的实证分析	经济纵横	2006
269	朴英爱	东北亚流物体系的变化趋势分析	东北亚论坛	2006
270	朴英爱	中日韩的FTA进程及其政策比较分析	现代日本经济	2006
271	朴英爱	新型农村合作医疗制度分析	人口学刊	2006
272	朴英爱	韩国废弃物循环利用制度探析	东北亚论坛	2007
273	朴英爱	高油价背景下韩国产业政策走向及对中国的启示	东北亚论坛	2008
274	朴英爱	构建资源节约环境友好型社会的产权制度——以环境资源和海洋渔业资源为中心	吉林大学社会科学学报	2008
275	朴英爱	新型农村合作医疗制度自愿保险的困境与出路	人口学刊	2008
276	朴英爱	低碳经济与碳排放权交易制度	吉林大学社会科学学报	2010
277	朴英爱	论低碳视角下的中日韩环保合作	学习与探索	2010
278	朴英爱	中、日、韩中亚合作战略研究	现代日本经济	2010
279	朴英爱	危机后韩国经济面临的困境与出路	东北亚论坛	2011
280	朴英爱	中国低碳经济驱动机制分析	学习与探索	2012
281	朴英爱	朝鲜的体制现状与走势分析	社会科学战线	2013
282	朴英爱	朴槿惠政府加快推进中韩FTA的经济动因分析	东北亚论坛	2014
283	朴英爱	碳排放总量控制交易体系设计要素的研究综述	山西大学学报	2014
284	朴英爱	日本FTA政策变化及评价	现代日本经济	2014
285	朴英爱	韩国自有贸易协定中的环境条款分析	经济纵横	2015

序号	作者	论文名称	期刊来源	发表年度
286	衣保中	论清末东北经济区的形成	长白学刊	2001
287	衣保中	论区域开发与可持续发展	东北亚论坛	2001
288	衣保中	论伪满时期的殖民地区域经济一体化	吉林大学社会科学学报	2001
289	衣保中	论近代东北地区的工业化进程	东北亚论坛	2001
290	衣保中	论民国时期东北区域经济发展的基本态势	理论探讨	2001
291	衣保中	建国以来东北地区产业结构的演变	长白学刊	2002
292	衣保中	试论民国时期朝鲜移民大量迁入东北地区的原因	东北亚论坛	2002
293	衣保中	论清末东北地区的水田开发	吉林大学社会科学学报	2002
294	衣保中	论可持续发展原则与区域开发	人口学刊	2003
295	衣保中	区域开发新论	东北亚论坛	2003
296	衣保中	近代以来东北平原黑土开发的生态环境代价	吉林大学社会科学学报	2003
297	衣保中	论日本的区域经济政策及其特色	现代日本经济	2003
298	衣保中	藤田丰八与清末中国西方农学引进	东北亚论坛	2004
299	衣保中	"间岛问题"的历史真相及中日交涉的历史经验	史学月刊	2005
300	衣保中	论清政府对延边朝鲜族移民政策的演变	东北亚论坛	2005
301	衣保中	日本农协在农业产业化中的作用	现代日本经济	2006
302	衣保中	东北地区农业组织的发展及其在农业产业化中的作用	东北亚论坛	2006
303	衣保中	循环经济视角下的东北区域经济布局战略构想	东北亚论坛	2007
304	衣保中	战后日本农业综合开发及其对我国的启示	现代日本经济	2007
305	衣保中	东北地区资源枯竭的成因及开发模式的转换	吉林大学社会科学学报	2007
306	衣保中	吉林省人口老龄化的特点及其对策	人口学刊	2008
307	衣保中	吉林省设立综合配套改革试验区刍议	东北亚论坛	2008
308	衣保中	区域合作系统演化与东北亚能源合作	东北亚论坛	2009
309	衣保中	溢出效应下的长吉图开发与东北亚合作	东北亚论坛	2010
310	衣保中	环境约束下吉林省工业生产绩效的区域分析	经济纵横	2010
311	衣保中	中国现代农业发展路径的新思考	吉林大学社会科学学报	2010
312	衣保中	1929~1933年世界经济危机对中国东北地区农业影响的研究	南京农业大学学报	2011
313	衣保中	腹地互动与我国历代边疆经济开发	史学集刊	2012
314	衣保中	结合中国实际的马克思相对过剩人口理论实证研究	学习与探索	2012
315	衣保中	近百年来三江平原土地开发与区域生态环境的可持续发展	社会科学战线	2014
316	衣保中	东北亚地区"一带一路"合作共生系统研究	东北亚论坛	2015
317	许世存	城市适应对流动人口主观幸福感的影响分析——以黑龙江省为例	人口学刊	2015
318	许昌福	鲁迅《造人术》的原作·补遗——英文原作的秘密	鲁迅研究月刊	2002
319	许金秋	俄国政党体制的特点(19世纪末~20世纪初)	东北亚论坛	2001
320	许金秋	俄国知识分子问题论析	吉林大学社会科学学报	2003
321	许金秋	恢复历史的公正——俄罗斯学者对中国抗日战争的评析	东北亚论坛	2015

序号	作者	论文名称	期刊来源	发表年度
322	何纪周	我国老年人消费需求和老年消费品市场研究	人口学刊	2004
323	余晷雕	日本企业与政府间关系的特征及其启示	经济科学	2001
324	余晷雕	小宫隆太郎教授的日中企业理论及其启示	现代日本经济	2002
325	余晷鹏	战后日本经济体制的全面研究——评《现代日本型市场经济体制及其经济政策》	现代日本经济	2003
326	余晷雕	日本参与东亚国际分工战略目标、形式的调整与影响	东北亚论坛	2001
327	余晷雕	环境变迁与日本企业经营改革	现代日本经济	2002
328	余晷雕	小宫隆太郎的日中宏观经济理论及其启示	现代日本经济	2003
329	余晷雕	透视日本电力市场化改革	现代日本经济	2004
330	余晷雕	20世纪80年代以来日本税制改革综述	现代日本经济	2004
331	余晷雕	日美经济摩擦的"小宫理论"及其启示	现代日本经济	2006
332	佟桂先	动态创新循环与日本学术机构适应性分析	现代日本经济	2003
333	佟桂先	公共选择与代理问题:日本国立大学独立行政法人化研究	现代日本经济	2004
334	佟铁成	日本金融监管体制创新及其借鉴	现代日本经济	2004
335	佟新华	中日清洁发展机制项目合作研究	现代日本经济	2007
336	佟新华	基于清洁发展机制的东北亚环境合作	吉林大学社会科学学报	2009
337	佟新华	中国城市化进程中的低碳经济发展路径选择	人口学刊	2010
338	佟新华	中国工业燃烧能源碳排放影响因素分解研究	吉林大学社会科学学报	2012
339	佟新华	东北三省碳排放驱动因素的实证分析	社会科学战线	2013
340	佟新华	日本后工业化时期水环境有机污染物排放影响因素研究	现代日本经济	2013
341	佟新华	区域农业污染事故多主体污染责任划分问题探析——以广西某某大气污染侵权纠纷上诉案为例	环境保护	2013
342	佟新华	日本水环境质量影响因素及水生态环境保护措施研究	现代日本经济	2014
343	佟新华	中国省际劳动力流动的主要影响因素分析	吉林大学社会科学学报	2014
344	佟新华	吉林省人口城市化与产业结构的动态关系研究	人口学刊	2015
345	佟新华	日本碳排放强度影响因素及驱动效应测度分析	现代日本经济	2015
346	吴云龙	中国西部人口与发展问题研究	人口学刊	2003
347	吴昊	加强中央银行独立性的世界性趋向	长白学刊	2001
348	吴昊	知识经济中的企业权力结构——会发生从资本雇佣劳动到劳动雇佣资本的变革吗	吉林大学社会科学学报	2001
349	吴昊	日本金融自由化及启示	东北亚论坛	2002
350	吴昊	加强中央银行独立性的重要意义——以日本为实例的分析	现代日本经济	2002
351	吴昊	日本经济长期萧条的根本原因——在于"政府为特殊利益集团俘房"吗?	现代日本经济	2002
352	吴昊	美国风险资本运作过程中的治理结构及启示	长白学刊	2003
353	吴昊	金融业:积重难返 危机四伏	现代日本经济	2003
354	吴昊	中国经济的崛起是否已损害了日本的繁荣——在日本不断泛起的"中国经济威胁论"批判	现代日本经济	2003

序号	作者	论文名称	期刊来源	发表年度
355	吴 昊	货币金融：曙光初现　问题尤存	现代日本经济	2004
356	吴 昊	论日本协调地区间经济关系的途径及其作用	现代日本经济	2004
357	吴 昊	金融业：不良债权处理加速　金融形势明显好转	现代日本经济	2005
358	吴 昊	日本对华直接投资对中日贸易的影响	现代日本经济	2005
359	吴 昊	中国东北地区与周边国家的贸易和投资关系	东北亚论坛	2005
360	吴 昊	地方政府治理结构改革与职能转变——从经济学视角展开的分析	学习与探索	2006
361	吴 昊	论中国在推动东北亚区域合作中的作用与对策	东北亚论坛	2006
362	吴 昊	论振兴东北老工业基地与地方政府职能转变	吉林大学社会科学学报	2006
363	吴 昊	中日 IT 产品贸易发展与产业分工关系演进分析	现代日本经济	2007
364	吴 昊	中国参与和推动东北亚区域经济合作的路径选择	吉林大学社会科学学报	2007
365	吴 昊	中、日、韩能源安全关系：竞争敌手还是合作伙伴	吉林大学社会科学学报	2009
366	吴 昊	转变经济发展方式与地方政府治理结构改革	社会科学战线	2010
367	吴 昊	长吉图先导区：探索沿边地区开发开放的新模式	东北亚论坛	2010
368	吴 昊	长吉图开发开放先导区：探索统筹区域发展的新模式	吉林大学社会科学学报	2010
369	吴 昊	图们江开发合作的机遇、挑战与课题	东北亚论坛	2012
370	吴 昊	中国地方政策试验式改革的优势与局限性	社会科学战线	2012
371	吴 昊	图们江区域开发合作 20 年：愿景何以难成现实	吉林大学社会科学学报	2012
372	吴 昊	欧盟区域政策的演变及其收敛效应分析——兼论对中国缩小区域差距的启示	经济体制改革	2013
373	吴 昊	中国大量编制区域发展规划的原因及其实施难题	东北亚论坛	2013
374	吴 昊	日本围绕参加 TPP 谈判的争论	现代日本经济	2014
375	吴 昊	完善义务教育均衡发展机制探讨	东北师大学报	2014
376	吴 昊	关于我国推动东北亚区域合作路径的战略思考	东北亚论坛	2014
377	吴 昊	构建中美新型大国关系面临的经济性障碍	社会科学战线	2014
378	吴 昊	小微企业融资支持方向——基于第三方电商平台的商业银行融资策略	财经问题研究	2015
379	吴 昊	互联网金融客户行为及其对商业银行创新的影响	河南大学学报	2015
380	吴 昊	保险参与新型城镇化建设问题研究	湖北社会科学	2015
381	吴晓霞	区域经济一体化与经济全球化的互动	东北亚论坛	2004
382	宋龙镐	金融危机以后的韩国对华直接投资	东北亚论坛	2001
383	宋龙镐	金融危机以后中韩贸易关系的新进展	黑龙江民族丛刊	2001
384	宋 燕	日俄战后至"九·一八"事变前日本对中国东北的经济侵略及后果	东北亚论坛	2003
385	张广翔	全俄统一市场究竟形成于何时	世界历史	2001
386	张广翔	19 世纪八九十年代俄国地主经济的基本特征	东北亚论坛	2001
387	张广翔	帝俄时期的社会结构和社会流动	吉林大学社会科学学报	2001
388	张广翔	19 世纪俄国官吏研究	史学集刊	2001

序号	作者	论文名称	期刊来源	发表年度
389	张广翔	俄国封建晚期城市化缓慢的直接原因	世界历史	2002
390	张广翔	米罗诺夫的《社会史》及其引起的争论	史学理论研究	2002
391	张广翔	俄国婚姻和人口再生产模式的转型	史学集刊	2002
392	张广翔	改革后俄国工人的劳动道德考察	吉林大学社会科学学报	2002
393	张广翔	俄国封建晚期城市化缓慢的间接原因	世界历史	2003
394	张广翔	科瓦里钦科与俄国的农业史研究	史学理论研究	2003
395	张广翔	19 世纪下半期～20 世纪初俄国的立宪主义	吉林大学社会科学学报	2003
396	张广翔	十九世纪俄国村社制度下的农民生活世界——兼论近三十年来俄国村社研究的转向	历史研究	2004
397	张广翔	19 世纪～20 世纪初俄国税制与经济增长	吉林大学社会科学学报	2004
398	张广翔	列·约·鲍罗德金教授在吉林大学讲学述要	世界历史	2004
399	张广翔	帝俄的现代化——Б. Н. 米罗诺夫吉林大学讲学纪要	世界历史	2004
400	张广翔	俄国农业改革的艰难推进与斯托雷平的农业现代化尝试	吉林大学社会科学学报	2005
401	张广翔	苏联妇女在卫国战争时期的巨大贡献	世界历史	2005
402	张广翔	革命前俄国商业银行运行的若干问题——列别杰夫博士吉林大学讲学侧记	世界历史	2006
403	张广翔	苏联时期及解体后历史编纂学的基本趋势——米罗诺夫吉林大学讲学综述	世界历史	2006
404	张广翔	俄国农民外出打工与城市化进程	吉林大学社会科学学报	2006
405	张广翔	拜占庭文明的特征及对世界文化的影响——卡尔波夫教授吉林大学讲学综述	史学理论研究	2007
406	张广翔	再论俄国城市化缓慢的间接原因——以 19 世纪下半期俄国工业村地位变迁的个案为例	吉林大学社会科学学报	2007
407	张广翔	三十年来国内俄国史研究的简单回顾	史学集刊	2008
408	张广翔	19 世纪末俄国城市化的若干特征	吉林大学社会科学学报	2008
409	张广翔	19 世纪下半期俄国税收改革的若干问题——斯杰潘诺夫博士吉林大学讲学纪要	世界历史	2008
410	张广翔	现代化理论视角下的俄国史研究——И. В. 鲍别列日尼科夫吉林大学讲学纪要	世界历史	2009
411	张广翔	18 世纪末～20 世纪初俄国农业现代化的阶段及其特征	吉林大学社会科学学报	2009
412	张广翔	19 世纪 40 年代～20 世纪初期俄国合作社的思想和实践	俄罗斯中亚东欧研究	2010
413	张广翔	и. д. 科瓦里钦科院士对马克思主义的新阐释	世界历史	2010
414	张广翔	19 世纪末～20 世纪初俄国农业发展道路之争	吉林大学社会科学学报	2010
415	张广翔	1905～1907 年前俄国的历史选择	俄罗斯中亚东欧研究	2010
416	张广翔	19～20 世纪初俄国公民社会的发展（译文）	社会科学战线	2011
417	张广翔	苏联在二战战俘遣返问题上的三重考量（1945～1956）	史学月刊	2011
418	张广翔	非传统史学研究方法的突破——米罗诺夫教授吉林大学讲学述要	世界历史	2011

序号	作者	论文名称	期刊来源	发表年度
419	张广翔	俄罗斯公民日常生活中的贿赂与非正式支付	吉林大学社会科学学报	2011
420	张广翔	俄中两国早期工业化比较:先决条件与启动模式	吉林大学社会科学学报	2011
421	张广翔	分析历史学视角下的苏联改革与解体原因(译文)	社会科学战线	2011
422	张广翔	1894～1914年俄国酒销售垄断的初衷效果	世界历史	2012
423	张广翔	现代史学方法论视角下的人口循环理论(译文)	史学集刊	2012
424	张广翔	18世纪下半期至19世纪初欧俄水运与经济发展——以伏尔加河—卡马河水路为个案	贵州社会科学	2012
425	张广翔	苏联策反战俘的方法及成效(1941～1956)	社会科学战线	2012
426	张广翔	19世纪上半期欧俄河运、商品流通和经济发展	俄罗斯中亚东欧研究	2012
427	张广翔	世界海洋危机	社会科学战线	2012
428	张广翔	19世纪末至20世纪初俄国的证券市场——ЛИ 鲍罗特金吉林大学讲学综述	世界历史	2012
429	张广翔	现代化视角下的俄国革命原因	史学集刊	2012
430	张广翔	俄国革命的原因	史学月刊	2012
431	张广翔	19～20世纪初俄国居民的生活水平——基于人体测量数据的分析	史学月刊	2012
432	张广翔	论战后初期美国苏联学的冷战化——以"哈佛苏联社会制度项目"为中心的分析	史学理论研究	2012
433	张广翔	革命前俄国石油工业和石油市场	吉林大学社会科学学报	2012
434	张广翔	19世纪60～90年代俄国石油工业发展及其影响	吉林大学社会科学学报	2012
435	张广翔	19世纪末20世纪初俄国工人的社会保险和保障	史学集刊	2013
436	张广翔	19世纪末20世纪初俄国私有铁路的财政监督措施	江汉论坛	2013
437	张广翔	俄罗斯的控烟政策	社会科学战线	2013
438	张广翔	19世纪末20世纪初莫斯科省农民打工的若干问题	史学月刊	2013
439	张广翔	1861～1904年间的俄国乡村神父	吉林大学社会科学学报	2013
440	张广翔	俄国修道院的文化功能	吉林大学社会科学学报	2013
441	张广翔	互联网时代的网络依赖性及人格缺失	社会科学战线	2013
442	张广翔	1917年前俄国商业银行的投资业务:最优模式探索	史学集刊	2014
443	张广翔	20世纪中苏联史学研究中引经据典问题	社会科学战线	2014
444	张广翔	19世纪末20世纪初俄国乡村教师的社会地位	河南师范大学学报	2014
445	张广翔	论19世纪末20世纪初俄国的石油工业垄断	求是学刊	2014
446	张广翔	19世纪初俄国的教育改革及其评价	俄罗斯中亚东欧研究	2014
447	张广翔	影响健康生活方式的宏观因素	社会科学战线	2014
448	张广翔	19世纪末20世纪初俄国工人的生活水平	史学集刊	2014
449	张广翔	俄国学者关于俄国农民农奴化史的争论	吉林大学社会科学学报	2014
450	张广翔	19世纪至20世纪初俄国的交通运输与经济发展	社会科学战线	2014
451	张广翔	美国俄国史研究的历史回顾	史学理论研究	2015
452	张广翔	19世纪下半期俄国工商业税改刍议	俄罗斯中亚东欧研究	2015

序号	作者	论文名称	期刊来源	发表年度
453	张广翔	19 世纪下半期俄国工商业管理权之争及其影响	河南师范大学学报	2015
454	张广翔	论 19 世纪末 20 世纪初俄国的工业垄断	江汉论坛	2015
455	张广翔	19 世纪俄国保护关税政策问题	史学集刊	2015
456	张广翔	微观史学的研究对象和方法	史学月刊	2015
457	张广翔	"战争之王"的较量——扭转第二次世界大战胜负的苏德坦克战	东北亚论坛	2015
458	张广翔	19 世纪末 20 世纪初俄国工业垄断资本与国家	求是学刊	2015
459	张广翔	"公共史学"刍议	社会科学战线	2015
460	张广翔	百年以来的中国俄国史研究	史学月刊	2015
461	张广翔	俄国学者关于俄国 1861 年农民改革的争论	吉林大学社会科学学报	2015
462	张广翔	俄国史学界关于等级和阶级问题研究述评	贵州社会科学	2015
463	张广翠	从"五普"数据看吉林省劳动力数量及构成变化	人口学刊	2003
464	张广翠	美国、日本欠发达地区开发的经验对我国西部开发的启示	东北亚论坛	2003
465	张广翠	以色列对荒漠的开发治理及其主要经验	人口学刊	2004
466	张广翠	日本开发落后地区的主要政策及经验	现代日本经济	2004
467	张广翠	东北地区农业可持续发展的道路选择	人口学刊	2005
468	张广翠	东北亚农业合作的现状与展望	东北亚论坛	2005
469	张广翠	中国粮食安全的现状与前瞻	人口学刊	2005
470	张广翠	中韩教育合作与交流的现状、问题与对策	东北亚论坛	2006
471	张广翠	东北振兴过程中的对外开放:中蒙合作	东北亚论坛	2007
472	张广翠	中国台湾地区人口老龄化及面临的挑战	人口学刊	2008
473	张广翠	欧盟区域政策对我国区域发展的启示	东北亚论坛	2008
474	张广翠	蒙古国人口健康状况分析	人口学刊	2009
475	张广翠	蒙古国的失业问题:现状、原因及对策	亚太经济	2009
476	张玉国	日本的有事法制:历史、现实、未来	东北亚论坛	2003
477	张玉国	核问题与美朝关系	东北亚论坛	2003
478	张玉国	挑战与应战:变化中的日本政治	东北亚论坛	2004
479	张玉国	国际法视角下的六方会谈	东北亚论坛	2005
480	张玉国	日本军工产业规模分析	现代日本经济	2005
481	张玉国	安倍政权与日本的亚洲外交	现代日本经济	2006
482	张玉国	析东北老工业基地振兴中的政府危机管理——以"哈尔滨停水事件"为中心	东北亚论坛	2006
483	张玉国	朝鲜半岛永久和平机制的构建:动力与困境	当代亚太	2007
484	张玉国	上海合作组织能源俱乐部建设:问题与前景	俄罗斯研究	2007
485	张玉国	积极型变位战略:安倍政治与日本的战略转型	东北亚论坛	2014
486	张军元	浅析日本中小企业政策性金融	现代日本经济	2003
487	张宝仁	韩国公有企业民营化及其效果分析	东北亚论坛	2002

续表

序号	作者	论文名称	期刊来源	发表年度
488	张宝仁	朝韩经济合作现状与前景分析	东北亚论坛	2003
489	张宝仁	浅析近来朝鲜经济发展理论与政策出现的新变化及其走势	东北亚论坛	2004
490	张宝仁	朝日两国经贸合作现状与前景分析	现代日本经济	2005
491	张宝仁	近期中期经贸合作现状及其发展趋势剖析	东北亚论坛	2005
492	张宝仁	朝鲜国外科技引进现状及其发展趋势	东北亚论坛	2006
493	张宝仁	近期朝鲜经济发展变化及中韩的作用	东北亚论坛	2007
494	张宝仁	近期中韩经贸合作现状与前景分析	东北亚论坛	2008
495	张宝仁	俄与朝韩经贸合作发展状况剖析	东北亚论坛	2009
496	张建政	长春市建设区域性物流中心的目标定位及对策分析	东北亚论坛	2003
497	张建政	中日高科技密集商品贸易的比较优势分析	现代日本经济	2005
498	张建政	"高增长"下的"低发展"——东北区域金融发展特征的数据分析	当代经济研究	2006
499	张建政	一部关于俄罗斯转轨经济研究的拓新之作——《俄罗斯银行体制和信贷企业研究》评析	东北亚论坛	2006
500	张建政	人口增长压力下的环境治理途径分析与启示	人口学刊	2006
501	张景全	20世纪日本对外结盟初探	世界经济与政治	2004
502	张景全	日本对德结盟与日本对美结盟的关系	日本学刊	2007
503	张景全	日本对美结盟的经济原因分析	现代日本经济	2007
504	张景全	日本对德结盟述论	史学集刊	2007
505	张景全	欧美列强的东亚地缘及海军战略（19~20世纪中叶）	东北亚论坛	2007
506	张景全	日本对外结盟原因的民族观念分析	世界民族	2008
507	张景全	经济与国际机制对同盟基础的冲击与培植	教学与研究	2008
508	张景全	从同盟角度看日澳结盟趋向的原因及影响	东北亚论坛	2008
509	张景全	近代日本对俄结盟初探	吉林大学社会科学学报	2008
510	张景全	同盟视野探析	东北亚论坛	2009
511	张景全	核武器对同盟的影响——以朝核问题与日美同盟的互动为例	当代亚太	2009
512	张景全	金融危机对日美同盟的影响	日本学刊	2010
513	张景全	观念与同盟关系探析	世界经济与政治	2010
514	张景全	内政与同盟关系述论——基于政权更替、政权类型及军事利益集团的视角	教学与研究	2011
515	张景全	二战后中日结盟观比较研究——以中苏同盟、日美同盟为例	东北亚论坛	2012
516	张景全	日美同盟与美国重返亚洲战略	国际问题研究	2012
517	张景全	试论日本对外结盟思想的发轫	日本学刊	2013
518	张景全	美国亚洲再平衡战略及美韩同盟在其中的作用	教学与研究	2013
519	张景全	美菲同盟强化及其在美国亚太再平衡战略中的作用	南洋问题研究	2014
520	张景全	关于美日、美韩同盟的几点思考	东北亚论坛	2014

序号	作者	论文名称	期刊来源	发表年度
521	张景全	日本放宽武器出口禁令及其对日美同盟的影响	日本学刊	2014
522	张景全	美日同盟新空域：网络及太空合作	东北亚论坛	2015
523	张景全	遭遇困境：美国亚太再平衡战略再评估	南洋问题研究	2015
524	张福顺	19 世纪俄国保护关税政策述论	东北亚论坛	2001
525	张慧智	朝韩经济交流与合作的现状及展望	东北亚论坛	2001
526	张慧智	韩美贸易摩擦及今后的发展方向	东北亚论坛	2003
527	张慧智	在华韩资企业的投资经营分析	东北亚论坛	2004
528	张慧智	东北地区引进外资的区位优势分析	东北亚论坛	2005
529	张慧智	海外直接投资成果因素分析——以在华韩资制造业企业为中心	管理世界	2005
530	张慧智	中日韩三国外国直接投资比较	现代日本经济	2005
531	张慧智	朝鲜的经济变化与中国的作用	亚太经济	2006
532	张慧智	中日韩 FTA 对产业的影响分析	东北亚论坛	2006
533	张慧智	中日韩自由贸易协定中的农产品贸易问题分析	现代日本经济	2006
534	张慧智	东北振兴过程中的对外开放：中朝合作	东北亚论坛	2007
535	张慧智	走出外资引进的困境——以吉林省外资企业为中心的调查报告	吉林大学社会科学学报	2007
536	张慧智	中韩对朝经济合作探析	东北亚论坛	2008
537	张慧智	国际社会对朝鲜发展援助探寻	东北亚论坛	2009
538	张慧智	韩国海外能源资源开发战略研究	当代经济研究	2009
539	张慧智	朝鲜国家战略调整探析	现代国际关系	2010
540	张慧智	新时期朝鲜经济发展战略调整	东北亚论坛	2010
541	张慧智	长吉图开发开放先导区建设的周边国际环境	吉林大学社会科学学报	2010
542	张慧智	中日韩东亚共同体构想指导思想比较	东北亚论坛	2011
543	张慧智	朝鲜经济发展方式探析	东北亚论坛	2011
544	张慧智	朝鲜半岛战略调整与东北亚大国关系互动	社会科学战线	2012
545	张慧智	近期朝鲜半岛形势分析	东北亚论坛	2012
546	张慧智	中美对朝政策竞争与合作的态势分析	东北亚论坛	2012
547	张慧智	中韩关系二十年：成就与问题	现代国际关系	2013
548	张慧智	韩国宏观审慎政策构建、实施及发展方向分析	社会科学战线	2013
549	张慧智	朴槿惠政府的东北亚外交政策新课题	东北亚论坛	2014
550	张慧智	中日韩合作伙伴关系新思考	东北亚论坛	2014
551	张慧智	美国"亚太再平衡"战略与东亚地区秩序走向	社会科学战线	2014
552	张慧智	论美国国家安全战略的第三支柱——"9.11"以来美国 ODA 政策的调整与评估	世界经济与政治论坛	2015
553	张慧智	北极航线的东北亚区域合作探索	东北亚论坛	2015
554	李天籽	自然资源丰裕度对中国地区经济增长的影响及其对传导机制研究	经济科学	2007
555	李天籽	欧佩克对国际石油价格的影响分析	东北亚论坛	2007

序号	作者	论文名称	期刊来源	发表年度
556	李天籽	上海合作组织框架下的能源与交通合作——"中国与周边国家区域合作论坛"综述	东北亚论坛	2007
557	李天籽	中国城市化的用地效率与农地保护	求索	2011
558	李天籽	激励结构与中国地方政府对内对外行为差异	中国行政管理	2012
559	李天籽	自然资源禀赋、制度和经济转轨——俄罗斯资源依赖型的经济增长	求是学刊	2012
560	李天籽	中国地区资源诅咒问题：制度解析与政策建议	求索	2014
561	李天籽	地理距离、边界效应与中国沿边地区跨境次区域合作——兼论珲春国际合作示范区的发展	东北亚论坛	2014
562	李天籽	中国东北地区参与东北亚次区域合作的边界效应	学习与探索	2014
563	李天籽	中国沿边的跨境经济合作的边界效应	经济地理	2015
564	李玉谭	东北亚地区社会经济环境变化与吉林省发展战略	东北亚论坛	2008
565	李玉潭	资本法人化与当代日本资本主义——评《现代日本企业产权制度研究—日本"公司主义"的经济学分析》	现代日本经济	2003
566	李玉潭	日本中小企业的历史地位及其在经济再生中的作用	现代日本经济	2003
567	李玉潭	区域经济一体化时代的东北亚区域经济合作	东北亚论坛	2003
568	李玉潭	吉林省国有企业改革与发展的分析	东北亚论坛	2004
569	李玉潭	一部深刻剖析日本经济的力作——评《日本经济——过去·现状·未来》一书	现代日本经济	2004
570	李玉潭	中日能源：从竞争走向合作——东北亚能源共同体探讨	东北亚论坛	2004
571	李玉潭	日本中小企业专业化合作方式的变化与经营革新	现代日本经济	2004
572	李玉潭	美、日中小企业技术创新比较研究	现代日本经济	2005
573	李玉潭	东北老工业基地振兴与中日韩区域经济合作	吉林大学社会科学学报	2005
574	李玉潭	构建东北亚IT共同体的设想及影响其制度化的因素	东北亚论坛	2005
575	李玉潭	振兴东北战略与吉林省对日合作的发展	现代日本经济	2006
576	李玉潭	日本政策金融改革的进展及其意义	现代日本经济	2006
577	李玉潭	东北亚地区和平与发展第12次国际学术会议综述	东北亚论坛	2006
578	李玉潭	东北地区边境口岸体系的建设及存在的问题	东北亚论坛	2007
579	李玉潭	《现代日本经济》创刊25周年的回顾与展望	现代日本经济	2007
580	李玉潭	日本对政策金融机构的重组及其启示	现代日本经济	2007
581	李玉潭	地缘政治视角下的东北亚国家关系与国家战略——《东北亚地缘政治与中国地缘战略》评介	东北亚论坛	2008
582	李志恒	经济全球化与区域经济一体化关系的协调——兼论全球化对东北亚区域经济合作的影响	东北亚论坛	2006
583	李秀霞	吉林省四平城市化进程中人口变动与产业结构、土地利用变动关系研究	人口学刊	2005
584	李国宏	列宁文化革命概念辨析	东北亚论坛	2007
585	李英武	中韩经贸合作的现状和发展前景	东北亚论坛	2003
586	李英武	古代中韩文化交流探析	东北亚论坛	2005

序号	作者	论文名称	期刊来源	发表年度
587	李英武	推进东北亚区域旅游合作的若干思考	东北亚论坛	2006
588	李雨潼	唐朝至清朝东北地区人口迁移	人口学刊	2004
589	李雨潼	东北地区资源型城市就业问题与对策分析	人口学刊	2007
590	李雨潼	我国资源型城市的劳动力就业问题探析	人口学刊	2008
591	李雨潼	金融危机对我国劳动力就业的影响	人口学刊	2009
592	李雨潼	东北地区能源消费格局下的低碳经济发展路径选择	吉林大学社会科学学报	2010
593	李雨潼	从抚养比变化看东北地区人口老龄化	人口学刊	2010
594	李雨潼	东北地区离婚率特征分析及原因思考	人口学刊	2011
595	李雨潼	基于 3E 协调度分析的黑龙江省低碳经济发展路径研究	求是学刊	2013
596	李雨潼	中国人口性别结构分析	人口学刊	2013
597	李春隆	苏联文化革命与苏联解体	东北亚论坛	2002
598	李春隆	关于勃列日涅夫时期的"官僚特权阶层"问题	东北亚论坛	2003
599	李春隆	简论苏联干部委任制的形成	东北亚论坛	2004
600	李春隆	论列宁对社会主义"官"制的探索	东北亚论坛	2005
601	李春隆	苏俄第一次对华宣言最初文本的历史考察	中共党史研究	2005
602	李春隆	20 世纪初俄国政治制度透析——根据六部制宪文件	东北亚论坛	2008
603	李晓绩	蒙古国人口发展面临的问题及人口政策	人口学刊	2009
604	李晗斌	东北亚交通物流体系研究	东北亚论坛	2007
605	李晗斌	蒙古国产业结构演进研究	东北亚论坛	2009
606	李梅花	韩国提高人口素质的主要举措及经验	人口学刊	2010
607	李　萍	日本"入关"后产业政策与贸易政策的阶段性动态调整	东北亚论坛	2003
608	李　萍	日本"入关"后产业政策与贸易政策的调整	亚太经济	2003
609	李银珩	韩国对中国投资的现状及展望	东北亚论坛	2006
610	李银珩	婴儿潮与人口高龄化对美国经济的影响	人口学刊	2006
611	李雪威	韩国对朝政策转变及李明博政府对朝政策走向	社会科学战线	2009
612	李雪威	新贸易环境下中韩 FTA 促进战略评析	东北亚论坛	2013
613	李雪威	战略灵活:朴槿惠政府对朝政策重塑	东北亚论坛	2014
614	李雪威	美韩同盟新拓展:网络空间安全合作	东北亚论坛	2015
615	李　琳	《易经》对中国古代商贸思想的影响	经济问题探索	2010
616	李　琳	圣王创制论的起源及影响——中国古代关于货币起源的一种主要观点	经济问题探索	2010
617	李　辉	论我国城市化进程中的"泛小城镇化"现象、问题及其对策	人口学刊	2002
618	李　辉	俄罗斯的人口问题:历史、现状与前瞻	东北亚论坛	2002
619	李　辉	中国人口城市化综述	人口学刊	2003
620	李　辉	加入 WTO 后我国汽车零部件企业的发展模式	吉林大学社会科学学报	2003
621	李　辉	论我国人力资源结构性矛盾与经济可持续发展	人口学刊	2004
622	李　辉	我国城市可持续发展对策研究	经济纵横	2004
623	李　辉	21 世纪"国家生态环境安全"问题的人口因素分析与对策选择	生态经济	2004

序号	作者	论文名称	期刊来源	发表年度
624	李辉	人力资本积累在战后日本经济追赶中的驱动作用及其启示	现代日本经济	2004
625	李辉	韩国工业化过程中人口城市化进程的研究	东北亚论坛	2005
626	李辉	中国人口转变研究综述	人口学刊	2005
627	李辉	日本与欧盟资源型城市转型中的就业对策比较	现代日本经济	2006
628	李辉	长春市城乡人口老龄化与老年社会保障问题研究	人口学刊	2006
629	李辉	中国与欧盟人口老龄化问题比较研究	市场与人口分析	2007
630	李辉	吉林延边朝鲜族人口安全问题研究	东北亚论坛	2007
631	李辉	东北地区土地资源承载力与农民市民化问题研究	吉林大学社会科学学报	2007
632	李辉	东北地区生态安全评价研究	吉林大学社会科学学报	2008
633	李辉	东北地区人口城市化水平的特殊性分析	人口学刊	2008
634	李辉	我国城市化过程的区域生态安全效应研究——以东北地区为例	吉林大学社会科学学报	2010
635	李辉	中国人口老龄化城乡倒置现象研究	吉林大学社会科学学报	2012
636	李新伟	我国农村剩余劳动力转移的途径及面临的困境	人口学刊	2001
637	李新伟	我国人口城市化水平与发展方向探析	人口学刊	2002
638	李新伟	中日人口老龄化比较研究	东北亚论坛	2002
639	李新伟	日本养老保障制度的发展及其启示	现代日本经济	2002
640	李新伟	家庭养老研究的拓新之作——《家庭养老制度的传统与变革》评析	人口学刊	2003
641	李新伟	《区域发展模式的社会学分析》评介	东北亚论坛	2004
642	李新伟	东北地区人力资源结构及省际差异比较研究	东北亚论坛	2006
643	李新伟	城市农民工的基本权益保障研究	人口学刊	2006
644	李新伟	解决就业问题的有益尝试——评张呈琮的新作《人力资源开发与就业研究》	人口学刊	2008
645	杨东亮	中日全要素生产率测算与比较	现代日本经济	2011
646	杨东亮	我国利率期限结构特征识别与启示	吉林大学社会科学学报	2011
647	杨东亮	东北振兴政策实践效果评价与政策启示——基于全要素生产率增长的全国比较	东北亚论坛	2011
648	杨东亮	日本政府债务可持续性的实证检验	现代日本经济	2013
649	杨东亮	东北经济失速的投资性根源	东北亚论坛	2015
650	杨东亮	北京地区流动人口幸福感的影响因素研究	人口学刊	2015
651	杨振凯	日本九州老工业基地改造政策分析	现代日本经济	2006
652	杨振凯	东北老工业基地在东北亚经济合作中的区位优势重构	东北亚论坛	2007
653	杨雪	欧盟国家人口老龄化及其对社会经济政策的影响	人口学刊	2002
654	杨雪	欧盟国家就业率变化及相关政策对其的影响	人口学刊	2002
655	杨雪	欧盟共同就业策略的基础及其发展	人口学刊	2003
656	杨雪	欧盟对失业采取的预防和激励政策分析	人口学刊	2003
657	杨雪	欧盟共同就业策略的形成及其对中、日、韩劳动力合作的启示	东北亚论坛	2003

序号	作者	论文名称	期刊来源	发表年度
658	杨　雪	欧盟提高劳动就业能力的新举措——终身学习策略研究	人口学刊	2004
659	杨　雪	法国东北老工业区振兴中的就业政策——对我国老工业基地振兴的启示	人口学刊	2004
660	杨　雪	欧盟共同就业政策的作用与影响因素分析	人口学刊	2005
661	杨　雪	欧盟中小企业政策对东北地区就业的启示	东北亚论坛	2005
662	杨　雪	吉林省人口城市化水平的分析与预测	人口学刊	2005
663	杨　雪	英国北部及西北部传统工业区改造中的就业政策及启示	人口学刊	2006
664	杨　雪	欧盟职业资格认证体系改革及其对东北亚区域劳动力合作的启示	东北亚论坛	2006
665	杨　雪	欧盟劳动力税收和救济金制度改革及其影响	人口学刊	2006
666	杨　雪	东北三省劳动力供给现状及趋势分析	人口学刊	2007
667	杨　雪	中国城市人口生活质量区域性量化研究	人口学刊	2009
668	杨　雪	我国人口老龄化对经济社会的宏观和微观影响研究	人口学刊	2011
669	杨　雪	中国人口老龄化趋势地区性差异的量化分析	吉林大学社会科学学报	2012
670	杨　雪	吉林省边境地区人口跨境流出及影响因素分析	人口学刊	2013
671	杨　雪	人口迁移对延边朝鲜族育龄妇女生育行为差异的影响程度分析	人口学刊	2014
672	杨　雪	延边朝鲜族地区人口迁移家庭化及影响因素研究	人口学刊	2015
673	杨翠红	罗斯东正教在对外关系中的作用(12～13世纪)	东北亚论坛	2007
674	沈海涛	小泉内阁的政策取向与中日关系的前景	东北亚论坛	2001
675	沈海涛	“9·11”事件后日本对外战略调整与东北亚地区安全	东北亚论坛	2002
676	沈海涛	东北亚国际环境新变化与中国的外交选择	东北亚论坛	2003
677	沈海涛	战后中日关系中的民间交流:特征、作用与课题	现代日本经济	2003
678	沈海涛	东北亚区域政治学研究体系的建构及其他	东北亚论坛	2004
679	沈海涛	从战略的高度看东亚合作与中日安全关系	东北亚论坛	2005
680	沈海涛	东北亚和谐区域的构建与日本外交的课题	现代日本经济	2006
681	沈海涛	东北亚和解与合作:韩国的作用与角色冲突	东北亚论坛	2007
682	沈海涛	东北亚国际关系格局新变化与中国外交	国际论坛	2008
683	沈海涛	日本对华环境外交:构建战略互惠关系的新支柱	东北亚论坛	2008
684	沈海涛	东亚近代文化与城市空间——伪满国都建设及其历史评价	社会科学战线	2010
685	沈海涛	论日本对中国东北移民的侵略本质	吉林大学社会科学学报	2014
686	邱　红	深化户籍管理制度改革　进一步适应市场经济发展	人口学刊	2001
687	邱　红	吉林省人口增长与社会经济发展过程中存在的问题及对策研究	人口学刊	2002
688	邱　红	论中国人口政策理论基础的发展	人口学刊	2002
689	邱　红	吉林省实施跨越式发展的跨越点选择及对策研究	东北亚论坛	2002
690	邱　红	吉林省人才资源状况分析与对策研究	人口学刊	2004
691	邱　红	抓住人口之窗的有利时机发挥劳动力资源优势振兴东北经济	东北亚论坛	2005

续表

序号	作者	论文名称	期刊来源	发表年度
692	邱　红	生殖健康与中国人口发展	人口学刊	2005
693	邱　红	日本人口少子化与养老金制度改革	人口学刊	2006
694	邱　红	俄罗斯的科技资源及对外科技合作政策研究	东北亚论坛	2007
695	邱　红	农村出生性别比失衡的社会性别分析	人口学刊	2007
696	邱　红	吉林省人口安全问题研究	人口学刊	2008
697	邱　红	中韩两国人才交流与合作开发研究	东北亚论坛	2008
698	邱　红	从社会性别视角探析农村妇女向非农产业转移	人口学刊	2009
699	邱　红	生育外部性及生育成本分析	西北人口	2010
700	邱　红	发达国家人口老龄化及相关政策研究	求是学刊	2011
701	邱　松	我国城镇贫困人口现状分析	人口学刊	2005
702	邱　松	欧洲及东亚国家社会保障制度的比较与借鉴	东北亚论坛	2006
703	邵薪运	人力资本与东北地区经济发展	人口学刊	2005
704	邹向阳	财政:曙光已现　危机尤在	现代日本经济	2005
705	陈宏力	信息资源管理与东北亚研究	东北亚论坛	2002
706	陈宏力	日本图书馆事业发展的经验及启示	现代日本经济	2002
707	陈宏力	我国电子商务与企业信息化的现状及发展对策	情报科学	2004
708	陈志恒	美日两国风险投资的比较与借鉴	亚太经济	2001
709	陈志恒	东北亚地区城市特色及发展潜力分析	东北亚论坛	2003
710	陈志恒	国内需求:渐出严冬　乍暖还寒	现代日本经济	2004
711	陈志恒	中日韩自由贸易区的构想与难题	现代日本经济	2004
712	陈志恒	国内需求:景气恢复　前喜后忧	现代日本经济	2005
713	陈志恒	东北亚能源安全与东北亚能源共同体探讨	东北亚论坛	2005
714	陈志恒	中日韩贸易合作:历史、现状及特点	现代日本经济	2006
715	陈志恒	失去的10年:日本经济的长期低迷及其成因	现代日本经济	2007
716	陈志恒	日本低碳经济战略简析	日本学刊	2010
717	陈志恒	日本循环经济的企业运行模式	环境保护	2010
718	陈志恒	日本循环经济技术创新的支撑体系	环境保护	2011
719	陈志恒	日本智能电网的发展机制分析	现代日本经济	2013
720	陈志恒	美国"页岩气革命"的水环境影响及其监督	环境保护	2013
721	陈志恒	解读"安倍经济学":国外学者观点述评	国外社会科学	2013
722	陈志恒	全球区域合作新动向与东北亚面临的新挑战	东北亚论坛	2014
723	陈志恒	美国"反国家资本主义"思潮:缘起、政策实践及战略意图	国外社会科学	2015
724	陈治国	循环经济背景下的日本汽车产业创新	现代日本经济	2011
725	陈治国	日本环境管理战略转型的经验借鉴	环境保护	2013
726	陈英姿	市场失灵的调控对环境资源有效配置的影响	环境科学动态	2004
727	陈英姿	实施可持续发展战略对我国环境政策体系的影响分析	人口学刊	2004
728	陈英姿	东北地区生态环境建设研究	环境科学动态	2005
729	陈英姿	东北亚区域环境合作与东北振兴	东北亚论坛	2006

续表

序号	作者	论文名称	期刊来源	发表年度
730	陈英姿	吉林省相对资源承载力与可持续发展研究	人口学刊	2006
731	陈英姿	我国相对资源承载力区域差异分析	吉林大学社会科学学报	2006
732	陈英姿	发展循环经济　提升自然资源承载力	人口学刊	2007
733	陈英姿	东北地区资源利用效率及对策研究	东北亚论坛	2008
734	陈英姿	低碳经济与我国区域能源利用研究	吉林大学社会科学学报	2009
735	陈英姿	长春市老年人口生活质量评价	人口学刊	2011
736	陈英姿	东北地区现代服务业的空间分布及区域融合研究	吉林大学社会科学学报	2012
737	陈英姿	中国——中亚五国环境合作探析	环境保护	2012
738	陈英姿	东北地区碳排放强度驱动效应测度研究	求是学刊	2012
739	陈英姿	中国养老公共服务供给研究	人口学刊	2013
740	陈英姿	我国新型城镇化战略中的循环经济建设研究	人口学刊	2015
741	陈南恒	国内需求:持续低迷　增长乏力	现代日本经济	2003
742	陈景彦	日军侵华期间强征中国慰安妇问题	东北亚论坛	2001
743	陈景彦	论日本人的历史认识及其感情因素	日本学刊	2002
744	陈景彦	也谈日本《新历史教科书》问题	东北亚论坛	2002
745	陈景彦	德川幕府的"大君外交体制"辨析	东北亚论坛	2003
746	陈景彦	晚清时期中日知识分子的西方观比较研究——以冯桂芬与左久间象山为例	吉林大学社会科学学报	2003
747	陈景彦	19 世纪中日知识分子危机意识比较研究	东北亚论坛	2004
748	陈景彦	中国抗战与日本战败投降问题的再认识	学习与探索	2004
749	陈景彦	20 世纪中日俄(苏)三国关系史分期问题试论	史学集刊	2005
750	陈景彦	20 世纪中、日、俄(苏)三国关系的历史经验	东北亚论坛	2005
751	陈景彦	中日之间的历史认识问题与日本政府的历史观	现代日本经济	2005
752	陈景彦	参拜靖国神社与小泉外交	现代日本经济	2006
753	陈景彦	一项多重角度研究的创新成果——评《伪满时期中国东北地区移民研究——兼论日本帝国主义实施的移民侵略》	东北亚论坛	2006
754	陈景彦	义和团运动时日俄两国对中国的侵略	东北亚论坛	2006
755	陈景彦	西风东渐与中日知识分子的回应	历史研究	2006
756	陈景彦	可贵的创新,明显的缺憾——评《东亚史》	史学集刊	2006
757	陈景彦	国际资本对日俄战争的影响	东北亚论坛	2007
758	陈景彦	喜忧并存之 35 年——中日建交以来的历史回眸	现代日本经济	2007
759	陈景彦	禅儒一致构造与中世日本朱子学	吉林大学社会科学学报	2008
760	陈景彦	江户时代日本知识分子对儒学的态度	东北亚论坛	2008
761	陈景彦	论日本陆军的总体战思想	东北亚论坛	2009
762	陈景彦	浅析伊藤仁斋的朱子学观	史学集刊	2009
763	陈景彦	"宇垣军缩"探析	社会科学战线	2010
764	陈景彦	从江户时代年号看日本对儒学文化的吸收	社会科学辑刊	2011
765	陈景彦	九一八事变前日本、中国与国联关系研究	吉林大学社会科学学报	2011

序号	作者	论文名称	期刊来源	发表年度
766	陈景彦	东靖民间谍案考析	历史研究	2013
767	陈景彦	小日本主义论析	社会科学辑刊	2014
768	陈景彦	日本"尊皇爱国"教育对历史认识的影响——以明治时期的修身教育与战后历史教育为例	东北亚论坛	2014
769	陈景彦	美国第9066号行政命令出台之战时因素探析	学习与探索	2015
770	陈景彦	石桥湛山小日本主义思想的形成	史学集刊	2015
771	周宝余	区域经济理论及应用研究的佳作——评介《区域经济理论与方法》	人口学刊	2002
772	庞俊涛	浅析日本中小企业融资	现代日本经济	2005
773	庞德良	论现代日本企业经营者的性质与地位——兼评日本的"经营者控制论"	现代日本经济	2001
774	庞德良	日本证券市场结构的变化	亚太经济	2001
775	庞德良	论日本公共投资困境与经济衰退长期化	财贸经济	2002
776	庞德良	战后日本北海道开发及其新方向	现代日本经济	2002
777	庞德良	中、日、韩金融合作与东北亚区域经济发展	东北亚论坛	2002
778	庞德良	财政:两难选择 艰难运行	现代日本经济	2003
779	庞德良	财政:运行相对平稳 仍难摆脱危机	现代日本经济	2004
780	庞德良	论战后日本东亚区域合作政策及其走势	东北亚论坛	2004
781	庞德良	论日韩FTA进程中的主要问题及其解决路径	东北亚论坛	2005
782	庞德良	东北亚"钢铁三强"一体化分析	东北亚论坛	2007
783	庞德良	中日、印日商品进出口结构比较分析	现代日本经济	2007
784	庞德良	中日韩产业结构整体性演进与合作关系研究	吉林大学社会科学学报	2007
785	庞德良	中日美经济内外部失衡关系的量化分析及评估	中国软科学	2010
786	庞德良	制度目标冲突与发展政策两难选择——来自中国经济转型的经验性证据	吉林大学社会科学学报	2010
787	庞德良	中国对日韩农产品贸易的比较分析	亚太经济	2010
788	庞德良	日本地方债制度及其变革分析	现代日本经济	2011
789	庞德良	城市化发展的新定位与战略调整	社会科学研究	2011
790	庞德良	日美科技城市发展比较分析	现代日本经济	2012
791	庞德良	纽约都市圈的城市空间结构功能及其演化动力因素	社会科学战线	2012
792	庞德良	强制性限制排放政策在美国的探索与实践	环境保护	2012
793	庞德良	泛太平洋战略性经济合作协定(TPP)与中国的选择	东北师大学报	2013
794	庞德良	日本汽车产业环境经营分析	现代日本经济	2013
795	庞德良	日本量化宽松货币政策评析	社会科学战线	2014
796	庞德良	日本财政支出结构对经济增长影响的回归分析(1969～2011)	现代日本经济	2014
797	庞德良	基于专利分析的日本新能源汽车技术发展趋势研究	情报杂志	2014
798	庞德良	美国航天产业发展特点及对中国的启示	科技进步与对策	2014

序号	作者	论文名称	期刊来源	发表年度
799	庞德良	我国股票市场监管制度的国际比较研究	当代经济研究	2015
800	庞德良	中日总产出波动与服务贸易失衡演变互动关系分析	现代日本经济	2015
801	河泰庆	欧洲煤钢联营及其对东北亚经济一体化的启示	东北亚论坛	2004
802	范力达	西部开发中的人口迁移对策研究	人口学刊	2001
803	范力达	终生迁移者的落叶归根倾向及其认知心理学的解释	人口学刊	2002
804	范力达	外国对华投资的地区分布及其对人口迁移和区域发展的影响	人口学刊	2002
805	范力达	全球化背景下的国际间人口迁移研究	人口学刊	2003
806	郑晓颖	1905～1907 年第一次俄国革命中的全俄农民联盟:农民阶级政治觉悟的提高	历史教学	2008
807	金永花	韩国外籍劳工现状及雇佣许可制度分析	人口学刊	2009
808	侯 力	劳动力流动对人力资本形成与配置的影响	人口学刊	2003
809	侯 力	"中国与周边国家区域合作研讨会"纪要	东北亚论坛	2003
810	侯 力	振兴东北老工业基地的思路与措施	东北亚论坛	2003
811	侯 力	当前我国农村劳动力转移面临的问题及对策	人口学刊	2004
812	侯 力	东北亚地区国际劳务合作对东北振兴的影响	东北亚论坛	2004
813	侯 力	日本经济高速增长时期农业劳动力转移及其启示	现代日本经济	2004
814	侯 力	东北地区城市化的发展方向探析	东北亚论坛	2005
815	侯 力	日本工业化的特点及启示	现代日本经济	2005
816	侯 力	农村劳动力转移过程中存在的社会问题	人口学刊	2005
817	侯 力	析吉林省对外劳务合作中存在的问题	东北亚论坛	2006
818	侯 力	日本劳务派遣业的发展及对我国的启示	现代日本经济	2006
819	侯 力	从"城乡二元结构"到"城市二元结构"及其影响	人口学刊	2007
820	侯 力	东北亚区域合作与发展国际研讨会综述	东北亚论坛	2008
821	侯 力	城市农民工二代移民社会融入的障碍研究	人口学刊	2010
822	侯 力	户籍制度改革的新突破与新课题	人口学刊	2014
823	侯 力	东北地区突出性人口问题及其经济社会影响	东北亚论坛	2015
824	侯庆轩	日本的大学新产业培育制度与产学官合作	东北亚论坛	2001
825	侯庆轩	日本的市场营销创新与企业家	现代日本经济	2001
826	侯庆轩	日本名门企业改革及其背景分析——日本版"企业支配"的确立	现代日本经济	2001
827	侯建明	我国建设社会主义新农村与农村人口安全问题研究	人口研究	2006
828	侯建明	日本人口老龄化对经济发展的影响	现代日本经济	2010
829	侯建明	低生育水平对东北三省人口发展的影响	求是学刊	2012
830	侯建明	"长吉图"地区流动人口公共服务均等化研究	人口学刊	2012
831	侯建明	通货膨胀对中国经济的影响及治理对策	学习与探索	2014
832	姜妮伶	延边朝鲜族人口可持续发展研究	东北亚论坛	2006
833	姜妮伶	延边城市化发展问题及对策	人口学刊	2006
834	姜梅华	蒙古国参与东北亚区域合作战略走向分析	东北亚论坛	2014

序号	作者	论文名称	期刊来源	发表年度
835	姜梅华	经济增长、货币供给对通货膨胀的冲击反应研究——基于美国与中、日、韩三国的 GVAR 实证分析	现代日本经济	2014
836	段海燕	东北亚环境合作模式的前景分析与推进路径	环境保护	2009
837	洪英芳	中日韩人力资源开发与失业压力转化趋势研究——我国就业非农化时期的开发模式选择	人口学刊	2002
838	洪英芳	新时期人力资源开发与提高经济增长质量和效益研究	人口学刊	2002
839	洪英芳	论新时期的人力资源开发与有效就业	人口学刊	2003
840	洪英芳	我国新时期的人力资源开发与扩大效益就业	人口学刊	2003
841	禹　森	一部分析"东亚模式"与我国经济发展关系的力作——读《东亚区域产业循环与中国工业振兴》一书	现代日本经济	2001
842	胡仁霞	从俄罗斯经济的对外依赖性看其未来走势	东欧中亚研究	2002
843	胡仁霞	俄远东地区与东北亚区域经济合作的现状及制约因素	亚太经济	2002
844	胡仁霞	俄罗斯调整经济结构的目标、措施与障碍分析	东北亚论坛	2003
845	胡仁霞	俄罗斯经济增长方式的转变及其体制分析	俄罗斯中亚东欧研究	2004
846	胡仁霞	中俄市场化程度的比较分析	东北亚论坛	2005
847	胡仁霞	经济特区——我国对俄投资合作的新空间	国际经济合作	2006
848	胡仁霞	日本与东盟 FTA 协商的新进程及其预期成效	现代日本经济	2006
849	胡仁霞	国际油价走势对俄罗斯产业结构的影响分析	东北亚论坛	2006
850	胡仁霞	俄罗斯人口形势与中俄劳务合作前景	人口与经济	2007
851	胡仁霞	中俄哈三国经贸合作:现状、问题与发展对策	国际经济合作	2007
852	胡仁霞	俄罗斯远东的经济发展与中国人的作用	华侨华人历史研究	2007
853	胡仁霞	中俄两国货币国际化的形势分析	东北亚论坛	2007
854	胡仁霞	争取国际铁矿石定价权策略分析	国际经济合作	2008
855	胡仁霞	俄罗斯总统大选及今后 4 年的内外政策走向	东北亚论坛	2008
856	胡仁霞	保持和扩大韩国旅华客源市场思路与对策分析	人口学刊	2009
857	胡仁霞	俄罗斯新一届政府反腐败措施及其预期成效	东北亚论坛	2009
858	胡仁霞	俄罗斯新一轮私有化的动因、特点与商机	俄罗斯中亚东欧研究	2010
859	胡仁霞	俄罗斯亚太战略的利益、合作方向与前景	东北亚论坛	2012
860	胡仁霞	乌克兰事件后俄罗斯经济形势及对外合作战略走向	东北亚论坛	2014
861	胡　方	日本地域开发政策及其对我国西部大开发的启示	现代日本经济	2001
862	胡　方	入世以来的中外经济摩擦:现状、原因与对策	东北亚论坛	2005
863	赵东波	加入 WTO 与图们江地区人才资源开发战略	人口学刊	2001
864	赵东波	俄罗斯私有化改革评析	长白学刊	2001
865	赵东波	图们江地区国际开发与合作的现状及走势	长白学刊	2002
866	赵东波	图们江地区开发的新进展和存在的问题	东北亚论坛	2002
867	赵东波	加强区域合作共创"东北工业经济圈"	东北亚论坛	2003
868	赵东波	牵手东北亚　双赢共繁荣——"中国吉林·东北亚投资贸易博览会"国际会议纪要	东北亚论坛	2005
869	赵东波	中俄"国家年"　合作新起点	东北亚论坛	2006

序号	作者	论文名称	期刊来源	发表年度
870	赵东波	合作共赢:打造东北对外开发新门户	东北亚论坛	2007
871	赵东波	数字化呼唤传统期刊走向创新	情报资料工作	2008
872	赵东波	经济发展与民生福利的改善——纪念改革开放 30 周年	经济纵横	2008
873	赵东波	梅普共治　开启中俄关系新时代	东北亚论坛	2008
874	赵东波	市场经济模式的普适经验及中国的实践	当代经济研究	2010
875	赵东波	回顾创新历程　再铸辉煌硕果——吉林大学东北亚研究院(含东北亚研究中心)参与图们江区域开发开放学术研究创新纪要	东北亚论坛	2010
876	赵　杨	对粮食直补资金使用效益的分析——以吉林省双辽市为例	社会科学战线	2014
877	赵　杨	中国粮食稳产增产的路径选择	学习与探索	2015
878	赵　芳	日本"开发性进口"的发展与我国的对策	东北亚论坛	2001
879	赵　芳	日本渔业的生产经营与课题	现代日本经济	2001
880	赵　芳	日本的农地利用及其促进对策	现代日本经济	2002
881	赵俊亚	维特与华俄道胜银行	东北亚论坛	2006
882	赵程华	提升人力资本的制度瓶颈及对策	人口学刊	2003
883	赵　磊	制度变迁理论与经济转轨	中国青年政治学院学报	2002
884	赵儒煜	东北三省产业发展状况与对策分析	当代经济研究	2001
885	赵儒煜	东北亚区域交通运输合作中存在的问题及出路	东北亚论坛	2002
886	赵儒煜	总体形势:病久源现　良策待决	现代日本经济	2003
887	赵儒煜	关于产业结构理论问题的思考	税务与经济	2003
888	赵儒煜	总体:萧条过底　景气待为	现代日本经济	2004
889	赵儒煜	东北振兴与国有企业改制	税务与经济	2004
890	赵儒煜	总体形势:大势向前　才起又落	现代日本经济	2005
891	赵儒煜	东北亚交通物流合作框架研究	东北亚论坛	2007
892	赵儒煜	战后初期日本经济恢复机理刍议	现代日本经济	2007
893	赵儒煜	循环经济的局限性及其出路	税务与经济	2007
894	赵儒煜	东北地区经济一体化与长吉图开发开放先导战略	社会科学辑刊	2010
895	赵儒煜	长吉图开发开放先导区的产业发展战略	吉林大学社会科学学报	2010
896	赵儒煜	要素流动与区际经济增长	求索	2011
897	赵儒煜	长吉图先导区工业发展战略与重点领域研究	经济纵横	2011
898	赵儒煜	日本都道府县劳动力流动与区域经济集聚——基于空间计量经济学的实证研究	人口学刊	2012
899	赵儒煜	中国人口老龄化区域溢出与分布差异的空间计量经济学研究	人口研究	2012
900	赵儒煜	东北亚地区发展的国际背景	东北亚论坛	2012
901	赵儒煜	"后工业化"理论与经济增长:基于产业结构视角的分析	社会科学战线	2013
902	赵儒煜	区域异质性视角下在华 FDI 区域选择倾向分析	当代经济研究	2014
903	赵儒煜	产业结构与碳排放关系研究述评	经济纵横	2014

序号	作者	论文名称	期刊来源	发表年度
904	赵儒煜	去工业化与再工业化：欧洲主要国家的经验与教训	当代经济研究	2015
905	赵儒煜	产业脆弱性对欧债危机的作用机理分析	社会科学辑刊	2015
906	逄锦彩	自由银行业思想述评	当代经济研究	2008
907	逄锦彩	从日元升值透析当前我国人民币升值及其影响	现代日本经济	2010
908	徐文吉	日朝关系的发展及其意义	东北亚论坛	2001
909	徐文吉	朝鲜的国土规划与开发	东北亚论坛	2002
910	徐文吉	中朝经贸关系的发展及其努力方向	东北亚论坛	2003
911	徐文吉	去冬今春朝鲜形势管窥	东北亚论坛	2003
912	徐文吉	东北振兴战略与中、朝、韩合作前景	东北亚论坛	2005
913	徐文吉	俄罗斯的朝鲜半岛政策调整及其目标构图	俄罗斯中亚东欧研究	2005
914	徐文吉	美朝核风波的实质与六方会谈的出路	东北亚论坛	2006
915	徐文吉	朝鲜的核、导战略态势及其影响	东北亚论坛	2007
916	徐文吉	中韩建交15周年双边关系盘点与前景展望	东北亚论坛	2007
917	徐永智	对主成分分析三点不足的改进	科技管理研究	2009
918	徐 虹	论日本法律中的图书馆社会服务职能	现代日本经济	2003
919	徐 虹	研究型大学图书馆员综合素质培养研究	情报科学	2006
920	徐 虹	日本由图书馆自由到读者权利运动的演变	现代日本经济	2006
921	徐 虹	发达国家数字图书馆的建设与启示	东北亚论坛	2006
922	徐晓红	乡城流动人口生育行为的经济分析	人口学刊	2004
923	徐 博	中俄北极合作的基础与路径思考	东北亚论坛	2014
924	徐 博	论苏中在二战战胜法西斯主义和日本军国主义中的作用——"纪念世界反法西斯战争暨中国人民抗日战争胜利70周年"俄中国际学术论坛	东北亚论坛	2015
925	徐 磊	从《薛福成日记》看光绪朝前期的对日情报收集	社会科学战线	2010
926	徐 磊	简析甲午战前的"征日论"	东北师大学报	2010
927	殷立春	日本式经营：不断调整 渐进变革	现代日本经济	2003
928	殷立春	日本企业雇佣制度的新变化	现代日本经济	2003
929	殷立春	日本护理保险制度制定的原因分析及启示	东北亚论坛	2004
930	殷立春	企业雇佣：总体趋暖 局部失衡	现代日本经济	2004
931	殷立春	金融自由化与金融监管体制改革——以日本为实例的分析	现代日本经济	2004
932	殷立春	雇佣：失业率稳定改善 就业形势严峻依然	现代日本经济	2005
933	袁丽丽	19世纪60年代~20世纪初期俄国的信用合作化运动	河南师范大学学报	2010
934	郭明新	中美证券发行制度比较研究	东北亚论坛	2005
935	郭 琳	日韩环境政策对中国的启示	环境保护	2008
936	郭 琳	中日韩三国劳动力结构比较分析及启示	求是学刊	2009
937	顾杨妹	日本人口与资源、环境的可持续发展研究	人口学刊	2005

序号	作者	论文名称	期刊来源	发表年度
938	顾杨妹	日本构建循环型社会对我国的启示	现代日本经济	2007
939	高秀清	试析中日邦交正常化过程中美国政策转轨之因素	社会科学战线	2001
940	高秀清	试析战后初期美国设立对日"救济基金"、"复兴基金"的作用和特点	现代日本经济	2001
941	高秀清	在中国重返联合国历程中美日等国所实施的阻挠策略浅议	东北亚论坛	2002
942	高宝安	日本银企信用关系的约束机制分析	现代日本经济	2007
943	高科	"9·11"事件与东北亚地区间的大国关系	东北亚论坛	2002
944	高科	2002 年东北亚地区政治局势述评	东北亚论坛	2003
945	高科	2003 年东北亚政治安全环境的变化与特点	东北亚论坛	2004
946	高科	2004 年美、日、韩 3 国的军事发展动向与东北亚政局	东北亚论坛	2005
947	高科	中日关系的 10 年回顾与反思	现代日本经济	2005
948	高科	冷战后的世界地缘政治形势评析	东北亚论坛	2005
949	高科	愤怒与冲突背后的博弈——2005 年中日、韩日关系中的全面较量	东北亚论坛	2006
950	高科	"9·11"后的俄罗斯军事安全战略实践探索	东北亚论坛	2007
951	高科	地缘政治视角下的美俄中亚博弈——兼论对中国西北边疆安全的影响	东北亚论坛	2008
952	高科	欧盟亚太外交中的朝鲜半岛政策	东北亚论坛	2010
953	高科	日俄国家主义的形态特征及相互关系辨析	东北亚论坛	2011
954	高科	是战略继承还是策略调整？——日本民主党政府东北亚安全政策述评	东北亚论坛	2013
955	高科	大国关系夹缝中的蒙古国与北约	东北亚论坛	2014
956	崔建	简析日本的对内跨国并购	现代日本经济	2002
957	崔健	外国对日本直接投资新动向及其原因分析	东北亚论坛	2001
958	崔健	日本经济走势分析	现代日本经济	2001
959	崔健	东北亚区域投资合作理论与对策分析	东北亚论坛	2002
960	崔健	国际直接投资：环境多变　起伏不定	现代日本经济	2003
961	崔健	简析日本地方自治体积极引进外国直接投资与地区经济振兴	现代日本经济	2003
962	崔健	国际直接投资：峰回路转　小幅回升	现代日本经济	2004
963	崔健	日本吸引外国直接投资的环境分析	现代日本经济	2004
964	崔健	外国直接投资对东亚和拉美国家经济安全影响的制度分析	东北亚论坛	2004
965	崔健	国际直接投资：流出下降　流入剧增	现代日本经济	2005
966	崔健	振兴东北经济战略与中日韩投资合作	吉林大学社会科学学报	2005
967	崔健	外国直接投资对发展中国家国民经济结构安全的影响	经济纵横	2005
968	崔健	日本引进外国直接投资与经济结构改革	现代日本经济	2005
969	崔健	日本经济安全保障理论辨析	东北亚论坛	2006

序号	作者	论文名称	期刊来源	发表年度
970	崔　健	战后日本经济安全保障理论和政策的历史考察	现代日本经济	2006
971	崔　健	影响外商直接投资规模和效应的制度因素	国际经济合作	2007
972	崔　健	中、日、韩企业环境经营比较分析——以问卷调查为基础	东北亚论坛	2007
973	崔　健	论现代日本的阶级（阶层）与经济差距的关系	现代日本经济	2007
974	崔　健	日本关于企业社会责任与企业价值之间关系的理论研究	日本学刊	2010
975	崔　健	日本实施环境经营与提高企业价值分析	现代日本经济	2010
976	崔　健	日本的社会创新与社会责任关系分析	东北亚论坛	2011
977	崔　健	基于企业社会责任视角的日本企业信息安全分析	现代日本经济	2011
978	崔　健	中国低碳城市建设政策比较	环境保护	2011
979	崔　健	论日本企业防灾的两面性——基于国际比较的方法	日本学刊	2011
980	崔　健	日本产业低碳竞争力辨析	中国人口·资源与环境	2011
981	崔　健	日韩"环境城市"出口模式比较	环境保护	2012
982	崔　健	日本关于产品创新与经济增长之间关系的研究——基于需求的视角	现代日本经济	2013
983	崔　健	日本经济民族主义新论——兼论"安倍经济学"的民族主义特征	日本学刊	2014
984	崔　健	日本区域合作战略新动向与东北亚区域合作	东北亚论坛	2014
985	崔　健	日本国家安全战略选择的政治经济分析——以均势理论为基础	日本学刊	2015
986	崔　健	日本国家安全战略选择的政治经济分析——以均势理论为基础	日本学刊	2015
987	康　卫	目前市场供求失衡的原因及对策	经济纵横	2003
988	曹海波	中蒙合作面临良好历史机遇	东北亚论坛	2009
989	盛亦男	农民工返乡的经济学分析——以托达罗模型为视角	人口研究	2009
990	黄定天	论日本大陆政策与俄国远东政策	东北亚论坛	2005
991	黄定天	关于近代来华定居犹太人的几个基本问题	人口学刊	2005
992	黄定天	俄罗斯远东地区中国移民状况述论	人口学刊	2006
993	黄定天	论俄（苏）的中国东北史研究	史学集刊	2007
994	黄定天	在改革开放的进程中创建的东亚国际关系史研究	史学集刊	2008
995	黄定天	19世纪东北亚国际关系刍议	东北亚论坛	2008
996	黄定天	协约国干涉西伯利亚革命时期美日矛盾探析	学习与探索	2008
997	黄定天	论蒙俄贸易合作的演进过程及其发展特点	东北亚论坛	2009
998	黄定天	汉密尔顿的远东之行与罗斯福政府远东政策的调整	世界历史	2010
999	黄定天	美孚石油公司在中国东北经营的历史考察	山西大学学报	2010
1000	黄定天	论韩国出兵越南之动因及在外交上对韩美两国的影响	吉林大学社会科学学报	2010
1001	黄定天	19世纪末英俄争夺关内外铁路探析	求索	2012
1002	黄定天	十月革命前俄国对朝鲜移民的政策探析	世界历史	2012
1003	龚　莹	人口结构因素对美国房地产业发展的影响	人口学刊	2010

序号	作者	论文名称	期刊来源	发表年度
1004	傅 苏	90 年代以来中国计划生育工作的回顾和展望	人口学刊	2002
1005	傅 苏	中国人口科学研究的新阶段——"全面建设小康社会人口与发展研讨会"综述	人口学刊	2003
1006	傅 苏	拓宽人口学研究领域，推进我国人口科学的不断发展——"中国区域人口与发展学术研讨会"综述	人口学刊	2005
1007	傅 苏	《人口学导论》评介	人口学刊	2006
1008	傅 苏	"中国、日本、韩国人口与发展国际学术会议"综述	人口学刊	2007
1009	傅 穹	公司资本信用悖论	法制与社会发展	2003
1010	富燕妮	新世纪地球环境的思考	东北亚论坛	2001
1011	富燕妮	东北农业产业化发展中的问题与对策	东北亚论坛	2003
1012	富燕妮	以改革为动力，推动东北老工业基地国有企业制度创新——第四届国有经济论坛综述	东北亚论坛	2005
1013	富燕妮	面向东北亚：推进环黄渤海区域合作——中韩环黄渤海合作·天津论坛纪要	东北亚论坛	2007
1014	景跃军	21 世纪中国可持续发展面临的人口困境与对策	人口学刊	2001
1015	景跃军	中国矿产资源与经济可持续发展研究	人口学刊	2002
1016	景跃军	制约西部经济增长的人力资本"瓶颈"及对策	人口学刊	2003
1017	景跃军	区域发展战略西移中的区域均衡发展与全面建设小康社会	人口学刊	2003
1018	景跃军	美国、日本经济增长方式转变比较及启示	人口学刊	2004
1019	景跃军	中国 13 亿人口与经济发展的自然资源约束	人口研究	2005
1020	景跃军	东北地区人口城市化问题与对策研究	吉林大学社会科学学报	2005
1021	景跃军	美国第二产业内部结构演变趋势及经济效应研究	人口学刊	2005
1022	景跃军	美国三次产业结构现状及未来趋势变动分析	东北亚论坛	2006
1023	景跃军	黑龙江省相对资源承载力及其比较研究	求是学刊	2006
1024	景跃军	"三关爱"与创建服务型政府	人口学刊	2006
1025	景跃军	东北地区相对资源承载力动态分析	吉林大学社会科学学报	2006
1026	景跃军	关于资源承载力的研究综述及思考	中国人口·资源与环境	2006
1027	景跃军	东北亚各国贸易与区域环境的协调构建	东北亚论坛	2007
1028	景跃军	中国人口发展战略下的环境资源承载力约束	市场与人口分析	2007
1029	景跃军	欧盟解决就业性别差异的措施及评价	人口学刊	2007
1030	景跃军	欧盟区域政策的作用及对中国东北老工业基地振兴的启示	人口学刊	2007
1031	景跃军	生态足迹模型回顾与研究进展	人口学刊	2008
1032	景跃军	中韩两国污染产业对环境影响的比较研究	吉林大学社会科学学报	2008
1033	景跃军	东北地区一次能源消费的碳排放及低碳经济发展路径研究	管理评论	2010
1034	景跃军	中日韩气候环境合作前景眺望	环境保护	2010
1035	景跃军	东北地区人力资本对区域经济增长影响研究	经济纵横	2010

续表

序号	作者	论文名称	期刊来源	发表年度
1036	景跃军	吉林省农村剩余劳动力省内转移空间分析	人口学刊	2010
1037	景跃军	社会学应用研究的佳作——评介《转型期的中国社会发展热点问题研究》	人口学刊	2010
1038	景跃军	我国南北中三城市农民工社会保障比较分析	人口学刊	2010
1039	景跃军	长春市农民工社会保障状况调查分析	东北师大学报	2011
1040	景跃军	中日低碳技术合作现状及前景探讨	现代日本经济	2011
1041	景跃军	中国现代服务业现状及发展潜力分析	吉林大学社会科学学报	2012
1042	景跃军	社会保障视角下的"民工荒"现象分析	江西社会科学	2012
1043	景跃军	长春市现代服务业现状及发展趋势分析	人口学刊	2012
1044	景跃军	基于卢卡斯模型的我国人力资本对经济增长贡献测算	东南学术	2013
1045	景跃军	创新型人力资本与我国经济增长关系研究（1990～2010）	求索	2013
1046	景跃军	我国农村发展型最低生活保障制度指标体系的构建	人口学刊	2013
1047	景跃军	饮用水水源地污染事件怎么处理？	环境保护	2013
1048	景跃军	中国失能老年人构成及长期护理需求分析	人口学刊	2014
1049	景跃军	我国劳动力就业结构与产业结构相关性及协调性分析	人口学刊	2015
1050	程 伟	建立中韩FTA过程中的农产品贸易安排构想	东北亚论坛	2008
1051	童 欣	日本家庭经济制度变迁与养老方式选择的思考	现代日本经济	2005
1052	董 伟	对美国信息化及中日两国信息化所面临问题的思考	世界经济与政治	2001
1053	董 伟	国际贸易：微量盈余 难堪重任	现代日本经济	2003
1054	董 伟	对跨国公司全球垄断问题的探讨	东北亚论坛	2004
1055	董 伟	对外贸易：顺差增长 前景看好	现代日本经济	2004
1056	董 伟	对外贸易：贸易盈余 拉动复苏	现代日本经济	2005
1057	董 伟	俄罗斯转轨和拉美国家改革失败的原因及借鉴	经济纵横	2010
1058	董 伟	对外直接投资、利用外资的理论与实践分析	求是学刊	2010
1059	董 伟	对构建经济制度与社会结构关系理论问题的探讨	社会科学战线	2011
1060	董 伟	由高校研究生教学滞后问题引发的思考——以经济学科为例	社会科学战线	2013
1061	董 伟	制度的属性及其选择的规律性	经济纵横	2013
1062	韩 丹	中国经济发展的自然资源约束研究	学习与探索	2012
1063	韩 丹	由法律到市场：食品安全治理学说的思辨	学习与探索	2013
1064	韩 丹	中国食品安全治理中的国家、市场与社会关系	社会科学战线	2013
1065	韩 丹	食品安全治理的"第三条道路"——日本生协个案分析及其启示	东北亚论坛	2013
1066	鲁凌凌	日元贬值的效应分析——兼驳"中国输出通货紧缩"论	现代日本经济	2003
1067	鲁 燕	美日关系的变化对中日关系的影响——以中美日三角关系为中心的考察	现代日本经济	2006
1068	鲁 燕	联合国安理会改革的程序与决策——以对日本的影响为中心	东北亚论坛	2006

序号	作者	论文名称	期刊来源	发表年度
1069	鲁 燕	中国农业剩余劳动力转移问题研究	人口学刊	2006
1070	鲁 燕	日本职业教育的"企业模式"与我国"非大学教育"的对比研究	人口学刊	2008
1071	廉晓梅	转轨期东北区域经济发展中的资源约束	东北亚论坛	2001
1072	廉晓梅	试析人口流动对地区间经济协调发展的影响	人口学刊	2002
1073	廉晓梅	论 APEC 模式区域经济一体化所面临的挑战	东北亚论坛	2002
1074	廉晓梅	日本关于区域经济集团化政策的艰难调整	现代日本经济	2002
1075	廉晓梅	创业投资中的人力资本管理及启示	人口学刊	2003
1076	廉晓梅	论区域经济一体化对经济全球化的促进作用	东北亚论坛	2003
1077	廉晓梅	中韩贸易关系的发展与存在的问题	东北亚论坛	2004
1078	廉晓梅	论中日韩自由贸易区建立的制约因素	现代日本经济	2004
1079	廉晓梅	中日贸易关系的发展与存在的问题	现代日本经济	2005
1080	廉晓梅	建立中日韩自由贸易区的现实基础与模式选择	东北亚论坛	2005
1081	廉晓梅	日本区域经济一体化战略及对东北亚合作的影响	现代日本经济	2006
1082	廉晓梅	论东北振兴过程中的区域协调发展问题	吉林大学社会科学学报	2006
1083	廉晓梅	我国人口重心、就业重心与经济重心空间演变轨迹分析	人口学刊	2007
1084	廉晓梅	东北振兴过程中的对外开放:总体思路与对策	东北亚论坛	2007
1085	廉晓梅	"10＋3"框架下推进东北亚区域经济合作的困境	吉林大学社会科学学报	2007
1086	廉晓梅	日本区域一体化战略排斥中国的地缘政治动机与对策	东北亚论坛	2008
1087	廉晓梅	长吉图先导区扩大利用外商直接投资研究	东北亚论坛	2010
1088	廉晓梅	韩国 FTA 战略的特点及其东北亚区域合作战略走向	东北亚论坛	2014
1089	雷丽平	俄罗斯的人口问题	人口学刊	2001
1090	雷丽平	令人堪忧的俄罗斯人口问题	俄罗斯研究	2001
1091	雷丽平	俄罗斯人和日本人交际中的微笑差异	东北亚论坛	2001
1092	雷丽平	从人口结构变化看前苏联的现代化	人口学刊	2002
1093	雷丽平	东北亚国家现代化的韩国模式剖析	东北亚论坛	2002
1094	雷丽平	浅析企业文化及其对日本经济发展的作用	现代日本经济	2002
1095	雷丽平	俄罗斯人口贫困化与人口危机	人口学刊	2003
1096	雷丽平	关于俄罗斯文化"转型"几个问题的再认识	东北亚论坛	2003
1097	雷丽平	实施"科教立国"战略是日本现代化成功的基石	现代日本经济	2003
1098	雷丽平	俄罗斯的历史传统与苏联现代化	俄罗斯中亚东欧研究	2004
1099	雷丽平	中、日、俄 3 国文化近代转型比较	东北亚论坛	2004
1100	雷丽平	从日俄文化比较看日本现代化的文化优势	现代日本经济	2004
1101	雷丽平	中国人力资源开发对区域经济发展的影响及对策研究	人口学刊	2004
1102	雷丽平	历史上俄罗斯农民的东正教信仰初论	世界历史	2005
1103	雷丽平	俄罗斯农民的东正教信仰	东北亚论坛	2006
1104	雷丽平	试论日本历史认识形成的教育及文化因素	现代日本经济	2006
1105	雷丽平	俄罗斯职业教育改革的探析与借鉴	东北亚论坛	2007
1106	雷丽平	韩国职业技术教育的发展与改革对我国的启示	东北亚论坛	2008

序号	作者	论文名称	期刊来源	发表年度
1107	雷丽平	赫鲁晓夫时期的"反宗教运动"及其教训	东北亚论坛	2009
1108	雷丽平	赫鲁晓夫时期围绕宗教路线问题的党内斗争	俄罗斯中亚东欧研究	2010
1109	雷丽平	俄罗斯养老保险制度改革及其对我国的启示	人口学刊	2010
1110	雷丽平	俄罗斯汉学的发展演变及其现实意义	东北亚论坛	2011
1111	雷丽平	俄罗斯远东地区人口危机与中俄劳务合作	人口学刊	2011
1112	雷丽平	十月革命前俄国东正教会宗教经济演变(988~1917)	俄罗斯中亚东欧研究	2013
1113	雷丽平	苏联第一次反宗教——没收教会珍宝运动及其教训	俄罗斯中亚东欧研究	2014
1114	雷丽平	俄罗斯高校毕业生就业现状透视	人口学刊	2014
1115	雷丽平	卫国战争时期苏联宗教政策的变化	世界宗教文化	2015
1116	雷 鸣	近期日元大幅贬值的原因、影响及对策	东北亚论坛	2002
1117	雷 鸣	日本对华直接投资的发展变化及对策分析	现代日本经济	2004
1118	雷 鸣	关于优先建立"东北亚投资合作区"的理论构想	东北亚论坛	2007
1119	雷 鸣	日本与德国新能源产业结构转型的比较分析	现代日本经济	2013
1120	雷 鸣	区域矿业水污染防治与水循环经济发展——昆明"牛奶河"事件的启示	环境保护	2013
1121	蒼 男	西部大开发与中日经济合作——四川眉山 2000·西部大开发高级论坛记述	现代日本经济	2001
1122	戴 宇	从《南洋时事》看志贺重昂国粹主义思想萌生的起因	史学月刊	2006
1123	戴 宇	试析志贺重昂地理学中的殖民扩张论	东北亚论坛	2006
1124	戴 宇	志贺重昂《日本风景论》简析	史学集刊	2007
1125	戴 宇	志贺重昂国粹主义思想与初期《日本人》	东北亚论坛	2008
1126	戴 宇	明治时期的条约改正问题与陆羯南的国民主义	史学集刊	2009
1127	戴 宇	《现代大家武士道丛论》与明治武士道论	吉林大学社会科学学报	2010
1128	戴 宇	再现甲午战争后的日本"中国观"	国外社会科学	2011
1129	戴 宇	从"客分意识"到"国民意识"——《牧原宪夫客分与国民之间——近代民众的政治意识》评介	史学集刊	2012
1130	戴 宇	日俄战争期间日本"义务与名誉"之论争	社会科学战线	2012
1131	戴 宇	岩波新书《系列日本近代史》丛书评介	世界历史	2012
1132	戴 宇	井上哲次郎武士道论考	深圳大学学报	2013
1133	戴 宇	面向西方世界的诉求与告白——新渡户稻造的《武士道》与明治日本	东北亚论坛	2013
1134	戴 宇	"否认战败"与"对美从属":战后日本的核心与本质——从白井聪的《永续战败论》谈起	东北亚论坛	2015
1135	戴 宇	"否认战败"与"对美从属":战后日本的核心与本质——从白井聪的《永续战败论》谈起	东北亚论坛	2015
1136	戴 宇	战后日本史学界近现代日本史研究的回顾与梳理——成田龙一著《近现代日本史与历史学》评介	史学集刊	2015

古籍研究所

序号	作者	论文名称	期刊来源	发表年度
1	于海波	佛教徒现状考查——以地藏缘论坛为例	宗教学研究	2011
2	王力春	元代奎章阁鉴书博士杜秉彝考	社会科学辑刊	2004
3	王　飞	3～6 世纪北方气候异常对疫病的影响	社会科学战线	2010
4	王连龙	"三事"考	史学集刊	2005
5	王连龙	《逸周书·大匡解》所见货币史料及相关问题考述	社会科学辑刊	2006
6	王连龙	《汉书·艺文志》"艺文"古义考	东北师大学报	2008
7	王连龙	新见北宋《杨怀忠墓志》考	史学集刊	2010
8	王连龙	宓子佚文辑补	图书馆杂志	2010
9	王连龙	清华简《皇门》篇"惟正[月]庚午,公＊(格)才(在)＊门"刍议——兼谈周公训诰的时间及场所问题	孔子研究	2011
10	王连龙	百济人《祢军墓志》考论	社会科学战线	2011
11	王连龙	唐代该工孙继和墓志	文献	2011
12	王连龙	隋吴通墓志道教文化内涵考论	世界宗教研究	2011
13	王连龙	慈利楚简《大武》校读六则	考古	2012
14	王连龙	清华简《皇门》篇"■门"解	考古与文物	2012
15	王连龙	新见北魏《杨恩墓志》与华阴杨氏谱系补正	社会科学战线	2012
16	王连龙	北魏元弼"夺爵事件"考略	史学月刊	2012
17	王连龙	北魏高树生及妻韩期姬墓志考	文物	2014
18	王登科	金代书法及其文化征候	社会科学辑刊	2006
19	丛文俊	书法学科建设与新世纪书法研究展望	中国书法	2002
20	丛文俊	朱关田《唐代书法家年谱》评述	中国书法	2002
21	丛文俊	古代书法的"合作"问题及其介入因素	中国书法	2006
22	丛文俊	古代书法的"合作"问题及其介入因素（续）	中国书法	2006
23	冯胜君	《楚地出土战国简册（十四种）》评介	中国史研究动态	2009
24	冯胜君	有关出土文献的"阅读习惯"问题	吉林大学社会科学学报	2015
25	刘　军	北朝侍读考述	北方论丛	2010
26	刘　军	汉代军队后勤补给模式探研	求索	2010
27	刘　军	论鲜卑拓跋氏族群结构的演变	内蒙古社会科学	2011
28	刘　军	论北魏宗室阶层的法律特权	云南社会科学	2011
29	刘　军	论北魏拓跋遵之死	历史教学	2011
30	刘　军	北魏宗室亲恤制度试探	甘肃社会科学	2011
31	刘　军	北朝释奠礼考论	史学月刊	2012
32	刘　军	论北魏宗室阶层的文化参与及角色嬗变	东北师大学报	2012
33	刘　军	试析北魏元遥墓志的史料价值	史学史研究	2012
34	刘　军	元举墓志与北魏迁洛宗室的士族化	史林	2013

续表

序号	作者	论文名称	期刊来源	发表年度
35	刘　军	北魏宗室阶层授爵略论	社会科学辑刊	2013
36	刘　军	论北魏孝文帝的宗室辨族	四川师范大学学报	2013
37	刘　军	北魏元苌墓志补释探究	郑州大学学报	2013
38	刘　军	论北魏宗室阶层对政局的影响	兰州学刊	2014
39	刘　军	论北魏迁洛宗室的知识素养与文化价值取向——以洛阳邙山墓志为中心	苏州大学学报	2015
40	刘　军	叱罗招男墓志与拓跋珪入蜀传说	史学史研究	2015
41	刘　军	北魏宗室的家族制建构与利益分配格局的演变	西南大学学报	2015
42	刘　军	试述元魏宗室墓志中的江南元素	江苏社会科学	2015
43	刘　军	论北朝官品序列中的"五品"界线	史学集刊	2015
44	吕绍纲	记金老最后三年半	史学集刊	2001
45	吕绍纲	《老子》思想源自《周易》古经吗？	周易研究	2001
46	吕绍纲	儒学与中国传统文化之新世纪展望	史学集刊	2001
47	吕绍纲	再论退溪易学	周易研究	2003
48	吕绍纲	楚竹书《孔子诗论》"类序"辨析	孔子研究	2004
49	吕绍纲	《尚书·盘庚》新解（续）	社会科学战线	2007
50	孙赫男	掇其精粹，订补申说——《左传会笺》影响《春秋左传注》的几种方式	学习与探索	2005
51	孙赫男	再论《左传会笺》影响《春秋左传注》的几种方式	社会科学辑刊	2006
52	孙赫男	竹添光鸿《左氏会笺》研究述要	北京大学学报	2006
53	孙赫男	竹添光鸿《左氏会笺》与清代考据学关系考述	学术交流	2009
54	孙赫男	竹添光鸿《左氏会笺》的历史观浅释	甘肃社会科学	2010
55	孙赫男	竹添光鸿《左氏会笺》史学思想述论	社会科学战线	2011
56	孙赫男	清代中期论词绝句词学批评特征平议	求是学刊	2011
57	孙赫男	《词学季刊》与新旧词学的转型	学习与探索	2011
58	孙赫男	清代词集丛刻的文献价值与词学贡献	北京大学学报	2011
59	孙赫男	日本明治时期《左传》学及其特征——以《左传辑释》与《左氏会笺》对比研究为中心	北方论丛	2012
60	孙赫男	朱熹童蒙文献的理学传播意义	吉林大学社会科学学报	2012
61	孙赫男	《中国丛书综录》等所收词集类目录补辑四种	图书馆杂志	2012
62	孙赫男	吴曾生平仕履考补	历史教学	2013
63	孙赫男	宋明以来河南私家藏书的文化价值	学习与探索	2013
64	朱红林	《周礼》中的市场设置及规划考证	税务与经济	2003
65	朱红林	《周礼》中所见的商品价格管理问题研究	中国社会经济史研究	2003

续表

序号	作者	论文名称	期刊来源	发表年度
66	朱红林	从张家山汉律看汉初国家授田制度的几个特点	江汉考古	2004
67	朱红林	周代"工商食官"制度再研究	人文杂志	2004
68	朱红林	论春秋时期的商人——"工商食官"制度与先秦时期商人发展形态研究之二	吉林大学社会科学学报	2006
69	朱红林	张家山汉简释丛	考古	2006
70	朱红林	竹简秦汉律中的"赎罪"与"赎刑"	史学月刊	2007
71	朱红林	里耶秦简"金布"与《周礼》中的相关制度	华夏考古	2007
72	朱红林	张家山汉简《盗律》集释	江汉考古	2007
73	朱红林	睡虎地秦简和张家山汉简中的《金布律》研究——简牍所见战国秦汉时期的经济法规研究之一	社会科学战线	2008
74	朱红林	"法"义追寻	法制与社会发展	2008
75	朱红林	战国时期国家法律的传播——竹简秦汉律与《周礼》比较研究	法制与社会发展	2009
76	朱红林	睡虎地秦简和张家山汉简《效律》研究——简牍所见战国秦汉时期的经济法规研究之二	社会科学战线	2014
77	朱翔飞	孔子与《易传》——论儒家形上学体系的建立	周易研究	2002
78	朱翔飞	《大学》"格物"解平议	孔子研究	2003
79	汤志彪	广州南越国宫署遗址所出西汉木简释读二题	社会科学战线	2009
80	何景成	评朱凤瀚《商周家族形态研究》	历史教学	2005
81	何景成	商末周初的举族研究	考古	2008
82	何景成	论西周王朝政府的僚友组织	南开学报	2008
83	何景成	盠驹尊与昭王南征——兼论相关铜器的年代	东南文化	2008
84	何景成	试释甲骨文字"瘠"	文史	2014
85	吴良宝	战国文字所见三晋置县辑考	中国史研究	2002
86	吴良宝	《战国时期韩国疆域变迁考》补正	中国史研究	2003
87	吴良宝	《中国历史地图集》战国部分地名校补	中国历史地理论丛	2006
88	吴良宝	战国时期魏国西河与上郡考	中国史研究	2006
89	吴良宝	宁夏彭阳出土"二十七年晋戈"考	考古	2007
90	吴良宝	战国时期上党郡新考	中国史研究	2008
91	吴良宝	战国韩魏铭文考释	安徽大学学报	2009
92	吴良宝	战国魏"合阳鼎"新考	考古	2009
93	吴良宝	平安君鼎国别研究评议	吉林大学社会科学学报	2009
94	吴良宝	货币单位"釿"的虚值化及相关研究	吉林大学社会科学学报	2011
95	吴良宝	谈战国文字地名考证中的几个问题	中国史研究	2011
96	吴良宝	战国中晚期韩国疆域变迁新考	中国历史地理论丛	2012
97	吴良宝	战国中期魏国兵器断代研究	安徽大学学报	2013
98	吴振武	吉林大学文物室藏古陶文	史学集刊	2004

序号	作者	论文名称	期刊来源	发表年度
99	吴振武	新见西周再簋铭文释读	史学集刊	2006
100	吴振武	试释西周 簋铭文中的"馨"字	文物	2006
101	吴振武	谈齐"左掌客亭"陶玺	社会科学战线	2012
102	吴晓峰	《周南·关雎》释义新解	东北师大学报	2004
103	张云华	论北朝妇女的妒悍风气	史学集刊	2008
104	张 函	冯班"书法史观"探析	文艺争鸣	2010
105	张固也	高峻《高氏小史》考	史学史研究	2002
106	张固也	论《管子·侈靡》篇	社会科学战线	2002
107	张固也	《管子》"道法家"三篇说质疑	社会科学战线	2006
108	张固也	唐初高僧慧休记德文考释	文献	2008
109	张固也	《孔子家语》分卷变迁考	孔子研究	2008
110	张固也	《轩辕黄帝传》考	社会科学战线	2008
111	张固也	西汉孔子世系与孔壁古文之真伪	史学集刊	2008
112	张固也	中晚唐诗人于武陵考	吉林大学社会科学学报	2008
113	张固也	荀勖《中经新簿》是有叙录的吗？	图书馆杂志	2008
114	张固也	四部分类法起源于荀勖说新证	图书情报知识	2008
115	张固也	康显贞《词苑丽则序》考实	学术论坛	2009
116	张固也	唐人黄帝传记三种叙录	宗教学研究	2010
117	张金梁	《永乐大典》纂修人研究	文献	2009
118	张金梁	明代秉笔太监研究	社会科学战线	2013
119	张彧彧	空间隐喻与汉语视觉动词"看"的时间走向	人文杂志	2013
120	张啸东	"善史书"的"史官"渊源与汉简书风	中国书法	2004
121	张啸东	"鸿都门学"考辩	中国书法	2006
122	张 铮	湖南慈利出土楚简内容辨析	求索	2007
123	张 铮	论周代五等爵制与五服制	求索	2007
124	张 铮	试论"荀学"对"秦文化"的影响	学习与探索	2009
125	张鹤泉	北魏都督诸州军事制度试探	社会科学战线	2001
126	张鹤泉	西晋永嘉、建兴年间都督诸州军事制度探讨	史学集刊	2001
127	张鹤泉	北魏征讨都督考略	社会科学战线	2002
128	张鹤泉	南朝征讨都督探讨	社会科学战线	2003
129	张鹤泉	东晋征讨都督探讨	史学集刊	2003
130	张鹤泉	东汉持节问题探讨	史学月刊	2003
131	张鹤泉	南朝都督诸州军事与其所领将军职的关系探讨	史学集刊	2004
132	张鹤泉	东魏、北齐征讨都有督论略	吉林大学社会科学学报	2004
133	张鹤泉	前秦国家民族政策的失误及其对国家统一局面的影响	郑州大学学报	2004
134	张鹤泉	东晋都督诸州军事设置的特点及其权力问题试探	社会科学战线	2005
135	张鹤泉	东晋都督诸州军事与其所领将军职的关系探讨	史学月刊	2006

序号	作者	论文名称	期刊来源	发表年度
136	张鹤泉	东汉时期的屯驻营兵	史学集刊	2006
137	张鹤泉	北魏后期行台僚佐考略	社会科学战线	2007
138	张鹤泉	东魏、北齐时期的"道"探讨	史学集刊	2008
139	张鹤泉	略论东汉时期的河南尹	吉林大学社会科学学报	2008
140	张鹤泉	略论北朝儒生对"三礼"的传授	社会科学战线	2009
141	张鹤泉	北魏假爵制度考	吉林大学社会科学学报	2009
142	张鹤泉	北魏"假"授将军制度试探	文史哲	2009
143	张鹤泉	论北魏前期诸王爵位继承制度的特征	河北学刊	2010
144	张鹤泉	北魏后宫谥法、赠官制度考略	社会科学战线	2010
145	张鹤泉	北魏孝文帝实行散爵制度考	史学月刊	2010
146	张鹤泉	北魏皇帝赐宴考略	史学集刊	2011
147	张鹤泉	汉碑中所见东汉时期的山岳祭祀	河北学刊	2011
148	张鹤泉	东汉五郊迎气祭祀考	人文杂志	2011
149	张鹤泉	北魏孝文帝改革诸爵位封授制度考	社会科学战线	2011
150	张鹤泉	略论北朝佛教僧人与世俗信徒的素食风气	吉林大学社会科学学报	2011
151	张鹤泉	北魏后期散爵制度考	文史哲	2012
152	张鹤泉	北魏后期诸王爵位封授制度试探	中国史研究	2012
153	张鹤泉	北魏前期封授诸王爵位加拜将军号制度试探	史学月刊	2012
154	张鹤泉	东汉时期的丧葬赏赐——从丧礼的仪节透视东汉的丧葬活动	人文杂志	2013
155	张鹤泉	北魏前期诸王虚封地封授考	社会科学战线	2013
156	张鹤泉	北魏赠爵制度考	史学集刊	2013
157	张鹤泉	西晋将军兼任都督诸军事问题的考察	河北学刊	2013
158	张鹤泉	西晋丧葬赏赐考略	吉林大学社会科学学报	2013
159	张鹤泉	论北魏实封爵的实行及其爵位等级的确立	河北学刊	2013
160	张鹤泉	北魏前期虚封爵的等级问题	社会科学战线	2014
161	张鹤泉	两晋郊祀礼试探	古代文明	2014
162	张鹤泉	论北魏开国爵的封授及其追封与叠授	山西大学学报	2014
163	张鹤泉	北魏洛阳寺院园林营建考——以《洛阳伽蓝记》为中心的考察	史学集刊	2014
164	张鹤泉	北魏开国爵食邑数量的考察	吉林大学社会科学学报	2015
165	李无未	战国时期朝聘制度的破坏	社会科学战线	2001
166	李无未	日本学者对朝鲜汉字音的研究	民族语文	2004
167	李无未	《中原雅音》研究的起始时间问题	中国语文	2004
168	李无未	日本学者的《韵镜》研究	古汉语研究	2004
169	李无未	日本汉字音的时间层次及其确认的证据和方法	当代语言学	2005
170	李无未	日本学者对"声明"与汉字音声调关系的考订	吉林大学社会科学学报	2005
171	李无未	汉语史研究基本理论范畴问题	吉林大学社会科学学报	2006

序号	作者	论文名称	期刊来源	发表年度
172	李亚光	大禹治水是中华文明史的曙光	史学集刊	2003
173	李春桃	浅谈传抄古文资料对古汉语研究的重要性	古汉语研究	2012
174	李春桃	夔膚瑚铭文新释	古代文明	2015
175	杜劲松	关于西汉多黄金原因的研究	中国史研究	2003
176	杨　龙	汉族官僚与北魏的地方文化教育	社会科学战线	2012
177	杨　龙	北魏道武帝时期的汉族士人	贵州社会科学	2012
178	杨　龙	北魏前期汉族士人的社会交往初探	史学集刊	2012
179	杨　龙	论北魏后期地方长官本籍任用	烟台大学学报	2012
180	沈　刚	汉代宗正考述	社会科学战线	2002
181	沈　刚	汉代廷尉考述	史学集刊	2004
182	沈　刚	民间信仰与汉代地方行政	吉林大学社会科学学报	2006
183	沈　刚	1～6世纪中国北方边疆·民族·社会国际学术研讨会在长春召开	史学月刊	2006
184	沈　刚	读《走下圣坛的诸葛亮——三国史新论》	中国史研究动态	2008
185	沈　刚	两晋东宫述论	东南文化	2008
186	沈　刚	《长沙走马楼三国吴简（竹简［壹］）》所见师佐籍格式复原及相关问题探讨	人文杂志	2008
187	沈　刚	走马楼三国吴简波枯兼簿探讨	中国农史	2009
188	沈　刚	长沙走马楼三国竹简纳布记录析论	史学月刊	2010
189	沈　刚	吴简户籍文书的编制方式与格式复原新解	人文杂志	2010
190	沈　刚	汉代民间信仰的地域特征	陕西师范大学学报	2010
191	沈　刚	走马楼三国竹简所见"取禾简"解析	中国农史	2012
192	沈　刚	东汉碑刻所见地方官员的祠祀活动	社会科学战线	2012
193	沈　刚	"贡""赋"之间——试论《里耶秦简》【壹】中的"求羽"简	中国社会经济史研究	2013
194	沈　刚	秦简所见秦代行政文书标准化问题	档案学通讯	2014
195	邵正坤	北朝家学的特征及其转变	社会科学辑刊	2007
196	邵正坤	北朝家庭的道教信仰	史学月刊	2008
197	邵正坤	宗教信仰对北朝家庭的影响	社会科学战线	2009
198	邵正坤	造像记所见北朝民众的佛教信仰与拟血缘群体	学习与探索	2010
199	邵正坤	北朝的宗族与社会救济	求索	2011
200	邵正坤	北朝豪族与社会救济	贵州社会科学	2011
201	邵正坤	道教信仰与中古时期的家庭伦理	社会科学战线	2012
202	邵正坤	北朝的村落与权力——以造像记为中心	社会科学战线	2014
203	邵正坤	古籍数字化的困局及应对策略	图书馆学研究	2014
204	陈恩林	先秦列国史研究中的一部力作——沈长云教授等著《赵国史稿》评介	史学集刊	2002
205	陈恩林	先生虽逝，风范长存——深切怀念罗继祖师	史学集刊	2002

序号	作者	论文名称	期刊来源	发表年度
206	陈恩林	关于周代宗法制度的两个问题	社会科学战线	2002
207	陈恩林	论《大一生水》与《老子》及《易传》的关系——《大一生水》不属于道家学派	社会科学战线	2004
208	陈恩林	二十年中国文化研究的全息解读——评邵汉明主编的《中国文化研究二十年》	史学集刊	2004
209	陈恩林	论《易传》的和合思想	吉林大学社会科学学报	2004
210	陈恩林	论《周易》的社会和谐思想	吉林大学社会科学学报	2007
211	陈恩林	论《易传》对《周易》神学卜筮体系的改造	吉林大学社会科学学报	2010
212	陈恩林	论《易传》的人性善恶统一说	周易研究	2014
213	单育辰	秦简"柀"字释义	江汉考古	2007
214	单育辰	包山简案例研究两则	吉林大学社会科学学报	2012
215	单育辰	由清华简释解古文字一例	史学集刊	2012
216	单育辰	近出金文词语考释两则	考古与文物	2014
217	周忠兵	试说甲骨中的异代使用问题	史学集刊	2011
218	周忠兵	说金文中的"宠光"	文史	2011
219	周忠兵	甲骨钻凿形态研究	考古学报	2013
220	周忠兵	莒太史申鼎铭之"樊仲"考	吉林大学社会科学学报	2014
221	周忠兵	释甲骨文中的"焦"	文史	2014
222	周忠兵	释甲古文中的"阩"——兼说"升""裸"之别	中国书法	2015
223	武玉环	赵翼"金中叶以后宰相不与兵事"考辨——兼论金朝中后期尚书省与枢密院的关系	学习与探索	2011
224	苗霖霖	北魏鲜卑妇女社会地位初探	黑龙江民族丛刊	2007
225	苗霖霖	北魏后宫墓志等级制度试探	史林	2010
226	金 宝	《诗论》"四章"新考与《关雎》五章说	社会科学辑刊	2007
227	郡正坤	试论北朝以传承儒学为主的家学及其嬗变	孔子研究	2008
228	郭 佳	从睡虎地秦简看秦朝的赎刑	中州学刊	2004
229	黄海烈	民国时期殷墟发掘对中国古史研究的影响	历史教学	2010
230	黄海烈	略论中国古史学未来的发展方向	学习与探索	2010
231	黄海烈	试论顾颉刚"层累说"对中国古史学的影响	江苏社会科学	2010
232	黄海烈	荀子"法王说"及其对战国诸子的攻驳	齐鲁学刊	2010
233	彭砺志	书学研究的会通之道——《楚默书学论集》等读后	中国书法	2005
234	彭砺志	草书与近代汉字改革	吉林大学社会科学学报	2010
235	程鹏万	周家台秦墓所出秦始皇三十六、三十七年历谱简的重新编联	史学集刊	2006
236	董平均	从功利主义价值取向看军功爵制对秦人社会生活的影响	人文杂志	2006
237	蔡先金	从"宣王伐鲁"看嫡长子继承制	人文杂志	2002
238	薛海波	晋末十六国北方胡族政权与汉族豪族的存在形态	社会科学辑刊	2009
239	薛海波	试论汉魏之际北方豪族的官僚化和士族化	社会科学战线	2010

高等教育研究所

序号	作者	论文名称	期刊来源	发表年度
1	于 杨	大学治理结构与教育质量保障机制关系探析	江苏高教	2012
2	于 杨	提升教育质量意识构建现代大学治理制度	高等教育研究	2012
3	于 杨	美国大学学生评议会制度探析	外国教育研究	2014
4	于 杨	美国科学教师在职培训新动向	高教探索	2014
5	于 杨	美国科学教师培养最新诉求、特征与发展趋势	比较教育研究	2014
6	于洪涛	Java3D 在大学物理虚拟实验的应用研究	教育信息化	2005
7	马 捷	论虚拟现实技术在获取企业专家隐性技术知识中的作用	图书情报工作	2006
8	马 捷	知识转化模型分析与评价	情报科学	2006
9	马 捷	企业隐性知识转化模型构建研究	图书情报工作	2007
10	马 捷	运用"出声思考法"获取企业专家决策过程中的隐性知识	情报科学	2007
11	马 捷	企业隐性知识分类再探	情报杂志	2007
12	马瑞娜	绩效技术操作模型的人性化改进建议	现代教育技术	2009
13	王 旭	英国高等教育的科研评估	现代大学教育	2006
14	王珍珍	基于 Flash Lite 的移动学习资源开发研究	现代教育技术	2009
15	任增元	大学去行政化研究进展、争议与展望	现代大学教育	2012
16	任增元	权力制约、资源依赖与公共选择：大学自治悖论的实践逻辑	清华大学教育研究	2012
17	任增元	雅斯贝尔斯《什么是教育》的学术影响研究——以 CSSCI（1998～2011）的文献计量为基础	现代大学教育	2013
18	任增元	《比较教育研究》的文献计量学研究——CSSCI 数据揭示的热点主题与知识基础	比较教育研究	2013
19	任增元	我国信息生态学的文献计量与知识图谱研究（1998～2012 年）	情报科学	2014
20	任增元	高等教育管理的人性假设研究评价	江苏高教	2014
21	任增元	加塞特的大学使命观及其学术影响研究——以 CNKI（2002～2012）的文献计量为基础	现代大学教育	2014
22	任增元	量化评价、知识生产与理性大学的追寻——兼评《大学理性研究》	清华大学教育研究	2014
23	任增元	高等教育研究的热点主题与文献计量学分析——纪念《江苏高教》办刊 30 周年	江苏高教	2015
24	刘英杰	基于 3ds Max 和 Virtools 的大学物理虚拟实验的设计与开发	现代教育技术	2008
25	刘英杰	远程学习的情感与认知交互层次塔模型的构建研究	中国远程教育	2008
26	刘英杰	基于设计的研究范式的运用——大学物理虚拟实验系统的可持续建设与发展研究	远程教育杂志	2009
27	吕宝松	高中动态物理主题网站的需求分析与网络教学设计	中国教育信息化	2007

序号	作者	论文名称	期刊来源	发表年度
28	孙大廷	美国制定和实施国家教育战略的霸权性研究	社会科学战线	2009
29	孙大廷	美国教育战略重塑与维护霸权的国家意向	东北亚论坛	2009
30	孙大廷	美国联邦政府教育管理市场化改革探析	经济纵横	2009
31	孙大廷	研究型大学教师评价的几个悖论	江苏高教	2009
32	孙伟忠	美国联邦立法对高等教育的影响	外国教育研究	2008
33	孙伟忠	价格贸易条件变动影响经济增长的机制分析	学术交流	2009
34	朱金花	社会学视域中的教育公平价值诉求与思考	学习与探索	2015
35	闫灿灿	基于 TD – SCDMA 系统的 1∶1 数字学习的设计研究——以吉林大学 3G 校园建设为例	中国电化教育	2010
36	佟多人	美育与人才创新素质培养	社会科学战线	2002
37	佟多人	砥砺志弥坚——谨以此文献给父亲佟冬百年诞辰	吉林大学社会科学学报	2005
38	佟多人	无私方能勇　淡泊心自清	社会科学战线	2007
39	宋金刚	"趣味性"虚拟实验的设计研究	现代教育技术	2009
40	张龙革	试论中小学信息技术教师的信息素养及自我培养途径	中国教育信息化	2007
41	张龙革	教育技术学学科化探索与去学科化取向之争	电化教育研究	2010
42	张 建	电磁感应物理仿真实验的制作与实现	现代教育技术	2006
43	张晓娟	中国教育技术三十年透视与反思	现代教育技术	2008
44	张喜艳	培养创造性思维的网络课程设计研究	中国电化教育	2003
45	张喜艳	网络教学信息生态系统的构建与优化	中国电化教育	2010
46	张喜艳	教育信息生态系统的进化研究	电化教育研究	2010
47	张喜艳	教育信息化绩效特征结构解析	中国电化教育	2011
48	张喜艳	技术推动教育信息生态系统进化的作用与方式研究	情报科学	2012
49	张喜艳	以人文本∶农村基础教育信息化绩效评估的价值取向	中国电化教育	2014
50	张喜艳	教育网络信息生态系统生态化程度测评与优化	中国电化教育	2015
51	张雷生	关于韩国欠发达地区高考招生帮扶政策的研究	现代大学教育	2014
52	张雷生	关于韩国世界高水平私立大学法人章程研究	湖北社会科学	2015
53	张雷生	关于韩国高水平私立大学评议会的研究	大学教育科学	2015
54	李奉华	基于 RIA 技术的网络学习者体验分析与模型设计	现代教育技术	2010
55	李洪修	试论大学教学思维方式的弊端及其变革	江苏高教	2011
56	李洪修	组织社会学视域中的学校课程实施	社会科学战线	2011
57	李洪修	组织社会学视域中的学校课程实施策略	东北师大学报	2011
58	李洪修	大学治理的制度逻辑及其选择	大学教育科学	2012
59	李洪修	学校课程改革的冲突与化解路径——基于组织文化的视角	东北师大学报	2013
60	李洪修	西方社会学视域中的教师合作	外国教育研究	2013
61	李洪修	高校协同创新的文化冲突及其调适	江苏高教	2013
62	李洪修	加强区域环境监管 遏制违法排污案件——基于钟祥城市管网排污案的思考	环境保护	2013

续表

序号	作者	论文名称	期刊来源	发表年度
63	李洪修	高校协同创新的文化冲突与融合	中国高教研究	2014
64	李洪修	学校课程改革的制度困境及其调适	社会科学战线	2014
65	李洪修	新课程背景下教学自主权的内涵及实现	东北师大学报	2015
66	李洪修	大学学习共同体的实践困境	江苏高教	2015
67	李洪修	基于 MOODLE 平台的虚拟学习共同体的构建	中国电化教育	2015
68	杨 雪	基于互联网的虚拟实验教学中心的构建	中国高教研究	2001
69	杨 雪	网络虚拟实验的界面设计研究与实现	中国教育信息化	2007
70	杨 雪	基于设计的研究范式在网络三维虚拟实验中的运用研究	中国电化教育	2008
71	杨 雪	虚拟实验的反馈设计与实现	中国电化教育	2011
72	杨 雪	虚拟实验的感性设计研究	中国电化教育	2012
73	杨 雪	学生在虚拟和真实实验中的心理差距研究	现代教育技术	2012
74	杨 雪	网络用户信息感知障碍问题研究	情报资料工作	2015
75	杨 雪	基于认知失调的网络信息生态系统结构模型研究	情报理论与实践	2015
76	陆 云	解读胡塞尔的直觉明证性	社会科学战线	2011
77	陆 云	后形而上学的旨趣：审视、批判与重建	社会科学战线	2012
78	陆 云	我国大学学术评价的量化弊端及多元评价观探究	江苏高教	2012
79	孟 彬	论知识的生命周期	图书情报知识	2006
80	罗秀梅	试论中小学教师的教育技术能力	中国教育信息化	2007
81	金天泽	教育技术部分工作社会化探索	现代教育技术	2008
82	赵俊芳	西方名校"活力"探源	高等教育研究	2001
83	赵俊芳	关于大学教育质量的理性思考	社会科学战线	2002
84	赵俊芳	我国高等教育大众化进程中的误区分析	东北师大学报	2003
85	赵俊芳	社会转型与大学的回应	高等教育研究	2005
86	赵俊芳	大学学术权力合法性危机及应对范式	社会科学战线	2008
87	赵俊芳	"后专业主义"与社会科学研究的当代转向	吉林大学社会科学学报	2008
88	赵俊芳	论大学学术权力的合法性	东北师大学报	2008
89	赵俊芳	大学学术权力的多元形态及理想诉求	高等工程教育研究	2008
90	赵俊芳	中国高等教育改革发展六十年的历程与经验	中国高教研究	2009
91	赵俊芳	讲座制的历史演进及其当代评价	现代大学教育	2009
92	赵俊芳	资源汲取与名校活力	教育研究	2010
93	赵俊芳	欧美大学组织模式比较研究	中国高教研究	2010
94	赵俊芳	转型期我国大学的组织变迁及其局限	福建论坛	2010
95	赵俊芳	大学郊区化及其对城市文化的影响	高等教育研究	2010
96	赵俊芳	我国大学教授会的"应然角色"与"实然缺失"	现代大学教育	2010
97	赵俊芳	西方名校"活力"再探	大学教育科学	2010
98	赵俊芳	美国大学商业化寻理	江苏高教	2011

续表

序号	作者	论文名称	期刊来源	发表年度
99	赵俊芳	现代大学制度的内在冲突及路径选择	高等教育研究	2011
100	赵俊芳	高校教学评价—"学术人"与"行政人"的博弈	复旦教育论坛	2012
101	赵俊芳	中日高等教育"卓越工程"比较及启示	教育发展研究	2012
102	赵俊芳	国外高校科技研发的组织形态及驱动力量	中国高教研究	2012
103	赵俊芳	日本"21世纪卓越中心计划"研究	现代大学教育	2013
104	赵俊芳	日本"COE计划"的阶段演进及制度实践	清华大学教育研究	2013
105	赵俊芳	转型期中国大学内部治理的困境及其制度超越	江苏高教	2014
106	赵俊芳	《现代大学教育》的文献计量与科学知识图谱研究	大学教育科学	2014
107	赵俊芳	《大学教育科学》的学术影响力分析—基于CNKI（2003～2012）数据	现代大学教育	2014
108	赵俊芳	近年来我国人口学的研究热点与作者分布——基于1857篇CSSCI论文的计量分析	人口研究	2014
109	赵俊芳	我国大学学术权力研究热点及知识可视化图谱分析	复旦教育论坛	2014
110	赵俊芳	"千人计划"入选者学术发展力的计量学研究	中国高教研究	2014
111	赵俊芳	德国大学卓越计划的制度实施	外国教育研究	2014
112	赵俊芳	中国大学专利活动的问题考察及对策研究	高等工程教育研究	2015
113	赵俊芳	基于2003年教育部社科重大攻关项目学术发展力计量研究	大学教育科学	2015
114	赵俊芳	基于2004年国家社科基金重大项目学术发展力的计量研究	江苏高教	2015
115	赵俊芳	基于2005年国家社科基金重大项目学术发展力的计量研究	复旦教育论坛	2015
116	赵 继	新世纪理工科教材特点透视	中国高等教育	2001
117	唐余明	论高校学术梯队	江苏高教	2002
118	傅 健	基于WAP的移动个人知识管理系统设计与开发	现代教育技术	2008
119	傅 健	国内移动学习理论研究与实践十年瞰览	中国电化教育	2009
120	谢永朋	多媒体技术在中小学古诗教学中的应用	中国教育信息化	2007
121	魏书莉	虚拟实验操作系统中的认知摩擦问题研究	现代教育技术	2009
122	魏德生	网络学习行为自动监控系统的设计与实现	教育信息化	2006

应用技术学院

序号	作者	论文名称	期刊来源	发表年度
1	王建光	提高我国大学专业课双语教学水平的探讨	教育科学	2009
2	王 璐	"沉默的他者"与"空白之页"——"祥林嫂"：男性书写的女性盲点	鲁迅研究月刊	2002
3	王 璐	陈染：否定性叙述——对抗菲勒斯中心主义	文艺争鸣	2005

序号	作者	论文名称	期刊来源	发表年度
4	王璐	鲁迅小说中女性人物的主体意识	鲁迅研究月刊	2006
5	王璐	陈染创作的超性别意识	齐鲁学刊	2007
6	王璐	女性形象的文化悖论——1990 年代女作家笔下的"淑女"与"荡妇"	文艺争鸣	2012
7	王璐	读靳丛林《竹内好的鲁迅研究》	中国现代文学研究丛刊	2013
8	王璐	沉沦的快感与拒绝的美丽——1990 年代女性文学的一种价值景观	文艺争鸣	2013
9	田颖拓	行动导向教学法在应用型 VI 设计课程中的运用	山西财经大学学报	2012
10	刘振峰	羊火为美——中国古代审美意识探源	文艺争鸣	2010
11	余迎	伊索寓言传入中国的时间应提前	史学月刊	2008
12	冷晓彦	企业信息化项目风险的模糊综合评价	情报科学	2005
13	冷晓彦	企业信息化项目的风险因素分析	经济纵横	2005
14	冷晓彦	企业隐性知识管理国内外研究述评	情报科学	2006
15	冷晓彦	吉林省老工业基地可持续发展问题研究	经济纵横	2006
16	冷晓彦	企业信息能力的性质、功能与作用分析	情报科学	2009
17	冷晓彦	网络信息生态环境评价与优化研究	情报理论与实践	2011
18	冷晓彦	商务网站信息生态系统运行机制研究	情报科学	2014
19	张国杰	"神话原型"框架中的"荒原"意象	社会科学战线	2006
20	张国杰	应用伦理学之金规则辨析——如何在理论与实践上作出正确抉择（译文）	社会科学战线	2011
21	张国杰	现代性反思语境中的海德格尔诗意之思	社会科学战线	2012
22	张彦杰	感性：哲学向"人"的回归	学术交流	2008
23	杨以军	俄罗斯转轨时期的产物：俄罗斯新贵	东北亚论坛	2006
24	赵娜	主体参与：大学生思想道德教育创新的范式选择	中国高等教育	2014
25	赵晓红	皇甫湜的亲属关系	社会科学战线	2010
26	袁建昌	技术型人力资本分享企业剩余索取权与剩余控制权的制度安排	科学管理研究	2005
27	袁建昌	知识型企业人力资本主导企业剩余权的依据	科技进步与对策	2005
28	袁建昌	基于充分信息的职业经理人外部约束体系的作用机理	情报科学	2007
29	彭巍	动画艺术的节奏美	文艺争鸣	2010
30	彭巍	"现成物"——反艺术和艺术的吊诡	文艺争鸣	2013
31	董亚男	基于理性之思与现实之考的政府功能重塑	求索	2012
32	董亚男	公共性语境下的有效政府模式构想	天府新论	2012
33	董亚男	有效政府角色的理论溯源与现实塑造	东北师大学报	2012
34	董亚男	回应型公共行政模式对行政正义的契合与实现	社会科学战线	2012

管理学院

序号	作者	论文名称	期刊来源	发表年度
1	丁永波	供应链联盟共生模式及稳定性分析	统计与决策	2007
2	于 立	IT 外包形成机理的供给分析	情报科学	2007
3	于 旭	透视面向效益的企业信息化指标体系	学术交流	2008
4	于 旭	制度创新视角的知识管理	图书情报工作	2010
5	于 旭	技术溢出对集群企业创新绩效的影响机理研究	科学学研究	2010
6	于 旭	国家出资企业防范制度创新风险对策研究	求是学刊	2010
7	于 旭	国有企业制度创新决策过程模型研究	学习与探索	2010
8	于 旭	中国创业板与纳斯达克市场制度比较研究	学习与探索	2015
9	于 旭	跨组织合作中知识获取障碍与应对策略研究	情报理论与实践	2015
10	于宝君	我国企业信息系统成长过程模型的实证研究	图书情报工作	2010
11	于宝君	基于信息系统成长理论的信息系统实施关键成功因素及对策研究	情报科学	2010
12	于 洋	中国农地流转供求态势探析	学习与探索	2006
13	于 焱	数据库营销在顾客关系管理系统中的应用	情报科学	2007
14	于 焱	基于灰色关联分析的汽车零部件产业竞争力评价	科学学与科学技术管理	2008
15	于 焱	汽车零部件产业国际竞争力的灰色关联评价方法	社会科学战线	2009
16	马 飞	美日创业文化对创业投资发展影响的比较及借鉴	东北亚论坛	2004
17	马 飞	吉林省农业信息服务模式探讨	经济纵横	2004
18	马 飞	基于生命周期的高科技型中小企业融资特征	经济纵横	2006
19	马 飞	制造商的最优合同设计——基于不对称信息条件下的闭环供应链系统	吉林大学社会科学学报	2009
20	马 飞	产业集群对区域经济的影响机制——基于吉林省的实证研究	科技管理研究	2009
21	马 飞	组织公平理论研究述评	经济纵横	2010
22	马 飞	组织承诺理论研究述评	情报科学	2010
23	马 飞	基于 DEMATEL 方法的绿色供应链关键绩效评价指标选择	吉林大学社会科学学报	2011
24	马 飞	低碳经济下的企业社会责任分析	社会科学战线	2011
25	马哲明	我国信息消费学术论文及其作者状况分析	情报科学	2006
26	马哲明	我国信息消费学术论文及其作者状况分析	情报科学	2006
27	马哲明	信息消费外部性研究	图书情报工作	2007
28	马哲明	国内信息消费研究综述	情报科学	2007
29	马 悦	研发活动的国际比较与借鉴	经济纵横	2008
30	马 悦	基于脉冲响应函数的技术创新资金结构研究	商业研究	2009
31	马 悦	汽车产业资本结构对宏观经济因素的响应研究	经济问题	2009
32	马 捷	组织隐性知识认知过程探析	情报杂志	2008

续表

序号	作者	论文名称	期刊来源	发表年度
33	马捷	论信息生态观对企业创新机理的阐释	情报理论与实践	2009
34	马捷	公共服务管理平台知识服务内容解析	图书情报工作	2010
35	马捷	信息生态系统的信息组织模式研究	图书情报工作	2010
36	马捷	知识转化驱动信息生态系统进化的作用模式研究	情报理论与实践	2010
37	马捷	公共服务管理平台高等教育类知识服务内容研究	情报理论与实践	2011
38	马捷	中国知网知识组织模式研究	情报科学	2011
39	马捷	领域专家知识在本体半自动构建中的作用机理研究	图书情报工作	2011
40	马捷	信息生态视角下电子商务网站信息分类优化研究	情报科学	2012
41	马捷	"数字图书馆研究"知识生态圈的可视化分析	图书情报工作	2012
42	马捷	教育领域本体构建研究	情报理论与实践	2012
43	马捷	信息生态视角下电子商务知识管理技术框架与知识流程	图书情报工作	2012
44	马捷	微博信息生态链构成要素与形成机理	图书情报工作	2012
45	马捷	社会公共服务网络信息环境生态化程度测度初探	情报科学	2013
46	马捷	信息生态视角下社会事件网络传播驱动机制研究	图书情报工作	2013
47	马捷	微博信息生态系统公共事件驱动模式研究	图书情报知识	2014
48	马捷	网络信息生态系统生态化程度测度模型研究	图书情报工作	2014
49	马捷	社会公共事件网络信息生态链模型与优化策略	图书情报工作	2014
50	马捷	用户感知视角下的商务网站信息生态化程度测评研究——以淘宝网和京东商城为例	图书情报工作	2015
51	马捷	我国信息生态测评研究综述	情报科学	2015
52	马捷	基于生态化程度测评的网络信息生态系统进化研究	情报资料工作	2015
53	马鸿佳	科技型创业企业资源获取与动态能力关系的实证研究	科学学与科学技术管理	2008
54	马鸿佳	小企业导向与企业绩效：基于中国中小企业的实证研究	管理现代化	2009
55	马鸿佳	创业导向、小企业导向与企业绩效关系研究	管理世界	2009
56	马鸿佳	高科技企业网络能力、信息获取与企业绩效关系实证研究	科学学研究	2010
57	马鸿佳	网络能力与创业能力——基于东北地区新创企业的实证研究	科学学研究	2010
58	马鸿佳	IT 系统柔性与创新绩效关系实证研究	情报杂志	2011
59	马鸿佳	资源整合过程、能力与企业绩效关系研究	吉林大学社会科学学报	2011
60	马鸿佳	转型期中国失地农民创业动机模型构建	社会科学战线	2011
61	马鸿佳	网络联系、吸收能力与市场战略效能关系研究	科研管理	2011
62	马鸿佳	新创企业动态能力研究述评	经济纵横	2012
63	马鸿佳	创业团队社会资本、知识社会化与知识分享关系研究	中国科技论坛	2014
64	马鸿佳	社会网络、知识分享意愿与个人创新行为：组织二元学习的调节效应研究	南方经济	2015
65	马鸿佳	创业战略态势、国际学习与国际创业绩效的关系研究	科学学研究	2015
66	马鸿佳	IT 杠杆能力与即兴能力关系的实证研究	情报科学	2015
67	马鸿佳	基于过程观的新企业知识资源整合模型构建	情报杂志	2015

序号	作者	论文名称	期刊来源	发表年度
68	马鸿佳	数字资源聚合方法发展趋势研究	情报资料工作	2015
69	马鸿佳	动态能力、即兴能力与竞争优势关系研究	外国经济与管理	2015
70	尤 勤	我国通信网可靠性的研究	情报科学	2004
71	尹苗苗	创业网络强度、组织学习对动态能力的影响研究	经济管理	2010
72	尹苗苗	创业能力研究现状探析与未来展望	外国经济与管理	2012
73	尹苗苗	创业导向、投机导向与资源获取的关系	经济管理	2013
74	尹苗苗	创业能力实证研究现状评析与未来展望	外国经济与管理	2013
75	尹苗苗	不同环境下新创企业资源整合与绩效关系研究	科研管理	2014
76	尹苗苗	中国情境下新企业投机导向对资源整合的影响研究	南开管理评论	2014
77	尹苗苗	新企业投机导向对知识获取的影响研究	科研管理	2015
78	尹苗苗	创业领域资源整合研究现状与未来探析	外国经济与管理	2015
79	尹苗苗	中国创业网络关系对新企业成长的影响研究	管理科学	2015
80	尹苗苗	新企业创业导向、机会导向对绩效的影响研究——基于中国情境的实证分析	管理科学学报	2015
81	牛雁翎	人力资本经营与中小型科技企业成长	河北学刊	2005
82	牛雁翎	小型科技企业核心技术能力简论	河北大学学报	2005
83	王 川	基于新产品开发成功因素的情报信息需求分析	情报科学	2008
84	王 川	德国医疗保险制度的改革及启示	经济纵横	2009
85	王 东	虚拟学术社区及其知识共享实现机制研究框架	科技进步与对策	2012
86	王 东	虚拟学术社区的知识共享过程及其参与主体间关系研究	图书情报工作	2012
87	王 东	虚拟学术社区的学术质量评价流程与模式研究	情报理论与实践	2012
88	王 东	虚拟学术社区知识共享的实现路径与策略研究	情报理论与实践	2013
89	王 东	基于知识发酵的虚拟学术社区知识共享影响要素与实现机理研究	图书情报工作	2013
90	王立志	创业研究前沿：基于创业学者的调查及相关文献分析	情报科学	2008
91	王 伟	Deja. com——网络信息交流的新渠道	现代图书情报技术	2002
92	王 伟	公共危机信息传播的社会网络机制研究	情报科学	2007
93	王 军	吉林省企业技术创新的问题与对策	经济纵横	2005
94	王 军	基于价值链理论的通信运营商实施中小企业信息化战略研究	现代管理科学	2009
95	王 军	移动互联网视角下的顾客价值研究	社会科学战线	2012
96	王 军	网络信息对顾客价值感知的作用机理研究	图书情报工作	2013
97	王 军	基于移动互联网的顾客价值差距研究	社会科学战线	2014
98	王 军	区域特有农产品品牌整合的政府行为研究——以长白山人参品牌为例	农业经济问题	2014
99	王 军	自我效能对网评信息查询行为的影响研究	图书情报工作	2014
100	王 军	欠发达地区政府信息资源共享模式研究	情报科学	2014
101	王 军	网络评论信息对消费者购买态度的影响研究	情报理论与实践	2014

序号	作者	论文名称	期刊来源	发表年度
102	王 军	商品在线评论动态变化评价指标体系的研究	图书情报工作	2015
103	王向阳	高技术企业智力资本结构实证研究	科学管理研究	2010
104	王向阳	跨国公司、东道国企业及政府作用下的 FDI 技术溢出模型研究	科学管理研究	2011
105	王向阳	组织忘记对企业知识管理的影响机理研究	图书情报工作	2011
106	王向阳	FDI 影响我国经济增长的实证研究	数理统计与管理	2011
107	王向阳	技术溢出与技术差距：线性关系还是二次非线性关系	科研管理	2011
108	王向阳	基于企业生命周期的路径依赖和吸收能力关系研究	科研管理	2011
109	王向阳	知识获取、路径依赖对企业创新能力的影响研究	图书情报工作	2011
110	王向阳	知识溢出和技术创新能力关系：有中介的调节变量模型	图书情报工作	2012
111	王 壮	基于客户知识管理的企业信息服务创新研究	图书情报工作	2007
112	王 旭	创业动机、机会开发与资源整合关系实证研究	科研管理	2010
113	王 旭	创业企业公司治理研究评述	社会科学战线	2011
114	王 旭	中国女性创业的制度环境与个人特性	吉林大学社会科学学报	2011
115	王 旭	信息不对称下会计信息披露问题研究——基于公司治理的视角	情报科学	2012
116	王 旭	我国上市公司信息披露的影响因素研究	求是学刊	2012
117	王 旭	风险投资公司对高技术新创企业信息服务机理研究	社会科学战线	2013
118	王旭超	国际金融危机对我国软件业的影响及对策	经济纵横	2009
119	王旭超	吉林省物联网产业发展的问题与策略研究	情报科学	2011
120	王旭超	长春市民营经济转型升级研究	经济纵横	2011
121	王旭超	吉林省服务外包产业竞争力的实证研究——基于全国 18 个省区的比较	社会科学战线	2012
122	王旭超	省域 IT 服务外包产业竞争力的综合评价研究——基于吉林省新兴产业发展的视角	情报科学	2012
123	王旭超	面向技术预测的专利情报分析实证研究	情报科学	2014
124	王 江	我国汽车产业技术创新可行模式探析	经济纵横	2009
125	王 江	基于信息技术应用的汽车产业发展趋势分析	情报科学	2009
126	王希军	关于吉林省光电子产业发展的几个问题	经济纵横	2006
127	王希军	关联度法分析 EI 光学期刊的信息支撑作用	情报科学	2006
128	王志美	基于产业技术创新的城市空间演化特征	城市问题	2007
129	王 李	国内商业银行效率分析	经济纵横	2008
130	王 李	数据仓库对商业银行 CRM 的支持研究	情报科学	2008
131	王 李	论金融危机背景下的商业银行信贷风险管理	经济纵横	2009
132	王 李	基于数据挖掘视角的商业银行业绩聚类方法应用研究	情报科学	2009
133	王 李	商业银行组织结构再造及效率评价研究	福建论坛	2009
134	王 侃	国外创业网络研究评述	学习与探索	2010
135	王 欣	国内外信息产业测度方法综述	情报科学	2006
136	王 欣	信息产业演化机理微观研究	情报科学	2008

序号	作者	论文名称	期刊来源	发表年度
137	王　欣	基于 Ontology 的知识集成建模研究	现代图书情报技术	2009
138	王　欣	基于 SOA 的知识集成建模研究	图书情报工作	2010
139	王　欣	基于形式概念分析的知识集成建模研究	现代图书情报技术	2010
140	王　勇	中国第三代移动通信产业链的形成及演进周期研究	情报科学	2006
141	王　姣	组织间信息系统研究现状分析	情报科学	2008
142	王禹杰	信息不确定性及其转化的有效性度量研究	情报科学	2009
143	王爱群	农业产业化经营中合同违约问题的成因与控制	农业经济问题	2007
144	王爱群	中国各地区农业产业化龙头企业竞争力比较分析	中国农村经济	2008
145	王爱群	吉林省农业产业化龙头企业竞争力分析	农业经济问题	2009
146	王爱群	信息：企业内部控制的本原——基于制度经济学视角	社会科学战线	2009
147	王爱群	基于全面风险管理的企业预警指标体系构建研究	社会科学战线	2013
148	王爱群	国债融资对居民消费影响的动态效应研究	中国软科学	2013
149	王爱群	基于面板数据的内控质量、产权属性与公司价值研究	会计研究	2015
150	王　萍	论电子档案管理	档案学研究	2001
151	王　萍	国外电子文件/档案长期存取技术追踪	情报科学	2002
152	王　萍	关于电子档案管理若干理论问题研究	情报科学	2004
153	王　萍	运用数据挖掘技术预测客户购买倾向——方法与实证研究	情报科学	2005
154	王　萍	运用库恩的科学革命理论解析档案学发展历程	图书情报知识	2006
155	王　萍	运用聚类技术分析客户信息的方法与实证研究	情报科学	2006
156	王　萍	美国电子文件保护工程的经验和启示	档案学研究	2006
157	王　萍	档案馆社会化服务的若干问题研究	档案学研究	2006
158	王　萍	EAD、DC、TEI 著录实例及其比较分析	图书情报工作	2006
159	王　萍	电子档案安全保护措施的局限性及对策分析	档案学研究	2007
160	王　萍	开放获取理念及技术在档案领域中的应用	档案学通讯	2007
161	王　萍	国内外网上档案资源建设评析	情报科学	2007
162	王　萍	电子档案著录新理念	档案学研究	2008
163	王　萍	RSS 技术在数字档案馆中的应用研究	情报科学	2008
164	王　萍	档案馆随需应变知识服务模式	档案学通讯	2009
165	王　萍	我国网上科技中介服务评价	情报杂志	2009
166	王　萍	档案元数据（EAD）开发工具及其应用评价	图书情报工作	2009
167	王　萍	档案知识门户的构建——我国档案信息化服务突破方向	图书情报工作	2009
168	王　萍	基于 E - learning 的图书馆信息素养教育	图书馆学研究	2009
169	王　萍	档案元数据国际标准（EAD）在中文环境下的实例研究	图书情报工作	2010
170	王　萍	图书情报学视野下的知识管理研究	情报资料工作	2010
171	王　萍	高校图书馆学科馆员隐性知识显性化	情报科学	2010
172	王　萍	实施数字签名技术的文件、档案安全性	档案学研究	2010
173	王　萍	档案著录国际标准（EAD）的推广应用	档案学通讯	2010
174	王　萍	国外近十年电子档案研究评述	档案学通讯	2011

序号	作者	论文名称	期刊来源	发表年度
175	王　萍	基于网格技术的科学数据存储与共享	图书情报工作	2011
176	王　萍	数字图书馆开源软件评价模型比较研究	图书情报工作	2011
177	王　萍	历史档案网络存取原则及其实现方法	档案学研究	2012
178	王　萍	基于知识图谱的国际竞争情报研究的可视化分析	情报科学	2012
179	王　萍	吉林省科技档案管理调查分析报告	档案学通讯	2012
180	王　萍	关键事件技术理论及在图书馆服务质量评价中的应用	情报理论与实践	2012
181	王　萍	关键事件技术与主成分分析法在高校图书馆服务质量评价中的应用	情报理论与实践	2012
182	王　萍	图书档案数字化融合服务评价模型研究	图书情报工作	2013
183	王　萍	运用概念格分析企业竞争情报需求	现代图书情报技术	2013
184	王　萍	国外近年电子档案技术与应用进展	档案学通讯	2014
185	王　萍	优化用户满意体验的数字资源建设探究	中国图书馆学报	2014
186	王　萍	高校图书馆延伸服务研究——以国外医学院校图书馆为例	情报资料工作	2014
187	王　萍	竞争情报扫描、动态能力与企业创新绩效的关系研究	情报杂志	2015
188	王　萍	高校图书馆嵌入式服务研究	情报资料工作	2015
189	王　萍	组织间竞争情报共享与合作创新绩效的关系研究	情报理论与实践	2015
190	王　萍	国外 Web Archive 资源开发利用的途径及趋势展望	图书馆学研究	2015
191	王晰巍	URP 时代网格技术在 EKP 中的应用	情报科学	2004
192	王晰巍	知识构建（KA）：情报科学研究的新视角	情报学报	2006
193	王晰巍	知识供应链研究综述	情报科学	2006
194	王晰巍	知识供应链互动模式研究	情报科学	2006
195	王晰巍	基于信息构建的知识构建核心内容及过程模型研究	图书情报工作	2007
196	王晰巍	知识构建对知识管理的优化研究	情报科学	2007
197	王晰巍	知识供应链的组织模型研究	图书情报知识	2007
198	王晰巍	知识构建对知识管理的优化及实证研究	图书情报知识	2008
199	王晰巍	知识供应链构建的绩效评价研究	图书情报工作	2009
200	王晰巍	电子商务中的信息生态模型构建实证研究	图书情报工作	2009
201	王晰巍	信息化与工业化融合的基本理论及实证研究	情报科学	2009
202	王晰巍	信息化与工业化融合的关键要素及实证研究	图书情报工作	2010
203	王晰巍	企业信息生态系统的要素及评价指标构建研究	图书情报工作	2010
204	王晰巍	基于信息生态视角的技术链传导机理研究	图书情报工作	2010
205	王晰巍	基于信息生态视角的产业链形成及传导机理研究	情报理论与实践	2010
206	王晰巍	信息生态环境下的企业知识组织研究	情报理论与实践	2010
207	王晰巍	基于知识管理的汽车物流企业竞争情报系统构建	情报科学	2010
208	王晰巍	信息化与工业化融合的评价指标及评价方法研究	图书情报工作	2011
209	王晰巍	低碳经济下产业技术链演进中知识创新螺旋及路径研究	情报科学	2011
210	王晰巍	新能源产业技术链知识网络构建及优化研究	情报科学	2012
211	王晰巍	智慧城市演进发展及信息服务平台构建研究	图书情报工作	2012

序号	作者	论文名称	期刊来源	发表年度
212	王晰巍	中外信息生态研究进展的比较分析	图书情报工作	2013
213	王晰巍	网络团购中信息生态系统的演进及案例研究	情报科学	2013
214	王晰巍	中外信息生态学论文比较研究——基于文献计量方法	图书情报工作	2013
215	王晰巍	企业信息门户生态性评价研究——基于汽车行业客户体验视角的分析	图书情报工作	2014
216	王晰巍	信息生态环境对网络团购影响的实证研究	情报科学	2014
217	王晰巍	门户网站生态性评价及实证研究——以低碳类门户网站为例	图书情报工作	2014
218	王晰巍	移动互联网环境下企业隐性知识共享影响因素研究——基于信息生态视角的分析	图书情报工作	2014
219	王晰巍	行业网站搜索引擎优化指标及实证研究——基于信息生态视角的分析	现代图书情报技术	2015
220	王晰巍	移动网络团购 APP 信息采纳行为影响因素研究——基于信息生态视角的分析	图书情报工作	2015
221	王晰巍	国内外新媒体在信息与知识管理领域的应用与比较研究	图书情报工作	2015
222	王晰巍	基于社会网络分析的移动环境下网络舆情信息传播研究——以新浪微博"雾霾"话题为例	图书情报工作	2015
223	王晰巍	环保物联网全球发展动态专利情报研究——以垃圾回收利用领域为例	情报科学	2015
224	王晰巍	微博信息生态链的形成机理及仿真研究——以新浪微博低碳技术话题为例	情报理论与实践	2015
225	王晰巍	移动终端门户网站生态性评价指标构建及实证研究——基于信息生态视角的分析	情报理论与实践	2015
226	王晰巍	移动环境下网络舆情信息传播模式及实证研究——以埃博拉话题为例	情报学报	2015
227	王晰巍	数字图书馆网站搜索引擎优化指标及实证研究——基于信息生态视角的分析	情报理论与实践	2015
228	王晰巍	大数据时代背景下中美图书情报专业研究生课程体系建设比较研究	图书情报工作	2015
229	王静一	基于 LibQUAL + 的公共图书馆服务质量评价——东北三省省地级公共图书馆服务质量调查与思考	国家图书馆学刊	2010
230	王燕玲	我国大学毕业生初次就业中区域主动吸纳对策研究	社会科学辑刊	2009
231	王瀚轮	创业领域动态能力研究述评	经济纵横	2010
232	邓 君	崭新的视角，理论与实践并重——评《网络数据分析》	情报科学	2004
233	邓 君	数字档案馆与人文环境的优化	情报科学	2004
234	邓 君	略论中国古代档案法规发展分期	档案学通讯	2005
235	邓 君	新思维，新视野——评《组织的知识管理》	情报科学	2005
236	邓 君	中外在线档案资源获取比较分析	情报科学	2007
237	邓 君	国外企业门户平台内容管理比较研究	情报科学	2007

序号	作者	论文名称	期刊来源	发表年度
238	邓　君	国内机构知识库研究进展	图书与情报	2007
239	邓　君	机构知识库发展的动力机制与动力模型研究	图书情报工作	2008
240	邓　君	基于 OAIS 与 OAI–PMH 的数字档案馆共享功能框架设计	档案学通讯	2008
241	邓　君	机构知识库利益链互动机理研究	情报资料工作	2008
242	邓　君	机构知识库发展的文化法律影响因素研究	情报科学	2008
243	邓　君	机构知识库（IR）系统 Archimède 与 eDoc 比较研究	图书情报知识	2008
244	邓　君	机构知识库与高校数字档案馆比较研究	情报科学	2009
245	邓　君	机构知识库建设模式研究	图书情报工作	2010
246	邓　君	论曾三的档案编纂思想	档案学通讯	2010
247	邓　君	机构知识库建设的技术成本因素研究	情报科学	2010
248	邓　君	档案载体演变规律研究	档案学通讯	2011
249	邓　君	科学数据价值鉴定研究进展	情报科学	2012
250	邓　君	国内开放存取资源在线集成服务理论进展	情报科学	2012
251	邓　君	档案馆员激励机制研究——国家开放档案价值实现主体激励研究之一	档案学研究	2013
252	邓　君	图书档案数字化融合服务保障机制研究	图书情报工作	2013
253	邓　君	科学数据价值鉴定标准研究	情报科学	2013
254	邓　君	企业主导型信息供应链的信息运动过程及其机制分析	情报理论与实践	2013
255	邓　君	基于概念格的实体档案用户行为研究	图书情报工作	2014
256	邓　君	档案馆服务质量评价研究述评	档案学研究	2014
257	邓　君	机构知识库数据价值鉴定研究	情报科学	2014
258	邓　君	国家开放档案价值实现影响因素研究	社会科学战线	2014
259	邓　君	社会网络分析工具 Ucinet 和 Gephi 的比较研究	情报理论与实践	2014
260	邓　君	国内外图书馆开源软件研究现状与展望	图书情报工作	2015
261	冯梓洋	信息不对称对 PE 在中国发展的影响	情报科学	2010
262	卢时雨	区域技术创新能力测度及实证研究	情报科学	2008
263	卢青伟	基于生活方式和消费观的豪华 SUV 车市场定位研究	当代经济研究	2009
264	卢青伟	基于竞争情报的企业竞争优势研究	情报科学	2009
265	卢艳秋	我国化工产品贸易的倾销、反倾销状况及对策	经济纵横	2001
266	卢艳秋	我国化工产品贸易面临的技术壁垒及对策	国际贸易问题	2002
267	卢艳秋	论高技术投资基金对科技兴贸的作用	中国软科学	2002
268	卢艳秋	试析我国高新技术产品加工贸易	中国科技论坛	2002
269	卢艳秋	基于动态联盟的企业信息系统	情报科学	2003
270	卢艳秋	提高我国化工产业国际竞争力的对策	国际贸易问题	2003
271	卢艳秋	借鉴国际经验发展我国出口信用保险的对策研究	中国软科学	2003
272	卢艳秋	完善我国高技术中小企业出口融资体系的对策	中国软科学	2003
273	卢艳秋	电子商务环境下企业客户关系管理模式研究	情报科学	2005
274	卢艳秋	基于信息工程的 TBT 预警系统研究	情报科学	2006

序号	作者	论文名称	期刊来源	发表年度
275	卢艳秋	基于自主创新和能力整合的企业竞争优势研究	中国科技论坛	2007
276	卢艳秋	基于 RBF 网络的 TBT 预警模型	情报科学	2007
277	卢艳秋	基于知识的企业吸收能力形成机理研究	情报科学	2008
278	卢艳秋	外商直接投资技术溢出效应模型及实证研究	管理学报	2009
279	卢艳秋	跨国技术联盟创新网络与合作创新绩效的关系研究	管理学报	2010
280	卢艳秋	约束条件下基于 SHAPLEY 值的合作创新利益分配方法	科技进步与对策	2010
281	卢艳秋	电信价值网络中企业间知识转移博弈分析	情报科学	2012
282	卢艳秋	团队自反与新产品开发绩效——项目经理领导力的前因作用研究	社会科学战线	2012
283	卢艳秋	跨国技术联盟知识流动创新模型的建立与验证	情报科学	2014
284	卢艳秋	跨国技术联盟知识整合对合作创新绩效的影响分析	社会科学战线	2014
285	卢艳秋	新产品开发团队特征对团队学习影响的实证研究	经济纵横	2014
286	史　峰	高校负债问题成因及化解对策探析	内蒙古社会科学	2008
287	史海燕	国外主要信息集成项目介绍与评析	情报科学	2004
288	叶培华	编码档案著录标准（EAD）的开发、实施和评价	现代图书情报技术	2004
289	叶培华	企业知识生态系统的构建研究	科学管理研究	2007
290	叶培华	企业知识生态系统的复杂适应性研究	情报杂志	2008
291	田凤江	"入世"后我国高等教育产业的发展模式研究	情报科学	2002
292	田　波	创新型企业的理念创新	税务与经济	2007
293	田　波	创新型企业知识管理与创新能力提升互动机理研究	情报科学	2007
294	田　波	网络分析法在选择企业创新合作成员中的应用	情报科学	2008
295	田　波	基于层次性整体判断信息的 AHP 分析方法	吉林大学社会科学学报	2011
296	田　波	航空公司信息安全管理系统的构建与安全保障体系研究	情报科学	2011
297	田　硕	以技术标准为对象的创新战略研究	学习与探索	2007
298	田　硕	FDI 与我国汽车企业的隐性知识流入研究	现代管理科学	2009
299	田　硕	跨国汽车公司对我国汽车企业的技术控制分析	现代管理科学	2009
300	田　硕	基于 WSR 系统方法论的战略决策分析框架	社会科学战线	2010
301	田　硕	基于产业结构差异的长吉图区域合作潜力研究	当代经济研究	2010
302	田　硕	基于嵌入性视角的知识管理分析框架研究	情报理论与实践	2012
303	田　硕	复杂管理决策分析的系统思维整合工具：SROP 分析矩阵	经济管理	2015
304	白云峰	信息商品价格理论与实证研究	情报学报	2003
305	白君贵	浅析信息技术负效应	情报科学	2006
306	刘凤勤	机械工业企业信息化建设水平测度方法	情报学报	2001
307	刘凤勤	信息技术对企业再造的影响	情报科学	2002
308	刘凤勤	信息技术对企业再造的作用机制及对策研究	情报学报	2002
309	刘凤勤	我国企业信息化建设的发展对策研究	情报科学	2003
310	刘凤勤	我国信息产业技术创新模式与发展对策研究	情报科学	2004
311	刘凤勤	我国电子政务发展现状及对策研究	情报科学	2005

序号	作者	论文名称	期刊来源	发表年度
312	刘甲学	超文本技术的新发展——XML	情报科学	2002
313	刘甲学	自适应超媒体系统用户模型研究	图书情报知识	2005
314	刘甲学	超媒体系统自适应导航研究综述	图书情报工作	2005
315	刘驰	基于产业集群的专利管理信息化体系构建研究	情报科学	2009
316	刘驰	基于知识转移的知识产权管理模式	情报科学	2009
317	刘驰	知识产权中的专利质量界定及组成要素分析	情报科学	2009
318	刘汶荣	技术创新的复杂性特征研究	当代经济研究	2008
319	刘佳	数字图书馆知识服务能力理论与建设研究	图书情报工作	2012
320	刘佳	数字图书馆知识服务能力理论与实证研究	情报理论与实践	2012
321	刘佳	信息检索认知模型及认知负荷评价研究	图书情报工作	2012
322	刘国亮	基于复杂系统分析的校企合作创新平台运行规律研究	中国科技论坛	2008
323	刘国亮	中日韩电信产业价值链模式对比分析	商业研究	2008
324	刘国亮	基于项目管理视角的科技论文网络发表学术质量控制研究	情报杂志	2008
325	刘国亮	校企合作创新平台的信息化建设研究	情报科学	2009
326	刘国亮	网络环境下学术交流的知识共享实现模式研究	情报科学	2009
327	刘国亮	基于网络平台的科技论文发表的激励机制研究	科技管理研究	2009
328	刘国亮	基于收入共享合同的电信运营商与SP的合作机制研究	软科学	2009
329	刘国亮	科技论文网络发表学术质量控制系统构建研究	情报理论与实践	2010
330	刘国亮	基于CAS理论的移动通信产业价值网络自适应机制研究	吉林大学社会科学学报	2010
331	刘国亮	基于合作研发与推广的运营商与终端厂商的双边激励研究	科技进步与对策	2010
332	刘国亮	科技论文网络发表模式的动态均衡理论模型与形成机理研究	科技进步与对策	2010
333	刘国亮	经济伦理学视角下的商业地产开发	社会科学战线	2012
334	刘国亮	基于遗传算法的知识:二元进化模型分析——以3家高新技术中小企业为例	中国科技论坛	2013
335	刘国亮	基于融知发酵理论的公共服务平台信息资源共享实现路径研究	情报理论与实践	2015
336	刘非	中国对外直接投资的区域均衡分析	国际贸易	2007
337	刘娜	可持续发展观下企业社会责任概念新解	社会科学战线	2013
338	刘彦	供应链节点企业组织间关系研究	中央财经大学学报	2009
339	刘春山	中观经济中长期消费需求模型及应用	经济纵横	2003
340	刘春山	农业产业结构评价及对策研究——以吉林省为例	社会科学战线	2011
341	刘春山	我国短线交易的规制完善与实施效果研究	社会科学研究	2011
342	刘春山	基于资源聚集与偏向的城乡收入差距的解释分析	经济体制改革	2012
343	刘春山	低碳经济下区域产业结构优化——以吉林省为例	社会科学战线	2013
344	刘虹涛	信息技术对传统产业结构影响分析	情报科学	2002

序号	作者	论文名称	期刊来源	发表年度
345	刘　钢	创业企业组织变革与人力资源管理实践——基于中国企业管理经验的实证分析	东北师大学报	2010
346	刘海英	压力约束下的企业效率问题探析	经济问题	2004
347	刘海英	人力资本"均化"与中国经济增长质量关系研究	管理世界	2004
348	刘海英	论人力资本增长的均衡性选择——基于中国教育状况的实证研究	科学学与科学技术管理	2005
349	刘海英	中国经济增长中人力资本积累的均衡性选择	中国软科学	2005
350	刘艳秋	开发区土地利用的潜力分析——以长春净月经济开发区为例	经济纵横	2010
351	刘　预	信息对新创企业资源获取的影响研究	情报科学	2008
352	吕　津	保障我国城市养老服务体系有序运行的对策研究	经济纵横	2009
353	孙立荣	网络环境下财务信息披露问题研究	情报科学	2008
354	孙立荣	基于网络环境的集团财务信息管理系统研究	情报科学	2011
355	孙红霞	农民创业研究前沿探析与我国转型时期研究框架构建	外国经济与管理	2010
356	孙红霞	创业自我效能感、创业资源与农民创业动机	科学学研究	2013
357	孙宝凤	基于可持续发展的科技资源配置研究	社会科学战线	2001
358	孙振嘉	政府信息资源配置评价方法及实证研究	情报科学	2010
359	孙振嘉	人事档案的知情权问题研究	档案学通讯	2010
360	孙振嘉	基于云计算的政府危机决策信息管理机制研究	图书情报工作	2012
361	孙振嘉	基于洛特卡定律的"科技信息资源"研究成熟度分析	情报理论与实践	2012
362	孙振嘉	中日《专利法》比较研究	情报科学	2012
363	孙振嘉	基于专利战略视角的企业专利档案管理模式研究	情报科学	2013
364	孙振嘉	我国汽车电子制动系统专利战略研究	情报科学	2014
365	孙振嘉	面向技术创新的企业专利水平测度研究	情报杂志	2015
366	孙晓明	对信息涵义的再认识	情报科学	2009
367	孙康慧	我国汽车电子产业市场结构分析	经济纵横	2009
368	孙　其	网络环境下的知识产权保护研究	情报科学	2007
369	孙裕君	我国风险投资热背后的冷思考	科学学与科学技术管理	2003
370	孙裕君	技术成果转让价格的评估准则、方法与参数	情报科学	2003
371	孙裕君	我国支持科技投入的金融政策及走势	吉林大学社会科学学报	2003
372	孙裕君	建立我国个人信用制度的几点思考	东北师大学报	2003
373	孙慧玲	我国电子信息产业结构分析与评价	情报科学	2004
374	孙　巍	市场结构对企业研发行为的影响研究——1996~2009年我国制造业数据实证分析	财经问题研究	2013
375	孙　巍	研发行为会改变市场结构吗？——来自中国制造业的经验证据	经济管理	2013
376	巩顺龙	农民专业合作组织的食品安全标准扩散功能研究	经济纵横	2012
377	成荣敏	提升长春市创新能力的对策研究	宏观经济管理	2009

序号	作者	论文名称	期刊来源	发表年度
378	曲久龙	科技发展规划的信息支持系统建设研究	情报科学	2006
379	曲久龙	公益型多学科仓储系统发展现状及策略研究	情报杂志	2009
380	曲 然	知识资源属性及其配置模式研究	情报杂志	2008
381	朱亚玲	基于 WSRF 的网格资源管理	现代图书情报技术	2006
382	朱亚玲	基于开放网格服务结构的文化信息网格研究	情报资料工作	2006
383	朱亚玲	语义网格探微	情报理论与实践	2006
384	朱亚玲	基于双向拍卖的网格资源调度模型与竞价策略	现代图书情报技术	2008
385	朱秀梅	基于高技术产业集群的社会资本对知识溢出影响的实证研究	科学学与科学技术管理	2007
386	朱秀梅	高技术产业集群创新路径与机理实证研究	中国工业经济	2008
387	朱秀梅	资源获取、创业导向与新创企业绩效关系研究	科学学研究	2008
388	朱秀梅	集聚经济效应对新创企业资源获取和整合影响的实证研究	中国科技论坛	2008
389	朱秀梅	企业自主创新信息服务体系构建研究	情报资料工作	2008
390	朱秀梅	企业自主创新信息运作及保障机制研究	情报资料工作	2008
391	朱秀梅	高技术企业集群式创新机理实证研究	管理科学学报	2009
392	朱秀梅	基于价值网的高校自主创新信息服务体系构建研究	情报科学	2009
393	朱秀梅	科研院所自主创新信息服务体系和保障机制研究	情报杂志	2009
394	朱秀梅	新企业网络能力维度检验及研究框架构建	科学学研究	2010
395	朱秀梅	网络能力、资源获取与新企业绩效关系实证研究	管理科学学报	2010
396	朱秀梅	关系特征、资源获取与初创企业绩效关系实证研究	南开管理评论	2010
397	朱秀梅	基于创业导向、网络化能力和知识资源视角的新创企业竞争优势问题探讨	外国经济与管理	2010
398	朱秀梅	组织学习与新企业竞争优势关系——以知识管理为路径的实证研究	科学学研究	2011
399	朱秀梅	创业网络特征对资源获取的动态影响——基于中国转型经济的证据	管理世界	2011
400	朱秀梅	新产品开发团队特征对知识管理过程的影响研究	图书情报工作	2011
401	朱秀梅	知识管理过程对新产品开发绩效的影响研究	管理工程学报	2011
402	朱秀梅	国际创业研究演进探析及未来展望	外国经济与管理	2011
403	朱秀梅	战略导向的构成及相互作用关系实证研究	科学学研究	2012
404	朱秀梅	国外创业导向研究脉络梳理与未来展望	外国经济与管理	2013
405	朱秀梅	国外创业学习研究演进探析及未来展望	外国经济与管理	2013
406	朱秀梅	学习导向与新企业竞争优势：双元创业学习的中介作用研究	研究与发展管理	2014
407	朱秀梅	变革领导力与双元创业学习：雇员创造力的中介作用研究	社会科学战线	2014
408	朱秀梅	基于二元视角的变革领导力研究演进探析及未来展望	研究与发展管理	2015
409	朱 婕	网络环境下信息需求及其实现的技术规定性层面	情报科学	2004

续表

序号	作者	论文名称	期刊来源	发表年度
410	朱　婕	基于"意义建构"之上的"信息差"理论及模型	图书情报知识	2006
411	毕达天	B2C 电子商务企业—客户间互动对客户体验影响机制研究	中国软科学	2014
412	毕达天	基于信息运动视角的虚拟社区互动机理研究	图书情报工作	2015
413	毕达天	基于数字图书馆信息接受资源情境的推送服务研究	情报理论与实践	2015
414	毕达天	虚拟社区信息运动影响因素实证研究	图书情报工作	2015
415	毕　强	超文本浏览中的博物馆现象及其分析	情报学报	2001
416	毕　强	基于 Web 技术的信息发布模型及其应用技术	情报学报	2001
417	毕　强	走向网络时代的情报科学	情报科学	2001
418	毕　强	QUIC——一个智能超文本导航系统	情报科学	2002
419	毕　强	超文本信息环境导航的主要形式及功能特色	图书情报知识	2003
420	毕　强	Web 信息空间导航研究	图书情报工作	2003
421	毕　强	基于层次分析法的 Web 超媒体系统导航研究	情报学报	2003
422	毕　强	网络信息服务现状分析	情报科学	2003
423	毕　强	超文本信息环境用户认知活动的模式及其影响因素	图书情报工作	2003
424	毕　强	自适应超文本	现代图书情报技术	2003
425	毕　强	数字图书馆关键技术的比较研究	图书情报工作	2004
426	毕　强	信息集成服务模式研究	图书情报工作	2004
427	毕　强	网络信息集成服务研究综述	情报理论与实践	2004
428	毕　强	国外信息资源管理的主流研究领域及热点内容分析	中国图书馆学报	2004
429	毕　强	专题:网络信息空间自适应导航研究	图书情报工作	2005
430	毕　强	网络信息空间智能导航需求形成的微观机理	图书情报工作	2005
431	毕　强	基于 Web 服务技术的企业间信息集成系统架构研究	现代图书情报技术	2005
432	毕　强	基于图论的超媒体系统度量研究	情报学报	2005
433	毕　强	基于信息构建的个性化导航模型研究——以电子商务网站为例	图书情报工作	2005
434	毕　强	实现网络资源共享及其技术研究	图书馆论坛	2005
435	毕　强	语义网络环境下数字图书馆知识组织研究	图书情报工作	2006
436	毕　强	数字图书馆网格信息资源调度(内容分发)研究	现代图书情报技术	2006
437	毕　强	国外基于网格技术的数字图书馆结构体系比较研究	情报学报	2006
438	毕　强	语义 Web:知识组织的新基点	图书情报工作	2006
439	毕　强	语义网格环境下数字图书馆知识组织理论、方法及其过程研究	图书情报工作	2007
440	毕　强	数字图书馆网格信息资源组织模式研究	图书情报工作	2007
441	毕　强	数字参考咨询个性化服务的实践进展	图书情报工作	2007
442	毕　强	数字图书馆开源软件本地化研究	现代图书情报技术	2007
443	毕　强	元数据标准及其互操作研究	情报理论与实践	2007
444	毕　强	知识服务——现状、进展及挑战	中国图书馆学报	2007
445	毕　强	电子商务信用信息服务模式研究	情报科学	2007

序号	作者	论文名称	期刊来源	发表年度
446	毕 强	专题:语义网格环境下数字图书馆知识组织理论研究"毕强编委组织"编者的话	图书情报工作	2007
447	毕 强	信息资源管理制度研究的现状	图书情报工作	2008
448	毕 强	论信息资源管理研究的制度转向	图书情报工作	2008
449	毕 强	专题:面向自主创新的信息服务保障体系研究	情报资料工作	2008
450	毕 强	高校自主科技创新信息服务体系构建研究	情报资料工作	2008
451	毕 强	国外 IR 理论研究与实践进展	图书馆学研究	2008
452	毕 强	泛在知识环境下数字图书馆知识空间构建研究	情报科学	2008
453	毕 强	政府信息资源共享模式研究	情报科学	2008
454	毕 强	信用信息服务主客体关系研究	图书情报知识	2008
455	毕 强	数字图书馆知识组织语义互联影响因素研究	图书情报工作	2009
456	毕 强	语义网格环境下基于元数据本体的数字图书馆互操作研究	图书情报工作	2009
457	毕 强	我国网上技术市场发展模式及对策研究	图书情报工作	2009
458	毕 强	数字时代信息服务的变革与创新	图书馆学研究	2009
459	毕 强	数字图书馆 KOS 的变革与创新	图书馆学研究	2009
460	毕 强	基于知识地图的多领域本体语义互联研究	情报科学	2009
461	毕 强	自主创新信息服务保障体系——基于产、学、研合作模式的研究	图书情报知识	2009
462	毕 强	下一代 DL – KOS 构建研究	图书情报工作	2009
463	毕 强	发展技术市场,建设国家创新体系·序言	图书情报工作	2009
464	毕 强	国外信息资源管理研究进展及热点分析——基于 IRMJ 和 JASIS 的分析	中国图书馆学报	2009
465	毕 强	数字时代情报学发展前景	图书情报工作	2010
466	毕 强	图书馆学界关于知识组织的学术分歧	图书情报工作	2010
467	毕 强	基于 OWL – S API 的数字图书馆服务组合应用研究	现代图书情报技术	2010
468	毕 强	"数字资源语义互联研究"专题序	现代图书情报技术	2010
469	毕 强	数字资源语义互联研究(I)——体系结构设计	现代图书情报技术	2010
470	毕 强	国外形式概念分析与概念格理论应用研究的前沿进展及热点分析	现代图书情报技术	2010
471	毕 强	信息内容产业集群形成机理分析	情报资料工作	2010
472	毕 强	数字图书馆语义互联中的桥本体构建	情报学报	2010
473	毕 强	数字图书馆知识组织系统建构的发展趋势——从机器可读到机器可理解	国家图书馆学刊	2010
474	毕 强	多领域本体语义互联研究现状与实践进展	情报科学	2010
475	毕 强	信用信息服务中个人信用信息主体权益保护问题研究	图书情报知识	2011
476	毕 强	金融领域信用信息服务作用机理与运行机制研究	情报资料工作	2011
477	毕 强	悖论的价值:关于我国图书馆学教育的思辨	图书情报工作	2011
478	毕 强	数字图书馆知识组织体系构建的发展路径——概念格与本体的互补融合	华中师范大学学报	2011

序号	作者	论文名称	期刊来源	发表年度
479	毕　强	基于知识地图的多领域本体映射研究	图书情报工作	2011
480	毕　强	基于领域本体和 RSS 的 OA 资源集成门户设计与实现	现代图书情报技术	2012
481	毕　强	基于概念格的多本体协同知识地图构建研究	情报学报	2012
482	毕　强	面向产学研合作创新的信息资源配置研究	情报科学	2013
483	毕　强	国外 Folksonomy 应用研究的前沿进展及热点分析	现代图书情报技术	2013
484	毕　强	信息供应链成员组织间信息传递的动力因素及其规律研究——基于产学研合作视角	情报理论与实践	2013
485	毕　强	面向知识关联的标签云优化机理研究	现代图书情报技术	2014
486	毕　强	《情报理论与实践》回眸与前瞻	情报理论与实践	2014
487	毕　强	数字资源聚合的理论基础及其方法体系建构	情报科学	2015
488	毕　强	基于语义的数字资源超网络聚合研究	情报科学	2015
489	毕　强	学术虚拟社区信息运动规律研究	图书馆学研究	2015
490	毕　强	基于社会网络分析视角的微博学术信息交流实证分析	图书馆学研究	2015
491	毕　强	社会化标注系统资源聚合的实证分析	情报资料工作	2015
492	毕　强	提升虚拟社区信息运动效率的策略研究	图书情报工作	2015
493	毕　强	数字文献资源内容服务推荐方法研究	现代图书情报技术	2015
494	毕　强	超网络视域下的数字资源深度聚合实证研究	情报理论与实践	2015
495	毕新华	与管理变革协同的 MIS 建设整体效果的测度研究	情报科学	2001
496	毕新华	企业信息化建设与精益创新总体战略框架研究	情报科学	2004
497	毕新华	信息系统成长理论模型的比较分析	情报科学	2005
498	毕新华	企业实施 ERP 与企业文化建设	情报科学	2005
499	毕新华	信息技术吸纳能力及其过程模型研究	科学学与科学技术管理	2006
500	毕新华	信息技术吸纳能力及其机理要素研究	情报科学	2007
501	毕新华	企业信息化决策模式与方法研究	情报科学	2007
502	毕新华	基于企业文化的 ERP 实施能力分析及策略选择	吉林大学社会科学学报	2007
503	毕新华	企业 IT 投资决策行为影响因素及模型研究	情报杂志	2007
504	毕新华	供应链协同管理研究述评	社会科学战线	2008
505	毕新华	中国企业信息系统宏观成长过程及阶段分析	情报科学	2008
506	毕新华	企业 IT 能力的构成及其作用机理研究	现代管理科学	2008
507	毕新华	企业环境剧烈变化阻碍企业信息化的机理解析	情报杂志	2008
508	毕新华	信息技术吸纳核心能力的实证研究	图书情报工作	2009
509	毕新华	全球金融危机下我国商业银行加强全面风险管理的对策及建议	东北师大学报	2009
510	毕新华	我国移动商务产业属性及其发展对策建议	学术交流	2009
511	毕新华	基于价值网的移动商务商业模式研究	商业研究	2009
512	毕新华	信息技术吸纳能力的演化机理及过程研究	图书情报工作	2010
513	毕新华	我国企业 IT 投资成长模式及中美比较研究	图书情报工作	2010
514	毕新华	基于 ECM 模型的 IT 持续使用整合分析	图书情报工作	2011
515	毕新华	基于 Trust – ECM 整合模型的移动商务用户持续使用研究	图书情报工作	2011

序号	作者	论文名称	期刊来源	发表年度
516	毕新华	信息化领导力与竞争优势关系的实证研究	情报理论与实践	2014
517	毕新华	信息化领导力对信息技术参与服务创新影响机理的实证研究	情报科学	2015
518	毕新华	移动互联网环境下云图书馆的 IT 能力分析及评价研究	图书情报工作	2015
519	毕新华	创新驱动对经济发展的制度设计研究	学习与探索	2015
520	祁知稚	基于密码技术的互联网安全性分析	情报科学	2006
521	米 杨	基于 PROMPT 的本体映射实例分析	情报学报	2010
522	许正良	企业市场细分化的工作流程构造	经济管理	2003
523	许正良	企业竞争优势本源的探折——核心竞争力的再认识	吉林大学社会科学学报	2003
524	许正良	企业核心竞争力的结构解析	中国软科学	2004
525	许正良	论基于内在结构整合的企业核心竞争力培育机理	吉林大学社会科学学报	2005
526	许正良	企业持续营销能力与企业绩效关系的研究	吉林大学社会科学学报	2007
527	许正良	基于持续发展的企业社会责任与企业战略目标管理融合研究	中国工业经济	2008
528	许正良	企业社会责任弹簧模型及其作用机理研究	中国工业经济	2009
529	许正良	企业高层领导在顾客价值创造中的作用	中国软科学	2009
530	许正良	大学毕业生初次就业中信息非对称问题的探讨	情报科学	2009
531	许正良	中国情境下消费者网络购物信任的形成与建构探析	图书情报工作	2011
532	许正良	基于关系视角的品牌资产驱动模型研究	中国工业经济	2011
533	许正良	基于消费者价值的品牌关系形成机理	吉林大学社会科学学报	2012
534	许正良	企业利用网络社区提升品牌价值的对策研究	社会科学战线	2013
535	许正良	制造柔性概念困惑辨析及关系模型构建	中国软科学	2014
536	许正良	社会营销理念约束下企业产品功能过剩规避策略研究	吉林大学社会科学学报	2015
537	许 华	推动信息经纪人发展的对策研究	情报科学	2005
538	许 英	应当重视中小企业技术创新政策的结构优化问题	经济纵横	2010
539	过仕明	PageRank 技术分析及网页重要性的综合评价模型	图书馆论坛	2006
540	齐晓云	东北地区企业信息系统成长的规模差异分析	情报杂志	2009
541	齐晓云	吉林省中小企业信息化现状调查与对策研究	情报杂志	2010
542	余贵华	关于信息和熵基本性质的辨析及哲学思考	情报科学	2009
543	余贵华	信息的数学表示、内涵和意义解析	情报科学	2009
544	余贵华	自组织情报系统的结构特征探究	情报科学	2010
545	余翠玲	企业信息系统成长的动力学机理模型研究	情报杂志	2008
546	余翠玲	信息技术吸纳能力演进的动力机制研究	情报科学	2009
547	吴大刚	用 VB 和 COM 技术生成复杂报表的一种解决方案	现代图书情报技术	2004
548	吴大刚	基于高校 DSS 的发展状态分析体系的构建	现代图书情报技术	2005
549	吴大刚	信息流控制下的 ITO 产业运营模式研究	情报科学	2007
550	吴正荆	信息社会学理论流派研究	情报资料工作	2007
551	吴正荆	区域图书馆联盟可持续发展研究——以吉林省图书馆联盟为例	情报资料工作	2012

序号	作者	论文名称	期刊来源	发表年度
552	吴正荆	公共图书馆星级评价研究——以吉林省为例	情报科学	2012
553	吴正荆	综合性区域图书馆联盟社会信息公平服务研究	图书情报工作	2012
554	吴正荆	美国公共图书馆评价方法在我国区域图书馆评价中的应用	中国图书馆学报	2013
555	吴正荆	韩国图书馆的发展与评价	大学图书馆学报	2013
556	吴正荆	我国不同区域民众利用公共图书馆状况调查研究	图书情报工作	2014
557	吴正荆	基于信息公平的东中西部公共图书馆公平服务评价研究	图书情报工作	2014
558	吴正荆	社会信息公平评价指标体系及实证调查研究	图书情报工作	2014
559	吴正荆	第五次公共图书馆评估结果分析	图书馆建设	2014
560	吴正荆	我国不同地区民众对社会信息问题容忍状况调查研究	情报资料工作	2015
561	吴正荆	我国不同区域信息资源开发利用均衡状况分析	情报科学	2015
562	吴秉勤	信息分析与风险决策方法探析	情报科学	2001
563	吴勇民	金融产业与高新技术产业的共生演化研究——来自中国的经验证据	经济学家	2014
564	吴勇民	中日科技创新与金融结构协同演化的实证分析与比较研究	中国科技论坛	2014
565	宋雪雁	EAD 与 ISAD（G）的映射关系及其在中文档案著录中的应用	情报科学	2005
566	宋雪雁	档案元数据应用及其与 MARC 的关系	情报科学	2007
567	宋雪雁	技术市场用户行为与市场策略研究	图书情报工作	2009
568	宋雪雁	档案元数据（EAD）著录原则探析	档案学通讯	2009
569	宋雪雁	论档案信息接受与档案馆知识创新	档案学通讯	2010
570	宋雪雁	用户信息行为研究述评	情报科学	2010
571	宋雪雁	信息采纳行为概念及影响因素研究	情报科学	2010
572	宋雪雁	我国开放档案价值实现路线设计	档案学研究	2012
573	宋雪雁	档案用户信息采纳行为研究	档案学通讯	2012
574	宋雪雁	基于开放档案价值实现的档案服务差距模型研究	档案学通讯	2014
575	张卫东	网络环境下档案馆功能的变革研究	情报科学	2004
576	张卫东	档案用户需求驱动的个性化服务模式研究	档案学通讯	2007
577	张卫东	技术交易中介服务体系的构建与运行	图书情报工作	2009
578	张卫东	档案服务民生：理念与模式	档案学通讯	2009
579	张卫东	论档案服务的大众化与小众化	档案学通讯	2010
580	张卫东	档案开放获取主体协调激励研究	档案学研究	2011
581	张卫东	科技中介服务网络平台建设研究	情报科学	2011
582	张卫东	科技中介服务网络体系的逻辑构建	图书情报工作	2011
583	张卫东	从"两种意识"谈国家开放档案的价值实现	档案学研究	2012
584	张卫东	科技档案资源集成化服务研究	档案学通讯	2012
585	张卫东	欧美图书档案数字化融合服务实践及启示	图书情报工作	2013
586	张卫东	科技档案服务平台的功能需求及系统架构研究	情报科学	2013

续表

序号	作者	论文名称	期刊来源	发表年度
587	张卫东	基于用户满意度的数字资源影响要素研究	情报理论与实践	2013
588	张云中	基于形式概念分析的领域构建方法优化研究	图书情报工作	2010
589	张云中	基于形式概念分析的领域本体描述模型研究	图书情报工作	2010
590	张云中	基于五行学说的信息生态系统运行机制研究	图书情报工作	2010
591	张云中	基于形式概念分析的信息系统建模理论研究	现代图书情报技术	2010
592	张云中	Ontology 和 FCA 在知识建模中的融合机理研究	现代图书情报技术	2010
593	张公一	跨国技术联盟合作创新绩效机理研究——基于组织学习的中介效应	求是学刊	2011
594	张公一	经济增长与创新活动的实证分析	学习与探索	2012
595	张公一	知识联盟网络能力对企业创新绩效的影响研究	图书情报工作	2012
596	张公一	区域科技创新体系中信息资源整合模式与运行机制研究	情报科学	2012
597	张公一	基于用户需求的科技信息评价量表研究	图书情报工作	2012
598	张公一	科技资源整合对企业创新绩效影响机制实证研究	中国软科学	2013
599	张公一	面向产业集群的信息资源集成服务平台功能设计	图书情报工作	2015
600	张少杰	企业知识管理绩效评价的因素分析和指标体系	情报科学	2004
601	张少杰	客户知识管理的数据挖掘方法	情报科学	2004
602	张少杰	知识价值的测度理论与方法研究	吉林大学社会科学学报	2004
603	张少杰	信息经济时代知识型人力资源价值评估研究	情报科学	2005
604	张少杰	吉林省区域创新系统建设存在的主要问题与对策	经济纵横	2005
605	张少杰	高新技术产业集群内在功能效应研究	吉林大学社会科学学报	2006
606	张少杰	不完全要素市场对收入分配的影响研究	北京工商大学学报	2007
607	张少杰	基于波特五力模型的四维动态企业知识创新模式研究	情报杂志	2007
608	张少杰	基于 H—S—C 的企业知识存量增长途径分析	情报杂志	2007
609	张少杰	FDI 企业隐性知识流动研究	情报科学	2007
610	张少杰	管理咨询服务知识转移模式研究	情报科学	2008
611	张少杰	知识创新联盟风险分析及其防范	情报科学	2008
612	张少杰	日本高等教育财政支持模式研究	东北亚论坛	2008
613	张少杰	知识经济背景下的信息主体间合作竞争绩效评价	情报科学	2009
614	张少杰	企业协同知识管理研究	学习与探索	2009
615	张少杰	国外产业技术创新对我国少数民族地区经济发展的启示	中共中央党校学报	2010
616	张少杰	非股权星形 R&D 动态联盟有形收益分配问题研究	图书情报工作	2010
617	张少杰	基于可持续发展的中国粮食安全评价体系构建	理论与改革	2010
618	张少杰	可持续发展经济学视域下的俄罗斯经济问题研究	求是学刊	2013
619	张少杰	面向知识联盟的网络化协同研发工作平台构建与知识协同管理	情报科学	2013
620	张向先	电子商务模拟实验系统的商务模式构建	情报科学	2003
621	张向先	现代企业网络促销组合策略绩效评价的方法研究	经济管理	2004
622	张向先	基于网络经济环境下的农业信息化发展模式研究	情报科学	2004

序号	作者	论文名称	期刊来源	发表年度
623	张向先	企业知识管理战略选择与知识创新的实现	情报科学	2006
624	张向先	帕累托法则在农业信息资源配置中的应用研究	情报科学	2007
625	张向先	我国信息生态学研究现状综述	情报科学	2008
626	张向先	电子商务信息生态系统的构建研究	图书情报工作	2010
627	张向先	企业信息生态系统的信息协同模式研究	情报理论与实践	2010
628	张向先	基于链接分析法的我国省级科技信息研究所网站影响力评价研究	情报理论与实践	2011
629	张向先	解析图书情报专业硕士职业核心能力	图书情报知识	2011
630	张向先	商务网站信息生态位测度方法研究	图书情报工作	2012
631	张向先	商务网站信息生态链的运行机制研究	情报理论与实践	2012
632	张向先	网络信息生态链效能的分析与评价	图书情报工作	2013
633	张向先	信息生态学计量研究与内容分析	情报科学	2013
634	张向先	社交网络信息生态链的形成机理及影响因素实证研究	图书情报工作	2014
635	张宇光	个性化信息服务中的内容过滤技术研究	情报科学	2005
636	张延辉	我国残疾人基础信息资源管理系统设计研究	情报科学	2008
637	张国权	多产品最优团购组合策略	系统工程	2014
638	张春玉	SCI 引文与创新进展相关关系的实例研究	情报科学	2010
639	张　玲	基于网络结构的信息内容产业集群式发展机理研究	情报科学	2008
640	张　玲	基于复杂科学视角对产业集群本质的研究	现代管理科学	2008
641	张　玲	高科技产业集群与传统产业集群创新差异研究	经济管理	2009
642	张相斌	DEA 方法分层系统评价中的应用	情报科学	2001
643	张　研	吉林省科技成果转化障碍因素辨识研究	社会科学战线	2010
644	张　研	社会主义新农村建设中农民贫困问题新议	社会科学战线	2012
645	张　研	技术标准化对产业创新的作用机理研究	吉林大学社会科学学报	2012
646	张　研	企业信息生态系统的评价研究	图书情报工作	2012
647	张　研	吉林省中小企业信息技术吸纳能力影响因素实证研究	情报理论与实践	2012
648	张晓瑞	信息化进程中科技资源配置效率区域综合评价研究	情报科学	2007
649	张海涛	电子图书的现状分析	情报科学	2001
650	张海涛	电子图书的发展趋势	情报科学	2001
651	张海涛	搜索引擎 Google 的检索功能及 PageRank 技术分析	情报科学	2002
652	张海涛	超文本信息结构导航力分析	情报学报	2002
653	张海涛	超文本系统信息结构组成元素——链的分析	情报科学	2002
654	张海涛	根据用户的浏览行为确定网页页面等级的方法	情报学报	2004
655	张海涛	信息化企业内涵及其结构研究	情报科学	2004
656	张海涛	企业综合信息竞争力测度模型的理论分析	情报科学	2005
657	张海涛	搜索引擎检索结果的网页组织技术及其优化策略	情报科学	2006
658	张海涛	基于信息化的制造企业竞争力模型及其培育	情报科学	2007
659	张海涛	信息化企业内涵特征及结构的再认识	情报科学	2008
660	张海涛	信息化企业的运行模式与运行机制研究	情报科学	2008

序号	作者	论文名称	期刊来源	发表年度
661	张海涛	企业信息能力：内涵、维度与结构模型	情报杂志	2008
662	张海涛	企业信息能力的评价及其价值计量分析	情报杂志	2008
663	张海涛	信息资源的价值、增值机制的经济计量分析	图书情报工作	2009
664	张海涛	知识转移的研究现状与展望	图书情报工作	2009
665	张海涛	信息价值链：内涵、模型、增值机制与策略	情报理论与实践	2009
666	张海涛	企业信息能力的识别与培育模型	情报理论与实践	2009
667	张海涛	公共危机的预警与响应对策	社会科学战线	2009
668	张海涛	博客——数字参考咨询服务的新模式	情报科学	2009
669	张海涛	信息化与工业化微观层面融合的价值计量分析	学习与探索	2009
670	张海涛	企业信息生态系统的解构及三元性分析	图书情报工作	2010
671	张海涛	基于知识势能的高校科研团队内部的知识转移机理	图书情报工作	2010
672	张海涛	企业信息生态系统的逻辑模型与运行机制	情报理论与实践	2010
673	张海涛	知识转移视角的知识产权管理机制	情报理论与实践	2010
674	张海涛	创新导向的高校图书馆博客服务模式	情报科学	2010
675	张海涛	高校图书馆核心价值体系：内涵、维度及结构模型	图书情报工作	2011
676	张海涛	高校知识生态系统的环境分析和系统构建	情报科学	2012
677	张海涛	商务网站信息生态系统经营效益评价	图书情报工作	2012
678	张海涛	商务网站信息生态系统构建与运行机制	情报理论与实践	2012
679	张海涛	商务网站信息生态系统的配置与评价	情报理论与实践	2012
680	张海涛	政府公共危机信息预警流程与控制研究	图书情报工作	2012
681	张海涛	生态信息：内涵、特点、运动过程与运动规律研究	图书情报工作	2013
682	张海涛	生态信息知识化孵化模型与实现路径	图书情报工作	2013
683	张海涛	我国商务网络信息生态链研究综述	情报科学	2013
684	张海涛	高校图书馆一站式知识服务模式研究	情报科学	2014
685	张海涛	基于信息内容与信息属性的微博热点信息生态化的实现研究	图书情报工作	2014
686	张海涛	商务网络信息生态链概念之内涵与外延解析	图书情报工作	2014
687	张海涛	商务网站信息生态系统演进机理——价值链视角的研究	图书情报工作	2015
688	张海涛	基于网址与内容的商务网站信息过滤原理研究	情报科学	2015
689	张海涛	商务网络信息生态链的功能研究	情报杂志	2015
690	张海涛	商务网络信息生态链的演化逻辑及演化模型研究	图书情报工作	2015
691	张海涛	基于自组织神经网络的图书馆关联知识聚合研究	情报理论与实践	2015
692	张　捷	创业导向与顾客信息获取：组织学习的调节作用——以IT行业新企业为例	情报科学	2010
693	张　晗	数据挖掘系统的构建及时序分析算法在话务网络管理中的应用	情报科学	2008
694	张　斌	人工自然：生态嵌入与经济循环	自然辩证法研究	2006
695	张楚婕	我国信息产业与经济增长影响关系研究	情报科学	2009
696	张颖丽	吉林省信息产业带动经济发展问题研究	经济纵横	2003

序号	作者	论文名称	期刊来源	发表年度
697	张颖丽	信息产业对国民经济带动作用度量方法研究	中国软科学	2003
698	张颖丽	企业营销组织与目标市场营销适应性的研究	社会科学战线	2005
699	张颖丽	农业信息服务体系运行模式研究	经济纵横	2009
700	张颖丽	欠发达地区政府拉动型科技人才吸纳对策研究	社会科学辑刊	2010
701	张颖丽	企业科技人才流失预警信息系统的构建及运行对策研究	情报科学	2010
702	张熙奕	优化少数民族地区产业结构的对策研究	经济纵横	2009
703	张鹤达	中国制造业企业 IT 能力与绩效关系的实证研究	科学学与科学技术管理	2008
704	张鹤达	IT 能力对企业绩效影响的实证研究	情报科学	2008
705	张鹤达	企业 IT 能力结构的研究	情报杂志	2008
706	李 丹	基于价值分析的轿车国产化过程研究	经济纵横	2008
707	李 丹	面向汽车企业创新发展的信息服务体系研究	情报科学	2008
708	李北伟	以大工业化生产模式组织东北老工业基地改造	经济纵横	2004
709	李北伟	把握吉林经济特点　实现发展阶段性转变	经济纵横	2005
710	李北伟	论 FDI 对东北老工业基地技术创新的影响	经济纵横	2006
711	李北伟	信息安全技术与产品发展趋势分析	情报科学	2007
712	李北伟	第九届中国经济学家论坛观点综述	经济纵横	2008
713	李北伟	信息生态群落演化机理研究	图书情报工作	2010
714	李北伟	信息生态群落演化过程研究	情报理论与实践	2010
715	李北伟	经济转型过程中的技术创新问题	经济纵横	2010
716	李北伟	吉林省主导产业选择及发展思路	经济纵横	2012
717	李北伟	基于演化博弈理论的网络信息生态链研究	图书情报工作	2012
718	李北伟	中国情境下创新集群建设模式探析	中国软科学	2012
719	李北伟	基于演化博弈理论的网络信息生态演化机理研究	情报理论与实践	2013
720	李北伟	我国信息生态研究方法评述	情报理论与实践	2013
721	李北伟	中国购物网站网络信息生态链研究	现代图书情报技术	2013
722	李北伟	网络信息生态链评价研究——以淘宝网与腾讯拍拍为例	情报理论与实践	2013
723	李北伟	我国第三方电子交易平台信息生态系统特性分析——基于复杂网络的视角	情报科学	2014
724	李全喜	电子商务条件下中国企业面临的机遇与挑战	情报科学	2001
725	李全喜	网络产品创新方法研究	科学学研究	2002
726	李全喜	网络化国际贸易的风险管理	管理现代化	2002
727	李全喜	先进制造模式下的质量链管理	科学学与科学技术管理	2004
728	李全喜	电子商务模式及其发展趋势研究	情报科学	2005
729	李全喜	基于文化创生秩序的 TPS 推广模式	科学学研究	2006
730	李全喜	基于和谐理论的企业 DNA 模型	科技进步与对策	2009
731	李全喜	供应链质量管理免疫的内涵及机理研究	东北大学学报	2010
732	李全喜	区域物流引力和地位模型的构建及应用研究	经济地理	2010
733	李全喜	区域物流能力与区域经济发展的典型相关分析——基于全国面板数据	软科学	2010

序号	作者	论文名称	期刊来源	发表年度
734	李全喜	区域物流辐射范围的测度研究	人文地理	2010
735	李全喜	质量管理与组织创新、组织绩效的关系——以我国制造类企业为例的实证研究	科技进步与对策	2011
736	李全喜	供应链组织关系对于质量绩效影响的实证研究	求是学刊	2012
737	李全喜	基于 Logistic 回归分析的我国物流产业成长研究	软科学	2012
738	李全喜	供应链核心制造企业质量免疫应答研究	科技管理研究	2014
739	李全喜	供应链企业间多任务知识转移激励机制及有效性研究	科技进步与对策	2014
740	李全喜	供应链企业知识协同过程研究	情报科学	2015
741	李红彦	企业业务流程持续改进效果的灰色多层次评价	统计与决策	2009
742	李 时	浅谈信息技术与可持续发展	情报科学	2003
743	李 时	城市物流信息系统构建分析	情报科学	2006
744	李建华	我国科技人力资源与财力资源匹配规模优化研究	科学管理研究	2001
745	李建华	风险投资决策行为的理论研究与税收政策分析	中国管理科学	2002
746	李建华	风险资本市场均衡的理论模型构建	吉林大学社会科学学报	2002
747	李建华	新型工业化进程中信息化作用下的科技需求分析	情报科学	2004
748	李建华	物流成本及其管理模式的研究	吉林大学社会科学学报	2004
749	李建华	我国企业信用缺失的现状、成因及治理对策	经济纵横	2004
750	李建华	国内外工业化理论研究观点综述	经济纵横	2004
751	李建华	溢出效应作用下科技需求问题研究	科学学与科学技术管理	2004
752	李建华	科技型中小企业融资对策研究	经济纵横	2005
753	李建华	中小企业直接与间接融资问题探讨	吉林大学社会科学学报	2006
754	李建华	科技资源要素的特征及作用机制	经济纵横	2007
755	李建华	具有破裂风险的讨价还价模型研究	税务与经济	2007
756	李建华	我国区域知识生产效率测试研究	情报科学	2007
757	李建华	科技资源配置决策支持系统的构建和设计	情报杂志	2007
758	李建华	高新技术企业商业化运作个案分析	经济纵横	2009
759	李建华	基于数据仓库的养老保险决策支持系统设计	情报科学	2009
760	李建华	网络受控环境下信息检索用户认知负荷动态变化分析	图书情报工作	2012
761	李建华	科技经费投入视角下科技创新与区域经济的实证研究	社会科学战线	2013
762	李建华	市场驱动还是政府推动？——基于我国区域经济整合模式的视角	江汉论坛	2013
763	李 明	制造业企业信息化社会支撑体系研究	情报科学	2003
764	李 松	探讨企业实施 CIMS 的有效途径	情报科学	2001
765	李 松	论环境成本及其属性	吉林大学社会科学学报	2002
766	李 松	工作流管理系统与 ERP 系统集成应用研究	情报科学	2005
767	李 松	电子商务"柠檬市场"现象的经济学分析	社会科学战线	2010
768	李 松	信息系统和企业成长互动机理分析	情报科学	2011
769	李 松	中国电子商务市场集中度及成因分析	社会科学战线	2012
770	李 松	基于信息化的生产企业竞争力成长模型	情报科学	2013

序号	作者	论文名称	期刊来源	发表年度
771	李金津	基于生态学视角的吉林省汽车生产种群发展研究	社会科学战线	2014
772	李　娜	基于专利信息的技术创新能力研究	情报科学	2010
773	李　星	我国基本养老保险制度运行效率测算及分析	当代经济研究	2009
774	李春好	企业战略投资项目的选择模型	管理现代化	2002
775	李春好	先进制造技术选择的多目标广义投资效率模型	中国软科学	2002
776	李春好	对 W—B 乘子置信域约束构造方法的改进及模型	中国管理科学	2003
777	李春好	种子期高科技风险投资机会的选择方法	科学学研究	2003
778	李春好	DEA 决策单元的广义价值效率测度模型	中国管理科学	2005
779	李春好	逆层次分析法——复杂经济社会系统评价问题的新方法探索	吉林大学社会科学学报	2007
780	李春好	基于模糊神经网络的交合分析改进方法	中国管理科学	2008
781	李春好	ANP 内部循环依存递阶系统的方案排序新方法	管理科学学报	2008
782	李春好	具有 Pareto 最优性的风险投资项目组合选择方法	数理统计与管理	2009
783	李春好	基于 DEA 理论的 ANP/BOCR 方案评价值综合集成新方法	中国管理科学	2010
784	李春好	我国轿车品牌发展之路的思考	管理世界	2010
785	李春好	基于基元前景交叉判断的前景价值模型	管理科学学报	2010
786	李春好	我国科技合作项目管理机制的缺陷分析与改进对策	管理学报	2010
787	李春好	两层群决策的双平台学习与协调模型	中国管理科学	2011
788	李春好	基于双平台协调的两层群决策方法	管理科学学报	2011
789	李春好	重大科技项目合作界面网络的整合优化方法	科研管理	2011
790	李春好	推动我国科技论文网络发表的突破口选择	情报理论与实践	2012
791	李春好	重大科技项目的关键合作界面识别	科研管理	2012
792	李春好	多属性隐式变权决策分析方法	中国管理科学	2012
793	李春好	基于交叉评价策略的 DEA 全局协调相对效率排序模型	中国管理科学	2013
794	李春好	基于敏捷制造理论的缺陷产品召回管理信息系统构建	情报理论与实践	2013
795	李春好	尖锥网络分析法	管理科学学报	2013
796	李春好	多属性相对变权决策模型及方法	中国管理科学	2014
797	李春好	基于理想决策单元参照求解策略的 DEA 交叉效率评价模型	中国管理科学	2015
798	李　炤	吉林省发行中小企业集合债券的可行性研究	东北亚论坛	2010
799	李　炤	关于发行中小企业集合债券的研究	当代经济研究	2010
800	李贵孚	特征价格模型在信息商品定价中的应用	情报科学	2006
801	李　贺	《车闻志》网络总体设计和分析	情报科学	2001
802	李　贺	客户管理系统的分析与设计	情报科学	2002
803	李　贺	航天标准全文数据库检索系统的设计与开发	情报科学	2002
804	李　贺	网络办公自动化系统的设计与开发	情报科学	2002
805	李　贺	我国网上银行的业务创新研究	情报科学	2003
806	李　贺	基于数据仓库的企业数据分析/决策支持系统的研究	情报学报	2003

序号	作者	论文名称	期刊来源	发表年度
807	李 贺	汽车工业网络数据库系统的设计与开发	情报学报	2003
808	李 贺	基于 C/S 和 B/S 两种模式下汽车工业产销量统计系统的设计与比较	情报科学	2003
809	李 贺	企业财务预警系统分析与设计研究	情报科学	2005
810	李 贺	企业知识管理系统构建研究	情报科学	2005
811	李 贺	信息技术在供应链管理系统中的应用模式研究	情报科学	2005
812	李 贺	开放式超媒体导航系统结构设计及实证分析	图书情报工作	2005
813	李 贺	企业知识仓库的设计研究	情报科学	2006
814	李 贺	虚拟企业伙伴选择评价信息系统的构建研究	现代图书情报技术	2006
815	李 贺	基于信息资源整合的企业异构数据源集成研究	图书情报工作	2007
816	李 贺	企业知识门户的构建研究	情报科学	2007
817	李 贺	虚拟企业知识管理模式的构建研究	情报科学	2008
818	李 贺	汽车行业产品研发部门知识地图系统的构建研究	图书情报工作	2009
819	李 贺	基于竞争情报分析的企业竞争对手评价系统构建研究	情报科学	2009
820	李 贺	基于竞争情报的企业市场危机预警系统构建研究	情报科学	2009
821	李 贺	基于知识构建的数字图书馆知识服务优化研究	图书情报工作	2010
822	李 贺	基于 TAM 模型的数字图书馆资源利用研究	图书情报工作	2010
823	李 贺	高校数字图书馆用户满意度的测评研究	情报理论与实践	2010
824	李 贺	国外数字图书馆评价研究现状分析	中国图书馆学报	2010
825	李 贺	我国图书馆知识服务研究热点述评	情报科学	2010
826	李 贺	数字图书馆用户信息选择行为研究	情报学报	2011
827	李 贺	我国网络发表科技论文的学术影响力评价研究	情报理论与实践	2012
828	李 贺	国外开放获取期刊研究综述	图书情报工作	2013
829	李 贺	国内外网络用户信息需求研究综述	图书情报工作	2014
830	李 贺	基于文献计量的大数据研究综述	情报科学	2014
831	李 贺	移动互联网用户生成内容质量评价体系研究	情报理论与实践	2015
832	李根道	基于收益管理的动态定价研究综述	管理评论	2010
833	李桂银	基于项目管理的 IC 构建	图书馆学研究	2008
834	李 舸	吉林省多元化集群式发展模式探索	宏观经济管理	2007
835	李雪灵	风险投资支撑环境的作用机理分析	吉林大学社会科学学报	2004
836	李雪灵	基于 Timmons 创业要素模型的创业经验作用研究	管理世界	2009
837	李雪灵	创业者信息资源的形成及对机会识别的作用	情报科学	2009
838	李雪灵	城市创业制度环境满意度的评价研究——以长春市为例	城市发展研究	2010
839	李雪灵	新企业创业导向与创新绩效关系研究：积极型市场导向的中介作用	中国工业经济	2010
840	李雪灵	知识资本对新创企业绩效实现的关键作用路径研究	图书情报工作	2010
841	李雪灵	转型经济创业研究现状剖析与体系构建	外国经济与管理	2010
842	李雪灵	转型经济背景下的新创企业关系网络研究前沿探析与未来展望	外国经济与管理	2011

序号	作者	论文名称	期刊来源	发表年度
843	李雪灵	合法性视角下的创业导向与企业成长：基于中国新企业的实证检验	中国工业经济	2011
844	李雪灵	转型经济下我国创业制度环境变迁的实证研究	管理工程学报	2011
845	李雪灵	新创企业的组织学习能力与风险应对	学习与探索	2012
846	李雪灵	制度环境与寻租活动：源于世界银行数据的实证研究	中国工业经济	2012
847	李雪灵	中国新企业社会关系的特征与演化：情感性关系和工具性关系	吉林大学社会科学学报	2013
848	李雪灵	获得式学习与新企业创业：基于学习导向视角的实证研究	管理世界	2013
849	李雪灵	创业失败与失败成本：创业者及外部环境的调节作用	吉林大学社会科学学报	2014
850	李雪灵	制度创新文献回顾与展望：基于"六何"分析框架	外国经济与管理	2015
851	李雪灵	基于经济学与制度学视角的可持续创业机会研究	管理学报	2015
852	李惠先	基础设施产业市场化改革问题及对策	宏观经济管理	2010
853	李 辉	论建立现代养老体系与弘扬传统养老文化	人口学刊	2001
854	李 辉	吉林省民营企业现状及发展对策研究	社会科学战线	2001
855	李 辉	我国汽车信贷服务主体多元化格局的形成及发展建议	管理现代化	2003
856	李 辉	产业集群的协同效应研究	吉林大学社会科学学报	2006
857	李 辉	产业集群的生态特征及其竞争策略研究	吉林大学社会科学学报	2007
858	李 辉	基于竞合关系的产业集群可持续发展研究	管理现代化	2008
859	李 辉	基于规模的产业集群"集聚效应"研究	社会科学战线	2009
860	李 辉	高技术产业融资结构对 B&D 绩效的影响研究	吉林大学社会科学学报	2009
861	李 辉	R&D 资金投入结构对创新绩效的影响——基于高技术产业的面板协整分析	东北师大学报	2009
862	李 辉	基础设施融资理论文献评析	情报科学	2010
863	杜甲珺	中文用户健康词表构建及其实证研究	情报学报	2010
864	杜 娟	吉林省物流信息化发展的问题及对策	经济纵横	2010
865	杨万停	信息商品的价格模型研究	情报科学	2003
866	杨大森	预算约束条件下政府最优征地路径模型研究	中国土地科学	2009
867	杨 刚	信息时代科技与金融结合的机制研究	情报科学	2002
868	杨 刚	科技企业的收入分配模式研究	管理现代化	2004
869	杨 刚	科技企业的价值创造研究	管理现代化	2005
870	杨 刚	高科技企业知识资本参与企业收益分配模型研究	管理现代化	2007
871	杨 刚	基于图书馆知识型员工需求的激励问题研究	情报科学	2007
872	杨 刚	基于竞争情报分析的企业招聘问题研究	情报科学	2008
873	杨 刚	我国上市公司高管激励型薪酬模式研究	中国行政管理	2011
874	杨 刚	基于信息生态视角的企业知识资本积累研究	社会科学战线	2012
875	杨 刚	区域创新集群知识转移模式研究	图书情报工作	2012
876	杨 刚	在读硕士研究生信息行为与科研创新能力的关系研究——以吉林大学为例	图书情报工作	2012

序号	作者	论文名称	期刊来源	发表年度
877	杨如冰	风险资本市场的自组织行为分析	科学学与科学技术管理	2002
878	杨帆	我国物流业增长绩效差异及动态演化分析	经济纵横	2010
879	杨帆	中国物流业增长对经济非对称影响的 Markov-switching 模型分析	东北师大学报	2010
880	杨红	国际保理业务的发展现状与对策研究	当代经济研究	2006
881	杨红	中国小额信贷运行机制研究	当代经济研究	2010
882	杨红	吉林省利用外商直接投资的技术溢出效应研究	吉林大学社会科学学报	2011
883	杨红	FDI 在中国的对外贸易效应及作用研究	学习与探索	2013
884	杨红	吉林省商业银行业务发展现状及对策研究	社会科学战线	2013
885	杨红	我国商业银行发展国际业务的影响因素研究	当代经济研究	2014
886	杨阳	创业导向对企业绩效影响实证分析	税务与经济	2007
887	杨学利	当前我国粮食安全现状及对策研究	经济纵横	2010
888	杨学利	农业科技创新信息服务体系构建研究	情报科学	2010
889	杨杰	新型工业化评价指标体系研究	吉林大学社会科学学报	2005
890	杨晓青	北宋王朝与西北边陲吐蕃间的"贡赐贸易"摭议	中国藏学	2008
891	杨隽萍	基于流程视角的应收账款管理体系构建	税务与经济	2006
892	杨隽萍	基于智力资本视角的科技型大学衍生公司特征研究	税务与经济	2007
893	杨雪	基于人工神经网络的科技需求能力测度与预测问题研究	科学学与科学技术管理	2004
894	沈旺	网络社区信息质量及可靠性评价研究——基于用户视角	现代图书情报技术	2013
895	沈旺	信息检索过程中用户主观因素作用研究	图书情报工作	2013
896	沈旺	数字参考咨询知识融合框架研究	图书情报工作	2013
897	沈旺	数字图书馆用户认知风格对信息检索行为影响研究	情报理论与实践	2014
898	沈旺	基于情境感知的用户推荐系统研究综述	图书情报工作	2015
899	沈涌	基于网络的信息共享空间构建	图书情报工作	2008
900	辛杨	新经济增长点测度阈值模型研究	山东社会科学	2008
901	迟远英	循环经济视角下的能源可持续发展初探	经济纵横	2008
902	邱长波	电子行业电子商务应用影响因素研究	情报科学	2003
903	邱长波	人口信息系统数据挖掘的数据预处理研究	情报科学	2004
904	邱长波	人口信息系统数据挖掘任务及功能研究	情报科学	2005
905	邱长波	企业信息化成熟度评价指标体系及影响因素研究	情报科学	2005
906	邱长波	基于决策树数据挖掘的培训行业重点客户研究	情报科学	2007
907	邱长波	企业信息化价值实现过程研究——以销售管理信息化为例	情报科学	2009
908	邱长波	基于解释结构模型的 IT 能力层级结构研究	图书情报工作	2010
909	邱长波	基于数据挖掘的中国科技论文在线首发论文下载次数典型特征研究	图书情报工作	2011
910	邱长波	开放存取环境下网络文献分布特征研究——以中国科技论文在线首发论文为例	情报理论与实践	2011
911	邱长波	SCI 收录中国主导国际合作论文被引频次研究	情报科学	2014

续表

序号	作者	论文名称	期刊来源	发表年度
912	陆晓芳	信息不对称对我国技术引进的影响及对策	经济纵横	2007
913	陈　丹	电子商务的信用管理体系构建研究	情报科学	2006
914	陈　丹	产业集群内企业知识共享成熟度评价体系研究	情报理论与实践	2015
915	陈太博	机器柔性的内涵、作用价值及测度指标	现代管理科学	2008
916	陈太博	政府绩效管理年终考评的实践与经验	社会科学战线	2012
917	陈　玲	国家自主创新信息需求研究	情报资料工作	2009
918	陈　凌	高校自主创新信息保障体系运行机制研究	情报科学	2009
919	陈晓美	基于数据仓库的高校教师疾病预警模式研究	情报科学	2005
920	陈晓美	手机图书馆在信息传播中的价值	情报科学	2006
921	陈晓美	知识门户平台在企业协同管理中的应用研究	情报科学	2006
922	陈晓美	美国、加拿大公共图书馆印象——兼谈对我国图书馆事业的启示	图书馆工作与研究	2009
923	陈晓美	面向文本的领域本体学习方法与应用研究综述	图书情报工作	2011
924	陈晓美	社会化网络评论观点挖掘的研究热点与应用进展	情报科学	2013
925	陈晓美	语义网环境下数字图书馆知识发现的维度框架研究	情报学报	2014
926	陈晓美	社会网络分析法与分众分类法融合机理研究	情报资料工作	2015
927	陈晓美	网络舆情观点提取的 LDA 主题模型方法	图书情报工作	2015
928	陈浩义	跨国公司信息系统模式选择	情报科学	2006
929	陈海涛	敏捷制造对信息系统的基本要求分析	情报科学	2005
930	陈海涛	科技型企业素质与能力评价方法研究	情报科学	2006
931	陈海涛	基于多 Agent 的城市应急管理通信机制研究	情报科学	2010
932	陈海涛	机会特征对新企业绩效影响的实证研究——战略导向为路径的视角	社会科学战线	2011
933	陈海涛	基于多主体的应急管理协调研究	学习与探索	2011
934	陈海涛	机会开发模式、战略导向与高科技新创企业绩效	科研管理	2011
935	陈海涛	网络社区信息资源智能性管理研究	图书情报工作	2013
936	陈海涛	信息生态系统演化研究回顾	情报科学	2014
937	陈海涛	基于信息共享视角的网络团购新模式	情报科学	2015
938	陈海涛	基于用户的改进的协同过滤推荐算法	情报理论与实践	2015
939	陈海涛	在线外卖平台用户重复购买行为的建模与实证研究	软科学	2015
940	陈　巍	新创企业社会网络对知识获取影响的内在机理研究	情报科学	2010
941	单标安	新企业资源开发过程量表研究	管理科学学报	2013
942	单标安	创业学习的内涵、维度及其测量	科学学研究	2014
943	单标安	中国情境下创业网络对创业学习的影响研究	科学学研究	2015
944	单标安	创业知识的理论来源、内涵界定及其获取模型构建	外国经济与管理	2015
945	单洪颖	我国电子政务与公众服务型政府网站集群式发展模式研究	情报科学	2007
946	周乃敏	做市商制度对二板市场作用的评价决策研究	财经研究	2001
947	周乃敏	影响深圳创业板推出的因素辨识	科学学与科学技术管理	2002

续表

序号	作者	论文名称	期刊来源	发表年度
948	周乃敏	国内外二板市场的比较研究	科研管理	2003
949	周乃敏	我国三板市场的结构分析与发展对策	吉林大学社会科学学报	2004
950	周万清	资源价值理论研究综述	情报科学	2009
951	周丽霞	基于开放获取的数字图书馆著作权授权模式优化	情报科学	2010
952	周丽霞	数字图书馆信息网络传播权博弈研究	情报杂志	2010
953	周柏翔	应用遗传算法解决数据挖掘问题的实例分析	情报科学	2004
954	周柏翔	区域创新体系的结构模式及运行机制研究	中国软科学	2007
955	周柏翔	浅议和谐社会背景下的大学生就业问题	社会科学战线	2008
956	周柏翔	自主创新导向的地方财政科技投入引导企业资金配置机制研究	社会科学战线	2011
957	周培岩	公司创业视角下企业知识吸收能力与绩效关系研究	情报科学	2008
958	周培岩	税收征纳的信息不对称管理	管理现代化	2010
959	周培岩	创业视角下的中国税收政策研究	社会科学战线	2010
960	周培岩	创业税收政策研究综述	学习与探索	2011
961	周培岩	企业特征与纳税信息关系实证研究	社会科学战线	2012
962	周 敏	面向业务流程的知识创新及其价值实现研究	情报科学	2008
963	孟 书	市场信息非对称的社会经济后果及对策研究	情报科学	2006
964	罗志恒	网络、资源获取和中小企业绩效关系研究：基于中国实践	软科学	2009
965	苗 青	企业资源与国际创业绩效作用关系的实证研究	管理现代化	2010
966	苗 青	非关税壁垒竞争情报系统构建研究	情报科学	2010
967	苗 青	企业竞争情报系统构建——基于国际创业的视角	情报理论与实践	2012
968	苗 青	国际创业企业组织学习对知识管理的影响研究	情报理论与实践	2013
969	苗淑娟	基于信息不对称的创业融资信息传递机制研究	情报科学	2006
970	范晓春	知识构建对情报学发展的影响研究	情报科学	2008
971	郑 东	汽车制造商与供应商供需系统的协同学分析	中国软科学	2010
972	郑 伟	面向服务架构研究综述	情报科学	2009
973	郑 伟	"211"大学图书馆管理系统研究——基于"211"大学图书馆管理系统的调查	图书情报知识	2010
974	郑 伟	联邦式资源管理模式研究	情报杂志	2010
975	郑 荣	面向对象系统进展过程的测度方法研究	情报科学	2002
976	郑 荣	企业信息化建设中的管理创新研究	情报科学	2004
977	郑 荣	基于多学科融合的信息管理与信息系统专业教育体系构建研究	情报科学	2006
978	郑 荣	企业竞争情报能力的影响因素分析	情报科学	2007
979	郑 荣	企业竞争情报能力的培育模式研究	情报科学	2008
980	郑 荣	企业竞争情报能力的价值分析	情报科学	2008
981	郑 荣	技术市场发展现状及其影响因素分析	图书情报工作	2009
982	郑 荣	企业竞争情报能力增长的作用机理研究	情报理论与实践	2009
983	郑 荣	企业竞争情报能力系统模型构建与复杂性分析	情报科学	2009

续表

序号	作者	论文名称	期刊来源	发表年度
984	郑　荣	企业竞争情报能力培育及其评价研究	情报理论与实践	2010
985	郑　荣	企业竞争情报能力结构模型研究	情报科学	2010
986	郑　荣	高校图书馆知识共享体系的构建研究	情报科学	2011
987	郑　荣	中小企业竞争情报服务体系构建研究	情报理论与实践	2012
988	郑　荣	中小企业竞争情报服务体系的运作模式研究	情报理论与实践	2013
989	郑　荣	协同学视角下的竞争情报联盟构建研究	情报科学	2013
990	郑　荣	协同视角下竞争情报联盟的运行机制研究	情报科学	2014
991	郑　荣	公共信息服务机构主导的竞争情报服务联盟构建研究	情报科学	2015
992	金凤花	基于场论的区域物流发展水平评价及聚类分析	经济地理	2010
993	侯景波	模糊综合评判模型在信贷项目评审决策支持系统中的应用	情报科学	2008
994	侯景波	我国商户融资问题研究	当代经济研究	2010
995	姚梅芳	信息时滞与创业融资中资金供求双方的博弈行为分析	情报科学	2004
996	姚梅芳	信息不对称背景下风险投资的资信风险评估体系研究	情报科学	2004
997	姚梅芳	高技术风险投资资信风险监控策略与管理方法选择	社会科学战线	2005
998	姚梅芳	面向生存型创业融资的金融体系创新	管理现代化	2005
999	姚梅芳	面向生存型创业的小额信贷融资机理分析	管理现代化	2006
1000	姚梅芳	基于高新技术企业生命周期的融资方式优先序研究	吉林大学社会科学学报	2006
1001	姚梅芳	会计信息化对会计理论及实务的影响	情报科学	2006
1002	姚梅芳	我国创业融资金融体系创新研究	经济纵横	2006
1003	姚梅芳	基于关键创业要素的生存型创业绩效评价研究	管理现代化	2008
1004	姚梅芳	基于文献学的政府引导型创业投资研究	情报科学	2008
1005	姚梅芳	创业融资理论研究评述	管理现代化	2009
1006	姚梅芳	基于战略管理的会计研究进展——基于相关SSCI学术期刊的评析	情报科学	2009
1007	姚梅芳	影响引导性风险投资绩效的相关因素研究	管理现代化	2010
1008	姚梅芳	基于文献分析的政府出资型风险投资公司风险管理体系研究	情报科学	2010
1009	姚梅芳	基于中国情境的生存型创业环境要素体系构建	预测	2010
1010	姚梅芳	基于文献分析的地方政府融资平台研究	情报科学	2011
1011	姚梅芳	流动性货币过剩、通货膨胀对经济增长的影响及对策	学习与探索	2011
1012	姚梅芳	Web2.0时代网络财务管理模式研究	管理现代化	2012
1013	姚梅芳	后金融危机时代中国中小企业国际创业影响因素分析	社会科学战线	2012
1014	姚梅芳	电子商务环境下信息管理模式研究	图书情报工作	2013
1015	姚梅芳	基于文献分析的环境绩效管理方法应用研究	情报科学	2013
1016	姜　红	区域产业技术创新能力评价方法及应用研究	情报科学	2009
1017	姜　红	基于产业技术创新视角的产业分类与选择模型研究	中国工业经济	2010
1018	姜　红	技术标准化对产业创新的作用机理研究	社会科学战线	2010
1019	姜　红	技术轨道理论研究综述及展望	科学学与科学技术管理	2011

序号	作者	论文名称	期刊来源	发表年度
1020	姜 红	促进长吉图开发开放先导区科技合作研究	经济纵横	2012
1021	姜 红	重点产业的技术标准化战略模式构建——以吉林省为例	社会科学战线	2013
1022	娄永海	信息产业——应用软件企业的商业模式研究	情报科学	2009
1023	宫宇峰	虚拟存储技术的网络化实现及应用	情报科学	2006
1024	弭元英	发展商业寿险完善社会保障体系	保险研究	2001
1025	弭元英	基于信息化的品牌国际化策略研究	情报科学	2006
1026	弭元英	建设我国保险信用体系法律途径的探讨	税务与经济	2007
1027	弭元英	保险信息不对称及其应对策略	情报科学	2007
1028	弭元英	我国高校负债风险的成因及化解策略	经济纵横	2008
1029	弭元英	软件企业技术创新模式研究	情报科学	2008
1030	柳 青	中国创业研究回顾与展望——研究主题、研究方法和分析层次	科学学与科学技术管理	2010
1031	柳 青	新企业资源开发过程研究回顾与框架构建	外国经济与管理	2010
1032	柳 燕	战略变更测度方法的最新发展及其运用	科技进步与对策	2006
1033	段伟花	基于非对称信息理论的人力资源外包风险管理	现代管理科学	2008
1034	赵宇恒	国有企业管理者激励补偿效应——政府的角色	经济管理	2010
1035	赵宇恒	管理者激励：从激励效应到激励契约影响因素	南京大学学报	2012
1036	赵宇恒	企业管理者激励补偿效应：盈余管理的角色——基于国有企业与民营企业的比较分析	社会科学战线	2012
1037	赵宇恒	国有企业政治关联对高管变更的影响——基于企业风险的实证研究	当代经济研究	2013
1038	赵宇恒	家族企业特征与投融资政策选择	中南财经政法大学学报	2015
1039	赵英才	转轨以来中国经济增长质量的综合评价研究	吉林大学社会科学学报	2006
1040	赵 娜	知识地图在多领域本体语义互联中的应用	情报理论与实践	2010
1041	赵树宽	教育经济系统作用机理及有效性研究	情报科学	2003
1042	赵树宽	从世界汽车产业发展趋势看我国汽车产业的发展	中国软科学	2003
1043	赵树宽	区域新型工业化的一般特征与模式研究	吉林大学社会科学学报	2003
1044	赵树宽	我国技术标准化对产业竞争优势的影响机理研究	中国软科学	2004
1045	赵树宽	吉林老工业基地区域科技创新体系研究	吉林大学社会科学学报	2005
1046	赵树宽	从技术能力形成的角度看技术标准竞争及政策启示	情报科学	2006
1047	赵树宽	利用载文引文统计方法分析国内光学领域科研现状	情报科学	2006
1048	赵树宽	产业创新系统效应测度模型研究	吉林大学社会科学学报	2006
1049	赵树宽	技术评价模式演化与发展综述	科技进步与对策	2007
1050	赵树宽	基于创新结构效应的产业类型划分及判定方法研究	中国工业经济	2007
1051	赵树宽	区际市场分割对区域产业竞争力的作用机理分析	管理世界	2008
1052	赵树宽	"东北制造"技术创新战略研究	吉林大学社会科学学报	2008
1053	赵树宽	知识对企业技术创新绩效影响的量化模型及应用	情报科学	2008
1054	赵树宽	我国区域创新系统内知识存量投入产出效率测度	情报科学	2009

序号	作者	论文名称	期刊来源	发表年度
1055	赵树宽	集成供应链企业间合作创新能力评价研究	中国工业经济	2010
1056	赵树宽	中国汽车业技术供应链技术效率评价研究	中国软科学	2010
1057	赵树宽	基于产业集群的东北跨行政区域创新系统构建研究	科学学与科学技术管理	2010
1058	赵树宽	基于前景理论的不确定条件下的风险决策和企业管理	科学学与科学技术管理	2010
1059	赵树宽	我国汽车技术供应链的组织效率评价研究	科技进步与对策	2010
1060	赵树宽	高等教育投入与经济增长关系的理论模型及实证研究	中国高教研究	2011
1061	赵树宽	提升高科技企业人力资源管理效能的路径研究	经济纵横	2012
1062	赵树宽	技术标准、技术创新与经济增长关系研究——理论模型及实证分析	科学学研究	2012
1063	赵树宽	知识溢出对中国省域知识生产影响的实证研究	科研管理	2012
1064	赵树宽	基于 DEA 方法的吉林省高技术企业创新效率研究	科研管理	2013
1065	赵树宽	应用 AHP 模糊评价法对地方政府债务风险的评价研究	社会科学辑刊	2014
1066	赵树宽	中国企业逆向跨境交叉上市符合约束假说吗	宏观经济研究	2014
1067	赵树宽	面向区域创新的科技信息资源优化配置模式研究	图书情报工作	2015
1068	赵树宽	基于信息技术的吉林省农村物流服务网络建设研究	情报科学	2015
1069	赵雪飞	商业银行加强风险管理水平研究	当代经济研究	2009
1070	赵筱媛	网络营销中信息传播的特性分析	情报科学	2001
1071	赵筱媛	企业信息资源配置效率的评价指标体系及实证研究	情报学报	2005
1072	赵筱媛	企业信息资源配置能力与配置效率的评价体系研究	经济纵横	2005
1073	赵静杰	电力企业信息系统建设的原则	情报科学	2001
1074	赵静杰	论上市公司的杠杆融资	管理现代化	2001
1075	赵静杰	知识资本化及其评价指标体系分析	情报科学	2005
1076	赵静杰	知识型员工绩效评价模型研究	管理现代化	2006
1077	赵静杰	吉林省城镇化发展的重点及城镇体系的构建	经济纵横	2006
1078	赵静杰	基于知识价值链的企业绩效评价研究	情报科学	2006
1079	赵静杰	我国高科技企业知识资本参与企业收益分配模式设计	管理现代化	2007
1080	赵静杰	企业创新型人才评价指标研究	管理现代化	2009
1081	赵静杰	信息资源管理创新人才培养模式研究	情报科学	2009
1082	赵静杰	区域知识资本评价及对我国创新集群发展的作用	情报科学	2010
1083	赵静杰	从"三生学"原理中发掘企业管理创新方法例说	社会科学战线	2012
1084	赵静杰	从超循环理论视角看企业知识资本积累	社会科学战线	2013
1085	赵 镝	网络对新创企业外源融资获取的影响研究	情报科学	2009
1086	唐小岸	上市公司信用评价模型——二元因变量模型的应用	预测	2002
1087	唐 挺	基于维客的知识自创造与群体创新研究	现代图书情报技术	2006
1088	唐 挺	信息消费过程中的信息加工模型研究	图书情报工作	2007
1089	徐宝祥	面向对象方法学的理论基础	情报学报	2001
1090	徐宝祥	实体关系模型的面向对象实现	情报科学	2001
1091	徐宝祥	信息非确定系统确定类的软建模	情报科学	2002
1092	徐宝祥	面向对象方法开发模型研究	情报科学	2003

续表

序号	作者	论文名称	期刊来源	发表年度
1093	徐宝祥	基于效益的吉林省电子政务优先级问题研究	情报科学	2004
1094	徐宝祥	多代理系统的 UML 建模研究	情报科学	2004
1095	徐宝祥	工作流技术在电子政务协同办公中的应用模式研究	情报科学	2005
1096	徐宝祥	两种典型语义 Web 服务方法的比较研究	情报科学	2006
1097	徐宝祥	吉林省网络信息资源建设现状与对策研究	情报科学	2006
1098	徐宝祥	知识表示的方法研究	情报科学	2007
1099	徐宝祥	面向业务流程的知识管理研究	情报杂志	2007
1100	徐宝祥	组织间信息系统协同及其实现技术研究	情报杂志	2008
1101	徐宝祥	信息系统建模理论发展研究	情报杂志	2010
1102	徐　波	Web2.0 环境下用户交互式网络信息组织与服务	情报科学	2010
1103	徐恺英	企业信息集成系统运行机制研究	情报科学	2005
1104	徐恺英	我国信息咨询业人才素质培养研究	情报科学	2005
1105	徐恺英	国外语义 Web 门户知识组织的比较研究	图书情报工作	2006
1106	徐恺英	基于数字水印的数字作品版权保护	情报科学	2006
1107	徐恺英	高校图书馆学科化知识服务模式研究	图书情报工作	2007
1108	徐恺英	信息时代著作权保护中的利益关系与对策研究	情报科学	2007
1109	徐恺英	数字参考咨询服务中著作权侵权风险及其规避	情报科学	2007
1110	徐恺英	高校图书馆学科馆员服务模式优化研究	图书情报工作	2008
1111	徐恺英	高校数字图书馆用户界面的评价研究	情报科学	2008
1112	徐恺英	Weblog 生命周期模式研究	图书情报工作	2009
1113	徐恺英	平衡计分卡在学科馆员服务绩效评估中的应用研究	情报科学	2009
1114	徐恺英	基于移动学习的手机图书馆服务模式研究	图书情报工作	2010
1115	徐恺英	公共图书馆弱势群体知识援助服务体系研究	情报科学	2010
1116	徐恺英	高校图书馆学科馆员服务绩效评估体系构建	图书情报工作	2010
1117	徐恺英	基于人工神经网络的个性化检索模型	图书情报工作	2011
1118	徐恺英	利用 BP 神经网络算法优化个性化搜索引擎	情报理论与实践	2011
1119	徐恺英	基于 SVM 神经网络的高校科研能力评价模型构建	图书情报工作	2011
1120	徐恺英	图书馆知识链生态模型研究	图书情报工作	2012
1121	徐恺英	吉林省外贸企业信息服务平台模式研究	情报科学	2014
1122	徐恺英	基于专利分析的技术创新型企业竞争情报模式研究	情报理论与实践	2014
1123	徐　颖	高新技术产业集群发展动因及模式	经济纵横	2004
1124	徐　颖	信息化进程中知识商品交易价格问题研究	情报科学	2004
1125	徐　颖	企业知识资本中人力资本定价模型	情报科学	2006
1126	徐　颖	知识产品价格关联因素及作用机理研究	当代经济研究	2009
1127	徐　颖	基于互联网社区的消费者需求信息采集策略	图书情报工作	2011
1128	徐　颖	基于利益相关者视角的品牌资产概念及评价模型	吉林大学社会科学学报	2012
1129	徐　颖	企业面向微博客采集竞争对手情报的策略研究	情报理论与实践	2012
1130	徐　颖	城市品牌视角下"汽车城"形象资源整合策略研究	社会科学战线	2012
1131	徐　颖	竞争企业核心战略要素情报动态分析	图书情报工作	2015

序号	作者	论文名称	期刊来源	发表年度
1132	徐 鹏	我国文化产业振兴中的法律问题研究	法学杂志	2013
1133	徐 鹏	深化我国政府信息公开制度改革研究	东北师大学报	2014
1134	耿爱静	论信息资源与信息市场在社会经济中的作用	情报科学	2001
1135	耿爱静	企业信息资源配置测度研究	情报科学	2005
1136	袁 烨	信息生态理论研究成果述略	情报科学	2009
1137	袁 烨	中小企业信息系统运行效果分析——以吉林省为例	社会科学战线	2010
1138	郭文强	对外直接投资理论研究综述	科技管理研究	2006
1139	郭文强	模仿创新是我国轿车工业跨越式发展的必由之路	华东经济管理	2009
1140	郭立夫	信息化企业实施项目管理模式研究	情报科学	2004
1141	郭立夫	技术性贸易壁垒的新趋势及理性对策	吉林大学社会科学学报	2005
1142	郭立夫	通过战略整合提高我国摩托车行业国际竞争力	经济纵横	2007
1143	郭立夫	基于物流信息整合的我国汽车集团物流信息平台设计	情报科学	2007
1144	郭立夫	项目管理视角下政府与企业应对技术壁垒的协调机制	经济管理	2008
1145	郭立夫	论技术壁垒的信息管理	情报科学	2008
1146	郭继秋	影响我国城市基础设施项目融资结构的关键因素分析	经济纵横	2010
1147	郭鸿鹏	精确农业的管理机制与决策支持体系研究	农业技术经济	2002
1148	顾穗珊	信息技术在企业供应链中的应用	情报科学	2001
1149	顾穗珊	XML/EDI：新型的电子商务数据交换模式	情报科学	2003
1150	顾穗珊	高新技术科研项目评价管理系统构建	情报科学	2005
1151	顾穗珊	大数据时代智慧政府主导的中小企业竞争情报服务供给研究	图书情报工作	2014
1152	顾穗珊	基于读者学术交流感知价值的科技论文发表模式评价	社会科学战线	2014
1153	顾穗珊	供应链环境竞争情报系统构建研究	图书情报工作	2014
1154	高红阳	基于外在技术预见的国家宏观发展战略研究思考	科学学与科学技术管理	2005
1155	高贵富	基于竞争情报的民营企业资本运营策略研究	情报科学	2005
1156	高贵富	竞争情报与民营企业国际化研究	情报科学	2006
1157	高寒峰	东北装备制造业技术选择方向研究	经济纵横	2007
1158	高寒峰	转型期地方政府竞争性行为的形成与发展	经济纵横	2008
1159	高 歌	政府信息技术吸纳能力及提升研究	图书情报工作	2011
1160	高 歌	推进欠发达地区政府信息资源开放共享研究	图书情报工作	2011
1161	高 歌	基于博弈理论的政府信息资源开放共享分析	科研管理	2012
1162	高 歌	大部制政府信息资源共享视角下我国电子政务推进研究	图书情报知识	2013
1163	高 歌	多媒体网络舆情演进机理研究	图书情报工作	2015
1164	曹小红	基于高技术产业集群的模仿创业决策机理研究	科学学研究	2008
1165	曹锦丹	基于文献知识单元的知识组织——文献知识库建设研究	情报科学	2002
1166	曹锦丹	用户信息焦虑影响因素及其干预模式研究	情报科学	2010
1167	章燕华	论档案执法的思维取向	档案学通讯	2002
1168	黄 旭	国内外数字资源长期保存研究现状与进展	图书馆学研究	2009

序号	作者	论文名称	期刊来源	发表年度
1169	黄 非	结构性通胀的深层原因分析	学术交流	2008
1170	黄 微	超文本信息结构分级主干导航体系设计及其策略	情报学报	2002
1171	黄 微	建立在信息集成基础上的数字图书馆系统的支撑技术及其体系结构	情报科学	2002
1172	黄 微	网站系统综合测评方法的研究	情报科学	2003
1173	黄 微	技术产权交易市场效率评价指标体系构建研究	情报科学	2008
1174	黄 微	数字图书馆知识组织系统热点分析	图书情报工作	2009
1175	黄 微	国内外技术市场运行机制比较研究	图书情报工作	2009
1176	黄 微	我国企业知识产权战略研究述评	情报科学	2009
1177	黄 微	基于技术市场的区域技术吸引力表现特征及影响因素分析——东北地区区域技术吸引力实证研究	图书情报工作	2010
1178	黄 微	基于概念格的数字图书馆用户检索行为序列模式挖掘研究	现代图书情报技术	2010
1179	黄 微	基于概念格的 Web 学术信息搜索结果的二次组织	现代图书情报技术	2010
1180	黄 微	产业集群的知识产权管理平台构建	情报科学	2010
1181	黄 微	吉林省技术市场发展现状及对策研究	情报科学	2010
1182	黄 微	基于 SWOT 分析的东北地区技术市场发展战略选择研究	情报科学	2011
1183	黄 微	基于专利分析的竞争企业间知识转移模式研究	图书情报工作	2011
1184	黄 微	基于链接分析法的我国省级知识产权局网站的网络影响力分析	情报科学	2012
1185	黄 微	商务网站信息生态环境层次优化模型构建及优化策略研究	图书情报工作	2012
1186	黄 微	面向政府危机决策的公共危机信息管理模式研究	图书情报工作	2012
1187	黄 微	信息生态环境下商务网站经营要素及相关性分析	情报科学	2013
1188	黄 微	网络平台构建要素的信息功能生态位测度	图书情报工作	2013
1189	黄 微	信息生态网络构建研究热点述评	情报科学	2013
1190	黄 微	基于社会网络分析的隐性知识推送服务方法研究	现代图书情报技术	2014
1191	黄 微	Folksonomy 中 Tag 语义距离测度与可视化研究	现代图书情报技术	2014
1192	黄 微	大数据网络舆情信息情感维度要素的关联模型构建	图书情报工作	2015
1193	黄 微	网络舆情语义倾向性的隶属度研究	图书情报工作	2015
1194	黄 微	网络舆情信息语义识别关键技术分析	图书情报工作	2015
1195	黄 微	大数据环境下多媒体网络舆情传播要素及运行机理研究	图书情报工作	2015
1196	彭建娟	科技能力及其区域化特征浅论	科学管理研究	2005
1197	彭建娟	东北老工业基地区域科技能力特征浅议	东北亚论坛	2006
1198	彭建娟	科技能力区域化成因分析	中国科技论坛	2007
1199	彭建娟	区域自主创新能力及其特征研究	中国科技论坛	2007
1200	彭建娟	吉林省科技能力现状及其成长路径研究	东北亚论坛	2007
1201	彭建娟	中国自主创新能力的区域差距研究	软科学	2008
1202	彭建娟	基于 DEA 的吉林省自主创新能力评价	中国科技论坛	2009

序号	作者	论文名称	期刊来源	发表年度
1203	彭建娟	基于知识共享的区域创新能力建设	图书情报工作	2010
1204	彭建娟	进城务工青年可雇佣能力实证研究——以吉林省建筑行业为例	人口学刊	2010
1205	彭建娟	基于金融发展的区域自主创新能力建设 X 效率研究——以东北三省为例	东北亚论坛	2011
1206	彭建娟	金融危机背景下的逆创新特征及其管理研究	管理现代化	2013
1207	彭建娟	竞争性情报工作推动中国企业逆创新的路径	图书情报工作	2013
1208	彭　澎	基于协同学理论的高技术产业集群生成主要影响因素研究	山东大学学报	2007
1209	景　涛	授权管理理论体系整合性基础框架构建研究	科学管理研究	2009
1210	景　涛	基于授权理论体系化整合的体系化授权量表开发	科学管理研究	2009
1211	景　涛	基于体系化授权思想的授权管理理论构架整合性创新	社会科学家	2009
1212	景　涛	企业营销系统实施体系化授权的意义、现状及对策	社会科学家	2009
1213	温池洪	企业信息化过程中的冲突机理研究	财经问题研究	2008
1214	温池洪	基于结构的企业信息化需求分析研究	情报科学	2009
1215	焦方平	我国大型信息服务企业技术创新战略研究——以中国联通为例	情报科学	2008
1216	程建华	信息安全风险结构特征分析	情报科学	2008
1217	程　鹏	信息技术对组织柔性影响的机理研究	情报杂志	2007
1218	葛宝山	高技术风险投资资信评估指标体系研究	科学学研究	2002
1219	葛宝山	我国汽车工业实施跨国战略联盟对策研究	社会科学战线	2002
1220	葛宝山	基于环境信息的企业全面项目化管理模式研究	情报科学	2003
1221	葛宝山	环境适应性的企业管理职能体系创新	吉林大学社会科学学报	2003
1222	葛宝山	2005 创新与创业国际学术会议综述	吉林大学社会科学学报	2005
1223	葛宝山	基于项目管理视角的营销管理创新	管理现代化	2005
1224	葛宝山	基于企业内创业视角的一汽集团发展过程分析	管理现代化	2005
1225	葛宝山	基于高新技术产业化阶段的创业投资体系创新	吉林大学社会科学学报	2005
1226	葛宝山	基于创业视角解决"三农"问题的长效机制	管理现代化	2006
1227	葛宝山	我国典型地区创业环境实证研究	经济纵横	2006
1228	葛宝山	基于创业角度解读奇瑞的自主创新策略	管理现代化	2006
1229	葛宝山	影响企业中高级管理人员创业的关键因素:国内汽车行业的实证研究	管理现代化	2007
1230	葛宝山	基于非均一评价的区域生态农业系统聚类研究	吉林大学社会科学学报	2007
1231	葛宝山	经典创业模型比较研究	管理现代化	2008
1232	葛宝山	基于组织绩效视角的创业绩效理论研究	管理现代化	2009
1233	葛宝山	基于文献分析法的国际创业研究评述	情报科学	2009
1234	葛宝山	动态环境下创业者管理才能对新创企业资源获取的影响研究	研究与发展管理	2009

序号	作者	论文名称	期刊来源	发表年度
1235	葛宝山	基于动态能力中介作用的资源开发过程与新创企业绩效关系研究	管理学报	2009
1236	葛宝山	个人特质与个人网络对创业意向的影响——基于网店创业者的调查	管理学报	2010
1237	葛宝山	基于社会责任视角的国有企业综合绩效评价方法研究	情报科学	2011
1238	葛宝山	全球化背景下的创新与创业——"2011创新与创业国际会议"观点综述	中国工业经济	2011
1239	葛宝山	促进中国创业教育发展的关键因素研究	学习与探索	2011
1240	葛宝山	团队互动过程模型研究评介与未来展望	外国经济与管理	2012
1241	葛宝山	公司创业下的机会开发与战略管理耦合研究	科学学与科学技术管理	2013
1242	葛宝山	孵化网络对孵化器多维绩效影响的实证研究	东北师大学报	2013
1243	葛宝山	企业孵化器网络绩效的权变机理研究	吉林大学社会科学学报	2013
1244	葛宝山	Timmons的思想演变及其贡献:对创业学的再思考	科学学研究	2013
1245	葛宝山	创业意图经典模型评价与整合研究框架构建	外国经济与管理	2013
1246	葛宝山	机会—资源一体化开发行为研究	科研管理	2015
1247	董本云	我国汽车消费的现状与影响因素分析	税务与经济	2005
1248	董秀良	境外上市企业回归A股市场首发融资定价研究	中国软科学	2012
1249	董秀良	通货膨胀率与股票收益率关系—基于门槛回归模型的再检验	数理统计与管理	2013
1250	董秀良	中国财政政策通货膨胀效应的实证研究	统计研究	2013
1251	董秀良	石油价格变动对我国粮食价格影响的实证研究	中国软科学	2014
1252	董保宝	经典创业模型回顾与比较	外国经济与管理	2008
1253	董保宝	资源整合过程、动态能力与竞争优势:机理与路径	管理世界	2011
1254	董保宝	网络结构与竞争优势关系研究——基于动态能力中介效应的视角	管理学报	2012
1255	董保宝	公司创业模型回顾与比较	外国经济与管理	2012
1256	董保宝	新创企业资源整合过程与动态能力关系研究	科研管理	2012
1257	董保宝	基于动态能力视角的知识管理价值创造模式研究	图书情报工作	2012
1258	董保宝	战略创业研究脉络梳理与模型构建	外国经济与管理	2012
1259	董保宝	竞争优势研究脉络梳理与整合研究框架构建—基于资源与能力视角	外国经济与管理	2013
1260	董保宝	创业网络演进阶段整合模型构建与研究启示探析	外国经济与管理	2013
1261	董保宝	高科技新创企业网络中心度、战略隔绝与竞争优势关系研究	管理学报	2013
1262	董保宝	创业研究在中国:回顾与展望	外国经济与管理	2014
1263	董保宝	新创企业学习导向、动态能力与竞争优势关系研究	管理学报	2014
1264	董保宝	网络导向、创业能力与新企业竞争优势——一个交互效应模型及其启示	南方经济	2015

序号	作者	论文名称	期刊来源	发表年度
1265	董保宝	中国新企业网络导向：维度与检验	外国经济与管理	2015
1266	董保宝	新企业创业导向与绩效倒 U 型关系及资源整合能力的中介作用	南方经济	2015
1267	董海欣	政府信息资源共享的机制研究	情报资料工作	2008
1268	董碧松	收入分配与经济增长——基于消费需求视角的研究	经济问题	2009
1269	董碧松	基于工资排位变迁的行业收入差距研究	学术论坛	2011
1270	董碧松	基于信息效果的政府机构网站电子政务绩效评价研究	情报科学	2011
1271	韩　冬	构建师范生网络健康生活方式刍议	中国高等教育	2010
1272	韩洁平	信息内容产业的发展机理与发展规律研究	情报资料工作	2009
1273	韩洁平	数字内容产业研究与发展	情报科学	2009
1274	韩　毅	语义 Web 门户知识组织的策略与应用研究	图书情报工作	2006
1275	韩　毅	语义网格环境下数字图书馆知识组织模型构建研究	图书情报工作	2007
1276	韩　毅	语义网格环境下数字图书馆知识组织的语义互联策略研究	图书情报工作	2007
1277	满媛媛	商业银行：效率、市场结构与绩效的关系研究	数理统计与管理	2015
1278	窦平安	用于网络信息实时共享与集成的混搭技术	情报科学	2009
1279	窦平安	基于信息混搭的电子商务模式研究	情报科学	2009
1280	窦平安	Web 源与内容聚合：RSS/Atom 的扩展、生成、发布、发现与共享	情报科学	2009
1281	靖继鹏	信息技术对企业竞争优势的影响	情报科学	2002
1282	靖继鹏	信息化带动工业化的运行机制研究	情报科学	2002
1283	靖继鹏	企业信息化建设及新模式研究	情报科学	2003
1284	靖继鹏	信息经济测度方法分析与评价	情报科学	2003
1285	靖继鹏	信息社会创新理论的核心——思维创新	情报科学	2004
1286	靖继鹏	信息社会企业创新内容及其相互作用机制研究	情报科学	2004
1287	靖继鹏	县域经济主导产业的选择及产业发展模式	经济纵横	2004
1288	靖继鹏	信息产业的形成机制剖析	情报科学	2004
1289	靖继鹏	吉林省机械行业中小型企业信息化测评分析与对策研究	情报科学	2005
1290	靖继鹏	企业信息人力资源配置效率评价研究	情报科学	2005
1291	靖继鹏	我国情报学学科发展的创新机制及创新领域研究	情报学报	2005
1292	靖继鹏	战略联盟中制造企业信息化建设模式研究	情报科学	2007
1293	靖继鹏	基于信息集成的企业信息化模式	情报科学	2007
1294	靖继鹏	技术转移中信息资源配置研究述评	情报科学	2008
1295	靖继鹏	新熊彼特式信息产业演化模型研究	情报科学	2008
1296	靖继鹏	信息产业系统演化机理研究	情报杂志	2008
1297	靖继鹏	信息生态理论研究发展前瞻	图书情报工作	2009
1298	靖继鹏	难得的一段回忆难得的一次会见——深切悼念钱学森教授	情报科学	2009
1299	靖继鹏	信息生态系统构建理论研究·编者的话	图书情报工作	2010

序号	作者	论文名称	期刊来源	发表年度
1300	靖继鹏	知识门户网站的经济效益评价	情报科学	2011
1301	靖继鹏	企业知识门户在知识共享中整合模型及实现研究	情报科学	2011
1302	蔡冬松	知识经济环境下的企业竞争情报管理	情报科学	2002
1303	蔡冬松	基于DEA分析的制造业企业信息化建设效率评价研究	情报科学	2004
1304	蔡冬松	基于最小二乘支持向量机的数据挖掘应用研究	情报科学	2005
1305	蔡冬松	产学研共同体信息供应链网络的结构特性分析	情报理论与实践	2013
1306	蔡冬松	产学研共同体信息供应链的演化博弈分析	情报理论与实践	2013
1307	蔡冬松	产学研共同体信息供应链网络的信息传递效率研究	情报理论与实践	2013
1308	蔡冬松	面向公共危机决策的信息管理机制研究	图书情报工作	2014
1309	蔡冬松	政府危机决策信息监测机制研究	情报理论与实践	2014
1310	蔡莉	吉林省医药企业融资渠道选择研究	科学学研究	2001
1311	蔡莉	中美企业再造模式的差异分析	科学学与科学技术管理	2002
1312	蔡莉	风险资本市场的效率研究	吉林大学社会科学学报	2002
1313	蔡莉	金融环境对风险投资的支撑作用分析	吉林大学社会科学学报	2003
1314	蔡莉	我国风险投资公司与风险企业关系现状研究	科学学与科学技术管理	2003
1315	蔡莉	我国风险资本市场的特殊性分析	科学学与科学技术管理	2003
1316	蔡莉	中、美企业经营绩效评价的演进及比较研究	经济纵横	2003
1317	蔡莉	风险企业资金需求与风险资本市场演进路径	南开大学学报	2004
1318	蔡莉	科技型企业创生要素的系统分析	科研管理	2005
1319	蔡莉	女性创业特性研究	科学学与科学技术管理	2005
1320	蔡莉	科技型创业企业集群研究评述及展望	吉林大学社会科学学报	2005
1321	蔡莉	基于流程视角的创业研究框架构建	管理科学学报	2006
1322	蔡莉	基于网络视角的创业环境：概念、体系构成和分析框架	管理现代化	2007
1323	蔡莉	创业环境研究框架	吉林大学社会科学学报	2007
1324	蔡莉	基于资源视角的创业研究框架构建	中国工业经济	2007
1325	蔡莉	科技环境对风险投资支撑作用的实证研究	管理科学学报	2007
1326	蔡莉	新创企业资源整合过程模型	科学学与科学技术管理	2007
1327	蔡莉	基于资源开发过程的新创企业创业导向对资源利用的关系研究	科学学与科学技术管理	2008
1328	蔡莉	新创企业资源构建与动态能力相互影响研究	吉林大学社会科学学报	2008
1329	蔡莉	科技型创业企业集群共享性资源与创新绩效关系的实证研究	管理工程学报	2008
1330	蔡莉	新创企业学习能力、资源整合方式对企业绩效的影响研究	管理世界	2009
1331	蔡莉	新创企业市场导向对绩效的影响——资源整合的中介作用	中国工业经济	2010
1332	蔡莉	创业网络对新企业绩效的影响研究——组织学习的中介作用	科学学研究	2010

续表

序号	作者	论文名称	期刊来源	发表年度
1333	蔡 莉	创业网络对新企业绩效的影响——基于企业创建期、存活期及成长期的实证分析	中山大学学报	2010
1334	蔡 莉	创业导向对新企业资源获取的影响研究	科学学研究	2011
1335	蔡 莉	基于网络视角的新企业资源整合过程模型	吉林大学社会科学学报	2011
1336	蔡 莉	创业研究回顾与资源视角下的研究框架构建——基于扎根思想的编码与提炼	管理世界	2011
1337	蔡 莉	创业学习研究回顾与整合框架构建	外国经济与管理	2012
1338	蔡 莉	中国情境下的创业研究：回顾与展望	管理世界	2013
1339	蔡 莉	创业学习、创业能力与新企业绩效的关系研究	科学学研究	2014
1340	蔡 莉	转型经济情境下新企业知识整合模型构建	吉林大学社会科学学报	2015
1341	谭利文	企业获取 Internet 信息的基本技术与策略研究	情报科学	2004
1342	滕广青	电子商务网站导航设计新理念——经营目标导向的以用户为核心的电子商务网站导航设计研究	图书情报工作	2009
1343	滕广青	基于概念格的数字图书馆用户市场细分——数字图书馆用户的概念聚类分析	现代图书情报技术	2010
1344	滕广青	基于概念格的数字图书馆用户用法细分——数字图书馆用户使用方法的关联规则挖掘	现代图书情报技术	2010
1345	滕广青	概念格构建工具 ConExp 与 Lattice Miner 的比较研究	现代图书情报技术	2010
1346	滕广青	知识链接的内在机理及学源演变研究	情报理论与实践	2010
1347	滕广青	儿童网站的信息构建策略研究	情报理论与实践	2010
1348	滕广青	知识组织体系的演进路径及相关研究的发展趋势探析	中国图书馆学报	2010
1349	滕代娣	关于信息立法的有关问题研究	情报科学	2005
1350	鞠晓伟	产业技术选择与产业技术生态环境的耦合效应分析	中国工业经济	2009
1351	鞠晓伟	我国教育生产率增长方式及其优化对策研究	吉林大学社会科学学报	2009

公共卫生学院

序号	作者	论文名称	期刊来源	发表年度
1	于双成	向国外医学期刊投稿要注意关键词的标引	中国科技期刊研究	2004
2	于双成	科技论文署名的学术性问题	中国科技期刊研究	2005
3	于双成	科技期刊的"快速通道"与科学优先权	情报科学	2005
4	于双成	倡导和推进学术评论是科技期刊之神圣职责	中国科技期刊研究	2006
5	于 娟	论以政府干预为主导的农业保险模式及我国农业保险法律构建——兼评我国 2013 年 3 月 1 日施行的《农业保险条例》	东南学术	2013
6	于 娟	论医疗责任强制保险制度的域外经验及立法启示	求索	2013

序号	作者	论文名称	期刊来源	发表年度
7	马国强	中国特色社会主义法学理论体系研究的历史谱系和发展方向	法制与社会发展	2013
8	王 伟	国际人类基因组专题论文的期刊分布	中国科技期刊研究	2001
9	王 伟	"十五"期间吉林省数字图书馆发展战略构想	情报科学	2001
10	王 伟	公共危机信息传递的哲学阐释学基础	情报理论与实践	2007
11	王 伟	基于复杂特性分析的危机信息流及其动力机制研究	情报杂志	2007
12	王 伟	基于 CAS 的危机信息管理体系的构建	情报学报	2008
13	王丽伟	基于链接的网络计量指标与大学科研得分相关性研究	情报学报	2007
14	王丽伟	Scopus 数据库的期刊评价功能及其实证研究	情报科学	2009
15	王丽伟	领域本体映射的语义互联方法研究——以药物本体为例	图书情报工作	2013
16	王丽伟	NCBO 领域本体映射项目及应用	现代图书情报技术	2013
17	孙 丽	信息管理专业开放式实验教学模式探索	情报科学	2006
18	孙 丽	基于用户体验的网站信息构建模型	情报科学	2010
19	孙 丽	信息搜寻行为研究中任务概念框架的构建	图书情报工作	2014
20	孙 丽	任务驱动用户网络信息搜寻行为研究综述	情报科学	2014
21	牟冬梅	数字图书馆的信息集成	情报科学	2002
22	牟冬梅	循证医学数字图书馆体系结构的研究	图书馆论坛	2005
23	牟冬梅	MeSH、本体论在医学知识组织中的作用	情报杂志	2005
24	牟冬梅	语义 Web 技术对知识组织理论和实践的影响研究	图书情报工作	2006
25	牟冬梅	基于 VC + + 的自动抽题组卷系统的研究与设计	现代图书情报技术	2006
26	牟冬梅	知识组织系统中关系模式的应用比较	图书与情报	2006
27	牟冬梅	数字图书馆领域本体的构建与推理——以医学领域本体为例	图书情报工作	2007
28	牟冬梅	语义标引平台的对比研究	情报科学	2008
29	牟冬梅	基于语义模型的数字图书馆知识组织信息抽取策略	图书情报工作	2009
30	牟冬梅	数字资源语义互联研究（Ⅱ）——桥本体系统的设计与实现	现代图书情报技术	2010
31	牟冬梅	数字资源语义互联研究（Ⅲ）——语义标注子系统的设计与实现	现代图书情报技术	2010
32	牟冬梅	基于 SWRL 推理机制的心电图本体设计与实现	情报学报	2010
33	牟冬梅	医学数字资源语义互联模式研究	图书情报工作	2011
34	牟冬梅	关联数据在生命科学领域的应用现状	情报科学	2012
35	牟冬梅	医学领域嵌入式知识服务研究	图书情报工作	2013
36	牟冬梅	基于 SNOMED CT 和 FCA 的医学领域本体构建研究	情报学报	2013
37	牟冬梅	数字资源语义互联的模式及其比较研究	图书情报工作	2013
38	牟冬梅	数字资源语义互联工具的比较及 SWOT 分析	情报理论与实践	2014
39	吴正荆	学术信息交流的变化——网络信息交流	图书情报工作	2003
40	吴正荆	国外信息素养研究的发展轨迹及主要成果	图书情报工作	2006
41	吴正荆	网络环境下信息市场结构与规模变化研究	情报资料工作	2008

序号	作者	论文名称	期刊来源	发表年度
42	吴正荆	信息社会学理论范式研究	情报科学	2008
43	吴正荆	知识地图方法及其在国内语义网文献研究中的应用	情报科学	2008
44	吴正荆	基层图书馆资源配置与服务公平性评价探讨——以吉林省基层图书馆为例	图书馆建设	2011
45	张云秋	多媒体信息检索：技术与实例分析	现代图书情报技术	2002
46	张云秋	网络全文检索系统的实现技术及其未来发展	情报科学	2003
47	张云秋	网络数字化信息版权问题探讨	情报杂志	2004
48	张云秋	MetaMap 的文本映射原理及其对检索效果影响的研究	情报学报	2007
49	张云秋	基于非相关文献知识发现中的文本挖掘研究	情报理论与实践	2007
50	张云秋	领域本体整合的问题及对策研究	中国图书馆学报	2007
51	张云秋	非相关文献知识发现的关键技术研究	情报学报	2008
52	张云秋	基于领域本体的数字图书馆检索结果动态组织方法研究	图书情报工作	2009
53	张云秋	非相关文献知识发现初始集过滤方法的试验研究	图书情报工作	2009
54	张云秋	基于文献内聚度的非相关文献知识发现排序方法研究	现代图书情报技术	2009
55	张云秋	对非相关文献知识发现中初始文本集结构的试验研究	情报学报	2009
56	张云秋	基于 MeSH 加权的非相关文献知识发现排序方法研究	情报理论与实践	2009
57	张云秋	非相关文献知识发现的理论基础研究	中国图书馆学报	2009
58	张云秋	基于双向词频统计的非相关文献知识发现排序方法研究	情报科学	2009
59	张云秋	基于文献的新兴趋势探测方法的问题及对策研究	情报理论与实践	2011
60	张云秋	探索式信息搜索行为研究	图书情报工作	2012
61	张云秋	探索式搜索中用户认知的实验研究	情报理论与实践	2013
62	张云秋	基于日志与认知分析的探索式医学搜索行为研究	图书情报工作	2014
63	张云秋	国外探索式搜索行为研究述评	图书情报工作	2014
64	张馨遥	健康网站信息服务满意度评价指标体系研究	情报杂志	2010
65	李玉玲	科技期刊索引种类分析探讨	中国科技期刊研究	2005
66	李玉玲	中文期刊全文数据库模糊综合评价	情报科学	2009
67	李欣欣	七年制文献检索课教学改革初探	情报科学	2001
68	李　晶	广东省人口性别结构变动原因及对策浅析	人口学刊	2001
69	陈　茜	高校合并后图书馆管理模式研究	情报科学	2002
70	陈　焱	医学领域本体研究现状	情报科学	2006
71	范　轶	本体构建工具 Protege 与 KAON 的比较研究	现代图书情报技术	2007
72	曹湘博	面向技术创新的图书馆专利服务模式及实证研究	情报科学	2010
73	曹锦丹	基于 DC 的医学信息资源元数据比较分析	图书情报工作	2003
74	曹锦丹	创新研究中的知识获取与需求特征	情报科学	2003
75	曹锦丹	基于用户问题域的文献知识表述及检索系统的建立与实现	情报学报	2005
76	曹锦丹	评《信息组织》一书第 2 版出版	现代图书情报技术	2005
77	曹锦丹	网络空间信息表征与用户认知的交互作用机制	图书情报工作	2005
78	曹锦丹	可视化技术在网络信息检索中的应用	情报杂志	2005

序号	作者	论文名称	期刊来源	发表年度
79	曹锦丹	信息用户的焦虑心理及其信息服务研究	图书情报知识	2007
80	曹锦丹	信息焦虑量表编制及其信效度检验	图书情报工作	2011
81	曹锦丹	e-science 环境下科研数据研究现状与发展趋势	情报科学	2014
82	曹锦丹	基于顶级本体上层语义的领域本体构建研究	情报科学	2014
83	梅松丽	基于延迟折扣任务的网络成瘾者冲动性研究	心理科学	2010
84	梅松丽	青少年使用手机上网与主观幸福感、自我控制的关系研究	中国特殊教育	2013
85	梅松丽	青少年主观幸福感与网络成瘾：自尊及自我控制的中介作用	心理发展与教育	2015

生物与农业工程学院

序号	作者	论文名称	期刊来源	发表年度
1	白 丽	我国农产品加工企业采纳 HACCP 标准的行动模式研究——以屠宰及肉类加工企业为例	农业技术经济	2010
2	白 丽	农民专业合作组织采纳食品安全标准的动机及效益研究	社会科学战线	2011
3	刘 伟	我国农业上市公司业绩评价与分析	农业技术经济	2006
4	刘国斌	推动产业技术体系变革，实现县域经济的可持续发展	东北亚论坛	2007
5	刘国斌	成人教育是推动吉林省县域经济发展的助力器	人口学刊	2008
6	刘国斌	"亚核心"视角下东北县域经济发展分析	东北亚论坛	2009
7	刘国斌	论县域经济"亚核心"发展规律	吉林大学社会科学学报	2009
8	刘国斌	论县域经济"亚核心"发展的实现途径	学术交流	2009
9	刘国斌	长吉图开发与吉林省县域经济发展	东北亚论坛	2010
10	刘国斌	日本加入 TPP 谈判与农业改革分析	现代日本经济	2014
11	刘国斌	基于信息化建设的新型城镇化发展研究	情报科学	2014
12	刘国斌	论东北亚丝绸之路之纽带	东北亚论坛	2014
13	刘国斌	县域产业发展与碳排放关系研究	经济纵横	2014
14	吕东辉	美国农产品期货市场的发展及启示	经济纵横	2003
15	吕东辉	对我国大豆期货投资者认知偏差的实证研究	农业经济问题	2004
16	吕东辉	借鉴期货交易机制，优化水资源配置——基于水单的南水北调水市场交易模式研究	吉林大学社会科学学报	2004
17	吕东辉	农产品期货价格形成机理研究	农业技术经济	2005
18	吕东辉	我国玉米期货市场定价偏差的实证研究	农业技术经济	2006
19	吕东辉	东北玉米生产区农民利用期货市场增收的制约性因素分析	农业技术经济	2007
20	吕东辉	投机力量主导下的粮价波动：来自期货市场的实证研究	农业技术经济	2009

续表

序号	作者	论文名称	期刊来源	发表年度
21	吕东辉	粮食主产区培育农民期货合作组织的影响因素分析——以吉林省梨树县为例	农业技术经济	2010
22	吕东辉	我国农民售粮决策能力分析：基于行为金融学的视角——基于制度供给与制度需求角度的分析	农业经济问题	2010
23	吕东辉	美国谷物销售合作社的经验与启示	经济纵横	2011
24	吕东辉	我国粮食流通市场效率分析：基于期货市场的实证研究	农业技术经济	2011
25	吕东辉	跨国粮商套期保值行为研究	农业经济问题	2013
26	吴才聪	我国精确农业技术产业化问题研究	中国软科学	2002
27	李银星	影响我国统筹城乡发展的社会经济因素分析	农业技术经济	2006
28	杨印生	我国开展农业 LCA 研究的对策建议	中国软科学	2003
29	杨印生	农机作业委托系统中介人问题的制度经济学解说	农业经济问题	2004
30	杨印生	农机作业委托的制度模式创新及发展对策	中国农村经济	2004
31	杨印生	吉林省新型农村科技服务体系建设模式与运行机制研究	农业技术经济	2005
32	杨印生	我国东北地区农业机械化发展的影响因素辨识及系统分析	农业技术经济	2006
33	杨印生	吉林省农业竞争力比较分析	经济纵横	2006
34	杨印生	农业科技成果生命周期经济变动分析	社会科学战线	2007
35	杨印生	含标杆限定域的企业绩效评价 DEA 模型与方法研究	统计与决策	2007
36	杨印生	含 L－R 模糊数的置信 DEA－Benchmarking 模型与方法研究	统计与决策	2007
37	杨印生	农机服务组织成员公平与互惠行为研究	农业技术经济	2008
38	杨印生	农机服务组织作业效率影响因素的实证分析	数理统计与管理	2008
39	杨印生	农业机械消费与农村居民收入的关系研究	统计与决策	2008
40	杨印生	基于相似系数法的多级可拓评价方法及应用	统计与决策	2008
41	杨印生	基于 DEA－Benchmarking 模型的农业上市公司投资绩效分析	农业技术经济	2009
42	杨印生	基于 DEA－Benchmarking 的企业人力资源绩效评价	统计与决策	2009
43	杨印生	公共投资对粮食主产区农业生产率增长的驱动效应分析——基于吉林省 1989~2006 年数据的实证检验	数理统计与管理	2010
44	杨印生	用于企业内部绩效评价的网络区间 DEA 模型及其应用	吉林大学社会科学学报	2010
45	杨印生	吉林省农机消费敏感度的变参数分析及政策效应评价	农业技术经济	2011
46	杨印生	农户重大经济决策行为的仿生学研究——以黑龙江省农户参与、利用期货市场行为决策为例	农业技术经济	2012
47	杨印生	经济转型期中国农村土地制度的新探索——评邵彦敏的《农村土地制度：马克思主义的解释与运用》	当代经济研究	2012
48	郭鸿鹏	东北粮食主产区"两型"农业生产体系构建研究	环境保护	2011
49	郭鸿鹏	美国低碳农业实践之借鉴	环境保护	2011
50	彭竞	延边地区人口回流的演化博弈分析及策略研究	人口学刊	2014
51	彭竞	非农就业转移能缩小城乡收入差距吗？	财经问题研究	2014
52	温晓南	半干旱地区农业可持续发展的制约因素与对策	经济纵横	2008

后 记

为庆祝吉林大学建校 70 周年，全面展示建校 70 年来在哲学社会科学研究领域取得的优秀成果，留存史料、传承学术、宣介成果、扩大影响，学校组织编写了《吉林大学哲学社会科学优秀科研成果汇编》。

本书共分两部分。第一部分为优秀科研成果简介。按照学科分类，分别对哲学社会科学各学科创始人及早期代表人物的代表性成果，获高等学校科学研究优秀成果奖（人文社会科学）、省部级社会科学研究优秀成果奖一等奖成果，入选"全国哲学社会科学成果文库"成果，发表在《中国社会科学》的成果等做了文字介绍（本部分未区分编著、发表等具体形式，统一使用了"作者姓名"来指代）。第二部分为优秀科研成果列表，分别对获历届省部级、长春市社会科学优秀成果奖成果，2000 年至 2015 年出版、发表、提交的著作、CSSCI 论文、研究报告列表介绍。

在本书编写过程中，得到哲学社会科学各单位的全力支持，在此表示感谢。优秀科研成果简介是由各单位推荐并整理稿件而成，因受篇幅所限，另有部分优秀成果没有收录书中，在此深表歉意。优秀科研成果列表以社会科学处科研成果存档数据为准。

由于水平有限，疏漏、不足之处在所难免，恳请批评指正。

图书在版编目（CIP）数据

　吉林大学哲学社会科学优秀科研成果汇编：全 2 册／
吉林大学编著． －－北京：社会科学文献出版社，2016.9
　ISBN 978 - 7 - 5097 - 9634 - 4

　Ⅰ.①吉…　Ⅱ.①吉…　Ⅲ.①哲学社会科学 - 文集
Ⅳ.①C53

　中国版本图书馆 CIP 数据核字（2016）第 205474 号

吉林大学哲学社会科学优秀科研成果汇编（全 2 册）

编　　著／吉林大学

出 版 人／谢寿光
项目统筹／恽　薇
责任编辑／陈凤玲　田　康　关少华

出　　版／社会科学文献出版社·经济与管理出版分社（010）59367226
　　　　　　地址：北京市北三环中路甲 29 号院华龙大厦　邮编：100029
　　　　　　网址：www. ssap. com. cn
发　　行／市场营销中心（010）59367081　59367018
印　　装／三河市尚艺印装有限公司

规　　格／开　本：787mm × 1092mm　1/16
　　　　　　印　张：57.5　字　数：1198 千字
版　　次／2016 年 9 月第 1 版　2016 年 9 月第 1 次印刷
书　　号／ISBN 978 - 7 - 5097 - 9634 - 4
定　　价／298.00 元（全 2 册）

本书如有印装质量问题，请与读者服务中心（010 - 59367028）联系